Canibalia

Carlos A. Jáuregui

ENSAYOS DE TEORÍA CULTURAL
VOL. 1

Coordinadora: Mabel Moraña

Canibalia

Canibalismo, calibanismo, antropofagia cultural
y consumo en América Latina

Carlos A. Jáuregui

Premio Casa de las Américas 2005

Iberoamericana · Vervuert · 2008

Bibliographic information published by Die Deutsche Bibliothek
Die Deutsche Bibliothek lists this publication in the Deutsche Nationalbibliografie;
detailed bibliographic data is available on the Internet at <http://dnb.ddb.de>.

© Iberoamericana, Madrid 2008
Amor de Dios, 1 – E-28014 Madrid
Tel.: +34 91 429 35 22
Fax: +34 91 429 53 97
info@iberoamericanalibros.com
www.ibero-americana.net

© Vervuert, 2008
Elisabethenstr. 3-9 – D-60594 Frankfurt am Main
Tel.: +49 69 597 46 17
Fax: +49 69 597 87 43
info@iberoamericanalibros.com
www.ibero-americana.net

© Carlos Jáuregui

ISBN 978-84-8489-322-6 (Iberoamericana)
ISBN 978-3-86527-399-4 (Vervuert)

Depósito Legal: M. 4.337-2008

Cubierta: Carlos Zamora
Fotografía de cubierta: Enrique Chagoya, El Regreso del caníbal macrobiótico, 1998 (detalle).
Litografía en color, grabado y chine collé.
© Foto: Library of Congress Prints and Photographs Division Washington, D.C.
Enrique Chagoya
Impreso en España por
The paper on which this book is printed meets the requirements of ISO 9706

ÍNDICE

*Para Lucas, Andrés Camilo, Felipe y Tatiana;
este libro que está hecho con sus horas*

Para Mabel Moraña, amiga y lectora implacable

AGRADECIMIENTOS

Canibalia no hubiera sido posible sin el apoyo y generosidad de muchas personas, amigos, colegas y familiares que creyeron en este libro, con quienes estoy en infinita deuda y a quienes dedico este trabajo, así como la esperanza que entre sus líneas se asoma. Quiero agradecer especialmente a Tatiana Botero su paciencia y ayuda durante los muchos años que nos tomó este libro, que es también suyo; a Mabel Moraña su fina crítica y amistad, y a Zuzel López, Iris Cano y David Solodkow, el cuidado e inteligencia con que leyeron, discutieron y revisaron el manuscrito. Agradezco a los jurados del *Premio Casa de las Américas* el altísimo honor con que distinguieron este libro y a los editores, el cuidado de esta edición. *Canibalia* no hubiera visto la luz sin un editor como Klaus D. Vervuert cuya confianza en este volumen permite su edición.

Numerosas personas a lo largo del proceso de escritura de este libro contribuyeron de diversas maneras en él: Hugo Achurar, Rolena Adorno, Maureen Ahern, Beatriz de Alba-Koch, Francisco Alfonso Almeida, Raúl Antelo, Norma Antillón, Santa Arias, Marcos Azevedo, Jesús Martín-Barbero, María Dolores Bravo, Ralph Bauer, Felipe Biermann, Álvaro Félix Bolaños (*q.e.p.d.*), Hanna Burdette, José Pascual Buxó, Román de la Campa, Antônio Candido, Carolina Castellanos, Susan Castillo, Sara Castro-Klarén, Lori Catanzaro, Lucia Helena Costigan, Enrique Chagoya, Michael Chanan, Bobby J. Chamberlain, Juan P. Dabove, Juan José Daneri, Enrique Dussel, Edward F. Fischer, Edward H. Friedman, John Frechione, Nina Gerasi-Navarro, Raymundo González, Pablo González Rodas, Juan Carlos Grijalva, Cathy L. Jrade, Kimberle López, Gerald Martin, Yolanda Martínez-San Miguel, José A. Mazzotti, Joseph Mella, Eyda M. Merediz, Ana Miramontes, Agustín Lao Montes, Nadia Lie, Telê Porto Ancona Lopez, Eduardo Lozano (*q.e.p.d.*), Juliet Lynd, Joshua Lund, Frederick Luciani, Kathryn Mayers, Sylvia Molloy, Michael Palencia Roth, Edmundo Paz Soldán, Margarita Peña Muñoz, Ángela Pérez Mejía, María Teresa Pérez, Monserrat Ordóñez (*q.e.p.d.*), Charles A. Perrone, Mary-Louise Pratt, José Rabasa, Catalina Restrepo, Luis Fernando Restrepo, Lilliana Rodríguez, Luz Rodríguez Carranza, Rubén Ríos Ávila, Susana Rotker (*q.e.p.d.*), Monique St. Claire, Verónica Salles-Reese, Diana Sorensen, Silvia Spitta, Benigno Trigo, Juana Suárez, Elzbieta Sklodowska y Andrés Zamora.

Varias instituciones y fundaciones financiaron entre 1998 y 2005 la investigación y escritura de *Canibalia*: el *Center for Latin American Studies* de la *University of*

Pittsburgh, la *Andrew Mellon Foundation*, el *U.S. Department of Education*, el *Programa de cooperación cultural del Ministerio de educación de España*, y –en la *Vanderbilt University*– el *College of Arts and Science*, el *Robert Penn Warren Center for the Humanities*, el *Center for Latin American and Iberian Studies*, el *Department of Spanish and Portuguese* y el *Department of Anthropology*. Diversos archivos y bibliotecas en Latinoamérica y los Estados Unidos me facilitaron fondos para consultar sus colecciones y/o contribuyeron decisivamente en mis investigaciones: la *Eduardo Lozano Latin American Collection* en la *Hillman Library* y la *Darlington Memorial Library* de la *University of Pittsburgh*, la *Heard Library* de la *Vanderbilt University*, la *Library of Congress* (USA), el *Instituto de Estudos Brasileiros* de la *Universidade de São Paulo*, la *Fundação Bienal* (Brasil), el *Archivo General de la Nación* y la *Biblioteca Nacional de México*, el *Archivo General de Indias*, la *Biblioteca Nacional de España*, la *Biblioteca Nacional José Martí* (Cuba), la *Biblioteca Luis Ángel Arango* (Colombia), la *Biblioteca Nacional Pedro Henríquez Ureña* y el *Archivo General de la Nación* (Republica Dominicana).

INTRODUCCIÓN

Del canibalismo al consumo: *textura* y deslindes

> se tocaron la boca y la barriga, tal vez para indicar que los muertos también son alimento, o –pero esto acaso es demasiado sutil– para que yo entendiera que todo lo que comemos es, a la larga, carne humana.
>
> Jorge Luis Borges, "El informe de Brodie"

> Genuine polemics approach a book as lovingly as a cannibal spices a baby.
>
> Walter Benjamin, "Post No Bills: The Critic's Technique in Thirteen Theses" One-Way Street 1928

El cuerpo constituye un depósito de metáforas. En su economía con el mundo, sus límites, fragilidad y destrucción, el cuerpo sirve para dramatizar y, de alguna manera, escribir el texto social. El canibalismo es un momento radicalmente inestable de lo corpóreo y, como Sigmund Freud suponía, una de esas imágenes, deseos y miedos primarios a partir de los cuales se imagina la subjetividad y la cultura. En la escena caníbal, el cuerpo devorador y el devorado, así como la devoración misma, proveen modelos de constitución y disolución de identidades. El caníbal desestabiliza constantemente la antítesis adentro/afuera; el caníbal es –parafraseando a Mijail Bajtin– el "cuerpo eternamente incompleto, eternamente creado y creador" que se encuentra con el mundo en el acto de comer y "se evade de sus límites" tragando (*La cultura* 20, 253). El caníbal no respeta las marcas que estabilizan la diferencia; por el contrario, fluye sobre ellas en el acto de comer. Acaso esta liminalidad que *se evade* –que traspasa, incorpora e indetermina la oposición *interior/exterior*– suscita la frondosa polisemia y el nomadismo semántico del canibalismo; su *propensión metafórica*.

La palabra caníbal es, como se sabe, uno de los primeros neologismos que produce la expansión europea en el Nuevo Mundo[1]. También es –como diría

---

[1] Se escribe sin comillas; éstas deben sobreentenderse en *"Nuevo Mundo"*, lo mismo que en *"Descubrimiento"*.

Enrique Dussel– uno de los primeros *encubrimientos* del Descubrimiento, un malentendido lingüístico, etnográfico y teratológico del discurso colombino. Sin embargo, este malentendido es determinante; provee el significante maestro para la alteridad colonial. Desde el Descubrimiento, los europeos reportaron antropófagos por doquier[2], creando una suerte de afinidad semántica entre el canibalismo y América. En los siglos XVI y XVII el Nuevo Mundo fue construido cultural, religiosa y geográficamente como una especie de *Canibalia*. En las islas del Caribe, luego en las costas del Brasil y del norte de Sudamérica, en Centroamérica, en la Nueva España y más tarde en el Pacífico, el área andina y el Cono sur, el caníbal fue una constante y una marca de los "encuentros" de la expansión europea. Pero antes de cualquier observación empírica de la práctica que denota dicho significante, la semántica del canibalismo inicia ya una fuga vertiginosa en la constelación de lo que Jacques Derrida denomina *différance*[3]: los caníbales evocan inicialmente a los cíclopes y a los cinocéfalos y luego parecen ser –conforme a la primera especulación etimológica del Almirante– soldados del Khan; rápidamente se convierten en indios bravos y su localización coincide con la del buscado oro; los caníbales son definidos también porque pueden ser hechos esclavos o porque moran en ciertas islas. El canibalismo llega a ser producto de una lectura tautológica del cuerpo salvaje: los caníbales son feos y los feos, caníbales… Lejos de encontrar un momento de sosiego semántico, el *caníbal* se desliza constantemente a lo largo de un espacio no lineal: el espacio de la *différance* colonial; un espejo turbio de figuración del *Otro* y del ego, así como de áreas confusas en las que reina *la opción ineludible de lo incierto*.

Como imagen etnográfica, como tropo erótico o como frecuente metáfora cultural, el canibalismo constituye una manera de entender a los *Otros*, al igual que a la mismidad; un tropo que comporta el miedo de la disolución de la identidad, e inversamente, un modelo de apropiación de la diferencia. El *Otro* que el canibalismo nombra está localizado tras una frontera permeable y especular,

---

[2] Los siguieron encontrando desde el siglo XVI hasta el XIX, cuando la antropología y la etnografía se sumaron a la búsqueda. Mientras que el Nuevo Mundo fue el lugar de la construcción del caníbal en el siglo XVI y parte del XVII, África fue la *"Canibalia"* del XIX y Nueva Guinea la del XX.

[3] El término *différance* corresponde menos a un concepto que a un modelo con el que Derrida (1976, 1978) pone en juego la "discordia activa", inestabilidad sistemática y juego múltiple de la significación. *Différance* "es" un neologismo y variación del vocablo francés *différence*. *Différance* evoca el verbo latino *differre (diferir)*, el cual tiene la doble acepción de *diferenciar* y de *aplazar*. *Différance* juega con estas dos acepciones de manera simultánea y sin permitir la reducción de la misma a una sola; esta doble acepción describe el "juego sistemático" de la significación: la constante y fluctuante producción de una *presencia ausente* diferida por una red de significantes, los cuales remiten no a la presencia o al referente, sino a otros significantes. *Différance* "es" la estructura y el movimiento que constituye las diferencias y que las hace indecidibles (Derrida, *Márgenes de la filosofía* 1989: 39-62).

llena de trampas y de encuentros con imágenes propias: el *caníbal* nos habla del *Otro* y de nosotros mismos, de comer y de ser comidos, del Imperio y de sus fracturas, del salvaje y de las ansiedades culturales de la civilización. Y así como el tropo caníbal ha sido signo de la alteridad de América y ha servido para sostener el edificio discursivo del imperialismo, puede articular –como en efecto ha hecho– discursos contra la invención de América y el propio colonialismo.

El *canibalismo* ha sido un tropo fundamental en la definición de la identidad cultural latinoamericana desde las primeras visiones europeas del Nuevo Mundo como monstruoso y salvaje, hasta las narrativas y producción cultural de los siglos XX y XXI en las que el *caníbal* se ha re-definido de diversas maneras en relación con la construcción de identidades (pos)coloniales y "posmodernas". El tropo del canibalismo cruza históricamente –en sus coordenadas de continuidad y de resignificación o discontinuidad– diferentes formulaciones de representación e interpretación de la cultura y hace parte fundamental del archivo de metáforas de identidad latinoamericana. El caníbal es –podría decirse– un signo o cifra de la anomalía y alteridad de América al mismo tiempo que de su adscripción periférica a Occidente. El presente libro se refiere a diferentes escenarios históricos y articulaciones discursivas en las que dicha adscripción "anómala" ocurre y en las que el *canibalismo* no sólo fue un dispositivo generador de alteridad, sino también, un tropo cultural de reconocimiento e identidad. *Canibalia* ensaya una genealogía de dicho tropo en su amplio espectro, variaciones y adelgazamientos semánticos (*canibalismo, calibanismo, antropofagia cultural* y *consumo*), en relación con ciertos momentos fundamentales de la historia cultural latinoamericana.

El caníbal que funciona como estigma del salvajismo y la barbarie del Nuevo Mundo (Cap. I) llega a ser: un eje discursivo de la crítica de occidente, del imperialismo y del capitalismo (II §3 y §4; III §1; VI; VII §1 y §5); un personaje metáfora en la emergencia de la conciencia criolla durante el Barroco (II §6) y la Ilustración americana (III §1); un tropo para las otredades étnicas frente a las cuales se definieron los nacionalismos latinoamericanos (III §2, §3, §4 y §5); una de las metáforas claves del surgimiento discursivo de Latinoamérica en la segunda mitad del siglo XIX (IV); y una herramienta de identificación y auto-percepción de América Latina en la modernidad (V y VI). Asimismo, el canibalismo hace parte de la tropología de las apropiaciones digestivas y el consumo de bienes simbólicos, así como de la formación de identidades híbridas en la llamada posmodernidad (VII). Estos ejemplos señalan una historia cultural vastísima de la cual este libro apenas si recoge una muestra con la esperanza de señalar con ella no sólo la persistencia del tropo caníbal de la Conquista a la globalización, sino también su lugar colonial y contracolonial en el heterogéneo entramado de la continentalidad cultural latinoamericana. Éste es un estudio tropológico sobre la retórica de la *colonialidad*[4] (imperial, colonial, nacional, neocolonial y global) que el canibalismo como *heterotropía* constantemente articula y desafía[5].

En la historia cultural latinoamericana el *caníbal* tiene que ver más con el *pensar* y el *imaginar* que con el *comer*, y más con la *colonialidad* de la Modernidad[6] que con una simple retórica cultural. El canibalismo siempre nombra, o se

[4] El concepto de *colonialidad,* propuesto por Aníbal Quijano– reinterpretando ampliamente la noción de *colonialismo supérstite* de José Carlos Mariátegui– alude a un modelo global hegemónico de poder que desde la Conquista articula nociones de raza (y diferencia) con la explotación del trabajo. La *colonialidad* puede ser definida como las estructuras de saber, imaginarios, relaciones sociales y prácticas de dominación y explotación que– si bien emergen con la Conquista y la colonización del Nuevo Mundo y la inserción de vastas culturas y poblaciones en el sistema mundial de explotación del trabajo– persisten y son reproducidas continuamente hasta hoy en renovadas formas de colonialismo e injusticia. Para Quijano la implicación histórica más significativa de la colonialidad y sus dinámicas de clasificación racial es la emergencia de un mundo moderno/colonial eurocéntrico capitalista.

[5] Como anotábamos en "Mapas heterotrópicos de América latina" (Jáuregui y Dabove, *Heterotropías* 7, 8), la renovada importancia de la retórica y la revaloración de los tropos en los estudios de la cultura se han visto acompañadas por movimientos similares en múltiples disciplinas. En un artículo clásico, Paul de Man indicaba que el lenguaje figurado constituye una suerte de perpetuo problema, y en ocasiones una fuente de enojosa turbación, para el discurso filosófico y, por extensión, para otros discursos como la historiografía y el análisis literario ("The Epistemology of Metaphor" 15-30). Derrida argüía que precisamente ese *problema* abría el juego de la filosofía, ya que la metáfora es la condición ineludible de todo sistema conceptual ("La mitología blanca" en *Márgenes de la filosofía*); "no hay nada– decía– que no pase con la metáfora y por medio de la metáfora. Todo enunciado a propósito de cualquier cosa […], incluida la metáfora, se habrá producido *no sin metáfora"* ("La retirada de la metáfora" en *La desconstrucción en las fronteras de la filosofía* 37). Hayden White– en un gesto que de cierta manera marca la entrada de la historiografía en la "reforma" posestructuralista– revisaba el valor epistemológico de este "bochornoso" *problema tropológico,* arguyendo que los relatos y la retórica juegan– de manera más o menos autónoma– un papel fundamental en la formación, construcción y el proceso mismo de significación de las narrativas históricas (*Metahistory*). Clifford Geertz señalaba lo mismo para el caso de la antropología, poniendo en evidencia el complejo sistema de tropos y estrategias discursivas mediante las cuales se organiza el discurso antropológico (*Works and Lives*). Antes que rupturas, los ejemplos mencionados son síntomas de la emergencia de un vasto y heterogéneo campo de reflexión transdisciplinaria que comparte una tarea central que podríamos denominar *crítica tropológica.* Esta crítica informa, por ejemplo, algunas vertientes de los Estudios Culturales que, como señala Stuart Hall, han reparado en la "importancia crucial del lenguaje y de la metáfora […] en cualquier estudio de la cultura" ("Cultural Studies" 283). Se propone el concepto de *heterotropía* (neologismo de *hetero-*: otro y *-tropo*: figura del lenguaje) como categoría teórica para articular los discursos identitarios a las operaciones del lenguaje que hacen posible su representación. El concepto trabaja fundamentalmente sobre alegorías, metáforas y otros tropos a partir de los cuales tanto la identidad como la otredad individual o colectiva pueden ser producidas en diversos contextos histórico–culturales.

[6] Cuando hablo de *modernidad* es bajo el entendido de que la modernidad no es una sola, ni producto de una línea homogénea, única y evolutiva, como ha señalado Anthony Giddens (*The*

refiere a, *otras cosas*[7]: la fuerza laboral; el indio insumiso; el motivo de un debate entre juristas sobre el Imperio; es una herramienta de la imaginación del tiempo de la modernidad; el epítome del terror y el deseo colonial; una marca cartográfica del Nuevo Mundo; el nombre de unas islas y de una amplia región atlántica desde la Florida hasta Guyana incluyendo el golfo de México y partes de Centroamérica; la expresión de terrores culturales y un artefacto utópico para imaginar la felicidad; un aborigen inhospitalario, un monstruo rebelde que maldice a su amo, un salvaje filósofo y un intelectual periférico; la multitud siniestra; lo popular; los esclavos insurrectos; una metáfora modélica para pensar la relación de Latinoamérica con centros culturales y económicos como Europa y los Estados Unidos y para imaginar modelos de apropiación de lo "foráneo"; el epíteto para el imperialismo norteamericano y el símbolo del pensamiento antiimperialista; el consumidor devorante y el devorado.

Estas lecturas se realizarán a través de métodos de análisis textual propios de la crítica literaria y del comparatismo de los estudios culturales sin sacrificar la inscripción de cada experiencia cultural e histórica. Se utilizará una estrategia metodológica interdisciplinaria como lo exige la heterogeneidad del material (textos literarios, históricos, cartográficos, religiosos, jurídicos, antropológicos, de crítica cultural, etc.), y un análisis teórico crítico que apela a disciplinas diversas como la antropología cultural, la historia, el psicoanálisis, las discusiones del debate poscolonial y las reflexiones sobre la *posmodernidad*, particularmente sobre los temas del consumo, la expansión de mercados nacionales y la globalización.

Las preguntas que guían este estudio tienen menos que ver con qué quiere decir el tropo *caníbal* que con la cuestión de cómo funciona cultural e históricamente, y cómo sus reacentuaciones, fracturas, inestabilidad y heterogeneidad producen lo que Iris Zavala ha llamado un *surplus of signification* que al mismo tiempo define y excede lo identitario (*"surpl-us"*), y en el cual la Historia, como *lo Real*, se asoma[8]. El canibalismo es, como veremos, un signo palimpséstico,

---

Consequences of Modernity 6, 7), y que hay modernidades alternativas. Uso Modernidad, con mayúscula, para referirme a los proyectos hegemónicos de la misma.

[7] Peggy Sanday afirma que "Cannibalism is never just about eating but is primarily a medium for non gustatory messages – messages having to do with the maintenance, regeneration, and, in some cases, the foundation of the cultural order" (3). Aunque puede decirse que en todo caso tampoco comer, nunca es *sólo* comer y por el contrario, como señala Claude Lévi-Strauss, existe una dimensión política que trasciende la simple actividad material (*Le cru et le cuit* 1964), podemos aceptar la idea general de Sanday respecto a la multiplicidad e importancia de los significados sociales del canibalismo (aunque no sólo –como ella propone– para aquellas sociedades que supuestamente lo practican).

[8] Se apela aquí a una noción de historia como *causa ausente* pero Real en la cultura: "la historia es inasequible para nosotros excepto en forma textual" de manera que "nuestra aproximación a la

producto de diversas economías simbólicas y procesos históricos que lo han significado. Por ejemplo, el Calibán de Shakespeare es un anagrama del caníbal de Colón y de Anglería y, también, un *personaje conceptual* con el que se caracterizó al proletariado del siglo XIX, así como al imperialismo norteamericano en el Caribe en la crisis de fines del siglo XIX (Cap. IV). Luego, ese Calibán monstruoso y voraz se convierte en el símbolo de identidades que intentan una descolonización de la cultura y colocan entre su genealogía simbólica al salvaje caníbal que resistió la invasión de la Conquista (VI). De la misma manera trashistórica, en el antropófago que la vanguardia brasileña recogió en los años 20 como símbolo de formación de la cultura nacional en la modernidad (V), encontraremos sedimentadas las huellas de los relatos de los viajeros franceses del siglo XVI (I §6), así como los buenos caníbales que imaginó Montaigne (II §4), y los salvajes (buenos y malos) de las novelas de José de Alencar (III §6). No se trata simplemente de la intertextualidad de la cultura latinoamericana, sino de re-narraciones de la identidad que se sirven de la enorme carga simbólica que significa que América fuera construida imaginariamente como una *Canibalia*: un vasto espacio geográfico y cultural marcado con la imagen del monstruo americano comedor de carne humana o, a veces, imaginada como un cuerpo fragmentado y devorado por el colonialismo.

1. "SARTA DE TEXTOS" PARA UNA CARTOGRAFÍA NOCTURNA

Forzosamente tengo que insistir en que no me estoy refiriendo a la práctica de comer carne humana, sino a lo que podríamos llamar las *dimensiones simbólicas* del canibalismo. Esta indagación no se interna en la "verdad histórica" sino en la semiótica cultural. Como se sabe, sobre la llamada *realidad histórico-etnográfica* del canibalismo hay desde hace algunos años un debate acalorado. *The Man-eating Myth* (1979) de William Arens marca la emergencia de la pregunta por la *razón colonial* de los relatos sobre caníbales en la antropología contemporánea. La impugnación de la fidelidad de las fuentes y de la credibilidad de las pruebas antropo-arqueológicas y documentos históricos que hizo Arens –aunque controvertida y controvertible, acusada de sensacionalista y generalizadora– acierta en discutir la presunción de superioridad que conlleva tener el poder de *decir* y

misma y a lo Real, necesariamente pasa por su textualización previa; su formulación narrativa en el inconsciente político" (Jameson, *The Political Unconscious* 35). La Historia está mediada (y reprimida) por lo textual; no constituye la *causalidad explicativa* de las representaciones culturales sino aquello reprimido que, por reprimido, retorna y debe ser objeto de análisis conjunto. Sobre la noción de "Sur-plus" identitario ver "The Retroaction of the Postcolonial..." de Iris Zavala (374-377).

decidir quién es caníbal. El argumento de Arens ha sido a menudo deformado como si se tratara de la denegación de la ocurrencia histórica de casos de canibalismo[9] y no como lo que es: un cambio de problema y de pregunta. Arens propuso una corrosiva hermenéutica de duda y una crítica del *régimen de verdad* de los relatos sobre canibalismo. La autoridad de los mismos –señalaba– depende frecuentemente del aislamiento ideológico de las circunstancias históricas en que fueron producidos, que en su mayoría corresponden a las invasiones coloniales europeas de América, África y Asia, y al sometimiento de grupos humanos a la esclavitud. El canibalismo funciona como un mito no sólo del colonialismo, sino de las disciplinas que producen el saber sobre la Otredad. De esta manera, Arens no reflexiona sobre el canibalismo en sí, sino sobre la disciplina antropológica que hizo de éste su objeto predilecto. Así lo recoge con innegable humor antropofágico "Anthropologist with Noodles" de la serie *Cannibull's soup cans*, instalación de latas de sopa (similares a las de la famosa marca Campbell's) del artista mexicano Enrique Chagoya.

Arens llamó la atención sobre el *blind spot colonial* de la concurrida asamblea de estudios sobre las causas y el significado del canibalismo que se daba en diversas disciplinas como la antropología, la historia y la psicología. La tesis psicologista y desarrollista de Eli Sagan (1974), por ejemplo, intentaba comprender y explicar la práctica caníbal como una forma de agresión institucional que la civilización habría sublimado: el canibalismo marcaría la hora del salvajismo. Sagan proponía que así como, según Freud, la incorporación oral es la respuesta agresiva primaria a la frustración y al deseo de dominar la resistencia del objeto, el canibalismo "es la forma elemental de agresión institucionalizada". Según él, todas las formas subsecuentes de agresión "están relacionadas de alguna manera con el canibalismo", presente en formas sublimadas como la caza de cabezas, los sacrificios humanos y de animales, el imperialismo y el capitalismo, las guerras religiosas, el fascismo y el machismo, y la competencia social. Para Sagan, el caníbal se come a aquellos que son *Otros* al tiempo que las sociedades "civilizadas" esclavizan, explotan o hacen la guerra a aquellos fuera de los linderos del *yo*. El verbo *dominar* ha tomado el lugar de *matar* y *explotar*, el de *comer*. La cultura es para Sagan el espacio de la sublimación del canibalismo; sin cultura, tendríamos el *negativo de la cultura*: "estaríamos todos comiéndonos a nuestros ene-

---

[9] Es necesario aclarar que Arens jamás afirmó –como se insinúa a menudo– que el canibalismo ritual jamás hubiera tenido ocurrencia; por el contrario, expresamente señaló que no negaba esa posibilidad (1979: 180, 182). La mayoría de sus numerosos críticos (i.e.: Sahlins 1979: 47; Palencia-Roth 1985:1; Peggy Sanday 1986: xii, 9; Frank Lestringant 1997: 6; Lawrence Osborne 1997: 28-38; Don Gardner 1997: 27, 36-38), como acertadamente anota Peter Hume (1998: 7, 8), representan mal o no entienden el argumento de Arens.

migos" (xix, 35-63, 70-76, 80, 105-110, 124-132). La comparación es productiva políticamente, pero yerra en la proposición secuencial: para Sagan, primero es el canibalismo y luego, por ejemplo, el colonialismo; cuando históricamente el caníbal es un constructo colonial, independientemente de que la gente se comiera entre sí en Ubatuba, Tenochtitlán o Nueva Guinea.

Entre la enorme bibliografía antropológica sobre el canibalismo se recordará, asimismo, la célebre hipótesis ecológica de la antropología cultural materialista, sostenida por influyentes antropólogos como Michael Harner, en relación con el sacrificio azteca ("The Enigma of Aztec Sacrifice" 1977), y como Marvin Harris, quien la extendió a otros casos (*Cannibals and Kings: the Origins of Cultures* 1977). El sacrificio y el canibalismo –según ellos– serían prácticas relacionadas causalmente con la supuesta deficiencia proteínica en el valle de México, resultado a su vez de la presión demográfica, el agotamiento ecológico del sistema de producción y la ausencia de grandes mamíferos para proveer de carne la dieta mexica[10]. Marshall Sahlins –insistiendo en el carácter ritual-simbólico del canibalismo– contradijo esta hipótesis, recordándole a Harris que la carne humana resultante del sacrificio mexica era distribuida de manera antieconómica, privilegiando consideraciones simbólicas y religiosas: por ejemplo, el tronco era ofrecido a los animales del zoológico real. Para él, la hipótesis materialista no hacía otra cosa que declarar que "las costumbres de la humanidad iban y venían conforme a su rendimiento o beneficio" y que el canibalismo "podía ser explicado con una suerte de contabilidad ecológica de los costos", lo que equivalía a decir que "culture is business on the scale of history" ("Culture as Protein and Profit" 1978). Arens llega a este debate sosteniendo que no hay una *torre inocente* desde la cual observar al caníbal y que el canibalismo, independientemente de sus causas y ocurrencia –la cual en la mayoría de los casos es sospe-

---

[10] Las llamadas teorías materialistas parten de los presupuestos de que las culturas se adaptan a sus ambientes y recursos (una visión sincrónica), y que las culturas cambian a través del tiempo (una visión diacrónica) a causa de factores tecno-ambientales y demográficos. Diferentes modelos ambientales y poblacionales llevan a la conclusión de que la sociedad "azteca" tenía crecientes problemas ecológicos pese a su intensificación de la producción agrícola y el desarrollo de diferentes técnicas como los canales de riego y las *chinampas* (que creaban nuevas tierras cultivables ganándole espacio al lago). El valle de México tiene lo que se llama una circunscripción ambiental (un anillo circundante) de tierras de muy bajo rendimiento que limitan las posibilidades de expansión territorial de la agricultura. La presión demográfica, las condiciones limitadas de la agricultura y la falta de herbívoros domesticados (que se extinguieron hacia el año 7200 a.C.) habrían reducido el consumo de proteínas y grasas *per cápita*, por debajo de lo requerido, a diferencia de lo que ocurrió en Europa, en Asia u otras zonas de América como los Andes en donde se contaba con varios camélidos como la llama y la alpaca, y herbívoros domesticables como el curí. Ello habría jugado un papel importante en la institucionalización del sacrificio y el canibalismo humano, al menos para provecho de las clases altas y militares (ver, por ejemplo, Marvin Harris 125-162).

chosa–, sirvió para organizar el discurso colonial e incluso la propia antropología. La antropología no es acusada de una conspiración intelectual sino de trabajar dentro de –y reproduciendo– un sistema mitológico e inconsciente de sus implicaciones ideológicas. Una acusación de conspiración hubiera, sin duda, sido mejor recibida[11].

La lectura de los relatos sobre canibalismo como alegatos justificativos del colonialismo es de vieja data. Ya Bartolomé de las Casas había notado que frecuentemente las noticias sobre caníbales correspondían a rumores y acusaciones y que las áreas en las que habitualmente aparecían coincidían con aquellas en las que el encuentro colonial enfrentaba resistencias (I §3)[12]. Esto no quiere decir que hubo una vasta conspiración que decidió e implementó la aparición del caníbal. Mala fe hubo, sin duda; pero los relatos sobre caníbales no pueden entenderse como simples farsas. Ello supondría que hay una *verdad* sobre el canibalismo americano y que dicha verdad hubiera podido ser políticamente significativa de ser develada. *Canibalia* no entra en la discusión sobre la existencia de la práctica caníbal en América o el análisis de las hipótesis propuestas en torno a sus causas; entre otras razones, porque, como señalaba Said, no debe asumirse que el discurso colonial sea una mera estructura de mentiras o de mitos que desaparecerían si la verdad acerca de ellos fuera contada, pues éste es más revelador como signo del poder atlántico-europeo que como un discurso de verdad (*Orientalism* 6). El tropo caníbal fue resultado de un tejido denso de prácticas sociales discursivas, narrativas, legales, bélicas y de explotación colonial. La *verdad del canibalismo*, si tal cosa existiera, debería indagarse primeramente en las relaciones materiales y de explotación que sobredeterminan dicho tropo.

Hoy el área de estudio puede ser descrita como dividida entre los que están el que Maggie Kilgour llama el debate del *"did they or didn't they?"* [el debate de si comieron o no] ("The Function" 240), y quienes han abandonado esa pregunta por el estudio de las narrativas sobre el canibalismo, que es el campo en el

---

[11] En "Rethinking Antropophagy" Arens responde a las críticas y al debate después de cerca de veinte años (39-62). Después del trabajo de Arens, Grannath Obeyesekere ha continuado las lecturas de formación de mitos europeos sobre la otredad en los reportes coloniales de caníbales del siglo XIX, con un riguroso examen de las etno-narrativas clásicas sobre las cuales se basan la mayoría de los análisis antropológicos. Obeyesekere sugiere el carácter ficcional y literario de la llamada "evidencia testimonial" que sustenta los alegatos sobre la antropofagia Fiji ("Cannibal Feasts").

[12] Alexander von Humboldt a comienzos del siglo XIX notaba lo mismo en su análisis de los relatos coloniales sobre los caribes (III § 3). Experiencias (neo)coloniales recientes como las reportadas por Michael Taussig en *Shamanism, Colonialism, and the Wild Man*, muestran que aún en casos de completa inexistencia de la práctica, ésta fue atribuida a los indígenas rebeldes o no dominados por el sistema de esclavitud de las casas caucheras en Colombia en pleno siglo XX.

que se inscribe este trabajo[13]. *Canibalia* no es pues –estrictamente hablando– un libro sobre caníbales, ni sobre la dieta de tal o cual grupo aborigen. Lo que nos importa es el *canibalismo en la cultura*, y que nos puede decir algo de ella y de nosotros, mejor que de la práctica de comer carne humana o de los *Otros* señalados como antropófagos. El análisis de las transformaciones y diferentes valores ideológicos y simbólicos del canibalismo tiene que ver no con la "verdad" sino con representaciones e imaginarios culturales; con aquello que Jorge Luis Borges llama –citando a Robert Luis Stevenson– *textura* o "sarta de textos" al hablar del *problema histórico* versus el *problema estético* del canibalismo que Dante le habría imputado al conde Ugolino en *La divina commedia*. Como se sabe, Dante coloca en el noveno y último círculo de su infierno a los traidores. Entre ellos está Ugolino, tirano de Pisa, que destronado por su pueblo fue encerrado en una prisión junto con sus hijos. En un acto de dolor, Ugolino muerde sus manos, y sus hijos –pensando que es por hambre– le ofrecen su propia carne que él rechaza[14]. Cuando finalmente ellos mueren, Ugolino –al parecer llevado por el hambre– habría comido la carne de sus propios hijos antes de, él mismo, morir (Cantos xxxii y xxxiii). Borges retoma la larga y tradicional discusión sobre si los versos con los que concluye Dante la historia de Ugolino indicarían o no que en efecto el conde comió la carne de sus hijos: "Poscia, più che 'l dolor, poté 'l digiuno" (Canto xxxiii) ("luego el hambre hizo lo que el dolor no pudo"). Para Borges se trata de una *"inutile controversia"* pues el Ugolino de Dante es una *"textura verbal"*:

> una serie de palabras es Alejandro y otra es Atila. De Ugolino debemos decir que es una *textura verbal*, que consta de unos treinta tercetos ¿Debemos incluir en esa *textura verbal* la noción de canibalismo? Repito que debemos sospecharla con incertidumbre y temor. Negar o afirmar el monstruoso delito de Ugolino es menos tremendo

---

[13] Historiadores y críticos literarios han examinado la recurrencia y representaciones del caníbal en el imaginario europeo desde la antigüedad clásica (Michael Palencia-Roth 1985, 1996; Maggie Kilgour 1990; Frank Lestringant 1997) y los discursos coloniales sobre el canibalismo en Latinoamérica (Hulme 1986, 1998; Palencia-Roth 1985, 1996, 1997; Sarah Beckjord 1995; Alvaro Félix Bolaños 1994, Jáuregui 2000, 2002, 2003a). Adicionalmente, se han señalado las articulaciones de este tropo con debates de género (Castro-Klarén 1991, 1997), su conexión con los discursos contra-coloniales y de identidad afro-caribeña (Eugenio Matibag 1991), y se han analizado los diferentes contextos culturales y discursos que articula este tropo (i.e. eucaristía, lenguaje de la sexualidad, el consumismo, etc.). Recientemente la crítica cultural ha atraído renovada atención sobre el tema, caracterizada por sus aproximaciones interdisciplinarias y poscoloniales (Daniel Cottom 2001, Deborah Root 1998, Barker, Hulme e Iversen 1998; Lestringant 1997; Philip Boucher 1992; Kilgour 1990).

[14] "Padre, assai ci fia men doglia / se tu mangi di noi: tu ne vestisti / queste misere carni" (Canto xxxiii). (Padre, nos darías menos dolor si comieses de nuestras carnes: tu nos vestiste con estas pobres carnes").

que vislumbrarlo. [...] Ugolino devora y no devora los amados cadáveres, y [...] esa incertidumbre, es la extraña materia de que está hecho (*Obras completas* 3: 352, 353).

El discurso colonial es menos un sistema que una *sarta de textos* y significantes relativos a un mundo del cual ellos guardan un índice –en fragmentos– de su significación. Llegamos a esa *textura* a través de lo que Heidegger en el contexto del conocimiento llama *entendimiento previo* o *pre-comprensiones* y con innumerables mediaciones, traducciones, silencios y olvidos. En el estudio de las dimensiones simbólicas del canibalismo es necesario –como Borges frente al canibalismo de Ugolino– optar por la incertidumbre y guardar frente al debate de la "verdad" histórica una distancia interesada[15]; ver en el mismo la oportunidad no de encontrar los hechos, sino, por ejemplo, de reflexionar sobre la conformación colonial de los idearios de la modernidad. Siendo *Canibalia* un estudio tropológico sobre la retórica de la colonialidad que el canibalismo articula, rehuye –como el ensayo de Borges– la *idolatría de lo fáctico*. Sin embargo, los análisis que se proponen son en última instancia políticos y tratan deliberadamente de evitar la abstracción a-histórica o el tratamiento de la historia como *mera* textualidad a favor de una noción de historia en fragmentos que –aunque, mediada y reprimida por lo textual– retorna en su fuga, como un relámpago, a reclamar benjaminianamente la *justicia-por-venir*.

La identidad es producto de procesos históricos que han depositado una infinidad de rastros sin dejar un inventario. El canibalismo es en el caso latinoamericano acaso uno de los índices privilegiados a través de los cuales puede delinearse un inventario de trazos en la conformación palimpséstica de la(s) identidad(es) latinoamericana(s); un índice que, lejos de ser una lista exhaustiva, es una maraña de huellas para travesías que pueden hacer visibles (hacer *brillar de manera fugaz*) determinadas interrelaciones histórico-culturales[16]. Clifford Geertz decía que la cultura puede concebirse como una articulación de historias, un intrincado tejido narrati-

---

[15] Acogemos la solución de Borges al "falso problema de Ugolino" sin su distinción entre el "tiempo real" (de la historia) y el "ambiguo tiempo del arte" que según él es el tiempo que se caracterizaría por su "ondulante imprecisión" e incertidumbre.

[16] El análisis de la retórica/política del tropo caníbal puede, por ejemplo, iluminar críticamente distintas instancias y problemas de la historia cultural tales como el colonialismo clásico y el (neo)colonialismo moderno, los conflictos y fisuras que definen los proyectos nacionales (Cap. III, IV y VI), la relación entre capitalismo metropolitano y naciones dependientes, los conflictos de la modernización y las ambiguas dinámicas de deseo, celebración y rechazo de la modernidad en Latinoamérica (V y VI). El canibalismo también es una clave que abre la puerta a la comprensión de problemas vinculados a la (pos)modernidad; se hace presente en múltiples *resonancias alegóricas*, se presta a la dramatización de identidades adscritas a políticas de género o de etnia (VI) y permite el análisis de los discursos teóricos de formación, fragmentación y recomposición de identidades híbridas y ciudadanía por medio del consumo (VII).

vo de sentido, producto y determinante de interacciones sociales (Clifford Geertz 1973: 145-250); es decir, una narración que continuamente escribimos y leemos, pero en la cual también somos escritos y leídos. Apenas podemos, como instaba Said, "describir partes de ese tejido [cultural] en ciertos momentos, y escasamente sugerir la existencia de una totalidad más larga, detallada, e interesante, llena de [...] textos y eventos" (*Orientalism* 24). Estas travesías por la *Canibalia* americana no aspiran a ser una historia enciclopédica de las ocurrencias textuales del canibalismo; por lo menos, no en el sentido más obvio de la *enciclopedia*, de conocimientos organizados con una pretensión de totalidad. Sí, empero, en su sentido etimológico –que reivindica Edgar Morin en *Antropología del conocimiento* (1994)– de movimiento y circulación del saber en la cultura. Por eso, estas travesías de las que hablamos pueden concebirse únicamente como recorridos parciales –no hay alternativa– de lectura y, a la vez, como escritura de una geografía cultural que la analogía del *mapa nocturno* usada por Jesús Martín-Barbero expresa adecuadamente (*De los medios* 292). Ésta es una cartografía de movimientos segmentados entre las huellas a veces borrosas de la historia cultural; una iluminación irregular y parcial sin pretensiones de totalidad. El mapa evoca un conocimiento afirmado en la visión imposible de una totalidad imaginada que es irregularmente iluminada por la crítica. Como los mapas de América del siglo XVI en los que ciertas áreas son presentadas en gran detalle y algunos perímetros delineados, y lo remanente apenas señalado como *Terra Incognita* (la analogía es de Palencia-Roth), en *Canibalia* se señalan ciertos accidentes, tiempos, rutas en las que sobresale el signo del caníbal en la cartografía siempre equívoca y aproximada de la identidad cultural. Podemos recorrer fragmentos de ese mapa como se recorre con la imaginación una cartografía: sabiendo que aquí y allá, por cada trazo, hay cientos de cosas que el mapa no representa y ni siquiera intenta representar. Este trabajo es fatalmente posterior a la crisis de los meta-relatos: fragmentario, incompleto y consciente de la *ineludible opción de la incertidumbre*. Pero también quiere ser posterior al desencanto y arriesgar una cartografía política que no renuncia a imaginar otros órdenes y que, por lo tanto, no identifica lo posmoderno con lo pos-utópico. Y es en este gesto que el caníbal nos sirve como dispositivo anticipatorio de la imaginación política.

2. CANIBALIA PRELIMINAR

El primer capítulo de *Canibalia*[17] es un intento de recorrer o atravesar diversos aspectos de la *textura* simbólica de las identidades del período de Descubrimiento

---

[17] Lo que sigue es un panorama que introduce los capítulos de *Canibalia*. Algunos lectores preferirán obviar este preámbulo; otros, acaso, hallarán en él un útil avance por las travesías del texto.

y Conquista, de explorar la constante atracción semántica entre América y el canibalismo y de examinar el papel del tropo caníbal en la formación de la Modernidad colonial y del *ego conquiro* (o yo conquistador del que habla Enrique Dussel)[18]. Veremos como el *caníbal* es, en primer lugar, la marca de la alteridad americana prefigurada antes del encuentro gracias a un archivo premoderno que es actualizado en el momento de la expansión del mercantilismo. Aunque la palabra *caníbal* misma es una deformación de un vocablo indígena usado por primera vez en una lengua europea a raíz del Descubrimiento, en su significación colonial concurren el archivo clásico sobre la otredad, la teratología medieval, compendios y catálogos de saber del Renacimiento, historias populares sobre brujas y judíos, relatos de viajeros y los miedos y ansiedades culturales de la Edad media tardía. Lo primero que sucede es la superposición de un sistema gnoseológico, teológico y cultural a la realidad americana; y luego, rápidamente, ese imaginario se ajusta a las condiciones de una empresa moderna como es la de la Conquista. La escena caníbal será el *bricolage* de varios tropos e imágenes del *archivo previo* en relación con experiencias que no sólo son ya modernas, sino que inauguran la Modernidad. Pese a la aparición aquí y allá de monstruos en las crónicas y relaciones, predominó cierto "realismo"; en lugar de cíclopes y antropófagos, la conquista de América dio lugar a una lo que Palencia Roth ha llamado una *teratología moral* (1996); el canibalismo fue una de las marcas de dicha monstruosidad, junto con la sodomía, el incesto y la agresividad sexualidad femenina. La *civilización colonial* aparece de manera proto-freudiana como restricción múltiple de los apetitos salvajes: prohibición de comer carne de la misma especie, tener comercio sexual dentro de la familia o en el mismo género; tres prohibiciones *erga omnes*, pero –al menos las dos primeras– específicamente dirigidas a la irrestricta libidinosidad de las mujeres. La *feminidad salvaje* –caníbal, lasciva e incestuosa– fue uno de los pilares androcéntricos de la Modernidad. El canibalismo se asoció tempranamente a una feminidad siniestra, voraz y libidinosa. Aquí encontraremos no sólo el mito de las *bakchai* de Eurípides, sino la representación del canibalismo –que nunca ha sido definido como pecado– asociado a pecados como la gula y la lascivia (cuya iconología es femenina), y a la brujería que, desde el siglo XV, deja de ser una simple práctica pagana y empieza a ser vista como arte diabólica fémínea.

El caníbal americano fue, estrictamente hablando, una canibalesa: la corporeidad metonímica del Nuevo Mundo descrita por Amerigo Vespucci correspon-

---

[18] En *1492: El encubrimiento del otro* Dussel identifica dos modernidades: la católico-imperial española de los siglos XVI y XVII y la segunda, centrada por el imperialismo capitalista de Holanda, Inglaterra, Francia y los Estados Unidos. A la primera correspondería la primera forma de subjetividad moderna: el *ego conquiro* o *yo conquistador*, "el primer hombre moderno activo, práctico, que impone su 'individualidad' violenta a otras personas [...] en la *praxis*" colonial (59).

de al cuerpo femenino apetecible y ávido, deseado y temido, que se ofrece sexualmente y que castra. Textos e imágenes sugieren la ambivalencia constitutiva de este objeto. Esos cuerpos de mujeres caníbales y amazonas desnudas que a fines del siglo XVI ya representaban el continente, figuraban también resistencias del objeto del deseo colonial: el cuerpo abyecto de la canibalesa americana era el límite imaginado para su posesión absoluta, la imagen en la que lo deseado se convertía en una *máquina deseante*, figuración del apetito "ilegítimo" del *Otro*, y límite para el apetito colonial. Los relatos de canibalismo americano surgen, así, en la tensión entre comer y ser comido, y –allende el asunto de su historicidad– son verdaderas *fantasías paranoicas*, en el sentido que les da Melanie Klein: como proyección en el *Otro* de impulsos de la mismidad (Cap. I §1). No debe extrañar entonces que conjuntamente se imaginara un cuerpo dócil, abierto, también desnudo, pero desprovisto de agresividad: América acostada en una hamaca entre la cornucopia de bienes, frutos y mercaderías, dándole la bienvenida al conquistador; este cuerpo consumible aparece desde Colón como un "buen salvaje". Este salvaje hospitalario habita un espacio definido de manera contradictoria. Por un lado, el Nuevo Mundo es el *locus de la abundancia* de lo deseado; en la era de la mundialización de los circuitos comerciales, América es objeto del consumo europeo y así se la representa e identifica; con las mercancías del tráfico atlántico: oro, especias, brasil, perlas, papagayos y los cuerpos femeninos de las "moças bem gentis" que obnubilaron a Pêro Vaz Caminha (Cap. I §6; y II §4). Al mismo tiempo, el buen salvaje, como metonimia del Nuevo Mundo, señala un *locus vacío*; es definido mediante un inventario de lo que *no es* y *no tiene*. A la profusión de bienes o cornucopia corresponde la ausencia de propiedad, la inocencia, la falta de religión y la inexistencia de conocimientos, derecho y organización política. El Nuevo Mundo es concebido económicamente como un depósito inagotable de mercancías y, culturalmente, como una página en blanco; éstas (abundancia y vacuidad) son las dos condiciones imaginarias del colonialismo (Cap. I §2).

El problema de la imaginación de un Edén era, por supuesto, cómo justificar la perturbación europea de ese estado de inocencia. El caníbal jugó un importante papel en la conformación de la *Razón imperial* moderna al justificar la entrada europea a la escena edénica: el europeo llegará, no a perturbar el paraíso sino a proteger a las víctimas inocentes de sacrificios sangrientos y festines caníbales. Gran parte de la *textura* de la *Canibalia* es jurídica; durante todo el siglo XVI se producirá insistentemente un cuerpo legal que autoriza la guerra y el sometimiento de los caníbales. La Corona movida por las denuncias de los dominicos contra las "iniquidades" de los conquistadores quiso saber exactamente quiénes eran y dónde estaban los caníbales; mediante una serie de probanzas y cédulas reales se procedió a trazar una *cartografía encomendera* y tautológica que definió a los caníbales por su ubicación geográfica, la cual, a su vez, era prueba de su canibalismo; canibalismo que no implica necesariamente consumo de carne humana: el discurso jurídico indetermina semánticamente el *canibalismo* identificándolo con la resistencia aborigen. Por otra parte, el canibalismo juega un papel central tanto en el debate por parte de la *intelligentsia* imperial sobre el derecho y los modos de la conquista como en el enfrentamiento entre el impulso centralizador de la Corona y el poder centrífugo de los encomenderos que tendía a disgregar el Imperio. La prohibición del trabajo forzado de los indios (su consumo) dio lugar a una de las más célebres disputas teológico-jurídicas de la Modernidad, y fue una importante carta política de la Corona contra el poder encomendero. Los encomenderos, por su parte, se dedicaron a probar que la fuerza de trabajo provenía de caníbales o de esclavos rescatados de los caníbales. Entre el universalismo imperial evangélico, la disputa con los encomenderos y el cuestionamiento sobre la justa guerra y la conquista, surge la cuestión de los derechos del *Otro*; o, para ser más precisos, del *derecho de conquista del Otro*. Juristas y teólogos como Francisco Vitoria determinaron que ni la concesión papal de América a los reyes de Castilla ni el pretendido canibalismo de los aborígenes eran justas causas *per se* para las guerras de conquista. La razón para la presencia imperial en América era la protección del inocente de supuestos tiranos locales que exigían sacrificios de víctimas para consumirlas en ritos caníbales. El derecho internacional humanitario surge *a posteriori* de la Conquista, para asentar la autoridad de la presencia imperial, en medio de ficciones jurídicas como la *tiranía de los caníbales* y la *defensa de los inocentes*. En este contexto aparece un defensor de las bulas papales: Bartolomé de las Casas (1484-1566). Su defensa del título pontificio era la base de otra ficción jurídica: la *encomienda evangélica* por la que se definía el Imperio como pastor de pueblos con el deber de evangelizar y proteger a los inocentes, no de los indios caníbales sino de los lobos conquistadores y encomenderos (Cap. I §3 y §4).

La imagen del caníbal fue semánticamente unida a la de América no sólo por las crónicas y relaciones, las leyes y los debates filosófico-jurídicos, sino especialmente gracias a la abundante representación cartográfica del Nuevo Mundo. El caníbal marca el área del Caribe (que "nombra"), México y la costa atlántica continental del Brasil hasta el Río de la Plata, y llega a identificar a toda América. La *Canibalia* es entonces resultado de una mirada cartográfica al *Otro*; mirada panóptica que autoriza epistemológicamente al colonialismo y que incluye no solamente los numerosos mapas en los que el signo del caníbal representa y señala a América como lugar del deseo y lugar de dominación, sino también los trabajos etnográficos que organizaron un sistema de representación de la Otredad sobre el eje de los sacrificios humanos y el canibalismo. Estas etno-cartografías asientan –mediante el tropo caníbal– el lugar espacial, moral y político del colonizado, y su *tiempo salvaje* o *asincronía* respecto de la hora de la civilización (salvajismo, niñez, inferioridad). Al mismo tiempo constituyen al Sujeto moderno colonial y eurocéntrico que observa desde el "aquí y el ahora" de la civilización al caníbal del "allá y el otrora" salvaje. La sincronización de estas temporalidades es colonial, independientemente del nombre que se le dé (evangelización, desarrollo, modernización, globalización).

El surgimiento de la mirada etnográfica moderna puede rastrearse en las relaciones comerciales y alianzas de algunos grupos indígenas de lo que hoy es Brasil con los europeos que competían por las rutas del comercio atlántico. Este tráfico produce curiosas re-acentuaciones; el canibalismo de los socios y aliados es visto etnográficamente. Aunque no se lo justifica, el canibalismo es explicado como una práctica guerrera asociada al valor militar. Así las cosas, el canibalismo de los amigos no es igual que el canibalismo de los aliados de los enemigos. Los franceses harán varias distinciones y clasificaciones entre el canibalismo noble o militar, y el canibalismo salvaje o alimenticio de tribus enemigas o que se negaban al comercio. El apetito comercial del salvaje es, por lo general, inversamente proporcional a la abyección de sus prácticas antropofágicas. Este tipo de resemantización estratégica hará que los holandeses en el Brasil representen ciertos grupos indígenas que no pueden incorporar al sistema de plantaciones como monstruos caníbales, y los ingleses denuncien el canibalismo comercial y sexual de los españoles que frustran sus primeros intentos coloniales en Guyana (Cap. I §5 y §6). El canibalismo, de nuevo, siempre se trata de otra cosa; a veces incluso, de un encuentro consigo mismo.

El tropo caníbal funciona como un estereotipo colonial; fija o significa al *Otro*; produce la *diferencia* y, también, el terror del reconocimiento en ella[19]; en él coexisten el repudio y la afirmación del *Otro*; el mismo tropo que señala lo diferente anticipa el encuentro con la propia monstruosidad. El caníbal nunca ha sido exorcizado del orden de la mismidad; siempre ha, de una manera u otra, permanecido como posibilidad de la esfera de quien pretende fijarlo como cosa ajena. El caníbal es la *trampa especular de la diferencia*, título del segundo capítulo.

---

[19] El concepto de *estereotipo* de Homi K. Bhabha (*The Location of Culture* 66-84) tiene la ventaja de su inusitada claridad, pues no se distancia de la acepción del uso común. Tratándose de la construcción discursiva de la otredad en el contexto colonial, es necesario señalar que lo que Bhabha llama *estereotipo* corresponde a un tropo cultural que produce una alteridad fijada como previsible invariable, conocida y predecible y, sin embargo, fuente de ansiedades y ambivalencia. Bhabha acude aquí al concepto de identificación de Jacques Lacan, para quien durante la fase llamada "Imaginario" el niño se identifica mediante el "reconocimiento" de sí mismo en "exterioridades" que Lacan llama genéricamente espejo (Lacan, "Aggressivity in Psicoanálisis" en *Ecrits: A selección*). Este reconocimiento es placentero pero también genera ansiedad al reconocer en la imagen una diferencia *de sí mismo*.

La *diferencia* colonial se revela como un eslabón quebradizo, una frontera textual frágil y permeable, a ambos lados de la cual puede encontrarse el *yo*. Una de estas formas de reconocimiento es el encuentro con el *canibalismo blanco*. No es que el *Otro* en el cual nos reconocemos se revele diferente y cause por ello ansiedad, sino que se descubre que el *Yo* está secretamente habitado por el salvaje comedor de carne humana. Los numerosos reportes de canibalismo entre los propios europeos constituyeron verdaderas distopías coloniales que desestabilizaban la distribución entre *diferencia* y *mismidad*. El canibalismo del europeo desordena el régimen trópico del *adentro* y el *afuera* produciendo zonas de "insoportable" ambigüedad, objeto de exorcismo escriturario. Son necesarias nuevas distinciones entre el canibalismo salvaje y el canibalismo de los propios, y entre los caníbales españoles y el *ego conquiro*. En primer lugar, la escena del canibalismo blanco es representada como "excepcional"; el canibalismo aparece como una tragedia producto de condiciones extremas de hambre (según Ulrico Schmidel) o como resultado del "naufragio" y disolución del "pacto social" de algunos españoles desesperados (como nos cuenta Álvar Núñez Cabeza de Vaca); en ambos casos, el aparato cultural y civilizador entra en crisis a causa del hambre; y aunque "horrible", el canibalismo es inteligible. En otros casos, como el de Íñigo de Vascuña y sus hombres, en los que el conquistador cansado de comer palmitos decide hartarse de indios, la historiografía imperial, para distanciarse del caníbal blanco, introduce en la escena al demonio, dispositivo otrificador por excelencia (Gonzalo Fernández de Oviedo). En todos estos casos y tantísimos otros se desvanece el hecho de que la ocasión que da lugar al canibalismo blanco es, antes que el hambre o el demonio, el colonialismo (Cap. II §1).

Otra trampa especular ocurre en las *etnografías evangélicas* sobre el sacrificio y la antropofagia ritual mexica. Las conversiones en masa que tanto entusiasmaron a los primeros frailes en la Nueva España, pronto revelan formas híbridas aterradoras, ocultación, mimesis y mezclas facilitadas por supuestas similitudes entre la religión antigua y la católica. La más pavorosa de esas "coincidencias" –que el propio Cortés advirtió– fue la percepción de la semejanza teológica entre los sacrificios humanos mexicas y el sacramento eucarístico, especialmente en aquellos en los que la víctima encarnaba a un dios cuya sangre o carne era consumida. Como el catolicismo afirmaba dogmáticamente contra la Reforma la realidad material de la *transubstanciación*, los sacrificios mexicas producían un reconocimiento siniestro e intolerable. Las similitudes fueron exorcizadas concibiéndolas como copias; en este caso, producto de un *plagio diabólico*: inspirados por el demonio en competencia envidiosa con Dios, los sacrificios antropo-teofágicos mexicas eran expresión mímica y perversa del sacramento eucarístico (Cap. II §2).

Otra tradición hermenéutica, de corte sincretista, se encontró y reconoció en el *Otro:* el cristianismo podía ser una continuación del sentimiento religioso presente en las religiones indígenas, pues en ellas ya estaban anunciados los misterios del cristianismo. Esta tradición –en la que encontraremos entre otros a Bartolomé de las Casas– requería, claro, el ajuste doctrinal del problema del canibalismo: Las Casas acude al comparativismo relativista con la Antigüedad, a la formulación de un sentido bíblico para la resistencia caribe (castigo de los malos cristianos), al reconocimiento teológico de algunos ritos caníbales (como prefiguración de la eucaristía) y a la re-definición de los conquistadores y encomenderos como caníbales: "lobos" y "carniceros" feroces que "consumían" la sangre y los cuerpos de los inocentes corderos indígenas en un sacrificio hecho a la "diosa muy amada y adorada de ellos, la codicia" (Cap. II §3).

El canibalismo fue, además, una suerte de espejo para ejercicios paranoicos y narcisistas en los que el ego moderno se afirma y en los que también entra en crisis melancólicas. De la aventura colonial francesa en el Brasil (Cap. I §6) surgirán varios textos que usarán el canibalismo como artefacto especular: la etnografía de Jean de Léry, pretexto de una polémica religiosa con la Contrarreforma, y el famoso ensayo de Michel de Montaigne quien, sin pisar el Nuevo Mundo, hizo del caníbal un artilugio de ventriloquia moral y crítica de su propia sociedad. El ensayo de Montaigne –que de manera impropia ha sido visto como el texto fundador del *relativismo cultural*– alaba la virtud de los caníbales tupinambá, en quienes ve valor, naturaleza, salud y felicidad. Los caníbales le sirven a Montaigne para hacer un *viaje estacionario* a un espacio americano ideal(izado) y a un tiempo libre de la corrupción del presente. La *Canibalia* de Montaigne no es americana ni nombra la barbarie sino un tipo de salvajismo mítico cercano a la *Edad dorada*: naturaleza sin trabajo ni agricultura, costumbres sin afectaciones, justicia sin leyes, etc. La *razón moderna de lo exótico* es en Montaigne un atajo hacia el *Yo* melancólico (Cap. II §4).

Pasado el momento de las grandes conquistas y exploraciones españolas en América, el canibalismo tiene en la segunda mitad del siglo XVI y parte del XVII una importante función. Cantos épicos como *La Araucana* (1569, 1578, 1589) de Alonso de Ercilla procedieron de manera ambigua al encomio del *salvaje*: araucanos, guaraníes, caribes y pijaos fueron *otros* heroicos cuya derrota acrecentaba la gloria del vencedor. El canibalismo (como la idolatría) funcionó como un mecanismo para morigerar el encomio formulario del *otro* y distinguir a los contendores épicos (Cap. II§5). La épica bélica tuvo una continuidad nimia en el Barroco. El "indio" es discursiva y simbólicamente parte del rebaño imperial evangélico y, en la práctica, objeto de la explotación colonial de la fuerza de trabajo. Acaso estas circunstancias hacen que el teatro del *Siglo de Oro* retome con notable desgano y ambivalencia lo épico (Lope de Vega, Calderón de la Barca, Fernando de Zárate). La exaltación dramática nacionalista del Descubrimiento y la Conquista expresa, allende su celebración de Imperio, las dudas morales con las que se había formado la razón imperial en el siglo XVI. El Barroco retoma las críticas humanistas a la codicia y lamenta el "hambre por los metales", al tiempo que se decora con los mismos metales que condena; el tropo del canibalismo nos sirve de nuevo como clave de lectura. Uno de los aspectos más elocuentes de la economía simbólica barroca del canibalismo es el lamento retórico y moral de varios poetas como Luis de Góngora contra las navegaciones coloniales. Este lamento propondrá la idea de que los metales de la "grande América" pasan fugazmente por el cuerpo de España, el cual es devorado por el "Interés ligurino" de la banca de Génova y los Países Bajos. España es el cuerpo intermediario de la acumulación capitalista caníbal; ella misma, víctima de la Modernidad que inaugura (Cap. II §5). Creo que es muy significativo que, mientras se condena el "hambre por los metales" y se piensa el cuerpo imperial como una víctima de apetitos europeos, la imagen del caníbal aparezca en la poesía amorosa como la contracara de una amante que, primero –como América–, es una especie de *continente* de joyas, oro, perlas y mercancías coloniales (Francisco de Quevedo) y, luego, se convierte en caribe fiero (Francisco de Borja, Lupercio Leonardo de Argensola). El Barroco también tuvo su *devoradora de hombres*: una feminidad que como América es deseada y temida, espacio lleno de riquezas y máquina deseante y caníbal (Cap. II §5).

La *trampa especular de la diferencia* tratada en el Capítulo II tiene una "solución" criolla. Sor Juana Inés de la Cruz (1648-1695) –aunque tiene tras de sí más de siglo y medio de la retórica del *plagio diabólico* para la antropo-teofagia mexica– recoge la tradición contraria: en las loas a dos autos sacramentales, Sor Juana traduce simbólicamente a *América* india, idólatra y caníbal (lo particular americano) en la continuidad de lo universal (el cristianismo, el Imperio). Estas apropiaciones simbólicas tienen que ver con la emergencia de una *conciencia criolla* (no con un mexicanismo proto-nacional) que marca una diferencia *para participar* en la comunidad letrada imperial desde la periferia (Cap. II §6).

El tercer capítulo explora seis instancias de significación del *canibalismo* (en correspondencia y tensión con el tropo del *buen salvaje*) en algunos textos representativos de la historiografía ilustrada, los discursos de la emancipación y las literaturas nacionales latinoamericanas del siglo XIX. El *salvaje* (bueno o caníbal, poético o teratológico, idealizado u otrificado) constituye un artefacto de enunciación retórico-cultural para imaginar y definir hegemónicamente a la nación en oposición a sus alteridades étnicas y políticas. Los *salvajes* decimonónicos latinoamericanos funcionan entonces –en su repertorio vario– como lo que Gilles Deleuze y Félix Guattari han llamado *personajes conceptuales*: verdaderos agentes de enunciación, como el *Sócrates* de Platón o el *Zaratustra* de Nietzsche (*Qu'est-ce que la philosopie?* 60-81).

La Ilustración europea concibe dos tipos de *artefactos salvajes* o formas conceptuales del salvajismo: un *buen salvaje* que expresa el pesimismo ilustrado frente al progreso y anuncia las metáforas modernas contra la modernidad capitalista (Rousseau 1750, 1754); y el *caníbal* de la *Encyclopédie* (1751-1772), de los discursos (neo)coloniales europeos y de las ciencias sociales y naturales del siglo XVIII. Estas ciencias propusieron que los aborígenes americanos ejemplificaban estadios primitivos del desarrollo humano y que el ambiente malsano del Nuevo Mundo conducía a la degeneración. Encontramos variaciones de este paradigma determinista en la historia natural, la etnografía y la historiografía (Georges Louis Leclerc de Bufón, Cornelius de Pauw, William Robertson, Hegel). Algunos de estos textos serían refutados en la que Antonello Gerbi denominó la "disputa sobre el Nuevo Mundo" (1750-1900), en la cual varios intelectuales latinoamericanos discutieron el lugar anómalo o degenerado asignado por la taxonomía ilustrada al Nuevo Mundo. La *intelligentsia* ilustrada criolla evidencia en esta disputa cierta esquizofrenia cultural y *occidentalismo periférico*: por una parte, señalaba su norte en la constelación ilustrada de la civilización y el progreso y, por otra, impugnaba los presupuestos eurocéntricos y deterministas de la Ilustración europea. Francisco Xavier Clavijero –acérrimo contradictor de De Pauw y respetuoso crítico de Buffon–, por ejemplo, se ocupó de relativizar con ojos americanistas la supuesta *barbarie* de los sacrificios y canibalismo *aztecas*. Asimismo, exploradores como Alexander von Humboldt establecieron pautas de valoración de lo vernáculo, los "ojos imperiales" del reconocimiento de la identidad (Mary Louise Pratt). Humboldt vapulea el colonialismo español y provee un modelo para los relatos del *nacionalismo de la emancipación* en su importante crítica histórica y etimológica acerca del pretendido canibalismo de los caribes (Cap. III §1). Esta multiplicidad semántica y conceptual del salvajismo posibilita que en la primera mitad del siglo XIX se reactive el tropo de *buen salvaje* en su versión arqueológica (mediante exhumaciones nacionalistas de lo indígena) en desarrollo de una práctica discursiva que Hobsbawm llama *invención de la tradición* (2000: 375, 376). El pensamiento de la emancipación en busca de hegemonía hace de la historia colonial parte de su capital simbólico-político: los criollos independentistas se ven como vengadores de la sangre indígena (la sangre es simbólica y el "indio", mítico). En el mismo orden de ideas, los tropos del *imperio devorador* y *tigre del manso* del humanismo del siglo XVI son reactivados contra el imperio español de principios del siglo XIX (Simón Bolívar, José Joaquín Olmedo). La conquista del Incario y la de México fueron en el siglo XIX motivo de proclamas, poemas patrióticos, obras dramáticas y novelas indianistas. Se *significó* la historia incluyendo en la genealogía patria a algunos mártires indígenas como Xicoténcatl o Cuauhtémoc (José María Heredia, José Fernández Madrid, Gertrudis Gómez de Avellaneda) (Cap. III §2).

Ahora bien: por lo general, el *salvaje* no fue en Latinoamérica un artefacto melancólico o un símbolo de la inocencia perdida con el progreso (Rousseau);

ni el caníbal, un signo de la propia barbarie (Coleridge, Goya); ni el monstruo, una reacción contra el desorden de "lo natural" que la civilización moderna introduce (Shelley). Frecuentemente el salvaje significó el "defecto" americano respecto del ideal europeísta criollo. Por ello, el salvaje conflictivo del presente (indio, esclavo, cimarrón, gaucho, etc.) fue objeto de la violencia del Estado (neo)colonial. Gran parte de los discursos nacionales latinoamericanos no veían en el salvajismo bondades sino heterogeneidad y amenaza, como en el caso del Romanticismo temprano del Río de la Plata y de los indios bárbaros y vampiros de *La cautiva* (1837) de Esteban Echeverría, salvajes de frontera que le disputan al Estado el espacio de la expansión territorial y que son obstáculo de la economía estanciera (Cap. III §3). Por otra parte, durante la primera mitad del siglo XIX en la Argentina, la competencia criolla por la hegemonía estatal trasladó el tropo del salvajismo de la frontera y sus indios problemáticos a la retórica política liberal contra el régimen de Juan Manuel Rosas. El tropo del monstruo caníbal tiene una larga tradición como metáfora política para la tiranía y contra el Estado de apetito insaciable que se come a sus propios hijos; en La Edad Media y el Renacimiento y luego en la cultura del Barroco no fue rara la visión del rey o tirano antropófago[20]. Más tarde es el propio Goya el que parece acudir a la imagen del Saturno devorando a sus hijos como una metáfora del poder político y del decadente imperio español (III §1). La construcción del dominio español como una tiranía voraz fue común en el pensamiento de la emancipación (III §2). Nunca han faltado en la literatura Latinoamericana tiranos caníbales como Ignacio de Veintemilla, fustigado inclementemente por el polemista ecuatoriano Juan Montalvo en su ensayo *El antropófago* (1872), o el dictador de *El otoño del patriarca* (1975) de Gabriel García Márquez, que se manda a servir en una cena rodeado de sus "leales" a uno de sus generales que lo ha traicionado. Rosas, será llamado el *monstruo caníbal* en *Civilizacion i barbarie: vida de Juan Facundo Quiroga* (1845) de Domingo F. Sarmiento, ensayo fundacional de la cultura letrada latinoamericana. La reflexión sobre la barbarie en el ensayo es instrumental: de una interpretación del paisaje bárbaro se deriva la del caudillo Facundo Quiroga, y –a su vez– mediante la biografía de éste, se pretende interrogar el horror político del régimen de Rosas, quien es llamado por Sarmiento "Esfinge Argentino" y "caníbal de Buenos Aires" y asociado –dada su cercanía estratégica con sectores populares afro-argentinos– a la abyección racial y la africanidad (Esteban Echeverría) (III §4).

---

[20] "Pedro de Valencia le escribe al confesor real sobre la 'antropofagia' a que están sometidos los pueblos por su rey y poderosos y denuncia que un escrito análogo que elevó con anterioridad fue ocultado por el confesor precedente" (Maravall "Reformismo social-agrario en la crisis del siglo XVII" 5-55).

Desde el Descubrimiento, el tropo caníbal se desplaza semántica y racialmente entre el África y el Caribe de ida y vuelta varias veces: en el Descubrimiento y la conquista, los cinocéfalos africanos de Plinio con cabeza de perro reaparecen en el Caribe como *caníbales* (s. XVI y XVII); más adelante, el caníbal se mueve con las fronteras del colonialismo de los siglos XVII y XVIII al *África negra*; y, luego, el tropo *caníbal* regresa a América como justificación de la explotación del trabajo esclavo, en las imágenes del negro insurrecto de la Revolución haitiana (s. XVIII) y como mecanismo paranoico en los relatos nacionalistas (s. XIX). Estos desplazamientos corresponden a los vaivenes de las expansiones coloniales modernas y a la trata trasatlántica de seres humanos. El alegato del canibalismo legitimaba la captura de esclavos en África y el régimen de explotación del trabajo en las prósperas economías coloniales del Caribe (Jamaica, Saint Domingue, Cuba, etc.). La semántica deshumanizadora del canibalismo estaba regida por lo que Hegel llamó el *principio africano*: la supuesta voracidad, sensualidad e irracionalidad de los negros, "perfectamente compatible", según él, con la antropofagia ("Geographical Basis" 134). Es preciso anotar que, como había sucedido en el siglo XVI, el tropo caníbal de la Ilustración articuló el discurso colonial y la explotación esclavista, y –al mismo tiempo– sus críticas. A finales del siglo XVIII –mientras se desarrolla el capitalismo industrial británico– diversos intelectuales ven en la esclavitud una forma de canibalismo. Dichas imágenes son usadas, por ejemplo, por Samuel Taylor Coleridge (1795) y más tarde por Marx para referirse a la relación voraz entre el capital y el trabajo (Cap. III §5 y VI §1). En Latinoamérica, especialmente a partir de la Revolución haitiana, el caníbal negro nomina a los *trabajadores bárbaros* que sostienen y a la vez amenazan las economías y sociedades esclavistas. En todo el sistema de plantaciones del Atlántico, Haití significó el terror al *principio africano* mediante la imagen gótica de un negro sublevado y salvaje que destruye los medios de producción, mata a sus amos y celebra sangrientos ritos de vudú que incluyen el canibalismo. "Haití, fiero y enigmático, / [que] hierve como una amenaza" –como rezan los versos del puertorriqueño Luis Palés Matos casi siglo y medio después– recorre de manera acentuada la *textura* del nacionalismo hispánico en el Caribe. La nación en Santo Domingo se forma bajo la amenaza de las invasiones haitianas y el miedo a la africanización. El uso del tropo del caníbal-negro en tradiciones populares y literarias como el relato de "El Comegente" expresa cabalmente este componente paranoico y colonial del nacionalismo en la República Dominicana (Cap. III §5).

Una de las instancias que conecta de manera explícita los tropos del buen salvaje y el caníbal con el nacionalismo de los siglos XIX y XX es el indianismo brasileño, del cual son expresión canónica varias novelas de José de Alencar (1857, 1865, 1874). El indianismo expresaba una tradición diferenciadora frente a lo portugués y, hasta cierto punto, la tensión local del nacionalismo brasileño con el diseño (neo)colonial y global en el que se insertaba. Asimismo, el buen salvaje del indianismo alegoriza la génesis idealizada de la nación, producto imaginario de alianzas sociales fundadas en el mestizaje. Frecuentemente se olvida, sin embargo, que ese *buen salvaje* es parte de una economía maniquea y ambivalente en la cual el caníbal aparece como suplemento de la edulcoración romántica de la violencia fundacional o como subrogado de la alteridad étnica. El indianismo brasileño indianizó la cultura en un gesto históricamente paradójico: en primer lugar, los pueblos indígenas fueron y eran desposeídos y exterminados mientras se levantaban los monumentos de su conmemoración. En segundo lugar, el procedimiento de nombrar la *nación salvaje* ocurrió a expensas de la memoria de la violencia colonial, cuyo olvido requería el relato nacional[21]. El amor o la devoción indígena son los dispositivos sincretistas por los cuales se imagina la resolución de los conflictos de la colonialidad y la inserción / disolución idílica de la heterogeneidad en la matriz nacional luso-brasileña. Por último, en el indianismo puede leerse el enmascaramiento de una sociedad estamental y esclavista que sustituía simbólicamente la violencia esclavista de la *fazenda* con la servidumbre amorosa y voluntaria. Con todo, los idilios indianistas están bajo el asedio de aquello que niegan: monstruos, caníbales, insurrecciones de esclavos. La solución amorosa que proponen deviene *mestizaje trágico* y desastre antes que fundación. En las novelas indianistas de Alencar los caníbales dan cuenta del terror a la africanización e insurgencia de los esclavos que la *ciudad letrada* brasileña disfrazó de *aimorés, tabajaras, tapuias y tamoios* comedores de carne humana. En otras palabras, el indianismo sustituía a la Historia no representable y reprimida en el *inconsciente político*, la Historia como dolor y violencia que se resiste al deseo y recodificación estética, y que coincide con lo Real lacaniano de la cultura nacional (III §6).

Desde finales del siglo XIX, *The Tempest* (1611) de William Shakespeare –obra coetánea de los inicios del colonialismo británico en las Américas– se convirtió en un recurrido artefacto cultural para la imaginación de América Latina. El argumento de *The Tempest* entrelaza tres tramas: la aventura de un grupo de nobles náufragos que llegan a una isla en la que Próspero vive exiliado con su hija Miranda; el drama político de Próspero, resultado de la usurpación del ducado de Milán por parte de su hermano; y la historia de amor entre Miranda y Ferdinand (hijo del rey de Nápoles). Sin embargo, las lecturas latinoamericanas de la obra han girado alrededor de dos personajes secundarios: Ariel, un ser etéreo

---

[21] La historia nacional, recuerda Anderson, "no es lo que ha sido preservado en la memoria popular, sino lo que ha sido *seleccionado*, escrito, pintado, popularizado e *institucionalizado*" (*Imagined Communities* 13).

que sirve a Próspero, y Calibán (anagrama de *caníbal*), un esclavo monstruoso que se rebela contra la autoridad de Próspero, intenta violar a su hija y atenta contra la vida de su amo.

De manera esquemática puede hablarse de dos grandes paradigmas de la apropiación simbólica de *The Tempest* en América Latina: el *arielismo* y el *calibanismo*. El paradigma arielista es tratado en el Capítulo IV en sus dos variantes más importantes: el monstruo tragaldabas del antiimperialismo modernista y las aprensiones del nacionalismo elitista frente a las "muchedumbres democráticas". En el *arielismo,* el tropo caníbal sufrirá un adelgazamiento. La alteridad –en el espacio nacional (la multitud) y en el geopolítico continental (los Estados Unidos)– fue representada con imágenes afines al caníbal (i.e.: avidez y monstruosidad), pero re-acentuadas en el *personaje conceptual* de Calibán.

La visión de los EE.UU. como *Otro* y de las muchedumbres como caníbales/Calibanes de la modernidad latinoamericana obedece por partida doble a las configuraciones del imperialismo y a los procesos de proletarización en Latinoamérica; en últimas, a la *colonialidad*. De allí, que imperialismo y multitud sean las dos coordenadas discursivas del *arielismo* pero raramente objeto de su análisis. José Martí –quien no se sirvió de la matriz conceptual de *The Tempest*– representa una instancia anómala del latinoamericanismo modernista. Martí advirtió la relación entre la transformación monopólica del capitalismo norteamericano y su creciente apetito colonial y planteó el arsenal metafórico con el que el *arielismo* latinoamericanista veía a un monstruo voraz en los Estados Unidos. Asimismo, observó la proletarización y los conflictos obreros en las grandes ciudades industriales y usó la metáfora del canibalismo tanto para el monstruo del capitalismo monopólico e industrial, como para el monstruo popular resentido y hambriento por el que sentía compasión pero cuya efervescencia recelaba (Cap. IV §1).

La guerra de 1898 fue, como ha señalado Iris Zavala, el *evento* –en el sentido bajtiniano– de coincidencia de espacio y lugar de la cartografía simbólica para pensar Latinoamérica frente al imperialismo. En el inicial reparto conceptual de *The Tempest*, se invocó a Ariel (latinoamericano, espiritual, apolíneo y marca de la civilización) contra Calibán (norteamericano, grosero, bárbaro, borracho, dionisiaco y materialista). Rubén Darío, en "El triunfo de Calibán", definió la oposición Ariel/Calibán y propuso la identidad latinoamericana como producto de una derrota heroica frente al imperio calibánico; sin embargo, es el ensayo *Ariel* (1900) de José Enrique Rodó el texto que canoniza dicha oposición pese a que –como demostró Gordon Brotherston– éste es un aspecto menor en el texto. La lectura que se propone parte del hecho de que Calibán es apenas nombrado tres veces en *Ariel* y no respecto al imperialismo norteamericano, sino en relación explícita con las muchedumbres. En su conjunto, el *arielismo* finisecular funciona mediante la estetización de lo político, la imaginación de una comunidad étnico-cultural trasatlántica con la Europa "latina", la oposición discursiva de esa América "Latina" a la Modernidad capitalista hegemónica de los Estados Unidos y el silenciamiento de las heterogeneidades e insurgencias populares al interior de la nación (Cap. IV §2). El *arielismo* construye utopías letradas en el umbral del desastre; sus metáforas y fuentes literarias tienen la conciencia trágica de la derrota: hispanismo quijotesco, latinismo francófilo (después del triunfo de Prusia y de la revolución de la Comuna), escatologías ocultistas sobre el triunfo de la materia sobre el espíritu, concepción de la *unidad* latinoamericana para resistir la voracidad y hegemonía norteamericana en medio de la disolución del tantas veces invocado frente común y, de manera especial, la visión de un cataclismo en el ascenso de las multitudes calibánicas (Darío, Rodó, José María Vargas Vila) (Cap. IV §3).

Durante la primera mitad del siglo XX el arielismo tuvo distintas inflexiones: del antiimperialismo al panamericanismo, de definiciones más o menos occidentalistas de la identidad nacional al populismo nacionalista, y del demo-liberalismo al proto-fascismo. El que llamamos el "ambiguo magisterio de Ariel" corresponde a los desarrollos del discurso arielista en medio de los conflictos sociales y culturales que traen los procesos de modernización de la primera mitad del siglo XX. Encontraremos, entonces, varias reescrituras autoritarias de *The Tempest* que buscan el control simbólico del cuerpo calibánico (la plebe proletaria); y también –justo sea decirlo– algunas críticas a la semántica anti-popular del *arielismo*. Mientras algunos expresan la alarma reaccionaria de los intelectuales de la vieja *ciudad letrada* frente a la plebe urbana y abogan por la represión (José Antonio Ramos 1914, Manuel Gálvez ca. 1933), otros denuncian las inconsistencias e insuficiencia conceptual del "mito de Rodó" o acusan la complicidad de la pluma mercenaria arielista con las dictaduras y el fascismo (José Carlos Mariátegui 1929, Luis Alberto Sánchez 1941). Por su parte, Aníbal Ponce reclamará de manera positiva a Calibán como el proletario rebelde y "las masas sufridas" (1938) sin que su *calibanismo* deje de ser profundamente arielista (Cap. IV §4). La matriz discursiva del *arielismo* de la vuelta del siglo (privilegio de las letras, definición magistral del intelectual, apelación a esencialismos culturales y tendencia al sincretismo nacionalista, clasista o étnico) persistirá con variada intensidad y será la constante trampa en que caerán los detractores de Rodó de la izquierda y la derecha, indigenistas, populistas, marxistas y "poscoloniales".

Más allá de sus discrepancias programáticas, los populismos se definen –como señala Ernesto Laclau– por su interpelación sincrética y por soslayar la categoría de *lucha de clases* (*Politics and Ideology*). El *arielismo* enfrenta mediante su reedición populista y la ideología del mestizaje el desafío de movimientos revolucionarios de insurgencia obrero-campesina. José Vasconcelos, por ejemplo, rearticula el *arielismo* para la Revolución mexicana en una propuesta de sincretismo racial (*La raza cósmica* 1925). Cosa similar ocurre en *Sariri: una replica a Rodó* (1954) –del boliviano Fernando Diez de Medina– redefinición indigenista de *Ariel* frente a las *insurgencias calibánicas* de la *Revolución boliviana* (1952). *Sariri* propone dejar a Shakespeare y a Rodó y reformula la identidad como un drama telúrico entre los personajes mítico-indígenas Makuri y Thunupa. *Sariri* respondía a la pugna entre el Estado revolucionario que intentaba institucionalizar la Revolución y los heterogéneos sectores insurgentes que la impulsaban. Su propuesta era el sincretismo racial, la "reforma" del capitalismo mediante una revolución demo-liberal y el disciplinamiento y reeducación de la muchedumbre makuriana (desordenada, borracha, rencorosa y hambrienta). Aunque con nombres indígenas, estamos aún frente al paradigma arielista. *Sariri* no representa una ruptura radical con *Ariel* sino su reedición populista; es una réplica arielista al *arielismo* y en esta aporía anticipa una de las contradicciones más reveladoras del *calibanismo* de los años 60 y 70 (Cap. IV §5).

Entre los desarrollos del *arielismo* de principios del siglo XX y el *calibanismo* contracolonial del Caribe de la segunda mitad del siglo hay diversas instancias y apropiaciones del tropo caníbal, entre las que se cuenta –a finales de los años 20 en el Brasil– la del grupo *Antropofagia,* formado alrededor del "Manifesto antropófago" (1928) de Oswald de Andrade y de la *Revista de Antropofagia* (1928-1929). *Antropofagia* –en un espíritu *avant-gardiste* de escándalo, carnavalización y ruptura– revierte los tropos y la representación ideo-cartográfica del Brasil y resignifica la tropología colonial[22], declara una ruptura con la tradición literaria indianista, cancela el debate vanguardista sobre la *brasilidade* versus las influencias estéticas europeas y hace del canibalismo un tropo modélico de apropiación cultural. Aunque estas torsiones semánticas funcionan mayormente en el paradigma arielista de la alta cultura y las bellas artes, la crítica ha visto en ellas un intento de descolonización *cultural* y descentramiento de la autoridad del *occidentalismo*. Veremos cómo *Antropofagia* ciertamente alude al pasado colonial; pero, por lo general, esta retrospección no apunta al pasado sino como recurso retórico. Andrade no adelanta una agenda emancipatoria como la de, por ejemplo, Fanon. Hecha esta obligatoria salvedad, es importante recordar la sucesión de metáforas modernistas que preceden a *Antropofagia* en los años 20: para producir una modernidad estética o –como diría Andrade, para "sincronizar el reloj" de la literatura nacional– el Modernismo brasileño acudió a los signos tecnológicos y futuristas del progreso: autos deportivos y fábricas (sin obreros), moto-

---

[22] Etnografías, cartografías, iconografías y relatos tempranos sobre del Nuevo Mundo produjeron la percepción imaginaria del Brasil como una *Canibalia* (Staden, Thevet, Léry, De Bry, Montaigne, etc.) (Cap. I §6; II §3).

res, aeroplanos, teléfonos y otras imágenes futuristas (cuya reiteración fatigosa sólo es comparable hoy a la recurrencia del ciberespacio como metonimia de la posmodernidad). A estos bienes se sumaba la alta cultura metropolitana: modas, libros, poemas, música, tendencias estéticas, cine, etc. El Modernismo brasileño –asociado a la próspera economía cafetera exportadora y a la burguesía paulista consumista y cosmopolita– hizo de todos esos bienes simbólicos consumidos en la periferia, fetiches de una modernidad estética (modernidad por el consumo de bienes simbólicos). Luego, acudió a la formulación tropológica de una mercancía colonial –el "pau-brasil"[23]–, tropo de la *brasilidade* para la exportación y el consumo en el mercado internacional de las identidades modernas. La cultura nacional es una traducción moderna de lo vernáculo: la *materia prima brasil*. A la identidad por el *consumo* y la identidad *mercancía exportable*, seguirá la *identidad caníbal* (Cap. V §1).

Antropofagia retoma el tropo colonial del canibalismo para definir la *brasilidade* en el acto de consumir y "deglutir" bienes simbólicos; respondía así a la preocupación de definir la cultura nacional en medio de las fuerzas centrífugas de la modernización, y frente al nacionalismo xenófobo y el "cerramiento de los puertos" culturales propuesto desde sectores ufanistas y nacionalistas. En lugar de rechazar la cultura y las tendencias artísticas europeas por extrañas, Andrade proponía devorarlas, aventurando una exitosa correspondencia analógica entre el rito caníbal y los diversos procesos de producción, circulación y apropiación cultural. Se trata de una resolución tropológica al dilema entre las estrategias inclusivas o asimiladoras (*fágicas*) y las excluyentes (*émicas*) que definen y redefinen constantemente la identidad y la alteridad, como sugiere Raúl Antelo ("Canibalismo e diferença"). La metáfora modélica de *Antropofagia* evocaba de manera poética las complejas y contradictorias dinámicas de deseo y pugna, amor y agresividad, traducción y traición, omnipresentes en la producción *fágica/émica* de una *modernidad periférica*, e insinuaba un constante parricidio cultural: lo europeo tabú investido de la autoridad colonial era devorado para convertirse en un tótem de la cultura nacional. *Antropofagia* transformaba la *imitatio* en *deglutição* y conjuraba así –en un plano discursivo– *la ansiedad periférica de la influencia* (Cap. V §2 y §3).

Antropofagia, empero, se revela polisémica y a menudo contradictoria como podrá verse en la lectura no sólo del "Manifesto antropófago" sino de los artículos de las dos "dentições" o etapas de la *Revista de Antropofagia*. Pese a la canonización de *Antropofagia* como metáfora modélica para el consumo cultural o los

---

[23] De la madera del brasil se extraía una tintura con altísima demanda en la naciente industria textil Normandía.

procesos de transculturación, una lectura extensiva nos revela *otras Antropofagias*; por ejemplo, al caníbal como tropo de una utopía festiva de emancipación que reactiva el mito de la *Edad dorada* e imagina (de nuevo) la felicidad salvaje; éste es, de hecho, uno de los aspectos más importantes y acentuados de *Antropofagia*. El canibalismo en Andrade alude a la erótica, a la insolencia del parricida, a la ausencia de propiedad privada y al desafío discursivo de la moral, la monogamia, el catolicismo y la autoridad de las instituciones culturales (Cap. V §2). Por supuesto, la base social del Modernismo antropófago era básicamente la burguesía de la prosperidad cafetera; sus miembros eran todos parte de la *ciudad letrada* y su revolución era más la del manifiesto que la de la orgía, la del consumismo hedónico antes que la de la abolición de la propiedad. De cualquier manera, la fiesta antropofágica se acaba con la crisis que sigue al colapso bursátil de 1929, la pérdida de la hegemonía política del sector cafetero y el ascenso al poder del populismo nacionalista que representa Getúlio Vargas. El antropófago –como la economía del café– es víctima del capitalismo internacional. En esta coyuntura, Oswald de Andrade se convierte a un marxismo *sui generis* que, aunque reniega expresamente del Modernismo –que llama "sarampión"–, es marcadamente antropofágico y bajtiniano (o Bajtin se devela oswaldiano). Este marxismo antropofágico (que hace difícil distinguir entre el camarada y el caníbal) puede observarse en la anarco-novela *Serafim Ponte Grande* (1929, pub. 1933) –obra en las antípodas del realismo socialista–, en la irreverencia y el cosmopolitismo modernista de *O Homem do Povo* (1931) –periódico marxista que Andrade edita con Patrícia Galvão (Pagu)–, o en la obra de teatro *O rei da vela* (1933, pub.1937), denuncia carnavalesca del imperialismo económico norteamericano y de las alianzas nacionales entre la oligarquía y la burguesía capitalista (Cap. V §4). Será precisamente la representación en 1967 de *O rei da vela* –un texto del período de militancia en el partido comunista– el evento que conectará la *Antropofagia* modernista oswaldiana con *Tropicália* y el *Cinema Novo* de los años 60 y 70, y despertará un renovado interés crítico por el Manifiesto y por la *Revista de Antropofagia* (Cap. VII §1).

En los años 50, habiendo roto con el *Partido comunista brasileiro*, Andrade vuelve a *Antropofagia* y reformula de manera sistemática la utopía modernista. *Antropofagia II* no es ya el *collage* modernista, colectivo, paródico, fragmentario y antiacadémico de 1928, sino una tesis filosófica de Andrade sobre la recuperación del ocio, la superación de los miedos metafísicos, el fin de la propiedad y el mesianismo, la liberación de la sexualidad y el reemplazo del Estado por el matriarcado de *Pindorama*. Andrade anunciaba el fin de la razón socrática occidental y el patriarcado, pero proponía la emancipación de un sujeto androcéntrico mediante una utopía tecno-industrial (la tecnología sería la llave del ocio) (Cap. V §5).

Antropofagia, como decíamos, está localizada entre el elitismo arielista y los movimientos de descolonización cultural de la que Harold Bloom, irritado, llama la "era de Calibán", cuando la "contemporánea escuela del resentimiento" habría hecho del personaje "una alegoría antiimperialista" (Bloom, *Calibán* 1-4). No me parece necesario justificar la "monstruosidad" que *llega a ser The Tempest* en el "Tercer mundo"[24]. Entre otras razones, porque antes que intervenir en los debates filológicos sobre el teatro clásico inglés o participar de las lecturas acotadas del drama nos interesan sus lecturas excéntricas y perversas, así como las dimensiones políticas y utópicas del *resentimiento* en el pensamiento latinoamericano.

La identificación con el monstruo colonizado reformula la cartografía arielista en el contexto de los movimientos de descolonización política y cultural. Calibán –balbuciente, desbordado, monstruoso y étnico– regresa con la obstinación del trauma a instalarse como símbolo de identidad caribeña y latino-americana. Calibán es revisitado en el *cal*ibanismo, término que evoca el caníbal en su amplia gama semántica y genealogía simbólica contracolonial: Caribe en guerra con el Imperio, negro caníbal explotado en las plantaciones y triunfante en la Revolución haitiana (acusada de salvajismo y canibalismo), proletario hambriento dispuesto a reclamar su comida, etc. El *calibanismo* pretende subvertir de manera afirmativa el estigma de la monstruosidad (racial y lingüística) de Calibán. Dicha ocupación de espacios y metáforas hegemónicas contra la semiótica (neo)colonialista que las informa ocurre mediante estrategias de apropiación similares a las de la *Antropofagia*, pero atravesadas por el problema colonial. *The Black Jacobins* (1938) de C.L.R. James es un ejercicio historiográfico que recupera la tradición emancipatoria de los "negros caníbales", cuyas imágenes góticas recorrieron como un frío por la espalda el sistema atlántico de plantaciones coloniales desde finales del siglo XVIII. Su aproximación a la historia caribeña hace audibles relatos *Otros*, silenciados por el colonialismo, valora los procesos insurreccionales de esclavos y procede a la desmitificación del liberalismo humanista colonial (i.e.: el abolicionismo del siglo XIX). Si bien *The Black Jacobins* no revisita explícitamente *The Tempest*, da lugar a su apropiación posterior en *The Pleasures of Exile* (1960) de George Lamming. Calibán le sirve a Lamming como artefacto de enunciación retórico-cultural para concebir un horizonte de inteli-

---

[24] Peter Hulme se defendía en 2003 del "cargo" de hacer una lectura sesgada (esto es, poscolonial) de *The Tempest*. Incluso desde pretendidas posiciones eclécticas (ej.: Meredith Skura) se elevan quejas por la politización poscolonial de esta obra, apoyándose en el *ninismo reaccionario* (que posa de liberalismo ecuánime) al que se refería Roland Barthes; es decir, mediante el procedimiento por el que "se plantean dos contrarios y equiparan el uno con el otro para rechazar ambos (*no quiero esto, ni aquello*)" (*Mitologías* 250).

gibilidad de la identidad escindida e híbrida del intelectual periférico: hablante nativo de una lengua que se considera "de otro", ciudadano de "segunda clase", condenado a la imperfección de la imitación, a habitar un lenguaje "ajeno" que es su prisión y al mismo tiempo su herramienta de descolonización cultural, etc. Calibán es un caníbal que habla el lenguaje de Próspero; es, por lo tanto, heredero de ambos (Cap. VI §2). Después de Lamming, Calibán es adoptado como *personaje conceptual* de identidad por varios intelectuales caribeños; entre otros, por Aimé Césaire, autor de *Discours sur le colonialisme* (1950), una denuncia lascasiana de los desastres humanos y culturales del colonialismo y de su racismo y razón fascista. Césaire alega la paradójica *barbarie de la civilización*, utiliza el tropo del canibalismo para caracterizar la dominación colonial y refuta las tesis psicologistas sobre el infantilismo del colonizado y el llamado "complejo de dependencia" según el cual Calibán se rebela contra Próspero porque éste lo abandona o no ejerce su autoridad con firmeza (Octave Mannoni, *Psychologie de la colonisation* 1950).

Calibán volverá como un personaje conceptual en *Une tempête: d'après la Tempête de Shakespeare* (1969), también de Césaire: una reescritura de la obra de Shakespeare en la tradición contracolonial de James y Lamming. La "adaptación" de *The Tempest* es antropofágica: Césaire redefine la célebre *assimilation* de la retórica oficial y políticas educativas del colonialismo francés como resistencia a ser asimilado: "Asimilar como quien asimila comida, asimilar y no ser asimilado, conquistado, dominado". *Une tempête* figura a un Calibán negro y rebelde que arguye –como Fanon y Malcolm X– el poder descolonizador de la violencia, en diálogo con un Ariel mulato que cree en las vías democráticas y la derrota moral del opresor (un Ariel *à la* Martin Luther King). Allende los debates de la época (teoría de la dependencia, revolución versus alternativa democrática) que *Une tempête* dramatiza, su "drama" es poscolonial y propiamente trágico: es imposible el regreso al "antes" del colonialismo y no hay –propiamente hablando– un "después" del mismo (Cap. VI §2).

En la difícil coyuntura económico-política que atravesaba Cuba a finales de los años 60, el conocido ensayo "Calibán" (1971) de Roberto Fernández-Retamar replantea el *Ariel* de Rodó con las herramientas conceptuales del marxismo y la teoría de la dependencia. "Calibán" asevera que la cultura latinoamericana tiene especificidades que la definen (como el mestizaje), que esa cultura no es una copia defectuosa de Europa, y que en ella existen enfrentadas una tradición *arielista* colaboradora y otra *calibánica* antiimperialista. Calibán, primeramente caníbal guerrero y luego "nuestro caribe", representaría al esclavo, al proletario, a la Revolución y a la Latinoamérica "auténtica" y antiimperialista. El ensayo traza una genealogía simbólica heroica del *caníbal-caribe* (Calibán) hasta Fidel Castro, pasando por Las Casas, Bolívar, Martí, Césaire, Fanon y el Che Guevara, entre otros. Como se verá, el *calibanismo*-caníbal del ensayo de Fernández-Retamar, así como su latinoamericanismo, no es ajeno al *arielismo* que impugna: la ocasión misma que da lugar al ensayo –el llamado "Caso Padilla"– es una pugna arielista; una de estas *disputas literarias* (que devienen asunto de policía y luego, de Estado) en la que desafortunadamente cayó, y en las que con cierta regularidad sigue cayendo, la Revolución (Cap. VI §3). Al examinar el sistema de tropos que articulan "Calibán", así como sus adscripciones ideológicas, sobresale ciertamente el mestizaje y la disolución sincretista de la heterogeneidad étnica a favor de la noción marxista de *clase* y de una homogenización nacionalista. Ante los tan frecuentes golpes de pecho sobre este particular es necesario, por un lado, recordar la importancia del ensayo como instancia del pensamiento contracolonial latinoamericano y, por otro, señalar que el "Calibán" de Fernández-Retamar no por sobresaliente es un texto aislado, ni una excepción, sino una reedición de modelos de representación que han marcado el imaginario y la historia cultural latinoamericana por cerca de dos siglos.

Otros intelectuales de la Revolución –antes y después del "Calibán"– desarrollan figuraciones afro-calibánicas de la Revolución en la cimarronía y las insurrecciones de esclavos; tal es el caso de Miguel Barnet, Tomás Gutiérrez Alea y Nancy Morejón. Mediante este *calibanismo cultural,* la Revolución se verá a sí misma como un caníbal que continúa y realiza las insurgencias del pasado contra el colonizador, el dueño, el capitalista y el imperialismo norteamericano (Cap. VI §4).

La inversión semántica anticolonial del *calibanismo* deja a menudo intactas sus *estructuras coloniales*. Muchas de las reescrituras y lecturas contracoloniales de *The Tempest* han sido –a su pesar– *leales* a la colonialidad, la hipóstasis de la alta cultura, el paternalismo, la misoginia, etc. Las re-apropiaciones de *The Tempest* tanto en el paradigma arielista (Darío, Rodó, Vargas Vila, Diez de Medina), como en el calibánico contracolonial y revolucionario (Lamming, Césaire, Fernández-Retamar) mantuvieron, por ejemplo, una concepción androcéntrica de la cultura y problemáticas exclusiones de género. El *calibanismo* realiza una serie de impugnaciones del discurso colonial y occidentalista pero sigue subordinando el drama y la representación histórico-cultural a los personajes conceptuales masculinos. Veremos cómo las críticas feministas al *calibanismo* heroico han visto en el exiguo protagonismo femenino la persistencia de una *razón colonizadora* y han optado por distintas estrategias, tales como la feminización de Calibán, la afirmación de otros *personajes conceptuales* como la Malinche, la propuesta de una alianza política entre Calibán y Miranda, un sujeto calibánico femenino colectivo y solidario como las *hijas de Sycorax* (bruja y madre de Calibán) o la reescritura carnavalesca del drama (Cap. VI §5).

El último capítulo, "Del *canibalismo*, el *calibanismo* y la *Antropofagia*, al *consumo*", plantea diversas intersecciones de los tropos del *canibalismo*, el *calibanismo* y la *antropofagia cultural* entre sí y en relación con el *consumo*, tropo eje de los discursos culturales contemporáneos, que desafía las metáforas de la modernidad latinoamericana. Ahora que –como señala Martín Barbero citando a Durham– la "óptica del mercado permea no sólo la sociedad, sino también las explicaciones sobre la sociedad" (*De los medios* 293) la escena caníbal, el modelo de encuentros culturales y consumo de *Antropofagia* y los alegatos calibánicos de apropiación de los libros de Próspero, parecen cubiertos por la tenue pero definitiva niebla de la obsolescencia. En el universo de las identidades híbridas cruzadas por los flujos económicos y culturales de la era global, el consumo desplaza las metáforas modernas. Ahora bien; la centralidad de la categoría del *consumo* en la crítica cultural no debe velar las dimensiones históricas y la amplia gama semántica del mismo, que abarca: el apetito mercantil europeo por materias primas, la voracidad colonial por el trabajo y la incorporación colonial y (neo)colonial de alteridades (Cap. I, II, y III); el consumo de bienes simbólicos por medio del cual la vanguardia se autoriza entre la tradiciones vernáculas y los impulsos modernizadores y cosmopolitas (V); o el consumo contracolonial y calibánico que resiste la subordinación a los discursos occidentalistas (VI). En estos y otros sentidos, el consumo aparece como otro tropo de las transacciones digestivas y la transformación y la pugna de identidades y, antes que substituir, se imbrica con el *canibalismo*, el *calibanismo* y la *antropofagia cultural*.

Una de estas intersecciones es visible en dos eventos culturales coetáneos: la *XXIV Bienal de São Paulo* (1998), que escogió la *Antropofagia* como su núcleo histórico y conceptual; y el monólogo teatral *Caliban* de Marcos Azevedo (1998), una versión antropofágica brasileña del drama de *The Tempest*. El canibalismo ostentoso y corporativo de la Bienal que celebra (mediante el viejo expediente de la sincronización estética) el lugar del Brasil en la globalización, contrasta con el *Caliban* de Azevedo, un Calibán de los excluidos de la fiesta del Brasil global. Caliban reconoce que es "obsoleto [y] uma ruína arqueológica" (17) en un mundo pos-esencialista; pero, a partir de esta obsolescencia, se pregunta por la continuidad del colonialismo y la explotación del trabajo por el capital en el "mundo post-colonial colonizado" del que habla Gayatri Spivak (en *The Post-Colonial Critic* 95). Este *calibán antropófago* insistirá en la categoría otrificadora del trabajo y en la metáfora gótico-marxista de su *consumo* vampírico por parte del capital. La fractura de los grandes relatos de emancipación no está acompañada por el fin del hambre ni del trabajo "extraño" (consumido por el capital). Caliban es todo porvenir (Cap. VII §1).

El consumo capitalista del trabajo del que se queja Caliban no se nombra a menudo junto con la noción de *consumo* cultural como categoría de la formación de identidades. El cuerpo consumido por el capital y el consumidor de bienes simbólicos parecen habitantes de diferentes universos. A pesar de ciertas referencias tempranas al consumo como proceso lúdico, Marx hace en el *Capital* una conceptualización gótica del mismo: por el *consumo individual* (i.e.: comer o vestirse) el trabajador produce su propio cuerpo y estimula la producción, la cual a su vez consume el cuerpo del trabajador; el consumo individual está subsumido dentro del productivo (Cap. VII §2). Esta visión marxista contrasta, como se apuntaba, con la noción del *consumo* como tropo para la formación y recomposición de identidades híbridas y "posmodernas". Este *consumo cultural* (en el cual el valor simbólico prima sobre el de uso o cambio) describe un proceso en muchos sentidos similar a la *Antropofagia* y al *calibanismo*, pero que opera mediante una razón comunicativa diferente. El *consumo* superaría las prácticas políticas excluyentes de la *esfera pública burguesa* (Jürguen Habermas), escaparía a las definiciones letradas y elitistas de la cultura y estaría más allá de las identidades diseñadas por el colonialismo, el (neo)colonialismo y los nacionalismos y latinoamericanismos de los siglos XIX y XX. Las prácticas de comunicación y consumo masivo de bienes simbólicos y el fenómeno cultural y económico de la globalización implican una reconfiguración de los discursos sobre la formación de las identidades latinoamericanas (Jesús Martín Barbero, Néstor García Canclini). Así como el *consumo* ha sido asociado al gasto, la enfermedad y el desperdicio, y ha sido visto como una forma de manipulación ideológica y homogenización y abaratamiento de la existencia (Theodor Adorno y Max Horkheimer, Ariel Dorfman, Beatriz Sarlo), también se ha hablado del consumo como práctica productora de diferencia y distinción social (Thorstein Veblen, Pierre Bourdieu) y como experiencia creativa de producción de significados (consumo-lectura). Este consumo tendría las mismas matrices del *calibanismo* (apropiación y resistencia) y la *antropofagia cultural* (resignificación). Michel de Certeau y Martín Barbero, por ejemplo, ven en el consumo popular de artefactos culturales y bienes simbólicos actos de emancipación de la vida cotidiana frente al disciplinamiento y la imposición de sentidos de la sociedad capitalista. La funcionalidad ritual y comunicativa de este consumo re-significante ha sido comparado a un tipo de canibalismo "noble" o comunión (Martín Barbero) y se ha definido como un rito social de formación de ciudadanía (García-Canclini) (Cap. VII §3).

Las mayores objeciones a la celebración del consumo como abracadabra de las identidades posmodernas son que secunda el fetichismo de las mercancías y ahonda las exclusiones e injusticias del mercado capitalista. Mientras puede aceptarse que en un sentido abstracto "el consumo [como la lectura] sirve para pensar", como reza el subtítulo de un capítulo de *Consumidores y ciudadanos* de García-Canclini, por otra parte resulta inaceptable que sean las mercancías las que permitan el pensamiento y las adscripciones de identidad, como señala el mismo García Canclini (*Consumidores* 48). La hipóstasis del deseo del consumidor lleva a algunos críticos culturales como Tomás Moulián a proponer una suerte erótica contenida o (diet)ética del consumo (Cap. VII §4). Desde un ángulo menos optimista, se señala cómo en el consumo persisten asimetrías y estructuras coloniales y de apropiación de la diferencia, y cómo la cultura del consumo puede ser una *cultura caníbal*. La constante asociación entre el tropo caníbal, el capitalismo y el consumismo permiten suponer que el *consumismo* –esa práctica en la cual el consumo se imagina sin límites económicos, ecológicos, éticos o políticos en el mercado capitalista– se convierte en términos culturales en "la lógica del canibalismo tardío" (Crystal Bartolovich). En la literatura y las artes plásticas, pero también en la más amplia esfera de la cultura cotidiana, el canibalismo llena de significado el tropo del *consumo*. Así sucede en los numerosos y constantes rumores de robos de órganos de las décadas de los 80 y 90 conocidas como del "capitalismo salvaje" y el desmonte del Estado protector. Contradichos una y otra vez y catalogados como histerias culturales, estos rumores constituyen verdaderas contranarrativas sobre la devoración y desposesión del cuerpo, que rearticulan el miedo a ser comido con el que se inaugura la modernidad latinoamericana (Cap. VII §5).

★   ★   ★

Pero nos hemos adelantado mucho antes de empezar; y para entrar a esta *Canibalia* vamos a regresar a finales de la segunda década del siglo XVI. Hacía más de tres décadas que Colón había llegado al Nuevo Mundo y que había usado por primera vez la palabra *caníbales*, cuando salen con la tinta fresca de la imprenta unos pocos ejemplares de un libro que no se trata del consumo americano de la carne humana, y cuyo título equívoco pudiera hacer pensar en un tratado de relojería para la familia real: sin embargo, y aunque tampoco lo nombra (no ha nacido aún de la imaginación de Shakespeare), allí Calibán se anuncia.

CAPÍTULO I

Canibalia

En la fábula del "villano del Danubio" de *Relox de príncipes* (1528, 1529) –tratado para la educación de gobernantes que Antonio de Guevara (c. 1480-1545) escribió para el emperador Carlos V– Mileno, un bárbaro de características corporales monstruosas (699, 700), una especie de Calibán renacentista, defiende en la lengua del imperio, ante el senado romano y el emperador Marco Aurelio, la justicia de un mundo feliz, igualitario, sin reyes ni ejército y sin ambición (707, 708). Mileno censura las conquistas e injusticias imperiales en Germania, avergonzando al Senado romano: "Ha sido tan grande vuestra codicia de tomar bienes ajenos, y tan famosa vuestra soberbia de mandar en tierras extrañas" (701). Mileno objeta el derecho de la conquista romana atacando sus principios justificativos (análogos a los de la conquista del Nuevo Mundo): "nos robáis [...] diciendo que pues somos una gente sin ley, sin razón y sin rey, que como bárbaros incógnitos nos pueden tomar por esclavos" (707). Tanto la referencia retrospectiva a la Antigüedad como la procedencia germánica del monstruoso salvaje evitan abordar directamente el espinoso tema de España y América, aunque en todo caso aluden al imperio español como a una nueva Roma y a la colonización como despojo injusto. El salvaje quejoso parece un sucedáneo del americano. Guevara, en la corte de Carlos V, hacía hablar a su *salvaje* (germano como el emperador Carlos) en otro tiempo y otro espacio. Acaso así, evitaba las susceptibilidades políticas de la Corona, que por esos días tenía bastantes dolores de cabeza con las denuncias de los dominicos y las cartas y probanzas que le llegaban del Caribe defendiendo unas y atacando otras a los indios y presentándolos, respectivamente, como gentes bondadosas o como aterradores caníbales. La desamericanización del "salvaje" del *Relox de príncipes* era un síntoma de la represión/supresión ideológica de la Historia.

Este capítulo indaga lo que no nombra Guevara y que sin embargo estaba en todas partes: en las noticias del "Descubrimiento", en las crónicas de la Conquista, en las imágenes alegóricas y en los mapas del Nuevo Mundo, en las leyes sobre, contra y a favor de los indios, y en los conflictos de conciencia (e intereses) que acusaba la *intelligentsia* imperial y que darían lugar a la formulación simultánea del derecho internacional humanitario y del de intervención y conquista. Hablo de América y del caníbal; o mejor, de la asociación semántica y simbólica entre estos dos partos de la imaginación colonial así como de las ambigüedades, contradicciones y ansiedades reprimidas del sistema de representación de la Otredad, que lo mismo recorren el pequeño engranaje de la relojería moral guevariana, que toda la máquina discursiva del colonialismo.

Este capítulo quiere presentar seis instancias de significación del *canibalismo*: 1) De la misma manera que hubo una gestación geográfica y especulativa de América previa al descubrimiento, en el proceso inicial que da lugar al significante *caníbal* puede distinguirse –junto con diversos miedos y ansiedades culturales– la re-acentuación de diversos paradigmas clásicos y medievales europeos sobre la alteridad. 2) La activación americana del mito del salvaje es constitutivamente ambigua: por un lado establece uno de los pilares de la colonialidad moderna y justifica la estatización imperial del poder político; por otro, renueva nostalgias por un mundo idílico anterior a la propiedad y al orden estatal. 3) Dicho proceso de significación se ve determinado, sin embargo, en última instancia, por el sistema de trabajo forzado, la resistencia aborigen y la necesidad de autorizar la conquista del "Edén americano"; esta determinación puede ser observada en un extenso cuerpo legal que hizo del canibalismo la causa jurídica de la guerra y la explotación. 4) El caníbal articula los discursos de la conquista y dominación del Nuevo Mundo, pero también su debate legal y filosófico, dando lugar tanto a la legitimación como a la crítica del imperialismo español del siglo XVI. 5) La imagen del caníbal fue indeleblemente asociada a la de América, no sólo en los relatos coloniales, las leyes imperiales y los debates filosóficos, sino también en su representación cartográfica e iconográfica. La relevancia simbólica del caníbal es tal, que llega a identificar las tierras descubiertas, como en el caso del nombre del Caribe, y a ocupar un lugar central en la formación de la mirada etnográfica. 6) La ulterior y diversa resignificación y valoración etnográfica del canibalismo puede ser vinculada a la lucha y competencia comercial europea en el Nuevo Mundo.

1. LA INVENCIÓN DEL CANÍBAL

Se diría que en el imaginario europeo sobre América no hubo una causa de terror más recurrente que la de ser sacrificado, destazado, preparado y devorado. A Cristóbal Colón, Américo Vespucci y a los testimonios recogidos por Pedro Mártir de Anglería, se suman muchísimos otros textos –epistolarios, crónicas, relaciones[1], relatos, leyes, capitulaciones, grabados y mapas– que de

---

[1] Véase la distinción entre cartas, crónicas y relaciones de Walter Mignolo (en Iñigo Madrigal 57-116).

manera desigual pero constante dan repetida y vasta cuenta de esos salvajes voraces cuya fiereza y apetito se percibieron como marcas de la identidad del Nuevo Mundo.

El conocido relato de cómo surgió la palabra caníbal es de cierta forma el relato de la América colonial[2]. Según el diario de Cristóbal Colón (trascrito por Bartolomé de las Casas), el 12 de octubre el Almirante encuentra a los primeros aborígenes: "gente desnuda [...] muy pobre de todo [...] de muy fermosos cuerpos y muy buenas caras", desarmados y generosos (29-31). Esa visión idílica del salvajismo es apenas empañada por una mención marginal a "gente de otras islas" que venía a tomar cautivos (31), referencia que se hace más explícita el 4 de noviembre: los indios le cuentan a Colón (y éste parece no tener problema en entender) de la existencia de *"hombres con hoçicos de perros* que comían los hombres y que entomando uno lo degollaban y le bebían su sangre y le cortaban su natura" (énfasis mío[3], 51). Estos seres con cabeza de perro no son tomados seriamente por Colón, ni la palabra caníbal irrumpe aún. Ésta aparece por primera vez escrita y asociada al consumo de carne humana el 23 de noviembre de 1492: los indios le informan a Colón de una gente *"que tenía un ojo en la frente,* y otros que se llamavan *caníbales* y a quien[es] mostravan tener gran miedo" (62). El Almirante, escéptico, cree que se trata de un malentendido (él mismo y sus hombres fueron en un principio tomados por antropófagos entre los aborígenes) y piensa que los caníbales deben ser, más bien, indios enemigos que tomaban prisioneros "que porque no bolvían a sus tierras, dirían que los comían" (62). El 26 de noviembre anota que la gente que ha encontrado "diz que tiene grandíssimo temor de los de Caniba o Canima [...] que no tenían sino *un ojo* y la *cara de perro"* y hace la conexión "etimológica" entre los *caníbales* y los *soldados del Gran Can* [Can-ibal] (65). Aún vacila el 11 de diciembre: "Caniba no es otra cosa sino la gente del Gran Can, que debe ser aquí muy vezino; y terná navios y vernán a captivarlos, y como no buelven, creen que se los han comido" (78). Pero poco después, su escepticismo cede: ve flechas y algunos indios le muestran que "les faltavan algunos pedaços de carne de su cuerpo [...] que los caníbales los avían comido a bocados"; el Almirante, añade Las Casas, "lo creyó" (84).

---

[2] Téngase en cuenta que "la palabra 'colonia' tuvo poco uso y casi ninguna difusión en relación con el fenómeno de la dominación española sobre el Nuevo Mundo por lo menos hasta la segunda mitad del siglo XVIII"; pese a las diferencias económicas, políticas y sociales entre esa forma de dominación y las que acompañan el colonialismo moderno modelado a partir del Segundo Imperio británico, "hubo muchos aspectos que hoy llamaríamos coloniales en el tratamiento de la población indígena" durante la expansión y dominación imperial española en América (José A. Mazzotti 2000: 8-10).

[3] Los énfasis de las citas son míos, salvo que se indique otra cosa.

En el segundo viaje ya llevaba intenciones inequívocas de "ir a las islas caníbales para las destruir" (Las Casas, *Historia de las Indias* 1: 415).

Gracias a la difusión de las noticias del Descubrimiento, el "nuevo" vocablo –que por muchos años osciló pendularmente entre *caribe* y *caníbal*– reemplaza a *antropófago* (del griego: *anthropophāgus*). Esta curiosidad lingüística podría ser motivo apenas de una nota etimológica, si no fuera por el papel central que el canibalismo jugó en la identificación de América y en la construcción de Occidente como centro geopolítico y lugar de enunciación privilegiado. Por ahora baste resaltar que, previamente a cualquier alegado encuentro con la práctica del canibalismo, los caníbales fueron "descubiertos" mediante la (re)significación en la lengua del imperio de una palabra aborigen que aparentemente significaba "guerrero bravo" o acaso "comedor de mandioca" (Philip Boucher 2).

Los caribes, y luego otros grupos, fueron representados como criaturas feroces y lascivas colindantes con el *Otro* bestial que ya Europa había elaborado. Diversas imágenes clásicas de monstruos míticos situados en los márgenes de la civilización contribuyen al proceso inicial de significación de los caníbales. El caníbal emerge en contrapunto con otras imágenes como las de *salvajes buenos* (I §2) y seres monstruosos como cíclopes y cinocéfalos. Como sabemos, el acaloramiento de la imaginación medieval que destacó Irving Leonard en los discursos de la Conquista (1964) no es la regla general del Descubrimiento; al contrario, se impone cierto "realismo" que termina por desestimar la existencia de monstruos[4], aunque sus espectros aparezcan una y otra vez. El propio Colón decía:

> no he hallado ombres monstrudos, como muchos pensavan, más antes es toda gente de muy lindo acatamiento [...]. Así que monstruos no he hallado ni noticia, salvo de una isla Carib, la segunda a la entrada de las Indias que es poblada por una iente que tienen en todas las islas por muy ferozes, los cuales comen carne humana [...aunque] ellos no son más disformes que los otros ("Carta a Santangel" 144-145).

Colón no encuentra monstruos, ni noticia de ellos, *"salvo"* por los caníbales, que si bien no son disformes, heredan de los monstruos –no hallados– gran parte de sus características morales[5]. Bien vale la pena, entonces, examinar las

---

[4] Pedro Mártir de Anglería, Bartolomé de las Casas, Fernández de Oviedo y López de Gómara descartaron la existencia de tales prodigios.

[5] Ante la falta de características monstruosas, la "naturaleza" de los indios fue determinada por una "teo-teratología" fundada en el tropo del canibalismo. El tropo caníbal *otrifica* al Nuevo Mundo gracias a la resemantización teológica de los paradigmas clásicos y medievales de la monstruosidad, tal como lo expone Palencia-Roth en su artículo "Enemigos de Dios: Monstruos y teología de la Conquista".

imágenes de lo *no descubierto,* en la medida que éstas confluyen en el *descubrimiento e invención* del caníbal. La concepción de esta monstruosidad (la del caníbal) no fue el producto de la observación etnográfica sino de noticias tamizadas a través de la lectura egótica del mundo. El lenguaje e imaginario con el que se narra lo desconocido o la experiencia del encuentro con el *Otro* ignoto proviene siempre del archivo del ego. La concepción del Nuevo Mundo está fundada en presuposiciones sobre las cuales se establecen relaciones de similitud y diferencia entre lo propio y lo *Otro*; en otras palabras, el conocimiento de lo ignoto funciona en parte como reconocimiento, o lo que Heidegger llama *entendimiento previo* o *pre-concepción*[6]. Producir el Nuevo Mundo como lugar epistemológico implicó la aplicación del imaginario de la mismidad a la significación de lo desconocido.

En el uso colombino de la palabra *caníbal* (asociada a la antropofagia) se da una disposición agregada de elementos culturales disímiles y la interferencia de una compleja trama de mitos y saberes medievales y de la Antigüedad; todo ello en tensión con la experiencia. Como ha señalado Dussel, se trata primero, antes que de un descubrimiento, de una "constatación" o reconocimiento de lo supuestamente conocido de antemano: Cathay, Cipango, Asia, las especias, el oro, los monstruos africanos y asiáticos, etc. (*1492. El encubrimiento* 31-41). Retóricamente, el *símil* reina en los escritos colombinos: los árboles son verdes *como* en España, los indios se *asemejan* a los canarios, no son *como* los de Guinea, etc. La asimilación descansa tanto en el *archivo previo* (que es de donde vienen estos monstruos mencionados por Colón[7]), como en las observaciones de las realidades americanas (que es donde *no* se encuentran los monstruos). En esa tensión aparece la salvedad de Colón; y en ella, hacen su equívoca entrada los caníbales. Dicho reconocimiento entrañaba el heterogéneo archivo europeo de (pre)concepción de la diferencia contenido en las teratologías clásicas y medievales, los relatos (reales o imaginarios) de viajes al Oriente, el folklore popular, tratados de historia natural, etc. Julio Salas se refería en 1920 al canibalismo americano como a un *mito* reactivado en la "invención del Nuevo Mundo" y repetido de cronista en cronista y de historiador en historiador. El Renacimiento, decía,

> puso en moda viejos prejuicios o las versiones mitológicas de Heródoto, Estrabón, Plinio y otros sobre los Scitas antropófagos, sobre las mujeres guerreras o Amazonas

---

[6] Para Heidegger la "interpretación esta previamente ya-decidida [...]. Se funda en una preconcepción. La interpretación nunca se da sin una presuposición [...]. La interpretación nunca puede darse desprovista de una cierta presunción con respecto a aquello que en ella se anticipa" (*Being and Time* 141).

[7] Para una reconstrucción de las lecturas del Almirante ver María I. Toro (169-178).

[...], membrudos Polifemos con un sólo ojo, lestrigones comedores de carne humana [...] relaciones fabulosas creídas a pies juntillas por todos desde la Antigüedad [...] Fábulas del dominio vulgar en los siglos xv y xvi e íntimamente unidas al descubrimiento de América (63, 64).

Los conquistadores traían consigo un conjunto de paradigmas grecolatinos y medievales que definían la otredad (y la identidad) conforme a varios factores como a) la *distancia geográfica*; b) las *disimilitudes lingüísticas* vistas como balbuceo o barbarie; c) una serie de *carencias culturales* como la desnudez, el desconocimiento del derecho, la escritura, la agricultura, las leyes de la hospitalidad, el pudor, etc.; y d) la presencia de lo teratológico (*monstruoso*, *anómalo*, maravilloso), las singularidades físicas, o los comportamientos sociales, sexuales, o alimenticios. El archivo pertinente a la invención de América y del caníbal incluye clásicos griegos sobre viajes, pueblos lejanos y conquistas como la *Historia* de Heródoto y *La Odisea*[8] de Homero, la tan leída *Historia natural* de Plinio, tratados medievales como *Etimologías* de Isidoro de Sevilla e *Imago Mundi* (1410, pub. 1483) de Pierre d'Ailly's (1350-1420) (y sus respectivos capítulos sobre monstruos) y relatos como *Il Milione* o *El libro de Marco Polo*[9]. Valga anotar que gran parte del conocimiento "vulgar" de los mitos clásicos en el Renacimiento –especialmente entre hombres prácticos, como los navegantes– provenía de versiones de segunda mano contenidas en tradiciones, leyendas e historias fantasiosas, así como en relatos de viajes reales y apócrifos, cuyo motivo predilecto fue –por razones religiosas y comerciales– el Oriente (cercano y lejano)[10].

La *Historia* (s. v a.C.) de Heródoto ofrecía narraciones de carácter etnográfico y geográfico de diversos pueblos salvajes en el Oriente. Sus clasificaciones de la alteridad (lo no griego) y sus descripciones de los escitas, los andrófagos y las amazonas fueron particularmente relevantes en lo que toca a la invención de la América caníbal. Los escitas vivían en el área que circunda el Mar Negro, eran supuestamente promiscuos (*Historia* 85), ignorantes de la agricultura, nómadas

[8] Algunos piensan que *La Odisea* es un texto históricamente análogo a los de Colón, Vespucci, Balboa, Cortés y otros, en cuanto fue compuesto en el amanecer de la colonización griega del siglo viii a.C. (Palencia-Roth 1997: 5).

[9] Colón fue un lector asiduo de Polo (Gerbi 28). El ejemplar usado por el Almirante se encuentra depositado en la *Biblioteca Capitular y Colombina del Cabildo Catedral de Sevilla*. Se trata de la traducción latina publicada en Amberes en 1485 y que "no entraría a formar parte de sus bienes hasta 1497" (Toro 172). Antes de 1492, Colón leyó otro ejemplar, o de cualquier otra manera conocía el relato.

[10] Durante el siglo xv los libros de viajes conforman una parte "considerable en el panorama literario peninsular; junto con los *itineraria* de peregrinaciones a Tierra Santa, las relaciones de embajadores y comerciantes, o los relatos de viajes de aventureros" (María I. Toro 169).

(217, 223), hábiles defendiéndose y difíciles de conquistar (231), practicantes de sacrificios, bebedores de sangre humana (235), y absolutamente renuentes a adquirir las costumbres griegas (239). Este *logoi* será aplicado a los caribes, a los pijaos, a los panches, y a otros grupos aborígenes "difíciles de subjetar", al indio belicoso, guerrero, sublevado. El pueblo más salvaje en el repertorio de Heródoto eran los *androphagoi* o "comedores de hombres" (*Historia* 223, 249) que vivían más allá de los escitas, allende los *límites de los límites* de la civilización griega, y que no tenían "idea del derecho, ni de la justicia [...;] los únicos en esta parte del mundo que comen carne humana" (149). La manifestación extrema de la otredad de esos pueblos salvajes y liminales era la antropofagia.

Igualmente clásica es la mención colombina a los *cíclopes* (de quienes sabe por terceros): "diz que [..] los de Caniba [...] no tenían sino un ojo" (65). Colón no los encontró tampoco, pero de cualquier manera fueron reciclados también en el *caníbal*. La conquista de América seguía, entre otros, los paradigmas homéricos de la alteridad, que incluyen tanto en el caso de los cíclopes como en los lestrigones[11], entre otras características, el canibalismo. Los cíclopes son descritos por Homero como "salvajes agresivos sin sentido del bien ni del mal", monstruos (con un solo ojo en la frente) que viven en una isla, no respetan las leyes de la hospitalidad, no conocen la escritura, el derecho, ni la agricultura y, además, son antropófagos (*La Odisea* 127-141). Como a los caníbales del Caribe y del Brasil, a los cíclopes míticos los define lo que no tienen ni conocen; encarnan el modelo clásico de la ausencia de civilización. Los inhospitalarios cíclopes insulares griegos y los indios bravos del Nuevo Mundo se encontrarán en el caníbal.

La referencia de Colón a los cíclopes está acompañada de otra, a los *cinocéfalos* "hombres con hoçicos de perros que comían los hombres" (51), mito con fuente en diversos textos[12] como la *Historia natural* de Plinio quien hablaba de esta raza de hombres con cabeza de perro (II: 130), *La ciudad de Dios* de San Agustín en la que se hace referencia a los cinocéfalos como deidad egipcia introducida en Roma (67, 106), el capítulo "De portenta" de *Etimologías* de Isidoro de Sevilla (XI: 49-51) y relatos de viajes populares de la Edad Media como *The Travels of Sir John Mandeville* (129-133, 204), o el relato de Marco Polo. Palencia-Roth explica cómo, si bien el libro de Polo no habla de hombres con cabeza de perro –sino de unos salvajes antropófagos habitantes de la isla Andaman, cuyas cabezas, ojos y dientes *parecían* caninos– el ilustrador del *Livre des merveilles du*

---

[11] Los lestrigones son los pastores gigantes y antropófagos que cazan con arpones a los hombres de Ulises. El héroe los encuentra después de la tempestad causada por la liberación de los vientos que Eolo le diera (*La Odisea* 144-46).

[12] Para una exposición de los mitos de hombres-perro en diferentes culturas y épocas véase *Myths of the dog-man* de David Gordon White.

monde[13] (1413), decidió convertir el símil *"comme* di grandi mastini" en metáfora y representar gráficamente a tales salvajes con cabezas caninas (1997: 12, 13).

En el *bricolage* gnoseológico y mítico del "Descubrimiento" el *can-* de caníbal podía significar *Gran Can* (hipótesis orientalista de Colón) o, acaso, *perro*, dando lugar a un monstruo híbrido con cuerpo humano y cabeza canina, comedor de carne humana; fórmula de la cual desapareció el monstruo y quedó el caníbal. El monstruo, valga recalcar, aparece como espectro ("no he hallado ombres monstrudos"); sin embargo, en la enmarañada suma simbólica de la *Otredad* americana dicha "aparición" espectro-teratológica adquiere suficientes dimensiones ontológicas como para ser ilustrada en un grabado de Lorenz Fries (c.1490-1532) en *Uslegung der Mercarthen oder Cartha Marina* (1527) [il. 1] y aparecer en mapas y diversas etimologías (i.e. André Thevet).

La activación americana del imaginario clásico y medieval europeo es igualmente significativa en la feminización del continente y del caníbal. El canibalismo asociado por los primeros conquistadores a la belicosidad caribe, y más tarde a códigos de honor, venganza y actividad guerrera masculina (Jean de Léry, André Thevet, Michel Montaigne), fue sin embargo principalmente representado con figuras femeninas. Para representar al *Otro* americano se acudió a la imaginación de la inversión teratológica de roles sexuales. Colón al final del primer viaje, fue "informado", sobre la mítica isla de Matinino "toda poblada de mujeres sin hombres" (115). Eran, claro, resonancias del mito de las amazonas, esas hábiles jinetes, guerreras y asesinas de hombres, que una vez al año tenían relaciones sexuales e hijos con los escitas (Heródoto 249-251) y a las que Colón se refiere frecuentemente en el crítico periodo entre 6 y el 18 de enero de 1493. El Almirante jamás encontró a las amazonas pero no descartó su existencia, como en el caso de los monstruos. Las situó siempre un poco "más allá", en una isla o tierra ignota (aún no reducida) donde, además, se suponía que estaban los metales deseados y los caníbales. Los caníbales –como se decía de los escitas– se unían sexualmente una vez al año con las amazonas formando una especie de familia salvaje americana que luego repartía los hijos habidos de estas uniones según fueran éstos niños o niñas (Colón 119; Anglería 117). Hacia 1553 el jesuita (y misionero en el Brasil) Manoel da Nóbrega (1517-1570) aún hacía referencia a las amazonas y sus costumbres en el país del oro:

> Y son estas Almazonas muy guerreras, vienen a la guerra contra ellos y de los más esforçados que pueden tomar dessos conciben, y si paren hijos danlo al padre o

---

[13] El *Livre des merveilles du monde* fue uno de los más elaborados e ilustrados libros de viajeros de la Edad Media, e incluía además del relato de Polo otros como el de Odoric de Porderone, John Mandeville, Johann Hayton, Ricold de Montcroix (Palencia-Roth 1997: 12).

lo matan, y si hija críanla y córtanle la teta derecha por poder mejor tirar con arco. Entre estas Almazonas dizen estar la notitia del oro (Carta a Luís Gonçalves da Câmara, *Cartas dos primeiros jesuítas* 1: 505)[14].

Juan de Grijalva, Francisco de Orellana y otros conquistadores siguieron en vano los rastros y noticias de las amazonas[15]. Pero mientras su existencia fue muy pronto descartada por historiadores como Pedro Mártir de Anglería, Fernández de Oviedo y Francisco López de Gómara[16], la asociación colombina entre las amazonas y los caníbales tuvo mejor suerte, proyectándose junto con otros mitos y pesadillas culturales europeas en la feminización iconográfica del caníbal y de América. El mito clásico y su reactivación moderna-colonial son análogos en su asociación misógina entre feminidad y antropofagia: así como las Amazonas de Esquilo eran devoradoras de carne humana ("The suppliants" 62), los caníbales americanos serán preponderantemente representados con figuras de mujeres. Las amazonas, como dijimos, no sobreviven como "realidad etnográfica" frente al escepticismo renacentista, pero se abrirán paso, junto con las bacantes y las brujas, en el imaginario de los discursos sobre América virgen y devoradora, agresiva y seductora, festiva y siniestra.

La tragedia de las lúbricas *bakchai* o *bacantes* de Eurípides[17] –y en general, el mito de la mujer voraz, orgiástica y caníbal– se reactiva en la Conquista como un miedo cultural a lo femenino. Por ejemplo, en "Mundus Novus", atribuida a Amerigo Vespucci[18] (1454-1512), hay un nudo discursivo entre el deseo colonial por los cuerpos femeninos, el voyeurismo y el miedo a la castración:

[14] Se cita de la colección *Cartas dos primeiros Jesuítas do Brasil* editada por Serafim Leite.

[15] Los hombres de la expedición de Juan de Grijalva en Yucatán en 1518 oyen de su existencia, y hasta Cortés recibe una comisión para investigar el asunto (Diana de Armas Wilson 25). La noticia más significativa sobre ese reino mítico fue la de la relación que hizo Gaspar de Carvajal de la expedición de Francisco de Orellana en 1542 (en Oviedo 5: 241-242, 394). Este relato impresionó la imaginación europea por muchos años y fue repetido por muchos escritores, como por ejemplo por el franciscano francés André Thevet, quien alegó la existencia de estas "mujeres belicosas" y acompañó el capítulo que les dedicó con una hermosa ilustración (371-382).

[16] Diana de Armas Wilson (26, 27), Kathleen Myers (161-173) y Miguel Rojas Mix (132-138) .

[17] Al regresar del Asia a Tebas, Dionisio castiga la *hybris* de sus tías maternas Agave, Autonoe e Ino –que no lo reconocen como hijo de Zeus– forzándolas en los ritos dionisiacos y transformándolas en ménades o bacantes (22-30). Penteo, el hijo adolescente de Agave, persevera en la persecución de las bacantes y de Dionisio, en nombre de la moral, la familia y el honor, pese a que el ciego Tiresias y Cadmus, su abuelo, tratan de disuadirlo (31-68). Dionisio conduce a Penteo a la montaña Cithaeron donde es testigo de las orgías de las bacantes y finalmente sacrificado, destazado y devorado por su propia madre que no lo reconoce (68-80).

[18] Alberto Magnaghi sostiene en *Amerigo Vespucci: studio critico...* (1924) que Vespucci realizó apenas dos de los cuatro viajes que se le atribuyen: uno con Juan de La Cosa y Alonso de Ojeda

siendo sus mujeres libidinosas hacen hinchar los miembros de sus maridos de tal modo que parecen deformes y brutales y esto con cierto artificio suyo y la mordedura de ciertos animales venenosos; y por causa de ello muchos de ellos lo pierden y quedan eunucos [...] Las mujeres [...] no tienen nada defectuoso en sus cuerpos, hermosos y limpios [...] Una cosa nos ha parecido milagrosa, que entre ellas ninguna tuviera los pechos caídos; y las que habían parido por la forma del vientre y por la entrechura no se diferenciaban en nada de las vírgenes (47, 48).

El grabado "Amerikaner" de Johan Froschauer publicado en la edición en alemán del "Mundus Novus" (Ausburgh 1505) ilustra este caos, mezclando en un mismo cuadro una pareja besándose, una escena de maternidad y varias de canibalismo: una mujer mordiendo un brazo y colgados, ahumándose, una cabeza y otros trozos humanos [il. 2]. El editor e ilustrador flamenco Teodoro De Bry (1528-1598) –a quien se le deben las más conocidas imágenes del canibalismo americano del siglo XVI– hace eco de este imaginario en varios grabados memorables de los relatos de Hans Staden [il. 3] y Jean de Léry [il. 4] sobre los tupinambás, en los cuales sus glotonas mujeres ávidas de carne humana arreglan los cuerpos o se lamen voluptuosamente la grasa humana de los dedos (144,146).

El canibalismo *per se* no ha sido considerado propiamente un pecado ni en la tradición católica medieval de los siete pecados capitales, ni en la del decálogo. En el siglo XVI el canibalismo americano fue condenado más bien mediante su caracterización como práctica asociada a la idolatría y la brujería, y aprovechando la visión judeocristiana de lo *femenino* como origen del pecado y de la pérdida del paraíso; igualmente, pecados como la gula y la lascivia, teológica, cultural e iconográficamente asociados a imágenes de mujeres, fueron trasladados al campo de significación/representación del canibalismo.

La feminización del territorio y de los sujetos colonizados, un tropo recurrente del pensamiento colonialista (K. Kanneh 346), es enunciada como signo de un complejo dispositivo del deseo. La alteridad aparece como un cuerpo que se ofrece o puede ser tomado a voluntad y paralelamente también como una fuente de pérdidas, maleficios y amenazas para la identidad. La América caníbal es una especie de puta mítica disponible y aterradora, que se desea y que se teme. Es muy conocida la historia de la "bellísima" canibalesa rebelde que Colón le donó a Michele Cuneo en el segundo viaje, y que éste tortura hasta que se porta, según él, como una meretriz "armaestrata a la scola de bagasse" (*Col.doc.* 2: 855)[19]. La

(1499) y otro al servicio de la Corona portuguesa (1501, 1502); Magnaghi afirma que *Mundus Novus* y la "Carta a Soderini" (sobre dos viajes dudosos de 1497 y 1503) son apócrifas. Para una descripción resumida de las teorías sobre la inautenticidad véase Gerbi (*La naturaleza de las Indias nuevas* 61-65).

[19] *Colección documental del descubrimiento*. De ahora en adelante se cita como *Col.doc.*

violencia sobre el cuerpo colonizado asegura su dominio y conjura lo *siniestro femenino* y el horror del conquistador. La canibalesa que se resiste es torturada, la que se ofrece es pavorosa. En el cuarto viaje –poco antes de hallar caníbales– Colón relata que le fueron ofrecidas dos niñas desnudas que él consideró eran brujas y putas, y que devolvió atemorizado (325, 326). La percepción colombina del "temido regalo" es común. Las canibalesas que se lamen los dedos son glotonas, lascivas y, sobre todo, brujas. El canibalismo es asociado así a la tradición clásica de las brujas caníbales que Bartolomé de las Casas recordaba al comparar el canibalismo del Nuevo Mundo con el del Viejo:

> [Aristóteles mismo] tracta en el 7o de las *Éticas*, del vicio de comer carne humana, [...] diciendo que algunas mujeres habían que abrían otras preñadas para comer las criaturas que tenían en los vientres o entrañas y de otras fieras gentes que unos a otros se daban los hijos, o los unos a los otros se convidaban para comer los hijos en convites comunes (*Apologética historia sumaria* 1: 467).

El canibalismo ritual, asociado al paganismo y la herejía desde los primeros años de la cristiandad, fue desde fines del siglo XI un cliché de la representación sexual y religiosa del mal. Durante la Edad Media los judíos[20] y las brujas fueron constantemente acusados de cometer sacrificios humanos y consumir ritualmente sangre, grasa o carne humana, especialmente de niños. Desde finales del siglo XIV, el estereotipo de la bruja representaba una feminidad diabólica enemiga de la religión, y en todas las clases sociales estaba reciamente arraigada la idea de que las brujas necesitaban niños –ojalá sin bautizar– como ingrediente esencial de sus pactos y maleficios (Tannahil 129-140).

En varios relatos coloniales contrasta el apetito sensual de las mujeres jóvenes, que se describe en el campo léxico de la concupiscencia con la voracidad de las mujeres viejas ansiosas de carne humana[21], cuya sexualidad monstruosa se expresa en su predilección golosa por comer los órganos sexuales de sus enemi-

---

[20] A fines del siglo XII era suficiente que un niño cristiano desapareciera para que se sospechara un sacrificio de ese tipo (Reay Tannahil 133). Estos rumores fueron tan comunes que hasta el Vaticano intervino en un par de ocasiones para prohibir su propagación (Alberto Cardín, *Dialéctica y canibalismo* 153-156).

[21] Por ejemplo, así lo describe el calvinista francés Jean de Léry (1578): "Mientras se cocina todo [...[las viejas (quienes como he dicho tienen un apetito increíble por la carne humana) se acomodan al lado para recibir la grasa que gotea por los postes de las grandes y altas parrillas [...] chupándose los dedos dicen '*Iguatu*', que quiere decir 'está bueno'" (126). Pero de Magalhães Gândavo dice en su *História da Província Santa Cruz* 1575: "Está huma India velha preste com hum cabaço grande na mão, e como elle cae acode muito depressa e mete-lho na cabeça pera tomar nelle os miolos e o sangue" (64).

gos. Mientras las primeras son las putas míticas en quienes se pierden algunos europeos enceguecidos por la lujuria, las últimas son propiamente las brujas de senos flácidos que ilustra De Bry: las bacantes americanas [il. 4]. El jesuita João de Azpilcueta describía en 1550 a sus hermanos en Coimbra uno de estos aquelarres que decía haber presenciado:

> Y entrando en la segunda casa allé una panela a manera de tinaja, en la cual tenían carne humana cociendo, y al tiempo que yo llegué echaban braços, pies y cabezas de honbres, que era cosa spantosa de ver. Vi seis o siete viejas que apenas se podían tener en pie dançando por el rededor de la panella y atizando la oguera, que parecían demonios en el infierno (*Cartas dos primeiros jesuítas* 1: 182, 183).

Una economía gerontológica del deseo *por* y *del* cuerpo femenino distribuye el horror entre el acicate del pecado que las jóvenes representan y el miedo a ser devorado que las viejas inspiran. El *objeto* es causa culpable del deseo o él mismo, deseo monstruoso y caníbal. Se representaba, además de una amenaza religiosa, otro tipo de miedo: al poder "engañoso", "maléfico" y "oculto" de lo femenino; al poder siniestro de lo doméstico; de la cocina y la medicina familiar; de las alianzas entre mujeres[22]. En cada una de estas prácticas se imaginó la capacidad de entrampar y hechizar. De igual forma, la bruja posibilitaba la representación diabólica de la sexualidad desatada en el aquelarre. El canibalismo no era sino el extremo imaginable de esa sexualidad satánica y el resultado de la localización del temor al *Otro* en el espacio de su *dominio* doméstico. En el siglo XVI, la demonología y el folklore medieval sobre brujas y encantos maléficos coincidió con la feminización del cuerpo colonial y el encuentro con las religiones aborígenes americanas que se interpretaron consistentemente como pactos con el demonio[23]. El demonio es a las caníbales lo que Dionisio a las bacantes; se vale de mujeres a quienes ha pervertido para corromper el mundo y para devorar a quien –como el pobre Penteo– se les oponga.

Estos paradigmas clásicos de la Otredad femenina sustentan simbólicamente el surgimiento de un *logos* en el que escritura y conquista son intercambiables en

---

[22] En su estudio sobre el mito del canibalismo, Arens anota que frecuentemente el antagonismo sexual es expresado culturalmente mediante referencias estereotípicas a la naturaleza vil del sexo opuesto (*The Man-eating Myth* 26).

[23] Como indica Roger Bartra, en "el siglo XVI el más extendido símbolo para comprender o designar al Otro no era el salvaje: era la figura maligna del demonio" (*El salvaje artificial* 67). En uno de los innumerables ejemplos, dice Cieza de León: "Hablan todos en general con el demonio, y en cada pueblo hay dos o tres indios antiguos y diestros en maldades que hablan con él; y éstos dan respuestas y denuncian lo que el demonio les dice que ha de ser" (107; también 124, 135). El diablo era, sin embargo, una categoría exótica en las religiones amerindias (Taussig 1980: 168).

la posesión de la página en blanco, del continente o del cuerpo sin civilización y desnudo o abierto. El deseo colonial por el cuerpo del *Otro* da paso a uno de los motivos pertinaces del horror colonial: el miedo a ser comido. Las amazonas, las bacantes y las brujas, confluyen en la formación del principio de la feminidad siniestra de la *terra incógnita* que se conquista. Representaban, por así decirlo, la contingencia de que ese cuerpo *deseado* y desnudo –que se asoció alegóricamente con América– fuera a su vez un monstruo *deseante*, una feroz ogresa dispuesta a decorar su casa con la cabeza fresca de un conquistador, tal como aparece en el grabado "América" de *Prosopographia* (*personificaciones alegóricas*) (1581-1600) de Philippe Galle[24], en el que una amazona, descrita como una cruel devoradora de hombres, camina entre despojos humanos con una cabeza en una mano y una lanza en la otra [il. 5]. El grabado "América" de la célebre *Iconologia* (1593, 1611) de Cesare Ripa es también una salvaje caníbal semidesnuda, armada y coronada con plumas de aves salvajes [il. 6]. La cabeza cortada que tiene entre sus piernas representa, según el autor, que esta "bárbara gente tiene por costumbre comer carne humana" (361)[25]. Siendo el canibalismo el signo último de la otredad, las mujeres caníbales representan, como ha dicho Arens, "lo más salvaje entre lo salvaje" (*The Man-eating Myth* 26). El efecto siniestro provenía de la masculinización de lo femenino (entendido como disponible, penetrable, pasivo), mediante rasgos guerreros y agresivos y el uso de los estereotipos medievales femeninos con los que se representaban los pecados capitales de la gula y la lascivia[26]. Existe una ecuación simbólico-cultural entre la comida y el sexo, que se expresa en términos de lo activo y lo pasivo, de comer o ser comido. De allí que el caníbal sea, por una parte, una glotona libidinosa y, por otra, un guerrero hostil y vengativo; una mujer desnuda que recibe al europeo, y luego, le quita la cabeza.

Sin embargo, lo que pareciera ser a simple vista una colcha de retazos del archivo clásico y medieval europeo tiene que ver más con la Modernidad comerciante y expansiva. Las alegorías de la América caníbal aunque se aprovechan de los espectros de la otredad femenina medieval, son modernas. Por ejemplo el grabado *América* (1600) de Jan van der Straet (*Nova reperta* 1) presenta a Vespucci frente a una América voluptuosa y desnuda que lo recibe en una hamaca mientras en el fondo un grupo de nativos cuece al fuego unas piernas humanas [il. 7].

---

[24] Comentan brevemente el grabado Honour (87) y Palencia-Roth (1996: 41).

[25] "La testa umana sotto il piede apertamente dimostra di questa barbara gente esser la maggior parte usata pascersi di carne umana, perciò che gli uomini da loro vinti in Guerra li mangiano, così gli schiavi da loro comprati & altri per diverse altre occasioni" (361).

[26] La cercanía entre la gula y la lascivia fue advertida pronto por los padres de la iglesia (Walker Bynum 37).

La escena de la Conquista se alegoriza como un encuentro sensual en medio de la cornucopia tropical, entre el mercader vestido y poseedor de instrumentos de ciencia, y el cuerpo desnudo de América rodeado de frutas exóticas y riquezas fascinantes, al que éste accederá carnalmente y en el cual escribirá la civilización con todos sus contenidos económicos y culturales. América hospitalaria es una página desnuda, desprovista de alfabeto, de espada, de falo. En el trasfondo está el festín; y los caníbales en lo suyo[27].

América y lo femenino son construcciones de la alteridad como lugar de dominio y espacios imaginados como ilimitados, pero no siempre dóciles, para el deseo del capitalismo naciente[28]. Penetrar ese cuerpo puede equivaler a ser engullido por él. Los miedos a ser comido o castrado son, repetimos, miedos coloniales a un cuerpo-objeto, por un lado, siempre virgen y de senos siempre abundantes como las mujeres descritas por Pêro Vaz Caminha (81) o Vespucci (48) y, por otro, significante del maleficio y la voracidad pura.

El imaginario clásico sirve de sustrato al medieval y ambos de pretexto de la invención de la América caníbal. Pero, pese a que se imagina al caníbal desde el propio lenguaje, debe insistirse en que no se trata de la mera reactivación de tropos culturales y mitos grecolatinos y medievales –que de todas formas entraron muy pronto en crisis[29]– sino de rastros, de espectros, detrás de los cuales encontramos la consolidación del Estado español y la del capitalismo mercantilista. La máquina discursiva de la invención/dominación de América es moderna. Los mitos y modelos están insertos y modificados en la retórica de un discurso inseparable de la experiencia histórica de la expansión europea. Por ello, los caníbales fueron inevitablemente modernos; antes que cíclopes, amazonas, bacantes, escitas o andrófagos, fueron proposición, desplazamiento y activación *moderna* de esas narrativas y significantes. Los mitos grecolatinos informan –pero apenas como resonancias– la alteridad; funcionan como "materia prima" de un tropo que trae el pasado pero que no lo instala –mal podría– en el presente.

Peter Hulme (1986) ha sugerido que el resultado final del proceso de significación colombina del canibalismo está determinado por la desorientación y la tensión entre dos discursos: por un lado, el *orientalista* –con origen textual en los

---

[27] Las alegorías del grabado de van der Straet han sido asiduamente comentadas por Peter Hulme (1986: xii, 1), Stuart Hall (1992) y José Rabasa (Capítulo 1), entre otros críticos.

[28] América constituye la posibilidad de concebir la acumulación *ad infinitum* que requería su expansión/formación.

[29] Pedro Fonseca señala el paso gradual a descripciones más "objetivas" o renacentistas impulsadas por el espíritu de investigación y las necesidades prácticas de tener guías para navegación y viajes (57-79).

relatos de Cathay, el *Gran Can* y sus riquezas y palacios fabulosos– , que se ve frustrado por la evidencia geográfica adversa; y por el otro, el discurso del *salvajismo*, en el que abundan los monstruos. Cuando el *orientalismo* empezó a ser contradicho por la experiencia geográfica, el discurso del salvajismo definió la suerte de los caníbales como antropófagos (20-40). Volvamos a Colón; el Almirante después de haberse mantenido escéptico, finalmente creyó en el relato indígena de los caníbales (84) y para el 26 de diciembre ya habla de su destrucción (100). El 13 de enero de 1493 –después del primer combate en que derramaron los españoles sangre indígena[30]– ya es capaz de distinguir a los caníbales por su apariencia física: lee en el cuerpo de un aborigen los signos de la amenaza: es feo, parece fiero, está pintado y armado como guerrero, por lo que concluye: "devía ser de los caníbales que comen los hombres" (114). Aún en su cuarto viaje seguirá siendo un "experto" en reconocer caníbales *al rompe*: "Otra gente fallé, que comían hombres: *la deformidad de su gesto lo dice*" (326).

En tierra extraña el viajero se hace una sinécdoque del centro desde el cual parte y al que dirige su narración. Su identidad es una identidad *en tránsito* por los espacios culturales del *Otro*, y una identidad *en riesgo*, en la medida que está constantemente amenazada por la disolución o la incorporación. No debe parecer extraña entonces la constante imaginación paranoica de la otredad como devoradora en los relatos de viajeros y conquistadores. El caníbal está vinculado ciertamente al archivo previo y a las tensiones discursivas y desorientación de Colón; pero, especialmente, al miedo y a los primeros signos de resistencia, como la lucha del 13 de enero:

> Mataran diz que los cristianos muchos de ellos si el piloto que iba por capitán de ellos no lo estorbara. Volviéronse luego a la carabela los cristianos con su barca, y, sabido por el Almirante, dijo que por una parte le había plazido y por otra no, porque hayan miedo a los cristianos, porque sin duda (dice él) la gente de allí es diz que de mal hacer y creía que eran los de Carib y que comiesen los hombres (114, 115).

De la exploración se pasa al saqueo, y de la descripción de indios que de "tanto amor [...] darían los corazones" a la noticia de los comedores de hombres "de Carib". Frente a los nativos ingenuos, desnudos y cobardes de que hablaba Colón en la "Carta a Santángel" (139-146), el caníbal es el *Otro* que amenaza la

---

[30] Dice Julio Salas al respecto: "El domingo 13 de Enero de 1493, bojeando Colón con sus carabelas la isla de Haití por la costa Noroeste, llegó al territorio de los ciguayos flecheros [...] Habiendo [...] tenido un encuentro con estos indios, primer combate en que derramaron los españoles sangre indígena, quedó en el ánimo de Colón haber hallado la justificación del mito de los lestrigones o antropófagos" (119).

empresa económica allí propuesta. El caníbal marca el tránsito entre lo edénico y lo abyecto.

En el segundo viaje (1493), Colón logra capturar algunos "caníbales" que posteriormente son llevados a España. El capellán de la corte, Pedro Mártir de Anglería (1457-1526), sabe la noticia, deja apresuradamente sus libros y corre a Medina del Campo a ver a estos caníbales de los que sabía por las relaciones del primer viaje que él mismo había consignado en sus cartas. De esa, que será la primera de muchas exhibiciones de caníbales, el humanista deja inexplicablemente apenas unas cortas líneas:

> Llevados [los caníbales] al navío del Almirante, mostraban no menos ferocidad y tremendo semblante que los feroces leones africanos cuando se dan cuenta de haber caído en el lazo. No hay quien los vea, que no confiese haber sentido una especie de horror en sus entrañas, tan atroz y diabólico es el aspecto que la naturaleza y la crueldad ha impreso en sus rostros. Lo digo por mí mismo y por los muchos que conmigo acudieron *más de una vez a verlos* a Medina del Campo (118).

Anglería, como Colón, distingue a los caníbales gracias a una rápida lectura del cuerpo. La alteridad se nombra a sí misma corporalmente; está impresa en sus rostros. Teniendo en cuenta que Anglería siempre se mostró curioso e inquisitivo respecto a toda información sobre el Nuevo Mundo, y que nunca estuvo en él, es sorprendente, la parquedad de la descripción de los caníbales que él "conoció", respecto a los caníbales que viera el Almirante. El relato que Anglería hizo sobre un supuesto encuentro de Colón con una escena caníbal en el segundo viaje (en el que trae a los caníbales cautivos) tiene los detalles que él mismo se ahorrara frente a los caníbales que fue a ver "más de una vez" a Medina del Campo. Según relata Anglería, el Almirante y sus hombres:

> vieron en sus cocinas trozos de carne humana cocida, con otras de papagayo y de pato, clavadas en asadores para asarlas. Buscando los lugares más íntimos y apartados de sus moradas tropezaron con huesos de piernas y brazos humanos, que se supo conservaban con gran cuidado para fabricar puntas de flechas, pues éstas por carecer de hierro las hacen de huesos. Los restantes de éstos, una vez que se comen la carne, los tiran. Hallaron también colgada de una viga la cabeza, todavía húmeda de sangre, de un joven recién muerto (115).

Colón regresaba de un viaje en el que habían sido invertidos ingentes recursos tanto de la Corona como de cerca de doscientos inversionistas privados. Las grandes expectativas, sin embargo, habían sido mayores que los resultados; las especias y productos enumerados con tanto entusiasmo en la noticia del primer viaje no resultan ser lo que se había especulado. El paraíso se deshacía en realidades adversas, la hipótesis asiática colapsaba, la recepción de los indígenas fue menos entusiasta, y el oro –objeto del deseo– parecía estar siempre en una provincia un poco más lejana, como los caníbales. No es casual que los rumores del primer viaje den paso al encuentro con la *escena caníbal* en el segundo; descontado, claro, el problema de cómo distinguió el Almirante entre las diferentes carnes cocidas (i.e.: humana, de papagayo y de pato). A falta de oro, Colón trae a España esclavos caníbales: "ombres e mujeres e niños e niñas" con las que pensaba pagar a los proveedores y convencer a los reyes de la viabilidad económica de la empresa ("Memorial a A. Torres" 153, 154).

2. LA ECONOMÍA SIMBÓLICA MANIQUEA DEL SALVAJE AMERICANO

Colón nos habla por primera vez de la distinción entre dos grupos indígenas: los caribes/caníbales y los otros indios (buenos, mansos, arahuacos, tainos, guatiaos, etc.). Ambos términos de esta clasificación dicotómica hicieron carrera en la distribución semántica de los discursos del Descubrimiento y la Conquista, el tratamiento político de la resistencia aborigen (§3, §4), la concepción iconocartográfica del área (§5) y la construcción etnográfica de la alteridad.

La distinción entre arahuacos y caribes (como grupos étnicamente diferentes y enemigos) –y del canibalismo como marca cultural diferenciadora– proviene del discurso colonial europeo (Hulme 1986: 73-78) y ha sido sistemáticamente rechazada por historiadores, antropólogos y lingüistas (Jalil Sued Badillo 1978; Peter Hulme 1986, 1992, 1998). Sin embargo, la simple negación de la diferenciación etnográfica puede simplificar lo que fue producto de una trama más compleja. Aunque ello no fuera explícitamente evidente para los europeos, estos no irrumpieron en el vacío y su discurso no fue, por predominante y hegemónico, el único en la escena del "encuentro". En el caso de la conquista de México, por ejemplo, se ha notado cómo se dio un *desencuentro* discursivo en un espacio cultural que tenía sus propias dinámicas y conflictos (Todorov 1984). Las noticias sobre caníbales son comúnmente reportes de oídas. Si nos atenemos al texto de Colón –ejercicio hermenéutico problemático– parecería ser que las primeras noticias sobre los caníbales (incluso durante el periodo de incredulidad colombina) provienen de los propios indios, que acusan a otros grupos. Colón se habría encontrado con la diferencia dentro de la diferencia y con antagonismos previos a su llegada. Se alega con razón que Colón no pudo haber entendido la lengua de los indígenas que le "informaron" sobre los caníbales y que el Almirante, como muchos conquistadores después, no distinguía grupos lingüísticos ni diferencias culturales.

Por supuesto la pobreza de las evidencias arqueológicas y el exterminio de las poblaciones a las que la clasificación se refiere, no permiten generalizaciones ni hipótesis completamente aceptables en uno u otro sentido. Aún hoy no se ha definido claramente la realidad émica de esa diferenciación y no puede decirse a ciencia cierta si los aborígenes que vivían en lo que hoy conocemos como el Caribe se percibían a sí mismos como diferentes entre sí, y si, de haber existido la práctica del canibalismo ritual, éste hubiera jugado algún papel en esa percepción[31]. Nada o casi nada se sabe de los caribes de finales del siglo XV y de gran parte del XVI[32]. No hubo un Garcilaso caribe o un informante que se desplazara al discurso hegemónico y dejara una "versión de los vencidos". Salvo por la *Relación acerca de las antigüedades de los indios* (ca.1498) del jerónimo Ramón Pané sobre los mitos y ceremonias de los moradores de las Antillas (sobre los tainos de La Española), no tenemos tratados sistemáticos de las culturas del área en el siglo XVI; los primeros estudios etnográficos fueron hechos por algunos padres jesuitas franceses a mediados del siglo XVII, cuando el proceso de extinción de los aborígenes en la zona era prácticamente un hecho cumplido.

Desde otro ángulo, es necesario considerar que existían antagonismos y conflictos antes de la llegada de los europeos. Pensar lo contrario sería no sólo ir contra la evidencia disponible, sino componer un Edén precolombino. Incluso Hulme, quien propone la imposición europea de diferencias sobre los grupos aborígenes del área, reconoce que éstas existían respecto al tipo de economía y tecnología agraria, y que la prosperidad de las islas del norte hacía de sus villas presas eventuales de expediciones de saqueo de los vecinos del sur (1986: 73-78). La acusación del canibalismo de los vecinos, como ha señalado Arens, es un fenómeno pandémico (*The Man-eating Myth* 145). No debe descartarse que los relatos de canibalismo fueran usados en ocasiones por los propios aborígenes para sembrar miedo entre los invasores europeos o para acusar a grupos vecinos con los

---

[31] Uso la palabra *émica* en el sentido de una calificación o distinción significativa desde y en el contexto cultural en que lo observado aparece (Kenneth Pike), en oposición a la visión *ética* (desde afuera de la cultura contexto).

[32] Las gentes que los europeos llamaron *caribes* aparentemente se llamaban a sí mismas Kalinago, Kalipuna, Karifuna o Kalibuna. Hasta hace poco, atendiendo a algunos relatos recogidos por sacerdotes a mediados del siglo XVII, se creía que los caribes provenían de la costa norte de Sudamérica y que habían invadido las Antillas en busca de mujeres (algo así como el *Rapto de las sabinas*). Este origen explicaría que la lengua caribe sólo fuera usada por guerreros y el taíno o arawaco por sus mujeres. Otros antropólogos han señalado la debilidad de la explicación mítica y la falta de evidencia de una invasión o conquista, y han sostenido que una o dos generaciones antes del arribo de Colón hubo una migración Kalina a las Antillas. Otra hipótesis indica que pudo haber ocurrido una reducida migración de guerreros Kalina y una integración a la cultura arawaka de las bajas Antillas, proceso que aún continuaba en el momento de la conquista española (Boucher 2-5). Aparte de cierta incidencia de la cultura Kalina en las bajas Antillas, lo único evidente es que esa famosa distinción (caribe / arahuaco) tuvo enormes consecuencias, tales como la justificación de la presencia europea en América y de la correlativa explotación del trabajo indígena.

que sostenían alguna enemistad, tal como Alexander von Humboldt proponía en 1806 (5: 24) y Julio Salas en 1920 (122). Los "informantes" de Colón pudieron bien haber expresado, o éste entendido, la rapacidad de los vecinos piratas en términos de antropofagia. Este uso táctico de la narrativa del canibalismo no invalida la afirmación de que la distinción entre *caníbal* e *indio bueno* estuvo relacionada con la resistencia a la Conquista y que, en uno u otro caso, los españoles habrían magnificado las diferencias existentes (socioeconómicas y/o culturales), dándoles una caracterización étnica acorde con la resistencia encontrada. La "Canibalor terra" normalmente coincidió con aquellas áreas en las que el encuentro colonial o (neo)colonial era conflictivo, como sucedió durante el siglo XVI en el Caribe y otras partes de América. Aún después del advenimiento de un imperio paternalista en los términos aproximados del diseño lascasiano, el caníbal seguirá apareciendo en la narrativa de la dominación que deviene problemática, es decir, donde el modelo de explotación "pacífica" fracasa.

Pero antes de entrar en la materialidad histórica de la articulación del canibalismo a los discursos jurídico-filosóficos imperiales, debemos –así sea someramente– considerar que el canibalismo, en cuanto imagen o tropo central de la construcción de América, sólo puede ser entendido en relación con el del "buen salvaje"[33], dada la estrecha relación que hay entre ambos tropos. Ahora bien, esa relación no necesariamente es de oposición dicotómica, sino muy a menudo de complementariedad: tanto el caníbal como el "indio bueno" fueron piezas discursivas del reloj colonial que sincronizó la historia e hizo del mundo un sólo lugar.

Como ha estudiado Roger Bartra en *El salvaje en el espejo*, el "hombre salvaje" en sus diversas versiones (*homo sylvaticus, homo agrestis, wild man, wilde Mann, homme sauvage, uomo selvaggio*), fue un tema habitual del imaginario europeo para representarse la humanidad en un estado "natural", no civilizada o nómada (antes de la vida en la ciudad), en una economía primitiva (anterior a la propiedad y al dinero), bárbara en el sentido clásico de la palabra (prelingüística o balbuceante), no sujeta a represiones sexuales (promiscua) y preestatal (sin ley ni gobierno). El discurso colonial distingue entre el salvaje *Otro* y el que renueva la nostalgia por un mundo idílico[34].

Hayden White afirma que el "buen salvaje" se opone a la noción de "buen hombre" y no a la de "mal salvaje" (*The noble Savage Theme* 129, 130). Dado que

---

[33] Pese a sus afinidades históricas y simbólicas, es necesario distinguir la imagen del *"buen salvaje"* americano del siglo XVI (en adelante entre comillas) de la del salvaje mítico europeo de Rousseau al que propiamente se hace referencia cuando se habla del *buen salvaje* (sin comillas).

[34] Utopía que expresa una nostalgia preestatal y precapitalista. Para una exposición acotada sobre la relación entre el primitivismo y la nostalgia por el *paraíso perdido* presente en la cultura europea ver los trabajos de Ernest Baudet y de Roger Bartra.

lo humano (y la civilización) se define en oposición a la "naturaleza", la fórmula "hombre salvaje" constituye un oxímoron cuyo enorme simbolismo político procede en parte de la indeterminación de sus dos términos (humanidad y salvajismo). Se trata de una expresión propiamente mítica que contiene y disimula la propia contradicción interna que la constituye. Por su atemporalidad, presencia recurrente y capacidad representativa de los conflictos y malestares de la cultura, ese *"hombre salvaje"* puede ser pensado como un tropo cultural y como un mito de concepción de lo que se vino a llamar *civilización occidental* y *Modernidad*. Por un lado, como veremos, concilia la nostalgia preestatal y precapitalista con la Modernidad colonial y el imperialismo; por otro, da lugar a una taxonomía de lo excéntrico: los espacios, tiempos y sujetos *Otros*. El Nuevo Mundo (espacio no penetrado por el *ego conquiro*) así como sus habitantes, situados fuera de la historia y en el tiempo de lo primitivo, son salvajes: buenos y malos salvajes; indios idílicos y caníbales feroces; todos —aunque de manera diversa— alteridades del sujeto eurocéntrico. Así sean definidas como opuestas entre sí, esas alteridades coinciden y tienen un mismo sustrato epistemológico: la identificación de los nativos con *objetos naturales* respecto de los cuales se define lo civilizado, lo cristiano, lo plenamente humano.

Un sector académico importante estima que los descubrimientos comprobaron los prejuicios europeos y que al menos inicialmente habrían tenido un muy pequeño impacto en el pensamiento europeo (John H. Elliott "Renaissance, Europe and America"). Esta opinión da por sentado que los europeos encontraron lo que buscaban y que su concepción del mundo y de sí mismos no fue grandemente conmocionada por el Nuevo Mundo; como los turistas contemporáneos habrían ido a otra parte a encontrarse consigo mismos, reafirmando en América sus relatos de identidad (en los cuales pululaban salvajes de todo tipo). Aunque ello ciertamente ocurrió, creo que no debe desestimarse que el Nuevo Mundo generó una serie de representaciones, interrogantes y discusiones sobre la concepción del universo, el espacio geográfico y el tiempo histórico, que pese a la apariencia medieval del lenguaje utilizado son ya modernas, como moderno es el caníbal, sin importar que en él confluyan cinocéfalos y bacantes. Pese a hundir sus raíces en muchas fuentes, cultas y populares (de la Antigüedad clásica mediterránea, el medioevo europeo y el Renacimiento) y en mitos judeocristianos medievales[35], es ciertamente a partir del "encuentro" colombino y la posterior *invención de América* que el mito de la humanidad salvaje toma su forma moderna y se escinde en una economía simbólica maniquea y colonial. Lo que

---

[35] A partir del siglo XII el hombre salvaje "se convierte en una noción precisa que hace referencia a un personaje perfectamente identificable [...] en la iconografía y en la mitología medievales" (Bartra, *El salvaje en el espejo* 60).

entre otras cosas estaba en juego al imaginar el salvajismo era la idea de un mundo primitivo (ya idílico, ya siniestro) situado en un tiempo *superado* por la Europa cristiana. El relato del salvajismo americano es moderno: articula la concepción misma de *Occidente* como centro geopolítico universal[36] mediante una supuesta comprobación empírica de su alegada superioridad ontológica respecto del *salvaje*. Esta *asincronía* es usada teleológicamente para justificar la civilización de los *Otros*. Si, como ha señalado Roger Bartra, el salvaje es "una de las claves de la cultura occidental" (*El salvaje en el espejo* 190), es precisamente porque constituye un supuesto *sine qua non* de la cadena de axiomas del discurso de la Modernidad que Dussel describe:

> a) la civilización moderna se autocomprende como más desarrollada, superior (lo que significará sostener sin conciencia una posición ideológicamente eurocéntrica). b) La superioridad obliga a desarrollar a los más primitivos, rudos, bárbaros como exigencia moral [...]. d) Como el bárbaro se opone al proceso civilizador, la praxis moderna debe ejercer en último caso la violencia si fuera necesario para destruir los obstáculos de la tal modernización [...]. g) [...] se interpretan como inevitables los sufrimientos o sacrificios (los costos) de la "modernización" de los otros (*1492: El encubrimiento del otro* 209-210).

El colonialismo es la experiencia histórica y económica que sustenta la Modernidad occidental. La idea del progreso en el Renacimiento[37], la concepción de los pueblos y culturas americanas como inferiores y la correspondiente emergencia del eurocentrismo son productos de la expansión colonial de los circuitos de comercio mundial a partir del siglo XVI. Esta Modernidad colonial da lugar a dos tipos de representación no necesariamente excluyentes, que esquemáticamente podrían describirse por sus orígenes y *telos*: el *caníbal*, proveniente de la tradición teratológica acogida por conquistadores y juristas para sentar las bases justificativas de la Conquista; y el *"buen salvaje"* activado por el humanismo cristiano de la primera mitad del siglo XVI, procedente del mito de la *Edad dorada*[38] y del medieval, feliz y libérrimo *homo silvestris*. No amerita una larga

---

[36] España ejerce durante el siglo XVI y parte del XVII el liderazgo de una verdadera *Weltpolitik* según la cual el mundo se considera escenario del imperio y espacio de expansión de Occidente.

[37] A este respecto véase de José A. Maravall *Los factores de la idea de progreso en el Renacimiento español*.

[38] El mito de la *Edad dorada*, de origen clásico, consistía en la primera de las cuatro edades de la humanidad, durante la cual, bajo el reino de Saturno (según la tradición clásica) o antes del pecado original (según la cristiana), la humanidad no trabajaba, disfrutaba de ocio, sin posesiones, en paz y alegría, en una eterna y abundante primavera, libres de la autoridad de los hombres y sin leyes, según lo describen Hesíodo en *Los trabajos y los días* (110-120) y Ovidio en su *Metamorfosis* (31-33). Este mito tuvo un *renacimiento* notable durante el colonialismo del siglo XVI. La imaginación

exposición explicar por qué la imagen del caníbal (salvajismo abyecto) secunda el discurso de la Modernidad que describe Dussel; la monstruosidad física y la derivada del comportamiento fueron definidas para América en relación con un centro geopolítico y moral[39]. Por otra parte, el papel del salvaje idílico en ese mismo discurso requiere explicación, dado que en principio se trata de la representación de una alteridad que podríamos llamar *ejemplar*.

En de *De orbe novo*, la primera y tan publicada historia general de las Indias[40], Pedro Mártir de Anglería –probablemente con el libro primero de la *Metamorfosis* de Ovidio en mente– relaciona las imágenes edénicas colombinas con los mitos del "buen salvaje" y la *Edad dorada*, comparando a los aborígenes con las poblaciones itálicas que Eneas encontrara en el Lacio:

> Creo que estos isleños de la Española son más felices [...], con tal que se les instruya en la verdadera religión, porque viven desnudos, sin pesas ni medidas y, sobre todo, sin el mortífero dinero en una verdadera edad de oro, sin jueces calumniosos y sin libros, satisfechos con los bienes de la naturaleza, y sin preocupaciones por el porvenir ("Carta al cardenal Ascanio Sforza", 1494; *Décadas* 121).

Durante el siglo XVI otros humanistas como Bartolomé de las Casas y Michel de Montaigne, quienes sin duda leyeron a Anglería, verán virtudes en esa serie de carencias ajenas (ciudades, ropa, ciencia, dinero, leyes, escritura, pudor, etc.), y lamentarán la supuesta pérdida de la edénica inocencia primera[41]. Esta especie de *malestar en la cultura* y apología de los aspectos deficitarios del mundo salvaje caracterizará al *buen salvaje* desde el Renacimiento hasta sus versiones contemporáneas. Con estos aspectos idílicos la Modernidad expresaba una paradójica melancolía frente al tiempo salvaje cuya "superación" imaginaba; y en el mismo momento del "reencuentro" con el salvaje (objeto de su melancolía) procedía a su sincronización colonial; es decir a su destrucción.

La retórica de la otredad está aquí regida por la lógica binaria del consumo[42] colonial: los cuerpos *consumibles* que se prestan a ser "convertidos" económica,

---

renovada y persistente de este mundo mítico sin propiedad y sin leyes acompañó paradójicamente la acumulación originaria del capitalismo.

[39] Véase a este respecto el ensayo "Enemigos de Dios..." de Palencia-Roth.

[40] O'Gorman hace una relación cuidadosa de las múltiples publicaciones de los textos de las "Décadas" desde el siglo XVI en latín y en varias lenguas vernáculas que indica el éxito de la versión angleriana del Nuevo Mundo (46-71).

[41] El médico Nincola Scillacio había relatado antes en su carta a Ludovico il Moro (1494) la existencia en las tierras "descubiertas" de una *Edad dorada* sin propiedad (Gerbi 44, 70).

[42] Me refiero al consumo en la gama semántica amplia del apetito comercial y cultural y de incorporación de la diferencia.

religiosa y culturalmente son representados idílicamente; corresponden al *otro* (con minúsculas) que recibe al conquistador, ofreciéndole, generoso, su dócil cornucopia. Por otra parte, el salvaje que, aunque deseado, resiste la consumición debe ser sometido, destruido o *pacificado* (para usar el eufemismo acostumbrado entonces); es el *Otro* (con mayúsculas) indócil y liminal. Los "sujetos" producidos son *inocentes* o *nocivos*; indios buenos o caníbales, respectivamente. Ambos, son cultural y económicamente *objetos* del deseo colonial y parte de una economía simbólica maniquea. En efecto, en el mito del "buen salvaje" el objeto de incorporación se ofrece, en el *caníbal* dicho objeto se resiste: el *ego conquiro* imagina en el *mal salvaje* el límite para su deseo de consumo; el caníbal es el monstruo moral que no puede ser consumido en la medida que él (o ella) es *consumo puro y sin límites*. El "buen salvaje" y la *Edad dorada* son fantasías del consumo colonial: significantes de la construcción del Nuevo Mundo como *locus de la abundancia* de lo deseado (el oro, especias, metales, trabajo humano, cuerpos) y, al mismo tiempo, como *locus de las carencias* que definen el salvajismo. América es el lugar del deseo del imaginario europeo: una suerte de espacio de abundancia de la naturaleza y de recurrentes –y convenientes– vacíos culturales. En las tantas veces publicadas "Carta a Luis de Santángel" y la similar latina "Carta a Gabriel Sánchez" (1493) de Colón, que dieron a conocer el Descubrimiento en Europa, así como en otros textos, sobresale por una parte la descripción edénica de la abundancia: "canpiñas fermosíssimas", exuberancia de la vegetación, cantos de los pájaros, miel y frutas, árboles de especias y minas de metales preciosos. Por otro lado, los indios están desnudos[43], no tienen armas, viven "sin engaño y tan liberales", sin ambición ("darían los corazones"), y no tienen sentido del valor de cambio, ni religión ("no conocían ninguna seta ni idolatría"), ni propiedad (141-144). Adviértase que esta frecuente asociación entre la lista de riquezas (*el haber*) y la lista de carencias del salvaje (*el no tener y no conocer*) –que encontramos tanto en las narrativas del "encuentro" americano como de la *Edad dorada*– corresponde a las dos condiciones imaginarias que necesita el capitalismo: 1) *riquezas infinitas* que puedan ser convertidas en capital (acumulación primaria) y mercancías (que lo pongan en movimiento), y 2) un *vacío* para instalar su lógica cultural. La profusión de bienes materiales y la falta

[43] Esta es la más recurrida caracterización colombina de los indios (30, 36, 49, 54, 78, 79, etc.). A partir de Colón será uno de los componentes de la semántica del salvajismo americano. En las ilustraciones de la época, los genitales, especialmente los femeninos, son ocultados: los cuerpos están en un ángulo que impide su exhibición, son cubiertos por un niño en brazos, o un objeto (un arco o la esquina de una mesa), o simplemente son difuminados por la mano del ilustrador. La desnudez se representa con evidente fascinación y ansiedad; el voyeurismo colonial –mezcla de dominio y de distancia cauta respecto a la diferencia– puso al cuerpo americano frente a la mirada europea en una relación mediada por el deseo y el miedo.

de propiedad privada hacen de América el lugar colonial de la expansión comercial y la explotación. El "buen salvaje" en medio de la abundancia y de vacíos culturales (entre los cuales sobresalen la falta de propiedad y de Estado) es, entonces, uno de los tropos constitutivos de la Modernidad. El Nuevo Mundo resulta de la imaginación conjunta de la *hipóstasis del haber* mercantil y del *déficit cultural* indígena. Eventualmente el caníbal (*el devorar*) hará su entrada en esos relatos con la función ideológica complementaria de justificar la explotación del trabajo y el apetito europeo por la mano de obra y las riquezas americanas. La avidez irrestricta del *Otro* aparecerá así como figuración mítica del "principio de realidad" que limita el apetito "legítimo" del colonizador. Sin embargo, imperialismo y explotación pueden leerse *a contrapelo* como formas de canibalismo en las trampas y paradojas de su propio tenor[44]. El caníbal escrito apunta al caníbal que escribe. Piénsese en los caníbales que Colón reporta de oídas en la "Carta del descubrimiento" y en la innegable similitud con el *modus operandi* de los propios conquistadores: "La segunda a la entrada de las Yndias, que es poblada de una iente que tienen en todas las islas por muy ferozes, los cuales comen carne umana. Estos tienen muchas canuas, con las cuales corren todas las islas de la India, [y] roban y toman cuanto pueden" (145). ¿Aquellos caníbales no operan como Colón y su gente[45]? Este *ver la paja en el ojo ajeno* es pertinaz: dice Hernando Colón que el almirante poco después de descubrir la isla de Guadalupe durante su segundo viaje observó que los Caribes se comían a los hombres y a sus hijos atrapados en sus jornadas guerreras pero conservaban a las mujeres como esclavas (166-167), usándolas como mancebas, y páginas más adelante cuenta como ellos mismos, los españoles, llevaban secuestradas a bordo varias indígenas. El canibalismo aparece como un fulgurante reflejo del deseo colonial.

¿Qué papel juegan los indios buenos en esta economía libido-simbólica del colonialismo? El salvaje idílico es un tropo etnográfico instrumental en la formación de la Modernidad colonial y el eurocentrismo: la visión de "la mejor gente del mundo y más mansa" (Colón 82) coadyuva –además del apetito comercial y el deseo de ocupar un lugar *lleno de vacíos*– una clara *voluntad de poder* y la elaboración de un discurso de superioridad que se advierte en la "cita" de las primeras palabras que Colón pone en boca de los aborígenes hospitala-

---

[44] "In the relation of warfare and cannibalism, we can begin to see that cannibalism is closely connected with the expression and satisfaction of human aggression. I define *aggression* as the desire to dominate or tyrannize another person or other people. Warfare, unlike private aggression, is a function of society as a whole; it is an institutionalized form of aggression. It is the attempt of one whole society to dominate or tyrannize another society" (Sagan 5).

[45] "Toda la gente...diz que tiene grandíssimo temor de los Caniba o Canima... que van a tomar...sus tierras y sus casas" (65).

rios: "venían y entendíamos que nos preguntaban si éramos venidos del çielo. [...Decían:] Venid a ver los hombres que vinieron del çielo, traedles de comer y bever [...] Venit, venit a ver la gente del cielo" (33, 55, 143). "Buen salvaje" y futuro súbdito coinciden.

Ahora bien, el "buen salvaje" que ayuda a conformar la *episteme* de la Modernidad contiene elementos ambivalentes respecto a la misma y al capitalismo naciente. Anglería, por ejemplo, hace énfasis en la propiedad como origen del mal y señala de los indios que es

cosa averiguada que aquellos indígenas poseen en común la tierra, como la luz del Sol y como el agua y que desconocen las palabras "tuyo" y "mío", *semillero de todos los males* [...] Viven en plena edad de oro, y no rodean sus propiedades con fosos, muros ni setos. Habitan en huertos abiertos, sin leyes, sin libros y sin jueces y observan lo justo por instinto natural ("Carta al cardenal Luis de Aragón" 1494; *Décadas* 141).

Similar caracterización deficitaria aparece en Vespucci, quien en su "Carta a Lorenzo di Pier Francesco de Medici" (1500) dice que los habitantes del Nuevo Mundo

No tienen ley ni fe ninguna y viven de acuerdo a la naturaleza. No conocen la inmortalidad del alma, no tienen entre ellos bienes propios, porque todo es común: no tienen límites de reinos y de provincias: no tienen rey: no obedecen a nadie, cada uno es señor de sí mismo [...y] no reina en ellos codicia (32).

En una carta de Vespucci relativa al tercer viaje ("Fragmento Ridolfi" 1502?) emerge la explicación de la "naturalidad" de estas particularidades americanas, en especial de la desnudez, en la que el florentino cree observar la felicidad primigenia del cuerpo (36). Los "nuevos" pueblos parecen ofrecer la visión de un (des)orden añorado y temido, propio del utopismo popular y las narrativas contra la estatización de la sociedad, comunes desde la tardía Edad media[46]. Estos aborígenes, subraya, "llevan una vida más bien epicúrea que estoica", lo que les lleva a darle poco valor a los bienes (40).

La famosa carta "Mundus Novus" (1503?), obviando el asunto de su autenticidad, describe a las gentes de "aquellos países" por todo aquello que no tienen, que no son, y que no conocen:

---

[46] El paraíso estaba presente no sólo en las evocaciones cultas que los humanistas hacían de la *Edad dorada* de Ovidio y Virgilio, el *primitivismo* de Séneca o Lucrecio o la república justa de Livio o Cicerón, sino en las fiestas y carnavales, las historias de la tradición oral y las rebeliones populares del siglo XVI (Charles Whitney 195-219).

No tienen paños de lana ni de lino, ni aún de bombasí [...] Ni tampoco tienen bienes propios, pero todas las cosas son comunes. Viven juntos sin rey, sin autoridad y cada uno es señor de sí mismo [...] Además no tienen ninguna iglesia, ni tienen ninguna ley [...] No son entre ellos comerciantes, ni mercan cosa alguna (47, 48).

Si, como señala Magnaghi, "Mundus Novus" es una falsificación vulgar ampliamente traducida y difundida, resultaría aún más relevante, pues indicaría que el anónimo e "inculto" falsificador habría reconocido la americanidad del tema de la *Edad dorada* y sus convenciones. En otras palabras, las cartas putativas de Vespucci, que llegaron a ser más importantes que las "verdaderas", vinculan las reminiscencias humanistas cultas con un bajo registro letrado y oral en el cual los mitos de la *Edad dorada* y el "buen salvaje" del Nuevo Mundo ya estaban articulados.

El cuadro presentado por Vespucci es por momentos edénico: "ciertamente si el paraíso terrestre en alguna parte de la tierra está, estimo que no estará lejos de aquellos países" (5). El *paraíso perdido* era, en parte, un anuncio publicitario para interesar a la Corona en continuar pagando viajes y exploraciones y, en parte, la negación de la otredad mediante un estereotipo; adicionalmente, el edén con sus salvajes representaba simbólicamente un orden económico, sexual, social y político *alternativo* al del presente. Pero este *salvaje deficitario* del pensamiento utópico legitimaba asimismo la *presencia* colonial. Los *no tener, no ser, no saber* son relativos al *tener, ser* y *saber*; los "vacíos" culturales del *Otro* son las condiciones que posibilitan discursivamente la ocupación, la desmesura expansiva y la formación de varios sujetos epistemológica y políticamente privilegiados: el conquistador, el evangelizador, el observador etnográfico, etc. La supuesta *falta de escritura*, la *idolatría* o la *ignorancia* del valor de los metales marcaban a América como página para ser escrita por Europa y como un lugar vacante para el ensanchamiento colonial. Incluso el "buen salvaje" del "benigno" humanismo cristiano sigue esta lógica. La "niñez" de los aborígenes que alega, entre otros, el jurista Bartolomé de Carranza, servía para erigir al Rey de España en "tutor de los Indios" (39). La falta de capacidad plena señalaba otro espacio vacío (el del padre) que sería llenado por el Imperio, la Iglesia y, más tarde, por la nación.

Desde la expansión imperial del siglo XVI y las subsecuentes olas de colonialismo, hasta las estrategias actuales de dominio del mercado o las visiones de lo exótico, el ego capitalista renueva la idea de un alter-espacio en el cual la *diferencia* (ausencia de sí en el *Otro*) es acicate del deseo de llenar el mundo y de expandirse hasta que el universo y ese ego sean una sola cosa. Aún hoy, cuando el capitalismo global se imagina sin afueras, mantiene el mito de lo *natural*, lo no contaminado, la vida salvaje y el paraíso perdido; es decir, su deseo imperial por espacios no ocupados o incorporados.

Ahora bien; en toda concepción de identidad hay un residuo imbatible de su *opuesto constitutivo*, de aquello en contra y en relación con lo cual dicha identidad se ha definido. La identidad es una separación del *Otro* y al mismo tiempo su incorporación. La formación del *ego conquiro* es melancólica: tiene al mundo por horizonte sin límites para su apetito insaciable. Una parte de ese ego se entrega a la negación de lo perdido y mantiene una narrativa libidinal en dirección al aborigen-objeto con el cual se identifica y que trata de incorporar. La alteridad en su versión idílica (el buen y libre salvaje que se desea) parece ser un encuentro con la *Edad dorada*, la vida epicúrea, el Paraíso terrenal, el mundo sin Estado, la libertad sexual. Las gentes, islas y tierras descritas hacen parte de un orden "natural" que empieza a ser construido como el objeto perdido y no renunciado de la melancolía cultural europea[47]. Pero en ese orden también se perciben diferencias irreducibles y resistencias al consumo colonial que generan un efecto de extrañamiento y amenaza. El salvaje idílico de los primeros encuentros es acompañado de frecuentes apariciones de los comedores de carne humana. Los dos ejercicios epistemológicos se complementan: por una parte se produce un "buen salvaje" familiar e idealizado (lo deseado) y, por otra, se le da un estatuto amenazador a la diferencia indócil.

Como acontece con los sucedáneos fallidos del cuerpo femenino que busca el sujeto escindido del *orden simbólico* (Lacan, *Écrits*), las narrativas de la *Edad dorada* y el "buen salvaje" sirven para que el deseo del *ego conquiro* "encuentre" fugazmente substitutos –siempre insuficientes– de su imaginario objeto narcisista y para que *imagine* un (re)encuentro con el anhelado paraíso. Pero no puede desearse impunemente la alteridad sin sentir el recíproco pavor de ser objeto del deseo del *Otro*. Mediante un proceso de proyección del deseo toda resistencia del "objeto" devendrá miedo primario a que la identidad sea incorporada y devorada[48]. El *Otro* idílico da paso a la deformidad, a la monstruosidad, a la amenaza. No debe extrañarnos entonces que, desde el momento del "encuentro"

---

[47] No me refiero a la melancolía como discurso que se formula más tarde como reacción romántica a la Ilustración y el racionalismo en un contexto capitalista, ni a la anterior melancolía o humor negro de la medicina medieval, sino a las fabulaciones críticas de las prácticas de estatización que durante el Renacimiento concibieron una suerte de *vacuidad cultural* para describir la perdida de una imaginaria felicidad original.

[48] El discurso colonial está marcado por la tensión paranoica entre comer y ser comido o entre lo que Kilgour llama el deseo de incorporar y el miedo a ser incorporado (1990: 226). La teoría freudiana de la paranoia y la proyección en el otro en "Observaciones psicoanalíticas sobre un caso de paranoia ('*dementia paranoides*') ..." (Freud 2: 1487-1528) son retomadas por Melanie Klein, quien relaciona los instintos agresivos y caníbales infantiles contra el cuerpo de la madre con el correspondiente miedo paranoico a ser devorado por ese mismo cuerpo cuya incorporación se desea, lo cual sucede mediante un mecanismo de proyección (202-214).

colombino, las visiones del paraíso y de un salvaje idílico hayan sido por lo menos tan numerosas como las noticias de canibalismo.

El equilibrio renacentista de Anglería no impidió que –en lo que respecta al salvaje americano– lo mismo describiera las pacíficas escenas de la *Edad dorada* o de las virtudes "protocristianas" aborígenes, que relatara en detalle festines caníbales[49]. Como Colón, Anglería distribuye las cargas semánticas del significante *salvaje*, entre indios pacíficos y hospitalarios y esos otros "obscenos caníbales" que "asaltan perpetuamente" y que engordan niños cautivos como pollos para comer (Anglería 115). La distribución simbólica del salvajismo es complementaria; funcionalmente, buenos y malos salvajes son análogos. En el mito de la *Edad dorada,* las fantasías y el miedo a la festiva promiscuidad sexual y al canibalismo están siempre presentes; son la consecuencia de la definición de esta Edad como un estado anterior al derecho y a las limitaciones del deseo y la libertad. Kilgour recuerda que en el relato clásico de la *Edad dorada* tanto sus habitantes, los cíclopes, como su regente, Saturno, son antropófagos, e identifica a ésta con la etapa caníbal del desarrollo infantil, en la cual se tiene la experiencia de una comunión feliz con el mundo (1998: 244). El otro lado de ese motivo jubiloso es el terror moderno de una regresión a esa etapa "superada" de apetitos irrestrictos. El caníbal habita la *Edad dorada* como dispositivo cultural de la Modernidad (o al menos de su dimensión racionalista hegemónica) para disuadir cualquier tentación de entrega a la otredad. El miedo a ser comido sostiene el designio imperial del *ego conquiro* y su compromiso moderno con el presente de la civilización. La melancolía por el salvaje perdido se detiene a las puertas de la utopía que custodia el temido caníbal. Así, Vespucci –quien como vimos renueva el mito de la *Edad dorada*– advierte que los aborígenes "son gente belicosa. Y entre ellos muy crueles [...] y a los enemigos los despedazan y se los comen [...] y esto es cierto porque encontramos en sus casas carne humana, puesta al humo" (32, 33). El *Otro* deseado se hace liminal; los salvajes "epicúreos" devienen caníbales[50]. El ya mencionado grabado "Amerikaner", publicado en la edición en alemán "Mundus Novus" (Ausburgh 1505)[51] ilustra justamente la mezcla sucesiva –casi podría decirse que pendular– de deseo y repulsión [il. 2].

---

[49] Edmundo O'Gorman ha señalado que Anglería observaba el alud de historias sobre el Nuevo Mundo, incluyendo la hipótesis asiática de Colón, con el "cauteloso espíritu del humanista" y que intentó presentar una versión equilibrada entre los múltiples relatos que escuchaba y leía y los conocimientos de la época (en Anglería 36).

[50] El Otro que se desea incorporar se convierte en *Otro-límite* del deseo.

[51] Comentan este grabado Hugh Honour 12; William Sturtevant 420; Palencia-Roth 1997: 21, 22, etc.

Nótese que a la observación de Vespucci sobre la lascivia de las mujeres indígenas sigue la comentada lista de carencias virtuosas (ropa, propiedad, gobierno) y, acto seguido, el tema del incesto: "Toman tantas mujeres cuantas quieren, y el hijo se mezcla con la madre, y el hermano con la hermana, y el primo con la prima y el viandante con cualquiera que se encuentra" ("Mundus Novus" 47); un poco más adelante, se hallan las menciones a su vida epicúrea; y, a continuación, el horror caníbal:

> Los pueblos pelean entre sí sin arte y sin orden [...] unos a los otros los vencedores se comen a los vencidos y de la carne, la humana es entre ellos alimento común. Esta es cosa verdaderamente cierta; pues se ha visto al padre comerse a los hijos y a la mujer; y yo he conocido a un hombre [...] del que se decía había comido mas de 300 cuerpos humanos. Y aún estuve 27 días en una cierta ciudad, donde vi en las casas la carne humana salada y colgada de las vigas (48).

Incesto y canibalismo –como ciertamente también la tan nombrada sodomía o pecado *contra natura*– son formas de consumo irrestricto y de endoconsumo (ejercicio de la oralidad al "interior") que definen al Otro como *anterior a los límites culturales del apetito*. Incesto y canibalismo son –como en la fábula psicológico-etnográfica de los hermanos salvajes celosos y parricidas de *Tótem y Tabú* (Freud 2:1838-1840)– *tropos culturales* que sirven para imaginar el caos "anterior" al orden social y colonial, y sobre el cual éste impone el acto simbólico inaugural de la "civilización".

En resumen, el Descubrimiento no simplemente actualiza sino contribuye a generar los constructos modernos de la *Edad dorada* y el salvajismo; en ellos coincide la fascinación por el salvaje mitológico y el rechazo por el salvaje *Otro*, enemigo de la civilización, la religión y la Corona: el mal salvaje caníbal que amenaza reciprocar con su apetito voraz el deseo colonial. El balance simbólico favorece el colonialismo y el mito de la Modernidad. El término ambivalencia (como lo usaba Freud[52]) puede describir bien esa unidad conflictiva entre la belleza sensual y la monstruosidad, lo idílico y lo abyecto, la nostalgia de la libertad y el miedo al desorden aterrador, el salvaje que le sugiere a Europa el paraíso perdido de su "melancolía" cultural y el que pone ante sus ojos las fauces abiertas del infierno. Las narrativas edénicas de América, aún en el caso de hallar virtudes en el "estado natural", llevan consigo el *telos* de su modificación; son

---

[52] Freud define la ambivalencia –concepto que retoma de Eugen Bleuler– como la coexistencia de dos tipos de instintos contradictorios (*Tres ensayos...* 1186, 1210) y como la tensión entre el horror y el deseo (*Tótem y Tabú* 1766), el asombro y la desconfianza (1778-9), el afecto y el odio (1830), la violencia homicida y el arrepentimiento (1837-9).

relatos coloniales y, acaso por ello, ambivalentes[53]. Adviértase que el caníbal no es exterior al "buen salvaje" o al undívago Edén americano, sino que aparece como su diferencia intrínseca. En ocasiones el propio salvaje afable y elocuente anuncia al caníbal; la palabra es prolepsis del mordisco; el otro deseado anticipa el apetito del *Otro*. En uno de los más interesantes "discursos de salvajes" del siglo XVI, el cacique Comogro –de manera similar a Mileno, el bárbaro germano de Guevara– recrimina a los cristianos su ambición ("tanta *hambre* tenéis de oro, que por su culpa perturbáis a tantas gentes tranquilas") y les indica "una región rebosante de oro, en la cual –dice– podréis saciar vuestra sed"; aunque para ello, tendrán que luchar con un cacique bravo y atravesar "las montañas intermedias [que] están ocupadas por los caribes, raza feroz de hombres, devoradora de carne humana, sin leyes, sin gobierno, y errante" (Anglería 234, 235). En el tercer viaje, Colón obtiene de los indios buenos noticias conjuntas del oro y de los caníbales: "Procuré saber dónde cogían aquel oro y todos me aseñalaban una tierra frontera d'ellos al Poniente, [...] pero todos dezían que no fuese allá porque allí comían los hombres, y entendí entonces que dezían que eran hombres caníbales" (213). Entre el deseo colonial y su objeto aurífero hay un monstruo deseante: el caníbal nómada.

El "buen salvaje" ocupará una considerable parte de la representación de los aborígenes y de las políticas para el Nuevo Mundo; asimismo, tendrá resonancias en los proyectos utópicos del siglo XVI y XVII[54], fundados en el pensamiento político humanista cristiano que vio en éste un *otro ejemplar* y creyó poder refundar la cristiandad en América aprovechando las virtudes y bondad naturales de sus habitantes. Reaparecerá como un *buen salvaje* ilustrado contra la Ilustración en la obra de Rousseau y, como se analizará en el Capítulo III, en el momento de emergencia de los nacionalismos latinoamericanos y de la consolidación del pacto neocolonial, el *buen salvaje* estará estrechamente unido al patrimonio simbólico de la *narración de la nación*. También entonces, el caníbal rondará la conciencia moderna y será la otra cara de las idílicas visiones de la *colonialidad*.

---

[53] Ocurre una verdadera denegación represiva o *verleugnen*: se repudia al tiempo que se reconoce al Otro y se lo hace objeto de deseo. Para Homi Bhabha la actitud del sujeto colonial frente al *Otro* no es la de una simple negación de la diferencia; sino de *ambivalencia*: conjunto de reconocimiento y repudio de la otredad atrayente y amenazante. El *estereotipo* expresa esta ambivalencia ("The Other Question..." *The Location of Culture* 66-84).

[54] Por ejemplo, los proyectos de Bartolomé de las Casas, Vasco de Quiroga y de los jesuitas en el Paraguay. Respecto a la teoría, experimentos y conflictos del pensamiento y la práctica del utopismo en América, véase el trabajo de Beatriz Fernández Herrero. Sobre el impacto del Descubrimiento y el aborigen americano en el paso de la especulación utópica, a los proyectos y fundación de utopías, puede consultarse a Stelio Cro (1983; 1990).

3. Canibalismo y geografía encomendera

El problema filosófico de la reactivación americana del mito del "buen salvaje" desnudo, feliz, sin las cadenas de la ambición ni los males de la civilización es que, en principio, su conquista no puede justificarse. El asunto puede ser planteado de la siguiente manera: el estado natural ha sido degradado por la civilización y por ello se ha perdido la *Edad dorada*; esa inocencia es ahora reencontrada en la América edénica; por consiguiente, ¿cuál es el papel del conquistador si no el de irrumpir, perturbar y dominar el Edén? ¿Cómo puede constituirse el *Ego conquiro* en el escenario imaginario de la perturbación del paraíso? ¿Con qué títulos podía alterárselo? El canibalismo ofrece la mayoría de las veces la respuesta: es el festín caníbal y no el Edén lo que aparece interrumpido por el europeo que arriba a las costas americanas, o por las naves que se asoman en el trasfondo del grabado "Amerikaner" anunciando el comienzo de la "civilización" [il. 2]. *Edén* y *Canibalia* se complementan. Recordemos la respuesta que Colón le da al "buen salvaje" que, según Anglería, cuestiona la justicia de la "irrupción" europea en el paraíso: después de oír misa en la playa, el Almirante recibió a un indio viejo, quien –prefigurando al salvaje germano del *Relox de príncipes* de Guevara– le recriminó el sembrar miedo en esas provincias entre gentes pacíficas, y le advirtió que después de la muerte estaba a cada uno reservada una recompensa por las obras presentes. Colón respondió que él había sido enviado por los reyes *"para pacificar* todas aquellas regiones del mundo, hasta entonces ignoradas, y *someter por la fuerza a los caníbales y demás indígenas criminales*, infligiéndoles los merecidos castigos; y para que, en cambio, brindase *protección* y honrase a los inocentes" (Anglería 141). La respuesta colombina será repetida una y otra vez frente a las quejas de los dominicos y para aquietar la mala conciencia del colonialismo español: el imperio viene a imponer la paz y a proteger al inocente de la voracidad de los caníbales. La *razón jurídica* de la empresa colombina hace pertinente traer a colación los estrechos vínculos entre la imputación de canibalismo y la justificación de la Conquista de América que se encuentra en los historiadores y cronistas de las Indias, así como en un vasto corpus jurídico.

Aunque en las "Instrucciones de los reyes a Colón del 29 de mayo de 1493" la Corona declaró a los indios súbditos suyos y prohibió su esclavitud y maltrato (*Col.doc* 1: 412-417), puede decirse que desde muy temprano vaciló respecto del asunto de la esclavitud de los caníbales. Como se mencionó, a la vuelta de su segundo viaje, Colón le informaba a los reyes en el "Memorial a A. Torres" (1494), entre otras cosas, que había capturado algunos indios que trajo como esclavos: "se enbía de presente con estos navíos así de los caníbales, ombres e mujeres e niños e niñas" (153). En el mismo documento consideraba la posibilidad de capturar caníbales y enviarlos a Castilla para quitarles "aquella inhumana costumbre que tienen de comer ombres", y para el "provecho de las almas de dichos caníba-les" y sugería que se autorizara que a los comerciantes que trajeran "ganado e bestias de trabajo para el sostenimiento de la gente que aquí ha de estar" se les pudiera "pagar en esclavos d'estos caníbales, gente tan fiera e dispuesta e bien proporcionada e de muy buen entendimiento, los cuales quitados de aquella inhu-manidad creemos que *serán mejores que otros ningunos esclavos*" (153, 154). El Almi-rante proponía pagar ganado con caníbales. Como se lee en una carta de los reyes católicos al obispo de Badajoz Juan de Fonseca (12 de abril de 1495), la Corona enterada del "obsequio" colombino estima pertinente su venta: "Y çerca delo que nos escribisteis delos yndios que vyenen en las caravelas, paresçenos que se podrian vender alla mijor enesa andalusia" (*Col.doc* 2: 783). Luego, el 16, en una cédula al obispo, la Corona manifiesta dudas al respecto: "porque Nos querria-mos informarnos de letrados theologos e canonistas *sy con buena conciencia* se pueden vender estos por esclavos o no", para lo cual, dice, deben esperar las car-tas del almirante explicando las razones de su captura (789-790)[55].

El asunto de la servidumbre indígena es objeto de preocupaciones y nume-rosas provisiones imperiales. Para el 30 de octubre de 1503 la reina autoriza la guerra contra los caribes en una carta que renueva la división maniquea entre indios buenos e indios malos. Los primeros moran las "yslas [en las que los espa-ñoles] fueron bien reçebidos e acogidos"; a éstos no debe hacérseles ningún daño ni ser cautivados o traídos a España (como estaba aconteciendo), sino que deben ser evangelizados. Los otros viven "en las yslas de sant bernaldo e isla fuerte y en los puestos de cartajena y en las yslas de baru" y son "una gente que se disen canibales, [que] nunca los quisyeron oyr ni acoger, antes se defendieron dellos con sus armas e les resistieron". Como estos caníbales "endureçidos en su mal proposito [e] ydolatrando e comiendo" se oponían a ser reducidos a "nues-tra santa fee catolica", la reina considera que "conviene al servicio de dios y nuestro, e a la paz e sosiego de las gentes que biven en las yslas e Tierra Firme" que puedan ser hechos esclavos y vendidos:

doy liçencia e facultad a todas e cualesquier personas que con mi mandado fueren, asy a las Islas e tierra-firme del dicho mar oçeano [...] para que sy todavía los dichos canibales resistieren, e non quisieren reçebir é acojer en sus tierras á los capitanes é gentes que por mi mandado fueren a faser dichos viages, e oyrlos para ser dotrinados en las cosas de nuestra santa fee católica, e estar en mi servicio e so mi obediençia, los puedan captivar e captiven [...] e para que los puedan vender é aprovecharse dellos (*Col.doc*. 3: 1579-1581)[56].

---

[55] Recibidas estas noticias, la Cédula Real (C.R.) del 2 de junio de ese año destina a los indíge-nas al aprendizaje del castellano para que sirvan como lenguas (810).

[56] También en Martín Fernández de Navarrete (2: 414-416).

Podría observarse que este documento simplemente le asigna consecuencias jurídicas al canibalismo. Sin embargo, el campo semántico del significante *caníbales* es más amplio que el del consumo de carne humana; de hecho, los *considerandos* de la autorización de la reina apuntan principalmente a la resistencia de ciertos indios a los españoles y a la evangelización, y al ya referido argumento de Colón en el sentido de la necesidad de protección de los indios buenos que se arroga la Corona: para "la paz e sosiego de las gentes que viven en las islas". Adicionalmente, se expresa el supuesto colombino según el cual mediante dicha esclavitud los caníbales "podran ser mas ligeramente convertidos e atraydos a nuestra santa fee catolica" (1581). Además de formalizar ciertas prácticas ya en uso como las cacerías de esclavos, la carta definía los términos de la que sería la discusión imperial sobre la justificación de la presencia española en el "Edén". Por supuesto, el problema práctico de una autorización como la de 1503 era definir quiénes eran caníbales y, por lo tanto, podían ser hechos esclavos, y quiénes no. Durante la primera regencia de Fernando en Castilla, y respondiendo a una consulta del gobernador de La Española, Nicolás de Ovando, la Corona "aclaró" tautológicamente por C.R. del 15 de noviembre de 1505:

> Por vuestra carta escreuis que alla es menester saber quales yndios son los que se pueden cabtivar para que se puedan traher a esa ysla por esclauos para se seruir dellos. *Los que se pueden cabtivar sy no quisyeren obedesçer son los que se disen canyvales que son los de las yslas de san bernaldo e ysla fuerte e en los puertos de cartajena (Doc. In,* 5: 110-113)[57].

El asunto del canibalismo es cada vez menos una cuestión de consumo de carne humana por parte de los caribes y cada vez más una de consumo de las fuerzas de trabajo por parte de los encomenderos de las Antillas mayores, que se habían repartido las tierras y los indios, y que para 1504 empezaban a ver una alarmante merma en la población nativa.

El 3 de junio de 1511, la reina Juana[58] autoriza a los vecinos de la Española y demás islas para que puedan hacer la guerra a los caribes y hacerlos esclavos (*Doc. In* 5: 258-262). La Real provisión[59] no parece introducir ninguna novedad;

---

[57] *Colección de documentos inéditos relativos al descubrimiento, conquista y organización de las antiguas posesiones españolas de ultramar,* 2da. serie. De ahora en adelante se cita como *Doc. In.*

[58] Su padre, Fernando, gobernaba como regente. Desde 1509 la reina Juana estaba recluida en el castillo de Tordesillas, debido a su alegada locura.

[59] Después de la rebelión indígena liderada por el cacique Guaybana en Puerto Rico (1511), esta disposición es varias veces reiterada. Ver por ejemplo la R.C. de diciembre 23 de 1511 (*DIAO* 32: 304-309), y dos del 23 de Febrero de 1512: una que autoriza a Diego Colón a esclavizar a los caribes y hacerlos trabajar en las haciendas y minas de San Juan como represalia por un ataque en la

recuerda y renueva la prohibición de capturar y hacer esclavos a los indios convertidos al cristianismo, y vuelve a hablar de lo mal "acojidos e recebidos" que fueran "algunos capitanes et Religiosos" en las "islas de san bernardo y en los puertos de Cartagena e ysla de los barbudos e la dominica e matinino e santa lucia e san bicente e la ascension e tavaco e mayo e de bara donde estan ciertos yndios que se llaman carives". El significativo y paulatino aumento de la extensión geográfica de la zona "de guerra" obedecía en algunos casos a la resistencia aborigen y, en otros, a la simple necesidad de los encomenderos de más mano de obra. Nótese que a diferencia de la carta de 1503, la provisión que se comenta menciona detalles del conflicto y del peligro que representaban los caribes para las islas de San Juan y La Española: en la "dicha Resystencia ha muerto muchos cristianos y en esta dureza han perseverado los dichos caribes de las dichas yslas e de otras muchas que con ellos se han juntado haziendo guerra". En consecuencia, autoriza expediciones armadas de vecinos para hacerles la guerra así como para capturarlos y venderlos como esclavos, con tal que no los lleven ni los vendan "fuera de las yndias". Éstas eran cartas blancas para las expediciones esclavistas y para el reemplazo –con indios de otras partes del Caribe– de la diezmada mano de obra indígena que se precisaba para la minería, la pesca de perlas y otras labores. Después de sólo 20 años del Descubrimiento, la población de La Española, "que había sido una isla densamente poblada, desapareció por la guerra, las enfermedades y los malos tratos" (Elliott "La conquista española" 138). Como de manera sobria ha dicho Arens, "mientras que puede haber algunas legítimas dudas sobre quién se comía a quién, no puede haber ninguna respecto de la cuestión de quien exterminó a quién" (*The Man-eating Myth* 31). La crisis de la reproducción del trabajo ponía en peligro el establecimiento colonial.

En un intento desesperado por mantener el suministro de mano de obra, los colonos invadieron en masa las Bahamas y deportaron a su población lucaya a La Española. Pero cuantos más grupos llegaban de España en busca de una fortuna rápida, la incorporación de la mano de obra forzada de las islas vecinas no servía más que como paliativo (Elliott, "La conquista" 139).

El sistema de explotación encomendera consumía hasta el agotamiento la mano de obra y pretendía seguirlo haciendo proveyéndose de más indios y

isla de Guadalupe (345-355), y otra por medio de la cual se reitera dicho mandato a Juan Cerón, alcalde mayor de la isla de San Juan, a efectos de "pacificar" la isla y protegerla de los ataques de los "yndios rrebeldes e que non quysieron oyr la palabra de Nustro Señor nin venir a Nuestro servicio" (345-355).

expandiendo la frontera colonial. Paradójicamente, calificaba de caníbal al indio-objeto de este apetito; es decir, con una imagen paranoica de su propia voracidad. Ese tropo, claro, funcionó inversamente en las protestas de algunos dominicos –como Las Casas– que describieron a los conquistadores mediante la metáfora de la sed de sangre, como lobos hambrientos entre ovejas (Cap. II §3); es decir, con tropos análogos a los que usara Marx para el exceso en el apetito por el trabajo: el lobo mediante una consumición total extenúa las fuerzas de trabajo; el vampiro por el contrario, con una consumición parcial, asegura su reproducción (*Capital* 1: 342, 353, 367). La encomienda del Caribe había hecho lo primero. Los tropos de los frailes eran descriptivamente certeros.

La C.R. de Febrero 22 de 1512 legaliza en la Isla Española y San Juan la esclavitud y la propiedad (con derechos de sucesión) sobre los indios caribes capturados en la guerra, definiéndolos de nuevo por su sistemático rechazo de la evangelización y por su inhóspito y agresivo recibimiento de los españoles (*DIAO* 32: 319-322)[60]. El sentido expreso de estas repetidas disposiciones era la hostilidad que, especialmente en Tierra Firme, encontraban los españoles[61] y a la que el ordenamiento asignaba la consecuencia jurídica de la esclavitud. Debe notarse que entre 1503 y 1518 la ley reduce la importancia fáctica de la antropofagia a una mera fórmula; lo que viene a definir a los que se "dizen canibales" es, insistimos, su belicosidad y resistencia a ser incorporados en el sistema de producción de los dominios españoles en el Caribe. La suya es la primera guerra contra el colonialismo moderno[62]. Siglos después los esclavos insurrectos de Haití serán llamados también caníbales y caribes negros (Cap. III §4 y VI §1).

Uno de los problemas del *Otro* cosificado, llamado monstruo y deshumanizado mediante trabajos forzados, es que *ab initio* está instalado en la conciencia del propio ego imperial. De allí las dudas tempranas, los diálogos reales o imaginarios con salvajes quejosos, las consultas a teólogos y juntas de juristas, los vaivenes legales, y el constante desasosiego frente al salvaje, que es, en última instancia, un desasosiego frente a sí. A las dudas siguen reparos y protestas. Fray Antonio de Montesinos (1470-1530) en el sermón previo a la Navidad de 1511 decía a los encomenderos de Santo Domingo:

---

[60] *Colección de documentos inéditos, relativos al descubrimiento, conquista y organización de las antiguas posesiones españolas de América y Oceanía*. De ahora en adelante se cita como *DIAO*.

[61] Recuérdese el caso de la tantas veces fundada y destruida por los indios, Santa María de la Antigua del Darién (1510-1519) (primera colonia 'permanente' en el continente).

[62] En esa guerra los llamados caribes infligieron derrotas al colonialismo; en 1515, por ejemplo, derrotaron mediante una emboscada la armada contra los caribes organizada y dirigida por Ponce de León (Anglería 383).

todos estáis en pecado mortal y en el vivís y morís, por la crueldad y la tiranía que usáis con estas *inocentes* gentes. Decid ¿con qué derecho y con qué justicia tenéis en tan cruel y horrible servidumbre aquestos indios? ¿Con qué autoridad habéis hecho tan detestables guerras a estas gentes que estaban en sus tierras mansas y pacíficas donde tan infinitas dellas, con muertes y estragos nunca oídos, habéis *consumido*? ¿Cómo los tenéis tan opresos y fatigados, sin darles de comer ni curarlos en sus enfermedades, que de los excesivos trabajos que les dais incurren y se os mueren, y por mejor decir, los matáis, por sacar y adquirir oro cada día? [...] Estos ¿No son hombres? ¿No tienen ánimas racionales? ¿No sois obligados a amarlos como a vosotros mismos? (en Las Casas, *Historia de las Indias* 3: 13, 14).

Los encomenderos se reúnen en la casa de Diego Colón y protestan airados. Como la Orden apoya a Montesinos y éste porfía en su tesis, entonces, escriben a Castilla. La Corona contesta desautorizando la prédica escandalosa de Montesinos "sin nendgund buen fundamento de Theología nin cánones nin leyes thernia sygund discen todos los letrados" (R. C., marzo 20 1512, *DIAO* 32: 372-379). Puede observarse en el documento de Fernando cierta vacilación impropia del príncipe renacentista que Maquiavelo había elogiado; demasiadas explicaciones y alegatos jurídicos y exagerada insistencia en las provisiones que desde la época de la reina Isabel la Corona había hecho a favor del bienestar de los indios. Fernando titubea respecto a su intención inicial de disciplinar a los dominicos bien trayéndolos a España a explicar su proceder o castigándolos mediante su provincial; al final se inclina por la "clemencia" frente a los frailes habiendo sido informado que "su yerro non abia sido [sino causa] de sobrada caridad" (377). El texto concluye pidiéndole a Diego Colón que instruya a los padres para que no mencionen más el asunto: "no fablarán en esta materia nin en otras semexantes en púlpito nin fuera dél" (378). Pero cualquier inocencia estaba, a partir de ese momento, perdida. Montesinos es enviado por la Orden a España a hablar con el rey; su reporte de iniquidades logra inquietar al monarca. Invocando la memoria de la reina Isabel y recordando su preocupación continua por el bienestar y evangelización de los indios, Fernando expide esa mezcla de código laboral y orden de indoctrinación religiosa que son las *Leyes de Burgos*[63] (1512, 1513), un cuerpo jurídico inane para territorios ya "pacificados" que condena los abusos pero que no cuestiona el derecho de conquista. Mientras tanto, continuaba el declive de la población, aumentaba la necesidad del trabajo de los indios, y las consecuentes expediciones para capturarlos hacían del Caribe y las costas de "Tierra Firme" zonas de conquista. El tráfico de esclavos le dio un nuevo impulso a las exploraciones y –cómo no– a los encuentros con caníbales.

---

[63] Véase el texto de las *Leyes de Burgos* en Richard Konetzke (1:38-57).

Se intentó una salida intermedia entre la exigencia imperial de la conquista y el creciente conflicto de conciencia y buenas intenciones invocadas. Un cuerpo de teólogos reunidos en Valladolid bajo la dirección del jurista y consejero real Juan López de Palacios Rubios (1459-1525) redacta en 1513 el famoso *Requerimiento*, un documento diseñado para la guerra con los caribes, que debía ser leído en castellano antes de entrar en combate. Basado en la teoría del Ostiense Enrico di Susa (s. XIII) sobre la autoridad temporal del papa como *Dominus Orbis*[64], el *Requerimiento* "intimaba" a los indios sobre la autoridad de Dios, la delegación de dicha autoridad en el Papa, la donación pontificia de América a los reyes, el deber de sometimiento de los indios y la consiguiente amenaza de ser hechos esclavos si se oponían[65].

Las *Leyes de Burgos* y el *Requerimiento* sostenían la división entre indios buenos y malos y dos modelos coloniales: el *paternalista* y el *bélico*, respectivamente. Pero más importante aún, esos documentos presuponían cierta fragilidad de la relojería moral y jurídica de la Conquista; indicaban las dudas morales que para entonces tenía la Corona. El sermón de La Española había iniciado un debate que ninguna otra potencia imperialista se planteó con la incertidumbre con que lo hizo España durante el siglo XVI. Fernando había mandado silencio en vano; el tema de la esclavitud de indígenas, las crueldades de los españoles y el propio

---

[64] El *Requerimiento* se basaba en la tesis de Enrico di Susa "el Ostiense" (¿- 1271), arzobispo de Ostia, quien en su *Summa super titulis Decretalium* (Strasburg, 1512) –también conocida como *Summa aurea*– sostenía la total hierocracia papal o soberanía espiritual y temporal del Papa sobre todo el orbe. Según "el Ostiense" toda soberanía estaba sujeta en última instancia a la autoridad de Jesucristo. Éste habría delegado en San Pedro y en sus sucesores dicha potestad. La tesis del Ostiense, aunque minoritaria entre juristas y canonistas del siglo XVI, fue alegada por Palacios Rubios para justificar las conquistas en su *Libellus de insulis oceanis* (1512).

[65] "[C]omo mejor podemos, os rogamos y requerimos que entendáis bien esto que os hemos dicho, [...] y reconozcáis a la Iglesia por señora y superiora del universo mundo, y al Sumo Pontífice, llamado Papa, en su nombre, y al Rey y reina doña Juana, nuestros señores, en su lugar, como a superiores y reyes de esas islas y tierra firme, por virtud de la dicha donación [...]. Si así lo hicieseis, haréis bien, y aquello que sois tenidos y obligados, y Sus Altezas y nos en su nombre, os recibiremos con todo amor y caridad, y os dejaremos vuestras mujeres e hijos y haciendas libres y sin servidumbre [...]. Y si así no lo hicieseis o en ello maliciosamente pusieseis dilación, os certifico que con la ayuda de Dios nosotros entraremos poderosamente contra vosotros, y os haremos guerra por todas las partes y maneras que pudiéramos, y os sujetaremos al yugo y obediencia de la Iglesia y de Sus Majestades, y tomaremos vuestras personas y de vuestras mujeres e hijos y los haremos esclavos, y como tales los venderemos y dispondremos de ellos como Sus Majestades mandaren, y os tomaremos vuestros bienes, y os haremos todos los males y daños que pudiéramos, como a vasallos que no obedecen ni quieren recibir a su señor y le resisten y contradicen; y protestamos que las muertes y daños que de ello se siguiesen sea a vuestra culpa y no de Sus Majestades, ni nuestra, ni de estos caballeros que con nosotros vienen" (Pereña, *La idea de justicia en la conquista de América*, 237-239).

derecho de conquista serían objetos de discusión enconada por parte de la *inte-lligentsia* imperial. Se empieza a pensar en modelos alternativos de gobierno[66], y finalmente se llega a un debate histórico en el cual el canibalismo, como vere-mos, será el argumento principal de la apología histórica, jurídica y filosófica de la Conquista.

El problema del *quién es caníbal* –que había "aclarado" el rey Fernando con su tautología real en 1505 (caníbales son los que se dicen caníbales y viven en tales y cuales islas)– cobra mayor fuerza a partir de 1518. El 9 de diciembre de ese año para dirimir el problema de legitimidad de la esclavitud indiscriminada denunciada por los dominicos, Carlos I (Carlos V a partir de 1520[67]) le encarga al juez de residencia de La Española, Rodrigo de Figueroa, la tarea de definir qué indios pueden ser llamados *caribes* y cuáles no (*DIAO* 23: 332-353), para lo cual Figueroa "preparó un cuestionario de once preguntas" que se le hicieron a diver-sos testigos como navegantes, marineros y oficiales conocedores del área sobre en qué islas había caníbales y en cuáles no (Paulino Castañeda 86). Los testigos deponen no siempre de manera coincidente, pero Figueroa recoge suficiente información para producir una sentencia (c.1520)[68] (*Doc. In.* 1: 379-385) que Humboldt llamó "uno de los monumentos más curiosos de la barbarie de los primeros conquistadores" (5: 25, 26). En ella se declara, de manera que conviene a la *geografía encomendera*, lo siguiente:

> Fallo que debo declarar y declaro: que todas las islas que no están pobladas de cris-tianos, escepto Trinidad, é de los Lucayos, é Barbados, é Gigantes é la de Margarita, las debo declarar é declaro ser de caribes é gentes bárbaras, enemigos de cristianos [...] é tales que comen carne humana, é no han querido ni quieren recibir á su conversación a los cristianos, ni a los predicadores de nuestra Santa Fé Católica (*Doc. In.* 1: 380).

Figueroa había tomado en consideración, además de los testimonios, otra probanza similar de 1519 adelantada por el licenciado Alonso de Zuazo ante la solicitud de licencia de algunos vecinos para "rescatar prisioneros" en manos de los *quatinos* que eran vendidos a los caribes, y para obtener esclavos necesarios para trabajar en las minas e ingenios en donde éstos escaseaban a causa de la alta mortandad ocasionada por una peste de viruela. Ante la oposición de algunos

---

[66] Por ejemplo, el *Memorial de remedios para las Indias* (1515-1516) de Las Casas, primera pro-puesta utópica de gobierno de América. Ver el texto y estudio de Victor Baptiste.

[67] En adelante simplemente Carlos V. El 31 de marzo de 1520, Carlos I se convierte en Carlos V cuando recibe en Aquisgrán la Corona imperial.

[68] Sin fecha, mas debe ser un poco anterior al informe sobre la misma de la Audiencia y Ofi-ciales reales a Carlos V fechado en noviembre 14 de 1520 (*DIAO* 1: 422-427).

predicadores jerónimos, Rodrigo de Bastidas les recuerda a los frailes "cuales son las fuentes de riqueza de las rentas reales: el quinto del oro, almojarifazgos y salinas" y el peligro que para las mismas significaba la merma en la mano de obra indígena (Castañeda 82-84). El "memorando" de Bastidas pone en evidencia la irrelevancia de la pregunta de Carlos V, porque en *última instancia* no se trata de quién es o no es caribe o antropófago, sino del problema de mantener la explotación del trabajo indígena ante la crisis de su reproducción.

Ese mismo año –en la línea de pensamiento del sermón de Montesinos– los dominicos envían una carta a Carlos V (4 de diciembre de 1519), denunciando airadamente la *barbarie* de los conquistadores y la injusticia de la esclavitud (*DIAO* 35: 199-240). Estas protestas son periódicas e insistentes durante la primera mitad del siglo XVI. *Brevísima relación de la destruición de las Indias* (pub. 1552) de Bartolomé de las Casas (1484-1566) es acaso la más conocida de ellas (Cap. II §3). Los intereses económicos de los encomenderos y explotadores de minas y las preocupaciones del humanismo cristiano dominico se (des)encuentran. España encara entonces un debate interno sobre su existencia como imperio y su soberanía sobre el Nuevo Mundo. En dicha disputa, el "partido de los lobos crudelísimos", como diría Las Casas, invocará insistentemente el canibalismo indígena.

Aquejada por incesantes dudas, preguntas jurídicas, filosóficas y teológicas, la Corona acepta el alegato de la bondad natural de los indios, trata de contener los abusos de los conquistadores[69] y suspende varias veces las expediciones bélicas. Por C.R. del 2 de agosto de 1530 (*Doc. In.* 10: 38-43), Carlos V revoca las repetidas autorizaciones de la Corona que "por justas causas" permitían "que algunos de los dichos Indios por no querer admitir [...] la predicación de nuestra Sancta fe Catholica [...] se les hiziesse la guerra, y los presos fuessen esclavos" (39). Atendiendo las acusaciones de las "muchas muertes, robos y daños" causados y la captura y esclavitud de indios "que estauan en paz que no avian hecho ni hazen guerra a nuestros subditos" el emperador revoca y suspende todas las licencias anteriores y prohíbe la captura y esclavitud de los indios en guerras "*aunque sean justas* y los dichos Indios y naturales hayan dado y den causa a ello" (40, 41). Pero ese discurso humanitario –incluso cuando alcaza su consagración legal– está acompañado de la terca realidad material de la Conquista que Rodrigo de Bastidas le recordaba a los jerónimos en 1519, y que *ponía los puntos sobre las íes* de las utopías, de la misión evangélica y de los *derechos humanos*. Por consiguiente, con todo y la suspensión de las guerras y revocación de las autorizacio-

---

[69] Véase en este sentido la Real provisión de Carlos V del 17 de noviembre de 1526 (*Doc. In*, 9: 268-280).

nes de captura y esclavitud ordenadas por Carlos V, en 1530 se sigue hablando de la amenaza caribe, se construyen fortalezas[70] para defenderse de "la gente más feroz de toda la Tierra Firme" (Friede 1: 73) y son frecuentes los pedidos de autorización para reanudar las guerras so pretexto del canibalismo indígena[71]; el cual es –repetimos– una constante referencia en los documentos oficiales[72]. Asimismo, las capitulaciones con los conquistadores no cesan de autorizar la captura y esclavitud de caníbales mediante *cláusula de uso*[73].

Durante todo el siglo XVI continúa el virtual estado de guerra permanente contra los caribes que había declarado la reina Isabel en 1503, como puede verse en las cédulas reales del mismo Carlos V, quien, a pedido de los colonos de San Juan, renueva la autorización de hacerle la guerra a los caribes que asolaban la isla (1533) (Konetzke 1: 145), o a C.R. de Felipe II (1569) en el mismo sentido respecto a los habitantes de la isla de Barlovento (en Castañeda 121). Felipe II autoriza y ordena varias expediciones militares contra los caribes, entendiendo por tales cualesquiera indios rebeldes. Esta equivalencia es habitual; una orden a la audiencia de Quito en 1580, por ejemplo, ordena proveer los recursos necesarios para combatir a los "caribes" de la provincia de Popayán (Konetzke 1: 527).

Estas fronteras conflictivas del dominio imperial persisten durante todo el siglo XVI y el XVII: el 29 de agosto de 1608 a pedido del capitán Tomé Cano, Feli-

---

[70] Varias cédulas reales autorizan la construcción de fortalezas de defensa. Por ejemplo, la C.R. del 26 de junio de 1523 otorga a Gonzalo Fernández de Oviedo licencia para construir una en la isla de Codego y en el puerto de Cartagena (*Col.doc.* 22: 94-97). Las capitulaciones con Rodrigo de Bastidas respecto a Santa Marta de noviembre 6 del mismo año (Friede, *Documentos* 1: 73-81) reconocen la necesidad de la fortaleza para defenderse de los indios caribes. En un acta de recepción y acatamiento de una Real Cédula otorgada en Bogotá el 12 de noviembre de 1543 (Friede 7: 110-111), se habla igualmente de la construcción de "otra fortaleza" para defenderse de los Panches "por ser los indios enemigos y caribes y herbolarios y comer carne humana" (111).

[71] La carta del tesorero de Cartagena Alonso de Saavedra el 26 de mayo de 1535 a Carlos V (Friede 3: 264-271), por ejemplo, alega: "*si en alguna provincia acá se permite haber esclavos* [...] *de por fuerza esta es una*, para la conservación de la ciudad, como por caber en ellos muchas ironías, como es comer carne humana, como por ser muchos de ellos sométicos" [sodomitas] (271). Asimismo, la carta que varios oficiales de Cartagena le escriben a Carlos V el 5 de abril de 1536 (Friede 4: 91-98) pide: "mande Vuestra Majestad al dicho licenciado Vadillo que a los indios que no quisieren venir a reconocer el vasallaje que a vuestra majestad deben, si fueren rebeldes y hubieren muerto cristianos y comieren carne humana [...] los castigue, haciéndoles la guerra y trayéndolos por esclavos" (95).

[72] Por ejemplo, la carta del gobernador de Cartagena Pedro de Heredia (1533) a Carlos V (Friede 3: 20-26) informa el ahorcamiento de "carniceros de hombres para comer" (25).

[73] La continuidad de esta *cláusula* es evidente, por ejemplo, en las capitulaciones con Diego de Nicuesa (en nombre de Alonso de Ojeda) para la expedición al Urabá y Veragua de 1508 (*DIAO* 32: 29-43); con Fernández de Oviedo en 1925 (Friede 1: 95); y la del gobierno de Santa Marta con Pero Fernández de Lugo el 22 de enero de 1535 (Friede 3: 196-210) que manda que se enseñe a los indios la fe y que se les aparte "de comer carne humana" (208).

pe III autoriza una operación para castigar a los caribes de las Islas Dominica, Guadalupe, Matalino, San Vicente, el Tovaco, Santa Lucía, Las Nieves, San Cristóbal y otras vecinas que habían saqueado "Puerto Rico y el pueblo de Guadianilla, llevándose gente cautiva, [...] haciendo sacrificios humanos y matando a otros para comerlos en sus borracheras" (Castañeda 121, 127-130). La C.R. al gobernador de Cumaná de julio 30 de 1676 todavía hace referencia a las "continuas guerras que les hacen los caribes" (Konetzke 2: 640), y aún a mediados del siglo XVIII Fernando VI proveía que sólo los indios caribes podían ser esclavizados (C.R. febrero 7 de 1756) (Konetzke 3: 278-279).

Todos estos documentos jurídicos seguían respondiendo a la pregunta de Carlos V a Figueroa: ¿Quiénes son los caníbales? La respuesta –desde la declaración de Colón al buen indio viejo– se acomodó a la belicosidad aborigen y a la necesidad de mano de obra. Como certeramente diría Las Casas: "uno de los achaques que los españoles tomaban para saltear y captivar las gentes de por allí era si comían carne humana" (*Apologética* 2: 552). Así, hasta en el Río de la Plata o el Perú –y sin reparar en inconsistencias geográficas o culturales– , la voz *canibal-caribe* se usó en oposición a *indios buenos* para referirse a aquellos que los españoles consideraban habían demostrado capacidad de resistencia. En 1609, por ejemplo, Fray Reginaldo de Lizárraga, obispo del Río de la Plata, reportaba *caribes* en su diócesis y se dolía de las dificultades evangélicas que ello implicaba: "es poco poblada la tierra y la gente desnuda y como sea desnuda es carive que come carne humana" (en Ziebell 56). Pedro Cieza de León comparaba a los indios del Perú, "tan domésticos", con los caníbales de Popayán (Colombia) que "comen carne humana" y que "han salido tan indómitos y porfiados", pese a que los españoles "los aprietan, [y] queman las casas en que moran" (108, 109).

La imputación del canibalismo a los aborígenes debe ser leída bajo el entendido de que hizo parte de la construcción de un *Otro* sujeto de dominación y que, funcionalmente, fue una coartada jurídica para la expansión imperial, la sujeción de los pueblos indígenas y su virtual aniquilación (Julio Salas; Arens; Todorov; Peter Hulme). No sólo contra los caribes, o supuestos caribes, sino también en el caso de México, el canibalismo fue la razón perentoria que *a posteriori* justifica el imperialismo. Gonzalo Fernández de Oviedo, por ejemplo, defiende a Hernán Cortés constantemente invocando los sacrificios humanos y la antropofagia mexica o azteca[74]. Incluso disculpa el uso de grasa humana para embrear embarcaciones durante el cerco de Tenochtitlán diciendo que si "era público manjar a los indios comerse los unos a otros, posible era aprovecharse

---

[74] La palabra *azteca* (gentilicio de los antiguos pobladores de Aztlan) se generalizó en los siglos XVIII y XIX para referirse a quienes se identificaban como *Colhua Mexica*; usaremos de manera preferencial la palabra *mexica*.

del unto para una obra tan necesaria como eran los bergantines" (3: 152). En los escritos de Fernández de Oviedo, Francisco López de Gómara y Bernal Díaz del Castillo, los presuntos preparativos del festín caníbal "con sal y ají y tomates" son alegados para exculpar a Cortés por la matanza de Cholula (Sarah Beckjord 147-160), y se recurre continuamente al alegato del canibalismo mexica para hacer énfasis en la labor civilizadora y justificar la guerra. Gómara, por poner otro ejemplo, concluye la descripción de los ritos mexicanos con un panegírico a la labor civilizadora (evangélica) de los conquistadores: "¡Qué fama, qué loa será de Cortés! Él quitó los ídolos, él predicó, él vedó los sacrificios, y tragazón de hombres! [...] Agora [...] no hay tal sacrificio ni comida de hombres [...] por todo lo cual deben mucho a los españoles que los conquistaron" (*Historia de la conquista de México* 325). El caníbal es para el conquistador el *abracadabra* textual de la barbarie *ajena* y la excusa de la propia violencia[75]. La antropofagia –independientemente de su ocurrencia– sirvió para justificar la Conquista como una especie de espada justiciera de Dios para castigar a "tan crueles comedores de carne humana", culpables según afirma Cieza de León de crímenes como abrir mujeres preñadas y devorar el feto:

> Por los cuales pecados y otros que estos indios cometen ha permitido la divina Providencia que [...], solamente diez o quince cristianos que se hallan juntos acometen a mil, a diez mil dellos, y los vencen y subjetan; lo cual también creo no venir por nuestros merescimientos [...] sino por querer Dios castigarlos por nuestra mano (126).

Martín del Barco Centenera en *La Argentina* (1602) también ponderaba los logros de la conquista de los guaraníes de "dientes azerados" (que él llama chiriguanas), caracterizados como caníbales[76] que bajo la saludable influencia española habrían dejado de comer carne humana (o por lo menos carne de españoles): "Ya no comen aquestos carne humana / si no es por exquisitos accidentes / en guerras y conquistas con paganos / empero no de carne de cristianos" (39). Incluso el Inca Garcilaso de la Vega en sus *Comentarios reales* (1609), con una lógica civilizadora similar, acusaba de caníbales a los grupos aborígenes conquistados por el Incario antes de la llegada de los españoles, lo que esgrimía para probar el influjo civilizador de la expansión imperial inca que, según él, habría preparado el terreno para el advenimiento de la civilización cristiana (24-26).

---

[75] Cortés, por ejemplo, comenta en su quinta carta la ocasión en que halló un indio "de los que traía en su compañía [...] comiendo un pedazo de un indio que mataron en aquel pueblo [...] y en presencia de aquel señor le hice quemar" (228).

[76] "[P]ensando de hinchir sus dientes fieros / de la sangre de aquellos caualleros" (6).

4. "El Papa debía estar borracho". Razón imperial y encomienda evangélica

El discurso colonial está marcado por el imperativo de la producción de una razón Imperial justificativa. El canibalismo, como se anotó, tiene un papel central en la división de los sujetos coloniales entre súbditos y enemigos, la reducción de los aborígenes al sistema de producción colonial y la justificación teológica y filosófico-legal de la Conquista y del poder temporal y espiritual sobre el Nuevo Mundo. Al menos desde el conflicto con los dominicos en La Española (1511), si no antes, las *dudas* sobre la justicia de la Conquista aquejan a la *intelligentsia* imperial. Como vimos, Carlos V revoca en 1530 las autorizaciones de captura y esclavitud, para más tarde volver a autorizarlas mediante excepciones, licencias, capitulaciones y órdenes, en las que es evidente la contradicción entre las intenciones humanitarias y la realidad del sistema encomendero.

Entre los años de 1519 y 1542 aproximadamente se consolidó la presencia española en el continente desplazándose del Caribe hacia México y desde "Tierra Firme" y Panamá hacia Perú y el sur. La gran expansión colonial es acompañada, claro, de la aparición de caníbales por doquier, pero también de un incremento en la ansiedad imperial en lo tocante a la justicia de dicha expansión, y de una alta producción filosófica sobre los derechos de los *Otros* que entretanto se conquistaban.

Pese a que a menudo se piensa lo contrario, entre los primeros "descubrimientos" en América se cuentan el de la humanidad del indio y el de la trascendencia de su alma[77]. Todos los habitantes del Nuevo Mundo podían ser salvados, incluso los caníbales. No pasó desapercibido para los teólogos y juristas españoles del siglo XVI, que el caníbal sólo era caníbal en la medida que era primero humano, y que violaba leyes universales para todos los hombres; luego, cualquier condena moral o alegato en su contra, partía, en primer lugar, de la base de su humanidad. Siendo humano el más "abominable" de los americanos, el *Otro* por excelencia entre los *Otros*, la pregunta por la humanidad de los indios devino improcedente entre la inteligencia imperial, aunque el asunto siguiera siendo argüido entre conquistadores y encomenderos. El debate se centró en la justicia de las guerra de conquista.

Quiero resaltar a continuación entre el largo inventario de probanzas, testimonios, disposiciones de la Corona y alegatos jurídico-filosóficos, un período especialmente rico en el tratamiento y discusión imperial en torno al canibalis-

---

[77] El problema de la salvación de los indios fue discutido, pero ni en Valladolid ni en el *Concilio de Trento* se puso en duda su salvabilidad (*Bula Sublimis Deus* 1537, Paulo III, en *America Pontificia primi saeculi evangelizationis*, Joseph Metzler ed.).

mo que va aproximadamente de las relecciones o doctrinas de Francisco de Vitoria *"De Temperantia"* ("Sobre la templanza" 1537) y *"De Indis"* ("Doctrina sobre
los indios" 1539), a la famosa polémica entre Bartolomé de las Casas y Ginés de
Sepúlveda (1550, 1551).

El teólogo Francisco de Vitoria (c.1486-1546) estaba poco convencido de la
defensa de la Conquista del Nuevo Mundo en los términos en que había sido
hecha hasta entonces. El mismo año en que el Papa Pablo III declaró que los
indios eran seres racionales, humanos y libres por naturaleza (b. *Sublimis Deus*
1537), Vitoria en su *"De Temperantia"* (1537)[78] refutaba la tesis según la cual un
príncipe cristiano podía castigar a otro por el hecho de ser éste pagano, o el Papa
hacer u ordenar una justa guerra contra quienes cometían "bárbaros pecados
contra la naturaleza al comer carne humana y ofrecer hombres en sacrificio,
conforme hacen los idólatras" (258-263). Con arreglo a la tesis iusnaturalista de
Santo Tomás, Vitoria sostenía que los pecados no privaban a la humanidad de
sus derechos inherentes. Para Vitoria, como para Domingo de Soto y, más tarde,
otros teólogos (ej.: Bartolomé de Carranza, Domingo Bañez, Luis de Molina,
Francisco Suárez), el argumento de la autorización papal[79] que suscribía la legitimidad del dominio de América era frágil. Los bárbaros no pueden ser obligados en su tierra a no pecar contra leyes ajenas por justas que éstas sean, o a cumplir con la ley divina que no les ha sido revelada: "Los príncipes cristianos sobre
estos infieles no tienen mas poder con la autoridad del Papa que sin ella [...] porque los infieles no son súbditos del Papa [... quien] no puede conceder ninguna
autoridad a los príncipes sobre ellos" (*"De Temperantia"* 263).

A los indios, como era de esperarse, tampoco los convencía la teoría del
Ostiense sobre la autoridad temporal del papa como *Dominus Orbis*, ni el señorío español sobre América. Un grupo del Caribe de las costas colombianas –tenido por antropófago– de manera menos delicada que Vitoria había también
rechazado el consabido argumento de la soberanía por delegación papal: cuenta
Martín Fernández de Enciso en su *Summa de geografía* (1519) que los cenú
("gente mala [...y] todos caníbales") –en uno de los pocos casos en que fueron
efectivamente enterados del contenido del *Requerimiento*– respondieron:

> que en lo que decía que no había sino un Dios y que este gobernaba el cielo y la tie-
> rra y que era Señor de todo, les parecía bien y que así debía ser; pero que en lo que
> decía que el Papa era el Señor de todo el universo en lugar de Dios, y que él había

---

[78] *"De Temperantia"* se cita de su edición en *Escritos políticos*.

[79] La bulas *Inter-caetera*, *Eximiae Devotionis* y segunda *Inter-caetera* (1493) del Papa Alejandro VI
justifican con una finalidad evangelizadora el título de propiedad territorial de las tierras descubiertas (ver los textos de las bulas en el apéndice de *Tratados de Bartolomé las Casas* 2: 1277-1290).

hecho merced de aquella tierra al Rey de Castilla, dixeron que *el Papa debiera estar borracho* cuando lo fizo, pues *daba lo que no era suyo*, y que el Rey, que pedía y tomaba tal merced, debía ser algún loco, pues pedía y ofrecía lo que era de otros, y que fuese allá el Rey a tomarla, que ellos le pornían la cabeza ensartada en un palo (272)[80].

Como los cenú, Vitoria estaba hablando, nada más ni nada menos que del problema de la soberanía temporal y espiritual sobre América; o mejor, de la falta de dicha soberanía sobre quienes no hacían parte del Imperio ni de la Iglesia: *"¿Qué se me da a mí de juzgar a los de afuera?"* –repite con San Pablo[81] (*"De Temperantia"* 264). Por las mismas razones, descartaba en *"De Indis"* (1539)[82] la merced papal a los reyes de España y el alegado señorío del Emperador, cuestionaba el derecho derivado del Descubrimiento o del paganismo o la idolatría, y no creía que las guerras fueran justas por el rechazo indígena de la fe católica, ni que el despojo de riquezas pudiera fundarse en la supuesta falta de propiedad entre los indios (*Doctrina...*103-132). Pese a la larga tradición que invocaba la no existencia de derecho de dominio entre los aborígenes, Vitoria parte del presupuesto contrario en su reflexión jurídica sobre los indios, invocando el derecho de propiedad como universal e independiente de los pecados de su titular.

En *"De Indis"* no acepta tampoco Vitoria la tesis según la cual los conquistadores habrían sido instrumento divino del castigo de pecados como "comer carne humana [o] los concubinatos variados, con la madre y con la hermana, y con hombres". Para Vitoria "los príncipes cristianos, ni por la autoridad del Papa, pueden por la fuerza apartar a los indios de los pecados contra la naturaleza, ni castigarlos por ellos" (*"De Indis"* 133). No nos debemos llamar a equívocos; en ambas relecciones hay una justificación de la Conquista, sólo que los títulos legítimos para la ocupación de las Indias habrían sido otros: el derecho natural al tránsito y la "sociabilidad y comunicación natural" entre todos los humanos, el deber de la hospitalidad, el ejercicio del *ius negotiandi* o derecho de comerciar[83], el derecho de defensa de los españoles ante ataques o agresiones de los indígenas (!), el derecho a predicar la fe por mandato divino (136-143), y las

---

[80] Una versión con menos detalles (por ejemplo, sin la referencia a la borrachera del pontífice) aparece en la *Historia general de las indias* de López de Gómara (1: 106).

[81] 1 *Corintios* 5: 12.

[82] *"De Indis"* se cita de *Doctrina sobre los indios*.

[83] Estos tempranos atisbos de valores burgueses evidentes en la propuesta del *ius negotiandi* son abandonados prontamente por la siguiente generación de juristas, pues esta tesis servía a otros competidores europeos y no coincidía con el tipo de Modernidad no capitalista que se impone en España. El propio Las Casas dedica uno de los apartados de su *Tratado comprobatorio del imperio soberano* (1552) para argumentar "cómo ninguno de los reyes cristianos pueden contratar en las indias" sino con permiso de los soberanos españoles (*Tratados* 2: 1185-1189).

obligaciones para con los indios "socios o amigos" que hicieran guerra legítima "contra otros indios [...como] dicen que hicieron los tlascaltecas contra los mejicanos" (145). El argumento fuerte de Vitoria, empero, es el de la *protección del inocente*: "Otro título podría establecerse a causa de la tiranía de los mismos señores indios [...] porque sacrifican a hombres inocentes o porque los matan para comerlos, etc. Afirmo que, *hasta sin la autoridad del Papa, pueden los españoles defender al inocente de la muerte injusta*" ("*De Indis*" 144). Este es el mismo argumento elaborado antes, en su "*De Temperantia*" (1537), donde había considerado que –como el uso de sangre y los sacrificios humanos– el canibalismo era ilícito y abominable aún en caso de necesidad; pero no era una causa *per se* para la guerra contra los bárbaros:

> es lícito *defender al inocente aunque él no lo pida*; más aún aunque se resista, máxime cuando padece una injusticia en la cual no puede ceder su derecho [...] nadie puede dar a otro derecho a que le mate, o a que le devore [...] Luego es lícito defenderles [...] Por lo tanto *la razón en virtud de la cual los bárbaros pueden ser castigados con la guerra no es porque el comer carne humana o el sacrificar hombres vaya contra la ley natural, sino que se infiere injuria a los hombres* (*Escritos* 265-266).

"*De Indis*" reitera: lo que hace del canibalismo justa causa de la intervención colonial no es contravención de la ley natural en sí, sino el mandato bíblico de *Proverbios* de salvar al inocente[84]; a las víctimas de los sacrificios. En el mismo sentido se pronunciarían otros juristas. Melchor Cano (1509-1560), en contra de la tesis de la esclavitud natural alegada por Sepúlveda, sostenía el derecho de la intervención –no "de justicia, sino de caridad"– para la protección de los indios dominados por tiranos que "cometen crímenes en detrimento de los inocentes [como] comer carne humana, [e] inmolar hombres a los dioses" ("Dominio sobre los indios" 109, 101). Diego de Covarrubias (1512-1577) opinaba: "Puede ser causa de guerra justa contra los indios prestar ayuda a varios inocentes que son inmolados y muertos todos los años" ("Justicia de la guerra contra los indios" 186, 221). Para Juan de la Peña pueden "ser castigados por la guerra los que matan hombres para comerlos, como son los caníbales entre los indios. [...] Esta guerra es en *defensa de los inocentes*" ("¿Es justa la guerra contra los indios?" 287)[85]. El argumento es en principio el mismo que Colón le dio al indio viejo

---

[84] "Si dejares de librar los que son tomados para la muerte y los que son llevados al degolladero; Si dijeres: Ciertamente no lo supimos; ¿No lo entenderá el que pesa los corazones? El que mira por tu alma, él lo conocerá, y dará al hombre según sus obras" (*Proverbios*, 24: 11,12).

[85] Sin embargo Peña sostuvo que la intervención debía ser proporcional y económica y no causar más muertes y males que los sacrificios que pretendía evitar (289-291).

que le recriminaba sus violencias: el conquistador había sido enviado por los reyes para "pacificar [...]y] someter por la fuerza a los caníbales y demás indíge-nas criminales, [...] y para que, en cambio, brindase protección y honrase a los inocentes" (Anglería 141).

El derecho del inocente o *paradigma tutelar del Imperio* se basaba en un huma-nismo universalista que hacía al mundo uno, a todos los pueblos y razas parte de la humanidad, y a cada ser humano, poseedor de derechos naturales previos al Estado, otorgados por Dios e inalienables. El Estado no era, según Vitoria, sino una provincia dentro de la "República universal" (*Escritos* 23)[86]. Como no existía ninguna autoridad temporal ni espiritual con soberanía sobre el orbe entero, la justicia de la intervención de cualquier Estado en los asuntos de otro sólo podía basarse en el derecho natural y de gentes; no para obligar el acatamiento del mismo, sino para proteger a las víctimas inocentes. El alegato vitoriano era un corolario a los hechos cumplidos de la conquista de México. Asistimos, no lo olvi-demos, a la formulación del derecho de intervención colonial y de defensa de los derechos humanos en el mismo orden discursivo que justifica *a posteriori* la viola-ción de esos derechos y la conformación del Imperio. Vitoria es un ideólogo y apologista imperial. Las prácticas de dominación colonial no variaban mayor-mente porque su justificación fuese distinta. El argumento del deber de protec-ción del inocente que proponía Vitoria, o las acusaciones de los encomenderos sobre la inferioridad natural, canibalismo e infidelidad de los indios –que de todas formas siguieron siendo alegadas para justificar las guerras y sometimiento de diversos grupos indígenas– eran variaciones de un mismo tema: la *Razón imperial*.

La formulación de este principio universal –a un mismo tiempo razón de Imperio y fundamento de los derechos humanos– no fue por supuesto unívoca ni exenta de contradicciones. La más notable de estas discordancias provino de los alegatos de Bartolomé de las Casas; particularmente de su historiografía indianis-ta contra conquistadores y encomenderos, y de su redefinición del *paradigma tute-lar* que sustentaba la *Razón imperial*. Es necesario hacer énfasis en la diferencia monumental entre la ardua lucha política y el debate en las aulas académicas; o lo que es lo mismo, entre el proyecto político-evangélico de Las Casas y las elucubra-ciones y ejercicios escolásticos de Vitoria en defensa del Imperio[87]. Por los mismos años de las relecciones de Vitoria, Las Casas había propuesto una teo-política de derechos humanos muy diversa: en el contexto de su larga y continua lucha con-

---

[86] Esa "republica universal" corresponde a la concepción española del Imperio: la del mundo americano como un conjunto de reinos y provincias bajo una misma Corona y Dios.

[87] Debo esta distinción a una productiva discusión con Rolena Adorno (oct 9, 2003), quien ha llamado la atención sobre la necesidad de distinguir entre Vitoria y Las Casas; entre el académico y el activista.

tra la explotación y el maltrato de los indios, Las Casas acusó frontalmente la injusticia y perversidad de las guerras de conquista, sostuvo la validez de la donación Papal y la subordinación de dicho título a un mandato evangélico, y redefinió la misión de España en el Nuevo Mundo en los términos de dicho mandato.

En *De unico vocationis modo omnium gentium ad veram religionem* (1537[88]), Las Casas sostenía que la guerra a los indios por el simple hecho de su infidelidad o diferencia religiosa devenía "injusta y tiránica"[89] y proponía la evangelización pacífica: la "persuasión del entendimiento por medio de razones y suave moción de la voluntad" (65). Similar argumento sostendrá en la controversia de Valladolid (ver *Apología*). El presupuesto de este modelo era el título jurídico que Vitoria cuestionaba. Las Casas "sostuvo que la única justificación posible del título español residía en la donación por el Papa, hecha con la intención de llevar a los indios al conocimiento de Cristo" (Lewis Hanke en *Tratados* 1: XIII). Así lo mantuvo por ejemplo en el *Tratado comprobatorio del imperio soberano y principado universal que los Reyes de Castilla y León tienen sobre las Indias*, en el *Octavo remedio* y en la *Brevísima* (1552). Los pueblos y reinos del Nuevo Mundo fueron, según Las Casas, "concedidos y *encomendados* por Dios y por su Iglesia a los reyes de Castilla para que se los rigiesen e gobernasen, convirtiesen y prosperasen temporal y espiritualmente" (*Brevísima* 8), cosa que no puede hacer el "diablo *encomendero*": "Considérese agora, por Dios, [...] si les cuadra bien a los tales cristianos llamallos diablos; e si sería más *encomendar* los indios a los diablos del infierno que es *encomendarlos* a los cristianos de las Indias" (*Brevísima* 142). *Encomendar* los indios a los *encomenderos* es, pues, como entregarle al lobo la protección de las ovejas y al diablo la salvación de las almas (*Octavo remedio* en *Tratados* 2). Las Casas revisa, entonces, el *paradigma tutelar*: el inocente debe ser protegido, sí, sólo que no de los "tiranos" locales indígenas y sus sacrificios idolatras a demonios, sino frente a los propios españoles: el inocente debía ser resguardado por el Imperio de "la tiranía de aquellos infelices tiranos [...] vehemente e diabólica" (*Brevísima* 140). La redefinición lascasiana de la *Razón imperial* y el *paradigma tutelar* se funda en una serie de paradojas bíblicas y metáforas contra-coloniales[90]: en lugar de civilización, los conquistadores traen la "barbarie"; en lugar de la justi-

---

[88] Si bien *De unico vocationis modo* no fue publicado entonces, sus ideas permearon los otros escritos del fraile y fueron conocidas y ampliamente citadas ("El manuscrito y su autor" de Lewis Hanke en la edición de *Del único modo de atraer a todos los pueblos a la verdadera religión* 23).

[89] "Es temeraria, injusta y tiránica la guerra que [...] a los infieles que nunca han sabido nada acerca de la Fe, ni de la Iglesia, ni han ofendido de ningún modo a la misma Iglesia, se les declara con el solo objeto de que, sometidos al imperio de los cristianos por medio de la misma guerra, preparen sus ánimos para recibir la Fe o la religión cristiana" (Las Casas, *Del único modo* 422).

[90] Siguiendo a Rabasa, prefiero el prefijo *contra-* al de *anti-*. El primero sugiere un proceso desde dentro del colonialismo en búsqueda de salida (*Inventing America* 21).

cia, la injusticia y la esclavitud; en lugar del evangelio, la codicia o evangelio del oro; y en lugar de proteger a los inocentes de los caníbales, los europeos consumen los cuerpos de sus víctimas americanas mediante la explotación injusta de su trabajo (ver Cap. II §2). Por ahora baste señalar que Las Casas sentaba las bases teo-políticas sobre las cuales el Imperio se concebía a sí mismo fuera de la retórica de la conquista, cumplidor de deberes civilizadores y evangélicos y *pastor de indios*: la "providencia divina" ordenó que "para dirección y común utilidad del linaje humano se constituyesen en los reinos y pueblos reyes, como padres y pastores" (*Brevísima* 7). Las Casas desplazará –de manera casi imperceptible– esta tutela del Estado a la Iglesia, la cual, según él, es la institución idónea para conducir el rebaño americano y salvarlo del sacrificio cruel que denuncia. La encomienda como institución económica (diabólica) se contrapone a esta otra "encomienda" de origen divino: la *encomienda evangélica* de las bulas papales, sobre cuya base se podía redefinir la *protección del inocente*. Éste es el sentido político de la defensa lascasiana de la justicia del *título pontificio*.

Ahora bien, en la redefinición evangélica del *paradigma tutelar* se juegan intereses no siempre coincidentes pero que políticamente concurren: a saber, la protección legal del indio buscada por Las Casas y las pretensiones absolutistas del Imperio frente a los encomenderos. Durante gran parte del siglo XVI las conocidas y constantes denuncias jurídicas de los dominicos contra la violencia colonial y contra el *repartimiento* y la *encomienda* como formas de trabajo forzado replantean precisamente, además del problema de la justicia de la guerra, el del título imperial del dominio. La tensión entre los sistemas de explotación y servidumbre y la *encomienda evangélica* que proponen los dominicos es evidente en una serie de documentos ya mencionados, como el sermón de Montesinos, las *Leyes de Burgos* (1513) y la carta de los dominicos a Carlos V (1519), así como en las *Leyes nuevas* (1542), importante cuerpo legal de protección indígena, históricamente inseparable de la *Brevísima* y de los otros *Tratados* (1552) de Las Casas.

En 1542 mientras esperaba audiencia con Carlos V, Las Casas redactaba un memorial denunciando el atroz trato dado a los indígenas. Había enviado ya tres cartas al *Consejo de Indias* (1531, 1534, 1535) y regresado a España en 1540, con el objeto de obtener del emperador leyes de protección. Las *Leyes nuevas* (1542) fueron promulgadas en tanto escribía este cuarto memorial, más tarde conocido como la *Brevísima relación de la destruición de las Indias*. Las *Leyes nuevas* disponían contra los abusos y servidumbre de los indios y el sistema de explotación de las encomiendas[91]. Desde el punto de vista imperial la Corona intenta-

---

[91] Hacia 1540 el descubrimiento en México y en el Perú de yacimientos de plata y la explotación minera a gran escala supuso una intensificación de la explotación de la fuerza de trabajo indígena en esas áreas (Elliott 1990a: 167).

ba, además, una cortapisa al poder político y económico de los encomenderos y evitaba su continuidad al prohibir nuevas provisiones de formación y traspaso de encomiendas y excluir éstas de la masa patrimonial de las sucesiones heredi-tarias[92]. Ello golpeaba en su médula a la institución que era la piedra angular del sistema de producción colonial. El virrey de la Nueva España se desentendió del asunto y varios encomenderos entraron en franca rebeldía como en el caso de Gonzalo Pizarro en el Perú (Elliott 1990a: 160, 161); la mayoría inició acciones jurídicas, súplicas y probanzas para que se les exceptuara del cumplimiento de las leyes. Básicamente, alegaban sus sacrificios personales y pecuniarios en la Conquista, la necesidad que de los indios se tenía para producir, la belicosidad y maldad de estos, y crímenes –como el canibalismo– que los hacían merecedores de la esclavitud.

Entre las ordenanzas hechas por el obispo de Santa Marta, Martín de Calata-yud, en junio de 1544 para la pesquería de perlas del Cabo de la Vela se incluye la mención de que los caribes atacan a los indios que trabajan en ella (Friede 7: 218-223). El cabildo de Popayán el 9 de septiembre del mismo año ruega la excepción del cumplimiento de algunas provisiones y ordenanzas de las *Leyes nuevas*, arguyendo:

> los indios [...] por ser *gentes como salvajes y tan sin razón que el que puede más mata a sus vecinos para les beber la sangre y comerlos como hacen las bestias*; [...] buscando de comer entre los indios, cuando algo se hallaba, eran piezas de hombres que tenían guisadas para su comer, hasta que los españoles los conquistaron [...] aunque no todo se ha podido acabar porque cuando pueden no ser vistos se vuelven a su perversa costum-bre (Friede 7: 225).

Asimismo, el canibalismo es el más importante eje de una larga probanza realizada en la villa de Guacallo (Timaná) por el procurador Andrés Duero, fechada el 13 de noviembre de 1544 (Friede 7: 254-272), que suplica la excusa de la observancia de "ciertas ordenanzas a favor de los indios naturales [...] para que los conquistadores y descubridores y pobladores no se puedan servir de los dichos indios ni pedirles tributo" (256, 257). Duero invoca los trabajos y sacrifi-cios de los conquistadores y la maldad de los indios rebeldes, pública y notoria-mente antropófagos: "brutos animales, sin ningún juicio ni razón [...que] comen carne humana [...y que] desde que no pueden haber a los cristianos, se matan

---

[92] "Ordenamos y mandamos que de aquí en adelante ningún visorrey, gobernador, Audiencia, descubridor ni otra persona alguna no pueda encomendar indios por nueva provisión, ni por renun-ciación, ni donación, ni venta, ni otra cualquier forma, modo ni por vacación o herencia" (Capítulo 30 de la Real Provisión de noviembre 20 de 1542, *Leyes nuevas* en Konetzke 1: 219).

unos a otros y se comen" (258). Varios testigos lo confirman[93]. Otras probanzas similares se realizaron en Popayán (20 de diciembre de 1544), en Santa Ana de Anserma (22 de diciembre de 1544)[94] y en muchas otras partes de Tierra Firme a donde se había movido la frontera de la conquista y la guerra contra los caníbales (caribes, panches, cenús, etc). La acusación de canibalismo en el sentido "literal", es decir que los indios "comen carne humana y se venden los caciques unos a otros indios de su tierra para comer" (Friede 7: 307), reaparece tenazmente en las probanzas contra las Leyes nuevas.

Las insurrecciones provocadas por las Leyes, así como la infinidad de probanzas y solicitudes de excepción, hicieron que Carlos V, por Real Provisión del 20 de octubre de 1545, derogara la Ley 30 que establecía que las encomiendas no se podrían heredar (Konetzke 1: 236-237). Entre 1542 y 1546 las Leyes nuevas fueron disminuidas en su eficacia. El alud de probanzas de la época (entre las cuales aquí sólo se mencionaron unas pocas) indica la posición de los encomenderos y conquistadores y el papel central que, en el ataque a dichas leyes, jugó el alegato del canibalismo aborigen.

Por los mismos años en que se producían estas pruebas y memoriales, reaccionando también contra las Leyes nuevas, Ginés de Sepúlveda (1490-1573), cronista de Carlos V, escribía su Demócrates Segundo o De las justas causas de la guerra contra los indios. Sepúlveda hacía del canibalismo la razón última de la justicia de la Conquista: "desterrar el crimen portentoso de devorar carne humana, con el que de modo especial se ofende la naturaleza" (84). Esto ya había sido dicho por Juan López de Palacios Rubios o Martín Fernández de Enciso entre otros; lo interesante en el caso de Sepúlveda proviene de la sorprendente modernidad política de su argumentación. Basado en la Política de Aristóteles, en De regimine principum continuatio de Bartolomé di Lucca (ca.1236-ca.327) y en el pensamiento agustino, Sepúlveda extremó su defensa del derecho de conquista basado proto-hegelianamente[95] en la superioridad cultural y moral (natural) del conquistador, y en la correlativa inferioridad aborigen (de la que hablaba elocuentemente el canibalismo). La inferioridad de los indios era como la de "los niños a los adultos, las mujeres a los varones, [... y] de monos a hombres". Los indios no se regían por la razón sino por el apetito, y la cabeza debía mandar sobre el estómago (34, 38). La

---

[93] Uno de estos testigos, Florencio Serrano, dice ser sobreviviente de un grupo que venía con el capitán Añasco que fue asaltado por los indios, quienes sacrificaron y comieron "a 15 que venían con dicho capitán" (Friede, 7: 264), y añadió: "que ha tratado muchos indios y ha que está en las Indias veinte y tres años y no ha tratado ni conocido indios tan sin razón y que sean tan carniceros, comedores de carne humana como estos" (265).

[94] Véanse los textos en Friede (Documentos 7: 294-314).

[95] Conforme Hegel expone la dirección de la Historia en Lecciones sobre la filosofía de la historia.

Edad dorada era, para el teólogo, un mito, y las ausencias culturales no eran señal de un estado natural virtuoso, sino prueba de la inferioridad de los indígenas y su natural condición servil (35). La misión de España era entonces, civilizadora; propiamente colonial, en el sentido moderno: "para que abandonen la barbarie y abracen una vida más humana" (22). No se apartaba Sepúlveda de las razones socialmente percibidas como legítimas entre el sector que había adelantado la Conquista, el cual desde un comienzo había negado al *Otro* como sujeto jurídico. Hasta entre los propios dominicos hubo alegatos contra las "libertades" (o derechos) de los indios, como el del iracundo fray Tomás Ortiz:

> Estas son las propiedades de los indios, por donde *no merecen libertades. Comen carne humana* en la tierra firme; son sodométicos más que generación alguna; ninguna justicia ay entre ellos: andan desnudos: no tienen amor ni vergüença; son estólicos y alocados [...]. Son bestiales y précianse de ser abominables en vicios: ninguna obediencia ni cortesía tienen mozos a viejos, ni hijos a padres [...]. Son traidores, crueles y vengativos [...] inimicísimos de religión [...] Son haraganes, ladrones [...]. No se guardan lealtad maridos a mujeres, ni mujeres a maridos. Son echiceros y augureros y covardes como liebres. Son sucios: comen piojos y arañas y gusanos crudos doquiera que los hallan: no tienen arte ni maña de hombres [...] son sin barbas [...] no tienen piedad ninguna [...] son insensatos como asnos, y no tienen en nada matarse (Fray Tomás Ortiz citado por Anglería, 1524, "Séptima década" 609).

Ortiz había sobrevivido a una degollina que los indígenas de Chiribichi hicieron entre un grupo de frailes dominicos que habían iniciado una misión en Tierra Firme[96]; pero a pesar del furor con el que está escrita, su perorata –que va del canibalismo a la descripción del pelo facial, pasando por la sodomía y las costumbres conyugales– no representa un alegato raro, o que no hubiera sido usado mil veces antes, y lo fuera después, en incontables textos y ocasiones.

Para 1546, como decíamos, es claro que las *Leyes nuevas* son letra muerta; de manera que a sus setenta y tres años Las Casas regresa nuevamente a España desde Chiapas (1547), reanuda su proselitismo y logra que el *Consejo de Indias* pida la suspensión de las conquistas (1549). El emperador convoca a los teólogos dominicos Domingo de Soto y fray Bernardino de Arévalo y a otros juristas el 7 de julio de 1550 para discutir el asunto. En esa junta que delibera del 15 de agosto a mediados de septiembre de ese año y del 10 de abril al 3 ó 4 de mayo de 1551, tiene lugar la

---

[96] Las Casas señala que la versión de los hechos presentada por Anglería es una calumnia: los indios de Chiribichí destruyeron la misión dominica como consecuencia de una expedición esclavista de Alonso de Ojeda en la región en busca de "caribes." Las Casas censuraba a Ortiz el haber escrito semejante diatriba "mirando solamente la muerte de los frailes [...y] con celo falto de la debida sciencia" (*Apologética* 2: 552-557).

famosa polémica de Las Casas con Juan Ginés de Sepúlveda. En ese debate, de nuevo, el canibalismo jugó un papel definitivo en el alegato de la inferioridad natural de los indios (*Demócrates* 38, 41, 62, 84). En lugar de los malabares de Vitoria, Sepúlveda trazaba una línea recta entre el canibalismo (y otros signos de barbarie) y la inferioridad del indio; y de dicha inferioridad colegía la justicia de las guerras de conquista. Sólo podía civilizarse a indios "bárbaros, incultos e inhumanos" (83) y caníbales (38, 41, 62), después de que se les sometiera, lo cual era un asunto militar; y, como dijera Sepúlveda en su "Objeción nona" en la controversia de Valladolid: "la guerra y los soldados no son para convertir ni predicar, sino para subjectar a los bárbaros y allanar y asegurar el camino de la predicación" (en Las Casas, *Tratados* 1: 313)[97]. Sepúlveda saca la cuenta de los sacrificios humanos: "en la Nueva España [...] se sacrificaban cada año más de veinte mill personas; el cual número multiplicado por treinta años que ha desde que se ganó y quitó este sacrificio serían ya seiscientos mill" (en Las Casas, *Tratados* 1: 315). El jurista alega esta economía como un claro beneficio de lo que se conocerá más tarde como la *misión civilizadora del colonialismo*[98]. Las Casas, por su parte, replica señalando que cada año "han sacrificado los españoles a su diosa muy amada y adorada de ellos, la codicia" mucho más víctimas "que en cien años los indios a sus dioses" (*Tratados* 1: 397).

El fallo que debía resolver la disputa fue inhibitorio, o lo que es lo mismo *no fue*[99]; como ochenta y cinco años después Antonio Fuentes y Viota apuntó: "*más bien se permitió que se aprobó la licencia de dominio de los españoles en las Indias*"[100]. La falta de resolución de la polémica permitió un desentendimiento del problema de las "justas causas" sabiéndolas precarias y la continuidad del colonialismo *bajo duda moral*. Acaso por eso, Las Casas decidió la publicación de su *Brevísima relación de la destruición de las Indias* (1552) y de sus otros ocho tratados publicados el mismo año.

Por extraño que parezca, Sepúlveda que decía "con perfecto derecho los españoles ejercen su dominio sobre estos bárbaros del Nuevo Mundo" (33) y que justificaba hechos cumplidos, no atraía muchas simpatías en la Corte de Carlos V. Hacia mitad de siglo la Corona no estaba inclinada a oír justificaciones de la Conquista bélica. Después de treinta años de escrutinio por teólogos y juristas, y de una campaña constante de los dominicos contra ella, había llegado

---

[97] Las Casas explica que el "allanar" de Sepúlveda era: "*allanar y asegurar* los robos y cautiverios e usurpaciones violentas" (1: 387) y replica: "¿Enviaban los Apóstoles, como quiere enviar el doctor [Sepúlveda], ladrones, robadores, matadores, viciosos, abominables tiranos delante? (*Tratados* 1: 387).

[98] En su *Demócrates* Sepúlveda había hecho ya una lista de los beneficios que los conquistados habrían recibido de la Conquista: del caballo al hierro, y de la fe a la escritura (78).

[99] Si bien se han encontrado algunos de los pareceres de los miembros de la Junta.

[100] Citado por Ángel Losada en su "Introducción" al *Demócrates Segundo* de Sepúlveda (xxv).

a la conclusión moral de que ésta era más o menos indefendible. Además, estaba preocupada con otras guerras en Europa, la Conquista estaba, al fin de cuentas, consolidada y el Imperio favorecía un modelo de dominio y explotación de corte paternalista que teóricamente no coincidía con el argumento de Sepúlveda, sino con el de Las Casas (en su *De unico vocationis*, el *Octavo remedio*, *Apología* y el *Tratado comprobatorio del Imperio soberano*). Poco después, la Real Cédula de 1554 redefinía la encomienda dentro de este "espíritu" evangélico y tutelar y recordaba que la razón de ser de esta institución había sido y era "el bien de los indios", "que fuesen doctrinados" y que los encomenderos defendiesen "los indios que tuviesen encomendados". El incumplimiento de estas obligaciones implicaba la pérdida de la encomienda y la restitución de toda ganancia obtenida[101].

Es necesario tener en cuenta que el proceso centralista del Estado español se había encontrado desde las *Leyes de Burgos* (1513) en puja constante con el poder "local" de los encomenderos o "nuevos ricos" indianos, a quienes la Corona no quería dejar ganar demasiado poder o convertir en señores feudales. A mitad del siglo XVI, la defensa lascasiana de los indios perjudicaba directamente a los encomenderos y no producía en Carlos V la misma incomodidad que el sermón de Montesinos (1511) había generado en su momento a Fernando. En otras palabras, para 1550 la defensa era "políticamente correcta"; no así el *Demócrates Segundo*. El ambiente intelectual era tan poco favorable a la justificación, que el libro de Sepúlveda no obtuvo autorización ni fue publicado durante su vida. Y ya sea que la publicación de la *Brevísima* se hiciera sin autorización –como piensan algunos– o con ella, la supuesta soledad de las Casas en esta empresa es dudosa. Detrás de él estaban la Orden y simpatizantes notables en la Corte; y sobre todo, una nueva definición de Imperio. No sólo el tratado de Sepúlveda, sino ninguno de los muchos ataques a los textos de Las Casas –como los de Francisco Cervantes de Salazar, Alonso de Santiago, Bernardo de Vargas Machuca, etc. –se publicó hasta el siglo XIX:

> Las ásperas denuncias del franciscano Motolinía, los caldeados argumentos de jurisprudencia del erudito Sepúlveda, y el tratado legal escrito [...] en tiempos del virrey Tóledo, no merecieron la dignidad de la imprenta. Ni las acometidas de sus contemporáneos ni los exabruptos en su contra en la última parte del siglo XVI parecen haber sacudido la confianza de la Corona española en Las Casas (Hanke en *Tratados* 1: XV).

Las Casas fue el portador de un *discurso tolerado* de derechos humanos que disociaba al Imperio del conquistador y facilitaba el *tránsito* hacia un *discurso de*

---

[101] Véase la Real Cédula en Konetzke (1: 322-325); asimismo la Ley 1, 1554 (en *Recopilación de Indias* 6, 9).

la colonialidad pacífica[102]. Pero no debemos olvidar que la proposición contra el sistema dentro del sistema, otorga autoridad moral al opresor y a su dominación. El argumento lascasiano bien leído hacía causa al lado de la Corona: "En estas partes no hay cristianos sino demonios: *ni hay servidores de Dios ni de rey sino traidores a su ley y a su rey*" (*Brevísima* 91). El rey, no es culpable porque no sabe, y si supiera –como en la Comedia del Barroco– no lo permitiría: "sean [los reyes] los más nobles y generosos miembros de las repúblicas" (8). De hecho, los males de las repúblicas no tienen

> otra la causa sino carecer los reyes de la noticia dellos; los cuales, si les constasen, con sumo estudio y vigilante solercia extirparían. Esto parece haber dado a entender la Divina Escriptura en los proverbios de Salomón: *Rex quid sedet in solio iudicii, dissipat omne malum intuitu suo* ["El rey que se sienta en el trono de juicio, / Con su mirar disipa todo mal" (Proverbios 20: 8)]. Porque la innata y natural virtud del rey, así se supone, conviene a saber, que *la noticia sola del mal de su reino es bastantísima* para que se disipe (*Brevísima* 8).

El blanco de sus memoriales eran los encomenderos y técnicamente hablando, la injusticia de la Conquista estaba en los *modos* y no en su *título*:

> Los reyes de Castilla y León tienen justísimo título al imperio soberano e universal o alto de todo el orbe de las que llamamos Océanas Indias [...] por virtud de la auctoridad, concesión y donación [...] que la Santa sede apostólica interpuso y les hizo. Y éste es, y no otro, el fundamento jurídico y substancial donde estriba y está colocado todo su título (*Tratado comprobatorio del poder soberano*, en *Tratados* 2: 925).

El discurso de Las Casas, aparentemente contra-institucional, fue otro gesto de poder; de poder religioso y moral. Incluso en sus versiones más críticas y de buena fe, el humanismo universalista que proclamaba la humanidad del aborigen cumplía con dos cometidos coloniales: el de justificar la presencia europea en el Nuevo Mundo (bajo el imperativo evangélico y humanitario), y el de autorizar el centro moral (europeo y cristiano) de esa humanidad universal; porque acaso, ¿no es moralmente más humano quien le reconoce la humanidad al *Otro*? No

---

[102] Para las Casas las crueldades ofendían a Dios y ponían en peligro la estabilidad y la seguridad económica del imperio; lo primero, porque posibilitaban el ejercicio del derecho natural de rebelión de los pueblos contra la tiranía; y lo segundo, por los peligros de la despoblación: "se acabará en poco tiempo que no haya indios ningunos para sustentar la tierra" (*Brevísima* 140). Para Arturo A. Roig el discurso lascasiano representa el paso "del discurso dominador violento, al no-violento, al paternalista" o en otras palabras, habría intentado dar una forma humanitaria a la dominación "sin dejar de ser por eso una de las variantes del discurso opresor" (212- 214).

quiere decir esto que Las Casas no fuera una piedra en el zapato de los encomenderos (que lo fue) ni que su causa no tuviera como primera preocupación el dolor del *Otro* y la búsqueda de la justicia. Sólo quiero anotar que las mejores intenciones y las luchas más justas, pueden ser cooptadas por la gramática imperial.

Resumiendo, durante la conquista del Caribe y las costas de Tierra Firme, la ley y los debates jurídico-filosóficos paulatinamente desvincularon al caníbal del consumo de carne humana, señalando como distintivo y característico de los caníbales o caribes su resistencia a la Conquista y a la evangelización, o la simple belicosidad; es decir su amenaza. Este uso, que podríamos llamar extensivo (en relación con el caníbal-antropófago del primer "encuentro"), implica un paulatino empleo metafórico por el que la propia ley desnaturaliza la estabilidad semántica del canibalismo. La definición que llamamos "literal" (a falta de mejor adjetivo) –es decir, la que entraña el consumo de carne humana– reapareció como argumento de los encomenderos y sus voceros al tiempo que lo hacían las denuncias de los frailes en su contra y se expedían leyes que limitaban la encomienda y protegían a los indios. El canibalismo "literal" hizo las veces de piedra discursiva angular de esa pugna y fue motivo de proposiciones y réplicas en el debate filosófico sobre la justicia de la Conquista y la razón jurídica del Imperio.

América, mediante la Conquista, había dejado de ser el "afuera" del que hablaba Vitoria y pasado a ser *otredad apropiada* que bien expresa el oxímoron *afuera incorporado*. El derecho humanitario, si bien refuta la negación de la humanidad y subjetividad jurídica de los *Otros*, es *derecho colonial*. Bien miradas ambas cosas, humanismo universalista e imperialismo, coincidían como discursos de la inexorable, aunque desigual, expansión europea. Eran piezas girando en sentido contrario, pero combinadas en un mismo engranaje: el del reloj universalizador del imperialismo. Ambos discursos tenían un centro epistemológica y políticamente privilegiado como el lugar que, en su *Summa de geografía*, Enciso le daba a Carlos V –"Alguacil Mayor de la Tierra" (23)– para que desde allí contemplara y rigiera el mundo. Una imagen del globo terráqueo girando sobre un eje sostenido por el príncipe precedía el título de la portada de la *Summa*; lo que faltaba en ese mundo (en el que aún no estaba ni México ni el Perú cuando Enciso escribía) no estaba propiamente afuera; siempre podía sumarse a él, ser conquistado y agregado (23-26). El mundo –conocido e incógnito– era uno.

5. AMÉRICA CANÍBAL Y EL CRONOTOPO SALVAJE. ETNO-CARTOGRAFÍAS DE LA *MODERNIDAD COLONIAL*

El caníbal que aparece desde las primeras figuraciones del Nuevo mundo acompaña los procesos de la expansión europea en el Caribe, México, Brasil y el resto del continente, y se convertirá en la marca de los "encuentros" que emprenden España y Portugal, y en la que luego intervienen franceses, holandeses e ingleses. La imagen del caníbal es usada para formular a América como *lugar epistemológico*, *lugar del deseo* y *lugar de dominación*, y a Europa como centro geopolítico del mundo y de la Historia. Pero aunque el caníbal está presente desde las primeras cartas, crónicas, ilustraciones y mapas del Nuevo Mundo, no es sino hacia los años 30 del siglo XVI, y de manera definitiva a partir de la mitad del siglo, que el canibalismo se convierte en un tropo angular de la representación iconográfica de América. Por supuesto que no todos los caníbales son iguales; las empresas en las que éstos hicieron su aparición fueron diferentes y su representación diversa.

Los relatos e imágenes de *caribes caníbales* en el sistema imperial español intentaban fijar al *Otro* como devorador de carne humana y como un belicoso enemigo de la Corona, digno de servidumbre y sujeción colonial. Desde el punto de vista legal –como vimos– se articuló este *estereotipo* no sólo a la justificación de la explotación del trabajo, sino a la conformación discursiva filosófico-legal del imperialismo. Textos, leyes y debates fijaron las Antillas menores y la costa atlántica de Tierra Firme como *Caribana*, tierra de caníbales; nombre que sería extendido a todo el golfo y las Antillas mayores a finales del siglo XVI y comienzos del XVII.

Con la conquista de México, el área del Caribe dejó de ser de manera exclusiva el Nuevo Mundo, y emergieron otros caníbales. *Ab initio* el sacrificio y el canibalismo acompañaron la descripción de la civilización mexica, así como su representación cartográfica. En el centro del mapa de Tenochtitlán que Cortés envió a Carlos V sobresale precisamente una figura sin cabeza y varias leyendas en latín relativas al sacrificio [il. 8]. El canibalismo mexica –que era el canibalismo al cual se referían Vitoria y Sepúlveda– trajo consigo otros problemas conceptuales. Entre la época de las *Leyes nuevas* y las últimas décadas del siglo XVI, frailes como Toribio de Benavente (Motolinía) (1491?-1569), Bernardino de Sahagún (1499?-1590), Diego Durán (1537?-1588?), y más tarde historiadores como José de Acosta (1540-1600), tratarían el asunto del canibalismo en sus exposiciones sobre las costumbres y la religión mexica. Más adelante examinaremos las particularidades del encuentro con este *canibalismo civilizado* y ritualmente complejo, cuyas similitudes con la eucaristía católica le produjeron no pocos dolores de cabeza a cronistas, historiadores, teólogos y misioneros (Cap. II §2).

Otro canibalismo, no menos significativo, fue el atribuido a varios grupos aborígenes de las costas de lo que hoy es Brasil, y que encontramos en grabados tempranos como "Amerikaner", una de las primeras representaciones gráficas del canibalismo americano [il. 2] o en las ilustraciones de la "Carta a Solderini" y "Mundus Novus" atribuidas a Américo Vespucci y que, a diferencia de los textos colombinos, fueron los verdaderos éxitos editoriales del Descubrimiento. Esas visiones fijaron curiosas escenas de desnudez, canibalismo y carnicería [il. 9] que, si bien poco nos dicen de los aborígenes, son elocuentes respecto del imaginario europeo de la época. Esos caníbales serán poco después marcas de reconocimiento de los tupinambás y luego, del Brasil y el Nuevo Mundo[103]. Dicha asociación simbólica no establece inmediatamente una iconología exclusiva: en tres ilustraciones tempranas de los tupinambás –dos de Hans Burgkmair (un cuadro de guerreros y una estampa familiar) (15,16-19), y otra de Albrecht Durer (1515)– el canibalismo sencillamente no aparece[104]. El Nuevo Mundo es caníbal pero no es aún la *América caníbal* de, por ejemplo, los grabados alegóricos de Philippe Galle (1581-1600) y de Jan van der Straet (1600) [ils. 5 y 7] mencionados antes. Es importante recordar que durante las primeras décadas del siglo XVI la imagen del canibalismo está asociada con América pero no reclama exclusividad. Hay otros motivos al menos tan importantes como el canibalismo: el arribo de europeos a las costas, indígenas orinando en público, representaciones de aborígenes armados o tatuados, recolectando maderas o danzando, la mencionada desnudez, particularidades de la vestimenta aborigen como las plumas, instrumentos y utensilios como las maracas, e incluso imágenes de la fauna que –pese a la pobreza con que fue descrita en un comienzo– se imaginó poblada de animales raros. Inicialmente, además, el canibalismo compite, por así decirlo, con los tropos del comercio atlántico. En una era de ensanchamiento de los circuitos comerciales como fue el siglo XVI, fue común la identificación de tierras y gentes con los bienes y mercancías objeto de explotación y tráfico: papagayos y otros animales exóticos, oro, especias, perlas, tabaco, cacao y los cuerpos femeninos que iconográficamente representarán a América. El Nuevo Mundo es objeto y mercancía del consumo europeo y como tal es representado. Como se sabe, el nombre del Brasil proviene justamente de una madera (y la tintura que de ésta se extraía) que encontró altísima demanda en la naciente industria textil en Normandía. América surge entre imágenes de caníbales de *apetitos extremos* y *extremos apetitos* por las mercancías.

Dos momentos claves del tropo de la América caníbal son su desplazamiento icono-cartográfico de las Antillas menores hacia el continente durante la primera mitad del siglo XVI y los trabajos etnográficos sobre el canibalismo aborigen. En ambos casos estamos frente a un tipo de escritura que produce una subjetivi-

---

[103] "Ningún nombre amerindio –probablemente ni siquiera *México* o los *incas*– contó con mayor reconocimiento que el de los caribes, los tupinambás y los patagones" (Boucher 18); todos, por supuesto, caníbales.

[104] Puede verse las ilustraciones de Hans Burgkmair en *The Triumph of Maximilian* (137); la de Durer en *The Book of Hours of the Emperor Maximilian the First* (Strauss 81).

dad moderna asociada a la ampliación de, y competencia por, los circuitos del comercio atlántico. Estos *mapas* y *relatos* conforman la *Canibalia* simultáneamente como objeto epistemológico y como objeto del deseo del proto-capitalismo europeo que lideran algunas ciudades y puertos en Alemania, Francia y los Países Bajos.

El *caníbal* hizo su aparición cartográfica tempranamente. El mapa "Mondo Novo" atribuido a Bartolomé Colón y a Alessandro Zorzi (1503-1506?) nombra una isla del Caribe y un accidente de la costa norte del continente "canibali" (en Emerson 14-16). La isla de *Caniba* o isla de *Carib* había emergido varias veces en el diario del primer viaje de Colón (65, 78, 79, 115-120), e incluso había sido puntualmente localizada como "la segunda a la entrada de las Indias" en la "Carta a Santangel" (144, 145). La isla, supuestamente encontrada en el segundo viaje, fue –antes que una localización cartográfica– un locus mítico de la alteridad americana[105]. Las islas de caníbales aparecen y desaparecen; están en la "Universalior cogniti orbis tabula" (Roma 1507) de John Ruysch [il. 10], quien –interpretando datos de Anglería o de "Mundus novus"– incluía, además, leyendas relativas al canibalismo, a la buena salud de los aborígenes y a su longevidad (150 años). También están señaladas en mapas basados en experiencias de navegación, como el de Juan de la Cosa (1500) (Acevedo 26, 27). Una de las desapariciones de las islas, por demás notable, ocurre en el mapa que Anglería hizo de las Antillas y la costa de Tierra Firme (1511); la razón de la omisión, según una nota manuscrita en el reverso del mapa, fue para "evitar confusiones" (Nebenzahl 61). Anglería –que en 1504 le había informado a Ascanio Sforza sobre dos islas de caníbales (114, 115)– para 1511 probablemente ya no creía en la realidad geográfica de éstas. Una isla "de canibabales" (con esta curiosa reduplicación) resurge en el "Terre Nove" de Martín Waldseemuller (1513)[106] y otra, en la carta del comerciante y navegante Gerolamo Verrazzano (1529) cuyo hermano, Giovanni, fuera devorado por caníbales en el Caribe en 1528 (Bueno 1998b: 99). Las islas caníbales se esfuman para volver a asomar aquí y allá durante todo el siglo XVI.

Durante la primera mitad del siglo, la *Canibalia* se desplaza de las Antillas menores hacia el continente siguiendo las fronteras de la expansión europea y el comercio atlántico, como puede verse en el "Atlas" de Johannes Schöner (1520)

---

[105] Sólo hasta el segundo viaje, según Anglería, los españoles llegan "a las islas de los caníbales o caribes de las que [...] sólo tenían noticias de oídas" y encuentran la primera escena de canibalismo (114, 115).

[106] Para un detalle del mapa de Waldseemuller ver Nebenzahl (64). Mignolo reprodujo una versión ligeramente diferente, y probablemente posterior, del mapa de Waldseemuller (1995: 266) en la que, al lado de la leyenda "Terra Nova", que señala el continente, hay una escena de salvajes desnudos.

que, además de las "Insule Canibalor" y las "Caníbales", marca el norte de Sudamérica como "Canibalor terra" [il. 11]. Para el propio Anglería la recóndita *isla caníbal* se transforma en un *continente caníbal* en una carta de 1524: "los habitantes de estas regiones [de Tierra Firme] son caribes o caníbales, devoradores de carne humana. *La tierra de los caribes* es vastísima región y superior a Europa" ("Octava década" 687). El motivo caníbal continental sería a partir de entonces repetido[107] compartiendo su espacio simbólico con otros como "Papagalli Terra", hasta ganar la preponderancia alcanzada en un mapa fechado en Basilea (1540) y publicado en la edición que Sebastian Münster[108] hizo de la *Geographia universalis* de Claudio Tolomeo (1544). Éste –que acaso fue el primer mapa del Nuevo Mundo como un continente independiente separado del Asia (Eduardo Acevedo 35)– ubica en el área de lo que hoy es el Brasil una hoguera lista para ser encendida, una pierna cercenada y la leyenda *Canibali* [il. 12]. En el mapa de Basilea –que alcanzó gran popularidad entre personas no necesariamente doctas en cartografía[109]– el canibalismo cobra singularidad tropológica; otros signos como la exuberancia vegetal, el oro o los gigantes, han sido disminuidos a simples hileras de árboles o a menciones sin representación iconográfica ("auro & margaritas", "Regio Gigantum"), mientras que el canibalismo por el contrario resalta como tropo cultural representativo de América; es la imagen a partir de la cual se hace presente *lo americano*. Creo pertinente extender al caníbal iconocartográfico del mapa la observación que hace Hayden White respecto al "buen salvaje" (122), en el sentido que (desde un punto de vista funcional) estamos frente a un *fetiche cultural*. La representación de la *América caníbal* en mapas como el de Basilea se basa justamente en los dos tropos asociados al fetichismo: la metáfora y la metonimia[110]. El fetiche como la metáfora marca la alteridad (deseada y temida) y como la metonimia, la asocia con un objeto adyacente o afín. El caníbal no es parte del todo representado –esto es, una sinécdoque cultural– sino primero, una metáfora de la diferencia y, luego, una metonimia o asociación de dicha diferencia con el objeto del deseo colonial.

Los mapas de la *Canibalia* le dan sentido al Nuevo Mundo merced al simulacro de su comprensión; suponen un enorme privilegio epistemológico derivado

[107] Similar referencia puede encontrarse en la carta de Gerardus Mercator (1538) (en Emerson 54), entre otros.

[108] Matemático, cosmógrafo y profesor de hebreo de la Universidad de Basilea.

[109] El mapa no tiene pretensiones de carta de navegación; es lo que hoy llamaríamos material pedagógico o ilustrativo. Se hizo tan popular que fue copiado innumerables veces y publicado en más de cuarenta ediciones.

[110] Bhabha ha señalado que una de las formas en que funciona el estereotipo en el discurso colonial es precisamente bajo el modelo del *fetiche* (*The Location of Culture*).

tanto de su lugar de enunciación, como de la pretensión de una mirada omnisciente y homogeneizadora sobre un *espacio-Otro* que repitámoslo, es objeto no sólo de practicas de saber, sino de *exploración, expansión* y *conquista*. La cartografía de la *Canibalia* es entonces un diseño no sólo de lo "observado" (excéntrico) sino del "observador" (centro panóptico). Los mapas son visiones imposibles, y sin embargo verosímiles, del lugar del colonizado; y a su vez, sitúan al colonizador en el lugar donde mirada, representación y poder se juntan. Mediante el mapa se constituye un sujeto observado y cartografiado, y un Sujeto observador para el cual el espacio-otro se hace comprensible, aprensible y expugnable. El caníbal afirma el *Sujeto del mapa* sobre el *sujeto al mapa*. Las cartografías de la *Canibalia* en definitiva, articulan la construcción discursiva de Occidente como centro geopolítico, coincida éste o no con el centro espacial o geométrico. Si bien en el mapa de Basilea, el Nuevo Mundo ("Novus orbis") aparece en el centro geométrico, está marcado teratológicamente con gigantes y caníbales, y localizado frente a un galeón metonímico del movimiento europeo hacia la periferia. Europa está en el *centro moral, epistemológico y político* del mapa; en el locus de la subjetividad cartográfica y colonial moderna. Dicho centro se representa a veces como cima alegórica. El *Theatrum Orbis Terrarum* (1570) de Abraham Ortelius (1527-1598) –primer Atlas moderno y uno de los más famosos del siglo XVI[111]– sitúa a América en la parte más baja del portal alegórico: en este *atlas-teatro* los cuatro continentes son representados en orden etnográfico: en la cúspide entre dos globos, y sujetando mediante una cruz un tercero, Europa está vestida y sentada en su trono universal; en los dos pilares se encuentran Asia (una mujer en ropas "orientales") y África (un negro semidesnudo); finalmente, en el piso, con una cabeza humana en una mano y un garrote para el sacrificio en la otra, está sentada América caníbal y desnuda [il. 13]; objeto de lo que Iris Zavala llama la *mirada panóptica* colonial[112].

Los mapas y los relojes –dispositivos de organización y representación del espacio y el tiempo– son artefactos predilectos de la Modernidad. Hasta cierto punto, se trata de mecanismos análogos: los relojes cartografían el tiempo y los mapas señalan la temporalidad del espacio. La cartografía de la *Canibalia* no solamente representa el lugar liminal del *Otro*, sino su asincronía respecto de la hora de la civilización; vale decir, su salvajismo, niñez e inferioridad. El caníbal

---

[111] Con 31 ediciones y cerca de siete mil quinientos ejemplares desde su publicación hasta 1612.

[112] Zavala relaciona esta mirada con la formación de la subjetividad moderna occidental: "el lenguaje no es sólo un sistema de reglas gramatical sino una organización jerárquica, que se orienta a relaciones de dominio. La situación de privilegio que se otorga a lo que [...] he llamado 'el cronotropo Ptolemaico de conciencia' establece el ojo de esta panóptica como suprema instancia de hegemónica. [...] Esta ratio occidental (eurocéntrica) fue entonces –como lo ha sido hasta el presente– la creadora de ficciones totalitarias" ("De 'invenciones'..." 2).

marca étnicamente el espacio y el tiempo salvaje, autoriza la mirada cartográfica y funciona como pieza trópica del reloj del *occidentalismo*[113].

El mapa moderno, claro, debe contribuir a las necesidades del comercio y a las empresas militares de conquista, o –en el caso de mapas "imprácticos" como el de Basilea– producir una especie de gnoseología del espacio colonial. Esta instrumentalidad de la cartografía moderna no entra en contradicciones insalvables con la reducción étnica de la alteridad. Lo que sucede es que el colonialismo –que es la práctica histórica que hizo posible el mapa y para la cual el mapa se define y opera– encubre sus rastros. El dominio y conocimiento del espacio que los mapas de la *Canibalia* ensayan se presenta a sí mismo como mirada de la *civilización* a la naturaleza indómita y salvaje.

Siguiendo con cierta libertad el análisis de los mapas del siglo XVI que hace Walter Mignolo (*The Darker Side* 219-258) puede decirse que la cartografía de América no surge de un momento a otro como una empresa racional, desligada de las construcciones étnicas del *Otro*. De hecho, los mapas de la *Canibalia* fueron ideológicamente etno-cartografías de la alteridad[114]. Para la apertura de circuitos comerciales se requería un mapa que, sin abandonar la relación medieval entre el espacio y el orden religioso, moral o étnico, respondiera a las necesidades prácticas de la navegación[115]. Se produce así una concepción del mapa en la que se supone que los significantes coinciden con cierta realidad geográfica. Empero, la indicación icono-cartográfica de tal o cual lugar como espacio de sacrificios humanos, tierra "de gigantes", "de papagayos" y, sobre todo, "de caníbales", permite una marca étnica y un *Sujeto no sujeto* al mapa: el *Sujeto* que organiza el espacio en relación con su mirada y el tiempo histórico conforme al *tiempo del ahora* de la civilización.

Las etnografías de la *Canibalia* son –como sus mapas– figuraciones coloniales del tiempo y el espacio, y proponen (como aquellos) una *epistemología egótica*

---

[113] El término *Occidentalismo* indica de manera general un campo y una trama heterogénea de discursos predominantes en el sistema moderno / colonial mundial. Este campo discursivo produce no sólo la invención de periferias bárbaras (América, África, etc.) sino la de *Occidente* como construcción espacio-temporal privilegiada, y la conformación de Europa y luego de los Estados Unidos, como entidades geoculturales y geopolíticas hegemónicas, en relación con cuya Historia el mundo debe sincronizarse. El *Occidentalismo*, además, reclama de manera excluyente la misión civilizadora, esgrime el significante raza como clave de humanidad plena y opone la civilización a la humanidad primitiva, pre-racional y degenerada (Mignolo 2000).

[114] Etno-cartografías que, por su relación práctica con la expansión del comercio y su repetición en el tiempo, se revistieron de dimensiones ontológicas, y dejaron de describir el objeto para convertirse en "el objeto mismo."

[115] Sobre este tránsito y la persistencia de significantes étnicos como el *caníbal* en la cartografía moderna del siglo XVI, véase el erudito trabajo de Palencia Roth "Maping the Caribbean..." (3-27).

del mundo[116]. Unas y otros son ejercicios de la imaginación autorizados por la supuesta presencia del cartógrafo o etnógrafo observador frente a su objeto; y en ambos casos, la imagen del caníbal es el eje de la representación. Pero las *ficciones etnográficas* –para usar una expresión de James Clifford (6)– aunque se autorizan explícitamente en la observación empírica y la supuesta correspondencia entre la escritura y el mundo salvaje representado, derivan su autoridad, como los mapas, de su lugar privilegiado de enunciación y de las disimetrías y relaciones de dominación colonial. Uno de los fundamentos de su autoridad epistemológica es la localización del *Otro* en un *tiempo salvaje* que se traduce al *orden temporal* del etnógrafo[117]. El caníbal marca la hora del salvajismo. El etnógrafo está en el *aquí y el ahora* y su objeto de estudio está en el *allá y el otrora*[118]. Ésta, que Johannes Fabian denomina *denegación de contemporaneidad* ("denial of coevalness"), supone la unicidad/universalidad del tiempo como categoría objetiva y la ubicación jerárquica del Sujeto (presente, moderno) respecto de su objeto (arcaico, primitivo, atrasado, premoderno). Estas dos posiciones en el tiempo son el *a priori* justificativo del proyecto sincrónico colonial subyacente en la autoridad discursiva de la etnografía. Gracias a esta temporalidad etnográfica –y justificado por el relato teleológico de una *sincronización civilizadora* (evangélica, modernizadora, desarrollista, etc.)– el *ego conquiro* ejercerá su *imperium* sobre la humanidad salvaje.

De acuerdo con Michel de Certeau, la etnografía produce un saber sobre los principios organizadores de la *oralidad*, la *espacialidad*, la *alteridad* y el *inconsciente* –que son los elementos básicos constitutivos del *Otro*– en oposición con las nociones de *escritura*, *temporalidad*, *identidad* y *conciencia* que forman al sujeto moderno o histórico (*La escritura de la historia* 203). La sincronización del relato etnográfico opera mediante una suerte de traducción cultural[119] jerárquica de un orden al otro: de la *oralidad* a la *escritura*, de la *espacialidad* a la *temporalidad histórica*, de lo exótico a los códigos culturales de la mismidad, etc. Esta subjetividad moderna y el correlativo centramiento del mundo a su alrededor no son

---

[116] La etnografía colonial, so pretexto de conocer al Otro, produce el reconocimiento de sí y un centramiento del sujeto observador que de esta manera se autoriza sobre su objeto epistemológico. El saber etnográfico sobre el Otro es entonces un instrumento panóptico del ego moderno-colonial.

[117] Mary Louise Pratt se refiere esta sincronización como "presente etnográfico" (33).

[118] Tesis expuesta por Johannes Fabian en su *Time and the Other: How Anthropology Makes its Object* (1983).

[119] Se trata de una traducción *sui generis* en la cual "el traductor tiene primero que producir el texto que traduce" y luego, "como el mago, el hermeneuta Hermes [...] clarifica lo opaco, hace de lo extraño familiar, y le da sentido al sinsentido" (V. Crapanzano 51). Sobre la etnografía como traducción cultural véase el artículo de Talad Assad.

simples efectos de un orden simbólico; las diversas prácticas coloniales que acompañan dicho centramiento se autorizan tautológicamente en el discurso que producen.

Dadas sus descripciones sistemáticas y la centralidad del canibalismo como tropo organizador de la definición del *Otro*, los relatos de Hans Staden (1557), André Thevet (1557, 1575) y Jean de Léry (1578) sobre los tupinambás resultan paradigmáticos de la que podríamos llamar la *matriz etnográfica de la modernidad colonial*[120]. Más adelante veremos que esta sincronización y traducción etnográfica del caníbal americano, al tiempo que coloca a Europa en el centro de la Historia, empieza a revelar una crisis especular que *produce monstruos* en el ámbito del ego; y cómo, en el horror del reconocimiento, el canibalismo funda una crítica de Occidente (Cap. II §4).

El libro de Hans Staden (1526?-1576) sobre su cautiverio entre los tupinambás, *Verídica historia y descripción de un país de salvajes desnudos y feroces caníbales, situado en el Nuevo Mundo América*[121] (1557) relata sus dos viajes al Brasil en 1547 y 1550. En el último viaje, el barco español en el que viajaba es obligado por el mal tiempo a fondear en la que hoy es la Bahía de Paranagua cerca de Curitiba, después de lo cual Staden se pone al servicio de un fuerte portugués (Bertioga) como cañonero. A finales de 1553, buscando a un esclavo de la tribu carijó que había desaparecido después de salir a pescar, es capturado por los tupinambás, quienes lo creen portugués. Durante su cautiverio –que dura entre nueve y diez meses– es testigo de varios festines caníbales y vive bajo la amenaza constante de ser comido. Merced a engaños y negociaciones, como la de hacerse pasar por curandero y profeta, logra aplazar su sacrificio hasta que es rescatado por un navío francés. La segunda parte del libro consiste en una descripción de la geografía, las casas, el aspecto físico de los tupinambás, sus costumbres alimenticias, la ausencia de política y derecho, sus fiestas, adornos, casamientos, creencias religiosas, guerras (165-210), y por supuesto –¿cómo no?– de "las ceremonias en que matan y se comen a sus enemigos" (211-219).

El libro fue escrito después del regreso de Staden a Alemania entre 1555 y 1556, con la colaboración de Johannes Eichmann (Dryander) (1500-1560), profesor de anatomía de la universidad de Marburg, quien anota en su prólogo: "Hans

---

[120] El relato de Staden es, se dirá, más bien proto-etnográfico, como que la disciplina de la *etnografía* moderna no se empieza a configurar propiamente sino a fines del siglo XVIII y se instituye a comienzos del siglo XX. Sin embargo, como en el caso de la Modernidad, la etnografía no es un producto de las ciencias sociales de la Ilustración, sino de los discursos coloniales sobre el Nuevo mundo del siglo XVI.

[121] *Warhaftige Historia und beschreibung eyner Landtschafft der Wilden, Nacketen, Grimmigen Menschfresser Leuthen in der Newenwelt America gelegen.* Cito la edición en español.

Staden, que acaba de publicar este libro e historia solicitó mi ayuda para revisar y corregir y, donde fuese necesario, mejorar su trabajo, pedido al que accedí [...] porque conozco al padre del autor" (23). No sabemos en qué consistió este "mejorar" y si acaso el texto mismo fuera compuesto por el profesor sobre la base de un relato oral de Staden. El prologuista (y según él, apenas corrector de estilo) insiste paradójicamente sobre la verdad de la historia alegando la sencillez del lenguaje y la ausencia de retórica florida (24). Poniendo de lado la discusión sobre si Staden mismo escribió el libro o si lo hizo Dryander, y si la información es verídica o no[122], o si fue un texto concebido como un best-seller respondiendo a un mercado ávido de noticias sobre caníbales, anotemos que se trata de un relato etnográfico[123]. Es decir, depende menos de la "verdad" del viaje o la observación, que de la imaginación espaciotemporal del salvajismo, y de su traducción en un cuerpo de saber, tropos e imágenes[124]. Staden significa un nuevo impulso –moderno si se quiere– en la formación del estereotipo de la América caníbal.

El libro fue un éxito editorial al punto que fue editado el mismo año y sólo en alemán por lo menos cuatro veces (dos de ellas ediciones piratas) y republicado y traducido numerosas veces durante el siglo XVI y XVII. Más impresionante que su parca prosa, hoy como entonces, resultan las cincuenta y cinco xilografías[125] dispuestas a través del texto, varias de las cuales ilustran los festines caníbales[126]. En

---

[122] William Arens se muestra escéptico respecto a ambas cosas en su célebre *The Man-eating Myth* (22-30).

[123] Michaela Schmölz-Häberlein, y Mark Häberlein, citando a Annerose Menninger, censuran a Neil Whitehead, entre otras cosas, que éste considere la *Warhaftige Historia* un documento etnográfico fiable para el entendimiento del canibalismo tupinambá. El debate –descontada la malquerencia de los críticos por la ausencia de bibliografía alemana en el artículo de Whitehead– responde esencialmente al ansia por la especificidad y prestigio científico de la etnografía; se trata de una discusión sobre la verdad etnográfica, cuando lo que define la autoridad de la disciplina no es su supuesta correspondencia con el mundo sino sus dispositivos y *régimen de verdad*. Clifford Geertz desvirtúa la delimitación precisa entre la etnografía y la narrativa literaria señalando cómo la primera funciona gracias a un sistema complejo de tropos y estrategias discursivas, *autor-izada* por nombres de prestigio, y acudiendo a los llamados recursos ficcionales (véase *Works and Lives: the Anthropologist as an Author*).

[124] En *Writing Culture* James Clifford caracteriza el relato etnográfico como un "sistema o economía de la verdad" (6, 7).

[125] El ilustrador no ha sido identificado, aunque sí sus iniciales *D. H.* en una de las xilografías. Aunque por lo general existe una correspondencia entre éstas y el relato, algunos elementos que aparecen en las ilustraciones no tienen correlación en el escrito. Por ejemplo, en una ilustración aparecen unos indios fumando (capítulo XXIV, 108), cosa que Staden no menciona (Ziebell 258).

[126] Además de la ilustración de la portada, once xilografías tratan el tema del sacrificio y el canibalismo (33, 44, 129, 137, 141, 144, 215, 216, 217, 218 y 219).

su mayoría, las imágenes acusan poca elaboración; sin embargo, el conjunto logra un efectivo relato gráfico en el que la imagen del canibalismo queda cultural y etnográficamente inserta. No hay ninguna otra costumbre o particularidad a la que Staden dedique más atención –entre el horror y la fascinación– que el canibalismo tupinambá. Puede decirse que éste es el principal *motif* del relato de esta subjetividad etnográfica. Staden traduce la alteridad y explica al caníbal, sus costumbres y creencias; sitúa el canibalismo no en el campo de la voracidad, sino de la violencia ritual: la antropofagia está unida a la guerra, la que a su vez tiene origen en la venganza[127] (206). No quiere decir esto que Staden simpatice con la antropofagia; de hecho la censura explícitamente: "me parecía horrible que ellos los devorasen [a los prisioneros]; el hecho de matarlos no era tan horrible" (123).

Staden recoge ciertos modelos clásicos y medievales de relatos de viaje y representación de la alteridad, pero de alguna manera también inaugura un paradigma etnográfico moderno que se funda en la *observación participante* (y a la vez, *distanciada*) del etnógrafo, la *autoridad epistemológica*, étnica, religiosa y/o intelectual frente al salvaje implícita en el acto de escribir al *Otro*, y la *traducción* de la alteridad cultural a la mismidad. El canibalismo es el *tropo maestro* de este posicionamiento múltiple que posibilita el discurso organizador y la mirada cartográfica de la etnografía. En la primera parte del libro (53 capítulos), el narrador –en primera persona– se reivindica como un Yo presencial; varias xilografías lo incluyen (y distinguen): aparece naufragando cerca de San Vicente (65), siendo capturado por los indios (78), orando y pidiendo milagros (84, 149, 151), conducido por las mujeres en la aldea y obligado a bailar entre ellas (90, 93), frente a Cunhambebe (102), entre fumadores (108), siendo testigo de las enfermedades y muertes en la aldea (114) y, por supuesto, en varias escenas de festines caníbales. Staden alega ser testigo del "espectáculo"; él está allí, frente a frente con el caníbal (120); ve como matan a los prisioneros, los asan y se los comen; intenta quitarle un hueso a un niño que lo está royendo, por lo que –dice– "todos se irritaron conmigo" (122). Staden siempre deja en claro que la cosa ocurrió frente a sus ojos. El capítulo XXXIX se llama: "De cómo ellos tenían un prisionero que siempre me injuriaba y al que le hubiese gustado que ellos me hubieran matado; y de cómo lo mataron y devoraron *en mi presencia*" (128). En la xilografía correspondiente, en efecto, Staden señala con una mano al destazador que abre un torso y con la otra la parrilla en la que se asan partes humanas (129). Las ocasiones de su presencia son múltiples y cercanas:

---

[127] Interpretación ya hecha por Vespucci y Pigafetta y en la que coinciden generalmente los etnógrafos jesuitas.

Konian Bébe tenía una enorme cesta llena de carne humana ante sí y se estaba comiendo una pierna que acercó a mi boca, preguntándome si quería comer. Le respondí que ningún animal irracional devora a otro [de su especie]. ¿Cómo podía entonces un hombre devorar a otro hombre? Clavó los dientes en la carne y dijo: *"Jau ware sche"*, que quiere decir: yo soy un tigre" (143).

No solamente Staden es testigo del canibalismo y tiene la carne asada a centímetros de su boca, sino que el caníbal se nombra a sí mismo.

Una vez narrada la liberación de su cautiverio –y autorizado en el *haber estado* y *haber visto*– se aleja con un tono impersonal en la segunda parte (38 capítulos), donde expone el aspecto físico, la cultura y costumbres tupinambá. El relato de la aventura de la primera parte autoriza la traducción etnográfica de la segunda, en la cual esporádicamente se cita dicho dispositivo presencial: "Esto así lo vi y presencié" (219)[128], asevera Staden, hablando de la distribución del cuerpo entre niños, mujeres y hombres, la preparación del asado y otros detalles culinarios. Ese curioso papel de *protagonista ajeno* lo autoriza para ser testigo verdadero sin perder su distancia cultural y moral respecto de los salvajes desnudos, idólatras y antropófagos; él hace parte de la representación, pero no de la alteridad. La apelación a la narración visual es en sí una proyección de esta *presencia distanciada* que autoriza el relato[129]. En una xilografía de la segunda parte, Staden aparece bajo la insignia "H + S" (Hans Staden) con las manos juntas en pose de oración mientras un grupo de caníbales aviva el fuego y otros hacen una sopa con una cabeza [il. 14] (219). La marca es fundamental pues sin ella Staden desnudo podría ser uno más en el festín en lugar del Sujeto observador de la escena. Staden es la instancia por la cual dicha imagen se reviste de dimensiones ontológicas y puede ser observada como si de la escena misma y no de su ilustración se tratara. La edición que el ilustrador flamenco Teodoro De Bry[130] (1528-1598) hizo del relato de Staden (1593) enfatiza aún más este *estar y ver pero no ser* característico de la matriz etnográfica [il. 15]: en la ilustración correspondiente las mujeres que pre-

---

[128] En la segunda parte se alude en ocasiones el cautiverio narrado en la primera o experiencias del mismo. Por ejemplo en el título del capítulo que describe al Brasil geográficamente reza "tal como en parte lo tengo visto" (169). Al hablar de las pulgas, los murciélagos y las abejas Staden refiere también su propia experiencia (224-226).

[129] No nos referimos a la *presencia efectiva*, sino al *dispositivo presencial* y sus efectos discursivos.

[130] De Bry (1528-1598) editó ocho tomos en francés, alemán, inglés y latín dedicados a los viajes y exploraciones europeas en América, que llegaron a catorce volúmenes después de su muerte, bajo la dirección de sus dos hijos Juan Teodoro y Juan Israel. De Bry fue víctima de la persecución religiosa contrarreformista y del imperialismo español en los Países Bajos; en 1560 tiene que huir de Lieja y se instala en Estrasburgo, de donde se traslada posteriormente a Frankfurt en 1570, fecha en la que comienza la serie americana.

paran la sopa agregan a la cabeza, un corazón y otras vísceras; una mujer sostiene un brazo mientras se lame los dedos, otra observa extasiada una pierna, y otra más recibe los intestinos de un destazador[131]. Staden con una barba venerable, blanco, quieto, elevando una plegaria al cielo y con los brazos cruzados sobre el pecho es –en ambas ilustraciones– el único que no aparece realizando alguna tarea y que no tiene entre sus manos ningún objeto ni utensilio; observa, no participa; su lugar es el del testigo que puede escribir la alteridad, porque *ha estado*, *ha visto*, pero *no ha sido* el *Otro*. Este "I-witnessing" es, de hecho, un presupuesto discursivo de la etnografía como señala Clifford Geertz (*Works and Lives* 5-10, 22). El etnógrafo es un cartógrafo del tiempo a-histórico que visita o imagina, y del cual hace un mapa en el que marca su *observación participante* y su propia *diferencia*; su distancia. Este último aspecto es, sin embargo, problemático en el caso del cautivo, quién sostiene precariamente una *identidad en tránsito* y amenazada por la alteridad. A Staden le quitan sus ropas, le tratan de cortar la barba y las pestañas, lo llaman portugués y sobre él pende la amenaza caníbal que implica el código de venganza tupinambá[132]. Justamente, la historia de su cautiverio y liberación es la de su resistencia a ser incorporado, a convertirse en objeto. Los nativos le indican que se lo van a comer (79), las mujeres gesticulan señalándolo y mordiéndose los brazos (88, 89); lo hacen gritar "en su lengua: *A Junesche been ermi urame*, esto es: yo, vuestra comida llegué" (87); él es comida; así lo llaman constantemente: en la aldea de Konyan-Bébe (Cunhambebe) dicen cuando lo ven: "ahí viene saltando nuestra comida" (104); en la ilustración de ese capítulo, las mujeres hacen el temido gesto de morderse el brazo (102). La escritura del relato compensa e invierte simbólicamente esa relación subordinada: el cautivo deviene etnógrafo al producir –en la escritura del canibalismo– su lugar de *Sujeto* de la mirada[133]. La escritura para el cautivo opera como ejercicio de la potestad simbólica sobre la alteridad y a su vez, plantea la resolución de cualquier indeterminación o desestabilización de la identidad que el viaje y el cautiverio pudieran haber

---

[131] El destazador, junto con el europeo, un niño que sostiene otra cabeza, y otro que aviva el fuego son las únicas figuras masculinas, en un cuadro dominado por las mujeres. La representación iconográfica y cultural medieval de pecados como la gula y la lascivia mediante figuras femeninas fue vinculada a la del canibalismo.

[132] Como se explicará adelante este equívoco (que se tome a Staden por portugués) implica nada menos que la suerte de ser sacrificado y devorado como enemigo, a causa del sistema de alianzas entre indígenas y europeos. Staden trata de hacerse pasar como francés o amigo de los franceses: "Yo dije: [...] Soy amigo de los franceses y la tierra de donde soy se llama Alemania. Me respondieron que esto debía ser una mentira, porque si yo fuese amigo de los franceses, nada tenía que hacer entre los portugueses" (94).

[133] Un sector contemporáneo de la antropología ha rechazado este visualismo etnográfico "clásico" y la centralidad "implícita" de la escritura en los textos etnográficos (Clifford 1-26).

producido. La letra etnográfica intenta una suerte de exorcismo diferenciador y afirmación obstinada de la estabilidad del sujeto moderno.

Resulta significativo que el relato etnográfico de Staden, mercenario y comerciante, sea además un relato religioso permeado por los conflictos de la Contrarreforma. Staden cita constantemente la Biblia como protestante, alegando simultáneamente el *ius negotiandi* que lo lleva a la tierra de caníbales y el *favor de Dios* que lo saca de ellas: "Dice el santo y real profeta David en el salmo ciento siete: 'Los que descienden al mar en navíos, *negociando* en muchas aguas, esos ven las obras de Jehová y sus maravillas en lo profundo [...] Por eso, clamando por Jehová en sus angustias [él] los sacó de sus aflicciones'" (19). De cómo y por qué el relato de un mercenario se convierte en una homilía probablemente tendría que responder Dryander, el prologuista-editor. De cualquier manera, el modelo inicial del relato del cautiverio es el del *vía crucis*: Staden es capturado y abofeteado; le colocan una corona de plumas y unas sonajas y lo hacen bailar sin consideración al dolor de sus heridas (88, 90-92). Staden mismo se compara con Cristo: "yo no sabía qué querían hacer de mí y recordaba el sufrimiento de nuestro redentor Jesucristo cuando era maltratado" (90). Para Staden, como indica Whitehead, la conexión entre el canibalismo tupí y el pensamiento cristiano no es la de la similitud, sino la de la prueba de fe[134]. Del mismo modo, el cautiverio bíblico y el *Éxodo* del Antiguo Testamento le ofrecen modelos narrativos. A los otros europeos se los comen los indios; a él una máquina sobrenatural lo salva una y otra vez de ser comido (33-164). Pese a la adversidad, Staden (y el cuerpo protestante del cual él es metonimia) ha sido escogido por Dios. Staden, como Moisés, enfrenta un cautiverio ominoso y, como él, anuncia las plagas de Dios a sus captores. La enfermedad de éstos aparece como castigo divino por comer carne humana y por la amenaza caníbal sobre el cautivo (111-116). Las oraciones del artillero protestante funcionan como la marca de sangre del cordero pascual en las casas en Egipto, señalando al favorito (*Éxodo* 11, 12). El signo del canibalismo, por su parte, marca a los acreedores de la ira divina. El canibalismo es el significante teológico que sostiene la identidad y la etnografía, y que permite que Staden aparezca con los brazos cruzados en medio del festín y no se entregue a la alteridad[135].

---

[134] Whitehead describe el relato de Staden como una "homilía de redención y fe" ("Hans de Staden..." 732, 733).

[135] La imagen de Staden con los brazos cruzados contrasta con una de las últimas escenas de la película *Como era Gostoso o meu Francês* (1971) de Nelson Pereira dos Santos (basada en la historia de Staden), en la que el protagonista (que en la película es sacrificado y comido) abre sus brazos y se entrega gozoso, mientras amenaza a sus captores conforme las reglas rituales del sacrificio. El cautivo del filme, convertido al salvajismo, nunca regresa para escribir su etnografía.

En la segunda parte del libro la traducción etnográfica ya viene autorizada por el *protagonismo ajeno* (estar, ver, no ser) y la homilía de la prueba de fe de la primera parte. Allí encontraremos la exposición detallada del rito caníbal[136] que Staden explica como una forma de violencia ritual unida a la guerra y la venganza (206). Relata cómo el prisionero es tratado como huésped: "Le dan una mujer para cuidarlo y también para tener relaciones con ella. Si […] queda embarazada, educan la criatura hasta que es mayor, y [...] la matan y se la comen" (212)[137]. Para el sacrificio, pintan al prisionero, las mujeres preparan bebidas, cantan, llegan los invitados y decoran el *Iwera Pemme* (arma del sacrificio) (215). Al día siguiente amarran al prisionero con una cuerda llamada *mussurana*, "le dan piedrecitas para que las arroje contra las mujeres que corren en torno a él y amenazan con devorarlo", y "un hombre toma el palo, se dirige hacia el prisionero, se para frente a él y le muestra el garrote. Mientras tanto el que debe matar el prisionero" con su cuerpo pintado de gris con ceniza, recibe el *Iwera Pemme* e inicia un diálogo ritual: "'Sí, aquí estoy, quiero matarte porque los tuyos también mataron a muchos de mis amigos y los devoraron.' El otro responde: 'cuando esté muerto, aún tengo muchos amigos que seguro me han de vengar.' Entonces le descarga un golpe en la nuca" (217). Sigue el tratamiento del cuerpo: las mujeres lo raspan y limpian "y le meten un palito por detrás para que nada se les escape"; le cortan las piernas y los brazos y abren el espaldar. Las mujeres se quedan con los intestinos y hacen una sopa de entrañas (*Mingau*); "los sesos, la lengua y todo lo demás son para las criaturas" (217, 218). Al final de este capítulo,

---

[136] El jesuita Manoel da Nóbrega había descrito sintéticamente el rito antropofágico en términos muy similares a los de Staden en una carta de 1549 que circuló traducida e impresa en castellano e italiano: "Quando cativan alguno, tráenle con grande fiesta con una soga a la garganta, y danle por muger la hija del principal, o cualquiera otra que mas le contenta. Y pónenlo a cevar como puerco, hasta que lo han de matar; para lo cual se ayuntan todos los de la comarca a ver la fiesta. Y un día antes que le maten lávanlo todo y el día siguiente lo sacan, y pónenlo en un terrero atado por la cintura con una cuerda, y viene uno de ellos muy bien ataviado, e le hace una plática de sus antepasados. Y acabada el que está para morir, le responde diziendo que de los valientes es no temer la muerte, y que él también matara muchos de los suyos, y que acá quedavan sus parientes, que lo vengarían, y otras cosas semejantes" (1549, *Cartas dos primeiros jesuítas* 1: 152).

[137] La entrega de una mujer al cautivo aparece en la descripción etnográfica de la segunda parte del libro de Staden, y es un aspecto recogido por prácticamente todas las etnografías tupinambá. Por ejemplo Léry indica que "el que tiene un prisionero no duda en darle su propia hija o hermana a éste, incluso si está casada, y la esposa del prisionero debe tratarlo bien satisfaciendo todas sus necesidades" (122). Magalhães Gândavo en su *História da Província Santa Cruz* (1574) repite: "E a primeira cousa que logo lhe apresentam he uma moça, a mais fermosa e honrada que ha na aldêa, a qual lhe dam por mulher: e dahi por diante ella tem cargo de lhe dar de comer e de o guardar, e assi nam vai nunca pera parte que o nam acompanhe" (63). Sobre la experiencia respectiva del propio Staden, éste guarda silencio o es "editado" por Dryander.

Staden asocia "espontánea" e implícitamente, el canibalismo a una supuesta inferioridad cultural: los indios –indica– no "saben contar más que hasta cinco" (219). Estamos ante un etnógrafo en regla.

Con algo menos de credibilidad que Staden, otro de estos "observadores" etnógrafos fue el franciscano André Thevet (1516-1590), quien había viajado a América con Nicolas Durand de Villegagnon (1510-1571), navegante francés que, bajo el amparo de Henri II, intentó establecer en 1555 una colonia francesa (la *France antarctique*) en una isla en la Bahía de Guanabara. La colonia sólo duró cinco años. Debilitada por pugnas religiosas internas entre protestantes y católicos, fue finalmente destruida por los portugueses (Cap. II §4). Después de haber pasado unas pocas semanas allí, Thevet regresó a Francia donde publicó el primer tratado sobre América en francés, *Les singularités de la France antarctique*[138] (1557), que más tarde incluyó con algunas modificaciones y adiciones en *La cosmographie universelle* (1575).

El libro de Thevet describe productos, frutas y animales, así como a los salvajes (sus costumbres alimenticias, agricultura, pesca y forma de vivir). Sus imágenes son en gran medida estereotípicas y corresponden a un paradigma clásico del salvajismo: la desnudez (181-183), el lenguaje "breve u oscuro" (o balbuceo lingüístico), la oscilación entre la belleza natural de los salvajes (191) y su monstruosidad o deformaciones físicas (207, 208), la irracionalidad (211), la idolatría y tratos con el demonio (176, 177, 210-220), las costumbres sexuales licenciosas y apetitos sexuales irrestrictos (254-257), los sacrificios humanos y el canibalismo (225-249), etc. El modelo de Heródoto y las costumbres de los escitas son citados constantemente (i.e. 208).

Frank Lestringant –quien apenas considera a Staden– le dedica especial atención a lo escrito por Thevet y estima que su libro (que llama "primera etnografía sobre los tupinambá") está "basado en una experiencia de primera mano" (44), lo cual es inexacto[139]. Thevet combina algo de su experiencia, algo de lo oído y de lo leído, plagia datos anteriores y añade de su cosecha una cantidad considerable de comentarios con interferencia de mitos clásicos y teratología medieval[140]. Testigo o fabulador, Thevet ha hecho parte del archivo etnográfico moderno sobre los tupinambá[141]; lo que, de nuevo, nos revela que el valor etnográfico es resultado

[138] Las citas de *Les singularités de la France antarctique* corresponde a la edición en portugués.
[139] El propio Lestingrant señala en otras partes la inventiva que caracteriza a Thevet y su propensión a la "deformación hiperbólica" (en Zibell 188).
[140] Thevet, advierte Whatley, era conocido por su falta de rigor y por una credulidad poco renacentista (xxi).
[141] "De Alfred Métraux a Florestan Fernandes, lo consideran un informante fidedigno, principalmente en lo que concierne a la cultura tupinambá. Levi-Strauss se refiere a Thevet con nostalgia

de la autoridad epistemológica y organizadora de las imágenes del salvaje en relación subordinada con el *ego conquiro*, y de la correspondencia del relato con ciertos paradigmas de representación de la alteridad. Thevet alega y produce en el texto y sus ilustraciones, la *presencia* que requiere la *matriz etnográfica*. La eventual falta de *observación participante* no obsta para que se produzca una etnografía del canibalismo: Thevet describe el buen tratamiento del prisionero huésped (238), la asignación de una esposa y la supuesta suerte sacrificial de cualquier fruto de esta unión (239), los ritos del sacrificio, los instrumentos, los diálogos y desafíos rituales entre sacrificado y sacrificantes (240), la alegría de la víctima, la economía del consumo del cuerpo dependiendo del género sexual, baños de sangre para los niños[142] y detalles macabros respecto de la preparación de la comida (244, 245). Hacia el final de su capítulo descriptivo del sacrificio y el canibalismo –y a *propósito* de "Como esos bárbaros matan y devoran los prisioneros de guerra"– Thevet hace el mismo comentario que Staden sobre la incapacidad de los salvajes para contar más allá de cinco: "Y *a propósito* quiero llamar la atención del lector sobre el siguiente hecho: los salvajes sólo saben contar hasta cinco" (*Les singularités*...238, 239, 314)[143] . Thevet relaciona esta inhabilidad con que no marquen el tiempo con horas, días, meses y años, sino con ciclos lunares. Aún si suponemos que nuestros *observateurs* (cada cual por su lado) hubieran constatado esta "singularidad", el hecho de que sea mencionada "a propósito" del canibalismo o el rito del sacrificio, es una coincidencia única. La asociación entre canibalismo y falta de habilidades matemáticas plantea no sólo la posibilidad de débitos con otras fuentes, sino que revela un orden del discurso etnográfico: la asociación del canibalismo con la incapacidad intelectual o niñez del "salvaje" y con la "singularidad" de que viva no solamente en un espacio Otro (allá), sino en un tiempo previo al ahora de la civilización (en un tiempo de ciclos lunares, anterior al calendario del presente). Gracias al tropo caníbal la mirada etnográfica establece su autoridad epistemológica y la minusvalía temporal de su objeto. Las relaciones de poder implícitas en el acto colonial de escribir la alteridad son –para usar una metáfora plástica– un montaje arquitectónico, una fachada sin edificio en la que el *Otro* es un signo ornamental de lo *Real* (más allá de la representación). En una

en *Tristes tropiques*, y Pierre Clastres usa la obra de Thevet para la reconstrucción de los mitos de origen de las tribus tupi-guaranís en su libro *Le Grand parleur*" (Zibell 188, 189).

[142] Se tiene "cuidado de tomar la sangre y con ella bañar a los niños con el fin de volverlos, como dicen, valientes. [...] Es verdad que las entrañas son comúnmente comidas por las mujeres; en cuanto a la cabeza, la ensartan los salvajes en la punta de una vara [...] como signo de victoria (especialmente muestran los indios placer en ensartar las de los portugueses)" (Thevet 244).

[143] Jean de Léry se refiere a este sistema de cómputo en el diálogo traducido del final de su relato. Sin embargo, allí el sistema permite contar más allá mediante la posibilidad de los múltiplos de cinco (178, 179).

famosa ilustración alegórica de América publicada en la edición que De Bry hizo del libro de Hans Staden (1593) (113), y luego repetida para el volumen séptimo sobre el libro de Ulrico Schmidel (249), América es representada con un conjunto de figuras humanas que decoran un portal de acentos renacentistas con tres niveles, al otro lado del cual se ilumina una parrilla con despojos humanos y tres caníbales en un festín. Esta portada o entrada al relato es custodiada por una especie de –no precisamente *sagrada*– familia de caníbales desnudos: un hombre armado que mastica una pierna a la izquierda y una mujer con un niño a cuestas que hace lo propio con un brazo. Entre los dos hay una guirnalda llena de frutas tropicales. El portal es coronado por otros dos indios que adoran una maraca con una luna [il. 16]. El canibalismo funciona como motivo organizador de este escaparate alegórico. La etnografía y la cartografía –como este portal– ponen a cada quien *en su lugar* en el espacio, en el tiempo y en una jerarquía de valores étnicos, morales, religiosos, e intelectuales; el despliegue etno-cartografico del tropo caníbal instala simbólicamente la geopolítica del occidentalismo.

Es en virtud de esta sincronización del tiempo y del espacio que el mundo colonizado y por colonizar se sitúa siempre dentro del discurso centrado de la Historia, y que todas sus narrativas, si no son borradas, tienden a convertirse en variaciones del metarelato que podemos llamar la Historia de Occidente. El poder de la representación en el discurso colonial depende de una tautología: quien ha dominado tiene el poder para representar y quien representa enuncia y domina. El mapa, el grabado o la etnografía son efecto y medio; el eurocentrismo y dichas representaciones se erigen entre sí.

6. Caníbales y el comercio atlántico: semántica estratégica

Vitoria, como se mencionó antes, arguyó que el ejercicio del *ius negotiandi* o derecho de comerciar legitimaba la presencia española en América y establecía una "justa causa" para la guerra en caso que el referido derecho fuera obstruido por los indígenas:

> Es lícito a los españoles negociar con los indios [...] Pueden importarles productos de los que aquellos carecen, extrayendo a cambio oro, plata u otras cosas en las que los indios abundan. Los príncipes de los indios no pueden impedir a sus súbditos que practiquen el comercio con los españoles, ni al contrario los príncipes de los españoles pueden impedirlo a los suyos (*Doctrina sobre los indios* 138).

La siguiente generación de juristas teólogos rectificó este comienzo burgués del derecho internacional español que mal ocultaba sus vínculos con el capitalismo mercantilista en ciernes. Diego de Covarrubias (1512-1577), alumno de Vitoria, sostendría –contra la tesis de su maestro– que los indios eran soberanos y tenían la prerrogativa de prohibir a los españoles "comerciar negociar o intercambiar" en sus tierras. Diego de Covarrubias prefirió incoar en lugar del *universalismo económico* (mercantil), el *universalismo religioso* de la propagación del evangelio: los españoles, argüía, "tienen el derecho a predicar entre los indios la ley evangélica [...y] si los bárbaros [lo] impiden [...] hacen una injuria a los españoles" y la guerra deviene lícita (225, 229-231). No resulta difícil ver en este cambio doctrinal la defensa del Imperio exclusivo sobre América, pues la doctrina del *ius negotiandi* establecía un principio de libre comercio que favorecía las pretensiones de otras potencias europeas. El argumento religioso daba a la Corona, defensora de la ortodoxia en Europa, una legitimidad exclusiva frente a los competidores emergentes y en particular contra los protestantes. Pero además, la Modernidad a la que apuntaba España –y que al final prevaleció también en Portugal– era una Modernidad católica y estamental. El *ius negotiandi* era una prerrogativa del Estado y no un derecho individual universal.

Esta pretendida exclusividad fue ciertamente desafiada. Desde las primeras décadas del siglo XVI, y por cerca de dos siglos, los europeos se (des)encuentran en el Nuevo Mundo compitiendo por el control de las rutas de comercio, en lo que ha sido llamado de manera bastante descriptiva "La batalla por el Atlántico" (Geoffrey Symcox 265-277). Uno de los episodios más interesantes de ese prolongado enfrentamiento ocurrió entre portugueses y franceses y luego holandeses, por el control del comercio en las costas de lo que hoy es el Brasil.

La "ilha de Vera Cruz" encontrada por Pedro Álvarez Cabral de camino a Calcuta (1500) había sido un paréntesis en la carrera de Portugal hacia la India. Mientras los inversionistas de las navegaciones portuguesas mantuvieron la ilusión de una ruta rentable bordeando el África, el Nuevo Mundo no ofreció mayor interés que el de servir para el control militar de dicha ruta, y ser un punto de escala para los barcos y para el comercio del brasil, inicialmente adjudicado al capital privado[144]. Durante las primeras dos o tres décadas del siglo XVI los portugueses especularon poco –en el doble sentido económico y cognitivo– sobre el Nuevo Mundo. En contraste, por lo menos desde 1504, aventureros comerciantes franceses iniciaron actividades en el área impulsados por la floreciente industria textil de Ruen y Dieppe en Normandía que creaba una demanda para la tintura del brasil[145]. Cuan-

---

[144] Eduardo Bueno expone este desinterés oficial (*A viagem* 3, 124-126), el arrendamiento del Brasil al capital privado, y la creación de las factorías de Cabo frío, Río de Janeiro y Pernambuco (*Náufragos* 65-87).

[145] Estos primeros viajes no provocan fricciones. Se sabe, por ejemplo, de la expedición de Binot Paulmier de Gonneville que guiada por navegantes portugueses a sueldo salió del puerto de

do resultó evidente que la "Carreira da Índia" no era rentable y que otros europeos habían establecido *factorías* y relaciones comerciales con los indígenas, Portugal inicia su ofensiva militar[146]. Lo que estaba en juego, como decía una carta de Diogo de Gouveia al rey D. João II del 17 de febrero de 1538 era la "*Defensio imperii Portugaliae a piratas gallis*" (*Cartas dos primeiros jesuítas* 1: 88). Esa lucha tuvo expresiones religiosas y nacionalistas y una marcada dimensión simbólica[147]. La semántica del canibalismo fue ciertamente uno de los terrenos sobre los cuales se libró "La batalla por el Atlántico". Los nacionalismos modernos europeos y la competencia por los circuitos comerciales constituyeron dos coordenadas ideológicas fundamentales en los procesos de resignificación del tropo caníbal.

En esta parte del Nuevo Mundo los viajes instalaban antes que una soberanía política, rutas y puntos comerciales cuyo sentido era procurar mercancías apreciadas en los mercados en Europa (maderas como el brasil, plumas, piedras, pájaros, pieles, especiería) a cambio de otras que eran valiosas en el Nuevo Mundo como cuchillos y otros utensilios. Los puntos de comercio de la costa impulsaban una cadena comercial que enganchaba el interior sin necesidad de una conquista militar[148]. Los viajes de los comerciantes franceses afianzaron una relación amistosa o de beneficio comercial mutuo con los tupinambás, y de alianza estratégica contra los portugueses. Algunos franceses conocidos en las relaciones como "*truchements de Normandie*" (intérpretes de Normandía) vivían entre los aborígenes, tenían esposas tupinambás, habían aprendido su lengua y adoptado sus costumbres entre las que, algunos dicen, se contaba el canibalis-

---

Honfleur en Normandía en 1503 y después de una accidentada travesía llegó a la costa brasileña en enero de 1504 cerca de los limites actuales de los estados de Santa Catarina y Paraná. Allí estuvieron cerca de medio año en buenas relaciones con los indios carijós. El cacique indígena Arosca le dio a Gonneville a su hijo Essomericq para ser educado en Europa, bajo la promesa de su regreso (que jamás ocurrió); después de un penoso regreso y varios ataques de piratas Gonneville regresa a Normandía. Essomericq se asimiló, se casó con la hija del capitán y vivió en Honfleur hasta su muerte en 1583. La relación del viaje es producto de una declaración judicial para obtener reparación por las pérdidas.

[146] La primera expedición militar portuguesa, a mando de Cristovão Jacques, contra los franceses que negocian en el área es de 1526 y luego hay otra en 1531 dirigida por Martim Afonso. Sin embargo el comercio "ilegal" continúa. El rey francés, Francisco I, no participa directamente de este asedio francés al Brasil, pero tampoco persigue activamente a sus súbditos por ello.

[147] La "Leyenda negra", por ejemplo, hizo parte de la propaganda del imperialismo no peninsular.

[148] Así lo relata André Thevet: "Las poblaciones de la costa marítima, donde predomina el tráfico europeo reciben hachas, cuchillos, dagas, espadas, diversas herramientas, cuentas de vidrio, peines, espejos y otras bagatelas más. Los indios reciben estas mercancías y las cambian con sus vecinos, objeto, por objeto" (*Singularidades* 285, 286).

mo" (Janet Whatley xix; Jean de Léry 128). Esta presencia no oficial de los franceses en el área[149], sus intereses económicos y trato con los aborígenes –que sugestivamente Olive Dickason ha llamado *"the Brazilian connection"* (129-146)– y la asimilación cultural de los *truchements*, fueron factores que modificaron la visión de los tupinambás-tamoios y de la antropofagia. El *locus* del comercio con sus intercambios de bienes, con sus alianzas y transculturaciones no era el lugar apropiado para una retórica extrema de la alteridad, sino para su definición estratégica. Baste mencionar, por ejemplo, que durante las celebraciones relativas a la "entrée royale" de Henri II y Catalina de Médici en Rouen en 1550, se realizó una representación espectacular ante la Corte a orillas del Sena:

> Cincuenta indios tupinambás, en su habitual desnudez, y doscientas cincuenta prostitutas y marineros, con una facha similar, representaron escenas de la vida salvaje: caza, pesca, caminatas, retozos amorosos en una hamaca, [...] actos bélicos y la quema de una villa enemiga. El espectáculo terminó con una batalla entre una nave francesa y una carabela portuguesa que fue prontamente volada en pedazos e incendiada, con la ayuda de los salvajes, ante el gran regocijo de la audiencia (Lestringant 42).

Como señala Octavio Paz "se pasó del desfile militar a la pantomima y de la procesión religiosa a la alegoría teatral"[150]. Un poema recitado al rey elocuentemente celebra la alianza con, y lealtad de, los caníbales: "Señor, no existe lugar alguno de las caníbales / Islas, a todos –menos a nosotros– desleales, / donde no tengamos seguridad / por la merced de vuestra autoridad" (en Ziebell 175). Quejándose de esta empatía con los caníbales, el jesuita portugués Rui Pereira decía que los franceses cambiaban mercancías y palo del brasil por cautivos portugueses que entregaban a los indios para que fueran comidos (1561) (*Cartas dos primeiros jesuítas* 3: 330). La queja del jesuita portugués así como la fiesta alegórica referida dejan ver hasta qué punto los tupinambás alcanzaron el estatuto de aliados en el marco de la "batalla por el Atlántico". La competencia entre los europeos y el desarrollo de relaciones no bélicas con la población nativa acarrearon una definición estratégica de la alteridad y que el canibalismo fuera visto

[149] A partir de 1524 la Corona francesa mostró un interés activo y oficial en el "asedio" de la empresa privada a la "Terre du Brésil." Este primer ciclo de actividades disminuye por la activa acción de la armada y la diplomacia portuguesa, pero se reactiva a mediados de siglo.

[150] "Los árboles habían sido pintados 'como los del Brasil.' Entre las ramas y follajes saltaban y gritaban cientos de loros y monos. En las copas de los árboles habían construido chozas que albergaban a trescientos hombres y mujeres embadurnados y sin que "estuviesen cubiertas las partes que la naturaleza manda ocultar, según la costumbre de los salvajes de América" (Octavio Paz citando a Richard Alewyn, 1983: 198). Esta fiesta, anota Zinka Ziebell, debió molestar profundamente al embajador portugués presente en la celebración (175).

con ojos más "amables", particularmente porque para el comerciante, el verdadero *Otro* es el que se interpone entre su empresa y el negocio: el competidor o quien no quiere comerciar.

Histoire d'un voyage fait en la terre du Brésil, autrement dite Amérique (1578) de Jean de Léry (1534-15) es –además de otra etnografía de los tupinambá– una refutación de la autoridad y veracidad de *La cosmographie universelle* (1575) y del tratado anterior *Les singularités de la France antarctique* (1557) de André Thevet (ver Cap. II §4). En sus respectivas etnografías americanas el católico Thevet y el calvinista Léry –quienes se enfrentaron en el ambiente caldeado de la Contrarreforma en Francia[151]– hicieron relación detallada del canibalismo tupinambá, conjuntamente con una explicación de los aspectos culturales y religiosos que lo rodeaban. Estas etnografías responden en diversos grados –además de a los conflictos entre católicos y hugonotes– a una economía estratégica de la alteridad[152] que contrasta con los reportes epistolares de los jesuitas a la metrópoli sobre aborígenes lujuriosos y caníbales, "sin rey, sin ley y sin razón, encarnizados en comer carne humana" como explicaba el padre António Blázquez SJ. a sus "Irmãos de Coimbra" (julio, 1555) (*Cartas dos primeiros jesuítas* 2: 252)[153].

Los jesuitas portugueses, ciertamente, hicieron descripciones etnográficas[154] y advirtieron las alianzas estratégicas que definían las relaciones de los portugueses y de los franceses con indios amigos y contrarios. El mismo año de la fiesta franco-tupinambá en Ruen, el padre Leonardo Nunes (?-1554) le escribía a sus hermanos de Coimbra sobre una confusión trágica por la que un grupo de jesuitas portugueses fueron tomados por franceses y atacados por indios amigos[155].

---

[151] Sobre esta disputa véase Whatley (en Léry xv-xxxviii), Lestringant (65-80) y el Cap. II §4 de este libro.

[152] La mirada de Léry es menos maniquea y pretenciosa que la de Thevet. Sin embargo, el fraile católico y el pastor calvinista coincidían en gran parte de la información etnográfica (Whatley en Léry xv-xxxviii; Lestringant 65-80).

[153] El hacendado Gabriel Soares de Sousa (1540?-1591) hará una observación similar en su famosa hipótesis etnolingüística según la cual la lengua tupí carecía de las letras *f*, *l* y *r*, porque éstas correspondían a la *fe*, la *ley* y la *razón* que los aborígenes no tenían (302). Véase al respecto Manuela Carneiro da Cunha (159, 166-170) y John Manuel Monteiro (697-704).

[154] Algunas de estas etnografias jesuítas furon muy importantes, como las tempranas descripciones que hacen del *Ritus anthropofagicus* Manoel da Nóbrega (1549, *Cartas dos primeiros jesuítas* 1: 136,137, 152) y Pero Correia (1551, *Cartas dos primeiros jesuítas* 1: 227-229).

[155] El padre Leonardo Nunes escribe: "Y porque no llevábamos lengua que supiese bien responder, dixieron y tuvieron para sí que éramos franceses, a los cuales tienen gran odio; y uno dellos dixo que allí llevava él una cabeça de un nuestro hermano [un francés] por donde bebía, lo cual ellos usan en señal de grande venganza [...]. De manera que si fueran contrarios y nos siguieran un poco más, ninguno de nós escapara de no hizieran su manjar. Flecháronnos dos personas y una dellas murió" (1550, *Cartas dos primeiros jesuítas* 1: 205, 206).

Empero, las etnografías jesuitas de los caníbales brasileños no están tan marcadas por las alianzas estratégicas o el comercio como por los tratos misioneros[156]. Los padres perciben pero no distinguen –para los efectos de la evangelización– entre canibalismo de amigos y enemigos, y hacen campaña catecúmena en todas las tribus contra la antropofagia, así como contra las costumbres sexuales licenciosas, la desnudez y el nomadismo. Manoel de Nóbrega (1517-1570) condena la antropofagia de todos "os gentíos" fueran guayanases, carijós, gaimurés, tupiniquís o tupinambás; la misión era darles "lei"[157] para disuadirlos de "comer carne humana, [...] fazer-lhes ter uma só mulher; vestirem-se, [...] tirar-lhes os feiticeiros, [...y] fazê-los viver quietos" (Carta a Miguel Torres, 1558, *Cartas dos primeiros jesuítas* 2: 450).

En contraste, Thevet, hace diferenciaciones etnográficas cuyos criterios más importantes son la definición del canibalismo ritual bélico y las alianzas y comercio de los salvajes con los europeos. Aunque Thevet condena moralmente la práctica ritual de comer carne humana su actitud tiende –si no a justificarla– a explicarla como un acto de guerra[158]. La ética católica del perdón le hace manifestarse en contra de la venganza por la que los salvajes luchan "como animales feroces" (232); pero sin dejar de admirar la nobleza, el valor militar y las costumbres marciales de la guerra salvaje. El canibalismo no obedece a la codicia de territorios ni riquezas, sino a la venganza pura y fundada en un código de honor implacable (232-240). En *Les singularités* Thevet divide a los caníbales entre los *tupinambás amigos* que practican la antropofagia ritual como venganza contra sus enemigos y los *caníbales-Otros* entre los que cuenta a los indios aliados de los portugueses, a las canibalesas aunque sean tupinambá[159] y a los caribes y

---

[156] Como sucede con los estudios de la religión y la cultura mexica adelantados por franciscanos, dominicos y jesuitas en la Nueva España, el canibalismo brasileño es tratado en etnografías evangélicas; con la diferencia de que, por lo general, en el Brasil los jesuitas no consideraron la antropofagia aborigen como una demostración religiosa, sino como barbarie religiosa de gentiles y obstáculo para la catequesis. Esto, claro, sin perjuicio de las irrupciones de demonismo en algunos jesuitas. En *O inferno* un óleo anónimo de la primera mitad del siglo XVI (*Museu Nacional de arte antiga*, Lisboa), el diablo es representado como un aborigen brasileño sentado en su trono enfrente de un caldero donde se cuecen algunos pecadores.

[157] A propósito, Nóbrega escribió "Tratado de Direito, do P. Manoel da Nóbrega contra a antropofagia e contra os cristãos seculares e eclesiásticos que a fomentam e consentem" (Bahía 1558) (documento perdido, noticia en *Cartas dos primeiros jesuítas* 2: 463). Nótese el encuadramiento del "problema" y su vinculación con la religión como asunto disciplinario y no doctrinario.

[158] Explicación que será luego repetida por Jean de Léry (1578) y recogida por Michel de Montaigne (1580).

[159] En el mismo sentido recuérdese la economía gerontológica del canibalismo en Léry, con las viejas ansiosas chupándose la grasa humana de los dedos (126). Dada la recodificación masculina heroica del canibalismo tupinambá, y las imágenes de abyección referidas a la participación de

otros indios que se encuentran más allá de los circuitos de comercio. Los caníbales que viven en las costas del nordeste del actual Brasil y el Caribe[160] tienen, según Thevet, la "avidez de leones hambrientos", "apetecen con ardor la sangre humana" y no "se alimentan de otra carne que no sea humana, como los europeos se alimentan de carne de res o de carnero" (179, 245, 363)[161] . La presencia de estos caníbales feroces impide el comercio, lo cual representa una lamentable "pérdida", teniendo en cuenta la enorme "fertilidad del país de los caníbales" y su riqueza en oro y piedras preciosas (360-366).

Los caníbales enemigos lo son por asociación: los "*salvajes amigos* de los portugueses [...] son enemigos de los salvajes *aliados de los franceses*. Y viceversa" (236). La presentación de los tupinambá tiene, en contraste, la torsión estratégica de la alianza. Thevet –como tantos otros etnógrafos melancólicos– a menudo ve en los salvajes cualidades naturales perdidas por los civilizados[162] y por ejemplo, explica la desnudez de los indios aliados o compara su idolatría con la de los paganos de la Antigüedad clásica (213). Respecto de la hechicería, argumenta que si en Europa la practicaban los cristianos, conocedores de Dios, resultaba entendible el yerro en que habían caído los indígenas (219). De hecho, "por mayor que sea su yerro e ignorancia [de los tupinambá], es sin comparación, mucho más tolerable que la de los condenables ateístas de los tiempos actuales" que insisten en sus errores (221). El etnógrafo católico prefiere al pagano tupinambá que al hereje europeo; su simpatía reconoce al aliado en la batalla por el Atlántico y en el mismo gesto formula la parábola salvaje de la Contrarreforma (los caníbales son mejores que los protestantes)[163] . La aproximación a los caníbales amigos de André Thevet es explicativa y por momentos ligeramente complaciente: menciona el gusto que "nuestros" salvajes tienen por devorar portugueses y ensartar sus cabezas en picas (244), cosa que no aprueba, claro, pero

las mujeres en los ritos, podríamos decir que para Thevet, como para Staden y Léry, entre los *caníbales-Otros* también se cuentan las mujeres. Sobre la visión siniestra del canibalismo femenino en Léry, consúltese Certeau (*La escritura*) y Lestringant (*Cannibals*).

[160] Los caníbales para Thevet son los salvajes de los territorios dominados por los españoles (179).

[161] Cosa similar ocurre con los "gigantes" patagones, que consumen carne humana por gusto y que azotan a los españoles en el sur del continente (Thevet 326).

[162] Aunque señala su irracionalidad, lujuria y salvajismo, Thevet anota que los indios: respetan a sus mayores (190); son "bellos y limpios" (191); tienen en medio de sus yerros un conocimiento sobrenatural y creen en la inmortalidad del alma (221); su belicosidad le recuerda los valores militares griegos (226) y la "táctica de los romanos" (233); son fieles entre sí (250); generosos y hospitalarios (268); son "más fáciles de curar que los europeos" y de "constitución menos corrompida por los vicios" (275). Con la llegada de los europeos los indios antes "robustos y longevos" se hacen "afeminados" y susceptibles a la enfermedad (188).

[163] Jean de Léry usará el mismo símil pero contra los católicos (ver Cap. II §4).

que tampoco *le quita el sueño*. La descripción del rey Quoniambec (Cunhambe-be) concuerda con este maniqueísmo estratégico: Thevet habla de los "instintos extrañamente marciales y guerreros" de los aborígenes y llama a Cunhambebe "el más atemorizante de los príncipes del país" y el "más notable e ilustre *moru-bixaba*"; lo compara con Menelao y cuenta con evidente gusto cómo el amigo de los franceses es temido por los portugueses con quienes está en "perpetua guerra y hostilidad", y cómo el príncipe se jacta de haber devorado a cinco mil de sus enemigos (318-322).

Jean de Léry –contradictor acérrimo de Thevet– sostiene de manera más explícita el mismo tipo de definición estratégica del salvajismo; asegura en su *Histoire d'un voyage*[164] (1578) que el canibalismo tupinambá no es amenazador para los franceses puesto que los salvajes se comen a sus enemigos sin contem-plación, pero "aman hondamente a los que son sus amigos y aliados (como éra-mos nosotros amigos de la nación tupinambá)" (169). En cambio, los margaia son "aliados de los portugueses, y por lo tanto tan enemigos de los franceses que si nos hubieran tenido a su merced, no lo hubiéramos pagado de otra forma que siendo sacrificados y cortados en pedazos y servidos como su comida" (Léry 26).

A diferencia de los *caníbales-Otros*, "nuestros tupinambá" (caníbales aliados) son "enemigos mortales e irreconciliables" de los portugueses (76) y activos en el tráfico con los franceses. Comían, sí, carne humana, pero eran amigos y socios; su antropofagia era un asunto relacionado con códigos de honor y gue-rra; algo ritual; nada alimenticio y, en todo caso, menos perverso que las perse-cuciones religiosas contra los protestantes en Europa (ver Cap. II §4). Para Léry el apetito comercial es inversamente proporcional al salvajismo y la voracidad. No es posible mayor salvajismo que el del caníbal que no quiere "trato o comer-cio", como sucede con los ouetaca:

> estos malvados ouetaca se mantienen *invencibles* en su pequeña región, y además, como perros y lobos, comen carne cruda, y porque su lengua no es entendida ni siquiera por sus vecinos, ellos son considerados entre las más bárbaras, crueles y temibles naciones que pueden ser encontradas en todas las Indias occidentales y la tierra del Brasil. Es más, como ellos no *tienen ni quieren ningún trato o comercio* con los franceses, españoles, portugueses o con cualquiera de nuestro lado del océano, *no conocen nada sobre nuestras mercancías* (Léry 29).

En otras palabras, *hay caníbales de caníbales* o, como elocuentemente dijera un piloto francés citado por Lestringant: "no todos los antropófagos son caníba-les" (48). Los franceses encuentran al caníbal tupinambá en la misma operación

---

[164] Las citas corresponden a la edición que de *Histoire d'un voyage* hizo Janet Whatley.

cognitiva y económica en que reconocen un aliado comercial y militar. La redefinición del tropo del canibalismo es estratégica y referida por asociación al colonizador competidor y enemigo, por una parte, y a la voluntad o reticencia a
comerciar, por otra. El papel de la etnografía –como hasta cierto punto el de los
truchements– era *traduire*; traducir al Otro al comercio atlántico. Como veremos
después, para el momento en que se escriben estos tratados, otro gran factor va
determinar el régimen de representación de la alteridad: los antagonismos religiosos producidos por la Contrarreforma (Cap. II §4).

En el contexto de la expansión del capitalismo mercantilista holandés –que
desafió la hegemonía naval española y portuguesa y alcanzó el norte del Brasil
(1630-1654)[165]– ocurren nuevas variaciones semánticas del tropo del canibalismo. Los tupís que (junto con los caribes) habían sido los caníbales por excelencia durante el siglo XVI, en la "Nieuw Holland" son representados estilizados y
apacibles y felizmente integrados a la vida civilizada, en contraste con los tapuyas (tarairius). La próspera administración de Maurits van Nassau-Siegen
–gobernador y comandante militar del enclave colonial holandés en Pernambuco (1636-1644) y mezcla de sabio humanista y comerciante– promovió el florecimiento de las artes e impulsó la cartografía, la astronomía y los estudios e inven-
tarios sobre la fauna, flora y las poblaciones de la zona. Albert Eckhout
(1610?-1665), uno de los artistas de la Corte de Nassau, es el autor de una serie
de retratos: dos mujeres, una tupí y otra tapuya (tarairiu) (c.1641); y dos hombres, uno tupí y el otro tapuya (c.1643) (*Nationalmuseet*, Copenhague) [il. 17]. La
concepción de ambos trabajos se basa en un contraste étnico: la mujer tupí aparece como una madre semivestida con un niño en brazos y una serie de objetos
como cestos y loza que –junto a la plantación del fondo– presentan a la *india
doméstica*. Lo mismo sucede con el hombre tupí, quien aparece blanqueado y

[165] Desde la revuelta burguesa de los países bajos contra España (1572-1609), Holanda confor-
ma una poderosa armada naval que inflige varias derrotas a la flota española. En 1621, terminada
una tregua de doce años, se crea la *West-Indische Compagnie* que inicia una aventura colonial y la
expansión del capitalismo mercantilista holandés en el norte del Brasil. Salvador, tomada en 1624,
es recuperada por la armada española al año siguiente (España ejerció soberanía sobre Portugal y
sus colonias desde 1580 hasta 1640). Luego, en 1630, los holandeses toman Olinda en Pernambuco
dando lugar a la "Nieuw Holland", colonia que desarrolló simultáneamente el comercio, la especulación financiera y la producción azucarera esclavista y que duró hasta 1654. Después de una época
de prosperidad y crecimiento (1637-1644), la compañía entró en una crisis económica por falta de
inversión, y Pernambuco fue recuperada por los portugueses (después de la liberación de Portugal
en 1540). En la guerra (1645-1654) participaron "revoltosos locales", algunos hacendados e indígenas como Felipe Camarão (quien aparecerá luego en *Iracema* de José de Alencar). La posterior
derrota de los Países bajos por el naciente imperio Inglés (1652-1654) hará a este último heredero
del capitalismo imperialista moderno.

con bigote y peinado europeo. De hecho, el tupí parece un holandés disfrazado de nativo que no sabe muy bien qué hacer con las armas indígenas en sus manos. Por el contrario, en la pareja tapuya (tarairiu) resaltan la monstruosidad y el canibalismo. La mujer carga partes humanas en una cesta. La piel del hombre es muchísimo mas oscura que la del tupí, está desnudo, tiene el rostro perforado y carga un arma para el sacrificio. Teniendo en cuenta que la mayoría de los tapuya fueron aliados de los holandeses contra los portugueses, no deja de ser intrigante su caracterización negativa, la cual es aún más siniestra en las series de Zacharias Wagener (1614-1668) "Omen brasiliano" y "Omen tapuya" (c. 1634-1641) (Wagener, *Thier Buch* en *Brasil Holandês* 2: 162-171) [il. 18], y "Molher brasiliana" y "Molher tapuya"[166] . Una posible explicación es que estas pinturas fueron realizadas en un período de paz[167], cuando la condición de aliados de los tapuyas no era relevante. Durante la llamada "prosperidad Mauritania" (1637-1644) los tapuyas, no civilizados e independientes y fuera del sistema de producción de las haciendas, representaban una verdadera amenaza en el enclave mercantil holandés. Tengamos en cuenta que la colonia había incorporado todas las demás alteridades: los colonos portugueses colaboraban lo mismo que los católicos y los judíos, y los negros servían como esclavos (C.R. Boxer 111-125). Los indios llamados "brasilianos", es decir, aquellos "domesticados" por los portugueses, vivían en aldeas bajo el control político militar europeo (134). Cada sector ocupaba un lugar en la empresa exitosa de la *West-Indische Compagnie* holandesa; todos, salvo los nómadas tapuyas, que sin una guerra activa pasaban de ser aliados temibles a simplemente *temibles*. Tal cual los representó Eckhout.

España también se vio envuelta en "La batalla por el Atlántico". Uno de sus frentes más importantes fue el Caribe. Allí, nuevamente, se da una resemantización del tropo del canibalismo entre las coordenadas del *ius negotiandi* y del nacionalismo religioso inglés. En el último cuarto del siglo xvi, la Corona y los inversionistas ingleses empiezan a entrar en la carrera de la expansión de sus circuitos de comercio en el Nuevo Mundo (Kenneth R. Andrews). En *The Discovery of the Large, Rich, and Beautiful Empire of Guiana with a Relation of the Great and Golden City of Manoa (which the Spaniards Call El Dorado) Performed in the Year 1595*, Walter Raleigh (1552?-1618), buscando El Dorado, asocia claramente el canibalismo al tráfico comercial y a la trata de humanos entre españoles e indígenas:

> los españoles usaban canoas para pasar a la rivera sur del río Orinoco para comprar mujeres y niños a los caníbales, quienes son de tal naturaleza bárbara que por tres o cuatro hachas venderán la progenie de sus hermanos y hermanas, y por algo más

---

[166] Las ilustraciones de Eckhout son una reelaboración de las de Wagener.

[167] La guerra terminó en 1637 con la afirmación del dominio holandés (Boris Fausto 85).

incluso sus propias hijas. Por lo tanto los españoles hacen grandes ganancias comprando un siervo de doce o trece años por unas cuantas hachas y vendiéndolo de nuevo en Margarita en las Indias Occidentales por cincuenta y cien pesos (390).

Nótese que el motivo de escándalo no era que los caníbales comieran carne humana, y no tanto que los caníbales y los españoles hubieran extendido el intercambio a la trata de seres humanos[168], sino la exagerada ganancia obtenida por los españoles en una empresa en la que los caníbales jugaban el papel de proveedores o socios. El caníbal no es propiamente un "enemigo de Dios"[169] ni del Estado, como en los textos de la conquista española. Los caníbales de Raleigh son comerciantes (lo familiar) pero sus negocios están viciados: adolecen de causa ilegítima y son realizados con los españoles, quienes prohibían el intercambio de los nativos con los ingleses. El tropo caníbal no está necesariamente vinculado a la antropofagia sino a otro tipo de voracidad que recuerda la metáfora shakespeareana del prestamista en *The Merchant of Venice* (1600), donde se hace la conexión entre el estereotipo étnico y la condena moral a una práctica capitalista definida por la literalidad de su canibalismo. Shylock es el *voraz judío prestamista*, el acreedor sanguinario, que reemplaza al judío medieval devorador de niños o al sacrílego torturador de la hostia. Análogamente –en una economía maniquea del apetito– en el relato de Raleigh, la búsqueda de utilidad del *Otro* (españoles y caníbales) es opuesta al "sano" y "justo" comercio propio. La segunda edición de *The Principal Navigations, Voyages and Discoveries of the English Nation* (1598-1600) de Richard Hakluyt (que contiene la narración de Raleigh) añade al título de la colección de relatos de la "nación inglesa" la palabra *"traffiques"*. El caníbal es el signo de la distinción moral entre los *traffiques* de los colonizadores establecidos (españoles) y los emergentes (ingleses). Estrictamente hablando, el asunto de quién es caníbal parece ser un problema mercantil; en el caso que nos ocupa, ese problema es que los indios no negocian con los ingleses:

temían que nosotros los comiéramos o los sometiéramos a alguna otra muerte cruel (por cuanto *los españoles*, para evitar que en nuestro paso por Guyana [...los indios] hablaran con nosotros, *persuadieron a todas esas naciones de que nosotros éramos caníba-*

---

[168] Es extraña la demonización inglesa de los españoles, si se tiene en cuenta que el primer viaje inglés de esclavos lo hace John Hawkins secuestrando 300 negros en Sierra Leone en 1562 (165) y para la época en que Raleigh escribía (1595), la trata humana en África se realizaba con la complicidad y ayuda de nativos africanos ("The Voyage Made by Mr. John Hawkins to the Coast of Guinea and the Indies... 1564" en Hakluyt 105-116).

[169] Tomo la expresión del ensayo "Enemies of God: Monsters and the Theology of Conquest" de Palencia-Roth.

les); pero una vez [...] nos vieron y nosotros les dimos carne [...] empezaron a darse cuenta del engaño y propósitos de los españoles, quienes de hecho (según nos confesaron) les quitaban diariamente sus esposas e hijas y las usaban para satisfacer sus propios deseos lujuriosos [...]. Pero yo juro ante la majestad de Dios que no sé [...] de ninguno de nuestra compañía [que] haya con violencia u otros medios conocido a sus mujeres aunque tuvimos ante nuestros ojos cientos, muchas en nuestro poder, y de las más jóvenes y bien agraciadas, que venían hacia nosotros sin decencia y completamente desnudas (386).

Para Raleigh los españoles son además de socios comerciales de los caníbales, ogros concupiscentes y agentes viciosos de un comercio carnal forzado. A la maldad de su voracidad, suman la calumnia contra los castos ingleses llamándoles caníbales para sabotear el comercio de los indios con ellos. Raleigh y sus hombres no vienen por carne humana, sino que ofrecen a los indios carne lícita, y no llegan a saciar sus apetitos carnales, sino que los reprimen con consideraciones morales y caballerosidad incluso frente a la provocación del cuerpo femenino aborigen. Mal pueden quienes controlan así los apetitos de la carne ser antropófagos. Son sólo honestos comerciantes.

La presencia de los ingleses puede ser justificada mediante una serie de negaciones más o menos explícitas frente a sus rivales españoles: los ingleses no realizan tratos comerciales con los caníbales, no hacen esclavos entre los indios mediante tratos leoninos, no calumnian a sus competidores acusándolos de caníbales para impedir el trato comercial (competencia desleal), no tienen comercio carnal forzado ni de ningún tipo con las mujeres arawakas y no sucumben a las pasiones sexuales aun ante la provocación de las nativas.

La semántica del canibalismo en las narrativas de la Conquista –de cualquier conquista– depende en gran parte de la perspectiva y autoridad discursiva de quién escribe la historia. Los nacionalismos modernos europeos y la competencia por los circuitos comerciales en el contexto de la vasta expansión del capitalismo mercantilista redefinen y radicalmente trastornan la frágil estabilidad de la frontera que marca la otredad y señala el "afuera" con el tropo caníbal.

★   ★   ★

Como motivo de la gestación geográfica y especulativa de América (traído del archivo mítico a la Modernidad); como signo ambiguo, idílico y aterrador de lo perdido y de los límites y resistencias del objeto del deseo colonial; como monstruo deseante cuyo apetito reciprocaba el del capitalismo expansivo; como ideologema de la justificación y la crítica de la conquista; como piedra angular del universalismo colonial; como alegoría del cuerpo y el espacio americano; como marca de los límites de la expansión geográfica y la Otredad constitutiva del Sujeto y la mirada eurocéntrica; redefinido por los conflictos europeos por las rutas comerciales; entre modelos de modernidad y de colonialismo en pugna; el caníbal está en el origen, en el trauma y la trama inaugural e identitaria de América. de la *Canibalia*.

CAPÍTULO II
La trampa especular de la diferencia

> Cannibals! Who is not a cannibal?
>
> Herman Melville, *Moby-Dick*
>
> Pertenecemos ciertamente a pueblos civilizados y nos consideramos infinitamente superiores a los caníbales. Pero es fácil demostrar que somos culpables de una antropofagia más horrenda que la de ellos
>
> Sören Kierkegaard, *Diario íntimo*

A mediados de la segunda mitad del siglo XVI, en el declive del optimismo renacentista, el humanista francés Michel Eyquem (1533-1592) –heredero de la visión etnográfica sobre el canibalismo tupinambá que resultó de la aventura francesa en el Brasil– describía un curioso ritual en el que la víctima despreciaba el sacrificio del cual iba a ser objeto:

> Que vengan resueltamente todos cuanto antes, que se reúnan a comer mi carne, y comerán al mismo tiempo la de sus padres y la de sus abuelos, que antaño sirvieron de alimento a mi cuerpo; *estos músculos estas carnes y estas venas son los vuestros*, pobres locos; no reconocéis que la sustancia de los miembros de vuestros antepasados reside todavía en mi cuerpo; *saboreadlos bien, y encontraréis el gusto de vuestra propia carne* (1: 257, 258).

El *desafío* ritual de la víctima había sido reportado antes, aunque de manera un tanto diferente, por Hans Staden (1557), André Thevet (1557), Pero de Magalhães Gândavo (1574) y Jean de Léry (1578), cuyas versiones en líneas generales coinciden entre sí: el prisionero desprecia con valentía el sacrificio, invita a sus captores a comerle y promete la venganza de los suyos[1]. Pero Eyquem –lector

---

[1] Staden cita el desafío del cautivo así: "[C]uando esté muerto, aún tengo muchos amigos que me han de vengar" (216). Según Thevet, a su pregunta, algunos prisioneros "respondieron [...] entre risas y mofas, que sus amigos los vengarían (esos e otros semejantes discursos son dichos en un tono arrogante y lleno de seguridad)" (*Singularidades* 240). Magalhães Gândavo explica: "se o

de Thevet y Léry– modifica el contenido del desafío: el prisionero imaginado por él no promete la venganza futura de sus amigos sino que revela a quienes lo van a comer la fragilidad de la diferencia que él encarna: los amenaza con el reconocimiento de sí mismos en la alteridad. La transformación del material etnográfico subraya la importancia mayúscula que el tema del reconocimiento tenía para Michel de Eyquem, Seigneur de Montaigne.

Las narrativas sobre el caníbal descansan sobre la pretendida autosuficiencia y fijeza de su significado. Sin embargo, la escritura colonial de la otredad es *especular*; más reveladora de la mismidad que del objeto de su conocimiento, dominio y deseo. El rito escriturario produce el *afuera* bárbaro mediante el signo del caníbal; pero al nombrar al Otro propicia encuentros con imágenes propias. La distinción colonial deviene inestable y precaria. El texto colonial construyó al *Otro-caníbal* a imagen y semejanza y en el rito de letras, como en la canción del guerrero cautivo de Montaigne, saboreó su propia esencia; en ese salvaje aterrador con cabeza de perro, cinocéfalo monstruoso, tupí lascivo y glotón, caribe feroz y azteca crudelísimo, había un sabor a la "propia carne". Esta propensión especular dará lugar a notables inversiones semánticas: el canibalismo servirá para fundar e impugnar el mito de la Modernidad y la misión civilizadora europea; será el tropo maestro del colonialismo y del contracolonialismo. El caníbal es el Otro y es el Yo. Acaso por este motivo, pese al volumen de papel escrito por los conquistadores, a la fascinación iconográfica y al interés, debates y controversias académicas, el caníbal no ha sido exorcizado como posibilidad de la esfera del Ego.

El anterior capítulo se ocupó de la fijación discursiva de la *Canibalia* americana; éste hace énfasis en la *inestabilidad* de ese significante cultural y en los discursos que de alguna manera reconocen o encuentran el ego en la imagen construida para la alteridad. Presentaré seis escenarios discursivos en los que ello ocurre: 1) Los *antropófagos europeos* en América pusieron "literalmente" en entredicho el tropo caníbal, indeterminando el aspecto étnico del mismo, distopía a la que se respondió haciendo una clasificación entre el canibalismo salvaje y el

---

padecente he homem animoso, [...] responde-lhe com muita soberba e ousadia que o mate muito embora, porque o mesmo tem elle feito a muitos seus parentes e amigos, porem que lhe lembre que assi como tomam de suas mortes vingança nelle, que assi também os seus o hão de vingar como valentes homens e haverem-se ainda com elle e com todo a sua geraçam daquella mesma maneira" (*História da provincia de Santa Cruz* 63, 64). Según Léry, el "prisionero, más altanero que nunca, responde en su lengua [...]: '*Pa che tan tan aiouca atoupave*'; esto es: 'Si, soy muy valiente, y la verdad maté y comí a muchos". [...] Y estas y otras cosas semejantes [...]. 'Y por esta razón' dice el que enfrente está listo para sacrificarlo 'ahora que estás en nuestro poder, serás muerto por mí, después asado y comido por todos nosotros.' Y tan resuelto a morir por su nación [...] la víctima responde: 'Muy bien. Mis parientes me vengarán'" (123, 125).

canibalismo propio. 2) En la conquista y evangelización de México se advirtieron similitudes entre los ritos católicos y los mexicas (como la supuesta semejanza entre la antropofagia y la eucaristía), lo que dio lugar a numerosos estudios etnográficos de la religión indígena y a dos tesis respecto a la alteridad religiosa: la concepción sincretista y la del *plagio diabólico*. 3) Bartolomé de Las Casas señala la codicia de los conquistadores y encomenderos ávidos de sangre y oro, e intenta el exorcismo de dicho reconocimiento mediante la redefinición evangélica de la razón imperial y la formulación y defensa de los derechos de los indígenas. 4) De la aventura colonial francesa en el Brasil surgirán dos textos que adelgazan metafóricamente el canibalismo: la etnografía de Jean de Léry, que hace una crítica de las guerras religiosas y de la eucaristía católica, y el famoso ensayo de Michel de Montaigne que, sin una experiencia directa del Nuevo Mundo, hace del caníbal el motivo para una crítica de su propia sociedad. 5) Pasado el momento de las grandes conquistas y exploraciones españolas en América, la poesía épica imperial procedió de manera ambigua al encomio del caníbal, aunque mantuvo las marcas de su alteridad (i.e. antropofagia, idolatría). Lo épico tiene una exigua continuidad en el teatro Barroco español, pero la *Canibalia* –como espacio simbólico de lo americano– sigue funcionando; por ejemplo, subsiste la asociación semántica y alegórica entre el Nuevo Mundo y una voraz feminidad siniestra. 6) A finales del siglo XVII algunos letrados novohispanos como sor Juana Inés de la Cruz y Carlos de Sigüenza y Góngora, que acaso expresaban la emergencia de una *conciencia criolla*, construyen versiones ahistóricas de la alteridad, en las que el caníbal mexica es traducido alegóricamente en el universalismo católico e imperial.

1. CANÍBALES EUROPEOS

Canibalismo, de acuerdo con la *Encyclopædia Británica*, es la práctica de "comer carne humana". El término –continúa la entrada– se deriva de la palabra en español *caríbales o caníbales*, usada para los caribes, "a West Indies tribe *well known* for their practice of cannibalism" [una tribu de las Indias occidentales *bien conocida* por su práctica del canibalismo]; la observación sobre la etimología de la palabra conecta el *"qué es"* con el *"quién es"*. El texto continúa con el *"dónde"*:

> Though many early accounts of cannibalism probably were exaggerated or in error, *the practice prevailed until modern times* in parts of West and Central Africa, Melanesia (especially Fiji), New Guinea, Australia, among the Maoris of New Zealand, in some of the islands of Polynesia, among tribes of Sumatra, and in various tribes of North and South America [...]. In any case, the *spread of modernization* usually results in the prohibition of such practices (*Encyclopædia Britannica*).

La entrada define tautológicamente a los caribes como caníbales y viceversa, asume que se trata de "una tribu de las *Indias occidentales*", da por sentado como hecho notorio y cierto que practicaban la antropofagia ("well known for"), y –como los mapas del siglo XVI– formula una cartografía más o menos vaga de las *canibalias* de la Modernidad: los caníbales se hallan "en partes", "en algunas islas", "entre tribus", "en varias tribus". Lo liminar de esos "ciertos lugares" anticipa el "hecho" de que estén poblados de caníbales, al tiempo que el signo del caníbal ubica estos espacios en el margen respecto del "aquí" y el "ahora" de la vida moderna. La tautología es la operación predilecta del discurso colonial.

El cartógrafo del siglo XVI y el sujeto que define al caníbal se dan cita: la *Encyclopædia Britannica* –como el "Atlas" de Johannes Schöner (1520) [il. 11]– señala sus "Insule Canibalor", islas "Caníbales" y su "Canibalor terra" y –como los mapas de la *Canibalia*– cubre los rastros de las condiciones materiales e históricas que hicieron y hacen posible tal mirada o definición. La breve y lacónica observación que asocia la "expansión de la modernización" con la prohibición del canibalismo suscribe la misión civilizadora colonial y cuatro siglos de *razón imperial* moderna. La expresión "the spread of modernization" es, claro, un eufemismo para el colonialismo y la expansión del capitalismo; de hecho, la entrada señala en otra parte que los Batak de Sumatra *were reported to have sold human flesh in the markets before they came under full control by the Dutch*". En otras palabras, los Batak fueron invadidos y colonizados, y dejaron de vender carne humana junto con las verduras en el mercado.

La recurrente pregunta ¿Quién es caníbal? hecha por la Corona española durante el siglo XVI fue legada al colonialismo francés, holandés e inglés, a la antropología decimonónica y contemporánea y, por supuesto, a los editores de la *Encyclopædia Britannica*. La respuesta de éstos últimos no es mejor que la del rey católico Fernando en 1505, quien "aclaraba" que caníbales "son los que se dicen caníbales que son los de las islas de San Bernardo e Isla Fuerte y en los puertos de Cartagena" (*Doc. In.* V: 110-113). Cuatrocientos años no cambiaron mayormente la definición: caníbales son aquellos llamados caníbales que están aquí y acullá.

El valor de la definición, como el del mapa, no depende de su pretendida correspondencia con el mundo, sino de la autoridad de la enunciación, asunto que apunta hacia otras cuestiones veladas por los eufemismos de la *Encyclopædia*: ¿quién tiene la autoridad de narrar al caníbal? ¿De qué prácticas deriva dicha autoridad? Y sobre todo, ¿qué consecuencias trae ello para quienes son así definidos? La pregunta de quién se come a quién en la Modernidad ha sido histórica e invariablemente hecha desde la autoridad militar, epistemológica y académica de decir y decidir quién es caníbal. Pero lo que me interesa resaltar es que, de manera aún más recóndita, esa autoridad está fundada en el presupuesto implícito y reconfortante de que quien hace la pregunta no es caníbal. Una de las más interesantes consecuencias del relativismo cultural con que se ha estudiado el canibalismo en los últimos años es el "descubrimiento" de que el caníbal no se nombra a sí mismo ni tiene conciencia de sí. En otras palabras, *caníbal* es una etiqueta del lenguaje de los otros para una particular práctica cultural que puede variar de la ingestión de un poco de ceniza de los huesos de un difunto durante ceremonias funerarias, o el sacrifico ritual bélico, hasta una transfusión de sangre o la explotación capitalista de la fuerza de trabajo. El caníbal, entonces, no sabe que lo es y por lo tanto, el explorador, misionero o antropólogo, o quien escribe estas líneas, pueden ser caníbales si se les mira desde un lugar-otro, externo a la colonialidad. Si se descentra la óptica colonial son muy posibles los caníbales modernos que la enciclopedia niega: el conquistador, el etnógrafo, el capitalista. Si la vida moderna no aparece habitada por antropófagos es porque las definiciones de canibalismo que maneja la Modernidad son hechas sobre la tranquilidad del presupuesto nombrado. Pero el "hombre blanco" puede ser para ciertos grupos indígenas tan caníbal como los caribes para la *Encyclopædia Británica*[2]. Recordemos que las historias sobre el canibalismo del dominador son frecuentes en los territorios colonizados y que desde el punto de vista de los derrotados, o en la *tradición de los oprimidos* –para usar la expresión de Walter Benjamin (*Illuminations* 257)– los conquistadores aparecen como bestias hambrientas: a Colón lo creyeron caníbal según él mismo cuenta (62), y en México, los indígenas definieron a los conquistadores con el tropo de la voracidad: "tienen *hambre furiosa* [...] Como unos puercos *hambrientos* ansían el oro" (León Portilla, *Visión* 88). El colonialismo es una forma de canibalismo. Pero aquí me refiero no a la mirada perturbadora del *Otro* que me acusa, sino al encuentro más material posible con el *Yo caníbal*.

Desde los primeros años de la Conquista, los europeos se enfrentaron, no sin escándalo, a repetidos casos de canibalismo de sus coterráneos. No se trataba de las metáforas humanistas de la sed de sangre y oro o del tropo bíblico de los lobos hambrientos entre ovejas –con que los dominicos y Las Casas habían criticado el aprovechamiento del *Otro*, de su vida y fuerzas por el conquistador– sino de eventos en los cuales el europeo se lanzaba a la "literalidad" del canibalismo, desestabilizando la definición étnica del dicho signo. El tropo del canibalismo fue uno de los más importantes recursos del discurso racial de la conquista del Nuevo Mundo; la presencia de un caníbal en el orden del *"nosotros"* quebraba la diferencia entre el *ego conquiro* y la alteridad. El estudio de Howard Malchow sobre imágenes góticas en el siglo XIX señala que el imperio inglés resolvió parcialmente el

---

[2] Véase por ejemplo *Un rico caníbal* (1975) de Jean Mood o *Darkness of EL Dorado* (2000) de Patrick Tierney.

dilema del "caníbal blanco" localizándolo en el margen social, junto con la locura, el crimen, los marineros antisociales y las mujeres histéricas (6). Similar resolución puede hacerse extensiva –al menos parcialmente– al imperio español del XVI. Veamos algunos casos y las estrategias de los relatos para resolver la inestabilidad semántica que provocó la coincidencia del *caníbal* y el *ego*.

Los caníbales españoles aparecen generalmente en las que Beatriz Pastor llama *narrativas del fracaso* (1984), relatos sobre desastres coloniales, en los que el *ego conquiro* colapsa. Ulrico Schmidel (o Ulrich Schmidel) (1510?-1579?) –mercenario alemán que participó en la malograda expedición de Pedro de Mendoza al Río de la Plata (1535, 1536)– escribió a su regreso un relato de las desventuras del viaje, que fue publicado por primera vez en 1567[3]. Desde el momento del desembarco, la malograda expedición aparece a los ojos de un soldado raso como Schmidel como un itinerario de hambre y de penurias. Los indios *querandís* inicialmente comparten con los recién llegados su comida hasta que se niegan a hacerlo más y Mendoza envía una expedición contra ellos (22-24). Las provisiones se acaban y comienza una hambruna insoportable entre la tropa: "la gente no tenía que comer y se moría de hambre [...] Fue tal la pena y el desastre del hambre que no bastaron ni ratas ni ratones, víboras y otras sabandijas; hasta zapatos y cueros, todo tuvo que ser comido" (27). Entonces, "Sucedió que tres *españoles* robaron un caballo y se lo comieron a escondidas" por lo que fueron colgados y luego "otros españoles cortaron los muslos y otros pedazos del cuerpo de los ahorcados, se los llevaron a sus casas y allí los comieron. También ocurrió entonces que un español se comió a su propio hermano que había muerto [...] en la referida ciudad de Buenos Aires" (27, 28). Schmidel no se extiende en defender la legitimidad del canibalismo famélico probablemente debido a que el contexto es elocuente *per se*: el hambre (y no el elusivo oro) todo lo puede. De Bry, en el grabado del primer evento (cuidadoso en detalles como la vestimenta de los soldados para la identificación de la nacionalidad de los caníbales) presenta en secuencia el robo, la muerte y la cena del caballo, el cercenamiento de los ahorcados en el cadalso y, en una tienda de campaña, la comilona alrededor de un caldero en el que flota un pie (edición de 1597) [il. 19].

El otro caso (el de los hermanos de Buenos Aires) seguía asediando los versos de Martín del Barco Centenera más de medio siglo después:

> Un hecho horrendo, digo lastimoso,
> aquí sucede: estaban dos hermanos;
> de hambre el uno muere, y el rabioso

[3] El libro tuvo una segunda y más conocida edición ilustrada por Teodoro De Bry en 1597 (*América de Bry* 248-253). En las páginas 248 a la 253 de *América de Bry*, puede verse esas ilustraciones.

que vivo está, le saca los livianos
y bufes y asadura, y muy gozoso
los cuece en una olla por sus manos
y cómelos; y el cuerpo se comiera,
si la muerte del muerto se encubriera (*La Argentina* 52).

Centenera se corrige en el mismo verso desplazando el canibalismo español del terreno del horror al de la lástima y la conmiseración: "Un hecho *horrendo, digo lastimoso*".

Naufragios (1542, 1555) de Álvar Núñez Cabeza de Vaca (1490-1560) es otro texto sobre un "desastre" colonial: la expedición de Pánfilo de Narváez a la Florida en 1528, de la cual el autor fue sobreviviente. Por medio de diversas estrategias retóricas, Cabeza de Vaca se erige en este texto como protagonista de un relato heroico trágico que compensa el "naufragio" del *ego conquiro*. Como otras "narrativas del fracaso", *Naufragios* presenta un cuadro de urgencias primarias en el que el aparato cultural y civilizador naufraga en el hambre, la desorientación y las riñas. *Naufragios* –a diferencia de otras relaciones de la época– no menciona casos de antropofagia indígena (salvo uno de canibalismo funerario). Si en algún momento algunos hombres de la expedición –veteranos de la conquista de la Nueva España– temen ser sacrificados por los indios, la ayuda generosa de éstos los disuade de su error (73). En contraste, Cabeza de Vaca relata cómo cinco náufragos españoles en peligro de inanición "llegaron a tal extremo, que se comieron los unos a los otros, hasta que quedó uno sólo, que por ser solo no hubo quien lo comiese" (ante el escándalo de los indios) (75). Más adelante refiere la suerte del grupo de Narváez después de la muerte de éste: un español llamado Sotomayor mató a su jefe y se lo comió. Se llegó al extremo que a "los que morían, los otros los hacían tasajos; y el último que murió fue Sotomayor, y Esquivel lo hizo tasajos, y comiendo de él se sostuvo hasta [...] que un indio [...] vino a ver si eran muertos, y llevó a Esquivel consigo" (86, 87). Hernando de Esquivel, el caníbal, cuenta la historia.

La de Cabeza de Vaca es una de las más extraordinarias narraciones de "identidad en tránsito" por la alteridad y "en riesgo" de disolverse en ella, pero sostenida por el *telos* del regreso, a diferencia de lo que le ocurre a Esquivel[4]. Bartra anota que el texto diferencia entre, por un lado, la disolución del *pacto social* entre los *españoles caníbales*; y por otro, su mantenimiento entre Cabeza de Vaca y sus compañeros (*El salvaje artificial* 104), que así logran sobrevivir y recorrer el largo camino hacia la Nueva España. Las opiniones de Cabeza de Vaca sobre la

---

[4] El canibalismo es para Esquivel el camino del no retorno, como bien lo interpreta la escena de su confesión en la película *Cabeza de Vaca* (1991) de Nicolás Echevarría y Guillermo Sheridan.

esclavitud de los indios y las conquistas (130-132) son transformadas –como él mismo– por la experiencia (y acaso por el lascasianismo que las informa a posteriori en el momento de su escritura); pero no olvidemos que su travesía es el paso de la *peripeteia* (mala fortuna, accidente) a la *anagnórisis* (o reconocimiento) del *ego conquiro*; el "retorno" obstinado a la identidad después del naufragio; un regreso escriturario y sospechoso: Cabeza de Vaca, conquistador en medio del fracaso, come caballos (51-54) y hasta perros (coyotes) (101), pero no es un caníbal... o, en todo caso, no lo confiesa[5]. Tampoco lo niega. Las Casas, sin mucha simpatía, duda: "puesto que yo no supe si él [Cabeza de Vaca] comió también de la carne humana" (*Apologética* 2: 354).

Los indios caníbales que faltan en *Naufragios* aparecerán en *Comentarios* (1555), "meticulosa apología" exculpatoria –como la ha llamado Pupo-Walker– escrita por Pero Hernández bajo la dirección de Cabeza de Vaca. *Comentarios* explica los pormenores de su deslucida gestión en el Río de la Plata (1542-1545), a donde había sido enviado como "Gobernador, Adelantado y Capitán general" después del desastre de la expedición de Mendoza. En *Comentarios*, Cabeza de Vaca es de nuevo conquistador y buscador de oro y plata, y puede narrar al caníbal americano en un capítulo titulado: "De cómo matan a sus enemigos que captivan, y se los comen" (182-184). Sin embargo, el texto no está escrito contra los indios (es en muchos aspectos lascasiano), sino contra los españoles sublevados que, bajo el liderazgo del "usurpador" Domingo Martínez de Irala, terminaron por ponerlo preso y deportarlo a España (1545). El canibalismo es usado estratégicamente como tropo de alteridad por asociación:

> Para valerse los oficiales y Domingo de Irala con los indios naturales de la tierra, les dieron *licencia para que matasen y comiesen* a los indios enemigos dellos [...] y díjeronles más, que el gobernador [Cabeza de Vaca] era malo, y que por ello *no les consentía matar y comer* a sus enemigos, y que por esta causa le tenían preso (297).

Que los españoles permitieran el canibalismo de sus aliados sería señalado incluso por un poeta épico como Juan de Castellanos[6]; lo que resulta singular, es el posicionamiento de Cabeza de Vaca mediante el tropo del caníbal: los alzados

---

[5] En la novela de Abel Posse ese regreso no es completo; tuvo mujer y familia; dice que no participó en el canibalismo pero, como quienes participan no recuerdan las orgías en las que se consume carne humana, la categórica aseveración del cautivo es problemática (*El largo atardecer del caminante* 1992).

[6] "Gente de quien la nuestra se servía / [...] / Amigos por la mucha cercanía, / Mas en voluntad falsos protervos: / Los cuales a la carne que yacía / Acudieron como voraces cuervos" (Juan de Castellanos 481).

españoles se alían a los caníbales y desafían al gobernador legítimo (en tercera persona) que prohíbe la antropofagia.

Tanto Schmidel como Cabeza de Vaca están en los límites geográficos y simbólicos del imperio; en un espacio de representación donde los intercambios entre la alteridad y la mismidad son intensos y la frontera entre la una y la otra se desdibuja. A esta liminalidad se suma el incómodo encuentro con el canibalismo dentro del propio sistema cultural. La tibieza o falta de juicio moral de Schmidel y de Cabeza de Vaca sobre sus compañeros caníbales indicaría por lo menos una justificación tácita (catástrofe, hambre, supervivencia). Por el contrario, Gonzalo Fernández de Oviedo, que no vivió la experiencia límite del hambre, tiene frente al canibalismo famélico una distancia que le permite el lujo de la reflexión moral. En su *Historia general y natural de las Indias*, Oviedo refiere varios casos de canibalismo europeo que, en términos generales, condena y asocia al *apetito de riqueza*: el canibalismo aparece como el último de los pecados en una creciente escala de avidez inmoral. El piloto Juan de La Cosa, corto de provisiones en su correría en procura de esclavos y saqueo de poblados, llega a un lugar llamado Zamba, donde:

> algunos destos cristianos, viéndose en extraña hambre, mataron un indio que tomaron e asaron [...] e le comieron; e pusieron a cocer mucha parte del indio en una grande olla, para llevar que comer en el batel donde iban [...]. Y como Juan de la Cosa lo supo, derramoles la olla que estaba en el fuego a cocer aquella carne humana, e riñó con los que [a]tendían [...] este guisado, afeándoselo (Oviedo 3: 133, 134).

Oviedo condena al conquistador que no sólo derrama sangre humana, sino que "como lobo se la bebe y come de la carne", y señala con beneplácito que en el caso de Juan de la Cosa y de sus hombres esos pecados no se quedaron sin castigo (3: 134-139).

También cuenta el famoso caso de un grupo que el gobernador Ambrosio de Alfinger puso bajo el mando de Iñigo de Vascuña, y que despachó hacia Coro con un cargamento de oro para conseguir municiones, armas y caballos (3: 21-23). La tropa se perdió en la selva de Maracaibo. Una segunda expedición encuentra al sobreviviente Francisco Martín, desnudo y "hecho indio", quien relata lo que le aconteció a la expedición. Como en el caso de Cabeza de Vaca, el grupo se dividió dejando atrás a Vascuña junto con tres soldados que, por estar enfermos como él, detenían la marcha (3: 25). Cuando algunos regresaron por lumbre a donde habían dejado a Vascuña, encontraron a un escopetero abriendo un indio "para se lo comer" (26). El grupo disidente, espantado, se aleja de Vascuña y sus compañeros; sin embargo, muy pronto ellos mismos amenazados por la inanición deciden comerse a unos indios amistosos que encuentran (y que prometían ayudarles): "E como los indios vieron que echaban mano dellos, e los cristianos estaban flacos e sin fuerzas, escapáronseles los seis e tomaron el uno [...] e le mataron e le repartieron entre todos, y hecho fuego, le comieron [...] e asaron de aquella carne lo que les quedaba para el camino" (3: 27). Oviedo no puede explicar de manera satisfactoria estos actos de canibalismo, y ofrece consecutivamente dos razones contradictorias: la primera es que se trata de la obra del demonio: "Yo no puedo creer sino que entre estos pecadores andaba el diablo, o algunos de estos hombres [no] era otro mismo [que] Satanás" (3: 27); la segunda, es que enloquecieron por sus pecados, como castigo de Dios: "lo que hicieron, no se puede atribuir sino a que sus pecados los tenían privados del entendimiento y que los quería Dios castigar" (3: 27). El tropo caníbal escinde la identidad del colonizador: Vascuña y su banda de antropófagos no son "de los nuestros"; son del diablo. El caníbal español es un *Otro*, aliado de Satanás, loco o simplemente pecador; ya no son españoles sino "caribes nuevos" como los llamara Juan de Castellanos en su *Elegías de varones ilustres de Indias* (1589-1601).

Oviedo expone otro caso de "ciertos malos cristianos [de la expedición del gobernador de Veragua, Felipe Gutiérrez que] con hambre comieron un indio, e mataron dos españoles cristianos, e se los comieron asimesmo" (3: 194, 195). El cronista presenta los hechos con la misma imagen de rapiña sangrienta, ambición, y rapacidad que usara para describir los sacrificios humanos de los Panches (3: 126); pero esta vez, contra sus pares:

> ¡Oh mal aventurados hombres! Pues que os disponéis a buscar oro que es la verdadera soga e lazo que a tantos lleva al infierno, no lo hagáis con tan deshonestos y feos atrevimientos, que [...] perdéis el ser de hombres racionales y os convertís en animales brutos y fieros, *bestias rapaces e tigres hambrientos y tragadores de sangre humana* (3: 196).

Los antropófagos europeos en América pusieron "literalmente" en entredicho el aspecto étnico del tropo colonial del caníbal. La imagen de hombres portadores de una misión civilizadora comiendo carne humana fue sin duda perturbadora. El número de los relatos e ilustraciones nos indica que hubo un esfuerzo discursivo para distinguir moralmente la antropofagia europea de la aborigen haciendo una clasificación –no siempre exitosa– entre el canibalismo salvaje y el canibalismo propio y tratando de mantener la razón civilizadora. Inclusive Oviedo cede un poco respecto a su reproche, e insinúa que hay una diferencia entre quienes comen carne humana por "extremada hambre" y los viciosos que lo hacen por "mala costumbre". Un principio de justificación reemplaza a Satanás con el hambre, y reconoce que "la necesidad es muy poderosa cosa, e con gran dificultad se puede comportar" y que como "dice el filósofo [...] es trabajo vencer las pasiones naturales" (196, 197). Adviértase que esa necesidad poderosa de la que habla Oviedo ocurre en el contexto de una empresa colonial. Algunas noticias de canibalismo de los conquistadores quiebran este esquema maniqueo que condena o justifica el canibalismo según sea propio o ajeno, o que se distancia de los españoles caníbales mediante referencias al demonio o la locura. Un grupo de "soldados" de Sebastián de Belalcazar, conquistador del sur occidente de Colombia y del Ecuador, sale a buscar sustento en los otros y ciertamente lo logra:

> Y saliendo veinte y cinco o treinta soldados, fueron a renchar[7], o, *por decirlo más claro, a robar lo que pudiesen hallar*; y [...] dieron en cierta gente que estaba huida por no ser vistos ni presos de nosotros, a donde hallaron una olla grande llena de carne cocida; y tanta hambre llevaban, que no miraron mas que en comer creyendo que la carne era de unos que llaman curíes, [...] mas que estaban todos bien hartos, un cristiano sacó de la olla una mano con sus dedos y uñas; [...] vieron después pedazos de pies [...] dándoles gran asco [...] *más a la fin se pasó*, y volvieron hartos, al real de donde primero habían salido muertos de hambre (Cieza de León 116).

El yerro, y en últimas el hambre, descubre la materialidad del apetito del conquistador. Entre *renchar*, comer la comida del *Otro* y al *Otro*, existe un *iter* de reconocimiento; del asco a la hartura.

Volvamos una vez más a la *Encyclopædia Britannica*: el caníbal es quien come carne humana y hace parte de una tribu salvaje en las "West Indies", en "otras partes" o "en algunas islas" en las que la "expansión de la modernización" no ha erradicado dicha práctica en virtud del "full control" (colonial, se entiende) de los holandeses (o de cualquier otro portador de la civilización). En la vida moderna, el canibalismo no ocurre... es decir, *casi* no ocurre:

> In *modern society* cannibalism does *occasionally* occur as the result of *extreme physical necessity in isolated surroundings*; the case of the Donner party crossing into California in 1846-47 is such an instance [En la sociedad moderna el canibalismo ocurre esporádicamente como resultado de la necesidad física extrema, en lugares aislados; el caso del grupo de Donner, cruzando hacia California en 1846 es uno de esos casos] ("cannibalism" *Encyclopædia Britannica*).

La definición supone implícitamente que quien hace y responde a la pregunta "¿quién se come a quién?" no es caníbal. Pero así sea "ocasionalmente" el canibalismo ocurre en la "sociedad moderna". Entonces, se lo justifica: es resultado

---

[7] Corrijo la palabra *renchat* que aparece en el texto de Oviedo. Corominas explica el uso eufemístico de *renchar* (en lugar de *robar*) entre la soldadesca del los siglos XVI y XVII (*Diccionario crítico etimológico*).

de "condiciones físicas extremas" (el hambre) y de la pérdida del principio de sociabilidad[8]. El ejemplo que ofrece la *Encyclopædia* es el evento conocido como "The Donner Party": un grupo de familias colonizadoras de Illinois lideradas por George Donner y su grupo que, atrapados sin comida por el invierno en su ruta a California, acudieron al canibalismo (1846-1847). Hay muchos otros casos como éste, unos más famosos que otros y algunos incluso románticamente idealizados, como sucede en el cuadro del naufragio de la fragata "La Méduse" (1816), pintado por Théodore Géricault (*Louvre* 1818-1819). Peter J. Kitson señala que en el contexto de los imperialismos del siglo XIX el canibalismo de sobrevivencia o "'canibalismo blanco' no era un tema exótico y discutido a escondidas, sino de hecho, 'una práctica social aceptada' entre marineros [...] respuesta a circunstancias extremas". Comer carne humana estaba "bien, o al menos era permisible pero sólo si ese consumo se adecuaba a ciertas prácticas discursivas". El *caníbal blanco* no era un salvaje, ni un colonizador en problemas, sino un héroe en medio de una tragedia. "La Méduse" llevaba soldados y colonos franceses a Senegal. Los sobrevivientes terminaron enfrentados bajo la ley del *sálvese quien pueda* y, después de una batalla entre ellos y de ejecutar a los heridos y enfermos, acabaron acudiendo al canibalismo. En su cuadro, Géricault eliminó el contexto imperialista, el egoísmo y el colapso del "pacto social" e inmortalizó la "tragedia humana" de los colonizadores. No es gratuito que el evento Donner ocurra también en medio de una aventura colonial (la expansión territorial de los Estados unidos sobre el Oeste), ni que fuera imaginado como una gesta, ni que la *Encyclopædia* lo cite como uno de esos *infortunados* pero *entendibles* casos en los que la vida moderna produce "accidentalmente" sus caníbales.

No quiero negar que ocurrieran circunstancias extremas en los casos de la expedición de Pánfilo de Narváez, o la de Mendoza, o de los náufragos de "La Méduse", o del grupo Donner y tantísimos otros cuya mención desbordaría estas páginas, sino que la justificación del canibalismo de supervivencia o "blanco" o la calificación de éste como excepcional (criminal, diabólico, etc.) borra su historicidad: elude el hecho de que los casos de "necesidad física extrema" ocurrieron en el contexto de empresas coloniales (de canibalismo colonial) más trágicas que la historia de supervivencia de los conquistadores, náufragos y colonos. Por otra parte, esas representaciones del *canibalismo blanco* mantienen una clasificación moral entre el canibalismo "nuestro" (moderno) y el de los *Otros* o, lo que es lo mismo, entre la civilización del *aquí* y el *ahora*, y el salvajismo de "otras partes", "islas" y tiempos.

---

[8] Casos como el del asesino en serie Jeffrey Dahmer (que no aparece en la *Encyclopædia*) son explicados como anomalías (posesiones demoníacas, locura, criminalidad).

2. El *PLAGIO DIABÓLICO:* PARADOJAS DEL HORROR COLONIAL

> Mandamos que se defienda, notifique y amoneste a todos
> los naturales de las nuestras Indias, que no *tengan ydolos donde*
> *sacrifiquen criaturas humanas ni coman carne humana* ni hagan
> otras abominaciones *contra nuestra santa fe cathóica* (Carlos V,
> 23 de julio de 1523, *Recopilación 76*).

Sacrificio azteca es casi un pleonasmo; un pleonasmo que la historia acuñó y que
entraña una profunda ironía. Los llamados aztecas (mexicas) –que fueron casi
borrados de la faz de la tierra, que perecieron por cientos de miles durante la
Conquista y en las plagas que junto con el cristianismo les trajo la civilización,
cuya ciudad sagrada Tenochtitlán deslumbrara por su magnificencia y belleza a
los propios conquistadores que la saquearon y destruyeron– pasaron al imaginario histórico moderno como la cultura de los sacrificios humanos y el canibalismo fastuoso[9]. Puede decirse que desde un primer momento los sacrificios de
sangre y el canibalismo ocupan un lugar fundamental en el imaginario colonial
de México. Incluso antes de la llegada a la capital del Estado mexica, en la "Carta
de justicia y regimiento" de 1519, se habla ya de la "horrible y abominable" costumbre de los sacrificios indígenas de "niñas y niños y aún hombres y mujeres de
mayor edad" que "abren vivos por los pechos y les sacan el corazón y las entrañas" en frente de los ídolos (22). El mapa de la ciudad de Tenochtitlán que Cortés
envió a Carlos V resalta el sacrificio en el centro de la ciudad conquistada [il. 8].
Estos sacrificios, que los conquistadores encuentran a cada paso hasta su llegada
a Tenochtitlán serán alegados como causa de *guerra justa* años más tarde por
Vitoria para hablar del deber imperial de defensa del inocente, y por Sepúlveda
para probar el salvajismo e inferioridad natural de los indios (Cap. I §4). El propio
Cortés establece como una de las primeras justificaciones de su actividad conquistadora la alianza con los indígenas de Cempoal que se declaran según dice
"vasallos de vuestra majestad y mis amigos, y que me rogaban que los defendiese

---

[9] La centralidad, importancia y ocurrencia de los sacrificios humanos y el consumo ritual de
carne humana en la cultura mexica están corroboradas por un enorme cúmulo de evidencia documental y arqueológica (Christian Duverger, Yolotl González-Torres). W. Arens, sin embargo, sostiene que, aunque hubo sacrificios, el canibalismo era mayormente simbólico y sublimado en
ofrendas sustitutivas, que las historias de canibalismo recogidas por los frailes fueron referidas por
informantes que no habían sido testigos ni partícipes en dichos banquetes y que, probablemente,
expresaban tensiones entre las clases bajas oprimidas y las elites políticas y militares opresoras
"aztecas" (*The Man-eating Myth* 67-69). Como se dijo antes (Intro.) nos interesa más el cuestionamiento disciplinario de Arens sobre la función del canibalismo en los discursos coloniales (y antropológicos) que la eventual cuestión de la verdad histórica.

de aquel grande señor que los tenía por fuerza y tiranía, y que les tomaba sus hijos para los matar y sacrificar a sus ídolos" ("Segunda carta" 32). En el mismo sentido dice Bernal Díaz que Cortés explicó a los embajadores de Moctezuma que Carlos V lo enviaba "a mandar a ese vuestro gran Moctezuma que no sacrifique ni mate ningunos indios [...] y a todos los más caciques que aquí estáis que dejéis vuestros sacrificios que no comáis carnes de vuestros prójimos, ni hagáis sodomías, ni las cosas feas que soléis hacer, porque así lo manda nuestro señor Dios" (103, 104). Más adelante Cortés reitera este designio colonial en la forma de una orden a los sacerdotes en Cholula poco antes de la masacre: "mandó a los caciques y capitanes y papas de aquella ciudad que no tuviesen más indios de aquella manera ni comiesen carne humana" (Bernal Díaz 147).

Es conocido el camino zigzagueante, de alianzas estratégicas, masacres y "terror útil", como decía Sepúlveda (73), que lleva a Cortés a la ciudad de Tenochtitlán, y a ese festival lingüístico del fetichismo de la mercancía que es la descripción cortesiana del mercado de la Plaza Mayor, en la cual, la anáfora del "hay" y del "venden"[10] (62-64) da paso a la descripción abyecta de las "mezquitas" en donde se celebran los sacrificios. Junto con la vista panorámica de la ciudad, en el templo de Huitzilopochtli se ofrecen a los ojos de Cortés y sus hombre rastros sanguinolentos; ingresan a los aposentos internos y malolientes del culto; las paredes están llenas de sangre y hay montones de corazones frescos del sacrificio de ese día (Bernal Díaz 171-174). Cortés "hace limpiar" la sangre y entrona una imagen de la virgen para reemplazar al ídolo (Cortés 64). La escena se repite en el templo de Tlaloc. Cortés escribe que predica contra el sacrificio con tanto éxito que Moctezuma se convence y "de ahí en adelante se apartaron de ello" (65). Bernal recuerda que este evento fue más conflictivo: ante la protesta de Cortés y su intención de erigir una cruz en ese lugar, Moctezuma defendiendo a sus dioses replicó "medio enojado [...que] si tal deshonor como has dicho creyera que habías de decir, no te mostrara mis dioses. Estos tenemos por muy buenos, y ellos nos dan salud y aguas y buenas sementeras y temporales y victorias cuantas queremos" (Bernal Díaz 175). Para Moctezuma la religión mexica sostenía la prosperidad del Estado y otorgaba victorias. El *tlatoani* y el

---

[10] "[H]ay todos los géneros de mercaderías que en todas las tierras se hallan, así de mantenimientos como de vituallas, joyas de oro y plata, de plomo, de latón, de cobre, de estaño, de piedras, de huesos, de conchas, de caracoles y de plumas. Véndese cal, piedra labrada y por labrar, adobes, ladrillos, madera labrada y por labrar de diversas maneras. Hay calle de caza donde venden todos los linajes de aves que hay en la tierra, así como gallinas, perdices, codornices, lavancos, dorales, zarcetas, tórtolas, palomas, pajaritos en cañuela, papagayos, búharos, águilas, halcones, gavilanes y cernícalos; y de algunas de estas aves de rapiña, venden los cueros con su pluma y cabezas y pico y uñas" ...y un largo etcétera (Cortés 63).

capitán, de una extraña manera, coinciden: ambos alegan el favor de los dioses en la guerra[11] y tienen un discurso religioso en torno al sacrificio y la antropofagia. Justamente, después de que Cortés anota que no hubo más sacrificios (mientras estuvo en la ciudad), añade un comentario etnográfico sobre los mismos:

> Los bultos y cuerpos de los ídolos en quien estas gentes creen son de muy mayores estaturas que el cuerpo de un gran hombre. Son hechos de masa de todas las semillas y legumbres que ellos comen, molidas y mezcladas con sangre de corazones de los cuerpos humanos, los cuales abren por los pechos, vivos, y les sacan el corazón y de aquella sangre que sale de él, amasan aquella harina (65).

Los sacrificios humanos y la antropofagia mexica zanjaron rápidamente el problema de la autoridad civilizadora y la justicia de la Conquista; fueron el *casus belli* cortesiano. Pero, al mismo tiempo, este *ritus anthropofagicus* parece asociado casi siempre a una suerte de teofagia sangrienta[12]. Y es precisamente el reconocimiento de esta *religiosidad* lo que hará que las etnografías sobre los mexicas se planteen el canibalismo como un problema teológico[13].

Los primeros años de la evangelización en la Nueva España fueron de euforia y optimismo. Los franciscanos imaginaban la refundación utópica de la cris-

---

[11] Pastor estudia el alegato providencialista de las cartas de Cortés (144); ver también Cesareo (capítulo 3).

[12] Si bien el canibalismo mexica fue ritual, existen reportes de otras formas de antropofagia. En ocasiones, Bernal Díaz, por ejemplo, se refiere a la práctica de canibalismo alimenticio: "y cada día [en Cingapacinga] sacrificaban delante de nosotros tres o cuatro o cinco indios, y los corazones ofrecían a sus ídolos, y cortábanles las piernas y los brazos y muslos, y lo comían como vaca que se traen de las carnecerías en nuestra tierra, y aun tengo creído que lo vendían por menudo en los tianguez, que son mercados" (87). Cortés también menciona festines de este tipo entre los tlaxcaltecas aliados (154). En otra célebre ocasión, el sacrificio de soldados españoles parece estar vinculado a la venganza guerrera; durante el asedio y asalto final a Tenochtitlán, varios soldados son capturados y, según nos cuenta Bernal, sacrificados (él supone que luego fueron comidos): "vimos que llevaban por la fuerza gradas arriba a nuestros compañeros que habían tomado en la derrota que dieron a Cortés, que los llevaban a sacrificar; [...] les ponían de espaldas encima de unas piedras, algo delgadas, que tenían para sacrificar, y con unos navajones de pedernal les aserraban les aserraban por los pechos y les sacaban los corazones bullendo y se los ofrecían a los ídolos que allí presentes tenían, y los cuerpos dábanles con los pies por las gradas abajo; y estaban aguardando abajo otros indios carniceros, que les cortaban brazos y pies, y las caras desollaban, y las adobaron después como cuero de guantes, y con sus barbas las guardaban para hacer fiestas con ellas cuando hacían borracheras, y se comían las carnes con chilmole, y de esta manera sacrificaron a todos los demás. [...T]engan atención que no estábamos lejos de ellos y no les podíamos remediar" (Bernal Díaz 352, 353).

[13] Recordemos que, en contraste, las etnografías de los jesuitas en el Brasil no reconocieron dimensiones religiosas a la antropofagia, la cual situaron junto con la poligamia y el nomadismo en el orden *disciplinario-catecúmeno*.

tiandad en el Nuevo Mundo. Sin embargo, una nube de pesimismo empañó este amanecer del cristianismo en América. A mediados de la década de 1530 había claras indicaciones de que la idolatría perduraba oculta en las fiestas y ritos cristianos (F. Cervantes 6). Se llegó a ver en la labor evangélica una batalla cósmica entre Dios y el Diablo. Dicha visión resultaba de ciertos cambios en la concepción teológica del demonio, la idolatría y el pecado durante la Edad Media tardía[14] y, especialmente, de las frustraciones de la evangelización y de la lectura contrarreformista que se hizo de la diferencia religiosa[15]. Franciscanos y luego dominicos y jesuitas adelantaron acuciosos trabajos etnográficos como *Historia general de las cosas de la Nueva España* (ca.1575-1580, pub. 1829) del franciscano Bernardino de Sahagún, con la intención evangélica manifiesta de erradicar las "supersticiones [...] agüeros y [...] cerimonias idolátricas", consolidar la iglesia de Cristo "donde la Sinagoga de Satanás tanta prosperidad ha tenido" y librar a los mejicanos de "las manos del Diablo" (31, 34, 65).

La conversión es una empresa colonial fallida. La *translatio* del *Otro* a la mismidad de que habla François Hartog (237) fracasa asediada por lo irreducible y suplementario que la rebasa y contamina; la alteridad persiste de diversas maneras que van desde la resistencia abierta hasta la ocultación, la mímesis y la mezcla sincrética. El *Otro* no deja de ser ajeno y su *suplementariedad* tiene un estatuto amenazador para el orden colonial. A Toribio de Motolinía (1495?-1569), Bernardino de Sahagún (1499?-1590) y Diego Durán (1537?-1588?) –y más tarde a historiadores como José de Acosta (1540-1600)– les preocupó justamente la impureza de la fe de los aborígenes conversos. Empero, la ansiedad de Acosta o de Durán tenía que ver no tanto con la hibridez en sí, que es un efecto de las prácticas y discursos coloniales, ni con la *mímica* –estrategia de poder/saber colonial que se basa en que el colonizado se asimila al colonizador de manera "imperfecta", manteniendo su alteridad[16]– sino con la *mímesis*. La

---

[14] El cambio de la tradición medieval de los siete pecados capitales a la concepción del pecado de los diez mandamientos estableció la idolatría como el primero de los pecados contra Dios, y facilitó su identificación con el diabolismo, al pensarse que el demonio era la entidad contraria a Dios y que las prácticas idólatras eran anástrofes o inversiones de los ritos cristianos. Véase sobre el particular el trabajo de Fernando Cervantes (13-19).

[15] La visión demonológica de la alteridad religiosa se encuentra en las crónicas de la Conquista, así como en la historiografía temprana. Francisco López de Gómara (1552), por ejemplo, sostiene que "Aparecía y hablaba el diablo a estos indios muchas veces [...]. Ellos engañados con las dulces palabras o con las sabrosas comidas de carne humana [...] deseaban complacerle" (328). Varios tratados religiosos acogen también la tesis demonológica; así, por ejemplo, el *Tratado de hechicerías y sortilegios* (1535) de fray Andrés de Olmos (1491-1570).

[16] La *mímica* como la concibe Homi Bhabha –en el contexto de la colonización británica de la India– resulta amenazadora del poder colonial y de sus discursos, pues en ella se da la paradoja

ansiedad no la producía la percepción de la mismidad en la alteridad (el *Otro* tiene mis rasgos), sino la idea de que lo mexica se escondía bajo la apariencia engañosa de lo cristiano (el *Otro* se oculta en la semejanza). Se pensó que el *Otro*, antes que hacer una mímica de la religión del colonizador, se enmascaraba con ella.

La categoría que sostiene la diferencia del *Otro* y la falsía de la "conversión" es la *mímesis* en su sentido aristotélico de *imitación* y en el colonial de *ocultamiento*[17]. Durán hablaba de un *Otro* enmascarado que mantenía su alteridad (idolatría) oculta bajo la apariencia de haber sido convertido: "yntento advertirles la mezcla que puede haver á casso de nuestras fiestas con las suyas que *fingiendo* estos celebrar las fiestas de nuestro Dios [...] entremetan y mezclen y celebren las de sus ydolos" (*Ritos y fiestas de los antiguos mexicanos* 79). La hibridez religiosa es *mimética*: "*muchos dellos* [los ritos mexicas] *frissan tanto con los nuestros*, que estan *encuviertos* con ellos" (Durán 71). El fraile expresaba una tensión propiamente colonial entre el proyecto de "convertir" al *Otro* a la lengua, a la religión y a la propia cultura, y la afirmación de su diferencia mediante la insistencia en un suplemento oculto. La producción de saber sobre el *Otro* busca precisamente develar esa mímesis:

teniendo tan estrecha necesidad de saber de raíz los antiguos engaños y supersticiones, para evitar que esta miserable y flaca gente no mezcle sus ritos antiguos y supersticiosos con nuestra divina ley y religion christiana; porque son tantos y tan enmarañados y *muchos dellos frissan tanto con los nuestros*, que estan *encuviertos* con ellos, y acaeze muchas veçes que [...] no los entendemos [...] porque también ellos tenían sacramentos [...] y culto de Dios que en muchas formas se encuentra con la ley nuestra (Durán 71).

Para Durán, la mímesis es posible por que sus ritos "*frissan tanto con los nuestros*"; esto es, se rozan, se parecen mucho entre sí, se asemejan (Corominas 2: 580, 581). El encubrimiento y la mímesis (fingimiento, ocultamiento) suponen

---

lacaniana de la producción de rastros de la mismidad en la otredad, una suplementariedad diferencial (el otro es "*almost the same, but not quite*"), y un remedo descentrador del poder colonial ("On Mimicry and Man", *Location* 86).

[17] En el mismo sentido que una de las acepciones de *mimetizar* es *disimular* y se entiende *mimético* como encubierto. El catolicismo sería una fachada detrás de la cual se escondería la alteridad religiosa. La conversión deviene así enmascaramiento e imitación pérfida con el objeto de mantener la diferencia; esto es, resistir. Durante los siglos XVI y XVII se publicaron numerosos textos sobre la impureza de las conversiones. Dicha impureza es motivo de una ansiedad colonial relacionada con el supuesto ocultamiento mimético de los ritos de las religiones americanas –identificadas con el demonio– bajo diversas formas de devoción cristiana.

un orden de similitud anterior a la conversión. Las etnografías evangélicas estudian los "engaños" y *trampas especulares de la diferencia*.

En efecto, los conquistadores y evangelizadores –acaso bajo las distorsiones del lente del colonialismo que hace del *Yo* la medida del universo– encontraron que ciertos ritos de la religión mexica se asemejaban a los del catolicismo: el Topiltizin o Papa parecía un remedo de venerable apóstol predicador, realizado. de milagros, perseguido injustamente, profeta de la llegada de los españoles[18] y caminante sobre el agua (Durán 73-76); las vírgenes al servicio de Huitzilopochtli vivían "con el mesmo encerramiento y clausura que biben agora las monjas" (88); los mexicanos realizaban procesiones religiosas con estaciones como en el *vía crucis* (90); el sacramento del matrimonio era parecido (115); durante el Tlacaxipehualiztli "que quiere decir desollamiento de honbres [...] celebravan a un ydolo [...] debajo de tres nombres [...y] lo adoravan [...] casi a la mesma manera que nosotros creemos en la Santísima Trinidad" (147); había órdenes de caballeros y guerreros religiosos "los cuales tenían por dios y caudillo al sol [...] como los españoles a Santiago glorioso" (155), etc. El más problemático de los efectos especulares de la diferencia religiosa provino de los sacrificios humanos, puesto que se consideró que éstos funcionaban "bajo el principio" de la comunión. Durán y muchos otros religiosos "aclararon" que esas semejanzas eran sólo "*de forma*". El problema era que el catolicismo justamente se definía frente al protestantismo –entre otras razones– por la defensa de la *substancialidad de las* formas.

Conforme al dogma de la *transubstanciación*[19] –acogido por la Iglesia Católica Romana en el *IV Concilio de Letrán*[20] (1215), ratificado en el *Concilio de Lyon*

[18] Véase a este respecto la hipótesis de las *profecías a posteriori* en Todorov (*The Conquest of America*).

[19] La historia de la eucaristía en la Iglesia católica y las protestantes ha sido tratada prolíficamente por historiadores y teólogos. Para una visión comprensiva del rito de la misa y sus orígenes puede consultarse el trabajo clásico de Josef Andreas Jungmann (*The Mass of the Roman Rite: Its Origins and Development* [1951, 1952] 1986). Varios diccionarios especializados son particularmente útiles en la presentación de este asunto: *The Catholic Encyclopedia*, *A Concise Dictionary of Theology* de O'Collins, *A Catholic Dictionary* (*The Catholic Encyclopædic Dictionary*) de Donald Attwater (Ed.) y el *Historical Dictionary of Catholicism* de William J Collinge. El estudio de Gary Macy (*Theologies of the Eucharists in the Early Scholastic Period*, 1984) presenta la literatura escolástica temprana sobre el sacramento y Miri Rubin estudia los aspectos teológicos e históricos de la comunión durante la Edad Media tardía (*Corpus Christi: The Eucharist in Late Medieval Culture* 1992). Para una exposición de las teorías de Calvino sobre el tema véase *John Calvin, the Church, and the Eucharist* (1967) de Kilian McDonnell.

[20] El "cuerpo y sangre [de Jesucristo] se contiene verdaderamente en el sacramento del altar bajo las especies del pan y el vino después de transustanciados por virtud divina, el pan en el cuerpo y el vino en la sangre" (IV Concilio de Letrán, 1215, *XII ecuménico, contra los albigenses*...etc. "De

(1274) y el *Concilio de Trento* (1545-1563) –en la *Última Cena* Jesucristo habría dado a sus discípulos su propia carne y sangre en el pan y el vino. El *Concilio de Trento* fue categórico: no existía tropo o lenguaje figurado en los pasajes bíblicos relativos a la *Última cena*[21]. La Iglesia alegaba una *conversio substantialis* total y real de las formas eucarísticas que hacía de la comunión un ágape teofágico *verdadero*: "declara ahora de nuevo este mismo santo Concilio, que por la consagración del pan y del vino, se convierte toda la substancia del pan en la substancia del cuerpo de nuestro Señor Jesucristo, y toda la substancia del vino en la substancia de su sangre" (Trento, Ses. XIII, cap. iv en Stearns: 151, 152). La lectura de las escrituras, especialmente las palabras de Jesús, debía atenerse al principio de la literalidad, so pena de entrar en los terrenos de la herejía. El asunto sería objeto de enconadas controversias[22], entre las cuales puede mencionarse la que se dio entre el catolicismo romano y varios teólogos del cisma protestante[23].

Aún hoy, la historiografía religiosa discute sobre el fundamento bíblico y patrístico y la tradición del dogma en la Iglesia primitiva y la medieval temprana. No resulta claro si, como afirman algunos, durante siglos la doctrina de la

la Trinidad, los sacramentos, la misión canónica, etc". cap. I: "De la Trinidad, los sacramentos, la misión canónica, etcétera").

[21] "Y estando ellos comiendo, tomó Jesús pan, y bendiciendo, partió y les dio, y dijo: Tomad, esto es mi cuerpo [...] esto es mi sangre" (*Marcos* 14: 22). Ver también Mateo 26: 26-28. Según el evangelio de Lucas (22: 17-20) Cristo habría además añadido: "haced esto en memoria de mí", lo que le da la base bíblica a la misa. "Si no comiereis la carne del Hijo del hombre, y bebiereis su sangre, no tendréis vida en vosotros. El que come mi carne y bebe mi sangre, tiene vida eterna: y yo le resucitaré en el día postrero. Porque mi carne es verdadera comida, y mi sangre es verdadera bebida. El que come mi carne y bebe mi sangre, en mí permanece, y yo en él" (*Juan* 6: 53-56).

[22] El libro que Christoph Rasperger escribió sobre 200 interpretaciones diferentes del pasaje bíblico de la Última Cena titulado *Ducentae paucorum istorum et quidem clarissimorum Christi verborum: "Hoc est Corpus deum" interpretationes* (Ingolstadt, 1577) da una idea de la magnitud de la controversia en el siglo XVI (J. Pohle "The Real Presence of Christ in the Eucharist" en *The Catholic Encyclopedia*, Volumen V).

[23] El reformador protestante suizo Huldrych Zwinglio (1484-1531) concibió la tesis de una *cena conmemorativa*, y propuso que el pan y el vino *significaban* –y no *eran*– el cuerpo y la sangre (*est* = *significat*), en lo que secundaba a John Oecolampadius (1482-1531), quien elaboró la teoría de la presencia espiritual y no física de Cristo ("De genuina verborum domini expositione" 1526). Lutero era el único entre los reformadores que mantenía la doctrina de la *presencia real* de Cristo en la eucaristía (1527), sólo que bajo la teoría heterodoxa de que el cuerpo y la sangre de Cristo eran ofrecidos al comulgante *coexistiendo en, con y bajo* las formas del pan y el vino, lo que se conoce como *consubstanciación*. Entretanto en Génova Calvino buscaba un punto de encuentro entre la interpretación literal de la presencia substancial y la figurativa o meramente simbólica, proponiendo que la eucaristía debía celebrarse como misterio en el que Cristo está presente verdaderamente *en espíritu*; la comunión es una cena real y espiritual (pero no física) de Cristo (*Christianae religiones institutio* 1536-1559, Libro IV capítulos 17 y 18; ver también McDonnell).

transubstanciación habría sido más o menos minoritaria y los creyentes en general se habrían mantenido dentro de la tradición hebrea de la interpretación simbólica (Reay Tannahill 81, 82), o si por el contrario –como afirman los historiadores católicos– la posición predominante fue la de la aceptación de la conversión real del pan y el vino en el cuerpo y la sangre de Cristo durante la consagración (*Presencia real*); tradición que se remontaría al siglo I d.C., y que al parecer fue suscrita por padres de la Iglesia como San Ignacio de Antioquía (s. II d.C.) y San Agustín, entre otros[24].

Parece que antes que una diferencia fundamental entre dos tradiciones diversas, el conflicto emergía a causa de un notable cambio en la idea de la representación simbólica; para la Iglesia primitiva y medieval temprana, no existe la escisión escolástica entre el símbolo y lo representado. La *repraesentio* tenía el sentido de *hacer presente*, y el símbolo denotaba "una cosa que de cierta manera era lo que significaba" (Adolph Harnnack citado en Kilgour, *From Communion* 80). Si durante los primeros años de la Iglesia los historiadores no encuentran grandes disputas o alegatos que pongan en duda la "literalidad" de la comunión, es porque solamente a comienzos del siglo XIII la discusión fue relevante y, sobre todo, epistémica y políticamente posible. La Iglesia había venido afirmando sus pretensiones universalistas, se había consolidado políticamente en Europa como institución y había definido sus *Otros*. El problema de la eucaristía –explicar cómo se participa y en qué consiste el *comer* de la comunión– sirvió al papado de Inocencio III (1160-1216) para poner a prueba su autoridad contra las heterogeneidades internas de la cristiandad; esto es, los albigenses, valdenses, petrobrusianos, cátaros, henricianos y otros grupos en los márgenes de la disciplina institucional que negaban el poder sacerdotal de consagrar y la *presencia real*, y que desafiaban la autoridad jerárquica de la Iglesia.

A muchos, sin embargo, no convenció el realismo de la transubstanciación; pero aunque la idea de que en la eucaristía había una representación simbólica y no una actualización material de la *Última Cena* siguió rondando a teólogos, sacerdotes y fieles durante los siglos siguientes, el dogma se impuso de manera general al punto que se llegó a venerar las formas consagradas y a creer que la hostia era torturada por sacrílegos que podían hacerla sangrar, tal como aparece en una serie de grabados de 1477 que presentan en secuencia el robo de las formas

---

[24] Aunque San Agustín jamás menciona el término *transubstanciación* (una voz del siglo XI) y muchos alegan que favoreció interpretaciones simbolistas (lo que lo haría una suerte de "precursor" de la Reforma), parece acoger la idea de la conversión sustancial de las formas eucarísticas: "El pan que se ve en el altar, habiendo sido consagrado por la palabra de Dios, es el Cuerpo de Cristo. Ese cáliz, o mejor, lo que contiene ese cáliz, habiendo sido consagrado por Dios, es la Sangre de Cristo" (*Sermons* 227). Véase también *Sermons* (234: 2, 272) y *La ciudad de Dios* (10: 20).

eucarísticas, su entrega en la sinagoga y su sangrado con una daga frente a la Torá, así como el correspondiente castigo y tortura de los sacrílegos [il. 20]. Desde el siglo XII y hasta las primeras décadas del siglo XVI hubo por dicha causa numerosas masacres de judíos (Tannahill 82-84). Gracias a la insistencia en una exégesis al pie de la letra –que había cobrado fuerza con la crítica interpretativa y estudio de las *Instituciones* del derecho romano y los estudios bíblicos– el centro ritual del catolicismo fue definido como un *acto teofágico* (Eli Sagan 49, 50, 60) o mejor, como un sacrificio *antropo-teofágico* en el que Dios, encarnado en un hombre (Cristo), es *hostia* y *huésped* (esto es, víctima de un sacrificio y signo de alianza o incorporación).

Con el Descubrimiento de América –especialmente a partir de la conquista de México, y luego en el marco del intento católico-calvinista de colonización del Brasil[25]– este debate teológico sobre la eucaristía se articula con el problema del imperialismo universalista y con la construcción étnica de la alteridad americana. Paradójicamente, el universalismo católico se definía en Europa defendiendo dogmáticamente el realismo de la eucaristía y en América combatiendo lo que era percibido como la materialidad siniestra de la comunión en el canibalismo ritual de algunas religiones indígenas.

Peggy Reeves Sanday señala que, como en el caso de la eucaristía católica, el rito mexica comportaba una sangrienta transubstanciación (18, 172). Ésta, que por supuesto es una escueta generalización[26] que pasa por encima de la complejidad y variedad de los ritos mexicas[27], no obstante expresa bien el entendimiento que de los mismos tuvieron los españoles.

---

[25] Me refiero al fallido *affaire* colonial de la *France antarctique* que da lugar a varias etnografías sobre el canibalismo tupinambá (i.e: André Thevet 1557, 1575; Jean de Léry 1578), a un debate religioso y político entre protestantes y católicos, y sirve, además, como motivo para diversas críticas a las guerras religiosas en Europa y a las empresas imperiales europeas en América (Léry 1578; Montaigne 1580) (ver Cap. I §5 y 6 y acápite §4 de este capítulo).

[26] Pese a la credulidad de Sanday, que asume acríticamente información severamente cuestionada sobre prácticas caníbales, su hipótesis general no es descabellada, en el sentido que sugiere que el acto de *comer* (yo diría las transacciones digestivas) forma parte del archivo metafórico de la formación social identitaria.

[27] Diversos estudios antropológicos señalan que el "sacrificio humano y el canibalismo conexo eran los medios por los que los 'aztecas' lograban acceso a las fuerzas que movían el universo" (Sanday 7; y Wheatley en Sanday 174). Los sacrificios mexicas –asociados a la caza, la guerra y a los ciclos de la agricultura– dramatizaban los flujos del cosmos en cuanto movimiento continuo en el que se consume y se es consumido; un movimiento que se puede entender como el incesante fluir o *continuum* de la existencia en la discontinuidad de sus formas. Las comidas y sacrificios rituales y el periódico correr de la sangre equivalían al movimiento del cosmos y prevenían el *tlahtlacolli*, o desorden del universo México-Tenochca (Sagan 109; Marshall Sahlins, "Culture" 45-53, González-Torres 304, Sanday 47-48; Read 124, 127-136, 144). Los sacrificios humanos a Huitzilopochtli, por

La lectura colonial de la diferencia reduce toda complejidad a la similitud; y la similitud es la antesala del horror. En los sacrificios mexicas a veces se le daba de beber la sangre de los sacrificados a los dioses[28], o se inmolaba a una víctima –que se consideraba la imagen viva de la deidad–, y se la desollaba y se vestía su piel[29]. En otros casos se consagraba una figura como dios y se la comía: la carne del dios la proveían víctimas humanas[30], hongos[31], tamales o figuras antropomorfas hechas de maíz o bledos[32], a veces rociadas con sangre humana.

Toribio de Benavente (Motolinía) (al igual que Sahagún) observa en su *Historia de los indios de la Nueva España* (escrita hacia 1541) que en México hacían unos tamales de maíz y "cantaban y decían que aquellos bollos se tornaban carne de Tezcatlipoca[33], que era el dios o demonio que tenían por mayor" y "comían aquellos bollos, en lugar de comunión o carne de aquel demonio; los otros indios procuraban de comer carne humana de los que morían en el sacrificio, y ésta comían comúnmente los señores principales y mercaderes, y ministros de los templos, que a la otra gente baja, pocas veces les alcanzaba un bocadillo"

ejemplo, tenían que ver con el mito del *Quinto Sol* y la amenaza de un futuro cataclismo. Para evitar la hecatombe apocalíptica y para que los hombres no perecieran, el Sol debía ser sostenido con el continuo flujo de sangre humana. Allende su narrativa religiosa, el sacrificio –y quizá el canibalismo también– eran metáforas primordiales que simbolizaban la sumisión y el dominio, y que facilitaban el flujo regenerativo del poder y la regulación social de la conducta como ha sugerido Sahlins.

[28] Durán asocia varias escenas de canibalismo a la religión mexica: los prisioneros son "comida sabrosa y caliente de los dioses cuya carne les era dulçísima y delicada"; éstos eran sacrificados y ofrecidos "de comer al ydolo y a aquellos malditos carniceros hambrientos por comer carne humana" (94). Motolinía añade que los corazones de los sacrificados a veces "los comían los ministros viejos; otras los enterraban" y que los cuerpos eran echados a rodar escalinatas abajo, donde los recogían y, si la víctima había sido prisionero de guerra "llévabanlo y aparejaban aquella carne con otras comidas, y [...] le comían" (82).

[29] Durante el segundo mes (*Tlacaxipehualiztli*) "se mataban y desollaban muchos esclavos y captivos" que se le ofrecían a Xipe Totec, dios de la fertilidad, y a Huitzilopochtli, dios solar de la guerra. La gente principal comía su carne, y se vestía "los pellejos de los desollados" (Sahagún 82, 107-111). Igualmente, en honor de la diosa Toci, madre de los dioses, se desollaba a una mujer (91, 147-152).

[30] De acuerdo con los informantes de Sahagún, el ofrecimiento de víctimas humanas se hacía en varios meses; por ejemplo, en honor a Tlaloc el 1er mes (*Atlcahualo*) mataban niños y "después de muertos, los cocían y comían" (81, 104-107), y en el 13° mes (*tepeílhuitl*) las mujeres y hombres sacrificados –a los que se les daba los nombres de las deidades de los montes– eran llevados a los barrios en donde se los destazaba y comía (155, 157).

[31] Llamaban a esos hongos "*Teunanacatlth* que quiere decir *carne de dios*, o del demonio que ellos adoraban [...;] con aquel amargo manjar su dios los comulgaba" (Motolinía 64).

[32] Cortés es el primero que se refiere a este tipo de sacrificio de una efigie hecha de masa de semillas amasadas "con sangre de corazones y de cuerpos humanos" (65).

[33] Sahagún refiere que en honor de Huitzilopochtli se comulgaba dichos panes (*tzoalli*) (118).

(Motolinía 64). En el decimoquinto mes (*Panquetzaliztli*) dedicado a Huitzilo-pochtli, deidad solar de la guerra y de la integración mítica del Estado, se comía el cuerpo del dios hecho de semillas (Sahagún 37, 94, 161; Durán 85, 86). El ídolo de masa se rociaba con sangre humana y luego los sacerdotes lo hacían "pedaçi-tos [...que] comulgauan [...] chicos y grandes, onbres y mugeres, biejos y niños [...] con tanta reuerencia, temor y alegria [...] que era cossa de admiracion diçiendo que comian la carne y los guessos del dios" (Durán 95 96).

Aún más perturbadora les pareció a los españoles la proximidad ritual entre la teofagia mexica y la cristiana "cerca de la Pascua de Resurrección", en las calendas del quinto mes o *Toxcatl*, en honor de Tezcatlipoca (espejo humeante) (Sahagún 85, 115-118). De manera similar a los soldados romanos en Durosto-rum (Baja Moesia) –que para celebrar la Saturnalia escogían entre ellos a uno apuesto y lo vestían de tal guisa que les pareciera Saturno y después de permitir-le toda clase de licencias, lo inmolaban (James Frazer 677-79)– en las fiestas mexicas el dios moría en la persona de un representante humano y resucitaba en otro que por un año disfrutaba del honor fatal de la divinidad y de todo tipo de privilegios y honores, para al final morir como sus predecesores (681) en un altar del sacrificio que "era á la *mesma forma* que nuestra sagrada religion xiptia-na y la yglesia católica usa" (Durán 99). El escogido se transformaba en deidad mediante la semejanza física, la educación cuidadosa y la adoración ("honrában-le como a dios") antes de ser sacrificado (Sahagún 85, 117)[34].

Así que mientras que las conversiones fueron vistas bajo sospecha y como una forma de *hibridez mimética* (y de resistencia de la alteridad religiosa), la reli-gión mexica en sí fue percibida como *mímica* de la católica. Para dilucidar las "coincidencias religiosas" y hacer inteligible el horror del reconocimiento se propuso: o que Dios se había de alguna manera revelado a los indios preparando la llegada de su palabra, de modo que la eucaristía reemplazaba a la antropofa-gia ritual; o que las similitudes obedecían a la intromisión de Satán (del hebreo שָׂטָן: adversario o contrario).

La primera tradición hermenéutica era de corte sincretista y tuvo importan-tes desarrollos como las conjeturas sobre una revelación precolombina de la palabra de Dios a los indios y la presencia de Santo Tomás en América[35]; las tesis de fray Bartolomé de las Casas para quien el sacrificio antropo-teofágico pre-evangélico tenía una dimensión teológica; o las interpretaciones universalistas

---

[34] Ver la descripción de dicha ceremonia también en Durán (117) y Acosta (378-383). La más-cara y el disfraz contenían el poder y la identidad de lo (re)presentado. (Re)vestirse de esa máscara o apariencia significaba encarnar esa fuerza (*ixtli*), convertirse en ella (Kay Almere Read 147).

[35] Tesis presente en los escritos de José de Acosta, Carlos de Sigüenza y Góngora y Fray Ser-vando Teresa de Mier.

de algunos misioneros jesuitas en el siglo XVII, quienes vieron prefiguraciones cristianas en los ritos paganos (§3). La segunda tesis convertía la diferencia religiosa en idolatría y culto al "maligno", y al canibalismo teofágico mexicano en una versión satánica (en el sentido hebreo de contraria y relativa al demonio) del sacramento eucarístico. Las similitudes no podían tener origen divino; no tenía sentido –se pensaba– que Dios se copiara a sí mismo; y menos aún de manera imperfecta. La mímica es cosa del diablo o *Simia Dei*, como se llamaba al ángel caído, aludiendo a su supuesta afición "simiesca" por la imitación[36]. Como se recordará, Lucifer es precisamente definido por la envidia y por su deseo de copiar y querer ser como Dios[37], aunque apenas logre imitarlo grotescamente. Para Santo Tomás de Aquino el deseo de Lucifer se refería no a la igualdad (cosa imposible), sino a la semejanza (*Summa Theologica*, Prima pars: 63: 3). Incluso formas indígenas de abstinencia, confesión o castidad se supusieron inspiradas en la envidia que el demonio tenía de las virtudes verdaderas y penitencias ofrecidas a Dios. En el caso específico de la eucaristía, el Diablo extremaba la copia de la transubstanciación hasta el sacrificio sangriento, como si quisiera exceder el más sagrado misterio. La conclusión de inteligencias tan diversas como Toribio de Motolinía, Diego Durán, José de Acosta (y más tarde Gerónimo de Mendieta y Juan de Torquemada) fue, de hecho, que *el diablo andaba por las Indias*[38]. El canibalismo, que nunca ha sido definido por el catolicismo como un pecado en sí, era hecho tal en cuanto constituía la "expresión última de la idolatría" (Cervantes 23). Aunque Durán reconoce la posibilidad de una revelación previa o prefiguración, prima el discurso demonológico y la idea de la copia perversa y contrahechura americana:

> Note el lector quan propiamente esta *contrahecha* esta *cerimonia endemoniada* la de nuestra yglesia sagrada que nos manda reciuir el berdadero cuerpo y sangre de nro. Señor Jsuxto verdadero dios y berdadero hombre por pascua florida [...] de lo qual se coligen dos cosas ó que huuo notiçia (como dexo dicho) de nuestra sagrada religion christiana en esta tierra o que el maldito de nro. *aduersario* el demonio las haçia contra haçer en su seruicio y culto haciendose adorar y seruir *contra haciendo* las católicas cerimonias de la christiana religion (Durán 96).

[36] "[P]or translación llamamos simia al que remeda a otro y quiere imitarle" ("Simia" en Covarrubias [1611] 939).

[37] "¡Cómo caíste del cielo, oh Lucero, hijo de la mañana! [...] Tú que decías en tu corazón: Subiré al cielo, en lo alto junto a las estrellas de Dios ensalzaré mi solio [...]; Sobre las alturas de las nubes subiré, y *seré semejante al Altísimo*" (*Isaías* 14: 12-14).

[38] Como señalan varios historiadores, el diabolismo no tuvo su época durante la Edad Media, como se piensa a menudo, sino desde el siglo XIV hasta finales del XVII, lo que coincide con la Conquista y colonización de América. Véase *Historia de los infiernos* de Georges Minois y el trabajo de Fernando Cervantes sobre la relación entre la idea del diablo y lo indígena en México en el siglo XVI.

La tesis demonológica prevaleció aún en la clara inteligencia del jesuita José de Acosta[39] (*Historia natural y moral de las Indias* 1590), quien, como es sabido, se destaca por su modernidad proto-racionalista, su curiosidad por las causas de los fenómenos naturales, su escepticismo respecto a las supersticiones medievales y su desenvoltura para contradecir las autoridades clásicas privilegiando las comprobaciones empíricas[40]. Pero la tendencia sincretista y el proto-*racionalismo* de Acosta fenecen en el momento que toca el asunto de las religiones amerindias. Entonces, acoge sin reservas la tesis del *plagio diabólico*: "el demonio ha procurado asemejarse a Dios en el modo de sacrificios, y religión y sacramentos" para "fingir con sus tinieblas la luz" (334, 335). Tanto en México como en el Perú[41] "ha procurado remedar los sacramentos de la santa Iglesia" con ceremonias, ofrendas, servicios, "monasterios de doncellas que [...] inventó para su servicio" (341-346), remedos de penitencias (346, 247), una institución parecida a la confesión (364), lavatorios (372), procesiones y flagelantes (381), etc. Llegado al tema de los sacrificios en México, da un cuadro detallado de las *guerras floridas*, la captura de prisioneros, la extracción de corazones, su ofrenda al sol y la práctica de la antropofagia (352-359), y nota con enfado (353) que la palabra *hostia* (víctima) tiene un parentesco cercano con *huestes* (enemigos)[42]. El jesuita dedica, entonces, páginas enconadas y antológicas contra el plagio de la eucaristía:

> Lo que más admira de la *envidia* y competencia de Satanás, es que no sólo en idolatrías y sacrificios, sino también en cierto modo de ceremonias, haya *remedado nuestros sacramentos*, que Jesucristo Nuestro Señor instituyó y usa su santa Iglesia, espe-

[39] En 1571 Acosta fue enviado por pedido suyo a las misiones del Perú, a donde llega a ser provincial de la Compañía y donde tiene una experiencia evangelizadora. Debido a algunos conflictos con el virrey, regresa a España vía el virreinato de la "Nueva España" en donde está de principios de junio de 1586 a mediados de marzo de 1587. En México se documentó sobre la religión mexica usando fuentes como los trabajos del jesuita Juan de Tovar y de Alonso Sánchez. Es indudable también la influencia y a veces la paráfrasis de Diego Durán.

[40] Puede destacarse su certera intuición respecto de asuntos como el origen asiático de los aborígenes americanos y su teoría proto-evolucionista de las especies animales. Sin duda en el pensamiento de la Ilustración influyeron los conceptos clasificatorios y universalistas de salvajismo, barbarie y civilización desarrollados por Acosta sobre las diferencias de las sociedades en relación con su "evolución cultural", esa especie de clasificación temporal del presente que es base del eurocentrismo y de la etnografía.

[41] En el Perú se hacían "unos pequeños bollos de harina de maíz teñida y amasada con sangre [...] de carneros [...] y daban a cada uno un bocado de aquellos bollos, diciéndoles que aquellos bocados les daban para que estuviesen confederados y unidos con el Inga" (360). Acosta sospecha que ésta y otras ceremonias parecidas –que no usan sangre humana– están estructuradas bajo el principio de la transubstanciación.

[42] Sobre la coincidencia etimológica, ver Kilgour (*From Communion* 16) y Lestringant (63).

cialmente el sacramento de la comunión, que es el más alto y divino [y que] *pretendió en cierta forma imitar* (Acosta 360).

Acosta describe las fiestas en honor de Huitzilopochtli, la hechura del ídolo, su consagración y cena (362, 263). Los "trozos de masa [que] llamaban los huesos y carne de Vitzilipuztli" eran dados

> a modo de comunión a todo el pueblo [... y] recibíanlo con tanta reverencia, temor y lágrimas, que ponía admiración, diciendo que comían la carne y los huesos de dios [...] ¿A quién no pondrá admiración que tuviese el demonio tanto cuidado de hacerse adorar y recibir al modo que Jesucristo nuestro Dios ordenó y enseñó y como la Santa Iglesia lo acostumbra? [...] Satanás [...] siempre mezcla sus crueldades y suciedades porque es espíritu homicida y padre de la mentira (363, 364).

La seriedad y vehemencia de los escritos de Acosta contra el demonio y las mezclas permiten suponer que éstos no eran contentillos para la Inquisición, sino que respondían a la amenaza de las trampas especulares de la diferencia. Apenas "si se sufre –dice– usar este vocablo [comulgar] en cosa tan diabólica" (361). Aquí, el discurso colonial no se tensa en el miedo de ser devorado, sino en el horror a la confusión promiscua; en el miedo al desvanecimiento de la diferencia. El sacrificio humano y la antropofagia eran las marcas de la alteridad americana, signos paradigmáticos sobre los cuales se justificaba la presencia española y el derecho de conquista. La similitud o trampa especular estremecía los cimientos mismos del orden colonial, pues la diferencia –condición primera de la dominación– se hacía inestable. Por ello, el discurso demonológico al tiempo que reconocía la *similitud* insistía en la *diferencia* con el argumento del *plagio*; hacía así de la diferencia religiosa, una suerte de idolatría satánica y de la antropo-teofagia mexicana, una mímica siniestra de la eucaristía. Para Acosta la teofagia de las religiones americanas ofrecía un motivo de horror; no ya *horror al Otro*, sino *a ser el Otro*.

También el franciscano Gerónimo de Mendieta (1525-1604) –amigo de los indios– en su *Historia eclesiástica indiana* (1596-1604) se refería acaloradamente a "los *execramentos* que ordenó [el demonio] en su iglesia diabólica, en competencia con los santos Sacramentos que Cristo nuestro Redentor dejó instituidos" (1: 66). Lo similar (sacramento) se hace siniestro en la retórica de la alteridad *execrable* y "deformidad" simiesca que simula lo verdadero. El canibalismo, en cuanto tropo de identidad/alteridad es una imagen perturbadora y esencialmente ambivalente: un remedo y una versión americana (esto es, diferente y satánica) de la mismidad europea (el cristianismo); en otras palabras, un *plagio diabólico*. Lo "americano" es el resultado discursivo de la *disimilación teológica* de la semejanza en el campo del mal y la monstruosidad moral.

La reflexión sobre el canibalismo religioso no es solamente retrospectiva; durante todo el siglo XVI y parte del XVII, no desaparece la sospecha sobre la tenaz supervivencia de su práctica, como evidencian las preguntas de las guías de confesión para indígenas[43]. Podemos suponer que la persistencia de dicho interés tiene que ver con la continuidad del proceso de evangelización, la resistencia religiosa y cultural indígena y la existencia de lo que se consideraba que eran formas impuras del catolicismo.

3. Lobos, ovejas y pastores. Bartolomé de Las Casas y los apetitos del *ego conquiro*

> aunque estudie el doctor [Sepúlveda] algunos días más [...] de los que ha estudiado, no hará evidencia que sacrificar hombres a Dios verdadero (o falso, si es por verdadero estimado) sea contra ley natural, *scelus, a ovni lege positiva divina vel human*" (Las Casas "Tratado tercero" 1552, *Tratados* 1: 401).

En la retórica de la alteridad americana se formulan relaciones de *continuidad* y de *contigüidad*. Las relaciones de *continuidad* (de lo europeo cristiano) con, o en, el Nuevo Mundo suponen un proceso de identificación relativa; la alteridad se marca, pero da paso a la similitud: el *otro* (con minúsculas) es una particularidad de lo continuo y universal: del orbe, de la *ecumene* de la humanidad, de la cristiandad, del Imperio. Las relaciones de *contigüidad*, por el contrario, definen al *Otro* (con mayúsculas) como limítrofe; su alteridad es irreducible y amenazante[44]. Como afirma Hayden White, estos dos tipos de relación, *de continuidad* y *de contigüidad*, "engendran diferentes posibilidades de praxis: actividad misionera y conversión por un lado, guerra y exterminio, por el otro" ("The noble Savage" 129). La tesis del plagio diabólico suponía una definición de la alteridad religiosa en *relación de contigüidad* y, consecuentemente, la decisión evangélico-militar de erradicar la idolatría. Pero conjuntamente con ésta, otra tradición de pensamiento trata de hacer inteligible la similitud y el reconocimiento entendiendo la religión indígena como prefiguración del cristianismo. La posi-

---

[43] *Confesionario breve en lengua Mexicana y Castellana* (México 1565), el primero de estos manuales que se publica en el Nuevo Mundo, instruía indagar al respecto: "¿Comiste alguna vez carne humana, o el mayz que se cozio con ella?: porque esto es muy grande y espantoso pecado (en Palencia-Roth, "Enemies of God..." 23-50).

[44] Esta referencia a relaciones de *continuidad* y *contigüidad* es sólo descriptiva y general y en ningún caso una taxonomía de modelos de concepción de la alteridad.

ción del dominico Bartolomé de las Casas (y luego de varios jesuitas) respecto a la alteridad religiosa se fundaba en la aceptación de una *relación de continuidad* con el *Otro*: se podía llegar a Cristo desde la religión indígena, pues ésta contenía las semillas de la revelación y preparaba el arribo de la fe verdadera. Dicha tesis sólo requería un "pequeño" ajuste etnográfico-doctrinal respecto de la cuestión del *canibalismo*: Las Casas tuvo que sortear este espinoso asunto desde cuatro ángulos: el comparativismo cultural, la formulación de un sentido bíblico para la resistencia caribe, el reconocimiento de una dimensión teológica en algunos ritos caníbales y la construcción de un nuevo caníbal: el conquistador y el encomendero.

La primera estrategia de Las Casas parece ser la de conceder que el canibalismo es algo reprochable, al tiempo que hace una comparación histórica con el Viejo Mundo. Con arreglo a los diferentes tipos de barbarie definidos en el epílogo de la *Apologética historia sumaria*[45] (2: 637-654), Las Casas admite hablar de barbarie sólo en comparación continua y casuística con las civilizaciones antiguas[46]. Así establece la larga tradición del paganismo y los sacrificios humanos entre griegos, romanos, judíos, babilonios, etc. (2: 140-172), y recuerda que el canibalismo no fue desconocido en el Viejo Mundo (1: 467-470, 543-545); por ejemplo, entre los antiguos pobladores de Francia, España e Inglaterra (2: 354), y entre pueblos asiáticos como los escitas (2: 355, 356). Su viaje textual a la antigüedad le sirve para desvirtuar la naturaleza americana del canibalismo que, como él dice, no es cosa distintiva ni originaria del Nuevo Mundo:

> *creen algunos que tuvo en estas tierras origen comer carne humana*. Y aunque esta costumbre es toda horrible y abominable, [...] más lo es y mucho será peor bestialidad y más irracionable la de que usaban las gentes no pocas en el capítulo declaradas[47], que, matando sus mismos padres [...] hacían convites los parientes entre sí, guisando y comiendo con grande alegría las carne, *no por religión*, como aquestas [las de Guatemala] (*Apologética* 2: 221).

Las Casas acepta que la antropofagia caribe es una "mala costumbre", pero no que dicha costumbre sea un vicio de la humanidad aborigen. Los caníbales

---

[45] Escrita entre 1555-1559, fue publicada en 1909 (O'Gorman, "Estudio" en *Apologética historia sumaria* XXI-XXXVI).

[46] Recuerda, por ejemplo, a las divinidades guerreras, de la muerte, la fertilidad y la fiesta, y a dioses "infames e ignominiosos" como Baco, dados "a todos los vicios nefandos" y alentadores de la orgía (*Apologética* 1: 394-408), mientras que por otro lado resalta la honestidad de las fiestas religiosas de la Nueva España (2: 290-293).

[47] Las Casas se refiere al capítulo XC y al canibalismo en el Viejo Mundo de la Antigüedad clásica a la brujería medieval (*Apologética* 2: 466-471).

"que agora se nombran caribes"[48] no lo son por "complixión", es decir, no son monstruos:

> A esta corrupción y bestialidad deben haber venido por alguna mala costumbre que tomaron de alguna ocasión accidental que se les ofreció a los principios cuando lo comenzaron [a comer carne humana], y de allí usándolo en ella se fueron confirmando y corroborando tanto, que se les convirtió en otra como naturaleza, mas que por inclinación y complixión depravada (*Apologética* 2: 353).

Su hipótesis es que debió haber una hambruna o calamidad "como muchas veces ha en el mundo acaecido, y nuestros españoles lo han hecho [comer carne humana] en estas Indias y en España" (*Apologética* 2: 352, 353). Para ilustrar su punto, menciona el caso "horrible y abominable" de los españoles de la expedición de Pánfilo de Narváez a la Florida que relató Cabeza de Vaca, así como otros referidos por el geógrafo antiguo Strabón, sobre canibalismo en Francia y España, y por San Jerónimo en Escocia (2: 354)[49]. Luego continúa con una lista de eventos narrados por Heródoto, Pomponio Mela y Munster que le parecen mucho más crueles que el canibalismo caribe: "No sé si los caribes destas tierras que della [la carne humana] están inficionados puedan llegar a más, ni a tanto" (2: 355, 356).

Otra de las tesis de Las Casas, con resonancias en la poesía épica española, es que los caribes eran instrumentos de Dios para castigar a los españoles por sus pecados en el Nuevo Mundo:

> Después de muertos los naturales vecinos della [la Isla de San Juan], *dejó Dios para ejercicio y castigo de los españoles, reservadas las gentes de los caribes* de las islas de Guadalupe y de la Dominica y otras de por allí, que *infestaron* muchas veces aquella isla, haciendo saltos; mataron algunos españoles y robaron y destruyeron algunas estancias y haciendas [...]. Así dejó Dios ciertas naciones por los pecados de los hijos de Israel, para que los inquietasen, turbasen, infestasen, robasen, castigasen [...]. *Y pluguiese a Dios que con aquellos daños y castigos pagásemos* solos los estragos y calamidades y destrucciones que habemos causado en aquella isla (*Historia de las indias* 2: 204).

La fórmula de Cristóbal Colón a Cieza de León, según la cual el conquistador era una espada justiciera en manos de Dios contra los caníbales, es inver-

---

[48] Esta reflexión de Las Casas es hecha de manera breve y como un paréntesis a la descripción de las costumbres de los habitantes de las islas de los lucayos (San Juan, Jamaica y Cuba) y de la de Guadalupe.

[49] Las Casas se permite respecto a Jerónimo algunos detalles que recaban en el carácter culinario del canibalismo escocés: "añade Sant Hierónimo más: que las nalgas de los pastores, y los pezones y las tetas de las mujeres, tenían por más sabrosos y estimaban por sus deleites" (*Apologética* 2: 354).

tida[50]. Las Casas ubica a los caníbales en el orden de las calamidades. Su fiereza no es suya, sino instrumento divino. Los caribes –que adelantan una guerra contra-colonial– pierden así su carácter de contrarios y enemigos, y devienen castigos correctores de los excesos coloniales. Están dentro del campo semántico de la *infestación*; son la plaga que Dios envía a *su pueblo* para que expíe sus pecados; no para que sea expulsado o derrotado.

Por otra parte, según la *Apologética* los indios del Nuevo Mundo sólo son bárbaros en lo que toca a su paganismo –que no es negativo (sino por falta de revelación)– y a su diferencia lingüística, asunto en el que Las Casas advierte que "tan bárbaros como ellos nos son, somos nosotros a ellos" (2: 654). El enfoque universalista lascasiano de las religiones amerindias se contrapone a la tesis de la intervención diabólica: la idolatría es una "corrupción natural y universal [de] todo el linaje humano" en la cual caen todos los hombres y sociedades antes de "tener guía de doctrina o de gracia de Dios" (*Apologética* 1: 375, 381, 386). La causa de la idolatría no es entonces el Diablo[51], sino la naturaleza humana y su incesante y a veces ciega búsqueda de Dios (2: 263). En su controversia con Juan Ginés de Sepúlveda, Las Casas se atreve, con audacia intelectual, a decir que los sacrificios, aunque censurables, eran prueba de la alta religiosidad de los "infieles" porque "dando la vida a Dios, la hacen mayor subiección y acatamiento que pueden" (*Obra indigenista* 193)[52]. Las Casas usa, de nuevo, ejemplos de la Antigüedad para proponer que, a falta de revelación divina que lo prohibiera, era entendible que los idólatras le ofrecieran a Dios la más grande y mejor ofrenda, que es la vida humana:

> las naciones que a sus dioses ofrecían en sacrificio hombres [...] noble y digna estimación tuvieron de la excelencia y deidad y merecimiento (puesto que idólatras enga-

[50] Cieza, por ejemplo, afirma que por los "pecados [...] que estos indios cometen ha permitido la divina Providencia" que sean derrotados "por querer Dios castigarlos por nuestra mano (126).

[51] Lo que no obvia, según las Casas, que el demonio se aproveche de esta *idolatría natural* (*Apologética* 1: 384-387). Téngase en cuenta que para el fraile hay cuatro tipos de infidelidad: "A la primera pertenecen los judíos y moros creyentes que viven bajo el yugo de los cristianos. A la segunda, los apóstatas y los herejes. A la tercera, los turcos y moros que nos persiguen con la guerra. A la cuarta, los infieles idólatras que viven en muy apartadas provincias" como en el caso de los indios (*Apología* 503). La infidelidad de las clases primera y cuarta no habilita *per se* la guerra justa. Sí la segunda y la tercera. Entre todas, la cuarta clase tiene mayor importancia en el argumento porque en ella se encuentran los Indios.

[52] Marie-Cécile Bénassy-Berling se equivoca al respecto, cuando exagera la timidez del fraile quien, según ella, se cuida de "no aludir al sacrificio de Abraham" (316), lo cual, en verdad, éste hace explícitamente: "para tentar Dios a Abraham de la fe y amor que tenía, le mandó que le sacrificase el hijo que tanto amaba" (*Obra* 193).

ñados) de sus dioses [...] porque ofrecían, a los que estimaban ser dioses la más excelente y más preciosa y más costosa [...] de las criaturas [...y] como queda dicho, por la lumbre natural juzga [la razón] que a Dios se le debe ofrecer lo mas digno y lo mejor, estando dentro de los límites de la ley natural, faltando ley positiva, humana o divina, que ofrecer hombres prohíba o estorbe (*Apologética* 2: 244, 245).

Antes de la predicación del Evangelio, el canibalismo religioso aparece como prefiguración de la Cena eucarística[53]. Las Casas señala que en Guatemala el canibalismo tiene un significado religioso:

> La carne demás de los sacrificados la cocían y aderezaban y la comían como cosa sanctísima y a los dioses consagrada, y era felice el que della alcanzaba un bocado [...] Toda la demás se distribuía por los otros sacerdotes y ministros del altar, porque a los del pueblo ninguna cosa alcanzaba, y de aquesto *que por religión y no por otra razón* hacían (*Apologética* 2: 221).

Asimismo, el fraile ofrece un contexto explicativo teológico para el canibalismo mexicano: en "la Nueva España no la comían [carne humana] tan de propósito, según tengo entendido, sino la de los que sacrificaban, como *cosa sagrada, más por religión que por otra causa*" (*Apologética* 2: 354). Los sacrificios indígenas debían ser vistos de manera comparativa y con la misma benevolencia que los de la antigüedad pagana, máxime cuando los primeros aventajaban en calidad y variedad "a todas las naciones del mundo" (2: 273) y demostraban una gran devoción y religiosidad[54]. El relativismo de Las Casas a veces ronda la heterodoxia, como cuando expresa que los sacrificios siempre se han ofrecido a quien se considera el verdadero dios (*Apologética* 2: 242), o cuando, hablando de la antropofagia, arguye parafraseando a Guillermo de Auvernia que "ninguna región ni habitación de hombres hobo en el mundo donde los demonios no cegasen las gentes infieles con aquestos y muchos otros engaños [...como comer carne humana] por *permisión divina*, antes que la predicación del Evangelio diese al mundo luz" (*Apologética* 1: 466). La idea del *permiso divino* no apunta a que Dios haya instituido un sacramento antropo-teofágico antes de Jesucristo. Las Casas –que se cuida de no lesionar el sacramento– apenas insinúa que el cuerpo y sangre de Cristo reemplazan la antropofagia en una especie de relevo de la idolatría

---

[53] Asimismo, se refiere a las penitencias, confesiones, abluciones y ritos religiosos indígenas como *prefiguraciones*.

[54] "Este era su ordinario culto y religión, con muchas otras cerimonias que se pueden ver y colegir, [...]. *Ítem*, la *comunión* o superstición que recibían [...]. Otras muchas *cerimonias señaladas en los sacrificios, y después dellos*, allí ejercitaban, que daban testimonio del grande y nobilísimo concepto y estimación que del sol [...] y de los otros sus dioses, tenían concebido" (*Apologética* 2: 280, 281).

natural por el verdadero conocimiento espiritual y físico de Dios. Un área de coincidencia entre lo pagano y lo cristiano explica el canibalismo pre-evangélico y también, claro, justifica la conquista espiritual. Un fragmento de una luneta de Paolo Farinati (1524-1606) en *Villa della Torre*, Mezzane di Sotto (Verona) (1595), expresa bien esa idea de *correspondencia y relevo* entre canibalismo y comunión que Las Casas sugiere: un aborigen alegórico de América deja el festín caníbal que aparece a su izquierda –donde un torso y un brazo humano giran en un asador– y toma un crucifijo que está a su derecha, dándole la espalda al festín. América reemplaza la antropofagia por la eucaristía [il. 21].

Por último, en su tarea evangelizadora, Las Casas se encuentra *cara a cara* con el nativo y descubre, como ha dicho Mario Cesareo de otros frailes, que en el "paso de la máscara satánica al rostro indígena se juega la necesidad de suponer lo monstruoso como una posibilidad del yo" (18). Las Casas se dirige a la mismidad y –en la línea de pensamiento ético-religioso y jurídico de Montesinos (Cap. 1 §3)– desarrolla una de las más radicales resemantizaciones del tropo caníbal. En la obra lascasiana el indio no es un *Otro* devorador sino una *materialidad sufriente* y consumida. Las imágenes de carnicería –usadas para la *Canibalia* desde Colón y Vespucio[55] y en crónicas contemporáneas a la *Brevísima* como *La crónica del Perú* (1553) de Cieza de León[56]– son radicalmente invertidas.

La carta de denuncia de los dominicos a Carlos V del 4 de diciembre de 1519 había llamado a los encomenderos "*carniceros con el manso*" y a las expediciones esclavistas en el Caribe "*carnycerías*", e identificado la opulencia y las mercancías con los cuerpos cuya explotación producía la riqueza: la "seda pensamos que si fuese bien *esprymida, sangre de los yndios manaría* porque todos los gastos e esce-

---

[55] Los prisioneros según Colón "son cultivados [...] después castrados para que engorden, lo mismo que nosotros acostumbramos a engordar los capones, para que sean más gustosos al paladar" (Hernando Colón 169). En "Mundus Novus", los cuerpos de los cautivos en acción militar son dispuestos en carnicerías en las que el Vespucio apócrifo dice haber visto "carne humana salada y colgada de las vigas" que servía de "alimento común" (48). Véase la ilustración de una de estas carnicerías en la "*Lettera di Amerigo Vespucci delle Isole Nuovamente Trovare*" (carta de Vespucio a Soderini) (Honour 10). En estos relatos, así como en las ilustraciones de caníbales "tipo europeo", la idea del canibalismo como práctica económica relacionada con la atención del mercado de comida, las descripciones de carnicerías y "venta" comercial de carne humana son extravagancias del *yo* en la representación del *Otro*.

[56] Cieza afirmaba que los indios hacían "longanizas" de carne humana y "grandes *carnecerías* de otros hombres sólo para comer" (147), y relataba que en sus guerras las mujeres prisioneras eran preñadas y sus hijos criados "hasta que habían doce o trece años, y desta edad, estando bien gordos, los comían con gran sabor, sin mirar que era su sustancia y carne propia" (Cieza 105). Fray Pedro de Aguado aseguraba que había visto otro tanto entre los Pijaos: "*carnicerías públicas* de carne humana donde matan y *venden* por piezas y postas la carne de los indios e indias que prenden e cautivan" (en Bolaños, *Barbarie y canibalismo* 89).

sos muy superfluos que acá se facen, todos le salen a estos miserables indios de las entrañas" (*DIAO* XXXV: 199-240). El gasto material era de humanidad. Las Casas saca provecho máximo del tropo del apetito colonial por la sangre y de la metonimia que nombra la riqueza con los cuerpos desgarrados que la producen: el conquistador –dice– se hace "rico de los sudores, sangre y angustias de tantos hombres y gentes" bajo su servidumbre (*Historia de las Indias* 3: 79). Los dineros que los españoles ganaban, denuncia, "de la *sangre* de los indios que allí habían muerto y mataban, *exprimían*" (3: 333). "¿En qué juicio de hombre cristiano pudo caber [...que] les entregasen los inocentes para que de su sangre sacasen las riquezas que tienen por su dios" (*Octavo remedio*, en *Tratados* 2: 673). El indígena es siempre cuerpo consumido: "viendo las gentes de la isla de San Juan que llevaban el camino para ser *consumidos* [...] acordaron de se defender" (*Historia de las Indias* 2: 202); "Por ese tiempo y año de 1516, no olvidaban los españoles que tenían cargo de *consumir la gente* mansísima de la isla de Cuba" (3: 333). Los cristianos, escribe, cometieron "grandes insultos y pecados [...] oprimiendo y atormentando y vejando en las minas y en los otros trabajos, hasta *consumir* y acabar todos aquellos infelices inocentes" (*Brevísima* 34); "así los han *consumido* y *consumen* hoy" (48). La conquista es –una y otra vez– carnicería y consumo de inocentes[57]: "Estuvieron [los españoles] en estas *carnicerías* tan inhumanas cerca de siete años, desde el año de veinte y cuatro hasta el año de treinta o treinta y uno. Júzguese *cuánto sería el número de la gente que consumirían*" (*Brevísima* 68). Las Casas asimila el "hambre" por el oro al apetito por la sangre: "ansia temeraria e irracional de los que tienen por nada indebidamente derramar tan inmensa copia de humana sangre" (*Brevísima* 10). Los conquistadores son los sujetos activos no de una gesta heroica, sino de la más perversa voracidad[58]. De esta manera, Las Casas replantea la cuestión de la "protección del inocente", la de quién come a quién en el Nuevo Mundo y la de quiénes pueden –en justicia– ser llamados "insignes carniceros" (*Brevísima* 133)[59]. Merced a la

---

[57] Los ejemplos de este uso del verbo *consumir* son abundantes en la *Brevísima*: "sucedieron otros tiranos matadores y robadores, que fueron a *consumir* las gentes" (90); "los acaban e *consumen* en breves días [...] acabaron de *consumir* a todos los indios lucayos que había en estas islas cuando cayeron los españoles en esta granjería" (104).

[58] Para Las Casas, como para los jesuitas que intentarían las refundaciones del paraíso en América, "*inocente*" (del latín *innocens, -tis*, opuesto a *nocens*) es el que no ha sido contaminado, no ha perdido la inocencia y por lo tanto no tiene culpa. Esta noción será consustancial a la idea del "*buen salvaje*" del humanismo universalista cristiano del Renacimiento, así como a sus versiones posteriores, pues antes que *bondad* o *nobleza* (equívoco al que induce el término), lo que éste presupone es la condición previa al Estado, la propiedad, la civilización, la moral y el orden social.

[59] Los españoles, dice Las Casas, organizan *carnicerías* públicas de carne humana para alimentar a los perros como si se tratara de carne de "puerco o de carnero" (*Brevísima* 143) e inclusive pro-

selección del verbo *consumir* en relación con el sujeto *conquistador*, éste último ocupa en el discurso lascasiano el lugar antes asignado al salvaje voraz. Téngase en cuenta, además, que el verbo *consumir* tiene para Las Casas la doble acepción de gasto o aniquilamiento y de comunión (*consumir* es tomar la hostia)[60]. Las Casas inscribe al indio en lo que Cesareo ha llamado "el circuito cristiano de la materialidad sufriente" (19) y, en el mismo campo léxico de Cristo, lo erige en manso *cordero* y *víctima* de un sacrificio casi *eucarístico*: "y los inocentes corderos sufrieron [...] e servían con todas sus fuerzas, que no faltaba sino adorallos" (*Brevísima* 68). La copia perversa y demoníaca de la comunión es la de los encomenderos y conquistadores, lobos hambrientos entre corderos inocentes. En consonancia con la metáfora del *pastor* –que define al Imperio y a la Iglesia–, los indios son representados por Las Casas como "corderos muy mansos" y "ovejas mansas" sacrificadas en carnicerías como la de Cholula (*Brevísima* 54, 55). Los ecos bíblicos, nuevamente, son fundamentales: los conquistadores y encomenderos habrían pervertido el mandato que Cristo había dado a sus discípulos de ir a predicar como ovejas entre lobos[61] y, en cambio, actuaban "como lobos e tigres y leones crudelísimos de muchos días hambrientos" (*Brevísima* 16)[62] y como "lobos rabiosos, famélicos y crueles entre ovejas o corderos" (*De unico vocationis modo* 429). El fraile pide a la Corona "librarlos de la tiranía y perdición que padecen, como de la boca de los dragones, y que totalmente no los consuman" (*Octavo remedio*, en *Tratados* 2: 643). La metáfora del apetito colonial por la sangre y el cuerpo de los dominados y la metonimia que nombra la riqueza con los cuerpos desgarrados que la producen son *imágenes dialécticas*[63] cuyo contenido de verdad

---

pician el canibalismo de los indígenas aliados contra los enemigos. Pedro de Alvarado, "cuando iba a hacer la guerra a algunos pueblos y provincias, llevaba de los ya sojuzgados indios cuantos podía que hiciesen la guerra a los otros; e como no les daba de comer y a veinte mil hombres que llevaba, consentíales que comiesen a los indios que tomaban" (70).

[60] "En el Sacrosanto Sacrificio de la missa el tomar el sacerdote el cuerpo de Christo nuestro Señor, debaxo de las especies del pan y el vino" ("Consumir" en Covarrubias, *Tesoro* 351). Debo esta referencia a Luis F. Restrepo.

[61] "He aquí, yo os envío como á ovejas en medio de lobos" (*Mateo* 10: 16). También: "Y guardaos de los falsos profetas, que vienen á vosotros con vestidos de ovejas, mas de dentro son lobos rapaces" (*Mateo* 7: 15). Las Casas cita este argumento en *De unico vocationis modo* (190-195).

[62] Hablando de la conquista de Venezuela dice: "Entraron [...] más irracional e furiosamente que crudelísimos tigres y que rabiosos lobos y leones" (*Brevísima* 106). "Dan los tigres y leones en las ovejas mansas" (138).

[63] Son conocidas las imágenes góticas para el capitalismo que usa Marx: el capitalismo caníbal consumidor de los cuerpos en la producción, la figura del capital-vampiro y las mercancías chorreando sangre (*Capital* 1: 342, 353, 367, 925, 926). Dichas imágenes y tropos gótico-marxistas tienen una larga genealogía heterotrópica en la cual podemos contar las denuncias de los dominicos contra los modos violentos de la conquista de América, las críticas humanistas de la usura (Léry,

es ético: el colonialismo devoró millones de vidas, bebió su sangre, empapó en ella sus mercancías e hizo de sudores ajenos su riqueza. El español del discurso lascasiano es devorador del inocente y caníbal verdadero que anticipa los tropos góticos con los que Marx se referirá al capital (Cap. 7 §2).

Permítaseme aquí, a propósito de este apetito que Las Casas condena, referirme a la que acaso sea la primera y casi única pieza teatral española conocida sobre la Conquista del Nuevo Mundo que nos quedó del siglo XVI. Me refiero a la Escena XIX del auto de las *Cortes de la Muerte* (1557) de Michael de Carvajal (c.1510-1575), publicada con algunas adiciones por Luis Hurtado de Toledo (c1523-1590)[64]. El auto se compone de veintitrés escenas o retablos más o menos autónomos en los que diversos Estados y profesiones presentan, en la tradición de las danzas medievales, sus casos ante la *Muerte*, quien como juez universal, atiende sus quejas. En la Escena XIX un grupo de indios americanos con su cacique, convertidos al cristianismo –y probablemente mexicas, si nos atenemos a las referencias a sus sacrificios y dioses[65]– reprochan la explotación, torturas, muertes y despojos que padecen en el Nuevo Mundo. Participan como defensores de los indios *San Agustín*, *San Francisco* y *Santo Domingo* (tres de las grandes Órdenes evangélicas americanas) contra *Satanás*, *Carne* y *Mundo*. Aunque publicado en 1557, el auto fue probablemente escrito poco después de 1552, fecha de la publicación de la *Brevísima relación de la destruición de las Indias* y de los otros *Tratados* de fray Bartolomé de las Casas. El auto es una suerte de *suma dramática* de las tesis evangélicas y alegatos jurídicos del dominico, así como de la tensión y conflicto entre el proyecto unificador imperial y el poder centrífugo de los encomenderos[66].

Shakespeare), el pensamiento utópico de un sector de la Ilustración (Rousseau, Raynal), el discurso de la emancipación de la Revolución haitiana (Dessalines) o el abolicionismo inglés (Coleridge), por mencionar sólo algunas instancias de una tradición que luego tendría resonancias en el pensamiento contracolonial (C.R.L. James, Césaire, Fanon) y en los sermones letrados frente a la lógica voraz del mercado capitalista y la globalización en América Latina (Rivera, Asturias, Cortázar, Galeano, etc.)

[64] Puede consultarse la información biográfica disponible sobre Carvajal y Hurtado de Toledo, así como sobre la publicación, autoría, composición y noticias de representación de esta obra en *Querella de los indios en las Cortes de la Muerte (1557) de Michael de Carvajal*, volumen que ofrece asimismo, una edición anotada de la Escena XIX.

[65] "y pues él [Dios] os libró ya / de otros demonios mayores / que os quieren tragar allá..." (versos 336-339). La descripción de los dioses mexicas –especialmente Huitzilopochtli– como demonios devoradores es convencional. López de Gómara, por ejemplo, concluye la descripción de los ritos mexicas con un panegírico a la labor civilizadora (evangélica) de los conquistadores que libraron a los mexicas de dioses devoradores de hombres.

[66] La composición de las *Cortes* es seguramente posterior a la derogación de la ley 30 de las *Leyes nuevas* de 1542 que excluían las encomiendas de la masa patrimonial de las sucesiones heredi-

Los indios del auto piden que la *Muerte* ponga fin piadoso a sus días, pues morir es menos amargo que soportar las tiranías y crueldades de los conquistadores y encomenderos:

> Los indios ocidentales
> y estos caciques venimos
> a tus Cortes triunfales
> a quexarnos de los males
> y agravios que recibimos (versos 1-5).

Una amarga ironía informa esta querella, pues los indios de la escena, como en el caso de los cristianos nuevos –y es posible que el propio Carvajal lo fuera– ya están convertidos al catolicismo[67]. Según el *Cacique*, cuando adoraban a "los dioses mudos / bestiales, falsos y rudos / [...] / ninguno nos perturbaba / [...] / ni mataba ni robaba / ni hacia crudas guerras" (versos 28, 29, 31, 34, 35), pero, habiéndose vuelto cristianos sufren tiranías, crueldades y robos:

> [...] por sólo tener los grados
> de cristiandad en tal ser,
> parece que desafueros,
> homicidios, fuegos, brasas,
> casos atroces y fieros,
> por estos negros dineros
> nos llueven en nuestras casas (versos 39-45).

El auto comparte con Las Casas varios de sus argumentos y su arsenal metafórico. Singular motivo en común es, por ejemplo, el de la *honra*, que ocupa un lugar cardinal tanto en el alegato lascasiano como en las *Cortes*. Las Casas en *De unico vocationis modo* se dolía de la violación de mujeres[68], y en la *Brevísima* denunciaba las violencias y abusos sexuales de las hermanas y esposas de los reyes indígenas, algunos de ellos aliados de los españoles y súbditos del rey,

---

tarias. En el retablo *Santo Domingo* hace explícita referencia al inicuo triunfo de la causa de los herederos y propone que ello les costaría el alma: "¡Dolor de los herederos / que en él han de suceder, / y de sus negros dineros, / que sus pompas y mineros / tan caras les han de ser! (versos 386-390). El personaje *Santo Domingo*, favorece –como Las Casas– las fallidas disposiciones sucesorias. El tenor del texto y su sistema de tropos y argumentos parecen indicar que Carvajal conoció el debate de los dominicos contra los encomenderos y que el retablo fue una obra en diálogo con el pensamiento de Las Casas.

[67] En este sentido el "salvaje" del auto puede ser un subrogado del moro o del judío converso.

[68] "Y arrebatan las mujeres ajenas para adulterar" (*De unico vocationis modo* 371).

como le sucede a Guarionex –que era "muy obediente y virtuoso y naturalmente pacífico, y devoto de los reyes de Castilla"– y cuya recompensa "fue deshonrallo por la mujer, violándosela un capitán mal cristiano" (26, 27)[69]. El retablo es particularmente sensible a estos crímenes:

> ¿Qué hija, mujer, ni hermana
> tenemos que no haya sido
> mas que pública mundana
> por esta gente tirana
> que todo lo ha corrompido? (versos 106-110).

Pero acaso el más evidente de los motivos comunes entre la Escena XIX de las *Cortes* y la denuncia lascasiana es el maltrato a los indios, el cuerpo torturado y desgarrado que evoca el martirio de los santos de las hagiografías. Según Las Casas los españoles "otra cosa no han hecho [... con las gentes del Nuevo Mundo] sino despedazallas, matallas, angustiallas, afligillas, atormentallas, y destruillas" (*Brevísima* 16, 17). Una y otra vez señala como mutilaban a los indios[70] y los torturaban usando fuego[71]. Prácticamente citando a Las Casas, el *Cacique* lamenta el suplicio del cuerpo indígena mediante "homicidios, fuegos, brasas" (versos 42, 44), así como el desgarramiento y la mutilación:

> Para sacar los anillos
> ¿Qué dedos no se cortaron?
> ¿Qué orejas para zarcillos
> no rompieron con cuchillos?
> ¿Qué brazos no destrozaron?
> ¿Qué vientres no traspasaron
> las espadas con gran lloro? (versos 111-117).

---

[69] Las Casas acusa varios otros casos como el de Pedro de Alvarado –sin llamarlo por su nombre– quien en la Nueva España "robaba [a] los casados tomándoles las mujeres y las hijas, y dábalas a los marineros y soldados por tenellos contentos para llevarllos en sus armadas (*Brevísima* 70, 71). También refiere el caso de Nuño de Guzmán "un mal cristiano" que trata de violar una doncella, le corta una mano a la madre de ésta que trata de defenderla, y, finalmente, la mata "porque no quiso consentir" (75).

[70] Las Casas cita a fray Marcos de Niza: "Yo afirmo que yo mesmo vi ante mis ojos a los españoles cortar manos, narices, orejas a indios y a indias" (*Brevísima* 129).

[71] "[L]iaban todo el cuerpo de paja seca, pegándoles fuego así los quemaban. [...H]acían unas parrillas de varas sobre horquetas y atábanlos en ellas y poníanles por debajo fuego manso para que, poco a poco, dando alaridos en aquellos tormentos desesperados, se les salían las ánimas" (*Brevísima* 23).

El *Cacique* clama a Dios por la saña de los juegos crueles de los conquistadores y condena "aquel jugar al terrero" (esto es, al tiro al blanco) con seres humanos y racionales ("con los que saben y entienden") (versos 236, 237)[72]. *Otro indio* –también lascasiano –lamenta los males de la guerra[73] en América con una diatriba erasmista contra las que Las Casas, en *De unico vocationis modo*, llamara "armas estrepitosas que van sembrando cadáveres por doquiera" (351): "¿Quién vio nunca en nuestras tierras / arcabuz, lanza ni espada, / ni otras invenciones perras / de armas para las guerras, / con que sangre es derramada?" (versos 251-255). La censura del *telos bélico* que trae el retablo tiene que ver con el concepto jurídico de la falta de provocación (*justa causa*) y con el mandato de la *encomienda evangélica* de la teopolítica de Las Casas (Cap. I §4). Tanto el dominico como el quejoso *Cacique* de las *Cortes* de Carvajal afirman que los indios no han dado lugar a la acción bélica[74].

> ¿Qué injuria o qué villanía,
> o qué deshonra o despecho,
> les habemos hecho hoy día,
> porque tal carnicería
> hagan en nos, como han hecho? (versos 271-275).

El verdadero motivo de la guerra es diabólico: "[...] ¡oh triste tierra! / porque te quiero avisar / que hay cobdiciosos sin par / que te han de hundir con guerra" (versos 227-230). La "insaciable cudicia e ambición" es la verdadera causa de las conquistas y "guerras inicuas e infernales" (*Brevísima* 19, 76). Según Las Casas, "la causa por que han muerto y destruido tantas y tales e tan infinito número de ánimas los cristianos, ha sido solamente por tener por su fin último el oro y henchirse de riquezas en muy breves días" (*Brevísima* 19). Este apetito "que nunca se sacia" es para el dominico entonces "también una idolatría", pues reemplaza a Dios con el oro (*De unico vocationis modo* 374). De allí que hable de "ambición y *diabólica* cudicia" (*Brevísima* 61). Como se recordará, la noción del

---

[72] Las Casas relata que los conquistadores "hacían apuestas sobre quién de una cuchillada abría el hombre por medio o le cortaba la cabeza de un piquete o le descubría las entrañas" (*Brevísima* 22).

[73] "[L]a guerra trae consigo estos males: el estrépito de las armas; las acometidas e invasiones repentinas, impetuosas y furiosas; las violencias y las graves perturbaciones; los *escándalos* las muertes y las *carnicerías*; los estragos, las rapiñas, los despojos; el privar a los padres de sus hijos, y a los hijos de sus padres" (*De unico vocationis modo* 343).

[74] Dice por ejemplo las Casas: "Comenzó este tirano [...Francisco de Montejo] a hacer crueles guerras a aquellas gentes buenas, inocentes, que estaban en sus casas sin ofender a nadie" (*Brevísima* 78.).

sacrificio idólatra (utilizada por Sepúlveda para justificar la guerra) había sido sometida a la disolvente semiosis lascasiana: "más [...] han sacrificado los españoles a su diosa muy amada y adorada de ellos, la cudicia, en cada un año de los que han estado en las Indias [...] que en cien años los indios a sus dioses en todas las Indias sacrificaban" ("Tratado tercero" 1552, *Tratados* 1: 397). Los indios de la escena –recalca el *Cacique*– no son *idólatras* como sí, los llamados cristianos, cuyo ídolo es el oro:

> Imágines de oro y plata
> no hacemos; que hemos visto
> que esta gente no lo acata;
> antes lo roba, arrebata,
> aunque fuese el mesmo Cristo (versos 181-185).

El *Cacique*, como el fraile, anticipando uno de los más recurridos motivos del teatro posterior, maldice el "malvado apetito" por los metales:

> ¡Oh *hambre pestilencial*
> la de aqueste oro maldito
> y desta *gente bestial*
> hacen tamaño caudal
> de tan *malvado apetito*!
> [...]
> ¿Qué campos no están regados
> con la sangre que a Dios clama,
> de nuestros padres honrados,
> hijos, hermanos, criados
> por robar hacienda y fama? (versos 86-90; 101-103).

Esta "hambre pestilencial" contrasta con la estereotípica falta de ambición de los indios en las crónicas y relaciones y, específicamente, en la *Brevísima*[75]. En el monólogo que abre el auto, el *Cacique* dice, refiriéndose al oro, que es "cosa que le damos / de buena gana, o en paz, / porque allá no lo estimamos / en tanto, ni reputamos / por causar males asaz" (versos 91-95). La supuesta simpleza de los indios al despreciar el oro ("la India es tenida / por simple" vs. 97, 97) es presentada lascasianamente como una virtud: "Dessa que llaman riqueza /

---

[75] "Los indios recibíeronlos como si fueran sus entrañas e sus hijos, [...] porque ésta es común condición e liberalidad de todos los indios de aquel Nuevo Mundo: dar excesivamente lo que han menester los españoles e cuanto tienen" (*Brevísima* 95). Cuando "un capitán" (Alvarado) pide oro a los indios, estos "responden que les place darles todo el oro que tienen" (69).

esa gente tan sedienta / se cargue, y de su vileza; / que nuestra naturaleza / con muy poco se contenta" (vs. 281-285)[76]. Quienes fueron definidos por sus apetitos irrestrictos no apetecen el oro de "las venas de la tierra" (v. 100) y comen frugalmente, mientras que los conquistadores y encomenderos ansían y devoran los metales que, como dirá Luis de Góngora, son las venas y los huesos del Nuevo Mundo ("Égloga piscatoria" *Obras poéticas* 2: 228). En las *Cortes*, el *Cacique* propone como "medicina" para esta "hambre pestilencial": echarle al conquistador oro fundido por la boca:

> ¡Oh, Partos, cuan bien curastes
> a Craso, aquel capitán
> que por la boca echastes
> tanto oro, que matastes
> aquella sed y alquitrán!
> Desta mesma medicina
> debiéramos, cierto usar
> con esta hambre canina,
> tan fundada en la rapina (versos 141-149).

La mención a Marco Licinio Craso (115-53 a.C.) remite a una poderosa imagen del castigo a la codicia o hambre por los metales. Este general romano y miembro del Primer Triunvirato, enriquecido con la trata de esclavos y la explotación de minas, fue capturado por los *partos* de Persia quienes le hicieron beber oro líquido. Esta "mesma medicina" contra el "hambre canina"[77] fue algo que –al parecer– ciertos indios pusieron en práctica según nos cuenta Jerónimo Benzoni en *La Historia del Mondo Nuovo* (1565): "debido a la desmedida crueldad y tiranía, ansí como a la cudicia de éstos, vertieron oro fundido en boca de cuantos pudieron atrapar, pero sobre todo de los capitanes [...] pronunciando estas palabras: *Come oro, come oro, insaciable cristiano*" (*América de Bry* 177. 177). Teodoro de Bry –editor e ilustrador protestante del libro de Benzoni (150-246)– repre-

---

[76] Recuérdese que en la *Brevísima*, los indios no aprecian la riqueza: "Son también gentes paupérrimas y que menos poseen *ni quieren poseer* de bienes temporales; e por esto no soberbias, no ambiciosas, no cubdiciosas. [...] Su comida es tal que las de los sanctos padres en el desierto no parece haber sido más estrecha ni menos deleitosa ni pobre" (15). Dice Las Casas: "Todas estas universas e infinitas gentes *a toto genere* crió Dios las más *simples*, sin maldades ni dobleces, obedientísimas y fidelísimas a sus señores naturales e a los cristianos a quien sirven; más humildes, más pacientes más pacíficas y quietas, sin rencillas, ni bollicios, no rijosos, no querulosos, sin rencores, sin odios, sin desear venganzas, que hay en el mundo" (14).

[77] Nótese la inversión del estereotipo de los caníbales con cabeza de perro (cinocéfalos) de los bestiarios y la teratología clásica y medieval a los que alude Colón.

sentó esta equivalencia entre el canibalismo y el apetito colonialista en un grabado de 1594 [il. 22]. Allí, los indios castigan a un conquistador haciéndole beber oro líquido en un primer plano, mientras en el fondo se asan y comen algunas extremidades humanas. Una cosa aparece justificada por la otra con una ecuación visual entre el apetito de carne humana y la "absurda avidez" por el oro, como la llamara de Bry en su introducción (*América de Bry* 154).

El reproche a la codicia y las crueldades de los conquistadores y encomenderos en las *Cortes de la Muerte* aprovecha contra éstos el acervo metafórico lascasiano; los llama: "atroces y fieros" (v. 43), "gigantes" (v. 79), "gente tirana" (v. 109), "tiranos" (v. 344), de "hambre canina" (v. 148), "bárbaros" (v. 178), "cobdiciosos" (v. 229), "perversos" (v. 243), "gente tan sedienta" de riqueza (v. 282), "demonios" (v. 337), "lobos robadores" (v. 340), etc. El *Cacique* llama a la Conquista "carnicería" (v. 274); y la *Muerte*, al darles la razón a los demandantes, reitera precisamente los tropos del *rebaño* y del *apetito voraz*, y hace, como Las Casas, una directa alusión a la voracidad lupina:

> Todo lo tened en nada
> pues ha placido al Señor
> daros en su Iglesia entrada,
> y seáis de la *manada*
> de tal *rebaño* y *Pastor*;
> y pues él os libró ya
> de otros demonios mayores
> que os quieren tragar allá,
> creedme que os librará
> destos *lobos* robadores (versos 331-340).

Los "demonios mayores" eran los dioses que exigían el sacrificio humano (referencia al sacrificio mexica); los "lobos robadores" eran los malos cristianos (alusión a la voracidad colonial). El *Pastor* con mayúsculas es Cristo, pero también la Iglesia y ese *otro* imperio: el evangélico. La clave hermenéutica del sacrificio y consumo colonial de los indígenas es, nuevamente, la paradoja evangélica: la Iglesia habla por el rebaño sufriente americano, por los indios "venidos como mansas ovejas" al martirio (*Brevísima* 66) y sacrificados como Cristo, quien "como oveja a la muerte fue llevado" (*Hechos* 8: 32)[78]. El *consumo encomendero* es

---

[78] El tropo del español voraz y hambriento de sangre y oro calará incluso en el poeta americano Pedro de Oña (1570-1643), quien sin especial simpatía por los indios expresa de manera lascasiana: "¡Oh, siempre viva *hambre del dinero*, / disimulada muerte de mortales, / polilla de almas gastadora / *hinchada sanguijuela chupadora!*" (*Arauco domado* 1596, en Cometta-Mazoni 100).

una comunión perversa. El cuerpo martirizado del indio-inocente-cordero –cercano semántica y tropológicamente al de Cristo– es sacrificado injustamente y consumido en la religión diabólica del oro: la idolatría del Demonio. La felicidad de la comunión deviene entonces amargura y martirio sin redención. Un indio alega el contraste entre las dos comuniones o *consumos*: "estos apregonan vino / y venden vinagre agora / despojando cada hora / al indio triste" (vs. 172-175)[79].

La aporía de las críticas contracoloniales tanto en las Casas como en Carvajal es que articulan el universalismo imperial de cuyas consecuencias prácticas se duelen. Cuando Las Casas examina la cuestión de los derechos del *Otro* se pregunta fundamentalmente por la razón jurídica del Imperio. Dicha indagación lo conduce a las arduas zonas de la reflexión moral sobre el *Ego conquiro*. Pero las condiciones de posibilidad de la enunciación discursiva de los derechos humanos son coloniales. Por eso en Las Casas el rey, el padre y el pastor sostienen el eje absolutista del poder político imperial y justifican la evangelización, aunque por otro lado sean los ejes de la defensa del indio. El indio de las *Cortes* no se rebela contra el orden Imperial o la condición colonial o subordinada. Pide en cambio la muerte[80] y, así como Las Casas espera la justicia del Emperador, los indios aguardan la divina (Jáuregui, "Apetitos coloniales...").

La *Muerte* concede la razón a los demandantes, pero les pide resignación y paciencia, y les promete una recompensa celestial y el castigo de sus "adversarios". San Agustín secunda esta promesa del juicio y la justicia final, y Santo Domingo prescribe como "midecina" para las penas de los demandantes la "palabra divina" (versos 361-363); no la medicina que proponían los indios; a saber: matar a los conquistadores haciéndoles tragar oro. La Escena XIX de las *Cortes de la Muerte*, entonces, hace una defensa lascasiana de los indios pero acoge y sostiene el *paradigma tutelar* que justifica el Imperio; critica la codicia y el apetito por los metales pero pide paciencia y tiene fe en una justicia sobrenatural y ahistórica. Si bien la escena intenta resolver "la cuestión indiana" a favor de los indios, al final no sólo no resuelve el *petitum* de los Indios, sino que –como señalaba Ortega y Medina– condena a América (499). El alegato de los Santos contra los metales –que encontraremos luego en el Barroco[81]– deviene alegato contra el Nuevo Mundo: "Para Santo Domingo las minas y riquezas son las

---

[79] David Gitlitz señala que el "vino sacramental de la misa ofrecido por los misioneros como la clave de la salvación para las almas paganas" es "transubstanciado no en la sangre de Cristo, sino en vinagre" ("Carvajal's *Cortes*" 120).

[80] "'Andá, que sois malos; no puedo más; mátame aquí, que aquí quiero quedar muerto.' Y esto dícenlo con grandes sospiros y apretamiento del pecho" (*Brevísima* 93).

[81] La escena expresa un desencanto, sorprendentemente temprano, frente al "Descubrimiento" y la Conquista.

"espinas" del martirio de Europa (vs. 391, 392, 399) y América tiene, en su riqueza, la culpa de su destrucción: "Di, India –dice *Santo Domingo*– ¿por qué mostras-
te / a Europa esos tus metales [...]?" (vs. 391, 392).

> ¡Oh India, que diste puertas
> a los míseros morales
> para males y reyertas!
> ¡Indias, que tienes abiertas
> las gargantas infernales!
> ¡India abismo de pecados!
> ¡India rica de maldades!
> ¡India de desventurados!
> ¡India que con tus ducados
> entraron las torpedades! (versos 401-410).

Al final de la obra, la *Edad dorada* cede su lugar al infierno. Como expusiera
Ortega y Medina: "a las Indias de Caridad siguen las Indias de tinieblas; la inocencia se convierte en perversión y el bien en mal. Las indias se transforman, y
envilecen [...] todo lo que tocan, especialmente los propios españoles, cuya permanencia en ellas los corrompe y destruye" (502, 503).

Satanás, Carne y *Mundo* –*personajes morales* o *conceptuales* del conquistador
desentendido de sus "deberes" evangélicos y espirituales– insisten en el móvil
material, frente a los espirituales de sus contrapartes los santos. *Satanás*, que
representa algo así como el principio del deseo proto-capitalista, encuentra perfectamente comprensible que "las gentes [...] pasasen / a las Indias a robar" y
que la Conquista sea impulsada por el ansia de lucro y el oro "ques piedra imán"
(versos 411-420). *Carne* invoca la necesidad y pobreza de los que pasaron a América "a buscar / para el comer y vestirse" y no dejarse morir de hambre, pues el
diario sustento "acá –dice– no hay do lo ganar" (versos 421-430). *Mundo,* por su
parte, se refiere a la libertad y placeres que muchos buscan en el Nuevo Mundo
(441-450).

Se trata de dos concepciones encontradas de la *Razón imperial*: una "econó-
mica" (la de *Satanás, Mundo* y *Carne*) y otra evangélica (la de *San Agustín, Santo
Domingo* y *San Francisco*); la primera, inspirada por las tentaciones que la propia
América pone frente a Europa, y la segunda, en el deber apostólico. Si bien
–como en Valladolid– Las Casas tiene la razón, dicha razón se hace discurso de
Imperio; y la última palabra la tienen en la obra como en la historia Satanás,
Mundo y Carne.

Lo que resulta evidente a mediados del siglo XVI en la obra que nos ocupa,
como después, en el Barroco, es que la América –consumida en la conquista, la
esclavitud, el despojo, la muerte y la violencia de la acumulación primitiva del

capitalismo en formación (Marx, *Capital* 1: 874.)– es reemplazada con otro cuerpo sufriente: el de España, corrompida y "martirizada" por el oro (ver acápite §5 de este capítulo). La pérdida de la inocencia que lamenta la melancolía barroca corresponde al encuentro con el Nuevo Mundo; en otras palabras, América en el *Siglo de Oro* español no evocará ya la *Edad dorada* sino el "imán" de la codicia y el desastre: el Nuevo Mundo como el origen y *locus* del mal. Este *motif* dramático tan común en el siglo XVII es inaugurado por la Escena XIX de las *Cortes*.

Quisiera resaltar, para terminar, el segundo aspecto de la aporía política: en la Escena XIX encontramos el motivo guevariano del *salvaje quejoso* y la resemantización lascasiana del salvaje (como cordero inocente y cuerpo consumido y sufriente de un martirio injusto); pero, como se dijo, esta proposición contracolonial paradójicamente *lleva agua al molino* del *paradigma tutelar* que sostiene la razón jurídica imperial. En el auto –así como en la *Brevísima*, en el discurso del salvaje germano de Guevara o en el del viejo indio que regaña a Colón en Anglería– para que el *Otro* hable (o mejor, para que sea audible) ha tenido que ser traducido. El humanista ha citado sus lamentos[82], se ha hecho su lengua[83] y habla en el lugar del *Otro*. De Anglería a Guevara, de éste a Montaigne y a Shakespeare, y más tarde a Rousseau e incluso a Marx, los buenos salvajes (y a veces los caníbales también) "se dirigen" a sus conquistadores o al mundo civilizado para señalar los agravios recibidos, y la inmoralidad de la sociedad europea y de sus instituciones políticas y económicas. Incluso los caníbales en lugar de devorar discurren. No planteo algo así como el debate de si habla o no el "salvaje", entre otras razones, porque estos "salvajes" son constructos y representaciones culturales (y es más probable que en lugar de hablar por el Salvaje, el "salvaje", con minúsculas, hable por quien lo imagina).

Lo que no debemos olvidar es que el humanista se convierte en *advocatus* de esos cuerpos sufrientes a quienes reconoce subjetividad jurídica, pero que supone incapaces relativos. El Imperio, la Iglesia, el fraile, el defensor de los derechos humanos, ocupan el lugar del padre, del pastor, de la *lengua protésica*; son intermediarios entre el dolor y la justicia reclamada. En otras palabras, el humanis-

---

[82] En Nicaragua: "Aquellos son los caminos por donde íbamos a servir a los cristianos, y aunque trabajábamos mucho, en fin volvíamos a cabo de algún tiempo a nuestras casas e a nuestras mujeres y hijos; pero agora vamos sin esperanza de nunca jamás volver ni verlos ni de tener más vida" (*Brevísima* 47); En Cholula: "Oh malos hombres! ¿Qué os hemos hecho? ¿Porqué nos matáis?" (55); Santa Marta: "Anda que sois malos; no puedo más; mátame aquí que aquí quiero quedar muerto" (93); En el Río de la Plata: "nuestra sangre quede por estas paredes en testimonio de nuestra muerte y vuestra crueldad" (120, 121), etc.

[83] Cesareo usa la expresión "cuerpo protésico" (106) para ilustrar la función de lengua y voz que se autoasignaron algunos frailes ante la *minoría de edad* y la *minusvalía* impuesta a los indígenas.

mo universalista cristiano que proclama la humanidad y subjetividad jurídica del aborigen, sin embargo, justifica el Imperio (con razones evangélicas y humanitarias) o, en el "mejor" de los casos, autoriza el centro moral (cristiano y occidentalista) de esa humanidad universal. Esa aporía no la resolvió Las Casas, ni Carvajal, y nos acompaña aún.

En resumen, Las Casas relativiza y desvirtúa la naturaleza americana del caníbal, atenúa la condena al canibalismo pre-evangélico, llama la atención sobre el indio no como un *Otro* devorador sino como la *materialidad sufriente* que se hace objeto consumido; Las Casas toma distancia del caníbal-conquistador condenando su voracidad contraria a la doctrina cristiana. Las Casas, Carvajal y Hurtado de Toledo acusan por la boca de sus indios la explotación del Nuevo Mundo. Los tropos construidos para el *Otro* voraz eran también tropos de un reconocimiento que no producía el *horror al Otro* (como el de los conquistadores frente al caníbal), ni de *verse en él* (como en las percepciones de la similitud religiosa y el *plagio diabólico*), sino el horror *de sí frente al Otro*. El exorcismo de ese horror fue posible, en gran medida, saliendo discursivamente de la subjetividad del dominador, hablando por el *inocente* y haciendo causa con su dolor y con sus quejas.

4. EL *BUEN CANÍBAL*: LÉRY, MONTAIGNE Y LA RAZÓN MODERNA DE LO EXÓTICO

El canibalismo fue no sólo un dispositivo generador de alteridad, sino también un tropo cultural de reconocimiento. En el capítulo anterior veíamos que en el contexto de la competencia europea por las rutas de comercio en el litoral de lo que hoy es Brasil, se desarrolló una mirada etnográfica que le asignó una dimensión cultural al canibalismo tupinambá y lo relacionó con el valor y el honor guerrero. El otro gran factor que determina el régimen de representación de la alteridad es la Contrarreforma y, particularmente, el debate católico-protestante por el fracaso de la primera colonia francesa en el Brasil. El calvinista Jean de Léry (1534-1611) escribe su *Histoire d'un voyage fait en la terre du Brésil, autrement dite Amérique* (1578) antes que como una impugnación etnográfica de los tratados sobre los tupinambá del católico André Thevet (1516-1590) como una impugnación religiosa.

Nicolas Durand de Villegagnon (1510-1571) intentó en 1555, con el apoyo de Henri II, establecer una colonia francesa en la Bahía de Río de Janeiro en el Brasil. Cinco años después, fue arrasada por los portugueses al mando de Mem de Sá, apoyado por cerca de mil indígenas. La *France antarctique* fue un fracaso en gran parte gracias a la personalidad autoritaria del almirante francés. Villegagnon se muestra inflexible en lo tocante a la disciplina de los colonos y su moralidad sexual, y su gobierno tiránico genera descontento[84]. A lo anterior se suma el conflicto religioso al interior de la colonia. Villegagnon le había prometido a Calvino (según Léry) proteger a sus ministros en la misión de fundar en la *terre du Brésil* una sociedad bajo la religión reformada[85]. La colonia tenía por objetivo "crear un reducto donde los refugiados hugonotes pudieran convivir pacíficamente con los católicos [...;] un área de tolerancia religiosa" (Ziebell 179). Sin embargo, la *France antarctique* fue un renovado escenario de los conflictos de la Contrarreforma, especialmente después de la llegada de nuevos ministros de Calvino a la colonia en 1557, entre quienes se cuenta el propio Léry. Como consta en un documento de 1560 sobre el proceso a un protestante francés "infiltrado" entre católicos portugueses, con la llegada de los refuerzos espirituales calvinistas a la *France antarctique*, el conflicto llega al punto en que todos "se llaman herejes, los unos a los otros" (*Cartas dos Primeiros Jesuitas* 3: 182). Para disgusto de los ministros calvinistas, Pierre Richer y Guillaume Chartier, Villegagnon entra en discusiones teológicas con ellos, particularmente, en relación con el delicado tema de la eucaristía. El navegante, metido de teólogo, opina que el pasaje bíblico en el que Jesús dice "esto es mi cuerpo [...] esto es mi sangre" (Marcos 14: 22) no puede entenderse de otra manera que la literal, conforme al dogma católico de la *transubstanciación* (v. §2 de este capítulo). Los calvinistas fracasan tratando de convencer a Villegagnon que las palabras de Jesús eran expresiones figurativas. Léry y sus correligionarios deciden abandonar el fuerte e internarse en tierra firme antes que vivir bajo la tiranía de quien consideraban un traidor de la iglesia reformada (Léry 50). Tres de los compañeros de Léry que regresan al fuerte, son torturados y ahogados en el mar por Villegagnon. Léry logra regresar a Francia en 1558 después vivir entre los tupinambá por dos meses.

Esta disputa teológica sobre el misterio de la *Última cena* a mediados del siglo XVI en el Brasil –entre un grupo de discípulos de Calvino y un almirante autoritario y con una religiosidad ambigua– fue en el epicentro de nuevas variaciones semánticas del tropo *caníbal*: los católicos serán llamados por los hugonotes victimarios de mártires, comedores de carne cruda, salvajes y caníbales[86]: "ellos

---

[84] "Desde el primer momento surgen conflictos parcialmente motivados por la actitud autoritaria de Villegagnon. Fanático, defensor de una moral ortodoxa, condena todo tipo de lujuria, obligando a los colonos a que obedezcan ciertas reglas establecidas por él, como la prohibición absoluta de fornicación con mujeres indias" lo que provoca una revuelta que Villegagnon sofoca (Ziebell 179-182).

[85] Villegagnon había sido compañero de Calvino en la Universidad de París y obtuvo la comisión de la colonia gracias al almirante Gaspard de Coligny (1519- 1572), simpatizante y luego líder de la facción hugonote.

[86] Los católicos hicieron lo mismo, llamando a los calvinistas caníbales y acusándolos de haber supuestamente profanado y cocinado las reliquias de Saint Fulcran, o de haber masacrado y devo-

–escribirá Léry recordando a Villegagnon– querían no sólo comer la carne de Jesucristo materialmente en lugar de hacerlo espiritualmente, sino lo que era aún peor; como los salvajes *ouetaca* [...] querían masticarla cruda" (41, 42). Según el propio Léry, los ouetaca eran una de las "más bárbaras, crueles y temibles naciones" de "las Indias occidentales y la tierra del Brasil"; comían carne cruda y no comerciaban; eran salvajes incluso para los salvajes vecinos que no entendían su lengua (29). Para Léry, Villegagnon es un caníbal de la peor clase que, además de querer comerse a Cristo físicamente, maltrata a los hombres e indios bajo su mando. Unos prisioneros margaia, rescatados de manos de los tupinambás aliados, le confiesan a Léry que si hubieran sabido que Villegagnon los iba a tratar como los trataba "se hubieran dejado comer de sus enemigos antes que acudir a él" (47).

Histoire d'un voyage fait en la terre du Brésil, autrement dite Amérique es una narración del *Otro* al cual Léry llega a refugiarse. Su paso por la alteridad y su relato etnográfico están, en primer lugar, marcados por esta circunstancia (que diferencia su etnografía de la de Thevet y ciertamente de la de Staden). En segundo lugar, la alteridad es, en su "brutalidad", preferible a la malignidad de algunos de sus contemporáneos y compatriotas. Las especulaciones etnográficas de Léry serán retrospectivas y su motivo será una y otra vez –antes que el salvaje– la conflagración religiosa en Europa. Léry participó tempranamente –como ha estudiado Frank Lestringant– en el debate religioso sobre el fiasco colonial del Brasil con su panfleto *Historie de choses mémorables advenues en la terre du Brésil, partie de l'Amérique Australe, sous le gouvernent de N. de Villegagnon, depuis l'an 1555 jusques a l'an 1558*, publicado anónimamente en 1561 y luego integrado en *Histoire des Martyrs* de Jean Crespin (1564). Después de sobrevivir la masacre de hugonotes de la noche de San Bartolomé (1572), Léry se refugia en Sancerre, ciudad que es atacada y asediada por el ejército real en 1573. El cerco católico a la ciudad dura cerca de ocho meses; la resistencia heroica de la población será materia de otro escrito de Léry: *Historie mémorable de la ville de Sancerre* (1574). Allí, Léry relata con horror cómo la población terminó comiéndose sus propios excrementos, y el caso de una pareja y una vieja que forzados por la hambruna se comieron a una niña de tres años (hija de la pareja) que al parecer había fallecido de hambre. Como destaca Carmen Nocentelli-Truett, Léry revisita en su *Historie mémorable* el canibalismo tupinambá, pareciéndole menos horrible que el canibalismo famélico de Sancerre y que las guerras religiosas en Francia (99, 100). Este *símil* será el tropo maestro de su etnografía *Histoire d'un voyage* (1578)

---

rado víctimas católicas en Niza en 1556. Sin embargo, el tropo caníbal de la "propaganda anti-protestante parece articulado de manera incompleta [...] si se lo compara con las estrategias discursivas de la Reforma" (Nocentelli-Truett 104, 105).

que, como se anotó, Léry escribe y publica para contradecir *La cosmographie universelle* (1575), del cosmógrafo real y fraile católico Thevet. Thevet –quien en *Les singularités de la France antarctique* (1557) había soslayado las referencias directas al desastre de la colonia y no había defendido a Villegagnon– en *La cosmographie* de 1575 incluyó una carta explicativa de Villegagnon sobre la pérdida de la *France antarctique*; en el contexto de la emergente hegemonía católica en Francia, Thevet le hacía al controversial almirante el homenaje póstumo de la adopción de su versión de los hechos y la publicación de su defensa personal y alegato contra los calvinistas ("Réponse aux Libelles d'injures, publiez contre le Chevalier de Villegagnon" 1561)[87]. Por supuesto, después de la noche de San Bartolomé (1572) el asunto de la responsabilidad por la pérdida de la colonia en 1560 era en sí irrelevante, salvo como metonimia de las guerras religiosas, que, con la paz de Bergerac (1577), parecen decidirse contra los hugonotes. Al año siguiente Léry publica su etnografía antagónica que, sea menester aclarar, presenta menos contradicciones con el texto de Thevet que las que anuncia[88].

Léry –con evidente antipatía– dice que Thevet no fue testigo de la disputa entre protestantes y católicos y que respecto de los indios, habla de lo que no sabe pues, temblando por su seguridad, nunca salió del fuerte Coligny por miedo a ser comido por los salvajes que con tanta autoridad describe (lv, lvi). Lo acusa de "mentir cosmográficamente" (xlviii), aludiendo con inquina al cargo oficial del fraile como cosmógrafo real de Carlos IX y burlándose del título de su tratado *La cosmographie universelle* (1575). Según lo ha recordado Tom Conley, *La cosmographie* de Thevet revisa el fracaso de la *France antarctique* después de cerca de dos décadas de guerras civiles en Francia (771). Una de las adiciones de Thevet es la acusación de que los protestantes habrían causado los conflictos que provocaron la pérdida de la colonia (*La cosmographie* vol II, cap. 2, f. 908r°-914r°)[89]. El cosmógrafo provoca extemporáneamente un nuevo enfrentamiento entre dos versiones (la católica y la hugonote) respecto de la aventura colonial de Villegagnon. La superficie etnográfica del debate apenas si cubre la controversia católico-protestante sobre la Francia escindida de la Contrarreforma. El tupinambá, entonces, se convierte en un *otro especular*, lo cual es posible gracias

---

[87] Con la definición anti-protestante de Thevet en *La cosmographie* y la respuesta de Léry, la controversia anterior sobre la *France antarctique* (entre Villegagnon y Richer) continúa con otros interlocutores (Ziebell 211).

[88] Léry mismo, como recalca Ziebell, recoge información de Thevet "llegando a reproducir pasajes enteros casi *ipsis verbis*" (196). "Léry plagia partes enteras de las descripciones, sobre todo en relación con la historia natural, del libro de Thevet" (218), y sus varias de sus ilustraciones son rehechuras de las de Thevet (219).

[89] Para la traducción del capítulo correspondiente al inglés véase Tom Conley (772-781).

a, por una parte, la *semántica estratégica* de las etnografías de caníbales aliados (Cap. I §5) y, por otra, a la mencionada escisión religiosa del Ego.

El tratado sobre los tupinambás del calvinista Léry "está localizado en la intersección de dos grandes ejes de la experiencia moderna europea: la Reforma protestante y el Descubrimiento de América" (Whatley xvi). El eje del problema religioso es el de la Historia y sus Sujetos (con mayúsculas); el eje del Descubrimiento es el de la "etnografía" y sus sujetos (*sujetados* a ella / objetos del saber). En ambos ejes, el tropo caníbal opera, aunque de manera diversa. En el eje etnográfico Léry –quien, descontado su sentimiento de superioridad religiosa, mantiene cierta empatía etnográfica con los salvajes[90]– hace una taxonomía y gradación de la antropofagia aborigen entre los tupinambás *amigos* (aliados de los franceses), los *margaia enemigos* (aliados de los portugueses) y los suplementarios *ouetaca*, que no tienen tratos ni comercio con franceses, portugueses ni españoles y que son el límite de su mirada etnográfica y posibilidad de representación. En segundo lugar, el canibalismo de los aliados tupinambá es traducido: obedece a la guerra y la venganza y no a motivos alimenticios (112, 127) y está ritualmente regulado (125-128). La antropofagia hace parte de una etnografía que describe guerras (113-120), prácticas médicas y salud (56, 155, 172), viviendas (159), supersticiones y creencias religiosas (86, 91, 139-145, 172), lenguaje (183), costumbres con los extranjeros (50, 144, 162-164), prácticas económicas y tecnologías (79, 96-98, 166), relaciones familiares y costumbres sexuales (152-156), etc.

A esta mirada sigue una reflexión especular: la etnografía –que produce y organiza el saber sobre el salvaje– afirma un sujeto moderno o histórico. Pero ese sujeto no es homogéneo, sino que, como se anotó, está escindido. Léry invita, en el *eje de la Historia*, a quienes leen las "cosas horribles" de la "tierra de Brasil" a pensar en las

> cosas que pasan todos los días aquí entre nosotros como lo que hacen nuestros grandes usureros, chupándole la sangre y el tuétano, y comiéndose a cada uno vivo, viudas, huérfanos, y otra pobre gente cuyas gargantas sería mejor cortar de una vez por todas que hacerlos agonizar en la miseria (132).

El moderno burgués calvinista se distancia de los voraces especuladores y agiotistas europeos mediante el tropo de la explotación caníbal del trabajo del *Otro* y su consumición, que encontramos en una larga tradición que va del sermón de Montesinos y los alegatos de Las Casas a los tropos de Rousseau para la

---

[90] Ziebell ha sugerido, por el contrario, que la representación de los tupinambá en Léry, a diferencia de Thevet, tiene un marcado pesimismo, producto de la creencia de que los indios habrían desconocido una revelación divina y sostenido su error (196).

voracidad de la Modernidad y la metáfora del consumo de las fuerzas de trabajo de Marx.

En el eje religioso, el canibalismo pasa a ser una metáfora para condenar el dogma católico de la transubstanciación (41, 44) y para las guerras religiosas en Europa, en las cuales los católicos son caníbales "literales". Refiriéndose a los acontecimientos que siguieron a la masacre de hugonotes el día de San Bartolomé (1572), Léry contaba con náusea cómo en París la grasa de los cuerpos humanos fue vendida al mejor postor, y en la ciudad de Lyon los católicos se comían el corazón y el hígado de sus enemigos:

> Los hígados, corazones y otras partes de esos cuerpos –¿no fueron acaso comidos por sus furiosos asesinos, para quienes el infierno mismo se levanta horrorizado? De la misma manera, después de la miserable masacre de un *Coeur de Roy*, que profesaba la fe reformada en la ciudad de Auxerre ¿aquellos que cometieron ese asesinato, no cortaron su corazón en pedazos, y lo pusieron a la venta para aquellos que lo odiaban y finalmente después de asarlo sobre carbones– saciando su furia como mastines –no se lo comieron? [...] De ahí que no aborrezcamos tanto la crueldad de los antropófagos [...] ya que entre nosotros, los hay iguales y hasta más detestables y peores [...] *no hace falta salir del país de uno, ni ir a América para ver cosas tan singulares y monstruosas* (Léry 132, 133).

Los conflictos de la Contrarreforma, sus guerras y desolación constituían para 1578 experiencias mucho más inmediatas y traumáticas para Léry que la para entonces lejana aventura colonial de Villegagnon y las costumbres de los tupinambá; la *France antarctique*, el conflicto insular sobre la eucaristía y la antropofagia tupinambá son menos lo que se discute que aquello mediante lo cual se discute. Cuando Léry refiere sus infructuosas prédicas religiosas tratando de disuadir a los caníbales de la falsía y charlatanería de sus *caraïbas* (sacerdotes-médicos) escribe: "esto tenía el mismo efecto que hablar del Papa aquí, o decir en París que el relicario de Santa Geneviève no hace llover" (145). La tozudez de los caníbales en continuar devorando a sus enemigos pese a las súplicas de Léry (147) es comparable con la peor de los católicos con la *transubstanciación*. Nótese el deslizamiento continuo de la etnografía a la polémica religiosa. Al ponderar la seguridad que sentía entre los tupinambá aliados, Léry, por ejemplo, anota: "Yo confiaría mi persona a ellos, y de hecho me sentí más seguro entre esta gente que nosotros llamamos salvaje de lo que me sentiría en algunas partes de nuestra Francia entre franceses desleales y degenerados" (169). Lo que impulsa la etnografía de Léry no es *la alteridad americana* sino el *otro europeo*; no el idólatra de *allá* sino el de *aquí*. El caníbal era un dispositivo protestante de argumentación religiosa y política.

Histoire d'un voyage de Léry presumiblemente influyó el ensayo "Des Canníbales" (1580) de Michel de Montaigne (1533-1592), con cuya cita se inició este capítulo[91]. Montaigne no cita a Léry como su fuente, pero sin duda lo leyó y simpatizó con su causa más de lo que el cálculo político le permitía manifestar. Montaigne –miembro de una familia de comerciantes, descendiente de judíos conversos españoles por línea materna (Soehlke-Heer 34) y un católico moderado y más bien tibio en una época de intensos calores religiosos– está más cerca de Léry que del partido de Roma. Thevet tampoco es mencionado y, sin embargo, Montaigne lo alude cuando, elogiando la información obtenida de gente sencilla e ingenua, se burla de las "relaciones de cosmógrafos" y de "las gentes que han estado en Palestina, por ejemplo, [y que] juzgan por ello, poder disfrutar del privilegio de darnos noticias del resto del mundo" (1: 247, 248). El ejemplo del cual se ríe Montaigne es Thevet, quien hizo ese viaje a Palestina relatado en su *Cosmographie de Levant* (1556) y quien en su *Cosmographie universelle* (1575) dio "noticias del resto del mundo", incluso de los caníbales del Brasil[92].

Establecidas dónde están las simpatías de Montaigne, señalemos que uno de los aspectos más comentados del ensayo "Des Cannibales" es el hecho de haber problematizado, como antes Las Casas, el ideologema *bárbaro* y sostenido su relatividad. El discurso de la barbarie y del canibalismo sería un discurso de otredad enunciado en relación con el lugar desde donde se habla: se llama bárbaro siempre al *Otro*.

> cada cual llama *barbarie* a lo que es ajeno a sus costumbres. Como no tenemos otro punto de mira para distinguir la verdad y la razón que el ejemplo e idea de las opiniones y usos del país donde vivimos, a nuestro dictamen en él tienen su asiento la perfecta religión, el gobierno más cumplido, el más irreprochable uso de todas las cosas (Montaigne 1: 248).

Siguiendo la explicación de Léry y Thevet, Montaigne señala que los indios no se comen a sus enemigos para alimentarse sino que lo hacen "para llevar la venganza hasta su último límite" (253). Ciertamente, su estetización del canibalismo busca el contraste entre una venganza noble y la vileza de la tortura, el terror y la intolerancia en Europa:

> me sorprende que comprendamos y veamos sus faltas y seamos ciegos para reconocer las nuestras. Creo que es más bárbaro comerse a un hombre vivo que comérselo

---

[91] La traducción de las citas corresponde a la edición de los *Essais* de Constantino Román y Salamero (trad.) (1948).

[92] La autoridad del *ver, estar y no ser* de la matriz etnográfica moderna se opone al *oír-decir* en el cual falta el dispositivo presencial (Jáuregui, "Brasil especular").

muerto; desgarrar por medio de suplicios y tormentos un cuerpo todavía lleno de vida, asarlo lentamente, y echarlo a los perros o a los cerdos [...] con la agravante circunstancia de que para la comisión de tal horror sirvieron de pretexto la piedad y la religión. Esto es más bárbaro que asar el cuerpo de un hombre y comérselo después de muerto (253, 254).

Refiriéndose a las guerras religiosas europeas (1562-1598) o a los horrores de los conquistadores en ultramar[93], Montaigne propone no una transposición, sino una radical recombinación de los presupuestos de hecho de la definición de barbarie, y una extensión de ésta a Europa. Para Montaigne el canibalismo indígena es resultado de un código de honor entre guerreros, parte de una lucha noble; no está motivada por el ansia de territorio o riquezas, sino por la belleza misma de la guerra y el valor. El tropo caníbal de Montaigne expresa un *ethos* militar-aristocrático masculino. El canibalismo americano es marcial, honorable y poético; el europeo, en cambio, es indefendible[94]. El ensayista ve en su propia sociedad menos títulos morales que en las llamadas salvajes. Ha operado un drama de reconocimiento del propio horror sirviéndose de la imagen del *Otro*, y no meramente un ejercicio intelectual producto de la pirotecnia escolástica. Lestringant anota que antes que la afirmación del "relativismo triunfante", el ensayo de Montaigne es un intento de exorcismo de la barbarie por la letra (98), en una aseveración que es iluminadora pese a que presenta una contradicción aparente. El ejercicio justificativo del ensayo no es sino la consecuencia del descubrimiento de la propia barbarie y el intento sí, de exorcizarla. Pero, no puede haber exorcismo sin previo descubrimiento en sí de una presencia indeseable y horrible, e insistimos, ello ocurre gracias al discurso que aplica a la mismidad las categorías de la otredad.

Montaigne ha sido frecuentemente leído poniendo un énfasis excesivo en su "relativismo" humanista (i.e.: Greenblatt *Marvelous Possessions*), y el ensayo ha sido considerado por un sector importante de la antropología contemporánea como una instancia renacentista del *relativismo cultural*. Incluso Tzvetan Todorov parece reconocerle a Montaigne un "relativismo radical" en la percepción de los *Otros* que sería la cara externa de un extremo conservatismo en relación con las propias costumbres (*On Human Diversity* 37). La apropiación genealógica que

---

[93] Montaigne criticó fuertemente a los conquistadores en el ensayo "De los coches" (1588) (2: 405-428).

[94] Ciertamente en sus críticas a las guerras religiosas en Europa, Montaigne se acerca a Léry. Con todo, en lo que toca a su visión del indio, es forzoso reconocer que está más cercano a Thevet que a Léry quien a veces representa al salvaje "apenas un poco mejor que al mal católico" (Ziebell 213).

la antropología ha hecho del "relativismo cultural" de Montaigne[95] se basa en una lectura que interpreta este *perspectivismo* allende sus condiciones de posibilidad. Según Norris Johnson se estaría confundiendo el *relativismo cultural* de la disciplina antropológica de hoy con el *escepticismo humanista* del siglo XVI. Este último está relacionado con el descentramiento que implicó la revolución copernicana de la concepción tolemaica del mundo. Pero Montaigne habría partido de este descentramiento –que no fue sólo cósmico, sino geográfico y étnico– en busca de *principios absolutos* para juzgar la alteridad y la mismidad. Sus absolutos fueron la *naturaleza* y la *antigüedad* clásica[96]. Montaigne compara "el canibalismo del Nuevo Mundo y el europeo, no entre sí, sino con respecto a [...] un tercer principio" (Johnson, "Cannibals and Culture" 168). El ensayista trataba de reconciliar su escepticismo respecto al saber positivo y las certezas morales con su convicción de que había principios naturales de los cuales la humanidad se habría apartado (Todorov, *On Human Diversity* 34-36). Acudiendo a la metáfora del *telescopio geográfico y cronológico* que Roger Celestín usa (300), podemos pensar el caníbal como un artefacto utópico que le habría permitido a Montaigne la concepción de "un ideal(izado) *allá afuera*" (el Nuevo Mundo) y un "*otrora*" (el *tiempo americano*). Tiempo y lugar *salvajes* evocaban melancólicamente, a su vez, la Antigüedad, la naturaleza, la *Edad dorada*, el *Otro* perdido por el Ego. Este comparativismo con absolutos se opone a la filosofía y metodología del lo que hoy entendemos por relativismo cultural.

¿Es Montaigne un etnógrafo? Si y no. A diferencia de Las Casas, Staden, Léry o Thevet, Montaigne jamás pisó el suelo americano, hizo muy pocos viajes (todos por Europa) y pasó gran parte de su vida en su biblioteca. Tampoco le interesó la descripción detallada de las costumbres de los *Otros*, aunque la reflexión sobre la alteridad lo ocupó en varios ensayos. Miró a los "salvajes del Nuevo Mundo" a través de sus lecturas y de algún contacto personal que tuvo con algunos aborígenes llevados a Francia. Como Borges, Montaigne fue un "viajero

---

[95] Norris Johnson resume esta apropiación: "Margaret Hodgen indica que Montaigne es importante antropológicamente porque 'se esforzó poderosamente por entender la condición de lo salvaje como fuera ésta encontrada entonces en el Nuevo Mundo' [...] John J. Honigmann define explícitamente 'De los caníbales' como relativismo cultural. Anner Marie De Waal Malefijt arguye que Montaigne es significativo para la historia de la antropología porque la preocupación de 'De los caníbales' es 'el estudio de las culturas en sus propios términos'" (1993: 154, 155).

[96] La comparación de las sociedades indígenas con las de la antigüedad europea (para luego derivar una consecuencia en la crítica del presente) es un procedimiento común en Las Casas (i.e.: *Apologética historia sumaria*). Paradójicamente, también, la exposición etnográfica del "detestado" Thevet usa este método comparativo-retrospectivo en su etnografía. De hecho, es el fraile católico y no Léry quien insiste en los paralelos grecolatinos y se siente constantemente –como Montaigne en su ensayo– frente a troyanos en vez de tupinambás.

estacionario" que no fue a lo exótico, pero que, como dice Celestin, "se movió del centro" (294, 295). En la escritura del salvaje, como en la canción del guerrero cautivo de Montaigne cuya cita abrió este capítulo, se invita al reconocimiento. El ensayista, recordemos, modificó la información etnográfica de sus fuentes haciendo que la víctima del sacrificio caníbal amenazara a sus captores con el gusto de sí mismos ("encontraréis el gusto de vuestra propia carne" 1: 257, 258). Montaigne estaba preocupado con el sabor propio. El salvaje de sus ensayos fue su cautivo y en sus sustancias se encontró. Es en este sentido que ocurre un "descentramiento" discursivo. Los caníbales de Montaigne son artefactos culturales para imaginar la mismidad como cosa ajena y la alteridad como pérdida del ego.

Demasiada atención sobre el supuesto *relativismo cultural* de Montaigne puede soslayar el hecho de que el ensayo no es un tratado de etnología ni una especulación abstracta sobre la barbarie. Lo central en Montaigne tampoco es el hecho de ver un mundo idílico en América, ni la aparición de un *"buen salvaje"* edénico previo al Estado, el derecho y la propiedad, sino que ese *"buen salvaje"* sea nombrado *caníbal* y esgrimido contra la Modernidad.

Nótese que Montaigne insiste numerosas veces en su ensayo en definir la civilización como modificación de un orden natural:

> Platón dice que todas las cosas son obra de la naturaleza, del acaso [azar] o del arte. Las más grandes y magníficas proceden de las dos primeras causas; [...] Esas naciones me parecen, pues, solamente bárbaras, en el sentido de que [...] permanecen todavía en los confines de la ingenuidad primitiva (1: 249).

Montaigne desliza semánticamente –como dice Michel de Certeau– lo *salvaje* hacia lo *natural* (*Heterologies* 72); por ejemplo, hablando de los frutos americanos, nos dice que crecen sin cultivo y que, por ello, son más apetitosos que los europeos que "por medio de nuestro artificio hemos modificado" (I: 248). En otro ensayo titulado "De los Coches" (1588) Montaigne sostiene que el Nuevo Mundo era "un mundo niño, y nosotros *no* le hemos [...] sometido a nuestra disciplina por la supremacía de nuestro valor y fuerzas naturales; ni lo hemos ganado con nuestra justicia y bondad, ni subyugado con nuestra magnanimidad" (2: 419). Fue ganado, aclara, por el engaño, y por lo tanto fue perdido. La virtud americana fue su desventaja: la conformidad con lo "natural" su debilidad. La gran aporía de este lamento, claro, es que el encuentro con ese salvajismo y la epifanía que éste propicia, dependen del colonialismo que se reprocha[97]. Montaigne se pronuncia a favor de la "ingenuidad primitiva" y contra el que luego

---

[97] La responsabilidad de su ruina es colectiva, pues el Nuevo Mundo fue destruido, no por una nación, sino por el comercio y el tráfico: "¿Quién vio nunca tantas ciudades arrasadas, tantas naciones

Luis de Góngora llamaría el "moderno artificio" (*Soledades*). Pero su América caníbal nombra, antes que a la barbarie (definida por él como la "civilización" del *Otro*), a un tipo de salvajismo mítico europeo: riquezas sin propiedad, naturaleza sin trabajo ni agricultura, costumbres sin afectaciones, justicia sin leyes, etc. Montaigne incluso imagina que le explica a Platón las particularidades de esta sociedad idílica así:

> Es un pueblo –le diría yo a Platón– en el cual no existe ninguna clase de tráfico, ningún conocimiento de las letras, ningún conocimiento de la ciencia [...], ningún nombre de magistrado [...] tampoco hay ricos, ni pobres, ni contratos, ni sucesiones, ni particiones, ni más ocupaciones que las ociosas, ni más relaciones de parentesco que las comunes; las gentes van desnudas, no tienen agricultura ni metales, no beben vino ni cultivan los cereales. Las palabras mismas que significan la mentira, la traición, el disimulo, la avaricia, la envidia, la detracción y el perdón les son desconocidas (1: 249, 250).

Montaigne estaba reproduciendo una versión de la *Edad dorada*, la primera y más feliz de las cuatro edades de la humanidad, cuando ésta disfrutó alegremente del ocio, sin propiedades, sin leyes ni Estado, en una eterna primavera pródiga. Su retrospección aprovechaba sin duda las noticias sobre el Nuevo Mundo. Anglería, cuyas *Décadas* muy seguramente Montaigne conoció en su versión latina, había ya, como vimos, insinuado este "reencuentro" de la *Edad dorada* en América. Anglería argüía que los "isleños" eran "más felices" que los europeos porque vivían "desnudos, sin pesas ni medidas y, sobre todo, sin el mortífero dinero en una verdadera edad de oro" (*Décadas* 121).

El filósofo griego y nuestro *viajero estacionario* habrían coincidido seguramente en la poca novedad que había en la descripción de este edén. Lo verdaderamente original y desconcertante del ensayo es la inversión radical del papel metafórico del canibalismo; es decir, el hecho de nombrar a ese *buen salvaje* con su opuesto (el caníbal) para articular una crítica de su tiempo. Como ha dicho Roger Bartra, el "ensayo sobre los caníbales salvajes está orientado a definir crítica e irónicamente el perfil de su propia cultura", el "mal caníbal" de la propia civilización. El *buen caníbal* de Montaigne hace parte del mito de la perdida *Edad dorada* de la humanidad "reencontrada" en América y vuelta a perder en su destrucción. Pero, pese a estar inspirado en la visión idílica del indio, tiene más relación con el salvaje "perdido" por el europeo y el mito del feliz y libérrimo *homo*

---

exterminadas, tantos millones de pueblos pasados a cuchillo, y a la más rica y hermosa parte del universo derrumbada con el simple fin de negociar las perlas y las especias?" (2: 422). Montaigne agrega más adelante: "testigos son mis caníbales" (2: 423).

sylvestris medieval, que con los tupinambás del Brasil (Bartra, *El salvaje en el espejo* 159). La mirada de Montaigne sobre las noticias que tenía del canibalismo americano es oblicua, una mirada-pretexto a la otredad para el encuentro crítico con la mismidad fragmentada. En la crítica de esa mismidad es que nuestro humanista se topa con su alegre, honorable y valiente caníbal, con el que hubiera corrido desnudo y con todo el cuerpo pintado, si sólo hubiera nacido "bajo la dulce libertad" (*douce liberté*) de América: "Si hubiera yo pertenecido a esas naciones que se dice viven todavía bajo la dulce libertad de las primitivas leyes de la naturaleza, te aseguro que *me hubiese pintado bien de mi grado de cuerpo entero y completamente desnudo*" ("El autor al lector" 1: 7). Pero su mundo y sus viajes estaban en la biblioteca; en ella, el caníbal, el Nuevo Mundo y los artefactos y objetos indígenas que Montaigne colecciona –como cándidamente nos confiesa (1: 251)– cumplen literalmente el papel de fetiches para conjurar imaginariamente las pérdidas de la Modernidad. El caníbal es *objeto* del deseo de la *melancolía cultural* del *Ego conquiro* que "descubre" que ha destruido al *Otro*. La etnografía se lo reprochará a sí misma con insistentes golpes de pecho.

Recalquemos que el caníbal de Montaigne es un tropo; el ensayista lo resignifica de manera diferente en "De los caníbales" que en "De la moderación", texto poco mencionado de Montaigne que agregó a la edición de sus *Ensayos* en 1588, y en el que se refiere sin matices al sacrificio mexica:

> En esas nuevas tierras, descubiertas en nuestros días, puras y vírgenes todavía [...] los *sacrificios humanos son generales*; todos sus ídolos se abrevan con sangre humana, a lo cual acompañan ejemplos de *crueldad horrible*; se *queman vivas a las víctimas*, y cuando están ya medio asadas, se las retira del fuego para arrancarles el corazón y las entrañas; a otras, aún a las mujeres, se las desuella vivas, y con su piel ensangrentada se cubre y enmascara a las demás (1: 242).

De la frecuente lectura parcial del tema americano en Montaigne se ha descuidado el hecho de que el *salvaje* es un tropo cultural que el ensayista resemantiza de maneras diversas según sea menester en cada ensayo. Sus temas, como se ha anotado, no tienen relación directa con los títulos. En el caso de "De los caníbales" y en el "De los coches", los caníbales y los coches son pretextos para una reflexión sobre sí, para el exorcismo no del *Otro* sino de los monstruos del ego moderno. Los caníbales mexicas le resultaron a Montaigne mucho menos simpáticos que los caníbales de la *France antarctique*. De hecho, le parecieron abyectos; por una parte eran caníbales *civilizados*, a diferencia de los tupinambás que había construido como reminiscencia de la "natural" *Edad dorada*. El tupinambá y el mexica son caníbales, pero sólo el último es un salvaje de "crueldad horrible". El canibalismo tupinambá es virtuoso, guerrero, masculino y *natural*; el mexica es corrupto, artificioso, cruel y *civilizado*. Un ejemplo adicional ilustra la función discursiva del tropo en "Des Cannibales": Villegagnon llevó a Francia en 1562 a tres indígenas a quienes Montaigne conoció en Rouen (Soehlke-Heer 45) y que, según dice, tuvieron tres reacciones frente al mundo "civilizado". El ensayista recuerda dos: la sorpresa de ver a un niño (el rey francés Carlos IX) gobernando a hombres crecidos, y las diferencias e injusticias sociales:

> observaron que había entre nosotros muchas personas llenas y ahítas de toda suerte de comodidades y riquezas; que los otros mendigaban en sus puertas, descarnados de hambre y de miseria, y que les parecía singular que los segundos pudieran soportar injusticia semejante y que no estrangularan a los primeros, o no pusieran fuego a sus casas (*Ensayos* 1: 259, 260).

Se trata no sólo de que, como dice Palencia-Roth, la civilización fuera para estos salvajes tan escandalosa como el canibalismo para los europeos (1985: 11), sino que Montaigne logra mediante el tropo del *buen caníbal* un efecto de extrañamiento respecto de la propia cultura. Ese es el tema de su ensayo. Los caníbales son la ruta tortuosa del reconocimiento de la propia carne y artefactos culturales expiatorios mediante los cuales se intentan viajes redentores por el tiempo del salvajismo.

Desde los procesos de descolonización de la posguerra, y en un paradójico retorno a sus comienzos, la escritura etnográfica entra en una crisis reflexiva, en la cual se ha movido hacia áreas antes ocupadas por la sociología, y ha intentado aproximaciones contracoloniales, dialógicas o, en algunos casos, textos contrahegemónicos (Clifford 8, 9). Se podría hablar de una especie de *regreso de lo reprimido* o, por lo menos, de una recurrencia neurótica del "pecado original" (colonial) de la etnografía. Claude Lévi-Strauss –un antropólogo melancólico y hasta cierto punto heredero de Montaigne– observaba en su etnografía brasileña *Tristes Tropiques* (1955), que incluso el relativismo cultural –esa condición de la modernidad de la etnografía– era una práctica epistémica eurocéntrica. Sin el amparo de esta condición, la etnografía moderna aparece simplemente como un corolario del "encuentro" nefasto de Europa con América. Lévi-Strauss lamenta la pérdida del *Otro* que significó ese encuentro: "nunca jamás habrá –dice– otro Nuevo Mundo" (393). *Tristes Tropiques* resulta –según su propia confesión inicial– de la superación de la repugnancia de hacer un relato etnográfico basado justamente en los viajes y exploraciones que destruyeron el Nuevo Mundo. Buscando el Edén perdido, Occidente habría arrasado sus vestigios donde quiera que creyó hallarlo. El *Brasil especular* de Lévi-Strauss –cerca de cuatrocientos años después de Staden, Thevet y Léry– sigue siendo la *Canibalia utópica* de la *constelación Montaigne*, el locus del deseo, en donde sobreviven vestigios de lo que la Modernidad y la civilización "perdieron". Si como afirma Clifford la etnografía es ineludiblemente alegórica, nunca lo es más que cuando hace del salvaje un tropo de redención. Parafraseando a Susan Sontag cuando se refiere a los antropólogos *à la Lévi-Strauss*, podríamos decir que el etnógrafo tiene la tarea de "salvar su propia alma" de los demonios del progreso y de la Historia, mediante una "catarsis intelectual" que se debate entre la fascinación y el horror por el salvaje (75, 81); imaginándolo, sin encontrarlo nunca. En este sentido, la etnografía se vislumbra como una condición reflexiva y especular de la Modernidad, manifiesta en la búsqueda e imaginación melancólica de una clave de salvación en el salvaje, el *Otro*, el subalterno, etc.

Si bien el discurso etnográfico de Montaigne (y de los herederos de su matriz melancólica) no es "etnocéntrico", y se desplaza del centro, su viaje es estacionario; para reencontrarse, para salvarse, para imaginar un afuera de la Historia. Razón tiene Celestin en llamarlo "egocéntrico". Recordemos que Montaigne después de manifestar con cierto tono de tristeza su deseo de correr desnudo y pintado en el Nuevo Mundo, agregaba –ejercitando la buena fe prometida al lector– una observación en extremo exacta: "yo mismo soy –decía– el contenido de mi libro" (7).

5. Caníbales, codicia de metales y feminidad voraz en la literatura imperial

En la cultura letrada del Barroco español, la Conquista del Nuevo Mundo no tiene, paradójicamente, las dimensiones ni la centralidad que tuvo en las relaciones, crónicas, relatos y tratados del siglo XVI[98]. Francisco Ruiz-Ramón resalta "la increíble pobreza, cuantitativa y cualitativa [...] del tema americano en el teatro clásico español" (13), y agrega que dicha pobreza es "igualmente visible en los otros géneros literarios [salvo en la épica]; pues no hay ni un Romancero de América, ni una novela de América ni un teatro de América de envergadura producido por los autores españoles de los siglos XVI y XVII" (13)[99]. Ruiz-Ramón

---

[98] Paradójicamente estos textos del XVI fueron tan abundantes como escasa su fortuna en la imprenta española del siglo XVI y XVII; y prácticamente dejaron de editarse en el XVII (Mercedes Cobos 28). Esto, claro, no quiere decir que fueran totalmente desconocidos o que los manuscritos no fueran leídos, sólo que su acceso era muy limitado en el ya estrecho círculo de la *Ciudad letrada* barroca.

[99] El comentario de Ruiz Ramón tiene que ser tomado con beneficio de inventario, pues comporta el presupuesto claramente eurocéntrico y erróneo de que el teatro hispanoamericano del siglo XVII no es "de envergadura".

exceptúa de este mustio panorama al canto épico de la Conquista del Nuevo Mundo, *La Araucana* (1569, 1578, 1589) de Alonso de Ercilla y Zúñiga, obra que inauguró una tradición en la que pueden contarse varias continuaciones e imitaciones[100]. Pero la épica de tema histórico del siglo XVI apenas si pasa agónica al *Siglo de Oro* en dos o tres docenas de obras de teatro[101] y varios poemas nacionalistas[102]. Abundan sí, en el repertorio de "lo americano", numerosísimas referencias y menciones de paso a la idolatría, a productos como el cacao o el tabaco, a diversas mercancías, metales y riquezas, a la fauna y flora "exótica", a accidentes geográficos célebres como el Amazonas o el estrecho de Magallanes, a estereotipos teratológicos sobre el indio y a los llamados indianos. Cuando el tema americano cobra centralidad es a costa del desvanecimiento de toda densidad histórica. *Grandeza mexicana* (1604) de Bernardo de Balbuena es un buen ejemplo del desaparecimiento de la dimensión conflictiva de lo "americano" en medio de una cornucopia feliz en la que el indio es suprimido[103].

Antes de considerar la articulación del tropo caníbal en la literatura imperial hispánica del siglo XVII, refirámonos así sea brevemente a la épica bélica que el Barroco abandona. Como se sabe, el canto épico de la Conquista enaltece poéticamente al *Otro* y a su valor guerrero para glorificar la victoria imperial: "pues no es el vencedor más estimado / de aquello en que el vencido es reputado" (Ercilla 1: 127). Ercilla convierte la resistencia indígena en parte de la máquina sobrenatural correctora de los excesos y pecados del conquistador, tal como Las Casas hizo respecto de los Caribes. Dios castiga la soberbia y la "hambrienta codicia"[104] del "ingrato pueblo castellano" con la fuerza telúrica de los araucanos (1: 146, 147). Pero a diferencia de Las Casas, Ercilla reestablece la tropología del salvaje americano. El enaltecimiento del indio en *La Araucana* es acompañado de alusiones constantes a su crueldad y monstruosidad moral; los héroes

---

[100] Como *Arauco Domado* (1596) de Pedro de Oña, *El Purén indómito* (fines del siglo XVI) de Hernando Álvarez de Toledo, *Elegías de varones ilustres de Indias* (1589-1601) de Juan de Castellanos y *Cortés valeroso y Mexicana* (1588, 1594) de Gabriel Lobo Lasso de Vega. Ver el estudio de Pedro Piñero (161-188).

[101] Pueden consultarse *América en el teatro clásico español: estudio y textos* (1993) de Ruiz-Ramón y *Presencia de América en la obra de Tirso de Molina* (1968) de Ángela B. Dellepiane.

[102] Véanse *El indio en la poesía de América española* (1939) de Aída Cometta Manzoni y *Las Indias Occidentales en la poesía sevillana del Siglo de Oro* (1997) de Mercedes Cobos.

[103] Los "bienes materiales que ofrece 'la primavera mexicana' a los colonizadores son 'regalos' [...] y por lo tanto la figura del 'feo indio' –fuente real de esa riqueza– queda ausente" (Beverley, *Una modernidad* 90).

[104] Este motivo es recurrente en el poema: Valdivia se descuida "embebido" por "el metal goloso" (173) y por la codicia "sedienta bestia, hidrópica, hinchada, / principio y fin de todos nuestros males!" (174).

araucanos no son los corderitos de Las Casas[105] (víctimas del consumo colonial), sino temibles "fieras" que Ercilla llama "cíclopes" (170), re-visitando la teratología homérica sobre el otro inhóspito. El valiente Tucapel es "de cristianos carnicero" (1: 150) y los araucanos, tan amantes de su libertad, en la guerra son "lobos" que hacen presa del español, "mansa oveja", a quien degüellan inmisericordes:

> Todos a un tiempo quieren ser primeros
> en esta presa y suerte señalada,
> y estaban como *lobos carniceros*
> *sobre la mansa oveja* desmandada (1: 239).

La dimensión heroica de los personajes indígenas es morigerada mediante el tropo caníbal y la marca religiosa de lo diabólico[106]. En otras palabras, el tropo caníbal contribuye a romper la aparente simetría del canto épico y a distinguir a los contendores. La imputación del canibalismo procede de la boca misma de los personajes indígenas. Rengo, uno de los aguerridos araucanos, se dirige desafiante a los españoles prometiéndoles devorar su carne y beber su sangre:

> [...] soy quien os persigue y quien desea
> más vuestra muerte que su propia vida.
> No quiero ya descanso hasta que vea
> la nación española destruida,
> y *en esa vuestra carne y sangre odiosa*
> *pienso hartar mi hambre y sed rabiosa*[107] (2: 129, 130).

El encomio del contrario ocurre incluso tratándose de los casi siempre otrificados caribes, quienes también fueron poetizados, como lo son –en un momento u otro– todos los vencidos. En *Elegías de varones ilustres de Indias* (1589-1601) de Juan de Castellanos, la descripción física de los caribes sigue el modelo de *La Araucana*:

> Salen de aquí caribes con armadas
> [...]

---

[105] Jaime Concha nota cierto lascasianismo en algunas críticas a los españoles en el poema ("Observaciones acerca de *La Araucana*" 61). Considero que se trata apenas de una aproximación momentánea y no una posición consistente.

[106] Una marca notable de lo diabólico puede verse en la representación de Eponamón, el "demonio" araucano.

[107] *Galvarino* hace la misma amenaza aún después de que le cortan ambas manos: "Segad esa garganta / siempre sedienta de la sangre vuestra (*La Araucana* 2: 133).

> Acometen a pueblos de cristianos,
> Son tan bravos, feroces y tan diestros
> Que hacen poca cuenta de los nuestros
> [...]
> Altos, fornidos, bien proporcionados,
> Y todos ellos comen carne humana (*Elegías* 23).

El encomio épico se desploma de manera menos sofisticada que en Ercilla pero mediante la misma referencia a la antropofagia:

> Esta caribe gente, vil, sangrienta
> A hacer sus entradas se derrama,
> Para hartar de carne razonable
> Aquella hambre toda detestable (23)

Los pijaos –grupo indígena en pie de guerra contra los colonizadores[108]– también son objeto de un canto épico, "equilibrado" siempre gracias al tropo del canibalismo. Refiere Castellanos que la Gaitana, una indígena paez, invita a la insurrección a los pijaos (478). En la descripción física y moral de éstos también son audibles los ecos de Ercilla:

> Gente suelta, feroz, fornida, basta,
> y en uso de la guerra muy experta;
> Membrudos, bien dispuestos, caras torvas,
> Las frentes anchas, las narices corvas.
> Selváticos, *caribes*, atrevidos
> Todos en general, y en tanto grado,
> Que muertos pueden ser, mas no rendidos
> A condiciones de servil estado (*Elegías* 481).

Pero, nuevamente, el heroico y valiente indígena es caníbal ("caribes" hace expresa referencia, como adjetivo, al canibalismo imputado a los pijaos). La Gaitana les ha prometido a los pijaos: "Hemos de beber sangre de christianos / Y de carne mísera vencida / Terneis á vuestro gusto la comida" (478). Dicho apetito monstruoso fue, según Castellanos, causa de la perdición de los pijaos: "Civiles guerras fueron su quebranto / Y los unos de los otros ser comida" (481)[109].

---

[108] Al respecto de esta guerra y del canibalismo imputado a los pijaos, véanse los estudios de Álvaro Félix Bolaños.

[109] Sigo aquí el excelente análisis de Luis Fernando Restrepo en "Somatografía épica colonial...".

A menudo los cantos a la Conquista sencillamente recreaban la *Canibalia* americana sin mayor enaltecimiento del contrario. Por ejemplo, Eugenio de Salazar, quien viviera en México entre 1582 y 1600, en su "Descripción de la laguna de México" se refiere a la ciudad como "do se sacrificaba grande suma / de gente humana con rigor sangriento" (en Cometta-Manzoni 83). Por su parte, en el poema *La Argentina* (1602), Martín del Barco Centenera (c. 1535-1602) glorifica la conquista del "indio chiriguana encarnizado / en carne humana" a quien llama *caribe* y hace una de las más originales y delirantes interpretaciones etimológicas de la palabra *caribe* desde Colón:

> [...] sepultura
> de carne: que en latín *caro* sabemos
> que carne significa en la lectura.
> Y en lengua guaraní decir podemos
> *ibi*, que significa compostura
> de tierra, do se encierra carne humana (22).

Barco Centenera repite los procedimientos lingüísticos de la producción de la alteridad: como en la *Encyclopædia Britannica,* el proceso histórico de significación del tropo *canibal* (la conquista y las guerras contra-coloniales) se desvanece y el caribe/caníbal se nombra a sí mismo (etimológicamente).

Sin embargo, la tradición de lo épico histórico se apaga en los albores de la cultura del Barroco. Su escasa continuidad en el *Siglo de Oro* sugiere que para las primeras décadas del siglo XVII el relato de la Conquista es ideológicamente anacrónico o que, como resalta Beverley, lo épico adquiere un sabor arqueológico (*Una modernidad* 87, 88). En una cultura imperial que se autocelebra de la manera que lo hace el Barroco, no deja de parecer extraña esta desproporción entre el espacio de su expansión histórica y el lugar imaginario de sus discursos. Acaso podamos empezar a entender esta "extraña" ausencia recordando que el *inconsciente político* de la cultura del Barroco se define mediante una serie de negaciones y exclusiones de sus condiciones materiales de existencia, la primera de las cuales tiene que ver con la *colonialidad*. Pasado el ciclo de las conquistas, el "indio", más que un guerrero con pose de caballero castellano, es un trabajador. La escena del dominio español en América es la explotación de las fuerzas de trabajo indígena (y africano) por las elites criollas y peninsulares, no la guerra poetizada. El contrario "vencido" está integrado en la base de la producción de la riqueza pero no sirve *aún* para legitimar el proyecto histórico de la clase dominante. América indígena está en lo reprimido de la cultura y, por lo tanto, no puede frecuentar el centro de la escena cultural sino como pesadilla; es lo abyecto y, de cierta manera, lo irrepresentable.

Las obras del teatro clásico en las que la conquista del Nuevo Mundo es un tema central[110] están fundamentalmente referidas a esa épica de "sabor anacrónico", lo cual se trasluce en el notable desgano y el tono de conmemoración obligada que la mayoría tienen. A este anacronismo se suma la duda moral que el humanismo cristiano había instalado desde mediados del siglo XVI, cuando el *telos* de la voluntad bélica imperial cambia y la guerra justa contra salvajes e infieles deja de tener sentido. No es que no continuaran los procesos de conquista y resistencia, sino que el discurso referido a esas prácticas imperiales cambió. Hasta la palabra *Conquista* fue oficialmente sustituida por *pacificación* en 1573 ("España y América" 18). La obra de Las Casas o las *Cortes de la Muerte* (1557) de Michael de Carvajal ya muestran esa crisis. En el Barroco, la razón imperial está fundada en el universalismo católico y en la concepción paternalista del imperio que los teólogos juristas españoles habían diseñado en el siglo XVI. La imagen narcisista del poder es la del padre; no la del conquistador.

El teatro del *Siglo de Oro* –como se dijo– retoma lo épico con desgano; en las pocas obras de tema americano encontramos en pugna diversas concepciones del aborigen: del buen indio lascasiano al heroico enaltecido como contrario militar, y por supuesto las siempre presentes visiones de los salvajes feroces, lascivos y adoradores del demonio. Lope de Vega (1562-1635) en su *Arauco domado* (1625), por ejemplo, conjuga el panegírico de García Hurtado de Mendoza, la elevación poética del contrario y la ecuación colonial del canibalismo. Como se recordará, desde Colón, esa ecuación iguala *resistencia* y *antropofagia*. El araucano por momentos se convierte en la encarnación del antagonista ideal de un aristócrata español (como don García); luego, el tropo caníbal restablece la disimetría colonial.

En *Arauco domado* el tema del supuesto canibalismo de los araucanos lo introduce la plática que tienen Tucapel y Puquelco sobre el destino del gracioso Rebolledo (que ha sido hecho prisionero):

> Puquelco:
> ¿Qué parte de él asarán?
> Tucapel:
> ¡Graciosa está la pregunta!
> ásale entero, que quiero
> comérmele todo entero (104).

---

[110] Pueden mencionarse entre otras obras del siglo XVII, *El Nuevo Mundo descubierto por Cristóbal Colón* (1614), *El Brasil restituido* (representado 1625) y *Arauco domado* (1625) de Lope de Vega; *Todo es dar en una sola cosa, Amazonas en las Indias* y *La lealtad contra la envidia* ("Trilogía sobre los Pizarro" escrita entre 1626 y 1632) de Tirso de Molina; *La aurora de Copacabana* (1688) de Calderón de la Barca; *El Gobernador prudente* (1663) de Gaspar de Ávila; *La conquista de México* (1668) de Fernando de Zárate y *La Bellígera española* (1616) de Ricardo de Turia.

Rebolledo acude al truco de hacerles creer a sus captores que él mismo quiere ser comido, pues, teniendo una enfermedad mortal, aspira a cubrirse de gloria matando con su carne enferma a muchos enemigos (105). La escena cómica depende del estereotipo colonial de la antropofagia.

La caracterización de los araucanos como caníbales está directamente asociada a la valentía objeto del encomio épico. Cuando Tucapel piensa rendirse, Engol, hijo de Caupolicán, lo increpa, reprochándole su blandura:

> ¿eres tu el soberbio y fiero
> que tantas veces *bebiste*
> *sangre* de aquestos ladrones,
> que de remotas naciones
> vienen [...]?
> ¿eras el que *los asabas,*
> *y que aún crudos los comías*? (126).

Los aborígenes belicosos de América eran para Lope –como las tribus africanas en las películas norteamericanas de mediados del siglo xx– todos caníbales. La razón de este desliz etnográfico de Lope obedece a la simple atracción semántica entre *resistencia* y *canibalismo* en el imaginario sobre América. La *Canibalia* sigue funcionando como estructura gnoseológica y estereotípica de la otredad en el Barroco. En principio, algo similar ocurre en *El Nuevo Mundo descubierto por Cristóbal Colón* (1614), obra anterior del mismo autor. Esta exaltación nacionalista del Descubrimiento[111] ofrece un desdoblamiento continuo entre las visiones idílicas del indio y las "justas causas" para su conquista como la idolatría y el canibalismo.

El cacique *Duncanquellín* aparentemente es antropófago; cuando Colón le pide de comer, se dirige a *Auté* (otro personaje indígena) y le ordena:

> Mata, Auté, cuatro criados
> de los más gordos que hallares,
> los pon en la mesa asados,
> y entre silvestres manjares (*El Nuevo Mundo* 309).

Pero, antes que la repetición de los estereotipos coloniales del indio, lo que quiero señalar a propósito de esta obra es la compatibilidad entre la *razón imperial* y ciertas críticas a los móviles de la Conquista como la censura al deseo por la

---

[111] Lope contribuye a la imagen mítica de un Colón iluminado, enterado –como no lo fue históricamente– de su "descubrimiento", y preocupado exclusivamente por la expansión de la Fe.

"golosina del oro" (311) o por las mujeres indígenas. Lope conjuga ambos apetitos en varias escenas; por ejemplo, *Arana* busca libidinoso los pechos de la aborigen *Palca*, quien cree que éste busca un collar del codiciado metal, a lo que el conquistador responde: "Sólo estos vuestros [senos] adoro / que de oro mejor son hechos. / No busco aquel oro aquí" (316). En otra escena, *Tacuana* (cautiva del cacique tirano Dulcán[112]) propone una especie de alianza auro-sanguínea de las razas:

> que vuestros hijos pobres
> jueguen ricos al tejuelo
> con el *oro* de estos montes
> o los traigáis a casar
> con nuestras hijas adonde
> mezclándose nuestra *sangre*
> seamos todos españoles (*El Nuevo Mundo* 314).

El Nuevo Mundo aporta lo apetecido: el oro y las mujeres; el conquistador, el hambre y el deseo. Ahora bien, en un movimiento pendular típico de la presentación barroca de principios morales contrarios, el apetito del conquistador es, al mismo tiempo, condenado y justificado por Lope; el deseo sexual de *Rodrigo Terrazas* por *Tacuana*, la heroína indígena, desencadena la guerra con *Duncanquellín*, pero la obra deja en claro que la aborigen desea ser tomada: "fingiendo tales razones [ser rescatada] / vengo a sus brazos rendida / porque así me lleve y robe. / Él piensa que me hace fuerza" (315). Las mujeres, como el oro, se ofrecen a los ojos y voluntad de los conquistadores (315, 316). La guerra con los caribes parece producto del pecado de unos pocos, incitados en todo caso –como en el final de *Las Cortes de la Muerte*– por la riqueza y la lubricidad americana.

Asimismo, la obra dramatiza la vacilación moral respecto de la "golosina del oro", objeto del deseo. Por una parte, Lope de Vega vislumbra el valor relativo de los metales circulantes (emblemáticos del naciente capitalismo)[113], reprocha la preponderancia del móvil mercantil frente al evangélico de Colón y hace una crítica del ansia por aquellos que Góngora llamó "los metales homicidas" (*Soledades* 94)[114]. Incluso usa por boca de *Duncanquellín* la metáfora lupina lascasiana

---

[112] *Tacuana* pide a *Terrazas*, a cambio de oro, "Que me libréis del tirano / cacique, bárbaro y torpe / que aquí me tiene cautiva / entre sus brazos disformes". *Terrazas* magnánimo responde que la regresará a su marido librándola de *Dulcán* "sin que los míos sobornes" (Lope, *El Nuevo Mundo* 314, 315).

[113] Los conquistadores, ricos en oro que no pueden gastar, se dan cuenta que "como las arcas del Cid" el valor del oro depende de la fe en el mismo, y de un mercado que funciona en Sevilla pero no en el Nuevo Mundo (312).

[114] No en vano la primera percepción que de las naves tiene el cacique (oyendo los gritos de los hombres abordo) es que se trata de peces voraces que han tragado a unos hombres: "Peces son,

para los conquistadores; lobos vestidos de ovejas cristianas: "¡Oh gente vil, inhumana, / fieras de piedad desnudas, / con pieles de ley cristiana!" (325). Pero, por otra parte, el oro es –como dice el personaje *Pinzón*– *merecido*: "nuestro de justicia / y a nuestro trabajo igual" (309); el móvil colombino de la salvación de almas no "atraerá de corazones" como "el nuevo imán de la ganancia" (311).

En la comedia de Lope –un siglo después del sermón de Montesinos y cincuenta y siete años después de las *Cortes de la Muerte* (1557) de Carvajal– se escucha *a dos voces* la ambivalencia de un siglo de imperialismo. No nos es posible saber cómo se habrá recibido en los corrales este tipo de comedias que se debatían entre la celebración de la historia imperial y la mala conciencia, en un momento que –cuando Lope escribe– corresponde al declive político y militar de la hegemonía española. Si su escasez permite suponer su recepción, probablemente no tuvieron mucho éxito[115].

Un grupo numeroso de poemas filosófico morales que podemos llamar *de menosprecio de Imperio* –parafraseando a Antonio de Guevara– censura las vanidades del oro y la plata americana y las "vulgares honras aparentes" del "siglo inútil del metal inmundo", como elocuentemente lo llamó Juan de Jáuregui (en Cobos 99, 115). El discurso contra las navegaciones, el enriquecimiento indiano y la codicia se convirtió en una de las más socorridas lamentaciones barrocas[116]. En este lamento, que recurre a los tropos del humanismo cristiano del siglo XVI, hay rastros de la mala conciencia del imperialismo; empero, es la ideología contra el lucro[117] y la movilidad social –no el lascasianismo– lo que torna el móvil de la riqueza en una variación de los pecados de la gula y la lascivia, y en una forma de canibalismo. Esta tropología tiene dos frentes: uno explícito, atravesado por la reflexión histórica sobre el despojo colonial y el consumo del cuerpo colonizado, y otro implícito, de crítica reaccionaria al quiebre de las relaciones

---

peces que braman, / que andando por estas islas / a hartarse de carne humana, / se han comido aquestos hombres / que a voces sus dioses llaman" (298).

[115] Recuérdese la norma de *satisfacer al público* expuesta en *El arte nuevo de hacer comedias en este tiempo* (1609) del propio Lope de Vega: "[...] escribo por el arte que inventaron / los que el vulgar aplauso pretendieron / porque como las paga el vulgo, es justo / hablarle en necio para darle gusto" (versos 45-48).

[116] Menciono sólo dos ejemplos: 1) La primera parte de las *Soledades* de Góngora en la que el descubrimiento y la conquista del imperio ultramarino son presentados como desgracias, actos de vanidad trágica y 2) *La lealtad contra la envidia* de Tirso de Molina, obra en la que se recrimina constantemente la codicia del conquistador.

[117] "El mito del desinterés económico de la nobleza española en el siglo XVII es pura fábula". La nobleza especula contra propiedades de gente arruinada, acapara, manipula precios y causa la ruina de los pequeños propietarios, el abandono de los campos y la continua entrada en la ciudad de una masa de menesterosos (Maravall *La cultura* 82, 83).

estamentales ante el "poderoso caballero" "Don dinero" (Quevedo 213), por el que "todo se vende este día" y que "todo lo iguala" (Góngora 1: 218). Así, es posible el canto apologético de la Conquista y la condena a su principio material mercantilista, ¡como si la primera se hubiera trágicamente desviado de su designio evangélico, dando lugar al calvario de España!

Justamente, en un segmento de las *Soledades* de Góngora, la epopeya imperial se convierte en "épica trágica" de la Conquista[118]. Góngora hace una breve referencia a los "Caribes flechados" que él llama "Lestrigones"[119] del Istmo, aladas fieras", que reciben a Colón en pie de guerra con "áspides volantes" (93). Pero esta microestructura narrativa del poema tiene como motivo no el apetito de los otros sino el propio: la codicia, "piloto" de la tragedia y desventura ultramarina española (92). En la "Égloga piscatoria en la Muerte del Duque de Medina Sidonia" –también de Góngora– el cuerpo americano hecho de los "malditos" metales aparece desangrado por esta ansia:

> [...] Aquella ara de sol edades ciento, ahora
> Templo de quien el sol aun no es estrella.
> *La grande América es, oro sus venas,*
> *Sus huessos plata*, que dichosamente,
> Si Ligurina dio marinería
> A España en uno i otro alado pino,
> Interés Ligurino
> Su rubia sangre oi día,
> *Su médula chupando está luciente* (*Obras poéticas* 2: 228).

La "grande América" de Góngora es un cuerpo de metales codiciados: "oro sus venas" y sus "huesos plata"; España juega el papel de intermediaria en la canibalización de los metales de dicho cuerpo sólo mientras ella misma es devorada a su vez por el "interés ligurino".

Se trata de una meditación sobre el fetichismo de la mercancía en la etapa mercantilista de la economía española. El oro y la plata, extraídos de América con tanto gasto de vidas humanas, pasan por España [... pero la] riqueza viene a parar en las manos de los bancos de los Países Bajos, de Génova [...], en los puertos mercantiles de Inglaterra, de Francia, de la Liga Hanseática. Allí fomenta la emergente hegemonía capitalista (Beverley, *Una modernidad* 35, 36).

---

[118] Los versos 366-502 constituyen una "Épica trágica en miniatura de la Conquista" (nota, Beverley en Góngora, *Soledades* 91).

[119] Pastores gigantes y antropófagos que cazan con arpones a los hombres de Ulises (*La Odisea* 144-146).

La explotación del trabajo y el comercio en América generan una riqueza que no se queda en el cuerpo de España, sino que es "chupada" de su médula. España –intermediaria en la acumulación primitiva del capitalismo en formación– es ahora la "víctima" del desangre. Baltasar de Alcazar describía con amargura y con el mismo tropo la especulación y flujo de capitales:

> Aquí se hacen ricos trampeando
> De un cambio en otro cambio y, sin dinero
> Grandes riquezas van acumulando.
> Andan, señor aquí los *extranjeros*
> *Hechos de nuestra sangre sanguijuelas* (en Cobos 147).

La mexicana Sor Juana Inés de la Cruz también lamentaba el vampirismo colonial europeo:

> Que yo, Señora, nací
> en la América abundante,
> compatriota del oro,
> paisana de los metales,
> adonde el común sustento
> se da casi tan de balde,
> que en ninguna parte más
> se ostenta la tierra Madre.
> ....
> Europa mejor lo diga,
> pues ha tanto que, insaciable,
> de sus abundantes venas
> desangra los minerales (*OC* 1: 102, 103).

Sor Juana no se dolía, como Góngora, de España devorada por el "interés ligurino", sino del *cuerpo colonial* de América poco a poco consumido por la insaciable Europa.

Entre el siglo XVII y las primeras décadas del XIX, el Imperio español mantiene su soberanía en el Nuevo Mundo, pero se ve una y otra vez desafiado económica y militarmente y, de hecho, pierde el dominio completo del Caribe frente a Holanda, Francia e Inglaterra. El episodio de canibalismo de los piratas ingleses en *Infortunios de Alonso Ramírez* (1690) del novohispano Carlos de Sigüenza y Góngora se vincula con la concepción estigmática del colonialismo inglés por parte de la inteligencia criolla[120]. Mientras que el naufragio del protagonista de

---

[120] "Entre los despojos con los que vinieron del pueblo (y fueron cuanto por sus mujeres y bastimentos les habían dado) estaba un brazo humano de los que perecieron en el incendio. De éste

Robinson Crusoe[121] (1719) de Daniel Defoe le ofrece a éste la oportunidad providencial de la colonización, y los antropófagos nativos son la coartada moral del imperialismo emergente inglés, en Sigüenza los *infortunios* de Ramírez coinciden con las tribulaciones del Imperio mismo en su ocaso, y los caníbales ingleses son los competidores en "La batalla por el Atlántico".

La importancia y frecuencia del discurso contra la codicia y los apetitos sobre el cuerpo de metales americano (y luego sobre el de España) no debe entenderse como una retractación histórica del Imperio. El teatro nacionalista y panegírico y la poesía moral condenan el apetito de riquezas, pero sólo en cuanto móvil de la Conquista y, en esto, coinciden con el relato oficial que justifica el imperio ultramarino en el universalismo evangélico (opuesto al *ius negotiandi*). Por ello, Lope en *El Nuevo Mundo descubierto por Cristóbal Colón* (1614) saca a Colón de la empresa mercantil en la que éste llega al Nuevo Mundo. Fernando de Zárate (1600-1663?), hace lo mismo con la figura de Hernán Cortés en *La conquista de México* (1650, 1668), reelaboración dramática nacionalista de fuentes del siglo XVI, como la *Historia de la conquista de México* (1552) de López de Gómara. Zárate presenta la imagen de un capitán mítico interesado solamente en la salvación de las almas de los naturales, en la gloria de su emperador[122] y, cómo no, en erradi-

cortó cada uno una pequeña presa y, alabando el gusto de tan linda carne entre repetidas salvas, le dieron fin. Miraba yo con escándalo y congoja de tan bestial acción y, llegándome a mí uno con un pedazo, me instó con importunaciones molestas a que lo comiese. A la debida repulsa que yo le hice, me dijo que siendo español, y por el consiguiente cobarde, bien podía, para igualarnos a ellos en el valor, no ser melindroso" (*Infortunios* 91).

[121] Casi simultáneamente a la acusación de Sigüenza, Defoe sitúa la isla a la que llega y que luego coloniza el protagonista de su famosa novela *Robinson Crusoe* (1719), entre el Caribe y Brasil "más arriba del Amazonas" en frente de la desembocadura del río Orinoco. El náufrago Alexander Selkirk –cuya historia inspiró la novela– en realidad arribó a la Isla de Juan Fernández en el actual Chile; pero Defoe aprovecha el imaginario estigmático del Brasil. En un interesante despiste geográfico la novela llama *caribes* a los aborígenes con los que lucha el héroe; los "caribes brasileños" del colonialismo moderno inglés son localizados así en la equívoca cartografía de la *Canibalia* americana. Recordemos que financiera, comercial y diplomáticamente Brasil está sujeto al *colonialismo comercial* del Imperio británico desde las primeras décadas del siglo XVIII hasta mediados del siglo XIX. Por su situación de dependencia financiera con respecto a Londres, Portugal sus colonias tienen el estatus práctico de colonias comerciales inglesas desde la Guerra de sucesión de España (1701-1714) cuando quedaron bajo el protectorado de Inglaterra. *Robinson Crusoe* es, por tanto, una fantasía de orígenes coloniales; de allí, la lucha del héroe con los caníbales y la condición de padre que asume frente al buen nativo Viernes.

[122] Ninguno de los tres móviles de la Conquista de Cortés tiene relación alguna con la codicia: un soldado afirma del capitán: "No pretende Cortés esta ganancia, / sino ensalzar la fe;" y luego dice *Tapia*: "Pretende con sus hechos gloriosos / que a España envidien Alemania y Francia, / dándoles el imperio de otro mundo". *Alvarado*, el mal conquistador, replica: "Pues yo en el oro la conquista fundo" (*La conquista de México* 220). Todavía en *Hernán Cortés en Cholula* (1782) de Fermín del

car la "odiosa" práctica del canibalismo (237), a la que la obra hace insistentes referencias.

Por supuesto, los discursos contra el apetito de los metales no excluyen el uso colonial y estereotípico del tropo del canibalismo. En *La conquista de México*, Jerónimo de Aguilar –personaje basado en el histórico (1489-1526)– cuenta cómo después de su naufragio, un cacique "sacrificando a Valdivia / [...] / asado se le comió, / y otros cuatro otra mañana sirvieron en un convite / que hizo a su esposa Aglaura" (225). Los sobrevivientes son puestos a engordar, lo cual naturalmente preocupa a *Aguilar*, quien escapa y vive amparado por otro cacique, también caníbal, pero enemigo del primero[123].

Respecto la alteridad religiosa indígena, Zárate acoge la tesis del plagio diabólico del siglo XVI: el personaje *Cortés* habla de los ídolos como "formas temerosas" que "tomaba el demonio aquí / para engañar a esta gente" y el personaje *Religión*, agradeciendo a la *Providencia Divina*, reensambla las tradicionales correspondencias entre monstruosidad, canibalismo, idolatría y culto al demonio:

un nuevo David levantas
[...]
con que hoy al *gigante* espantas,
al *can trifauce*, que a mí
opone sus tres gargantas,
y a la *fiera Idolatría*,
reina de este mundo indiano (227).

Cortés –el "nuevo David"– enfrenta a la "fiera Idolatría / reina de este mundo indiano" y a nadie menos que al Cancerbero o perro de tres cabezas que guarda la entrada a los infiernos y amenaza a *Religión* con sus tres gargantas. *Idolatría* sale a la escena "vestida de negro" con "un ídolo echando fuego por la boca"[124] a defender sus derechos: señala su origen diabólico, invoca la soberanía

Rey el fin de la conquista es una gesta evangélica desinteresada: "Si el principal motivo de esta guerra / fuera la sed de oro, o los anhelos / de triunfar con la espada, ¿dónde habría / opuesto bastante al valor nuestro? / Más no amigos, [...] / [...] Nuestros fines / de hacer brillar la luz del Evangelio / en aquestos incógnitos parajes / exigen más templados suaves medios" (81).

[123] Sobre los mismos hechos escribe Gómara: "A Valdivia y otros cuatro los sacrificó a sus ídolos un malvado cacique, en cuyo poder caímos, y después se los comió haciendo fiesta y plato de ellos a otros indios. Yo y otros seis quedamos [...] a engordar para otro banquete y ofrenda; y por huir de tan abominable muerte, rompimos la prisión y huimos" (24).

[124] Los dioses mexicanos secundan al ángel de las tinieblas: en el poema religioso *La Christiada* (1611) de Diego de Hojeda, Luzbel convoca a los "dioses en México temidos / [...] de humana sangre bárbara teñidos, / en que siempre sedientos se empaparon" (en Cobo 82).

que ejerce sobre el Nuevo Mundo como vicaria del demonio y alienta los sacrificios y la antropofagia:

> desde que cayó del cielo
> *mi padre Luzbel*, podría
> decir que es mío este suelo
> [...]
> Motezuma hará la guerra,
> *yo haré que vivos los coma*,
> yo haré que me sacrifiquen
> sus quinientos viles hombres
> los más bárbaros caciques (228).

Concha Ventura Crespo señala que en la Nueva España este tipo de teatro fue reproducido y muchas veces simplemente transpuesto, con las limitaciones de la censura, por las compañías de teatro novohispano (mayormente en manos de españoles), y que era común la celebración dramática y propagandística de la conquista de México como un triunfo de la cristiandad contra el demonio (495-523).

La épica de la Conquista se apaga prontamente en la épica religiosa y en algunas muestras de teatro nacionalista como las comentadas. No sucede lo mismo con los estereotipos coloniales, los cuales tienen prolífica expresión en el arsenal retórico del *Siglo de Oro*. Ello ocurre tanto en el teatro clásico como en la poesía panegírica nacionalista o la lírica amorosa. El acervo retórico-colonial barroco abunda en menciones a mercancías y caníbales o caribes. En la poesía amorosa, por ejemplo, Luis Martín de la Plaza (1577-1625) apela al tema del canibalismo americano:

> Por ti de Leucotea el sagrado incienso
> cubre del Nuevo Mundo los altares,
> que vieron millares
> dar al demonio en hecatombes censo
> de hombres, sacrificados como toros
> brotando sangre de sus abiertos poros.
> *Por tu piedad* [...] *el caribe*
> *corrige su furor, su frente doma*
> [...]
> y no tiñe, con bárbaros agravios
> en sangre humana los sangrientos labios
> (*Cancionero antequerano* [1628]: 362).

Francisco de Borja y Aragón, príncipe de Esquilache (1582-1658), en un poema publicado en 1663 dice no temer a ningún enemigo –ni siquiera a la muerte o a los caribes– como teme la ausencia de la amada:

> No del opuesto campo [...]
> . Temo, ni los soberbios escuadrones
> [...]
> Ni verme a las naciones extranjeras
> Servir de triunfo en míseras prisiones
> Y del *Caribe fiero* en las regiones
> Verme *sujeto a las gargantas fieras*
> [...]
> Desdichado el ausente que padece,
> Sin ver la causa de su muerte triste (en Cobos 71).

Estas son, claro, sofisticaciones líricas del tropo del canibalismo; la de Plaza habla de una especie de domesticación de la bestia caribe por la bella amada; la del príncipe de Esquilache se refiere al *caribe* como una variación del tópico de la prueba amorosa.

Como se señaló antes (Cap. I §1 y §2), el cuerpo femenino y el Nuevo Mundo se asimilan y se definen en la Modernidad como objetos del deseo y continentes, ambos, de riquezas, metales preciosos, perlas, joyas y mercancías. Así ocurre en los tropos oceánicos de Francisco de Quevedo (1580-1645):

> Tú que la paz del mar, ¡oh navegante!
> molestas codicioso y diligente
> por sangrarle las venas al Oriente
> del más rubio metal rico y flamante,
> detente aquí no pases adelante
> hártate de tesoros brevemente
> en donde Lisi peina de su frente
> hebra sutil en ondas fulminante.
> Si buscas perlas, más descubre ufana
> su risa que Colón en el mar de ellas (*O.C.* 117).

> Tienes a Colón por risa
> pues que descubre tu boca
> la Margarita, y las Indias,
> perlas rubíes y alfojar (*O.C.* 197).

Los senos son "montañas de plata"; los dientes, perlas; el cabello, cascada de oro amonedado; la piel, seda; el sexo, un estrecho arduo, pero lleno de promesas como el de Magallanes. El fetichismo de la mercancía –"herejía" y "demonio" del amante– hace su festival erótico. El cuerpo femenino es el Nuevo Mundo del poeta amante; sus ojos de conquistador que otean tanta riqueza son llamados "Colones" por Quevedo (351). El cuerpo femenino –como el Nuevo Mundo– es un espacio para ser explorado, conquistado, colonizado y, al mismo tiempo, un locus de peligros, resistencias y agresividad sexual en el que reaparecen los monstruos voraces americanos. El objeto del deseo es, como sabemos, una fuente de amenazas; en la mujer ansiada, los poetas vuelven y encuentran a los caníbales y a la feminidad siniestra y voraz. El fiero caribe / caníbal no se hace esperar. Lupercio Leonardo de Argensola (1559-1613) usa el tropo de la mujer "devoradora de hombres" que desde el siglo XVI había predominado en las representaciones del canibalismo americano:

> Con la lengua los labios apercibe
> licoris, y a besarlos nos provoca;
> después halla en sus dientes quien nos toca
> lo mismo que en los fieros de un *caribe*.
> Porque tal es el gusto que recibe,
> que le ensangrienta y muerde como loca (*Rimas* 1: 253).

No olvidemos que el Nuevo Mundo ya está construido como una *Canibalia* y que la feminidad siniestra es parte fundamental de esta construcción. Pese a que el Renacimiento desestimó la existencia de los monstruos míticos, semántica e imaginariamente, América es aún el *locus* de la monstruosidad y de las bacantes, amazonas, arpías y caníbales. La feminidad desatada que no conoce límites en su apetito tiene una estrecha afinidad semántica con lo americano. En un romance anónimo titulado "La arpía americana", las arpías –híbridos entre aves de rapiña y mujeres– al ser perseguidas en el Viejo Mundo deciden emigrar: a "la América se huyeron" y "su domicilio fijaron" (*Romancero general* 2: 390). La feminidad monstruosa se americaniza en el Nuevo Mundo. El romance cuenta que en la selva estos monstruos de "femenil semblante" y "dientes dobles y espesos" corren "con furor hambriento" y "ahínco carnicero" haciendo estragos (390, 391). Una de estas arpías, en lugar de mantenerse en los bosques, "mansión de su raza y sexo", invade los pueblos de colonos devorando todo lo que encuentra a su paso:

> Llegó a descubrir los pueblos
> Y entonces *la carne humana*
> *Era todo su embeleco.*
> Ya cogía a un pobre anciano
> [...]
> Ya de un sencillo colono
> Daba al punto fin funesto.
> [...]
> Cuantos niños encontraba

> Eran su alimento luego,
> Pues con sus terribles garras
> Trozos hacía sus cuerpos (391).

La arpía reúne en sí numerosas posibilidades de la alteridad: híbrida y monstruosa, femenina, devoradora, fugitiva, fuera de lugar, antropófaga, perturbadora de la civilización y, además, americana.

6. CANIBALISMO, CONCIENCIA CRIOLLA Y "AMERICANISMO" BARROCO EN SOR JUANA INÉS DE LA CRUZ

Para explicar las supuestas similitudes entre los ritos mexicas y los sacramentos de la iglesia, Diego Durán, Motolinía, José de Acosta y Gerónimo de Mendieta, desde actitudes intelectuales distintas, llegaron –como vimos– a la misma conclusión: los ritos americanos eran copias perversas del *Simia Dei*, obra de la mano plagiaria de Satanás (§2). Avanzado el siglo XVII, el asunto de la similitud entre el canibalismo y la eucaristía seguía siendo un asunto espinoso y definido dogmáticamente. Calderón de la Barca, en el auto *La devoción de la Misa* (1637?), defiende la integridad de la diferencia entre una cosa y la otra contra la supuesta maledicencia judía:

> Pónese la hostia en el ara / y en la fe que presto sea
> carne y sangre de Dios hombre / el vino y el agua mezcla
> [...]
> oye el Judaísmo absorto / la proposición [de la *transubstanciación*], y ciega
> su obstinación le espavece / confundido de que pueda
> ser que, *caribe de Dios*, el hombre Su Sangre beba
> y Su Carne coma [...] (Calderón 3: 255).

Calderón rebate la tradición judía de interpretación simbólica y afirma la visión ortodoxa del dogma de la transubstanciación o presencia real de Cristo en la hostia. En la loa de los autos "A Dios por razón de estado" y "Primero y segundo Isaac" reitera enfáticamente:

> *Jurisprudencia*:
> —Vedado en leyes está / de humana carne alimento...,
> abominando al *Caribe* / que sin la luz de fe ni acuerdo
> [...] / de ella se alimenta;[...]
> *Teología*:
> —Vedan comer carne humana / por ser terrible y violento

manjar para el hombre el hombre; / y no en vano, pues no viendo
de Ésta la suavidad, *dura* / *plática* la llamó el Texto[125]
Pero la Carne de Cristo / Sacramentada de Él mesmo
debajo de las especies / más familiares a nuestro
calor natural, estando, / transubstanciada, y viniendo
de cruento sacrificio / *a Sacrificio incruento*
ni es horroroso ni impío, / pues todo el temor y el tedio
de carne humana quitó / la gracia del Sacramento (en Méndez Plancarte 604).

La diferencia que va del "cruento sacrificio" al "Sacrificio incruento" es la que va del caníbal ("abominando al *Caribe*") al católico, que aunque come carne humana lo hace en un Sacrificio con mayúsculas. De nuevo, no todos los antropófagos son caníbales. Por obvias razones, éste no era un tema fácil para los *caribes de Dios*" (como llama Calderón a los católicos). Menos aún, lo era para los intelectuales nacidos y formados en América, para quienes a la cuestión religiosa y dogmática, se sumaba una cierta susceptibilidad respecto al pasado indígena, con el que comenzaban a establecer una relación simbólica de pertenencia (López-Cámara 356). Durante la cultura del Barroco de Indias y en el contexto de la *decadencia imperial*[126], una versión abstracta y heroica del indio empieza a ser patrimonio simbólico de algunos escritores e intelectuales novohispanos, como evidentemente no lo había sido, por ejemplo, para Bernardo de Balbuena en su *Grandeza mexicana* (1604); algunos tropos coloniales, como el del canibalismo, son entonces reexaminados sin la paranoia religiosa y soldadesca del siglo XVI.

Una de estas aproximaciones simbólicas es el *Teatro de virtudes políticas que constituyen a un príncipe*[127] (1680) del escritor, cosmógrafo y matemático novohispano Carlos de Sigüenza y Góngora (1645-1700), texto escrito para acompañar un arco triunfal en honor y recibimiento del virrey Tomás Antonio de la Cerda,

---

[125] Se refiere al pasaje bíblico que reza: "muchos de sus discípulos oyéndolo, dijeron: Dura es esta palabra: ¿quién la puede oír?" (*Juan* 6: 60).

[126] Las últimas décadas del siglo XVII corresponden a un período de aceleración de la decadencia de la España imperial (Davies 1969, Céspedes 1983 y Lynch 1992) que se proyecta, aunque con retraso, en la organización política del Nuevo Mundo. La autoridad virreinal en la Nueva España sigue la suerte del declive político español y enfrenta problemas internos como "insurrecciones populares, conflictos religiosos, pleitos por jurisdicciones entre la iglesia y el poder civil, ataques de piratas y corsarios", alzamientos indígenas y crisis económicas (Cué-Canovas 3, 6).

[127] Su título era más largo y descriptivo: *Teatro de virtudes políticas, que constituyen á un príncipe: advertidas en los monarcas antiguos del Mexicano imperio, con cuyas efigies se hermoseó el arco triunfal, que la muy noble, imperial ciudad de México, erigió para el digno recibimiento en ella, del Excelentísimo Señor Virrey conde de Paredes, marqués de la Laguna.* Siguenza y Góngora recibió al parecer ayuda de Sor Juana Inés de la Cruz para la composición de este arco (Irving Leonard, *Don Carlos de Sigüenza y Góngora* 66).

marqués de la Laguna (1680). Según la descripción de Sigüenza[128], el arco representaba una sucesión de gobernantes de la Nueva España que coronaba el virrey, pero que se extendía en el pasado precortesiano. Sigüenza coloca a Huitzilopochtli en la genealogía del poder virreinal. El dios sediento de sangre humana, que había sido para Durán o Mendieta la imagen misma de un demonio caníbal instigador del abominable plagio de la eucaristía, deviene un personaje alegórico de las virtudes del príncipe (47-69): una suerte de Moisés mexica que conduce a su pueblo a Anahuac (47, 67, 69). Nótese que Sigüenza menciona entre sus fuentes a José de Acosta y a Bernal Díaz del Castillo (n. 67), los cuales representan a Huitzilopochtli como el diablo de la religión mexica[129]; y, sin embargo, éste se convierte en un signo de la escritura criolla. No quiere decir esto que –como dice Sabat de Rivers– Sigüenza hiciera una "apología del mundo azteca" (*En busca de Sor Juana* 266), ni que el *caníbal* haya sido adoptado como signo de identidad en el Barroco. Lo que se propone aquí es que en algunos letrados hay una incipiente apropiación simbólica del tropo caníbal; algo que no se dio en obras de teatro clásico español como *La conquista de México* de Zárate o en las representaciones de América en el teatro de Calderón. Dicho fenómeno responde a lo que ha sido llamado la *emergencia de la conciencia criolla*[130] o simplemente, *agencias criollas*[131]: un conjunto de estrategias simbólicas de disputa y negociación del poder, apoyadas en discursos de particularismos americanos, y destinadas a autorizarse e inscribirse en el orden universal teocrático y cultural del Imperio[132]. La

---

[128] El arco triunfal –monumento efímero y grandilocuente del relevo del poder en el virreinato– estaba destinado a desaparecer. Para memoria de su construcción y para explicar sus imágenes y alegorías se escribía un texto accesorio.

[129] Bernal Díaz del Castillo lo llama "Huichilobos" y describe el cuadro abyecto de su culto (174-178).

[130] Las "elites de México habían adquirido para mediados del siglo XVII un claro sentimiento de pertenencia a una cultura que en muchos aspectos, si bien no en todos, era independiente de su 'madre patria'" (Anthony Pagden "Identity Formation" 51). Sobre la emergencia histórica del "criollismo" y los conflictos de intereses entre los españoles americanos y los peninsulares, puede consultarse el capítulo "El criollismo" de Guillermo Céspedes (283-309); véase también "Colonial Identity in the Atlantic World" (9-13) de John Elliott. Sobre la formación de esta "conciencia criolla" en la *ciudad letrada* americana, pueden mencionarse *Relecturas del Barroco de Indias* y *Viaje al silencio: exploraciones del discurso barroco* de Mabel Moraña, y *Agencias criollas: la ambigüedad «colonial» en las letras hispanoamericanas*, volumen editado por José Antonio Mazzotti, especialmente su introducción.

[131] La expresión "agencia criolla" ha sido recientemente propuesta por José Antonio Mazzotti como una alternativa conceptual más flexible que las de "sujeto" y "conciencia".

[132] Por ello, no hablo de conciencia proto-nacional hispanoamericana, la cual estaría más vinculada a un cambio de paradigma (de una modernidad no capitalista a una capitalista), a un segundo ensanchamiento de los circuitos comerciales del capitalismo en los siglos XVIII y XIX y al consecuente cambio del horizonte cultural allende lo hispánico.

emergencia de una *conciencia criolla* puede ser descrita por sus gestos, antes que por sus fines, como el paso del horror a la heterogeneidad, a su apropiación simbólica y recodificación por *una parte* de la elite letrada[133]. Sin embargo, no ocurre un reconocimiento identitario en el *Otro*. Estas aproximaciones son simbólicas, retrospectivas y en extremo ambivalentes; siempre en el filo trémulo de la paranoia.

Mientras Sigüenza instalaba a Huitzilopochtli en la genealogía del poder del virreinato, algunos indios de carne y hueso de Nuevo México procedieron –por su parte– a darle una bienvenida muy distinta al virrey con una insurrección que duró todo su mandato[134]. Pero como sabemos –y Sigüenza mismo lo deja en claro– entre los indios alegóricos y los alzados en armas y listos a quemar su sagrada biblioteca[135], hay mucho trecho. El letrado está en un "enclave asediado" que enfrenta a sus *Otros* (Moraña, *Viaje al silencio* 58). La "integración" del indio en el coro de la fiesta barroca, o en el monumento alegórico, es simbólicamente compensatoria de este asedio[136].

Como lo expone Marie Cécile Bénassy-Berling, en Sor Juana Inés de la Cruz (1648-1695) son abundantes las apropiaciones simbólicas –o mejor, las recodificaciones– de lo indígena (307-324). Una muestra notable son algunos de sus villancicos, en los que una virgen criolla es la líder de las voces disímiles de la Nueva España (negros e indios) en una especie de procesión poética de la inte-

[133] Aunque el concepto de *ciudad letrada* desarrollado por Ángel Rama es en extremo útil, debe señalarse que ésta no corresponde a un sector monolítico y homogéneo y que, como indica Rolena Adorno, "el concepto de la *ciudad letrada* se refiere a un conjunto de prácticas y de mentalidades que no formaban un solo discurso ideológico, sino que eran polivocales". Empero, aunque la *ciudad letrada* "era un laberinto de rivalidades ideológicas [...] frente a otros grupos [...] actuaba como si tuviera un solo programa de acción" ("La ciudad letrada y los discursos coloniales" 4, 5).

[134] Las presiones religiosas de una evangelización intolerante y violenta, y las altas cargas tributarias impuestas sobre los indios pueblo, dieron lugar a un proceso insurreccional indígena que, entre 1680 y 1692, desafió exitosamente el control español de Nuevo México. El 10 de agosto de 1680 se inició una revuelta general de los pueblo y los apache encabezada por un indígena de San Juan llamado Pope; varias iglesias fueron arrasadas, cuatrocientos españoles masacrados, y los demás expulsados de la zona. Por doce años el virreinato fue incapaz de controlar la insurrección y someter a los pueblo. Finalmente, en 1692, durante la administración del Conde de Galve, y gracias a las negociaciones de Don Diego de Vargas Zapata Luján Ponce de León –quien había sido nombrado gobernador de Nuevo México (1690)– la reconquista fue posible y la mayoría de los rebeldes pueblo capitularon.

[135] Me refiero al tumulto y hechos que relata Sigüenza y Góngora en *Alboroto y motín de los indios de México* (1692) y a la quema y destrucción de papeles y documentos del palacio virreinal, algunos de los cuales salvó el propio autor quemándose los dedos.

[136] El *estado de asedio* describe una condición general de la ciudad letrada hispánica frente a heterogeneidades insurgentes. Sin embargo, el motín y la insurrección son irrupciones de violencia dentro de procesos de negociación y resistencia muy dinámicos y complejos.

gración[137]. Ella es el punto de confluencia de la heterogeneidad. El letrado criollo construye su lugar orgánico como intérprete, traductor y sujeto epistemológicamente privilegiado que aglutina y aprehende la algarabía étnico-cultural y
lingüística novohispana, y oficia la inteligibilidad de lo heterogéneo.

En un análisis ineludiblemente parcial[138]. me referiré a la intersección entre
la traducción/construcción alegórica de la alteridad indígena y la manifestación
de una *agencia criolla* en dos loas de Sor Juana que introducen y preceden los
autos *El cetro de José*, (pub. 1692) y *El divino Narciso* (pub.1690)[139]. Ambas loas
–"gemelas por su asunto y por su intención" (Paz, *Las trampas de la fe* 457)– lidian
con el "problema" de la similitud entre los ritos antropo-teofágicos mexicas y la
eucaristía, plantean el reemplazo del sacrificio humano por la comunión católica, hacen lascasianamente un encomio de la catequesis pacífica y exaltan el misterio de la transubstanciación[140].

Sor Juana se documentó en *Monarquía indiana* (1615) de Fray Juan de Torquemada (1557-1664) (Méndez Plancarte lxxiii), obra que formó parte de la

---

[137] En todo caso, recuérdese que –como arguye Sabat de Rivers– en estos villancicos hay aspectos carnavalescos y transgresores (*Estudios de literatura* 193-198). Lo que se enfatiza aquí, es que esa
trasgresión está articulada funcionalmente en la *cultura del Barroco*.

[138] Otros casos relevantes en un estudio comprensivo de las percepciones de la alteridad religiosa serían los textos de los evangelizadores de las misiones mexicanas en el siglo XVII, o los de
intelectuales como Fernando de Alva Ixtlilxóchitl (1578-1650), quien –con una pertenencia tensa y
problemática a la elite novohispana– representa una *agencia criolla* que negocia y traduce imaginarios alternativos y una memoria histórica heterogénea en la Nueva España.

[139] El auto *El divino Narciso* fue publicado en una edición suelta en 1690 (Imprenta de la viuda
de Bernardo Calderón); *El cetro de José*, en 1692 en el segundo volumen de las obras de sor Juana
Inés de la Cruz (Sevilla, López de Haro). Alfonso Méndez Plancarte estima que *El divino Narciso* fue
compuesto "en 1688, si no antes" y anota que de *El cetro de José* "no hay dato alguno cronológico ni
local" (lxxi). Sabat de Rivers afirma que los autos y sus loas fueron escritos entre 1680 y 1691, y
supone que *El cetro* es posterior a *El divino Narciso* (*En busca* 265). Hay algunos indicios textuales que
permitirían repensar esta cronología. En la loa a *El divino Narciso*, Celo se dirige al personaje América llamándola Idolatría ("¿Cómo, bárbaro Occidente; / cómo, ciega Idolatría, / a la Religión des-
precias […] ? 3: 8). Cosa similar sucede con Religión que dice: "¡Occidente, escucha; / oye, ciega
Idolatría […] !" (3: 14). En ambos casos, parece que tanto Celo como Religión se dirigen a este ine-
xistente personaje (Idolatría) en una suerte de interferencia de la loa a *El Cetro*, obra –que estimo
previa– en la que el personaje americano, en efecto, se llama *Idolatría*. A falta de información, este
punto debe dejarse abierto a discusión y futuras pesquisas.

[140] "La Loa era una pequeña pieza escénica que ora se representaba aislada […] ora –con más
frecuencia– precedía a cada Auto o Comedia, y aún aludía en su texto mismo, a ese su carácter de
preludio o introducción. Las había Sacras (las de los Autos), o bien *profanas* (como la de las Comedias)" (Méndez Plancarte 503). Téngase en cuenta que las loas guardan una relación estructural y
temática con los autos sacramentales que introducen, como lo ha señalado Yolanda Martínez-San
Miguel en el caso de la loa al auto *El divino Narciso*.

biblioteca del *Siglo de Oro* en España y América, que reprodujo la retórica de la "guerra contra el demonio" del siglo XVI, y por medio de la cual Sor Juana habría tenido acceso indirecto a Mendieta, Motolinía y Durán (Glantz 178)[141]. Sor Juana era heredera de más de siglo y medio de retórica demonológica para la alteridad religiosa, pero también de una tradición contraria que en el siglo XVI había tenido su más resuelto defensor en Las Casas y que en el siglo XVII correspondía a la actitud evangélica e interpretativa de numerosos misioneros y educadores jesuitas frente a las religiones indígenas. No resulta una ardua labor hermenéutica ver que Sor Juana acoge la última tradición. Pero este humanismo sincretista no avala *per se* la tesis sobre el "mexicanismo" proto-nacional de la obra de Sor Juana sostenida desde los años cincuenta (Agustín Cué Cánovas 1951; Francisco López Cámara 1957). Las loas, aunque tratan temas americanos y expresan en diversos grados un incipiente "americanismo", no hacen "acto de fe americanista" ni manifiestan un "aspecto 'nacionalista'" de Sor Juana como ha sido alegado un poco hiperbólicamente por Sabat de Rivers (*En busca* 269-271). Esta opinión lee el Barroco novohispano teleológicamente como un punto en el *iter* de lo nacional y, sobre todo, sobredimensiona la incorporación de la diferencia y de lo exótico a la que fue propenso el Barroco, confundiendo la *traducción de la diferencia* con la celebración o reivindicación de la alteridad.

En la loa a *El Cetro de José* (1692) de Sor Juana, el problema de la "similitud" sacramental es debatido en un diálogo entre los *personajes conceptuales Fe, Ley de gracia* –la moral cristiana– , *Ley natural, Naturaleza* e *Idolatría*. La loa, pese a lo dicho por la crítica, se permite pocas heterodoxias; hace una defensa de la integridad del dogma de la transubstanciación y favorece una crítica estereotípica del sacrificio mexica, descrito por *Fe* así:

> [...] *ciega Idolatría:*
> cuyas *sacrílegas Aras,*

---

[141] También debemos considerar las fuentes de Sigüenza (ciertamente Torquemada, pero también Acosta y Bernal), pues no es descabellado suponer que Sor Juana compartiera algunas de ellas. Véase al respecto lo anotado por Sabat de Rivers (*En busca* 289, 290). No resulta imposible tampoco que Sor Juana hubiera conocido algunos textos de los cronistas del siglo XVI prohibidos por Felipe II en 1577; la aparición de algunos de éstos en forma de manuscritos, copias y fragmentos en los siglos XVIII y XIX indica que había anaqueles disimulados en las bibliotecas de la *ciudad letrada* mexicana. Además, no puede desestimarse que muchos conocimientos eran patrimonio común entre gente culta y amigos de Sor Juana y, finalmente, que en la tradición oral quedaban vestigios de las historias de México "antiguo", entre las que los sacrificios humanos no eran propiamente un secreto. Unos versos de la loa a *El Cetro de José*, permiten aventurar como hipótesis, que acaso conociera otras fuentes y manuscritos: "A nadie novedad haga, / pues así las tradiciones / de los indios lo relatan" (loa a *El cetro de José*, 3: 196).

> a pesar de tus preceptos, [los de la *Ley de gracia*]
> manchadas de sangre humana,
> mostraban que son los hombres
> de más *bárbaras entrañas*
> que los *brutos* más *crueles*
> (pues entre éstos no se halla
> quien contra su especie propia
> vuelva las *feroces garras* […]) (loa a *El Cetro de José*, 3: 186).

La caníbal *Idolatría*, que se declara "plenipotenciaria" o representante "de todos los indios" (193) existe para ser convertida al cristianismo (ésta es su razón dramática y dogmática).

Cuando *Ley de gracia* propone "quitar del Altar / las sacrílegas estatuas / de sus falsos Dioses" y colocar "la sacrosanta / *Imagen* de Cristo" (188), *Fe*, siguiendo el *Concilio de Trento*, responde categóricamente a los amigos de los símiles y las metáforas:

> […] más acertada
> acción tengo el colocar
> una Forma Consagrada,
> que *no es colocar la Imagen*
> *sino la propia Substancia* (loa a *El Cetro de José*, 3: 189).

Imágenes no. En su lugar, la "Forma Consagrada", que es la "Substancia"; esto es, la carne. A la loa –en tanto obra contrarreformista– no le basta la revelación de la verdad. Como señala Maravall, refiriéndose a la cultura del Barroco en general, era necesario presentar dicha verdad performativamente "como acción" (*La cultura del Barroco* 153, 154). Veamos otro ejemplo del carácter contrarreformista de la loa; *Idolatría* propone cambiar de dios, pero continuar con los sacrificios humanos:

> no contradice al precepto,
> que a esa misma Deidad [la cristiana] hagan
> los mejores Sacrificios,
> que son los de sangre humana (loa a *El Cetro de José*, 3: 193).

Idolatría –que parece ser una india formada en la escolástica y las lides jesuíticas de la argumentación– añade que siendo la ofrenda humana tan alta, el yerro del culto antiguo "no en el Sacrificio estaba, / sino en el objeto, pues / se ofreció a Deidades falsas", y que ahora sólo "mudar el objeto basta" (3: 194). *Naturaleza*, secundada por la *Ley natural*, responde que el problema no es sólo el objeto, sino que está en "la ofrenda inhumana" (194). Según *Ley natural,* la vida es un derecho universal: "todos / son Hombres", incluso los de Tlaxcala (enemigos de los de Tenochtitlan), pues –agrega *Naturaleza*– "todos / salieron de mis entrañas" (195). *Idolatría*, sin embargo, insiste en el canibalismo mediante un alegato teológico que asimila éste a la eucaristía. Las razones de su "tenacidad", explica, son que a Dios se le debe la "víctima más noble" y que "en las viandas, / es el plato más sabroso[142] / la carne sacrificada" pues sirve "para hacer la vida larga / de todos los que la comen" (196). *Fe,* entonces, le ofrece a *Idolatría* un sacrificio real, "en un grado / infinito", y más completo que cualquiera anterior:

> Pues yo pondré en las Aras
> un Holocausto tan puro
> una Víctima tan rara,
> una Ofrenda tan suprema,
> que no solamente Humana,
> mas también Divina sea;
> y no solamente valga
> para aplacar la Deidad,
> sino que La satisfaga
> enteramente; y no sólo
> delicias de un sabor traiga,
> sino infinitas delicias;
> y no solamente larga
> vida dé, mas Vida Eterna.
> ....
> La Eucaristía Sagrada,
> en que nos da el mismo Cristo
> Su cuerpo, en que transubstancia
> el Pan y el Vino (loa a *El Cetro de José*, 3: 197, 198).

Idolatría duda, pero acepta la oferta: si la cosa es así, y si la cena es real y antropofágica, aceptará la eucaristía:

> ¡Vamos, que como yo vea
> que es una *Víctima Humana;*
> que Dios se aplaca con Ella;

---

[142] Octavio Paz entra en una innecesaria observación sobre la falta de fuentes de Sor Juana para hablar de la sabrosura de un plato que como la carne humana lo "comían sin sal" (*Las trampas* 459). El verso se refiere a una dimensión teológica –no culinaria– de la comunión pagana que se asimila a la eucaristía católica en cuanto ambas claman que no hay comida que pueda compararse con la carne del dios.

que La como, y que me causa
Vida Eterna (como dices),
la cuestión está acabada
y *yo quedo satisfecha!* (loa a *El Cetro de José*, 3: 199).

Fe, no tiene problemas en cumplir su promesa porque como sabemos, en la eucaristía "Cristo está presente" gracias al misterio de la transubstanciación[143] (Trento, Ses. XIII, cap. iv).

La obra no "se centra en la recuperación teológica de aspectos de la cultura indígena" como dice Carmela Zanelli (187), sino en el argumento de su sucesión en la comunión católica. No es la afirmación de la diferencia sino su apropiación simbólica, y una defensa más bien ortodoxa del dogma de la transubstanciación como, por cierto, corresponde al teatro eucarístico[144]. En la cultura del Barroco la presencia de la alteridad étnica o religiosa, como la de la monstruosidad y la trasgresión, está vinculada a la incorporación absolutista de todos los particularismos y subversiones.

Debe anotarse, desde luego, que Sor Juana expresa simpatía poética hacia el personaje *Idolatría*. Algunos han visto en ello una "crítica" a la Conquista:

¡No, mientras viva mi rabia,
Fe, conseguirás tu intento,
que aunque (a pesar de mis ansias)
privándome la Corona,
que por edades tan largas
pacífica poseía,
introdujiste tirana
tu dominio en mis Imperios,
predicando la Cristiana
Ley, a cuyo fin te abrieron
violenta senda las armas (loa a *El cetro de José*, 3: 192).

Sor Juana observa que las armas abrieron la "senda" y prefiere una conquista pacífica: "no intentes con la violencia / inmutar la antigua usanza" (193). Pero

---

[143] En el soneto "A San Juan de Sahagún en consumir la Hostia Consagrada, por aparecérsele en ella Cristo visiblemente" Sor Juana decía: "¡Oh, Juan! Come, y no mires, que a un sentido / le das celos con otro; y ¿quién pensara, / que al Fruto de la Vida le quitara / lo hermoso la razón de apetecido? / Manjar de niños es el sacramento; / y Dios, a ojos cerrados nos provoca / a merecer, comiendo su alimento" (*Fama y obras póstumas* 164).

[144] Sin embargo, ambas loas no caben holgadamente dentro del teatro eucarístico novohispano generalmente al servicio de las celebraciones religiosas y la catequesis. El público para el que fueron escritas fue, al parecer, la Corte madrileña en el caso del auto *El divino Narciso*, y la *ciudad letrada* criolla y la Corte virreinal en el de *El cetro de José*.

ese matiz humanista no revela propiamente el "americanismo" de la loa. La evidente simpatía poética de Sor Juana hacia la indocilidad de *Idolatría* y la crítica a los medios violentos de la Conquista hacen parte de la tradición del humanismo cristiano. No es, en otras palabras, un gesto de ruptura sino de continuidad con una tradición intelectual consciente de los problemas de legitimidad de la Conquista, en la que están, por ejemplo, Francisco Vitoria, Bartolomé de Carranza o Diego de Covarrubias; todos ellos, ideólogos de la "nueva" razón imperial.

Algo similar ocurre en la loa al auto *El divino Narciso* (1690). El auto –como indica Martínez-San Miguel– "explica la institución de la Eucaristía estableciendo un paralelo [...] entre Narciso y Cristo" (92). En su loa introductoria, *Occidente* pagano, "Indio galán, con corona", y *América*, "India bizarra: con mantas y cupiles" (3: 3), danzan y hacen sacrificios a sus dioses antes de ser conquistados por *Religión* y *Celo*. *Occidente* es, según Sabat de Rivers, "un rey mexica" (*En busca* 187) y, en términos más generales, un personaje alegórico del Nuevo Mundo. Hay una simetría dramática entre la Antigüedad grecolatina ganada por el cristianismo y la "antigüedad" mexicana conquistada por España[145]. El Imperio es representado en su dimensión militar por *Celo* y en la espiritual por *Religión*. *Celo*, "Capitán General", conquistador de "cristianas iras" y "blandida [...] cuchilla" (6) es la fuerza; Glantz anota que evoca a Hernán Cortés (180). *Religión,* en cambio ("de dama española")[146], es el *personaje conceptual* del proyecto evangelizador lascasiano que reclama su protagonismo frente a la conquista armada y que está inclinada a persuadir a los indios; a –como dice– "convidarlos, de paz, / a que mi culto reciban" (loa a *El divino Narciso*, 3: 6). Pero *América* se resiste a la conversión e invita a *Occidente* a ignorar a *Religión*: "Sin duda es loca; ¡dejadla, / y nuestros cultos prosigan!" (8). Luego, increpa a *Celo*: "Bárbaro, loco, que ciego, / con razones no entendidas, / quieres turbar el sosiego / [...que] gozamos" (9). Ante esta resistencia, *Celo* hace la guerra contra la pareja americana, y en un momento se dispone a eliminar a América. Entonces, *Religión* interviene y reclama su protagonismo:

> ¡Espera, no le des muerte,
> que la necesito viva!
> [...]
> porque vencerla por fuerza
> te tocó; mas el rendirla

---

[145] La ecuación dramática de la loa propone una equivalencia entre la antigüedad mexica y la clásica: "también había / entre *otros Gentiles*, señas / de tan alta Maravilla" (19). Esta simetría se reproduce de la loa al auto: *Narciso* prefigura a Cristo como *América* caníbal a la eucaristía.

[146] Nótese la representación positiva de *Religión* como personaje femenino y pacífico, frente a la subjetividad masculina militar de *Celo* (ver Martínez-San Miguel 91).

con razón, me toca a mí,
con suavidad persuasiva
(loa a *El divino Narciso*, 3: 11).

Cuando la pareja pagana (*Occidente* y *América*) es vencida militarmente por *Celo*, ambos hacen lo que podríamos llamar una *objeción de conciencia*. *América* declara:

[...] aunque lloro cautiva
mi libertad, ¡mi albedrío
con libertad más crecida
adorará mis Deidades! (3: 12).

Occidente se pronuncia de manera similar:

Yo ya dije que me obliga
a rendirme a ti la fuerza;
....
y así, aunque cautivo gima,
¡no me podrás impedir
que acá, en mi corazón, diga
que venero al gran Dios de las Semillas!
(loa a *El divino Narciso*, 3: 12).

La proximidad con la tradición lascasiana es evidente: *Religión* es el "persuasivo" buen colonizador en contraste con *Celo*. Como se indicaba, de esta loa se ha dicho que "relativiza la legitimidad de la implementación conquistadora" mediante cierto cuestionamiento de la violencia de las campañas de conquista (Moraña, 1998: 212, 213). Glantz alega que la loa es un alegato a favor de la "conversión razonada", que "reprueba el uso de la fuerza hasta para la catequización" y que es una "defensa universal del libre albedrío" (185, 186, 189). La defensa del libre albedrío en materia evangélica no es –claro– una tesis original de Sor Juana; Las Casas abogó tempranamente por la suave conversión de la alteridad (*De unico vocationis modo*), principio catecúmeno que en el siglo XVII sostenía un sector importante de la compañía de Jesús. Además, la crítica lascasiana a los conquistadores (por su codicia o crueldad) es un tópico común de la literatura del Barroco peninsular.

Asimismo, aunque la loa propone la idea de un relevo del canibalismo a la eucaristía –correspondiente a una concepción de la alteridad religiosa en *relación de continuidad*– de cierta manera recoge también la tradición del *Simia Dei*. Cuando el indio *Occidente* explica la naturaleza antropo-teofágica del sacrificio, *Religión* manifiesta frente a los ritos de América la tesis del *plagio diabólico* heredada del archivo del siglo XVI: "dejad el culto profano / a que el Demonio os incita" (7); y más adelante:

> ¡Válgame Dios! ¿Qué dibujos,
> qué *remedos* o que cifras
> de nuestras sacras Verdades
> quieren ser estas mentiras?
> ....
> ¿Hasta dónde tu malicia
> quiere *remedar de Dios*
> las sagradas Maravillas?"
> (loa a *El divino Narciso*, 3: 13).

Sabat de Rivers supone que en ambas loas Sor Juana hace una "apología del mundo precortesiano" (*En busca* 265, 282) y Zanelli agrega que en la loa a *El divino Narciso* Sor Juana hace la "*recuperación* tanto de una dimensión estrictamente teológica como la recuperación de una dimensión histórica de las culturas indígenas" y –añade en una nota– que se trata de una "*reivindicación*" de esta cultura (183). Susana Hernández Araico ve en ambas loas la "des/re/construcción" del código festivo europeo de la representación alegórica de América, una conciencia crítica de la conquista española y un intento de darle especificidad histórica y cultural a la representación americana ("El código festivo" 79; "La alegorización" 288, 294, 295). Martínez-San Miguel insinúa, por momentos, que pudiera ser una "dramatización del proceso de Conquista desde la perspectiva del indio colonizado" (88)[147]. Creo que la loa no ofrece apoyo textual para una Sor Juana indigenista, latinoamericanista y antecesora de Martí, ni mucho menos historiadora de la *tradición de los oprimidos*, para usar la expresión de W. Benjamin (*Illuminations* 257). Como en el caso de los juristas teólogos del siglo XVI, el discurso de los *derechos del Otro* no es una rueda suelta del colonialismo, sino uno de sus más aceitados engranajes. La distribución dramática entre *Religión* y *Celo* corresponde a la vieja *división del trabajo imperial*. Lo que se ha visto como una heterodoxia política y religiosa es una cita del humanismo cristiano español del siglo XVI que propone una nueva razón imperial en los términos aproximados del diseño lascasiano. No debemos olvidar que al final de la loa, *América* es convertida y canta y baila con *Occidente* y *Celo*, celebrando la integración de la diferencia:

---

[147] Martínez-San Miguel reconoce, sin embargo, que en la loa el "indio americano" es una "categoría abstracta" (90).

(Cantan la América, y el Occidente y el Celo:)
[...] ya
conocen las Indias
al que es Verdadero
Dios de las Semillas! (loa a *El divino Narciso*, 3: 21).

Si la loa al auto *El divino Narciso* muestra un americanismo o indicio de la "emergencia de una conciencia criolla" no es porque "recupere" o "reivindique" ningún aspecto de la cultura indígena, sino porque traduce la alteridad americana (el canibalismo) en el universalismo católico imperial. Puede sí señalarse, que el carácter contrarreformista de la loa aparece adelgazado mediante algunos juegos conceptistas, paralelismos barrocos y apropiaciones simbólicas de lo precortesiano, y que produce, por momentos, cierta laxitud de la ortodoxia al expresar la similitud antropofagia/eucaristía[148]. En la loa a *El divino Narciso* se repite a intervalos un canto e invitación a celebrar a ese "gran Dios de las Semillas" cuyo nombre Sor Juana no dice, y que pudiera ser *Huitzilopochtli,* cuya efigie hecha de semillas se comía en el *Teoqualo, Tlaloc* (la deidad del agua y la fecundidad), *Quetzalcóatl,* el dios civilizador que trajo la agricultura, *Saturno,* "Dios de las semillas" de la antigüedad europea, o *Cristo,* el "sembrador", que entrega su cuerpo a los hombres en el pan eucarístico. Sólo las marcas del parlamento (que indican quién habla) diferencian entre cristianismo, paganismo europeo y religión mexica. Lo que se dice de un dios no se diferencia de lo que se dice del otro. *Religión* ve en esto, como Durán o Acosta, un remedo demoníaco de los ritos católicos pero usa los mismos símbolos y materiales que *América* y *Occidente* (pan, sangre, semilla, redención) (16). Es más, el Dios cristiano es descrito por *Religión* como deidad agraria

si los campos se fecundan,
si el fruto se multiplica,
si las sementeras crecen,
si las lluvias destilan,
todo es obra de Su diestra (loa a *El divino Narciso*, 3: 14).

En este razonar barroco e intrincado, pero, acaso gracias a ello, con posibilidades de trasgresión, hay un cuarto de espejos textual donde danzan el canibalismo y la comunión. Sor Juana aproxima la eucaristía a la antropofagia. No es la

---

[148] Estas ambigüedades respecto de la eucaristía fueron reconocidas tácitamente en la edición del auto *El divino Narciso* hecha para el *Congreso eucarístico nacional* de 1924 (México) que se publicó suprimiendo la loa introductoria.

primera que expresa esa afinidad, como cree Bénassy (317), pues Las Casas, Acosta o Léry, entre otros, ya lo habían hecho; pero es acaso la primera que lo hace desde la *tempranía* de una emergente *agencia criolla*. Ahora bien, la *ciudad letrada* americana produce un principio de diferencia apelando a un privilegio epistemológico (la apropiación / traducción del caníbal). Pero no lo hace para separarse, sino para *participar* en la comunidad cultural letrada imperial, para –como ha apuntado Martínez-San Miguel– "negociar con las autoridades metropolitanas una forma de coordinar los intereses imperiales con los intereses locales" (98). El intelectual periférico usa los códigos estéticos metropolitanos para participar en una comunidad lingüística: la cultura letrada imperial (Beverley, *Una modernidad*). El auto *El divino Narciso,* compuesto por Sor Juana para ser representado en la Corte en España –con pródigas citas de *Eco y Narciso* de Calderón[149]–, es un buen ejemplo de esta práctica *diferencial* y a la vez *participativa* de la elite letrada colonial. La loa del auto puede ser descrita como una *misiva cultural* con la que el remitente periférico se inscribe en su metrópoli mediante la correspondencia o participación cultural en un género conservador (teatro eucarístico), al tiempo que se autoriza produciendo la recodificación / construcción simbólica de "lo indígena". El remitente (periferia) establece escriturariamente una relación participante con su destinatario (centro)[150]. El texto hace explícita esta contradicción: en un momento, el personaje *Celo* cuestiona a *Religión:* "¿Pues no ves la impropiedad / de que en Méjico se escriba / y en Madrid se represente?". *Religión* con un tono de inocencia *sorjuanesco* responde con otra pregunta: "¿Pues es cosa nunca vista / que se haga una cosa en una / parte, porque en otra sirva?" (loa a *El divino Narciso,* 3: 19). La respuesta insinuada apunta a que así como la fe cristiana tiene uso y lugar en América, lo hecho en América puede servir en Europa. *Celo* replica de nuevo: "¿cómo salvas la objeción / de que introduces las Indias, / y a Madrid quieres llevarlas?" (19, 20). Aquí se alude a la condición del letrado periférico como traductor de una diferencia cultural, religiosa, étnica y lingüística que –empero– es parte del Imperio[151]. La publica-

---

[149] Sobre las fuentes calderonianas de los autos de Sor Juana y las diferencias respecto de la representación de América puede consultarse a Méndez Plancarte (lxxiv), A.A. Parker (257-274) y Hernández Araico.

[150] La *agencia criolla* funciona como una suerte de negociación de los criollos "con el poder ultramarino, tratando de acomodarse dentro del sistema burocrático y organización eclesiástica" (Mazzotti, *Agencias* 11); en este caso, a través de la traducción simbólica de la diferencia americana. Muchas de las llamadas reivindicaciones criollas son *participantes*, esto es, buscan (re)posicionarse e integrarse en el sistema, antes que apartarse de él.

[151] Octavio Paz señala tempranamente que "Sería un error de perspectiva histórica confundir la estética barroca –que abría las puertas al exotismo del Nuevo Mundo– con una preocupación nacionalista [...]. Más bien se puede decir lo contrario. Pero si [Sor Juana] no tiene conciencia de la

ción de la loa a *El cetro* y republicación de la loa a *El divino Narciso* en 1692 –según Hernández Araico, hecha para el segundo "centenario de la navegación de Colón al Nuevo Mundo" ("La alegorización" 290, 294)– señala su carácter celebratorio o, al menos, conmemorativo de la pertenencia de América al Imperio. La cuestión en juego es la autoridad intelectual del letrado criollo: *Religión* escuda la osadía indiana: "que a especies intelectivas / ni habrá distancias que estorben / ni mares que les impidan" (20). Sor Juana reclama su competencia epistemológica frente a los "Ingenios" peninsulares a los que *América* –con falsa modestia– suplica perdón por "querer con toscas líneas / describir tanto Misterio" (21). En la ilustración que sigue a la portada de *Fama y obras póstumas* (1700) –publicada después de la muerte de Sor Juana– aparece ella en el gesto de la escritura (con una pluma y un pliego en sus manos), debajo de un arco imperial cuyos pilares están adornados con un conquistador a su derecha (bajo el lema "Europa") y un indígena a su izquierda (bajo la leyenda "América") [il. 23]. El lugar identitario del intelectual criollo (una construcción imaginaria, como el arco) aparece localizado en un espacio escriturario entre la conmemoración la Conquista y el legado de "lo indígena" (subordinado al Imperio).

El *parto de la osadía* en las loas –para usar la expresión de Sor Juana[152]– consiste en escribir desde el margen al *personaje conceptual América*, femenina, india e idólatra (lo particular americano), en traducirla de caníbal a cristiana, y en ponerla simbólicamente en la continuidad de lo universal (el cristianismo, el Imperio). En otras palabras, la anomalía americana es conjurada como alegoría (y como simulacro de otredad) bajo el arco imperial. El tropo cultural del canibalismo del discurso criollo de Sor Juana tienen lugar en un *entre-lugar* que se refiere a América, pero que se representa en España, que participa en lo metropolitano, pero desde la periferia y, en fin, que reclama un lugar en la mismidad del imperio desde la afirmación de una diferencia abstracta, en una suerte de *occidentalismo excéntrico*. El caníbal de Sor Juana y los indios de sus loas son, por supuesto, *personajes conceptuales*, tan abstractos como la dramatización misma: "idea / metafórica vestida / de retóricos colores" (17). La empatía es retrospectiva y simbólica y lo indígena un *constructo*:

nacionalidad, si la tiene, y muy viva, de la universalidad del Imperio. Indios, criollos, mestizos, blancos y mulatos forman un todo. Su preocupación por las religiones precortesianas –visible en loa que precede a *El divino Narciso*– posee el mismo sentido. La función de la Iglesia no es diversa a la del imperio: conciliar los antagonismos, abrazar las diferencias en una verdad superior" (1951: 29, 40).

[152] Sor Juana asegura que lo suyo no es "parto de la osadía" sino de la "debida obediencia", pues cumple con una orden de la Condesa de Paredes (loa a *El divino Narciso* 19). Como se sabe, una *treta del débil* común en Sor Juana es el alegato de la obediencia debida al orden que transgrede (ver Josefina Ludmer 47-54).

y aquestas introducidas
personas no son más que
unos abstractos, que pintan
lo que se intenta decir (loa a *El divino Narciso*, 3: 20).

El Barroco construye su inconsciente político mediante una serie continua de exclusiones, una de las cuales es la de las condiciones materiales que lo hacen posible. Es "a esa enajenación –expresada precisamente en su 'artificio'– que el arte barroco debe su existencia como cultura" (Beverley *Una modernidad* 24). Los indios históricos no se ofrecen graciosamente como el resto de la cornucopia del Barroco; no pueden entrar en *lo sublime* de la alegoría. Los indios *no alegóricos* son la fuerza de trabajo que hace posible la *ciudad letrada*, sus arcos triunfales, juegos poéticos y alegorías; son el principio económico de la cultura. El indio *Otro* está en el campo del horror y la abyección; es irrepresentable, como no sea en las pesadillas de la *ciudad letrada*. Para la muestra están los indios insurrectos de Sigüenza y Góngora, que le quitan al sabio el interés por lo autóctono (*Alboroto y motín*).

La emergencia de la conciencia criolla puede aquí ser definida, entonces, como el exorcismo del horror al *Otro*, mediante la apropiación compensatoria de un constructo de su alteridad y la recodificación de tropos coloniales. Sor Juana –anticipando una de las *prácticas discursivas* más recurridas del nacionalismo– coloca entre el álbum familiar lejanos y retocados retratos de antepasados extraños; construye un indio vestido de "retóricos colores", un fetiche cultural sobre el cual se desplazará –más tarde– el *obscuro objeto del deseo* de lo nacional.

CAPÍTULO III

Guardarropía histórica y simulacros de alteridad: salvajes y caníbales de los relatos nacionales

El *salvaje* en sus múltiples manifestaciones y cargas semánticas –del *buen salvaje* al *caníbal*– ocupa un lugar privilegiado en el imaginario latinoamericano del siglo XIX. En la historiografía ilustrada, los discursos de la emancipación y las literaturas nacionales, el *salvaje* funciona como un artefacto de enunciación retórico-cultural, ya para establecer las continuidades simbólicas de la nación con el pasado indígena, ya para marcar metafóricamente las alteridades étnicas y políticas respecto a las cuales se definieron hegemónicamente las identidades nacionales. Así, el *salvaje* fue el cuerpo simbólico que la Ilustración criolla le disputó a la europea y también el signo ambivalente de la asincronía americana frente a la Modernidad occidental; fue el tropo para señalar la represión española durante la independencia y al *Otro* indócil de los relatos nacionales (el indio bravo reencontrado en los procesos de expansión territorial de los Estados nacionales o el negro insurrecto de las plantaciones). El salvaje fue la *extrañeza familiar o amena* y el *locus* del terror; el espejo de idílicas citas arqueológicas y el reflejo turbio de la mala conciencia de la colonialidad. Pero, sobre todo, el salvaje –*buen salvaje* o *caníbal*– funcionó como máscara y guardarropía cultural: de la sumisión política y de la insurrección, del mestizaje y del blanqueamiento, de aspiraciones de unidad y de ansiedades frente a la heterogeneidad y la fragmentación. El salvaje constituye un índice (en el sentido benjaminiano) del archivo cultural latinoamericano, de las relaciones inestables y malestares de los proyectos nacionales, de las eventuales pugnas y complicidades de los nacionalismos del siglo XIX con el (neo)colonialismo y el capitalismo global, y de los conflictos étnicos y de clase al interior de las *comunidades imaginadas*.

Este capítulo retoma los rastros de esa compleja economía simbólica en una serie de textos culturales relacionados con: 1) Las disputas y tensiones entre la Ilustración criolla y la europea acerca de la semántica del salvajismo. 2) El discurso de la venganza criolla de la "injusticia de la Conquista" en el pensamiento de la emancipación y la reactivación contra España del tropo lascasiano del *imperio devorador*. 3) La representación de heterogeneidades étnicas conflictivas para el Estado-nación y el correlativo distanciamiento del Romanticismo latinoamericano temprano respecto del *buen salvaje* rousseauniano. 4) El uso del tropo caníbal dentro del discurso de "civilización y barbarie" en la pugna entre proyectos nacionales en la Argentina. 5) El desplazamiento étnico del tropo caníbal hacia "lo africano" y Haití, y su articulación al nacionalismo en el Caribe. 6) El indianismo brasileño, cuyos buenos *salvajes* y caníbales articulan tanto la imaginación idílica de la génesis nacional, como las pesadillas de una sociedad esclavista.

1. NOBLES *SAUVAGES* Y CANÍBALES DE LA ILUSTRACIÓN ATLÁNTICA
    Y EL PENSAMIENTO CRIOLLO

En su "Discurso sobre las ciencias y las artes" (1750) –así como en las cuatro respuestas que hizo a las refutaciones que recibiera– Jean Jacques Rousseau (1712-1778) sostiene que las artes y las ciencias no habrían necesariamente beneficiado ni hecho mejor a la humanidad. Rousseau reactiva el mito de la *Edad dorada*; habla de "naciones felices" de salvajes americanos que ni por el nombre conocen los vicios (9-11) y define la civilización como corrupción del orden natural y monstruosidad devoradora. Dice, por ejemplo, que los escritores y literatos ociosos "devoran las substancias del Estado" (17), y condena el lujo y el consumismo suntuario de la Corte criticando aquellas opiniones que desde entonces sostenían que *"un hombre vale [...] por lo que consume"* (18). En su primera réplica a Stanislas Helsinki se refiere a las Ciencias y las Artes (que definen el progreso) como fuentes de corrupción de la inocencia y la virtud: "Permítasenos entonces dejar que las Ciencias y las Artes, de alguna manera temperen la ferocidad del hombre a quien ellas han corrompido; permítasenos luchar sabiamente para redirigirlas [...] Permítasenos *alimentar esos Tigres con algo para que no devoren a nuestros hijos"* (51). A la barbarie de la *civilización* Rousseau opone el *salvajismo*. Respondiendo a las refutaciones de M. Gautier, anticipa los reparos a su tesis: "¿Cómo puede uno confiar en escritores que se atreven a alabar a bárbaros que no saben leer ni escribir? ¿Cómo puede gente que anda junta desnuda ser modesta y gente que come carne cruda ser virtuosa?" (54). Su respuesta es que la corrupción e incontables injusticias proceden del saber; que la ignorancia es inocencia (66); y que la verdadera barbarie es la civilizada. La metáfora del canibalismo es usada –en la tradición de Montaigne– contra la civilización. El lujo y el consumo de unos significaban para Rousseau la pobreza y el hambre de muchos; una forma indirecta de comerse al prójimo. En la réplica a M. Bordes –quien alegaba, como algunos neoliberales de hoy, que el lujo proveía pan para el pobre mediante la creación de trabajo– responde Rousseau:

> Por cada cien a quien el lujo alimenta en nuestras ciudades, causa cien mil que perecen en el campo: el dinero [...] pasa de las manos del rico a las del artista que satisface sus superficialidades [...] Nuestras vajillas requieren dorados; es por eso que

a tantos enfermos les falta hasta el caldo. Tenemos que tener licor en nuestras mesas; por eso es que los pobres toman sólo agua. El polvo blanco es preciso para nuestras pelucas; por eso es que tantos pobres no tienen pan. [...H]ay que ser ciego o tonto para admirar a aquellos que pasan su vida, no defendiendo su libertad, sino robándose y traicionándose mutuamente para satisfacer sus apetitos vanidosos y su ambición, y aquellos que *alimentan su maldad con el sudor, la sangre y el trabajo de un millón de infelices* (70, 72).

Rousseau refuta la idea según la cual la historia de la humanidad sería la del progreso de la barbarie a la civilización. Es importante señalar que no se trataba de una apología de la barbarie como sus críticos alegaban, ni de una reflexión antropológica (i.e.: Michèle Duchet, Tzvetan Todorov), ni de una mirada al *Otro* como sus lectores poscolonialistas quieren ver (i.e.: Simon During). La referencia a América es, *á la* Montaigne, oblicua y producto de un viaje especular al ego, si bien el referente americano empieza a cobrar importancia en las discusiones y réplicas. Por ejemplo: un contradictor le dice que América "ofrece espectáculos [...] vergonzosos para la humanidad"; Rousseau replica que ello ocurre "especialmente por el hecho de que los europeos se encuentran allí" (80). El ensayista termina defendiendo el valor de Guatimozín frente al "odioso" Cortés (81) y entrando en otras ejemplificaciones por el estilo. El asunto del hombre salvaje se convirtió pronto en el centro de la discusión y dio lugar a desarrollos en obras posteriores. En "Discurso sobre el origen y fundamentos de la desigualdad entre los hombres" ("Discours sur l'origine et les fondements de l'inégalité parmi les hommes" 1754), Rousseau sostiene que el hombre es naturalmente bueno: un *buen salvaje* malogrado por la civilización. Dicho salvajismo era, por supuesto, una *construcción imaginaria* caracterizada con "vagas y casi imaginarias conjeturas", como el propio Rousseau confiesa. El *buen salvaje* no es histórico ni etnográfico, sino un pretexto, una herramienta de pensamiento: un *personaje conceptual*. Rousseau lo describe como un ser pre-social y aislado, ocioso, sin sentido de la propiedad, leyes ni familia, libre y compasivo, y movido por deseos que no exceden sus necesidades (135-142, 145, 152). Rousseau contradice a Hobbes alegando que el *buen salvaje* no es propiamente "bueno ni malo, y no tiene ni vicios ni virtudes" (150, 151)[1]. El salvaje rousseauniano es de naturaleza pre-social y precapitalista; anterior a lo que él considera el origen del mal social: *la propiedad* (71, 164). Este salvaje le permite al ilustrado Rousseau pensar críticamente la Modernidad y el proyecto civilizador:

---

[1] Ídem en la "Réplica a M. Bordes": "Los primeros hombres eran ignorantes en grado sumo. ¿Cómo puede alguien sostener que esos hombres eran corruptos, en un tiempo en el que las fuentes de la corrupción no habían sido abiertas?" (66).

> Es extraordinario que para todos los años que los europeos han estado atormentándose para atraer a su modo de vida a los salvajes de diferentes partes del globo, no hayan podido aún ser capaces de ganarse uno sólo de ellos, ni siquiera con la ayuda del cristianismo. Nuestros misioneros a veces los convierten a la fe, pero *jamás los han podido civilizar.* Nada puede superar la *invencible repugnancia que genera adoptar nuestra moral y vivir como nosotros* (219).

La instrumentalidad crítica del concepto y su distancia irónica respecto a la bondad civilizadora del colonialismo emparientan al *buen salvaje* de Rousseau con el *homo silvestris* del utopismo medieval, con el *buen caníbal* de Montaigne (sin propiedad ni Estado), con los *indios buenos* de Las Casas y Anglería (horizonte de bondad perdido por la cristiandad) y con el amplio catálogo de *salvajes críticos* que nos legó la Ilustración[2]. El salvaje rousseauniano es un *constructo.* Rousseau, ciertamente, menciona a los caribes como comprobación indiciaria de sus opiniones[3], pero a diferencia de Las Casas no le preocupa el salvaje-*Otro* americano sino el *hombre salvaje como representación de las pérdidas del ego moderno* y dispositivo de crítica moral de la Modernidad. Él mismo aclaró que no se refería a sus contemporáneos salvajes, sino a "un *estado que no existe ya, que tal vez nunca existió,* que probablemente no existirá jamás, y del cual sin embargo es indispensable tener nociones precisas para bien juzgar nuestro presente" ("Discurso sobre las ciencias y las artes" 171). No olvidemos que el salvajismo en la utopía rousseauniana es una alternativa imaginaria y abstracta a los sospechosos logros del progreso y que, en el otro extremo de este *salvaje ilustrado contra la Ilustración,* están los *salvajes feroces* de la modernidad capitalista de los siglos XVIII y XIX; es decir, los salvajes respecto de los cuales ese progreso imaginaba su tiempo histórico. Podríamos decir que la Ilustración produjo dos tipos de *artefactos salvajes*: el *salvaje idílico* de los nostálgicos viajes estacionarios del humanismo y los *antropófagos feroces* de las fronteras coloniales. El salvaje que define la *Encyclopé-*

---

[2] Pagden acuñó el concepto *savage critic* para los frecuentes salvajes quejosos de los escritos filosóficos y morales del la Ilustración en el siglo XVIII ("The Savage Critic" 32-45). Pueden mencionarse, por ejemplo: el salvaje hurón canadiense de la obra *Arlequin sauvage* (1722) de Louis-François Delisle de La Drevetière (1682-1756) que ve las faltas morales de la sociedad civilizada, el tahitiano de *Supplément au voyage de Bougainville* (1772, pub.1796) de Denis Diderot (1713-1784) que entabla un diálogo moral en contra de la esclavitud y el colonialismo, el persa de *Lettres persanes* (1721) de Montesquieu (1689-1755) que hace una sátira social, el cacique peruano Zamora y su novia Alcira en rebeldía contra los españoles en *Alzire, ou Les Americains* (1736) de Voltaire (1694-1778), etc.

[3] Por ejemplo, Rousseau dice que los "caribes de Venezuela, entre otros, viven en la más completa seguridad y sin la más mínima molestia" pese a andar desnudos (136). Las referencias etnográficas de Rousseau "son un suplemento empírico" de "un espectáculo imaginario" (Bartra, *El salvaje artificial* 187).

die (1751-1772) –publicada bajo la dirección de Denis Diderot y Jean Le Rond d'Alembert, y acaso la más ambiciosa, propagandística e influyente obra de la Ilustración– no es el artefacto rousseauniano, sino principalmente el de los relatos del nuevo colonialismo:

> *Sauvages*, s. m. plur. (Hist. mod.) peuples barbares qui vivent sans lois, sans police, sans religion, & qui n'ont point d'habitation fixe [...]. *Une grande partie de l'Amérique est peuplée de sauvages*, la plûpart encore féroces, & qui *se nourrissent de chair humaine. Voyez Anthropophages* (Vol. XXX).

El salvaje enciclopédico o colonial, con sus connotaciones de monstruosidad, crueldad y canibalismo, es exterior o periférico a Occidente. No así el rousseauniano:

> [Los salvajes] *no son los otros* [...] No vienen del exterior de la cultura europea: son sus criaturas. Su hombre salvaje no es el otro: es él mismo. En este sentido Rousseau no puede ser considerado como el fundador de la antropología, sino como el gran reconstructor de un antiguo mito (Roger Bartra, *El salvaje artificial* 165).

La visión idílica del edén no proviene de América sino de la continuidad de mitos clásicos y populares europeos[4] que se usan para imaginar un momento anterior a la razón y al Estado, una felicidad perdida por el pecado original de la modificación de lo "natural", el desarrollo de la sociedad, el progreso y el capitalismo. Bartra lo ha dicho mejor al afirmar que Rousseau diseña "el disfraz de hombre salvaje para abrigar su endeble existencia y protegerla de la intemperie cruel de la civilización" (*El salvaje artificial* 184). En este sentido Rousseau hace parte de la tradición autocrítica de la Modernidad que es, como el mito del *buen salvaje*, anterior a él, y que tendrá desarrollos posteriores en el Romanticismo y hasta la actualidad.

El Nuevo Mundo sigue siendo imaginado como un Edén salvaje antes de la Historia pero contemporáneo a la Modernidad eurocéntrica, y como una Canibalia que amenaza a la civilización con la posibilidad del regreso a los apetitos desenfrenados y a la barbarie. En el desarrollo de las ciencias sociales de los siglos XVII y XVIII, naturalistas, historiadores y filósofos propusieron que los aborígenes americanos ejemplificaban *estadios primitivos* del desarrollo social humano que antecedían a la Modernidad europea. Giambattista Vico (1668-1744)

---

[4] Bartra ha trazado convincentemente la relación entre el *buen salvaje* y el mito popular del *homo sylvestris* de los Alpes, donde Rousseau había vivido su juventud (Bartra *El salvaje artificial* 166-168).

planteó la noción de que la sociedad humana había pasado por un estadio bestial y bárbaro (en el cual apenas si había una forma oscura de razón) y que podía retornar a él (*Principi di una scienza nuova* 1725). Con la idea del avance lineal de la historia y la humanidad, se consolidó la noción de los *estadios del progreso* desde el salvajismo hasta la civilización. Marie Jean Antoine Nicolas de Caritat, marqués de Condorcet (1743-1794), hizo en *Esquisse d'un tableau historique des progrès de l'esprit humain* (1795) una lista de diez etapas; la primera se caracterizaba por la animalidad y las tribus salvajes (14-19), la novena correspondía a la Revolución francesa ("la formation de la république française" 145-202) y la décima a "Des progrès futurs de l'esprit humain" (203-239). Acaso uno de los planteamientos más célebres sea el de Adam Smith (1723-1790), quien en sus conferencias en la University of Glasgow y en *An Inquiry into the Nature and Causes of the Wealth of Nations* (1776) enumeró cuatro estadios sucesivos de la organización social: el de los rudos cazadores sin propiedad ni Estado, el de la agricultura nómada y el pastoreo, la era de la agricultura sedentaria y, por último, la era del comercio (libro V). Asimismo, varias obras ilustradas sostendrían que las condiciones ambientales americanas acarreaban un proceso degenerativo que impedía el desarrollo y la civilización[5]. En primer lugar, la *Histoire naturelle, générale et particulière* (1749-1804) de Georges Louis Leclerc de Buffon (1707-1788). Esta otra enciclopedia ampliamente leída entre las elites ilustradas americanas fue un intento de sistematizar bajo una mirada universal la historia natural y la antropología de la época[6]. Buffon sostenía la unidad universal de la especie humana, su progreso indefinido y la existencia de diferencias respecto al grado de civilización de las diversas sociedades. El lugar de América en este esquema era el del *defecto*, la *inmadurez* y la *degeneración*: las especies eran inferiores, los pájaros cantaban mal, no había ningún "animal de primera categoría" y los hombres eran salvajes o, en el mejor de los casos, apenas iniciaban su proceso de civilización con el ambiente en contra. Los supuestos defectos naturales y salvajismo de América fueron explicados por Buffon mediante un determinismo ambiental que otros científicos, como Cornelius de Pauw (1739-1799), extremarían. En *Recherches philosophiques sur les Américains* (1768), De Pauw sostenía –con el mismo tipo de generalización de la definición de *salvaje* de la *Encyclopédie*– que el Nuevo Mundo era agreste y lleno de pantanos malsanos y que sus climas

---

[5] Sobre este fascinante asunto pueden consultarse *América en el espíritu francés del siglo XVIII* de Silvio Arturo Zavala ([1949] 1983); *La disputa del Nuevo Mundo: historia de una polémica, 1750-1900* de Antonello Gerbi ([1953]1982); *Social Science and the Ignoble Savage* de Ronald L. Meek (1976); y *Antropología e historia en el siglo de las luces: Buffon, Voltaire, Rousseau, Helvecio, Diderot* de Michèle Duchet (1984).

[6] Buffon dirigió hasta su muerte 36 de los 50 volúmenes de la *Histoire naturelle* (1749-1788). Buffon, contemporáneo y amigo de Diderot y D'Alembert, no participó sin embargo en la *Encyclopédie*.

inhóspitos explicaban el salvajismo de sus indígenas y su incapacidad intelectual. También especulaba de manera general sobre los habitantes del continente entre los cuales contaba caníbales, gigantes, albinos, hermafroditas y otros monstruos físicos y morales, y afirmaba que los europeos transplantados al Nuevo Mundo sufrían un proceso de decadencia y degeneración. El escocés William Robertson (1721-1793), autor de *The History of America* (1777) y uno de los historiadores más representativos del Imperio británico en el siglo XVIII, le dio especial énfasis al factor ambiental en el desarrollo de la civilización. La historia de América también era una historia *de segunda* que justificaba su condición periférica y subordinada a las metrópolis europeas.

El paradigma teórico de la historia natural de Buffon, la etnografía de la periferia de De Pauw, o la distribución geo-determinista de la historia de Robertson, tendrían repercusión en la que Gerbi llamó la "querella sobre el Nuevo Mundo", que se extiende entre 1750 y 1900. Desde el punto de vista latinoamericano en esta polémica se pusieron en juego las aporías y delicados (des)equilibrios entre las reivindicaciones criollas y americanistas del espíritu ilustrado y progresista, y el cientificismo determinista eurocéntrico de la Ilustración que acompañaba la expansión moderna del capitalismo y la "era del comercio" (para usar la expresión de Adam Smith). En otras palabras, esta polémica –que no es sistémica, cohesionada ni unívoca– pone en evidencia el drama del *occidentalismo periférico*[7] de las elites ilustradas americanas, signatarias y a la vez impugnadoras de los presupuestos centro-periféricos deterministas, racistas y coloniales del *progreso*. El determinismo ambiental en la biología, la historia natural y la etnografía, y los discursos de la superioridad racial y el centramiento europeo de la cultura y de la Historia levantaron protestas por parte de letrados periféricos que, aunque occidentalistas[8], se veían descolocados en medio de las líneas discursivas del neocolonialismo europeo. Fray Servando Teresa de Mier (1763-1827) llamó a las tesis de De Pauw "delirios dignos de una jaula", resumiéndolos así: "dijo que la América es un continente acabado de salir de las aguas; por consiguiente, todo lleno de pantanos y lagunas hediondas y mortíferas [...y que] de sus corrompidos estanques ha saltado una casta de ranas llamadas indios" (en Gerbi, *La disputa* 396).

---

[7] El *occidentalismo periférico* –término que con algunas modificaciones tomo prestado de un artículo de Agustín Lao Montes– correspondería a la relativa y ambivalente predominancia del *occidentalismo* entre las elites americanas, y a las eventuales contradicciones entre los enunciados discursivos y el lugar de enunciación "Americana".

[8] El eurocentrismo "no es la perspectiva cognitiva de los europeos exclusivamente, o sólo de los dominantes del capitalismo mundial, sino del conjunto de los educados bajo su hegemonía" (Aníbal Quijano 2000a: 343).

Un ejemplo significativo de esta reacción ilustrada americana contra los estereotipos euro-céntricos de la Ilustración enciclopédica fue el tratado de historia
natural y humana, *Storia antica del Messico* (1780) del jesuita Francisco Xavier
Clavijero (1731-1787), obra que, perfilada por un sentimiento de identidad criolla, impugnaba los "delirios" cientificistas ilustrados sobre América. El jesuita en
el exilio dedica su obra a contradecir a los deterministas que alegaban la inferioridad americana; blanco especial de sus "disertaciones" fue el "monstruoso
retrato que Pauw hiciera de la América" (4: 9), en especial las consideraciones
sobre los defectos morales, estupidez y ausencia de la civilización en el Nuevo
Mundo y la barbarie de los indígenas americanos, asunto que rebate con base en
su conocimiento de códices mexicanos y de las crónicas y estudios del siglo XVI.

Por obra de la Compañía de Jesús "se había continuado en el siglo XVIII la tradición de Ronsard y de Montaigne, y se había ido formando lentamente el *eslabón de unión' entre el feroz caníbal del siglo XVI y el filantrópico hombre de naturaleza
de Rousseau*" (Gerbi, *La disputa* 238). Por lo que respecta a nuestro estudio son
particularmente pertinentes las observaciones de Clavijero sobre los sacrificios
humanos y el canibalismo ritual mexica, en las cuales el jesuita despliega un
comparativismo similar al de Bartolomé de Las Casas. Como se recordará, para
Las Casas el tema del canibalismo había sido especialmente difícil de reconciliar
con su visión edénica del indio americano, por lo que acudió, entre otras estrategias, al comparativismo cultural, a la formulación de un sentido bíblico para la
resistencia caribe, al reconocimiento de una dimensión teológica en algunos
ritos antropofágicos, y a la construcción de un conquistador caníbal (ver Cap. II
§3). Clavijero, como el dominico, manifiesta en una exposición con el título
"Sacrificio ordinario de víctimas humanas" (*Historia antigua de México* 2: 111-
114) su incomodidad en el tratamiento del asunto: "Punto es éste [el de los sacrificios y el canibalismo] que *con toda voluntad omitiríamos, si las leyes de la historia
nos lo permitiesen*" (2: 111). Concede que los sacrificios humanos mexicas constituyeron una "abominación y crueldad [...] porque aunque no ha habido casi
nación alguna en el mundo que no haya practicado los mismos sacrificios, difícilmente se hallará alguna que haya arribado al exceso de los mexicanos" (111).
Su texto sigue las crónicas del siglo XVI:

> Si la víctima era algún prisionero de guerra que los sacrificaban le cortaban la
> cabeza [...] y echaban a rodar el cuerpo por las escaleras del templo, donde lo toma-
> ba el que lo había apresado y con grande regocijo lo llevaba a su casa para hacer gui-
> sar su carne y dar con ella un banquete a sus amigos. Si era esclavo comprado [...]
> tomaba su amo el cadáver para el mismo efecto. Comían solamente las piernas y
> brazos y lo demás quemaban o reservaban para el sustento de las fieras y aves de
> rapiña que había en los reales palacios (2: 113, 114).

Por el contrario, su "Octava disertación" sobre la "religión de los mexicanos" sale a la defensa criolla del indígena precortesiano. Menos expositiva que argumentativa, la disertación está explícitamente en disputa con De Pauw[9]. Comienza con el argumento lascasiano de las semejanzas entre los pecados de los mexicanos y "los de las otras naciones del Antiguo Continente":

> Yo dirijo esta disertación a los que por ignorancia de cuanto ha pasado y pasa actualmente en el mundo, o por falta de reflexión, han gritado tanto al leer en la historia de México la crueldad y superstición de aquellos pueblos como si fuesen cosas nunca oídas [...D]emostraré que la religión de los mexicanos fue menos supersticiosa, menos indecente, menos pueril y menos irracional que las de las más altas cultas naciones de la antigua Europa, y que de su crueldad ha habido ejemplos –tal vez más atroces– entre todos los pueblos del mundo (4: 345, 346).

Según Clavijero la religión de los mexicanos era más honesta que la de los griegos y romanos, cuya

> mitología era una larga serie de delitos; la vida de sus dioses se reducía a rencores, venganzas, incestos, adulterios y otras pasiones bajas [...] ¿Qué méritos tenían para obtener la apoteosis entre los griegos Lecna y entre los romanos Lupa, Faula y Flora, sino los de haber sido famosas rameras? [...] Muy distinta era la idea que tenían de sus númenes los mexicanos. No se encuentra ningún vestigio de aquellas estupendas maldades con las que otras naciones infamaron a sus dioses. Los mexicanos honraban la virtud, no los vicios, en sus divinidades; en Huitzilopochtli el valor [...] y en Quetzalcóatl la castidad, la justicia y la prudencia (4: 348, 349).

¡Extraña mención a Huitzilopochtli, deidad por la que Clavijero no sentía ninguna simpatía! En su exposición sobre el *panquetzalitztli* (fiesta del decimoquinto mes en honor a Huitzilopochtli) había referido a propósito del canibalismo ritual la tesis del *plagio diabólico* de la etnografía evangélica del siglo XVI: "pretendió el demonio, según parece, remedar los augustos misterios de la religión cristiana" (*Historia antigua de México* 2: 156; ídem 113). Sin embargo, en la "Octava disertación" (en controversia con De Pauw) Huitzilopochtli no es el *Simia Dei*, sino la deidad del valor bélico.

Siempre relacionando la historia de México antiguo (y sus supersticiones) con "las monstruosas abominaciones en que han incurrido las más cultas nacio-

---

[9] Por el contrario, Clavijero no es tan tajante en el caso de Buffon: "le tengo gran estimación [a Buffon] y lo reputo el más diligente, el más hábil, y el más elocuente naturalista de nuestro siglo; [...] pero como el asunto que trata es tan vasto, no es de admirar que a veces errase, o se olvidase de lo que antes había escrito, principalmente sobre América, en donde la naturaleza es tan varia" (4: 10). Nótese la ambivalencia frente a la autoridad ilustrada.

nes del gentilismo" (4: 350-352), el jesuita compara (como Las Casas) el sacrificio mexica con el de los hebreos, egipcios, romanos, íberos, galos, etc. (4: 354-359). Dice que los mexicanos, a diferencia de aquellos, no sacrificaban a sus propios hijos, sino a enemigos o criminales, lo cual le parece menos inhumano (358), y arguye que el número de los sacrificios fue "exagerado por la mayor parte de los historiadores de México" (4: 359).

Por último, trata el asunto que "con toda voluntad" omitiría, "si las leyes de la historia" se lo permitiesen: el canibalismo: "Finalmente, los mexicanos, no contentos con sacrificar víctimas humanas, comían también su carne. *Confieso que en esto fueron más inhumanos que las otras naciones*" (4: 361). *Confiesa*, sí; pero de nuevo, compara y relativiza históricamente la barbarie mexica (que siente como propia) con la de la Antigüedad europea:

> no han sido tan raros en el Antiguo Continente, aún entre las naciones cultas, los ejemplos de semejante inhumanidad, para que deban por eso contarse los mexicanos entre los pueblos absolutamente bárbaros. "Aquel horrible uso –dice el historiador Solís– de comerse los hombres los unos a los otros, se vio antes en otros bárbaros de nuestro hemisferio [...]". A más de sus antiguos africanos, cuyos descendientes son en parte aún hoy en día antropófagos es cierto que lo fueron igualmente muchas naciones. [...] Plinio reprende gravemente a los griegos el uso de comer todas las partes del cuerpo para curar diversas enfermedades ¿Pues qué extraño es que los mexicanos hiciesen por máxima de su religión lo que los griegos usaban por medicina? (4: 361).

Repárese cómo, al mismo tiempo se contradice el discurso ilustrado sobre la historia de América y se acoge el mismo respecto de África, nueva frontera del colonialismo europeo (ver §5 de este capítulo). En Clavijero la disidencia del discurso criollo respecto del *occidentalismo* no es propiamente contracolonial, sino ligada al mismo. De allí, sus contradicciones e incomodidad respecto del canibalismo mexica, punto en el que Clavijero a regañadientes concede la razón al discurso que refuta:

> Pero *no pretendo hacer la apología* de los mexicanos en este punto. Su religión, *en lo que respecta a la antropofagia, fue sin duda más bárbara* que la de los romanos, egipcios y otras naciones cultas; *pero, por lo demás*, no puede dudarse, atendido lo que hemos dicho, que fue menos supersticiosa, menos ridícula, y menos indecente (4: 362).

La conciencia criolla reclama como suyo el pasado indígena e *inventa una tradición* con *beneficio de inventario: salvo el canibalismo*, todo está bien.

Entre los estudios científicos y tratados impulsados por la "luz de la razón" sobre el continente americano resaltan por su importancia científica y política los trabajos de Alexander von Humboldt (1769-1859) y Aimé Bonpland (1773-

1858). Una buena parte de *Voyage aux régions équinoxiales du Nouveau Continent* (1805) (*Viaje a las regiones equinocciales del Nuevo Continente*) está dedicado a la etnografía americana. Las observaciones sobre los aborígenes que Humboldt tuvo la oportunidad de encontrar son en general positivas, si bien conscientes de la pretendida superioridad racial del observador. Pertinente a nuestro asunto es la exposición sobre la vida, costumbres y origen de los indígenas de la aldea-misión de Carí y otros grupos caribes de tierra firme, así como la etimología crítica que Humboldt hace de la palabra *caníbal* y su escepticismo respecto a la acusación de canibalismo en las crónicas y documentos de la Conquista. Humboldt, que busca desmentir los "prejuicios que se han extendido contra ellos en Europa, donde se les mira como los más salvajes" (5: 29), termina haciendo una lectura diametralmente opuesta a la que hiciera Colón tres siglos antes. Si los caribes del Almirante eran feos (y por lo tanto, de acuerdo a la ecuación colombina, caníbales) los del barón se destacan por su belleza, estatura "colosal" y *"fuerza física e intelectual"* (12); "No hay *raza* más *robusta* y más ágil, ni más ligera para la carrera que la de los caribes" (23); sus ojos "anuncian *inteligencia*, y podría decirse, casi el hábito de la reflexión" (13); tienen "un sentimiento de *dignidad* y *superioridad* nacional" (22) y "todo anuncia un *pueblo espiritual* y capaz de un *alto grado de civilización*" (26). Los caribes "difieren de los otros indígenas no solamente por su elevada talla, sino también por la regularidad de sus rasgos. Tienen la nariz menos larga y menos aplastada en la base, los pómulos menos salientes, la fisonomía menos mongola" (12). En otras palabras, los caribes *son menos Otros*[10]. La monstruosidad colonial da paso a la ensoñación ilustrada: "Como tienen el cuerpo teñido de onoto sus grandes figuras de un rojo de cobre y pintorescamente vestidas parecen, de lejos, al proyectarse sobre la estepa contra el cielo, antiguas estatuas de bronce" (12).

Humboldt cree que "Si [bien] es verdad que la mayor parte de los salvajes, como parecen probarlo sus lenguas, sus mitos cosmogónicos y una multiplicidad de otros indicios, no son sino razas degradadas, restos escapados de un naufragio común", el caso de la "bella nación de los caribes" –sobreviviente de "las crueldades ejercidas por los europeos" y tan calumniada como salvaje– merece un examen cuidadoso (16). El barón empieza por la etimología de la palabra *caribe*:

El nombre de los caribes, que encontré por primera vez en una carta de Pedro Martyr d'Anghiera, deriva de *Calina* y de *Caripuna* que transformaron la *l* y la *p* en *r* y

[10] Las mujeres caribes le parecen "menos robustas y más feas que los hombres" (13); y le perturba un poco la desnudez de las mujeres jóvenes, aunque aclara que esa es una "idea relativa" que depende de cada pueblo (5: 13).

b. Es muy notable asimismo, que este nombre, que Colón oyó de boca de los pueblos de Haití se encontrara a la vez, entre los caribes de las islas y los del continente. De Carina o Calina se hizo Galibi (Caribi) [...]. Los habitantes de las islas se llamaban, en el idioma de los hombres, Calinago; en el de las mujeres Callipinan (5: 17).

Después de exponer las diferentes tesis sobre esta supuesta diferencia lingüística y sobre el origen de los caribes, Humboldt se muestra escéptico sobre la supuesta naturaleza caribe de los "caribes" del Darién y allí introduce su crítica respecto de las crónicas del siglo XVI:

> No negaré que los *verdaderos caribes* hayan podido tener un establecimiento cerca del golfo del Darién, y que hayan podido ser llevados hasta allí por las corrientes del Este, pero puede suceder también que, poco atentos a las lenguas, los navegantes españoles hayan *nombrado caribe y caníbal toda nación de una talla elevada y de carácter feroz*. [...] Hemos tenido ya la ocasión de recordar muchas veces que *las palabras caribes y caníbales* [...] son *epítetos que hacen alusión a la valentía, a la fuerza, y más, a la superioridad de espíritu* (5: 20).

Humboldt admira esta valentía caribe y recuerda las calumnias históricas contra otros pueblos: "Por todas partes, entre las hordas medio salvajes y en la parte más civilizada de Europa, encontramos esos odios inveterados" (5: 22). Aquello del canibalismo caribe le parece al viajero difícil de creer: "Cuando se viaja en las misiones caribes y se observa el orden y sumisión que en ellas reina, es difícil persuadirse que se está entre *caníbales* [...,] palabra americana, de una *significación un poco dudosa* [...que] pasó a las lenguas de Europa desde fines del siglo XV, como sinónimo de antropófago" (5: 24). Su escepticismo parece basarse en la univocidad sospechosa de las crónicas y en el probable uso táctico de la imputación del canibalismo caribe por parte de enemigos "débiles y poco guerreros":

> No dudo de ningún modo que los caribes de las islas hayan ejercido, como pueblo conquistador, crueldades con los [...] antiguos habitantes de las Antillas, que eran *débiles* y *poco guerreros*; pero es necesario admitir también que estas *crueldades han sido exageradas* por los primeros viajeros, que no oyeron sino las narraciones de los pueblos antiguamente enemigos de los caribes (24).

Citando a los misioneros Humboldt dice: "nos aseguraron que los caribes son quizá *los pueblos menos antropófagos* del Nuevo Continente [!]" (25). Humboldt lee las crónicas del siglo XVI bajo sospecha, relacionando la acusación de canibalismo con la resistencia aborigen y la autorización de la esclavitud indígena. Permítaseme citar en extenso este fragmento:

Se concibe que el encarecimiento y desesperación con que se vio a los desgracia-
dos caribes defenderse contra los españoles, cuando en 1504 [1503] un decreto real
los declaró esclavos, ha debido contribuir a esta fama de ferocidad que se les ha dado.
La primera idea de maltratar esta nación, de privarla de su libertad y de sus derechos
naturales de le debe a Cristóbal Colón[11], quien compartiendo las ideas del siglo xv,
no fue siempre muy humano. [...M]ás tarde el licenciado Rodrigo de Figueroa, fue
encargado por la corte (en 1520) para decidir cuáles eran las hordas de la América
Meridional que se podían mirar como de raza "caribe" o *caníbal*, y cuáles otras eran
los *Guatiaos*, es decir, los indios de paz y antiguos amigos de los castellanos. *Esta
pieza etnográfica, llamada el auto de Figueroa, es uno de los monumentos más curiosos de la
barbarie de los primeros conquistadores.* Nunca el espíritu del sistema había servido
mejor para adular las pasiones [... que cuando Figueroa] traza el límite entre Caníbales y Guatiaos [... y] declara arbitrariamente de raza caribe todas las hordas que se
podían acusar de haber devorado un prisionero después del combate [...]. *Todas las
tribus que Figueroa designó como caribes fueron condenadas a la esclavitud: se podía a voluntad venderlas, o hacerles una guerra de exterminio.* Fue en estas luchas sangrientas cuando las mujeres caribes, después de la muerte de sus maridos, se defendieron con tal
desesperación, que se les tomó, como dice Anghiera, por hordas de Amazonas. Las
declaraciones odiosas de un monje dominicano (Tomás Ortiz) contribuyeron a prolongar las desgracias que pesaban sobre pueblos enteros (5: 25, 26).

En ésta –acaso la más importante lectura ilustrada sobre los relatos de canibalismo caribe del siglo xvi– el barón condena la que antes llamamos la *geografía
encomendera del canibalismo* (II §3), fustiga el colonialismo español y provee un
modelo para los relatos del *nacionalismo de la emancipación*[12]. Por supuesto Humboldt no se percata que esa *geografía encomendera* es análoga a las *cartografías
modernas* que encontramos en la *Enciclopedia* de Diderot, en la *Encyclopædia Britannica* y en sus propios relatos. En ellos, el mundo de los otros se ordena, clasifica,
traduce y observa. La cartografía humboldtiana de los *caribes no-caníbales* es hecha
desde su superioridad de Sujeto observador epistemológicamente privilegiado. La
suya es la mirada de la razón y de la Historia: "como sólo los pueblos civilizados
tienen, hablando propiamente, una historia, resulta que la historia de los americanos no es sino la de un pequeño número de pueblos montañeses. Una noche pro-

[11] Humboldt se refiere al "Memorial a A. Torres" (1494) en el cual Colón le informaba a los
reyes, entre otras cosas, que había capturado algunos indios que trajo como esclavos y consideraba
la posibilidad de capturar caníbales y enviarlos a Castilla como esclavos (153). Ver Cap. I §3.

[12] En gran parte de la *intelligentsia* ilustrada americana encontramos lo que Mary Louise Pratt
ha llamado *Imperial Eyes*: la mirada de "lo propio" mediada por el discurso cientificista del explorador geógrafo, etnógrafo, botánico o viajero europeo, que servía de médium para el (re)conoci-
miento de la identidad. Me refiero al magisterio ideológico de Humboldt y tantos otros, y a la articulación (neo)colonial de los discursos nacionales.

funda envuelve el inmenso país" (5: 15). El barón se sentía andando por el mundo salvaje de mano de la razón y la ciencia, y no del fanatismo religioso o la codicia por el oro como los conquistadores del pasado. Nunca se le ocurrió a Humboldt –como sí a Goya– que la *razón* producía sus propios monstruos y caníbales.

En la Ilustración española otro fue el juicio frente al canibalismo americano: Benito Jerónimo Feijoo (1676-1764) hace una reflexión retrospectiva y justificativa de la Conquista de México acudiendo al canibalismo:

> *Tenía alguna apariencia de razón el que fuesen tratados* [los mejicanos] *como fieras los que en todo obraban como fieras.* ¿Qué humanidad, qué clemencia, que moderación merecían a unos Extranjeros aquellos naturales, cuando ellos desnudos de toda humanidad, incesantemente *se estaban devorando unos a otros? Más irracionales que las mismas fieras*, hacían lo que hace bruto alguno, que era *alimentarse de los individuos de su propia especie.* A este uso destinaban comúnmente los prisioneros de guerra. En algunas Naciones casaban los esclavos y esclavas que hacían en sus enemigos; y todos los hijos que iba produciendo aquel infeliz maridaje, servían de plato en sus banquetes hasta que no estando los dos consortes en estado de prolificar más, *se comían también a los padres* (*Teatro crítico universal* 1730 4: 396, 397).

Pero, como se explicó en otra parte (Cap. II §3), este campo discursivo es intersecado desde el siglo XVI hasta la Ilustración por la definición humanista del Nuevo Mundo como objeto consumido, como cuerpo sufriente del apetito del Imperio. Melchor de Jovellanos en "Sátira a Ernesto" (1786) lamenta los "males fieros" de la patria y retoma el discurso contra las navegaciones del Barroco que veíamos en Luis de Góngora y Lope de Vega: las naves vuelven "llenas de objetos fútiles y vanos" (39, 41) y España –corrompida, en el sentido rousseauniano– está convertida en una fiera por la riqueza y el apetito colonial:

> Ya ni el rico Brasil, ni las cavernas
> Del nunca exhausto Potosí nos bastan
> A saciar el *hidrópico deseo*
> La ansiosa *sed de vanidad y pompa*
> Todo lo agotan [...]
> . . . .
> *Todo lo tragan*; la riqueza unida
> Va a la indigencia [...] (42).

2. LOS MONSTRUOS VORACES DEL NACIONALISMO DE LA EMANCIPACIÓN

En las primeras décadas del siglo XIX la Península es invadida, el Imperio español se fragmenta y la posterior reacción conservadora arrasa con el proyecto y la generación liberal. España enfrenta su dramática decadencia. La era colonial se acaba y ofrece en sus estertores una reflexión casi póstuma sobre sí con la imagen del *Otro*: el imperio es un monstruo agonizante. España se halla en la oscuridad del festín caníbal, hundida en el descubrimiento de sí misma. Una de las reflexiones más descarnadas sobre la melancolía imperial y la monstruosidad del poder político la encontramos en Francisco José de Goya (1746-1828). No hay otro artista de la época que como Goya capture ese momento y que con su increíble lucidez sugiera el *yo caníbal*. Durante los difíciles años entre 1808 y 1814 Goya pinta una serie de óleos con ese tema central: *Caníbales preparando a sus víctimas* y *Caníbales contemplando restos humanos* [il. 24] (*Musée des Beaux-arts*, Besançon), *Salvajes degollando a una mujer* (Colección *Villagonzalo*, Madrid) y *La hoguera* (Colección *Marqueses de Valdeolmos*, Madrid). Esos caníbales tristes, de barba y piel clara, en paisajes lóbregos y estériles, no son americanos. Goya presenta el horror, no de los hombres y las sociedades de ultramar, sino de una España que se ve a sí misma en las imágenes usadas para el mundo americano por tres siglos.

Luego, entre 1820 y 1821, durante el período de la *Quinta del Sordo*, pinta el conocido *Saturno devorando a un hijo* (*Museo del Prado*, Madrid) [il. 25] desarrollando un tema esbozado en un grabado anterior del mismo nombre (1797-1798). El dios nos mira desde la oscuridad, después de la caída de la *Edad dorada*. Saturno, el dador de cultura (agricultura, leyes), el fundador de la civilización y arquetipo del imperio español, tiene firmemente agarrado entre sus manos un cuerpo humano al que le falta un brazo y la cabeza, mientras desgarra con su boca el otro brazo informe y sanguinolento. Hay algo terriblemente siniestro en su mirada[13]. Saturno es el *Otro* horripilante en el que la civilización se reconoce y el Imperio se ve en franca disolución, invadido por otro imperio y, luego, comiéndose a sus hijos –como Saturno– durante la terrible represión fernandina[14]. Goya presenta al caníbal con la melancolía de quien se reconoce al fin y ve a una España devoradora y devorada, una patria caníbal en la experiencia colo-

---

[13] Decía Bataille que de todos los terrores inexplicables que caracterizan al hombre civilizado el miedo al ojo era uno de los más sorprendentes. "El ojo ocupa un lugar en extremo elevado en el horror, siendo, entre otros, el ojo de la conciencia" (*Œuvres complètes* 178, 179). A diferencia de lo que sucede con el *Saturno* de Rubens (1577-1640), en el de Goya es el monstruo y no la víctima quien desde la escena caníbal nos interpela. El niño devorado por el Saturno de Rubens agoniza mientras dirige sus ojos a un lugar con el que los nuestros se encuentran, mientras el dios nos ignora absorto en su mordisco al pecho del infante. En cambio el de Goya aparece iluminado desde el mismo lugar de nuestra mirada. El monstruo está al tanto de nuestra presencia.

[14] Con el regreso de Fernando VII (1814) se produjo la restauración del absolutismo y el poder político volvió a las bases tradicionales del poder monárquico: la nobleza y la Iglesia. En 1820 la insurrección de las tropas de la reconquista de América acantonadas en Andalucía inicia el *Trienio liberal* que dura hasta 1823 cuando el ejército francés al mando del duque de Angulema (los "Cien

nial, caníbal en la represión conservadora y, a su vez, devorada por otras potencias emergentes. Goya ve *la viga de la barbarie en el ojo propio*. En *Saturno* el imperialismo, la civilización, el mito iluminista de la razón, el Estado absolutista y la Modernidad se encuentran con su yo voraz. El ciclo del imperio español se abre y se cierra con las imágenes del canibalismo.

Durante las primeras décadas del siglo XIX el tropo del *buen salvaje* rousseauniano, el ejercicio de la historiografía criolla (que ejemplifica Clavijero) y el escepticismo epistemológicamente privilegiado por los ojos imperiales de Humboldt atenuarán el tropo caníbal para América y/o lo revertirán contra el Imperio acusándolo de haber devorado a América y de ser un monstruo terrible que engulle a sus hijos. Pero, paradójicamente, con la atenuación de los discursos eurocéntricos del canibalismo americano, en América se adoptarán los ideales de la civilización y del progreso y se coadyuvará la expansión del capitalismo y los pactos neo-coloniales. Invariablemente esos discursos habrían de encontrarse con sus propios monstruos y caníbales.

Para principios del siglo XIX el Imperio español se fragmenta. Los conflictos políticos internos, la crisis de las finanzas públicas, la deuda externa y los movimientos independentistas en América (patrocinados por Inglaterra y los Estados Unidos) terminan por desarticular su dominio territorial sobre el Nuevo Mundo. Las contradicciones económicas y políticas de las elites americanas con la metrópoli y sus alianzas simbólicas y económicas con el capital comercial y cultural de otras potencias europeas marcan el tránsito de la conciencia criolla al *nacionalismo de la emancipación*. Por *nacionalismo de la emancipación* me refiero a la producción ideológica de una identidad política diferenciadora (primero de la metrópoli y luego de otras naciones) que aspira a corresponder con la declaración de independencia, pretende soberanía política, e intenta interpelar a diversos grupos y sujetos mediante dos estrategias discursivas complementarias: 1) colocándose en discontinuidad con el Imperio español y estableciendo tradiciones disidentes, o imaginando que esta nueva comunidad tiene un pasado no sólo diverso (por ejemplo indígena), sino antagónico con el del Imperio; y 2) mediante la resemantización de tropos maestros de la definición colonial de América (*buen salvaje* y *caníbal*); en el proceso de producir una diferenciación con el Imperio[15] una

---

Mil Hijos de San Luis") restablece el absolutismo y a Fernando VII, iniciándose una nueva y sangrienta represión contra los liberales (*Década ominosa*).

[15] Como señala Ernest Geller el nacionalismo "inventa naciones donde no existían antes" aunque claro, antes existan elementos políticos y culturales de cohesión social ("Scale and Nation" 271-287). Cuando me refiero a la *invención* o *imaginación de la nación* no quiero decir que se trate de una invención en el vacío. El *nacionalismo de la emancipación* coopta, por ejemplo, las divisiones político-administrativas existentes del Imperio español, las diferencias emergentes de la conciencia criolla, etc.

buena parte de los discursos de la "Independencia" identifican a España como un otro voraz, bárbaro y caníbal, opuesto a la identidad nacional *en ciernes*; y colocan entre su genealogía simbólica al indio heroico del pasado colonial, erigiéndose los criollos en sus herederos y vengadores.

A comienzos de la década de 1770, acaso un poco antes de la rebelión de Tupac Amarú, un pintor anónimo representó a América en un trono dándole de pecho a dos niños peninsulares mientras que los niños criollos, blancos, mestizos, mulatos y negros observan alrededor, y los niños indios desnudos yacen abandonados en la parte inferior del óleo [il. 26]. Una inscripción reza: "Dónde se ha visto en el mundo lo que aquí estamos mirando... / Los *propios hijos gimiendo* y los *Extraños mamando*" (George Kubler 327). América ya no es la ogresa voraz, ni la amazona guerrera, ni la feminidad libidinosa, sino la abundancia maternal consumida por hijos ajenos. Los "Extraños [a América] *mamando*" son españoles. La diferencia criollos/peninsulares distribuye la legitimidad e ilegitimidad política del apetito. Durante las guerras de independencia la "madre patria" se convierte en madrastra que sus hijos no reconocen. La disimilación se produce mediante narrativas que revierten los tropos coloniales.

> Los más de los hombres han perecido por no ser esclavos, y los que viven, combaten con furor en los campos y en los pueblos [...] hasta expirar o arrojar al mar a los que, *insaciables de sangre* y de crímenes, rivalizan con los primeros *monstruos que hicieron desaparecer de la América a su raza* primitiva (Simón Bolívar, "Carta de Jamaica" [1815], *Escritos* 20, 21).

España es la barbarie, el tiempo *a la zaga de la historia,* el monstruo caníbal. Bolívar –afecto a la imagen de una España bárbara– la llama "desnaturalizada madrastra" sedienta de sangre (18-20). España es caníbal, monstruosa, imperio de la oscuridad en tiempos de luz (e iluminismo):

> ¿quiere Ud. saber cuál era nuestro destino? Los campos para cultivar el añil, la grana, el café, la caña, el cacao y el algodón, las llanuras solitarias para criar ganados, los desiertos para cazar las bestias feroces, las entrañas de la tierra para excavar *el oro que no puede saciar a esa nación* avarienta (*Escritos* 27).

La metáfora de la ingestión se limita al viejo Imperio. A las otras potencias europeas Bolívar las invitaba en la "Carta de Jamaica" a apoyar la causa independentista y les recriminaba su indiferencia: "Y la Europa civilizada, *comerciante* y amante de la libertad, permite que una *vieja serpiente*, por sólo satisfacer su saña envenenada *devore la más bella parte de nuestro globo*" (*Escritos* 22). El apetito bárbaro de la metrópoli contrasta con el deseo comercial moderno de la "Europa civilizada y comerciante". Basado en la fe en el progreso, la universalidad del comercio, la sincronía de la Historia y la autonomía individual del ego nacional, Bolívar aspira a una Modernidad occidental(ista). Acoger los principios de la Ilustración era rechazar la barbarie del Imperio decadente por la civilización de los imperios modernos; rechazar a Saturno melancólico por el Cronos del progreso; el canibalismo por el comercio.

En el "Discurso de Angostura" (1819) –en vísperas de la reconquista de América que se frustraría por el alzamiento de las tropas en Andalucía (1820), el advenimiento del *Trienio liberal* y la guerra de Independencia (1821-1824)– Bolívar teme la intervención pro-peninsular de las monarquías europeas:

> Convencida Venezuela de poseer las fuerzas suficientes para repeler a sus opresores, ha pronunciado por el órgano del Gobierno su última voluntad de combatir hasta expirar, por defender su vida política, no sólo contra la España, sino contra todos los hombres, si todos los hombres se hubiesen degradado tanto que abrazasen la defensa de un *gobierno devorador*, cuyos únicos móviles son una espada exterminadora y las llamas de la Inquisición (*Escritos* 77).

La retórica del peligro que se encuentra en estos alegatos sobre geopolítica, nacionalismo y apetito imperial era paranoica pero no infundada. La restauración del absolutismo en la Península y los preparativos para una campaña de reconquista de América anunciaban la aniquilación de las identidades políticas proclamadas: "nos pasmaríamos al ver nuestra dócil especie pacer sobre la superficie del globo como viles *Rebaños destinados a alimentar a sus crueles conductores*" (54). Las naciones podían ser hechas de nuevo parte del Imperio, reincorporadas como ganado y alimento del monstruo voraz.

En ocasiones los tropos coloniales y la historiografía occidentalista sustentan el nacionalismo. Así, se comparan los sacrificios "aztecas" o mexicas –motivo de fascinación de la Ilustración en el siglo XVIII[16]– con la "barbarie" del dominio español de América. Este tipo de *retrospección histórica* se encuentra en "El teocalli de Cholula" (1820) del cubano José María Heredia (1803-1839). El poeta sube a la pirámide desde donde –mediante lo que Mary Louise Pratt ha llamado un *ascenso humboldtiano* (182)– ve el paisaje de la Historia. Rodeado de silencio hace

---

[16] El inglés Robert Southey (1774-1843) en su poema épico *Madoc* (1805) cuenta el encuentro en el siglo XII entre los "aztecas" y un galés llamado Madoc que huye de la tiranía sajona católica. Madoc llega a la Florida donde lucha contra los "aztecas" haciéndolos emigrar a México. El canibalismo "azteca" es criticado por supersticioso y demoníaco y se lo asocia a la comunión católica. Madoc "prefigura" retroactivamente el protestantismo y el colonialismo británico. El poema de Southey expresaba los deseos imperiales ingleses en el Nuevo Mundo (manifiestos en la ficción del encuentro precolombino, en la crítica protestante de la eucaristía, y en el papel civilizador de Madoc) y manifiesta el desafío británico al dominio español de Hispanoamérica.

un paralelo implícito entre el imperio sangriento de los mexicas y el de los déspotas del presente; es decir, el dominio español de Cuba o las fuerzas conservadoras en México (Agustín de Itúrbide y Vicente Guerrero). Heredia anticipa con las visiones de la ruina del imperio antiguo, la de las tiranías del presente. Ve "entre la muchedumbre silenciosa"

> ir lentamente caminando al templo
> la vasta procesión, do la aguardaban
> *sacerdotes horribles, salpicados*
> *con sangre humana* rostros y vestidos.
> Con profundo estupor el pueblo esclavo
> las bajas frentes en el polvo hundía,
> y ni mirar a su señor osaba,
> de cuyos ojos férvidos brotaba
> *la saña del poder*
> . . . .
> Esta inmensa estructura
> vio a la superstición más inhumana
> en ella entronizarse. Oyó los gritos
> de agonizantes víctimas, en tanto
> que el sacerdote, sin piedad ni espanto
> *les arrancaba el corazón sangriento;*
> *miró el vapor espeso de la sangre*
> subir caliente al ofendido cielo ("El teocalli de Cholula" 126, 127).

Heredia replantea su visión poética del pasado aborigen en "Placeres de la melancolía" (1825), donde evoca a los reyes mexicas en su "inmenso dolor" y a "la raza candorosa y pura / que las Antillas habitó" (sin distinguir tainos de caribes), y culpa de su ruina a los conquistadores *"feroces"* (138, 139). Esta valoración estaba más acorde con la apropiación criolla del pasado indígena y con la conversión de la "injusticia de la Conquista" en *capital simbólico* del pensamiento nacionalista de la emancipación. Usando una expresión de Nicolas Shumway, podría decirse que este reclamo pretende ser el *mytomoteur* de la diferencia nacional. Sin esta *diferencia* el conflicto podía –en perjuicio del relato primordialista– aparecer como un problema familiar, una guerra civil entre los españoles de aquí contra los de allá.

En varias ocasiones, los libertadores dirigieron proclamas a los indios o a los negros, invitándolos a sumarse a la Historia, al progreso, al comercio y al abrazo fraterno de la nación[17]. Junto con estos convites –no siempre bienvenidos– , hay

---

[17] Ej.: "Proclama a los Araucanos" (1818) de Bernardo O'Higgins (200-202). En muchos casos, los sectores subalternos vieron estas invitaciones con desconfianza o franca hostilidad.

apropiaciones simbólicas de lo indígena. Como dijimos, estos discursos de diferenciación de la metrópoli a menudo reclaman de manera esencialista una genealogía indígena y narran el conflicto como la *reparación* de la injusticia histórica cometida en la Conquista. Sin embargo, estas suturas imaginarias al pasado son problemáticas. Como Bolívar mismo reconocía en la "Carta de Jamaica", la composición étnica y social de los libertadores no definía claramente "lo americano" frente lo Español: "no somos indios ni europeos –decía– sino una especie media entre los legítimos propietarios del país y los usurpadores españoles". Legitimidad y usurpación definen al criollo: "siendo nosotros americanos por nacimiento y nuestros derechos los de Europa, tenemos que disputar éstos a los del país y que mantenernos en él contra la invasión de los invasores" ("Carta de Jamaica" 25). En una carta a José Joaquín Olmedo, Bolívar comenta el "Canto a Junín", analiza el papel de Huaina Capac y nota que

> no parece propio que [Huaina Capac] alabe indirectamente la religión que le destruyó; y menos parece propio aún que no quiera el restablecimiento de su trono, por dar preferencia a *extranjeros intrusos* [los libertadores] que, aunque *vengadores de su sangre*, son siempre descendientes de los que aniquilaron su imperio (*Itinerario documental* 275).

La impecable lógica literaria bolivariana coexiste con la retórica política que reclama la causa, la venganza y la justicia indígena para los criollos, no obstante que, en palabras de Bolívar, éstos fueran "extranjeros intrusos" y "descendientes de los que aniquilaron" las civilizaciones americanas: "los mejicanos serán libres porque han abrazado el partido de la patria, con la resolución de *vengar a sus antepasados* o seguirlos al sepulcro" (Bolívar, *Escritos* 21).

La conquista del Incario y de los mexicas –en especial algunos eventos heroicos y martirios de príncipes o guerreros indígenas a manos de los conquistadores– tuvieron extendido tratamiento en poemas patrióticos, proclamas políticas, obras de teatro y en las primeras novelas indianistas.

Jicotencal (Filadelfia, 1826), atribuida a José María Heredia[18], por ejemplo, recrea la historia de Xicoténcatl, un jefe tlaxcalteca que se opuso vigorosamente a la alianza con los españoles y que finalmente fue derrotado y ahorcado por Cortés según relata Bernal Díaz (110-126, 263-267). *Jicotencal* invita a la lectura crítica de la Conquista en el mismo hilo histórico que atraviesa el presente: en pugna con el "el *vértigo monárquico*, que ha embrutecido por tantos tiempos a Europa" (*Jicotencal* 161). La novela hace de Tlaxcala una república con senado,

---

[18] Véase el estudio detenido que de la cuestión hizo Alejandro González Acosta (*El enigma de Jicotencal*).

libre comercio y derechos ciudadanos, opuesta a la tiranía y al Estado sanguinario de Moctezuma (80-84). La verdadera tragedia de la Conquista habría sido no sólo la invasión de Cortés, sino la derrota del supuesto republicanismo precortesiano de Tlaxcala. Las resonancias alegóricas en el caso cubano –de donde era natural Heredia– son varias[19]; entre los indígenas hay traidores como Magizcatzin (senador tlaxcalteca vendido a Cortés), lo mismo que entre los españoles hay "espíritus moderados" como Diego de Ordaz[20], prefiguración del liberalismo peninsular derrotado por Fernando VII. Jicotencal, *el viejo*, expresa los ideales de un pensamiento ilustrado anticlerical (134-136) y su hijo Jicotencal, el republicanismo de la emancipación:

> No me es posible concebir –dijo el americano– cómo unos hombres, que sin duda tenéis valor, y algunos también virtudes, estáis sometidos a un déspota que cuanto más poderoso sea más os tiranizará. El gobierno de uno solo no me parece soportable sino en los pueblos cuya ignorancia los hace incapaces de mirar por sí mismos [...C]uando el poder de uno solo domina, no hay más leyes que su voluntad (*Jicotencal* 112).

Jicotencal retoma la metáfora lupina de Las Casas: Cortés es el "lobo hambriento, que acecha al inocente ternerillo que pace" (165), y los conquistadores, "carniceros crueles" (147). En varias oportunidades se habla de la monstruosidad de éstos y de Cortés[21] (129, 167, 168, 172, 173), así como de su lascivia por las indígenas, su *codicia por el oro* y su *crueldad*. La propia voz narrativa lo llama *"tigre rabioso"* (121). La historia narra con los monstruos del pasado, los monstruos del presente absolutista español[22].

---

[19] El poema "Jicoténcatl" (1838) del cubano Gabriel de la Concepción Valdés, "Plácido" (1809-1844), es menos explícito. Sus resonancias políticas y simpatías con la causa independentista son vagas; el martirio de Jicoténcatl a manos de los españoles se soslaya y se presenta su "triste muerte" como una vuelta de la fortuna ("no hay dicha estable y segura"), sin referencias a las circunstancias coloniales. Partidario más bien poético de la independencia, Plácido fue sin embargo ejecutado por su supuesto concurso en una conspiración.

[20] Véase, por ejemplo, la discusión sobre la Conquista que tiene Ordaz con el padre Fray Bartolomé de Olmedo (85-87). Ordaz contrasta con Cortés; en palabras de Jicotencal: "El amigo Ordaz [...] no es un monstruo abominable como su capitán; al contrario conoce y practica las virtudes" (*Jicotencal* 120).

[21] "Monstruo–le dijo–[Teutila, prometida de Jicotencal, a Cortés] más inhumano que un tigre y más vil y traidor que una *serpiente*" (*Jicotencal* 97). "Dioses inmortales–exclama–[...] que mi cuerpo sea presa de aves de rapiña [...] pero libradme de este monstruo" (107).

[22] La imagen de una España devoradora no está circunscrita a la primera mitad del siglo XIX, sino que –a pesar de la preponderancia del hispanismo en todo el continente– se rearticula en Cuba a partir de la década de 1860 y durante la guerra de independencia. En los años 1860s España trató

Otra figura histórica indígena exhumada fue Cuauhtémoc (1495-1522), quien para Bolívar ejemplificaba el trato injusto dado por los españoles a los reyes indígenas ("Carta de Jamaica", *Escritos* 23). Cuauhtémoc fue el décimo primer y último *tlatoani* (emperador) mexica, a la muerte de Moctezuma en 1520. Resistió por cuatro meses el sitio de Cortés a Tenochtitlán hasta que fue finalmente vencido en 1521. Bernal Díaz del Castillo nos cuenta cómo el señor de México fue capturado y en un comienzo bien tratado por sus captores (362-371); pero luego, fue torturado para que revelara dónde se encontraba escondido el tesoro de Moctezuma. Cuauhtémoc indicó que lo había arrojado a una laguna. Más tarde, acusado de conspirar contra los españoles, fue ahorcado por Cortés (468-476).

La literatura de la emancipación apela al *archivo colonial* de la "injusticia" para narrar la Historia del Estado-nación. El teatro neogranadino, por ejemplo, reclama el cuerpo torturado de Cuauhtémoc para la causa bolivariana de la Gran Colombia en el drama histórico *Guatimoc o Guatimozín* (c. 1820, pub. París 1827) del cartagenero José Fernández Madrid (1789-1830), quien fuera embajador de Bolívar en Londres (1827)[23]. La audiencia inmediata de *Guatimoc* es la comunidad criolla. La obra fue dedicada a Bolívar y representada en Bogotá por el año de 1825 a los estudiantes del Colegio de San Bartolomé (centro de formación intelectual de la elite bogotana).

Cortés le propone a Guatimoc cambiar el tesoro de Montezuma por la conservación de su trono bajo el Imperio español; pero éste rechaza la oferta, contra el consejo Tisoc (otro jefe indígena) que quiere llegar a un arreglo estratégico con Cortés para salvar a Guatimoc y preparar la venganza mexica:

> Ese tesoro, ese fatal tesoro
> hoy útil nos será; con él podremos
> . . . .

de recuperar su rol imperial en Latinoamérica con la invasión de Santo Domingo (1861-1865) y la guerra con el Perú (1864-1866). Sólo hasta 1869 España reconoció la independencia del Perú. En este contexto, "La América" (1865) de José Victorino Lastarria (1817-1888) propone una identidad fundada en el alegato de la supuesta vocación democrática americana frente a una España que gobierna con un sistema que "quiere al hombre entero y no a medias, sojuzga su espíritu y su corazón; los dos cuchillos, unidos estrechamente, decapitan a la sociedad [...y] *chupa a la sociedad todos sus jugos* a título de conservar su unidad absoluta [...L]a hoguera *devora millares de hombres* a nombre de la religión" (270, 271).

[23] Presidente del primer ensayo republicano en la Nueva Granada (1814-1815), agente confidencial de Colombia en Francia en 1826 durante el gobierno de del vicepresidente Francisco de Paula Santander y ministro plenipotenciario del gobierno colombiano en Londres donde falleció. A Fernández Madrid se le considera uno de los fundadores del teatro nacional con sus obras *Atala* (1825), inspirada por la obra de Chateaubriand, y *Guatimoc*.

poner a salvo a Guatimoc, y un día
saciarnos en la sangre de europeos.
Que gocen entretanto el tesoro,
y a su voracidad sirva de cebo (65).

La negativa del Guatimoc constituye el eje de la tensión dramática: "¿ignoras
–le dice a Tisoc– / que son esos metales alimento, / fatal origen, causa de la
guerra [...]?" (65). Como Bolívar, Guatimoc explica que se trata de una "sed inex-
tinguible" (66, 67) y apela al acervo tropológico lascasiano de los españoles
"tigres" y "carniceros" y del Imperio devorador del inocente: "Los tigres, / –se
pregunta– ¿alguna vez la compasión sintieron? / ¿Derechos y piedad osáis nom-
brarme / usurpadores, *monstruos carniceros?*" (71) (ídem 67, 71, 76, 88, 100, 101,
110). Desde el monólogo inicial el emperador subraya la correspondencia entre
el canibalismo conquistador y el apetito colonial por los metales: "si *sedientos
están de nuestra sangre* / están de oro y de plata más sedientos" (62). Cortés se
defiende acusando a los mexicas de canibalismo: "Sí, vosotros los tigres, sí vosotros / de *carne y sangre humana alimentados*" (76)[24]. Tisoc responde que el "culto
feroz era más digno", vaticina las guerras de independencia como venganza /
justicia y anuncia el canibalismo goyesco de las luchas intestinas en la península:

> ¡Hagan los dioses
> que, de vuestras maldades irritados,
> contra vosotros, *vuestros propios hijos*,
> las mismas armas empuñando,
> *vengadores terribles de Anáhuac*,
> en sus padres castiguen los tiranos!
> ¡Hagan los dioses que vosotros mismos,
> ávidos, vuestra presa disputando,
> *os devoréis los unos a los otros!* (77).

Guatimoc es vencido y capturado junto con su hijo y apócrifa esposa, Tecpozima, pero se mantiene desafiante: "los dioses / no pueden inventar / –impre-
ca– los castigos atroces que merece / vuestra ferocidad, vuestra avaricia, / vuestra rabiosa sed de oro y sangre (84).

Temiendo por su vida y la de su hijo Tecpozima, conduce a los españoles a
unas tumbas con joyas, pero se descubre el engaño, y Cortés, presionado por sus
hombres, condena a Tisoc y Guatimoc a la hoguera. La derrota de Guatimoc es
acompañada de la promesa de la venganza y de la justicia futura; antes de ser

---

[24] En otra oportunidad y para justificar la violencia de la Conquista Cortés afirma: "Los mejicanos reconocen dioses / porque los ven bañarse en sangre humana" (104).

ejecutado, el emperador mexica consuela a Tisoc y reitera la "correlación" sim-bólico-histórica entre la injusticia de la conquista y las "futuras" guerras de independencia:

> No temas; fuente inagotable
> de odio y rencor su crimen inaudito
> siempre deberá ser, y su memoria
> jamás se borrará: siglos y siglos
> pasarán, y este oprobio de la España
> eterno durará; *sus hijos mismos*
> *han de ser mejicanos, y ese nombre*
> *los hará sus mortales enemigos.*
> Ellos, tal vez, *nos vengarán un día* (108).

Guatimoc es quemado pero en su sacrificio se dan cita el tiempo de la *injusticia* (referente dramático explícito) y el tiempo de la *reparación* que él anuncia (alegoría política). Esta prefiguración político-trágica anticipa la pugna entre el indomable patriota de la Independencia y la cruel España fernandina que al estrenarse la obra acaba de ser vencida. Andrés Bello (1781-1865) por la misma época expone de manera sintética esta lógica criolla de la venganza indígena en "La agricultura en la zona tórrida" (1826, 1827), al darle la bienvenida a la paz republicana: "saciadas duermen ya de sangre íbera / las sombras de Atahualpa y Moctezuma" (35).

La historia cultural de Cuauhtémoc abunda en conmemoraciones, monumentos, poemas y dramas que se repiten durante los siglos XIX y XX siguiendo los vaivenes de los diversos proyectos nacionales. Cuauhtémoc vaticina la nación: en México, en el poema "Profecía de Guatimoc" (1839) de Ignacio Rodríguez Galván (1816-1842), el emperador predice que la patria caerá "en las garras del pérfido extranjero" que "a su boca lleva sangre caliente" (127) y la llegada de miles de "guerreros viles [...] de la inglesa América y de Europa" (129), y anuncia una *justicia poética caníbal* o *ley del talión* de la Historia:

> El que la muerte da, recibe muerte;
> Y el que amasa su espléndida fortuna
> Con sangre de la víctima llorosa
> *Su sangre beberá*, si sed lo seca,
> *Sus miembros comerá*, si hambre lo acosa (129, 130).

Mientras el *Guatimoc* de Fernández Madrid es un artefacto profético *a posteriori* de la historia del nacionalismo de la emancipación, el de Galván anuncia el Imperialismo moderno de Francia y la amenaza norteamericana a la integridad del "cuerpo de la patria"[25]. Más tarde, el Porfiriato celebrará en el monumento a Cuauhtémoc en el Paseo la Reforma en 1887 la derrota de Maximiliano, "uno de los descendientes del mismo Carlos V" (García Quintana 26), y la Revolución mexicana también se declarará reparadora de la injusticia colonial y heredera del último *tlatoani* mexica[26].

La más famosa de las reinvenciones de Cuauhtémoc –y una de las más conocidas novelas históricas del siglo XIX– es *Guatimozín* (1846) de la hispano-cubana Gertrudis Gómez de Avellaneda (1814-1873). Se ha llegado a decir que en "el caso de *Guatimozín*, la manipulación del tiempo histórico le permite a Avellaneda proponer a un público español *otra versión de la conquista, una versión que no sea la de los vencedores sino la de los vencidos*" (Guicharnaud 101). Por supuesto, *Guatimozín* no es una narración de la contra-memoria histórica ni una lectura de la historia *contra el grano* o desde la *"tradición de los oprimidos"* y, aunque comparte temas y tropos con *Jicotencal* o *Guatimoc*, tampoco es un texto propiamente nacionalista, ni un trabajo de historiografía literaria disidente[27]. De hecho, mantiene expresamente su lealtad con la tradición histórico-cultural española. *Guatimozín* expresa sí, críticas a la Conquista (especialmente en los últimos capítulos), pero su concepción histórica de la misma es la de una "grande empresa" (199). Adviértase que, al menos hasta la última parte, es Cortés y no Guatimozín el protagonista principal de la novela; un Cortés que, aunque por momentos pareciera un personaje maquiavélico "de fría razón" (122), siempre resulta rescatado como figura histórica. La lucha de las tropas cortesianas en las vísperas de "La noche triste" se califica de "defensa heroica" (210) y "digna de la calificación [de triste] que conserva en la historia" (234). Los conquistadores "monstruos" y "fieras" (127, 162), codiciosos y "hambrientos" de riquezas (276), "tigres [...] repletos del oro y de la sangre de los mexicanos" (319), son en el balance final "héroes". La mayoría de las crueldades de la toma final de Tenochtitlán son achacadas a la barbarie de los tlaxcaltecas aliados de Cortés, quien hasta último momento ofrece la paz a Guatimozín.

[25] Más que profecía es evocación histórica de la intervención norteamericana en la declaración de independencia de Texas (1836) y la invasión francesa de Veracruz (1838) que desencadenara la "Guerra de los pasteles" (1838-1839).

[26] Siglos después de la muerte de Cuauhtémoc y más de cien años después de las obras de Fernández Madrid y Gómez de Avellaneda, el régimen revolucionario mexicano reclamará haber encontrado los huesos de Cuauhtémoc en Ichcateopan (1949). El encuentro de los huesos parece un mensaje directo de la historia a la Revolución; simbólicamente es la cita del Estado-nación con sus orígenes. El nacionalismo latinoamericano reafirma su vocación para exhumar y devorar el pasado mediante monumentos literarios y discursos de consanguinidad simbólica.

[27] Es igualmente exagerada la propuesta de Guicharnaud de la novela como una "visión pro-azteca de la conquista mexicana" que "revela un criollismo blanco cubano" (95).

El americanismo de la novela es –como la propia autora respecto a la independencia cubana– en el mejor de los casos, ambivalente: Guatimozín tiene una "tez perfectamente blanca" (52) (al igual que Sab, personaje de su novela antiesclavista del mismo nombre, 1841); los héroes indígenas se debaten en relaciones de amor y odio, y de alianza y guerra con los conquistadores; los epítetos respecto de las proezas / crueldades de Cortés son contradictorios; etc. Avellaneda misma vivió entre tradiciones diversas: de padre aristócrata español y madre criolla, pasó su niñez en Cuba y se formó como escritora en España donde vivió la mayor parte de su vida (1836-1873). Los amores truncos entre Tecuixpa, hija de Moctezuma, y Velásquez de León –que ocupan gran parte de la tensión argumental de la novela– figuran la ambivalencia colonial del proto-nacionalismo cubano:

> Luchaban en su corazón [de Tecuixpa] mil encontrados impulsos: los españoles –caros a su alma como compatriotas y amigos de Velásquez– inspirábanle horror como opresores de los suyos, y vacilante entre el interés de su país y el de su casa, y el interés de su amor, no acertaba a desear ni la ausencia ni la permanencia de los extranjeros (*Guatimozín* 183, 184).

Esta tensión de "encontrados impulsos" tiende a resolverse por la lealtad cultural y política a España; lealtad no sólo referida a la posibilidad de la independencia de la Metrópoli, sino a la –por unos temida y por otros deseada– anexión a los EE.UU., que en la década de 1840 ganaba simpatizantes entre las elites criollas (Louis Pérez 107). De algunas referencias puede colegirse justamente la adhesión de Avellaneda a la Corona (o al menos a una tradición hispánica) frente a la posible anexión. Respecto de la alianza de Tlaxcala con Cortés anota Avellaneda: "Cuántos pueblos [...] no creen ver en sus príncipes, tiranos aborrecidos por los dioses, y en los advenedizos, regeneradores divinos" (275). Y luego, sobre las alianzas indígenas con Cortés contra el Imperio mexicano, apunta: "¡Funesta ceguedad la de los pueblos que divididos por contrarias opiniones, enflaquecidos por civiles discordias, piden y fían su remedio a *extranjera intervención*! Jamás [...] hicieron abnegación de sus propios intereses las naciones llamadas a decidir en intereses extraños" (330). La *resolución hispánica* del americanismo de *Guatimozín* puede seguirse en muchos aspectos lingüísticos y argumentales de la novela como la glorificación del heroísmo y genio de Cortés[28], el mencionado romance de la hija de Moctezuma con el conquistador español, o el tratamiento del asunto de los sacrificios y el canibalismo mexica. La coronación de Guatimo-

---

[28] Por ejemplo: "Al levantarse los grandes hombres de todos los siglos, de todos los países, han sido anunciados por el instinto repulsivo de las medianías" (358).

zín en el templo de Huitzilopochtli está acompañada de sacrificios humanos "que un uso bárbaro prescribía desde el principio de la monarquía mexicana" (279). El texto expresa repugnancia por el rito sangriento y admiración por a los soldados españoles inmolados, mártires cuasi-hagiográficos y encarnación de la nobleza y el valor:

> Los destinados a la sangrienta hecatombe en el día a que nos referimos, eran seis españoles trasladados a la capital desde Tepeaca [...A]briéndose dos puertecillas de aquella sangrienta capilla, apareció por una el hueteopixque –o sea, gran sacerdote [...] y por la otra los seis sacrificadores llevando a sus infelices víctimas [...] y en medio de esas *caprichosas y repugnantes figuras* se veían a los prisioneros españoles, totalmente desnudos, enflaquecidos y pálidos, pero con la frente serena y la mirada desdeñosa. Eran aquellos desventurados *seis soldados jóvenes* de la tropa aventurera *en que había impreso Cortés la marca de su genio; porque no hay duda que los hombres superiores levantan a todos aquellos que están en contacto con ellos.* [...A]prestábanse tranquilos para el *horrible sacrificio,* y aún se notó en sus labios una *sonrisa burlesca* al contemplar el singular aspecto de su *repugnante escolta.* Sin embargo cuando vieron vibrar en la nervuda mano del teopiltzín el agudo itztli que debía despedazar sus pechos, y la rojiza luz del veinte teas de madera resinosa reverberó en la enorme piedra del sacrificio, aún no bien seca de la última sangre que sobre ella se vertiera, horrorizadas las víctimas no pudieron reprimir un movimiento espontáneo y retrocedieron un paso. Alarmados los verdugos se abalanzaron presurosos, *como aves de rapiña encima de su presa,* y arrastrándolos a la ara comenzaron con *bárbara complacencia* los preparativos del sacrificio. Reinó por un instante silencio profundo: oyóse enseguida el *áspero sonido de la carne que rasgaba lentamente el filo del pedernal;* vióse saltar la sangre sobre los mármoles de la capilla, manchando los blancos hábitos de los sacrificadores... pero ni un gemido indicó los atroces tormentos de las víctimas, y el dios de la guerra vio sucesivamente sobre su altar nefando seis corazones heroicos [...]. El pontífice [...] le mostró [a Guatimozín] *los despojos de las víctimas cuyos cuerpos privados de corazón y la cabeza* [...] *fueron enseguida arrojados al pueblo que llenaba la plaza* (282, 283).

Hay escasamente tres alusiones directas al canibalismo mexica en la novela: un malentendido, una[29]; y las otras dos, referidas a la violencia teratológica de princesas mexicas[30]. Avellaneda en general opta por la omisión del "penoso

---

[29] Durante la *Noche triste* los soldados mexicas, al ver que Cacumatzín (príncipe enamorado de Tecuixpa) carga con Velásquez al hombro, exclaman equivocados: "Mirad al que nos llama jaguares [...] Se lleva al muerto para comerse él solo su corazón. [...] ¡Dejádselo –respondían otros– ¡hartos tendremos mañana! ¡El lago estará muchas horas vomitando muertos!" (145) (Cacumatzín rescata a su rival en un gesto caballeresco).

[30] a) Durante el sitio final de Tenochtitlán, la "varonil princesa de Tlacopan" manifiesta –para escándalo de la cristianizada Tecuixpa– su deseo caníbal: "los dioses han decretado la ruina de los

asunto" del canibalismo o por su sugerencia tangencial, como en el fragmento trascrito (con la entrega de los cuerpos decapitados al pueblo)[31]. Avellaneda, como Clavijero, intenta un equilibrio entre el horror manifiesto por la religión antigua de México y la relativización de esos sacrificios:

> Nosotros que acabamos de describir con imparcial veracidad y profundo horror, los sacrificios cruentos que deshonraban la religión azteca, [...] no olvidamos que la culta Europa inmolaba también víctimas humanas al Dios del amor y de misericordia, con tan fanático celo como los bárbaros de Méjico a sus belicosas deidades. ¿Buscaremos rasgos de una civilización más adelantada que la que se lee en la sangrienta piedra de los Teocalis mejicanos, en las hogueras de la Inquisición, a cuya fatídica luz celebraba España el acrecentamiento de su poder [...]? (288).

Evelyn Picón Garfield, demasiado generosa al juzgar el americanismo de la novela, admite que Avellaneda intenta reivindicar a Cortés, pero destaca una supuesta predominancia del relativismo cultural y de sus críticas a la Conquista, a Cortés y a la Inquisición española del siglo XVI ("Desplazamientos históricos" 100-105; "Conciencia nacional" 51-55). El texto, empero, va y viene sin resolverse. Mientras *Jicotencal* (1826) de Heredia niega a la figura de Cortés su carácter heroico y dramatiza la Historia bajo el modelo metafórico lascasiano (de los tigres y lobos sanguinarios y codiciosos españoles devoradores del indígena), Avellaneda explica y justifica las crueldades del héroe como naturales de los hombres superiores que hacen la Historia. Cortés, el cruel, es también el espíritu superior a la medianía, el héroe y el genio. Incluso al final de la novela, cuando la extrema violencia del asalto a Tenochtitlán desfavorece la imagen histórica de la Conquista, Cortés, se muestra moralmente superior a las circunstancias, lo conmueve la carnicería y trata de evitarla: "se sintió dolorosamente afectado por el espectáculo de tan inaudita carnicería y ordenó suspenderla" (411). Los tlaxcaltecas son quienes llevan a cabo los más horribles actos de violencia: "Clementes los extranjeros en comparación con los americanos, intentaron en vano

---

monstruos orientales, y el corazón me dice que antes de que vuelva Meztli a asomar en el cielo [...] habrán visto mis ojos humear la sangre del último de ellos en la piedra de los sacrificios, y *conocerán mis dientes el sabor de su carne*" (382). b) Más adelante, en venganza por la muerte de sus dos hijos, Tlacopan sacrifica a dos prisioneros españoles: "Allí –dice Atahualca a la esposa de Guatimozín– la he visto degollarlos y beber su sangre con rabiosa sed y diciendo que no la había aplacado, lanzarse por fin a las aguas, abrazada con sus dos hijos muertos" (409).

[31] Igual sucede cuando Avellaneda explica las causas de la masacre que Cortés hizo en Cholula con un eufemismo: "hubo indicios de mala fe por parte de sus habitantes" (45). Según Díaz del Castillo –fuente de Avellaneda– , esos indicios fueron los preparativos del festín caníbal que planeaban hacer los indígenas con los conquistadores.

poner término a la carnicería en que se cebaban sus furiosos auxiliares" (415). La tortura de Guatimozín (para obtener el secreto del tesoro) ocurre a pesar del capitán, quien se opone al martirio, sólo cede ante las amenazas de insubordinación de la tropa y lo rescata de manos de sus verdugos (427-431). Es sólo hasta el "Epílogo" que la figura de Cortés pierde un poco de lustre histórico con la ejecución calculada de Guatimozín que, escribe la autora, *"en vano quisiéramos justificar* apoyándolo en la sospechosa acusación de un súbdito traidor, que no tuvo crédito entre los mismos españoles" (436).

Quisiera referirme sucintamente a la supresión de la novela (por la propia Avellaneda) de sus *Obras literarias* (1869-1871) y a los cambios que introdujo en el "Epílogo" de la misma, el cual *sí* incluyó con modificaciones en esa edición bajo el título "Una anécdota en la vida de Cortés". Picón Garfield estima erradamente que la exclusión de la novela de las *Obras* de Avellaneda fue un "acto de auto-censura" de aspectos problemáticos tales como las críticas a la Conquista y al fanatismo religioso ("Desplazamientos históricos" 105-106; "Conciencia nacional" 58). Tanto el "Epílogo" como la "anécdota" se basan en un pasaje de la *Historia verdadera* de Díaz del Castillo, que cuenta cómo poco después de la muerte de Cuauhtémoc, Cortés andaba "mal dispuesto y pensativo" y que en uno de sus paseos nocturnos "cayó, descalabrándose la cabeza", asunto sobre el cual guardó secreto. En el epílogo de la novela (primer texto) se narran la ejecución de Cuauhtémoc, las subsecuentes preocupaciones de Cortés y se especula sobre las circunstancias del accidente que relata Bernal Díaz. Éste habría resultado de un atentado fallido contra la vida de Cortés que intentara Gualcazintla (esposa del emperador mexica) y del que Cortés se habría salvado a causa de la intervención de Doña Marina, quién mató a aquella ahogándola. El capitán, preocupado por el supuesto desmedro que su honor hubiera sufrido de saberse que doña Marina estaba en su cuarto, acordó con ésta encubrir el homicidio como un suicidio y llevar el cadáver a los aposentos de la princesa.

Julio Hernández-Miyares, quien ha analizado en detalle las variaciones introducidas en "Una anécdota", encontró que en la segunda versión los eventos están reconstruidos para justificar y ensalzar la figura de Cortés (319-323). Avellaneda, como dice Hernández-Miyares, comienza "con una serie de disquisiciones filosóficas sobre la incomprensión que sufren los héroes; después señala que estos genios superiores tienen que plegarse, en ocasiones, ante los injustos deseos de las medianías que –en defensa de su propia mediocridad– les obligan a claudicaciones abyectas" (322). Para Avellaneda, Cortés habría sido *"una de las mayores figuras que puede presentar la historia* [...], habría tal vez sido un *Napoleón* si le arrullase en la cuna el trueno de la Revolución francesa [...]. Hernán Cortés, digámoslo en fin, debía tener y tuvo la suerte común de todos los *genios superiores"* ("Una anécdota", *Obras* 161). En la "Anécdota" Avellaneda suprime la mayoría de las expresiones de desdén por los vencidos en boca de los conquistadores, y la maldición de Guatimozín a Cortés antes de la ejecución. Cortés se muestra arrepentido del regicidio y reprueba el asesinato de Gualcazintla a manos de doña Marina, ahora a causa de los celos de la Malinche por las atenciones del conquistador a la viuda (173-178). Avellaneda resuelve la ambivalencia de la novela con la supresión de la misma de sus obras "completas" y con la reescritura del "Epílogo". Lo que ha sido visto como americanismo o autocensura no es sinónimo de *nacionalismo independentista*, sino apenas la expresión de un liberalismo conciliatorio. *Guatimozín* es un texto periférico, pero en la órbita cultural del residual dominio español. Vacilante en el "Epílogo", se decide finalmente por la tradición histórica metropolitana en "Una anécdota". En resumen, la "anécdota" es una ficción reaccionaria que no propone la identificación simbólica con el indio sino una filiación imaginaria con los trabajos del héroe-conquistador. Esa identificación tiene, claro, diferentes niveles de interpretación; el de la escritora mujer que se ve como *héroe incomprendido*[32], pero también el de la renuncia a un nacionalismo emancipador por la ambivalente pero cierta lealtad político-cultural a la metrópolis.

3. BÁRBAROS, CARNICEROS Y VAMPIROS: LOS SALVAJES FEROCES DEL ROMANTICISMO AMERICANO

> Quisiéramos apartar de toda cuestión social americana a los salvajes por quienes sentimos, sin poderlo remediar, una invencible repugnancia, y para nosotros, Colo Colo, Lautaro y Caupolicán, no obstante los ropajes civilizados y nobles de que los revistiera Ercilla, no son más que unos indios asquerosos, a quienes habríamos hecho colgar y colgaríamos ahora, si reaparecieran en una guerra de los araucanos contra Chile, que nada tiene que ver con esa canalla (Domingo F. Sarmiento, *Conflicto y armonías de las razas en América*).

Se dice que los monstruos y los salvajes son las criaturas predilectas del Romanticismo. El monstruo romántico representaba, entre otras cosas, el (des)orden y los espacios intermedios entre lo humano y lo animal, entre la vida y la muerte, entre la civilización y fuerzas primitivas e irracionales, entre el prodigio y lo

---

[32] Picón Garfield propone hablando del "Epílogo" que: "este conquistador español [Cortés], héroe ideal aunque imperfecto, parece encarnar la ambición y la gloria vedadas a Avellaneda" (1991: 62)

horrendo. El *buen salvaje*, por su parte, constituía un artefacto cultural para el pensamiento utópico; una forma de imaginar la felicidad de no ser civilizado. Los monstruos y salvajes del Romanticismo europeo respondían en cierta medida a una subjetividad exacerbada, a una reacción al racionalismo iluminista y la Revolución Industrial. Eran síntomas del pesimismo romántico frente a la Modernidad. No es ese el caso del Romanticismo criollo pos-independentista. Las condiciones histórico-económicas del Romanticismo americano le imprimen particularidades diferenciales; por ejemplo, frecuentemente asume un proyecto político colectivo en el marco histórico del presente (en lugar de la fuga hacia el pasado) y celebra la ciudad en desmedro de la naturaleza[33]. El *salvaje* de Rousseau no es pertinente en la mayoría de los proyectos civilizadores del siglo XIX latinoamericano, en los que lejos de ser un motivo poético abstracto de la nostalgia por un orden premoderno, representa las resistencias locales a la Modernidad y a la conformación del Estado-nación. Monstruos como *Frankenstein* (1818) de Mary Shelley, con su reproche amargo a la ciencia y al progreso, tampoco sirven como artefactos críticos de la Modernidad latinoamericana. La monstruosidad es asociada comúnmente a heterogeneidades étnicas y considerada victimaria, no víctima, del progreso. Salvajes y monstruos a menudo coinciden y no evocan el paraíso perdido con la Revolución industrial sino la barbarie; aquello que impedía a América ser Europa civilizada. Por este motivo el Romanticismo de la primera parte del siglo, en el mejor de los casos, se nombra heredero de la causa de un indio arqueológico, no contemporáneo, como vimos al hablar del *nacionalismo de la emancipación*. El salvaje del presente (indio, negro, esclavo cimarrón, llanero, gaucho) tiene frecuentemente un estatuto amenazador para el Estado-nación, la propiedad, la raza, la lengua. Si Rousseau lamentaba el paso del *estado natural* al *estado civil* ("Discurso sobre el origen" 186-199), muchos de los discursos nacionales latinoamericanos reclaman ese tránsito y no ven en el *estado natural* bondad alguna, sino la resistencia de sectores que afirman los derechos de sociedades segmentarias contra la pretensión de soberanía del Estado-nación.

En los (con)textos en los que el indio fue problemático, los proyectos nacionales lo señalaron expresamente como enemigo de la civilización y exterioridad desafiante de la soberanía; ese indio coincide con las que Deleuze y Guatta-

---

[33] Cuando el Romanticismo americano ataca la ciudad no es por ser un enclave de la civilización deshumanizada frente a la cual los románticos europeos quieren huir, sino por estar en manos de las fuerzas irracionales y bárbaras de la "naturaleza". Cuando hay un desplazamiento a la naturaleza, ésta no es un refugio sino espacio de salvajismo y barbarie (*Facundo* o *La Cautiva*). Mientras Chateaubriand inventa con sus salvajes un lugar-tiempo alternativo al de la civilización (*Atala*), los de Echeverría y Sarmiento son obstáculos para la civilización y deben ser conquistados.

ri llaman *márgenes* y *minorías* (*Mil mesetas* 367). Ese es el caso de la representación de los aborígenes del "Desierto inconmensurable, abierto, / y misterioso" (125) de las pampas argentinas en *La cautiva* (1837) de Esteban Echeverría (1805-1851), intelectual de la burguesía porteña. El referente inmediato del poema es la *frontera* y los indios *pampas*[34], descendientes de los araucanos, que desde el siglo anterior saqueaban las poblaciones y los precarios establecimientos fronterizos, se apoderaban del ganado y robaban mujeres (Noé Jitrik, *Esteban Echeverría* 28). En 1790 la Corona había reconocido autonomía a los pampas –que englobaba en una ficción que llamaba "república indígena"– y establecido tratados de libre comercio y paz con los ranqueles y pechuenches. Los procesos de independencia trastornaron este enclenque orden de cosas. Algunas tribus sostuvieron una lucha sin cuartel por la restauración del Rey, y otras se encontraron cada vez más en contradicción con el precario Estado criollo. Otros grupos establecieron alianzas estratégicas: habitaban *campos cedidos* dentro de las fronteras criollas y a partir de 1827 estaban amparados por la institución del *negocio pacífico*[35] (Martha Bechis 294, 295). Los criollos se habían venido expandiendo en territorios indígenas durante todo el siglo XVIII, y –en el ambiente de la Independencia– los tratados acusaban una extrema fragilidad. Hacia 1814 se iniciaron hostilidades interétnicas y "las ofensas recíprocas se fueron sumando" (Bechis 296, 297). Por entonces se intensifica el robo de ganado, los cautiverios y las muertes de criollos a manos indígenas en las zonas de frontera. No existía, claro, unidad de propósito ni de mando en esta *guerra contra el Estado*, que más parecía una constante y múltiple serie de pugnas limítrofes y de ejercicio del bandidaje.

Los caudillos rioplatenses mantuvieron alianzas con algunos grupos: "unitarios y federales desarrollaron una guerra de influencias sobre los indígenas como un aspecto más de la guerra civil"; Juan Manuel Rosas (1793-1877) se sirvió en varias ocasiones de los pampas, y entre 1829 y 1830 –mediante promesas y ofertas de ganado– contó con su ayuda contra los unitarios, quienes en general fueron más reticentes e inhábiles para las alianzas con los "salvajes" (Bechis 301-

---

[34] El poema se inspira aparentemente en un incidente real. Echeverría conoció a una "pastora" llamada María que "le contó que vivía sola con su madre porque su hermano y su novio se habían marchado a la frontera a luchar contra los indios". De regreso a Buenos Aires, Echeverría averiguó la suerte de estos dos hombres y trató de influir para que se autorizara su regreso; así se enteró de su muerte en un ataque de los indios (Leonor Fleming 57).

[35] El *Negocio pacífico de indios* consistió "en sus rasgos más generales, en el asentamiento de tribus amigas sobre la línea de frontera con el objetivo de que sirvieran de barrera de contención ante el ataque de grupos hostiles. Esta función de defensa era retribuida mediante la entrega de raciones alimenticias" (Silvia Ratto 244).

306). Cuando Rosas en 1831 incumplió sus promesas, los indios "aliados" atacaron la frontera de Buenos Aires. La autonomía relativa de los pampas, así como el continuo robo de ganado, los convirtió en enemigos de un gobierno que representaba los intereses estancieros y la demanda de tierras para los ganaderos bonaerenses. En estas condiciones de asedio, la apropiación simbólica del salvaje del presente era inconcebible.

La cautiva es un poema de esa frontera inestable, locus de las pretensiones territoriales del nacionalismo argentino y de sus ansiedades. Cuenta la historia de María, una mujer blanca cautiva de los indios que se fuga e intenta sin éxito llegar a la civilización junto con su amado, el inglés Brian[36], a quien ella, cuchillo en mano, rescata herido[37]. Brian muere en sus brazos poco antes que ella misma siga la misma suerte después de saber de la muerte de su hijo a manos de los salvajes. El tema de la cautiva es en muchos sentidos el del horror al mestizaje: la bella blanca incorporada (mediante el rapto y el cautiverio) resistiendo los violentos apetitos sexuales del *Otro*. El resurgimiento en el siglo XIX de estas narrativas de larga tradición colonial[38] tiene que ver, como señala Susana Rotker, no sólo con la facticidad del cautiverio femenino –su ocurrencia y frecuencia– sino con la conveniencia del mito para el proyecto racial y de expansión territorial del liberalismo argentino.

El terror a la contaminación es explícito. Poco después de ser rescatado por María, Brian lamenta la pérdida del honor de su amada: "Del salvaje la torpeza / habrá ajado la pureza / de tu honor, y mancillado / tu cuerpo santificado por / mi cariño y tu amor" por lo que resuelve: "ya no me es dado el quererte" (155). El romance entre la criolla y el europeo se ve impedido por el cautiverio, el entorno salvaje del desierto, la lejanía de la civilización y, adicionalmente, por esta *mácula salvaje del cuerpo criollo*, cuya pureza ha "ajado" la barbarie. María fue

---

[36] Brian –quien no de manera gratuita es un oficial británico partícipe de la independencia contra España– es el galán de uno de los primeros romances nacionales que dramatizan las alianzas de los criollos europeizantes con el Imperio británico, el cual participó activamente en los procesos de independencia en Latinoamérica.

[37] Los personajes Brian y María son bastante opacos, salvo por algunos momentos como el ingreso de María al campamento para salvar a Brian. La pareja permanece inmóvil en medio de la llanura (pese a que están huyendo) mientras se produce una hipóstasis estética de la horda bárbara del desierto. Los indios están en continuo movimiento y gozan de una vitalidad que les falta a los personajes civilizados.

[38] Las cautivas habían hecho parte del archivo colonial en leyendas como la de Lucía Miranda, reelaborada muchas veces desde Barco Centenera (1602) y Ruy Díaz Guzmán (1598-1612), hasta los poemas y dramas históricos del siglo XIX. Sobre el tema de las cautivas y su representación y falta de representación en la literatura y cultura argentina, véase el trabajo definitivo de Susana Rotker: *Cautivas: olvidos y memoria en la Argentina*.

parte del *Otro*. Su alianza amorosa con Brian depende de un proceso de limpieza: el derramamiento de la sangre indígena.

> Ella le responde [a Brian]:—Advierte
> que *en este acero, esta escrito*
> *mi pureza y mi delito*
> mi ternura y mi valor.
> Mira este puñal sangriento,
> y saltará de contento
> tu corazón orgulloso;
> diómelo amor poderoso
> diómelo para matar
> al salvaje que insolente
> ultrajar mi honor intente (155).

El horror al mestizaje es, como la pavura a ser comido o caer cautivo, un miedo a la incorporación; a la disolución de la identidad en la alteridad. La limpieza del honor en *La cautiva* tiene una proximidad siniestra con la limpieza étnica acometida por el Estado varias veces durante el siglo XIX. Para el nacionalismo expansivo el salvaje es un cuerpo abyecto que cruza la frontera para robar ganado y mujeres, que resiste la civilización y que se niega a desaparecer pacíficamente.

La cautiva propone la *nación en riesgo*. El Estado criollo no logra interiorizar a los indios; por el contrario estos se manifiestan como afuera de la precaria soberanía estatal, declarada pero no efectiva. El salvaje es (re)presentado como la que Deleuze y Guattari en *Mil mesetas* llaman una "máquina de guerra nómada"; un *Otro* (exterioridad del Estado-nación) irreducible y heterogéneo:

> El Estado siempre ha existido en relación con un afuera, y no se puede concebir independientemente de esta relación. La ley del Estado [...es] la de lo interior y lo exterior. El Estado es la soberanía. Pero la soberanía sólo reina sobre aquello que es capaz de interiorizar, de apropiarse localmente. [...] El afuera [estatal] aparece simultáneamente en dos direcciones: grandes máquinas mundiales, ramificadas por todo el ecumene en un momento dado; pero también, mecanismos locales de bandas, márgenes, minorías, que continúan afirmando los derechos de sociedades segmentarias contra los órganos de poder del Estado. [...] Lo que es evidente es que [...] implican una forma irreductible al Estado, y que la forma de esa exterioridad se presenta necesariamente como la de una máquina de guerra, polimorfa y difusa (367).

Los "tigres humanos" (156) de *La cautiva* no son los conquistadores (como en *Guatimoc* o *Jicotencal*) sino los indios; la *máquina de guerra* devoradora que desafía la ampliación de la propiedad para la ganadería en un espacio que se disputan el Estado y el salvaje. La exterioridad de la "tribu errante" (125) en *La cau-*

tiva sólo puede enunciarse como fuerza telúrica, accidente del paisaje, "ruido", "confuso clamor" y "torbellino [que] hiende el espacio", en "la inmensidad" y el "silencio" (128-130). Este *salvaje de frontera* es sorprendentemente cercano al *sauvage* de la *Encyclopédie*: bárbaro ("peuples barbares"), opuesto al Estado ("qui vivent sans lois, sans police") y nómada ("qui n'ont point d'habitation fixe"). La guerra añade la dimensión del horror: en sus lanzas "llevan cabezas humanas" que cortaron con "inhumanos cuchillos" (130), son "buitres" (153) y "animales feroces" en "carnicería horrenda" (142), y la tribu procede "como carnicero lobo" (198). En la segunda parte del poema, titulada "El festín", Echeverría se refiere a los indios como una "turba / que charla ufana y hambrienta", iluminada vagamente por el fuego de una hoguera mientras que su "víctima en reserva" espera y "mira vacilar su estrella" (135, 136). Las "abominables fieras" se emborrachan en una "sabática fiesta" (138, 139) en la que sacrifican una yegua:

> Aquel come, éste destriza,
> más allá alguno degüella
> con afilado cuchillo
> la yegua al lazo sujeta,
> y a la boca de la herida
> por donde ronca y resuella,
> y *a borbotones arroja*
> *la caliente sangre fuera*,
> en pie, trémula y convulsa,
> *dos o tres indios se pegan*
> como *sedientos vampiros*
> *sorben chupan saborean*
> la sangre, haciendo mormullo,
> y *de la sangre se rellenan* (137).

El vampirismo y la ferocidad de los indios parece una proyección paranoica de la propia violencia estatal y de la "Expedición al desierto" de Rosas (1832-1833). Esta campaña para "pacificar" a los puelches y ranqueles no fue otra cosa que una campaña de exterminio y terror para expandir el régimen de propiedad de la tierra[39]. Para Jitrik, *La cautiva* contradiría la versión oficial de la Expedición al desierto, según la cual "el problema indio" habría sido solucionado, sosteniendo que la nación estaba aún en peligro de sucumbir bajo los salvajes (la *máquina de guerra*, polimorfa y difusa). La persistencia de un problema (neo)colonial y de

---

[39] En septiembre de 1832, cuatro meses después de iniciada la primera campaña en las provincias patagónicas de Río Negro y Neuquen, *La gaceta mercantil* de Buenos Aires reportaba sus resultados: "3.200 indios muertos, 1.200 prisioneros de ambos sexos".

frontera durante gran parte del siglo es ciertamente notable en la "invencible repugnancia" que a Sarmiento le causaban los "indios asquerosos", y en el empeño decimonónico de su exterminio. El tropo del salvajismo y el de la nación violada y bajo asedio se mantendrán mientras se le da la "solución final" al problema indígena en la segunda mitad del siglo.

Entre tanto, ocurren importantes desplazamientos semánticos: la horda salvaje y el cautiverio de la patria son imágenes con las que el Romanticismo liberal caracteriza también al régimen de Juan Manuel Rosas. Juan María Gutiérrez (1809-1878), cofundador con Echeverría del Salón literario y de la Asociación de Mayo (centro del Romanticismo liberal rioplatense), refería la afrenta del cautiverio (en su dimensión nacional) a propósito de la derrota del "cacique feroz" (Rosas) en Caseros (1852):

> La patria ayer, cual viuda lacrimosa
> cautiva en el aduar, era la sierva
> del cacique feroz que la violaba.
> Volvedla su esplendor; volvedla al tiempo
> en que era por el vate retratada
> de palmas y laureles coronada (99).

Sólo mediante retrospecciones simbólicas a un pasado indígena glorioso (evitando al indio del presente), o tardíamente (cuando ya está "solucionada" la cuestión indígena), se ofrecen visiones más o menos amables del salvaje en obras como el poema *Yandabayú y Lirocopeya* (1840) del uruguayo Adolfo Berro (1819-1841) (sobre un episodio sentimental de *La Argentina* de Centenera) o en el drama histórico *El charrúa* (1842) de Pedro Bermúdez (1816-1860), que evoca la fiereza ida del indio derrotado[40] y anticipa la nostalgia del Romanticismo posterior (i.e.: *Tabaré* 1888 de Juan Zorrilla de San Martín).

4. EL "TIGRE DE LOS LLANOS", EL "CANÍBAL DE BUENOS AIRES" Y EL ESCRITOR DE LA PATRIA

> los civilizados hablan, los bárbaros se callan [...] el que habla siempre es civilizado (George Bataille, *El erotismo*, 192).

Civilización i barbarie: vida de Juan Facundo Quiroga i aspecto físico, costumbres i hábitos de la República Argentina (1845) (*Facundo*) de Domingo Faustino Sarmien-

---

[40] "[S]iempre siempre soñando venganza. / [...] / hoy es polvo; menos, nada" (en Aída Cometta Manzoni 160).

to (1811-1888) es uno de los textos más representativos del *nacionalismo liberal* del Río de la Plata y un documento fundamental de la cultura letrada argentina y latinoamericana[41]. *Facundo* contiene una descripción geográfica del país, sostiene la tesis de la relación determinista entre esta naturaleza "bárbara" y la de sus pobladores (de quienes hace una taxonomía), incluye la biografía política del caudillo riojano Facundo Quiroga (1788-1835), e intenta una interpretación del gobierno de Juan Manuel Rosas a partir de la biografía de Quiroga (de quien Rosas sería una versión perversa y superada). Principalmente, *Facundo* concibe el proyecto de un moderno Estado-nación, antítesis del rosista y promotor de la civilización y el progreso[42].

Coincidiendo con algunas de las ideas del orientalismo de la Ilustración[43], de los viajeros y científicos europeos[44] y del positivismo[45], lo social y cultural está determinado por lo que Lelia Area llama el "territorio ficcionalmente mostrado" o "paisaje-protagonista" (54). Los indios son una expresión catastrófica de ese paisaje, y el gaucho –que Sarmiento imagina casi nómada– se halla en conflicto con la civilización y determinado por la Pampa en sus cualidades, vicios y saberes (72-93). La Argentina entera es imaginada bajo un asedio múltiple: de la naturaleza indómita, de los salvajes "ávidos de sangre y pillaje" (62)[46] y de los hombres del desierto, mientras las ciudades "van barbarizándose insensible-

---

[41] *Facundo* ha sido llamado *romance fundacional* argentino (Kaplan, Sommer), ficción política y *máquina de la novela* argentina (Piglia 135) y hasta "nuestra *Fenomenología del espíritu*" (González Echevarría, "A Lost World" 224).

[42] Para una exposición de las ideas de civilización y barbarie en Sarmiento y su percepción coetánea en otros escritores del Río de la Plata, véanse los artículos de Félix Weinberg.

[43] Los ejemplos son numerosos: la geografía de las pampas le "trae a la memoria las soledades asiáticas" (61), la supuesta vida pastoril del desierto, el "recuerdo de Asia" (67) y la vida de las tribus árabes (67); el catolicismo rural es comparado a la religiosidad de Abraham (71); el caudillo argentino es un Mahoma (102), etc. El orientalismo de *Facundo* es, como señala Ramos, "un gesto muy significativo: proyecta, por parte de quien no es europeo, un deseo de inscribirse en el interior de la cultura occidental. Implica un lugar de enunciación –ficticio– fuera de la 'barbarie' (lo no europeo), enfáticamente 'civilizado'" ("Saber del otro" 555).

[44] El conocimiento que Sarmiento tenía de la Pampa era libresco; se basaba en relatos de viajeros como Sir Francis Head (González Echevarría 237). Véase también "Humboldt y la reinvención de América" de Mary Louise Pratt y Cristina Meneghetti (35-53), y el estudio de Sorensen (89-91).

[45] Aquí son pertinentes las observaciones de Oscar Martí que sobre la base de una investigación de fuentes prefiere hablar de afinidades y no de influencias para describir la relación de Sarmiento con el positivismo (143-154).

[46] "Al sur y al norte acéchanla salvajes que aguardan las noches de luna para caer, cual enjambres de hienas, sobre los ganados que pacen en los campos, y sobre las indefensas poblaciones" (*Facundo* 56). "Si no es la proximidad del salvaje lo que inquieta al hombre del campo, es el temor a un tigre que lo acecha (57); "Si los bárbaros la asaltan [las carretas de la caravana] forman un círculo [...] y casi siempre resisten victoriosamente a la codicia de los salvajes ávidos de sangre y pillaje" (62).

mente" (118). Sin embargo, la lectura detenida de la tensión sarmientina entre civilización y barbarie muestra las relaciones fluidas entre ambos términos, su complementariedad y, en todo caso, una situación más compleja que la de un binarismo escueto[47]. La barbarie no es la antítesis de la civilización sino que "designa junto con aquella, la consistencia híbrida de una realidad *sui generis*" (Antonio Mitre 28-30). Las fuerzas primitivas y salvajes y hasta las "fuerzas retrógradas" de la historia pueden ser encausadas en un proyecto político y económico distinto del rosismo. La llamada "seducción estética de la barbarie" en *Facundo* (María Rosa Lojo 141-48; Roberto Yanhi 16) es posible porque ésta se considera su *opuesto constitutivo* y materia prima de la civilización: el gaucho, vencedor de los llanos, así como había servido al régimen, podía ser instrumento futuro de liberación[48]; los ríos inutilizados serían el comercio del futuro; la Pampa salvaje y ubérrima, el espacio de la expansión del agro; incluso la barbarie de la geografía podía ser la inspiración de la literatura nacional:

> Existe, pues, un fondo de poesía que nace de los accidentes naturales del país y de las costumbres excepcionales que engendra […] La poesía, para despertarse […] necesita el *espectáculo de lo bello*, del *poder terrible*, de la inmensidad, de la extensión, de lo vago, de lo incomprensible; porque sólo donde acaba lo palpable y vulgar, empiezan las mentiras de la imaginación (*Facundo* 78).

La ficción sarmientina –apoyada en el modelo de descripción científica decimonónica– intenta hacer inteligible el paisaje de la llamada *barbarie* y a su exponente biográfico: Facundo Quiroga. La biografía pone en marcha un procedimiento de sometimiento del *Otro* por la letra (Rodríguez-Pérsico 12). Sarmiento es el heredero letrado, civilizado y moderno de los gauchos cantores que eternizaban la memoria del gaucho malo (89); Quiroga es el gaucho malo de Sarmiento; el "bárbaro" que el *escritor de la patria* dilucida. El aparato de representación del ensayo nacional concibe así una "barbarie" que *habla*[49]; con Bataille hay que aclarar que esta *barbarie* elocuente del *Facundo* es una barbarie ficta que antes que hablar *es hablada*; una "barbarie" inteligible e instrumental que (en un acto de ventriloquia escrituraria) *es hablada* contra el Estado rosista (el otro inefable).

---

[47] La "barbarie no es para Sarmiento una negación total de la civilización–como se ha pretendido muchas veces–aunque a lo largo de su libro juegue con la simplificación de oposiciones" (Weinberg "La dicotomía" 98).

[48] Sarmiento recuerda que hay gauchos peleando contra Rosas: "Existían dos sociedades diversas, las CIUDADES y las campañas; echándose las campañas sobre las *ciudades*, se han hecho ciudadanos los gauchos y simpatizado con las causas de las ciudades" (356).

[49] Me refiero, por supuesto, a la *barbarie* como una construcción discursiva, forma de representación y nominación de la alteridad que en su enunciación ventrílocua antes que hablar es silenciada.

La alteridad no es España ni su herencia cultural (que Sarmiento rechaza), ni siquiera los salvajes o las supuestas "hordas bárbaras" y nómadas de gauchos (en realidad bastante sedentarios)[50], sino el rosismo y la clase agropecuaria estanciera y saladerista[51]. Jaime Alazraki observa que "el verdadero trasfondo planteado por Sarmiento" era clasista: "No estaban en pugna la ciudad y el campo, ni la civilización y la barbarie, ni el frac y el poncho, sino los intereses de la clase ganadera, los estancieros dueños de la tierra y de las vacas, por un lado, y la burguesía comercial cuyo instrumento era el capital comercial, el librecambio y el empréstito inglés, por el otro" (19). *Facundo* expresa la pugna entre un proyecto temporalmente derrotado (la *Generación del 37*, el liberalismo criollo) y otro hegemónico (el rosismo).

Aunque escrito bajo una amenaza inminente[52], el texto está propuesto para esa "doble audiencia de la literatura de la fundación de la Republica" de que hablaba Antonio Cornejo-Polar ("Inmediatez y perennidad"): se dirige a los herederos de la patria y titulares de la promesa nacional cuando la nación es aún un proyecto utópico, endeble y en el exilio; y al mismo tiempo, establece un diálogo inmediatísimo con sus lectores presentes; *Facundo*, como indica Sorensen, "busca una audiencia en su salida en la escena [política del momento], y al hacerlo, está en realidad luchando por influencia y hegemonía" (23).

El término *civilización* corresponde a la imaginación del futuro del *nacionalismo anticipatorio*[53]. El último capítulo, que justamente se llama "Presente y porvenir" (341), hace un inventario del pasado y de sus consecuencias desastrosas en el

---

[50] El supuesto nomadismo de los sectores que componían las montoneras de La Rioja ha sido discutido por Ariel de la Fuente, quien demuestra la extracción campesina y minifundista y artesanal de los supuestos nómadas de *Facundo*. "El perfil de los gauchos y montoneros muestra que estos no eran ni criminales ni personajes marginales de la campaña riojana y que tampoco eran 'profesionales' de las luchas partidistas. De modo que las montoneras encabezadas por los caudillos no eran ni una forma de bandidismo rural, ni un modo de vida. Por el contrario, la presencia de labradores, artesanos y trabajadores que llevaban una vida estable sugiere que la montonera era una de las formas que tomaban las luchas partidarias y uno de los modos en que los gauchos participaban en política" (287).

[51] "Rosas y sus socios […] representaban una economía más primitiva –producción de ganado para la exportación de cueros y carne salada [...y] la llegada al poder de nuevos intereses económicos, los de un nuevo grupo social: los estancieros. […] En efecto, los terratenientes de Buenos Aires echaron abajo las reglas existentes y derrocaron a los políticos, burócratas y militares que habían estado en el poder desde 1810 y se hicieron directamente con el gobierno de la provincia a través de su representante, Rosas" (John Lynch 308-310). Las citas de Lynch en esta sección corresponden todas a *Caudillos en Hispanoamérica, 1800-1850*.

[52] Rosas hace a Chile un pedido de extradición de Sarmiento (Yanhi 18).

[53] Me refiero a un nacionalismo sin nación, sin una amplia base social interpelada, sin hegemonía y sin aparato estatal.

presente, seguido de la predicción de una nueva era denominada "NUEVO GOBIERNO" (expresión repetida varias veces con mayúsculas 364-371). Pero como sabemos, la utopía en el pensamiento nacionalista latinoamericano se anuda con visiones apocalípticas (Arturo A. Roig, *Teoría y crítica* 218). La promesa nacional (*porvenir*) que alcanza a perfilar Sarmiento desde Chile sólo es posible bajo la amenaza aterradora que representa el *presente* (Rosas) y el intento fallido de su elucidación mediante la invocación del *pasado* (Quiroga). El procedimiento es doblemente oblicuo: la descripción taxonómica de la geografía y el paisaje explicarían la barbarie y a Quiroga, a quien se invoca como la supuesta *clave* hermenéutica de Rosas[54]; recordemos la teleología de la invocación espectral del comienzo del ensayo: "¡Sombra terrible de Facundo voy a evocarte, *para que* [...] te levantes a explicarnos la vida secreta y las convulsiones internas que desgarran las entrañas de un noble pueblo! *Tú posees el secreto*: revélanoslo" (37, 38). El ensayo se desliza de la geografía salvaje a la biografía (de Quiroga) la cual supuestamente sería clave interpretativa del horror político (Rosas). La biografía de Quiroga comienza con la historia de un gaucho (que resultará siendo Quiroga) acechado por una fiera:

> un *tigre cebado* [que] andaba hacía un año siguiendo los rastros de los viajeros, y pasaba ya de ocho los que habían sido víctimas de su *predilección por la carne humana*. Suele ocurrir a veces en aquellos países en que la *fiera y el hombre se disputan el dominio de la naturaleza*, que éste cae bajo la garra sangrienta de aquella: entonces el tigre empieza a gustar de preferencia su carne, y se llama *cebado* cuando se ha dado a este nuevo género de caza de hombres (128).

El tigre sigue al gaucho a un árbol en el que éste se refugia; al no poder alcanzarlo, la bestia se acuesta y espera sin perderlo de vista. En el momento que los amigos del gaucho lo auxilian, éste baja y mata a puñaladas al tigre (129, 130). "[E]l que iba a ser su víctima" adquiere su nombre:

> También a él [Quiroga] le llamaron *tigre de los Llanos*, y no le sentaba mal esta denominación, a fe. La frenología y la anatomía comparada han demostrado, en efecto, las relaciones que existen en las formas exteriores y las disposiciones morales, entre la fisonomía del hombre y algunos animales, a quienes se asemeja en su carácter (*Facundo* 130).

Quiroga deviene tigre y, mediante esta encarnación, se encuentran la geografía determinista y la biografía política. El nombre del *tigre de los llanos* vuela por

---

[54] La sola vida de Facundo, dice Sarmiento, "son vulgaridades que no merecerían entrar sino episódicamente en el dominio de la historia" (48).

todas partes[55] "ennoblecido y lavado, aunque con sangre" y asociado al "terror que ya empieza a inspirar su nombre" (139). Quiroga "es un tipo de la barbarie primitiva" y animal: *"su cólera era la de las fieras*: la *melena* de sus renegridos y ensortijados cabellos caía sobre su frente y sus ojos, en guedejas como serpientes de la cabeza de Medusa; su voz se enronquecía, sus miradas se convertían en puñaladas: [...] en todos sus actos *mostrábase el hombre bestia* aún" (141). Pero Quiroga no es un monstruo propiamente hablando, sino el "más acabado [...] ideal del *gaucho malo*" (218), "con toda su ciencia del desierto [...] pero sin su moral natural" (88), que desprecia al "hombre sedentario de las ciudades, que puede haber leído muchos libros pero [...] *nunca ha parado un tigre* [...] recibiéndolo con el puñal en una mano y el poncho envuelto en la otra para meterle en la boca, mientras le traspasa el corazón y lo deja tendido a sus pies" (72, 73). Tampoco es maligno; como al felino que mata, a Quiroga lo guían "instintos de destrucción y *carnicería*" (135) pero de alguna manera lo ennoblece el ser un bárbaro:

> *Facundo no es cruel*, no es sanguinario; *es bárbaro no más* [...;] es cruel sólo cuando la sangre se le ha venido a la cabeza y a los ojos, y lo ve todo colorado. Sus cálculos fríos se limitan a fusilar a un hombre, azotar a un ciudadano; *Rosas no se enfurece nunca, calcula* en la quietud y en el recogimiento de su gabinete, y desde allí salen las órdenes para sus sicarios (260-262).

La distinción con Rosas parte las aguas del orden tropológico del ensayo. La "barbarie" tiene dos tipos de suertes figurativas o desplazamientos semánticos en *Facundo*: la *traducción* (el paso de la geografía al gaucho y del tigre a Quiroga) y el *enigma teratológico* (el horror político que el ensayo quiere elucidar). Mediante la primera, la llamada *barbarie* es *sometida por la letra* (el paisaje, las fieras, el tigre, los indios, los gauchos y Quiroga); en la segunda, el ensayo encontrara la *barbarie suplementaria* y monstruosa, irreducible por la letra, inexplicable por la geografía humana o por la taxonomía frenológica:

> las almas generosas [...] en quince años de lid sangrienta no han desesperado de vencer al *monstruo que nos propone el enigma de la organización política* [...]. Un día vendrá, al fin, que lo resuelvan; y el *Esfinge Argentino mitad mujer por lo cobarde, mitad tigre por lo sanguinario*, morirá a sus plantas (39).

Rosas es nombrado *Esfinge Argentino* y su régimen, *enigma* político: "¿Rosas –se pregunta Sarmiento– [...] es un hecho aislado, una *aberración*, una *monstruo-*

---

[55] El "Tigre" Quiroga "gobierna a San Juan con sólo su terrífico nombre" (231). Después de los eventos de la Rioja, "vaga tranquilo el tigre que ha reconquistado su dominio" (164). Las alusiones son numerosas (ej.: 130, 228, 274).

sidad? ¿Es por el contrario, una manifestación social, es una fórmula de una manera de ser de un pueblo?" (*Facundo* 43). En la resolución del enigma se juega, como Edipo en la tragedia, el ser o no devorado por el monstruo. Pero al intentar resolver el enigma de Rosas de manera elíptica –mediante Quiroga como clave del "secreto"– el ensayo se encuentra con el límite de sus posibilidades. Sarmiento esgrime la pluma para contener la "barbarie" con la letra, como Facundo para el tigre "recibiéndolo con el puñal en una mano y el poncho envuelto en la otra" (72, 73). La biografía hace "hablar" a la barbarie en la Historia; pero al "hablar" ésta "revela su acuerdo con la civilización. Esta "barbarie" está hecha discursivamente a la medida de la ventriloquia sarmientina: es naturaleza que se puede apropiar, geografía que es horizonte de expansiones y apropiaciones, tigre que será domeñado. Simbólicamente el tigre es –como nos recuerda Cirlot– al tiempo "fiera salvaje" y "fiera domada" (445). El *tigre de los llanos* es la "barbarie" descifrable, contenida en la letra y al final domesticada en la ciudad[56]. De allí, la empatía del ensayo con lo que inicialmente se denomina *barbarie* (la barbarie geográfica que se encarna en Quiroga y que al final será materia prima –naturaleza– de la nación moderna). Rosas, por el contrario, no es naturaleza (tigre) sino monstruosidad (Esfinge); su "barbarie", es un constructo de otro tipo: a Rosas lo signa la inteligencia del mal, el terror organizado y regular, la tiranía, la violencia como forma de cultura política[57]. El "Esfinge Argentino" (tigre-mujer-enigma) se resiste a ser resuelto: es hibridez, feminidad y voracidad frente a la cual el proyecto utópico liberal no imagina continuidades, sino discontinuidad, negación y ruptura. Ahora bien; pese a las declaraciones del ensayo el problema no es la violencia de Estado en sí, sino su ejercicio por otros; no hay estrategia "bárbara" de Rosas que no anticipe la de sus sucesores. El terror de Estado rosista, como lo describe *Facundo*, será un modelo de modernidad política en la Argentina, incluso para el propio Sarmiento[58]. El pro-

---

[56] Dentro de la ciudad, Facundo es vencido por las formas de la civilización; compra papeles de inversión pública y juega a "a la baja y a la alta", manda sus hijos a "los mejores colegios" y "jamás les permite vestir sino con frac o levita" (293-296). Tan pronto sale de ella, camino al atentado en el que perderá la vida a manos de Santos Pérez, recupera su *barbarie*: "La brutalidad y el terror vuelven a parecer desde que se halla en el campo, en medio de aquella naturaleza y de aquella sociedad semi-bárbara" (299).

[57] De acuerdo con Lynch "Indudablemente, su gobierno era tiránico, pero también respondía a las condiciones inherentes a la sociedad argentina, en donde la gente había vivido durante mucho tiempo sin un poder común que los mantuviese sometidos mediante el terror" (327). La valoración de Rosas ha seguido múltiples suertes, incluyendo la reivindicación peronista y recientes rehabilitaciones historiográficas.

[58] Piénsese no sólo en las políticas de Estado llevadas a cabo por el propio Sarmiento, sino en la barbarie política (terror) de las dictaduras y sus discursos autoritarios de defensa de la civilización.

blema de la barbarie enigmática no es ontológico sino circunstancial: quién propone el enigma y frente a quién.

La llamada *seducción estética de la barbarie* tiene su límite en el horror como señala Bataille (*El erotismo* 187-189); la "barbarie" seduce mientras, y siempre que, pueda hacerse inteligible y ser poetizada[59]. Más allá de ese límite está lo monstruoso, el enigma, la esfera de la ininteligibilidad, en la que el significante *barbarie* no remite a la naturaleza sino a lo *contra natura*. Mientras que en el terreno de la empatía (paisaje, gauchos, tigre, Quiroga) lo que es llamado *barbarie* es "sombra terrible" que se evoca como clave hermenéutica nacional, en el terreno del horror (Rosas) cualquier evocación o dilucidación tiene que aplazarse. La utopía sarmientina es escatológica: invoca en vano un fantasma para conjurar al monstruo, pero aplaza proféticamente la solución de su secreto esquivo; por ello, Sarmiento no *escribe a Rosas* sino que lo asedia; mientras Facundo es evocado y escrito como un *fantasma* para la lectura de la Historia, Rosas está por ser escrito: "aún no se ha formado la última página de esa biografía inmoral; aún no está llena la medida; los días de su héroe *no han sido contados aún*" (47). El ensayo apenas anuncia el día en que el *Esfinge* será solamente un *monstruo de fábula* para asustar a los niños: "Día vendrá que el nombre de Rosas sea un medio de hacer callar a un niño que llora" (362). Ídem escribe José Mármol: "Te nombrarán las madres a sus hijos / cuando asustarlos en la cuna quieran; / y ellos temblando y en tu imagen fijos / se dormirán soñando que te vieran" (136). Pero, por lo pronto, el *Coco* de los niños del porvenir es el *Rosas* de los liberales del presente, y el *"enigma* de la organización política" (39) que el *nacionalismo anticipatorio* nombra con una cadena sucesiva de metáforas: *Esfinge, monstruo* (39, 354), *Calígula* (262), *caribe* (221) y *Caníbal* (112, 251).

El horror pareciera provenir no de la "barbarie" elucidada y traducida o traducible al *telos* nacional, sino de la *barbarie* enigmática que nomina teratológicamente al proyecto político hegemónico (el rosismo). Es allí donde el ensayo localiza la "organización política" del terror, el imperio hobesiano del miedo como sistema y la disolución del individuo en la colectividad política[60]. Con

---

[59] A diferencia de Quiroga, Rosas no es poetizado; es más, "la poesía ha abandonado a Rosas" (*Facundo* 363).

[60] "El terror no era un dispositivo excepcional [...] era parte intrínseca del sistema de Rosas. [...] Este actuaba de acuerdo con la creencia 'hobesiana' pura, de que el miedo es la única cosa que hace que el hombre cumpla con las leyes. [...] Nunca había leído a Hobbes, sin embargo, insistía que la única forma que tenían sus compatriotas de salir de la incivilización y escapar de una vida insegura era confiriéndole a un solo hombre el poder total" (Lynch 328, 329, 343). Rosas había creado un lenguaje hecho con "unas cuantas consignas muy simples [...]. El simbolismo del aspecto y del lenguaje federal reemplazó a los registros de seguridad y a los juramentos de lealtad. La uniformidad federal era una medida de presión totalitarista [...parte de un] ritual político" (Lynch 322).

Rosas, según Sarmiento, *la barbarie coincide con el Estado*. Rosas lo convierte en *estancia*: la idea de la cinta roja o divisa federal –dice– la toma Rosas de "la ESTANCIA DE GANADOS, en la que ha pasado su vida [...]. [L]a *cinta colorada* que clava en cada hombre [...] es la *marca* con la que el propietario reconoce su ganado" (323, 324). Del *país-estancia*, que hace de los ciudadanos "el ganado más manso y ordenado que se conoce" (324), se sigue el *gobierno-carnicería* (261, 270), el *país-matadero* y *Rosas-matarife*:

> El ejecutar con el cuchillo *degollando* y no fusilando, es un instinto de carnicero que Rosas ha sabido aprovechar [...]. La ejecución que llamamos *fusilar*, queda desde luego *sustituida* por la de *degollar;* [...] el degüello, a cuchillo, erigido en medio de ejecución pública, viene de la costumbre de degollar las reses (111, 112, 321, 324).

En *Rozas y sus opositores* (1843) el poeta argentino José Rivera Indarte (1814-1845) denunciaba desde su exilio en Montevideo la crueldad del régimen contra los prisioneros políticos y el canibalismo literal de los rosistas que, según él, se comían los cadáveres de la campaña:

> El vestir luto, el llorar por los asesinados por Rosas, es crimen. Más respetados eran, sin embargo, esos cadáveres que los de centenares degollados en campaña. A éstos se les desuella, se les castra, se les descabeza, se hace *maneas* de su piel, *se come su carne por diversión*, y se dejan insepultos pasto de las fieras y juguetes del viento (256, 257).

En *Facundo* el canibalismo es una metáfora asociada –además de a la violencia política– a lo que el texto llama el "americanismo monstruoso" de Rosas que, como en el cuadro de Goya, devora a sus propios hijos: "¿Los gauchos, la plebe y los compadritos lo elevaron? Pues él los extinguirá; *sus ejércitos los devorarán*. [...] es tal el *consumo de hombres* que ha hecho en diez años: *tanta carne humana necesita el americanismo*" (357). Rosas, afirma Sarmiento, "invita a América a que salga en su defensa, cuando los sufrimientos de Brasil, del Paraguay, del Uruguay invocan la alianza de los poderes europeos, a fin de que les ayuden a librarse de este *caníbal* que ya los invade con sus hordas sanguinarias" (112). En el discurso sarmientino, el *anti-americanismo* tiene una carga semántica positiva; a la acusación oficial contra los liberales de ser traidores a la causa americana, responde: "¡Cierto! decimos nosotros; traidores de la causa americana, española absolutista y bárbara" (43); y sin ocultar su simpatía por la intervención extranjera para derrocar al *caníbal* agrega: "En Montevideo se asociaron la Francia y la República Argentina europea, para derrocar al monstruo del *americanismo* hijo de la pampa" (349). Por supuesto que –como en el caso del *nomadismo* de las montoneras– Sarmiento ficcionaliza; presenta al régimen de Rosas como enemigo de la incorporación de la Argentina en los circuitos económicos y culturales del capitalismo industrial y financiero europeo, cuando los intereses del poder estanciero no eran propiamente contrarios a esta inserción. De hecho, se ha notado que la "era de los caudillos no destacó por su nacionalismo" (Lynch 237) y que el americanismo rosista tenía que ver con el discurso oficial del régimen durante el bloqueo francés (1838-1840)[61]. Sin embargo, Sarmiento equipara la resistencia al bloqueo con la resistencia a Europa y a la civilización:

> El bloqueo francés fue la vía pública por la cual llegó a manifestarse sin embozo el sentimiento llamado propiamente AMERICANISMO. Todo lo que de bárbaros tenemos, todo lo que nos separa de la Europa culta se mostró desde entonces en la República [...]. Desde entonces la *Gaceta* cultiva, ensancha, agita y desenvuelve en el ánimo de sus lectores el odio a los europeos que quieren conquistarnos. A los franceses los llama titiriteros [...] y a la política europea, bárbara, asquerosa, brutal, sanguinaria, cruel, inhumana (*Facundo* 338, 339, 341).

El tropo del canibalismo hace presente su carga colonial para asociar el *americanismo* del "*Gobierno monstruoso*" (341) con la barbarie y la anomalía política. Las metáforas coloniales son pertinentes: la América que resiste a Europa es históricamente la *América caníbal* cuyo imaginario está poblado de salvajes rebeldes y antropófagos desde el siglo XVI. Rosas es el "monstruo de la Pampa" (277), el "salvaje inculto de las pampas" (251), el "caribe" (221) y "el caníbal de Buenos Aires" (112, 251). Esta retórica teratológica y cadena de metáforas en fuga, cada una "complementando" a la otra y revelando su insuficiencia enunciativa, tiene que ver con el procedimiento discursivo del ensayo y con la suplementariedad de Rosas. Existe una lógica de sucesión progresiva entre la naturaleza agreste (llanos, indios, fieras, etc.), los bárbaros semi-civilizados (gauchos), Facundo Quiroga (el tigre) que domina e incorpora esas fuerzas telúricas, y Rosas (el caníbal) que supera y vence a Quiroga como gaucho (142) y, luego, lo mata (300-312), como a otros caudillos[62]. La "barbarie" se mueve de la geografía a la esfera

---

[61] "*La gaceta mercantil* [...] expresaba, aunque incoherentemente, las ideas políticas de Rosas, su 'americanismo' y su esfuerzo para inculcar un sentido, si no de nacionalismo argentino, por lo menos de una identidad independiente", lo que sería alabado por pensadores como Bello (Lynch 323, 333).

[62] "Los tres más famosos caudillos están reunidos en la Pampa: López, el discípulo y sucesor inmediato de Artigas; Facundo, el bárbaro del interior; Rosas, el lobezno que se está criando aún y que ya está en vísperas de lanzarse a cazar por su propia cuenta". Los tres caudillos compiten; salen a caballo a gauchear, bolear caballos, hacer carreras. "Rosas [...es] el que triunfa al fin" (*Facundo* 241-242). "Rosas exterminó a todos los Comandantes que lo habían elevado" (*Facundo* 103). El asesinato de Quiroga fue "un acto *oficial* [...] preparado con anticipación, y llevado a cabo con tenacidad como una medida de Estado" (310).

política[63] mediante una serie de relevos: naturaleza salvaje > tigre cebado > gaucho malo > Quiroga (tigre de los llanos) > Rosas ("caníbal de Buenos Aires"). Mientras que Quiroga adquiere su sobrenombre por la fama pública de haber matado al tigre, Rosas consolida su poder con la muerte de Quiroga, momento a partir del cual es "revestido de toda la suma del poder público" y gobierna "con un poder total e ilimitado" (Lynch 312-321). José Mármol refiere este evento como la derrota de un león herido (Facundo) por un monstruo híbrido (hiena-hombre-tigre) que lo devora:

> La raza humana se horroriza al verte,
> Hiena del Indo transformada en hombre;
> ....
> Ni siquiera te debes el destino
> Con que tu *sed de sangre* has apagado
> *Tigre* que te encontraste en el camino
> Un herido león que *has devorado* (José Mármol, "Rosas" 135, 136).

"Facundo, provinciano, bárbaro, valiente, audaz, fue *reemplazado por Rosas*" (39). Rosas es continuador o sucesor de Facundo, sólo que en una versión más perversa: "Quiroga [...] era bárbaro, avaro y lúbrico [...]: *su sucesor* [Rosas] no saquea los pueblos, es verdad, no ultraja el pudor de las mujeres, *no tiene más que una pasión*, una necesidad, *la sed de sangre humana*" (*Facundo* 274, 275). Quiroga "no gobierna", Rosas sí (159); por eso mientras que Facundo es tigre sanguinario, Rosas es caníbal y "monstruo sediento de sangre y de crímenes" (350). Con Rosas la "fuerza retrógrada de la barbarie" no es ya parte del paisaje, sino de la máquina política del Estado:

> Facundo no ha muerto; está vivo en las tradiciones populares, en la política, y revoluciones argentinas; en *Rosas,* su heredero, su *complemento*: su alma ha pasado en este otro molde más acabado, más perfecto; y *lo que en él era sólo instinto*, iniciación, tendencia, convirtióse en Rosas en sistema, efecto y fin; *la naturaleza* [...] *bárbara, cambióse en esta metamorfosis en arte, en sistema, en política regular* (38, 39).

En la fórmula de la nación, Quiroga es la *barbarie sometida por la letra* y Rosas la *barbarie suplementaria*, el *Otro* que no puede ser reducido, que tiene voz propia

---

[63] Sarmiento, hablando de la "ferocidad brutal" y "espíritu terrorista" de las montoneras, ideadas en la guerra de independencia señala: "Rosas no ha inventado nada; su talento ha consistido sólo en plagiar a sus antecesores, y hacer de los instintos brutales de las masas ignorantes un *sistema meditado* y coordinado fríamente" (111).

y poder integrador. Para Sarmiento –como para Echeverría– dos sistemas de escritura de lo social y político compiten: uno, civilizador, inscribe la barbarie en la civilización y la patria en *Occidente* y formula una alternativa utópica del presente. El otro, una escritura salvaje, devora la vida civil y se escribe en los cuerpos. De allí la obsesión generacional de re-leer la "insignia federal", el más odiado de los signos de la escritura salvaje: "la cinta colorada [...] dice: ¡terror, sangre, barbarie!" (*Facundo* 193); la insignia no implica adhesión sino "materialización del terror" (318), posesión violenta del cuerpo y la individualidad del ciudadano convertido en ganado. La re-escritura rosista no sólo aflige los cuerpos. Una de las protestas más consistentes del anti-rosismo es que el discurso rosista pervierte la palabra: Rosas "se hizo dar el título de [...] Ilustre Restaurador de las Leyes, de esas mismas leyes que se proponía abrogar por su base" (*Facundo* 288); el dictador llama a sus enemigos "salvajes inmundos unitarios", "sanguinarios", etc. (182, 275) y repite "en presencia del mundo entero, sin contemporizar jamás, en cada comunicación oficial: ¡Mueran los asquerosos, salvajes, inmundos unitarios! hasta que el mundo entero se eduque y se habitúe a oír este grito sanguinario, sin escándalo, sin réplica" (323). Bajo la autoridad letrada –que el proyecto civilizador reclama como exclusiva– los salvajes llaman "salvajes" a los unitarios y restaurador de las leyes a su profanador: "todo el sistema se reduce a burlarse del sentido común. La unidad de la República se realiza a fuerza de negarla [...] cambiado el sentido de las palabras" (330, 331). Rosas está acompañado de una máquina discursiva que produce "distorsiones" intolerables. El "caníbal" (Rosas) incluso acusa a las logias patrióticas unitarias como la *Asociación de mayo* de canibalismo político[64]; asunto respecto del cual Juan María Gutiérrez ironiza en una diatriba poética contra Rosas (apodado Ciruela):

> Sepan también las naciones,
> que las logias las devoran,
> que las pierden y desdoran
> los incógnitos masones:
> así lo afirma Ciruela,
> que no sabe leer y pone escuela (90, 91).

En efecto, Rosas "pone escuela". Recordemos que Sarmiento incorpora en el apéndice de la biografía del caudillo los mal redactados "Documentos de don

---

[64] El tropo del salvajismo funciona en ambas direcciones: Rosas y sus opositores se llamarán mutuamente salvajes tratando de hacer verosímil que el otro es quien debe ser reducido. "Cada uno de los bandos acusó al otro de terrorismo, pero ambos lo practicaron como último recurso" (Lynch 314).

Juan Facundo Quiroga" (375). Pero ésta, que Ramos llama la "aprehensión de la palabra 'extraña'" ("Saber del otro" 564), no es posible en el caso de Rosas. La otredad, para disgusto y repugnancia de Sarmiento, es letrada. De allí sus alusiones al imperio del puñal que va "mendigando una *pluma* venal y fratricida" (47) o sus ataques furibundos a la *ciudad letrada* que apoya a Rosas y al escritor Pedro de Angelis (361), cuyas proclamas publicadas en *La gaceta mercantil* califica de "*gritos sangrientos del caribe*"[65]. La monstruosidad del régimen de Rosas y el motivo de mayor escándalo es que el régimen escribe y su escritura imposibilita la reducción. Sarmiento plantea que esta escritura usa el cuchillo en lugar de la pluma para escribir la nación: Rosas "clava en la culta Buenos Aires el cuchillo del gaucho" (*Facundo* 105). Rosas –apunta Sarmiento irónicamente– ve en "el Estado una tabla rasa en la que *él va escribir alguna cosa nueva*, original; él es un poeta; [...] vamos a ver ese portento" (314). De los dos sistemas de escritura en pugna, el de Rosas es la *escritura salvaje* del orden político; pero es la escritura hegemónica.

La monstruosidad caníbal en *Facundo* enuncia el miedo a ser incorporado. La irrupción de imágenes góticas, la representación de los aparatos del Estado como máquinas de terror, la obsesión por la escritura salvaje y hasta la noción de "raza" tienen que ver con el pavor a la disolución del ego. Se trata, claro, de una retórica generacional. Juan María Gutiérrez elabora imágenes similares sobre la organicidad política y base social de la monstruosidad en el poema "Escenas de la Mazorca" (1841), dedicado a la policía política del régimen:

> Frenética turba de plebe insolente
> se lanza a las calles cual lava ferviente
> que brota del seno de oscuro volcán;
> y trémulas manos de miedo guiadas
> elevan al cielo con voces turbadas
> las madres que al sueño sus ojos no dan
> . . . .
> y el oído imagina que escucha las preces
> del pueblo cadáver que fue capital.
> En tanto *cien monstruos abortos del crimen*,
> trenzados flagelos rojizos esgrimen,
>   con brazo pujante que anima el licor:

---

[65] Hablando de las calumnias torpes que desde *La gaceta mercantil* le hacían al general Paz dice Sarmiento: "llámale manco boleado, castrado, porque siempre ha de haber una brutalidad y una torpeza mezclada con los *gritos sangrientos del Caribe*" (*Facundo* 221). De la edición trilingüe de *La gaceta* apunta: "El americano, el enemigo de los europeos, condenado a *gritar en francés, en inglés y en castellano*: ¡Mueran los extranjeros! [...] ¡eres tú, miserable, el que te sientes morir, y *maldices en los idiomas de esos extranjeros* [...]?" (361).

del labio vomitan palabras obscenas,
aguzan puñales, preparan cadenas
y entonan cantares y infunden pavor (53, 54).

En los restantes versos los salvajes confiesan su asco por las sofisticaciones y los inventos modernos y su irrestricta lealtad al Restaurador "bárbaro" que "aguza a sus canes hambrientos" (54-56). Gutiérrez coincide con Sarmiento en su repugnancia por la base popular del rosismo: los carniceros[66], la "turba de plebe" y los negros que Sarmiento llamó "soldados de otro idioma y de una *raza salvaje*" (*Facundo* 333, 334). Aunque Rosas no se apoyaba en una sola base social o étnica[67] su alianza con grupos afro-argentinos lanza el discurso del liberalismo al campo de la etno-política gótica.

Esteban Echeverría expresa mejor que Sarmiento esta etno-teratología política en *El matadero* (1838-40, pub. 1871), texto canónico del Romanticismo literario-político del Río de la Plata y uno de los primeros cuentos americanos. *El matadero* manifiesta la repulsión de un sector criollo ilustrado y elitista frente a la heterogeneidad racial de la clientela política de Rosas. La historia narrada es propuesta explícitamente como alegoría de la Historia de la nación[68] bajo la inminencia catastrófica del mundo abyecto de los *Otros*. El cuento describe el ambiente degradado de un matadero que excepcionalmente reabre sus puertas durante una cuaresma hacia 1838, y narra dos eventos: un toro entra al matadero, pero mientras se discute sobre su sexo huye degollando con el lazo que lo ataba a un muchacho y tumba a un inglés de su caballo ante el regocijo del pueblo[69]. Una

---

[66] Sarmiento compara La Mazorca los Cabochiens medievales: "la horda de *carniceros y desolladores*, fue soltada por la ciudad, como una *tropa de tigres* hambrientos, y esos verdugos sin número *se bañaron en sangre humana*. [...] La Mazorca como los Cabochiens se compuso en su origen de los carniceros y desolladores de Buenos Aires" (320). Hay múltiples referencias a los carniceros bonaerenses (296, 297, 320, 321).

[67] "Utilizaba a las clases bajas, pero no las representaba y, mucho menos, procedía a emanciparlas. Sentía horror por la revolución social y beneficiaba las clases populares, no para darles poder y propiedades, sino para alejarlas de la protesta y la oposición". En realidad, todo "el sistema descansaba sobre tres bases, la supremacía de los terratenientes, la satisfacción del ejército y la subordinación de las provincias" (Lynch 312, 317, 337).

[68] En los proyectos nacionales pos-independentistas arte y literatura son sistemas permanentes de construcción de alegorías nacionales y la forma predilecta de contar la historia (Jitrik, *El fuego de la especie* 63-69). Ésta es la intención manifiesta de Echeverría al comienzo del cuento que se inicia anunciando: "A pesar que la mía es historia, no la empezaré por el arca de Noé" (91). Pero según Jitrik, poco a poco la narración pierde sus rasgos de estilo (un elemento que diferenciaría la historia de otros tipos de narración) y por virtud de la puesta en evidencia del narrador (en la ironía, la burla) empieza a ser cuento (sin dejar de tener un referente en sucesos "históricos").

[69] Los ingleses sostenían relaciones comerciales y diplomáticas con el régimen sin ocultar su autoridad derivada del pacto (neo)colonial o alianza estratégica de Rosas con Gran Bretaña.

vez atrapado, sacrifican al animal. El segundo evento es la aprehensión de un joven unitario que es reconocido por la plebe por no llevar las marcas federales. Matasiete lo arroja del caballo y no le deja sacar las pistolas. El pueblo pide degüello y el juez del matadero ordena que le prepáren la mazorca y las tijeras con las que piensan tusarlo "a la federala" entre vivas al restaurador de las leyes. De la misma manera como la insignia sexual del toro es arrancada, el joven unitario es despojado de sus signos de identidad (cabello, pistolas, ropa) por la masa salvaje. El unitario perece de rabia e impotencia.

Aunque la brutalidad sanguinolenta del matadero parece a veces eludir la representación[70] constituye la sinécdoque explícita del inenarrable Estado rosista: el matadero es una *"pequeña república* por delegación del Restaurador" (99). "Simulacro en pequeño –dice Echeverría– era éste del modo bárbaro con que se ventilan en nuestro país las cuestiones y los derechos individuales y sociales" (103). La sinécdoque funda una alegoría trágica: los alegatos del liberalismo frente al Estado rosista, como en el caso del unitario en el matadero, son protestas frente a la Historia, discursos para la posteridad *después de Rosas*, inaudibles en el presente tomado por el terror político y la alteridad.

El *Otro* étnico se representa por su género sexual e hibridez monstruosa entre lo animal y lo humano, entre el lenguaje y el gruñido: "se rebullían, caracoleando y siguiendo los movimientos, una comparsa de muchachos, de negras y mulatas achuradoras, cuya fealdad trasuntaba las *harpías* de la fábula, y entremezclados con ella, algunos enormes mastines olfateaban" (100). El episodio del reparto de tripas de una res entre las negras ejemplifica bien la africanofobia del discurso liberal:

> Hacia otra parte, entretanto, *dos africanas* llevaban arrastrando las entrañas de un animal; allá una *mulata* se alejaba con un ovillo de tripas y resbalando de repente sobre un charco de sangre, caía a plomo, cubriendo con su cuerpo la codiciada presa. Acullá se veían acurrucadas en hileras *cuatrocientas negras* destejiendo sobre la faldas el ovillo, y arrancando uno a uno los sebitos que el avaro cuchillo del carnicero había dejado en la tripa como rezagados, al tiempo que otras vaciaban las panzas y vejigas, y las henchían de aire de sus pulmones para depositar en ellas luego de secas, la achura. [...] Oíanse a menudo [...] *palabras inmundas y obscenas, vociferaciones preñadas* de todo el cinismo bestial que caracteriza a la chusma de nuestros mataderos, con las cuales no quiero regalar a los lectores (102).

El miedo a la contaminación lingüística que proviene de las "palabras inmundas y obscenas" y "vociferaciones preñadas" del *Otro* es análogo al terror a la polu-

---

[70] "En fin, la escena que se representaba en el matadero era para la vista, no para [ser] escrita" (*El matadero* 103).

ción racial con que amenazan los apetitos salvajes. El orden simbólico de la palabra es vedado para la plebe rosista cuya *política* ocurre en el campo del apetito, los cuerpos y la violencia irracional. La *palabra* de la plebe no es palabra sino aberración. El mayor escándalo proviene, de nuevo, del desorden de los signos: que los salvajes llamen "salvajes" a los unitarios y *restaurador de las leyes* a su "profanador". El cuento trata de compensar esa polución y violencia de la masa popular mediante la definición etno-teratológica de un negro irracional, sensual, ávido, carnicero y salvaje, alteridad del proyecto ilustrado, la civilización y el progreso. La monstruosidad racial informa la semiótica del salvajismo. La serie de imágenes es elocuente: las dos africanas, la mulata cargando las tripas, las 400 negras acurrucadas en medio de la algarabía, las peleas, risotadas y vulgaridades de la carnicería, y los perros disputándole a los muchachos un pedazo de sebo. La heterogeneidad oscura y hambrienta, sin historia ni individualidad se mueve alrededor de las entrañas aún calientes de un animal destazado, como las gaviotas y los perros.

La modernización impulsada con la expansión del capitalismo del siglo XIX presuponía una lectura hegeliana de la Historia y una cartografía de la periferia y de las asincronías de la modernidad (sociedades avanzadas y atrasadas). El canibalismo es el agotamiento de la palabra por el mordisco, la disolución de las metáforas de identidad, la pesadilla del regreso al tiempo de lo primitivo, la incorporación y el apetito desatado (Kilgour, *From Communion* 18, 243). Se contrapone al *ego moderno* que supone un sujeto que progresa linealmente en un tiempo vacío y homogéneo, y cuyo horizonte es la civilización, entendida en un sentido freudiano como la fundación de lo social mediante la limitación del apetito (incesto y canibalismo). El ego nacional del proyecto liberal se representa a sí mismo moderno y a sus *Otros* mediante el tropo del salvaje caníbal; precisamente porque el canibalismo representa lo opuesto a ese ego: el consumo irrestricto (recuérdese la molestia de Sarmiento por el desperdicio), el no-tiempo de lo primitivo (la horda, la montonera, la plebe rosista, las cuatrocientas negras); el exceso, la regresión (negación del progreso) y la aniquilación de la identidad individual (los hombres marcados como reses). La monstruosidad que recorre los textos del Romanticismo rioplatense oscila entre la etno-teratología de *El matadero* en donde el *Otro* lo es por su raza y asociación política, y la *barbarie paradójica* de *Facundo* en donde la otredad no es caníbal por salvaje y liminal, sino por letrada y hegemónica.

5. EL *PRINCIPIO AFRICANO* Y EL *NEGRO COMEGENTE* DE LA PESADILLA NACIONAL

Un aspecto fundamental de la semántica de tropo *caníbal* durante los siglos XIX y XX en Latinoamérica es la redefinición étnica que la Ilustración hizo del salvaje africano en las configuraciones discursivas de la era colonial moderna. Hasta el siglo XVII África subsahariana representaba para Europa una franja costera del circuito atlántico para el tráfico de esclavos y el comercio de materias primas. Desde mediados del siglo XVIII exploradores, misioneros, cartógrafos, naturalistas y etnógrafos europeos se adentran en el impenetrable *"dark continent"*[71] acompañando las aventuras coloniales británicas, francesas, alemanas y belgas. Sus relatos de viajes y etnografías formaron un extenso cuerpo de saber y representación. La antropología decimonónica –crónica "científica" de las nuevas conquistas, según ha recordado Arens– recreó el mito de la barbarie y al negro africano como *sujeto colonial* exótico, salvaje, primitivo y, frecuentemente, caníbal. El "continente negro" se construyó literaria y etnográficamente como el "continente caníbal" (Pritchard en Arens, *The Man-eating Myth* 83, 84) y –de manera similar a lo sucedido en el caso del Nuevo Mundo en los siglos XVI y XVII– se alegorizó al África con una guerrera antropófaga, como aparece en el grabado *Savage Africa the Queen of Cannibals* (1863) de Winwood Reade [il. 27]. Por supuesto estas etnografías no eran simples ejercicios clasificatorios, sino discursos de justificación colonial. Detrás de las taxonomías raciales de la Ilustración y de gran parte de su filosofía sobre el progreso estaban los repartos imperiales, el colonialismo y la esclavitud.

La óptica de la Ilustración –enciclopédica, omnisciente y colonial– hallaría antropófagos en los confines de la expansión del capitalismo y establecería tautológicamente que el canibalismo era un signo de inferioridad racial y que las razas inferiores eran caníbales. En sus conferencias sobre geografía física (c1755-1770), Immanuel Kant (1724-1804) desestimaba la existencia generalizada de caníbales en el interior de África reportada por los comerciantes esclavistas, pero invitaba a la exploración del interior del continente cuyo centro –decía– "elude nuestra mirada" (58). Sostenía por otra parte, la hipótesis general de la inferioridad de los negros y su falta de civilización e incapacidad intelectual (38-70). George Friedrich Hegel (1770-1831) en su "Geographical Basis of World History" (*The Philosophy of History* 1837) torna esta proposición en el *principio africano* o caníbal de la barbarie negra:

> Todos los hombres que han progresado en su conciencia –incluso a un nivel limitado– tienen respeto por los seres humanos en cuanto tales. En un sentido abstracto podemos decir que carne es carne, y que lo que comemos es simplemente una cuestión de gusto; pero *nuestros poderes de representación* [Vorstellung] *nos dicen que esto es carne humana, idéntica a la de nuestros cuerpos*. El cuerpo humano es de naturaleza ani-

---

[71] Sir Joseph Banks funda en 1788 la *African Association* (que en 1830 se convertiría en la *Royal Geographical Society*) para la promoción de los viajes y descubrimientos en ese continente.

mal, pero es esencialmente el cuerpo de un ser capaz de representación [...]. Pero este no es el caso con los negros; el *comer carne humana es perfectamente compatible con el principio africano*. Para el *negro sensual, la carne humana es puramente un objeto para los sentidos como cualquiera carne* [...]. Teniendo en cuenta que los seres humanos son valorados en tan poco, es fácilmente explicable porqué la esclavitud es la relación legal básica en África. La única relación significativa entre los negros y los europeos ha sido, y aún es, la de la esclavitud. Los negros no ven nada impropio en ella (134).

Hegel (que sostenía en abstracto la injusticia de la esclavitud) hacía –como Sepúlveda casi tres siglos antes– la conveniente conexión entre el canibalismo, el salvajismo, la esclavitud y las justas causas del colonialismo: "en estadios racionales [de civilización] la esclavitud no existe ya; pero antes de que estos estadios se desarrollaran" –es decir antes del imperio pleno de la razón– "la esclavitud es aún necesaria; en cuanto es un momento de transición hacia un estadio superior de desarrollo" (135).

Lo que es evidente tanto en las narrativas etnográficas como en las proposiciones hegelianas sobre la distribución geo-étnica de la historia y la civilización es que existe un desplazamiento del tropo del canibalismo hacia la alteridad étnica africana, hacia el "negro sensual" que no se representa a sí mismo como humano (su canibalismo lo *confirma*) y que mal puede ser tenido por sujeto pleno.

En el Caribe el tropo *caníbal* sirvió para caracterizar las insurrecciones y heterogeneidad cultural y religiosa de quienes eran sometidos a esclavitud. Del siglo XVII al XX encontraremos abundantes expresiones de esta asociación semántica en las sospechas de la Inquisición respecto a ritos caníbales de los esclavos, las persecuciones de caribes y negros cimarrones, las representaciones del vudú, la criminología racista, la negrofobia de los nacionalismos hispanistas, las imágenes racistas del imperialismo norteamericano en el Caribe, etc. Vale la pena mencionar el caso de los caribes negros o *garífunas*. Desde el siglo XVIII, pese a las fricciones entre la población africana y los caribes, es evidente la formación de comunidades afro-caribeñas de negros (*garífunas*) que habían adoptado las tradiciones culturales, costumbres y lengua de los caribes, especialmente en Saint Vincent (N. González 25-39; Boucher 97). Esta población era una rueda suelta del dominio colonial y fuente de repetidos conflictos que surgían de dos circunstancias: en primer lugar, su relativa independencia respecto de la dominación inglesa que quería ocupar tierras bajo su control y reducirlos a la economía de plantación; en segundo lugar, los caribes-negros constituían un polo de atracción para esclavos fugados en la región. En 1797, después de la llamada *Guerra caribe* (1795-96) y debido a su resistencia y alianza con las fuerzas republicanas francesas (*brigands*), entre 2000 y 5000 caribes-negros prisioneros fueron deportados a la isla de Roatán y la costa atlántica de lo que hoy es Honduras,

Guatemala y Belice. Posteriormente, los caribes-negros pelearon sucesivamente contra los miskitos e ingleses y, reclutados más tarde por los realistas, se convirtieron en mercenarios contra las fuerzas de la Independencia (1814-1821).

Además de esta asociación transcultural y colonial entre los significantes *negro* y *caribe* hubo otros desplazamientos trasatlánticos del tropo. El comercio negrero y la esclavitud e importación de seres humanos del África a las plantaciones de Norte y Sudamérica y el Caribe se justificó mediante el alegato del salvajismo e inferioridad de los africanos[72]. Contra los argumentos humanistas siempre se argüía que la esclavitud en realidad era un proceso civilizador, que los esclavos lo requerían habida cuenta su propensión al salvajismo, e incluso que, como Hegel expresamente recalca, los esclavos eran rescatados de regímenes tiránicos como el de Dahomey[73] que los tenían destinados al sacrificio y la olla caníbal ("Geographical Basis..." 141). En el Caribe este alegato contribuye a legitimar el control esclavista. En un capítulo de su *The History of Jamaica* (1774) titulado "Negroes" Edward Long (1734-1813) argüía que –a más de la inferioridad intelectual, el balbuceo lingüístico y la lascivia de los negros– el rasgo más sobresaliente de su naturaleza salvaje era el canibalismo (3: 351-383). Los angoleños tomados como esclavos tenían según Long la costumbre de "hacer carnicerías de grandes cantidades de víctimas [...] así como la de comer carne humana, y preferir ésta a cualquiera otra" (373)[74].

Al tiempo que el canibalismo justifica la esclavitud, expresa el pavor de las sociedades esclavistas a la resistencia y la insurgencia. La Revolución haitiana es el epicentro de esos miedos en el Atlántico. En los años que precedieron a la Revolución francesa se importaban en Haití aproximadamente 30.000 esclavos anuales para atender la demanda de trabajo de las plantaciones (Frank Moya Pons 237-239). C.L.R James señala que cerca de las dos terceras partes de las inversiones extranjeras de Francia estaban en la producción esclavista de azúcar, algodón, café, índigo y cacao en Saint Domingue, la colonia francesa más importante y acaso la más productiva del hemisferio. Entre 1791 y 1804 una rebelión de esclavos –entre el 85% y el 90% de la población– devino una insurrección contracolonial. La *Revolución haitiana* se impuso a los criollos locales *grands*

---

[72] En 1734, por ejemplo, William Snelgrave –en su *A New Account of some Parts of Guinea*– argüía a favor de la esclavitud argumentando que los nativos eran antropófagos (Peter J. Kitson 8).

[73] Hegel retoma un argumento presente en múltiples historias y en la literatura de la época sobre los festines de victoria y carnicerías en masa en el reino de Dahomey, en las que los europeos aparecen tratando de comprar a los prisioneros para salvarlos de ser comidos

[74] El estereotipo colonial del negro-caníbal perdurará en el siglo XIX impulsado por la criminología y la frenología. En 1871 *The Times* reportaba vía *The New York Press* la historia de una mujer negra en Jamaica acusada de comerse 26 niños (Malchow 96). Se ofrecía el caso como evidencia del salvajismo y degeneración racial.

blancs y a los *affranchis* (mulatos libres, propietarios). Sus fuerzas vencieron a las tropas contrarrevolucionarias francesas, repelieron una invasión española y derrotaron una expedición británica de 60.000 soldados, 25.000 de los cuales murieron en la guerra y a causa de enfermedades. Abolieron la esclavitud en Saint Domingue y en La Española (hoy República Dominicana), y derrotaron luego las tropas napoleónicas que pretendían restaurarla. Francia perdió cerca de 50.000 soldados en esa campaña. El proceso insurreccional desembocó en la independencia y declaración del estado negro de Haití (1804)[75]. Haití, repitámoslo, representó una constante pesadilla para las sociedades esclavistas y el colonialismo moderno. El verdadero terror que la Ilustración le lega a la Modernidad no es el del reconocimiento de un *ego caníbal*, sino el de la insurrección de las fuerzas de trabajo; el miedo a que se levantaran contra sus amos cientos de miles de seres humanos reducidos a pedazos de humanidad. Mientras los esclavos y luego los trabajadores eran consumidos por las plantaciones (y denominados *cabezas, piezas, mano de obra, brazos, músculos*) los temores a la insurrección se expresaban con imágenes góticas como la decapitación, el robo y sacrificio diabólico de niños, la mutilación sexual, la violación de mujeres, la quema de medios de producción y mercancías, el degüello de los administradores de las plantaciones, la dominación zombi y el canibalismo[76]. La paranoia definió los imaginarios culturales hegemónicos e impulsó los aparatos represivos de las economías esclavistas del Caribe. Haití le dio materialidad al *principio africano* y contribuyó sustancialmente a la formación de la imagen de un caribe negro voraz e insurrecto, partícipe de sangrientas ceremonias de vudú y canibalismo, y capaz de crímenes atroces.

La Ilustración produjo el salvaje y, también el discurso de sus derechos humanos. Estos dos movimientos aparentemente contradictorios –en verdad paralelos– de la expansión imperial del capitalismo moderno funcionan a finales

---

[75] Con la Revolución y las noticias de las carnicerías de blancos algunos españoles y criollos de La Española dejaron la isla. España intentó con la alianza de los ingleses "recuperar" la parte francesa aprovechando el desorden pero fue derrotada por las fuerzas de Toussaint Louverture (quien por ello fue nombrado gobernador general de Saint-Domingue por la República Francesa en 1796). Bajo control de Saint Domingue, y desconociendo las instrucciones de Napoleón Bonaparte, Toussaint invadió Santo Domingo y libertó a los esclavos (1801). En 1804, Jean-Jacques Dessalines enfrentó y derrotó las fuerzas que Napoleón enviara en 1802 para retomar el control de la isla. Para una relación historiográfica de la Revolución haitiana y del surgimiento de los Estados-nación de Haití y República dominicana, véase el trabajo de Moya Pons. La interpretación política contracolonial clásica de la Revolución puede encontrarse en *The Black Jacobins* (1938) del escritor trinitario C. L. R. James.

[76] Bryan Edwards (1793) "creía que el canibalismo estaba extendido en las *Indias Occidentales* y describía con detalle como se bebía la sangre de los dueños de las plantaciones durante las rebeliones" (Kitson 8).

del siglo XVIII, como antes lo habían hecho los argumentos de la guerra contra los indios y su defensa en la coyuntura del surgimiento de la razón jurídica imperial del siglo XVI. Samuel Taylor Coleridge (1777-1834) en su "Lecture on the Slave Trade" (1795) asocia la trata de seres humanos al artificio social, "las pestilentes invenciones del lujo" y a las mercancías coloniales (236). Coleridge refuta la idea de que la esclavitud civiliza y reactiva el mito del la *Edad dorada* en el contexto abolicionista; su *buen salvaje* es *africano*: "Los africanos que están situados fuera del alcance contagioso del vicio europeo –son inocentes y felices– pacíficos habitantes de una tierra fértil, cultivan sus campos en común y cosechan los frutos como propiedad común de todos" (240). Luego enumera las crueldades de la caza, marca, transporte, tortura y venta de los esclavos, así como su maltrato y explotación (240-245). Concluye reiterando para el Imperio británico el símil entre la explotación del trabajo del *Otro* y su consumición, que cruza el sermón de Montesinos y los alegatos de Las Casas, los tropos de Rousseau para la voracidad de la Modernidad, el antiesclavismo popular de la Revolución francesa[77] y, mas tarde, la metáfora del consumo de las fuerzas de trabajo de Marx. La sangre, recalcaba Coleridge, endulzaba la comida de la burguesía inglesa:

> Abbè Raynal calcula que [...] *nueve millones de esclavos han sido consumidos por los Europeos.* [...E]n las cenas os levantáis y con las manos en el pecho eleváis los ojos a Dios y decís: ¡Señor bendecid esta comida que nos habéis dado! Parte del alimento que está ante la mayoría vosotros, *está endulzado con la sangre de los asesinados* [...] ¡Qué blasfemia! ¿Es un regalo de Dios esa comida revuelta con sangre? ¿Bendeciría el Dios de todos los hombres *la comida de los caníbales* –comida que está contaminada con la sangre de sus hijos inocentes? (247, 248).

La propia Revolución haitiana revirtió el tropo caníbal. Jean Jacques Dessalines (1758-1806) en el "Acta de independencia de Haití y proclama" (1804) llama "bárbaras" y "monstruosas" a Francia y a las élites blancas, y se las figura como cuervos y tigres comiéndose a los niños:

> No basta con haber expulsado de nuestro país a los *bárbaros* que lo han ensangrentado durante dos siglos [...;] ¡buscad allí a vuestros niños, *vuestros niños de pecho!* ¿En qué se han transformado? Me estremezco al decirlo... en *presa de esos cuervos.* En lugar de estas víctimas dignas de atención nuestros ojos consternados no perciben más que a, sus *asesinos,* más que a los *tigres todavía ahítos de sangre,* cuya horrible presencia os reprocha vuestra insensibilidad y vuestra lentitud para vengarlos (Dessalines 84, 85).

---

[77] C.L.R. James recuerda que durante los primeros años de la Revolución francesa hubo muchos que "conmovidos por los sufrimientos de los esclavos habían [...] dejado de beber café, pensando en éste como empampado con la sangre y el sudor de hombres convertidos en bestias" (139).

Marx también señalaría respecto de la industria inglesa que, como un "vampiro, no podía vivir más que chupando sangre, y además, sangre de niños" ("Manifiesto inaugural" 75)[78] y, citando a Cairnes, culparía al agro-colonialismo del Caribe de haber "engullido a millones de raza africana" (*Capital* 377). Pero el proyecto hegemónico de la Modernidad en el Caribe llevaba un curso hegeliano. Los tropos contracoloniales de la *revolución olvidada* fueron sepultados por la máquina de la Historia occidental. Las imágenes góticas del negro y los esclavos insurrectos gozaron en cambio de una morbosa difusión en los siglos XVIII y XIX[79], incluso entre abolicionistas. Sir Spenser St. John (1825-1910), cónsul británico en Haití durante los años 1860s, argüía en un capítulo titulado "Vadoux Worship and Cannibalism" de su exitoso libro *Haiti or the Black Republic* (1884), que la religión haitiana había *degenerado* desde la expulsión de los franceses. St. John refería rituales de sacrificio de niños, canibalismo y profanación de tumbas para consumo ritual de carne humana. Incluso se ocupó de detalles culinarios sobre la preparación de una niña de 12 años cocinada con "Congo beans" y ñame y servida antes de una noche de borrachera y libertinaje. La inercia del gobierno "evidenciaba" el barbarismo de la *república de negros* (182-228).

Haití provocó el miedo regional y continental a una insurrección en Cuba, Jamaica, Brasil y los Estados Unidos. El sentimiento de inminente amenaza de africanización y revolución social fue especialmente determinante en la formación del nacionalismo de Santo Domingo, la parte "española" de la isla. Recordemos que en 1795 España cedió Santo Domingo a Francia, que en 1801 Toussaint Louverture invadió La Española, que en 1805 otro tanto hizo Dessalines y que, después de la declaración de independencia (1821), fue de nuevo invadida (1822) y quedó bajo el dominio de Haití hasta 1844[80]. Entre 1795 y 1810 hubo 125.000 exiliados que salieron de La española para otras islas del Caribe (Moya Pons 245). Para el nacionalismo dominicano de gran parte del siglo XIX

[78] Sólo que para Marx la avidez caníbal de la modernidad capitalista no era un problema de moral o de apetito, sino de economía política: el capital consume trabajo como el vampiro sangre (*Capital* 1: 342, 367). La sangre de los trabajadores no está en las mercancías o productos (por ejemplo en el azúcar, como dice Coleridge) sino en el capital que "viene al mundo [...] chorreando sangre y suciedad de la cabeza a los pies y por cada poro" (1: 925, 926).

[79] H. L. Malchow sostiene que en el mismo escenario del Gótico literario inglés se desarrollan las discusiones sobre la abolición de la esclavitud, sobre los "jacobinos negros" de Haití, y los ataques contra blancos, especialmente mujeres, durante la rebelión (11, 12, 25).

[80] En 1821 los criollos dominicanos declararon su intención de unirse a la Gran Colombia. Esta "independencia" tuvo una vida efímera merced a la invasión haitiana de 1822, cuando los haitianos tomaron el control completo de la isla bajo el mando de su presidente Jean Pierre Boyer. Sólo hasta 1844 la República Dominicana se liberó de la dominación haitiana, aunque volvió a convertirse en colonia española entre 1861 y 1863.

el *Otro* no fue la metrópoli sino el vecino Haití[81]. Esta circunstancia tuvo especial repercusión en el relativo *blanqueamiento* e *hispanismo* del discurso emancipador, y en la construcción del significante étnico del negro brujo, salvaje y caníbal.

Con estos antecedentes en mente, examinemos la historia de "El Comegente" o "El Negro Incógnito", una de las más reveladoras narraciones del nacionalismo dominicano. Manuel Ubaldo Gómez Moya (1857-1941), distinguido miembro de *La academia dominicana de Historia*, cuenta en su *Resumen de la historia de Santo Domingo* (1937) que:

> A principios del XIX hubo en la jurisdicción de La Vega un *africano* conocido con el nombre de El Comegente o El *negro incógnito*. Este *antropófago*, cuyas correrías extendía hasta las jurisdicciones de Santiago, Moca y Macorís, atacaba a los ancianos, a las mujeres, a los niños, pues era cobarde y le huía a los hombres fuertes. Fue capturado en Cercado Alto, común de La Vega, ignoramos el año, y fue remitido a Santo Domingo bajo custodia de un fuerte piquete [...]. La historia de este monstruo fue escrita por el padre Pablo Amézquita (110).

Esta curiosa historia sobre un asesino en serie estaba un poco fuera de lugar dentro del popular manual de historia[82]. En primer lugar se encuentra en una nota a la sección 197 de la lección XXXIV que no tiene relación explícita con el caso del Comegente. La sección 197 se refiere a la retirada de los invasores haitianos de La Española en 1805 y distingue entre las huestes de Dessalines y sus excesos y crímenes, y la relativa benignidad de Pétion "quien siempre tuvo rasgos de nobleza" (70). La aparente impertinencia de la nota coloca la historia del

---

[81] Alcanzada la independencia de Haití en 1844, siguió la primera dictadura militar de Pedro Santana (1844-1848). En 1849 una invasión de Haití bajo Faustin Soulouque fue repelida por las tropas de Santana. La política de esos años (1844-1864) fue dominada, por un lado, por la rivalidad entre Santana y Buenaventura Báez-Méndez (presidente entre 1849 y 1853) y, por otro, por la continua referencia pública a la amenaza haitiana (a despecho del tratado de paz de 1850). En 1853, por ejemplo, Santana acusó a Báez de colaboración y traición durante la ocupación haitiana y lo derrocó. De nuevo en el poder, Santana enfrentó y derrotó otra invasión de Haití en 1855, cuyo emperador Soulouque estaba preocupado por las negociaciones anexionistas de los dominicanos con los Estados Unidos. El continuo estado de guerra civil entre baecistas y santanistas entre 1855 a 1861 concluyó con la anexión a España promovida por Santana, que duró hasta 1863. El discurso contra Haití se ha mantenido tanto en la política como en la cultura y la vida cotidiana hasta el presente (Franklin Franco; Silvio Torres-Saillant).

[82] *Resumen de la historia de Santo Domingo* fue "en su época uno de los libros más útiles acerca de la historia política dominicana y constituyó durante muchos años el manual por excelencia para el estudio de la historia dominicana en las escuelas del país" (Nota previa de la edición de la Sociedad Dominicana de Bibliófilos, ix).

Comegente en una situación equívoca: por un lado es parte de la Historia dominicana, por otro, no es claro exactamente por qué motivo.

El relato tiene su origen en una serie de crímenes cometidos por los días de la Revolución haitiana. En una carta del 20 y 21 de diciembre de 1791 sobre la revuelta en la parte francesa, fray Fernando Portillo, Arzobispo de Santo Domingo, expresaba su creciente terror por los acontecimientos y sus consecuencias para los españoles y criollos de La Española:

> el mal que imagino nos amenaza más de cerca [es] la irrupción en nuestras tierras de cuatrocientos mil Negros de la Colonia.,[...] Ellos son unos esclavos que han muerto a los más de sus Amos, y les han quemado sus riquísimas posesiones [...]. Ellos se han habituado al robo, al asesinato, al más desenvuelto libertinaje [...] ¿Es creíble que permanecerá esa multitud encerrada en la Colonia [francesa], cuando no tengan en ella que comer? (Incháutegui 551, 552).

El prelado temía que estos rebeldes se instalaran en los montes formando "manieles" (o enclaves de cimarrones) a los que acudirían "los que hoy son nuestros esclavos"; y "será pues –decía– cada uno de nuestros montes un campo enemigo con un ejército atrincherado" de manera que tarde o temprano, "[seríamos] precisados a ser nosotros sus Esclavos" (552, 553). Para señalar la impotencia de la colonia española frente a la temida invasión de negros rebeldes y hambrientos de la colonia francesa y la insurrección de los propios esclavos, el arzobispo menciona el caso del Comegente:

> en este caso y desgracia que temo próxima no bastarían para remediarla, o contenerla grandes Ejércitos; [...]. De lo que no es mala prueba (bien que lastimosa) la que está ofreciendo [...un] Negro más cruel y desnaturalizado que las Fieras mismas [...] que refugiado en un Monte que tendrá como seis leguas de largo de los Macorizes a esta ciudad se presenta desvergonzadamente en sus inmediaciones, y [...] observa a las mujeres, las hiere y mata cruelmente y haciendo horribles estos homicidios las goza cuando mismo están expirando. [...] Él permanece matando mujeres, y [...] últimamente mató a traición un hombre (Incháustegui 550, 551).

Una relación de 1792 –un año después del comienzo de la insurrección en Saint Domingue– ofrece otros detalles de la historia del "Negro incógnito o el Comegente":

> El año de 1790, por el mes de marzo, acontecieron algunos homicidios de gentes indefensas en el campo [...] También se desaparecieron dos niños de los que no se encontró vestigio alguno [...]. Corrió todo el año sin novedad, hasta que en el de noventa y uno, en el mismo mes, volvieron a acontecer los mismos homicidios, heridos, contusos, incendios de casas de campo, destrucción de labranzas y muertes de

todas las especies de animales: no es creíble la consternación que causó a este vecindario tantas maldades y atrocidades ejecutadas por un hombre solo [...]. Hasta el día de hoy contamos veinte y cinco los muertos; heridos y contusos 29, y dos más que se hallan actualmente sin esperanza de vida; y todos han sido gentes indefensas, e inocentes, como ancianos, mujeres, niños y enfermos, entre los muertos había dos mujeres encinta; también ha quemado dos casas, labranzas sin número, y un sinnúmero de animales de todas especies. En fin, un enemigo acérrimo de todos los vivientes, sin otro interés que hacer el mal. Los que han sido víctimas de su furia cuentan (está averiguado) que entre tanto agoniza la infeliz presa, está él bailando y carcajeándose (*Tradiciones* 269, 270)[83].

Los crímenes del Negro Comegente coinciden con los imputados a los negros revolucionarios de la colonia francesa: robos de niños, brujería, asesinatos, incendios y destrucción de medios de producción. En esta versión (no en las que le siguieron) el narrador duda de la veracidad de las acusaciones de antropofagia[84] y se concentra con meticulosidad en la mutilación e inserción de objetos en los genitales:

No hay término con que ponderar la compasión que nos causa la vista de los cadáveres, tan impíamente destrozados: unos cortados, otros abiertos, desde el hueso esternón hasta el pubis inclusive, *clavado* un palo por sus pudendas, cortada alguna mano, sacado el corazón y cubierto el rostro con sus mismas entrañas; otros les arrancaba todo el pubis y clítoris, con la advertencia que se llevaba todos los miembros que cortaba (270, 271).

En la criminología y frenología decimonónica, el canibalismo del Comegente[85] no significa necesariamente antropofagia sino *africanidad*, o conformidad del *Otro* al *principio africano*. El Comegente deja de ser dominicano: "No hemos

---

[83] El texto de 1792 fue aparentemente trascrito por Francisco Mota hijo en 1867 y publicado por Emilio Rodríguez Demorizi en el periódico *El observador* 177 del 25 de enero de 1942, luego en la revista de *La academia dominicana de Historia CLIO* 83, 1949 (13-15) y, finalmente, en su colección *Tradiciones y cuentos dominicanos* (269-275). Al parecer corresponde a la relación que de los crímenes del Comegente hizo el Padre Pablo Amézquita.

[84] "Al principio se creía que era *antropófago* porque de tres niños que se llevó se hallaron vestigios de haber asado uno; también se creía que usaba torpemente de las mujeres que mataba pero la experiencia nos ha hecho conocer que en el día de hoy nada de eso lo mueve" (270, 271).

[85] En 1955 Constancio Bernardo de Quirós, criminólogo español exiliado en República Dominicana, después de hacer las conjeturas climatológicas y raciales "pertinentes" al análisis del caso del Comegente, reclamaba para el criminal un lugar en la galería de la fama de asesinos como Jack el Destripador a quien el Comegente habría superado, tanto en sevicia como en número de sus víctimas. Concluía que el Comegente habría sido bisexual.

podido averiguar de qué nación es. Sólo sí que puede ser de los *negros de la Costa de Oro en África, porque se le quitó un canuto lleno de pudendas de mujeres* y otras muchas porquerías inconexas, tapado con plumas de cotorras. Ya se ve que no tiene igual en fiereza y crueldad" (272). Pero el Comegente no es simplemente negro. De hecho, en esta relación su color es indeterminado: "Este monstruo es un negro incógnito de color muy claro, que parece indio, el pelo como los demás negros pero muy largo" (271)[86]. El significante étnico es complejo; en este caso el *principio africano* está relacionado explícitamente con una reminiscencia colonial (la belicosidad de los indios caribes), así como con la cimarronía, la insurrección de esclavos y el terror a Haití. Desde el siglo XVIII circulaban en La Española leyendas sobre unos seres llamados *biembienes* (de *vienvien*, vocablo haitiano que designaba al mestizo de negro e india).

> En esas montañas existen todavía esos hombres, semi-salvajes, conocidos con el nombre de vien-vien, nombre que se les ha dado porque ese es su grito ordinario; el único sonido articulado que se les ha oído. [...] Los vien-vien tienen extraordinaria agilidad; semejantes a monos trepan por las barrancas y las rocas más escarpadas (Carlos Nouel en Mora Serrano 42).

Mora Serrano relaciona la leyenda con los grupos de indios y negros de la insurrección de Enriquillo en 1519 que no se rindieron, y con las subsecuentes oleadas de cimarrones que se instalaron en las sierras de Baoruco ("escondrijo de los indios y de los negros de la Isla") formando poblaciones al margen del control colonial y la explotación esclavista del trabajo (41). Los *bienbienes* eran una suerte de síntesis de las insurgencias históricas contra la dominación colonial. Se supone que vivían

> en unas montañas llamadas Bahoruco, donde se refugiaban los *negros cimarrones* que huían de la esclavitud colonial y *algunos indios levantados contra la ocupación española* [...]. Los biembienes son seres *salvajes* [...]. Viven desnudos y de forma irracional, y emiten *gruñidos* como único lenguaje. Su aspecto es feo y desagradable [...] Se asegura que entre los biembienes hay algunos que *comen carne humana* obtenida por *sacrificio*. Se llaman *"mondongos"* y tienen el pelo rojo amarillento (*Diccionario de mitos y leyendas*).

El episodio del Comegente se enreda entonces en una trama discursiva formada de episodios históricos y tradiciones culturales como la leyenda de los *bienbienes mondongos*. La alianza entre indios rebeldes y cimarrones –histórica en el caso

---

[86] Nótese que tanto el *canibalismo* como el *color negro* que definen al Negro Comegente aparecen indeterminados.

de los *garífunas*– era aquí leyenda teratológica, fusión entre el tropo caníbal-caribe del siglo XVI, el *principio africano* que justificó la esclavitud y el miedo a Haití.

La historia del Comegente tiene muchas variantes y ha sido contada en forma de tradición, nota criminológica, recopilación de relatos orales, novela costumbrista, artículo historiográfico y cuento tradicional, por insignes cultores entre quienes se cuentan historiadores y escritores dominicanos como Manuel Ubaldo Gómez, Casimiro Nemesio de Moya, Melinda Delgado Pantaleón, Guido Despradel, Emilio Rodríguez Demorizi y Raymundo González. Asimismo, como tuve la oportunidad de comprobar en la región de la Vega, el Comegente hace parte de la memoria popular. Las diversas versiones no coinciden: los hechos habrían ocurrido por los años de la Revolución haitiana, entre 1803 y 1804, o entre 1815 y 1818. El criminal en algunas versiones es negro y africano, en otras, menos negro y aindiado, moreno, y a veces racialmente indefinido. Sus crímenes son igualmente variopintos y van del asalto en despoblado y el homicidio de personas indefensas, hasta el desmembramiento, la mutilación sexual, la profanación de cadáveres y el canibalismo (aspecto éste sobre el que las versiones varían).

La versión del Comegente que trae la novela *Episodios nacionales* (ca.1886)[87] del vicepresidente de la república, novelista, cartógrafo e historiador Casimiro Nemesio de Moya (1849-1915) es particularmente significativa pues revela la formación del discurso hispánico y anti-haitiano de identidad nacional en Republica Dominicana. En el capítulo XV, "La historia del Comegente" (109-121), Casimiro de Moya relata el episodio por boca de seño Domingo, un cuentero popular que por su nombre y función personifica al narrador de la nación que Moya mismo aspiraba a ser[88].

El Comegente se llama Luis Beltrán, un "negro *colorado o aindiado* [de La Española...] no mal parecido [...y] al principio muy trabajador [... que] sabía leer y escribir" (*Episodios* 110, 111). En 1787 –poco antes de la Revolución– viaja a "el francés" (Saint Domingue) para "aprender algo" que resulta ser hechicería vudú. Beltrán trabaja como capataz de "negros *carabalises*" que "le enseñaron muchísimas brujerías y a comer gente", artes en las que se hizo alumno aventajado: después de un tiempo "supo más que los maestros". Los esclavos, que le tienen miedo, le hacen un hechizo o "guaguá". Beltrán enloquece, olvida su lengua nativa (español) y termina hablando "unas algarabías que naide entendió nunca"

---

[87] *Episodios nacionales* fue escrita poco después de 1886, durante el exilio político de Moya después de la fallida *Revolución de Moya* que lideró contra la dictadura de Ulises Heureaux. La primera parte de la novela fue publicada en 1985. La segunda parte está perdida o no fue nunca escrita.

[88] Siete volúmenes de su inédita "Historia de Santo Domingo" reposan en el *Archivo General de la Nación*.

(111, 112). Más tarde, de acuerdo con Moya, Beltrán regresa a Santo Domingo, y ayudado por su magia diabólica comienza con sus crímenes. Quema "algunas casas de campo y ranchos de tabaco" (112); mata a varias campesinas y luego a unos esclavos, y mutila a sus víctimas: "le cortaba los pechos, si era mujer, para comérselos asados, y si era hombre otra parte para utilizarla en sus brujerías, o sabe Dios para qué" (112, 113). La *diferencia* étnica de sus primeras víctimas es diluida con diminutivos: mató a "un negrito" y a "una mulatica" que se dan "todos por comidos" (111, 112). En Santo Domingo ser "negrito" o "mulatica" es, en todo caso, no ser africano o haitiano[89].

La metamorfosis de Luis Beltrán de padre de familia, trabajador y letrado a monstruo Comegente ocurre en la novela de Casimiro de Moya en un proceso de *otrificación* ocasionado por su viaje a Haití durante el periodo de insurgencia: "esto lo ejecutaba tanto por bellaquería como por malicia, para proporcionarse víctimas en las cuales satisfacer sin peligro sus apetitos sanguinarios que, según confesó más tarde, no lo dejaban tranquilo *desde que le echaron el mal en el francés*" (112). Conforme el *principio africano* hegeliano, la alteridad racial es representada por su hibridez, monstruosidad, sub-humanidad inconsciente, apetitos y balbuceo lingüístico. La novela expresa justamente el temor de ser mutilado, incorporado, contaminado; el miedo a la boca: al apetito salvaje del *Otro* y a la contaminación lingüística (análoga a la polución racial). Beltrán se convierte en un caníbal y en un monstruo al cruzar la frontera geográfica, cultural, religiosa y lingüística. El viaje a Haití lo despoja de su identidad dominicana e hispano-católica y lo inscribe en la alteridad. Entre los esclavos de Saint Domingue Beltrán deja de ser un *negrito* dominicano –que "al principio era muy trabajador [...que] sabía leer y escribir" y que incluso "no era mal parecido"– y se convierte en un negro Comegente, africano e incógnito.

En la novela de Moya el Comegente es finalmente atrapado por un campesino conocido como "seño Antonio". Este *personaje* dominicano, católico e hispano, derrota al brujo caníbal amarrándolo con un "bejuco [...] de brujos", que supuso por el nombre que pudiera servirle "contra el Comegente" (117). Seño Antonio llevó al monstruo a Santo Domingo donde lo condenaron a muerte y ahorcaron (118-121).

El episodio tiene una especie de epílogo (parte de la novela de Moya) titulado "El testamento del Comegente" (capítulo XVI: 125-132), en el que se cuenta que mientras huía, el Comegente escribió con "algún punzón o con la punta de un cuchillo en el liso tronco de un algarrobo" unas "escrituras [...que] no fueron entendidas en ese tiempo por naide, dando tema a los que las veían para suponer

---

[89] "Lo importante era no ser totalmente Negro –o al menos, no tan negro como para ser tomado por esclavo o haitiano" (Moya Pons 252).

y decir que estaban en gringo o en *carabalí*" (126). Durante la fallida invasión de
La Española por Dessalines en 1805[90], las tropas haitianas encuentran el testa-
mento. Ocurre entonces, una suerte de reencuentro entre la *escritura salvaje* del
Comegente y la Revolución haitiana.

> el sentido de ellas [las escrituras] se hubiera perdido para todo el mundo si al cabo de
> algunos años no hubiera dado la casualidad en que Dessalines y Cristóbal, cuando se
> retiraban del sitio de la ciudad con el rabo entre las piernas, hicieron alto por allá
> para sestear con la tropa; y como los soldados, llevados del instinto del *maroteo* todo
> lo registran [...] hubo quien descubriendo el algarrobo de las escrituras subió a darle
> la noticia a Cristóbal que estaba allí cerca. Este fue al paraje, y como parece que
> entendió algo de la cosa, hizo que le fueran a buscar a un *papá bocó* que llevaba de
> consejero de su Estado Mayor (189, 190).

Christophe ordena la lectura del testamento a un *Papá Bocó* (brujo de las tropas haitianas), quien declaró que la escritura en el árbol "era el testamento de
un conocido *bonda* o *bouda* [...] uno de los más grandes sabios de su secta" (127).
El testamento hablaba de una hija mulata que había dejado encantada. Ella sería
fecundada por el río y daría a luz a su nieta, la cual –había escrito el Comegente–
"llevará de dote a su marido mis artes principales" (128). El brujo haitiano explica que para "apoderarse de la herencia" hay que esperar unos 37 años (130). Los
haitianos prosiguen su marcha tratando de "recoger informes sobre el autor"
del testamento y haciéndose "referir todo lo que entonces naide ignoraba sobre
esos particulares". Así supieron del fin del Comegente a manos de seño Antonio. El *Papá Bocó* manifestó "tanto azoramiento y tanto miedo que casi no podía
hablar" (130); preguntado por Christophe sobre el motivo de su desasosiego,
respondió: *"Ah! malher, malher, mon fili a mouin! Ouangua pangnol pi fort pacé
ouanga haitien"* ("Ah! Una gran desgracia: M'hijito, que el guanguá español es
más fuerte que el guanguá haitiano") (130). El *Papá Bocó* declaró "que la tierra
que produjo lo necesario para domar al *bouda* [Comegente], era tierra superior
a la de ellos [Haití], y por consiguiente consideraba una temeridad el tratar de
conquistarla" (130, 131). Dessalines y Christophe deciden no volver sobre Santo
Domingo y se van dejando tras de sí saqueos, incendios, y violaciones (131).

---

[90] Los haitianos pusieron bajo sitio Santo Domingo por tres semanas; la ciudad fue defendida
por las fuerzas unidas de los franceses y dominicanos. "Los haitianos levantaron el sitio y retroce-
dieron a través de las áreas y asentamientos del interior, saqueando los pueblos de Monte Plata,
Cotuí y La Vega, y pasando a cuchillo los ciudadanos de Moca y Santiago. Dejaron tras de sí los
campos en ruinas, las ciudades en llamas y las iglesias en cenizas. [...] Esta hecatombe tendría
importantes consecuencias para las relaciones de los dominicanos con los haitianos en los años por
venir" (Moya Pons 247).

Es importante resaltar dos cosas de este epílogo: primero, el legado del Comegente corresponde a la amenaza de su regreso, que equivale al regreso de Haití, la polución racial (hija mulata) y la corrupción cultural-religiosa (las artes vudú de la nieta); en segundo lugar, la invasión haitiana termina por el miedo que le produce al brujo negro la posibilidad de seguir la misma suerte del Comegente; así que en última instancia, el triunfo del campesino hispánico y católico ("seño Antonio") sobre el Comegente salva la patria. De Moya añade la *historia* con minúsculas a la *Historia* nacional dominicana.

Negro y *caníbal* se atraen semánticamente; ambos tropos son definidos básicamente por la confusión de los límites; ambos constituyen amenazas de disolución de la diferencia y la identidad nacional: el primero mediante el mestizaje, la mezcla y la polución; el segundo, con la incorporación y el ejercicio del apetito salvaje. El relato del Negro Comegente expresa el terror a la polución racial, a la pérdida del lenguaje y al desmembramiento e incorporación de la nación. El cuerpo (tanto de las víctimas como del asesino) se convierte en un generador de significados sociales y figuras metonímicas del cuerpo político. Si el Comegente es el caníbal del cuerpo individual, los haitianos son los caníbales del cuerpo político; los devoradores de la nación.

En Cuba esclavista el miedo a una insurrección de esclavos dio lugar a imágenes y terrores similares. Entre 1763 y 1862 hubo una significativa expansión de la población esclava en Cuba con la importación de cerca de 750.000 esclavos para los ingenios de azúcar. Se estima que en 1840 los esclavos representaban el 40% de la población de la isla, sin contar los negros y mulatos libres, y las comunidades de cimarrones fugados de las plantaciones y en pie de guerra con la administración colonial (Louis Pérez 85-91). A mediados del siglo XIX, dada la baja tasa de natalidad entre los esclavos y el incremento en la importación provocada por la expansión de la economía azucarera, se estima que el 75% de los esclavos de la isla habían nacido en África; la mayoría eran hombres y provenientes de grupos con fuertes tradiciones bélicas como los carabalís y los lucumíes (Pérez 99). Desde la rebelión en Haití el temor de una insurrección estuvo acompañado de pruebas de la inminencia de dicha posibilidad[91], y de imágenes racistas en las que el negro esclavo fue construido, pese a la propaganda huma-

---

[91] Las insurrecciones ocurrían muy frecuentemente en los ingenios en casi todas las regiones de la isla: los esclavos procedían a destruir la propiedad y a la muerte de blancos. Un segundo tipo de revuelta "comportaba coordinación y colaboración entre esclavos, negros libres y blancos. Los levantamientos de este tipo eran los más temidos [...] su objetivo era la abolición de la esclavitud, y por lo tanto amenazaban las bases mismas de la economía política colonial" (Pérez 99). Entre este tipo se cuentan las insurrecciones de 1811, la de Matanzas de 1825, la de 1843 y la famosa conspiración de "La escalera" (1844) (99, 103).

nista de los abolicionistas, como un salvaje feroz, conspirador y listo a degollar a su amo. Cuando "la población de color devino mayoría, el miedo fue transformado en horror" de los dueños de esclavos de ser "desollados y cocinados vivos" como en Haití (Pérez 103). En la década de 1870, en un momento crítico de tensiones raciales en esta sociedad esclavista, se caracterizó a los ñáñigos como brujos sospechosos de ritos sangrientos provenientes de las religiones africanas y se hizo referencia a las costumbres caníbales imputadas a la "nación salvaje carabalí". En 1876, el jefe de policía de La Habana comunicaba al gobernador de la captura de numerosos ñáñigos sospechosos de actividades criminales, mencionando expresamente que la jerga con la que operaban la habían tomado del dialecto africano carabalí "nación salvaje, una de las pocas que tiene carácter de antropófaga" (Triana y Antorveza 98).

6. José de Alencar y los caníbales del indianismo brasileño

Mientras que el nacionalismo argentino se funda en la negación no sólo discursiva sino bélica del indio y usa el tropo *caníbal* en la lucha de proyectos diversos por la hegemonía y el control del Estado, en el Brasil la nación se viste de indígena. En la literatura romántica –en las vanguardias y hasta en la *XXIV Bienal de Arte Moderna* de São Paulo o la celebración de los 500 años del Descubrimiento– encontramos constantes dispositivos de lo indígena en el imaginario nacional. Esta indianización no deja de ser paradójica.

En primer lugar, como indica Doris Sommer, desde el siglo XIX perdura en el Brasil una identidad indianizada mientras se adelanta la aniquilación del indio (*Fundational Fictions* 139). La *cuestión indígena* histórica fue manejada en el Brasil dentro de una agenda de expansión territorial y como un asunto de frontera con la barbarie. Hoy la población de doscientos mil indígenas representa apenas entre un 5% y 10% de la población estimada en el momento del encuentro (dos a cuatro millones). El genocidio estaba prácticamente consumado en el primer siglo colonial y a principios del XIX era un hecho, aunque aún se adelantaban políticas para la eliminación física del indio, y continuaba la expropiación de sus territorios y su sometimiento al Estado. Incluso las propuestas integradoras suponían la aculturación y el disciplinamiento social de los indígenas: apenas un año después de la independencia administrativa del Brasil, José Bonifácio de Andrada e Silva (1763-1838) presentó en la *Asambléia Geral Constituinte* de 1823 un proyecto de integración pacífica del indio a la sociedad brasileña basado en cuatro puntos: 1) el *comercio* "para que comecem a diferenciar o meu do teu", 2) el *mestizaje* y los casamientos mixtos "unindo os interesses de todos numa só nação", 3) la *incorporación* religiosa mediante el adoctrinamiento y la administración política delegada en manos de la iglesia, y 4) el impulso de la *agricultura* que le daría su lugar al indio en la economía del Brasil (en José Mauro Gagliardi 30, 31). Las medidas de "protección", cuando las hubo, fueron inanes. En 1831 se revocaron las *Cartas Régias* que autorizaban la guerra contra las poblaciones indígenas, su caza y reducción a servidumbre y entre 1840 y 1844 el Estado le entregó a los capuchinos el gobierno de estos grupos ya bastante diezmados; asimismo, el decreto 426 de 1845 proveyó sobre los mecanismos de rápida incorporación del indio y prohibió de manera definitiva su caza. Sin embargo, la realidad política, económica y social fue otra; como anota David Treece el Imperio le hizo reiteradamente la guerra a los indios tribales y procedió al despojo continuo de territorios indígenas en renovadas olas de *colonialismo interno* que aún continúan.

En segundo lugar, la indianización cultural ocurre a pesar de la historiografía imperial brasileña que, a contracorriente de las idealizaciones estéticas del momento, se opuso a la entronización romántica del salvaje. Desde la década de 1830 las elites letradas tratan –mediante una apropiación simbólico-nacionalista del indígena– de romper con la imagen negativa que el *principio africano*, las tesis deterministas de la Ilustración y el estigma del mestizaje imprimían en una sociedad esclavista como el Brasil[92]. Estos gestos, en realidad bastante abstractos, irritaron al más célebre de los historiadores decimonónicos brasileños, Francisco Adolfo Varnhagen (1816-1878), quien en su *História geral do Brasil* (1854-1857) traza una imagen negativa de los pueblos indígenas que califica de sodomitas (1: 29), caníbales (43-47, 218), supersticiosos (45) "falsos e infiéis, inconstantes e ingratos" (51) y en estadios primitivos del desarrollo humano; inclusive los desbrasileñiza alegando su origen asiático e invasor (29, 53-56). Según él, debían ser sometidos y cristianizados a la fuerza ignorando la "monomania do pseudo-filantrópico Las Casas" (219-221). No resulta sorprendente que, a diferencia de lo que ocurre con otros intelectuales latinoamericanos, Varnhagen se hubiera puesto del lado del "grande gênio" Buffon en la *querella sobre el Nuevo Mundo* y en contra de las "paradoxais simpatias pelo estado selvagem" de Rousseau (52, 53).

Con todo, el indianismo brasileño procedió a la exhumación nacionalista del indio cuyo exterminio había sido la *condición necesaria* de la na(rra)ción del Brasil. Para disgusto de Varnhagen, el indianismo sobrevivió sus reparos hegelianos, prevaleció en el imaginario nacional y tuvo manifestaciones culturales tan diver-

---

[92] Ejemplo prominente de este indianismo es el trabajo poético, lingüístico y etnográfico de Antônio Gonçalves Dias (1823-1864): "Poesias americanas" (en *Primeiros cantos; poesías* 1846), "Tabira" (en *Segundos cantos e Sextilhas de frei Antão* 1848), "I-Juca-Pirama", "Marabá", "Canção do Tamoio" (*Últimos cantos; poesias* 1851), *Os Timbiras* (c. 1846, pub. 1857), *Vocabulário da língua geral usada no Alto Amazonas* (1854) y *Dicionário da língua tupi* (1858).

sas como numerosas: poemas patrióticos, novelas, pinturas y esculturas, óperas, nombres de calles y plazas y la escritura monumental del espacio público[93]. En 1854 la Cámara Municipal de Rio de Janeiro aprobó la construcción de la *Praça da Constituição* conmemorativa de la independencia de la nación; se seleccionó el proyecto de João Maximiano Mafra y al escultor francés Louis Rochet, para la fundición de un monumento a Dom Pedro I, inaugurado en 1862. D. Pedro I aparece a caballo con el brazo derecho levantado, declarando la independencia. Los nombres de las provincias del Imperio están escritos circundando un pedestal en cuya base hay cuatro esculturas de indios que personifican la geografía brasileña: los ríos Amazonas, Paraná, Madeira y São Francisco[94]. La literatura indianista como el monumentalismo escultórico erigía a la nación sobre indios "paisajísticos" e idealizados. La *cuestión indígena* en juego era simbólica.

Las novelas *O Guarani* (1857), *Iracema* (1865) y *Ubirajara* (1874) de José de Alencar (1829-1877) representan ejemplos canónicos del indianismo literario. Esta serie fue desarrollo de una polémica sobre la literatura nacional –contemporánea a la historiografía anti-indianista de Varnhagen– que Alencar inició a propósito de la publicación de *A Confederação dos Tamoios* (1856), poema épico elegiaco indianista del poeta nacional José Gonçalves de Magalhães (1811-1882)[95]. El poema narra la rebelión de los tamoios contra los portugueses, su alianza con los franceses y su derrota. Le preocupaba a Alencar lo que él consideraba que debería ser el papel del indio en la literatura brasileña. Aquello que reclamaba entonces e intentaría luego era la *brasileñidad* lingüística y estética de ese indio y su *dimensión mítico-histórica*. Estamos obviamente hablando, repitámoslo, del indio imaginado e imaginario del Romanticismo brasileño. Años después, la mencionada polémica seguía inspirando el trabajo indianista de Alencar como puede verse en "Carta ao Dr. Jaguaribe", ensayo con que cierra *Iracema*. Allí insistía en una lengua / literatura nacional hibridizada mediante la *tradução* o apropiación de los temas y las lenguas aborígenes desde la matriz lingüística del portugués y mediante la forma moderna de la novela (320-323).

---

[93] El capitalismo impreso que según Anderson da origen al nacionalismo (*Imagined* 122) tiene obvias limitaciones de alcance e interpelación en sociedades sin una burguesía amplia, donde el alfabetismo es mínimo y el consumo de periódicos y novelas está limitado a una minoría. No debe perderse de vista que el indianismo literario es sólo un aspecto de una matriz de representación que funciona en escenas más amplias que la de la novela.

[94] Rochet había hecho varios bronces con el mismo motivo en 1856 (Catálogo de la exposición *Brasil 500 años*).

[95] Gonçalves de Magalhães, amigo del imperador D. Pedro II, era de cierta forma el poeta oficial de Brasil. Pese a este apoyo, el poema fracasó como narrativa indianista entre otras razones porque no planteaba una continuidad entre lo indígena y el Imperio, sino todo lo contrario; aspecto criticado por Alencar (Treece, 166, 167).

O Guarani, *Iracema* y *Ubirajara* narran la génesis indianista de la nación e instalan en la imaginación de su Historia construcciones de lo indígena mediante relatos de alianzas amorosas que reemplazan los conflictos coloniales históricos y suponen la dilución de la alteridad en la matriz europea a través del blanqueamiento y la aculturación. Pero a su vez, estos idilios están acompañados de violencia, desastres, amenazas y representaciones apocalípticas que pueden leerse como pesadillas culturales del *inconsciente político* del nacionalismo brasileño en el momento de su emergencia. Los *malestares en la cultura* del indianismo van desde la *melancolía* relacionada con las pérdidas que para una clase burguesa periférica traía el tipo de capitalismo impuesto en el Brasil, hasta la indianización represiva de los terrores de una cultura esclavista. Dicho de otro modo, el indianismo de Alencar está estrechamente unido no sólo a la *narración de la nación* (parafraseando a Bhabha), sino a las contradicciones de clase y ansiedades culturales de una burguesía criolla en un espacio (neo)colonial.

O Guarani (1857) narra la historia de un colonizador portugués y su familia a comienzos del siglo XVII. Dom Antônio de Mariz –noble portugués que deja de servir a la Corona cuando ésta cae bajo dominio de España– se interna en el *sertão* brasileño y construye un castillo, "fragmento de Portugal livre" (11), en el que vive con su familia y ofrece protección feudal a vecinos y aventureros. D. Antônio es al mismo tiempo un rebelde y un súbdito portugués: cruza el océano para alejarse de la órbita del poder de la Corona en manos del rey español, pero extiende y defiende los dominios coloniales en un movimiento simultáneo de rebeldía y subordinación similar al del Brasil independiente de 1822[96]. Cecilia (Ceci), la hija de D. Antônio, es protegida y varias veces salvada de diversos peligros por un indígena goitacá llamado Peri, quien ha dejado a su familia, tribu, madre y lengua para servir incondicionalmente a esta niña que convierte en objeto de devoción[97]. Dos fuerzas del mal asedian este orden: por un lado, un monje renegado italiano que pretende carnalmente a Ceci y que, con sus aliados (reclutados entre los aventureros protegidos de D. Antônio), busca un tesoro a precio de sangre; y por otro, los aimorés, pueblo "sem pátria e sem religião, que se alimentava de carne humana e vivia como feras" (61), y que le declara la gue-

---

[96] Como se recordará, Brasil alcanzó su independencia administrativa de manera disímil al resto de América Latina. João I se había trasladado al Brasil a raíz de la invasión napoleónica de 1807; pasada ésta en 1814, regresa a Portugal en 1821 en medio de movimientos liberales en Brasil y una revolución liberal en Portugal. Su hijo se queda en el Brasil convirtiéndose en Pedro I, primer emperador del Brasil (1822) y evitando una guerra de independencia.

[97] Los menores deseos de Ceci provocan en el indio una serie de imprudentes actos de valor caballeresco. En una ocasión captura un jaguar vivo y en otra rescata una joya de un nido de reptiles y víboras ponzoñosas.

rra a D. Antônio. La causa de las hostilidades fue un accidente de cacería en el cual el hijo del patriarca, D. Diogo, había matado a una india. Para vencer a los caníbales y salvar a su amada, Peri decide sacrificarse: "envenenou [...] o seu corpo, que devia servir ao banquete dos Aimorés" y se dejó capturar de los caníbales, esperando que éstos perecieran al comer su carne:

> O costume dos selvagens, de não matar *na guerra o inimigo e de cativá-lo para servir ao festim da vingança*, era para Peri uma garantia e uma condição favorável à execução do seu projeto [envenenar a la tribu enemiga envenenando su cuerpo...]. Segundo as leis tradicionais do povo bárbaro, toda a tribo devia tomar parte no festim (201).

Peri es salvado de su autosacrificio por Álvaro, pretendiente inicial de Ceci y enamorado de la atormentada mestiza Isabel[98]. D. Antônio bautiza a Peri en premio por su lealtad y le encarga salvar a su hija, mientras él defiende la plaza del ataque aimoré. Rodeado de su familia y hombres el patriarca vuela el polvorín, inmolándose y matando a los caníbales que escalan la fortaleza. Ceci decide quedarse con Peri en la selva. La novela termina con una declaración de amor en una palmera flotante arrancada por el indio, donde la pareja se ha refugiado de las crecientes aguas de un diluvio anticipado por Peri[99]. La pareja edénica constituye la promesa (aunque amenazada y a punto de sumergirse) de la refundación nacional, una vez que se acaba el antagonismo y la diferencia colonial. Tanto la otredad rebelde (los aimorés) como la mismidad colonial (la familia Mariz) desaparecen en la explosión y las aguas del diluvio. Los supervivientes no son antagonistas y cada uno en sí anticipa el "híbrido" nacional: Peri es "um cavalheiro português no corpo de um selvagem" (35)[100] y de manera complementaria, Ceci es una dama portuguesa abrasileñada: "mais uma virgem brasileira do que uma menina cortesã" (238).

---

[98] Como señala Renato Ortiz la "prima" Isabel, hija de D. Antônio y una indígena, es la verdadera protagonista del romance, y el único personaje que por su sexualidad y ambigüedad étnica no encaja en la mito-historia alencariana. Su suicidio más que una solución romántica ante la muerte de su enamorado (Álvaro muere en un combate con los aimorés, pese a los intentos de Peri por salvarlo) es una solución a las ansiedades respecto del mestizaje: "Alencar elimina pura e simplesmente o papel do mestiço, que no romance encontra-se fora de lugar" (267, 268).

[99] Antes de la inundación Peri le cuenta a Ceci la leyenda de Tamandaré, un Noe indígena que después de la inundación pobló la tierra. La leyenda sirve de prolepsis del diluvio alencariano (242, 243).

[100] Nótese la similitud respecto a la indeterminación étnica con el protagonista de *Tabaré* (1888) de Juan Zorrilla de San Martín (1855-1931), un indio de "ojos azules" (61), *colaboracionista* y enamorado de una blanca. También en *Tabaré* hay dos clases de salvajes: el héroe blanqueado y los demás que "en el aire afilan sus colmillos" (171), llevan "en los dientes [...] / o en las manos crispadas, / trozos de enemiga carne" (74), y que cargan "en sus lanzas, humanas cabelleras" (149).

Iracema. Lenda do Ceará (1865) narra la historia de otra traición por amor: Iracema, india tabajara (tribu enemiga de los portugueses y aliada de los franceses) encuentra a Martim Soares Moreno, un guerrero portugués (histórico) a quien hiere y luego hospeda en casa de su padre, el sacerdote Araquém. Siguiendo un código de hospitalidad caballeresco Araquém recibe y protege a Martim pese a ser éste enemigo de su gente. Iracema –que debe mantenerse virgen pues "guarda o segredo da jurema"– se entrega voluntariamente al conquistador[101] y ayuda a Martim a escapar con la asistencia de Poti, guerrero pitiguara más tarde conocido como Felipe Camarão. Los pitiguaras guiados por Poti y Martim vencen a los tabajaras. Martim e Iracema se retiran a una playa donde no son felices: Martim no deja de pensar en su lejana amada blanca, e Iracema lamenta sus largas ausencias. Allí nace Moacir, "o nascido de meu sofrimento" y primer cearense (303). Al final, Iracema muere sintiéndose abandonada por Martim, quien se lleva a Moacir a su tierra (306-309). El texto presenta dos alianzas: la del romance propiamente dicho, en la que Martim se une a una aborigen y ésta traiciona a su pueblo dando lugar al mestizo brasileño; y la política, entre Poti y Martim, cuya hermandad masculina sella una coalición entre portugueses e indígenas (pitiguara) contra otros colonizadores (franceses o "tapuias do Mearim") y sus aliados locales: los salvajes tabajara, bebedores de sangre humana[102].

Las novelas indianistas de Alencar se alejan cada vez más en el tiempo. *Ubirajara* (1874), libro "irmão de *Iracema*" y último de la serie indianista, propone el modelo de la resolución amorosa de la rivalidad entre dos tribus antes del arribo de los europeos al Brasil. La novela supuestamente recrea una "lenda tupi" sobre la unión de las tribus *araguaia* y *tocatim* gracias al romance entre Ubirajara, perteneciente a la primera, y la virgen Arac*í*, hija de Itaquê, jefe tocatim. Ubirajara, guerrero araguaia, adquiere su nombre cuando vence a Pojucã, el más bravo de los tocatins, que como prisionero, espera su sacrificio. Entretanto, Ubirajara desprecia a Jandira su prometida araguaia, visita a Arac*í*, hija del jefe Itaquê, y la gana en un torneo nupcial contra otros pretendientes bajo el nombre de Jurandir. Finalmente Ubirajara se revela como vencedor de Pojucã sin saber que éste es hijo de Itaquê y hermano de su novia. Las leyes de la hospitalidad protegen a

---

[101] En el momento del encuentro con Martim, Iracema (cuyo nombre es un anagrama de *América*) rompe la flecha con la que le apunta (258) y se somete voluntariamente al europeo por amor. Iracema como Peri abandona a su familia y la tierra en que nació. Ejemplos elocuentes de este blanqueamiento del cuerpo indígena y la erotización de su sacrificio ante el europeo, son los cuadros de Victor Meireles (1866) o el bronce de José María Oscar Bernardelli (1895), que tienen por motivo la muerte de Moema (suicida por amor a Diego Correia).

[102] Irapuã, salvaje guerrero tabajara que pretende a Iracema, manifiesta su deseo de beber la sangre de Martim: "O coração aqui no peito de Irapuã, ficou tigre. Pulou de raiva. Veio farejando a presa. O estrangeiro está no bosque, e Iracema o acompanhava. Quero beber-lhe o sangue todo" (265).

Ubirajara; pero una vez deja la aldea se declaran hostilidades entre los dos grupos. Ubirajara magnánimamente libera a Pojucã para que luche junto con su pueblo. La intervención de otra tribu, los salvajes tapuias (enemigos de los tocatins) pospone la confrontación entre los tocatins y los araguaias. Los tapuias son vencidos por los tocatins pero a causa de una herida, el jefe Itaquê queda ciego. Surge entonces la necesidad de un nuevo jefe que tense el arco de Itaquê y conduzca a los tocatins contra los tapuias que regresan por venganza. "Os mais famosos guerreiros tocantins se apresentaram para disputar o grande arco; muitos conseguiram vergá-lo, mas a seta não partiu" (424). Ni siquiera Pojucã pudo tensar correctamente el arco de su padre. Entonces, Itaquê manda a llamar a Ubirajara, quien tiene éxito. Esto provoca la unión de las tribus y la resolución del lío amoroso: Ubirajara toma como esposas a Araí y a Jandira.

Resulta significativo que la composición alegórica y jerárquica de las dos primeras novelas indianistas de Alencar coincida con la de la estatua a Dom Pedro I mencionada antes: Peri e Iracema, así como los indios que sostienen y hacen guardia en el pedestal del emperador, constituyen no sólo apropiaciones etno-simbólicas, sino alegorías de la entrega, el sacrificio y la sumisión. *O Guarani* e *Iracema* justifican retrospectivamente la inscripción colonial de lo indígena en la matriz portuguesa de la nación brasileña. De allí que asuman las alteridades del colonialismo portugués: los indios hostiles y antropófagos, y los terceros europeos que intentan aventuras coloniales en el Brasil (franceses o españoles). Dicho de otra manera, los aborígenes malos y bárbaros beben sangre, son antropófagos, se alían a otras potencias y resisten a los portugueses, mientras que los indígenas buenos colaboran con los portugueses y sellan su alianza con éstos mediante la traición a sus respectivos pueblos, el amor y el mestizaje. *Ubirajara* retrotrae la acción al Brasil precabralino y propone que el modelo de resolución amorosa ensayado en *O Guarani* e *Iracema* es anticipado por las alianzas indígenas pre-coloniales. El corolario de ese modelo sería el vaciamiento, resignificación y conversión de la alteridad para el proyecto nacionalista. Peri es un caballero portugués en el cuerpo de un salvaje (*O Guarani* 35), Iracema una princesa blanqueada y Ubirajara un guerrero indígena exponente de los valores militaristas del *Segundo reinado*. El salvaje deja de ser significante de lo *Otro* para entrar al terreno de la significación de la mismidad, del orden del *yo nacional*. El "indio" del nacionalismo brasileño –como ha dicho Wasserman– ofrecía simultáneamente una *extrañeza amena* que "podía ser controlada", y un "signo de oposición a las metrópolis y de afirmación de una identidad nacional independiente" ("The Red and the White" 132). Pero allende este juego de identificaciones, el indianismo produce, además, suplementariedades que ofrecen lo que podemos llamar una *extrañeza abyecta*: el caos, la ambigüedad étnica, la sexualidad exuberante, la insurrección y, ciertamente, la antropofagia. Los aimorés teratológicos de *O Guarani*, por ejemplo:

Homens quase *nus*, de estatura *gigantesca* e aspecto *feroz*; cobertos de peles de animais e penas amarelas e escarlates, armados de grossas clavas e arcos enormes, avançavam soltando gritos medonhos. A inúbia retroava; o som dos instrumentos de guerra misturado com os brados e alaridos formavam um concerto horrível, *harmonia sinistra* que revelava os instintos dessa *horda selvagem* reduzida à *brutalidade das feras* (161).

Los aimorés de *O Guarani* coinciden con los indios de Varnhagen: son "bárbaros", "feras" (*O Guarani* 61, 63, 161, 180, 182), "nação degenerada" (149, 150), "animais carniceiros" (180) gente de "instintos ferozes", "horda de canibais", "horda selvagem reduzida à brutalidade das feras", gente de "estatura gigantesca" (161, 174), "ferozes como tigres" (174) y "espíritos satânicos" (192). El canibalismo los define como *Otros* respecto de los demás grupos y personajes: la familia Mariz, Peri y hasta el traidor Loredano y sus hombres, quienes temen ser comidos por los caníbales:

–A morte que nos espera é horrível; serviremos de pasto a esses bárbaros que se alimentam de carne humana; nossos corpos sem sepultura cevarão os instintos ferozes dessa horda de canibais!...
A expressão do horror se pintou na fisionomia daqueles homens, que sentiram um calafrio percorrer-lhes os membros e penetrar até à medula dos ossos (*O Guarani* 187).

El cuerpo indígena es imaginado con un conjunto de *signos elocuentes* y tautológicos: de nuevo, el caníbal es feo y el feo es caníbal. El salvaje feroz –en contraste al dulce y claro Guarani– se reconoce en su fisonomía salvaje, el color de los dientes, las uñas, el vestido:

Enquanto se ocupavam com esse trabalho [prenderle fuego a la casa de Antônio de Mariz], um *prazer feroz animava todas essas fisionomias sinistras*, nas quais a braveza, a ignorância e os *instintos carniceiros* tinham quase de todo *apagado o cunho da raça humana*. Os cabelos arruivados caiam-lhe sobre a fronte e ocultavam inteiramente a parte mais nobre do rosto [...]. Os lábios decompostos, arregaçados por uma contração dos músculos faciais, tinham perdido a expressão suave e doce que imprimem o sorriso e a palavra; *de lábios de homem se haviam transformado em mandíbulas de fera afeitas ao grito e ao bramido*. *Os dentes agudos* como a presa do jaguar, já não tinham o esmalte que a natureza lhes dera; armas ao mesmo tempo que instrumento da alimentação, *o sangue os tingira da cor amarelenta que têm os dentes dos animais carniceiros*. As grandes *unhas negras e retorcidas* que cresciam nos dedos, a pele áspera e calosa, faziam de suas mãos, antes *garras temíveis*, do que a parte destinada a servir ao homem e dar ao aspecto a nobreza do gesto. Grandes peles de animais cobriam o corpo agigantado desses filhos das brenhas, que a não ser o porte ereto se julgaria alguma *raça de quadrúmanos indígenas* do Novo Mundo (*O Guarani* 180).

El viejo jefe de esta horda de monstruos (entre humanos y bestias) tiene "instintos de caníbal", su apariencia es "feroz e sinistra", y se le compara con un "cíclope" (181).

O Guarani construye la mito-historia nacional indianista leyendo a través de textos anti-indianistas como la *Historia geral* de Varnhagen (247, nota a la p. 62), o de crónicas coloniales tales como *Tratado Descritivo do Brasil* (1587) de Gabriel Soares de Sousa (c.1540.-1591) editado por Varnhagen en 1851 (84, nota a la p. 16) y los textos de Pero de Magalhães Gândavo que Alencar había leído en la biblioteca del monasterio de São Bento cuando fue estudiante de derecho en Olinda (1848-1850)[103]. Resulta notable que para el Alencar de *O Guarani* los caníbales son todos análogos, al punto que se sirve de los relatos del jesuita Simão Vasconcelos (1597-1671) sobre los tupinambás para describir los diálogos rituales y el canibalismo de los aimoré[104], pese a que éstos últimos no pertenecían al grupo lingüístico tupi-guaraní:

> Os costumes dos Aimorés não eram inteiramente conhecidos por causa do afastamento em que sempre viveram os colonos. Em algumas coisas porém, *assemelhavam-se a raça Tupi*; e é por isso que na descrição do sacrifício *aproveitamos o que dizem Simão de Vasconcelos e Lamartinière a respeito dos Tupinambás e outras tribos mais ferozes* (*O Guarani* 249, nota a la p. 190).

Un lugar común de las narrativas sobre el sacrificio tupinambá era, como se recordará, la oferta de una mujer al prisionero-huésped. La canibalesa que se le ofrece sexualmente a Peri es, siguiendo los estereotipos coloniales del siglo XVI, libidinosa y su apetito caníbal converge con el sexual:

> Havia nos olhos da menina tanto *fogo*, tanta *lubricidade* no seu sorriso; as *ondulações mórbidas do seu corpo* traiam tantos desejos e tanta voluptuosidade, que o prisioneiro compreendeu imediatamente qual era a missão dessa enviada da morte, dessa esposa do túmulo, destinada a embelezar os últimos momentos da vida! (184).

Peri resiste; es señor de sus apetitos. La belleza de la *menina* es sólo otro aspecto de la monstruosidad. Como veíamos en Léry, Magalhães Gândavo y Vasconcelos, o en los grabados de Teodoro de Bry, una economía gerontológica

---

[103] Nótese la coincidencia entre los aimorés de Alencar y los de Magalhães Gândavo: "gigantes [...] brutos animaes [...] inimigos de toda gente [...S]eu mantimento he caça, bichos e carne humana, [...] são mui feroz e crueis" (*Tratado da Terra do Brasil*, Capítulo sétimo, 95, 97, 101).

[104] "Guerreiro goitacá, tu és prisioneiro; tua cabeça pertence ao guerreiro Aimoré; teu corpo aos filhos de sua tribo; tuas entranhas servirão ao banquete da *vingança*. Tu vais morrer" (*O Guarani* 193).

del deseo *por* y *del* cuerpo femenino distribuye el horror entre los apetitos de la *menina* y la gula de las viejas –"mais feras que tigres, e mais imundas que Harpias" (Vasconcelos 1: 102). Alencar acoge esta misoginia colonial:

> No fundo as *velhas pintadas de listras negras e amarelas*, de aspecto hórrido, preparavam um grande brasido, lavavam a laje que devia servir de mesa, e afiavam as suas facas de ossos e lascas de pedra. [...A]s mulheres moças tocavam apenas na carne do prisioneiro; mas os guerreiros a saboreavam como um manjar delicado, adubado pelo prazer da vingança; e as *velhas com a gula feroz das harpias* que se cevam no sangue de suas vítimas (*O Guarani* 191, 201).

Alencar atendía en *O Guarani* los estereotipos etnográficos que más tarde rebatiría en *Ubirajara* (1874). En efecto, su última novela indianista representa una retractación parcial de las imágenes del salvajismo abyecto de las dos primeras novelas. La "Advertencia" con la que comienza *Ubirajara* propone una lectura del archivo colonial sobre el canibalismo indígena y otras costumbres imputadas a los indios "a la luz de una crítica severa" (lo que, sea menester decir, se abstuvo de hacer en *O Guarani*):

> Como admitir que bárbaros, *quais nos pintaram os indígenas, brutos e canibais, antes feras que homens*, fossem suscetíveis desses brios nativos que realçam a dignidade do rei da criação? Os historiadores, cronistas e viajantes da primeira época, senão de todo o período colonial, devem ser lidos *à luz de uma crítica severa* (*Ubirajara* 376).

Dieciocho años habían pasado desde la descripción de los aimorés (vía los tupinambás) como "caníbales" y "animales carniceros" de "uñas negras y retorcidas" y que en lugar de manos tenían "garras temibles". Ahora, Alencar explica y censura las calumnias históricas de los "historiadores, cronistas e viajantes":

> queriam esses forasteiros achar nos indígenas de um mundo novo e segregado da civilização universal uma perfeita conformidade de idéias e costumes. Não se lembravam, ou não sabiam, que eles mesmos provinham de bárbaros ainda mais ferozes e grosseiros do que os selvagens americanos (*Ubirajara* 377).

Se podría decir que esta notable conversión de Alencar corresponde a un nacionalismo más indianista. No es gratuita la declaración inicial del autor en *Ubirajara* de querer tratar "às tradições da *pátria indígena*" que están en el "alma brasileira" y en el "berço de nossa nacionalidade" (376). En *Ubirajara* –salvo por las menciones de la "Advertencia"– el canibalismo se desvanece; o mejor, se desplaza a los márgenes explicativos de las notas a pie de página, casi tan extensas como la novela. El caníbal está en las interrupciones historiográficas y etnográficas del texto; en el discurso paralelo que acompaña la narración del "alma brasileira". El novelista-historiador señala las circunstancias, motivos y frecuencia del cautiverio, sacrificio y antropofagia ritual aborigen en largas notas a pie de página (ns. 24, 25, 35, 36 y 37)[105], y termina ponderando el "caráter do *selvagem brasileiro*, tão deprimido por *cronistas e noveleiros ávidos* de *inventarem monstruosidades* para impingi-las ao leitor [...] pois a *raça invasora buscava justificar* suas cruezas rebaixando os aborígines a condição de feras, que era forçoso montear" (*Ubirajara* 441, 442, n. 35).

¿Entre esos "noveleiros ávidos" no se contaba él mismo 18 años atrás? ¿Sus personajes Peri e Iracema, acaso no se pliegan y hasta defienden con su vida esta "raça invasora" aún teniendo que traicionar la propia? En su representación del canibalismo de la "nação degenerada" de los aimorés ¿no seguía el indianismo de *O Guarani* los estereotipos del anti-indianismo de Varnhagen y las imágenes teratológicas de Vasconcelos para quien el canibalismo en efecto era una mezcla siniestra de odio y gula?

Ubirajara –insistamos– soslaya el canibalismo en el texto principal y hace aclaraciones justificativas en las notas. Por ejemplo, la nota 36, que trata extensamente del canibalismo, corresponde al siguiente párrafo del texto principal (que evita la mención explícita del mismo): "Ubirajara não recusa ao bravo chefe tocantim, seu terrível inimigo, o suplício, que não·negaria a qualquer guerreiro valente [...] –Ubirajara parte, mas ele voltará para assistir a teu suplício e vibrarte o último golpe. Pojucã terá a glória de morrer pela mão do mais valente guerreiro" (393). La nota, en cambio, es pormenorizada y explícita. Alencar admite "um sentimento de horror" frente al canibalismo, pero arguye que antes de condenar a los indígenas, hay que indagar las causas y el significado de dicha costumbre:

> Outro ponto em que assopra-se a *ridícula indignação dos cronistas é acerca da antropofagia* dos selvagens americanos. Ninguém pode seguramente abster-se de um sentimento de horror ante essa idéia do homem devorado pelo homem. *Ao nosso espírito civilizado, ela repugna* não só à moral, como ao decoro que deve revestir os costumes de uma sociedade cristã. *Mas antes de tudo cumpre investigar a causa que produziu entre algumas, não entre todas as nações indígenas, o costume da antropofagia. Disso é que não curaram os cronistas.* Alguns atribuem o costume à ferocidade, que transformava os selvagens em verdadeiros carniceiros, e tornava-os como a tigres sedentos de sangue [...]. Outros lançam a antropofagia dos americanos à conta da gula (*Ubirajara* 442, n. 36).

---

[105] Las notas 9, 19, 20 y 21 hacen aclaraciones similares respecto a la alegada promiscuidad indígena y falta de religión (432, 433-438).

Para el Alencar de *Ubirajara*, "o canibalismo americano não era produzido, nem por uma nem por outra dessas causas". La supuesta falta de curiosidad de los cronistas sobre las causas del canibalismo tendría como contrapunto la etnografía moderna que Alencar cita para redefinir el canibalismo tupí:

> É ponto averiguado, pela geral conformidade dos autores mais dignos de crédito, que o selvagem americano *só devorava ao inimigo vencido e cativo na guerra*. Era esse ato um *perfeito sacrifício*, celebrado com pompa, e precedido por um combate real ou simulado que punha têrmo à existência do prisioneiro (442, n. 36).

Como vimos, los etnógrafos de la "Batalla por el Atlántico" y los jesuitas portugueses, en general, entendieron que el canibalismo hacía parte de una ritualidad bélica. Ni Staden o Lery (a quienes Alencar cita), ni André Thevet, Magalhães Gândavo, o la mayoría de los jesuitas (Nóbrega, Anchieta, Blázquez) sostuvieron que el canibalismo tupí fuese alimenticio (salvo Thevet en el caso de los ouetaca). Soares de Sousa e Yves d'Evreux –las autoridades más citadas en las notas de *Ubirajara*– también repararon en el fundamento bélico-ritual del canibalismo aborigen. Alencar argumenta contra una tesis que no fue predominante en el siglo XVI.

Igualmente, esgrime contra Europa las consabidas citas del canibalismo en el Viejo Mundo –ese sí supuestamente por gula y salvajismo– (443). Esta mirada hacia Europa a propósito del canibalismo fue un recurso exhaustivo de los argumentos de Las Casas en defensa de los indios y de Léry y Montaigne para hablar de las guerras religiosas de la Contrarreforma. El novelista descubre el perspectivismo cultural en la segunda mitad del siglo XIX, apoyándose en varias de las mismas crónicas que critica, y en la etnografía e historiografía moderna[106], como si aquellas y éstas no fueran relatos coloniales.

Alencar descarta la gula y la ferocidad caníbal y –con apoyo en Ferdinand de Saint Denis (1798-1890) (*Univers Brésil* 1839)[107]– presenta la explicación de la venganza; pero, acto seguido, *aclara* que la venganza explica la muerte, no la ingestión de carne humana; ésta tenía, dice, un sentido cuasi-religioso:

---

[106] Por ejemplo, Alencar cita en varias oportunidades *History of Brazil* (1810, 1817) de Southey (1774-1843), representante de la historiografía romántica imperial inglesa sobre el Brasil. Desde principios del sigo XIX y acompañando la fuerte presencia política y económica inglesa, se producen diversos relatos de viajes y etnografías. Entre los "espíritos superiores, dedicados ao estudo da humanidade", Alencar cita en otra nota a pie de página a Humboldt a propósito de la supuesta falta de religión de los tupí, que el novelista contradice (437-439).

[107] "Ils étaient mus avant tout par un esprit de vengeance qui se transmettait de génération en génération, et dont notre civilisation nous empêche de comprendre la violence". La cita no apoya directamente la tesis de Alencar.

O sacrifício humano significava uma gloria insigne reservada aos guerreiros ilustres ou varões egrégios quando caíam prisioneiros [...]; e comiam sua carne que devia transmitir-lhes a pujança e valor do herói inimigo. [...] Os restos do inimigo tornavam-se pois como uma hóstia sagrada que fortalecia os guerreiros. Não era vingança; mas uma espécie de comunhão da carne; pela qual se operava a transfusão do heroísmo (443, 444).

Alencar lleva a cabo una expedición romántica a la "pátria indígena" (376) y en un gesto humboldtiano coincidente además con el *ethos* bélico del Imperio del Brasil, el canibalismo tupí tiene que ver con la comunión del valor militar, una "glória insigne reservada aos guerreiros" (444).

El hecho de que la defensa de lo tupí parezca innecesaria no le resta importancia al gesto de Alencar. En primer lugar, porque no escribía contra el archivo del siglo XVI, ni contra los etnógrafos europeos, y ni siquiera contra la historiografía nacional anti-indianista de Varnhagen (cuyos datos usa). El motivo de sus aclaraciones era él mismo. Escribía corrigiendo *O Guarani*. Hasta la canibalesa lúbrica que en *O Guarani* había tentado a Peri (prisionero de los aimorés) (184), es resignificada: en *Ubirajara* la mujer ofrecida al prisionero es una "prova do carácter generoso [...] do selvajem brasileiro [...S]e esforçavam em alegrar-lhe os últimos dias pelo amor" (444, n. 37)[108]. En segundo lugar, el discurso nacionalista se apoya en la redundancia de sus símbolos y gestos reivindicativos, así sea frente a terceros tácitos o abstractos. Alencar no está simplemente hablando del canibalismo aborigen, ni del canibalismo tupí sino del *"canibalismo do selvagem brasileiro"* (443); del descubrimiento de la *"brasilidade"* caníbal.

Ahora bien; los relatos identitarios no son simples partos de la inteligencia o caprichosos juegos de metáforas. Inmersos en las fuerzas materiales de la Historia, están sobredeterminados[109] tanto por los designios del colonialismo moderno, como por la colonialidad medular de las formaciones nacionales. No se trata de que la ideología nos piense o que estemos fatalmente en ella, ni interesa que las novelas sean o no falsas, ni la ideología, falsa conciencia, sino que estos textos formulan representaciones de un imaginario que, lejos de producirse en el vacío, está marcado por sus contradicciones históricas.

La peculiar "independencia" brasileña dio lugar a la apertura de puertos, a una incipiente industria y comercio y al desarrollo de una conciencia nacional

---

[108] En la nota 37 Alencar contradice a Léry respecto a la supuesta costumbre tupí de devorar al hijo que el prisionero tuviera durante su cautiverio y señala que dicha "fábula" se originó en una confusión lingüística (445).

[109] Uso el término sobredeterminación en el sentido acuñado por Althusser, para una relación de causalidad en las que los cambios en la base económica no se reflejan mecánicamente en la superestructura, si bien la condicionan en "última instancia".

que emergía en medio de lo que Lenin llamó el *colonialismo comercial*[110]. Lenin menciona expresamente a la Argentina y el caso curioso de Portugal como ejemplos de dependencia financiera y diplomática bajo la apariencia de independencia política. Desde la *Guerra de sucesión* de España (1701-1714), Portugal quedó bajo el protectorado de Inglaterra que defendió sus posesiones coloniales contra España y Francia a cambio de infinitas "ventajas comerciales, mejores condiciones para la exportación de mercancías y, sobre todo, para la exportación de capitales a Portugal y sus colonias" (Lenin 109). A mediados del siglo XVIII la economía de Brasil (mediada por Portugal) era parte del circuito atlántico del capital inglés; Inglaterra y no Portugal proveía el mercado con manufacturas. Portugal era apenas el entre-puerto. Con el traslado de la corte portuguesa al Brasil, y del centro administrativo de Lisboa a Rio de Janeiro en 1808 (bajo escolta de la armada británica), dicho comercio se libró de la intermediación metropolitana. En las primeras décadas del siglo XIX Brasil era el tercer mercado externo de la industria inglesa, y a partir de 1850 puede decirse que el comercio exterior, gran parte de la infraestructura industrial y de transportes y la deuda pública brasileña estaban en manos del capitalismo inglés (Boris Fausto 144, Leslie Bethell, *Historia* 17, 45-112). El *imperium* británico se hacía sentir en la imposición de tasas bajas para la importación de sus productos, el nombramiento directo de jueces y, a mediados de siglo, con la exigencia del cese del tráfico de esclavos. Esta situación (neo)colonial de subordinación militar y económica y política del *Segundo reinado* brasileño a Londres coincide con una creciente preocupación entre los intelectuales criollos por la definición de la literatura nacional y su especificidad, temas que se debaten con intensidad, como evidencia la polémica de 1856 sobre *A confederação dos Tamoios*.

Las novelas de Alencar fueron escritas entre 1856 y 1874, precisamente cuando se consolida la conversión capitalista del Brasil en el nuevo pacto colonial. En el indianismo alencariano encontramos la esquizofrénica aspiración nacionalista de alcanzar una modernidad asociada al neocolonialismo. Las contradicciones históricas a las que se refiere el romance indianista alencariano (entre los indios, entre éstos y los conquistadores portugueses, y entre éstos últimos y otros con-

---

[110] En la segunda mitad del siglo XIX "son típicos no sólo los dos grupos fundamentales de países: los que poseen colonias y los países coloniales, sino también las formas variadas de países dependientes políticamente independientes desde un punto de vista formal pero, en realidad, envueltos por las redes de la dependencia financiera y diplomática. Una de estas formas, la semicolonia, la hemos indicado ya antes. Modelo de otra forma es, por ejemplo, la Argentina. 'La América del Sur, y sobre todo la Argentina –dice Schulze-Gaevernitz en su obra sobre el imperialismo británico– se halla en una situación tal de dependencia financiera con respecto a Londres, que se la debe calificar de colonia comercial inglesa' " (Lenin, *El imperialismo, fase superior del capitalismo* 108).

quistadores) no eran contemporáneas pero resonaban en el presente. En las dos primeras novelas el Brasil simultáneamente surge de, y es corrompido por, lo coloniàl. La retrospección paulatina –de la resistencia al dominio del imperio Español en el siglo XVII (*O Guarani*), al encuentro luso-americano y pugna con los franceses (*Iracema*) y de allí, hacia lo precabralino (*Ubirajara*)– puede leerse como un viaje melancólico en busca de un orden anterior a la incorporación colonial y (neo)colonial del Brasil en el reparto mundial. El indianismo es un discurso local de identidad que insiste en un idilio utópico previo a la instalación del capitalismo y de la nación moderna; y que construye resoluciones imaginarias alternativas a la violencia histórica del colonialismo; pero no logra saltar por encima de su sombra. Los síntomas son múltiples: Peri o Iracema no están a salvo de una profunda ambivalencia cultural respecto de la traición a sus respectivos pueblos[111]. Piénsese que el conflicto en *O Guarani* e *Iracema* es al final "resuelto" por el desastre, la guerra, el sacrificio, el *mestizaje trágico*[112] y la muerte; y que la evasión en el pasado nunca alcanza el Edén perdido: *Ubirajara* (1874) que busca la nación *antes* del colonialismo europeo[113] se desencuentra con los relatos occidentalistas del salvajismo tupí, y la paz de su final es una armonía bajo amenaza: el texto anuncia la llegada futura de los conquistadores y el regreso de los tapuia[114].

Por otra parte, el indianismo alencariano –como anotó tempranamente la crítica marxista– es una manifestación de una sociedad esclavista de latifundistas (Nelson Werneck Sodré 269). El capitalismo brasileño se expandía no como con-

---

[111] Peri "lembrou-se de sua tribo, de seus irmãos que ele havia abandonado há tanto tempo, e que talvez àquela hora eram também vitimas dos conquistadores de sua terra, onde outrora viviam livres e felizes" (60). Iracema de manera similar le dice a Poti: "O estrangeiro está salvo; os irmãos de Iracema vão morrer, porque ela não falará" (274).

[112] Por *mestizaje trágico* me refiero a la suerte fatídica que desencadena el mestizaje en las novelas de Alencar; por ejemplo, el suicidio de la mestiza Isabel en *O Guarani* o la muerte de Iracema.

[113] De manera similar ocurre en *Tabaré*. Sólo hasta la década de 1880, después de múltiples invasiones, guerras territoriales y divisiones caudillistas, Uruguay logra consolidar su identidad nacional; y entonces diferentes patrimonios culturales e imaginarios entran a competir por el centro de la escena nacional. *Tabaré* es como indica Sommer un comienzo desde un *antes* de las complicaciones e intervenciones de los portugueses, brasileños y argentinos (143, 144).

[114] La novela sólo menciona la colonización como la predicción del futuro encuentro con un enemigo feroz contra el cual lucharán los tupís: "Os pajés dos tupinambás lhe disseram que nas águas do Pará sem fim vivia uma *nação de guerreiros ferozes*, filhos da grande serpente do mar. Um dia esses guerreiros sairiam das águas para tomarem a terra às nações que a habitam; por isso os tupinambás tinham descido às praias do mar, para defendê-las contra o *inimigo* "(401). Y reitera al final del texto: "As duas nações, dos araguaias e dos tocantins formaram a grande nação dos Ubirajaras que tomou o nome do herói [...]. Mais tarde, quando *vieram os caramurus, guerreiros do mar*, ela campeava ainda nas margens do grande rio" (429, 430).

secuencia de una revolución burguesa, sino que se instalaba desde arriba con base en la multiplicación del latifundio o *vía junker* como llamó Lenin al desarrollo capitalista desde el agro (*El programa agrario*). La adaptación/incorporación del Brasil en el *nuevo pacto colonial* partía de la base de la aceptación de la división internacional del trabajo y se basaba en el desarrollo de una economía agraria y el crecimiento de la producción; esto sólo era posible mediante la ampliación de la propiedad y explotación de la tierra, la introducción de nuevas tecnologías, y el redoblamiento de la explotación de la fuerza laboral mediante el esclavismo o el aprovechamiento asalariado del trabajo. Me refiero a la colonialidad del Estado-nación o a los mecanismos de explotación del *colonialismo interno*. La ley 601 de 1850 o *"Lei de Terras"* fue pensada para excluir a los inmigrantes, trabajadores pobres, negros libres y mestizos de la adquisición de la tierra, liberar mano de obra para los *fazendeiros* y favorecer la expansión del latifundio (Fausto 196). La ampliación del área agraria explotable y de la propiedad se hizo en todo el Brasil hacia el interior reencontrándose ciertamente con tribus indígenas que presentaron resistencia. Aunque la ley reconoció en abstracto el derecho de los indígenas a sus tierras, posibilitó una serie de artilugios legales que resultaron en un nuevo impulso a la colonización en el Brasil. Hubo incluso una propuesta de esclavizar a los indios. Habida cuenta que Inglaterra presionaba a Brasil para acabar con el tráfico de esclavos, a Varnhagen se le ocurrió y propuso en una serie de ensayos y memoriales escritos entre 1851 y 1857 (contemporáneos a la polémica indianista y a la publicación de *O Guarani*) –la sustitución de la esclavitud de los negros por la de los indios. Ello implicaba, claro, una renovación de la práctica colonial de las "bandeiras". Como ha demostrado David Treece, incluso desde la arena liberal se abogaba por la explotación laboral del indígena y se planteaban formas de colonialismo interno (149-160) que renovaban la tradicional división colonial entre indios buenos e indios bravos o rebeldes, común desde el siglo XVI y que cruza con más o menos intensidad las novelas de Alencar. El tema indianista era importante en la medida que la economía capitalista brasileña se volvía a encontrar con el indio en la primera mitad del siglo XIX y adelantaba nuevas conquistas territoriales[115]. Sin embargo, la *cuestión indígena* simbólica es desproporcionadamente significativa en relación con las dimensiones de ese conflicto histórico. Los sujetos mediante los cuales se ensanchó la explotación de la fuerza de trabajo no fueron los indios, sino los negros esclavos; los ausentes (presentes) de la novela indianista[116]. La tecnifica-

---

[115] Hasta 1906 muchos mapas del Brasil señalaban el interior como "terras habitadas por índios bravios" (Fausto 201).

[116] Dice Renato Ortiz refiriéndose a *O Guarani*: "O período escolhido é ideal, pois focaliza um estado de pureza inicial, elimina-se desta forma o que vem depois, inclusive o difícil julgamento

ción del agro fue lenta; la primera economía cafetera (la del Valle de Paraíba) fue preindustrial y sólo con el desarrollo de la economía cafetera de Sao Paulo, llegaron las novedades técnicas (Fausto 186-190). La importación de esclavos proveyó la fuerza de trabajo que requería una creciente economía de exportación[117]. Entre 1846 y 1850 hay un significativo repunte de las importaciones de esclavos. Hacia 1850 éstos llegan a ser aproximadamente 3 millones; un poco más del 40% de la población total del Brasil (Burns 210). "América –dice Charles Auguste Taunay– devora a los negros" (Bethell, *Historia* 94, 95).

El regreso del buen y del mal salvaje en los romances nacionales indudablemente tiene que ver con la representación de un imaginado drama de origen (*ficción fundacional*) y con la emergencia del nacionalismo americanista que siguió a la atípica "independencia" imperial brasileña; pero sobre todo, con las radicales transformaciones económicas de mitad de siglo y el desasosiego de la *ciudad letrada* frente a las contradicciones de clase con los *trabajadores bárbaros* (esclavos y asalariados)[118]. La sustitución del negro por el indio –simbólica en *O Guarani* o económica en Varnhagen– daba respuesta a la ansiedad cultural que la *africanización* y el mestizaje causaban por el incremento en la importación de esclavos. No es que el negro no esté, como anota Silviano Santiago (5), ni que su representación fuera una herejía cultural en una sociedad esclavista como sugiere Sodré (268), sino que *está indianizado*. La economía simbólica del indianismo revisita al *buen salvaje* como *diferencia complementaria* o *alteridad ficta* en alianza con la mismidad nacional, y al *caníbal* teratológico como subrogado de lo reprimido: el negro de la *fazenda* y la posibilidad siempre amenazante de su insurrección. *O Guarani* puede ser leído como un manifiesto literario por la sumisión voluntaria de las fuerzas de trabajo: "para mim –dice D. Antônio– os índios quando nos atacam, são *inimigos* que devemos combater; quando nos respeitam são *vassalos* de uma terra que conquistamos" (27). Peri justifica su servidumbre voluntaria; a la pregunta de D. Antônio "Mas os teus irmãos, tua mãe, tua vida

moral de uma instituição como a escravidão. O silêncio em relação ao negro, um personagem que inexiste no romance, é significativo. Num salto de dois séculos e meio a imaginação literária o apaga, elimina seu trabalho, contribuição e infortúnio; a estória mítica o rechaça, evitando qualquer eventualidade de poluição religiosa, pois Alencar sabe que o processo escravagista se inicia somente no século XVII, com o desenvolvimento das plantações de cana-de-açúcar" ("O Guarani: um mito" 262, 263).

[117] En la segunda mitad del siglo XIX las exportaciones aumentaron en un 214%, gracias al sector cafetero que durante el transcurso del siglo XIX desplazó al azúcar como principal producto de exportación. La hacienda esclavista azucarera da paso a la hacienda esclavista cafetera (Bradford Burns, *A History of Brazil* 149-196).

[118] Dadas las condiciones de los trabajadores "libres" de las haciendas, la "distinción entre trabajo esclavo y asalariado tiende a diluirse" (Bethell, *Historia* 123).

livre?" el indio responde feliz: "Peri é escravo da senhora" (85). Peri como significante vacío permite imaginar esta sumisión en la forma de vasallaje caballeresco y amoroso. Sin embargo, el gran tema de la novela sigue siendo el asedio de los monstruos, la insurrección aimoré, los espectros que cercan y escalan la fortaleza de los Mariz, la cara abyecta y suplementaria del modelo amoroso: los caníbales. *O Guarani* (1857), como se anotó, es un texto posterior al gran incremento en las importaciones de esclavos. Asimismo, es un texto de la crisis del modelo esclavista brasileño; una novela del Romanticismo latifundista y sus ansiedades por la subsiguiente reducción de la fuerza laboral que significó el declive de la trata atlántica de esclavos por imposición del Imperio británico en la segunda mitad del siglo XIX. Mientras que durante los años de 1836 a 1846 se introdujeron al Brasil 236.000 esclavos a un promedio anual de 23.600 y en el periodo 1846-1850 se importaron 244.000 a un promedio anual de 48.800, en 1852 se importaron sólo 800, y en 1853 prácticamente cesó la trata externa[119]. A partir del bloqueo británico al comercio esclavista la mano de obra fue suplida con la lenta proletarización de libertos, clases populares e inmigrantes[120], pero sobre todo, y hasta 1888, con la trata interna de esclavos: en los años siguientes al bloqueo, más de 200.000 seres humanos fueron desplazados de las zonas azucareras deprimidas del norte a las haciendas del sur (Fausto 204; Bethell, *Historia*: 124). Semejante sujeción violenta de vidas y cuerpos a las leyes del mercado desbalanceaba la composición étnica y social de las regiones y fomentaba las contradicciones del capitalismo agrario brasileño y de la nación como *comunidad imaginada*. Entre D. Antônio Mariz y el *fazendeiro* del Paraiba (y luego del interior de São Paulo) y entre Peri y los jornaleros (esclavos y bajo servidumbre asalariada) hay una relación simbólica compensatoria: por encima de las contradicciones, el indianismo impone el relato nacionalista del amor entre el sector hegemónico y un subalterno "indígena" vaciado de significado y sustituto del negro.

Ciertamente el indianismo de *O Guarani* e *Iracema* no es el mismo de *Ubirajara* (1874). Alencar en *O Guarani* (1857) es un defensor del autoritarismo férreo, paternal y "justo" de D. Antônio[121] y del *fazendeiro*, así como de las ideas conservadoras y principio de autoridad política (y autoritarismo) del emperador. Por el contrario, en las notas de *Ubirajara* (1874) alaba las "asambleas democráticas tupís" (434,

---

[119] Estadísticas tomadas de Leslie Bethell en *Brazil: Empire and Republic, 1822-1930* (95).

[120] De cerca de 5.000 inmigrantes en el período de 1846 a 1850, Brasil recibió 39.078 entre 1851 y 1856, y 82.669 entre 1856 y 1860 (Bethell, *Historia* 137).

[121] Señala Bethell que los dueños de las plantaciones y los comerciantes combinaban la fuerza y violencia con la protección benevolente y paternalista respecto de sus esclavos y trabajadores para asegurarse su dependencia (*Historia* 113, 120). Estos dos rasgos del patrón caracterizan a D. Antônio Mariz en *O Guarani*.

435 n. 19) en una retrospección similar a la que veíamos en el encomio del republicanismo de Tlaxcala en la novela *Jicotencal*. Pero no debe cederse a la tentación de pensar que la serie indianista habría tenido un giro final liberal o progresista. Los coqueteos literarios de Alencar con el republicanismo no significaban un cambio sino un *reacomodo* ideológico, resultado en parte de una rencilla política suya con el emperador[122] y en parte, desarrollo reformista de su modelo conciliatorio. Igualmente, la crítica de estereotipos respecto de los indios en *Ubirajara* indican una retractación parcial de las imágenes teratológicas del primer indianismo, pero no de su enmascaramiento moral de la esclavitud. A finales de la década de 1870, el abolicionismo sacaba de la escena indianista el aspecto idílico del esclavismo. En el orden del día estaba, en cambio, la libertad de los esclavos, a la que Alencar se opuso[123]. *Ubirajara* es una novela propiamente evasiva: va al pasado previo a la colonización, a la fazenda y a las contradicciones entre el capital y el trabajo[124]. Es negación de la negación que el indianismo había formulado con su guardarropía indígena del esclavismo. Al año siguiente de la publicación de *Ubirajara* el abolicionista Joaquim Nabuco (1849-1910), en un célebre debate, le ponía el punto final a la serie indianista de Alencar (Coutinho, *A polêmica Alencar-Nabuco*).

En 1889, Carlos Gomes –autor de la opera *O Guarani* (1870) sobre la novela de Alencar– estrenó otra llamada *Lo Schiavo* ("O escravo")[125], celebrando la *Lei Áurea* de abolición de la esclavitud; pero ni siquiera entonces se renunció a la máscara indianista: en el esbozo original de Alfredo Taunay el esclavo era un negro; sin embargo, la acción se retrotrajo a 1567 y el negro se volvió indio produciendo un anacronismo que, bien mirado, define estructural e ideológicamente el Indianismo decimonónico brasileño. La ópera estaba dedicada a la princesa Isabel Cristina Leopoldina Gonzaga de Bragança e Bourbon, y se estrenó un año después de que ésta firmara como regente la Lei Áurea de abolición de la esclavi-

---

[122] Siendo ministro de justicia del gabinete conservador del Visconde de Itaboraí (1868-1870) Alencar lanzó su candidatura al senado como representante de Ceará contra la voluntad de D. Pedro II y, pese a ser el candidato con más votos, fue vetado por el emperador.

[123] En 1871 se manifiesta contra la *Lei do Ventre Livre* (1871) de manera consistente con su anterior rechazo a la emancipación universal de los esclavos (*Cartas Políticas de Erasmo* 1865-1868). Para una comparación entre las representaciones indianistas de Alencar y sus escritos políticos sobre la esclavitud puede consultarse el notable trabajo de Treece (capítulo 3).

[124] En *Ubirajara* el drama de la esclavitud por amor se reduce a un episodio menor de rivalidad y celos: Jundira es castigada por atentar contra la vida de Araci y por orden de Ubirajara se convierte en su sirviente (406-408), hasta que la solución poligámica del final arregla el entuerto.

[125] Argumento de Alfredo de Taunay (1843-1899) y libreto de Rodolfo Paravicini. Agradezco la invaluable ayuda del tenor Alfredo Colosimo (quien hizo el papel de América en la representación del Teatro Municipal de Rio de Janeiro, 1959) y de la profesora Maria Teresa Pérez, quienes me proveyeron el libreto y detalles de dicha representación.

tud. Aunque *indianizado*, éste es el tema central de *Lo Schiavo*. El Conde Rodrigo (feudatario portugués) teme una insurrección de esclavos "indígenas" unidos a las tribus guerreras lideradas por Iberê. Gianfera, el cruel administrador del conde, trata mal a los indios a espaldas de éste y de Américo, hijo del conde nacido en el Brasil. En el primer acto, Américo libera a Iberê que está amarrado a un árbol, y lo interroga sobre su esclavitud: "Libre fuiste en este suelo al igual que yo; esclavo ahora sois, ¿por qué? [...] *¡no hablas con tu señor sino con un amigo, un hermano de la patria!* (*Libro Victrola de la ópera* 210). En un gesto de magnanimidad (que alude la manumisión), Américo le ofrece al indio ser su hermano: "Noble estirpe del suelo brasileño alza la frente, que aquí *en fraternal ejemplo te ofrezco sincero la mano mía*" (210). Américo brinda su amistad a otros esclavos que le intentan besar la mano y les anuncia que está próximo el día de su libertad. Recordemos con Anderson que "sin importar la desigualdad real y la explotación que pueda imperar [...] la nación siempre es concebida como una camaradería profunda y horizontal" (*Imagined* 16). Américo parte, por instrucciones de su padre, para una misión militar contra los indios sublevados en Rio de Janeiro, pese a estar enamorado de Ilara, una criada indígena de la casa del conde. En su ausencia, Don Rodrigo casa a Ilara con Iberê y arregla el matrimonio de su hijo con la Condesa de Boissy, una abolicionista que compra y manumite un grupo de esclavos entre los que están Ilara e Iberê. Durante la liberación, Américo reencuentra a Ilara y se entera del matrimonio de ésta con su "ingrato" amigo Iberê, lo que lo llena de deseos de venganza. De regreso en Jacarépagua, Iberê dirige una rebelión de tamoios contra el yugo portugués. Los esclavos hacen prisionero a Américo quien le recrimina a Iberê su ingratitud, pero Ilara lo interrumpe y revela que Iberê en realidad está protegiendo su pureza y guardándola para Américo. El esclavo los ayuda a escapar (traicionando a su pueblo, como Peri o Iracema) y, acusado de traición por los salvajes, se suicida después de declarar: "Vittoria! trionfò l'amor!" (212). Gomes realiza la unión interracial de la pareja brasileña entre Américo (el terrateniente "abrasileñado" y liberal) e Ilara (la india doméstica), a costa del sacrificio de Iberê (el esclavo rebelde). Para la década de 1880 se propone el discurso de la armonía y el abrazo fraterno de la nacionalidad que supuestamente debe seguir a la abolición. Américo encarna el liberalismo criollo –que Roberto Schwarz llama *fora de lugar*– y la causa abolicionista que promete la integración, en la familia nacional, de Ilara, la esclava doméstica que *ama a su amo*. En el plano simbólico la alteridad deviene una presencia fantasmagórica, vaporosa y ciertamente inofensiva para el presente, como no lo eran los esclavos, los trabajadores bajo servidumbre paga y los demás "salvajes" que la *ciudad letrada* brasileña disfrazó de aimorés, tapuias y otros caníbales.

Algunos historiadores como Luis Felipe de Alencastro aseveran que durante años Brasil sostendría la unidad nacional sobre el común interés de la preservación de la esclavitud (en Fausto 184-185). El lugar de enunciación del discurso indianista fue el de una burguesía criolla que como alegaba Frantz Fanon (hablando del caso de Argelia), por su condición (neo)colonial periférica estaba dispuesta a un relevo en la hegemonía pero no a una alianza con sectores populares o proletarios como los negros esclavos y los trabajadores asalariados del capitalismo agrario brasileño. La alianza amorosa con los indios es la manera en que la burguesía burocrática a la que pertenece Alencar, y la *intelligentsia* criolla (conservadora o pseudoliberal) enmascaraban y reprimían simbólicamente a ese *Otro* político que era el negro esclavo (o recién incorporado al trabajo asalariado).

El pabellón del Brasil en la *International Exhibition* en Londres (1862) proyectaba la imagen de un imperio civilizado, enalteciendo mediante artesanías e imágenes el indianismo y ocultando la esclavitud (Ilmar Rohloff Mattos 128). El simulacro de la indianización de la cultura del Brasil idealizaba sus límites conflictivos. Max Weber, a finales de los años 40 del siglo XX, en una aproximación al concepto de nación, se preguntaba por el hecho singular de que en los Estados Unidos fuera más fácil para los blancos considerar a los indígenas (y sus manifestaciones culturales) como pertenecientes a la nación que a los negros. Weber lanzaba una hipótesis: "la aversión es social [...]: los negros han sido esclavos" ("The Nation" 10). Los esclavos, cuyo trabajo y sujeción eran la base de la producción –irrepresentables en la mismidad y reprimidos en el *inconsciente político* de la nación– constituían lo Real lacaniano de la cultura nacional.

El final trunco de los romances de Alencar revela el temor cultural a la resolución no propiamente amorosa de los conflictos internos y externos de la nación. Las alianzas que se proponen en las novelas fracasan o están amenazadas[126] y esconden el hecho fundamental de que el capitalismo en formación desde el siglo XVI, y ciertamente en el XIX, solucionó las contradicciones resultantes de su expansión colonial mediante la violencia, la explotación y la eliminación. El final apocalíptico o trágico del romance coloca en manos de la naturaleza (esa metáfora inconsciente para la máquina sobrenatural del capitalismo) el fracaso del idilio. En esa frustración –y no sólo en el tono marcadamente idílico del romance indianista– puede leerse una melancolía irresuelta y la insuficiencia de la representación y procesamiento simbólico que intenta conjurarla.

Roger Bartra afirma que la cultura latinoamericana de hoy parece regida por el signo de la melancolía, una curiosa enfermedad frente a la cual debemos preguntarnos si es un malestar cultural o un padecimiento político, si se trata de un

---

[126] En el final de *O Guarani* triunfa el amor, pero la naturaleza burla el final feliz con un diluvio sin arca salvadora. *Iracema* termina con la enfermedad y la muerte de la heroína y el exilio de su hijo. El final de *Ubirijara* es feliz, pero la nación formada está destinada a desaparecer por unos guerreros que los tupí profetizan que vendrán del mar.

delirio moral o de una conmoción ideológica; observamos, dice, "que estos humores negros que surgen en el horizonte cultural se manifiestan, entre muchas maneras, como una crisis del nacionalismo y como una búsqueda de nuevas formas de identidad" (en Debroise 146). Aunque este diagnóstico es hecho respecto a una crisis de las identidades nacionales y latinoamericana en la globalización, podría extrapolase. Las dimensiones ideológicas y políticas de la melancolía nacionalista o *saudade cultural* están en la colonialidad que asedia y define la identidad nacional. Como señalamos, la novela indianista alencariana dramatiza la resolución de conflictos por virtud del amor, cuando estos antagonismos fueron y están siendo resueltos mediante la violencia. El indianismo brasileño, más que idealizar, re-crea al indio americano e imagina su premodernidad precisamente en el momento en que se consolida la economía capitalista centro-periférica del Brasil y el Estado-nacional. La retrospección al pasado es, sin embargo, reaccionaria: en medio de la alarma por la africanización y rebeldía de las fuerzas de trabajo, el indianismo de la *ciudad letrada* siente *saudades* por un orden estamental, sublima valores premodernos como los de la nobleza[127], justifica los modos imperiales de explotación colonial y la subordinación étnica, sustituye (en sus resonancias alegóricas con el presente) los conflictos entre el capital y el trabajo, y reemplaza al sujeto étnico subalterno (el esclavo negro) con un esclavo de amor (indígena).

El salvaje del indianismo es la *metáfora* que marca la diferencia deseada (el salvaje ideal, Peri, Iracema, Poti, Araçí, los tupí) y la diferencia temida (el caníbal, los aimorés, tabajara y tapuias); y la *metonimia* que asocia esos significantes con la nación. Los tropos del *salvaje* bueno, enamorado, blanqueado, sacrificado, y del *indio rebelde*, insurrecto, no asimilado y caníbal invocaban lo innombrable gracias a su vaciamiento histórico. Los oprimidos de la colonia sustituían simbólicamente los de la *fazenda* y la violencia de la opresión era reemplazada por "el triunfo del amor". El Estado-nación encubría –con sus conmemoraciones y monumentos– otras historias y violencias cuyo olvido, borramiento y apropiación requería el relato nacional. Durante el siglo XIX las ciudades se empezaron a llenar de nombres indígenas. El "selvagem brasileiro" era el tropo cultural sucedáneo de lo que podríamos llamar *ausencias históricas de la modernidad*. La novela indianista brasileña cumple el cometido de nombrar y llenar (de vacío) el espacio literario de la representación social.

Un motivo común de las carrozas de carnaval en Rio de Janeiro es una puesta en escena sensual y vistosa de lo indígena, casi siempre (re)presentado con un

---

[127] Recuérdese la insistencia hasta la náusea en todas esas obras en la fama, el honor y el valor, o aspectos argumentales como la indicación de que Peri era un "cavalheiro" o, en *Iracema*, la fraternidad caballeresca entre Martim y Poti (ordenado caballero luego); o las justas o torneos entre "nobles guerreros" por Araçí en *Ubirijara*.

cuerpo femenino en la cúspide de un carro alegórico. El simulacro de lo "indígena" no está dado por el artificio del vestido de lentejuelas o las plumas acrílicas, sino por la vaciedad de esta representación. La carroza celebrante le da un protagonismo simbólico a este subrogado del vencido al tiempo que celebra su virtual desaparición como sujeto histórico. En esta comunión colectiva, el indio, objeto estético, sexual y festivo, constructo de una alteridad conmemorada, subrogado de las fuerzas de trabajo devoradas por el capital, es consumido como víctima y como huésped de la fiesta nacional. El imaginario colectivo recuerda para olvidar definitivamente. Finalmente el indio ocupa el lugar en el que no significa nada como diferencia; es apenas un lugar para ser llenado con el deseo, un cuerpo devorado. De allí, que la *saudade cultural* tan consustancial en el salvaje romántico del Brasil sea propiamente melancólica e insoluble.

CAPÍTULO IV
Los monstruos del latinoamericanismo arielista: variaciones del apetito en la periferia (neo)colonial

¡Oh Ariel, amable genio del aire! ¿Cuál es tu lengua materna, en resumidas cuentas? ¿Hablas efectivamente en español, como nosotros? Y tú, Calibán, deforme Calibán, hijo de bruja, el de las piernas parecidas a las aletas de un pescado, ¿es de veras, cierto, que tú hablas y piensas sólo en inglés, y con acento americano?

Juan Zorrilla de San Martín, *Detalles de historia*, 224

Próspero, antiguo duque de Milán, vive con su hija Miranda y su biblioteca en una isla a donde fue exiliado por su propio hermano Antonio quien lo traicionó y derrocó. Próspero, usando sus poderes mágicos, crea con ayuda de Ariel, su espíritu sirviente, una tempestad en el océano en la que hace naufragar el barco en el que viajan Alonso (rey de Nápoles) y su hermano Sebastián, Ferdinand (hijo del rey), Antonio (hermano de Próspero y usurpador del ducado de Milán) y Gonzalo, un anciano humanista consejero. Los náufragos quedan a merced de Próspero quien tiene un plan detallado para ellos y para su propia hija. Hace que Ferdinand, el hijo del rey, se enamore de Miranda y que los nobles pasen trabajos. Finalmente, luego de escapar a un atentado contra su vida orquestado por un esclavo nativo llamado Calibán, Próspero revela quién es y perdona a su hermano. Entonces, el rey procede a restaurar a Próspero en sus derechos y todos parten de regreso a Milán. Muy esquemáticamente, éste es el argumento de *The Tempest* (1611) de William Shakespeare.

Aunque la obra gira primordialmente alrededor del drama político y filosófico de Próspero y de la historia de amor de Miranda y Ferdinand, gran parte de su tensión dramática depende del rol de dos personajes marginales: Ariel y Calibán, los habitantes precoloniales de la isla. Ariel –un ser espiritual que fue rescatado por Próspero de un hechizo por el que la bruja Sycorax lo tenía atrapado en un pino –sirve a Próspero bajo la promesa de su libertad. El otro habitante es Calibán, el hijo de la bruja, un monstruo aborigen que, a diferencia de Ariel, resiste a Próspero, lo insulta continuamente, trata de violar a su hija Miranda, e intenta matarlo. De una manera general, permítasenos especular –ya que será pertinente en el análisis del arielismo– que en *The Tempest*, Ariel y Calibán funcionan como los principios de la matriz nietzscheana de la tragedia: Ariel, luminoso, ordenador, encarnación de la serenidad y la claridad, e imagen clásica de la belleza griega y lo apolíneo; y Calibán, hijo de una bruja, monstruoso, irracional, libidinoso, excesivo, desbordante, desafiante del poder político, borracho y, en fin, personificación del principio dionisiaco. Civilización y barbarie.

Conforme a las interpretaciones más aceptadas del drama, Calibán es una caracterización del aborigen americano inspirada en las narraciones sobre un naufragio en Bermudas, el ensayo de Montaigne, la relación de Pigaffeta o las *Décadas* de Anglería. De cualquier manera, la explicación etimológico-histórica más común del origen del nombre de Calibán es la que señala que se trata de un anagrama de *caníbal* (i.e.: Greenblatt, Hulme, Vaughan, y Mason)[1]. En la propia obra este juego anagramático es insinuado cuando Calibán, borracho[2], baraja las sílabas de su nombre: "Ban, ban, Ca-calibán" (156). La genealogía del nombre de Ariel es menos evidente; Shakespeare pudo haber tomado el nombre simbólico de Jerusalén amenazada (*Isaías* 29:1-7) o el de *Uriel*, uno de los siete arcángeles de la tradición apócrifa[3], quien custodia las puertas del Paraíso con su Espada de Fuego y cuyo nombre en hebreo significa *fuego de Dios* o *luz de Dios*. *Uriel* ha sido definido en la tradición judaica como el ángel del trueno y la *tempestad* y quien saca a Adán y Eva del Edén. John Milton en *Paradise Lost* (1667) lo describió como "un arcángel glorioso, cuya cabeza coronaba una tiara de oro formada por rayos de colores" y uno de los "*espíritus mensajeros* del Señor que *ven por sus ojos*, y *cruzan el éter* y se posan en la tierra o en los océanos, para *cumplir su misión*" (36). La descripción que hace Shakespeare de Ariel es similar a la que hace Milton de Uriel. El Ariel shakesperiano es un "genio del aire", un espíritu luminoso, emisario de Próspero, su aliado contra el mal (Calibán) y quien causa la tempestad que hace naufragar el barco de los nobles.

---

[1] Otras hipótesis contemplarían un Calibán africano (De Calibia) (Vaughan y Mason 32), árabe (kalebôn = perro, canalla), de la India (Kalee-ban = sátiro de Kalee, la Proserpina indú), o gitano (cauliban = negro, oscuro). Con cierta frecuencia se promueven discusiones sobre el espacio geográfico al que Shakespeare habría hecho referencia en *The Tempest* y, consecuentemente, sobre el origen del monstruo Calibán. Este tipo de discusión aporta interesantes elementos filológicos, pero no se pregunta por la significación colonial y poscolonial de la obra, que depende menos de las intenciones de Shakespeare o de sus influencias, que de sus resonancias y lecturas a través de los tiempos. Véase la discusión al respecto en Hulme (*Colonial Encounters* 91-94; 106-108).

[2] A Calibán lo doblega el vino que Esteban y Trínculo usan para domesticarlo (Acto 2, escena II); borracho, los cree dioses convirtiéndose en "el más crédulo de los monstruos" (153) dispuesto a lamer los zapatos de Esteban (164).

[3] De los "siete 'arcángeles' que aparecen en la angelología del Judaísmo pos-exilio, sólo tres, Gabriel, Miguel y Rafael son mencionados en las Escrituras canónicas. Los otros, de acuerdo al Libro de Enoc (cf. xxi) son Uriel, Raguel, Sariel y Jerahmeel; otras fuentes apócrifas mencionan a Izidkiel, Hanael y Kepharel, en vez de los últimos tres en la lista anterior" (James F. Driscoll, "Raphael" *Catholic Encyclopedia*).

Desde comienzos de los años 90 del siglo XIX, *The Tempest* se convirtió en una de las más recurridas fuentes de metáforas políticas y culturales en Hispanoamérica y el Caribe. Antes que por la presencia de tropos coloniales (como el canibalismo) en su trama y personajes, o la posible alusión al naciente colonialismo inglés en las Américas, la obra hace parte de la historia cultural latinoamericana por las insistentes lecturas, reescrituras y apropiaciones que han hecho de sus *dramatis personae* –en particular Calibán, Ariel y Próspero– verdaderos *personajes conceptuales o* agentes de enunciación retórico-cultural para pensar y definir América Latina y diversos proyectos nacionales e identidades.

Como veremos, las primeras apropiaciones de *The Tempest* nombran la identidad con Ariel en lugar de hacerlo con el monstruo. Calibán, por su parte, designó las alteridades de lo latinoamericano: los Estados Unidos y las masas obrero-campesinas. En ambos casos ocurre un adelgazamiento de la metáfora del canibalismo: el *Otro* fue caracterizado con imágenes de salvajismo, apetito, voracidad y monstruosidad, afines con el canibalismo, pero reformuladas en el *personaje conceptual* de Calibán.

En este capítulo expondré algunas líneas del mapa laberíntico que marca el itinerario de estos *personajes conceptuales* desde finales del siglo XIX –cuando se formula la idea misma de Latinoamérica–, hasta la irrupción de las que he llamado *insurgencias calibánicas*, que durante la primera mitad del siglo XX ponen en jaque la concepción arielista de la cultura. Examinaré cinco momentos discursivos centrales: 1) El latinoamericanismo modernista de José Martí que –ante el avance imperialista de los Estados Unidos en el Caribe– expresa la identidad continental como un miedo geocultural a ser devorado. 2) *The Tempest* como escenario conceptual antiimperialista y elitista de la cultura latinoamericana en el arielismo de la vuelta del siglo (i.e.: Rubén Darío, José Enrique Rodó). 3) El arielismo apocalíptico de José María Vargas Vila en el cual entran en crisis tanto el tropo del *imperio bárbaro y devorador* (EE.UU.) como los ideologemas de la unidad, *latinidad* y superioridad cultural de Latinoamérica. 4) Las rearticulaciones autoritarias y populistas de *The Tempest* frente a las muchedumbres y la plebe proletaria en los arielismos de la primera mitad del siglo XX. 5) El quiebre del arielismo en medio de los movimientos revolucionarios de insurgencia obrero-campesina, particularmente en el caso de la Revolución boliviana.

1. José Martí y el miedo a ser comido del latinoamericanismo finisecular

Viví en el monstruo, y le conozco las entrañas (José Martí, 20, 161).

América Latina ha sido constituida por tramas intrincadas de prácticas económicas y políticas de varios proyectos históricos del capitalismo, desde el mercantilismo del siglo XVI, hasta la intensificación de la regla del capital en la era de la globalización. El siglo XIX –que bien ha sido llamado por Eric Hobsbawm la "era del Imperio"– estuvo marcado por la hegemonía británica en la economía mundial. El capital inglés tuvo un papel significativo en los procesos de independencia administrativa de las colonias españolas en América, y durante todo el siglo Inglaterra continuó jugando un importante rol político y económico en el área (Robert Freeman 83). Esa hegemonía es desafiada por otros poderes europeos (i.e.: Francia, Alemania), y por los Estados Unidos cuya "Doctrina Monroe" (1823) había señalado a las Américas como parte de su esfera de influencia. Los nacionalismos latinoamericanos y la idea misma de América Latina como relato identitario surgen en el contexto de las contiendas (neo)coloniales del imperialismo moderno[4]. El propio nombre *Latinoamérica* tiene su origen en la oposición que Michel Chevalier (1806-1879) planteara entre la modernidad hiperindustrializada "sajona" y la modernidad "latina". Francia pretendía un liderazgo que Chevalier describió elocuentemente en "Sobre el progreso y porvenir de la civilización" (1836): "la educación por la Francia de todos los pueblos latinos [...y] un benévolo y fecundo *patronato* sobre los pueblos de la América del Sur" (117). Este *panlatinismo* estaba ligado a los intereses y política exterior francesa que quería hacer contrapeso a las naciones anglosajonas.

> La Providencia ha puesto en nosotros una *actividad devoradora* [...] Francia es depositaria de los destinos de todas las naciones del grupo latino en los dos continentes. Ella sola puede impedir que esta familia entera de pueblos no sea *tragada por el doble desborde de los germanos o sajones* y de los eslavos (115-117).

Dos años antes de la invasión francesa de Veracruz en México, el *Panlatinismo* formula su economía teocéntrica del apetito: Dios le ha encargado a Francia una *actividad devoradora legítima* y la misión de "impedir" la *voracidad ilegítima y bárbara*: el "desborde de los germanos o sajones".

La idea de una América Latina empezó a tener acogida entre la *intelligentsia* latinoamericana a partir de la expansión territorial norteamericana por el oeste anunciada por Alexis de Tocqueville (*De la démocratie en Amerique* 1837). La "tragada de Tejas" (1848), como la llamara Rubén Darío, representa el comienzo de la conformación de los Estados Unidos como una moderna nación-imperio, al mismo tiempo que marca un primer momento de la formulación de Latinoamérica como discurso de identidad continental reactivo al imperialis-

---

[4] Me refiero de manera general el proyecto de la globalización del capitalismo mediante prácticas coloniales y (neo)coloniales de sujeción de vidas, pueblos y culturas a la expansión de mercados y al rendimiento del capital.

mo[5]. Latinoamérica se enuncia conjuntamente con el que podemos llamar el *miedo geocultural a ser devorado*. El colombiano José María Torres-Caicedo (1830-1889) –principal promotor de la idea de Latinoamérica– adelanta desde 1850 y por cerca de tres décadas una constante campaña por la unión latinoamericana para enfrentar la amenaza del apetito estadounidense:

> El espíritu de conquista cada día se desarrolla más y más en la república que fundaron Washington, Franklin y tantos otros [...]. Los Estados Unidos [...] *sedientos de dominación* van a destruir la independencia de pueblos débiles [...L]a *raza española esta en vísperas de ser absorbida en América por los anglo-sajones* ("Confederación de las naciones de la América española" 1856, 121, 123).

En un poema fechado en 1856, Torres-Caicedo reactiva el tropo barroco de la sed de los metales para los nuevos conquistadores de América en la era del Nuevo Imperio: "La raza de la América Latina, / al frente tiene la sajona raza, / enemiga mortal que ya amenaza / [...] / *Sed de oro e hipócrita piedad*" (129).

Después de la invasión de México, el Caribe se convirtió en un área de constantes intervenciones oficiales (o toleradas) de los Estados Unidos[6]. Aunque otras potencias europeas compiten por mercados[7], en la última parte del siglo XIX es evidente el reacomodo del sistema mundial global y el paso de la *Pax Británica* a la era norteamericana. En las décadas de 1880 y 1890 la *competencia por Imperio* se aceleró drásticamente. Había, en el caso del capitalismo norteamericano, un afán por romper el pacto (neo)colonial que muchas naciones latinoamericanas tenían con Europa y de equilibrar la balanza de pagos que era desfavorable en relación con América Latina[8].

---

[5] El tratado Guadalupe Hidalgo (1848), que terminó con la guerra con México y anexó a la Unión los vastos territorios del Oeste, levantó protestas en toda Hispanoamérica. En México Carlos Bustamante asimiló la guerra a la conquista española del siglo XVI (*El nuevo Bernal Díaz del Castillo, o sea la historia de la invasión de los angloamericanos en México* 1847), y el poeta Guillermo Prieto dedicó varios poemas a la codicia del invasor (Orjuela 82-84).

[6] Las incursiones de William Walker y sus filibusteros en Centroamérica suscitan una serie de protestas continentales y un arsenal metafórico que identifica a los EE.UU. con la barbarie; Juán Irribarren por ejemplo, llama a los norteamericanos "fieros beduinos del Norte" (en Orjuela 94).

[7] Por ejemplo, desde mediados del siglo aumenta en América Latina la inmigración europea y la inversión de capital inglés y alemán (especialmente en el Cono sur y Brasil). Asimismo, hay varias misiones militares alemanas en Chile, Argentina, Paraguay y Bolivia, y francesas en el Perú.

[8] Durante la década de 1880, los EE.UU. importaron bienes de Latinoamérica por 176 millones de dólares y exportaron hacia el sur solo 58 millones (Robert Freeman 89, 90).

El Latinoamericanismo[9] es por su germen ideológico y coyuntura histórica un discurso frente al imperialismo, pero no produce análisis económicos o geopolíticos del mismo. Por lo general se intentó la comprensión de la historia (y del conflicto) en claves culturalistas, raciales, morales y estéticas. Latinoamérica es concebida como heredera de los valores trascendentes de la *civilización occidental*, en continuidad con Europa y enfrentada a la monstruosidad imperial y cultural del Norte. La formación de las dos Américas es vista por los intelectuales de fin de siglo más que como producto de las prácticas económicas (neo)coloniales y de los reacomodamientos geopolíticos del capitalismo, como resultado de diferencias "esenciales" enfrentadas e una contienda por la hegemonía cultural.

El cubano José Martí (1853-1895) representa una posición excéntrica dentro del latinoamericanismo finisecular; su pensamiento ha sido puesto con cierta razón en contraste con el del resto de su generación, en parte por su autoctonismo político y su rechazo al europeismo sarmientino y, en parte, por la posición bifronte de su nacionalismo independentista (contra el viejo y el nuevo Imperio). Martí, a diferencia de otros modernistas, habría visto la función del poeta como la de un "portavoz del pueblo [y] de las multitudes", y –lejos del esteticismo preciosista de la época– habría planteado "una concepción dialéctica de la realidad" (Françoise Perus 94-97); el cubano, así, habría propiciado la repolitización de la literatura, de "lo estético", y –especialmente– del lugar orgánico del intelectual (Julio Ramos, *Desencuentros*); asimismo, Martí habría defendido un proyecto de democracia popular y justicia social contra la racionalidad dominante y racista del Estado colonial y se habría identificado con modernidades subalternas (Roberto Fernández-Retamar; José David Saldivar; Agustín Lao Montes, etc.). Estas lecturas enfatizan las conexiones ciertas del latinoamericanismo y nacionalismo martiano con "los pobres de la tierra" (Martí 3: 303-305; 16: 67). Quizá el hecho de que Martí pensara a Latinoamérica desde su exilio en los Estados Unidos, atento a los conflictos internos de su modernidad, y que opusiera el proyecto de liberación nacional de Cuba tanto al imperialismo español como al norteamericano, le permitió una lectura de la densidad histórica del momento rara entre sus contemporáneos modernistas. Pero si bien Martí representa un caso especial, su latinoamericanismo debe ser leído de una manera crítica, y tomando distancia de su monumentalización como héroe cultural en genealogías diversas y hasta contradictorias. Una lectura extensiva de Martí

---

[9] Me refiero al latinoamericanismo como el campo discursivo que en la coyuntura del fin de siglo quiere producir un espacio geocultural (América Latina), y reclama para el mismo la herencia de la "civilización occidental" y una superioridad cultural, espiritual y moral frente a los Estados Unidos.

revela un cantor del progreso, promotor del libre comercio y de un proyecto civilizador democrático que incluía la educación forzosa de los indios[10]; un Martí altamente preocupado con la insurrección de los negros, con la rebelión de las masas obreras y con la acogida popular de las ideas marxistas; un Martí nacionalista que quiere disolver las diferencias que empiezan a tener relevancia política e histórica a favor del igualitarismo homogenizador del fraterno abrazo nacional. Recordemos que el *subalterno* de Martí es principalmente indio; es decir, precisamente el sujeto desaparecido de la escena política cubana[11]. Su constante invocación a Bartolomé de las Casas indica un horizonte político más cercano al paternalismo liberal que a la revolución social.

Hechas estas salvedades, señalemos que en el momento coyuntural de relevo hegemónico continental, José Martí usa las imágenes del canibalismo, el sacrificio y el consumo del cuerpo como tropos de una *retórica emancipatoria* contra los administradores coloniales en Cuba y para caracterizar el capitalismo monopólico y el imperialismo territorial y comercial de los Estados Unidos[12].

Pese a su decadencia política y económica frente a otras potencias europeas, España conservó durante el siglo XIX algunos restos de su Imperio de ultramar,

[10] "Los indios a las veces se resisten; pero se educará a los indios. Yo los amo, y por hacerlo haré" (Martí, 7: 157).

[11] Es famosa la frase de Martí en "Nuestra América" donde sostiene que "No hay odio de razas porque no hay razas" (6: 22), afirmación que antes que anticiparse a una crítica de las identidades esencialistas, corresponde a una incorporación simbólica y estratégica de las alteridades étnicas en el nacionalismo finisecular cubano. Un cuento como "Muñeca negra" de Martí es, así, ejemplarmente alegórico (18: 478-484). La niña blanca y buena (Cuba), desobedece a sus padres (España) en un gesto de independencia y abraza a la muñeca negra que adora y protege. El abogado romántico de la novela *Amistad funesta* de Martí encarna el mismo paternalismo e idea de representación (Juan Jerez protector de los indios). La estrategia del cubano de cancelar el concepto de "raza" tiene que ver con la emergencia conflictiva de lo étnico que amenaza con disgregar el nacionalismo independentista.

[12] Martí también usa el tropo caníbal en el reporte de un evento académico, "Un congreso antropológico en los Estados Unidos" en Columbia sobre "el hombre americano y sus orígenes". Allí relativiza el canibalismo aborigen del que hablan Darling y Rolando Bonaparte (11: 475, 478, 479), incompatible con su visión idílica del pasado aborigen (8: 327-341). En uno de sus cuadernos de apuntes dejó consignada su protesta por la definición eurocéntrica del canibalismo: "Y como prueba de la naturaleza salvaje e inferior de los negros y de los indios, he leído en alguna parte que han arrancado a sus enemigos el corazón: y haber comido de él es tal vez la causa única de que se acuse a ciertas tribus de caníbales. Pues eso fue lo que hicieron los franceses, lo que en el pleno siglo y país de Corneille y de Malherbe hizo Picard, con el cadáver, recién colgado por los pies, del Mariscal de André: le partió el pecho, le arrancó el corazón, y lo asó sobre los carbones que le traían: luego de asado lo cortó en lonjas, comió la primera, y ofreció las demás a sus vecinos. [...] Y otro hecho de blanco: el español que estuvo conmigo en presidio, y muy bien tratado por cierto, por haber servido una oreja de cubano en un banquete a sus amigos en Pinar del Río" (21: 432, 433).

como Cuba y Puerto Rico. Sin embargo, durante las últimas décadas del siglo XIX, el movimiento nacionalista cubano y el reacomodo finisecular de la hegemonía continental, sellaron el fin de la presencia imperial de España en las Américas. El "Grito de Yara" (1868) dio comienzo a la "Guerra de los diez años" (1868-1878) que buscaba la independencia de Cuba. Martí, con 16 años, apoya la insurrección y es condenado en 1870 a seis años de prisión y trabajos forzados. La pena es conmutada a seis meses, después de los cuales Martí es desterrado a España (1871) donde permanece durante la guerra. Regresa a Cuba en 1878, de donde será de nuevo desterrado en 1879 a causa de sus ideas independentistas y simpatías con los rebeldes de la "Guerra chiquita", una continuación de la "Guerra de los diez años" impulsada por quienes no aceptaron la capitulación de 1878 ("Pacto del Zanjón")[13].

Versos libres fue escrito entre 1878 y 1882; es decir, entre el final de "Guerra de los diez Años" y su segundo destierro de Cuba (1879). Muchos de los poemas de este libro, especialmente los amorosos, se ajustan a la caracterización intimista que la crítica le ha dado al poemario; sin embargo, en otros subyace –implícita o explícitamente– la *cuestión cubana*. Numerosos poemas de *Versos libres*, pesimistas y sombríos, recaban una y otra vez en el sacrificio personal y el triunfo terrenal de la muerte, el mal y la tiranía, representadas mediante imágenes de voracidad, consumo humano y sacrificio:

> Mírala! ¡Es negra! ¡Es torva! Su tremenda
> Hambre la azuza. Sus *dientes son hoces*;
> Antro su *fauce*; secadores vientos
> Sus hálitos; su paso, *ola que traga*
> *Huertos y selvas; sus manjares hombres*
> ¡Viene! ¡escondeos, oh caros amigos,
> Hijo del corazón, padres muy caros!
> . . . . ¡Es terrible
> El hambre de la Muerte! ("Flor de hielo" 16: 204).

La irrupción de imágenes góticas no se limita a los poemas de tema metafísico. Con la imagen del festín caníbal acaso Martí arremete en "Banquete de tiranos" contra la administración colonial:

> Hay una *raza vil* de hombres tenaces
> De sí propios inflados, y hechos todos,

[13] Martí no estaba conforme con el *Pacto del Zanjón* y su salida reformista al régimen colonial español de Cuba. Maceo también se opuso al fin negociado de la Guerra. Calixto García, otro líder, inició otra guerra conocida como "La guerra chiquita" (1879-1880). Martí asumió un papel activo como propagandista en el exterior (Louis Pérez 145).

> Todos *del pelo al pie, de garra y diente*;
> Y hay otros, como flor, que al viento exhalan
> En el amor del hombre su perfume.
> . . . .
> De alma de hombres los *unos se alimentan;*
> Los otros *de su alma dan a que se nutran*
> Y *perfumen su diente los glotones*
> . . . .
> *A un banquete se sientan los tiranos,*
> Pero cuando la mano ensangrentada
> Hunden en *el manjar, del mártir muerto*
> Surge una luz que les aterra, flores
> Grandes como una cruz súbito surgen
> Y huyen, *rojo el hocico*, y pavoridos
> A sus *negras entrañas* los tiranos.
> . . . .
> *Se parten la nación a dentelladas* (16: 196, 197).

El tropo de la España caníbal tenía una larga historia; como vimos, fue propuesto por el humanismo cristiano del siglo XVI, por los protestantes en el ambiente de la contrarreforma, representado en las escenas de reconocimiento del *ego conquiro* de Goya y en la producción criolla del pasado de la nación en la literatura y discursos de la independencia.

En "Yo sacaré lo que en el pecho tengo" el poeta se ofrece de nuevo a ser comido en un gesto muy acorde con la retórica del letrado-héroe[14] que padece en su propia carne las vicisitudes de su compromiso con la libertad:

> ¡Apresure el tigral el diente duro!
> *¡Nútrase en mí; coma de mí*: en mis hombros
> Clave los grifos bien: móndeme el cráneo,
> Y con dolor, a su mordida en tierra
> Caigan deshechas mis ardientes alas!
> . . . .
> Los viles a nutrirse: los honrados
> A que se nutran los demás en ellos (16: 223, 224).

---

[14] Cuando habla de la nueva poesía desgarrada dice Martí que ésta hace lo que Ugolino, que "roía a su hijo; [...] no hay ahora mendrugo más denteado que un alma de poeta: si se ven con los ojos del alma, sus puños mondados y los huecos de sus alas arrancadas manan sangre" (Prólogo al "Poema del Niágara" 7: 229). En sus apuntes escribe: "Los poetas no deben estar entre los voraces, sino entre los devorados" (22: 42).

¿Quiénes están sentados en el "Banquete de tiranos"? ¿quiénes son los seño-res ricos que viven entre "Danzas, comidas, músicas, harenes" y que Martí llama "de la grandiosa humanidad *traidores*" (16: 197)? y ¿quiénes los viles que se nutren en honrados? Durante la "Guerra de los diez años", los hacendados de Occidente, miembros de la aristocracia sacarosa de la Isla, vieron en la Metrópo-li una protección contra las insurrecciones de esclavos y se aliaron a ella contra los independentistas. El poema "Hierro" advierte a los poetas que la riqueza de sus mecenas está manchada de sangre:

> guarda ¡oh alma!
> ¡Que usan los hombres hoy oro empañado!
> Ni de esto cures, que fabrican de oro
> Sus joyas el bribón y el barbilindo:
> Las armas no, –¡Las armas son de hierro! (16: 142).

Más adelante el poema es explícito en su referencia biográfica a la causa inde-pendentista y al destierro:

> De carne viva y profanadas frutas
> Viven los hombres, ¡ay! ¡mas el proscripto
> De sus entrañas propias se alimenta!
> ¡Tiranos: desterrad a los que alcanzan
> El honor de vuestro odio (16: 143, 144).

Pese a sus constantes alusiones amorosas y referencias al canibalismo eróti-co[15], "Hierro" es primordialmente un poema crítico de la clase social que pactó con España la continuidad del régimen colonial. Como en "Banquete de tira-nos", en "Hierro" el tirano engulle la "carne viva" de los patriotas y las "profa-nadas frutas" de la riqueza colonial producto de la esclavitud. En un discurso para exiliados cubanos en New York en 1880, Martí ve la redención de Cuba en la limpieza sacrificial de la sangre que mancha la riqueza cubana: "A muchas generaciones de esclavos tiene que suceder una generación de mártires. Tene-mos que pagar con nuestros dolores la criminal riqueza de nuestros abuelos. Verteremos la sangre que hicimos verter: ¡Esta es la ley severa!" (4: 189). Martí no es el único que despliega tal retórica de sacrificio y devoración en el escena-

---

[15] En la poesía de Martí el *canibalismo amoroso* del cuerpo femenino –que es una especie de fór-mula erótico-poética desde el Romanticismo y especialmente en el Modernismo (Romano de Sant'Anna)– se frustra por la traición de las "damas de muestra" de los señores ricos: "¡Oh, estas copas / de carne! ¡Oh, estas siervas, ente el dueño / Que las enjoya o estremece echadas! / ¡Te digo, oh verso, que los dientes duelen / De comer esta carne!" (16: 142-144).

rio de la crisis cubana. Enrique José Varona (1849-1933) insistirá en una España caníbal en *Cuba contra España* (1895) mediante un análisis económico de la explotación colonial de la isla. Previa exposición de las cifras de la "deuda externa" con el *Banco de España*, el sistema fiscal y la administración pública, concluye que "La deuda, el militarismo y la burocracia siguen *devorando* a Cuba" (28) para mantener un *"régimen monstruoso* de gobierno" (29). Julián del Casal, en "Las oceánidas" (*Nieve* 1892), un poema significativamente dedicado a Enrique José Varona[16], cantaba a Prometeo, el héroe rebelde y solitario, encadenado "Por manos de potencias infernales" y devorado por un "buitre carnicero" (123). Prometeo rechaza su único consuelo, el de las oceánidas, y maldice en su rebeldía a Zeus (125). De ese dolor surge "la perla de la concha", posible alusión a la *Perla de los mares* (expresión usada para Cuba); la perla, es decir, la nación, surge del heroísmo en la derrota; es el cuerpo devorado, pero insumiso, de la patria insurrecta.

Ahora bien; los nacionalistas cubanos enfrentan no sólo a la metrópoli sino a la política de "Mare Nostrum" de los Estados Unidos en el Caribe. Este peligro haría decir a Martí: ¿A qué fingir miedos de España [...]?" (Martí, 6: 61). Para usar una expresión de José María Vargas Vila, era Washington el "buitre de Prometeo, para despedazar el corazón de un mundo, devorándolo sin piedad" (*Ante los bárbaros* 140). Al final de los años 80, y luego a propósito de la *Conferencia Internacional Americana* (1889-1890) y de los intentos de los EE.UU. de comprar la isla de Cuba a España, Martí ve una afinidad entre el viejo y el nuevo imperialismo y advierte profético: "llegada la hora, España preferiría entenderse con los Estados Unidos a rendir la isla a los cubanos" (Martí, 20: 162). En una carta fechada el 18 de Mayo 1895, un día antes de su muerte, Martí le escribía a Manuel Mercado, en una prosa inusualmente abigarrada:

> ya estoy todos los días en peligro de dar mi vida por mi país y por mi deber [...] de *impedir a tiempo con la independencia de Cuba que se extiendan por las Antillas los Estados Unidos* y caigan, con esa fuerza más, sobre nuestras tierras de América. Cuanto hice hasta hoy, y haré, es para eso. En silencio ha tenido que ser y como indirectamente, porque hay cosas que para lograrlas han de andar ocultas [...]. Las mismas obligaciones menores y públicas de los pueblos –como ese de Vd. y mío– más vitalmente interesados en impedir que en Cuba se abra, por la anexión de los imperialistas de allá y los españoles, el camino que se ha de cegar, y con nuestra sangre estamos cegando, de la anexión de los pueblos de nuestra América, al Norte revuelto y brutal que los desprecia [...]. *Viví en el monstruo, y le conozco las entrañas* (20: 161).

---

[16] Varona había renunciado al partido Liberal Autonomista después de su experiencia en las Cortes y acoge la causa independentista ante el que él llamó el "fracaso colonial de España".

El monstruo voraz contra el que Martí lucha "como indirectamente" no es España. Lo que teme el Cubano –lo repite una y otra vez– es la expansión de los Estados Unidos por las Antillas; el apetito de su capitalismo que devora internamente a los trabajadores y se lanza luego con su "apetito gigantesco" sobre los mercados y territorios de las naciones del sur.

Durante la década de 1880, Martí fue un atento testigo de las enormes acumulaciones de capital y la transformación monopólica del capitalismo norteamericano:

> El monopolio está sentado, como un gigante implacable, a la puerta de todos los pobres. Todo [...] está en manos de corporaciones invencibles, formadas por la asociación de capitales desocupados [...]. El monopolio es un *gigante negro*. [...] La tiranía acorralada en lo político reaparece en lo comercial. El país industrial tiene un *tirano industrial* (Martí, 10: 84, 85).

El cubano reparó –siempre dentro del horizonte ideológico del humanismo liberal– en las repercusiones de este cambio en la vida social de los trabajadores e inmigrantes en las ciudades industriales, así como en sus consecuencias en la política exterior de los Estados Unidos. El "nuevo capitalismo" desalmado, *pauperizador* y *expansionista* fue objeto de críticas en las cuales aparece la tropología gótica de la consumición del cuerpo. Aunque Martí nunca lee detenidamente a Marx, usa algunas de sus metáforas, como la de la ingestión de la fuerza de trabajo y de seres humanos en la economía capitalista. En la nota necrológica de Karl Marx (13 y 16 de mayo de 1883), Martí cita a varios oradores de un homenaje y entre ellos a John Most quien decía: "Desde que leí en una prisión sajona los libros de Marx, he tomado la espada contra los vampiros humanos" (9: 389). Pero Martí critica esa explotación "vampírica" en términos éticos. Además, vampirismo y canibalismo aparecen como *metáforas de amplio espectro* (sin la especificidad marxista); para Martí la economía norteamericana devora a los inmigrantes; la industria y el cólera también; y hasta los inmigrantes mismos por momentos parecen ávidos salvajes. Refiriéndose a los "inmigrantes europeos, que llegan a veces con hambre, y sin dineros, ni ropa ni salud" y a la idea de cobrarles una tasa de entrada decía: "en tiempos venideros [...] parecerá esta tierra maravilloso monstruo, y esta casa de inmigrantes con su ancha puerta abierta, será temida por su fauce enorme" (Martí, 9: 290). New York le parece como una "vorágine" (9: 388) que "no cierra [...] de día ni de noche sus fauces de muelles" por las que llegan miles a trabajar en las fábricas; las cocinas de Coney Island parecen "el estómago del monstruo" (9: 458). Martí describe en una crónica de 1883 la mortadad infantil en Nueva York de una manera similar a la usada por Marx para la miseria de la Inglaterra de la revolución industrial[17]; pero reduce el consumo del cuerpo humano a un problema de salubridad y de falta de misericordia:

> ¡Ay! Allá en la ciudad, en los barrios infectos de donde se ven salir por sobre los techos de las casas, como harapientas banderas de tremendo ejército en camino, mugrientas manos descarnadas; allá en las calles húmedas donde hombres y mujeres se amasan y revuelven, sin aire, sin espacio [...] allí, como los maizales jóvenes al paso de la langosta, mueren los niños pobres por centenas [...]. Como los ogros a los niños de los cuentos, así el *cholera infantum* les chupa la vida: un boa no los dejaría como el verano de New York deja a los niños pobres, como roídos, como mondados, como vaciados [...] ¡Y digo que éste es *un crimen público y que el deber de remediar la miseria es un deber del Estado* (Martí, 9: 458, 459)

El consumo literal del cuerpo en la miseria, no resulta de la violenta sujeción de los proletarios a las leyes del mercado sino que queda a cargo de la peste que como una máquina sobrenatural "chupa la vida". La única relación con el capitalismo monopólico es la *indolencia* de los ricos. La figura gótica del vampiro con que Marx caracterizó el capital aparece desdibujada. El consumo del cuerpo de los niños no es un crimen político del capital sino del verano y "de la dureza e indiferencia de los acomodados" (459), una calamidad natural o, en el peor de los casos, una falta moral. Su condena de la especulación financiera tiene el mismo principio; Martí manifiesta su aversión por los juegos bursátiles a raíz de una serie devastadora de quiebras en París en 1882: "El azar, como Saturno, devora a sus hijos. Los hijos de Ceres y de Jano, de la agricultura, de la paz, duran menos que los hijos de Saturno" (14: 389). El canibalismo está en el azar, el cólera, la indolencia y no directamente en el capitalismo.

No es que Martí no entienda la "lucha entre capitalistas y obreros"; por el contrario, en otro artículo de 1882, describe de manera puntual en qué consiste:

> Estamos en plena lucha de capitalistas y obreros. [...] El obrero pide salario que le dé de vestir y comer. El capitalista se lo niega. Otras veces movido del conocimiento del excesivo provecho que reporta al capitalista un trabajo que mantiene al obrero en la pobreza excesiva, –rebélase éste último, en demanda de un salario que le permita ahorrar la suma necesaria para aplicar por sí sus aptitudes o mantenerse en los días de su vejez (Martí, 9: 322, 323).

---

[17] Escribe Marx: "La burguesía había predicho hasta la saciedad que toda limitación legal a la jornada de trabajo sería doblar a muerto por la industria inglesa, que, semejante al vampiro, no podía vivir mas que chupando sangre, y además, sangre de niños" ("Manifiesto inaugural" en *Manifiesto del partido comunista y otros escritos políticos* 75). Marx denunció el uso y abuso de niños en la industria británica.

Viendo desfilar frente al retrato de Marx las filas de "bravos braceros, cuya vista enternece y conforta", manifestaba su empatía general y abstracta por las ideas marxistas:

> Karl Marx estudió los modos de asentar el mundo sobre nuevas bases, y despertó a los dormidos, y les enseñó el modo de echar a tierra los puntales rotos. *Pero anduvo de prisa, y un tanto en la sombra*, sin ver que no nacen viables, no del seno del pueblo en la historia, ni del seno de la mujer en su hogar, los hijos que no han tenido gestación natural y laboriosa. [...] movedor titánico de las cóleras de los trabajadores europeos, [...] veedor profundo en la razón de las miserias humanas (Martí, 9: 388).

Pero a Martí le preocupa el "odio" de los trabajadores y afirma que éstos podían lograr las conquistas de sus derechos en la democracia, con las "manos blancas" (sin acudir a la violencia)[18]. "Indigna –dice– el forzoso abestiamiento de unos hombres en provecho de otros. Más se ha de dar *salida a la indignación*, de modo que la bestia cese, *sin que se desborde y espante*" (9: 387, 388). Nótese que la bestia hambrienta no es el capital sino la masa proletaria y que éste parece ser uno de los criterios de su distinción entre la inmigración buena y la perniciosa de "inmigrantes desaforados" (10: 262)[19]. Las fieras son éstos últimos, convertidos en proletarios insurrectos: "¿En qué país –se pregunta– no crea *fieras* el odio? Ese es aquí el elemento temible del problema obrero"; los comunistas y anarquistas que traían "prédicas de incendios", el "odio del siervo, el *apetito* de fortuna ajena [y] la furia de rebelión" a los EE.UU. (10: 451-455). Por ello, advierte en otra parte: "en inmigración como en medicina es necesario prever" (8: 384). Martí objeta cualquier resolución violenta de las contradicciones de clase:

> Las asociaciones obreras, infructuosas en Europa y desfiguradas a manos de sus mismos creadores, por haberse propuesto, a la vez que medios sociales justos, remedios políticos violentos e injustos, son fructuosas en Norteamérica, porque sólo se han propuesto remediar por *modos pacíficos y legales* los males visibles y remediables de los obreros (Martí, 9: 323).

La simpatía martiana con las ideas marxistas no obedece a un análisis de las contradicciones de clase de las que era testigo; se limita a la condena de la explo-

---

[18] En una nota de 1875 sobre un conflicto obrero patronal en la *Revista* (México) sostiene que el "derecho del obrero no puede ser nunca el odio al capital: es la armonía, la conciliación, el acercamiento común de uno y de otro" (6: 275).

[19] Martí manifiesta reservas frente a la inmigración inculta (8: 382-384; 9: 290), la "inmigración desordenada" (11: 335) y la de sujetos "indeseables" y mendigos (12: 18).

tación del hombre por el hombre, y no del capitalismo como sistema. Una descripción modernista de las fiestas exhibicionistas de la *Quinta avenida* (sus palacios, joyas, bailes y celebridades) concluye la nota sobre Marx:

> Quien lee en los diarios las notas del baile, lee los cuentos del escenario, mas no del alma. Y ha caído la fiesta como en hueco, y empiezan a decir que sientan mal, en estos tiempos de cólera y revuelta, y *muchedumbres apetitosas y enconadas*, muestras tales de lujo desmedido y gracia en trajes, que los tristes no entienden [...] ni olvida ni perdona aquel ejército que adelanta en la tiniebla [...]. Y es que se dio el baile como enseña de riqueza; y como a golpe en el rostro lo han tomado las gentes envidiosas, miserables y descontentas (9: 396, 397).

Martí concluye con un juicio ambivalente e indirecto ("empiezan a decir") en el que censura la exhibición de la riqueza en "estos tiempos de cólera y revuelta", pero se refiere a las "muchedumbres apetitosas [hambrientas] y enconadas" como un ejercito "en la tiniebla" de "gentes envidiosas".

Al tiempo que Martí se sensibiliza respecto a los efectos internos que para los trabajadores e inmigrantes tenía el "nuevo" orden, lo relaciona con el "ansia de mercados de sus industrias pletóricas" (6: 63) y, por lo tanto, con la política exterior norteamericana –particularmente con el panamericanismo de "apetitos alejandrinos" de los Estados Unidos sobre Sudamérica (13: 290). Viviendo "in the belly of the beast"– como diría también Stuart Hall, hablando de sí mismo ("Cultural Identity and Diaspora" 51) –Martí produce *en* los Estados Unidos un relato de identidad continental latinoamericana mediante la representación de una modernidad capitalista expansiva. El tropo de la monstruosidad y la ingestión delinea su cartografía cultural y geopolítica. El apetito, la incorporación y el canibalismo nombran el imperialismo y por oposición, al cuerpo devorado. El ensayo "Nuestra América" (1891) abre precisamente con esta imagen: "gigantes" y una "pelea de cometas en el Cielo, que van "por el aire [..] *engullendo mundos*" (Martí, 6: 15). En el sistema de oposiciones que informa el famoso ensayo, la "América natural" (deudora del edén lascasiano y del *buen salvaje* de Rousseau) es objeto del apetito salvaje de los Estados Unidos: "Sobre algunas repúblicas –señala– está durmiendo el pulpo" (6: 21).

Los ensayos sobre la *Conferencia Internacional Americana* (1889-1890) son el más importante conjunto textual del latinoamericanismo martiano. La *Conferencia* fue organizada por James G. Blaine[20], en quien Martí vió encarnada la codicia imperialista de los magnates republicanos:

---

[20] James G. Blaine (1830-1893) –empresario de ferrocarriles y candidato presidencial por el partido Republicano en 1884– sirvió como Secretario de Estado durante las administraciones de Gar-

A su país si lo tuviera [Blaine] en las manos, le pondría buques por espuelas y un ejército por caballo, y lo echaría en son de conquista por todos los ámbitos de la tierra [...] Blaine que no habla de poner en orden su casa sino de entrarse por las ajenas so pretexto de tratados de comercio y paz (10: 53, 99).

Tres cuestiones son centrales en la *Conferencia*: los acuerdos de comercio y aduanas, el compromiso de arbitraje y la propuesta de proscribir la institución de la *conquista* del derecho público internacional en las Américas. Para Martí detrás de la piel de "los tratados de comercio y paz" que impulsan los EE.UU. se hallaba el apetito imperial: "Las entrañas del congreso están como todas las entrañas, donde no se las ve" (6: 35). Los acuerdos comerciales estaban regidos por la *lógica del embudo*: se exigía a los latinoamericanos que desgravaran las importaciones, consumieran sin restricciones productos manufacturados norteamericanos y los privilegiaran sobre los europeos[21], al tiempo que el gobierno de los EE.UU. imponía medidas proteccionistas para mantener la competencia de sus sectores agropecuario e industrial. Este "sistema de colonización", como lo llama Martí, se enmascaraba bajo falaces "proyectos de reciprocidad" (6: 57). Ante la oposición de varios países latinoamericanos, liderados por Argentina, los acuerdos proyectados naufragan en declaraciones y recomendaciones no vinculantes.

El arbitraje para la resolución pacífica de conflictos es visto por algunos delegados como un intento de los EE.UU. por ejercer un protectorado o hacer de policía en el continente, y es objetado. Por último, la proscripción del derecho internacional público panamericano de las conquistas y cesiones territoriales forzadas –propuesta del delegado argentino Manuel Quintana– despertó la oposición de los EE.UU. y de la delegación de Chile (que había hecho conquistas territoriales en la Guerra del Pacífico) (6: 88-97). Martí lamenta que los latinoamericanos en lugar de "resguardarse juntos de los peligros de afuera" se enfrasquen en rencillas fratricidas (6: 80). En "Nuestra América" advierte justamente sobre los peligros y las disputas limítrofes en Latinoamérica y deplora que éstas críen "en la guerra rapaz contra el vecino, la soldadesca que puede devorarlas" (6: 21). Martí –como el ecuatoriano Juan Montalvo– censura el apetito sangriento y caníbal al interior de la familia latinoamericana y la ostentación que algunas

---

field (1881-1883) y Harrison (1889-1893) en las que fue portavoz de los intereses norteamericanos para Latinoamérica y cabeza visible de la intrusión política y económica de los Estados Unidos en el área bajo la política del *"Pan-Americanism"*.

[21] "El pueblo que quiere morir vende a un solo pueblo, y el que quiere salvarse, vende a más de uno. El influjo excesivo de un país en el comercio de otro, se convierte en influjo político" (Martí 6: 160).

naciones hacen de una "riqueza salpicada de sangre que con la garra al cuello le han sacado al cadáver caliente del hermano" (6: 80)[22].

Para satisfacción de Martí, el *panamericanismo* se enreda en medio de las mociones, salvedades y dilatadas discusiones de la *Conferencia*. Martí advierte que este triunfo es momentáneo: "No es hora de [...] beber el vino del triunfo, y augurar que del primer encuentro [...] se le ha calzado el freno al *rocín glotón* que quisiera echarse a pacer por los predios fértiles de sus vecinos" (6: 79). Martí ve en los EE.UU. un "país *engolosinado* con la idea de crecer" (6: 58), "un poder terrible e indiferente, de *apetitos gigantescos*" (6: 80) y decidido en la "intentona de llevar por América en los tiempos modernos la civilización ferrocarrilera como Pizarro llevó la fé de la cruz" (6: 59). "Nuestra América" y los otros ensayos de la *Conferencia* proponen un frente utópico contra el apetito de este "rocín glotón", una comunidad cultural, económica y políticamente unida frente al peligro común de ser devorados: "Si a un *caballo hambriento* se le abre la llanura, la llanura pastosa y fragante, el caballo se echará sobre el pasto, y se hundirá en el pasto hasta la cruz, y morderá furioso a quien le estorbe" (6: 159).

Martí, que usó imágenes de monstruos de *fauces enormes* y *apetitos gigantescos* para el imperialismo norteamericano y que en varias oportunidades hizo alusiones a *The Tempest* de Shakespeare y a Calibán, no llamó con ese nombre a los Estados Unidos, como lo harían los otros modernistas. Le parecía que en la fealdad de Calibán había cierta belleza (14: 389, 390; 19: 419); acaso se refería a una belleza derivada de lo político, que en todo caso no vio en los sindicalistas ni en la plebe proletaria de cuyos cuerpos se alimentaba el capitalismo norteamericano.

2. "EL TRIUNFO DE CALIBÁN": IMPERIO Y MUCHEDUMBRES EN EL LATINOAMERICANISMO ARIELISTA[23]

Después de la poco afortunada "Guerra de los diez Años" 1868-78, el movimiento de independencia de Cuba contra España se reinició en febrero de 1895 bajo el liderazgo de Máximo Gómez y Antonio Maceo. Las fuerzas revolucionarias

---

[22] Juan Montalvo (1832-1889), recogiendo la advertencia de Bolívar ("Carta de Jamaica" 37), había caracterizado el desastre del fratricidio americano con la visión apocalíptica del festín caníbal. Montalvo reflexiona en "Ojeada sobre América" (1866) sobre la supuesta ley natural de los hombres de matarse unos a otros: "[las naciones] se acometen desde sus principios [...] se destruyen [...] y todos estos exterminadores son exterminados, y los conquistadores son conquistados, y los bebedores de sangre beben sangre. *Satia te sanguine, quem Sitiste*" (107-108).

[23] Una versión de este apartado fue propuesta en "Calibán: ícono del 98. A propósito de un artículo de Rubén Darío".

proclamaron la República de Cuba y para 1898, pese a la brutal represión española, controlaban la mayoría de las zonas rurales de la isla. El misterioso hundimiento del barco de *US Maine* (febrero 15 de 1898) le dio a los Estados Unidos la excusa para intervenir en una guerra prácticamente ganada por los cubanos. Los Estados Unidos y España –excluyendo a los rebeldes cubanos de la mesa de negociaciones– firmaron el *Tratado de París* (diciembre 10 de 1898) que terminó con la presencia colonial española en las Américas. La ocupación norteamericana continuó por cerca de tres años más y, pese a la declaración formal de independencia, Cuba quedó incorporada en la zona de influencia (neo)colonial de los Estados Unidos (Pérez 156-188).

La coyuntura del 98, en su complejidad trasatlántica y transpacífica[24], marca la consolidación geopolítica de Los Estados Unidos como un imperio moderno y también, un momento fundamental en la redefinición de la identidad latinoamericana por los intelectuales de fin de siglo. El "destino manifiesto", la aplicación heterodoxa de la *doctrina Monroe*[25] y la tesis expansiva de Frederick Jackson Turner sobre las fronteras (1893) amenazaban no sólo a las Antillas. Los intereses de los Estados Unidos (para usar la expresión de Teodoro Roosevelt) crecían en Centroamérica de manera peligrosa para la soberanía de sus repúblicas y la experiencia de Cuba ese año confirmaba los peores temores de la generación modernista. Cuba, Puerto Rico y Filipinas eran –en el momento cumbre del imperialismo expansionista que alcanzaría a Panamá unos años más tarde– los nombres de una geografía territorial, cultural y económica, inestable. En este contexto podemos leer la fiebre verbal y el arrebato hispánico de los modernistas que, confiados en el poder de la letra, declaraban la identidad continental de la que Torres Caicedo había llamado la "Unión Latino-Americana" y Martí "Nuestra América". Aunque la definición esencialista y binaria de identidad (en términos Norte/Sur, materia/espíritu, civilización/barbarie) data de los años 1850, es en la crisis del fin de siglo que varios intelectuales de manera coincidente y general promueven una América Latina opuesta a la América sajona. El hispanófilo argentino Calixto Oyuela (1857-1935) a propósito de la Guerra del 98 recoge en una "Oda a España" dicha antinomia:

[24] La Guerra del 98 contribuyó a redefinir los espacios imperiales, regionales y nacionales no sólo en las Américas, sino en el Pacífico mediante la incorporación de Hawai a la Unión el mismo año y la campaña de las Filipinas.

[25] Me refiero a su aplicación *a la ofensiva* iniciada por el Secretario de Estado James G Blaine, bajo la administración Garfield (1881-1883), durante la cual se decidió una nueva concepción de la *doctrina Monroe* en el marco de la carrera imperialista por territorios y mercado. Blaine ocupó el mismo puesto durante la presidencia de Harrison (1889-1893) y delineó allí los objetivos comerciales y militares de los Estados Unidos en el Caribe y Suramérica. Para una lista de los ideólogos del imperialismo norteamericano en la década de 1890 ver Daniel Rodríguez (5-21).

Más que dos pueblos que a la lid se arrojan,
dos fuerzas son, terribles y contrarias,
que se disputan desde el negro Caos
el imperio del orbe.
Una clama: interés, la otra justicia,
y en razas enemigas encarnadas,
una lleva a magnánimas empresas,
la otra a robos audaces (en Orjuela 125).

La amenaza se nombró de diversas formas: utilitarismo, barbarie, vulgaridad democrática, características opuestas al *hispanismo* y la *latinidad* en sus versiones moral, lingüística y racial. *The Tempest* de Shakespeare proveyó el *escenario conceptual*: el puro y delicado Ariel latinoamericano fue invocado contra el bruto, salvaje, borracho y materialista Calibán norteamericano[26]. La oposición Ariel/Calibán –canonizada por José Enrique Rodó en su ensayo *Ariel* (1900)– sirvió para la composición utópica del imaginario y de la identidad latinoamericana en un presente conflictivo e inasible. *Ariel* declaró a Latinoamérica heredera de valores espirituales y estéticos transcendentes:

> Ariel, genio del aire, representa, en el simbolismo de la obra de Shakespeare, la parte noble y alada del espíritu. Ariel es el *imperio de la razón* y el sentimiento sobre los bajos estímulos de la irracionalidad; es el entusiasmo generoso, el móvil alto y desinteresado en la acción, la *espiritualidad de la cultura*, la vivacidad y la *gracia de la inteligencia*, –el término ideal a que asciende la selección humana, rectificando en el hombre superior los tenaces vestigios de Calibán, símbolo de sensualidad y de torpeza, con el cincel perseverante de la vida (*Ariel* 22)[27].

Ariel está estructurado como una "ficción pedagógica" (González Echevarría *The voice* 8-32). Próspero predica a la juventud[28] contra el materialismo, "la transitoria predominancia de esa función de la utilidad [...] que da su nota a la fisonomía moral del siglo" (52) y, lateralmente –como ejemplo de lo anterior–, contra la hegemonía cultural norteamericana y la "nordomanía" imitativa latinoamericana:

---

[26] Ariel y Calibán antes que figuras estéticas o *dramatis personae* (potencias de afectos y preceptos) son, merced a su lectura y apropiación política, potencias de conceptos: lo que Deleuze y Guattari denominan *personajes conceptuales* (*Qu'est-ce que la philosopie?* 60-81).

[27] Se cita de la edición definitiva de Gordon Brotherston.

[28] Sobre el concepto renaniano de la "juventud" ver "El Ariel de Rodó, o juventud, 'humano tesoro'" de Jaime Concha.

La concepción utilitaria, como idea del destino humano, y la igualdad en lo mediocre, como norma de la proporción social, componen, íntimamente relacionadas, la fórmula de lo que ha solido llamarse, en Europa, el espíritu de *americanismo*. [...] los Estados Unidos pueden ser considerados la encarnación del verbo utilitario. Y el Evangelio de este verbo se difunde por todas partes a favor de los milagros materiales del triunfo (68, 69)[29].

Sin embargo, la canonización antiimperialista de *Ariel* es tan equívoca como el hecho de que se le cite y recuerde por su tenue oposición Ariel/Calibán; asunto en verdad menor en el texto, pero que –por efectos de las preocupaciones antiimperialistas del momento– terminó por definir el ensayo[30]. Rodó, de hecho, apenas si menciona a Calibán en su *Ariel;* el fragmento trascrito es una de sólo tres instancias, ninguna de las cuales está referida a la geopolítica antiimperialista, sino a la "democracia" y a la revolución social. En segundo lugar, la apropiación latinoamericana de *The Tempest* es generacional, modernista. Estaba ya, antes de Rodó, en el imaginario de la época. El franco-argentino Paul Groussac (1848-1929) había hecho una referencia a Calibán en "Chicago: la ciudad y la exposición" (*Del Plata al Niágara* 1897), una crónica de su experiencia en la *World's Columbian Exposition* (1893). Calibán es para Groussac un adjetivo de la belleza brutal: "Chicago tenía su belleza propia [...] por su ruda y descomunal primitividad [...]. El espectáculo prolongado de la fuerza inconsciente y brutal alcanza cierta hermosura 'calibanesca'" (345). Esa "hermosura" desaparece en el 98 a raíz de la guerra entre los Estados Unidos y España. El 2 de mayo de 1898 –en un evento patrocinado por el *Club español* de Buenos Aires en el teatro *La Victoria*– Groussac se refirió a la agresión *"yankee"* y al cuerpo monstruoso (cali-

---

[29] Rodó matiza esta oposición señalando los logros materiales y culturales de los EE.UU. (73-76). Concluye con su famosa frase: "Por mi parte ya veis que aunque no les amo, les admiro" (76). Al final, espera la arielización de los EE.UU.: "Esperemos que el espíritu de aquel titánico organismo social, que ha sido hasta hoy voluntad y utilidad solamente, sea también algún día inteligencia, sentimiento, idealidad. Esperemos que, de la enorme fragua, surgirá, en último resultado, el ejemplar humano, armónico, selecto que Spencer [...] creía poder augurar" (91).

[30] Como ha señalado Gordon Brotherston: "Ya antes que *Ariel* fuese publicado, Rodó insistió en que sus comentarios acerca de los Estados Unidos [...] simplemente querían ser ilustrativos de su tesis principal. [...] Pero [...] edición tras edición, la cruda antítesis –Ariel (América Latina) versus, y superior a, Calibán (Estados Unidos)– fue atribuida de manera más y más general al ensayo de Rodó. Las razones para ello son casi completamente externas al texto mismo. [...] La crítica de Rodó a la sociedad norteamericana, combinada con su evasiva pero articulada admisión de su propia latinidad, estimuló la idea de que su grosero Calibán era realmente los Estados Unidos, e hizo a los lectores pensar en *Ariel* como una justificación simbólica de la propia superioridad racial y espiritual. [...] Ariel no era más símbolo del Sur que Calibán del Norte" (10, 12, 15). Rodó en un par de ocasiones se firmó con el pseudónimo Calibán (Rodrígez Monegal, "Metamorphoses of Caliban" 81).

banesco) de los Estados Unidos en medio de sus reflexiones sobre las bondades de la Conquista española, la excelencia de la literatura peninsular y la observación sobre la inmadurez de Cuba para la independencia:

> en el umbral del siglo xx ella [la civilización latina] mira erguirse un enemigo más formidable y temible que las hordas bárbaras [...D]esde la guerra de Secesión y la brutal invasión del Oeste, se ha desprendido libremente el espíritu *yankee* del cuerpo informe y '*calibanesco*' [...]. Esta civilización, embrionaria e incompleta en su *deformidad*, quiere sustituir la razón con la fuerza [...] No tiene alma, mejor dicho: sólo posee esa *alma apetitiva* que en el sistema de Platón es fuente de las pasiones groseras y de los instintos físicos (*Viaje intelectual* 100, 101).

Groussac delinea tangencialmente la caracterización modernista de los Estados Unidos como un monstruo deforme y voraz (con "alma apetitiva") que se yergue como enemigo de la "civilización latina" y que se metía en casa ajena sin respetar los "legítimos" títulos coloniales españoles en Cuba.

En realidad, desde 1893 –siete años antes de la publicación de *Ariel*– Rubén Darío proponía a Calibán y a Ariel como personajes metafóricos en un alegato desgarrado en favor de una idílica cultura hispánica y una familia latina fundada en valores espirituales enfrentados al modelo igualitario y capitalista de los Estados Unidos[31]. En su semblanza de Edgar Allan Poe (1894)[32], incluida en *Los raros* (1896), Darío se refiere a su viaje a New York (1893) bajo el acaloramiento y disgusto que le causaba "la sanguínea, la ciclópea, la monstruosa [...] capital del cheque" (*Los raros* 14, 15):

> "esos cíclopes..." dice Groussac; "esos *feroces Calibanes*..." escribe Peladan. ¿Tuvo razón el raro Sãr al llamar así a estos hombres de la América del Norte? Calibán reina en la isla de Manhattan, en San Francisco, en Boston, en Washington, en todo el país. Ha conseguido establecer el *imperio de la materia* desde su estado misterioso con Edison, hasta la apoteosis del puerco, en esa *abrumadora ciudad* de Chicago. Calibán se satura de whisky, como en el drama de Shakespeare de vino; se desarrolla y crece; y

[31] Recurrirá de nuevo a este motivo, aunque sin la centralidad del ensayo del 98, en "Los anglosajones" de *Peregrinaciones*: "Entre esos millones de Calibanes nacen los más maravillosos Arieles" (en Balseiro 126). Ésta es clave de lectura de una serie de textos como "D.Q". (1899), "La invasión de los bárbaros del Norte" (1901), "Invasión anglosajona: Centroamérica yanqui" (1902) y "A Roosevelt" (1905).

[32] Publicada en la *Revista Nacional* en enero de 1894 (Arellano, *Los raros: una lectura* 28). Hay otra alusión breve y temprana a Calibán en la semblanza "Augusto de Armas" de *Los raros*, como lo señaló Pedro Lastra (en Schulman 205): en ese escrito Darío dice de Stuart Merrill que: "como Poe, nació en ese país que Peladan tiene razón en llamar de Calibanes". Según Arellano este texto fue publicado en *La Nación* (4 de septiembre, 1893) (26-27).

sin ser esclavo de ningún Próspero, ni martirizado por ningún genio del aire, engorda y se multiplica; su nombre es Legión. Por voluntad de Dios suele brotar de entre esos *poderosos monstruos*, algún ser de superior naturaleza, que tiende las alas a la eterna Miranda de lo ideal. Entonces Calibán mueve contra él a Sícorax, y se le destierra o se le mata. Esto vio el mundo con Edgar Allan Poe, el cisne desdichado que mejor ha conocido el ensueño y la muerte [...]. Poe, como un Ariel hecho hombre, diríase que ha pasado su vida bajo el flotante influjo de un extraño misterio. Nacido en un país de vida práctica y material, la influencia del medio obra en él al contrario (16,17,19).

David Allen supone que "Chicago: la ciudad y la exposición" de Groussac habría influido esta nota de Darío sobre Poe[33]. La verdad, Groussac usa muy marginalmente el adjetivo *calibanesca* en la crónica chicagoense (y *calibanesco* en el discurso de La Victoria), mientras que en el texto sobre Poe, Darío hace una elaborada caracterización de la oposición Ariel/Calibán. Luego, en la coyuntura del 98, retomará estos *personajes conceptuales* en un artículo más o menos descuidado por la crítica[34], que apareció en *El Tiempo* de Buenos Aires el 20 de mayo de 1898 y en *El Cojo Ilustrado* de Caracas el 1° de octubre. Se titulaba "El triunfo de Calibán".

> Y los he visto a esos *yankees*, en sus abrumadoras ciudades de hierro y piedra y las horas que entre ellos he vivido las he pasado con una vaga angustia. Parecíame sentir la opresión de una montaña, sentía respirar en un país de cíclopes, *comedores de carne cruda*, herreros bestiales, habitadores de casas de mastodontes. Colorados, pesados, groseros, *van por sus calles empujándose y rozándose animalmente*, a la caza del *dollar*. El ideal de esos Calibanes está circunscrito a la bolsa y a la fábrica. *Comen, comen*, calculan, beben whisky y hacen millones. Cantan ¡*Home, sweet home!* y su hogar es una cuenta corriente ("El triunfo de Calibán" 451).

Se trata como dice Iris Zavala de un "asesinato simbólico de los invasores" mediante una "inversión anatrópica de signos culturales" ("The Dialogical" 95, 103). Un Darío de 1898, visto tradicionalmente como el esteta de la "torre de marfil", usaba con una retórica frontal la oposición Ariel/Calibán en defensa de "la hidalga y agobiada España", a propósito de la guerra de Cuba:

---

[33] Según Allen ese capítulo fue publicado en Buenos Aires en 1883 en un periódico que no cita (386). El texto está fechado en octubre de 1883 y la hipótesis de Allen es muy probable; pero la noticia de publicación que tenemos es la de la edición de 1897 (Canter 12).

[34] Hacen menciones y referencias al texto: Germán Arciniegas (315), Jorge Eduardo Arellano (*Los raros: una lectura* 83), David Allen (387-89), José A. Balseiro (120-21), Ricardo Castells (165), Castro-Morales (en Rodó 152), John Reid (195), Emir Rodríguez-Monegal (1977: 80), Alden T. Vaughan y Virginia Mason (147) e Iris Zavala (1992b: 92-107).

No, no puedo, no quiero estar de parte de esos búfalos de dientes de plata. Son enemigos míos, son los aborrecedores de la sangre latina, son los Bárbaros. Así se estremece hoy todo noble corazón, así protesta todo digno hombre que algo conserve de la leche de la Loba [...] No, no puedo estar de parte de ellos, no puedo estar por el triunfo de Calibán ("El triunfo" 451).

La nota sobre Poe de *Los raros* y de manera más extensa el alegato del 98 identifican al *yankee* con Calibán, un monstruo moralmente inferior que sucumbe al vicio de la bebida, y que reemplaza la razón con la fuerza, en contraste con Ariel que representa las alturas del espíritu. La bestia encarna el materialismo, una forma satánica del mal ("su nombre es Legión") vinculada al modelo norteamericano cuyas ciudades son emblemáticas de la "civilización bárbara" (oxímoron que conjuga los extremos de la proposición de Sarmiento). Miranda aparece como un eterno femenino virginal/maternal que extiende sus brazos al *idealismo latino*. Por último, las excepciones confirman la regla: Poe y Lanier (quien "se salva [...] por la gota latina que brilla en su nombre") se baten contra –y existen a pesar de– un medio corrupto que ha quebrado la *aristocracia del espíritu*.

Mientras en *Ariel* Rodó señala a Ernest Renan y Alfred Fouillée como sus fuentes, el Calibán de Darío apunta al espiritismo francés y a las ciencias ocultas a las que fue propenso el Modernismo (Ricardo Gullón 86-122; Cathy L. Jrade). En la semblanza de Poe, Darío citaba a Peladan a quien "leía con particular devoción" (Germán Arciniegas 315): "'esos feroces Calibanes...' escribe Peladan" ("El triunfo" 16). El Sâr Joséphin Peladan (1858-1918) –novelista y ocultista francés en la corriente angelista (opuesta al Satanismo) y fundador de la orden Rose-Croix (Pincus 2-9)– había profetizado el triunfo del materialismo (Arellano, *Los raros: una lectura* 85). Darío veía en el 98 el cumplimiento de tal vaticinio.

La noticia que Darío nos da del evento de *La Victoria* en "El triunfo de Calibán" es un ejercicio singular de la imaginación de la identidad latinoamericana dentro de una familia euro-latina. Darío hace de Roque Sáenz Peña, José Tarnassi y Paul Groussac, intelectuales metonímicos de esa familia: "representantes de tres grandes naciones de raza latina" (454) que con dignidad solemne se reúnen a condenar al voraz monstruo anglosajón. Sáenz Peña es presentado como vocero de toda Latinoamérica aprovechando su protagonismo durante la *Conferencia Internacional Americana* (1889-1890):

El uno era Roque Sáenz Peña, el argentino cuya voz en el Congreso panamericano opuso al *slang* fanfarrón de Monroe una alta fórmula de grandeza continental[35], y

---

[35] Roque Sáenz Peña (1851-1914), presidente de la Argentina (1910-1914). Contradictor de Blaine durante la *Conferencia Internacional Americana*, donde opuso a la doctrina Monroe y su *slogan*

demostró en su propia casa al piel roja que hay quienes velan en nuestras repúblicas por la *asechanza de la boca del bárbaro*. Sáenz Peña habló conmovido en esta noche de España, y no se podía menos que evocar sus triunfos de Washington. ¡Así debe haber sorprendido al Blaine de las engañifas, con su noble elocuencia, al Blaine y todos sus algodoneros, tocineros y locomoteros! En este discurso de la fiesta de *La Victoria* el estadista [...h]abló repitiendo lo que siempre ha sustentado, sus ideas sobre el peligro que entrañan esas *mandíbulas de boa todavía abiertas tras la tragada de Tejas*; la codicia del anglosajón, el *apetito yankee* demostrado, la infamia política del gobierno del Norte; lo útil, lo necesario que es para las nacionalidades españolas de América estar a la expectativa de un estiramiento del constrictor (453).

José Tarnassi (1863-1906) se convierte en un plenipotenciario de Italia:

> *Por Italia* el señor Tarnassi. En una música manzoniana, entusiasta, ferviente, italiana, expresó el voto de la sangre del Lacio; *habló en él la vieja madre Roma*, clarineó guerreramente, con bravura, sus decasílabos. Y la gran concurrencia se sintió sacudida por tan llameante *"squillo di tromba"*.

La figura central de esta *familia latina* es Groussac, a quien Darío asigna la representación de Francia:

> *En nombre de Francia*, Paul Groussac. Un reconfortante espectáculo el ver a ese hombre eminente y solitario, salir de su gruta de libros, del aislamiento estudioso en que vive, para protestar también por la injusticia y el material triunfo de la fuerza [...]. Los que habéis leído su última obra, concentrada, metálica, maciza, en que juzga al *yankee*, su cultura adventicia, su civilización, sus instintos, sus tendencias y su peligro, no os sorprenderíais al escucharle en esa hora en que habló después de oírse la Marsellesa. Sí, *Francia debía de estar de parte de España*. La vibrante *alondra gala* no podía sino maldecir el hacha que ataca una de las más ilustres cepas de la vena latina. Y al grito de Groussac emocionado: "¡Viva España con honra!" nunca brotó mejor de pechos españoles esta única respuesta: "¡Viva Francia!" (453, 454).

La "alondra gala" era el director de la Biblioteca Nacional que Darío denomina "su gruta de libros" aludiendo a la de Próspero[36].

"América para los americanos", la fórmula: "Sea la América para la humanidad" (Martí, 6: 81; Arellano, *Los raros: una lectura...* 84).

[36] Groussac se autorizaba valiéndose de su condición de origen que enarbolaba como garantía de su buen juicio en materia estética; pero escribía la mayoría de sus ensayos en español y sobre temas de literatura y política argentina y latinoamericana. Difícilmente podía ser considerado un representante de Francia.

El campo discursivo del latinoamericanismo es simultáneamente occidenta-lista y periférico. La latinidad modernista aparece como una procesión cultural liderada por Francia para la afirmación continental latinoamericana, pero ¡en defensa de España[37]! La construcción de esas "naciones de raza latina" y de Lati-noamérica –como hija de España, sobrina de Francia y nieta de Roma (455)– la realiza Darío mediante varias operaciones simultáneas e interdependientes: 1) la imaginación de una especie de pacto sanguíneo y de una comunidad racial tra-satlántica entre Europa meridional y América (no sajona) que continúa en el presente los valores transhistóricos de la antigüedad grecolatina; 2) el silencia-miento de las heterogeneidades étnicas y de clase intra-nacionales; y 3) la oposi-ción de esa América (latinizada) a la Modernidad capitalista hegemónica de los Estados Unidos.

Pese a haber conocido *Los raros* (José Agustín Balseiro 121) y aunque muy probablemente leyó "El triunfo de Calibán" antes de escribir su *Ariel*, Rodó esta-blece para su ensayo una genealogía francesa en la que no se halla Darío. Ernest Renan (1823-1892) le sirve de "mejor" autoridad que el nicaragüense. Renan había escrito *Caliban; suite de la Tempête. Drame philosophique* (1877, pub. 1878), una reescritura de *The Tempest* o, para ser exactos, una continuación del drama. Próspero se marcha de la isla y lleva a Calibán a Milán dónde éste se transforma gracias a la educación y el lenguaje, aunque continúa siendo un borracho y no deja de conspirar contra su amo (17-21). Calibán lidera una revolución alegando ideas igualitarias y derroca a Próspero (40-47). Éste trata infructuosamente con ayuda de Ariel de recuperar el ducado (49-54). En la derrota, Ariel, cuya magia se muestra impotente ante las masas, exclama: "¡Oh amo mío, *nuestro arte se esfumó!* Es imposible sobreponerse al pueblo [...], mi música parece haber perdi-do su antiguo poder. *Yo canto pero nadie me escucha.* [...] todo lo que es ideal y eté-reo no existe para el pueblo. Ellos sólo admiten lo real" (52, 53). Pocas frases resumen de manera tan sintética la "pérdida del reino" y la *matriz cultural de la derrota* del arielismo. Hasta este momento, *Caliban; suite de la Tempête* es una especie de alegoría reaccionaria de la caída del *Segundo Imperio* y el levantamien-to de la Comuna (1871). A partir de la victoria de Calibán comienza una aproxi-mación (en ocasiones, irónica) al republicanismo y la transformación del mons-truo en el poder. Ante el inicial escepticismo de Próspero, quien lamenta haberlo educado, Calibán se convierte en moderado, controla el anarquismo de la muchedumbre, entiende los límites del gobierno y la necesidad de alianzas con las clases adineradas y aristocráticas, y termina –él mismo– en el papel del

---

[37] "De Europa, del universo, nos llega un vasto soplo cosmopolita que ayudará a vigorizar la selva propia" ("El triunfo" 454).

ilustrado duque de Milán (45-68). Calibán defiende la propiedad privada, el boato y poder del Estado, y protege a los aristócratas (45-47) y a Próspero, que es perseguido por la Inquisición (58-64). Con la transformación del monstruo popular, Ariel deja de tener sentido, y la obra termina con su lamento y desaparición. *Caliban; suite de la Tempête* dramatiza hasta cierto punto algunos lugares comunes del pensamiento reaccionario como la ingratitud y rebeldía de las masas amorfas[38] y la inutilidad de las revoluciones populares[39]. En el *inconsciente político* de la obra están las olas de conflictos sociales, la emergencia de movimientos socialistas y anarquistas, la creciente lucha de clases al interior del capitalismo industrial y –por supuesto– el colapso del *Segundo Imperio* (1870) y el alzamiento de la Comuna de París (1871). Por otra parte, es notable cierta reconciliación –si bien tibia– con la *Tercera República* (1875): la aristocracia (Próspero) es derrotada por la democracia (Calibán), en quien sobrevive de alguna manera el proyecto ilustrado y anticlerical. Próspero, el intelectual, se pone al amparo y protección de Calibán, republicano ahora, y convertido en mecenas de la alta cultura.

La aceptación de la *Tercera república* es mayor en *L'Eau de jouvence* (1879) de Renan –otra continuación del drama shakesperiano– en la que reaparece Próspero en busca del elixir de la juventud, y abstraído en sus especulaciones pseudocientíficas[40]. Calibán "se ha portado muy bien" en el poder (86), pese a lo cual los nobles de Milán encabezados por el Barón Servadio le proponen a Próspero desestabilizar el gobierno de Calibán e iniciar una revolución restauradora aprovechándose de la proclividad del pueblo hacia el exceso (85, 86). Próspero se niega a volver al poder; alega que sus derechos son históricos y simbólicos y que

---

[38] "Calibán –dice el personaje Gonzalo– es una justa ilustración de las bajas clases. Toda civilización proviene de los aristócratas, y cuando el pueblo se educa y civiliza, se vuelve, en casi todos los casos, contra sus superiores" (57). Al final del último acto el Superior del monasterio resume las tesis de la obra: "toda civilización es la obra de aristócratas [...] Son ellos quienes disciplinan las razas inferiores [...]. Las razas inferiores, sin embargo, tales como el negro emancipado, evidencian una ingratitud monstruosa contra sus civilizadores" (65).

[39] Calibán no cambia sustancialmente el modo de ejercicio del poder aunque lo mediocratiza, para usar una expresión de Rodó. Al final de la obra, Renan coloca en boca de un plebeyo la siguiente máxima: "Nosotros creemos que el mundo cambia, pero siempre es la misma cosa" (62). El ascenso revolucionario no cambia la exclusión política del pueblo; "Calibán es sólo otro amo" (Koenraad Geldof 93).

[40] *L'Eau de jouvence* disminuye el drama político del ducado de Milán y la presencia de Calibán, quien aparece sólo al final. La obra se concentra en el personaje de Próspero y en sus discusiones sobre el papel de la iglesia, la corrupción del Papado, el sentido de la vida, la muerte, la vejez, el pecado, los goces sensuales, el reemplazo de la religión por la ciencia, etc. El Próspero de Renan afirma un espiritualismo práctico, casi positivista y sostiene la tesis de la materialización de lo espiritual: "En nuestro tiempo, el ideal tiene que hacerse realidad" (*L'Eau* 83).

respeta la República y los intereses y voluntad del pueblo (87): "nunca seré –concluye– el jefe de una conspiración contra mi propia gente" (88). Desde la introducción "Al lector" Renan confiesa que su primera idea habría sido

> una continuación de Calibán que le hubiera encantado a los conservadores. Próspero sería reestablecido en su ducado de Milán; Ariel resucitado, emprendería las revanchas de lo puro. Luego, me pareció que ese desenlace no era deseable. Me gusta Próspero, pero *raramente me agradan los hombres que son restablecidos en un trono. Calibán pulido por el poder me satisfacía más* (L'Eau 76).

El nuevo lugar de Próspero es el del académico, escéptico hasta de su propia autoridad, que profesa una fe civil anticlerical mezcla de idealismo utópico y positivismo cientificista según la cual "es la ciencia la que produce el progreso social" (90, 115, 122). Próspero ha aceptado la revolución que pone fin a su poder, e incluso cita apócrifamente *la dialéctica del amo y el esclavo*: "Sin Calibán no hay obra. [...] su odio ansioso que lo lleva a suplantar a su amo, es el principio del movimiento de la humanidad" (L'Eau 156). Por otro lado, Ariel revive reconciliando el espíritu (aristocrático y etéreo) con la carne (lo "real"): "¡Oh insólita dulzura! Me toco; me hago carne. Un calor que nunca sentí antes circula en mi ser" (154). Ariel ya no es el soldado del espíritu, sino la síntesis de la materia y el espíritu. La pureza no es posible porque "la corrupción proviene de la vida y la vida de la corrupción" constante (L'Eau 156). Ariel es una alegoría de la conversión republicana del monarquismo.

Entonces, por lo que respecta a *Caliban; suite de la Tempête* y especialmente *L'Eau de jouvence*, Renan no presenta enteramente a Calibán de manera negativa, pese a las numerosas lecturas que lo han visto así (i.e., Rodríguez Monegal, Achugar, Vaughan y Mason, etc.). Tampoco critica la democracia *per se* ni aboga por un simple espiritualismo intelectual. Como vimos, Calibán es el significante del parco republicanismo de Renan a mediados de la década de 1870. Las continuaciones de *The Tempest* de Renan indican un movimiento (ciertamente vacilante y lleno de recelos) del autoritarismo monárquico al liberalismo, de la fe religiosa al escepticismo, y del rechazo al Calibán temible de la Comuna, a la aceptación –no muy entusiasta aunque positiva– del Calibán republicano de la *Tercera República*. Calibán ha pasado de ser masa –naturaleza que como dice Próspero, "no se comprende a sí misma" (*Caliban* 22)– a ser pueblo: el sujeto colectivo interpelado por el Estado.

Rodó procede a una apropiación creativa de Renan mediada por la lectura de *L'idée moderne du droit en Allemagne, en Angleterre et en France* (1878) de Alfred Fouillée. Fouillée "censuraba a Renan su adhesión a una nueva, peligrosa y básicamente cínica 'école aristocratique' en Francia, [...] reclamaba la resurrección de Ariel" e incluso esperaba que gradualmente Calibán se convirtiera en Ariel (Brotherston "Introduction" 3). *L'Eau de jouvence* de Renan de alguna manera respondía a esta crítica. Pero Rodó no escribía en diálogo inmediato con el pensamiento político francés. Renán y Fouillée, y hasta el propio Shakespeare, son pretextos de un discurso cuya inmediatez histórica es determinada en última instancia por los conflictos sociales y amenazas que traían los desiguales procesos de modernización en Latinoamérica a fin de siglo. En *Ariel* Próspero (y alegóricamente el letrado) hace su monólogo magistral para alertar sobre "los peligros de la degeneración democrática" bajo el influjo de "la enorme multitud cosmopolita" y "la afluencia inmigratoria" (55). El arielismo, en general, definirá la cultura nacional en relación con un ideal apolíneo de orden, racionalidad, armonía y belleza opuesto a la multitud informe, *coro dionisiaco* o calibánico.

Carlos Real de Azúa ha planteado la nada ociosa pregunta de si el arielismo constituyó una ideología o sub-ideología dentro del liberalismo burgués y eurocéntrico de las élites americanas o si fue apenas una gesticulación romántica de las mismas en la coyuntura de la modernización. La *distribución* de conciencia de lo político en lo estético del arielismo no constituye necesariamente una oposición a la cosificación de la vida social, sino una reacción del letrado descentrado en el nuevo orden de la modernización, que tanto en el ámbito nacional como continental deja al poeta cortesano sin corte, como le sucede al poeta de "El rey burgués" de Darío (ver Perus 93, 137). *Ariel* redefine con una perspectiva aristocratizante ese lugar orgánico desestabilizado. El intelectual rodoniano es un conductor, un *héroe civil* como los que se figura Leopoldo Lugones en "La voz contra la roca" (*La montaña de oro* 1897)[41].

El arielismo representa –en diversos grados– una matriz reaccionaria. Como veremos, la mayoría de los arielistas, *más papistas que el Papa,* no sólo propugnaron por el magisterio político y cultural del intelectual, sino que expresaron de manera creciente su repugnancia y terror por la monstruosa muchedumbre calibánica, abogando por las dictaduras y el autoritarismo. Para el propio Rodó, la democracia –que exaltaba en abstracto– acarreaba desorden y mediocridad, el menoscabo de la cultura y el espíritu; y más grave aún, la "entronización de Calibán" atentaba contra la "inviolabilidad de la alta cultura". Recordemos que la *alta cultura* cumple en el arielismo el papel conceptual de la doncella hija de Próspero, bajo la amenaza constante de ser mancillada por el monstruo democrático:

---

[41] En "La voz contra la roca" el poeta es un héroe que tiene en sus hombros el viento, es el esposo de la primavera a quien "las flores le dan besos" y "Dios le sonríe;" es el escogido que anuncia el futuro en el "Nuevo Mundo" (53-60).

Según él [Renan], siendo la democracia la *entronización de Calibán, Ariel no puede menos que ser el vencido de ese triunfo.* Abundan afirmaciones semejantes a éstas de Renan en la palabra de muchos de los más caracterizados representantes que los intereses de la cultura estética y la selección del espíritu tienen en el pensamiento contemporáneo. Así, Bourget se inclina a creer que el triunfo universal de las instituciones democráticas hará perder a la civilización en profundidad lo que la hace ganar en extensión. Ve su forzoso término en el imperio de un individualismo mediocre. "Quien dice democracia –agrega el sagaz autor de *André Cornelis*– dice desenvolvimiento progresivo de las tendencias individuales y disminución de la cultura". Hay en la cuestión que plantean estos juicios severos, un interés vivísimo, para los que amamos –al mismo tiempo– por convencimiento, la obra de la Revolución, que en nuestra América se enlaza además con las glorias de su Génesis; y por instinto, la posibilidad de una noble y selecta vida espiritual que en ningún caso haya de ver sacrificada su serenidad augusta a los *caprichos de la multitud.* Para afrontar el problema, es necesario empezar por reconocer que cuando la democracia no enaltece su espíritu por la influencia de una fuerte preocupación ideal que comparta su imperio con la preocupación de los intereses materiales, ella conduce fatalmente a la privanza de la mediocridad, y carece, más que ningún otro régimen, de eficaces barreras con las cuales asegurar dentro de un ambiente adecuado la *inviolabilidad de la alta cultura.* Abandonada a sí misma, –sin la constante rectificación de una activa autoridad moral que la depure y encauce sus tendencias en el sentido de la dignificación de la vida–, la democracia extinguirá gradualmente toda idea de superioridad que no se traduzca en una mayor y más osada aptitud para *las luchas del interés,* que son entonces la forma más innoble de las *brutalidades de la fuerza (Ariel* 53, 54).

Como Sarmiento, Rodó menciona una "Esfinge" que propone su "interrogación formidable", y que es necesario enfrentar (31). El arielismo hacía una propuesta aristocratizante de afirmación de la hegemonía de la alta cultura en contradicción con la *Esfinge* calibánica, la amenazadora "ferocidad igualitaria" (59) y las "impiedades del tumulto" (68). La aristocracia es la del espíritu; esto es, la autoridad del letrado pontífice de la Cultura-culto. El argumento del gusto o de la *modernidad estética* de la civilización (modernidad custodiada por unos pocos) no se contraponía tanto a la modernidad tecnológica e industrial del Norte como a la(s) cultura(s) con minúsculas, a la modernidad de lo popular, y a la "regresión" que representaban las insurgencias obrero-campesinas y las olas de inmigrantes que además de fuerza de trabajo, traían anarquismo e ideas socialistas:

la afluencia inmigratoria [...] *nos expone en el porvenir a los peligros de la degeneración democrática,* que ahoga bajo la *fuerza ciega* [..]; que desvanece [...] todo justo sentimiento del orden [...]. Ha tiempo que la suprema necesidad [...] hizo decir a un publicista ilustre que, en América, gobernar es poblar. Pero esa fórmula famosa encierra una verdad contra cuya estrecha interpretación es necesario prevenirse, porque conduciría a atribuir una incondicional eficacia civilizadora al valor cuantitativo de la muchedumbre. Gobernar es poblar, asimilando, en primer término; educando y seleccionando, después. Si la aparición y el florecimiento, en la sociedad, de las más elevadas actividades humanas, de las que determinan la alta cultura, requieren como condición indispensable la existencia de una población cuantiosa y densa, es precisamente porque esa importancia cuantitativa de la población, dando lugar a la más compleja división del trabajo, posibilita la formación de fuertes elementos dirigentes que hagan efectivo el dominio de la calidad sobre el número. La multitud, la masa anónima, no es nada por sí misma. La multitud será un instrumento de barbarie o de civilización, según carezca o no del coeficiente de una alta dirección moral (*Ariel* 55, 56).

Ariel propone: 1) una serie de modos de selección social[42] que pese al idealismo general del ensayo guardan inusitados tonos darvinistas (como ha probado Maarten van Delden); 2) una pedagogía disciplinaria de control social: "La educación popular adquiere [...] un interés supremo. Es en la escuela, por cuyas manos procuramos que pase la dura arcilla de las muchedumbres, donde está la primera y más generosa manifestación de la equidad social" (56-63); y 3) un sistema político que concilie "el principio democrático", con "una *aristarquía* de la moralidad y la cultura" (66).

Mientras que en las obras de Renan Ariel desaparece, Próspero es sometido a Calibán y luego apoya su gobierno, en la de Rodó Próspero es la voz autorizada (la férula magistral) y Ariel, la presencia etérea que lo autoriza. El Próspero renaniano es un científico de laboratorio más o menos desencantado de lo político; el de Rodó un alquimista de la *ciudad letrada* que imagina una fórmula híbrida para el orden político: una democracia basada en una noción de *heroicidad*[43] y selección, en la cual "la supremacía de la inteligencia y la virtud [...] reciba su *autoridad* y su prestigio" (68); o, lo que es lo mismo: una aristocracia que se aparte del *superhombre* de Nietzsche y su "menosprecio satánico para los desheredados" (66) y que "descienda sobre las multitudes en efusión bienhechora del amor" (68). Esta "democracia" en manos de una elite intelectual compasiva –equidistante de la aristocracia desalmada y de la "barbarie irruptora" de la

---

[42] "Racionalmente concebida, la democracia admite un elemento aristocrático [...r]econociendo en la selección y la predominancia de los mejor dotados una necesidad de todo progreso" pero excluyendo "el efecto de humillación y de dolor" (*Ariel* 64, 65). Rodó se refiere igualmente a la selección intelectual mediante la educación (81, 82), a la selección de espíritu (88), y Ariel mismo es definido como "término ideal a que asciende la *selección* humana, rectificando en el hombre superior los tenaces vestigios de Calibán" (22).

[43] Tomada de Thomas Carlyle (*Heroes and Hero-worship* 1800).

muchedumbre y "las hordas [...] de la vulgaridad" (57)– aseguraría las "subordinaciones necesarias" (63).

El Calibán de Renan es, como se dijo, el pueblo contenido e interpelado dentro del republicanismo; el Calibán del *Ariel* será por muchos años el caníbal, la muchedumbre; esa humanidad heterogénea que va "empujándose y rozándose animalmente" por la calle como nos dice Darío ("El triunfo 451), a la que Groussac se refería con asco como un "advenedizo de la historia" y a quien Lugones invitaba a dejar las "hostias" de "carne sangrienta" por las del "dulce trigo" (57, 58). Mencionado apenas tres veces en *Ariel*, el Calibán es, como ha anotado Moraña, el "cuerpo en ausencia" que desde el exterior de la ciudad letrada la amenaza con su irracionalidad y resistencia a los proyectos hegemónicos de la modernidad; el cuerpo relegado al silencio, al discurso de la monstruosidad y a las áreas de dominación "donde las razas sometidas trabajan sin ser vistas para acercar la leña a los hornos metropolitanos" ("Modernidad arielista" 106, 107).

La tercera y última mención rodoniana de Calibán tiene que ver con la muchedumbre jacobina; el Ariel de Rodó es vencido, pero revive: "Vencido una y mil veces por la indomable rebelión de Calibán, proscripto por la barbarie vencedora, asfixiado en el humo de las batallas, manchadas las alas transparentes al rozar el 'eterno estercolero de Job', Ariel resurge inmortalmente". Regresa para dirigir "las fuerzas ciegas del mal y la barbarie para que concurran, como las otras, a la obra del bien" (101).

El elitismo arielista frente a los inmigrantes pobres y las masas obreras es patente en el asco de Darío por los roces inter-clase de la ciudad moderna y en las propuestas de democracia restringida de Rodó, así como en la tradición del arielismo posterior en la que Calibán –monstruo materialista y hambriento– fue el significante para la plebe levantisca. El alegado canibalismo de la masa está relacionado con la violencia y los ataques contra la propiedad, comunes en las insurrecciones populares. La confusión entre el cuerpo y la mercancía en la lógica del capitalismo decimonónico promueve la imaginación gótica de la muchedumbre y la asociación simbólica de las clases trabajadoras y pobres con la monstruosidad y el canibalismo en una paradójica antífrasis política que llama caníbal a quien, de hecho, es devorado por el capital. La propaganda contrarrevolucionaria europea promovió esa imagen de la masa devoradora durante y después de la Revolución francesa y haitiana [il. 28][44], y las subsecuentes revoluciones de 1830,

---

[44] Nótese cómo la escena caníbal popular de "Un petit souper, à la Parisienne" (1972) (British Museum, London) (en la que aparecen Pétion y Haití como caricaturas de la Revolución francesa arriba de un niño asado) recombina en un *bricollage* teratológico algunos elementos de las imágenes coloniales de festines tupinambá tales como la micro-escena de la preparación culinaria, la par-

1848 y 1871 (H.L. Malchow 61, 67). Las dos primeras ocurrencias de la palabra canibalismo registradas por el *Oxford English Dictionary* se refieren, de hecho, a las masas proletarias: en 1796, usada por Edmund Burke (1729-1797) contra la masa de la Revolución francesa (5: 140, 211, 212, 273, 287, 309) y en 1824 por Disraeli contra la turba (1766-1848) (67-69). Es en este desplazamiento semántico que el canibalismo de la masa parece reacomodarse en el Calibán de *The Tempest*. La matriz shakesperiana facilita el desplazamiento del proletario caníbal a Calibán y la alegorización reaccionaria de la política. Calibán es el monstruo ávido de las pesadillas del imaginario burgués: proletario insurrecto, dispuesto a comerse la comida que produce, a violar a Miranda y a destruir el mundo de Próspero. Calibán como masa informe tiene un lugar inestable en el drama de la identidad: entre el trabajo y la insurrección. Siempre a punto de volverse caníbal.

El arielismo suprime y desplaza a su *inconsciente* la lucha de clases eufemísticamente llamada por Rodó "caprichos de la multitud" y "luchas del interés" (53, 54). Pero al final del *Ariel*, después del monólogo de Próspero, la monstruosidad popular regresa a turbar el arrobamiento del verbo arielista: "Al amparo de un recogimiento unánime, se verificaba en el espíritu de todos ese fino destilar de la meditación. Cuando el *áspero contacto de la muchedumbre* les devolvió a la realidad que les rodeaba, era la noche ya. [...] Sólo estorbaba para el éxtasis la presencia de la multitud" (*Ariel* 103). Calibán es, ciertamente, más plebe que imperio.

Volvamos ahora a la crisis de 1898, a Rubén Darío y a la definición "externa" o continental de la identidad Latinoamericana. Debe insistirse en que el discurso elitista de la *crisis finisecular* no pensó la época fuera del antipragmático y aristocrático manifiesto de la *latinidad* y que, como se expuso, se definió contra los sectores populares y proletarios. Su visión del imperialismo "como una contradicción a la tradición hispánica, y un ataque a los fueros de la *intelligentsia* elevada por encima de la masa" (Moraña, *Literatura...* 67), es un síntoma del *desencuentro* de estos intelectuales con la Modernidad (parafraseando a Ramos) y una marca de los límites de su lectura de la cultura y de la historia.

Las metáforas shakesperianas y panlatinistas del latinoamericanismo de fin de siglo ponen en evidencia, además, el eurocentrismo de la *intelligentsia* latinoamericana, y su marginalidad o localización periférica (neo)colonial. Al nombrar su causa de identidad como la de la *raza latina*, acudían a una idea racista, de factura francesa[45] y paradójicamente diseñada en el proceso de constitución

---

ticipación de los niños, la desnudez (al menos parcial) de algunos participantes, las mujeres viejas (brujas), etc. [ils. 4 y 15].

[45] El *panlatinismo* que impulsó las aventuras imperiales francesas en Suez, Indochina y México, derrotado en Europa (después de la *Guerra franco-prusiana* 1870-71), resurge en Sur América a partir de la década de 1880 (John L. Phelan 5-21) y provee las metáforas con las que el latinoamerica-

del *botín americano* que se disputaban potencias como Inglaterra, Francia y Los Estados Unidos.

Los alegatos contra Calibán (de Groussac, Darío y Rodó) están enunciados desde la pérdida de autoridad del letrado característica del Modernismo y desde un espacio cultural cuyos referentes han sido descentrados por la emergente supremacía económica, militar y tecnológica de los Estados Unidos. Pero una de las contradicciones que definirán el arielismo –tanto de la vuelta del siglo como el posterior– será la inconstancia de su antiimperialismo y de su *beligerancia espiritual "latina"* contra el "imperio de la materia". El Darío que en 1898 concluía: "¡Miranda preferirá siempre a Ariel; Miranda es la gracia del espíritu; y todas las montañas de piedras, de hierros, de oros y de tocinos, no bastarán para que mi alma latina se prostituya a Calibán!" ("El triunfo" 455), no resiste la lectura de los versos de "Salutación al águila" (1907): "Tráenos los secretos de las labores del Norte, / y que los hijos nuestros dejen de ser los rétores latinos / y aprendan de los yanquis la constancia, el vigor, el carácter" (*Poesías* 2: 707-709).

Cuatro paradojas adicionales pueden ilustrar los límites del antiimperialismo arielista del 98 en Rubén Darío:

1. En el "El triunfo de Calibán" Darío insiste pródigamente en imágenes de consumición: "comedores de carne cruda [...] Comen, comen [...] la asechanza de la boca del bárbaro [...] el peligro que entrañan esas mandíbulas de boa todavía abiertas tras la tragada de Tejas [...] el apetito *yankee* [...] del Norte, parten tentáculos de ferrocarriles, brazos de hierro, bocas absorbentes [...] a la vista está la gula del Norte" etc. (451, 452, 453, 454). La visión del monstruo como un caníbal devorador disfrazado de panamericanismo es explícita y específicamente referida al caso cubano:

> Sólo una alma ha sido tan previsora sobre este concepto, tan previsora y persistente como la de Sáenz Peña: y esa fue –¡curiosa ironía del tiempo!– la del padre de Cuba libre, la de José Martí. Martí no cesó nunca de predicar a las naciones de su sangre que tuviesen cuidado con aquellos hombres de rapiña, que no mirasen en esos acercamientos y cosas panamericanas, sino la añagaza y la trampa de los comerciantes de la *yankería*. ¿Qué diría hoy el cubano al ver que so color de ayuda para la ansiada Perla, *el monstruo se la traga con ostra y todo?* (453).

Luego, en "Invasión anglosajona: Centroamérica yanqui" (1902), Darío denunciará de nuevo el apetito de los Estados Unidos justo antes de la intervención en Panamá y temiéndola en Nicaragua:

nismo imagina una *familia latina universal* liderada por Francia; una Francia, claro, purgada de los conflictos sociales de la Comuna, de socialismo y de imperialismo.

Un ministro de la República de Nicaragua –el señor Gómez– decía al célebre escritor colombiano Vargas Vila: "Que los americanos nos han de comer, es un hecho. No nos queda más que escoger la salsa con que hemos de ser comidos" (*Escritos dispersos* 142).

Sin embargo, Darío –que tenía frente a sí esta imagen del imperio voraz– no relacionó a Calibán con el término *caníbal*, más acorde con el campo léxico de su caracterización de los Estados Unidos.

2. La resistencia humanista a la consolidación del poder hegemónico norteamericano y al imperialismo no encuentra un ícono en Calibán, como sucederá posteriormente con la avanzada contracolonial en el Caribe (George Lamming, Aimé Césaire, Roberto Fernández-Retamar) (Capítulo VI). Darío y Rodó no se reconocen en el monstruo colonizado que maldice al usurpador[46], sino en Ariel o en Próspero. Darío en 1898 no advierte en sus propias palabras el drama calibánico:

> Pero hay quienes me digan: "¿No ve usted que son los más fuertes? ¿No sabe usted que por ley fatal hemos de perecer tragados o aplastados por el coloso? ¿No reconoce usted su superioridad?" Sí, ¿cómo no voy a ver el monte que forma el lomo del mamut? Pero ante Darwin y Spencer no voy a poner la cabeza sobre la piedra para que me aplaste el cráneo la gran Bestia [...] no he de sacrificarme por mi propia voluntad bajo sus patas, y si me logra atrapar, al menos *mi lengua ha de concluir de dar su maldición última*, con el último aliento de vida (455).

En la crisis que ocasionó el avance imperial norteamericano, la inversión de la metáfora (identificarse con el monstruo) no era posible. Los tropos del latinoamericanismo (el drama internacional) no podían entrar en contradicción con las metáforas de las *insurgencias calibánicas* en el "drama interno". El compromiso de estos intelectuales con un alto concepto de Europa, su identificación clasista con la alta cultura y su *occidentalismo*, los ponía del lado de la "civilización" y del apolíneo Ariel; los hacía rechazar cualquier protagonismo identitario proveniente de la efervescencia popular. Temerosos de la insurgencia de esos nuevos sujetos políticos, vieron en esas fuerzas al monstruo rebelde e hicieron del llamado "materialismo" de los Estados Unidos y de la muchedumbre, harina de un mismo costal.

---

[46] Darío probablemente no estaba al tanto, o no le interesaba, la lectura romántica de *The Tempest* hecha por William Hazlitt (1818), a raíz de una discusión con Coleridge sobre la imputación que éste hiciera a los Jacobinos de ser usurpadores, bárbaros y calibanes. Hazlitt cuestionaba el derecho del invasor civilizado y afirmaba el derecho a resistir que asistía a Calibán, "the legitimate sovereign of the isle", contra "Prospero and the rest of the usurpers" (3: 207).

3. De la pluma de Martí obtuvo Darío el material de una lectura intensa de los Estados Unidos; el lector de "El triunfo de Calibán" notará cierta intertextualidad, por ejemplo en los juicios severos a Blaine y a Gould. Pero la defensa dariana de España en las condiciones de ese momento constituía un alegato contra Cuba y la herencia política de Martí, pese a los *golpes de pecho* por su muerte. Darío dirige su "panfleto cultural"[47] contra los Estados Unidos; no contra España[48], ni contra ningún otro país europeo con intereses (neo)coloniales en el área. Arturo Andrés Roig, hablando de Martí, Hostos, Darío y Rodó, dice que el discurso del 98 americano no es

> expresado en lo que en la Península se llamó "literatura del desastre" o de la "decadencia española", expresión de la frustración histórica, de sentimientos injustificados de desaliento y derrota. ¿Cómo iban a lamentar los caribeños el fin de un imperio? Lo que sí habían de lamentar y lamentamos todavía, fue el reemplazo de aquel por otro ("Calibán y el 98" 135, 136).

Por lo que respecta a "El triunfo de Calibán" no se puede aceptar la tesis de Roig; ese discurso hacía causa común con la política exterior española. El Hispanismo desde mitad del siglo XIX –pero especialmente en la coyuntura del 98– le hacía juego a la nostalgia imperial peninsular (John Reid 123). La simpatía de Darío por la causa martiana era sentimental: "Y yo que he sido partidario de Cuba libre, siquier fuese por acompañar en su sueño a tanto soñador y en su heroísmo a tanto mártir, soy amigo de España en el instante en que la miro agredida por un enemigo brutal" (455). Darío lamenta el surgimiento del nuevo imperio, es cierto; pero no deja de hacer lo mismo por el fin del anterior.

4. En la geografía simbólica de "El triunfo de Calibán" pueden rastrearse los intereses del proyecto liberal Argentino que tenía la pretensión de erigir una potencia en el sur del continente: "Sáenz Peña, el argentino cuya voz en el Congreso panamericano [...] demostró en su propia casa al piel roja –escribe Darío– que hay quienes velan en nuestras repúblicas por la asechanza de la boca del bárbaro" ("El triunfo" 452). Esta lógica del contrapeso la repite Darío en "A Roosevelt": "Apenas brilla, alzándose, el argentino sol" (*Poesías* 2: 339-641). De cualquier manera, el "argentino sol" se alzaba en medio de un pacto (neo)colonial entre las oligarquías y el capital inglés, en cuyas manos estaban los ferrocarriles,

---

[47] Jameson usa esta expresión al hablar de "Calibán" de Fernández-Retamar ("Prefacio a Calibán" 6).

[48] Darío por momentos está respecto a Fernández-Retamar más cerca de lo que pudiera pensarse. Tiene una diferencia de tropos, pero el sentido de su alegato es paralelo: el reclamo de una identidad y unidad latinoamericana, opuesta a la intervención y avance de los Estados Unidos.

la banca, el gas, la industria frigorífica, los seguros y las manufacturas. Como bien señala Sergio Ramírez, Argentina no era, realmente, el otro polo de desarrollo del continente americano" como insinuaba Darío en "A Roosevelt" y en *Canto a la Argentina* (1910).

Estos límites de la metáfora –el que no relacione el Calibán (norteamericano) con el canibalismo, ni a Calibán con Latinoamérica, que no extienda el "escenario conceptual" de *The Tempest* a España, y que defienda una imaginaria contra-hegemonía de la Argentina– pueden tener relación causal con las pobres herramientas del humanismo burgués para entender su tiempo allende el espiritualismo antipragmático. Lo que se ha indicado respecto de *Ariel*, es decir, que no se detuvo en "las causas político-económicas del fenómeno imperialista", sino que se quedó en la resistencia axiológica programática (Moraña, "Rodó" 660), puede bien hacerse extensivo a "El triunfo de Calibán".

La posición problemática de esta generación se anuda en la pérdida de autoridad de su quehacer letrado y en el correspondiente intento por legitimar la literatura en la medida de su resistencia a los flujos de la modernización (Ramos 10), al tiempo que –para defender a una potencia decadente contra una emergente– se permitía retozos eurocéntricos como la construcción de un discurso de identidad con fuentes ideológicas en Shakespeare, en los ideólogos del imperialismo francés, o, en el mejor de los casos, en sus espiritistas.

Por ello Groussac sin rubor, habla de la inmadurez de Cuba para la independencia[49] y Darío trae a su monólogo a una España vetusta y no a la que libró una guerra contra los cubanos y que, de alguna manera, con su insistencia en conservar la colonia, posibilitó la intervención de los Estados Unidos.

> "Y usted ¿no ha atacado siempre a España?" Jamás. España no es el fanático curial, ni el pedantón, ni el dómine infeliz, desdeñoso de la América que no conoce; la España que yo defiendo se llama Hidalguía, Ideal, Nobleza; se llama Cervantes, Quevedo, Góngora, Gracián, Velázquez; se llama el Cid, Loyola, Isabel; se llama la Hija de Roma, la Hermana de Francia, la Madre de América ("El triunfo" 455).

La retrospección al *Siglo de Oro* desenterraba a una España imperial de glorias estéticas, soslayaba la densidad histórica –vale decir, colonial– del conflicto y

---

[49] "[L]o he discutido con ese espíritu ardiente e iluso de José Martí, primera y deplorable víctima de la guerra fratricida. Los argumentos que yo oponía entonces a su proyecto utópico, son los mismos que ahora acuden a mis labios. El sentimiento de independencia es legítimo y sagrado cuando es espontáneo y obedece, no a sugestiones extrañas e interesadas, sino a la plena conciencia de la propia capacidad política. [...] Todas las colonias españolas del continente se han emancipado, sin apoyos ni auxilios exteriores, porque estaban más o menos maduras para la emancipación. Cuba no se encuentra ahora en una situación análoga" (Groussac, *El viaje intelectual* 103).

obviaba a la España finisecular que con su aparato político y bélico hizo de la población civil de la isla un objetivo militar en la campaña de *tierra arrasada* del general Valeriano Weyler en 1896.

"El triunfo de Calibán", en conclusión, tiene un valor representativo de los debates de la época y del imaginario del 98 y de los alcances y límites del discurso arielista frente a la modernidad, el imperialismo y la identidad continental. Cuando Rodó dos años después publica su ensayo interpelando en su dedicatoria a "la juventud de América" parecía mirar al futuro, en realidad cerraba, bajo el ropaje de la propuesta de un *deber ser*, una época en agonía. Detrás de la grandilocuencia de ese texto y de la vehemencia enconada del de Darío, estaba la misma frustración e impotencia; la de una generación que hizo un discurso utópico en las puertas de su Apocalipsis.

3. CÓNDORES DORMIDOS, ÁGUILAS HAMBRIENTAS Y EL ARIELISMO APOCALÍPTICO
    DE JOSÉ MARÍA VARGAS VILA

> Águila, existe el cóndor. Es tu hermano en las grandes alturas
> (Rubén Darío, "Salutación al águila" *Poesías*, 806).

> ¡nada, nada! Nada despierta los cóndores, que duermen con las alas rotas, sobre los estandartes vencidos; nada; y las águilas llegaron, [...] y posadas sobre el pecho de los pueblos inertes devoraron su corazón (José María Vargas Vila, *Ante los bárbaros*, 67).

En los años que van de la *Guerra del 98* al fin de la *Primera guerra mundial*, los Estados Unidos consolidan su hegemonía en el Caribe y Latinoamérica y se convierten en un imperio continental, transoceánico y mundial[50]. Bajo diversos estatutos legales, Puerto Rico y Hawai habían quedado convertidas en colonias norteamericanas en el 98; las Filipinas, en 1902 tras una guerra contra la insurgencia popular. Cuba, bajo el control militar y político de los Estados Unidos, no se convirtió en una colonia formal pero quedó sometida a un régimen neocolonial que limitaba su soberanía (*Enmienda Platt* 1902). Al año siguiente los Estados Unidos intervinieron en Panamá (ya lo habían hecho antes en varias ocasiones) y promovieron su secesión a fin de sortear la negativa del congreso colombiano de aprobar el tratado Hay-Herrán para la construcción del Canal. Una nueva ocupación de Cuba (1906-1909), así como inter-

---

[50] No sin tensiones con otras potencias europeas. En 1903, por ejemplo, Alemania tenía planes para la invasión de Puerto Rico y una guerra colonial con los Estados Unidos (Freeman 99).

venciones en Haití y República Dominicana (1915, 1916) daban la hora del Imperio.

Si ya en la coyuntura del 98 el arielismo rodoniano –y su lectura estetizada de la historia– era un discurso en crisis, en las primeras décadas del siglo XX se expresa como una verdadera *matriz cultural de la derrota* frente al imperialismo. Acaso uno de los documentos que mejor expresa las fisuras de este latinoamericanismo es *Ante los bárbaros: los Estados unidos y la guerra* del colombiano José María Vargas Vila (1860-1933); en su tiempo, el más leído y publicado de los modernistas. El ensayo recoge diversos escritos que datan de la Guerra Hispano-Americana[51] y la intervención de los Estados Unidos en Panamá (1903). La "edición definitiva" y palimpséstica de este libelo cultural en 1917 constituye un recorrido por el surgimiento y crisis apocalíptica del arielismo y de sus metáforas. Su inclemente requisitoria contra el expansionismo norteamericano, su "diplomacia de cañoneras" y su "política del garrote" constituyen una suerte de epílogo estertóreo del antiimperialismo arielista.

Vargas Vila, que coincide con Martí en Nueva York en 1891, compartió con éste sus preocupaciones ante el imperialismo norteamericano[52], y extremó los tropos de su poética discursiva. El ensayo lamenta el cumplimiento de los vaticinios de Martí y llama a los Estados Unidos *carnicero, tigre, águila, lobo, pantera hambrienta, leopardo, raza voraz y monstruo comedor de carne humana*. El de los norteamericanos es el *triunfo del caníbal* en la que él llama "la hora [...] de los grandes carniceros [...y] del festín", en la que "ellos se alimentan de cadáveres; cadáveres de hombres, y, cadáveres de pueblos" (12). El yanqui *"ha –dice– engordado con la sangre* que fecunda la Tierra; pueblo sin corazón, él *no tiene sino vientre"* (17). Vargas Vila se refiere a una serie de triunfos del imperialismo norteamericano que se suceden unos a otros sin que nada parezca impedirlo:

> En Cuba, la protección, la conquista disfrazada; en Manila la batalla, conquista declarada; en Puerto Rico la posesión, conquista tolerada; en Santo Domingo, la ocupación, conquista descarada; en Panamá, la intervención, conquista desvergonzada; siempre y doquiera conquista. [...] *Raza voraz,* enemiga y, desdeñosa, pueblo inmenso, bastardo, y cruel [...] con una idea monstruosa de superioridad, y, una invencible idea de conquista. [...] El *apetito del monstruo se ha despertado* [...] *no está saciado, y, su fiebre es de conquista* (44-47).

[51] De hecho, una primera versión del ensayo, sin fecha, fue al parecer publicada en Roma en 1900.

[52] *Ante los bárbaros* puede calificarse hasta cierto punto como una relectura de Martí en el contexto de las continuas intervenciones en Panamá, Centroamérica y el Caribe, y una objeción al tono conciliatorio que intelectuales como Darío habían adoptado frente a los EE.UU. después de *La conferencia panamericana* de 1906.

La Argentina ya no ofrece la ilusión del contrapeso, como lo había hecho en Rubén Darío:

> muertos Julio Roca y Sáenz Peña, que vivos vieron el peligro, y soñaron con afrontarlo y combatirlo. ¿no queda en la gran República pampera, un Político de talla, un estadista eminente [...] capaz de abarcar la magnitud del problema americano, y, buscar una solución victoriosa, a este alarmante y vergonzoso desaparecimiento de pueblos? no quiero creerlo (20).

Fundado en los tropos martianos del *cuerpo devorado* y del *monstruo insaciable*, Vargas Vila concluye que "nadie puede ir en ayuda de los pueblos que [los yanquis] devoran". Los Estados Unidos son el lobo feroz que congrega a las ovejas alrededor del panamericanismo:

> esos pueblos de América [...] tal vez mañana no serán, sino una vaga nomenclatura en la Cronología de la historia [...] porque el *lobo del Septentrión, ríe a los corderos del Sud*. [...] y el mundo tiembla, bajo las garras del *ave carnicera* [...L]as hordas adventicias del pillaje, llenan el mundo y, los perros que lamieron la sangre de Jetzabel, aúllan en la sombra, cerca al cadáver insepulto de pueblos despedazados (22, 32, 34-36).

Mientras que para Darío lo hispánico y el *Siglo de Oro* servían para formular un *heroísmo de la inutilidad*, Vargas Vila dice que "el yelmo de don Quijote, y, su lanza enmohecida, no son armas de combate" (56). La función del escritor, señala, es "dar el grito de alerta" (58). Pero esa alerta –en la *matriz cultural de la derrota*– deviene agonía y duelo. Por momentos, Vargas Vila invoca el renacimiento de América, pide que despierten "los cóndores de Ayacucho" (54) y vaticina que esos cóndores saldrán de su sueño y lucharán con las águilas, y que "habrá choque en el aire [...] nubes de plumas desgarradas, sonidos de alas rotas, desbandada de águilas que huyen" (65). Pero inmediatamente después de avisar esta lucha, las aves latinoamericanas –desplumadas por las del Norte– duermen profundamente: "¡nada, nada! Nada despierta los cóndores, que duermen con las alas rotas, sobre los estandartes vencidos; nada" (67).

El ensayo exhorta a la lucha de los pueblos hispánicos y clama por la formación de una gran *familia latina*[53] y por la unión con Europa, al mismo tiempo que lamenta la desunión continental y que Europa le dé la espalda a Latinoamérica. Pide –como Torres Caicedo, Martí y Rodó– un frente latinoamericano,

---

[53] La fórmula simbólica de esta *familia latina* es la "unión de esos países con la Madre Patria, unión estrecha y filial ante el espanto, y el peligro, frente al furor, y al odio del contrario, la *aproximación a Italia*, y, a la *Francia*, las dos hijas mayores de la raza" (*Ante los bárbaros* 76).

"UNION, UNION, UNION" (60); pero sostiene que ésta es una alianza sin esperanzas y doblemente traicionada:

> y, *el leopardo devoró repúblicas en flor*; y, pueblos libres expiraron bajo la garra potente; y, ante ese espectáculo de horror, la Europa calló o aplaudió, cómplice o cobarde; [...] ¿qué hace la *América Latina, que es la presa codiciada* por la ambición, para el desmembramiento y, la Conquista? la América sueña o calla (39, 40).

> Que la Europa aplauda hasta romperse las manos, las aventuras bestialmente grotescas de los Estados Unidos contra la independencia de nuestros pueblos; [...] pero que sus actitudes amenazantes [...] lleguen a ser aplaudidas, por hombres y, prensa de Sur América, eso si me indigna y, me subleva (115, 116).

Ante los bárbaros deplora la múltiple *traición familiar*: la connivencia de Europa, la indolencia de los gobiernos latinoamericanos que tienen alianzas estratégicas, económicas y militares con los EE.UU., y la complicidad de algunos países o políticos latinoamericanos que –como en Santo Domingo o Nicaragua– piden la intervención de los Estados Unidos: "hartos de su propia tiranía [...] piden la extraña; el tacón de la bota de sus amos no basta y piden los amos extranjeros para poner bajo ellas los labios tumefactos de Adoración" (119, 120). Asistimos a la fragmentación de la identidad y unidad de "lo latinoamericano" o, como dice Vargas Vila, al *"Finis Latinorum"*: "Y mientras ellos duermen en una indiferencia culpable o se desangran en una lid homicida, la invasión avanza [...]; en su bandera estrellada [la de los EE.UU.] y, en las alas de sus águilas, va escrito el lema formidable; la sentencia de muerte de una raza: *Finis Latinorum*" (42). A la fragmentación geopolítica de Latinoamérica se suma, además, la peor pesadilla del arielismo: una escisión clasista de lo nacional proveniente de las temidas muchedumbres:

> el espanto que el bramido bestial de la multitud estulta, causa en el sagrado pudor de las ideas; el asombro probado ante el contacto de la vileza humana que hace diluir en desprecio las cimas ríspidas de la más alta ambición; [...] la desilusión colérica de quien ha creído en el apostolado de la Palabra, en el sacerdocio del Pensamiento, y, ve de súbito la Histrionía tribunicia profanando la cátedra, y, el ara, y el santuario mancillados; el desencanto de las almas que han visto [...los] ideales pisoteados por la multitud irresponsable y trágica –a un mismo tiempo augusta y vil (27, 28).

El letrado concluye su alegato contra la multitud haciendo una hipóstasis de la literatura ("apostolado de la Palabra") y de su lugar en el cielo, su mirada privilegiada y su autoridad:

> el Verbo es el águila triunfal que lleva la tempestad bajo las alas, y, desflora y, rompe con su vuelo todas las soledades del Silencio [...] las cimas y, los valles expectantes,

escuchan absortos la música lejana de ese vuelo... ¡*paso a las águilas del Verbo*!. [...] La *caricia brutal de su palabra denunciadora*, debe pasar sobre la multitud como un ala de fuego, y, debe aplicar el beso sangriento de sus labios vengadores sobre la máscara deforme del grande Enigma [...]: la Muchedumbre (29, 31).

Nuevamente el *Enigma* del monstruo popular. La *pérdida del reino* del hombre de letras deviene una añoranza de hegemonía política, nostalgia del *imperio del Verbo* sobre la multitud "irresponsable y trágica". La *ciudad letrada* escoge como tropo para sí el *vuelo* de águilas "triunfales" *sobre* la muchedumbre; es decir, la misma ave imperial que usa para los enemigos del Norte: "el águila imperial [EE.UU.] señorea [...]; sus alas ocultan el sol de la Justicia; y el mundo tiembla, bajo las garras del ave carnicera" (34). Los cóndores dormilones y metonímicos –que fueran desplumados por las águilas norteamericanas– aspiran en el espacio interno nacional a ser águilas de otro imperio: el letrado. El símbolo usado para el monstruo del Norte es el mismo usado para la palabra que lo denuncia, y para el intelectual que define su lugar de enunciación jerárquica en las alturas. Las "águilas del verbo" aspiran a pasar sobre la multitud ya no en "efusión bienhechora del amor" como en *Ariel* (68), sino como "beso sangriento" y "ala de fuego" (*a sangre y fuego*). Vargas Vila revela en esta comunidad de tropos la violencia y las exclusiones fundacionales del latinoamericanismo modernista, el "origen de su origen", la gramática del arielismo: su colonialidad.

Otro de los pilares temblorosos sobre los que se funda el arielismo es un sujeto masculino actor de la historia (Próspero, Ariel y Calibán) a cuyo drama político y moral se subordina el relato de la identidad. Miranda, cuerpo femenino estetizado y en peligro de ser mancillado por el monstruo democrático, está bajo la protección de Ariel y la autoridad y designios de Próspero (el hombre de los libros). Ella es el objeto del deseo de lo nacional y la metáfora política para la paranoia respecto a lo que Rodó llamaba "la inviolabilidad de la alta cultura". En "El triunfo de Calibán" Darío decía: "Miranda preferirá siempre a Ariel; Miranda es la gracia del espíritu" (455). En *Ante los bárbaros*, Miranda ha sido ya mancillada por el bárbaro calibánico (EE.UU. y la muchedumbre). Los Estados Unidos están

echados sobre nuestra América, como un león en el circo romano, prendido a los pechos sin jugo de una virgen, hechos para ser devorados, pero incapaces de lactar una fiera; un tigre prendido a los pezones de una mártir (145).

Otro cuerpo femenino, el cuerpo deseante de la muchedumbre monstruosa, "se entrega a la mediocridad" y provoca en "las almas apasionadas y altivas":

el espanto, que el bramido bestial de la *multitud estulta*, causa en el sagrado pudor de las ideas; [...y] el desencanto de las almas que [...] han sorprendido en la faz de ese *monstruo, poliforme y rumoroso*, la expresión de desdén estúpido que le inspiran los hombres superiores, porque *ella* no ama sino la mediocridad sumisa, que mira y, no fascina, lame y no muerde, gime y, no ruge, acaricia y, no desgarra... y ¡tiene miedo a la zarpa del león! (28).

Mientras la identidad es una mártir virgen cuyos pechos desgarra una fiera (los EE.UU.), la muchedumbre es una feminidad monstruosa que se entrega lasciva al león en una especie de frenesí zoofílico masoquista.

En un plano aún más problemático, los ideologemas de la latinidad y de la raza latina que sostienen el edificio discursivo del latinoamericanismo son, al mismo tiempo, invocados y puestos en tela de juicio (80-84). "¿Somos latinos los americanos del Sur?" se pregunta Vargas Vila, después de haberlo afirmado durante todo el ensayo (80). Su respuesta es negativa: "No somos latinos; somos latinizados. [...] No pertenecemos a la raza latina, pero sí a las naciones latinas" (81, 83). El significante de la *raza* en *Ante los bárbaros* es tan enfático como endeble; aunque a lo largo de todo el texto la raza *nuestra* se ha opuesto a la barbarie y apetitos de la raza *Otra*, ahora se argumenta que no hay razas superiores y que Latinoamérica no es latina porque las sociedades latinoamericanas son demasiado heterogéneas racialmente. En cuanto a lo primero, Vargas Vila opina que "no hay razas inferiores" (80), ni "hay diversas humanidades" (81), y que el hombre es en todas partes el mismo "triste animal pensante, condenado a la pena de vivir. El mismo, desde el *caníbal antropófago de la Nueva Guinea*, al bello animal rubio hiperbóreo, como llama Nietzsche al germano" (81). Dice que no hay razas inferiores, pero todo su discurso se basa en el presupuesto de una utópica unión "bajo el estandarte glorioso de la raza" (76). Su argumento sigue siendo *occidentalista*, en el "juego de su instancia" (Foucault, *La arqueología* 41). La colonialidad determina sus posibilidades e imposibilidades discursivas. Nótese que Vargas Vila no se refiere al canibalismo *caribe*, sino al nuevo salvaje de la antropología: al caníbal de Nueva Guinea, la nueva frontera salvaje del imperialismo moderno. Se apoya, asimismo, en el concepto de raza que niega: "No somos latinos" porque no somos *"puros* latinos" sino un *"turbión de razas*, una como barra formada por el *oleaje fortuito* de una marejada de pueblos" (80). Anticipándose a la concepción de la historia de José Vasconcelos afirma que "el elemento étnico, es toda el alma de nuestra historia" (90). La crisis de la latinidad como herramienta de pensamiento se hace patente en esta negación racista de la raza. Según Vargas Vila, repitámoslo, es la impureza lo que hace que no seamos latinos:

Somos esa mezcla abigarrada de salvajismo, y, de refinamiento, teniendo todos los furores de la selva, y, todas las arterias de la civilización; confinando por un lado con el mono, [...] como César, el romano, podemos hacer el alegato de nuestra ascendencia divina, y, como Darwin, el sajón, podemos enorgullecernos también, de nuestro abolengo simiesco (80, 81).

La proposición conserva la jerarquía entre lo primitivo (abajo) y lo civilizado (arriba), entre lo simiesco y lo "rubio hiperbóreo". En la "mezcla abigarrada" latinoamericana lo latino es *europeo*, *"refinamiento"*, *"civilización"*, *"ascendencia divina"*; y lo americano y africano –vale decir lo heterogéneo– *salvajismo*, *"furores de la selva"*, *"abolengo simiesco"*;

> y mientras grandes *monos épicos* [...] llenan nuestras selvas con el grito guerrero, de sus heroísmos mitológicos, o sorprenden y asombran el criterio de la Historia con el horror de sus tiranías bozales y grotescas, *espíritus nuestros cultivados y exquisitos*, afinados y sutiles, llenos del más *puro helenismo*, sorprenden el pensamiento de la Europa, y fuerzan su admiración con la riqueza de una cultura que asombra y la exquisitez de un gusto artístico que encanta; pero, nuestras *multitudes acerebradas y analfabetas*, vegetan en un limbo cercano al de las *bestias*, y, su inviolada animalidad las hunde en un marasmo [...]; *no somos aún amorfos"* (82).

Nótese la distribución racial interna de la heterogeneidad latinoamericana: la poetización del componente "cultivado" en contraste con la repulsión ante la bestia salvaje, calibánica y popular, y el sometimiento de la multitud a la *ciudad letrada*. Latinoamérica estaría racial e históricamente en un *entre-lugar* indefinido entre el bajo "abigarrado salvajismo" y la alta "civilización del más puro helenismo", en las zonas de ambivalencia de la ideología del mestizaje, que es *la ley de lo que puede ser dicho*.

Uno de los aspectos más contradictorios del ensayo de Vargas Vila es que reivindica la mezcla y en ella encuentra la polución de la civilización, sólo para luego reivindicar la barbarie vernácula que le aterra: Latinoamérica sería una mezcla de "todas las barbaries" (incluyendo la de la Conquista) y de todas las civilizaciones; "nuestra *poderosa raza tropical*, hecha de todas las variedades humanas" suscitaría una heterogeneidad "abigarrada", que si por una parte impide que Latinoamérica sea latina, por otro constituiría su esperanza (83, 84). En un giro insospechado para un ensayo que se define como diatriba contra "los bárbaros", Vargas Vila hace una suerte de apología de la barbarie latinoamericana: "deberíamos [...] recordarle a la América su alma salvaje" (83), "pueblo que nace civilizado nace enfermo; *haber nacido bárbaros, es nuestra fuerza"* (84). Pero antes de que este *calibanismo* anime a algún crítico poscolonial, debe volverse sobre la jerarquía interna de la heterogeneidad americana que establece el arielismo de Vargas Vila; para el colombiano esa "alma salvaje" debe estar bajo el patronazgo de los *"espíritus cultivados y exquisitos"*. De nuevo, la función del escritor es definida como *imperio* y se usan los mismos tropos con que el *occiden-*

talismo y el imperialismo norteamericano definía a los pueblos tropicales del sur, supuestamente exóticos e incapaces de conducirse, sometidos a "tiranías bozales y grotescas" y necesitados de un agente civilizador.

En el *origen del origen*, el antiimperialismo modernista funciona bajo la *episteme* colonial de la Modernidad; no se trata solamente de que tenga contradicciones insalvables, sino de la incapacidad sustancial del arielismo en todas sus variantes para elaborar un discurso contra-colonial afuera de la ideología del progreso, de la civilización, del salvajismo, de la inferioridad racial y de los grandes relatos de la Modernidad capitalista. Para la muestra están Groussac, Darío y Rodó; y de manera aún más dramática –instalado en el desastre– el propio Vargas Vila. Un ejemplo elocuentísimo es su peregrina distinción entre el imperialismo inglés (proyecto civilizador) y el norteamericano (cuestión de voracidad):

> el *imperialismo inglés civiliza*: testigos, la India enorme y, próspera, el Egipto, Australia, Canadá, ricos y casi libres; *el filibusterismo americano brutaliza*; testigos los filipinos cazados como fieras, los hawaianos desaparecidos, los panameños despojados, los portorriqueños obligados a emigrar por la miseria; *el imperialismo inglés, crea ¡ved qué florecimiento de colonias!*; el filibusterismo americano destruye; [...] el imperialismo inglés es una idea; el filibusterismo americano es un *apetito*; el *imperialismo inglés es cuestión de cerebro*; el filibusterismo, en los yanquis es *cuestión de vientre*; Beer, el más límpido historiador de ese instinto colectivo, lo calificó bien: *una cuestión de estómago* (107, 108).

El autor se apresura a aclarar: "yo condeno por igual, aquella idea y, este apetito; me son igualmente odiosos" (108); empero, en la distinción resulta patente que el discurso antiimperialista modernista hace suyos relatos correspondientes a "la era del Imperio" británico. Entre los mitos de la civilización, la modernidad y el progreso que este arielismo apocalíptico suscribe y las tragedias políticas de la modernización impuesta por el capital, *Ante los bárbaros* fracasa como manifiesto cultural. Sus contradicciones no son retóricas ni semánticas sino políticas e históricas. Las sintetizó el propio Vargas Vila: "admitir la invasión del Progreso, y rechazar el progreso de la Invasión" (61).

La Latinoamérica de *Ante los bárbaros* llama a una unión que declara imposible, se afilia a una Europa que considera traidora, afirma y critica la *latinidad*, y usa y niega lo étnico como esencia de la identidad. *Ante los bárbaros* es un manifiesto contra la barbarie de una raza que no es raza y a favor de otra que tampoco lo es, contra los bárbaros del norte y, a un mismo tiempo, criticando y elogiando las barbaries del sur, proclamando la falacia de la inferioridad de las razas, pero alabando el imperialismo inglés por ser "imperialismo de una raza" y por civilizar y producir el "florecimiento de las colonias" (107, 108). Manifiesto que recita en voz alta para sí mismo, que se declara sin interlocutor, que no interpela ni a la "juventud", ni a la "muchedumbre", ni al pueblo, ni a la *ciudad letrada*, *Ante los bárbaros* es apenas una constancia de la disolución, la obsolescencia y la ruina; no de América, sino de un proyecto de modernidad elitista para el cual, el personaje conceptual de la Cultura era el aéreo Ariel, y los Estados Unidos un monstruo borracho materialista y voraz o un tigre prendido a los pezones de una mártir; un proyecto de modernidad que veía en la muchedumbre a veces un monstruo, Calibán, listo a violar a Miranda, y otras, una feminidad poliforme y heterogénea por sobre la cual ese proyecto de modernidad quería imponer el imperio del Verbo. La invocación utópica converge en el monólogo apocalíptico: Vargas Vila terminará su ensayo no con su "¡paso a las águilas del Verbo!", sino avisando, desde ese vuelo delirante, el desastre: "la tierra está en desolación y, las ruinas arraigan en la Muerte" (155).

4. El ambiguo magisterio de *Ariel*

> En verdad, hermanos míos, el espíritu es el estómago
> (Nietzsche, *Así hablaba Zaratustra* "De las antiguas y las
> nuevas tablas" XVI).

El *Ariel* de Rodó –acaso por su vaguedad espiritualista y por su reinvención del lugar del intelectual en la política– se convirtió en una especie de credo flexible para diferentes posiciones políticas. En cada caso hubo una modulación diferente: de su antiimperialismo, de su distancia respecto a las llamadas *masas*, de su cercanía al Estado y a regímenes específicos, de su escepticismo o confianza en la democracia y de su definición de las culturas nacionales. Escritores tan diversos como Alfonso Reyes, Pedro Henríquez Ureña, Baldomero Sanín Cano, Carlos Arturo Torres, José Antonio Ramos, José Ingenieros, Laureano Vallemilla o Manuel Gálvez, en un momento u otro hicieron parte de las que Luis Alberto Sánchez llamara las *promociones del arielismo* (resaltando su falta de unidad generacional). Incluso José Vasconcelos –intelectual de la Revolución mexicana– fue indudablemente influido por la lectura arielista de la historia como un problema ético y racial[54].

El arielismo fue formulado y reformulado en diferentes coyunturas y en discursos políticos, historiográficos y obras literarias de diverso tipo. El objetivo aquí no es hacer un balance de ese repertorio que cubre tres o cuatro generacio-

---

[54] Vasconcelos pensaba que las contradicciones sociales internas y el desafío de la posición de México en la comunidad internacional debían resolverse mediante la mezcla racial y la creación de una nueva *raza cósmica* (1925).

nes del pensamiento latinoamericano. Me interesa sobre todo examinar, en sus diferentes cargas ideológicas, ciertas instancias de representación del *personaje conceptual* de Calibán en el escenario de la crisis socio-política que los procesos de modernización significaron para las democracias latinoamericanas en la primera mitad de siglo XX. A partir de *Ariel* y hasta fines de los años 50 el antiimperialismo –que definía el reparto conceptual del arielismo de la vuelta de siglo– tiende a disolverse en algunas de sus articulaciones[55]. En el contexto del crecimiento de las masas obreras en las ciudades y la intensificación de las luchas sociales, Calibán cada vez más coincide con la plebe proletaria. Hallaremos entonces numerosas reescrituras autoritarias de *The Tempest*; y ciertamente, también varias objeciones a su semántica anti-popular. El discurso literario fue arena frecuente de batallas por la hegemonía cultural y el control simbólico del cuerpo calibánico.

A principios del siglo XX uno de los asuntos más candentes de la política cubana es la definición de la ciudadanía y el debate sobre si la democracia debe ser o no restringida. Bajo el apremio racista del gobierno de los EE.UU., y con el beneplácito de los sectores más reaccionarios cubanos, se intenta excluir indirectamente del proceso electoral –mediante el requisito del alfabetismo y la propiedad– a la masa de color (que más o menos coincide con la masa analfabeta[56] y desposeída). Enrique José Varona, por ejemplo, se oponía al sufragio universal definiéndolo como una responsabilidad y no como un derecho (Alejandro de la Fuente 62). Sin embargo, el mito martiano de la *nacionalidad por encima de las razas*, que había atraído a las masas de color a la causa de la independencia, así como la enorme participación de negros y mulatos en la guerra contra España (que había sido un conducto de ascenso social para los afro-cubanos) dificultaba la instauración de una democracia restringida. Para disgusto del gobierno norteamericano se instituye el sufragio universal masculino y las "masas ignorantes", como se las llamaba, se hacen actores de la política republicana[57].

Las primeras décadas del siglo son las del gran fracaso del republicanismo en Cuba. El control norteamericano de los grandes medios de producción agroindustrial, las frecuentes intervenciones de los Estados Unidos, las rencillas políti-

---

[55] Me refiero a una parte significativa de quienes seguían expresamente el magisterio de *Ariel*, y no ciertamente a Vasconcelos o a los arielistas apristas cuyo populismo se definió antiimperialista.

[56] Pérez estima en 76% la tasa de analfabetismo entre la población afro-cubana masculina en edad de votar (212).

[57] Sobre el mito nacionalista de la democracia racial cubana durante los primeros años de la república y su uso y aprovechamiento por los sectores afrocubanos para ampliar su participación en la vida política y cultural, véase el bien documentado artículo de Alejandro de La Fuente "Myths of Racial Democracy: Cuba 1900-1912".

cas internas y los conflictos inter-clase y étnicos caracterizan esos años de inestabilidad y turbulencia social y definen la "democracia" (neo)colonial cubana. Apoyado por los EE.UU y enfrentado a una fuerte oposición liberal, Tomás Estrada Palma –primer presidente de Cuba– busca su reelección en 1905. Acudiendo a la represión política y al uso de la infraestructura burocrática del Estado, Estrada vence a los liberales, lo que da lugar a una rebelión (1906) y a la segunda ocupación de los EE.UU. Después de tres años de administración directa norteamericana (1906-1909) y de unas elecciones supervisadas, Charles Magoon entrega el gobierno al liberal José Miguel Gómez, cuya administración (1909-1913) se caracterizó por la burocratización del Estado, la corrupción de los negocios públicos, la inestabilidad social y crecientes tensiones raciales (Luis Aguilar 246-250). Lo sigue el reservado y aristocrático general Mario Menocal (1913-1917), cuyo primer gobierno de corte paternalista y autoritario parecía en un comienzo representar un cambio de política y un compromiso contra la corrupción.

En este ambiente, *Calibán rex* (1914)[58], del dramaturgo cubano José Antonio Ramos (1885-1946), restablece simbólica y momentáneamente el magisterio político del hombre de letras y preconiza enfáticamente el *"Odi profanum vulgus"* arielista. El doctor Gómez Viso, protagonista del drama, es un patriarca, antiguo dueño de un ingenio, que se lanza de las letras a la política con sacrificio de su tranquilidad y la de su familia (sus dos hijas Juana y Luisa), movido por su desinterés y deseo por el bien nacional (57). Gómez Viso es un Próspero atrapado en el juego democrático y derrotado, al final, por el *reino de Calibán*, que Ramos identifica con la democracia y con los políticos populistas que manipulan al "pueblo ignorante". Gómez Viso aboga por un tipo de paternalismo conservador con un programa que otros personajes consideran "abiertamente antidemocrático" (62). Uno de sus discursos, resume su credo político:

> hace mucho tiempo que anhelaba lanzarme en política hacia una orientación nueva y honrada, que demanda nuestra patria, que demanda toda la América de habla castellana, como compensación histórica a sus tantos siglos de *oclocracia* y caudillaje [...] ¡No hay nada más ridículo, americanos, nada más grotesco, que nuestro horror por lo que se nos antoja aristocrático en nuestra América; porque nuestro odio es retórica pura [...]! Entre nosotros no ha habido nunca aristocracias que no fuesen las dispuestas por las leyes ineluctables de la Naturaleza, y que no fuesen ingratamente perseguidas por las muchedumbres. Y sin embargo *todas nuestras libertades se las debemos a esa aristocracia* [...;] *las muchedumbres, lo deben todo a sus grandes hombres*, a los seres pensantes y superiorizados, dotados de una visión como *desde lo alto* de su época y del porvenir (64, 65).

---

[58] Estrenada el 27 de mayo de 1914 en el teatro *Prayret* en la Habana.

Calibán rex impugna la tesis populista liberal del voto universal masculino sostenida entre otros por el político liberal cubano Alfredo Zayas, quien en el debate sobre el sufragio en 1905, había alegado que la revolución no había sido alcanzada por los aristócratas y propietarios sino por las masas que no tenían bienes ni sabían leer ni escribir, y que el sufragio era un derecho de todos (De la Fuente 61-63). El personaje Gómez Viso –alineándose con la posición de Enrique José Varona– sostiene lo contrario:

> ni la democracia, o, mejor dicho la *oclocracia*, es cosa nueva en este mundo, ni está probado todavía que sea la política ideal e indiscutible [...]. ¡Todos los grandes libertadores fueron espíritus de selección [...], espíritus de aristocracia! (*Calibán rex* 62).

Ramos reniega de la democracia, que denomina *oclocracia* o gobierno de las muchedumbres. La cosa pública debe estar en manos de *próceres* y no de las masas o sus caudillos populistas:

> ¿Cómo esas muchedumbres, cómo el pueblo que no designó jamás a sus salvadores, que conoció siempre tarde a sus libertadores, osa arrogarse la suprema dirección de sus propios destinos, y condena a sus próceres, a sus mejores, a sus sobresalientes, en nombre de una democracia que jamás entendieron? (65).

La posición de *Calibán rex* es representativa de un arielismo de derecha que, en medio de la paranoia racista que siguió a la rebelión del Partido independiente de color de 1912 –que puso en peligro el frágil mito de la *democracia racial*[59] cubana– buscaba una *democracia restringida*: erigir el reino de Próspero y de su protegido Ariel (la alta cultura, las letras) y *poner en su sitio* a Calibán. El lugar de Calibán no era, para Ramos, la política sino el trabajo[60].

La obra dramática es, asimismo, una invectiva contra los políticos populistas que "apoyados en la plebe" dominan la política cubana de los primeros años de la República. El doctor Gómez Viso es respaldado inicialmente por unos caudillos provinciales corruptos, pero se separa de ellos. La ruptura causa que gran parte del pueblo lo abandone pese a los esfuerzos de Rogelio (enamorado de Luisa) por sostener el apoyo popular. Finalmente, Gómez se dirige a la multi-

---

[59] En 1911 el gobierno de José Miguel Gómez, con apoyo de la mayoría afro-cubana moderada, trató de disolver el Partido independiente de color PIC, organización política que se había convertido en una amenaza para el nacionalismo cubano. Ante la persecución de sus miembros, el PIC acudió en 1912 a una insurrección que duró varios meses y que bajo presión de los EE.UU. fue violentamente reprimida (Pérez 223, 230, Aguilar 251, 252).

[60] El lugar del negro en la utopía arielista de José Antonio Ramos es el de la fiel sirvienta Micaela, marcada lingüísticamente con un fuerte acento, subordinada y fiel a la casa de Gómez Viso.

tud, que cree poder persuadir, pero es asesinado en medio de su discurso (94-97). *Calibán rex* caracteriza al pueblo como ignorante, ingrato, voluble y dispuesto a "seguir a los que lo explotan" (91); el Dr. Gómez se cree capaz de dirigirlo y ello le cuesta la vida. *Calibán rex* anuncia la "tragedia" de la derrota de Próspero y el imperio de la temida muchedumbre heterogénea. Gómez Viso es un personaje anacrónico: un profeta de un tiempo ido.

Esa será una de las discusiones más frecuentes del arielismo: la de su (im)pertinencia en medio de circunstancias históricas como la *Guerra mundial*, los conflictos limítrofes entre países latinoamericanos, las alianzas estratégicas con el capital norteamericano, las insurrecciones populares e irrupción de los movimientos obreros y de las organizaciones marxistas, el fascismo, la Guerra fría, etc.

El ensayo "Ariel y Calibán americanos" de Juan Zorrilla de San Martín (1855-1931), recopilado en *Detalles de historia* (1930), anuncia varios de los cambios de dirección de la "luz tutelar" de *Ariel*. En primer lugar, Zorrilla lamenta la "última barbarie europea" de la Guerra mundial (196, 197) aunque no suscribe, como sí Vasconcelos, la tesis de su decadencia:

> No sé lo que hay de cierto en todo eso; me inclino a juzgar, juzgo mejor dicho, que no lo es. [...] Es demasiado decir eso de que la civilización haya desalojado a Europa; de allí nos vino, de Roma, y allí quedará su núcleo de expansión [...] Lo que realmente ocurre es que el germen cristiano, como si se filtrara en el mar, llega a este continente sin muchas de las adherencias paganas que al otro lado lo adulteran y desfiguran ("Ariel y Calibán americanos" 197, 199, 200).

El ensayo de Zorrilla –heredero de *Facundo*– identifica como Sarmiento, el americanismo a ultranza con la barbarie y la impostura cultural. ¡El autor de *Tabaré* (1888) no cree en el americanismo ni en la arqueología simbólica que busca las raíces de lo nacional en lo indígena!

> No hay en nuestra América española una nacionalidad *maya o azteca*, ni una *araucana* o *incásica* o *guaranítica* que se parezcan a la céltica, a la franca, a la visigoda, a la germánica [...] Las lenguas que hablaron nuestros aborígenes, dialectos que se contaban por millares, se han ido disipando como las nubes. [...N]inguno tuvo la virtud de crear un lenguaje regional semejante al provenzal en Francia, por ejemplo, o al catalán o al gallego en España [...]. Si alguna de aquellas ha persistido como lengua doméstica, el *guaraní*, por ejemplo, en el Paraguay, o en alguna provincia argentina, o el *aymará* o el *quechua*, no ha llegado a formar, ni remotamente una literatura que se parezca a la catalana o a la provenzal ("Ariel y Calibán americanos" 201).

Cuando afirma "no sé que haya quien busque en la arqueología o en la filología indígenas los orígenes de la nación chilena, o uruguaya, o brasileña o mejicana" (202), desconoce que en Brasil, Perú, Bolivia y México, sus casi-contemporáneos indigenistas y vanguardistas acudían profusamente a ese tipo de arqueología simbólica, como lo había hecho el Romanticismo, del cual él mismo había hecho parte, la novela indianista brasileña, y antes, el discurso de los libertadores, la poesía y el teatro patriótico, y hasta el pensamiento ilustrado americanista. Zorrilla distingue entre el indio monumentalizado y el *Otro* histórico: "a nadie se le ocurre que puedan reaparecer en América las nacionalidades indígenas, en torno a los *monumentos* que al recuerdo del indio levantamos" (205). El repudio de "lo indígena" suscribe, por supuesto, el argumento histórico del salvajismo, la ignorancia, los sacrificios y el canibalismo:

> a nadie se le ocurre [...] que volvamos a ofrecer a los dioses *sacrificios humanos* sobre la pirámide de Cholula, que guardamos como tesoro arqueológico, ni en el templo del sol incásico [...]. De mil americanos que hablan con entusiasmo de la civilización indígena, los novecientos noventa y nueve y medio ignoran que, en materia económica, nuestros indios, aún los más adelantados, ignoraban la moneda; en la industria, no conocían la rueda. Nada digamos de la moral; no conocían a Dios. *Los que no eran antropófagos eran idólatras* y ofrecían sacrificios humanos a sus serpientes de piedra estilizadas, feas divinidades grotescas. Muy poco tenemos que aprender de ellos, eso es lo cierto; nada que imitar (205-207).

Esta declaración de Zorrilla –que podría haber sido hecha en siglo XVI– hace ostensible el sustrato colonial de gran parte de los cantos al indio del nacionalismo latinoamericano. Hispanoamérica vendría a ser el resultado de la continuidad colonial de Europa en el Nuevo Mundo: "La *América, pues, no es otra cosa que la Europa depurada,* hecha más cristiana; es el *paneuropeísmo,* si se quiere, imposible en el viejo continente, y sólo realizable en el nuevo" (203). La Conquista sería un proceso de afortunada sustitución de los indios, que continúa el Estado-nación: "Estos estados de América, como núcleos de civilización, no interrumpen sino continúan la historia de los descubridores [...] de los primeros colonizadores [...] que han substituido a las antiguas razas aborígenes" (207). Aunque Zorrilla afirma que "La nación no es un asunto de raza, [...sino que] es más bien un asunto de civilización", la tesis que recorre su texto es exactamente la contraria: que sin "los aportes de sangre europea que recibimos [...] el medio americano volvería a teñir la piel de nuestros nietos, a ennegrecer sus cabellos, a modificar sus cráneos" (204, 205). La inmigración era para Zorrilla la garantía contra la degeneración. Otros pensarían lo contrario y verían con desconfianza y temor las olas migratorias de Calibanes.

En otro orden de ideas, el ensayo de Zorrilla representa una crítica a la endeble división geopolítica de las Américas: "Se habla [...] de varias Américas, de dos especialmente: la romana o latina, que yo llamo y debe llamarse, me parece, hispánica, y la anglosajona, que yo he llamado, no sé si con propiedad, *anglorroma-*

na, en contraposición a lo eslavo o a lo germánico" (210). Según Zorrilla la pretendida superioridad cultural del Sur, *vis-à-vis* la hegemonía geopolítica y económica del Norte, no tiene base efectiva en los hechos:

> *no es cierto sobre todo, que aquellos progresos económicos, industriales, etc., estén en razón inversa a los espirituales, morales y estéticos.* Lo que ocurre es todo lo contrario [...]. Los hispanos americanos solemos asentir con demasiada facilidad a la afirmación de que es la fuerza material, y nada más, lo que la América inglesa nos lleva de ventaja; que ésta es sólo un núcleo de actividades movidas del interés material, mientras nosotros somos de los desinteresados idealismos [...] Así expresa ese general concepto o aforismo su más ilustre expositor, nuestro José Enrique Rodó, primoroso orfebre del estilo en castellano (212).

Zorrilla sostiene que en la formación de una identidad latinoamericana Ariel no tiene la capacidad de –hoy diríamos– interpelación, y que es demasiado "inestable" y "nada afirmativo", e insinúa, citando opiniones apócrifas, que debería procederse a la aclimatación latinoamericana de Calibán:

> Rodó nos ofrece la visión de *Ariel* como la del ángel tutelar de la familia. Pero si bien ese Ariel, geniecillo del aire, *inglés de nacimiento y de lengua, es demasiado inestable,* impalpitable y muy *poco o nada afirmativo para poder constituir el vínculo de una fe común;* si bien ese *idolillo literario* símbolo de las fuerzas que están más allá de los horizontes visibles y aún de las experiencias intelectuales perceptibles, es sólo una amable tolerancia [...]; no ha faltado quien en nuestra misma familia española lo ha mirado de reojo, y, atribuyéndole el retraso de nuestra América con relación a la inglesa, ha calificado de funesto el bien intencionado libro de Rodó. Al contrario, dicen esos hispánicos, *sería bueno y conveniente:* el *que se consiguiera expulsar a Ariel,* causa de nuestra inercia, *para aclimatar a Calibán,* genio de la materia, hijo de bruja, pero *forjador del progreso* (213, 214).

La insinuación a lo "funesto" del *Ariel* no es directa, pero es sin duda intencionada; es decir, malintencionada o, por lo menos, tan cáustica como aquello de "Rodó, primoroso orfebre del estilo en castellano". Por otro lado, la mención de la "aclimatación" del Calibán "forjador del progreso" complementa la crítica que Zorrilla hace a la supuesta división espíritu/materia entre el Ariel latinoamericano y el Calibán norteamericano. Para ilustrar su punto Zorrilla cita ejemplos de la alta religiosidad y espiritualidad de la sociedad norteamericana (215-220), del altruismo de sus millonarios que no son avaros[61], la excelencia

---

[61] "Shylock no es sobrino del Tío Sam, ni compatriota de Rockefeller" (Zorrilla 221, 222). Shylock el es el judío acreedor sanguinario que pide como garantía carne humana en *The Merchant of Venice* (1600) de Shakespeare.

académica en los EE.UU., el interés en los estudios de la alta cultura (entre los que señala los estudios cervantinos) y los enormes recursos dedicados a las artes (221-223). La codicia y el materialismo no son, además, características ajenas a los latinoamericanos. Así las cosas, el ensayo termina interrogando el habitual reparto conceptual del arielismo:

> ¡Oh Ariel, amable genio del aire! ¿Cuál es tu lengua materna, en resumidas cuentas? ¿Hablas efectivamente en español, como nosotros? Y tú, Calibán, deforme Calibán, hijo de bruja, el de las piernas parecidas a las aletas de un pescado, ¿es de veras, cierto, que tú hablas y piensas sólo en inglés, y con acento americano? (224).

Un sector importante del arielismo perderá poco a poco su ímpetu antiimperialista; aunque siempre pueden citarse ejemplos en los que ocurre lo contrario, como en el conocido caso de José Vasconcelos. Pero aún en estos casos, Ariel parece extinguirse en una prolongada agonía.

El suplicio de Ariel (1935) del poeta peruano Luis Humberto Delgado (1889-1967), por ejemplo, mantiene el alegato antiimperialista del arielismo "ante la política de absorción del gobierno de Washington" (53), pero anuncia el "suplicio" de Ariel, y el de las ideas de su padre (Rodó) frente a la *Guerra europea mundial* y —en el ámbito doméstico— ante "las guerras exteriores y las catástrofes internas" de las naciones latinoamericanas[62]. Delgado —en la tradición del *heroísmo de la inutilidad*— declara la derrota del arielismo: *"La lámpara de ARIEL, gasta sus fulgores en la tiniebla.* La llama de aquella luz, permanece encendida en un credo que los gobiernos de la América republicana no comprenden" (22).

El arielismo había mostrado desde un comienzo obvias limitaciones para dar respuesta a los conflictos (neo)coloniales relacionados con la expansión del capitalismo internacional. No fue más eficaz frente al colapso del sistema liberal después a la crisis financiera de 1929, a la emergencia política de las masas y a la insurgencia política de sectores subalternos, circunstancias en las que el arielismo optó de manera consistente por el autoritarismo, cuando no por un abierto coqueteo con el fascismo. Tal es el caso del argentino Manuel Gálvez (1882-1962), *Premio nacional de literatura* (1935), tres veces candidato al *Premio Nóbel*, y autor de una obra de teatro pertinente en nuestra discusión: *Calibán: tragicomedia de la vida política* (c1933, pub. 1943). *Calibán* fue publicada poco después del golpe militar que inicia el asenso peronista[63], pero según Gálvez estaría relacio-

---

[62] Delgado identifica a Ariel con un Perú mutilado por las conquistas territoriales de sus vecinos desde el siglo XIX.

[63] El 4 de junio de 1943 tropas militares marchan sobre Buenos Aires deponiendo al presidente radical Ramón S. Castillo (1940-1943). En noviembre el coronel Juan Domingo Perón se hace cargo

nada con la caída del radicalismo una década antes: "Quien lea mi Calibán lo imaginará escrito en estos días, a raíz de la revolución del 4 de junio, y no querrá creer si le aseguro, que por lo menos, tiene diez años de edad" (11).

La modernización argentina en las primeras décadas del siglo xx está marcada por la inmigración y la proletarización de las clases bajas, la radical transformación de la composición social y el ambiente cultural de las ciudades, y por frecuentes conflictos obrero-patronales. La reacción de Rodó contra el espíritu de la utilidad y la democracia y la alarma de los intelectuales de la vieja *ciudad letrada* frente a la plebe apuntaban ya a esa inmigración que –con su heterogeneidad lingüística y política– ponía en jaque el ideal romántico de "gobernar es poblar". Raúl Scalabrini Ortiz (1898-1959) en *El hombre que está solo y espera* (1931) hacía una descripción teratológica de estos inmigrantes:

> *Hordas* de la más pésima calaña. *Catervas desbocadas* por una ilusión de fortuna, que traían consigo acrecentados, todos los defectos de su sociedad y no sus virtudes. Eran seres mezquinos de miras, *atenaceados por una gula insatisfecha, sensuales* (en Beatriz Sarlo *Una modernidad periférica* 240).

Desde el "Prólogo", *Calibán* expresa las tendencias anti-populares y reaccionarias del arielismo, y su pérdida de fe en la democracia:

> El liberalismoconservador o conservadurismoliberal, progresista, democrático, e idealista, es el camino que conduce a la demagogia y al comunismo. [...] En mi pieza, Calibán es un poco el de Shakespeare y otro poco el de Renan. Encarna en parte los bajos instintos del hombre y en parte el pueblo como ser político. *Ariel no aparece*, pero sí su señor Próspero, que es el nombre del gobernador de la provincia. Próspero es aquí idealista, como suelen ser los demócratas, los liberales, los creyentes en el progreso indefinido del hombre y la sociedad; y mi originalidad, si la hay es haberlo convertido en una encarnación del demoliberalismo (12).

La obra respondía a los cambios crecientes que en la cultura y en la vida social ocasionó el proceso de modernización de la Argentina, especialmente después de la crisis de 1930. Gálvez es –junto con Leopoldo Lugones– un intelectual representativo del "primer nacionalismo cultural" argentino que marcaba distancias culturales, étnicas y de clase entre las oligarquías tradicionales y las masas étnica y políticamente heterogéneas de inmigrantes. Calibán es esa turba desordenada e inculta, que puede devenir, como el mismo Gálvez dice, en "la

---

de la recién creada *Secretaría de Trabajo y Previsión Social* y desde allí promueve aumentos de salarios a los trabajadores, otorga estatutos a diversos gremios y, sobre todo, barre con los sindicatos comunistas y socialistas.

amenaza del comunismo" (12); Próspero, por su parte, es la democracia liberal: el favorecedor, sin saberlo, del monstruo (12, 13). Próspero –gobernador de una provincia argentina– es un "incorregible" demócrata que cree en una teleología de superación de la humanidad y en los poderes redentores de la educación. Aunque es advertido una y otra vez por las autoridades de policía y hasta por su propia mujer, Anita, de la necesidad de poner preso a Calíbar –un líder popular a quien había enseñado a leer cuando éste era peón de la hacienda (24)– el gobernador se resiste, honrando el derecho de libre expresión y para evitar el derramamiento de sangre.

Calíbar, cuyo nombre evoca un tipo sarmientino de la barbarie (*Facundo* 83-85), toma el nombre de Calibán. Gálvez explica esta mutación y las coincidencias con el personaje de Shakespeare:

> Calibán nació aquí [...]. Su *padre era un colla, de apellido Calíbar*, común entre la gente de su raza, y *su madre una negra*, descendiente de esclavos de mi familia, y que me alzó y cuidó en mi niñez [...]. Nuestro hombre se llama, en realidad Antonio Calíbar. Mi tío el canónigo, gran lector de Shakespeare, al ver tan feo y deforme al muchacho le puso el apodo de Calibán, cambiando apenas una letra de su apellido quíchua [...]. Y cuando el muchacho a los quince años [...] aprendió a leer y escribir, quiso firmar con aquel apodo que todos le aplicaban (23, 26).

Anita, la esposa de Próspero, lo describe como un "muchacho medio monstruo, repugnante y perverso [...], un poco corcorvado, bizco, contrahecho, petizo, mulatón" (23, 24), y le recuerda a Próspero que ella fue víctima de un intento de asalto sexual por parte del monstruo:

> Y todavía recuerdo los ojos terribles del monstruo, [...] su figura deforme, su joroba, su boca repugnante. ¡Pensar que su mano llegó a tocar mi cara... que su cuerpo llegó a rozar mi cuerpo! [...] Calibán no es un hombre. Es una bestia repugnante. Si tú no lo aplastas, sufriremos todos las mayores humillaciones y escarnios [...]. El monstruo [...] vendrá otra vez hacia mí con su mirada de lujuria [...] ¡Aplasta a Calibán! (31).

Calibán –epítome de las otredades étnicas e históricas del nacionalismo argentino (el negro y el indio)– se alía con el lustrabotas Petroni, un "avenegra, fracasado, envenenado" y demagogo hijo de un inmigrante italiano que le "suministra sus ideas antisociales" (28, 29). El "monstruo" amenaza la estabilidad política de la gobernación, "escribe artículos en un diario opositor y pronuncia discursos incendiarios" y dirige a la plebe –"la hez social"– en una insurrección (24, 25). Calibán propone una agenda política populista coloreada de marxismo: "anuncia el paraíso", la superación de las clases sociales, la "repartición de los bienes y la comunidad de la tierra" (27). Sus partidarios son los pobres, la chusma, los habitantes de los arrabales que Calibán llama (como Evita hará más tarde) su "Chusma querida, plebe del alma" (33-37), "los proletarios, [...] los muertos de hambre" (45).

El jefe de policía le advierte a Próspero que "Cada provincia ha de tener su Calibán" y que es inminente "el triunfo de las chusmas" (29). En vísperas de la revuelta vuelve e insiste: "Es absolutamente necesario que evitemos la catástrofe. Le pido a Ud. que, en salvaguardia de centenares de vidas humanas, me autorice a detener a Calibán y a sus secuaces más importantes" (46). González, ministro de Próspero (transposición del Gonzalo, el consejero de *The Tempest*), también le avisa: "La revolución se nos viene. [...] Yo me pregunto con inquietud si todavía persistirá usted en su negativa de autorizar la prisión de Calibán" (40). Pero el gobernador cree en el poder de la educación[64] y en las vías democráticas, e invita a Calibán a un diálogo que fracasa a causa de la insolencia del monstruo. En el segundo acto, ocurre la revolución; algunos sectores de la policía se entregan y los criados de Próspero lo traicionan (entre ellos Juana, su sirvienta gallega "gorda y grotesca"); las masas invaden la plaza, asaltan las oficinas del gobierno, toman la casa de Próspero, hacen prisionera a Anita y finalmente llegan a la oficina del gobernador, donde Calibán le obliga a renunciar y lo pone preso junto con sus ministros. La democracia se entrega a las mayorías sin ninguna resistencia.

Refiriéndose a la posibilidad de redención de Calibán y su reforma, González –que es la conciencia pragmática que hace contrapeso al idealismo de Próspero– expresa un reparo naturalista: "Las leyes de la herencia no son una mentira. El que nació cerdo no puede transformarse en ángel, por más que así lo crean los partidarios de la democracia y el sufragio universal" (68). Las masas tienen en Calibán su representante: feo, mestizo, libidinoso, violento, regido por el apetito y el odio de clase: el primer acto de Calibán en el poder es ordenar una cena: "ahora vamos a comer los que hemos ayunado durante treinta años" (71); el último, es azotar a Próspero (93-95), justo antes de que lleguen las tropas del gobierno.

Durante su gobierno, Calibán se dedica a la bebida, a hacer negocios y otorgar favores y puestos públicos a los amigos y a abusar de las esposas de los beneficiarios de su clientelismo. Saca ventajas de la *Electric South American Company* que gerencia Mr. Money, y no tiene escrúpulos en –como dice Petroni– "hipotecar la provincia [y] hacer pagar a las generaciones que vendrán" (74-82). Entretanto, el gobierno central manda el ejército a pacificar la provincia y a rescatar al

---

[64] "Pero los degenerados pueden educarse [...] Llegará a ser gente con el tiempo" (25).

gobernador. Calibán, enterado por Petroni de la inminencia de una derrota, se dedica a preparar el terreno para unas futuras elecciones decretando medidas que favorezcan a los "gringos" y al "pueblo", cosa que en el porvenir, los primeros financien la campaña y el segundo ponga los votos (88-90). El coronel rescata a Próspero y asume el mando de la provincia: "Sus ideas liberales, señor [le dice el coronel a Próspero] abrieron el camino a Calibán. El liberalismo trae fatalmente el libertinaje. Sin quererlo ha sido usted el cómplice de Calibán" (96). Presos Calibán y Petroni, el coronel cierra el drama: "Han triunfado el orden, la jerarquía y la disciplina, sin lo cual no hay grandeza ni moral verdaderas" (97).

Próspero no es el reformado republicano de Renan sino un pelele, y los valores de la democracia que representa son errores políticos. Como en *Calibán rex* del cubano Ramos, el idealismo perece a manos de la turba y los políticos populistas; pero aquí, una tercera opción (el coronel, la fuerza) "reforma" el arielismo purgándolo de sus veleidades democráticas.

Si como dice Gálvez, la obra fue escrita diez o más años antes de su publicación en 1943, puede entendérsela como enmarcada en la crisis económica y política que siguió al crack de la bolsa en 1929. Sería entonces, una justificación dramática del autoritarismo y militarismo de los gobiernos de José Félix Uriburu (1930-1932) y de Agustín P. Justo (1932-1938) que sucedieron al *Periodo radical*. Hay numerosas referencias a ello. Uriburu, inspirado en el fascismo italiano, realizó el primer golpe de estado en la Argentina contra el gobierno de Hipólito Yrigoyen a quien calificaba de "bolchevique" por su proyecto de la nacionalización del petróleo[65]. Su gobierno propició la reforma de la Constitución y la ley electoral que instauró el *voto calificado* y acudió a la censura y las intervenciones provinciales. Uriburu logra la elección de Agustín P. Justo a la presidencia mediante una serie de hechos de violencia y fraude electoral; elementos presentes y justificados en la obra de Gálvez. El personaje González justamente excusa el fraude contra la chusma: "Es lícito cometer toda clase de fraudes electorales para evitar que vuelva al poder la canalla. *La salud moral del país, la salvación de la cultura, santifican el fraude*" (79). Los radicales promovieron varios levantamientos (1932-1933) que fueron –como la revolución de Calibán– reprimidas militarmente bajo medidas de *estado de sitio*.

La posición de Gálvez, como la de los fascistas argentinos, distingue *populus* de *plebs*, el *pueblo* abstracto como sujeto político interpelado por el Estado, en el cual el mestizaje o cualquier otra ideología sincretista excluye la lucha de clases, y la *plebe* monstruosa y muy a menudo comunista. El jefe de policía de la obra

---

[65] Irigoyen –sea menester aclarar– había apelado a sectores populares, pero su "inclusión del elemento popular no trascendió, como Laclau ha indicado, un nivel emocional y retórico" (Moraña *Literatura* 38).

aclara: "La revolución la va a hacer la plebe [...]. No el pueblo, la plebe" (23).
Este deslinde entre pueblo y plebe –así como el afán antidemocrático– fueron
también principios del nacionalsocialismo alemán y del fascismo. Gálvez le confesaba al periodista E. Morales sus ideas respecto a la muchedumbre calibánica:
"No veo la hora de salir con una ametralladora a matar comunistas a la Plaza de
Mayo, y al primero que mataré es a su amigo Yunque" (en Luis Alberto Sánchez
213). El costo de la modernización capitalista periférica era el disciplinamiento
totalitario del descontento social de esas masas cuya rebelión trasnochaba a José
Ortega y Gasset (1926). La defensa del autoritarismo de Gálvez acompañará
varias instancias de la política Argentina, y la amenaza calibánica será alegada
una y otra vez por las dictaduras militares latinoamericanas.

La irrupción del marxismo en el pensamiento político latinoamericano
desarticula conceptualmente el arielismo, señalando su nebulosa estetización de
la política, las inconstancias de su antiimperialismo, su repugnancia por la plebe
y su complicidad con el autoritarismo de Estado que –en los ajustes sociales de
la modernización– disciplinaba a sectores populares, obreros y campesinos
mediante un despliegue feroz de violencia y represión política. José Carlos
Mariátegui (1894-1930) en el manifiesto "La revolución socialista latinoamericana" (1929) –escrito en una discusión con el APRA sobre el imperialismo norteamericano y el papel del socialismo como respuesta al mismo– pedía el abandono definitivo del "mito de Rodó":

> Estamos en la época de los monopolios, vale decir de los Imperios. [...] El destino
> de estos países, dentro del orden capitalista, es el de simples colonias. La oposición
> de idiomas, de razas, de espíritu, no tiene ningún sentido decisivo. *Es ridículo hablar
> todavía del contraste entre una América sajona materialista y una América Latina idealista*
> [...]. *El mito de Rodó no obra ya –no ha obrado nunca–* [...]. Descartemos inexorable-
> mente, todas esas caricaturas de ideologías y lugares y hagamos las cuentas seria y
> francamente con la realidad (106).

Esta antipatía marxista hacia el magisterio de Rodó es menor entre sectores
progresistas del populismo que si bien criticaron severamente el arielismo, res-
cataron a Rodó. El peruano Luis Humberto Delgado se quejaba en *El suplicio de
Ariel* (1935) de que los arielistas que escribían sobre el espíritu se movieran en
los terrenos de la materia como comerciantes y empleados del Estado[66]. Este es

---

[66] Según Delgado, la "herencia espiritual de Rodó, sus enseñanzas, perduran lozanas y puras"
pero no funcionan (46-48) porque la *juventud* del novecientos ya ha "resuelto el problema de la vida
con un puesto público, con un grado en la milicia, con una situación más o menos buena en las
actividades del comercio o en las profesiones liberales" y ha traicionado el espíritu e ideales de *Ariel*
(96). La vigencia del arielismo como promesa utópica siempre dependió de su derrota en el presente.

igualmente uno de los argumentos de Luis Alberto Sánchez (1900-1994), escritor y crítico militante del APRA, quien en su *Balance y liquidación del novecientos: ¿Tuvimos maestros en nuestra América?* (1941, 1968) –que bien pudiera haber titulado "El Anti-Rodó"[67]– hace una de las más demoledoras críticas del arielismo y de los arielistas. Sánchez hace un efectivo cuestionamiento respecto a la coherencia entre discurso y práctica en el revuelto "clima social" de la primera mitad del siglo:

> [los arielistas] reaccionaron de modo diverso: los unos hurgando el problema de la injusticia, los otros sumándose al poder. Desventuradamente para la "promoción" arielista, la mayoría de sus representantes adoptó la segunda actitud. Prefirieron lucir, brillar, y gozar, a sufrir, y sufriendo desarticular la injusticia para construir un orden nuevo (21).

No dejemos que el sabor –hoy ligeramente anacrónico– del horizonte aprista de Sánchez, nos haga perder de vista la lucidez de su constatación: el "arielismo oficialesco" o "idealismo cómodo" se instaló sobre una serie de privilegios políticos y económicos nada idealistas. La aristocracia de la inteligencia de que hablaba Rodó "fue convertida en rapiña de clan por sus mistificadores" (23). Sánchez señalaba que en la mayoría de los casos el arielismo después de Rodó consistió en la "gran traición a Rodó" (98): un esteticismo acomodado en los beneficios de la política y los negocios con el Estado, pelechando en el regazo de "caudillos bárbaros" y coqueteándole al fascismo.

La fractura del arielismo no proviene del terreno frágil sobre el cual se levantó el "mito de un Calibán químicamente puro" que encarnaba a los Estados Unidos (96), pues, como vimos, ésa fue su primera retractación; tampoco de sus temas exquisitos y nebulosos "a despecho de la época tensa"[68]; sino de su posi-

---

Delgado habla para otra juventud, la de 1935, "para los adolescentes y [...] para los niños" (96); para la siempre presente y diferida vanguardia del arielismo que debe sostener la luz en medio de las tinieblas: "salid –les invita– a levantar a vuestros hermanos que están en el silencio de una catalepsia suicida" (100). Los *hermanos* por su parte, se levantaban solos y no ciertamente en busca del "lirismo de la vida".

[67] Título de un artículo de Sánchez de 1933 en *Cuadernos pedagógicos* de Quito, que dio origen al libro *Balance y liquidación*, que recoge, además, escritos del período 1936-1939, adicionados y corregidos entre 1955 y 1968.

[68] Sánchez caricaturiza este esteticismo a la vez que *da en el clavo* de su atrincheramiento: "A menudo los esteticistas se deleitarán, a despecho de la época tensa y dramática en que viven, citando a Pascal y a Mallarmé, y trazando eruditos esquinces en torno a la sombra del corregidor de Urdemalas, autor de un importante código para bruñir espejos con azogue vegetal, en la provincia de Calcauso, situada en el grado 96 de latitud, meridiano de la insignificancia, en un periodo histórico que comienza en la No-nada" (228).

cionamiento discursivo frente a las "muchedumbres democráticas" o *masas*, categoría con la que –como recuerda Raymond Williams– el poder se desencuentra frente a lo popular[69]. La derechización del concepto de *democracia* y la defensa del autoritarismo caracterizaron la que Sánchez llama la promoción "Ariel y compañía" (122). Los arielistas no fueron súbditos del espíritu sino de caudillos totalitarios; fueron amanuenses del "pastor del rebaño" como el venezolano Pedro Emilio Coll (1872-1947) (*El Castillo de Elsinor* 1901) o del "hombre providencial" como el paraguayo Manuel Domínguez (1867-1935). Elevaron alabanzas al "gendarme necesario" como el peruano Francisco García Calderón (1883-1953) o crearon conceptos políticos semi-fascistas como el del "Cesarismo democrático"[70] de Laureano Vallemilla (1870-1936), intelectual de la dictadura de Juan Vicente Gómez (110-125). "Los arielistas [...] se mostraron, casi todos –dice Sánchez– cortesanos del poder, alabando a 'caudillos bárbaros.' Por eso no inspiran confianza ética, aunque sean maestros de estética" (126). El *balance* final de Sánchez es que la mayoría

> se conmovió más con las inquietudes estéticas que con el reclamo social. [...N]unca consideraron la democracia sino como un 'saber-abstracto', no como un 'saber-concreto'. De allí la rapidez con que los corifeos neoidealistas de esa época viraron hacia las dictaduras y el militarismo, hacia el fascismo y la plutocracia, sin más ni más (221).

La cita que, para ilustrar su tesis, hace Sánchez de Burke, es digna de una antología: "Pocos son los partidarios de las pasadas tiranías; pero ser liberal en los asuntos de hace cien años es muy compatible con todas las ventajas del servilismo actual" (26). El arielismo no sólo contradecía en la práctica sus enunciados, sino que –sin el antiimperialismo ni la fe siquiera formal en la democracia del novecientos– quedaba reducido a un alegato espiritualista de superioridad clasista y a una justificación palaciega del autoritarismo de Estado y la represión.

No se ha prestado suficiente atención al hecho de que en la crítica del arielismo de Sánchez se dé una reconversión simbólica de Calibán como un *personaje conceptual* positivo, que encarnaría el liberalismo de izquierda y de centro. Sánchez hace una larga lista de excepciones al pensamiento reaccionario arielista, conformada por los que denomina "Los Calibanes", un grupo de intelectuales que habría sostenido la tradición rodoniana del pensamiento antiimperialista y "que desdeñando la retórica, ahondó en el tema de la justicia" (131). La lista de los "Calibanes" es heterogénea: Carlos Octavio Bunge (1875-1918) "un precur-

---

[69] "De hecho, no hay masas; únicamente formas de ver lo popular como masas" (*Culture and Society* 300).

[70] Título del libro del historiador venezolano Vallemilla (1919).

sor de los 'Calibanes'" (135), el uruguayo Carlos Vaz Ferreira (1872-1958), "Ariel auténtico" (115), el filósofo argentino Alejandro Korn (1869-1936) "al lado de los alumnos" en Córdoba (136), José Ingenieros (1877-1925) "una tentativa científica para realizar la justicia social" y un activista de la lucha antiimperialista en América Latina (137-141), como también lo fuera Miguel Ugarte (1875-1951), "proveniente del socialismo" y practicante de la "literatura vernácula" (143, 144), y Alfonso Reyes (1889-1959), que habría mantenido –al igual que Pedro (1884-1946) y Max Henríquez Ureña (1885-1968)– su "dignidad frente a las corrientes reaccionarias" (160). Sánchez también incluye entre sus "Calibanes" al primer José Vasconcelos (1882-1959), el de *La raza cósmica*, ensayo que le habría dado "alcance continental" a la Revolución mexicana, así como al Vasconcelos que tuvo la entereza de confesar el fracaso del arielismo y de decirle a un grupo de estudiantes en Medellín: "no nos imitéis" (146-154).

En varios casos, como el de Vasconcelos, la lista de "Calibanes", invita a un examen más detenido. En otros, como el del colombiano Luis López de Mesa (1884-1967) (164) o Carlos Octavio Bunge, a una refutación. El racismo y aristocratismo sistemático del pensamiento estratosférico de López lo colocaría entre los socios de "Ariel y compañía" antes que entre los "Calibanes" anti-reaccionarios. Por lo que respecta a Bunge, Sánchez alaba el humanismo de su "análisis histórico-sociológico" y su censura a la demagogia y al caudillismo, pero obvia el profundo racismo del sociólogo argentino. En *Nuestra América* (1903) Bunge –"precursor de los Calibanes", según Sánchez– detesta (en la tradición sarmientina) la monstruosidad y el "canibalismo social" de los grupos étnicamente "híbridos":

> Impulsivo, falso, petulante, el mulato es una complicada amalgama del genio español y africano. [...] Aunque desaforadamente ambicioso, verdadero arrivista, carece de *esprit de suite*. Es un *dispéptico hambriento*, con *apetito para devorar un buey* y sin estómago para digerir una chuleta. ¡Felizmente! Si su estómago respondiera a su hambre, si su constancia se relacionase con sus ímpetus, ¿quién sino él sería el gran Dominador y el gran Destructor, el *monstruo apocalíptico que ha de devorar a las sociedades modernas y caducas*? ("Psicología del mulato y del mestizo indio" Libro II. ix).

Probablemente la mayor flaqueza conceptual del *calibanismo* de Sánchez es su identificación evidente con el APRA –según él, "el movimiento más auténtico, y en el que cuajan mejor que en ninguno las aspiraciones de la nueva América" (134)– y con su fundador Victor Raúl Haya de la Torre (1895-1979). La ausencia de Mariátegui en la lista de "los Calibanes" no es gratuita[71]. El aprismo

---

[71] Las referencias a Mariátegui en *Balance y liquidación* son tangenciales y frívolas. Sánchez le elogia, por ejemplo, su "prosa ágil, plástica [y] deportiva" (203).

pretende una posición ecléctica entre la que Sánchez llama "la religión marxista" (207) y el "arielismo auténtico". El *calibanismo* de Sánchez, como el populismo del APRA, subordina las reivindicaciones obrero-campesinas a los intereses de la burguesía nacional[72]. Sánchez quiere una revolución demo-liberal, una "autentica revolución espiritual y política", como la que por tantos años predicó el APRA. No estamos frente a un discípulo ni de Marx ni de Mariátegui, sino de Rodó y de Haya de la Torre. Sánchez propugna por una política fundada no en una visión materialista de la historia, la cultura y la lucha de clases, sino en un sentido de alta responsabilidad moral y sensibilidad social demo-liberal. El pecado de los intelectuales de "Ariel y compañía" fue para Sánchez el haber puesto "su inteligencia, su entusiasmo y su saber al incondicional servicio de la fuerza" (235). Para Mariátegui –para quien la *fuerza* no era un espacio políticamente vacío, sino surcado por la lucha de clases– el pecado de esa *intelligentsia* fue ponerse "al servicio del capital y de la burguesía nacional".

Pero la desarticulación del arielismo no significa su fin. El propio marxismo latinoamericano al invertir el paradigma arielista (*calibanismo*) no seguirá a Mariátegui sino a Rodó. El escritor argentino Aníbal Ponce (1898-1938) en su –relativamente poco estudiado[73]– "Ariel o la agonía de una obstinada ilusión" de *Humanismo burgués y humanismo proletario* (1938), vio a Calibán como un símbolo de la resistencia de las masas. El monstruo no representa el coloso materialista del norte ni la vulgaridad democrática, sino el proletario rebelde y "las masas sufridas" (277)[74]. Próspero, no es el dulce y sabio maestro de Rodó, sino el déspota ilustrado que "no tolera otra voluntad que la suya" (277); y Ariel –antes que las alturas del espíritu– es el siervo del poder, vestido de "túnicas de gasas" y "de espaldas a la vida" (278-280). En este orden de ideas, el intento de asesinar a Próspero constituye para Ponce una alegoría de la revolución (279).

El ensayo critica la disociación burguesa entre el letrado y lo popular, que según Ponce se debe al hecho de que el primero "ha conseguido alejarse del trabajo de las manos" a costa del sacrificio ajeno (282) y por ello ignora y desprecia

---

[72] "El programa básicamente antiimperialista del APRA defendía primordialmente los intereses de la clase media, a la que consideraba la víctima principal del sistema de dominación vigente. Su nacionalismo pequeño-burgués daba forma a un estado de conciencia que ganaba rápidamente espacio en América Latina. Su concepción de *Indoamérica*, el 'País-continente' definido por el mestizaje y por la situación de dependencia, recogía en un programa antiimperialista y antioligárquico la teorización que Vasconcelos expresaba al anunciar el nacimiento de una 'raza cósmica'" (Moraña, *Literatura* 41).

[73] Hay pocos estudios dedicados al "Calibán" de Ponce (i.e: Mabel Moraña y Kristine Vanden Berghe).

[74] Este tipo de interpretación positiva de Calibán como proletario es anterior. Jean Guéhenno en *Calibán parle* (1928) había hecho una caracterización positiva del Calibán proletario (Vaughan 155).

el trabajo de Calibán, que es la condición material que posibilita su existencia etérea. Hoy diríamos que el trabajo de Calibán es desplazado al *inconsciente político* del humanismo burgués: "Ariel no gozaría en el aire de su libertad de espíritu, si Calibán no llevara la leña hasta la estufa junto a la cual Próspero relee sus viejos libros. El desprecio de la acción es, en el fondo, la voluptuosidad de la inteligencia que saborea en el aislamiento su propio egoísmo" (280). Por otra parte, Ponce cree que el supuesto odio calibánico por los libros es una calumnia y ofrece algunos ejemplos contra la imagen canónica negativa de Calibán como monstruo cultural que odia la letra[75].

Ponce dirige su ensayo contra Rodó, pero no lo nombra una sola vez. Analiza en cambio el drama *Caliban; suite de la Tempête* de Renan. En otras palabras pasa, muy concientemente, por encima del uruguayo y se dirige a sus fuentes para impugnar el humanismo libresco de Renan. Así, presenta el caso de la "conversión" ejemplar de Romain Rolland, quien después de defender los fueros del espíritu y la estética, se retractó del culto del intelectual a "sus tesoros imaginarios" (292). Podría parecer que *Humanismo burgués y humanismo proletario* afirma una especie de *calibanismo fuera de la ciudad letrada*. Sin embargo, nótese que Ponce reduce la importancia discursiva del Calibán proletario favoreciendo una nueva clase de intelectual reformado como Rolland. Contradice a Renan, pero básicamente acepta su presupuesto del valor social privilegiado de la alta cultura y de la literatura. Como el título del libro indica, Ponce propone el paso de una versión burguesa del humanismo[76] a una proletaria. Pero antes que un *calibanismo revolucionario* lo que plantea es un *arielismo políticamente reformado hacia la izquierda*. Lo llama "humanismo proletario". Pero ¿qué entiende Ponce por "humanismo proletario"? y ¿cuál es el rol que la literatura y la alta cultura deben jugar en la sociedad? La descripción que hace del estreno de *Richard III* de Shakespeare en Leningrado ofrece algunas pistas involuntarias: lo emociona el hecho de que la audiencia estuviera formada de trabajadores comunes: "Muy pocos años atrás, la enorme mayoría, la aplastante mayoría, no conocía el nombre de Shakespeare ni de oídas. En muy poco tiempo se ha vuelto para ellos un amigo" (326). Los héroes de los planes quinquenales pueden apreciar y ver críticamente a los héroes shakesperianos: "El desdichado 'monstruo rojo' de Shakespeare que tanto había sido calumniado en Calibán ¿no estaba acaso [presente] con un *alma nueva* en

---

[75] Por ejemplo, recuerda que "en la historia de la Alemania actual –la Alemania Nazi de 1935– no ha sido precisamente Calibán quien ha arrojado a la hoguera la biblioteca de Próspero" (292).

[76] *Humanismo burgués* es definido como "un sistema cultural de estabilización de privilegios, generador de una retórica de legitimación del poder político, que se apoya en la defensa del hombre abstracto, ente ahistórico cuyos valores sociales se sitúan por encima de la lucha de clases" (Moraña, *Literatura* 78).

aquella inmensa sala en que la hoz y el martillo ocupaban el sitio de la corona y las águilas?" (326). Sus "Calibanes" son "salvajes" recuperados por el socialismo, parte de una nueva y revolucionaria *ciudad letrada*, proletarios, envueltos también –a su pesar– en las "túnicas de gasas" de la literatura. El proyecto iluminista y docente del arielismo se mantenía, sustituyendo a Próspero por el aparato del Estado, y a Ariel, por un "Calibán proletario" sospechosamente versado en el teatro clásico británico. Ponce, por supuesto, hablaba de un Calibán soviético, hijo de la revolución industrial estalinista de los 30; distinto de los Calibanes vernáculos de las heterogéneas masas latinoamericanas, cuyas insurgencias originaban nuevas redefiniciones conceptuales de *The Tempest*.

5. ARIELISMO INDIGENISTA E INSURGENCIAS CALIBÁNICAS EN LA REVOLUCIÓN BOLIVIANA

> "al enemigo no hay que buscarlo fuera, no se llama Calibán
> [...]; el enemigo nos habita" (Fernando Diez de Medina).

En 1941 varios intelectuales urbanos, bajo el liderazgo de Víctor Paz Estenssoro (1907-2001), organizaron el *Movimiento Nacionalista Revolucionario* (MNR), partido que –aunque tuvo en sus inicios la participación de sectores pro-fascistas– a fines de la década estaba integrado básicamente por una clase media moderada de izquierda y buena parte de la clase trabajadora sindicalizada. El MNR, con Paz Estenssoro como candidato, ganó las elecciones presidenciales de 1951, pero los militares se opusieron a los resultados electorales y Paz Estenssoro salió al exilio. Después de una corta insurrección en la que los sindicatos de mineros jugaron un rol decisivo, el MNR tomó el poder[77]. A pesar de las iniciales posturas moderadas e intenciones reformistas, el gobierno del MNR –que se declaraba constitucional– se vio compelido por los sectores que participaron en la rebelión a tomar medidas revolucionarias. El establecimiento del voto universal en julio de 1952 fue sólo el comienzo. Bajo presión de la izquierda dentro del MNR, el gobierno depuró el ejército y redujo significativamente su tamaño. Las armas pasaron rápidamente a manos civiles[78]; apenas unos días después de terminada

---

[77] Sobre la *Revolución* pueden consultarse numerosos estudios como los de Robert Jackson Alexander, James Malloy, Christopher Mitchell, Malloy y Thorin (eds), Floren Sanabria, Mariano Baptista Gumucio, Magdalena y Lupe Cajías (eds.) y Merilee Grindle y Pilar Domingo (eds.).

[78] "Uno de los resultados [...] de la insurrección fue la rapidez con que las armas y equipo del ejército fueron acaparados por la población civil. En todo el país surgieron grupos de civiles armados, quienes tomaron prefecturas locales, comisarías de policía y guarniciones del ejército, a nombre del MNR" (Malloy, *Bolivia, la revolución inconclusa* 239).

la lucha en La Paz, se organizó un sistema nacional de milicias obreras cuyo control se mantuvo en niveles inferiores (James Malloy *Bolivia, la revolución inconclusa*: 242, 269). Luego, los mineros del estaño –con gran influencia en el gobierno dada su participación en la insurrección– exigieron la expropiación de las minas; en octubre 31 de 1952 fueron nacionalizadas las tres más grandes compañías (Patiño, Hochschild y Aramayo) y formada la Corporación Minera de Bolivia (COMIBOL). El movimiento obrero sindical en armas creció y se fortaleció al punto que pronto llegaría a rivalizar con el gobierno. Aprovechando la atmósfera revolucionaria, se organizaron también numerosos sindicatos en el campo, entre cuya población se repartieron armas. Varias insurrecciones campesinas e indígenas modificaron *de facto* el régimen de tenencia de la tierra, destruyendo el sistema de haciendas, y forzaron a la Administración a una de las más radicales reformas agrarias en Latinoamérica. El 3 de agosto de 1953 el gobierno –con una actitud de "resignación ante lo inevitable"[79]– formalizó las acciones de expropiación y otorgó títulos de propiedad a cerca de 60.000 familias campesinas, creando un amplio sector de pequeños propietarios sobre el cual se apoyaría más tarde contra el sector obrero-sindical. Los primeros años de la Revolución boliviana están así marcados por un proceso de *institucionalización problemática* y de tensión entre las diversas insurgencias de la Revolución boliviana y el gobierno del MNR autodeclarado nacionalista, reformista e integrador y en el cual se tensan diferentes tendencias.

Apenas dos años después de la insurrección Fernando Diez de Medina (1908-1990) publica *Sariri: una réplica a Rodó* (1954), un ensayo neo-indigenista[80] que propone reformular la representación de la identidad como un drama andino. Aunque *Sariri* comienza con un elogio a Rodó (acorde con las celebraciones del cincuentenario de *Ariel*) y llama al uruguayo "precursor del antiimperialismo en sociología y maestro de belleza en literatura" (10), pronto critica su "hojarasca erudita", su "aristocratismo [...] heredado de Renan" y su "culto a la inteligencia pura" (10), y finalmente, declara su obsolescencia:

los sudamericanos de hoy, crecidos en la dramática perplejidad de dos guerras mundiales [...] en el umbral tal vez de una tercera se preguntan: ¿El arielismo es una utopía idealista o un instrumento de edificación colectiva? ¿Conservan vigencia las ideas

[79] Así califica Malloy las medidas revolucionarias del gobierno (*Bolivia, la revolución inconclusa* 264).

[80] Para un conciso panorama crítico de la literatura indigenista que incluye varias tradiciones culturales, regiones y épocas puede consultarse el trabajo de Rene Prieto (1996). Conforme a las fases propuestas por Prieto (139, 152), *Sariri* sería parte del *neoindigenismo*, tanto por su aparición tardía, en relación con el "indigenismo ortodoxo" Boliviano, como por el acentuado énfasis mesticista que para Prieto es la característica distintiva del *neoindigenismo*.

del maestro, en el mundo actual sembrado de *pasión y confusión*? La democracia idealizada que predicó el pensador ¿coincide con el *tumulto* y el *retrazo* de nuestra *América mestiza*? [...] la síntesis simbólica de Calibán y Ariel peca de simplista [...] El idealismo estético, didactizante, de Rodó no es para nosotros lo que fue para nuestros padres [...] *carece de significación social*. [...S]e necesitan herramientas mejor templadas que el finísimo estilete de 'ARIEL', para construir la dura América presente. [...L]a *palabra rodoniana no sirve en estos años convulsos* (11-13).

Propone reemplazar a los *personajes conceptuales* del arielismo con *Makuri* y *Thunupa* del "reino de los Kollas" (17, 20), "pareja simbólica" que según Diez de Medina "anima toda nuestra historia Americana" (23). *Makuri* releva a Calibán y *Thunupa* a Ariel. El lugar de Próspero es ocupado por *Sariri* (en aimara: *caminante vigilante*). *Sariri* es heredero de las varias respuestas etno-culturalistas del indigenismo boliviano de la primera mitad del siglo XX y de la paralela corriente del pensamiento nativista boliviano conocida como *misticismo de la tierra* cultivado entre otros por Franz Tamayo (1879-1956), Roberto Prudencio (1908-1975) y el propio Diez de Medina. Tanto el indigenismo como el *misticismo de la tierra* se plantean y replantean durante gran parte del siglo XX la cuestión de la identidad nacional, el llamado "problema del indio" y las vicisitudes y supuesto fracaso de Bolivia como nación moderna.

En términos generales, el indigenismo boliviano gravita alrededor de ejes discursivos tales como la concepción de lo indígena como "problema" o "esperanza" nacional, la representación estético política del "indio" como tropo simbólico-nacionalista y/o su conmemoración arqueológica o mítica, la aspiración programático-disciplinaria o redentora y la denuncia social de la explotación y marginación del indígena. La reformulación de *Ariel* en *Sariri* está fundada en el indio mítico del nativismo boliviano, aunque bajo asedio del indio que podríamos llamar histórico o presente[81], el cual le parece a Diez de Medina –en la tra-

---

[81] Debe tenerse en cuenta que el término *indígena* es una construcción generalizadora de heterogéneas alteridades producidas en las sucesivas olas coloniales de expansión occidental en Latinoamérica (desde la Conquista hasta la consolidación de proyectos hegemónicos nacionalistas y los procesos de modernización). Lo llamado *indígena* varía históricamente e incluye sectores y culturas disímiles: nómadas, campesinas, urbanas, lingüísticamente diversas, más o menos interrelacionadas con comunidades criollas e hispánicas (algunas de las cuales se llaman también indígenas), económicamente articuladas al mercado capitalista de distintas maneras, excluidas o no alcanzadas por el capitalismo, etc. Lo *indígena* se refiere a campesinos y comerciantes, analfabetas y profesores universitarios, inmigrantes, obreros y, en fin, a grupos que entre sí no tienen en común mas que el ser llamados o llamarse a sí *indígenas*. Aunque se plantee en términos étnicos, lingüísticos, culturales o económicos lo *indígena* nunca es un término neutro; siempre está cargado ideológicamente. Por eso se habla en el discurso liberal y hasta en el marxista de *problema indígena*, expresión en la que se resume el hecho de que lo *indígena* es situado en oposición a un plan (aquel con respecto al

dición de Alcides Arguedas (1879-1946)– atávicamente enfermo, borracho, violento, ignorante, rencoroso y, en el mejor de los casos, inescrutable: "el indio –dice Diez de Medina– es lo más viejo y lo más joven, lo más simple y lo más desconcertante, lo más extraño y lo más familiar a un tiempo mismo" (*Sariri* 18). La caracterización del indio como extraño/familiar corresponde a una suerte de principio freudiano de lo siniestro: el *Unheimlich* nacional[82]. El tropo *indígena* funciona como un dispositivo de identificación o espejo en el que se produce un reconocimiento narcisista (nacional) y un extrañamiento siniestro que amenaza al mismo ego. Como señalaba con lucidez Luis Villoro en 1950 (hablando del indigenismo en México) lo indígena aparece "como una realidad en la que puedo reconocerme sin que por ello deje de ser distinta a mí. Es alteridad y, a la vez, indica hacia mí. Es como la superficie de un estanque, turbio a veces, límpido otras, pero siempre me permite encontrar el esbozo de mi propia figura" (294).

Sariri produce una disimilación conceptual de esta ambivalencia mediante sus dos personajes míticos. *Makuri*, calibanesco, encarna la violencia y el desenfreno de las masas; el "pueblo enfermo" que lamentaba Alcides Arguedas[83]. Como Calibán, *Makuri* es el inenarrable "cuerpo en ausencia" *otrificado*, étnico y popular; lo familiar reprimido que regresa en las pesadillas. Diez de Medina lo menciona poco y asocia con el desorden, la sensualidad, la violencia y la irracionalidad:

cual es un "problema"), sea este plan la expansión colonial, la modernización capitalista, la definición hispánica de la cultura nacional, la proletarización de los inmigrantes campesinos en la ciudad, la explotación de su trabajo, etc. Como dice Leopoldo Zea, *indígena* es un "instrumento de acción" (16). Es necesario colocar unas comillas históricas y conceptuales a las categorías *indio* e *indígena*, aún en los casos de lo que Gayatri Spivak llama *esencialismo estratégico* ("In a Word: Interview" 3-7) cuando grupos específicos usan la categoría *indígena* como signo de afirmación identitaria o reivindicación política o económica.

[82] Mediante un análisis lingüístico y psicoanalítico Freud explica que *Unheimlich* –que en español ha sido traducido como *siniestro*– no es simplemente lo contrario de familiar (*Heimlich*), sino una de sus posibilidades; una forma de lo familiar. En una de sus acepciones *Heimlich* significa lo secreto, oculto y misterioso, coincidiendo con el significado de su antónimo. Lo *Unheimlich* no resulta de aquello que nos es más ajeno, sino de lo familiar y cercano que se ha hecho extraño (mediante su represión) y que retorna. La caracterización simultanea del *indio* como viejo y joven, simple y desconcertante, familiar y extraño, expresa la ambivalencia del indigenismo de Diez de Medina, en cuyo sistema de tropos el significante *indio* se desliza continuamente de lo familiar a lo extraño y siniestro. En el indigenismo lo familiar vernáculo que define el ego nacional regresa en la forma de otredades amenazantes (siniestras) para ese mismo ego.

[83] Me refiero a *Pueblo enfermo* (1909) y también a *Raza de bronce* (1919), novela que si bien ha sido vista como un texto del indigenismo de denuncia, conserva –pese a su revisión (1945)– las tesis de *Pueblo enfermo* (Pedro Lastra 51-62). Sobre el discurso de la degeneración en Arguedas puede consultarse el artículo de Edmundo Paz Soldán "Nación enferma y narración: el discurso de la degeneración en *Pueblo enfermo* de Alcides Arguedas".

En época remota gobernaba la meseta 'Makuri', el implacable. Violencia y concupiscencia eran su ley, su voluntad omnímoda el Estado. [...] Brutal, bestial gigante [...] vivía en la doble embriaguez de la sensualidad y la destrucción. [...] El que
enseñó a los andinos la irresponsabilidad para el mando y el desenfreno en la conducta (20).

Thunupa, por el contrario, aparece predicando contra la guerra y el desorden, hasta que finalmente es sacrificado por sus enemigos. En la versión cristianizada de Diez de Medina[84], es un "Gran sabio", un maestro que "curaba a los
enfermos" y "servía con humildad aunque nadie lo requiriese"; es el pacificador,
"reformador" y "piloto del pueblo indio" que se opone a "la animalidad instinti-
va", la "violencia, la rapiña, la embriaguez, la poligamia" y el desorden social
personificado por *Makuri* (*Sariri* 21-23); *Thunupa* encarna los principios políticos
de un Estado protector, educador y garante de la hermandad nacional. En *Thunupa*, un ensayo de 1957, Diez de Medina lo presentaba como un "Cristo andino" con "sandalias de vicuña" que llevaba las "ovejas al redil" y condenaba la
violencia y las malas costumbres. El profeta habría sido lapidado por *Makuri*,
después de lo cual –como Ariel– viviría "en espíritu" (17-23). *Thunupa* –dirá Diez
de Medina– "encarnó al Dios Verdadero para entendimiento de la muchedumbre secular" (*La teogonía andina* 170).

Sariri hace una redefinición indigenista del arielismo en la coyuntura de la(s)
insurgencia(s) que marcan la Revolución boliviana; mediante un relevo conceptual, se pone la máscara de lo vernáculo en un intento de legitimación hegemónica y apelación nacionalista[85].

El mejor análisis sobre el *indigenismo* literario andino (aunque limitado a la
novela peruana) sigue siendo el adelantado desde finales de los años 70 por

---

[84] Como señala Harold Osborne, las órdenes religiosas cristianizaron los dioses aimaras y
entre ellos a *Thunupa*, la antigua deidad agrícola y solar, quien se revistió de características protocristianas: se dice que Thunupa llegó a Carapucu, la capital del belicoso y cruel jefe *Makuri*, con
cinco discípulos, cargando una cruz de madera, enseñando la pureza de costumbres, hablando de
paz y concordia y contra la guerra. Sus prédicas le ganaron la oposición de los sacerdotes de Carapucu y de otras ciudades como Sicasica (*South American Mythology* 86-87).

[85] Ángel Rama sostiene que los representantes del movimiento indigenista pertenecían a "un
grupo social nuevo, promovido por los imperativos del desarrollo económico modernizado" que
como todo grupo que adquiere movilidad se pone la máscara de las mayorías "silenciosas" y
"extiende la reclamación que formula a todos los demás sectores oprimidos y se hace intérprete de
sus reclamaciones que entiende como propias, engrosando así el caudal de sus magras fuerzas con
aportes multitudinarios" ("El área cultural andina: hispanismo, mesticismo, indigenismo" 150,
151). Adviértase, en todo caso, que como señala Cornejo-Polar, la "base social del indigenismo, a
más de ser esencial e inevitablemente heterogénea, puede ser peligrosamente confusa" (*La novela
indigenista* 20).

Antonio Cornejo-Polar (1936-1997)[86], quien retomando a José Carlos Mariáte-gui, establece una definición de la novela indigenista por su referente (indígena, premoderno, rural, oral), sus circuitos de producción y consumo (criollo, urba-no[87], hispánico, moderno, escrito) y su posición ideológica problemática y ambivalente frente a la heterogeneidad cultural. Aunque lo describe como un movimiento de la primera mitad del siglo XX, lo inscribe en una historia cultural más antigua; el indigenismo sería una matriz de representación que incluiría una serie de textos que desde el siglo XVI[88] han respondido de diferentes maneras a las contradicciones entre las sucesivas olas de occidentalización y la heterogeneidad cultural constitutiva (y traumática) de las sociedades americanas. El movimiento literario conocido como indigenismo –en sus afiliaciones variopintas con el liberalismo, el socialismo y los populismos de izquierda y de derecha– sería un desarrollo de esta matriz *vis-à-vis* los procesos nacionales de modernización.

Jesús Martín-Barbero describe el *nacionalismo nuevo* de este momento justamente por su propósito de representación sincrética de lo vernáculo: la "cultura nacional [...] sería la síntesis de la particularidad cultural y la generalidad política, de que las diferentes culturas étnicas o regionales serían expresiones" (*De los medios* 209). El indigenismo es resultado de la pretensión –siempre fallida– de dar cuenta de lo nacional mediante la representación *estética* (*Vertretung*) y/o *política* (*Darstellung*)[89] de amplios y diversos grupos sociales denominados *indígenas*. El indigenismo supone que es deseable y posible la *traducción* o *transculturación*[90] de

---

[86] Ver sus ensayos "Para una interpretación de la novela indigenista", *La novela indigenista*, "La novela indigenista: Una desgarrada conciencia de la historia", *El pensamiento indigenista* y "Literatura peruana y tradición indígena".

[87] Como marco de la lectura de varios textos indigenistas peruanos, Efraín Cristal, en *The Andes Viewed from the City* reitera esta proposición de Antonio Cornejo-Polar (y otras más, como la relación entre los postulados justicieros del indigenismo y los enfrentamientos entre latifundistas y sectores liberales modernizadores).

[88] En el mismo sentido y como un desarrollo de la hipótesis y esquema de Cornejo-Polar, véase el ensayo sobre el "prototipo" colonial indigenista de José A. Mazzotti.

[89] Sobre esta distinción y sus implicaciones puede consultarse "Practical Politics of the Open End" de Spivak (*The Post-Colonial Critic* 95-112).

[90] El concepto de *transculturación* en la crítica literaria y cultural, desarrollado por Ángel Rama (sobre estudios anteriores de Fernando Ortiz y –aunque no lo mencione– de Mariano Picón Salas), funciona como un proceso de integración de lo premoderno y lo local por la literatura moderniza-da; puede describirse como *traducción cultural letrada*. Para Cornejo-Polar en el indigenismo el "mundo indígena es interpretado bajo códigos que corresponden, inicialmente, a la cosmovisión cristiana, y más tarde, a partir de finales del siglo XIX, con criterios dependientes del positivismo y el marxismo. De otro lado, en el campo específico de la literatura, la revelación del mundo indígena se procesa mediante formas adscritas al sistema literario de Occidente. [...E]n toda actividad indi-genista subyace una operación de 'traducción'" (Cornejo-Polar, *La novela indigenista* 23, 24).

la diferencia en la anhelada modernidad nacional. Para Mirko Lauer la "fantasía [indigenista] consistía en pensar que el mundo no criollo era portador de un lenguaje traducible a los términos de la cultura occidental, y que descifrar este lenguaje [...] era un acto restaurador, ético y nacionalista", cuando en realidad se trataba de una serie de prácticas de representación de sectores criollos y occidentalizados, fundadas, entre otras cosas, en "una profunda culpabilidad frente a lo autóctono" (23). En esta aspiración "restauradora" nacionalista –y no en la representación misma– radica la pretendida autoridad y el continuo quebranto del indigenismo. Puesto que está marcado por la colonialidad y responde doblemente a la heterogeneidad cultural y a un propósito unívoco de representación identitaria nacional, el indigenismo tiene el sino y el desasosiego trágico de no alcanzar su plenitud. Su fantasía de representación (el mitologema vernáculo) está constantemente amenazada por lo *suplementario*. El suplemento de esta *Vertretung/Darstellung* no es señalado por lo que *Sariri* objeta a *Ariel* (que se reduce al supuesto europeísmo y elitismo de las metáforas shakesperianas y a la caducidad del antiimperialismo rodoniano) sino por aquello que reafirma: su vocación pedagógica ilustrada, la primacía de las letras, el lugar orgánico del intelectual en la política y su profundo (si bien disimulado) recelo respecto de las masas, el *enemigo interno* objeto de control social y fuente primaria del terror político.

El enemigo interno desplaza al externo. *Sariri* reubica geo-ideológicamente la identidad latinoamericana respecto a los EE.UU. y declara la obsolescencia del antiimperialismo[91]. Diez de Medina hace parte del sector liberal que teme represalias por la nacionalización de las minas[92] y que, en la coyuntura de la hiperinflación pos-revolucionaria, desea la ayuda económica de los Estados Unidos y la banca internacional[93]. Como en su momento hiciera Rubén Darío, Diez de Medina pide: "Que bajen capitales técnicos a *fecundar* la América mestiza, pero que vengan en condiciones razonables [...] a compartir riqueza y bienestar" (*Sariri* 36). En 1956 el MNR recurrirá al Fondo Monetario Internacional en busca de la "fecundación" del capital. A lo anterior se sumaba el hecho de que la *Guerra fría* realineaba el reparto conceptual del arielismo. El boliviano Raúl Botelho Gosálvez había indicado en vísperas de la Revolución (1950): "Ya no son los Esta-

---

[91] Uno de los argumentos de Diez de Medina para declarar la obsolescencia del antiimperialismo rodoniano es que los Calibanes del norte triunfaron y progresaron en contraste con "el desorden que padecemos en el sur" (*Sariri* 11).

[92] Asunto tratado por Diez de Medina en *Una Khantuta encarnada entre las nieves* (1952) (7-27). Sobre las relaciones de la Revolución con los Estados Unidos puede consultarse el trabajo de Kenneth Lehman.

[93] "La inflación fue astronómica, con promedios del aproximadamente 100% al año entre 1952 y 1956" (Kelley y Klein 100). El índice del costo de vida se duplicó anualmente 1952 a 1957 (Alexander 201-221; Mitchell 52-59).

dos Unidos de América los que representan a Calibán, el deforme genio del materialismo" (16). De acuerdo con Botelho, Calibán era la URSS y su "voraz imperialismo politico"[94]. Con similar paranoia anticomunista, a Diez de Medina le inquieta la inestabilidad social interna: "al enemigo no hay que buscarlo afuera, *no se llama Calibán*, ni Tío Sam; *el enemigo nos habita*, es ese fondo de *barbarie maligna, primitiva, que desata los odios y venganzas* [...] los *motines* [...]. Es 'Makuri', la fuerza que trabaja para atrás" (*Sariri* 31)[95]. La redefinición de Calibán fuera de la geopolítica neocolonial obedece a que al subordinar las reivindicaciones obrero-campesinas a la burguesía nacional el nacionalismo populista se tiene que definir por intereses de clase que *no* son propiamente hostiles a las alianzas con el capital internacional. Mientras que el paradigma del arielismo del novecientos es jánico –enfrentado tanto al imperialismo norteamericano como a las masas– el arielismo indigenista de la Revolución boliviana, retractado de su antiimperialismo[96], enfrenta el suplemento calibánico: la monstruosa multitud, objeto de sus aspiraciones disciplinarias, pedagógicas y homogenizadoras. Durante los primeros años de la Revolución boliviana, ello se hace evidente en el desencuentro entre el Estado "revolucionario" y las insurgencias de la revolución; o, lo que es lo mismo, entre el *poder constituido* (Estado) y el *poder constituyente* (multitud).

La *multitud*, de acuerdo con Antonio Negri, es heterogénea y rizomática; no alcanza el estatus de persona jurídica, ni tiene una voluntad inteligible; se expresa como un conjunto de "minorías actuantes" que se resisten a la unidad o al *telos* de la nación y que tensan, desafían y obstruyen los mecanismos de representación política del Estado (*El poder constituyente* 404, 405). *Multitud* se opone a *pueblo*. El pueblo es la subjetividad abstracta en la cual la teoría constitucional moderna, tanto liberal como fascista, ha imaginado que reside la soberanía del Estado-nación; es una abstracción del *poder constituyente*, una reducción teórico-política y una formulación orgánica del cuerpo inorgánico de la política que es

---

[94] Explicaba Botelho que los EE.UU. habían luchado por la libertad en Europa y que eran un pueblo amante de la paz y los ideales (17). Según él, el imperio calibánico estaba en otra parte: "allí donde ha hincado su torpe garra el brutal renovador, cuyo voraz imperialismo político hace tambalear en estos instantes la paz del mundo; allí donde se ha explotado con frío cálculo político y triste desdén del hombre, la esperanza de los desheredados, dándole las armas del odio para forjar con ellas una sociedad que escarnece al individuo, subordinándolo la los ciegos dictados del fanatismo de una secta; allí está Calibán" (*Reflexiones sobre el cincuentenario del "Ariel" de José Enrique Rodó* 17).

[95] En otro ensayo del mismo año (1954) Diez de Medina apuntaba: "Soy demócrata. He combatido y seguiré combatiendo al comunismo" ("Libertad sin responsabilidad" *Thunupa* 211).

[96] Diez de Medina no niega que el imperialismo exista pero clama por su "superación". Admira en los EE.UU. la tradición de "libertad y de justicia", sus escritores y progreso. Los capitalistas vapuleados por el arielismo del novecientos son presentados de manera positiva: "nacen voraces, pero mueren filántropos" (*Sariri* 32-34).

la multitud[97]. En el proceso de reconstitución posrevolucionaria del Estado, la *heterogeneidad* es enajenada mediante un relato unificador, teleológico y orgánico, y las *insurgencias múltiples de la multitud* son sobrecodificadas como *Revolución nacional popular*. Parafraseando a Ernesto Laclau, *Sariri*, en un intento por alcanzar la hegemonía, ensayaba la significación indigenista del vacío del "orden estatal" provocado en un proceso de "desorden radical" (*Emancipations* 44). La pretensión del nacionalismo indigenista es significar la Revolución: la multitud irrepresentable es sustituida por el *pueblo boliviano*.

Como se señaló, a partir de 1952 se produce una constante y decisiva intervención del *poder constituyente* en la institucionalidad estatal o *poder constituido*. El frágil gobierno revolucionario boliviano, bajo presión de diversos sectores dentro y fuera del MNR, es empujado hacia medidas políticamente radicales (privatización de las minas, reforma agraria, democratización participativa de la vida política, mejoramiento de las condiciones laborales en el sector minero, etc.). La Reforma agraria (1953) marca el punto culminante de la insurgencia y actuación directa del *poder constituyente* y, a la vez, el momento de estabilización institucional del *poder constituido*, pues logra producir un pacto entre el gobierno y las organizaciones campesinas-indígenas. Dicho pacto permitió la gobernabilidad y el control relativo de los movimientos obrero-sindicales, pero dejó a los sucesivos gobiernos a merced de su alianza con sectores divergentes y considerados premodernos. La publicación de *Sariri* en 1954 corresponde precisamente a este momento de sobre-codificación institucional de la insurgencia, cuando el Estado pretende someter el desorden de la multitud (especialmente en lo tocante a los movimientos obrero-sindicales), y reclamar para sí la soberanía plena y el monopolio de la fuerza. Para ello el Estado se apoya en una alianza con el campesinado que el indigenismo evoca simbólicamente en *Sariri*[98]. La soberanía es constituida y al mismo tiempo amenazada por lo familiar-extraño.

---

[97] "[L]a multitud carece de unidad política, es recalcitrante a la obediencia, nunca alcanza el estatus de persona jurídica, y es incapaz de hacer promesas o pactos, o de adquirir o transferir derechos. Es anti-Estado; pero precisamente por esta razón, también es antipolular: los ciudadanos cuando se rebelan contra el Estado son la multitud contra el pueblo" (Paolo Virno 200, 201). Para Hardt y Negri, "[l]a multitud es una multiplicidad, un plano de singularidades, un juego abierto de relaciones que no es homogéneo o idéntico a sí mismo y sostiene una relación indistinta, inclusiva, con aquellos que están fuera de ella. El pueblo, en contraste, tiende a homogeneizarse e identificarse internamente [...]. Mientras la multitud es una relación constituyente inconclusa, el pueblo es una síntesis constituida que ya está preparada para la soberanía. El pueblo provee una única voluntad y acción, que es independiente y está a menudo en conflicto con las diversas voluntades y acciones de la multitud. Cada nación debe transformar a la multitud en pueblo" (*Empire* 101-105, trad. Eduardo Sadier).

[98] Recuérdese que "en el movimiento político, *indígena* es sobre todo una metonimia de *campesino*, mientras que en el movimiento cultural, *indígena* es una metonimia de lo *autóctono*" (Lauer 13).

Puede decirse que, así como *La raza cósmica* es un texto de la *ciudad letrada* de la *Revolución mejicana*, *Sariri* lo es de la *ciudad letrada* de la *Revolución boliviana*. El personaje *Thunupa* expresa el paternalismo nacionalista frente a los "indios" y las "masas" obrero-campesinas y la aspiración sincretista del populismo de resolver los conflictos y contradicciones socio-económicas de la sociedad boliviana. No olvidemos que, aunque fundado en una tradición anterior, este indigenismo se produce dentro del populismo posrevolucionario. Los populismos de derecha o de izquierda, como ha señalado Laclau, allende sus eventuales diferencias programáticas, se definen por su interpelación sintética no clasista y por evitar el planteamiento del conflicto social como lucha de clases: "lo que transforma un discurso ideológico en uno populista es una forma peculiar de articulación. [...E]l *populismo consiste en la presentación de las interpelaciones popular-democráticas* como un complejo sintético-antagonista con respecto a la ideología dominante" (*Politics and Ideology* 172, 173). *Sariri* excluye explícitamente el concepto de *lucha de clases*. El relato de identidad nacional es situado fuera de la historia, sus heterogeneidades son borradas en la ideología del mestizaje y sus conflictos, concebidos como fuerzas telúricas y acomodados en una *infrahistoria* mítica:

> somos lava, piedra, fuego, turbión [...]. Las muchedumbres [...] piden igualdad en el trabajo y en el progreso; pan, techo, seguridad económica [...]. Si ese cambio radical de la estructura social viene casi siempre por el camino del alzamiento popular, es porque las revoluciones son *movimientos místicos de la multitud* (28).

Sariri se refiere a la *multitud* como materia telúrica y mística (es decir, inconsciente) de lo popular-nacional e imagina que puede ser contenida y apropiada discursivamente como capital político. La "lava" popular se mueve a encontrarse con el Estado; a ser interpelada y convertida pedagógica y disciplinariamente. En este sentido (como posibilidad de pueblo) *multitud* es para Diez de Medina sinónimo de *masa*. *Sariri* aspira al control social de los "ríos profundos" y turbulentos de la multitud, a la conversión política de esa *multitud-masa-lava-fuego* en una alternativa viable de nación: el *pueblo boliviano*. El *poder constituido* requiere el sometimiento del *constituyente*: "*levantar al pueblo no significa someterse a su capricho* [...]. A las muchedumbres hay que [...r]ecordarles con Platón, que existe una responsabilidad del poder; [...] Porque Patria es una responsabilidad, no un usufructo. *Servidumbre voluntaria*, Vigilia permanente" (29). El ensayo reclama para el Estado soberanía y el sometimiento voluntario de las masas.

El Estado "revolucionario" boliviano –que nunca declara una discontinuidad radical con el pasado y la institucionalidad que sustituye (Malloy, *La revolución inconclusa* 230-241)– en un primer momento articula y posteriormente intenta controlar las insurgencias múltiples convirtiéndolas en *La Revolución*. La insurrección es acomodada en el eje de la institucionalidad, de la misma forma que *Sariri* no es una ruptura –a lo Mariátegui– con el arielismo, sino una reiteración del mismo en un relato liberal-populista de representación política del "sujeto popular". El gobierno "revolucionario" de Paz Estenssoro se ve y presenta como la realización de un mandato democrático (elecciones) que se hace posible por medio de la insurrección (levantamiento popular). Sin embargo, dicha institucionalidad está en crisis constante o, lo que es lo mismo, no suspende su "relación constituyente inconclusa" con la multitud en estado de insurgencia. Como se anotó, el gobierno tiene que negociar y responder a múltiples antagonismos y conflictos, y depende de una alianza con sectores campesinos que parecen retrotraerse frente al proyecto del Estado nacional moderno e hispánico. *Sariri* imagina esos conflictos sociales y económicos como la lucha de *Thunupa* y *Makuri*, el orden y el desorden, el bien y el mal; fuerzas en choque, fuera de la historia y la política. El Estado-nación aparece, entonces, como cumpliendo una promesa que ya estaba *ab-initio*, antes de la historia, en el origen del pueblo boliviano.

El populismo en clave indigenista permite, además, la enunciación contradictoria pero funcional de una nación a un mismo tiempo vernácula y occidental. Diez de Medina declara a los americanos "hijos de la libertad [y] nietos de la justicia" y afirma que no precisan "aceptar tutelas lógicas y estéticas" (50), entre las que cuenta el hispanismo modernista ("un concepto imperialista" 50). *Sariri* anota que el *"Thunupa* andino" responde al *"Ariel* afrancesado" (55) y declara expresamente ser un discurso de identidad nacional y continental contra la "servil imitación de Europa o Norteamérica" (16). Para realizar esta "emancipación cultural" propone la "construcción colectiva" (12) de un escenario simbólico que re-escribe la mitología indígena[99]. El motivo *indígena* está ciertamente trabado en una paradoja: por una parte se trata de la narración de la añorada nación moderna, guiada por el *telos* del progreso (bajo "la pupila organizadora y tecnológica" dirá Diez de Medina en *Imantata* 11); por el otro, es parte de la *invención de una tradición* "indígena" en un tiempo mítico e *intrahistórico*[100]. Como ha recordado Joshua Lund –en su crítica a la multitemporalidad de la hibridez en Néstor García-Canclini– cuando la modernidad marca el tiempo, también marca la raza, particularmente porque el tiempo de los otros racializa-

---

[99] "Rompiendo el vasallaje europeísta, pediremos al genio continental, a los númenes telúricos, que nos permitan tomar del suelo americano los nombres y los símbolos para una edificación interior" (*Sariri* 17).

[100] La asociación semántica entre lo "indígena" y lo premoderno es caprichosa no sólo porque excluye la posibilidad de *modernidades alternativas* o inflexiones de la modernidad (la *transmodernidad* de las localidades periféricas que propone Enrique Dussel), sino porque desconoce el hecho de que sociedades distintas viven la modernidad de maneras divergentes y hasta contradictorias.

dos está en *destiempo*. *Sariri* se funda, antes que en una fuerza retrograda, en una confianza implícita en el poder modernizador del mestizaje[101]. El mestizaje es el dispositivo que le permite a la nación sincronizar las *temporalidades-otras* e inscribirse en Occidente: "Occidentales somos por la cultura y por el Cristo; americanos del sur por el suelo y por la sangre" (*Sariri* 16). En *Imantata* (1975) es aún más evidente la fuerza *occidentalizadora* del mestizaje: "la raza boliviana se *funde hacia arriba*. [...] el indio *tiende al mestizaje* [...]. *El mestizo procura subir a las formas de vida occidentales.* Llegará el tiempo que la fusión de muchos ingredientes étnicos, conformará un vigoroso tipo racial: el gran mestizo boliviano" (122, 123). La resolución de la tensión entre el eje "occidentales" y el eje "americanos del sur" es un *ascenso* a la Modernidad ("formas de vida occidentales") vía el mestizaje. El mestizaje concebido como forma de pertenencia a Occidente trata de zanjar en vano las ansiedades culturales que provienen de la afirmación esquizofrénica de lo étnico para participar en una Modernidad occidental (en la cual lo étnico es un tropo colonial excluyente). El *occidentalismo* latinoamericano aquí apela a una simbología indígena, un horizonte modernizador y una solución mestizadora. No es particularmente sorprendente que el boliviano termine como Rodó hablando del "espíritu de las razas" –aunque invierta el juicio arielista y ahora asigne virtudes a la anglosajona (*Sariri* 34-37)– ni que sostenga que el "único elemento permanente de la historia es el Espíritu" (116), ni que monumentalice lo indígena arqueológico al tiempo que proponga la sincronización colonial de las "fuerzas negativas arcaizantes" de los indígenas contemporáneos (Makuris). El lugar orgánico del intelectual sigue siendo arielista; la cumbre selecta bajo el asedio calibánico: "Makuris por centenas, por millares, cambiando de apariencia pero no de fondo; Thunupas pocos, solitarios, incomprendidos, alejados entre sí como las altas cumbres" (*Sariri* 24).

Sariri propone también un *mestizaje político* o pacto entre la clase dirigente y el "pueblo", y el establecimiento de un principio de cooperación inter-clase e inter-étnico con la burguesía progresista: "no hay, *no puede haber, lucha de clases*, mas el superior entendimiento de los intereses: blancos, mestizos, indios, ante Dios y ante la ley son una sola misma cosa" (*Sariri* 30). Desde los años 30, Roberto Prudencio había hablado de la emergencia de un "nuevo indio" y de la correlativa indianización del blanco, como la solución para la formación de la "nación orgánica y fecunda" del Kollasuyo: "Al indianizarnos recobraremos nuestros propios medios expresivos. [...] El nuevo Kolla, que ha de ser el criollo y el mestizo indianizado, tiene que cumplir su sino histórico" (10, 11). Pero Indianizar

---

[101] Según Rama el mesticismo fue el desliz habitual del indigenismo incluso en Mariátegui ("El área cultural" 161).

simbólicamente la cultura nacional o nacionalizar al indio no sólo es una ficción sincretista para reformular el *pacto social*, sino que conlleva una política de blanqueamiento. Éste que Diez de Medina llama "superior entendimiento" presupone "sanear a las gentes por dentro y por fuera" (30); es decir, bañarlas, castellanizarlas, quitarles el alcohol, hacerlas campesinas, trabajadoras y bolivianas; que las clases bajas –y entre ellas los *indios*– sean física e ideológicamente higienizadas, quitándoles la mugre y el marxismo (o lo que a Diez de Medina le parece marxismo). La higienización/ilustración/nacionalización del indio que propone Diez de Medina –anticipándose a Mario Vargas Llosa– y la indianización que plantea Prudencio comparten un sustrato común: el modelo sincretista del mestizaje y el arielismo, que ahora se viste de indio. Hasta el propio Diez de Medina dirá: "Espiritualmente, soy un indio boliviano" (*Thunupa* 301)[102].

La simpatía de Diez de Medina por la Revolución (que es cauta) depende de la concepción de la insurgencia como movimiento místico, de su higienización ideológica; y sobre todo, del *frente progresista* contra la eventual dictadura del proletariado: "El continente de la Libertad –dice– no acepta la dictadura clasista [...] y al pueblo queremos verlo lejos de la demagogia oportunista" (*Sariri* 30). Su propuesta es pía y preventiva; la de una humanitaria y "general transformación de la sociedad" (25) que sirva de *dique de contención* para el descontento social. La concepción de democracia de *Sariri* –como en el *Ariel*– hace parte de una semántica específica. Diez de Medina sostenía que los dos "temas de la insurgencia sudamericana" eran "el dominio de la economía nacional y la reforma agraria" y que los cambios vendrían o "por la sagacidad de gobiernos democráticos o en el *desborde de alzamientos populares*" (43). La alternativa era, entonces, entre *Thunupa* y *Makuri*, entre la "sagacidad" de la democracia liberal (integradora y sincrética) y el pandemonio o "desborde" revolucionario (la lucha de clases). Lo deseable para él era la reforma social de la propiedad, la nacionalización de las minas y el desmantelamiento del latifundio, todo *dentro* del sistema democrático. El aumento del ingreso *per cápita* que esas medidas generarían sería "la mejor arma para combatir el comunismo" (239).

En los *"años convulsos"* que siguen a la Revolución, *Sariri* quiere reformar el capitalismo en la dirección del humanismo social[103] y convertir la *revolución amorfa* en una *revolución liberal* y a los campesinos y obreros insurrectos en "bue-

---

[102] *Calibán* de Fernández Retamar acudirá al mismo gesto retórico en su cita del Che Guevara: "[H]ay que pintarse de negro, de mulato, de obrero y de campesino; hay que bajar al pueblo" ("Calibán" 151).

[103] En 1975 Diez de Medina seguirá insistiendo en "humanizar el capitalismo" (*Imantata* 57), aspiración que –como la de la indianización de la nación– es uno de los más recurridos temas del populismo y del imaginario político liberal.

nos propietarios, [y] mejores ciudadanos" (44). Ello ocurriría mediante una *"metanoia"*, es decir, por *"una transformación desde el espíritu, para que los cambios sociales vengan respaldados por la disciplina interior"* (46). El *telos* de esta *metanoia* es la cooptación *nacional* de los antagonismos: "Vida armónica, equilibrio de razas y de clases" (52). Esto es, cambios ordenados, revolución sin marxismo, disciplina y educación de la muchedumbre.

Sariri –aunque autodenominado "réplica a Rodó"– revela sus lealtades y horizonte ideológico arielista: democracia restringida, simbología mítica, humanismo compasivo y paternalista, invitación dariana a que "bajen capitales técnicos a fecundar la América mestiza", y luego, al final, cultura letrada: "culturizar a las masas" (203). *Sariri* propone una vez más el proyecto ilustrado del arielismo: la "redención colectiva" de las masas (30); su educación y alfabetización (45, 109-117). Como en el caso de José Vasconcelos, Diez de Medina tuvo la oportunidad de llevar a la práctica (y al fracaso) la aspiración educativa arielista. El 1º de octubre de 1953, en su discurso inaugural como presidente de la *Comisión de Reforma Educacional,* decía Diez de Medina: "No soy técnico ni maestro. Sólo un hombre de letras al que se ha confiado la difícil tarea de concertar voluntades en el magno problema de reeducar al país" ("La reforma educacional", *Sariri* 199). La *reeducación* debería seguir una filosofía "de filiación cristiana, de contenido democrático, de impulso nacionalista y revolucionario" (201). *Sariri* reitera la más arielista de las fórmulas: un hombre de letras (re)educando al país. El lugar del intelectual es el magisterio y la formación como en *Ariel*; pero ahora no de "la juventud" en la alta cultura, sino la de las muchedumbres en la *ciudadanía*: "gobernar es redimir y organizar a las muchedumbres" (*Sariri* 15). Una cita de Franz Tamayo explica la ecuación: "La educación en su planteamiento total, es más tarea de hombre de Estado que de pedagogo" (*Sariri* 202). De hecho, existe una comunidad ideológica entre el eje programático-disciplinario del indigenismo posrevolucionario y el pedagogismo nacionalista de *La creación de la pedagogía nacional* (1910) de Tamayo, uno de los textos fundadores del nativismo reivindicativo boliviano. Salvada la distancia histórica entre los dos textos, y la negatividad con la que Tamayo califica lo mestizo (como imitativo, colonial y provinciano), tanto *Sariri* como *La creación de la pedagogía nacional* pueden ser caracterizados como textos arielistas; ambos, pese a sus acentos reivindicativos, son escritos frente a lo indígena como alteridad y fetiche nacional; y ambos imaginan al indio como objeto de una redención educativa[104]. El resultado de la empresa pedagógico-revolucionaria de Diez de Medina fue el *Código*

---

[104] Tamayo tenía reservas respecto de la educación simplemente alfabetizadora y, además, abogaba por la educación no sólo de los indios, sino de los sectores hispano-mestizos, en quienes creía que estaba por resolver –antes que en los Indios– el "problema nacional".

de la educación boliviana (*Decreto-ley de la reforma educacional* 1955), vigente hasta julio de 1994, que perfiló una educación homogeneizadora y teleológicamente dirigida a constituir una nación hispánico-mestiza:

> La acción alfabetizadora se hará en las zonas donde predominan las lenguas ver-
> náculas, utilizando el idioma nativo *como vehículo para el inmediato aprendizaje del cas-
> tellano* como *factor necesario de integración lingüística nacional*. Para este efecto, se
> adoptarán alfabetos fonéticos que guarden la mayor semejanza posible con el alfabe-
> to [..] castellano (art. 115, *Código* 31).

La tan nombrada "redención" de las multitudes de la política educativa arielista no corresponde a una elevación niveladora sino que supone la continuidad
de una división clasista y racista del trabajo. El indigenismo de la Revolución primero desliza semánticamente el significante *indígena* hacia el de *campesino*, funcional con el proyecto económico de la modernización y luego –como señala
Lauer para el caso peruano– supone "que es posible, e incluso deseable [...]
hacer rápidamente ciudadanos a los campesinos andinos" (19). La ciudadanía en
Sariri es –como veremos– un eufemismo para la incorporación pedagógico-dis-
ciplinaria: "el que obedece –decía el Thunupa de Diez de Medina– hará con alegría su tarea" (22). Hacer ciudadanos no consiste simplemente en una utópica
integración nacional en medio de la des-integración revolucionaria o de la diver-
sidad étnica, cultural y lingüística, sino en la inserción de amplios sectores de la
población como fuerza laboral en una economía capitalista. En un discurso en
la Columbia University (1954), Diez de Medina puntualizaba:

> Instruir no es solamente enseñar a leer y escribir. Hay que proporcionar a las
> gentes nuevas *técnicas de trabajo* y *capacitación para la acción económica* [...] inculcarles
> principios elementales [...] como preparación para el *ejercicio posterior de la actividad
> ciudadana*; recordarles que la adopción de buenos hábitos respecto de la vivienda, ali-
> mentación, higiene, o prácticas cívicas, morales y sociales es tan importante como
> asimilar nociones pedagógicas. Tocante a las poblaciones indígenas, dado *su rico
> potencial de asimilación*, hay que incorporarlas a la democracia viva de América ("Edu-
> cación y democracia", *Thunupa* 241).

Repárese en que la integración de poblaciones indígenas (con "rico potencial
de asimilación") es la condición de su "ciudadanía" y que, en todo caso, el ejercicio de la actividad ciudadana es posterior a la inserción funcional de las fuerzas
de trabajo. La propuesta del *Código* tenía un sentido disciplinario-funcionalista[105].

---

[105] Como indica Manuel Contreras, "a pesar de la retórica, su contenido pedagógico era mínimo,
se trataba de un esfuerzo por [...] la castellanización del indio en quien, además, debían desarrollarse

Sus propósitos fundamentales fueron la "alfabetización en gran escala" (art. 2: 4), la formación técnica y ocupacional (arts. 52-77) y el disciplinamiento social (i.e.: la erradicación del alcoholismo art. 120: 5); condiciones todas éstas, para la anhelada "fecundación" del capital. Esta instrumentalidad (incorporación en la economía capitalista), así como su presupuesto de la división racial del trabajo (indio = trabajador agropecuario, peón, obrero, etc.) inscriben definitivamente el indigenismo de la Revolución en lo que Aníbal Quijano llama la *colonialidad del poder*.

Se anotaba que el indigenismo estaba marcado por el desasosiego trágico de no alcanzar su plenitud. Podía añadirse que el regreso de estas "heterogeneidades no dialécticas" –para usar el concepto desarrollado en sus últimos ensayos por Cornejo-Polar– constituye la pesadilla de la colonialidad. El discurso de ingreso de Diez de Medina al MNR (1955), en el que insiste en que el Estado es responsable por una "pedagogía permanente" (*Thunupa* 333), lleva por elocuente título: "El enemigo está dentro de la casa". El discurso populista revolucionario al tiempo que declara la unidad nacional, expresa numerosas ansiedades que el proyecto educativo trata de conjurar[106]. De manera que la apuesta modernizadora no será por la pedagogía sino por la disciplina: Diez de Medina –en apoyo de Paz Estenssoro– recomendaba a las masas "obediencia consentida", "concordia" y "conciliación de la familia boliviana" (335, 336). La metáfora familiar[107] implicaba la subordinación jerárquica de las heterogeneidades reacias: "[F]rente al peligro –apuntaba– el MNR se crece, se unifica, desaparecen las diferencias; entonces la muchedumbre indomestiza y el partido que la expresa y la conduce, encarnan misteriosamente la gleba ancestral" (*Thunupa* 338). La *encarnación misteriosa* de la que habla Diez de Medina no es otra cosa que la rearticulación autoritaria, populista e indigenista del arielismo. La nación se presenta como un bloque sólido que avanza (o debe avanzar) sin contradicciones en la historia y bajo la dirección del partido: la muchedumbre es una (indomestiza y boliviana) y sin

---

'buenos hábitos de vida con relación a su alimentación, higiene y salud, vivienda, vestuario y conducta personal y social', 'enseñarle a ser un buen trabajador agropecuario' y '[p]revenir y desarraigar las prácticas del alcoholismo, el uso de la coca, las supersticiones y los prejuicios dominantes en el agro mediante una educación científica'. Sin duda la ley tenía un concepto modernizador al pretender (re)convertir al indio en 'ciudadano' y campesino" ("Reformas" 490).

[106] Motivo incesante de las preocupaciones lírico-arqueológicas de Diez de Medina fue lograr un país "interiormente homogéneo [y] visiblemente cohesionado hasta que aprendamos a llamarnos simplemente bolivianos" (*Imantata* 46).

[107] "La narrativa populista realiza la incorporación de las significaciones particulares de las clases distintas a la pequeña burguesía [...] organizándolas dentro del concepto de nación y la alegoría de la familia, [...] hace del Estado la clave de toda la organización narrativa y por consiguiente, subordina la percepción de la historia y los proyectos autónomos de las otras clases a las necesidades de desarrollo del Estado" (Mariaca 31).

capacidad política de representación directa. Es el partido quien "la expresa y la conduce". La figura del educador anuncia el autoritarismo ilustrado: "Si Paz Estenssoro electriza a las masas es porque primero hace las cosas y después las explica" (*Thunupa* 333). Años más tarde, Diez de Medina identificará la Revolución con la figura paternal del dictador o del maestro severo, de manera acorde con la derechización general del concepto de *democracia* del arielismo. El "gendarme necesario" de la era posrevolucionaria boliviana es *El general del pueblo: René Barrientos Ortuño, caudillo mayor de la revolución boliviana* (1972), título de un largo ensayo de Diez de Medina, que puede ser considerado el epílogo reaccionario de *Sariri*. Se trata de una apología póstuma de René Barrientos (1919–1969), quien, siendo vicepresidente de Paz Estenssoro y aprovechando divisiones internas del MNR respecto a la decisión de éste de reelegirse, lideró un golpe de estado con el beneplácito de los EE.UU., y apoyado por sectores conservadores, gran parte de la cúpula militar, y propietarios campesinos beneficiados por la reforma agraria. En 1966 es elegido presidente. Su gobierno –en el cual Diez de Medina participa– fue el comienzo de la retractación reaccionaria de la Revolución[108]. Barrientos inició una serie de reformas económicas conservadoras para favorecer los intereses del capital extranjero, desmovilizó gran parte de la oposición y las organizaciones sindicales, desarmó las milicias obreras, redujo y congeló los salarios de los mineros e implementó un pacto "militar-indígena-campesino" contra los movimientos de izquierda. La *masacre de San Juan* (1967) en la que varios regimientos militares atacaron los campamentos y viviendas de los centros mineros de Catavi, Huanuni, Llallagua y Siglo XX, ejemplifica este vuelco del *poder constituido* contra el *poder constituyente*. Sin embargo, Diez de Medina re-inventa a Barrientos como el "caudillo mayor de la revolución boliviana". El general reaccionario se convierte en el "general del pueblo", personificación del maestro conciliador y "piloto del pueblo indio" perfilado en *Sariri*. Como *Thunupa*, el "general del pueblo" gana "multitudes hostiles" guiándolas e incorporándolas en un frente armónico inter-clase:

> Los partidarios del comunismo se emboscan, en ese tiempo [1964] bajo la careta de un socialismo moderado. [...I]nsisten en la fórmula conocida: "profundizar la revolución", que para algunos consiste en nacionalizaciones a granel, actitudes de xenofobia y la utopía de que este país puede bastarse a' sí mismo prescindiendo en absoluto del capital internacional. [...] En *ese caos ideológico, en ese maremagnum político el General toma un camino sincrético*. Declara ser cristiano, demócrata, nacionalista y

---

[108] Este proceso de derechización política y reacción frente a muchos de los alcances de la Revolución es descrito por Malloy (*Beyond the Revolution*: 145-153) y por Malloy y Gamarra en *Revolution and Reaction: Bolivia, 1964-1985*.

revolucionario, términos antagónicos para la ortodoxia clasista, pero, según Barrientos, perfectamente conciliables (*El general del pueblo* 39).

Barrientos encarna al protocristiano y sincretista *Thunupa*:

> Tenía [el general Barrientos] la fiereza del kolla, la vehemencia del quechua, la simpatía del varón tropical. [...] Un magnetismo instintivo lo acercaba a las gentes. [...] Sólo Barrientos supo el arte de ganar multitudes hostiles [...] Era mago de lo inesperado [...] le gustaba enseñar y construir. [...] Era el arquetipo del educador socrático (*El general del pueblo* 20, 21, 39).

La manía pedagógica arielista anuncia en el "educador socrático" su aspiración totalitaria contra la multitud que –rizomática y resistente a la unidad y al *telos* de la nación– expresa su condición constituyente y no se aviene a la formación de una asamblea moderna de consumidores:

> Estas mayorías que no gozan de la ciudadanía, analfabetas, *no consumidoras o escasamente consumidoras*, que no utilizan los medios de transporte [...], carentes de educación elemental y de preparación técnica para aumentar la productividad [...]; estas mayorías aún inconexas, dispersas y en general estado de retardo; estas mayorías que no participan de manera real, equilibrada [...] son las que [...] imponen un ritmo arcaico de retraso y lentitud al desenvolvimiento de la republica (*El general del pueblo* 58, 59).

El proyecto pedagógico-sincretista de *Sariri* alude (a la vez que soslaya) las *heterogeneidades no dialécticas* y el enfrentamiento de clases con el eufemismo del tiempo y las diferencias temporales (que también gobiernan el modelo de *hibridez* de García-Canclini). La ciudadanía de las masas equivaldría a su entrada en el ágora de la productividad y del consumo. La sincronización nacionalista de las múltiples temporalidades es análoga al mestizaje y sólo mediante un acto de malabarismo de la imaginación política puede ser pensada como democracia. Se trata más bien de un proyecto autoritario. Diez de Medina advierte que se requiere al conductor de la multitud, que se necesita la conciencia de la inconciencia amorfa: "En parte alguna del mundo ni de la historia, las masas se orientan porque sí. Son las *minorías conscientes*, responsables, *las que hacen o deshacen naciones*; y aquellas, a su vez, las que engendran los conductores adecuados para cada época o crisis colectiva" (*El general* 60). En *Sariri* había hablado de la "tendencia 'makuriana' [calibánica] al desgobierno" (27). Barrientos es quien, para Diez de Medina, viene a "encausar" la anarquía revolucionaria[109] y a mediar en

---

[109] Diez de Medina reconoce que "al liberar al campesino, vigorizar el sindicalismo obrero y dar acceso al poder público a todas las clases sociales distribuyendo mejor la riqueza, el MNR evitó

una eventual lucha de clases; o en palabras que cita del propio general Barrientos: "[era necesario] Evitar los peligros extremos de la prepotencia económica en los grupos conductores y de la anarquía sindical en las masas" (101).

La *intelligentsia* populista que institucionalizó la Revolución alegó romper con el arielismo al tiempo que erigía una forma extemporánea del mismo mediante la imaginación de una *"infrahistoria"* andina movida negativamente por las muchedumbres insurrectas y calibanescas (*Makuri*), y de manera positiva, por un supuesto espíritu integrador y conciliatorio vinculado a la ideología del mestizaje (*Thunupa*). Esas "fuerzas antagónicas", aunque con nombres tomados de la mitología indígena, se referían a los procesos de *estatización* versus *insurrección*.

Sariri representa como el propio Diez de Medina lo denominara: "Humanismo de la Necesidad" (*Sariri* 204); es arielismo populista que escucha el galope de los jinetes de su Apocalipsis; arielismo de Estado en la afanosa búsqueda por domeñar al "enemigo" amorfo que "nos habita"; un "enemigo" que en el caso boliviano impulsaba desde los campos y las minas una Revolución que el Estado "revolucionario" sobrecodificó con un discurso nacionalista, e intentó revertir. Medio siglo después de la Revolución boliviana, ésta aún sigue inconclusa y desafía la victoria falsamente unánime del capitalismo global.

el comunismo", pero se queja de que la "anarquía sindical, llevada a extremos inconcebibles debilitó [...] a los tres gobiernos del MNR" (*El general* 70, 71).

CAPÍTULO V

Antropofagia: consumo cultural, modernidad y utopía

> No fundo de cada utopia não há somente um sonho,
> há também um protesto.
>
> Oswald de Andrade, "A marcha das utopias" 204

En el mapa de la transformación del significado cultural y los distintos valores ideológicos que se le han asignado al canibalismo hay diversas instancias; un capítulo fundamental en el contexto latinoamericano es la apropiación modernista del caníbal en torno al proyecto que cristaliza en el Brasil Oswald de Andrade (1890-1954) con su "Manifesto antropófago" (MA) (1928) y la *Revista de Antropofagia* (1928-1929). *Antropofagia*[1] hace del canibalismo una *metáfora* vanguardista *de choque* con el archivo colonial, la tradición, el Romanticismo indianista, las instituciones académicas, el conservadurismo católico y el nacionalismo xenófobo.

Antropofagia cita una compleja trama textual de la época colonial en la que el Brasil es representado como una tierra de caníbales (Cap. I §6; II §3) y enuncia de manera afirmativa y casi emblemática el tropo del canibalismo como seña de identidad. Recordemos la centralidad que el salvaje caníbal brasileño tuvo para los franceses, portugueses y holandeses durante los siglos XVI y XVII, así como en las etnografías de la Ilustración. Las cartografías de la *Canibalia* americana fueron, como vimos, reescritas por el nacionalismo (Cap. III). El indianismo brasileño –particularmente la novela indianista de Alencar– revisita los "encuentros" coloniales, hace una distribución simbólico-nacionalista de los tropos del *buen salvaje* y del *caníbal* y trata de exorcizar –mediante el amor, la alianza con el *buen salvaje* y el mestizaje– la colonialidad conflictiva y no enunciada de un Brasil esclavista, latifundista y neocolonial. Los caníbales de esas novelas pueden leerse como pesadillas culturales del nacionalismo en las que regresa lo colonial reprimido (Cap. III §6).

El siglo XX comienza en el Brasil con un fuerte impulso de modernización, especialmente en las zonas en las que el capitalismo agrario era sostenido por una economía exportadora. São Paulo se convirtió en el centro económico y

---

[1] En adelante me referiré a este movimiento como *Antropofagia*, con mayúscula y en cursiva para distinguirlo de la palabra que de manera genérica es sinónimo de canibalismo.

capital financiera del país. En ese contexto, la *intelligentsia* paulista propone varias metáforas para la cultura moderna. *Antropofagia* será la más célebre; revisitada en el cine, el teatro, la música popular y la crítica cultural del siglo XX, llegará a identificarse con la noción misma de *brasilidade*. Con *Antropofagia,* el tropo maestro de la alteridad colonial (el *caníbal*) y el de la mismidad decimonónica (el *indio amoroso romántico*) son reunidos en un solo *personaje conceptual*: un juguetón *caníbal* brasileño que se define en el acto de consumir bienes simbólicos y transformarlos con una alegre despreocupación y apetito por la autoridad de los discursos europeos. Anticipemos desde ahora que *Antropofagia* tiene –pese a las proverbiales simplificaciones a las que se la somete– una rica polisemia, varias instancias y propuestas y, a veces, contradictorios acentos y contextos que este capítulo intenta presentar en seis secciones:

1) En primer lugar, se hace necesaria una exposición de los inicios del Modernismo y su relación con la prosperidad cafetera paulista; en ésta primera fase modernista (1922-1927), el tropo maestro de la identidad brasileña no es el *canibalismo*, sino, primero, ciertas metáforas futuristas asociadas al progreso tecnológico y, más tarde, una mercancía "de exportação" con reminiscencias coloniales: el *pau brasil*. 2) La *Revista de Antropofagia* reemplaza este tropo comercial por el del *canibalismo* en una serie de gestos no siempre coincidentes, tales como la impugnación del imaginario *estigmático* colonial, la alteración semántica de los tropos del buen salvaje y el caníbal del Romanticismo brasileño, o la propuesta carnavalesca de una utopía con elementos dionisíacos. 3) El más conocido y discutido aspecto de *Antropofagia*, sin embargo, se refiere a la propuesta de formación de lo nacional por el consumo o la digestión de bienes simbólicos. El tropo funciona como un dispositivo de autorización estética y cultural con respecto a Europa y como mecanismo simbólico diferencial de participación en la Modernidad. 4) *Antropofagia* fue un movimiento de tendencias diversas, algunas de las cuales –como en el caso de Oswaldo Costa– representaron reflexiones críticas sobre la "mentalidad colonial" del propio Modernismo. 5) La feliz metáfora del canibalismo erótico, utópico y consumidor se quiebra con la crisis de 1929 y el ascenso de Getúlio Vargas y el populismo. El antropófago –económicamente vinculado a la economía exportadora de São Paulo– se convierte en una víctima del capitalismo internacional. En esta coyuntura ocurre la "conversión" de Oswald de Andrade al marxismo; un marxismo que, aunque reniega expresamente del Modernismo, no estará exento de *heterodoxias antropofágicas*. 6) Andrade volverá al tropo del canibalismo en los años 50 haciendo una hipóstasis de los elementos dionisiacos y utópicos de la *Antropofagia* modernista; el caníbal es reformulado contra la esclavitud del trabajo, los miedos metafísicos y las restricciones autoritarias en una utopía tecno-industrial que daría fin al mesianismo y reemplazaría el Estado por el matriarcado de Pindorama.

1. Una modernidad estética para una *economía de sobremesa*: sincronización de la cultura nacional con el reloj universal

> A Semana de Arte Moderna foi uma conseqüência da mentalidade criada pelo industrialismo paulista. Nasceu de uma mentalidade capitalista exportadora (Oswald de Andrade [enero 24 de 1954, *Diário de Notícias*, Rio de Janeiro] en *Os dentes do dragão* 223).

Frecuentemente se afirma que el Modernismo brasileño tuvo su comienzo con la mítica *Semana de arte moderna* (1922). Mário de Andrade (1893-1945), sin desconocer el valor emblemático de ese evento, afirma que "desde hacía por lo menos seis años [el Modernismo] venía definiéndose en el [...] sentimiento de un grupito de intelectuales paulistas" ("El movimiento modernista" 182). Como bien anota Oswald de Andrade en el epígrafe de este apartado, los inicios del movimiento modernista están íntimamente asociados, antes que a un evento como la *Semana*, a la industrialización –y de manera más general a la modernización– de São Paulo. Desde finales del siglo XIX la ciudad inicia un proceso vertiginoso de modernización y urbanización acelerada gracias al impulso de la próspera economía cafetera[2]. Entre 1890 y 1900 la población de São Paulo pasó de 64.934 a 239.820 habitantes y en 1920, tenía ya 580.000. La riqueza del café le da una cara moderna a la ciudad: edificios, electricidad, trenes, transporte público, teléfonos, automóviles. La industrialización mediana de las primeras décadas del siglo XX viene acompañada de un incremento en las olas migratorias y un optimismo exagerado en el desarrollo industrial del Brasil[3]. Este entusiasmo tiene su correspondencia estética en la formación de grupos vanguardistas de jóvenes artistas y escritores. Oswald de Andrade –entre ellos– recién llegado de su primer viaje a Europa en 1912, inicia en Brasil la recepción del manifiesto

[2] Para finales de la Primera República (1889-1930), el café –pese a las oscilaciones del mercado internacional del grano– representaba entre el 72% y el 75% de las exportaciones del Brasil. "De este producto dependían el crecimiento y el empleo en las áreas desarrolladas del país; proveía también la mayor parte de las divisas necesarias para las importaciones y la atención de los compromisos en el exterior, especialmente los de la deuda externa" (Boris Fausto 273). Para un análisis económico sucinto puede consultarse también el trabajo de Warren Deas sobre este período.

[3] Ese optimismo es evidente, por ejemplo, en la "Exposição industrial de São Paulo" (1917) realizada en el *Palácio das Indústrias*. Pese al avance de la industrialización, Brasil no desarrolló una industria de base (cemento, hierro, maquinaria) y se inclinó más bien al área de los textiles para el consumo interno. Hacia 1920, mientras el 70% de la población se dedicaba a la agricultura, sólo un 13,8% lo hacía a la industria. "El estado de São Paulo estuvo al frente del un proceso de desarrollo capitalista caracterizado por la diversificación agrícola y la urbanización y avance industrial. El café continuó siendo el eje de la economía y constituyó la base inicial de dicho proceso" (Fausto 282).

"Fondazione e Manifesto del futurismo" (1909) de Filippo Tommaso Marinetti (1876-1944)[4].

El evento que marca la primera generación modernista y que preludia y anticipa la *Semana de arte moderna* es la exposición de la pintora Anita Malfatti (1889-1964) que regresaba de los EE.UU. Malfatti es atacada inclementemente por José Bento Monteiro Lobato (1882-1948), quien en un artículo titulado "Paranóia ou Mistificação" (1917) califica la pintura de Malfatti como "arte anormal o teratológico" (177)[5]. La pintora es apasionadamente defendida por los jóvenes artistas modernos que llaman a Lobato reaccionario y apolillado. El debate propicia un "espíritu de grupo" entre los defensores de Malfatti (Karl Erik Shøllhammer 182, 183); enarbolan valores como la innovación, el rechazo del parnasianismo, las academias y los restos de Romanticismo y expresan un afán frenético de "estar al día con el mundo"; un deseo de *sincronía cultural con la Modernidad*. Más tarde, esa aspiración sería genialmente descrita por Oswald de Andrade en su valoración del Futurismo: "O trabalho da geração futurista foi ciclópico. *Acertar o relógio império da literatura nacional*" ("Poesia Pau Brasil" 44). La forma como ocurre esta *sincronización* cultural y discursiva es inicialmente mediante las metáforas del Futurismo. Andrade, Menotti del Picchia y otros de su generación habían simpatizado con el Futurismo y adoptado algunas de sus poses[6] ante el escándalo de quienes veían con malos ojos el rompimiento del parnasianismo brasileño y, con grandes sospechas, el cosmopolitismo de ese grupo de artistas[7]. Después, el Modernismo rompería con Marinetti[8]. Sin embargo, y aunque se negase su influencia, hacia 1921 los manifiestos del italiano y sus poemas, llenos de avio-

---

[4] El "Manifiesto Futurista" de Marinetti "anunciando el compromiso de la literatura con la nueva civilización técnica, divulgando el combate al academicismo, guerreando contra los museos, y exaltando el culto a las 'palabras en libertad', le fue revelado [a Andrade] en París" (Brito da Silva citado por Jorge Schwartz 60). Sobre la recepción temprana del manifiesto por Andrade ver la biografía *Oswaldo de Andrade* de Maria A. Fonseca (70).

[5] Se cita de su traducción en *Arte y arquitectura del Modernismo brasileño (1917-1930)* editado por Aracy Amaral.

[6] "Bendito esse futurismo paulista" escribe Oswald de Andrade en "Meu poeta futurista" (*Jornal do comércio*, mayo 27 de 1921) (*Estética e política* 22-25).

[7] Para la década del veinte, en Saõ Paulo, la etiqueta futurista tenía un uso peyorativo e insultante (Jorge Schwartz, *Vanguardia y cosmopolitismo* 75).

[8] Mário de Andrade expresamente diría en el manifiesto inaugural de *Klaxon* (15 de mayo de 1922) que "*Klaxon* no es futurista". En 1926 la ruptura es definitiva: se recibió a Marinetti en Saõ Paulo con una rechifla y lluvia de patatas, bananas, nabos, zanahorias y hasta sandías (Mario da Silva Brito, "Marinetti en Saõ Paulo" 161). Menotti del Picchia le explicaría a Marinetti el ataque a su persona diciendo que el público estaba compuesto no de habitantes de Saõ Paulo sino de indios tupinamba con fauces de antropófago, de las cuales chorreaba aún sangre del obispo Sardinha (en Joaõ Cezar de Castro Rocha 14).

nes, ametralladoras y máquinas, aún indicaban el horizonte de lo que significaba para muchos la modernidad estética.

La *Semana de arte moderna* fue un corolario triunfalista de este espíritu de grupo. Graça Aranha, veterano escritor –de quien luego el Modernismo también renegó– fue el catalizador de ese modernismo climático y quien promovió un impulso colectivo entre ese grupo heterogéneo de artistas[9]. Años más tarde, el pintor Emiliano Di Calvacanti recordaba cómo este impulso había llegado a convertirse en la empresa cultural que significó la *Semana de arte moderna*:

> Graça Aranha [...] nos prometió unirse a los modernistas de Río y llevar nuestro movimiento al norte y al sur de todo el Brasil. *Era preciso una base económica* para llevar a cabo el plan de conferencias, exposiciones y conciertos que se proyectaban [...]. Graça Aranha tenía un vínculo de amistad con Paulo Prado, personalidad que ninguno de nosotros conocía [...] y conversando con aquel gran hombre, que poseía un rico pasado de vida intelectual y buena vida parisiense, nació la idea de la Semana de Arte Moderno ("Sobre la Semana de Arte moderna" 19, 20).

Llevar a la práctica la idea de la *Semana* era, como recuerda Mário de Andrade, una cosa "costosísima", y sólo un millonario como Paulo Prado (1869-1943) "y una ciudad tan grande y tan provinciana como São Paulo, podían realizar el movimiento modernista y objetivarlo en la *Semana*" ("El movimiento modernista" 184). Prado, exportador de café, escritor e historiador[10], y perteneciente a la oligarquía paulista, se convirtió en el principal mecenas del Modernismo; puso el dinero y además sentó el tono: "Es preciso –le dijo Prado a Di Calvacanti– que sea algo escandaloso, nada de fiestitas de fin de curso escolar tan de moda entre nosotros" (Di Calvacanti, "Sobre la Semana" 20). Prado era uno de los potentados del café, resultado del crecimiento del volumen de exportaciones en el período, y de las políticas proteccionistas del Estado de la *Primera República* en manos de los caficultores y exportadores paulistas. Gracias a ese proteccionismo, el sector exportador con la burguesía caficultora a la cabeza pudo seguir disfrutando de las utilidades de la exportación[11], y seguir siendo la única clase social con capa-

---

[9] Entre quienes se contaban, Oswald de Andrade, Emiliano Di Calvacanti, Mário de Andrade, Menotti del Picchia, Guilherme de Almeida, Vitor Brecheret y otros.

[10] Prado es autor de *Paulística: História de São Paulo* (1925) y *Retrato do Brasil: ensaio sobre a tristeza brasileira* (1928), su libro más conocido.

[11] Pese al crecimiento de la demanda internacional, hubo períodos especialmente difíciles a causa de las especulaciones y manejo de operaciones del mercado internacional del grano. Los precios se mantuvieron, por lo general, bajos. Sin embargo, gracias a la devaluación de la moneda nacional el gobierno permitió la continuidad de la renta cafetera y de esta "prosperidad". Al parecer de varios economistas como Celso Furtado, frente a las bajas en el precio internacional del café, el

cidad adquisitiva para la importación de automóviles, modas, libros, arte, tecnología suntuaria y otros bienes encarecidos por las devaluaciones, pero disponibles para los poseedores de divisas. Esta burguesía viajaba a París, a Londres y a Nueva York y luego se des-encontraba con una enorme ciudad provinciana que les parecía *a la zaga* de Europa: "El Brasil –escribía Paulo Prado en 1922– [...] por razones que merecen un estudio más profundo, siempre se nos aparece con un retraso de cincuenta a treinta años en todos los asuntos referentes al arte y la literatura" (27). También Prado quería sincronizar el "relógio" de las artes nacionales con la modernidad europea. La elite modernista sentía una *brecha temporal* o *diferencia de ritmo* (a *defasagem*) frente a la cultura nacional (atrasada).

Los modernistas no querían llegar tarde, pero sentían que todo les llegaba tarde y, en consecuencia, se fabricaban una modernidad en la práctica literaria y el consumo, sucedáneos que sincronizaban el reloj de la "cultura local" con el que daba la hora universal. *La primera modernidad que acoge el Modernismo es, entonces, la del consumo de bienes simbólicos europeos que funcionan como significantes del tiempo moderno.* La economía de exportación próspera –si bien dependiente y políticamente protegida– podía darse el lujo de importar esos marcadores de la Modernidad: las carreras de automóviles, los bailes de moda en Europa, los adelantos tecnológicos, las tendencias vanguardistas europeas como el Futurismo o Dadá, las "máquinas para morar" etc.. En la década de 1920 esa, que Andrade llamaría en 1931, *economía de sobremesa*[12] exportaba café, azúcar y cacao e importaba las últimas modas, inventos y literatura francesa y norteamericana. Esos bienes culturales –signos de la prosperidad del capitalismo internacional– servían de careta moderna para la bonanza aún predominantemente agraria de la burguesía paulista[13]. Guilherme de Almeida (1890-1969), fundador de la revista *Klaxon*, vincula certeramente la *Semana de arte moderna* a la auto-celebración festiva de esta burguesía:

> Como e por que se fez a Semana? Como e porque costumam os moços fazer das suas: dançar o *twist* ou jogar um Volkswagen na roleta russa. Éramos os *playboys*

Estado procedió a una especie de distribución monetaria de las pérdidas, pues "devaluando la moneda nacional para favorecer la caficultura exportadora, el gobierno encarecía las importaciones que debían ser pagadas por el resto de la población". Las pérdidas del sector cafetero eran "socializadas, esto es, divididas entre toda la sociedad" (Fausto 274). Con la misma lógica proteccionista, el gobierno en varias oportunidades procedió a la compra y almacenamiento de las cosechas a fin de restringir la oferta internacional y sostener los precios, un proceso llamado "valorização" (Warren Deas 229, 230).

[12] "Ordem e progresso" (Oswald de Andrade, *O Homem do Povo* 27, marzo de 1931, 1: 1).

[13] El agro-capitalismo periférico del Brasil se había instalado "vía junker", desde el agro y mediante la explotación esclavista del trabajo. "En el curso de las últimas décadas del siglo XIX, hasta 1930, el Brasil continuo siendo un país predominantemente agrario" (Fausto 282).

intelectuais de 1922: ano do centenário da Independência ou Morte. Para manter aquela e destruir esta, inventamos uma fórmula: um pouco de idealismo, muito de curiosidade e muitíssimo de gozação (en Sodré 526).

La *Semana de arte moderna*, convocada por Aranha, tuvo lugar en São Paulo del 13 al 17 de febrero de 1922, durante las celebraciones del centenario de la independencia del Brasil. Los eventos se realizaron en el *Teatro Municipal*, una copia de la *Ópera de París*. La *Semana* ofreció conciertos, exposiciones, conferencias, recitales, "donde el escándalo, los insultos y los rumores eran el menú del día. [...] La bandera del Modernismo fue la radicalidad, que se manifiesta contra el academicismo, el "buen decir" (= a la portuguesa) y la árida patriotería de la literatura oficial" (Miguel Gomes 8). Participó un grupo ecléctico de artistas[14], la mayoría de los cuales pertenecía a la burguesía cafetera beneficiada por los réditos de la economía exportadora que colapsaría siete años más tarde. Los patrocinadores del evento eran varios millonarios filántropos cosmopolitas como Paulo Prado[15], que financiaron la algarabía modernista contra todo lo establecido, salvo –por supuesto– la intocable "estabilidad económica de esos señores", como admitiría años después Di Calvacanti[16]. La consigna de la *Semana* era la ruptura, aunque –como señala Sodré– era una ruptura "sob proteção das representações mais consagradas do regime, as mais austeras, as mais conservadoras" (525).

La *Semana* intenta enterrar el parnasianismo y tardo-romanticismo (sincronizar el reloj de la alta cultura). La frase lapidaria la lanzó Menotti del Picchia: "Morra a mulher tuberculosa lírica" (*A "Semana" revolucionária* 21). Del Picchia –más futurista que Marinetti– expresaba en un discurso de la *Semana*:

> A nossa estética é de reação. Como tal, é guerreira. O termo futurista, com que erradamente a etiquetaram, aceitamo-lo porque era um cartaz de desafio. Na galeria de mármore de Carrara do parnasianismo dominante, a ponta agressiva dessa proa

---

[14] Participaron escritores (Manuel Bandeira, Ronald de Carvalho, Mario y Oswald de Andrade, Menotti del Picchia, Sérgio Milliet, Renato de Almeida), músicos (Heitor Villa-Lobos, Guiomar Novais, Paulida d'Ambrósio, Lucília Villa-Lobos), pintores (Anita Malfatti, Di Calvacanti, John Graz), escultores (Victor Brecheret) y arquitectos (Antônio Moya y Georg Przyrembel). Puede consultarse el programa de eventos en *Brasil: 1º Tempo modernista-1917/29 documentação* de Marta Batista Rossetti y Telê Porto Ancona Lopez (395-401). Ver también *22 por 22* de Boaventura.

[15] Otros eran Alfredo Pujol, Oscar Rodrigues Alves, Numa de Oliveira, Alberto Penteado, René Thiollier, Armando Penteado y Edgar Conceição (Sodré 582).

[16] "Leyendo esa noticia [de la *Semana de arte moderna* y la lista de sus patrocinadores] reí para mis adentros: la flor y nata de la mayor derecha conservadora de la sociedad paulista apadrinaba una manifestación literaria dirigida a combatirla. *Lo único que no tocábamos era la estabilidad económica de esos señores*" (Di Calvacanti, "Sobre la Semana de Arte moderna" 21).

verbal como um aríete. Não somos nem nunca fomos "futuristas". [...] Queremos luz, ventiladores, aeroplanos [...] chaminés de fábricas, sangue, velocidade. [...] O que nos agrupa é a idéia geral de libertação contra o faquirismo estagnado e contemplativo, que anula a capacidade criadora dos que ainda esperam ver erguer-se o sol atrás do Partenon em ruínas. [...] Nada de postiço, meloso, artificial, arrevesado, precioso: queremos escrever com sangue –que é humanidade; com eletricidade– que é movimento, expressão dinâmica do século; violência –que é energia bandeirante! (17-23).

Es notable cómo, aunque el Modernismo brasileño quería marcar distancias con el Futurismo italiano[17], usaba –como Marinetti– el museo como imagen antagónica, hacía discursos contra los monumentos y le daba uso poético a temas como la electricidad, los aeroplanos, la violencia y la termodinámica. Había ciertamente más electricidad, aeroplanos y trenes en la poesía que en la realidad, pero el léxico expresaba el vértigo del presente acelerado que, de manera desigual, traía la *prosperidad* de la economía exportadora, el aumento de la industrialización y el crecimiento de la ciudad.

Todo este canto febril a la modernización expresaba un gran entusiasmo poético frente a las fábricas y las chimeneas, pero casi siempre en esos arrebatos desaparecían las imágenes de los trabajadores y las luchas sociales; la liberación que se pregonaba era una liberación estética. La máquina estaba allí, moviendo sus pistones hacia la modernidad, reemplazando los músculos[18]. Fuera de la escena cultural hegemónica, de los conciertos, "escándalos" estéticos y "gozação", esa modernización tenía significados sociales diversos: por ejemplo, las huelgas en las principales ciudades del país –que se sucedieron entre 1917 y 1920– en las que los trabajadores pedían aumentos salariales y el mejoramiento de las condiciones de vida. Estos movimientos fueron reprimidos con violencia y algunos de sus líderes, que eran inmigrantes, fueron expulsados del país. Así que si por un lado se importaban de Europa teléfonos, cuadros de Picasso y autos deportivos, por otro, se repatriaban sindicalistas. En 1922 –el mismo año de la *Semana*– se fundaba del interior del anarquismo y con cuadros predominantemente proletarios el *Partido comunista brasileño*.

De la *Semana*, hasta *Pau Brasil* y *Antropofagia*, el Modernismo hace sus propuestas en el cruce de tres coordenadas: la del deseo por –y las ansiedades frente a– la

---

[17] Véase por ejemplo el artículo de Oswald, "O Futurismo de São Paulo" en el que se defiende de la acusación hecha a los artistas de la *Semana* de ser "cangaceiros do Sr. F. T. Marinetti" (Boaventura, *22 por 22* 107).

[18] También el poeta chileno Vicente Huidobro *cuelga el músculo* "como recuerdo en los museos" en su poema "Arte poética" (3). En un momento de intensa proletarización en América Latina muchos vanguardistas, como Huidobro, reprimen las nociones de *trabajo* y *trabajador* en sus cantos a las industrias, la tecnología y las máquinas.

Modernidad, la del cosmopolitismo en tensión con el nacionalismo y la de la celebración y las protestas frente a los acelerados cambios culturales que traía la modernización. Los discursos de las elites letradas sobre la formación de la cultura estaban relacionados con la internacionalización del capitalismo (el orden occidental), por una parte, y con la formación de mercados nacionales (órdenes locales), por otra[19]. El ingreso de Brasil en el sistema capitalista internacional planteaba un problema central para la generación modernista: la negociación tensa entre las promesas de la modernidad (con sus bienes simbólicos y signos cosmopolitas) y la preocupación nacionalista. Ésta última se expresa de diferentes maneras: desde el recurrido argumento de la decadencia de Europa (y América relevándola) hasta los "re-descubrimientos" del Brasil, de la cultura popular y de lo "vernáculo".

El cosmopolitismo era visto por algunos sectores tradicionales de la sociedad paulista como una sofisticación decadente, "mistificação" de lo extraño y, más grave aún, una falta de lealtad con el relato nacional. Guilherme de Almeida, poeta modernista de la *Semana*, expresaba justamente la preocupación nacionalista frente al *esprit moderne* del momento:

> ¿Espíritu de modernidad?
> –No: espíritu de "brasilianidad".
> Ser brasileño es el *leitmotiv* del momento. [...] Antes dormíamos narcotizados por un *stupéfiant* europeo cualquiera [...] Nos amenaza un peligro principal: el regionalismo. Incitante por lo fácil: pero perfectamente dañino. Es preciso no caer en el regionalismo: es preciso simplemente ser brasileño. Brasileño no quiere decir: "regionalista" ("Brasilianidad" 152).

¿Cómo hacer una afirmación no-regionalista de la *brasilidade* sin renunciar al "espíritu de la modernidad"? Oswald de Andrade y otros modernistas proponen primero una metáfora-mercancía de exportación, el *pau-brasil*; y, después, un tropo fundador del imaginario colonial americano: el canibalismo.

El manifiesto "Poesia Pau Brasil" PPB[20] (1924), por su ubicación no sólo temporal sino ideológica entre la *Semana* y el "Manifesto antropófago", es un texto particularmente importante para la caracterización del Modernismo brasileño. El manifiesto deriva su nombre del árbol que los europeos encontraron y tempranamente explotaron, y por el que le dieron el nombre al país: "Como pau brasil –dice Oswald– fue la primera *riqueza brasileña de exportación*, denominé al movimiento Pau Brasil" (en *Escritos* 15). Así la operación importadora vanguardista de la *Sema-*

---

[19] Véase "The National and the Universal" de Immanuel Wallerstein.
[20] En adelante se citará como PPB. Se cita de la edición del volumen *A utopia antropofágica* de Andrade.

na es reformulada: "Dividamos: Poesia de importação. E Poesia Pau-Brasil, de exportação" (PPB 42). No deja de ser curioso, y elocuente respecto de la ideología en juego, que el tropo que define la identidad nacional sea el brasil –primer producto mercantil histórico (del siglo XVI)– en lugar del azúcar o del café que pagaba las fiestas modernistas[21]. Guardando las especificidades y distancias históricas, PPB hace una retrospección equivalente a la indianista. Si el indio romántico enmascara al esclavo, el *pau brasil* modernista es sucedáneo simbólico del café. En cualquier caso, se hace evidente la relación entre la estética nacional (moderna) y la economía capitalista del Brasil; periférica y (neo)colonial como sus metáforas culturales.

Sin ser un ensayo o exposición sistemática de postulados, sino una sucesión de aforismos del nacionalismo cosmopolita, PPB establece ciertos temas y preocupaciones que vale la pena exponer someramente: propone una poesía de exportación hecha de materia prima brasileña, forjada en la sencillez, la novedad, "A síntese / O equilíbrio /... / A invenção" (43), y reacia al lenguaje afectado, la cultura libresca y el arte copista de la realidad; principios éstos en los que PPB coincide en parte con otras vanguardias como el *creacionismo*.

La metáfora central del manifiesto PPB es, como se dijo, un bien de exportación de la época colonial (la madera del brasil); esta retrospección tropológica coincide paradójicamente con el deseo cultural de sincronización: marchar con el reloj de la vida moderna gracias a un universo de signos-mercancía importados al Brasil. El uso de la tropología del comercio exterior para hablar de cultura, modernidad y *brasilidade* es constante. No sólo se habla de importación y de exportación, sino hasta de contrabando y aduana cultural. Así parece sugerirlo graciosamente Oswald de Andrade en "Contrabando", un poema de *Pau Brasil* (1925), poemario con el mismo nombre del manifiesto:

> Os alfandegueiros de Santos
> Examinaram minhas malas
> Minhas roupas
> Mas se esqueceram de ver
> Que eu trazia no coração
> Uma saudade feliz
> De Paris (150-151).

Por un lado, entonces, tenemos las "materias primas" (nacionales); por otro, las técnicas vanguardistas (cosmopolitas). Las primeras son transformadas por las segundas en mercancías y en el fetiche en presencia del cual lo nacional emer-

---

[21] En 1925, defendiendo su manifiesto en una polémica con Tristão de Athayde, decía que en el siglo XVI Brasil "dejó de llamarse Vera Cruz, Santa Cruz o Tierra de los Papagayos y pasó a ser la Tierra de Pau-Brasil" (*Escritos* 25).

ge como valor de cambio en el mercado global de las identidades modernas. Lo "vernáculo" puede ser universal mediante su transformación en mercancía para la exportación y su inserción en un mercado "universal" de bienes simbólicos. El movimiento Pau Brasil sostenía –trasladada al terreno estético– una especie de política de promoción de exportaciones de productos nacionales fabricados con tecnología moderna. Y es en este aspecto de la confianza en la tecnología y la industria, que el Modernismo le da una bienvenida "futurista" a la modernidad capitalista. Las deudas con el Futurismo son evidentes, pese a las declaraciones de rechazo de muchos vanguardistas a Marinetti; rechazo que Jorge Schwartz ha llamado acertadamente *parricida*[22] y que ciertamente podemos caracterizar como un intento de resolución de la que Harold Bloom llamó *ansiedad de la influencia*[23]. PPB –como el Futurismo– se dirige contra la lengua académica prescriptiva[24] y el canon: "Só não se inventou uma máquina de fazer versos –já havia o poeta parnasiano" (43). Al igual que "Martín Fierro" (1924), PPB propone su estética contra el saber institucional siguiendo una tradición vanguardista de manifiestos anti-académicos[25]: "O lado doutor. Fatalidade do primeiro branco [...]. O bacharel. Não podemos deixar de ser doutos. Doutores. País de dores anônimas, de doutores anônimos. O Império foi assim. Eruditamos tudo" (41)[26]. El poema "falação" (un resumen con variaciones del manifiesto PPB) dirá que ese letrado le leía versos de Virgilio a la tribu de los tupiniquíes (*Pau Brasil* 76).

Muchos tropos tecnológicos, además, no pueden ocultar su genealogía: PPB recurre a la imagen prestada de Blaise Cendrars (1887-1961) de las locomotoras llenas a punto de partir, aboga por los ingenieros en lugar de los jurisconsultos, divide la arena intelectual entre "os futuristas e os outros" (42), y menciona en un tono celebratorio las "novas formas da indústria, da viação, da aviação. Pos-

---

[22] Jorge Schwartz resalta que pese a esta tensión parricida había una comunidad tropológica con el *Manifiesto Futurista* (pub. en *Le Figaro*, febrero de 1909): "[...] fundamos hoy el Futurismo porque queremos librar a Italia de su gangrena de profesores, arqueólogos, cicerones y anticuarios" (*Vanguardia y cosmopolitismo* 71, 72).

[23] En una polémica con Tristão de Athayde a propósito de PPB, que es emblemática del tipo de conflictos que generaban las vanguardias, Andrade se defendía de la acusación de copiar a Dadá: "No quise intimar con los disolventes mentales que usted cita, ni con Tzara ni con Breton ni con Picasso –el único a quien fui ocasionalmente presentado pero que me interesó poco" (*Escritos* 25).

[24] Significativo y coincidente es el poema "Pronominais" de *Pau Brasil*: "Dê-me um cigarro / Diz a gramática / Do professor e do aluno / E do mulato sabido / Mas o bom negro e bom branco / Da Nação Brasileira / Dizem todos os dias / Deixa disso camarada / Me dá um cigarro" (*Pau Brasil* 125).

[25] El manifiesto "Martín Fierro" decía: "Frente a la funeraria solemnidad del historiador y del catedrático, que momifica cuanto toca" (en Videla 218).

[26] Borges en el prólogo a su *Índice de la nueva poesía americana*, dos años después de PPB, se refirió a este *eruditar* en términos equivalentes como "el provincialismo remilgado que ejerce la academia" (en Videla 212).

tes. Gasômetros. Rails. Laboratórios e oficinas técnicas" y "turbinas elétricas" (44). Y, sin embargo, en el mismo texto, Andrade usa otro sistema de tropos que podemos llamar *nativistas*: "A poesia existe nos fatos. Os casebres de açafrão e de ocre nos verdes da Favela, sob azul cabralino, são fatos estéticos. O Carnaval no Rio é o acontecimento religioso da raça. Pau-Brasil. Wagner submerge ante os cordões de Botafogo. Bárbaro e nosso" (PPB 41).

Puede parecer singularmente contradictorio que un producto colonial se convirtiera en el tropo de un discurso sobre la modernidad estética. De hecho, el manifiesto está respondiendo a esa contradicción usando términos que –extraños entre sí– describen la supuesta *multitemporalidad* de la cultura nacional: en Brasil, las máquinas y la electricidad (signos de una industrialización precaria) convivían simultáneamente con realidades "premodernas" y con manifestaciones "tradicionales" o vernáculas:

> Temos *a base dupla e presente* –a floresta e a escola. A raça crédula e dualista, e a geometria, a álgebra e a química logo depois a mamadeira e o chá de erva-doce. Um misto de "dorme nenê que o bicho vem pega" e de equações [...] cubos de arranha-céus e a sábia preguiça solar [...] O Carnaval [...]. A saudade dos pajés e os campos de aviação militar (PPB 44).

PPB logra reconciliar discursivamente las contradicciones de una Modernidad de *base doble y presente* (en el presente); es decir, "acertar o relógio" entre la pereza solar y los rascacielos, la nostalgia de los curanderos y los campos de aviación militar, el biberón infantil y el té de menta. Según Roberto Schwarz este desajuste de temporalidades "no es encarado [por el Modernismo] como vejatorio sino con optimismo"; se "intentó dar una interpretación triunfalista de nuestro atraso" ("Nacional por sustracción" 279). Un progresismo sui generis hacía de la cultura vernácula y de sus expresiones "tradicionales", materia prima de la modernidad brasileña letrada. En otras palabras, antes de que el Modernismo fuera *caníbal* de los bienes simbólicos europeos ya era *consumidor* (un consumidor con el gusto dividido entre los significantes de la modernidad occidental y los del "color local"). La afirmación de la posibilidad de coexistencia de tiempos diversos permite a los modernistas situarse en una *modernidad periférica*, para usar la expresión de Beatriz Sarlo. La posibilidad de una modernidad *Otra* implica, en principio, un desafío al occidentalismo y a la autoridad y valor universal de la cultura europea, aunque –por otro lado– parta del supuesto de su autoridad[27]. Este gesto contradictorio prepara la emergencia del tropo antropofágico.

---

[27] Esta "hibridez" temporal de la cultura periférica puede ser el *opuesto constitutivo* (en sentido derrideano) del occidentalismo que supuestamente desafía y que en verdad confirmaría.

Tanto en el manifiesto como en el libro *Pau Brasil* encontramos una arritmia entre su definición vernácula de la *brasilidade* y la sincronización vanguardista de la cultura nacional. El modernismo ensamblaba ambos tiempos produciendo un efecto estético de extrañamiento mutuo y, también, una conciliación *estética* de esas temporalidades en el *tiempo de una modernidad* de *"base dupla e presente"*, para ser "Apenas brasileiros de nossa época" (45). Podría decirse que PPB parece trascender los registros de la alta cultura literaria sumergiéndose en el habla y el carnaval popular, el baile "os casebres de açafrão e de ocre nos verdes da Favela" (41); y que valora una "língua sem arcaísmos, sem erudição. Natural e neológica", forjada en el yerro creativo, en "a contribuição milionária de todos os erros. Como falamos" (42). Pero este aspaviento "democrático" es más elitista de lo que suponían los modernistas. La *valoración* vernácula corresponde más bien a un proceso de *valorización* y procesamiento de lo "popular" como materia prima. El color local de lo vernáculo (*pau-brasil/madera/materia*) es consumido en poemas, manifiestos, esculturas y cuadros que ocurren en el mundo neológico y moderno de objetos de arte que requieren –para su apreciación estética– del *gusto* de clase que Pierre Bourdieu denomina *capital cultural* (*La distinción*). Ese capital no está desvinculado –antes todo lo contrario– de las asimétricas relaciones económicas que financian el modernismo brasileño.

El libro de poemas *Pau Brasil* (1925) renueva la convocatoria de hacer poesía telúrica "hecha de y en Brasil" para exportar. Publicado en París e ilustrado por la pintora Tarsila do Amaral (1890-1973), en un evento editorial parisino a tono con su cosmopolitismo, el poemario expresa la contradicción paradójica de la "base dupla e presente" del *tempo modernista* y reitera la idea de un re-descubrimiento del Brasil. En el prólogo del libro, Paulo Prado decía: "Oswald de Andrade, numa viagem a Paris, do alto de um atelier da Place Chichy –umbigo do mundo– descobriu, deslumbrado, a sua própria terra" (*Pau Brasil* 67). Prado llega hasta afirmar que con esta poesía escrita en el "ombligo del mundo" se podía ser *jacobinamente brasileiro*, liberándose de las influencias nefastas de las "velhas civilizações em decadência" (69). En la década de los veinte ocurre que, paralelamente con la política modernizadora y el flujo rápido de las ideas vanguardistas europeas, se empieza a "redescubrir" Brasil etnográfica y territorialmente (Murilo Mendes 8). Los procedimientos técnicos euro-vanguardistas[28] funcionan como los *ojos imperiales* y etnográficos de la literatura o la pintura nacional moderna. Uno de esos viajes de "re-descubrimiento" nacional fue llamado por Andrade en *Pau Brasil*, *"O roteiro das minas"* (131). Poco después de

---

[28] Ver las relaciones con el Surrealismo en Benedito Nunes ("Antropofagismo e Surrealismo").

publicar el manifiesto PPB, durante Semana Santa, Oswald de Andrade parte junto con Mário de Andrade, Tarsila, Olívia Guedes Penteado (otra mecenas), René Thiollier y el poeta francés Blaise Cendrars[29] a una excursión a las antiguas ciudades del estado de Minas Gerais (Tiradentes, Agua Santa, Mariana, Ouro Preto, Divinópolis, Sabará y Belo Horizonte, Lagoa Santa, y Congonhas do Campo). Allí descubren –entre iglesias barrocas– el "otro tiempo" nacional y se sienten actores de un nuevo "descubrimiento del Brasil" (Benedito Nunes "Antropofagismo e Surrealismo": 16; Adrien Roig 12, 44, 67). De este periplo saldrán varios motivos y temas de la pintura Pau Brasil de Tarsila, del libro *Feuilles de route* de Cendrars[30] (ilustrado por Tarsila), y del poemario *Pau Brasil* que Andrade dedicó a Cendrars de manera elocuente: "A Blaise Cendrars por ocasião da descoberta do Brasil" (73). Estos jóvenes artistas sostendrán haber descubierto Brasil y su poesía en las manifestaciones sincréticas de la cultura, ya monumentales como las esculturas de Aleijadinho[31] y la arquitectura del Barroco, o performativas como los ritos festivos y religiosos de la cultura popular como misas y procesiones. Los modernistas viajaban al Barroco en busca de los colores de la "modernidad nacional". Decía Tarsila

> Íbamos en grupo, al descubrimiento del Brasil [...] Las decoraciones murales de un modesto corredor del hotel, el techo de las salas, hecho de tacuaras coloridas y trenzadas, las pinturas de las iglesias, simples y conmovedoras, ejecutadas con amor y devoción por artistas anónimos: el Aleijadinho, sus estatuas y las líneas geniales de su arquitectura religiosa, todo era motivo de nuestras exclamaciones admirativas. Encontré en Minas los colores que adoraba desde niña. Después me enseñaron que eran feos, caipiras. Seguí a remolque del gusto selecto... Pero después me vengué, colocándolos en mis telas ("Pintura Pau-Brasil y Antropofagia" 37).

[29] Hacia fines de mayo de 1923 Oswald de Andrade y Tarsila do Amaral conocieron en París al poeta Blaise Cendrars con quien confraternizaron rápidamente. Oswald le presenta al mecenas Paulo Prado (el patrocinador de la *Semana*) que invita a Cendrars a Brasil, a donde éste parte en enero de 1924, encargado por el *Excelsior* e *Illustration Française* para realizar un amplio reportaje sobre el país, el carnaval, el movimiento de las ideas, el arte y la literatura (Adrien Roig 41-44). Cendrars llega a Rio el 24 de febrero, es recibido por los modernistas y asiste al carnaval entre el 1 y 4 de marzo (Fonseca 137).

[30] Cendrars le dedica el primer ejemplar de la imprenta a Andrade (Roig 16).

[31] Les impresiona vivamente la obra de Aleijadinho (Antônio Francisco Lisboa 1738-1814), escultor mulato de Congonhas do Campo que en 1777 adquirió una enfermedad degenerativa por la que perdió los dedos de los pies y la mayoría de los de las manos y se mutiló los dedos restantes a causa del dolor. Con las herramientas amarradas a los muñones continuó su trabajo y entre 1795 y 1798 esculpió las estaciones de la pasión o escenas del *vía crucis*. Cendrars siempre tuvo el proyecto de escribir sobre este escultor (Roig 67-72) y Oswald de Andrade tomó este motivo en "Ocaso" del cuaderno "Roteiro de Minas" del poemario *Pau Brasil* (*Pau Brasil* 140).

No es este viaje, como se piensa normalmente, un evento biográfico curioso o, como dice Roig, un hecho simplemente paradójico, tratándose de modernistas (67). El Barroco histórico como ideología es exactamente la antípoda de los ideologemas de novedad, juventud, ruptura y cosmopolitismo que la vanguardia erige en su gestualidad contestataria del *establishment*[32]. Sin embargo –pese que parezca contradictorio– estos turistas culturales encuentran una coincidencia entre la estética del Barroco americano y PPB: su *brasilidade* universal. Lo "defectuoso" en el Barroco de las iglesias de Minas Gerais es en realidad mímico pero diferencial con respecto a patrones europeos. El Barroco indiano, sin proponérselo, ofrecía claves para la solución al llamado "problema de la copia". El uso de materias primas y la intervención o agencia del artista transformaban los modelos y superaban la imposición de un orden estético e ideológico hegemónico; algo que repetirá la metáfora de la antropofagia como proceso de apropiación-transformación cultural. Andrade ve que el molde normativo de un lenguaje reglado y recargado como era el Barroco había sido modificado no sólo por las características propias de los materiales nativos (PPB) sino por las manos del artista, agente transformador que en 1928 será convertido en un antropófago. De hecho, el manifiesto PPB anuncia ya la metáfora de la digestión "bárbara" de bienes simbólicos:

> Apenas brasileiros de nossa época [...]. *Todo digerido*. Sem meeting cultural. Práticos. Experimentais. Poetas. Sem reminiscências livrescas. Sem comparações de apoio. Sem pesquisa etimológica, Sem ontologia. Bárbaros, crédulos, pitorescos e meigos. Leitores de jornais. Pau-Brasil (PPB 45).

Carlos Drummond de Andrade (1902-1987) opinaba en 1925 que era una tontería ("tolice") de su amigo Oswaldo la de imaginar que había "descubierto" Brasil, cuando lo que había descubierto era, a lo sumo, que él era brasileño ("O homem do Pau Brasil" en Marta Batista Rossetti et al., 238-239). La observación de Drummond de Andrade era certera: la burguesía (neo)colonial identificada con Europa se descubre a sí misma como brasileña y a lo "vernáculo", como materia prima de un arte cosmopolita.

No debemos obviar que esas búsquedas en el pasado colonial perseguían una refundación simbólica de la identidad[33]. Como otros escritores latinoameri-

---

[32] Recuérdese que en el Barroco europeo había una tendencia para inmovilizar o dirigir las fuerzas progresistas que el Renacimiento había puesto en marcha (Maravall, *La cultura del Barroco* 77).

[33] Buscando esa simplicidad de la expresión Andrade escribió una poesía de tanteos y reminiscencias infantiles en su *Primeiro caderno do alumno de poesia Oswald de Andrade* (1927), empezando de nuevo.

canos (Borges, Carpentier, Asturias, etc.), Andrade hace un viaje (no sólo físico, sino intelectual) de ida y vuelta a Europa y luego, a Minas, y en ese doble desplazamiento (cosmopolita y localista) afirma un "descubrimiento" identitario: la anagnórisis de la nacionalidad. Jorge Schwartz señala que en Andrade, como en Borges, "la distancia actúa como verdadero *Verfremdung* brechtiano", pues ambos regresan a "fundar" con la escritura (*Vanguardia y cosmopolitismo* 65). Andrade refundará São Paulo y Borges, Buenos Aires. Esas refundaciones implican la visita del laberinto de metáforas del Descubrimiento y Conquista de América. Andrade usa *Pau Brasil* y luego al caníbal. Borges se retrotrae asimismo a los orígenes y celebra el imaginario de la fundación de la cultura en el poema "Fundación mítica de Buenos Aires" (*Cuaderno San Martín* 1929). Allí re-visita "las proas que vinieron a fundarme la patria" y la historia del aciago encuentro entre el piloto mayor de la primera expedición española al Río de la Plata, Juan Díaz de Solís (1470?-1516), y los aborígenes que se lo comieron. El canibalismo es la *marca* del sitio de la fundación: "Pensando bien la cosa, supondremos que el río / era azulejo entonces como oriundo del cielo / con su estrellita roja para marcar el sitio / en el que ayunó Juan Díaz y los indios comieron" (*Obra poética* 89)[34]. Borges canta a los "mil hombres y otros mil [que luego] arribaron" para hacer "la patria". No sucederá los mismo con los cientos de miles que llegaban mientras Borges escribía[35]. El proyecto de modernización argentino entra en crisis antes que el brasileño; especialmente en lo relativo a la formación de una cultura nacional en medio de fuerzas "disgregadoras" tan fuertes como la inmigración. Borges puede poetizar a los caníbales del origen colonial de la nación, no a los innombrables Calibanes del presente, inmigrantes hambrientos que arribaban todos los días a una ciudad que, en este primer Borges, parece humanamente vacía, arquitectónica, habitada de portones, esquinas, jardines, balconcitos y plazas. El viaje de los modernistas al tiempo *Otro* del Brasil parece en cambio democrático. Tarsila misma creía que retomando los colores *caipiras* se apartaba del gusto selecto. Pero recordemos: la *brasilidade* es el valor agregado por el arte de los modernos al *Pau Basil* (a las favelas, a las procesiones religiosas, a la estatuaria barroca, a los colores de las casas de la gente humilde, a la poesía popular). La más sofisticada clase social siempre puede permitirse el lujo de imágenes idealizadas de los pobres y de sus "colores". Años después, en 1945,

[34] Los caníbales y el Juan Díaz de Solís de la "Fundación mítica" son parte de un imaginario, tal como lo han soñado "las generaciones" de Barco Centenera a Juan José Saer en su novela *El Entenado* (1983) y el ensayo *El río sin orillas. Tratado imaginario*, en el cual se refiere a este caso de canibalismo como la "escena primitiva del Río de la Plata".

[35] Entre 1924 y 1929 entraron a la Argentina cerca de dos millones de personas y se radicaron 650.000 inmigrantes.

poco antes de morir, Mário de Andrade haciendo un brutal y descarnado balance del Modernismo reconocía el aristocratismo del mismo:

> el movimiento modernista era nítidamente aristocrático. Por su carácter de juego arriesgado, por su espíritu extremadamente aventurero, por su internacionalismo modernista, por su nacionalismo exaltado, por su gratuidad antipopular, por su dogmatismo prepotente, era una aristocracia del espíritu ("El movimiento modernista" 186).

Pau Brasil fue hasta cierto punto una vanguardia arielista, cuya *aristocracia del espíritu* era el resultado de la ingente acumulación de capital simbólico de una burguesía progresista. A diferencia del arielismo latinoamericano, *Pau Brasil* fue un canto optimista frente a la modernización que producía el capitalismo en la periferia americana. Su "espíritu" era por lo tanto menos etéreo; más dispuesto a las hibridaciones con lo popular, siempre que se tratara de un consumo vertical y asimétrico como el de los colores caipiras en las telas de Tarsila.

2. (Anti)indianismo caníbal y las "ligações estratégicas" de una utopía dionisíaca

> O antropófago: nosso pai, princípio de tudo. Não o índio. O Indianismo é para nós um prato de muita sustância (Antônio de Alcântara Machado "Abre-alas" *Revista de Antropofagia*, primeira dentição, 1: 1).

Es posible que, sin proponérselo, Monteiro Lobato –el crítico de Malfatti que fuera blanco de la primera generación modernista– hubiera contribuido a iniciar la *ola antropofágica* con *Aventuras de Hans Staden* (1927), una adaptación infantil del relato de Staden, bastante conocida y publicada un año antes del "Manifesto antropófago"[36]. El renovado interés en la historia de Staden y los

---

[36] *Aventuras de Hans Staden, o homem que naufragou nas costas de Brasil em 1549 e esteve oito mezes prisionero dos índios tupinambás; narradas por dona Benta aos seus netos Narizinho e Pedrinho e redirigidas por Monteiro Lobato* (1927). La historia contada por Doña Benta –voz narrativa del relato– a sus nietos, hace parte de una serie infantil de cuentos que escribió Monteiro Lobato. El relato –que se publica en 1927, sólo un año antes del "Manifesto antropófago" de Andrade– tiene numerosísimas ediciones en el siglo XX. Básicamente Lobato inserta el relato del cautivo alemán en el relato nacional; lo hace parte de "nossa história". Pedrinho grita "Bravo" ante el valor de los prisioneros tupinikis que van a ser sacrificados: los indios son "nossos índios". Staden también es "nosso". Cuando finalmente es rescatado, dice doña Benta: "nosso Staden soltou u mayor uff que a história do Brasil registra" (142). Staden deja de ser "nossa comida" y se vuelve "nosso Staden", parte de la historia

caníbales[37] que genera el anti-moderno Lobato alcanza a los modernistas. El 11 de enero de 1928, Andrade recibió de Tarsila do Amaral como regalo de cumpleaños el cuadro tinta a óleo sobre tela *Abaporu* (1928) [il. 29], cuyo título –compuesto con diccionario tupí-guaraní en mano– quiere decir *antropófago* y viene de *aba* (hombre) y *poru* (que come) (Maria A. Fonseca 179). Tarsila retornará a este tema en su ilustración del "Manifesto antropófago" y en un óleo de 1929 titulado *Antropofagia*. Pero es este cuadro de 1928 el que concluye la fase de Pau Brasil e inicia *Antropofagia*. Puede decirse que el primer manifiesto es el de Tarsila. *Abaporu* o "El comedor de hombres" imponía la presencia de un cuerpo desnudo y voluminoso con una cabeza pequeñísima sobre un fondo azul, al lado de un cactus. Tarsila describía *Abaporu* así:

> una solitaria figura monstruosa, pies inmensos, sentada en una planicie verde, el brazo doblado, reposando en una joya, la mano sosteniendo el peso pluma de una cabecita minúscula. En frente, un cacto explotando en una flor absurda [...]. Oswald de Andrade y Raul Bopp, el creador del famoso poema *Cobra norato*, impactados ante el *Abaporu*, lo contemplaron largamente. Imaginativos, sentían que allí podía surgir un gran movimiento intelectual ("Pintura Pau-Brasil y Antropofagia" 39).

De la imagen de este caníbal sensual y desnudo, con la cabeza disminuida pero en la postura de "El pensador" de August Rodin (*Le Penseur* 1882), surge la propuesta de hacer un movimiento que recuperara de manera afirmativa la imagen colonial de Brasil como una *Canibalia*. Dicha iniciativa tuvo su expresión en el "Manifesto antropófago" (MA) (mayo de 1928) de Oswald de Andrade y la *Revista de Antropofagia* (1928-1929) (RA)[38].

---

sobre los "primeros tempos brasílicos" como dice Carlos Bouquet en la introducción a su novela conmemorativa de los 400 años de la aventura de Staden: *O prisioneiro de Ubatuba* (1953).

[37] Las ediciones de la historia de Staden en portugués son pocas y de muy limitada circulación; en 1892, la *Revista do instituto histórico e geográfico do Rio de Janeiro* hizo la primera traducción al portugués (probablemente de la versión latina). La siguiente traducción-edición es de 1900; el título es elocuente: *Hans Staden, suas viagens e captiveiro entre os selvagens do Brazil*. Edição Comemorativa do 4° Centenario.

[38] La revista tuvo dos épocas o "dentições": La primera de mayo de 1928 a febrero de 1929 publicó 10 números, editados mensualmente, bajo la dirección de Antônio de Alcântara Machado y la gerencia de Raul Bopp (se cita RA 1ª). La segunda dentición fue una página (suplemento) del *Diário de São Paulo*; tuvo 16 entregas publicadas más o menos cada semana del 17 de marzo al 1 de agosto de 1929, bajo la dirección de Raul Bopp y Jaime Adour da Câmara (se cita RA 2ª). En cada caso se ofrece la referencia a la *dentição* correspondiente (RA 1ª ó RA 2ª) según corresponda, seguida del número de la revista y del número de página en el caso de la *1ª dentição*. Nótese que en la *2ª dentição* no hay sino una sola página (cada ejemplar consistía de un solo pliego) y por lo tanto sólo se indica 2ª y el número de la revista. El último ejemplar de la *2ª dentição* que debía ser el 16 apareció con el número 15 y se cita como 15*bis*.

El "Manifesto antropófago" (1928), texto emblemático de *Antropofagia*, está formado con 52 aforismos[39] en los que se mezclan referencias literarias, políticas e históricas y experiencias personales. El manifiesto no es una propuesta sistémica que permita una síntesis. Como anotaba Antônio Candido, falta, en general, una proposición clara sobre el significado de *Antropofagia*: "É difícil dizer no que consiste exatamente a Antropofagia, que Oswald nunca formulou, embora tenha deixado elementos suficientes para vermos embaixo dos aforismos alguns princípios virtuais, que a integram numa linha constante [...]: a descrição do choque de culturas" (*Varios escritos* 84, 85). Cuando en 1928, un periodista de *O Jornal* de Rio de Janeiro, un poco exasperado por esa vaguedad, le pregunta "O que é Antropofagia?", Andrade logra salirse con la suya creando tres definiciones retorcidas:

> *Antropofagia é o culto à estética instintiva de Terra Nova.* Outra: *É a redução, a cacarecos, dos ídolos importados, para a ascensão dos totens raciais.* Mais Outra: *É a própria terra de América, o próprio limo fecundo, filtrando e se expressando através dos temperamentos vassalos de seus artistas.* Estas, definições que consigo construir, no momento. Definições de emergência, secas como o Martini que tomamos. [...] Antropofagia está bom. Está muito bom" ("Nova escola literária" en *Os dentes do dragão* 43, 45).

Las nuevas definiciones no son una síntesis explicativa, sino nuevos aforismos que pueden ser añadidos al MA. El texto tiene una estructura poética difusa con múltiples entradas y posibilidades de interpretación; antes que ilógico es no-lógico; discurre abruptamente mediante aforismos sin muchas posibilidades de explicación filológica como "A alegria é a prova dos nove" (repetido dos veces) o hace proposiciones que niegan y a la vez afirman algo; por ejemplo, el MA declara "morte e vida das hipóteses" y habla de una "rítmica religiosa" y cierta religiosidad vernácula ("Fizemos Cristo nascer na Bahia") para luego dictar: "É preciso partir de um profundo ateísmo". Precisamente esta poética indefinición de *Antropofagia* ha posibilitado diversas instancias interpretativas no necesariamente acordes.

Señalemos que *Antropofagia* tuvo dos instancias en vida de Andrade: la primera, de 1928 hasta 1929, colectiva, en torno de la *Revista de Antropofagia* y, más tarde, un nuevo momento en los años 50, cuando Andrade la rearticula a su pensamiento utópico de entonces. Luego de la muerte de Andrade, volvió a cobrar centralidad y se convirtió en motivo de renovado interés a finales de los años 60, a raíz de tres circunstancias: a) el montaje y representación de la obra de teatro *O rei da vela* (1933) de Oswald de Andrade por el grupo de Celso Martinez

---

[39] En la edición de la *RA* los aforismos estaban separados uno del otro por líneas.

Corrêa (1967); b) el inicio del movimiento cultural y musical *Tropicália*; y c) los trabajos precursores de Augusto y Haroldo de Campos sobre la *Revista* y la poesía de Andrade a comienzos de los años 70. Desde entonces y, especialmente, a propósito de la discusión sobre la posmodernidad en América Latina, el Manifesto se ha convertido en un texto de obligada referencia y habitual simplificación formularia. Llama la atención la escasez textual que sirve de base a la mayoría de los críticos para hablar de *Antropofagia*; me refiero a la reducción de ésta a las dos páginas del manifiesto (y casi siempre a dos o tres de sus aforismos) y, en el mejor de los casos, a la obra vanguardista de Oswald de Andrade. Aquí, se tratará de ofrecer un análisis de *otros* textos y contextos, lo que en principio supone, *otras* antropofagias. Lo que se conoce como el movimiento de *Antropofagia* no fue, en su versión modernista de 1928-1929 –y según se desprende de los escritos de Oswald de Andrade, Oswaldo Costa, Raul Bopp y Antônio de Alcântara Machado, entre otros antropófagos– una articulación teórica de la crítica literaria o cultural como vino a ser después de los años 70. Fue un movimiento de vanguardia, atravesado ciertamente por el problema de la cultura nacional: definir una literatura o arte propio y a la vez hacer parte una Modernidad que, por momentos, se sentía ajena. Pero *Antropofagia* fue también muchas otras cosas. El movimiento, por ejemplo, releyó irónicamente el archivo colonial; enarboló el canibalismo como signo contra las academias y la literatura indianista, y como metáfora carnavalesca y de choque entre la modernidad y la tradición (especialmente en lo relativo a la moral y el catolicismo); asimismo, *Antropofagia* elaboró un tropo digestivo de la formación de una cultura nacional y a la vez cosmopolita y moderna, aspecto, éste último, que se tratará en el siguiente acápite (§3).

Antropofagia retoma el archivo colonial de la *Canibalia* americana; por ejemplo, relee los relatos proto-etnográficos de Hans Staden, Jean de Léry, André Thevet y Pero de Magalhães Gândavo, y usa las ilustraciones de Teodoro De Bry; de la misma manera, apropia la mirada oblicua de Montaigne, a quien cita frecuentemente; y –como veremos adelante– subvierte las lecturas pías de las cartas de los misioneros jesuitas (Nóbrega, Anchieta). Sin embargo, los relatos con cuya tradición rompe son más inmediatos. *Antropofagia* contrapuso su caníbal al *buen salvaje* romántico de la literatura indianista, especialmente al indio heroico y amoroso de las novelas de José de Alencar (ver Cap. III §6). O al menos así lo declaró una y otra vez, buscando un deslinde con esa tradición literaria. Si Alencar construye un indio brasileño idílico, monumentalizado, Andrade inventa uno igualmente brasileño, pero caníbal, que –en un acto de ruptura vanguardista– se burla de Peri, el héroe de *O Guarani* de Alencar y de la ópera de Carlos Gomes: "O índio vestido de senador do Império. Fingindo de Pitt. Ou figurando nas óperas de Alencar cheio de bons sentimentos portugueses" (MA *RA* 1ª,

1: 3)[40]. El MA rechaza al indio del indianismo romántico; un indio católico y orador que se hace yerno del conquistador: "Contra o índio de tocheiro. O índio filho de Maria, afilhado de Catarina de Médicis e genro de D. Antônio Mariz" (*RA* 1ª, 1: 7). *Antropofagia* se alía simbólicamente con los caníbales enemigos de Peri y de Don Antônio[41]. Antônio de Alcântara Machado, director de la *Revista de Antropofagia*, marcaba en el primer editorial el contraste entre el indio modernista y el indio romántico:

> Hoje somos antropófagos [...] Viramos canibais. Aí descobrimos que nunca havíamos sido outra cosa [...] O antropófago: nosso pai, princípio de tudo. Não o índio. O Indianismo é para nós um prato de muita sustância. Como qualquer outra escola ou movimento. [...] O antropófago come o índio e come o chamado civilizado. [...] Assim é a experiência moderna [...]. Já começou a cordial mastigação ("Abre-alas" *RA* 1ª, 1: 1).

El encuentro colonial que el Indianismo trocó en una alianza amorosa o fraternal es visto de una manera diferente por *Antropofagia* que, desde el primero hasta el último número, no deja de ridiculizar las "confederaciones" del Indianismo y a los "románticos metidos a hacer epopeyas". En el último número de la segunda *dentição*, Antônio Garrido hacía objeto de un "homenaje" humorístico a Alencar:

> O centenário de Alencar terminou virando uma questão de família. Todo o Brasil ficou sabendo o que somente os eruditos sabiam: que ele era filho de um padre... antropófago. / A desgraça de Alencar foi querer estilizar o índio [...] / A primeira negociata internacional dos brasileiros, foi aquela de Poti (Camarão), aliando-se aos portugueses contra os holandeses [...] A culpa foi do batismo. Depois que ele se chamou dom Antônio, deveria ter sido comido sumariamente. [...] / Aqueles românticos metidos a fazer epopéias, arrasaram a tribo ("Filosofia de antropófago" *RA* 2ª, 15 bis).

El "negociado" de Poti (Felipe Camarão) al que se refiere Garrido es la alianza entre los pitiguara y los portugueses liderados por Martim Soares Moreno, narrada en la novela *Iracema* de Alencar (Cap. III §6).

La insistencia de *Antropofagia* en el deslinde respecto del indianismo era tan enfática como dudosa. En primer lugar, el indio del Modernismo brasileño es

---

[40] En un artículo sobre Heitor Villa-Lobos de la época de la *Semana de arte moderna*, Oswald de Andrade había afirmado: "Carlos Gomes é horrível" ("Carlos Gomes vs Villa-Lobos" en Boaventura, *22 por 22* 77).

[41] Como se recordará, el hidalgo Dom Antônio Mariz, padre de Ceci en *O Guarani*, entrega a su hija a Peri para que la proteja mientras el muere defendiendo la fortaleza del ataque de la tribu de los caníbales aimorés.

producto de un saqueo simbólico, como lo fue en su momento el del Romanticismo indianista. En ambos casos, estamos hablando de un indio-artefacto y, en última instancia, de un fetiche cultural. El antropófago no es un indígena tupí, sino el personaje conceptual de la cultura nacional moderna, como antes lo había sido de la nación decimonónica.

Mientras que el espíritu contra la seriedad de las alegorías indianistas fue el tono general de la *RA*, ciertas aproximaciones y artículos de la misma eran menos radicales que lo que anunciaba el "Abre-alas" de Alcântara Machado. Algunos hicieron arqueologías simbólicas de "nuestro indio", sugirieron ejercicios literarios de historiografía patria[42] o usaron el tropo del caníbal tupí como lo que Anthony Smith llama un "mitologema" genealógico de la nacionalidad ("National Identity" 1394). El artículo en dos entregas, "A língua tupi" (1ª, 1: 5, 6; y 1ª, 2: 8) de Plínio Salgado (1895-1975), abogaba, por ejemplo, por un estudio y recuperación de las lenguas de los indios, simplificadas durante la colonización por acción de los jesuitas que promovieron un idioma de "tipo geral que servisse ao imperialismo catequista" (1ª, 1: 5). Esta crítica está acompañada de una concepción nacionalista del mitologema indígena. Salgado llama al Indianismo romántico "A ultima tentativa para reduzir o índio á forma européia", pero acude él mismo a la "reivindicación del indígena brasileño" –con los mismos procedimientos y citas de etnógrafos europeos– que hiciera Alencar en las notas de *Ubirajara*. Como Alencar, Salgado clama por la reivindicación de los que llama "*nossos* salvagens" y habla de "*nossa* língua tupi", si bien reconoce su ignorancia de la misma, confesando los "pouquissimos conhecimentos que tenho do tupi" (1ª, 1: 5, 6)[43]. El "otro" (con minúsculas) es incorporado en el imaginario nacional como signo de identidad cultural. Salgado –en los toldos patrioteros del *verdeamarelismo*[44]– terminaría fundando la *Ação Integralista Brasileira*, grupo también conocido como los "camisas-verdes", movimiento ultraconservador nacionalista y anticomunista que con el lema "Deus, pátria e família" cooptó varios sectores de la clase media. Esa derecha reaccionaria disputaría el cuerpo simbólico del indio tupí y lo transformaría en un símbolo fascista. El saludo de los integralistas –con el brazo derecho en alto– era un grito de guerra

---

[42] Tristão de Ataide, por ejemplo, citado por la revista, hablaba de un neo-indianismo realista que representase al indio "como são ou deviam ter sido antes da catequese e da conquista" ("Sobre a Antropofagia" *RA* 2ª, 8).

[43] Ignorancia que no le impide extenderse en comentarios gramaticales y lingüísticos como por ejemplo sobre un supuesto origen onomatopéyico del lenguaje de los indios. Onomatopeya no sólo en el sentido representativo de percepciones auditivas, sino como representación de las relaciones entre el mundo objetivo y el subjetivo, y de las asociaciones afectivas entre las cosas (*RA* 1ª, 1: 6).

[44] Grupo nacionalista de reacción a la vanguardia "afrancesada", cuyo nombre aludía los colores de la bandera.

en lengua tupí: "Anauê". Lo interesante de estas inflexiones, como el indianismo proto-fascista de Salgado, es que señalan un amplio espectro de significación del tropo caníbal en el seno de la vanguardia.

Aunque definida contra el Indianismo, *Antropofagia* funciona en un paradigma neo-indianista. Cambia la máscara (Cunhambebe reemplaza a Peri y el caníbal, al indio doméstico) pero no el enmascaramiento: el "indio" sirve aún para la reflexión sobre el origen colonial de la nación, define la *brasilidade* y sigue siendo una metáfora modélica de resolución de antagonismos (si bien éstos son diferentes). En *Antropofagia* vamos a encontrar, además, otros rastros genealógicos del indianismo alencariano como, por ejemplo el borramiento del negro; el notorio ausente del "Manifesto antropófago"[45]. Antônio de Alcântara Machado incluso se mofa y opone a la propuesta de hacer un monumento a la "mãe preta": "Eu acho isso muito bonito e comovente porem perigoso [...]. E será preciso erguer outros monumentos. Um para cada cor" ("Concurso de lactantes" *RA* 1ª, 7: 1). La *Revista de Antropofagia* publica pocas notas o poemas sobre asuntos afro-brasileños; por ejemplo: Oliveira Martins condena la complicidad de la iglesia en la importación de esclavos ("O trafico" *RA* 2ª, 9); y Pater (seudónimo de Julio Paternostro) imagina una tierra sin blancos en un poema cargado de imágenes tropicales estereotípicas ("Si eu fosse um poeta negro" *RA* 2ª, 12). La más importante excepción de este borramiento en *Antropofagia* es el fragmento de *Macunaíma* que Mário de Andrade publica en la *RA*: "No fundo do mato-virgem nasceu Macunaíma herói da nossa gente. Era preto retinto e filho do medo da noite" (1ª, 2: 3)[46].

Antropofagia no le hacía justicia a Alencar ni al indianismo reduciéndolo a *O Guarani* e *Iracema*. Como vimos, *Ubirajara* (1874), la última novela indianista de Alencar, nacionaliza (en una suerte de epílogo del militarismo del Segundo imperio) el canibalismo tupí al definirlo como comunión de valor y heroísmo (443, 444). El descubrimiento de la *brasilidade* caníbal fue alencariano (Cap. III

---

[45] En primera fase del Modernismo y acaso como resultado de cierto auto-exotismo cubista, tenemos las figuras e imágenes afro-brasileñas de los cuadros de Tarsila do Amaral y el poemario *Poesía Pau Brasil* de Andrade. Este desinterés antropófago –que se traduce en borramiento étnico– es paradójico si tenemos en cuenta que como anota Heloisa Toller Gomes la "teorização sobre a formação racial brasileira, que tomava corpo a partir da década de 1870 –na qual a reflexão sobre o legado africano emergira, naquele momento, em grande parte graças aos esforços pioneiros de Silvio Romero– ocupava crescentemente os intelectuais, agora nos anos 20" (252). Pensemos, por ejemplo, en Gilberto Freyre y Mário de Andrade. La hipótesis de Toller es que después de la conexión parisina inicial del Modernismo, el negro cotidiano resultaba menos exótico. Pertenecía "ao dia-a-dia dos modernistas em incomoda proximidade que remontava as velhas feridas –situação poço condizente com as perspectivas de otimismo nacionalista" (252).

[46] Aunque, como sabemos, la raza en *Macunaíma* tiene una suerte camaleónica.

§6); aunque ello no implique, claro, que la Vanguardia simplemente prolongue el Romanticismo.

Aparte de definirse contra el indianismo, *Antropofagia* entra en contradicción más o menos manifiesta con textos más inmediatos tales como "Estética da vida" de Graça Aranha, quien un poco antes de la *Semana* hace una definición etno-psicologista del ser nacional. En ella comentaba la falta de comunión del alma brasileña con la naturaleza, producto de la mezcla de la melancolía portuguesa, la infantilidad africana y la *metafísica bárbara* de los indios que vivían en una "floresta de mitos", y clamaba por una recuperación de la herencia latina. Según Benedito Nunes, *Antropofagia* sería una inversión paródica de la filosofía de Graça Aranha, que recupera la *metafísica bárbara* y la "floresta de mitos" de los indios que aquél veía como un problema del ser nacional ("Antropofagia ao alcance de todos" 21).

El canibalismo es también una metáfora de choque vanguardista contra el "buen gusto" y la sensibilidad de sectores conservadores o tradicionales de la burguesía. Ese ánimo provocador informa el uso contemporáneo del tropo del canibalismo en Europa y en otras partes de Latinoamérica. El cuento "El antropófago" (1926) del ecuatoriano Pablo Palacio (1906-1947), por ejemplo, crea un personaje caníbal con el que la voz narrativa simpatiza. Entre el deseo de su madre de que fuera médico y el de su padre de que fuera carnicero (las dos profesiones que señalan el espectro burgués del negocio de la carne), "Nico" –el buen burgués– termina siendo un antropófago que devora trozos del rostro de su hijo por el sólo "placer" de la carne humana. El "Manifeste Cannibale Dadá" de Francis Picabia (1878-1953), aparecido en el último número de la revista *Dadaphone* editada por Tristan Tzara (No 7, marzo, 1920), y los dos números de la revista *Cannibale* dirigida por Picabia (No. 1, abril 25; No. 2, mayo 25, 1920) explotaban igualmente el canibalismo como motivo para escandalizar a la burguesía. Hasta cierto punto, *Antropofagia* también lo hizo pese a lo anotado por muchos críticos[47]. Al estudiar las dimensiones antropofágicas y uso del tropo caníbal en Dadá y el Surrealismo, Dawn Ades considera posible, pero poco probable, la supuesta influencia de *Cannibale* en *Antropofagia* (241)[48]. Augusto de

---

[47] Kenneth David Jackson (2); Augusto de Campos (*Poesia, antipoesia, antropofagia* 120); B. Nunes ("Antropofagismo e Surrealismo" 18), etc.

[48] La discusión no es en sí muy productiva. Así como la vanguardia del 22 fue acusada de futurista, *Antropofagia* lo fue de dadaísta. El debate de la influencia de *Cannibale* no es en sí importante como lo es que sea indicativo de la preocupación por la copia, fundada en la errada visión de la cultura latinoamericana como epifenómeno de la europea (Osorio ix-xxxviii); en parte, es una manifestación de una ansiedad periférica que remite toda manifestación cultural a un centro hegemónico. Como señala Castro Rocha, la importancia del MA no reside en su supuesta originalidad (15).

Campos afirma (citando a B. Nunes) que la imagen caníbal estaba en el aire[49], pero marca las diferencias del movimiento brasileño:

> era natural que a metáfora do canibalismo entrasse para a semântica dos vanguardistas europeus. Mas dentro de DADA, o 'canibal' não passou de uma fantasia a mais do guarda-roupa espaventoso com que o movimento procurava assustar as mentes burguesas. Com Oswald foi diferente. Embora citasse expressamente Montaigne e Freud (*Totem e Tabu* de 1912), é possível que ele tenha recebido alguma sugestão do canibalismo dadaísta, entrevisto nas viagens que fez à Europa entre 1922 e 1925 (*Poesia, antipoesia, antropofagia* 120).

Pueden señalarse otras diferencias notables: a) *Cannibale* a diferencia de *Antropofagia* no agrupó ni generó movimiento alguno que pudiera llamarse "caníbal"; b) el "Manifeste Cannibale" es un documento dadaísta y nihilista, que "nada tem a ver com a generosa utopia ideológica da nossa Antropofagia" (Campos 121), sino con el tema de la muerte (Castro Rocha 12); y c) mientras que *Antropofagia* saluda la modernidad, *Cannibale* se declaraba anti-moderna[50] y presentaba una visión apocalíptica del caos europeo y una condena a un mundo que creía ser civilizado y que hizo un festín de sangre en su propia casa: "Muere como héroe el idiota" es su respuesta al nacionalismo belicista; "Manifeste Cannibale" afirmaba un nihilismo desencantado, más emparentado, por ejemplo, con el surrealismo y el trabajo posterior de Salvador Dalí ante la guerra civil española[51], que con el utopismo vital y carnavalesco de Andrade. Sin embargo, en *Dadá* como en *Antropofagia* el tropo caníbal tenía la magia del escándalo burgués que André Breton consideraba una de las obligaciones del arte moderno.

[49] Por ejemplo, en la obra de Alfred Jarry *Almanaques do Père Ubu* "um dos quais registra guloseimas para os *amateurs anthropophagues*" y en un artículo más explícito: 'Anthropophagie' de 1902" (121). En este último texto Jarry había hecho un paralelo entre la antropofagia y la antropología. A. de Campos menciona también un precursor brasileño: Sousândrade; en el canto II de O Guesa (1874) se lee: "(Antropófago HUMAUA a grandes brados) / Sonhos, flores e frutos, / Chamas do urucari! / Já se fez cai-a-ré / Jacaré / Viva Jurupari!" (Escuridão. Silêncio) (*Poesia, antipoesia, antropofagia* 122).

[50] "The primitive connotations of "cannibal" were possibly an ironic reference to the claims put out by the futurists to be the "primitives of a new sensibility", as well as to the preCubist Africanist paintings of Picasso. Dada of course to an extent participated in the primitivising strand of modernism, particularly when it could be turned to polemical use against its own bankrupt civilization. But Dada did not claim to be part of the modernist avant-garde; ("Dada is not modern", it insisted)" (Ades Dawn "The Anthropophagic Dimensions of Dada and Surrealism" 242).

[51] Ver de Dalí, *Canibalismo* (1934) grabado colección particular; *Canibalismo de otoño* (1936) *Tate Gallery*, Londres.

Los aspectos carnavalescos del movimiento y su alegre eroticidad son asuntos habitualmente olvidados en el análisis de *Antropofagia,* pese a que en ella se encuentran más referencias a la desnudez, la pereza, la felicidad, el juego, el amor, la sensualidad y la antropofagia (como consumo de carne humana), que al canibalismo cultural propiamente dicho. La canonización de *Antropofagia* como *metáfora modélica* de procesos de apropiación y de consumo cultural ha hecho de su sensualismo un aspecto adjetivo; casi una curiosidad; empero, los textos nos dicen otra cosa. El erótico y juguetón caníbal de *Antropofagia* subvierte la seriedad romántica, decorosa y católica de la alegoría indianista. *Antropofagia* se definió frente a los gustos de la burguesía tradicional mediante una utopía sexual y un ateísmo militante[52]. El hecho de que estos mismos modernistas fueran en su mayoría miembros de la mediana y alta burguesía y que tuvieran entre sus preocupaciones culturales la definición de lo "nacional" en relación con la Modernidad europea muestra hasta que punto las utopías expresan dimensiones esquizofrénicas del deseo en sus figuraciones emancipatorias. De manera general *Antropofagia* "vincula-se à necessidade quase irracional de rebelar-se contra uma cultura opressora" (Antunes 16), de realizar una *Revolução Caraíba*[53] que devolvería al ser humano la felicidad promiscua del matriarcado primario; la perdida *Edad de oro*. La utopía antropofágica comporta así una suerte de melancolía moderna respecto de las "pérdidas" que habría causado la civilización[54]. Es conocida la influencia que en estos ensueños modernistas jugaron las conjeturas sobre la existencia del matriarcado en la sociedad primitiva del jurista y mitólogo suizo Johann Jakob Bachofen (1815-1887)[55]. *Antropofagia* representa

---

[52] De hecho, cuando *Antropofagia* asume la forma del discurso sistémico en los escritos de Andrade de los 50, el *argumento antropofágico* coincide con una utopía vitalista alternativa a la monogamia, el negocio y el trabajo.

[53] El "movimiento" del Brasil no se adhiere al Caribe como parece entenderse de uno de los aforismos del "Manifesto antropófago": "Queremos a Revolução Caraíba. Maior que a Revolução Francesa […] A idade de ouro anunciada pela América […] Filiação. O contato com o Brasil Caraíba" (*RA* 1ª, 1: 3). Los *caraíbas* a los que Andrade se refiere aquí no son los caníbales-caribes sino los caníbales tupí y, más precisamente, los profetas o brujos tupí de los que trata Jean de Léry en su *Histoire d'un voyage* 1578 (139-145).

[54] Estos desasosiegos culturales de la modernidad serán objeto de una famosa reflexión de Sigmund Freud unos años después del "Manifesto antropófago" ("El malestar en la cultura" 1930).

[55] Con base en un análisis de la mitología clásica, Bachofen propone un esquema evolutivo de la humanidad, según el cual las formas más antiguas de organización social se habrían fundado en la promiscuidad sexual (hetairismo primitivo), que habría dado lugar a lo que él llama *Mutterrecht* (matriarcado o ginecocracia); el matriarcado habría sido reemplazado por el patriarcado y la familia nuclear (*Das Mutterrecht* 1861). Bachofen fue un intelectual victoriano y moralista, para quien el patriarcado era básicamente un logro de la civilización; no obstante, sus hipótesis sentaron las bases de la percepción de la sociedad patriarcal como resultado de procesos históricos y no como

una suerte de reedición modernista de la gestualidad anti-racionalista románti-ca, mediada por especulaciones etnográficas como las mencionadas teorías de Bachofen o la etnopsicología temprana Lucien Lévy-Bruhl (1857–1939), filósofo muy leído y citado por los surrealistas, que sostenía la tesis de la inteligencia pre-lógica del pensamiento salvaje. La voluntad de irracionalismo y rebeldía encuen-tra en el caníbal una metáfora de choque: la modernidad secularizada (con un discurso de "liberación" de la erótica) desafiaría la moral burguesa (católica y con una política de silencio sobre, y represión de, la sexualidad) mediante la especulación sobre la feliz sensualidad salvaje (el tiempo no-moderno) que representa la figura del caníbal: glotón y libidinoso. No olvidemos que la semán-tica de la antropofagia va y viene de la comida a la erótica. El poema "Fome" de Gilherme de Almeida "Especial, para a *Revista de Antropofagia*", evoca a la mujer querida en el "Café Guarany" y juega con las connotaciones eróticas de la pala-bra *comer*: "gostosa–quente–boa–comida" (*RA* 1ª, 1: 5)[56].

El discurso de "liberación" erótica es pertinaz. La *Revista* usa textos de Freud como epígrafes: "Diante desses resultados, é o caso de perguntar-nos se a nossa moral sexual cultural vale o sacrifício que nos impõe. Freud" ("Advertencia" *RA* 2ª, 5)[57]. Contra la monogamia, se cita indistintamente a Freud (MA, *RA* 1ª, 1: 3), a Engels ("A monogamia" *RA* 2ª, 6) e incluso a los tupí: el manifiesto transcribe una canción a Catiti (la luna nueva), auxiliar de Rudá, que –según el folclorista romántico José Vieira Couto de Magalhães (1837-1898) (fuente de Andrade)– era el dios del amor.

> A idade de ouro.
> Catiti Catiti
> Imara Notiá
> Notiá Imara
> Ipejú (MA, *RA* 1ª, 1: 3)[58].

consecuencia de la naturaleza humana. Sus ideas permearon lentamente las teorías antropológicas sobre la sociedad salvaje e incluso las nociones que de este "estadio" recogieron Marx y Engels. Véase el estudio de Ann Taylor Allen (1999).

[56] En portugués, así como en diversas variantes del español de América (y en la lengua yoruba, según Lévi-Strauss), el verbo comer se usa para hablar de la cópula sexual.

[57] "Oswald ainda tinha uma visão idílica da psicanálise. A libido era vista como uma força que, depois de descoberta e operacionalizada arrasaria a repressão multissecular" (Luiz Costa Lima 217). "Freud, mythology and natural history [...] provided substantial ground among the surrealists for the metaphorical exploration of sexual and bodily hunger" (Ades 244).

[58] "Lua Nova, ó Lua Nova, assopra em Fulano lembranças de mim". Texto tomado por Andrade de *O Selvagem*, de Couto Magalhães (nota del editor al "Manifesto antropófago" en *A utopia antropofágica* 49).

La *"Idade de ouro"*[59] era invocada mediante un canto a las deidades eróticas del paraíso de Pindorama[60]. La utopía sexual antropofágica presentaba una visión dionisíaca de una sociedad previa a las prohibiciones inaugurales de la civilización y al *complejo de Edipo* freudiano. "Liberdade sexual", clamará Oswaldo Costa, el gran olvidado de los antropófagos ("De Antropofagia" *RA* 2ª, 13). *Antropofagia* imaginaba un edén pre-freudiano y la esperanza en la recuperación utópica en la felicidad coartada por la Modernidad y la civilización: "Antes dos portugueses descobrirem o Brasil, Brasil tinha descoberto a felicidade" (*RA* 1ª, 1: 7)[61]. En una entrevista publicada en *O Jornal* de Rio de Janeiro en agosto de 1929, Andrade hablaba de una "revolução metafísica" y de la "retificação de Freud". Explicaba que "Antropofagia só pode ter *ligações estratégicas* com Freud"[62], puesto que propugna por el "homem natural" y una sociedad futura "liberada" en la cual la terminología freudiana no tendría ningún sentido:

> o maior dos absurdos é por exemplo chamar de inconsciente a parte mais iluminada pela consciência do homem: o sexo e o estômago. Eu chamo a isso de "consciente antropofágico". O outro [...] chamar-se-á o "consciente ético" [...]. Que sentido teria num matriarcado o complexo de Édipo? ("A psicologia antropofágica" en *Os dentes do dragão* 51).

Sexo y estómago conformarían el *consciente antropofágico* en oposición al *consciente patriarcal* que se basa en la restricción sexual y del apetito, en la monogamia y la propiedad. Las aventuras de Don Juan en una tribu poligámica "teriam –dice– uma comicidade incalculável" (52). La felicidad sin Edipo de la imaginación utópica oswaldiana desafiaba discursivamente las normas de la moralidad tradicional y los fundamentos represivos de la civilización (estética apolínea, razón socrática, contención del exceso, monogamia) con un irracionalismo dionisiaco (pasión, sensualidad desbordada, desorden, exceso, fiesta y canibalismo). Aunque poco después Andrade abjurará de la pose vanguardista de *Antropofagia*, por tres décadas insistirá en los aspectos de su utopía sexual: contra "a vil comédia da castidade católica" la "libertade de amar" (*Os dentes* 54).

---

[59] Sobre la relación entre el canibalismo y el mito de la *Edad dorada* véase el Capítulo I de este trabajo (§1 y §2).

[60] *Pindorama*: palabra de origen tupí-guaraní que significa "tierra de las palmeras".

[61] "[E]n ambas –vanguardia y utopía por un lado, y modernidad por el otro– el *ethos* moderno asegura el sentido de 'realizacion futura' que toda modernidad conlleva [...]. Lo moderno está guiado por la idea 'optimista' del porvenir y del progreso en el marco de una 'evolución.' [...] Ambas parten de un 'rechazo' integral, de una especie de 'grado cero de la cultura'" (Aínsa, "La marcha *sin fin*" 36).

[62] Entre otras influencias del manifiesto está *Tótem y Tabú* (1912).

El cuerpo en *Antropofagia* funciona como luego en los análisis de Rabelais y el carnaval desarrollados por Mijail Bajtin en la década de 1930. El cuerpo antropofágico es la fuerza de interrelación deseante y gozosa con el mundo ("O direito antropofágico"); para Andrade, el cuerpo –como dirá luego Bajtin refiriéndose al alegre y triunfante encuentro entre el apetito y el mundo– es en sí una forma de pensamiento e imaginación relacionada con "los motivos históricos de una sociedad utópica y, ante todo [...] con la renovación histórica de la cultura" (*La cultura popular* 253, 292). La metáfora antropofágica coincide entonces con la política emancipadora del cuerpo grotesco de Bajtin, en tanto *Antropofagia* hace una hipóstasis del cuerpo deseante y la libertad sexual contra la razón socrática, e imagina la inversión del presente como posibilidad del futuro. El caníbal es la clave y el anuncio de una revolución cultural por venir. En este orden de ideas el anti-catolicismo militante de *Antropofagia* no es una pose progresista de época sino parte integral de una utopía que aboga por la glotonería y la concupiscencia, la gula, la lascivia y la fiesta. El caníbal de *Antropofagia* es todo cuerpo como el "Abaporu" (1928) de Tarsila do Amaral. Esta utopía antropofágica indica, entonces, otras *ligações estratégicas* con, por ejemplo, *El origen de la tragedia* (1872) de Friedrich Nietzsche. El matriarcado del MA tiene *ligações* no sólo con la *ginecocracia* de los estudios de Bachofen y el pensamiento irracional salvaje que imaginara Lévy-Bruhl (y que retoman Dadá y el surrealismo), sino que, además, coincide con el vitalismo nietzscheano: "la experiencia palpable de la vida" se enarbola contra la *razón instrumental* y el pensamiento lógico:

> A existência palpável da vida. E a mentalidade pré-lógica para o Sr. Lévy-Bruhl estudar. [...] Mas nunca admitimos o nascimento da lógica entre nós [...] A magia é a vida. [...] Não tivemos especulação. Mas tínhamos adivinhação. [...] Contra o mundo reversível e as idéias objetivadas. Cadaverizadas. O stop do pensamento que é dinâmico (MA, *RA* 1ª, 1: 3, 7).

El rompimiento exhibicionista y principalmente discursivo –aunque hubo rumores de orgías de los antropófagos– con lo apolíneo (la academia, el parnaso, la belleza reglada, el orden estético controlado, la represión de la sexualidad) se enuncia mediante la declaración del MA a favor de un matriarcado: "O que atropelava a verdade era a roupa [...]. A reação é contra o homem vestido [...] Contra a realidade social, vestida e opressora, cadastrada por Freud–a realidade sem complexos, sem loucura, sem prostituições e sem penitenciarias do matriarcado do Pindorama" (MA *RA* 1ª, 1: 3, 7).

Permítasenos un breve paréntesis: la invocación del matriarcado de Pindorama en 1928 (y luego en las tesis de los 50) no debe llamar a equívocos ni velar las exclusiones de género que comporta. Aunque el cuadro de Tarsila es la imagen aglutinante de *Antropofagia* (y su primer manifiesto), su participación y en general la de mujeres en la *RA* es escasa[63]. El matriarcado antropófago tiene ciertamente un horizonte emancipador; plantea la abolición de la propiedad, la monogamia, la familia nuclear y el Estado; pero el Sujeto de esta liberación sigue siendo obstinadamente masculino. El ego antropófago es un ego androcéntrico. La madre ocupa el problemático lugar de la alteridad[64]; la naturaleza, lo primitivo, lo pre-lógico: el lugar del salvaje.

Para Oswaldo Costa, también, el "indio desnudo", feliz y erótico es el *dispositivo* estético de esta utopía dionisíaca: "Contra a beleza canônica, a beleza natural–feia, bruta, agreste, bárbara, e ilógica. Instinto contra a verniz" ("A 'Descida' Antropófaga" RA 1ª, 1: 8); mediante este salvaje, Costa imagina un lugar afuera de la civilización occidental: "Se enganam os que pensam que somos em contra somente dos abusos da civilização ocidental. Nós somos em contra dos usos dela" ("De Antropofagia" *RA* 2ª, 9). Costa hacía un apasionado manifiesto del vitalismo contra-racional de *Antropofagia*: "Contra a razão pura, a vida. [...] A posse contra a propriedade. [...] O Ocidente se envenenou do preconceito racionalista [...] chegou aos limites da razão" ("De Antropofagia" *RA* 2ª, 9).

Antropofagia evidencia sus *ligações estratégicas* con Nietzsche, leído en ediciones francesas, o conocido de comentarios de segunda mano y, en todo caso, devorado por los modernistas[65]. Al vitalismo nietzschiano de los antropófagos se suman sus

---

[63] El lugar de las mujeres de *Antropofagia* y en general del Modernismo pareciera el de discretas gestoras. Empero, el papel de Anita Malfatti en relación con "espíritu de copo" modernista que resulta en la *Semana*, así como el papel centralísimo de Tarsila do Amaral más tarde en la formulación de Pau Brasil y de *Antropofagia,* no se reduce a la inspiración o al *motif.* Karl Erik Shøllhammer sugiere que la literatura modernista textualiza imágenes y técnicas pictóricas y verdaderas propuestas plásticas tales como la brasileñización del futurismo y el cubismo de Tarsila, o su posterior escena antropofágica.

[64] "La Madre ideal que construye [Andrade] es la antítesis del Padre opresivo. [...] La gran ironía del matriarcado de Oswald es que se centra en un sujeto masculino. [...] La figura de la madre de Oswald apenas representa otredad en contraste con el patriarcado capitalista. De hecho, el otro real –el otro femenino– es suprimido dentro del discurso antropofágico" (Beth Joan Vinkler 108, 109).

[65] Según la opinión autorizada de Benedito Nunes, Nietzsche habría sido una de las lecturas predilectas de juventud de Oswald de Andrade ("Antropofagia ao alcance de todos" 20, 21). Nunes afirma que Andrade probablemente tomó algunos aspectos de su metáfora de la imagen digestiva usada por Nietzsche para hablar de la conciencia en *La genealogía de la moral* (con dos ediciones en portugués anteriores a 1920, y disponibles en varias ediciones en francés). Castro-Klarén señala que la propuesta antropofágica del matriarcado que encontramos en el MA y en *A crise da filosofia messiânica* (1950) desafía el patriarcado y la razón socrática de la subjetividad occidental y propone que Oswald, atento al pensamiento de Nietzsche, "intenta cuestionar [aunque no lo logra enteramente] la lógica socrática de individuación desde la lógica del caraíbe tupí que postula la 'filosofía antropofágica'" contra el patriarcado, el capitalismo y la razón socrática ("El 'Manifiesto antropófago' o la contienda Sócrates-caraíbe"). Se trata –repitámoslo– de un desafío discursivo.

posiciones ateístas y la idea de la muerte de Dios[66]. *Antropofagia* lee con ironía demoledora el papel "civilizador" de los misioneros y de sus programas catecúmenos contra el placer, la concupiscencia y el canibalismo[67]. Estos modernistas "descubren" que en la Modernidad no hay lugar para dios, pero como en Brasil sigue vivo, deciden unos, como Andrade, enfilar baterías contra la religión y la iglesia[68], y otros como Raul Bopp (1899-1984) o Costa hablan de una brasileñización (devoração) festiva de la religión: "O selvagem sem as miçangas da catequese: O selvagem comendo a catequese" escribe Costa ("A 'Descida' Antropófaga" RA 1ª, 1: 8).

Ciertos textos de la *RA* parecen recoger y "tropicalizar" algunos aforismos de la crítica al cristianismo de Nietzsche. El MA se declara "contra toda as catequeses" y se regocija en el fracaso del cristianismo en el Brasil: "Nunca fomos catequizados" (*RA* 1ª, 1: 3, 7). Las coincidencias con Nietzsche son igualmente visibles en diversos textos y entrevistas posteriores de Andrade en que sugiere que el ser humano habría perdido su festiva naturaleza devorante gracias a la corrupción religiosa que lo hizo des-identificarse y desviarse hacia la muerte, hasta la llegada "redentora" de la *Antropofagia* brasileña:

> O homem por uma fatalidade que eu chamo de "lei de constância antropofágica" sempre foi o animal devorante. Mas as religiões de salvação o desidentificaram, levando-o aos piores desvios (catolicismos, teosofia, puritanismo, comunismo ideológico[69]). [...] Nós, brasileiros, oferecemos a chave que o mundo cegamente procura: a Antropofagia ("A Psicologia antropofágica" [1929], *Os dentes do dragão* 50).

El sentimiento religioso será uno de los blancos ocasionales de las bromas de la sección "Brasiliana" de la *RA*; por ejemplo, en una ocasión se da la noticia del

---

[66] Nietzsche reflexionó sobre las consecuencias del triunfo de la secularización de la vida que acompañó la realización de los ideales de la Ilustración en la modernidad, una de las cuales fue la ruptura del horizonte religioso que expresa su conocido aforismo "Dios está muerto" de *Así hablaba Zaratustra* (1885).

[67] Por ejemplo, Álvaro Moreira, en el poema "Visita de São Thomé", publicado en el primer número de la *RA*, retoma la vieja especulación sobre la visita de santos al Nuevo Mundo. Santo Tomás llega a Bahia antes de que se llamara Bahia, y antes del arribo de Pedro Álvares Cabral al Brasil. El santo protestó contra lo que vio, hizo un discurso que los indios escucharon boquiabiertos y conformes; pidió adorar a Dios, huir del demonio y tener sólo una mujer, e hizo nacer una planta de mandioca y la bananera que "ainda hoje dá bananas de São Thomé". Pero cuando les ordenó no comer carne humana, entonces los indios se molestaron y se quisieron comer al santo que escapó de un salto de media legua a una isla sin salvajes ("Visita de São Thomé" RA 1ª, 1: 8).

[68] Un artículo sugestivamente llamado "Guerra" le declara la guerra a la moral cristiana, a la idea de Dios y a la iglesia (RA 2ª, 4).

[69] Por entonces, Andrade coloca al comunismo dentro del grupo de las religiones que impedían la sociedad dionisíaca de su matriarcado utópico.

peregrinaje a pie de un penitente de São Paulo a Porto Alegre para que la virgen le diera fin a la revolución en el Brasil ("Religão" *RA* 1ª, 1: 7); una nota proveniente de una ciudad del interior de Minas solicita los servicios de un sacerdote, ponderando las ventajas del lugar, como la energía eléctrica, una feligresía civilizada y ordenada y una "subvenção por parte dos seus paroquianos" (*RA* 1ª, 4: 8); en otra, reporta el bautismo solemne de un meteorito (*RA* 1ª, 8: 8; etc.); Menotti del Picchia propone comerse a un arzobispo que quiere demoler la "Igreja da Sé" en Salvador ("Caetês" *RA* 1ª, 5: 4). La comparación entre el canibalismo y la eucaristía, que hizo el calvinista Jean de Léry, le sirve a los vanguardistas para escandalizar: Oswald de Andrade cita una opinión según la cual la comunión católica habría sido una especie de versión decadente de la antropofagia o comunión de "a carne viva, real" ("Esquema ao Tristão de Athayde" *RA* 1ª, 5: 3).

En la segunda *dentição* el desenfado anti-religioso es mayor. Hay burlas respecto del interés "evangélico" de los jesuitas y se citan las reconvenciones oficiales de la Compañía a éstos por sus negocios y actividades comerciales[70]. Se discute la catequización de los indígenas[71] y critican las relaciones y subvenciones del Estado a la Iglesia (2ª, 3). Bajo el título "Suborno" la revista cita las palabras de Cristo "Se vós permanecerdes em mim, e as minhas palavras permanecerem em vós, pedíreis tudo o que quiserdes, e ser-vos-á feito" (2ª, 5). Oswaldo Costa critica la abstracción de los dogmas religiosos, niega la existencia del alma ("O kangeruku do dogma" 2ª, 10) e invita a la devoración del cristiano: "Comer o cristão é a senha antropofágica. [...] Renegamos com prazer todas as virtudes cristãs" ("De antropofagia" 2ª, 13). Raul Bopp, por su parte, publica "Drama cristão", un poema irónico sobre el moralismo de la clase media católica (2ª, 12), etc.

Toda esta anti-religiosidad militante evidencia el ateísmo o religiosidad negativa de *Antropofagia*. En varios textos de la *RA*, sin embargo, la posición parece ser otra: no la negación del principio religioso sino su redefinición antropofágica. En el Brasil la religión deviene una fiesta heterodoxa con visos dionisíacos. Para Raul Bopp, *Antropofagia* es –en este respecto– una ingestión transformadora del catolicismo: "nosso povo foi fazendo uma *reacomodação* aos catecismos e sumas teológicas. Criou uma religião a sua semelhança", transformando el catolicismo adusto en un "*Catolicismo gostoso*, com largas concessões profanas. Com foguetes e festas do divino"; un catolicismo en el que caben "os rituais da macumba e a missa do galo" (en "Algumas notas" *RA* 2ª, 4). *Catolicismo gostoso* quiere decir alegre y también delicioso, suculento. El "Nunca fomos catequizados" del MA de Andrade es, entonces, en esta aproximación, una incorporación

---

[70] "Resposta aos anjinhos" de Japy-Mirim (seudónimo de Oswaldo Costa o de Andrade) (*RA* 2ª, 7).

[71] Véase por ejemplo "Conquista espiritual" (*RA* 2ª, 2).

digestiva y gozosa, brasileña y carnavalizada de la religión, bajo la regla "O nosso é gozar" que proponía Oswaldo Costa ("Guerra" *RA* 2ª, 4).

Recapitulando, *Antropofagia* es en parte el parricidio y la *devoração* de Alencar y de su Indianismo y en parte la propuesta de una utopía sexual vitalista; pero también es "cordial mastigação": festín carnavalesco y brasileñización. Y es esta última cuestión la que nos lleva al más tratado de los aspectos de *Antropofagia*: el de la formación digestiva de una cultura nacional moderna.

3. "TUPI OR NOT TUPI": EL SER CANÍBAL DE LA CULTURA NACIONAL

> A Antropofagia, corrigiu a impossibilidade do *fechamento dos portos* pelo mais ingênuo e brasileiro *processo nacionalizador* que é esse da *assimilação* ("Oswald de Andrade, *RA* 2ª, 4).

Antropofagia en líneas generales hace explícita una preocupación común a otras vanguardias: el problema de definir una identidad en medio del dilema entre cultura nacional y modernidad occidental: ¿Cómo ser brasileños sin renunciar a los bienes culturales de la modernidad, entre los cuales están, por ejemplo, las herramientas técnicas euro-vanguardistas –futurismo, cubismo, Dadá, surrealismo– la cinematografía, el psicoanálisis, etc.? ¿Cómo conciliar el uso de esas herramientas "foráneas" con una búsqueda de autoridad (hablar "de tú a tú" con Europa)? ¿Cómo, en fin, hacer parte del mundo sin dejar de ser, sin fundirse en lo global? En este sentido, las relaciones entre "Poesia Pau Brasil" y el "Manifesto antropófago" son de complementariedad y coincidencia en la cuestión que tratan de responder. Pero, además, ambos hacen parte del mismo proyecto: mediar críticamente entre la modernización inexorable que se imponía sobre Latinoamérica y el "descubrimiento" (construcción) de la identidad nacional. La *cuestión palpitante* es si, alegando una supuesta identidad "jacobinistamente brasileña" (parafraseando la expresión de Paulo Prado en su introducción de *Pau Brasil*), debe rechazarse la "cultura europea".

El Poema "Indiferença" de Achilles Vivacqua, publicado en la *primeira dentição* de la *RA* y dedicado a Oswald de Andrade, presenta los términos de la controversia sobre la adopción de modelos estéticos y motivos europeos de que se acusó a las vanguardias.

> Paris–Nova York–Roma!
> Cabarets–correria de casarões–arte?
> O sol de meu país tem os longos cabelos de ouro
> As palmeiras do meu país são verdes
> frutos amarelos (*RA* 1ª, 3: 2).

Para entender la respuesta antropofágica es preciso recordar la primera fase del Modernismo. La cultura *jacobinistamente brasileña* que PPB proponía –salvo por sus imágenes futuristas– podría ser confundida con un autoctonismo primitivista. Se trataba más bien de un deseo de configurar y traducir lo vernáculo en la modernidad, de llevar los colores *caipiras* y los techos de azafrán de las favelas al lienzo de la pintura moderna o a la poesía de exportación, de sincronizar la "base dupla" en el presente. El nacionalismo cosmopolita del Modernismo no convenció a muchos. Gilberto Freyre (1900-1987) en compañía de José Lins do Rego (1901-1957) y el grupo de Recife redactan el "Manifesto regionalista" (1926) y organizan el *Congreso* del mismo nombre. Este grupo se opone al Modernismo en favor de "las tradiciones autóctonas" y se perfila como alternativa al nacionalismo "afrancesado" de Pau-Brasil y de la *Semana*[72]. También como respuesta a Pau-Brasil surge en São Paulo el grupo *Verde-Amarelo* (1925,1926) y luego el grupo Anta[73] (1927), disidencias modernistas con ecos indianistas que abogan por un nacionalismo temático y ufanista y agrupan a escritores como Plínio Salgado, Menotti del Picchia, Guilherme de Almeida y Cassiano Ricardo. El *verdeamarelismo* y *Anta* extremaban el nacionalismo y lo oponían a la vanguardia europea y lo que consideraban sus epifenómenos: los *ismos* modernistas. Exaltaban, asimismo, las tradiciones "auténticas" del país y glorificaban la historia nacional. Esa tendencia –que en un momento es parte del Modernismo y que incluso publica textos en la *primeira dentição* de la *RA*– terminaría teniendo desdoblamientos ideológicos en el *Movimento Integralista* de inspiración fascista a principios de la década de 1930. El "Manifesto antropófago" es un desarrollo de "Poesia Pau Brasil" en ese contexto y en gran parte, una respuesta modernista a la exacerbación retrograda del nacionalismo regionalista, el ufanismo *Verde-Amarelo* y el grupo *Anta*.

El escandaloso cosmopolitismo de la *Semana* del 22 había sido "corregido" con el nacionalismo universalista (exportador) de "Pau Brasil". Pero la idea de la cultura nacional como una mercancía de exportación seguía subordinando ésta al *occidentalismo*. *Antropofagia* es un segundo intento de replantear la cuestión nacional en la modernidad, sin sucumbir al *occidentalismo* de pensarse para el consumo europeo, ni caer en la ilusión reaccionaria ultra-nacionalista del "fecha-

---

[72] Freyre, miembro de una familia tradicional de hacendados de Recife, se autoriza en la localidad regional, pero su discurso es como el de Andrade resultado de interrelaciones con los movimientos del pensamiento metropolitano, sólo que en el área de la antropología. Freyre regresa en 1924 al Brasil, después de su formación antropológica en la universidad de Columbia para hacer un manifiesto regionalista.

[73] Como indica Benedito Nunes, el *Verde-Amarelismo* se transforma en *Anta* como *Pau-Brail* desembocaría en *Antropofagia* ("Antropofagia ao alcance de todos" 11).

mento dos portos" a la influencia cultural[74] o la definición de lo nacional por substracción de las "sustancias" culturales extrañas a la que se refiere y que critica Roberto Schwarz ("Nacional por sustracción 276). Esta preocupación recorre las vanguardias latinoamericanas en otras partes. José Carlos Mariátegui abocaba el "problema" de definir la "peruanidad" a propósito de las críticas tradicionalistas a la asimilación vanguardista de ideas extranjeras y señalaba que la idea tradicionalista y conservadora de la *peruanidad* era un mito ("Lo nacional y lo exótico" [1924] en *Peruanicemos al Perú* 23). Respecto a la oposición entre lo "Lo nacional y lo exótico" o cosmopolita decía contundentemente:

> Hemos tomado de Europa y Estados Unidos todo lo que hemos podido. Una rápida excursión por la historia peruana nos entera de todos los elementos extranjeros que se mezclan y combinan en nuestra formación nacional [...] Tenemos el deber de no ignorar la realidad nacional, pero tenemos también el deber de no ignorar la realidad mundial [...]. Las relaciones internacionales de la inteligencia tienen que ser, por fuerza, librecambistas. Ninguna idea que fructifica, ninguna idea que se aclimata, es una idea exótica (27, 28)

Más tarde Mariátegui hace una reivindicación del elemento y de la tradición indígena dentro de una propuesta modernizadora: "Este indigenismo –dice– no sueña con utópicas restauraciones. Siente el pasado como una raíz, no como un programa. Su concepción de la historia y de los fenómenos es realista y moderna" ("Nacionalismo y vanguardia" [1925], *Peruanicemos al Perú* 74)[75].

La respuesta de Andrade es un ejercicio de síntesis y apropiación de la historia, la psicología, la política, la antropología y hasta de la culinaria; está, como bien lo ha dicho Benedito Nunes, en un punto fronterizo entre la economía y la política ("Antropofagia ao alcance de todos" 23): la metáfora aglutinante de la identidad brasileña es el canibalismo: "Só a Antropofagia nos une. Socialmente. Economicamente. Filosoficamente. / Única lei do mundo" (MA, *RA* 1ª, 1, 3). La *brasilidade* no estaría ya definida por la materia prima, que reprocesada se convierte en mercancía-identidad de exportación, sino por el tropo digestivo[76]. El arte nacional y la cultura moderna surgen del rito antropófago, de la misma manera como se renovaba la identidad tribal de los tupí en la comunión caníbal.

---

[74] Para Andrade ese nacionalismo extremo no era otra cosa que simple provincialismo; en sus palabras: una *"triste xenofobia que acabou numa macumba para turistas"* (en Miguel Gomes 9).

[75] Esta idea de un proceso constante de incorporación (apropiación creativa) de lo foráneo, moderno y cosmopolita, en lo nacional y con raíces en las formas económicas y socioculturales de la tradición, coincide aproximadamente con la propuesta de antropofagia de Oswald de Andrade (1928).

[76] Oliverio Girondo en el "Manifiesto de Martín Fierro" (1924) había expresado de manera similar la fe en "nuestra capacidad digestiva y de asimilación" (en Gloria Videla 219).

Todo esto, claro, sin perder de vista que lo tupí en el MA es una identidad-máscara[77], un objeto ceremonial de la cultura moderna (festiva, ingestiva y creativa). El "slogan" del manifiesto: "Tupi, or not Tupi that is the question" (*RA* 1ª, 1: 3) expresaría la cuestión del ser de la cultura nacional. *The question* (*ser o no ser* caníbal/tupí) puede ser traducida como *comer o no comer* lo *Otro*, en donde *no comer* (not Tupí) para una cultura significa *no ser*. En otras palabras, así como entre los tupí el canibalismo es el rito constitutivo por medio del cual se apropia el poder del enemigo, la cultura nacional se formaría en el acto de "deglutir lo extranjero para asimilarlo, adueñarse de la experiencia foránea para reinventarla en términos propios" (Miguel Gomes 9). Esta fórmula ha sido una y otra vez explicada por la crítica de maneras diversas pero coincidentes en la interpretación de la metáfora digestiva: Haroldo de Campos ve en *Antropofagia* la "devoração crítica do legado cultural universal" ("Da razão antropofágica: a Europa sob o signo de devoração" 11); para Lúcia Helena *Antropofagia* sintetizaría un proyecto estético-cultural: "deglutir las influencias poético-ideológicas europeas incorporándolas críticamente en las matrices nacionales a través de la parodia" (*Uma literatura antropofágica* 23). Leslie Bary ve en la devoración una salida dialógica y dialéctica entre la cultura nacional y la universal que rompe el espejo colonial subvirtiendo su lógica (97). Pablo Carrasco añade que "esta dialéctica se funda en las acciones implícitas en los dos sentidos del término antropófago: la incorporación (comer) y la destrucción de lo original (violencia, 'polemizar') cuya síntesis final sería la transformación, el nacimiento de lo 'nuevo', original de por sí" (81, 84). La mayoría de la crítica ha puesto a *Antropofagia* en el paradigma de la síntesis, y se la asimila –aunque no siempre de manera expresa– a lo que Fernando Ortiz llamó *transculturación* (1940) (ver Cap. VI §4)[78]. Haroldo de Campos, por ejemplo, sostiene que con *Antropofagia* se piensa dialógicamente lo nacional como una "transculturação; melhor ainda, uma 'transvaloração'" ("Da razão antropofágica" 11). Bobby Chamberlain registra también esta cercanía entre *transculturación* y *Antropofagia* como modelos que describirían procesos de apropiación que los latinoamericanos hacen de la cultura de las metrópolis

---

[77] Lo tupí funciona como máscara surrealista de la modernidad brasileña. La *RA* publica estudios que pueden ser llamados indigenistas, sobre la lengua y la cultura tupí y hace declaraciones sobre los indios brasileños; sin embargo, Andrade "aparentemente nunca viu índios;" el indio es un "alter-outro" del ego que se define mediante éste en un "entre-lugar" entre lo local y lo global (K. David Jackson, "Novas receitas" 278).

[78] El término transculturación tiene tres momentos discursivos importantes: en el escenario de la raza (Fernando Ortiz en su *Contrapunteo cubano del tabaco y el azúcar*, 1940), de la historiografía americanista (Mariano Picón-Salas 1944) y como concepto de la crítica literaria y cultural que describe el doble proceso de la integración de lo premoderno y lo local por la literatura modernizada (Ángel Rama 1970-1982).

("Para Além do Canibalismo" 135, 136). Tanto *Antropofagia* como la *transcultura-ción* habrían servido como metáforas modélicas de integración entre la cultura nacional vernácula y los impulsos modernizadores e influencias "externas" (como en el *ars combinatorio* de Ángel Rama)[79]; ambos tropos habrían funciona-do como herramientas discursivas de identificación y auto-percepción cultural en la modernidad; y ambos, definirían el papel del intelectual como agente cul-tural modernizador o mediador (antropófago, transculturador, traductor cultu-ral, etc.).

Es necesario, sin embargo, evitar la frecuente simplificación de *Antropofagia*. Por su fragmentación, lenguaje poético, uso del *collage*, la parodia y el humor, el MA es un texto que se resiste a ser reducido a una simple tesis. Debido a su for-mulación surrealista, inversiones carnavalescas y uso de paradojas, la mayoría de las posibles "tesis" del MA pueden ser afirmadas y contradichas apoyándose en el propio texto. Además, *Antropofagia* no es exclusivamente el MA o simple-mente Oswaldo de Andrade, sino la heterogénea *Revista de Antropofagia* y un conjunto de intelectuales en los que no existe una sola línea estética, política o teórica. No quiere alegarse que en *Antropofagia* no exista la idea de la formación de la cultura por medio de la devoración; sino señalar que al repetir dicha idea como si se tratara de una suma axiomática del *Antropofagia*, se peca menos de lectura tendenciosa que de falta de lectura.

El excesivo énfasis en la incorporación digestiva para la formación de una cultura nacional en cierta forma ha correspondido a la necesidad moderna de unidad de sentido frente a la "insoportable" opacidad y dispersión semántica del MA[80]. La lectura sincretista implica, de hecho, una violencia interpretativa que

---

[79] La tarea selectiva que según Rama se da "sobre el aporte exterior" y también sobre la propia cultura (tradición) da lugar a una serie de "pérdidas, selecciones, redescubrimientos e *incorporacio-nes*" (*Transculturación* 39) que operan en un *"ars combinatorio"* escriturario (38): la máquina de representación moderna que es la novela procede a una tarea selectiva de rescates, inclusiones y exclusiones y ofrece un espacio letrado a las formas culturales premodernas. *Transculturación* apun-ta como *antropofagia* a una modernidad literaria.

[80] La resistencia semántica del texto provoca en Hans Ulrich Gumbrecht una evidente moles-tia, casi imperial. Le irrita la "declaración de intenciones" que implica el Manifesto, su "deseo onto-lógico" (de definición del ser antropófago), y "cuan chata su intención carnavalesca de ser caníbal aparece", teniendo en cuenta que Andrade "no era ni tupí ni *jabutti*". La afirmación de Andrade en el sentido de que "Antes de que los portugueses descubrieran el Brasil, el Brasil ya había descubier-to la felicidad" le recuerda a Gumbrecht a "todos esos turistas tacaños y naturalmente mediocres de clase media (o turistas académicos) de Brasil que vienen a Europa y Norte América con la pre-tensión de ser hijos eróticamente poderosos de la madre naturaleza" (194). Una de las ventajas del mal genio crítico de Gumbrecht es la facilidad con que elementos frankfurtianos coinciden con un clasismo ingenuo (i.e: la supuesta mediocridad natural de la clase media). Gumbrecht confiesa su ignorancia o incomprensión del MA: no entiende qué importancia tiene que se repita la palabra

intenta reducir su fragmentación y polisemia. Un indicio de esta tentativa de normalización del MA es que las líneas que originalmente dividían los aforismos en la *RA* han sido suprimidas en la mayoría de las ediciones y traducciones del texto. Se supone con demasiada frecuencia que *Antropofagia* es simplemente una fórmula de lo nacional mediante el consumo cultural. No quiero decir, como algunos críticos, que en *Antropofagia* el problema de la identidad nacional sea inútil o impertinente[81]. *Antropofagia* no puede desligarse –como no puede el Modernismo en general– del problema de la definición de la *brasilidade*. Como ha anotado João Almino, el "nós" del manifiesto es obcecadamente nacional ("Antropofagia ontem e hoje"). Y ese *ser nacional* es –por sobredeterminaciones de la época– sincretista. Oswald no podía saltar por encima de su sombra[82]. En otras palabras, si bien es cierto que el MA fue simplificado en perjuicio de sus otros múltiples sentidos, ello no quiere decir que –por lo menos en algunos momentos textuales– *Antropofagia* no identificara dicha *brasilidade* con el sincretismo y hasta con el mestizaje. De hecho, en la *RA* se definió *Antropofagia* como una "revolta" o inversión de "a inferioridade do mestiço que trabalha, contra a superioridade do ariano corrompido pelo vício e pela moleza das decadências" ("Algumas notas" *RA* 2ª, 4). Incluso en *Antropofagia II* (la de los años 50) encon-

---

"Roteiros" siete veces y no más ni menos, o que se hable de la "Vida e morte das hipóteses". No se trata del reconocimiento de la resistencia semántica del texto; –algo que Gumbrecht le reconocería a Bertolt Brecht (sin la "mediocridad" natural de la clase media de un país tercermundista)– sino de la *falsa modestia reaccionaria* que "finge la bobería" a que se refería Barthes: "¿Por qué la crítica proclama periódicamente su impotencia o su incomprensión? No es por modestia ciertamente;" el verdadero rostro de esa bobería es "ese viejo mito oscurantista según el cual la idea resulta nociva si no la 'controla el sentido común'" (*Mitologías* 36, 37).

[81] João Cezar de Castro Rocha protesta por la "monótona receta de identidad nacional" y opina que en los estudios de *Antropofagia* "los discursos de identidad son esencialmente inútiles, puesto que son inevitablemente tautológicos" y crean ghettos esencialistas. Castro Rocha critica argumentos que no especifica ni cita lo que le facilita la "refutación" de lo que él llama "el modesto círculo de los Latinoamericanistas". Por otra parte, Castro-Klarén hace una lectura en la cual aparece que "la exploración de Oswald está en realidad reñida con la idea patriarcal de nación" lo que "contradice la idea de la antropofagia en cuanto metáfora de una síntesis cultural" (239). En otras palabras, propone una interesante alternativa a la interpretación predominante en los estudios sobre *Antropofagia* como "devoración cultural" sincrética. Sin embargo, Castro-Klarén apela a lo que ella llama una *meta\física tupí* supuestamente opuesta a la razón socrática o *meta/física patriarcal*. La *"meta\física tupí"* de Castro Klarén resulta así por un lado mediada por la disciplina etnográfica (un par de textos etno-antropológicos sobre los actuales Araweté), y por el otro, expresa el deseo compulsivo por la *diferencia salvaje* que caracteriza la melancolía moderna.

[82] Gracias a la lectura des-historizada de algunos críticos, *Antropofagia* anticiparía incluso las teorías culturales de la posmodernidad como modelo dialógico, transculturador digestivo, o de hibridización (Paulo Herkenhoff). En el MA estarían ya las identidades nómadas, inacabadas, provisorias y descentradas de nuestro mundo rizomático (Sergio Paulo Rouanet 35-39).

tramos frecuentes alusiones a la capacidad mestizadora de la cultura brasileña. Andrade hacía, por ejemplo, en "A marcha das utopias" (1953) un contraste entre Brasil e Inglaterra, los Estados Unidos y Alemania, basado en que "nós brasileiros, campeões da *miscigenação* tanto da raça como da cultura, somos a Contrareforma, mesmo sem Deus ou culto" (166). *Antropofagia*, podemos decir, sostiene y contradice a un mismo tiempo el paradigma de los modelos culturales sincretistas.

Hechas estas salvedades, puede anotarse que de algunos de los aforismos del MA ciertamente puede inferirse que la metáfora caníbal apunta a la apropiación cultural[83]. Al antropófago lo define el deseo de incorporar lo que no es suyo: "Só me interessa o que não é meu. Lei do homem. Lei do antropófago" (*RA* 1ª, 1: 3). Nos une lo otro, el Otro; o mejor: el deseo por el Otro. El MA implica un yo que digiere y que en el acto de comer cambia. Después del festín no se es el mismo, pero tampoco se es lo devorado; en la incorporación algo siempre se pierde y algo siempre se gana. A la luz de esta metáfora, las relaciones entre lo "nacional" y lo "extraño" –*cuestión palpitante* de la vanguardia– se conciben como encuentros nutritivos (incorporación y digestión) que desdibujan el problema mismo de la aduana cultural nacional[84]. En el acto de comer, lo *Otro* es incorporado y deja de ser ajeno. *Antropofagia* desafiaría entonces la idea de América y del Brasil como epifenómenos, reflejos o copias defectuosas de Europa[85]. La metáfora del canibalismo conjura la *ansiedad de la influencia* al reformular de manera afirmativa la *imitatio* como "deglutição". Implica un parricidio cultural: la autoridad cultural hegemónica devorada por los antropófagos; el tabú conver-

---

[83] El canibalismo en el manifiesto es, como se dijo antes, polisémico. A continuación del fragmento citado, por ejemplo, se dice que la antropofagia es "Expressão mascarada de todos os individualismos, de todos os coletivismos. De todas as religiões. De todos os tratados de paz". El canibalismo que nos une (una especie de comunión social), no parece ser el mismo que estaría detrás "de todos os individualismos, de todos os coletivismos", como una forma de voracidad del ser humano contra su prójimo, ni detrás de la religión y sus formas sublimadas de comunión.

[84] *Antropofagia* ofrece un tropo para entender la cultura nacional como rito dinámico de la formación de una cultura nacional moderna. Lo *nacional* en Andrade, es preciso aclararlo, tiene gradaciones: a) Se desdibuja la frontera como un elemento constitutivo de la identidad: "nunca soubemos o que era urbano, suburbano, fronteiriço e continental. Preguiçosos no mapa-múndi do Brasil"; b) Le da movilidad *migrante* al concepto de identidad mediante la insistencia en la idea del lo humano como "recorridos": Roteiros. Roteiros. Roteiros. Roteiros. Roteiros. Roteiros. / O instinto Caraíba" (MA, *RA* 1ª, 1: 3).

[85] Por supuesto, el problema de la copia no fue siempre un "problema". De hecho la *imitatio* había sido un gesto de participación en la comunidad metropolitana durante el Barroco; la "connotación peyorativa" de la imitación surge –como dice Roberto Schwarz– en un momento histórico determinado ("Nacional por substracción" 284): cuando se rompen las lealtades con las metrópolis por muchas causas, entre las cuales está el nuevo pacto colonial con el capital inglés.

tido en el tótem de la cultura nacional. Tal vez la más simple definición de esta transacción digestiva cultural no la ofrece el MA sino una entrevista de Andrade contemporánea al mismo: "Devíamos assimilar todas as natimortas tendências estéticas de Europa, assimilá-las, elaborá-las, em nosso subconsciente, e produzirmos coisa nova, coisa nossa" (mayo 18 de 1928) (*Dentes do dragão* 44). Luego, la *Revista de Antropofagia* en el número 4 de su segunda *dentição* retoma ésta (entre otras definiciones) en una recopilación de varios textos sobre "o que já se tem escrito em torno da nova descida antropofágica". La cita es de Andrade: "Antropofagia é o principio da *nacionalização intelectual* e moral de nossa tribo [...] *absorção* [...] é a carne, é a idéia" (*RA* 2ª, 4). El mismo texto expresaba la imposibilidad práctica del nacionalismo xenófobo que quería el "cerramiento de los puertos":

> A Antropofagia corrigiu a impossibilidade do *fechamento dos portos* pelo mais ingênuo e brasileiro processo nacionalizador que é esse da assimilação das qualidades. Só a *comunhão antropofágica resolverá o problema* (en "Algumas notas " *RA* 2ª, 4).

Si su asunto (uno de sus asuntos) es la nacionalización de ideas, estéticas y bienes simbólicos, entonces, *Antropofagia* responde a algunos de los mismos problemas de "Poesia Pau Brasil"; y aunque la revista diga que "Os antropófagos não são modernistas" (*RA* 2ª, 4), lo son claramente: comparten con PPB su dilema central. Sólo que *Antropofagia*, por lo que hace a la metáfora digestiva, descubre que el dilema es falso[86]. *Ser tupí* es un pleonasmo, pues no hay otra forma de ser en la cultura que la devoración. Este mismo gesto da lugar a una paradoja colonial: el caníbal –que había sido el marcador del tiempo salvaje americano frente al tiempo de la Modernidad eurocéntrica y occidentalista– hace de su apetito por el mundo la clave de autorización estética y cultural para entrar en la Modernidad[87].

Algunos han visto en *Antropofagia* una respuesta al colonialismo cultural. Dicha hipótesis se vería coadyuvada por varios escolios del manifiesto: "Contra a verdade dos povos missionários [...] / Contra o Padre Vieira. Autor do nosso primeiro empréstimo, para ganhar comissão [...] /. A nossa independência ainda não foi proclamada" (*RA* 1ª, 1: 3, 7). De manera simbólica, además, Oswald fecha su MA en el "Ano 374 da Deglutição do Bispo Sardinha" (*RA* 1ª, 1: 7) e ins-

---

[86] Rodríguez-Monegal dice que "La antropofagia fue la respuesta carnavalizada [...] que los modernistas brasileños dieron al falso problema del colonialismo cultural" (en Luz Maria Umpierre et al. 44).

[87] No me refiero obviamente al caníbal indígena, al colonizado, sino al enmascaramiento letrado de *Antropofagia*.

tituye un calendario que comienza aproximadamente[88] con el parricidio del colonizador: el 16 de junio de 1556 los indios caetés se comieron al primer obispo Pedro Fernandes de Sardinha y a noventa tripulantes que naufragaron con él en el río Coruripe[89]. También se ha visto en el MA un *descentramiento* de la Historia: "Contra as histórias do homem que começam no Cabo Finisterra. O mundo não datado. Não rubricado. Sem Napoleão. Sem César" (MA, *RA* 1ª, 1: 7). Paulo Herkenhoff incluso habla de una "estratégia de emancipação cultural" ("Introdução geral" 22) y convierte al Modernismo brasileño en poscolonialismo *avant la lettre*; Herkenhoff juzga que si para Hegel la selva es el lugar fuera de la historia, "para os artistas brasileiros seria a única possibilidade para afirmar uma história autóctone, anterior à colonização, no projecto político moderno de *emancipação cultural*" ("A cor no Modernismo brasileiro" 337).

Antropofagia no es simplemente la metaforización de la condición colonial que opone el primitivismo a la civilización como una estrategia descolonizadora como cree Maria Luisa Nunes (32). La crítica que ve en *Antropofagia* un gesto poscolonial[90] hace por lo general una lectura retrospectiva e históricamente descontextualizada de la fórmula con la que se canonizó el movimiento. El valor emancipador de la "cita" y la "reinscripción" –como modos culturales de lo postcolonial (Gayatri Spivak *Outside* 217)– es transpuesto de manera simplista para describir un movimiento vanguardista promovido desde la elite cafetera en la coyuntura de una modernización periférica. Sin caer en hipérboles, se trata de una sugestiva metáfora que tiene que ver con la autorización del lugar de enunciación del intelectual nacional (frente al prestigio de los discursos culturales occidentalistas), y con la respuesta al malestar de la "inautenticidad" y la imitación a que se refiere Roberto Schwarz ("Nacional por sustracción" 273). *Antropofagia* reconfigura simbólicamente el mapa cultural americano; hace una reorientación de las imágenes y metáforas; cambia la perspectiva: los caníbales ya no en el fondo como en el grabado de Straet [il. 7] sino en primer plano; Vespucci en la olla. El gesto de Andrade es más o menos comparable al que más tarde hace Joaquín Torres-García con sus mapas invertidos (1936, 1943) [il. 30].

[88] Por un yerro matemático el calendario antropofágico está adelantado cerca de dos años.

[89] Las represalias contra los caeté cobraron el carácter de *guerra santa*; y en un período de cinco años fueron exterminados.

[90] La crítica cultural "poscolonial" del MA ha visto en la idea de la *antropofagia* cultural una desautorización de la distinción jerárquica del "original" frente a la copia, y la concepción de la "mímica" antropofágica como una impugnación (pos)colonial de la cultura hegemónica (à la Homi Bhabha). Inclusive se ha incluido al MA en un "reader" de poscolonialismo al lado de Aimé Césaire y Frantz Fanon: *Postcolonialism: Critical Concepts in Literary and Cultural Studies*, editado por Diana Brydon. El mismo criterio usa Maria Luisa Nunes en "Whole: Literary Strategies of Decolonization in the Works of Jean Rhys, Frank Fanon and Oswald de Andrade".

Torres-García toma el mapa de América y lo reorienta "antropofágicamente" para localizarse en un lugar de autoridad[91]; al fin y al cabo según nos recuerda Suely Rolnik, "O cartógrafo é antes de todo um antropófago"; es decir, tiene sensibilidad antropofágica (expropia, apropia, transvalora); la cartografía se refiere a las formaciones del deseo en el campo social de la cultura (30-33). La imaginación de un centro en la periferia es una reconfiguración cartográfica, un *descentramiento* de la idea de origen, fijeza, estabilidad y predominancia de centros hegemónicos de la cultura moderna (Europa, EE.UU.). Obviamente, resignificando la *Canibalia*, la mayoría de los antropófagos modernistas no reivindicaban una herencia ancestral ni iniciaban una lucha contracolonial o antiimperialista o un "proyecto de liberación" como cree equivocadamente Víctor Rodríguez Núñez. La tensión de *Antropofagia* con el colonialismo es culturalista, no poscolonial, ni mucho menos contracolonial. Hay que guardar las proporciones y atender las especificidades históricas para no convertir a Andrade en un Frantz Fanon, o –peor aún– homologar *Antropofagia* con las resistencias que el *canibalismo* articula por la misma época, por ejemplo, entre los sectores indígenas que desafiaban el régimen de propiedad de la tierra en Bolivia, y que en Chayanta, en medio de una la enorme revuelta indígeno-campesina (1927), apropiaron mímicamente (de manera antropofágica) las ritualidades legales criollas para expedir títulos de propiedad a nombre de la comunidad; y luego, invadieron un latifundio y procedieron a sacrificar y a comerse al dueño de la tierra (quien –bien mirada la cosa– los había estado devorando por años)[92]. El

---

[91] El mapa de 1936, menos conocido, apareció en *Círculo y cuadrado* en mayo 1 de 1936. Torres García explica su gesto así: "He dicho Escuela del Sur; porque en realidad, nuestro norte es el Sur. No debe haber norte, para nosotros, sino por oposición a nuestro Sur. Por eso ahora ponemos el mapa al revés, y entonces ya tenemos justa idea de nuestra posición, y no como quieren en el resto del mundo. La punta de América, desde ahora, prolongándose, señala insistentemente el Sur, nuestro norte. Igualmente nuestra brújula: se inclina irremisiblente siempre hacia el Sur, hacia nuestro polo. Los buques, cuando se van de aquí, bajan no suben, como antes, para irse hacia el norte... Esta rectificación era necesaria; por esto ahora sabemos dónde estamos" ("La escuela del sur" 197).

[92] La forma de tenencia de la tierra en las zonas rurales e indígenas de Bolivia cambia radicalmente en el siglo XIX. Diversas leyes de la década de 1870 abolieron las comunidades (ayllus) favoreciendo la expansión de las haciendas. En este sentido (territorial), como en el cultural y político, podemos hablar de un proceso de colonización "interna;" esto es, dentro del espacio nacional. "El 25 de julio de 1927 estalló en la Provincia de Chayanta en el norte de Potosí una de las más grandes rebeliones campesinas del siglo XX". El 27 de julio, las haciendas Peaña y Murifaya fueron ocupadas y expropiadas por los indios del *ayllu* (o comunidad) *jaiguari* a sus dueños legales. En medio de la insurrección el *ilacata*, la máxima autoridad de la comunidad indígena *jaiguari*, adelantó un proceso en el cual se usaron los gestos, las maneras y formalidades, e incluso el lenguaje jurídico de los procesos *legales*. El Juez indígena llamó testigos que fueron interrogados con la solemnidad usada en la corte y bajo juramento, sobre los abusos cometidos por los dueños. Después de un proceso

ejemplo resalta lo que va del canibalismo y la mímica contracolonial subalterna, a la *Antropofagia* de Andrade; ésta última ocurre, repitámoslo, en el espacio restringido de una esfera pública burguesa y dentro del marco de los campos discursivos del vanguardismo estético y el nacionalismo.

4. AVESTRUCES, CANÍBALES Y *PAZ NHEENGAHIBA*. OSWALDO COSTA Y EL OTRO MANIFESTO ANTROPÓFAGO

Tornemos a la heterogeneidad interna de *Antropofagia*; a sus caras múltiples. La tan citada y raramente leída *Revista de Antropofagia*[93] no representaba un bloque ni siquiera medianamente homogéneo; especialmente durante la *primera dentição*, en la que son notorios dos modernismos; escisión por cierto común en las diversas rupturas de las vanguardias de Hispanoamérica[94]. Desde 1922 hasta 1931 pueden identificarse en el Brasil dos tendencias: el *ufanismo* y el *modernismo cosmopolita*. En la *Semana* paradójicamente coinciden, para enterrar el romanticismo tardío y parnasianismo. Estas dos líneas de vanguardia comparten espacios en revistas y eventos, e incluso el común tropo indígena, pero sus definiciones políticas y concepciones de la cultura nacional son cada vez más antagónicas. El último de esos espacios comunes será la *primera dentição* de la *Revista de Antropofagia*. En "Nota insistente" –una especie de editorial al final del primer número de la *RA*– Antônio de Alcântara Machado y Raul Bopp señalaban el eclecticismo de la revista:

> Ela está acima de quaisquer grupos ou tendências;
> Ela aceita todos os manifestos, mas não bota manifesto;
> Ela aceita todas as críticas, mas não faz crítica;
> Ela é *antropófaga como a avestruz é* comilão;

en el que, repito, se realizaron mímicamente ritualidades judiciales se forzó al corregidor (que había sido capturado) y a un juez a redactar las escrituras de propiedad de la tierra, las cuales se escribieron cuatro veces. El 29 del mismo mes la comunidad indígena invadió la hacienda Guadalupe y se enfrentó con el dueño Julio Berdeja. Berdeja fue capturado y muerto. Según las confesiones extraídas por la policía y los reportes periodísticos de la época, Marcelino Burgos, uno de los líderes del ayllú Jaiguari, lo mismo que algunos miembros del ayllú, comieron pedazos de la carne del terrateniente. "El cuerpo fue luego sacrificado a Cóndor Nasa, el dios de la montaña. La rebelión se extendió a 4 de los 9 departamentos del país". El ejército armado con modernas máquinas de guerra logró finalmente someter la insurrección (Erick Languer 243-268).

[93] Augusto de Campos y Maria Eugenia Boaventura representan las más notables excepciones. Boaventura, en particular, hace una lectura comprensiva y sistemática de la *RA*.

[94] Véase *Direcciones del vanguardismo hispanoamericano* de Gloria Videla de Rivero (21, 22, 107-122, 161-202).

Ela nada tem que ver com os pontos de vista de que por acaso seja veículo.

A 'Revista de Antropofagia' não tem orientação ou pensamento de espécie alguma: só, tem estômago (*RA* 1ª, 1: 8).

Augusto de Campos critica la primera etapa de la publicación por su "indefinição teórica e poética", es decir, por su tendencia omnívora; su "estômago de avestruz!" (*Poesia, antipoesia, antropofagia* 110). En la segunda *dentição*, la revista ganó en dinámica comunicativa y se afilió al proyecto de avanzada; pretendían restablecer, en medio de cierto anarquismo[95], la línea radical del Modernismo que sentían desvanecerse en los remolinos del regionalismo. Andrade mismo se refería a la segunda *dentição* como una liberación del lastre conservador y / o regionalista de la primera etapa:

> A *revista não foi uma. Foram duas*. A primeira, em cuja supervisão ficara Alcântara Machado, surgiu com um caráter eclético, que desnecessário dizer, desagradou profundamente a parte de nosso grupo [...]. Baste dizer que até Plínio Salgado andou deitando por lá sua pobre cienciazinha... Foi aí que resolvemos tomar de assalto o suplemento do *Diário de São Paulo* ("Caem os dentes do dragão", entrevista, *Os dentes do dragão* 213).

El carácter ecléctico de la *primeira dentição* permite publicar material como por ejemplo: "A Voz Triste da Terra" (*RA* 1ª, 5: 6) de un tal Peryllo Dolivera, o el poema penumbrista "Quando eu Morrer" de Augusto Frederico Schmidt (1906-1965) (*RA* 1ª, 10: 6). En "Abre-Alas", primer editorial de la *Revista*, Alcântara Machado no descarta del menú caníbal ni al Indianismo romántico "prato de muita sustância. Como qualquer outra escola o movimento" (*RA* 1ª, 1: 1). Se trata de una "cordial mastigação"; fórmula conciliadora de las diferencias, "Milagres do canibalismo" (*RA* 1ª, 1: 1). Esta política editorial incluye en la revista dos tipos de textos: unos, contestatarios del establecimiento cultural, que funcionan bajo los ideologemas de novedad, ruptura, juventud, cosmopolitismo[96]; y otros que quieren anclarse en fórmulas regionalistas o incluso, de un romanticismo *demodé*[97]. En muchos casos se trata de un regionalismo que no contradice el "espíritu radical" de *Antropofagia*[98], pero en otros, es notorio un nacionalismo

---

[95] Maria Eugenia Boaventura ha estudiado este horizonte anarquista de la vanguardia oswaldiana ("O lado anarquista da vanguarda" 4, 5).

[96] Ejemplos de esta línea serían el Poema "Vaca Cristina" de Jacob Pim-Pim (seudónimo de Raul Bopp): "Viva as tetas da vaca Cristina!" (*RA* 1ª, 1: 2) y el "Manifesto antropófago" de Andrade (3, 7).

[97] Uno en español de Nicolás Fusco de Montevideo lleva por título: "La gracia del amor puro" (*RA* 1ª, 1: 5).

[98] Por ejemplo, el poema "Bahia" de Ascenso Ferreira (1895-1965) regionalista de estilo vanguardista es construido con africanismos, pareciendo indicar la heterogeneidad de la cultura brasileña y el carácter de simulacro de sus ritos: "Brasil travesti / Brasil camoufle" (*RA* 1ª, 2: 8).

furibundo: "Sangue brasileiro" de Ascânio Lopes, por ejemplo, hace un inventario geográfico racial y termina cantando a la herencia de los bandeirantes "domadores de índios":

> Brasileiro!
> Esse é teu sangue
> que circulou nas veias dos domadores de índios
> e dos bandeirantes sonhadores valentes
> e que estua que ruje nos nossos corpos amorenados pelo sol vermelho e quente
> que há de vibrar nas artérias de nossos filhos
> para que eles possam continuar a obra imensa do domínio da terra
> a epopéia da raça (*RA* 1ª, 3: 6).

Pero en medio de ese eclecticismo que posibilitaba los cantos a los "sonhadores valentes" y a "nossos corpos amorenados", y de la hojarasca ufanista, ciertos textos resaltan por su *imaginación* modernista y, al mismo tiempo, crítica de la Modernidad. Releyendo los textos de la *RA*, se encuentra uno con Oswaldo Costa, quien lleva *Antropofagia* a sus más radicales propuestas y, sin embargo, permanece perdido en los recovecos del tiempo y de la amnesia de la crítica y la historiografía literaria. "A 'Descida' Antropófaga" (*RA* 1ª, 1: 8) de Costa es un texto que puede ser llamado sin temor a exagerar *el otro manifiesto antropófago*. Allí –así como en varias de sus colaboraciones a la segunda *dentição*– pone en tela de juicio la adscripción de Brasil a Europa y propone una descolonización cultural. Costa comienza su manifiesto afirmando que el diluvio fue el movimiento más serio que se hizo en el mundo, hasta la llegada de la *Antropofagia*: "Deus apagou tudo, para começar de novo. Foi inteligente, mas teve uma fraqueza: deixou Noé. O movimento antropófago –que é o mais sério depois do Dilúvio– vem para comer Noé. **NOÉ DEVE SER COMIDO**" (negrillas y mayúsculas en el texto, *RA* 1ª, 1: 8).

El manifiesto de Costa (como más tarde lo haría Roberto Fernández-Retamar) enfila baterías contra la concepción de la cultura brasileña como europea y cuestiona su adscripción occidental(ista):

> *O que temos não é cultura européia: é experiência dela*. Experiência de quatro séculos. Dolorosa e páo. Com Direito Romano, canal de Veneza [...] O que fazemos e reagir [resistir] contra a civilização que inventou o catálogo, o exame de consciência e o crime de defloramento. SOMOS JAPY ASSU (Oswaldo Costa "A 'Descida' Antropófaga" *RA* 1ª, 1: 8).

Japy Assu fue el cacique de la aldea Juniparã, que como tantos otros *salvajes* (imaginarios e históricos) lanzó un discurso a los misioneros capuchinos franceses en Maranhão[99], que Costa cita en francés de la crónica de Claude d'Abbeville. El cacique da la bienvenida a los europeos y les ofrece las mujeres de su tribu. En el fragmento trascrito por Costa, Japy Assu –que promete cristianizarse– dice:

> . Estoy en extremo satisfecho de veros y nunca faltaré a mi palabra. Me sorprende mucho sin embargo que [...] no deseéis mujeres. ¿Descendisteis del cielo? ¿Nacisteis de padre y madre? ¿No sois hombres como nosotros? Y ¿Por qué, además de no querer mujeres, al contrario de los otros franceses que conozco [...] vosotros ahora impedís que vuestros compañeros se sirvan de nuestras hijas, lo que estimamos un gran honor, por cuanto de ellos pueden tener hijos? (D'Abbeville 63).

La *Antropofagia* de Costa proponía otro tipo de bienvenida: "contra o servilismo colonial", la resistencia, el engaño, la devoración como remedio de la *condición colonial*; la metáfora es significada con el ejemplo histórico de los aborígenes que se opusieron a ser civilizados y catequizados:

> *Contra o servilismo colonial, o tacape inheiguára*, "gente de grande resolução e valor e totalmente *impaciente de sujeição*" (Vieira), o heroísmo sem roseta de Comendador dos caraíbas, "que se opuseram a que Diogo de Lepe desembarcasse, investido contra as caravelas e reduzindo o número de seus tripulantes" (Santa Rosa –"História do Rio Amazonas"). Ninguém se iluda. *A paz do homem americano com a civilização européia é a paz nheengahiba* (Oswaldo Costa "A 'Descida' Antropófaga" *RA* 1ª, 1: 8).

Costa cita al jesuita portugués Antônio Vieira (1608-1697), uno de los principales representantes de la prosa barroca del siglo XVII y quien entre 1653 y 1661 había predicado entre los indios de los actuales estados de Maranhão y Amazonas; también la tesis *História do rio Amazonas* (1926) del historiador brasileño Henrique Americo Santa Rosa en donde éste relata la resistencia aborigen a la expedición de Diego de Lepe[100]. Con ambas citas Costa destaca la resistencia a la evangelización, a la colonización y, en últimas, a la civilización, como fundamentos históricos del imaginario nacional. Cuando Costa dice que en el Brasil no se tiene una cultura europea sino una "experiencia de ella", está entrando en la crítica cultural de la Modernidad como proyecto disciplinario y colonialista.

---

[99] Discurso registrado por el misionero capuchino Claude d'Abbeville en su *História da missão dos padres capuchinhos na ilha do Maranhão* 1614 (115-116).

[100] Diego de Lepe, llega al Brasil (probablemente al Cabo de São Agostinho en Pernambuco o a São Roque) a comienzos de febrero de 1500, y antes de la expedición de Cabral. Los indios de Maranhão –que ya tenían la experiencia del paso por allí de su primo Vicente Pinzón poco antes– lo combatieron tenazmente (Eduardo Bueno *Náufragos, traficantes e degredados* 19-22).

El venezolano Julio César Salas (1870-1933), profesor de sociología de la Universidad de Mérida (Venezuela), una década antes reivindicaba para Venezuela al indígena caribe que "luchó por la independencia del suelo patrio" (7), e iniciaba una lectura *contra el grano* de la historia y las crónicas de la Conquista en su libro *Los indios caribes: estudio sobre el origen del mito de la antropofagia* (1920). El planteamiento de Oswaldo Costa es similar: una invención del origen de la nación sirviéndose del valor simbólico contracolonial del caníbal[101]. La América europea (o europeizada) es una apariencia; detrás de ella está el "selvagem comendo a catequese", aparentemente convirtiéndose, si no fuera porque lejos de ser asimilado, asimila, devora y transforma; resiste comiendo. Ésta es para Costa la posibilidad caníbal: la barbarie detrás de la apariencia (o pretensión) engañosa de que América hace parte de Occidente: "nadie se ilusione –pide Costa– [pues] la paz del hombre americano con la civilización europea es *paz nheengahiba*", expresión con la que alude un tratado inútil de los portugueses con los aborígenes ingahíba: Aquella "aparatosa paz dos nheengahiba não passava de uma verdadeira impostura, continuando os bárbaros no seu antigo teor da vida selvagem, dados á antropofagia, como dantes, e baldos inteiramente da luz do evangelho" ("A 'Descida' Antropófaga" *RA* 1ª, 1: 8).

Que la inscripción cultural o "paz" del americano con la "civilização européia" sea "nheengahiba" quiere decir que el conflicto colonial subsiste. La conclusión de Costa es que es fácil ser antropófago, "basta eliminar a impostura", asumir lo que nos impide ser Europa pese a la colonización y a los ingentes intentos de serlo. Contra ese servilismo impostor, "o tacape inheiguára"[102]. Aquí, debe entenderse impostura ampliamente como imposición colonial del proyecto civilizador (el cristianismo y por transposición al presente, la modernidad capitalista). Su fracaso, el fracaso de la occidentalización, es expresado mediante la comparación del proyecto "civilizador" del colonialismo con la escritura efímera en la arena de una playa: "Foram estas as conseqüências dos versos ruimzizinhos que Anchieta escreveu na areia de Ithanhaen: Ordenações do Reino, gramática e ceia de Da Vinci na sala de jantar". No había entonces, dice, "quem comesse Anchieta!" (1ª, 1: 8). La frase surrealista del final "Quatro séculos de carne de vacca! Que horror!" extraña el término *horror*, que opera transpuesto del campo léxico de la construcción narrativa del caníbal a los cuatro siglos de dominación: los "cuatro siglos de carne de vaca" (y de horror) son

---

[101] Costa acepta de manera reivindicativa la historicidad del canibalismo y Salas, en cambio, lo considera un mito producto de la colonización.

[102] El *tacape* era un arma en forma de garrote usada en la lucha cuerpo a cuerpo con la que se buscaba romperle el cráneo al enemigo.

los cuatro siglos de colonialismo, de civilización, de negación de "nossa" barbarie y canibalismo. Y también son cuatro siglos de paz nheengahiba.

¿No expresan todas estas quejas una visión pesimista de la Modernidad, asociada al colonialismo en sus orígenes, así como en su desarrollo del presente? Costa encuentra en el canibalismo –precisamente en este tropo inseparable de la otrificación de América y eje de la máquina discursiva del colonialismo– Otra modernidad: la brasileña. *Otra*, puesto que –como la *paz nheengahiba*– esa modernidad es engañosa o pérfida. La pertenencia de América a Occidente es un ropaje; y Costa se burla de esa ropa "civilizadora" e inútil que el portugués le puso al indio[103]: "Portugal vestiu o selvagem. Cumpre despil-o para que ele tome um banho daquela 'inocência contente' que perdeu e que o movimento antropófago agora lhe restitui" ("A 'Descida' Antropófaga" *RA* 1ª, 1: 8). *Antropofagia* rechaza el ropaje apolíneo a favor del desorden subterráneo de los cuerpos, de los apetitos que aguardan detrás de la *paz nheengahiba* y asechan la civilización occidental.

Oswald de Andrade había dicho en su MA que la *"Idade de ouro"* había sido "anunciada pela América". (RA, 1ª, 1: 3); Costa desarrolla la idea de una utopía mediante la imaginación de un "afuera" de la civilización occidental, un "estado natural (o que se quer)" que no se debe confundir "com volta ao estado primitivo (ao que não interessa)". El estado natural ("lo que se quiere") es la recuperación del ocio (contra su negación, el *negocio*), el reverso del racionalismo[104], la abolición de la propiedad y la sociabilidad en medio de la alegría de los apetitos[105]. *Antropofagia* –por supuesto– no desvestía sino sólo declaraba desvestir al Brasil y restituirle su "inocência gozosa".

De cualquier manera, es en Oswaldo Costa, entonces –y no tanto en Oswald de Andrade– que se avisa en la *Revista* un pensamiento utópico "descolonizador" o de "emancipação cultural". Costa produce un *descentramiento*[106] del horizonte identitario: *no somos Europa sino una experiencia colonial de Europa*; pero esa experiencia no fue triunfante ni se escribió en una página en blanco; pertenecemos a Occidente leal y pérfidamente. Nuestra ropa de modernidad euro-occi-

---

[103] En este sentido vale la pena recordar el poema "erro de português" (*Poesias reunidas* 177) de Oswald de Andrade que sobre el mismo tema elabora la hipótesis según la cual los portugueses vistieron al indio porque llegaron un día de lluvia, y que si hubiera sido un día de sol hubiese sido al contrario.

[104] Costa abjuraba en uno de sus artículos de "a razão pura" y del "preconceito racionalista" y afirmaba que Occidente "chegou aos limites da razão" ("De Antropofagia" *RA* 2ª, 9).

[105] *Antropofagia* hace parte de la tradición utópica moderna que va del pensamiento humanista cristiano del siglo XVI, hasta Marx y las obsesiones posmodernas por lo natural e incontaminado.

[106] Sobre este concepto véase "Structure, Sign and Play in the Discourse of the Human Sciences" en *Writing and Difference* de Derrida.

dental oculta a un caníbal desnudo y armado con un *tacape*. Ciertamente Costa –moderno y modernista– supone que no somos la ropa sino el caníbal, mientras que hoy diríamos que se es lo uno y lo otro: la máscara y la cara.

Costa representa un caso singular entre los modernistas. Si Oswald de Andrade cancela, hasta cierto punto, el dilema de la cultura nacional vis-à-vis la modernización, las propuestas de Costa representan la reinstalación del problema de la *colonialidad* de la cultura hegemónica y su paz aparente con la barbarie. Por supuesto antes que de propuestas se trata de declaraciones que relampaguean en medio de la polisemia y *collage* textual del manifiesto modernista. Pero aún así, Costa es de todos los antropófagos el que con mayor énfasis plantea una relectura de la Historia como *historia colonial*. Costa hablará de una "revisão necessária" de la historiografía del Brasil que critica por basarse en hechos aislados y anécdotas, y por estar sometida a la mentalidad y los valores culturales y religiosos del vencedor, "a mentalidade Reinol". Pide una "crítica histórica" que trascienda el relato "do ponto de vista, falso, [...] do Ocidente. [...] O *Brasil ocidentalizado* é, portanto, um caso de pseudomorfose histórica". Y concluye: "Só a antropofagia consegue resolvel-o. Como? Comendo-o" ("Revisão necessária" *RA* 2ª, 1).

Como se ha venido exponiendo en este capítulo, *Antropofagia* era inferior a las declaraciones de sus manifiestos. El canibalismo modernista resulta ser una forma de devoración "salvaje" de alta cultura, las orgías y la libertad sexual son mayormente discursivas, la desnudez se viste con sastres y modas europeas, y la des-occidentalización es en la mayoría de los casos bastante occidentalista. En otras palabras, *Antropofagia* es *tupi* y, también, *not tupi*. Este sino alcanza inclusive a Costa; pero a diferencia de sus colegas antropófagos, él tiene la lucidez de advertirlo.

Aunque *Antropofagia* no trasciende –sólo declara trascender– lo literario[107], en Oswaldo Costa hay una conciencia temprana del elitismo de la revolución modernista y de la crisis del espacio literario burgués (en cuanto a conjunto de prácticas culturales que envuelven la producción, circulación y el consumo de textos), que empezaba a perder relevancia social. Costa minimizó la trascendencia de la *Semana* "e correntes derivativas" precisamente porque la consideró una

---

[107] En la segunda dentição, se usa el lenguaje discontinuo e inmediato de la prensa: "Slogan, anúncios, notas curtas, a-pedidos, citações e poemas rodeiam um ou outro artigo doutrinário fazendo de cada página, de ponta a ponta, uma caixa de surpresas... Um contrajornal dentro do jornal" (Augusto de Campos, *Poesia, antipoesia, antropofagia* 113, "Revistas-Re-vistas: os antropófagos" 5). Sin embargo, *Antropofagia* –como el arielismo– se mantiene en el universo gutemberguiano y en una esfera pública letrada; valga la pena mencionar que Oswald Andrade se manifestó bajo el pseudónimo de Freuderico a favor de la alfabetización ("De Antropofagia" *RA* 2ª, 1).

simple revolución de las *Bellas artes* y la literatura, y opinaba que el gran yerro del Modernismo fue hacer una revolución puramente estética[108]. Con el pseudónimo Tamandaré, Costa explicaba en su frecuente columna "Moquém" (parrilla) que el Modernismo –exceptuando a *Macunaíma* de Mário de Andrade, "nossa Odysséa"[109]– fue apenas un momento de reconocimiento, pero que

> ficou no acidental, no acessório, limitou-se a uma revolução estética –cosa horrível– quando sua função era criar no Brasil o pensamento novo brasileiro. [...] Continuamos, ainda depois, escravos de Ocidente, escravos do catolicismo, escravos da cultura européia caindo de podre. [...] Comido pela broca do Ocidente. O grande erro dos modernistas foi esse. A preocupação estética exclusiva. [...] Não compreenderam as cruzadas, as guerras, lutas econômicas ("Moquém II: Hors de œuvre" *RA* 2ª, 5).

Costa trató de desvincular a *Antropofagia* del Modernismo del 22: "A descida antropofágica não é uma revolução literária. Nem social. Nem política. Nem religiosa. Ela é tudo isso ao mesmo tempo" (Japy-Mirim[110] "de antropofagia" *RA*, 2ª, 2). Esta pretensión absurda de una revolución de todos los aspectos de la vida social y a gran escala desde una revista que, pese a sus declaraciones, seguía siendo literaria, es lo que coloca a la *Antropofagia* radical de Costa –y a la de Oswald de Andrade– entre las utopías modernistas. No debe desestimarse –por contradictoria, discursiva e inmodesta– la imaginación antropofágica de Costa.

---

[108] La *Antropofagia* de Costa estaba muy cerca del marxismo. Oswaldo Costa fue, hasta donde tengo noticia, el primer antropófago afiliado al Partido Comunista–un partido que a diferencia de los otros latinoamericanos venía del anarquismo. Víctima de persecución, huyó a Rio de Janeiro poco después de que la *Revista* se acabara; a partir de allí nadie lo recuerda con claridad. En una invaluable entrevista que en abril de 1977 Maria Eugenia Boaventura le hizo a Benedito Geraldo Ferraz Gonçalves secretario da *Revista de Antropofagia*, éste recordaba que Costa había sido "uma figura importante e preponderante, que explorou a maior parte do 'negócio' e mais por sua causa foi mantida a segunda fase. [...] Esteve no Partido, participou do Partido. Andou sendo perseguido, fugindo e, não sei por que, foi parar no Rio de Janeiro. Tem uma revista que publicou sua biografia, não me lembro qual. Ele já faleceu" (*A vanguarda antropofágica* 206, 209). Antônio Candido lo conoció personalmente: un poco bajo y gordo; vehemente y siempre hablando de política: "no sé que pasó con él. Una de sus hijas fue bibliotecóloga de la facultad de economía de la USP... la otra una actriz de teatro famosa de la que ya todo el mundo se olvidó. Se ha cometido una injusticia con Costa, el gran olvidado" (Amablemente Telê Porto Ancona Lopez consultó en mi nombre a Antônio Candido sobre Costa en julio de 2000).

[109] Pese a esta opinión Costa sostuvo una controversia sobre el Modernismo con Mário de Andrade.

[110] Cierta intertextualidad y uso léxico indicarían que Japy Mirim es Oswaldo Costa, quien menciona al personaje indígena "JAPY ASSU" en el primer número (*RA* 1ª, 1: 8); sin embargo, pudo haber sido también Oswald de Andrade, como piensa Maria Eugenia Boaventura (171), o ambos.

Como dirá el propio Andrade luego: "No fundo de cada utopia não há somente um sonho, há também um protesto. [...T]oda utopia se torna subversiva, pois é o anseio de romper a ordem vigente" ("A marcha das utopías" 204).

5. El fin de la fiesta antropófaga y las heterodoxias del camarada caníbal

El último número de la *Revista de Antropofagia* (segunda dentição) salió en agosto 1 de 1929 en el *Diário de São Paulo*. Raul Bopp decía que el grupo se disolvió en desbandada en el momento en que tenían más proyectos: el "Primeiro Congresso Mundial de Antropofagia" que debía celebrarse en Vitória (Espírito Santo) y la "Bibliotequinha Antropofágica" que incluiría entre otros textos a *Macunaíma* de Mário de Andrade, *Cobra Norato* del propio Bopp, el MA de Andrade, y una obra de Costa perdida y jamás publicada (*Iurupary*). Según Bopp

la lascivia entró suavemente en el Paraíso Antropofágico. Ocurrió un "change des dames" general. Uno tomó la mujer de otro. Oswald desapareció. Fue a vivir su nuevo romance a la orilla de una playa, en las inmediaciones de Santos[111]. La reacción emocional se desarrolló en serie... Y la Antropofagia de los grandes planes, con una fuerza que amenazaba desmoronar las estructural clásicas, quedó en eso..., probablemente anotada en los obituarios de una época ("Vida y muerte de Antropofagia" 40).

Pero "a morte da Antropofagia" no fue (principalmente) como decía Raul Bopp un asunto de pereza y sensualidad. Es preciso relacionarla con el marco de emergencia de *Antropofagia* y con las condiciones del momento de su quiebre. En su momento y como crítica al "Manifesto antropófago" el ultra-católico Tristão de Athayde había dicho agudamente:

En nuestra más moderna literatura, sólo hay alegría "real" en São Paulo. Despreocupación total, desdén por todo el resto, liberación absoluta del pasado, franca carcajada, todo eso se da únicamente en São Paulo y muy especialmente en el señor Oswald de Andrade. ¿Por qué? Porque sólo São Paulo puede ser realmente alegre, no el Brasil. São Paulo es feliz, fuerte. Sin problemas que lo amenacen fundamentalmente. Rico. Viendo cómo todo el Brasil depende de él. Dando cartas en una política dominante [...]. São Paulo si que se puede reír. Y por São Paulo ríe *Pau Brasil*, ríe la *Antropofagia* (Tristão de Athayde, "Neo-indigenismo" ["Neo-indianismo"] 46).

[111] Se refiere, sin ser explícito, al romance entre Andrade y la joven Patricia Galvão (Pagu) (1910-1962), que causó un escándalo y el fin del matrimonio con Tarsila. Pagu quedo embarazada y Oswald la hizo casar con Waldemar Belisário, primo de Tarsila; sólo para alcanzarla después en Santos (Véase la biografía escrita por Fonseca 190).

El propio Oswald recordaba el ambiente del apogeo de la era del café cuando en su hacienda de Santa Tereza do Alto: "fazia uma circunda preto e ritual servir a Segall e Jenny o leite espumoso de uma Jersey, com cognac velho, trazido pessoalmente de Bordeaux, em frente ao terraço senhorial da minha fazenda" (*Os dentes* 8)[112]. Esa riqueza se acaba pronto y, con ella, el primer Modernismo. El fin de *Antropofagia* coincide con la crisis económica producida por la caída de la bolsa de Nueva York en octubre de 1929, la consecuente ruina de la oligarquía cafetera paulista y el ascenso al poder del nacionalismo populista con Getúlio Vargas (1930). La debacle económica de 1929-1930 disminuyó las exportaciones y aumentó las existencias de café, bajando el precio del producto y afectando severamente a la oligarquía paulista y a São Paulo, centro de la economía del café. En esta coyuntura, el capital ejercía su disciplina contra los capitalistas periféricos y la burguesía nacional dependiente. Oswald de Andrade como muchos otros intelectuales se sintieron "víctimas" del capitalismo, como él mismo contaba años después: "Sou sentimental, inquieto e agrário (...) Ocasionalmente fui plantador de café, tendo sofrido na pele a alta de 26 e a quebra de 29" (en Fonseca 184).

El precio del café se desploma de $22.5 a ocho centavos la libra; el comercio exterior perdió 37% en volumen y 67% de su valor (Burns 344). En São Paulo, la depresión económica se siente en la industria y el comercio; se produce una enérgica actividad política de los trabajadores y una escisión entre el sector cafetero de Minas y el gobierno de Washington Luís[113]. El gobierno apoya a Julio Prestes, político de São Paulo, quien gracias a la maquinaria del partido gana las elecciones de 1930 venciendo a Getúlio Vargas, gobernador de Rio Grande do Sul. João Pessoa (el derrotado candidato a vicepresidente de Vargas) es asesinado en un evento no relacionado con las elecciones pero aprovechado por la oposición. La crisis política resulta en el golpe de Estado que lleva al poder a Getúlio Vargas, ante la indiferencia –cuando no el aplauso– del sector cafetero deprimido por la crisis y en conflicto con el gobierno (Burns 344-346).

> Mil novecientos treinta... Todo estallaba, política, familias, parejas de artistas, estéticas, amistades profundas. El sentido destructivo y festivo del movimiento modernista ya no tenía razón de ser [...]. En la calle, el pueblo amotinado gritaba:–¡Getúlio! ¡Getúlio! (Mário de Andrade, "El movimiento modernista" 191).

---

[112] La fortuna de la familia de Andrade, aunque conectada con la riqueza del café, provenía de la especulación inmobiliaria.

[113] El gobierno de Washington Luís apoya la candidatura presidencial de Julio Prestes desconociendo las aspiraciones de los políticos de Minas de alternar el poder con São Paulo. Adicionalmente no accede a la petición de refinanciamiento de la deuda de los caficultores produciéndose una ruptura entre el sector y el gobierno.

Vargas procedió a promover un capitalismo nacional apoyado en una alianza con las fuerzas armadas, la iglesia, un sector importante de la burguesía industrial y algunos sectores de la clase trabajadora urbana organizados desde el Estado para asegurar su control. Fue el comienzo de la destrucción del poder de los grandes latifundistas paulistas beneficiados por la economía agro-exportadora (Fausto 327, 332-336). El Modernismo que le cantó a la prosperidad de sobremesa y que produjo en la alta cultura una modernidad sucedánea –con sus edificios modernistas y conferencias de Le Corbusier[114], con sus automóviles importados y poemas, con sus conciertos y exposiciones brasileñas en París, con sus manifiestos juguetones y optimistas y con sus excursiones de descubrimiento del Brasil– se enfrentaba al descalabro de sus condiciones materiales. *Antropofagia* no tenía sentido. El espíritu del 22 aparecía en un flagrante *descontexto*[115]. Bajo Getúlio Vargas el *Estado Novo* corría frenéticamente la carrera de "acertar o relógio". Perseguía no ya una modernidad sucedánea mediante una sincronización estética como en 1922, sino la modernización e industrialización acelerada del Brasil en un esquema de sincronización del capitalismo nacional con el mundial.

Con el triunfo de la reacción conservadora *Antropofagia*, se convertía, además, en la solución a un problema pospuesto. El *Estado Novo* dictaba la definición de lo nacional. La fórmula digestiva de *Antropofagia* había sido una respuesta al desafío modernización/cultura nacional; la respuesta que ofreció la "Revolución" en el poder fue, en cambio, el populismo nacionalista combinado con la "teoría del mestizaje", para lo que acudieron a las masas y contaron con el apoyo de no pocos artistas.

La imagen del indio tupí se convirtió en un fetiche del *Estado Novo*, e inclusive se usó la lengua tupí en las consignas fascistas de la ultraderecha católica integralista. Los edificios se llenaron de murales que celebraban la raza brasileña producto de la mezcla racial; las calles y las plazas con nombres indígenas que recordaban la gloria guerrera de los caníbales brasileños[116]. El Indianismo

---

[114] Sobre este aspecto del Modernismo véase Marta Batista Rossetti, Telê Porto Ancona Lopez et al (7-37).

[115] En una vuelta de tuerca irónica aunque sintomática del destino del Modernismo brasileño, Menotti del Picchia que en 1922 abjuraba de los museos, así como de los panteones y monumentos de la tradición grecolatina a favor de los aeroplanos y los ventiladores eléctricos, en 1932 decía en un nostálgico tono arielista y recordando la *Semana*: "O *Correio Paulistano*, veículo dessa ofensiva de renovação foi assassinado pela Revolução do Sr. Getúlio. Quando os bárbaros invadiram Roma, muitos monumentos foram arrasados. Mas não se extinguiu com isso sua civilização" (31).

[116] En el conocido mercado de antigüedades de Bexiga en São Paulo en julio de 2000 vi un cajón lleno de revistas del ejército brasileño de la época. En el dibujo de la portada de una de estas revistas un soldado brasileño marchaba al mismo paso y al lado de un indio; el uno con el fusil y el otro con la lanza al hombro eran en su pose fascista intercambiables.

romántico era parte fundamental del *pensum* escolar y una versión monumental del indio volvía a ocupar el centro del imaginario nacional. Por el *Decreto-lei n°* *5.540* del 2 de junio de 1943, Getúlio Vargas declara el 19 de abril el "Dia do Índio". Este festín simbólico indígeno-populista tuvo también sus aguafiestas. Candido Portinari (1903-1962) –uno de los pintores latinoamericanos más conocidos de la primera mitad del siglo– además de sus murales dedicados a la raza, a la industria y al progreso, adelantó en 1941 un proyecto de ilustración del relato de Hans Staden e hizo 26 dibujos que incluían varios de caníbales en actividades preparatorias o en el acto mismo de la devoración de cuerpos humanos. La brutalidad de las imágenes diseñadas por Portinari distaban muchísimo de la imagen apolínea del tupí "nosso índio" que la derecha y el Estado getulista tenían en mente y del estilo de los murales del propio pintor. El caníbal recobra en estos diseños cierta alteridad dionisíaca incompatible con el tupí apolíneo del nacionalismo getulista: el antropófago es un "índio roendo um osso" con un cuerpo descuartizado en el fondo [il. 31]. El editor decide dejar dormir el proyecto de re-editar a Staden[117].

Con la crisis económica, el ascenso de Vargas y el fin de la *RA*, Oswald de Andrade entra al *Partido comunista brasileiro* (PCB) y da por terminada su aventura antropofágica. Su actitud frente al marxismo hasta entonces había sido distante y ambivalente; básicamente de ignorancia, como él confesara en 1954 (*Os dentes do dragão* 234). En el MA se había referido con distancia irónica a los "colectivismos", aunque su utopía incluía un comunismo primitivo ("Já tínhamos o comunismo") y condenaba el canibalismo envilecido o "A baixa antropofagia" en la que contaba a la usura (MA, *RA* 1ª, 1: 3, 7). Pero ese era un comunismo que se alcanzaría sin lucha de clases. En una entrevista de 1929 había colocado al "comunismo ideológico" al lado de las "religiões de salvação" que llevaron a la humanidad a "aos piores desvios" ("A psicologia antropofágica", *Os dentes* 50). La actitud de Oswald de Andrade frente al marxismo antes de la crisis de 1929 es desdeñosa: en un artículo de la *Revista* ponía en una misma canasta a los fascistas y a los bolcheviques (cuando no aún había ascendido al poder José Stalin), y llamaba a Marx "uno de los mejores románticos de la antropofagia":

> Nós somos contra os fascistas de qualquer espécie e contra os bolchevistas também de qualquer espécie [...] Quanto a Marx, consideramol-o um dos melhores "românticos da Antropofagia". Temos certeza de que ele errou quando colocou o problema econômico no chavão dos "meios de produção". *Para nós o que é interessan-*

---

[117] La edición del Staden con ilustraciones de Portinari tendrá que esperar hasta 1998 cuando bajo los auspicios del ministerio de cultura y el Deusche Bank, se publica el volumen *Portinari Devora Hans Staden* como parte de los eventos conmemorativos del Quinto Centenario.

te é o "consumo"–a finalidade da produção. Simplesmente. Dahi nossa teoria (resposta a outras teorias) da posse contra a propriedade (Freuderico [Oswald de Andrade] "de antropofagia" *RA*, 2ª, 1)[118].

Entre 1930 y 1931 la crisis económica acaba con la fiesta del consumo; Oswald, como dijimos, entra al PCB y, en compañía de su nueva compañera, la escritora Patrícia Galvão (Pagu), inician *O Homem do Povo*, periódico de izquierda que alcanzó a publicar ocho números entre marzo 27 y abril 13 de 1931. Los artículos en *O Homem do Povo* buscaban provocar escándalo y molestia entre la misma burguesía católica y tradicional que hizo que se cancelara la edición de la segunda dentição de la *Revista de Antropofagia*. El periódico abordó temas sexuales, llamó a la Escuela de leyes "un chancro", publicó un artículo sobre la organización de la prostitución, hizo una serie sobre campos nudistas, se burló del príncipe de Gales y de su visita al Brasil, hizo un concurso para la elección por parte de los lectores del "maior bandido vivo do Brasil" (Andrade y Galvão, *O Homem do Povo* 2, 1), en el que junto con Lampião, se incluyó a Julio Prestes, a sacerdotes, políticos, industriales y hasta al mismo Andrade. El cambio de guardia al marxismo en Andrade era un cambio de vanguardia: una suerte de *deglutição* antropofágica de Marx. Detrás de las notas panfletarias y la retórica de partido sobrevivía un antropófago modernista. *O Homem do Povo* –lo ha dicho ya Augusto de Campos– no lo leía el pueblo ("Notícia impopular" 10). Sus lectores eran los estudiantes de derecho y la policía, que leía religiosamente las publicaciones de cualquier manera afiliadas al Partido Comunista, el cual, a su vez, veía con sospecha a los intelectuales burgueses que –como Andrade– se afiliaban a la organización después de la crisis.

O Homem do Povo terminó escandalosamente con el famoso episodio del asalto de los estudiantes de la facultad de derecho a la dirección de la revista, y su cerramiento por parte de la policía. Hasta cierto punto la publicación de *O Homem do Povo* –pese a su afiliación política– prolongaba el talante y tono de la segunda dentição de la *RA* (Augusto de Campos, "Notícia impopular" 11, 12). Empero, los tropos habían cambiado: Oswald, que en el manifiesto "Poesia Pau Brasil" (1924) había definido la identidad cultural brasileña mediante la primera mercancía de exportación (la madera del Brasil), en 1931 hablaba de otra manera respecto a los productos de la economía de exportación:

Aqui, os capitães estrangeiros deformaram estranhamente a nossa economia. Dum país que possuía a maior reserva de ferro e o mais alto potencial hidráulico,

---

[118] "O que interessa ao homem não é a produção e sim o consumo" (Oswald de Andrade "A psicologia antropofágica" [1929] en *Os dentes do dragão* 52).

fizeram um *país de sobremesa. Café, açúcar, fumo, bananas.* Que nos sobrem ao menos as bananas! (Oswald de Andrade, *O Homem do Povo* 27 de marzo de 1931, 1: 1).

Poco después, en el prefacio de su novela *Serafim Ponte Grande* (1929, 1933), Andrade abjura de su posición de jefe de la vanguardia antropófaga que llamó el "sarampión antropofágico":

> Continuei na burguesia, de que mais que aliado, fui índice cretino, sentimental e poético. [...] O movimento modernista, culminado no *sarampão antropofágico*, parecia indicar um fenômeno avançado. São Paulo possuía um poderoso parque industrial. Quem sabe se a alta do café não ia colocar a *literatura nova-rica da semi-colônia ao lado dos custosos surrealismos imperialistas*? [...] A valorização do café foi uma operação imperialista. A poesia Pau Brasil, também. [...E]u prefiro simplesmente me declarar enojado de tudo. E possuído de uma única vontade. Ser pelo menos, casaca de ferro na Revolução proletária (*Serafim Ponte Grande* 7-9).

La auto-calificación de *Antropofagia* como un *sarampión* corresponde a la época de las retractaciones[119] de la "vanguardia estética" bajo la "luz" equívoca del doble discurso soviético al respecto[120]. En general, los movimientos de vanguardia eran vistos por muchos marxistas de línea dura como expresiones del liberalismo individualista y del narcisismo decadente de las sociedades capitalistas. El prefacio puede considerarse una auto-lectura más o menos marxista de un trabajo modernista anterior a la conversión oswaldiana *de antropófago en camarada*. Así parece indicarlo otro prefacio de Andrade a *Serafim* de 1926 –en sintonía con el Modernismo que desembocaría en *Antropofagia*– en el cual decía: "Transponho a vida. Não copio igualzinho. [...] Tudo em arte é descoberta e transposição" ("Objeto e fim da presente obra" 34). Evidentemente, el texto de *Serafim* fue anterior a la crisis y en todo caso corregido después. El prólogo con el que se publicó –donde afirma su antiimperialismo[121] y donde ve al Modernismo como

---

[119] Dice Mario da Silva Brito con razón, que se trata de "una purga, de una catarsis, de una toma de conciencia" (*As metamorfoses de Oswald de Andrade* 85).

[120] León Trotsky llama a los formalistas, discípulos de San Juan en *Literatura y revolución* (1924) –por aquello de la predominancia del *verbo*– y se pronuncia contra el Futurismo ruso; ese tipo de crítica se dirige a la propuesta del realismo socialista; pero por otro lado, Maiakovsky –llamado "el fundador del realismo socialista" por Stalin (1935)– rescata el talante antiburgués del Futurismo, por haber desahuciado la sociedad capitalista contra la cual se elevó la Revolución. Algunos vanguardistas latinoamericanos como Mariátegui gracias a una lectura selectiva y conciliatoria, se aprovecharon de este doble discurso para proponer lugares intermedios (Gloria Videla de Rivero 161-178).

[121] La novela ofrece algunos fragmentos humorísticos antiimperialistas como cuando refiere los intentos de la *Standard Oil Company* de comprar Sodoma y negociar Gomorra "para explorar o kerozene das punições" (119).

un producto de la economía del café– es de 1933. Pero aunque Andrade abjura en este último texto del "sarampión antropofágico" –su marxismo es propiamente modernista y bajtiniano; *Serafim* está en las antípodas del realismo socialista; la novela acude a la fragmentariedad radical, el absurdismo, las técnicas del cuadro cinematográfico, la síncopa y la elipse, el uso del *collage* y la carnavalización de diversos tipos de textos en forma de notas, descripciones oníricas, diálogos, poemas, fragmentos de diarios, cartas, diccionarios, cartillas, anuncios, etc. *Serafim* es un "grande não-libro" o anarco-novela[122] modernista sobre un funcionario público, enriquecido con el dinero que les guardaba a unos revolucionarios[123], que se embarca en un viaje trasatlántico surrealista. La trama incluye el redescubrimiento del Brasil (61), el debate metafícticio entre Serafim y su secretario Pinto Calçudo (71), una serie de aventuras sexuales en París y un viaje a Tierra Santa (75-100). En el último capítulo, "Os antropófagos", mientras el barco trasatlántico continúa su viaje errático y sin fin, ocurre una orgía (140-143). En un momento, el personaje Pinto Calçudo, desnudo en la sala de máquinas "fez um último apelo imperativo 'ante a copula mole e geométrica dos motores' e energicamente protestou contra 'a coação moral da indumentária' e 'a falta de imaginação dos povos civilizados'" (143). Este final puede ser entendido –atendiendo la autocrítica del prólogo– como una (auto)parodia mordaz de *Antropofagia* (viaje decadente y sin rumbo), o como señala Antonio Candido: una "suma satírica da sociedade capitalista em decadência [...] Um *Macunaíma* urbano" (*Vários escritos* 45). Sin embargo, hay otra posibilidad de lectura que desatiende la retractación del propio Andrade respecto de *Antropofagia*. La fiesta antropofágica, un "pandemonio de misa negra con resabios de farsa medieval y ritual fálico", contiene de acuerdo a Haroldo de Campos una utopía de emancipación (en "Prólogo" de *Obra escogida* xxxiii).

El marxismo *a posteriori* de la obra no logra velar el regocijo lingüístico modernista de la novela-carnaval que es *Serafim*. La utopía de emancipación es más anarco-antropofágica que marxista: "Nosso heroe tende ao anarquismo enrugado" (*Serafim* 133). Andrade, no fue un marxista ortodoxo; fue un marxista silvestre y de manual, al que mareaban los problemas económicos y que nunca se ajustó a la disciplina ni a la seriedad doctrinaria del Partido Comunista. El pueblo le parecía más o menos inconsciente: "O povo formiga dando vivas á policia" (*Serafim* 133).

---

[122] Retomo el concepto de anarco-forma que usa Haroldo de Campos en su análisis de *Serafim* (en "Prólogo" de *Obra escogida* de Oswald de Andrade, xxxviii).

[123] Llama a su tiempo "Seculo de Serafim ou da Fortuna Mal Adquirida" (87). La revolución a la que Andrade se refiere, probablemente sea la *Revolução Constitucionalista,* se inicia en São Paulo en 1932 contra el gobierno de Vargas. La revuelta –prontamente derrotada por el gobierno– fue patrocinada por oligarquía paulista que quería reasumir el poder mediante elecciones controladas por el coronelismo. Oswald de Andrade negó siempre cualquier participación (*Os dentes* 75),

Su marxismo fue "romântico y libérrimo, significando apenas, anti-capitalismo e anti-imperialismo" (Candido, *Vários escritos* 77). No venía de una tradición obrera ni de pensamiento radical socialista sino de la *gozação* modernista.

> Fatigado
> Da minhas viagens pela terra
> De camello e taxi
> Te procuro
> Caminho de casa
> Nas estrelas
> Costas atmosféricas do Brasil
> Costas sexuais
> Para vos fornicar (poema en *Serafim*, 132).

Serafim contiene numerosos párrafos sexualmente explícitos: "–Minha mão em concha apanha a tua bunda quente, viva, musculosa e buliçosa. –Encosto a cabeça na tua, ahi por esses foquestrotes, por esses charlestões. Encosto a língua na tua, molle, babosa, salivosa" (128). En sus obras del período, se tiene la impresión de que a cada momento el antropófago le juega una broma al camarada; de que el anticapitalismo oswaldiano tiene más que ver con la fornicación que con la revolución; de que la utopía sigue siendo antropofágica. Así, puede notarse en el diseño y contenido de *O homem do povo* y en esa diatriba contra su propia clase que es *Serafim*.

De esta época también es *O rei da vela* (1933), publicada en 1937. Esta obra de teatro explora en clave paródica el problema del imperialismo económico y de la crisis cafetera. La obra es una sátira de las alianzas entre una oligarquía moribunda y decadente asociada al café y una burguesía capitalista (industrial y comercial) periférica y dependiente de los EE.UU. El rey de las velas es, además de un agiotista, un industrial; pero los signos de la modernidad industrial se entrelazan en el Brasil con lo premoderno: la fábrica hace velas que sirven para las fallas del servicio eléctrico, para los funerales y para las ceremonias religiosas. El porvenir del Brasil se parece a su pasado. Esta "base dupla e presente" que Andrade había celebrado en el manifiesto "Poesia Pau Brasil" (44), ahora es motivo de ironía. El carácter híbrido del capitalismo brasileño (su multitemporalidad contradictoria) ya no se ve como la paradoja constitutiva de la modernidad periférica, sino como el signo de su dependencia[124].

---

[124] Como anotara certeramente David George este contexto de *dependencia* en la trama de *O rei da vela* se convertirá en una constante en el *Boom*. Por supuesto *O rei da vela* es anterior al desarrollo de la *teoría de la dependencia* pero expresa algunos de los que serán sus temas y preocupaciones.

La alianza de clases está representada por la pareja de Abelardo I (el burgués nuevo rico) y Heloísa de Lesbos (la aristócrata decadente); con estos personajes –cuyos nombres toma de la legendaria historia de amor de Abelardo y Eloísa– Andrade reemplaza el "romance nacional" por un *negocio* entre la aristócrata decadente y una nueva burguesía que aprovecha la crisis y que está aliada con el capital extranjero.

Abelardo tiene un doble, Abelardo II, que además de ser su socio en el negocio del préstamo de dinero es socialista: "Sou –dice el personaje– o primeiro socialista que aparece no Teatro Brasileiro" (47). "Ele é –secunda Abelardo I– Socialista. Mas moderado" (51). En el primer acto, los dos Abelardos se encuentran en su oficina de prestamistas e interactúan con deudores golpeados por la crisis económica que afecta al país. Los prestamistas amenazan y quieren ejecutar judicialmente a quienes vienen a pedirles plazos y se niegan a acreditar abonos a capital o a dar prórrogas; incluso planean endeudar a un pequeño y modesto industrial (de un frigorífico) fomentando en él el consumo y el lujo de manera que puedan arrebatarle su fábrica. Dice Abelardo I: "O velho aí terá mudado de nível. Possuirá automóvel, casa no Jardim América. Cessaremos pouco a pouco o crédito [...] Ele virá aqui caucionar os títulos dos comerciantes a quem fornece. Executarei tudo um dia. Levarei a fábrica, os capitais imobilizados" (*O rei da vela* 47). Los Abelardos aluden constantemente el derecho y la protección legal del capital y hacen una confesión cínica de su lugar y el de los proletarios en el capitalismo: "Prole é de proletário. A família requer a propriedade e vice-versa. Quem não tem propriedades deve ter prole. Para trabalhar, os filhos são a fortuna do pobre" (41). Abelardo I confiesa: "minha classe precisa lacaios. A burguesia exige definições! Lacaios sim!" (52). La confesión cínica de *O rei da vela* parece la de un *Don Juan Tenorio* del capitalismo neocolonial, cuyo deseo se despliega en una erótica no del cuerpo sino del capital y de la mercancía. Abelardo I, como Don Juan, presume de sus fechorías y especulaciones financieras (causantes del descalabro del café) y, de paso, revela su dependencia del capital inglés y norteamericano:

> O pânico do café. Com dinheiro inglês comprei café nas portas das fazendas desesperadas. De posse de segredos governamentais, joguei duro e certo no café-papel! Amontoei ruínas de um lado e ouro de outro! Mas há o trabalho construtivo, a indústria... Calculei ante a regressão, a volta à vela... sob signo do capital americano (*O rei da vela* 54).

Andrade acude a la metáfora de la voracidad para describir los principios de funcionamiento del capital. Abelardo I defiende ante su novia Heloísa *la ley del pez grande y el pez chico* en cuestiones de especulación financiera: "Senhora minha noiva, a concentração do capital é um fenômeno que eu palpo com as minhas mãos. Sob a lei da concorrência, *os fortes comerão sempre os fracos"* (*O rei da vela* 55). Esta "lei" caníbal tiene dimensiones internacionales y neocoloniales, como dice Abelardo I:

> Os ingleses e americanos temem por nós. Estamos ligados ao destino deles. Devemos tudo, o que temos e o que não temos... Os países inferiores têm que trabalhar para os países superiores como os pobres trabalham para os ricos. Você acredita que Nova York teria aquelas babéis vivas de arranha-céus e as vinte mil pernas mais bonitas da terra se não se trabalhasse para Wall street de Ribeirão Preto a Cingapura, de Manaus a Liberia? (*O rei da vela* 55, 56).

El segundo acto, que desarrolla un enredo familiar, sucede en una isla paradisíaca y tropical en la bahía de Guanabara donde hay mujeres semidesnudas y hermafroditas. Aunque Abelardo I está prometido en matrimonio con Heloísa de Lesbos, prácticamente le ofrece su prometida al norteamericano Mister Jones, con quien ésta pasa largas horas. Abelardo I no siente celos de los avances del banquero norteamericano. Mientras tanto, se insinúa a su futura suegra y a la tía Poloca (Polaquinha). Andrade asocia el homosexualismo presunto de Heloísa y de su hermano Totó Fruta do Conde, y especialmente los cuernos voluntarios de Abelardo I, a las depravaciones económicas de la burguesía nacional dependiente frente al capitalismo (neo)colonial. Una burguesía que como dice el personaje Abelardo I pasa fácilmente del liberalismo al fascismo; con pasmosa lucidez el personaje de Andrade anuncia la ineludible torsión autoritaria y fascista de todos los liberalismos. Dice Abelardo I:

> há um momento em que a burguesia abandona a sua velha máscara liberal. Declára-se cansada de carregar nos ombros os ideais de justiça da humanidade, as conquistas da civilização e outras besteiras! Organiza-se como classe. Policialmente. Esse momento já soou na Itália e implanta-se pouco a pouco nos países onde o proletariado é fraco e dividido (*O rei da vela* 75).

Tarde o temprano el estado liberal deviene estado policial; es sólo cuestión de tiempo para que el monstruo detrás de la máscara se deshaga de los ideales de justicia, humanidad y civilización y exprese su verdadera vocación que no es democrática sino policial. La obra termina cuando Abelardo I, quebrado financieramente por las maniobras de Abelardo II, se suicida[125]. Abelardo I es reemplazado por Abelardo II quien se casa con Heloísa. Los capitalistas que devoran

---

[125] Burlándose de su propia clase Andrade presenta a Abelardo I quebrado hablando de revolución: "Ah! Ah! Moscou irradia no coração dos oprimidos de toda a terra!" (*O rei da vela* 85).

al trabajador se devoran también entre sí: el capitalista grande se come al pequeño conforme a la ley de la jungla económica. Con el suicidio del rey de las velas la ironía se cierra y se abre; como la aguda lectura de David George señala: "la 'vela' se vuelve un símbolo de la muerte, 'velorio'" y del destino que le depara al Brasil dependiente; al mismo tiempo, una vela (Abelardo I) es reemplazada por otra (Abelardo II) en el "ciclo incesante de la no-historia de todos los países latinoamericanos según el enfoque antiimperialista de Oswald de Andrade" (57). Mr. Jones tiene la última palabra de la obra: *"Oh! Good business"* (88).

O rei da vela esquematiza ciertos lugares comunes del marxismo pero aunque en muchos sentidos sea una obra panfletaria no se reduce al panfleto, ni es un mero ejercicio literario vanguardista, aunque sea evidentemente una obra de teatro con innumerables recursos de vanguardia, como la autorreflexión metaficticia y el uso del absurdo. Siendo una obra con una tesis marxista y de rechazo del "sarampión antropofágico" paradójicamente, será –de todos los trabajos de Andrade– el que conectará al Modernismo antropofágico, con el movimiento *Tropicália* a fines de los años 60 (Cap. VII §7).

6. Utopía antropofágica y "as sopas do capitalismo"

La crítica del Modernismo por los modernistas se vuelve la regla después de 1930. Hay innumerables retractaciones por la levedad vanguardista y un sentimiento generalizado de culpabilidad que muchos de los modernistas arrastrarán por décadas. Por ejemplo, dice Mário de Andrade:

> es melancólico llegar así al crepúsculo, sin contar con la solidaridad de uno mismo. [...] Mi pasado ya no es más mi compañero. Yo desconfío de mi pasado [...] Yo creo que *los modernistas de la Semana de Arte Moderno no debemos servir de ejemplo a nadie*. Pero podemos servir de lección. [...] a pesar de nuestra actualidad, de nuestra nacionalidad, de nuestra universalidad, a una cosa no ayudamos verdaderamente, de una cosa no participamos: el mejoramiento social del hombre. [...] que los demás no se sienten como yo a la orilla del camino a ver pasar la multitud. Dedíquense o no al arte, las ciencias, los oficios. Pero [...] Marchen con las multitudes ("El movimiento modernista" 201, 202).

Haciendo memoria del fin de la primera *Antropofagia* (1928-1930), Oswald de Andrade recordaba en una entrevista poco antes de morir:

> Em 1930, arriamos bandeira. É que surgiram os que eu chamo os "Búfalos do Nordeste", trazendo nos cornos a questão social. Arriamos bandeira, esmagados por uma espécie de sentimento de culpa: nós representávamos, embora inconsciente-

mente, uma mentalidade capitalista exportadora. Não éramos capitalistas. Nem eu nem Mário éramos industriais [...] *Vivíamos, em verdade, das sopas do capitalismo* ([1954], *Os dentes do dragão* 222).

Como vimos, después de la crisis económica Andrade se declara comunista y se retracta del "sarampión antropofágico". Con todo, la actitud vanguardista de su nueva publicación *O homem do povo* y la anarco-novela *Serafim* indican la heterodoxia –modernista– de su marxismo. El temperamento del escritor y su alergia temperamental a la disciplina doctrinaria hicieron difícil su militancia. Básicamente no se le tomaba en serio. Geraldo Ferraz, secretario de la *Revista de Antropofagia*, recordaba en 1977: "Oswald de Andrade era um comunista que ninguém acreditava, nem o partido, nem a polícia" (Boaventura, *A vanguarda*, 207).

En 1945 termina la Guerra Mundial, el *Estado Novo* de Getúlio Vargas llega a su fin, se legaliza el PCB[126] y Andrade rompe con el mismo. Dos circunstancias precipitan dicha ruptura: por una parte, Andrade se había sentido marginado del partido por la presencia de Jorge Amado, el "intelectual oficial del partido", con quien Andrade entra en una amarga controversia (Fonseca 249-251). Por otra, Andrade era un firme creyente en la alianzas entre el proletariado y la burguesía progresista (Aliança Nacional Libertadora), posición en pugna con la línea dura del partido.

mas para Oswald a CBOP (Comissão Nacional de Organização Proletária) e Prestes foram incapazes de aproveitar a conjuntura entre os comícios de Rio [...] e São Paulo [...] em 1945. Por outro lado, Oswald discordava do tratamento dado aos escritores e aos artistas pela direção do partido, que não "teve sensibilidade para aproveitar o potencial da contribuição de renomados intelectuais" (Caio Prado Jr., Monteiro Lobato, Carlos Drummond de Andrade) (Boaventura, "Os dentes do dragão Oswald" 8, 9).

Andrade rompe con el PCB y regresa a la *Antropofagia*. *Regresa*, claro, es un decir. Esta segunda *Antropofagia* pos-marxista (*Antropofagia II*) retoma algunos aspectos utópicos del "Manifesto antropófago". Sin embargo, ahora acude a la exposición académica y a la tesis, en contraste con la fragmentariedad discursiva y voluntad irracionalista de la primera *Antropofagia*. Mientras que en 1928 la utopía se expresaba mediante la contradicción, el fragmento anárquico y el escolio surrealista que resiste a la unidad de sentido, *Antropofagia II* intenta probar sistemáticamente la verdad utópica que invoca.

---

[126] Por un breve período que termina en 1947. "La apertura política tiene vida corta. Durante el gobierno [de Eurico] Dutra el país vuelve al clima de la "caza de brujas" ahora ya como parte de la *Guerra fría* (Fonseca 252).

Su programa es la emancipación del ser humano de la monogamia y del trabajo, el cambio del neg-ocio por el ocio lúdico (que se alcanzaría con la tecnificación de la producción) y el reemplazo de Estado patriarcal por el matriarcado de Pindorama. Esta utopía será motivo de varias reflexiones y textos entre los que están "Um aspecto antropofágico da cultura brasileira: o homem cordial" (1950), "A crise da filosofia messiânica" (1950) –trabajo para optar a la cátedra de filosofía de la Facultad de filosofía de la Universidad de São Paulo– y "A marcha das utopias" (1953) (101-209)[127].

"Um aspecto antropofágico da cultura brasileira: o homem cordial" (1950) constituye el más sorprendente de estos textos y –acaso por su brevedad– el más descuidado por la crítica. Desde el primer párrafo reconocemos un alcance filosófico que no tienen sus más extensas tesis:

> Pode-se chamar de alteridade ao sentimento do outro, isto é, de ver-se o outro em si, de constatar-se em si o desastre, a mortificação ou a alegria do outro. Passa a ser assim esse termo o oposto do que significa no vocabulário existencial de Charles Baudelaire–isto é, o sentimento de ser outro, diferente, isolado e contrario. A alteridade é no Brasil um dos sinais remanescentes da cultura matriarcal ("Um aspecto antropofágico" 157).

La propuesta antropofágica supone que la vida es comunión con ese otro que nos constituye y del cual dependemos para ser. Empero, la utopía de *Antropofagia II* toma otro camino; en "A crise da filosofia messiânica" (1950) y "A marcha das utopias" (1953), depende menos de la alteridad "remanescente"[128] que de un programa de desarrollo tecnológico industrial que Andrade consideró la clave de la emancipación del futuro. *Antropofagia II* es –según Augusto de Campos– "uma filosofia do primitivo tecnizado" (*Poesia* 123, 124). Los alcances de la tecnología devolverían al hombre su libertad y felicidad natural. La cultura antropofágica reemplazaría a la mesiánica (basada en la autoridad paterna, la propiedad privada y el Estado), y un nuevo "salvaje" sensual, perezoso y festivo sustituiría al trabajador alienado. El antropófago devoraría la Modernidad para fundar otra en el ocio lúdico (fundamento del matriarcado) contra la "imoralidade fecunda" del negocio o "negação do ócio" (imperativo del patriarcado) (128). Pero... ¿cómo se alcanzaría este mundo de dichosa pereza? "A crise da filosofia messiânica" (1950) especula sobre la posibilidad de un *hombre natural tecnificado,* que sería el producto de la síntesis entre el *hombre natural,* cuyo mundo

---

[127] También en su largo ensayo "O antropófago" que dejó incompleto (233-284).

[128] La "inocencia caníbal" y el cuerpo femenino undívago y sensual marcan esta nueva cartografía del deseo. Como en 1928, el sujeto emancipado es implícitamente masculino; la alteridad "femenina" es su artefacto de redención.

fue el del matriarcado, y el *hombre civilizado*, producto de la revolución patriarcal ("A crise" 101-155).

Hombre natural >	hombre civilizado >	hombre natural tecnificado
(Edad dorada)	(Patriarcado)	(Tecno-utopía)

El paso de la "promiscuidad originaria" y el matriarcado al patriarcado monogámico monoteísta[129] y envuelto en el "drama de la herencia y de la propiedad privada" habría ocurrido cuando "o homem deixou de devorar o homem para fazê-lo seu escravo" con lo que habría comenzado la lucha de clases y el mesianismo que sustenta el sistema autoritario patriarcal ("A crise" 104 y ss.). Dicho de otra manera, la "baixa antropofagia" a la que se refería en el "Manifesto" (*RA* 1ª, 1: 3) corresponde a la trágica transformación de una sociedad caníbal y orgiástica en una sociedad de trabajadores. El imperativo del trabajo habría requerido del autoritarismo y de una promesa de recompensa futura que proveyeron las religiones monoteístas. Éstas cambiaron la felicidad caníbal por la obediencia del esclavo, del hijo, del trabajador y del ciudadano; y el ocio colectivo, por el sacerdocio exclusivista y el negocio ("A crise" 106, 128).

Andrade pensaba que la contradicción entre naturaleza-matriarcado (tesis) y civilización-patriarcado (antítesis) daría lugar a una superación de ambas cosas (síntesis). De la civilización quedaría el progreso y se aboliría el mesianismo represivo dándole a la naturaleza lúdica otra oportunidad en la tierra. Los desarrollos técnicos abrirían la posibilidad de la realización de dicha utopía:

> No mundo supertecnizado, que se anuncia, quando caírem as barreiras finais do Patriarcado, o homem poderá cevar a sua preguiça inata, mãe da fantasia, da invenção e do amor. E restituir a si mesmo, no fim do seu longo estado de negatividade, na síntese, enfim, da técnica que, é civilização e da vida natural que é cultura, seu instinto lúdico. Sobre a *Faber*, o *Viator* e o *Sapiens*, prevalecerá então o *Homo Ludens* ("A crise" 106).

Para Andrade, "só a restauração tecnizada duma cultura antropofágica resolveria os problemas atuais do homem e da Filosofia" ("A crise" 146). Estos entusiasmos tecnológicos ya estaban en el futurismo de la *Semana*, en el sintagma "Só a maquinaria" del MA y, especialmente, en la propuesta de *O homem do povo*: "queremos a revolução nacional como etapa de harmonia planetária que nos promete a era da maquinaria" (1:1). El optimismo respecto a las posibilidades

---

[129] La obediencia a Dios es correlativa de la obediencia al amo, padre, gobernante, rey, Estado ("A crise" 112-122).

liberadoras del progreso tecnológico había rondado ya al pensamiento marxista[130]. Como recuerda Roberto Schwarz, el propio Marx "en la carta famosa a Vera Sassilitch (1881) especulaba sobre una hipótesis parecida, según la cual la comuna campesina rusa llegaría al socialismo sin interregno capitalista, gracias a los medios que el progreso ponía a su disposición" ("Nacional por substracción" 279).

No creo acertado concebir "A crise da filosofia messiânica" (1950) –ni en general la segunda *Antropofagia*– "como una larga posdata al Manifesto" como cree Castro-Klarén[131] sin establecer sus discontinuidades y profundas diferencias discursivas e histórico-culturales. La utopía es el común denominador de ambas *Antropofagias*; pero la *Antropofagia* de 1928 y 1929 –que no es unívoca y difiere por ejemplo de Andrade a Costa, de Tarsila a Bopp, y de la primera a la segunda "dentição"– no es la misma de comienzos de la década de 1950 (posterior al marxismo de Andrade y a sus lecturas existencialistas, al *Estado Novo*, a Getúlio, etc.). Hacer de *Antropofagia II* una posdata de la primera *Antropofagia* (o peor, un segundo momento del MA) corre el riesgo de reducir la polifonía confusa del anarco-proyecto antiacadémico, colectivo y heterogéneo del Modernismo antropófago y la amplia y divergente textualidad de la *RA* (en sus dos *dentições*), al discurso de uno de sus representantes, hecho veinte años después para darle una expresión filosófica más o menos sistémica a *Antropofagia*. Los trabajos de comienzos de los años 50 son tesis con pretensiones académicas, con bibliografías, con exposiciones eruditas y despliegue lógico, con historias que comienzan en Grecia y Homero y continúan en Europa, con más "especulação" que "adivinhação"; todo lo cual plantea un evidente contraste con el *collage* anti-racionalista, la inorganicidad y la fragmentariedad surrealista que podemos ver en el Manifesto y otros escritos de la *Revista*. *Antropofagia II* proponía la liberación del tiempo disciplinario organizado alrededor de la jornada de trabajo y de las horas de negocios, por el tiempo participativo de la fiesta y de la risa. Pero lo hacia sin fiesta y sin risa; apenas como una cita desvalida, seria y sesuda de la carnavalización modernista de 1928. El "suprimamos as

---

[130] En las ideas de Andrade resuenan las de Paul Lafargue en reproche a los filósofos del capitalismo: "no entienden que la máquina es el redentor de la humanidad, el dios que rescatará al hombre de las sórdidas artes y del trabajo asalariado, el dios que le dará el tiempo libre y la libertad" (Appendix, *The Right to Be Lazy*, 1883). Lafargue, pesimista, lamentaba que en la práctica la máquina en vez de liberar al hombre reduplicaba su explotación.

[131] Castro-Klarén sostiene que *"A Crise da Filosofia Messiânica* tendría que leerse como una larga posdata al "Manifesto antropófago" porque en este texto aparece con mayor rigor expositivo la influencia de Nietzsche sobre la meditación de Oswald en cuanto al matriarcado y la antropofagia. Sólo así ambos textos alcanzan su potencialidad" ("El 'Manifesto antropófago'" 247, 248).

idéias" del MA se convierte en *expongámoslas*. La crítica a la razón socrática[132] de *Antropofagia II* se expresa en un planteamiento metodológicamente hegeliano (de la mano de la exégesis de Kojeve). Andrade valora además, la aparición racionalista de Descartes como momento fundamental del nacimiento de la conciencia moderna ("A crise" 127, 130). En "O antropófago" –un ensayo inconcluso (c 1954)– reitera:

> O importante foi René Descartes ter criado, contra um mundo de aberrações místicas e de esclerose espiritual, o racionalismo. [...]. Descartes foi, na metodologia intelectual e pedagógica, o criador do prego, isto é, da idéia irrefutável. O que representa no século XVII a vida e obra de René Descartes, é um monumento de sabedoria, de bom senso e de cultura (258, 259).

La valoración del racionalismo moderno (Descartes) y el uso de una presentación dialéctica de la historia no son propiamente elementos desestabilizadores del patriarcado; como no lo es la constante autorización epistemológica en la etnografía y en el psicoanálisis. Esta no será la única de sus contradicciones. "A crise da filosofia messiânica" retoma el aspecto utópico de *Antropofagia* (como alternativa de la modernidad capitalista) pero su imaginación de la sociedad sin Estado y del fin de la sujeción humana ocurre específicamente por virtud la hipóstasis de la Revolución industrial. Así, la fe en la Modernidad acalla el horror a la misma; horror que está en la condición discursiva misma del pensamiento utópico. La utopía supone junto con cierto optimismo en el futuro, la visión de lo que Giddens llama "el 'lado oscuro' de la modernidad" (*The Consequenses* 9), que es precisamente aquello respecto de lo cual, la utopía moderna propone su alternativa. Herbert Marcuse, justamente, vio en el arte la función de negar el presente mediante su extrañamiento utópico para anticipar los caminos de una nueva sociedad (*La dimensión estética*). Pero *Antropofagia II* plantea la realización utópica no como ruptura sino como continuidad del presente que rechaza. No es casual ni insignificante que esta utopía se proponga en el contexto de la economía brasileña de la posguerra, la estalinización de los partidos comunistas latinoamericanos, la desilusión frente a la revolución de la URSS y las soluciones reformistas o eclécticas a los males del capitalismo. Entre ambas *Antropofagias* –no lo olvidemos– están además de las lecturas del

---

[132] La decadencia de la Grecia dionisíaca ocurre, según Oswald de Andrade (siguiendo de manera más o menos laxa a Nietzsche), con la instalación de la razón y enseñanzas socráticas: "Contra o politeísmo, ele lança o Deus único. Contra o sentido precário da vida de Heráclito, ele lança a imortalidade da alma. Contra a visão conflitual do mundo de Empédocles, lança a imutabilidade do bem" ("A crise" 116).

existencialismo (Jean Paul Sartre) y del feminismo (Simone de Beauvoir), la militancia comunista de Andrade, la transformación de su marxismo hacia el *browderismo* y su renuncia al PCB. *Antropofagia II* está enmarcada entre la crisis que Andrade ve en el horizonte emancipador marxista y su optimismo en el modelo de desarrollo[133].

Desde 1945 Andrade había empezado a proponer una unión de fuerzas que incluirían a la burguesía progresista y a los industriales; una suerte de "frente popular" de posguerra. Seguía de cerca la orientación del secretario general del partido comunista de los Estados Unidos, Earl Browder (1871-1973), quien sostenía que era posible la coexistencia y colaboración entre el capitalismo y el socialismo[134]. Andrade, "browderista", distanciado del partido y crítico de la URSS, ve en la dictadura del proletariado soviética una traición al sentido liberador del socialismo, la negación del hombre natural y un Estado autoritario (el estalinista) que niega el ocio por una versión estatal del negocio:

> O marxismo militante engajou-se na economia do Haber (Patriarcado) escapando às injunções históricas da economia do Ser (Matriarcado). E na alienação, no dinheiro, na filosofia do dinheiro, prossegue dentro da atualidade russa o surto enunciado pela economia do renascentismo. O Estado assume a idolatria do dinheiro ("A crise" 137).

La "baixa antropofagia" de ahora es la de "uma ditadura de partido (fascismo) [que] sub-repticiamente se substituiu à enunciada ditadura de classe para querer *engolir* o mundo com um novo messianismo tipicamente sectário" (Andrade, "O antropófago" 236). La redefinición axiológica negativa de "engolir" y su asignación anti-soviética hacen parte de la semántica de la *Guerra fría*. Recordemos que por la misma época el boliviano Raúl Botelho Gosálvez decía que Calibán era la URSS y su "voraz imperialismo político" (17) (Cap IV §5).

Los avances tecnológicos durante las décadas de 1940 y 1950 renuevan las promesas modernistas. La posguerra con su optimismo y nuevo impulso modernizador ofrece las condiciones para la exhumación de *Antropofagia* como una tecno-utopía. *Antropofagia II* es una utopía industrial/pos-industrial que imagina la liberación del trabajo, pero abandona la idea marxista de la libera-

---

[133] Algo similar ocurre en algunos sectores del pensamiento marxista latinoamericano. Pensemos en ensayos como "Por la industrialización de México" (1944) de Vicente Lombardo Toledano, o "Los comunistas argentinos y el peronismo" (1945) de Vittorio Codovilla.

[134] Browder propone un frente progresista de colaboración política en contra del fascismo (*The People's Front* 1938). Browder fue removido de la secretaría en 1944 por razón de su tesis y luego fue expulsado del partido en 1946.

ción del régimen del capital. Oswald llega hasta el punto de hablar de la "revolución de los gerentes"[135] como "o melhor esquema para uma sociedade controlada que suprima pouco a pouco o Estado, a propriedade privada e a família indissolúvel, ou seja as formas essenciais do Patriarcado" ("A crise" 147). Como sucede con el arielismo en Hispanoamérica, *Antropofagia II* cancela la noción de lucha de clases. Su visión del futuro incluía un mundo con tal sofisticación tecnológica del capitalismo industrial, que las máquinas trabajarían solas y la humanidad entraría en el paraíso del ocio: "o mundo do trabalho, graças à técnica e ao progresso humano, passa os encargos sociais para a máquina e procura realizar na terra o ócio prometido pelas religiões no céu" (145). La tecno-utopía de la segunda *Antropofagia* anunciaba el fin de la razón de Occidente al mismo tiempo que expresaba una fe ciega en las máquinas y el progreso industrial sólo comparable con el optimismo futurista de los orígenes del Modernismo. Sólo así podía imaginar una "revolución" pactada con el capitalismo, alcanzada por la sola ruptura del orden patriarcal y la generosidad de los avances técnicos de la producción industrial. La confianza antropofágica en el progreso y en la ciencia en los primeros años de la década de 1950 no parece una ruptura con los ideales de la Ilustración, sino su continuidad: gracias a los avances técnicos y científicos los trabajadores tendrían cada vez más tiempo para el ocio, el amor y la imaginación, hasta que el "progreso" finalmente hiciera que "os fusos trabalharem sozinhos" ("A marcha das utopias" 173) y su rumor lejano acompañase la eterna fiesta de la vida: la fiesta caníbal. Al final, esta fiesta resulta siendo, como sabemos, *revolución de los gerentes*. La observación de Andrade sobre la primera *Antropofagia* es extensiva a la segunda, con todo y sus votos por la liberación del ser humano: "Vivíamos, em verdade, das sopas do capitalismo" ([1954], *Os dentes do dragão* 222). La utopía de Andrade veía en el futuro el maná del paraíso entre las mil delicias de un nuevo matriarcado de Pindorama, pero tenía –como todos nosotros– que vivir de las sopas del presente.

Descontado su optimismo desarrollista y la confianza de época en la reforma del capitalismo y las promesas liberadoras de la tecnología, *Antropofagia II* anunciaba un tiempo-otro que sigue teniendo vigencia aún hoy en medio del desencanto posmoderno: el tiempo de la liberación de la alienación del trabajo y de los cuerpos sometidos a la "baixa antropofagia" del capital.

---

[135] Título del libro de James Burnham (1905-1987), *The Managerial Revolution; What is Happening in the World*.

CAPÍTULO VI

Calibanismo: modulaciones de la voz del monstruo

> Venimos desde Homero, en pleno riesgo de naufragio,
> Caribdis, y desde Shakespeare, en plena tempestad, Calibán.
> Todo lo que respira con el aliento de un animal oscuro vestido
> de lentejuelas es el Caribe.
>
> Sergio Ramírez, "Una tierra bárbara" en *Exzentrische Räume,* 18

El *Otro* come cosas repugnantes o prohibidas, no habla sino que *balbucea* ininteligiblemente, lo mueven los instintos y las pasiones en vez de la razón, los objetos de sus apetitos sexuales son deshonestos o tabú, y físicamente tiene alguna marca de monstruosidad que lo ubica en la sub-humanidad teratológica. El Calibán de Shakespeare es, en este sentido, una alteridad paradigmática: su nombre es una variación anagramática de la palabra *caníbal*, habla "mal" la lengua de Próspero, es un "salvaje que ignorando [...su] propia significación" balbucea (*gabble*) "como un bruto" (119), intenta violar a Miranda, la hija de su amo, objeto prohibido en la economía sexual de la isla, y amenaza con el mestizaje y la polución racial (118, 119). Asimismo, es insistentemente descrito como un "esclavo ponzoñoso" (117) y "salvaje" (119) y su monstruosidad es aludida de muchas maneras: es llamado "tortuga" (116), "extraño pez", "indígena" (148), "monstruo abominable" (154), "mitad pez mitad monstruo" (164) "demonio" (194) y "sirviente disforme" (214).

Significante cultural maleable de tiempos y posiciones políticas distintas, Calibán ha sido representado como aborigen caribe, caníbal, criminal, esclavo insurrecto, masa revolucionaria de la Comuna, líder populista y eslabón perdido darwinista; ha representado la vulgaridad democrática, el materialismo capitalista de la Modernidad, el imperialismo norteamericano, la plebe y los inmigrantes, el proletario y los campesinos. En el capítulo IV exploré algunos textos y procesos histórico-culturales de resignificación en los que Calibán fue el personaje conceptual de diversas alteridades. Del mismo modo, vimos cómo las insurgencias calibánicas en el espacio nacional ponen en jaque la identificación latinoamericana con Ariel y evidencian una concepción elitista de la cultura en un momento de grandes agitaciones y luchas sociales, cuando el despreciado y temido *Otro* calibánico –el enemigo interno que "nos habita" como decía Diez de Medina– convulsiona, fragmenta y desafía políticamente la hegemonía cultural y política de las burguesías nacionales y los regímenes de explotación del trabajo, propiedad y tenencia de la tierra. Para soslayar la categoría de lucha de clases los *arielismos* nacionalistas de la primera mitad del siglo XX ofrecieron definiciones orgánicas, psicologistas y esencialistas del *ser nacional* u ofrecer alternativas discursivas sincretistas como la ideología del mestizaje, el hispanismo o los relatos indigenistas. Por otra parte, conforme se analizó en el Capítulo V, la vanguardia brasileña apropió el canibalismo como tropo cultural de una modernidad estética que se quebró –como el *arielismo* hispanoamericano– en la crisis de 1929. El descalabro de las economías periféricas acabó a dos manos con la ensoñación arielista y la fiesta antropófaga.

La irrupción del marxismo como herramienta de pensamiento y de crítica del imperialismo y del (neo)colonialismo, las revisiones historiográficas en países en proceso de descolonización, la avanzada contracolonial caribeña después de la *Segunda Guerra Mundial* y la Revolución cubana produjeron una segunda ola de metáforas políticas y apropiaciones simbólicas de *The Tempest*: el *calibanismo*. Este impulso descolonizador acomete la relectura crítica del *arielismo* y del psicologuismo social neocolonialista que hablaba de la necesidad que Calibán tenía de Próspero. Calibán es entonces adoptado como *personaje conceptual* de la identidad latinoamericana. Estas apropiaciones, por supuesto, tienen que ver menos con Shakespeare que con sus lecturas en la periferia colonial y (neo)colonial, y con circunstancias políticas que determinan *tendenciosamente*, si se quiere, la significación simbólica de sus personajes. Harold Bloom, notablemente exasperado, señalaba:

> Estamos ahora en la *era de Calibán*, en lugar de en el tiempo de Ariel o en el de Próspero. Es probable que por estos días nuestro artículo políticamente correcto arquetípico se titule "Calibán y el discurso del colonialismo", o "Ariel y la economía de la explotación", o incluso "Próspero y el mercantilismo". [...] Ahora *Calibán es un héroe de nuestra contemporánea escuela del resentimiento, que lo ha convertido en una alegoría antiimperialista.* [...] Calibán es un rebelde inauténtico, una parodia del explotado, el insultado, el injuriado (*Caliban* 1, 2, 4).

Evidentemente, y para los efectos de este trabajo, nos interesan más las pérfidas lecturas y apropiaciones de la *escuela tercermundista del resentimiento* que los impecables ejercicios filológicos de los estudios shakesperianos. Este capítulo trata de algunas de las más importantes y representativas resemantizaciones que tanto irritan a Bloom[1]; es decir, de las versiones contra-coloniales de *The Tem-*

---

[1] No sólo a Bloom sino a un amplio sector académico asociado a los estudios shakesperianos y refractario a las lecturas poscoloniales de *The Tempest* (ej.: Brian Vickers) incluso desde posiciones

pest, en Latinoamérica y el Caribe; a saber: 1) La revisión historiográfica –de *matriz calibánica*– de la Revolución haitiana y su articulación a la crítica contra el (neo)colonialismo en el Caribe. 2) Los discursos contra-coloniales de re-narración de la historia y la proposición de Calibán como personaje conceptual de la identidad poscolonial afrocaribeña. 3) El *calibanismo* latinoamericanista de la Revolución cubana en la difícil coyuntura económica y política de finales de los años 60. 4) la representación afro-calibánica de la Revolución cubana. 5) Las críticas feministas al *"calibanismo heroico"* y a la concepción androcéntrica de la cultura que propugna implícita o explícitamente este escenario conceptual.

1. ÉRASE UNA VEZ EN HAITÍ

> As generally understood, Voodoo means the persistence, in *Hayti*, of abominable magic, mysteries, and *cannibalism*, brought originally by the negroes from Africa (*OED Daily News* junio 5 1888: 5/1).

> Eh! Eh! Bomba! Heu! Heu!
> Canga, bafio té!
> Canga, mouné de lé!
> Canga do ki la!
> Canga li!
> Juramento de guerra de los esclavos en Haití[2]

De regreso de Panamá (de una inspección de las obras del Canal) en noviembre de 1906, a bordo del *U.S.S. Louisiana*, Theodore Roosevelt les escribía a sus hijos una carta en la que les hablaba de la historia colonial del Caribe, de su decadencia y de la misión civilizadora de los Estados Unidos en el área:

> Estos son mares históricos; mamá y yo no hemos dejado de pensar en todo lo que ha pasado desde que Colón desembarcó en San Salvador (que también hemos visitado): los exploradores españoles, los bucaneros, los perros de mar y aventureros ingleses y holandeses, las grandiosas flotas inglesas y francesas, la lucha desesperada, los triunfos, las pestes y, entre todas esas turbulencias, el esplendor y la perversidad, y la ardiente y malvada vida agitada de los dueños de plantaciones y esclavos, españoles,

---

pretendidamente eclécticas (ej.: Meredith Skura). Peter Hulme hace un atinado análisis de la práctica de citación apócrifa de Skura en su ensayo "Stormy Weather: Misreading the Postcolonial Tempest".

[2] "Juramos destruir a los blancos y todo lo que poseen; muramos antes que faltar a este juramento" (en The *Black Jacobins* de C.L.R. James 18, y *The Pleasures of Exile* de George Lamming, 124).

franceses, ingleses y holandeses; –su exterminio de los indios, y la *importación de los negros esclavos, la decadencia de la mayoría de las islas, la conversión de Haití en una tierra de negros salvajes, quienes han tornado al voduismo y al canibalismo; los esfuerzos que ahora estamos haciendo para desarrollar a Cuba y Puerto Rico.* (*Theodore Roosevelt's Letters to His Children* 94. "Events Since Columbus's Discovery")[3].

El (neo)colonialismo norteamericano en el Caribe mira nostálgicamente al colonialismo "clásico", evocando una época grandiosa ida y construye su lugar geopolítico en el presente mediante la afirmación de la decadencia de las islas en las que interviene y la referencia explícita al salvaje Haití, negro y caníbal. El *principio africano* hegeliano, organizado alrededor del tropo caníbal, seguía funcionando. Haití era la prueba fehaciente de las concepciones racistas del (neo)colonialismo. "Confirmaba" a las potencias europeas que aún tenían colonias en el área y a los Estados Unidos (que desde 1898 habían definido el Caribe como un "*Mare nostrum*") que había una misión civilizadora en las prácticas imperiales, que el "colored native" de las Antillas era un niño necesitado de autoridad y que sin ella ocurriría inevitablemente una regresión al salvajismo, a los apetitos monstruosos, al desorden político, la carnicería y el canibalismo. De allí, que el eufemismo de Roosevelt ("los esfuerzos que ahora estamos haciendo para desarrollar a Cuba y Puerto Rico") presente el (neo)colonialismo como una necesidad y una responsabilidad; más o menos en el mismo orden axiológico que Edward Long (1734-1813) en su *The History of Jamaica* (1774) sostenía que al hacer esclavos a los angoleños y llevarlos a las plantaciones de Jamaica, se los salvaba del sacrificio y de ser comidos, y en últimas se les ofrecía la oportunidad de hacerse civilizados (3: 351-383).

En el propio Caribe hispano (neo)colonial, en Puerto Rico, el *principio africano* y el salvaje negro caníbal hicieron carrera. Luis Palés Matos (1898-1959), uno de los iniciadores del negrismo, propuso durante los años 20 y 30 una cultura nacional afrocaribeña (alternativa al hispanismo y a la figura nacional populista del "jíbaro"). Pero conjuntamente con esta "reivindicación" nacionalista afrohispánica, Palés Matos atiborra sus poemas "criollos" de negros caníbales,

---

[3] "These are historic seas and Mother and I have kept thinking of all that has happened in them since Columbus landed at San Salvador (which we also saw), the Spanish explorers, the buccaneers, the English and Dutch sea-dogs and adventurers, the great English and French fleets, the desperate fighting, the triumphs, the pestilences, of all the turbulence, the splendor and the wickedness, and the hot, evil, riotous life of the old planters and slave-owners, Spanish, French, English, and Dutch;—their extermination of the Indians, and bringing in of negro slaves, the decay of most of the islands, the turning of Hayti into a land of savage negroes, who have reverted to voodooism and cannibalism; the effort we are now making to bring Cuba and Porto Rico forward".

negras libidinosas y danzas vudú (ver *Tuntún de pasa y grifería* 1937)[4]. En el poema "Danza caníbal", retitulado más tarde como "Candombe", negros y negras lúbricas (no olvidemos la fijación fetichista de Palés Matos) "bailan, bailan, bailan" alrededor de una fogata mostrando sus "dientes feroces de lascivia" (216). En otro, un grupo de negros, presumiblemente haitianos, son caníbales confesos: "Ahora comamos carne blanca / con licencia de su mercé / Ahora comamos carne blanca…" ("Falsa canción de Baquine" 212). Como en las imágenes estereotípicas y relatos de exploradores europeos de los siglos XVIII y XIX, en la poesía de Palés Matos los negros de las tribus africanas bailan en festines salvajes y son todos sensuales, brujos y caníbales:

> Ñam, ñam. En la carne blanca
> los dientes negros—ñam, ñam.
> Las tijeras de las bocas
> sobre los muslos—ñam, ñam
>
> . . . .
>
> Ñam, ñam. África mastica
> en el silencio—ñam, ñam,
> su cena de exploradores
> y misioneros—ñam, ñam.
>
> . . . .
>
> Asia sueña su nirvana,
> América baila el jazz.
> Europa juega y teoriza,
> África gruñe: ñam, ñam ("Ñam, ñam" 204, 205).
>
> Venid, hermanos, al baile
> Bailad la danza del dios negro
> alrededor de la fogata
> donde arde el blanco prisionero ("Bombo" 214).

La revolución antiesclavista de Haití es objeto de una burla con ecos quevedianos. "Elegía del Duque de la mermelada" (1930) ridiculiza la pompa del reino Christophe en Haití con una especie de *ubi sunt* que lamenta sarcásticamente: "Ya no comerás el suculento asado de niño" (223).

La representación del negro caribeño en Palés Matos se aparta de la versión proletaria del sujeto explotado por las agro-industrias y compañías azucareras (neo)coloniales que operaban en el área; *"su negro"* no es aquel sujeto de los barrios marginales cuya mirada de odio lo había aterrorizado en el poema "Esta

---

[4] *Tuntún de pasa y grifería* recoge diversos poemas publicados en revistas entre 1926 y 1937.

noche he pasado por un pueblo de negros": "los hombres me miran hostilmente /.../ La pompa jocunda de las tribus ha muerto. /.../ Les queda /.../ el odio milenario del blanco" 105). El negro de la poesía negrista *regresa* en una expresión tribal; una especie de pintoresquismo del *principio africano* reemplaza –con su sensualidad, carnalidad y salvajismo–la dura cara del cortador de caña y el obrero:

> Cuba—ñáñigo y bachata –
> Haití—vodú y calabaza –
> Puerto Rico—Burundanga –
> Mira que te coge el ñáñigo,
> niña no salgas de la casa.
> Mira que te coge el ñáñigo,
> Del jueguito de la Habana.
> *Con tu carne hará gandinga,*
> *con tu seso mermelada;*
> ñáñigo carabalí
> de la manigua cubana
> . . . .
> y Haití, fiero y enigmático,
> hierve como una amenaza.
> Es el vodú. La tremenda
> hora del zombi ("Canción festiva para ser llorada" 240).

Si algo comparten el (neo)colonialismo y el nacionalismo negrista (incluso en sus manifestaciones antiimperialistas y nacionalistas) es el terror a la alteridad étnica que "hierve como una amenaza" (240), y cuyo "ñam, ñam" (forma onomatopéyica del canibalismo) anuncia la revolución social. El nacionalismo puertorriqueño, aunque en conflicto con el (neo)colonialismo norteamericano, no excluye el uso de estereotipos raciales ni la retrospección imaginaria al negro tribal, ni el uso discursivo del *principio africano* con el cual Roosevelt justificaba sus "esfuerzos" para "desarrollar a Cuba y Puerto Rico". Las mismas imágenes racistas –regresión, voduismo, canibalismo– afirmaban la identidad nacional y sostenían la "responsabilidad" colonial.

Como señalaba Frantz Fanon (1925-1961) en *Les damnés de la terre* (1961), las burguesías criollas de los países (neo)coloniales, incluso en sus facciones más liberales, ocupan el lugar del colonizador, se ponen sus zapatos y "trasladan a sus manos las ventajas injustas que son el legado del periodo colonial" (152). Dentro de la misma lógica de continuidad colonial indicada por Fanon, un proceso más perverso tiene lugar: esa burguesía nacional –liberal, paternalista o abiertamente racista– mira a sus otredades (en este caso el trabajador negro, la criada mulata, etc.) con *ojos coloniales*; el colonialismo se va y la colonialidad se queda: la otredad es objeto sexual, económico y estético del deseo; cuerpo apetecido, cuerpo laboral y cuerpo-símbolo nacional. Por otro lado, ese objeto deseado es generatriz de miedos paranoicos y se representa como cuerpo deseante. El *Otro*, el cortador de caña, el obrero, la mulata deseada, se convierten en salvajes caníbales que amenazan con su *ñam ñam*.

La re-significación del personaje conceptual de Calibán gira en torno de esa presencia y peligro (en el sentido dialéctico) que la Modernidad latinoamericana no ha podido exorcizar. Así como *The Tempest* coadyuvó el mito de la misión civilizadora y la razón colonial, inversamente proveyó la matriz de una lectura contracolonial del mismo mito y del (neo)colonialismo.

Después de la *Segunda Guerra Mundial,* las tensiones provocadas por el nacionalismo independentista y contracolonial en África, Asia y el Caribe reactivaron los discursos que sostenían que Próspero *era necesario* porque *el colonizado lo necesitaba*, porque sin él, el semi-civilizado Calibán podía volver a ser caníbal. Ésa es en líneas generales la tesis de Octave Mannoni (1899-1989), quien –en el contexto del "urgente problema colonial" francés y ante los movimientos insurreccionales en Madagascar entre 1947 y 1948[5]– identificó a Calibán con los negros africanos y elaboró una justificación pseudo-psicológica y paternalista del colonialismo. Mannoni propuso en *Psychologie de la colonisation* (1950)[6] que Próspero y Calibán (como Crusoe y los caníbales) encarnaban dos prototipos coloniales: el colonizador, con un complejo de inferioridad que se traduce en el deseo de poder y dominio y el nativo, con un *complejo de dependencia*. El europeo es supuestamente movido por fuerzas y complejos infantiles; cierta neurosis creativa lo impulsa a la expansión y al dominio de los *Otros*. Ése sería el origen de su "vocación colonial" (97-104, 108). Próspero sostiene una autoridad patriarcal omnímoda que es desafiada por Calibán, el "hijo desobediente e incorregible" y resentido (106), pero completa e infantilmente dependiente. El infantilismo de Calibán es anterior a Próspero, quien supuestamente habría reemplazado ancestrales instituciones autoritarias anteriores a su arribo (62). El supuesto yerro de Próspero sería que habría reducido a Calibán a la simple servidumbre en lugar de continuar su civilización; esto, a causa del intento de violación de Miranda. Según Mannoni, los miedos y paranoias sexuales propias del orden patriarcal tendrían repercusiones en la contienda entre Próspero y Calibán, pues

---

[5] En la insurrección fueron asesinados seis mil "nativos", cerca de mil soldados y varios cientos de colonos (Rob Nixon 562). La posterior represión del ejército francés dejó 100.000 muertos (Maurice Bloch en Mannoni, v).

[6] Traducido al inglés con el sugestivo título *Prospero and Caliban; the Psychology of Colonization* (1967) que se cita.

Próspero proyectaría en Calibán sus deseos incestuosos sobre la única mujer en la isla (106). Estos análisis a veces afortunados de la paranoia en el espacio colonial, que serían retomados luego por Frantz Fanon –uno de los más severos críticos de Mannoni[7]– están sin embargo planteados dentro de una propuesta de reforma del colonialismo, de supresión de su patología y de justificación pseudo sicoanalítica de sus jerarquías autoritarias y de su pretendida responsabilidad civilizadora. Mannoni interpreta que la conspiración de Calibán no tiene por objeto la independencia "que él no podría manejar" sino cambiar de amo: buscar otro señor a quien lamer los zapatos (107). "Sería –dice– muy difícil encontrar un mejor ejemplo del complejo de dependencia en su estado puro" (106, 107). No la opresión sino la liberalización de las relaciones coloniales habría sido el factor generador de los sentimientos de inseguridad, de los miedos infantiles y de la violencia de los malgaches. Dicho de otra manera, la insurrección en Madagascar no habría sido contra la autoridad y por la independencia, sino por la falta de una autoridad y a causa del complejo de dependencia nativa. Los nativos supuestamente entendían que era –parafraseando un conocido refrán– *mejor Próspero conocido* que *Calibán por conocer*, y se rebelaban contra el primero sin buscar necesariamente el gobierno del segundo:

> Cuando los europeos les dicen [a los malgaches] que no ganarán nada con la independencia, sino que al contrario perderán, pierden su tiempo; los malgaches ya lo saben. Con un gobierno propio en el poder habría mayor arbitrariedad, mayor corrupción, más trabajos forzados, más onerosos impuestos, y así todo. La opresión política sería mayor y las penas más severas [...]. El psicoanalista se encuentra frente a la tarea de explicar cómo miles de hombres pudieron cortejar la muerte en condiciones de combate increíblemente desfavorables a ellos [...]. Ellos entraron en batalla sin esperanza y perseveraron en ella pese al fracaso. Y ésta era gente considerada amante de la paz y sin coraje. [...] ¿De dónde provino esta [energía]? (134).

Como el deseo de independencia está descartado *ab initio*, Mannoni da una explicación "por demás complicada" (como él mismo dice). Juzga que la insurrección fue ocasionada por el abandono que Próspero hizo de su misión civilizadora a causa de su paranoia y deseo de poder absoluto. La queja de Calibán a su amo sería según Mannoni: "tú me abandonaste antes que pudiera convertirme en tu igual... En otras palabras: me enseñaste a ser dependiente y yo era feliz; luego me traicionaste y me hundiste en la inferioridad" (76, 77). ¿Y de dónde provenía ese sentimiento de inseguridad de los nativos? Según Mannoni,

---

[7] Fanon critica a Mannoni en el capítulo "El así llamado complejo de dependencia de las gentes colonizadas" de *Peau noire, masques blancs* (1952) (*Black Skins, White Masks*: 83-108).

de las libertades y garantías civiles que les había otorgado el gobierno colonial (135). El propio autor intuye y se adelanta a la majadería de su argumento:

> Un periódico socialista parisino dijo que era inconcebible que los malgaches se hubieran rebelado contra la supresión de los trabajos forzados y el sistema *indigénat*[8]. *Lógicamente, por supuesto, parece absurdo*, pero psicológicamente no puede ser descartado tan fácilmente. La situación fue intolerable para los nativos, pese a la objetiva seguridad que se les ofrecía, porque les despertó sentimientos subjetivos de abandono y culpa. Se sentían abandonados porque no podían ya estar seguros de la autoridad (136).

Así que la culpa y el miedo infantil a la independencia, como en el caso del niño que pierde a sus padres, habría motivado la insurrección. Razón de sobra tenía Fanon para tener serias dudas sobre la buena fe o la salud mental de Mannoni. La historiografía occidental tradicional ha considerado que los pueblos coloniales no son agentes de la hechura ni de la escritura de su historia y cuando ha registrado los procesos de insurrección contra-colonial, lo ha hecho como actos de traición o de ingratitud para con la patria (contra Próspero, el civilizador *pater* colonial), como una regresión al salvajismo atávico o como actividad patológica o criminal políticamente vacía. En otras palabras, Calibán no es revolucionario sino caníbal, ingrato, traidor, bandido, criminal o infantil. Su tragedia está subordinada al drama político de Próspero; lo suyo no es Historia, sino apéndice monstruoso (y trasfondo) de la Historia. Así, las administraciones coloniales del Caribe en manos de Francia e Inglaterra, y luego de los EE.UU., alegaron sin falta, el peligro de la *haitinización* del área. Haití funcionó como un relato ejemplar. Las repúblicas de negros estaban llamadas al salvajismo, a la regresión y al canibalismo, como decía Roosevelt.

Aunque la lectura romántica de *The Tempest* hecha por William Hazlitt (1818) había cuestionado el derecho del invasor "civilizado" y sostenido que a Calibán le asistía el derecho a resistir, su apropiación afirmativa como personaje contracolonial sólo aparece durante el periodo de descolonización posterior a la *Segunda Guerra Mundial*. Una de las primeras lecturas alternativas –podría decirse "calibánicas"– de la condición colonial fue la que sobre la Revolución haitiana hizo el escritor de Trinidad, Cyril Lionel Robert James (C.L.R. James) (1901-1989). La *revolución olvidada* de Haití había sido largamente demonizada con los estereotipos del *principio africano* por los discursos de la historiografía occidental,

---

[8] *Indigénat* o "Code de l'indigénat" era el estatuto jurídico colonial francés para los sujetos "nativos" que además de ser una reglamentación discriminatoria y humillante regulaba la explotación del trabajo forzado.

los ideólogos del imperialismo y el hispanismo nacionalista. Pese al racismo y europeísmo de la historiografía hegemónica y de las pedagogías coloniales del Caribe del siglo XIX y primera mitad del siglo XX (o precisamente por ellas y contra ellas) Haití se convirtió en el *lugar benjaminiano de la historia* para los discursos descolonizadores de muchos intelectuales antillanos. *The Black Jacobins* (1938) de C.L.R. James, fue uno de los primeros y más importantes trabajos historiográficos sobre la Revolución haitiana (1791-1803), la primera y única insurrección exitosa de esclavos de la modernidad en defensa de la libertad y contra el colonialismo (Cap. III §5). *The Black Jacobins*, antecedente del *calibanismo* contracolonial del siglo XX, es un trabajo que hoy llamaríamos "poscolonial"[9], pero de un tipo de poscolonialismo militante; constituye un ejercicio narrativo contra la amnesia histórica, articulado con un pensamiento marxista heterodoxo y periférico[10]. James reclama y significa las áreas colonizadas que aparecen como zonas sin Historia en los relatos hegemónicos. Recordemos las palabras de Frantz Fanon en *Les damnés de la terre*: sólo "el colonizador hace historia; su vida marca una época [y] es una Odisea. Él es el comienzo absoluto" (51); hasta que finalmente el nativo "decide poner fin a la historia de la colonización –la historia del pillaje– y hacer existir la historia [...] de la descolonización" (51). *The Black Jacobins* trata de reactivar la memoria histórica de modernidades-Otras, fraguadas en luchas olvidadas y silenciadas, y de modular las voces discordantes que no se oyen en el "concierto" (neo)colonial y occidentalista de la Modernidad. James revisita la más importante *zona de silencio* de la historia del colonialismo: la Revolución haitiana. Peter Greenaway en la película *Prospero's Books* (1991) especulaba sobre las materias de los veinticuatro libros de Próspero: sobre hidráulica, espejos, mitologías, geometría, colores, viajes maravillosos, arquitectura y música, bestias, amor, utopías, cosmografía, etc. Greenaway olvidó uno de los libros más valiosos de Próspero: el de la Historia; es decir, el libro que James re-escribe. La historiografía de James abre la posibilidad discursiva del *calibanismo* y de la reorganización del drama histórico del Caribe. James es el caníbal de las pesadillas hegelianas: el caníbal que escribe la Historia (Cap. VI §1).

The Black Jacobins hace lascasianamente una relación de las crueldades y torturas del régimen colonial esclavista, impugna el *principio africano* y su relato de salvajismo y sub-humanidad, presenta un estudio de los antagonismos de clase que originan la Revolución haitiana, de sus dinámicas internas y de su importan-

[9] Henry Pager y Paul Buhle hacen un análisis de la revolución epistémica que significó el trabajo de James.

[10] Inicialmente trotskista, James se perfila como un marxista heterodoxo incluso en relación con el trotskismo, del cual se distancia en los años 40. En 1950 publica un análisis del *capitalismo de Estado* de la Unión soviética, a la que ve como un empresario explotador de los trabajadores.

cia continental y transatlántica, y propone una crítica de sus desarrollos[11]. Aunque James no usa el paradigma simbólico de *The Tempest*, su análisis histórico de la dialéctica de opresión (amo/esclavo[12]; cultura metropolitana/cultura periférica) en las sociedades coloniales del Caribe fue fundamental en la propuesta calibánica de George Lamming en 1960: "C.L.R. James –dirá Lamming leyendo *The Black Jacobins*– nos muestra a Calibán como Próspero jamás lo conoció" (119); "James [...] escribió la historia de la resurrección de Calibán" (151).

Una de las ideas más provocadoras de James es la de la modernidad de la Revolución haitiana: los negros habrían entrado en el Caribe en un sistema de agricultura a larga escala, capitalista y *moderno* en todo el sentido de la palabra (plantaciones de azúcar). La forma de vida que este sistema les impuso a los esclavos los convirtió en los *primeros proletarios de la modernidad* (85, 86, 152). En el apéndice titulado "De Toussaint L'Overture a Fidel Castro" (1963), reiterará: "los negros, desde un comienzo [en el Caribe] vivieron una vida que en esencia era moderna" (392). Para James las contradicciones de clase producidas por la próspera industria azucarera de Saint Domingue preceden las contradicciones raciales que, si bien deben ser tenidas en cuenta, no pueden ser el eje de la lectura de la historia colonial: "En política, la cuestión racial es subsidiaria de la cuestión de clase, y pensar en el imperialismo en función de raza es desastroso. Pero descuidar el factor racial y hacer de él un elemento meramente fortuito es un error sólo menos grave que hacerlo fundamental" (283). James se aparta de los movimientos esencialistas de identidad que desde la vuelta de siglo habían planteado una especie de retorno cultural y a veces literal al África, en cuyo pasado advertían civilizaciones "comparables o superiores" a las occidentales[13]. Para James la tragedia del esclavo (Calibán) no reside tanto en el hecho de su "raza

[11] Como lo haría Fanon después, James encuentra que el *después* de la independencia resulta a menudo un simple relevo de las elites coloniales por los criollos ilustrados y las clases medias.

[12] James hace una interpretación histórico-marxista de la Revolución haitiana en la que ésta aparece como uno de aquellos momentos de transformación dialéctica de las relaciones entre opresores y oprimidos que señalaba Marx: "Hombres libres y esclavos, patricios y plebeyos, señores y siervos, maestros y oficiales, en una palabra: opresores y oprimidos se enfrentaron siempre, mantuvieron una lucha constante, velada unas veces y otras franca y abierta; lucha que terminó siempre con la transformación revolucionaria de toda la sociedad" (Marx, *Manifiesto* 22).

[13] Piénsese, por ejemplo, en el *garveyismo* que desde Nueva York dirigió el jamaiquino Marcus Moziah Garvey (1887-1940), quien defendía ideas de pureza racial y separatismo en todas las áreas económicas y culturales, o en el *nacionalismo negro* de W.E.B. Du Bois (1868-1963), líder de las conferencias panafricanas de Londres (1900 y 1919), París (1921), Lisboa (1923) y New York (1927) e impulsador del panafricanismo y de relatos de identidad que suponían que todos los negros descendientes de africanos estaban unidos cultural e históricamente, tenían una comunidad de intereses y una agenda política para el futuro.

monstruosa", sino en su condición servil. Puesto de otra manera, es monstruo porque es esclavo y no al contrario. El debilitamiento del concepto de raza en las propuestas de James obedece probablemente a su formación marxista y a la constatación de la crisis interpretativa de los modelos de oposiciones raciales binarias en sociedades tan heterogéneas como las caribeñas, que habían tenido olas sucesivas de inmigrantes diversos (europeos, africanos, hindúes, chinos, europeos, caribeños insulares y continentales, libaneses, etc.). El opresor no lo era tanto por su raza como por su lugar en la economía capitalista y en la administración política colonial[14].

La *Revolución haitiana* que James revisita ha sido un motivo frecuente de la literatura caribeña. Aparece por ejemplo, en *El reino de este mundo* (1949) del escritor cubano Alejo Carpentier (1904-1980). Cuatro de los cinco ciclos históricos de la novela dedicados a la Revolución en Saint-Domingue presentan desarrollos implícitos de la matriz del drama de *The Tempest*. El ciclo de la insurrección y la derrota del brujo François Mackandal (1751-1758) y el de la Revolución iniciada por Bouckman (1791) pueden ser vistos como el proceso insurreccional del *Calibán-rebelde* haitiano. Ahora bien; *El reino de este mundo* valora algunos aspectos políticos, religiosos y culturales de la insurrección, pero es –por cuenta de su pesimismo frente al proceso revolucionario– un relato involuntariamente reaccionario. El ascenso de Henri Christophe (1807-1820) marca el tránsito al *Calibán-tirano*, y el ciclo de los mulatos republicanos (1825-1831), al *Calibán-aliado-de-Próspero*. Carpentier, además, parece incurrir en los estereotipos del *principio africano*: recuérdese cómo el esclavo Ti Noel –que es el hilo narrativo de los diferentes ciclos– fantasea con un festín caníbal en las vísperas de la inminente revuelta de Saint Domingue: "Ti Noel se divertía pensando que al lado de las cabezas descoloridas de los terneros, se servían las cabezas de los blancos señores en el mantel de la misma mesa. [...U]n cocinero experto y bastante ogro" engalanaba "las testas con sus mejor acondicionadas pelucas" (12). En otra oportunidad, sueña con beber la sangre de los blancos degollados: "En esa gran hora –decía Ti Noel– la sangre de los blancos correría hasta los arroyos, donde los Loas, ebrios de júbilo, la beberían hasta llenarse los pulmones" (33).

La *matriz calibánica* está presente en otras novelas de tema histórico de la primera parte del siglo en el Caribe. *Las lanzas coloradas* (1931) de Arturo Uslar Pietri, por ejemplo, sitúa en el comienzo de la historia republicana a Presentación Campos, una especie de Calibán malhablado y de piel morena, de "dientes mag-

---

[14] En la *Conferencia Panafricana de 1945*, en la que participó C.L.R. James, se percibe ya un cambio en el paradigma esencialista de la "cuestión negra" y un relevo generacional. Asuntos como el antiimperialismo, la organización obrero sindical –y la resistencia contra-colonial– ocuparon un lugar destacado en las discusiones.

níficos, de manera semejante a la de los animales carniceros" (115), que se rebela contra su amo liderando a los esclavos, viola a Inés, la hermana del señor, prende fuego a la casa y se alza en armas contra el orden de la hacienda (73-80). Campos y su turba son la *máquina de guerra* nómada que rasga el espacio imaginado por el proyecto nacional: "La tierra de Venezuela va a ser destruida" (120). La derrota de ese Calibán, cuya violencia pone en peligro la posibilidad de un orden criollo, funda simbólicamente el Estado-nación venezolano. La primera aparición de Bolívar (emblema de la institucionalidad y del Estado venezolano) coincide en la novela precisamente con la muerte de Presentación.

En ambos casos se trata de ficciones calibánicas que aunque recuperan una dimensión política y estética de la rebelión, no alcanzan el estatuto contracolonial que tiene *The Black Jacobins*, la más poética y materialista de las narraciones históricas de la Revolución haitiana.

2. CALIBÁN EN EL DRAMA (NEO)COLONIAL DEL CARIBE

> Asimilar como quien asimila comida, asimilar y no ser
> asimilado, conquistado, dominado (Aimé Césaire).

La primera y más explícita reformulación contracolonial de *The Tempest* en el Caribe es la colección de ensayos *The Pleasures of Exile* (1960) del escritor barbadense George Lamming (1927-); en especial los capítulos "A Monster, a Child, a Slave" y "Caliban Orders History"[15]. Lamming viajó a Londres en 1950 entre "la gran ola de inmigrantes antillanos que se establecían en la Gran Bretaña en los años 50" (Rob Nixon 566). En 1956 volvió al Caribe para escribir un artículo acerca de la región y, como les había sucedido antes a otros escritores antillanos, una visita a Haití fue para Lamming el origen de una larga y productiva reflexión sobre el problema del colonialismo europeo, el lenguaje y la raza en el Caribe. Lamming fue el primer escritor caribeño que ensayó una apropiación conceptual de *The Tempest* como el drama colonial de Calibán. *The Pleasures of Exile* respondía a la experiencia personal de ser visto como un escritor "defectuoso" o de "segunda-clase" de su propia lengua nativa (inglés) en Inglaterra; es decir, de ser un Calibán para los Prósperos británicos, una "suerte de bastardo de Occidente" (*The Pleasures of Exile* 31).

---

[15] Asimismo, Lamming desarrolla la matriz calibánica de lo colonial en sus novelas *Season of Adventure* (1960) sobre una mujer revolucionaria en busca de su padre, y *Water with Berries* (1971), el viaje de *The Tempest* al revés. Spriya Nair ha examinado en estos textos su *calibanismo* y problemática economía sexual (*Caliban's Curse*).

Lamming intenta una lectura de la historia colonial *contra el grano*, desde imaginarios alternativos o, como propuso Walter Benjamín, en la *tradición de los oprimidos*. Calibán es entonces un artefacto mnemónico para la descolonización cultural que intenta activar la capacidad del pasado para redimir el presente. El encuentro con Haití coincide con su lectura de *The Black Jacobins* de James que, en palabras de Lamming –su más devoto lector–, constituye la Biblia para quien quiera entender la historia del periodo de la única revolución de esclavos exitosa en la historia" y sus doce años épicos de guerra (1791-1803). "James –dice Lamming– ha sido un Cristóbal Colón caribeño al revés" (153). Lamming lee *The Tempest* en contrapunto con el trabajo de James (a quien cita profusamente en su capítulo "Caliban Orders History"), traza una tradición calibánica de lectura de la historia colonial del Caribe –en la que se sitúa él mismo– y ensaya una descolonización cultural a través de un análisis crítico del texto canónico[16]. Lamming parte de una afinidad histórico-política entre los caníbales y los esclavos negros en el Caribe. Para ello cita la narración del viaje de sir Richard Hawkins[17], quien, de camino al Caribe y antes de encontrarse con los caníbales, secuestra 300 negros en Sierra Leone:

> El esclavo cuya piel sugiere la salvaje deformidad de su naturaleza es idéntico al indígena caribe (que come carne humana). Ambos, el indígena caribe y el esclavo africano, vistos como frutos salvajes de la naturaleza, comparten por igual el mismo espíritu de insurrección que Próspero está decidido a conquistar mediante la espada del lenguaje. Yo veo *The Tempest* en el contexto del experimento de la colonización británica [...].*The Tempest* fue asimismo una obra profética de un futuro político que constituye hoy nuestro presente. Es más; las circunstancias de mi vida, como exiliado descendiente colonial de Calibán en el siglo xx, ejemplifican dicha profecía (*The Pleasures of Exile* 13).

El de Lamming es el viaje de *The Tempest* al revés: "mi tema es la migración del escritor antillano. [...] de su tierra nativa, otrora habitada por Calibán, a la isla tempestuosa de Próspero y de su lenguaje" (13). Próspero encarna el régimen colonial con su "sadismo" opresivo (99); él es el filósofo organizador de la realidad y conquistador (107), el torturador (120, 121). "Su imperialismo es

---

[16] Éste último aspecto, el de la lectura crítica y análisis de *The Tempest*, ha sido examinado por Peter Hulme, quien anota que la predominancia de la alegoría política ha desplazado la crítica transgresora que la lectura de Lamming en sí misma representa respecto de los estudios shakesperianos ("Reading from Elsewhere").

[17] Ver "The Voyage Made by Mr. John Hawkins to the Coast of Guinea and the Indies of Nova Hispania, 1564" en Richard Hakluyt (*The Principal Navigations, Voyages and Discoveries of the English Nation* 105-116).

como una enfermedad, no sólo en sus relaciones personales [con Miranda], sino para con el mundo externo" (113). Ariel es su colaborador, el "espía arquetípico", el burócrata, el "criado privilegiado", la "policía secreta" (99). Calibán es el "excluido", el "esclavo deforme" y el trabajador que Próspero necesita y teme (98, 99, 107); Calibán resiste de mil maneras la cosificación de su humanidad y la explotación de su trabajo: con pequeños robos, suicidios, infanticidios y otros medios de control de la natalidad, venenos, etc. (123). Pese a la violencia y crueldad de la esclavitud, Calibán "no puede ser devorado" (108); por el contrario, él mismo "se vuelve caníbal" e intenta violar a Miranda como podía haber intentado comérsela "si hubiera estado hambriento" (111). La relación colonial es, por lo tanto, una relación de odio y miedo (115).

Cuando Lamming afirma que "Calibán es una condición" (83, 111), quiere decir una condición del sujeto colonial. Calibán implica asimismo, una dialéctica del canibalismo, entendido como resistencia, memoria histórica no hegemónica y rebelión; como posibilidad emancipatoria: "la historia de Calibán –puesto que tiene la historia más turbulenta– pertenece enteramente al futuro" (107). Pero esta lectura no opera (siempre) como un esquema binario simplista; su planteamiento tiene en cuenta las contaminaciones e impurezas, así como a la hibridez de la condición colonial caribeña. Calibán no es igual a sí mismo, ni un sujeto sin fisuras o ambivalencias o racialmente homogéneo[18]. Para empezar, Calibán es históricamente un caribe, caníbal y luego un esclavo, mas tarde un rebelde, un negro de las Antillas o de cualquier colonia y, finalmente, un escritor exiliado que escribe en la lengua de Próspero que es también la suya. El escritor barbadense se declara él mismo un *sujeto escindido*. El sujeto colonial es necesariamente ambivalente. Lamming cita al novelista norteamericano James Baldwin quien reconocía su *ajenidad/familiaridad* respecto de los monumentos culturales "blancos": "Shakespeare, Bach, Rembrandt, [...] la catedral de Chartres, [...] el edificio Empire State" le son ajenos y al mismo tiempo –dice Baldwin – "no hay otra herencia que yo tenga la posible esperanza de usar. Ciertamente no estoy hecho para la jungla o la tribu. Tendré que apropiar esos siglos blancos. Tendré que hacerlos míos" (Baldwin en Lamming 31). Lamming recoge la estrategia calibánica, pero critica la amargura del argumento y su *a priori* hegeliano: la supuesta superioridad del Empire State (tropo para Occidente) y la presunta minusvalía de la tribu y la jungla (tropos de lo africano).

A Lamming no le interesa particularmente la "contribución" caribeña al lenguaje y la literatura inglesa porque "el inglés ya no es exclusivamente la lengua

---

[18] La raza no es significante necesario de la opresión o de la condición calibánica. En Inglaterra, por ejemplo, los exiliados descubren al trabajador inglés blanco, inconcebible en la colonia (*The Pleasures of Exile* 26).

de los que viven en Inglaterra" (36): "English –[...] I must repeat—is a West Indian Language" (44). Empero, escribe en Inglaterra y se resiste al "regreso" al hogar (espacio colonial), del cual escribe. De allí la paradoja de los placeres del exilio.

Uno de los más intrigantes aspectos del *calibanismo* de Lamming es la correspondencia entre la relación política colonial centro-periférica y la "subordinación" lingüística y cultural del Caribe a la metrópoli colonial. El problema del lenguaje –tan importante para un escritor como Lamming– es metonímico de la cultura y de las prácticas civilizadoras coloniales: "Sólo la aplicación de la Palabra a la oscuridad del mundo de Calibán podía contener la bestia que reside en este caníbal. Éste es el primer logro importante del proceso colonizador" (109). La enseñanza de la lengua le permite al colonizador diferenciarse y controlar a Calibán; la lengua es la medida de la diferencia (110). Y, sin embargo, ésa es la lengua que Calibán usa. Lamming afirma que "No hay escapatoria de la prisión del legado del Próspero" (109). Éste "vive en la certeza absoluta de que el lenguaje –su legado para Calibán– es la prisión misma en la cual los logros de Calibán serán medidos y limitados" (110). Una historia referida por Henry Louis Gates Jr. ilumina el sentido trágico de esta paradoja:

> En 1915, Edmond Laforest, miembro prominente del movimiento literario haitiano La Ronde, hizo de su muerte una declaración simbólica, si bien irónica de la curiosa relación del escritor marginado con el acto de escribir en un lenguaje [colonial] moderno. Laforest [...] se subió a un puente, ató con calma un diccionario Larousse alrededor de su cuello, y luego saltó a encontrarse con su muerte (Gates 13).

Como Laforest, Calibán está condenado lingüísticamente a la servidumbre mímica. Calibán es la mismidad colonizadora en su versión imperfecta; nunca tan civilizado como su amo; "nunca puede alcanzar la perfección" (110). Su lenguaje es siempre defectuoso y su cultura, 'una mala copia.' Él es –para usar la expresión con la que Homi Bhabha describió la *mímica* en el contexto colonial– "*almost the same, but not quite*" (*Location* 86). Pero en Lamming la solución no es el suicidio, sino la afirmación de una serie de paradojas: el *colonizado exiliado en la metrópoli*, los *placeres del exilio*, Calibán *reivindicando* el *legado-prisión* cultural y *desafiándolo*, etc. La prisión/legado es también el locus del desasosiego del amo:

> Calibán es su converso [de Próspero], colonizado por lenguaje y excluido por el lenguaje. Es precisamente este legado del lenguaje, este intento de transformación lo que ha producido el placer y la paradoja del exilio de Calibán. ¡Exiliado de sus dioses, exiliado de su naturaleza, exiliado de su propio nombre! Pero, aún así, Próspero teme a Calibán. Tiene miedo porque sabe que *su encuentro con Calibán es, en gran parte, un encuentro consigo mismo* (Lamming 15).

El colonialismo, dice Lamming, "es un proceso recíproco" (156), lo que no quiere decir que sea simétrico. No es que Lamming celebre el imperialismo y el colonialismo, ni mucho menos, sino que reconoce que de la hibridez colonial se deriva hasta la propia lengua en la que se reflexiona al respecto, y que las identidades que el colonialismo lega y que se oponen a la opresión e injusticias del presente están signadas por la impureza. Esas identidades no son definidas por la unidad de sentido, pues el colonialismo es un proceso en el cual la violencia y el contacto cambian a sus actores:

> Este legado del lenguaje es el más profundo y delicado lazo de compromiso [...]. Calibán nunca jamás será el mismo. Tampoco Próspero, por cierto. Próspero le ha dado el lenguaje a Calibán; y con él una historia llena de consecuencias tácitas, una ignota historia de futuros designios. Este legado del lenguaje no significa el *inglés* en particular, sino el habla y el concepto como manera, método, vía necesaria hacia áreas de la identidad que no pueden ser alcanzadas de otra manera (109).

La colonización cambia al colonizador, lo "contamina" y le produce paranoias, como la fantasía/miedo de Miranda a ser violada (111). El legado del lenguaje (léase la civilización y la cultura del colonizador) "es un contrato del cual ninguna de las partes puede salirse" (15). Lamming propone el *calibanismo* no meramente como una oposición sino como una dialéctica constructiva:

> Yo soy el descendiente directo de esclavos [...]. Además, soy un descendiente directo de las artes mágicas de Próspero [...] que usa su legado de lenguaje –no para maldecir nuestro encuentro– sino para extremarlo, recordándole a los descendientes de ambas partes que lo que está hecho, hecho está, y que sólo puede ser visto como el terreno del cual pueden surgir otros legados o el mismo legado fecundado con otros significados (15).

En este orden de ideas, la genealogía de Calibán es híbrida; allí está: Toussaint Louverture, el líder letrado de la Revolución, que "podía leer"; que "hizo uso de los libros" (125) y que se movió en diferentes y contradictorias alianzas (con España, los mulatos de la isla, los ingleses, las tropas republicanas francesas, etc.) para alcanzar la abolición de la esclavitud; también está C.L.R. James que se apropió de la lengua imperial, la tradición historiográfica occidental y el marxismo europeo en su historia de la Revolución; y, finalmente, está incluido el mismo Lamming, en su condición de escritor exiliado que se reencuentra con el Caribe y reivindica su "ocasión para hablar". Cuando, leyendo *The Tempest*, Stephen Greenblatt lamenta en "Learning to Curse" (1976) la "perdida del nativo" que "ya jamás nos hablará" (576), da un paso atrás con respecto a Lamming, para quien Calibán no era melancolía, sino todo futuro y posibilidad en su impureza y bastardía. Otro de los tropos híbridos de *The Pleasures of Exile* –complementario al escenario de *The Tempest*– es la *ceremonia vudú de las almas*. Calibán es un experto en convocar los espíritus (la magia no es privativa de Próspero). La *ceremonia de las almas* es un diálogo y una comunión redentora entre los vivos y los muertos que ofrece para Lamming modelos de negociación cultural y de ejercicio político de la memoria (9, 10).

A partir de Lamming, Calibán es adoptado como signo de identidad por Aimé Fernand Césaire (1913-) de Martinica, fundador con el escritor y político senegalés Leopold Sédar Senghor (1906-2001) del movimiento literario y cultural *Négritude* en los años 30, y uno de los intelectuales más influyentes del Caribe. *Cahier d'un retour au pays natal* (Cuaderno de un retorno al país natal) (1939) de Césaire, y sus trabajos en la revista *Tropiques*, que publica a partir de 1941 durante la dictadura racista de Vichy, tienden a resolver la esquizofrenia que representaba el nacionalismo racista francés desde el punto de vista de los sujetos periférico-coloniales de "color". Césaire entiende *Négritude* como una actitud de valoración de la universalidad de la cultura del mundo negro y de la dignidad humana y un instrumento cultural de resistencia al racismo y a la hegemonía de la cultura europea: "Mirad. No soy más que un hombre a quien ni degradación ni escupitajo lo conturba", dirá en *Cahier* (112)[19]. *Négritude á la Césaire* no es "una crítica racista del racismo" como lo entendiera Sartre, ni un concepto primordialmente racial, aunque ese sea su *leitmotiv*: "La *Négritude* no [es] medida ya con un índice cefálico, o un plasma, o un soma, sino con el compás del sufrimiento" (*Cahier* 121). Poemas como "Les pur-sang" (Los de raza pura) (9-23) de *Les armes miraculeuses* (Las armas milagrosas) (1946) –colección de sus poemas surrealistas publicados en *Tropiques*– son manifiestos contra el racismo y el fascismo de los años 40. La *Négritude* de Césaire es un ejercicio de la memoria histórica de la dominación y el colonialismo, y una reconciliación del compás de "la souffrance" y la identidad afrocaribeña con lo universal. A diferencia de los movimientos esencialistas de principio de siglo (y hasta cierto punto de Senghor), Césaire aboga por una *Négritude* que antes que la búsqueda de una esencia auténtica o retorno a un momento "verdadero" y primigenio reconoce que las identidades del Caribe no están en el pasado sino en las luchas del presente. No hay regreso posible. En *Discours sur le colonialisme,* dice Césaire: "para nosotros el problema no es hacer un intento utópico y estéril de repetición del pasado, sino de ir hacia delante. Ni queremos revivir una sociedad muerta [...]; es una nueva sociedad [la] que debemos crear" (29). El mecanismo por medio del cual se construyen estas identidades de la *Négritude* es una especie

---

[19] "Tenez je ne suis plus qu'un homme, aucune dégradation, aucun crachat ne le conturbe".

de *calibanismo*/canibalismo cultural que Césaire llama *assimilation*, término usado en la retórica oficial del colonialismo francés y resignificado desde la periferia. *Assimiler* es para Césaire ingestión activa de la cultura occidental europea y una práctica antropofágica de resistencia a ser asimilado: "Asimilar como quien asimila comida, asimilar y no ser asimilado, conquistado, dominado" (Césaire, *A Voice for History III*). Su esposa, la escritora martiniqueña Suzanne Césaire, refiriéndose al *To be or not to be* de la nueva poesía, resumió la idea de asimilación activa: "La poésie martiniquaise sera cannibale ou ne sera pas" (50).

Uno de los aspectos centrales del pensamiento contracolonial de Césaire ha sido su eclecticismo frente al nacionalismo metropolitano y su alejamiento –criticado por algunos– de la causa de la independencia de Martinica. Aunque a partir de su regreso a Martinica participó activamente en política[20] y apoyó la descolonización de las colonias francesas de África, Césaire negocia una opción autonomista, de permanencia en la comunidad nacional francesa y de autogestión política en el referendo de 1958, mediante el cual el gobierno de De Gaulle ofreció a las colonias la alternativa de ser parte de Francia o independizarse[21]. Las dictaduras africanas que siguen a varias independencias y especialmente, la tiranía de de François Duvalier en Haiti convencieron a Césaire de que el asunto de la lealtad nacional (a Francia) era menos importante que los logros de justicia y bienestar social que podían alcanzarse mediante un régimen autonómico que mantuviera ligada a Martinica a la economía francesa. Lo importante –afirmaba en una entrevista reciente– no era la forma política sino el contenido, la libertad y prosperidad, que son los valores por los que la gente está dispuesta a luchar y ofrecer su vida (*A Voice for History I*). La experiencia histórica de L'Ouverture que manipuló hábilmente sus alianzas con las potencias europeas para conseguir la libertad de los esclavos le ofrecía una valiosa enseñanza "contra" las tentaciones políticas del nacionalismo.

La reflexión de Césaire sobre la insurrección y el gobierno de Calibán ha sido más compleja y ambivalente que lo que los lectores del poscolonialismo

---

[20] Césaire fue miembro del partido comunista francés hasta 1956 (*Lettre à Maurice Thorez*). En 1945 fue elegido alcalde de Fort-de-France y en 1946 diputado por Martinica en la Asamblea nacional de Francia.

[21] Martinica fue ocupada por colonos franceses en 1635 y quedó bajo la autoridad de la *Compagnie des Indes Occidentales* en 1658. En 1674 se convirtió en una colonia de la corona francesa. Los británicos tomaron la isla tres veces (1762-1763, 1794-1802, 1809-1814). Al final quedó en manos de Francia. Se introdujeron esclavos africanos desde finales del siglo XVII para trabajar en las plantaciones de la caña de azúcar. Después de varias rebeliones (1789, 1815, 1822) la esclavitud fue abolida en 1848. La condición colonial de Martinica perdura hoy, con algunos cambios administrativos que le dieron progresivamente representación política. En 1946 la isla se convirtió en un *département* francés y más adelante en una *région* (1974).

metropolitano han notado. A Césaire le había preocupado el drama calibánico desde su *Discours sur le colonialisme* (1950, 1955)[22]. Este poderoso manifiesto contracolonial 1) afirma que el proceso del colonialismo convierte al colonizador en un salvaje y deshumaniza al sujeto colonizado (lo cosifica); 2) ataca la base moral del colonialismo denunciando su racismo y violencia, e impugna la supuesta *misión civilizadora* con la que se justifica el colonialismo europeo y norteamericano (desarrollo, educación, tecnología, etc.); 3) hace un inventario de sus costos (aculturación, desplazamientos humanos, pérdidas culturales) y le asigna al colonialismo los significantes de la *barbarie* y el *canibalismo*: "apetito y fuerza" (9); y 4) refuta el *principio africano* (*salvajismo* y *canibalismo* negro) en que se funda la supuesta inferioridad del sujeto colonizado[23].

El primer efecto de la colonización en el colonizador es, dice Césaire, su descivilización. Al final de la violencia de la colonización está "la salvajización" de Europa; la barbarie:

> Nadie coloniza inocentemente; nadie coloniza impunemente tampoco; [...] una nación que coloniza, una civilización que justifica la colonización –y por lo tanto la violencia– es ya una civilización [...] moralmente minada que [...] clama por su Hitler. [...L]a colonización, repito, deshumaniza aun al más civilizado de los hombres; [...] la acción colonial, la conquista colonial, basada en el desprecio del nativo y justificada por este desprecio, tiende inevitablemente a modificar a quien la emprende (*Discours sur le colonialisme* 15-18).

El nazismo no fue sino la aplicación de los métodos del colonialismo en el interior de Europa, métodos que "hasta entonces habían sido reservados para los árabes de Argelia, los culíes de la India, los negros del África" (12). *Discours sur le colonialisme* es un manifiesto radical contra la invención europea del "negro bárbaro" y el mito (*a lo Buffon*) de la inferioridad de la humanidad y las civilizaciones de los trópicos (24-30), así como contra la supuesta misión civilizadora europea y la explotación económica y racismo coloniales. Entre los filósofos humanistas franceses como Renan, Césaire encuentra prefiguraciones de Hitler apoyadas por los propios testimonios de los agentes coloniales sobre la destruc-

---

[22] Cesaire hizo su discurso en la Asamblea en 1950 y fue inicialmente publicado en esa fecha por *Réclame* (París), sin embargo, la edición más conocida fue la de *Présence africaine* de 1955. La fecha de 1950 es importante porque sitúa inmediatamente el ensayo como un texto de postguerra y del comienzo de las luchas de descolonización (de allí, la insistencia de Césaire en el símil entre colonialismo y nazismo, genocidio y opresión colonial, etc.).

[23] Césaire cita el argumento colonialista del *canibalismo* y *vuduismo* usado por Roger Caillois en "Illusions à rebours" en la *Nouvelle Revue Française* (diciembre y enero, 1955). (*Discours sur le colonialisme* 51, 52).

ción, torturas y muertes causadas (11-18). Los reparos de Césaire a la misión colonizadora tienen un indudable eco calibánico; los logros de la llamada civilización están acompañados de "crueldad, sadismo, conflicto; la educación colonial es la producción en serie de unos miles de funcionarios subalternos, sirvientes, artesanos, empleados de comercio, e intérpretes, necesarios para la buena marcha de los negocios" (19). La pretendida civilización de las razas inferiores se limita a la formación de sirvientes; o, como diría Calibán: "me enseñaste tu lengua para poder recibir órdenes". El tan recurrido argumento de la civilización del nativo es puesto en sus proporciones deshumanizadoras y de explotación:

> Entre el colonizado y el colonizador no hay espacio sino para el trabajo forzado, la intimidación, la presión, la policía, los gravámenes, el robo, la violación [...] el menosprecio, la desconfianza, la petulancia, la soberbia [...]. Ningún contacto humano, sino relaciones de dominación y de sumisión que convertirán al hombre colonizador en vigilante [...] y al hombre indígena en instrumento de producción [...]. Ahora me corresponde replantear la ecuación: colonización = cosificación (*Discours sur le colonialisme* 19).

Además, los costos humanos y culturales de la colonización son inconmensurables, pues ésta no ocurre en el vacío, sino a costa de la destrucción de vidas, culturas y civilizaciones:

> ni la *Deterling*, ni la *Royal Dutch*, ni la *Standard Oil*, me consolarán jamás por los aztecas, ni por los incas [...]. Yo hablo de sociedades vaciadas de sí mismas, de culturas pisoteadas, de instituciones carcomidas, de tierras confiscadas, de religiones aplastadas, de creaciones artísticas magníficas borradas [...], de millares de hombres sacrificados en el Congo-Océan [...] de millares de hombres en los que hábilmente se ha inculcado el miedo, el complejo de inferioridad, [...], la desesperación, el lacayismo (19, 20).

Debe señalarse que el celo contracolonial de Césaire recurre al mito del *buen salvaje* lascasiano. Los colonizados de Césaire son siempre buenos; vivían tranquilamente en "sociedades comunales, [...] no sólo precapitalistas [...] sino anticapitalistas [...y] democráticas" (21), hasta que llegó el colonizador y bajo el falso pretexto de la civilización, hizo una carnicería. Como Las Casas, Césaire sostiene que el verdadero civilizado es el nativo. Son las gentes colonizadas las que exigen escuelas "que la Europa colonizadora les niega; [...] son los africanos quienes piden puertos y carreteras [...]; es el colonizado el que quiere moverse hacia delante y el colonizador, el que lo retiene" (23).

En una articulación contracolonial del tropo del canibalismo Césaire se burla de la "histeria antropofágica" de la *Assemblée nationale* francesa y se llama a sí mismo irónicamente *caníbal*: "mis queridos colegas (como se dice) permítanme saludarlos (saludo de antropófago, se entiende)" (25). El "antropófago" martiniqueño responde al alegato sobre el "salvajismo" de los pueblos africanos o asiáticos recordando el racismo, los asesinatos y trabajos forzados del colonialismo europeo y norteamericano. Para Césaire el colonialismo es un tipo de canibalismo: la *antropofagia de los civilizados*.

> ¡Imagínense! ¡Noventa mil muertos en Madagascar! ¡Indochina pisoteada, triturada, asesinada, a fuerza de torturas sacadas del fondo del medioevo! ¡Y que espectáculo! ¡Aquel escalofrío de goce que renovaba el grato sopor! ¡Aquellos clamores salvajes! Bidault con su aire de hostia cubierta de mierda, el *canibalismo beato y santurrón*[24]; Teitgen, endemoniado camorrista, Aliboron del descerebramiento –el *canibalismo de las Pandectas*[25]; Moutet, el *canibalismo de los arreglos oscuros* y el sinsentido ampuloso; Coste Floret[26], el *canibalismo destructor* del torpe elefante en locería [...] Ni una sola gota de sangre será desperdiciada (25).

Si bien Césaire no menciona *The Tempest* en *Discours sur le colonialisme*, este texto bien puede considerarse una *replica a Próspero* o a los "indefendibles" colonizadores, así como a sus ideólogos. Sitúa a Ernest Renan en la línea de pensamiento racista y prefascista que anticipa a Hitler. Contradice a Octave Mannoni (autor de *Psychologie de la colonisation* 1950) –su antiguo profesor en Fort de France (Joan Dayan 143)– y pone en evidencia el ridículo de la tesis del "complejo de dependencia", según la cual Calibán se rebela contra Próspero porque éste no ejerce su autoridad con suficiente fuerza:

> ¡Fuera con el racismo! ¡Fuera con el colonialismo! ¡Apesta demasiado su barbarie! *El señor Mannoni tiene algo mejor: el psicoanálisis* [...]. Los resultados son asombrosos [...] Escuchémoslo: "El destino del occidental comporta la obligación de obedecer el mandamiento: Dejarás a tu padre y a tu madre. Esta obligación es incomprensible para el malgache. Todo europeo en determinado momento de su desarrollo, descubre en sí el deseo... de romper sus lazos de dependencia, de igualarse a su padre. ¡El malgache jamás! No sabe de rivalidades con la autoridad paterna..". [...] Si se le recuerda al señor Mannoni que, con todo, los malgaches se han rebelado

---

[24] Georges Bidault: político ultracatólico conservador, partidario de la dominación francesa de Indochina y Argelia como mecanismos de contención del nacionalismo y comunismo árabes. Bidault fue ministro de relaciones exteriores (1944-1946; 1947-1948), brevemente Presidente de la república (24 de junio- 18 diciembre de 1946) y jefe del Consejo de Ministros (28 octubre de 1949 - 2 julio de 1950).

[25] *Antropofagia jurídica*: referencia a la legislación colonial. Pierre-Henri Teitgen fue ministro de defensa entre 1947 y 1948.

[26] Ministro de defensa francés en 1947.

en varias oportunidades desde la ocupación francesa, e incluso últimamente en 1947, *el señor Mannoni* [...] *os explicará, que no se trata más que de comportamientos puramente neuróticos de una locura colectiva* (38, 39).

En el balance que hace Césaire, el monstruo no es Calibán, sino el colonialismo; un monstruo "anémico, [que] está perdiendo su pelo, su tez ya no es brillante, pero su ferocidad permanece, apenas mezclada con sadismo" (44). Se trata de una monstruosidad que, según Césaire, Lautréamont (1846-1870) había vislumbrado en los *Chants de Maldoror*, obra que revela al "monstruo cotidiano" de la sociedad capitalista europea:

el "creador" *caníbal comedor de cerebros*, el sádico encaramado en un "trono hecho de excrementos humanos y oro", el hipócrita, el libertino, el holgazán que *"se come el pan de los otros"* y que de vez en cuando es encontrado caído de la borrachera, "borracho como un chinche que *se ha zampado tres toneles de sangre durante la noche"* (46).

Ese "creador" caníbal de Lautréamont, dice Césaire, no debemos buscarlo entre las nubes; "tenemos mejores posibilidades de encontrarlo en el directorio de negocios de *Desfossés* y en una confortable junta de ejecutivos" (46). Estas imágenes de cuño metafórico marxista se hallan también en *Les damnés de la terre* de Fanon: "la riqueza [colonial] no es el fruto del trabajo sino el resultado del robo organizado y protegido. *Los ricos ya no son gente respetable; no son otra cosa que bestias carnívoras, chacales, y buitres que se revuelcan en la sangre de la gente"* (191).

El drama calibánico del rebelde, la revolución contracolonial y las dificultades del gobierno después de la descolonización formal han sido preocupaciones y temas constantes en el teatro de Césaire. *Et les chiens se taisaient* ('Los perros se callan') (1956), obra poético-dramática, desarrolla el drama del rebelde intemporal "cuya acción, matar al amo, puede haber ocurrido en cualquier tiempo y lugar de los dominios coloniales", y que al final es derrotado por las fuerzas represivas (Gertrudis Gavidia 1048, 1049). Como en James o en Lamming, Haití para Césaire constituye el locus del pensamiento contracolonial calibánico[27]. *La Tragédie du Roi Christophe* (1963) retoma el tema de la Revolución haitiana en su estadio "trágico", cuando el ex-esclavo cocinero se hace rey, obliga a hombres y mujeres a trabajos forzados y procede como un tirano. Christophe sólo vuelve a encontrarse consigo mismo (el profeta de la *Négritude*) ante la muerte y el fracaso de su reino negro frente a la república de mulatos:

¡África! Ayúdame a volver, llévame, como a un niño viejo en tus brazos y luego me desnudarás, me lavarás. Quítame todas estas ropas, libérame de ellas igual que

---

[27] Césaire hizo en 1944 una decisiva visita de siete meses a Haití (Lawrence Porter 360).

cuando llega el alba nos liberamos de los sueños de la noche... De mis nobles, de mi nobleza, de mi cetro, de mi corona. ¡Y lávame! ¡Oh, lávame de sus afeites, de sus besos, de mi reino! (110, 111).

En *Une tempête: d'après La Tempête de Shakespeare* (1968, 1969)[28] Césaire rescribe *The Tempest* en la tradición contracolonial comenzada por C.L.R. James y George Lamming –y recapitula sus anteriores reflexiones sobre identidad, raza, lenguaje, colonización y resistencia– mediante lo que él llama una "adaptación" de la obra para el Caribe negro, un guiño sarcástico que alude a las adaptaciones de "clásicos franceses" usados en las escuelas coloniales. Césaire manifestaba en una entrevista que había escogido la forma teatral debido a su alcance pedagógico: "Era importante entendernos a nosotros mismos, controlar nuestra historia e ir al escenario para encontrarnos mejor [...] A través del teatro el ser humano se proyecta y se ve a sí mismo" (*A Voice for History* III). Césaire, entendiendo el valor político de las metáforas, utiliza la obra de Shakespeare para contar de nuevo el drama desde el punto de vista del sujeto históricamente oprimido. La primera palabra en el drama es ¡Uhurú! (131) (*libertad* o *independencia* en suahili y referencia a la revolución *Mau Mau* de los años 50). El monstruo es primero un "auténtico indio del Caribe" (156), luego un esclavo negro rebelde "que con su insubordinación pone en peligro el orden del mundo" (165), un conspirador bajo la protección de Shangó (167) y finalmente un rebelde que "permanece irreducible" (175). Pero a diferencia de Christophe, Calibán nunca toma el poder.

Ariel es un "esclavo, étnicamente un mulato" (119), un intelectual que sirve a Próspero (130), bajo la promesa de la libertad (130). Calibán lo define: "¡Ejecutor de los grandes pensamientos del amo!" (140). Por su parte, Próspero representa alternativamente diferentes posiciones hegemónicas desde la Conquista: es Colón, el colonizador, el criollo blanco, el dictador que usa la policía, los perros y los gases lacrimógenos (169), el político que busca la reconciliación nacional (176), el poder político en su expresión paranoica, y el proyecto desgastado de la "civilización" (180, 181).

A los personajes de Shakespeare, Césaire agrega a Eshú, "un dios-diablo negro" (119) que en la Escena III del *Acto tercero* llega sin ser invitado a la fiesta de compromiso de Miranda y Ferdinand y –ante el escándalo de las diosas Ceres, Iris y Juno, que auguran honor, riqueza y otros bienes a la novia– canta una canción de tema fálico que nubla la felicidad de Próspero (162-164).

---

[28] Escrita para un festival en Tunes en 1969 (Lucy Rix 236). Tanto *La Tragédie du Roi Christophe* (1964) y *Une Saison au Congo* (1966) como *Une tempête* (1968, 1969) contaron con la colaboración del director de teatro Jean Marie Serreau (Robert Livingston 182-185). Cito *Une tempête* de su edición en español de Barral Editores.

Une tempête está –como la isla de la obra de Shakespeare– llena de ecos y resonancias históricas: al "Descubrimiento" de América, a la conquista y colonización, a la formación de Estados-nacionales, al mito del abrazo fraterno y el mestizaje, a la tragedia (pos)colonial, etc. La obra apropia radicalmente –con *ironía subalterna*, como dice Livingston (192)– el drama shakesperiano, centrándolo en el conflicto entre amo y esclavo. Césaire modifica el binarismo discurso-silencio de *The Tempest* y la modulación de las voces del drama. Calibán habla descartando el modelo shakesperiano del monólogo de Próspero y la maldición esporádica de Calibán, en favor de una discusión continua. Entre estos personajes se da un ejercicio de reconocimiento mutuo y construcción de identidades. El monstruo toma la palabra en un coloquio sobre libertad, civilización, derecho a nombrar, etc. Y como en el "clásico", Calibán insulta a su amo usando la lengua que éste le enseñó (131). Próspero traduce la rebeldía en ingratitud: "Ya que empleas tan bien la invectiva, podrías al menos bendecirme por haberte enseñado a hablar. ¡Un bárbaro! ¡Una bestia bruta que he educado, formado, que he sacado de la animalidad que todavía le cuelga de todas partes!" (131, 132). Pero Calibán ahora no sólo maldice a Próspero en la lengua que éste le enseñó, sino que rechaza el cargo de conato de violación de Miranda, como proyección del deseo incestuoso de Próspero (133). Calibán hace su propio "discours sur le colonialisme" y –consciente de la división étnico-clasista del trabajo y de las relaciones entre saber y poder en la economía política colonial– contradice los supuestos humanísticos de la educación civilizadora:

> No me has enseñado nada. Salvo, claro está, a chapurrear tu lenguaje para que pueda comprender tus órdenes: cortar la leña, lavar los platos, pescar, plantar hortalizas, porque tú eres demasiado holgazán para hacerlo. En cuanto a tu ciencia ¿me has enseñado algo, di? ¡Bien te la has guardado! Tu ciencia la guardas egoístamente para ti solo [...] ¿Sin ti? ¡Pues [sería] simplemente el rey! ¡El rey de la isla! El rey de mi isla que me viene de Sycorax, mi madre (*Une tempête* 132).

Calibán invierte la acusación de ingratitud; el colonizador lo necesita[29]; el llamado *complejo de dependencia* del que hablaba Mannoni es una perversión de la realidad: "¿Qué hubieras hecho sin mí en esta región desconocida? ¡Ingrato! [...] La receta es conocida: ¡se exprime la naranja y se tira la corteza! [...] ¿Miento quizá? ¿No es cierto que me has arrojado de tu casa para alojarme en una

---

[29] A diferencia de lo que sucede en *The Tempest,* donde lo sabemos por boca de Próspero: "no podemos pasarnos sin él. Enciende nuestro fuego, sale a buscarnos la leña y nos presta servicios útiles" (*The Tempest* 116).

gruta infecta? ¡[...] el ghetto!" (*Une tempête* 133). Calibán es el nativo sin cuya ayuda el colonizador no hubiera sobrevivido, el esclavo, la fuerza del trabajo. La explotación del salvaje es además de económica, simbólica: el humanista Gonzalo, discutiendo con Sebastián –sobre la naturaleza de la isla, la posibilidad de explotación del guano y la maravilla de los idílicos pobladores de la misma (y futuros trabajadores del negocio) (143)– expresa: "Que se queden como son: salvajes, buenos salvajes, libres, sin complejos, ni complicaciones. Algo así como una *reserva de eterna juventud* en donde periódicamente vendríamos a refrescar nuestras envejecidas y citadinas almas" (144, 145). Este aspecto de la obra de Césaire es verdaderamente anticipatorio de los debates sobre el colonialismo subyacente en la fetichización consumista de lo *tropical*, lo *exótico*, lo *natural* y lo *salvaje*.

Por lo demás, *Une tempête* es una obra que –allende su pertinencia a las discusiones actuales– está comprometida con su tiempo. Allí están los debates de la época sobre la *teoría de la dependencia*, la revolución, el modelo cubano, la resistencia armada al imperialismo en Vietnam, la derrota moral del enemigo, la vía de la violencia versus la resistencia pacífica, el movimiento de derechos civiles en los Estados Unidos, las revueltas de estudiantes de 1968, etc. En 1969 la obra tenía unas resonancias y expresaba unos dilemas y preocupaciones que tienden a perderse hoy en la bruma de su supuesta impertinencia en un mundo en el cual se proclama el fin de los macro-relatos de la Modernidad. *Une tempête* dramatiza, además, la propia ambivalencia de Césaire respecto a la opción violenta de liberación y "catarsis colectiva" de los pueblos colonizados, teorizada por su alumno Frantz Fanon en *Les damnés de la terre* (1961) y sostenida por grupos radicales en África, Asia y los Estados Unidos. Césaire pensaba en los conflictos raciales norteamericanos desde el Caribe (pos)colonial; veía con más esperanzas que optimismo el futuro de la libertad y los derechos de Calibán y Ariel (sin definirse por uno u otro). El autor recordaba en una entrevista ese momento y dilema: "Mi texto [...] fue grandemente influido por las preocupaciones que tenía entonces. Estaba pensando mucho acerca de una obra sobre los Estados Unidos, e inevitablemente los puntos de referencia se hacían norteamericanos... Martin Luther King, y Malcolm X y los Panteras Negras" (en Smith y Hudson 394).

Une tempête es mucho menos esquemática que lo que podría pensarse; la noción de raza, por ejemplo –como han indicado Livingston (193), Laurence Porter (365) y Lucy Rix (242)–, está notablemente des-esencializada por la escena de enmascaramiento previa al Acto primero, en la que los actores se ponen sus caretas por instrucciones de "Le Menear du Jeu" (el que dirige el juego) (121). La raza aparece entonces como un rol arbitrario que depende del papel del actor en el drama colonial.

Ariel ocupa de alguna manera el lugar del propio Césaire: el político que adelanta la negociación pacífica de la *autonomía*[30] y que se aproxima a Calibán con un proyecto nacional: "¡Hola Calibán! Sé que no me aprecias en absoluto, pero al fin de cuentas somos hermanos en el sufrimiento y en la esclavitud. Hermanos también en la esperanza. Los dos queremos la libertad, sólo nuestros métodos difieren" (139). Ariel, quiere reformar a Próspero: "No creo en la violencia [...]. Ni violencia ni sumisión. Compréndeme. Es a Próspero que hay que cambiar. Turbar su serenidad hasta que reconozca al fin la existencia de su propia injusticia y ponga término a ella" (140, 141). No podemos dejar de notar que en Ariel se concentran los postulados democráticos humanistas y de resistencia pacífica (con los que simpatiza el propio Césaire) y que sostienen entre otros Martin Luther King (1929-1968), asesinado un año antes del estreno de *Une tempête*. Ariel expresa ese utopismo democrático de King:

> He tenido a menudo el sueño exaltante de que un día, Próspero, tú y yo, emprenderíamos, hermanos asociados, la construcción de un mundo maravilloso, aportando cada uno de nosotros, en contribución, las propias cualidades: paciencia, vitalidad, amor, también voluntad, y rigor, sin contar algunos arranques de ensueño sin los cuales la humanidad perecería de asfixia (141).

Frente al sueño nacional (o *"I have a dream"*) de Ariel, Calibán representa la lucha radical: "el mañana no me interesa. Lo que yo quiero es (grita)... '¡Freedom Now!' " (140). Al argumento de Ariel sobre la fuerza de Próspero y la inutilidad de la lucha armada, Calibán –haciendo eco de la reivindicación política de la violencia contra-colonial de Fanon y de sus críticas al pacto (neo)colonial del capitalismo internacional con las burguesías nacionales– responde: "La debilidad tiene mil medios que únicamente la cobardía nos impide inventariar" (140). Las resonancias a ese dilema entre *lucha armada* y *vías democráticas* se extiende a los gestos simbólicos de sus actores históricos; Calibán como Malcolm X (1925-1965) renuncia al nombre: "he decidido no ser más Calibán [...]. Te digo que de ahora en adelante no responderé cuando me llamen Calibán [...]. Porque Calibán no es mi nombre [...] Es el mote con el cual tu odio me ha disfrazado para que cada llamada me insulte" (*Une tempête* 134). A partir de esta disyunción entre identidad y nombre se inicia un juego de bautismos en el que Próspero propone *"Caníbal* te iría bien" y luego "¡Aníbal! ¡Te va!" (134), hasta que el "monstruo" finalmente decide:

> Llámame X. Es mejor. Como quien diría el hombre sin nombre. Más exactamente el hombre a quien han robado el nombre. Hablas de historia. Pues bien, esto es

---

[30] "Césaire ha insistido en que se veía a sí mismo como Calibán y Ariel" (Porter 372).

historia, ¡y famosa! Cada vez que me llames me recordará el hecho fundamental que me has robado todo, incluso mi identidad. ¡Uhuru! (134, 135).

Césaire resalta el proceso de colonización como "una orgía de bautismos" (Joan Dayan 151). Cualquier nombre asignado por Próspero el "hombre de los libros", será solo una variación del bautismo inaugural y colonizador. "X" es el significante algebraico para la otredad que se significa en la resistencia a Próspero. ¿Pero de qué tipo de resistencia estamos hablando? Calibán en compañía de Esteban y Trínculo inicia una revolución contra Próspero. Cuando Calibán está frente a su amo éste le replica desafiante: "¡Mata, mata de una vez! ¡Tu amo! ¡Tu bienhechor! ¡No vas a respetarle! (*Calibán levanta el brazo pero titubea*) ¡Vamos! ¡No te atreves! Ya lo ves, no eres más que un animal: no sabes como matar" (171). El conato de homicidio de Próspero –tentativa de parricidio y ruptura de la "ley del padre"– termina con Calibán detenido. "¡Estúpido como esclavo! –le dice Próspero– ¡Y ahora se acabó la comedia" (171). Pero, el fin de la *comedia* anunciado por Próspero no termina con la ópera bufa de las relaciones coloniales. El fracaso de la revolución no significa que desaparezca el conflicto colonial; como indicaba con lucidez Lamming, el colonialismo es una condición: "simplemente una tradición de hábitos que se convierten en maneras de ver" (157). En *Une tempête* Próspero no retorna a su tierra, sino que libera a Ariel y se queda en la isla, y como la elite francesa y la burguesía criolla, le ofrece a Calibán una reconciliación nacional. Después del atentado lo encontramos tratando de confraternizar con Calibán y hacer la paz: "en el fondo, Calibán, te aprecio... Vamos, hagamos las paces... ¡Hemos vivido diez años juntos y trabajado codo a codo diez años! ¡Diez años cuentan! ¡Hemos terminado por ser *compatriotas*!" (176). Calibán resiste la invitación nacionalista señalando los mecanismos coloniales de la era (pos)colonial:

> Próspero, eres un gran ilusionista:
> la mentira es lo tuyo.
> Y me has mentido tanto
> mentido sobre el mundo, mentido sobre mí mismo,
> que has conseguido imponerme
> una imagen de mí mismo:
> Un sub-desarrollado,
> un in-capaz,
> así has hecho que me viera,
> y esa imagen, ¡la odio! ¡Es Falsa!
> . . . .
> Y sé que un día
> Mi puño desnudo, sólo mi puño desnudo
> ¡bastará para aplastar tu mundo!
> . . . .

Me da risa tu "misión",
¡Tu "vocación"!
¡Tu vocación es joderme! (177, 178).

Próspero duda de sí mismo "por primera vez", pero decide continuar con su "misión civilizadora". Sostiene la tesis colonialista de que su papel es necesario para que la obra exista (sin él la isla estaría en silencio o regresaría a la barbarie):

Mi destino está aquí
. . . .
No soy, en el sentido vulgar del término,
el amo, como cree este salvaje,
sino el *director de orquesta* de una larga partitura:
esta isla,
suscitando las voces, yo solo
y a voluntad, encadenándolas,
organizando fuera de la confusión
la única línea inteligible.
Sin mí ¿quién podría sacar música
de todo esto?
Sin mí esta isla es muda (179).

El colonialismo genera ciertas configuraciones del espacio geopolítico y del tiempo (Historia) que subsisten después de que termina la intervención colonial "clásica". No hay marcha atrás a un espacio o tiempo previo a esa ruptura y a esas configuraciones. Próspero se concibe como el principio organizador del mundo poscolonial, "la única línea inteligible" de la Historia y el defensor de la civilización: "No dejaré que muera mi obra…(*Gritando*) ¡Defenderé la civilización!" (180). La oposición y lucha hegeliana entre amo-esclavo, no se resuelve de una manera dialéctica, ni termina con "la transformación revolucionaria de toda la sociedad o el hundimiento de las clases beligerantes en una reconstitución revolucionaria" (Marx, *Manifiesto del partido comunista* 22). Calibán no toma el poder y el régimen, aunque maltrecho, continúa. En la escena final, después de que Próspero se despide de los otros invasores, el tiempo se acelera; Próspero –paranoico y disparando en todas direcciones en su cueva infestada de alimañas y amenazada por la selva– aparece derrotado y anunciando que perecerá con su trabajo de civilización[31].

---

[31] Nótese la extraña lectura que Rodríguez Monegal hace del final de *Une tempête* en su respuesta al "Calibán" de Fernández-Retamar: según él, Calibán "finalmente triunfa y se convierte en el rey de la isla" ("The Metamorphoses" 79).

"Calibán y Próspero –dice Césaire– son una pareja inseparable", precisamente como los blancos y los negros tienen una historia común en el Caribe (en Smith y Hudson 398); una pareja cuyo conflicto siempre cambiante los define. Césaire anticipa el pensamiento pos-esencialista de Stuart Hall para quien la independencia y el poscolonialismo implican una re-formulación de las historias imperiales que "activamente re-trabajadas, son [...] momentos necesarios de la lucha cultural, de re-visión y re-apropiación. Sin embargo, esta re-configuración no puede ser representada como un *regreso a donde estábamos antes* puesto que, como nos lo recuerda Chambers, 'siempre hay algo en el medio' ("Pensando en la diáspora: en casa, desde el extranjero" 485, 486). En el medio, está la cadena de significación continua que es la identidad, la diáspora, el proceso de producción constante de la *différance*. Calibán no puede renunciar a la lengua en que maldice, ni puede regresar al *antes* del contacto y de la esclavitud. Como indicaba Lamming, Calibán no puede extraer de sí el legado de Próspero, ni salir de la Modernidad. Y Próspero no puede regresar, porque no tiene a dónde. Ambos sujetos viven en la misma isla definiendo su posición constantemente en relación con el otro, en medio de las continuidades coloniales de la era poscolonial como el racismo, la explotación, la miseria, las desigualdades instaladas por la educación, etc. Ésa es la naturaleza del drama: su continuidad indefinida, su constante conflicto y redefinición. Las últimas palabras de Próspero a Calibán son: "sólo quedamos dos en esta isla, tú y yo, ¡Tú y yo! ¡Tú-yo! ¡Yo-tú", mientras en el fondo Calibán canta (en francés y no en suahili, como al comienzo) "!La Libertad ohé, la libertad!" (180, 181).

El fin del control colonial directo implica nuevas formas del colonialismo que nos hacen repensar las alegorías y apropiaciones simbólicas de *The Tempest*. Por ejemplo, el viaje de Calibán al centro no es hoy tanto el exilio del escritor periférico a la metrópoli descrito por Lamming, ni un desplazamiento para la toma del centro imperial por parte del sujeto del margen, sino un desplazamiento impulsado, entre otros factores, por la demanda de fuerza de trabajo. Calibán no se hace duque de Milán sino proletario, más o menos confiado en la promesa de prosperidad económica que ofrecen las metrópolis. Éste se ha convertido en uno de los dilemas calibánicos más importantes de la era de la "descolonización" que siguió a la *Segunda Guerra Mundial*: los argelinos en París y los jamaiquinos en Londres, los puertorriqueños en Nueva York, los mexicanos en Los Angeles, son apenas algunos de los sujetos coloniales que se instalan en las metrópolis, produciendo nuevas configuraciones del centro y procesos de hibridización cultural e identitaria que Stuart Hall engloba bajo el concepto de "diáspora". En "Colonization in Reverse" del libro *Jamaica Labrish* (1966), Louise Bennett (1919-), de Jamaica, da cuenta del fenómeno de la diáspora en una irónica aproximación poética al "problema" de la calibanización de la metrópoli por la inmigración de jamaiquinos a Inglaterra:

By de hundred, by de tousan
From country an from town,
By de ship-load, by de plane-load
Jamaica is Englan boun
. . . .
Jussa pack dem bag and baggage
An tun history upside dung! (en *Selected Poems* 106)[32].

Esta *colonization in reverse* también ha generado, claro, nuevas formas de explotación y marginación económica, étnica y social, y renovadas olas de colonialidad.

3. CALIBANISMO Y REVOLUCIÓN

> Un hombre que salga diciendo 'buenos días' cuando es de noche, puede parecer un loco, pero también puede recordarnos que viene del día (Roberto Fernández Retamar).

Inspirado en las reapropiaciones contracoloniales de *The Tempest* que hicieran Lamming y Césaire, y en defensa de la Revolución cubana[33], el ensayista y poeta Roberto Fernández-Retamar (1930-), portavoz cultural del gobierno cubano y director de *Casa de las Américas*, escribió el que puede ser llamado *el último gran ensayo nacional latinoamericano*: "Calibán" (1971), más adelante retitulado *Calibán; apuntes sobre la cultura en nuestra América* (1971)[34]. Después de más de tres décadas de que apareciera en *Revista Casa de las Américas*, "Calibán" sigue siendo uno de los ensayos latinoamericanos más comentados y polémicos. Por una parte, puede ser considerado el ensayo del *Boom* y, de cierta manera, su epílogo; por otra, *Calibán* representó por varias décadas gran parte de la discusión cultural sobre el imperialismo. Tal vez por ello "Calibán" sea un texto *canónico* y *clásico*, en el sentido etimológico de los términos: repetido y releído o enseñado en las aulas de clase, citado a menudo, objeto de reediciones y reescrituras, discutido y estudiado por una comunidad interpretativa. El ensayo ha sido objeto de apologías y anatemas, revisitado y revisado por su autor en numerosas ocasio-

---

[32] "Por cientos y miles / del campo y la ciudad, / embarcados o en avión / Jamaica es límite de Inglaterra / [...] / Así que empaquemos las maletas y equipaje / y démosle la vuelta a la Historia".

[33] El ensayo es publicado en medio de una crisis política y económica, y respondiendo a una controversia conocida como "el caso Padilla", a la cual nos referiremos al final de este acápite.

[34] Las citas corresponden al ensayo "Calibán" en el número 68 la *Revista Casa de las Américas* (Sep.-Oct., 1971).

nes, citado desde diversas agendas políticas que van del neo-indigenismo al movimiento chicano, el feminismo caribeño y el movimiento *Sem terra* en el Brasil; ha sido reformulado en ensayos y poemarios, retomado en obras de teatro y películas, analizado bajo diferentes aparatos teóricos y hasta "olvidado". Allende sus detractores y apologistas, y acaso gracias a ellos, "Calibán" se convirtió en uno de los textos obligados de la historia cultural latinoamericana.

El ensayo de Fernández Retamar[35] revisita críticamente las lecturas colonialistas y aristocratizantes de *The Tempest* y resignifica los términos de la ecuación arielista de Rodó. Asevera que existe una cultura e identidad latinoamericana[36] con especificidades que la definen (como el mestizaje, la dependencia económica, etc.), que esta cultura no es un mero eco apagado o defectuoso de las metropolitanas y que, al interior de ella, coexisten dos tradiciones diversas e históricamente enfrentadas: 1) una, *arielista*, que se ha colocado siempre al lado del conquistador, del colonizador, del propietario, de la alta burguesía y de los dominadores imperialistas (de Próspero), y que cree que la cultura latinoamericana es o debe ser una continuación de Europa o de los Estados Unidos; y 2) otra, *calibánica*, que se ha opuesto al imperialismo, colocado al lado de los oprimidos y que ha reclamando el valor universal de lo latinoamericano. En esta última tradición, Retamar sitúa a varios escritores y políticos, y a la propia Revolución cubana, hace una genealogía simbólico-histórica y política de "Calibán" y traza una línea del *caníbal-caribe* a Fidel Castro pasando por Las Casas, Bolívar, Martí, Césaire, Fanon y el Che Guevara, entre otros.

El ensayo hace un recuento de quienes habían hecho uso simbólico negativo de Calibán y propone, inversamente, la reescritura de la historia literaria/cultural y la definición de la identidad latinoamericana a partir de Calibán, *personaje o concepto metáfora*[37] que encarnaría la resistencia y la Revolución bajo el asedio del imperialismo y el colonialismo: Calibán es el invadido y colonizado que se rebela contra Próspero (personaje conceptual de los Estados Unidos en su posición hegemónica neocolonial). Retamar propone un reparto latinoamericanista de *The Tempest*:

> Nuestro símbolo no es pues Ariel, como pensó Rodó, sino Calibán. Esto es algo que vemos con particular nitidez los mestizos que habitamos estas mismas islas que habitó Calibán: Próspero invadió las islas donde vivió Calibán, mató a *nuestros ances-*

---

[35] A partir de ahora se abrevia como Retamar.

[36] Comienza con la pregunta de un periodista extranjero sobre la existencia de una cultura latinoamericana y la suposición de ésta como epígono de la europea: "a veces a algunos latinoamericanos se los toma como aprendices, como borradores, como desvaídas copias de europeos. [...] Calibán es nuestro caribe" (124, 125, 128).

[37] Sobre la noción de *personaje o concepto metáfora* ver Gayatri Spivak (*In Other Worlds: Essays in Cultural Politics* 198).

tros, esclavizó a Calibán, y le enseñó su idioma para poder entenderse con él: ¿Qué otra cosa puede hacer Calibán sino utilizar ese mismo idioma –hoy no tiene otro– para maldecirlo, para desear que caiga sobre él la *"roja plaga"*? no conozco otra metáfora más acertada para nuestra situación cultural, de nuestra realidad (131).

Calibán es la "roja plaga", el marxismo y, en última instancia, la supuesta deformidad de la Revolución cubana: "Últimamente no han faltado tampoco los que han atribuido a *deformaciones* de nuestra revolución –Calibán, no lo olvidemos, es siempre visto como deforme por el ojo hostil– la violencia volcánica de algunos discursos de Fidel" ("Calibán" 148). Para sustentar esta resemantización, el ensayo hace una retrospección al momento del Descubrimiento. Allí encuentra a Colón y su "caterva de secuaces" calumniando a los caribes belicosos y convirtiéndolos en caníbales, expresión acuñada en medio de las fantasías del Viejo Mundo y conforme a la "característica versión degradada que ofrece el colonizador del colonizado" (126, 127). Retamar recuerda que, pese a ser de padre español y madre de Canarias, Martí se declaró solidario con los "heroicos caracas" del pasado emparentados con los caribes[38], que "sentía correr por sus venas *sangre de caribe, sangre de Calibán*" y que veía en los "indios que ofrecieron heroica resistencia al invasor [...] los *antecesores naturales* de los independentistas latinoamericanos" (135). En otros sentidos acaso, pero no en éste, "Calibán" plantea una ruptura. Si algo tienen en común el nacionalismo de izquierda cubano y el decimonónico es la fetichización de alteridades fictas ("nuestros ancestros")[39]. El caníbal ya había sido reivindicado en la redefinición de las culturas nacionales de principios del siglo XX; por ejemplo, en el movimiento *Antropofagia* del Brasil (Cap. V)[40]. Andrade y Fernández-Retamar comparten con la mayoría de sus predecesores decimonónicos, incluyendo a Martí, este interés por el pasado colonial histórico como un generador de sentido del presente, llámese éste modernización, nacionalismo populista o Revolución cubana.

[38] Decía Martí: "¡Se viene de padres de Valencia y madres de Canarias, y se siente correr por las venas la sangre enardecida de Tamanaco y Paracamoni, y se ve como propia la que vertieron por las breñas del cerro del Calvario, pecho a pecho con los gonzalos de férrea armadura, los desnudos y heroicos caracas! [...] La inteligencia americana es un penacho indígena" (8:336).

[39] *Ficta (ficto*, adj.) es un arcaísmo (usado en derecho y filosofía del derecho para referirse a presunciones como la de la personalidad jurídica, opuesta a la "natural") y que –a diferencia de la voz *ficticio, ficticia*– no connota falsedad, mentira, farsa, etc. El adjetivo *ficta* o *ficto* sólo indica la condición de creación o invención de algo, sin el juicio de valor sobre mentira y verdad que conlleva la palabra *ficticio*.

[40] Retamar no conocía el movimiento *Antropofagia* del Brasil como lo indica Rodríguez-Monegal y el mismo Retamar confesó en "Calibán ante la Antropofagia" de *Concierto para la mano izquierda* (2000): "en 1971 yo desconocía aún su obra [...]. Cuando empecé a familiarizarme con la faena del brasileño, lo incorporé en mis páginas" (140).

Calibán, es entonces –en su genealogía– inicialmente el indígena que presenta resistencia a los conquistadores, el caníbal[41] guerrero, "nuestro caribe"[42] (128); pero luego, metafórica y trans-históricamente representa a otros sujetos: al esclavo, al mambí de la independencia, al proletario, al revolucionario, a la Revolución y a la Latinoamérica "auténtica" antiimperialista. Los Arieles "de la anti-América", por su parte, serían los sirvientes voluntarios de Próspero, los herederos de la tradición de Sarmiento que tratan "de imponer en estas tierras esquemas metropolitanos, o simplemente, mansamente, reproducen, de modo provinciano, lo que en otros países puede tener su razón de ser" (147). Para Retamar el verdadero antagonista de Calibán y de Latinoamérica no es Ariel sino Próspero[43]. Ariel y Calibán están en el mismo lugar cultural; es decir, en Latinoamérica; la diferencia es la pertenencia del primero a la tradición colaboradora: "No hay verdadera polaridad Ariel-Calibán: ambos son siervos en manos de Próspero, el hechicero extranjero. Sólo que Calibán es el rudo e inconquistable dueño de la isla, mientras que Ariel, criatura aérea, aunque hijo también de la isla, es en ella, como vieron Ponce y Césaire, el intelectual" (133). Retamar se refiere, claro, al intelectual nativo eurocéntrico que sirve al imperialismo.

El ensayo incluye "para la historia de Calibán" un repaso de algunas apropiaciones de *The Tempest*. Retamar alude a *Calibán; suite de la Tempête* de Ernest Renan, pero no hace su lectura directa (128). Usa los comentarios de Paul Lidsky y las citas que Aimé Césaire hace de Renan en *Discours sur le colonialisme*; citas que, por cierto, no son de las obras de teatro *Calibán; suite de la Tempête* y *L'Eau de jouvence* –en las que, como vimos, opera una suerte de tibia reconciliación ideológica de Renan con la *Tercera República francesa*[44]–, sino de la obra protofascista del filósofo francés (Cap. IV §2).

Seguidamente, Retamar recuerda que "el primer destino del mito de Calibán en nuestras propias tierras americanas" (128) ocurre a raíz de la guerra de 1898,

---

[41] El ensayo, que se publicó en francés, fue significativamente retitulado *Caliban cannibale* (1973).

[42] Retamar recuerda que Calibán es un anagrama de caníbal-caribe, que el ensayo de Montaigne ("Des Cannibales") habría sido la fuente de Shakespeare y que Gonzalo (el viejo humanista consejero) no es otro que el propio Montaigne, de cuyos ensayos Shakespeare habría tomado párrafos enteros (127, 128). De manera que la lectura del drama es la lectura alegórica de América, su referencia implícita: "Que *La tempestad* alude a América, que su isla es la mitificación de una de nuestras islas, no ofrece a estas alturas ninguna duda" (127).

[43] Así como Retamar rescata en última instancia a Rodó, imagina un Ariel que –como ha indicado Lie– tiene la elección/responsabilidad de elegir el bando calibánico o colaborar con Próspero ("Countering Caliban" 250, 256).

[44] Las lecturas latinoamericanistas de Calibán han hecho por lo general la cita indirecta y apócrifa del *Calibán* de Renan.

en el discurso de Groussac en Buenos Aires y en el *Ariel* de Rodó[45], quienes *"desacertadamente"* identifican a Calibán con los EE.UU[46]. "Calibán" no rompe con Rodó, sino que *corrige* sus metáforas; citando a Mario Benedetti, Retamar anota: "Como observó con acierto Benedetti, 'quizá Rodó se haya equivocado cuando tuvo que decir el nombre del peligro, pero no se equivocó en su reconocimiento de dónde estaba el mismo' " (129). Continúa su itinerario con Jean Guéhenno, quien en su *Calibán parle* (1928) ofreció "por primera vez una versión simpática del personaje", aunque en las siguientes ediciones de su libro se fue desdiciendo poco a poco (129, 130). También recuerda el Calibán proletario de *Humanismo burgués y humanismo proletario* (1938) de Aníbal Ponce a quien reprocha su constante mirada a Europa (130), y la tesis de Octave Mannoni (*Psychologie de la colonisation* 1950) a quien rebate siguiendo de cerca la línea argumentativa de Aimé Césaire (*Discours sur le colonialisme*) y la refutación de Frantz Fanon al "llamado complejo de dependencia de las gentes colonizadas" (Capítulo 4, *Peau noire, masques blancs* 1952).

Retamar declara sus antecedentes inmediatos en los trabajos de cuatro escritores antillanos: George Lamming (*The Pleasures of exile* 1960)[47], Césaire (*Une tempête* 1968, 1969), Eduard Brathwaite (en su poema "Calibán" de *Islands* 1969)[48] y Retamar mismo ("Cuba hasta Fidel" 1969) (130, 131). En este último texto, escasamente comentado, Retamar hizo su primera proposición calibánica a propósito de una reflexión sobre la historia cubana "hasta Fidel". Allí alega la unidad de la historia latinoamericana frente al (neo)colonialismo y reivindica la resistencia Caribe/caníbal como una lucha anticipatoria de las del día:

en 1611 el anagrama de esta palabra [caníbal] dará en *La tempestad* de Shakespeare, Calibán "esclavo salvaje y deforme", genio del Mal. Así; como caníbales, como antropófagos, como encarnaciones del Mal van a entrar en la historia europea los más valientes de los habitantes de nuestras islas, los que más tenaz resistencia opusieron al invasor (85).

[45] "El triunfo de Calibán" de Darío no es mencionado. Una nota en la edición de 1995 corrige esta omisión (33).

[46] "Abordando el desacierto por un costado comentó José Vasconcelos: 'si los yankis fueran no más Calibán, no representarían mayor peligro'" ("Calibán"129).

[47] Para el momento de la escritura del ensayo, Retamar conocía sólo fragmentos del *The Pleasures of Exile*, que en todo caso malinterpreta como una especie de continuidad del pensamiento de Mannoni.

[48] El escritor barbadense Edward Brathwaite (1930-) publicó el poema "Calibán" en su libro *Islands* (1969), en el cual marca varias fechas representativas de la identidad caribeña como el 12 de octubre de 1492 ("Descubrimiento" colombino), el 1 de agosto de 1838 (Día de la independencia de las colonias antillanas británicas), y diciembre 2 de 1956 fecha de desembarco de Fidel Castro en Cuba, que la Revolución cubana celebra como su comienzo (34-38).

Entre los numerosos intertextos del "Calibán" de Retamar dos ocupan un lugar vertebral: *Facundo: civilización y barbarie* de Domingo Faustino Sarmiento y "Nuestra América" de José Martí, el primero supuestamente arielista, propugnador de la "América europea" y luego de la norteamericana[49] y el segundo, calibánico. Para el cubano, el drama americano no ha sido entre "Próspero y Calibán sino entre civilización y barbarie", entre Sarmiento y Martí, un contrapunto tenso entre el "seamos Estados Unidos" de Sarmiento, y la invitación martiana de impedir "'a tiempo que se extiendan por las Antillas los Estados Unidos y caigan con esa fuerza más, sobre nuestras tierras de América'" (137-139). "Calibán" se declara discípulo del pensamiento antiimperialista, humanista, latinoamericanista y popular de Martí. Martí es a Retamar, lo que C.L.R. James a Lamming: el pre-texto y también la historia en su cita con el presente: "Martí, al echarse del lado de la 'barbarie' prefigura a Fanon y a nuestra Revolución" ("Calibán" 137).

"Calibán" en todo caso, no representa una ruptura radical o arqueológica con el *arielismo*, sino su reedición en el horizonte conceptual de la *Teoría de la dependencia* y del marxismo cubano de los 60. La imagen utópica de Latinoamérica, así como el antiimperialismo, son coordenadas en las que "Calibán" expresamente coincide con el *Ariel* y que hacen que Horacio Machín acertadamente llame a Retamar, "el más arielista de los Calibanes latinoamericanos" (155). La impugnación del *arielismo* –y en general de cualquier discurso– frecuentemente contiene rastros funcionales y continuidades del discurso contradicho. Un ejemplo de éstas, que podemos llamar *continuidades contradictorias*, se halla en las estructuras, valores o presupuestos coloniales que persisten en el discurso contracolonial, tales como el racismo, el mito del progreso, la misoginia, etc. Entre las *continuidades contradictorias* más evidentes de "Calibán" se puede señalar en primer lugar, su hispanismo. Retamar en otras oportunidades ha hecho un deslinde entre la tradición latinoamericana del hispanismo elitista y su hispanismo "otro". La España de su ensayo "Contra la leyenda negra" (1976) es, en realidad, dos Españas: por un lado la estamental e injusta, reaccionaria y franquista; y por otro, la España de Las Casas, de los guerrilleros de la resistencia anti-napoleóni-

---

[49] Lie analiza la lógica binaria y localización intertextual de "Calibán". Uno de sus argumentos más provocadores es que *Facundo* de Sarmiento propondría una suerte de anti*calibanismo avant-la-lettre*. Lie pregunta: "¿qué ocurre cuando Calibán llega al poder, como sería el caso en Cuba?" La pregunta sugiere un paralelismo entre Rosas y Castro. Sarmiento critica la policía política, el terror, el culto a la personalidad del caudillo, la censura de las opiniones contrarias, la persecución de intelectuales y el discurso "americanista" del dictador a raíz del bloqueo europeo. Lie aclara que no es lo mismo Rosas que Castro pero que este inter-texto de Sarmiento censura en Rosas lo que se le censuraba a Castro en 1971 ("Calibán en contrapunto" 54).

ca, la España revolucionaria, etc. (99-102). Así llega a la "España nuestra" (un espejo hispanista de "Nuestra América") (112 y ss.)[50]. "Calibán" rezuma hispanismo lingüístico. La observación según la cual Calibán maldice en español porque supuestamente "hoy no tiene otro idioma" es cuestionable ¿Qué pasa con los grupos indígenas que maldicen en sus propias lenguas?[51] Y... ¿puede Calibán hablar en portugués, inglés y francés insular, *patois*, o en alguna de las lenguas *créole*? ¿O en un español dialectal, popular y no literario? Una de las ironías de plantear la matriz hispánica como representativa de Latinoamérica es que refuerza la estructura política y cultural del colonialismo interno de los nacionalismos (y del latinoamericanismo).

Por supuesto, la pregunta de Retamar por la paradoja de hablar la lengua de los colonizadores (222, 223) es mucho más compleja que el tema de en qué idioma se habla contra el Imperio. Tiene más bien que ver con el *imperio de una episteme* dentro de la cual las resistencias al mismo están atrapadas. No se trata de si hablamos o no inglés o español como decía Darío hace más de un siglo, Zorrilla de San Martín en 1930 y Retamar en 1971; la lengua de Próspero, como decía Lamming, es mucho más que el idioma, especialmente cuando Calibán habla desde el Estado y su lengua corre el riesgo de cargar consigo la gramática de la colonialidad del poder. Césaire –que imagina el ascenso trágico de Calibán en *La Tragédie du Roi Christophe* (1963)– prefiriere dejar irresuelta la dialéctica del amo y el esclavo en su *Une tempête* (1968, 1969), en la que Calibán no mata ni reemplaza a Próspero. Haití había sido para intelectuales tan diversos como James, Carpentier, Lamming y Césaire, el lugar para pensar a Calibán después del triunfo de los colonizados. Sin propugnar por un pensamiento reaccionario, los cuatro reconocieron en la *era de Calibán* la frecuente continuidad de la colonialidad. Aliados con la burguesía culta Toussaint Louverture y Jean Jacques Dessalines combatieron el vudú con el encono de los

---

[50] Amaryll Chanady –en un iluminador ensayo sobre el tránsito del *calibanismo* mesticista y homogeneizador ("Calibán" 1971) al *calibanismo* de la heterogeneidad y la diferencia (que sugiere "Adiós a Calibán" 1993)– llama la atención sobre la disolución de la dicotomía occidente/colonias que implica el hispanismo y la revaloración ibérica que Retamar hiciera en "Contra la leyenda negra". En este último ensayo, *Nuestra América* mestiza se equipara a una híbrida *España nuestra* ("El discurso" 241, 242). Jameson en su "Prefacio a *Calibán*" señala la relación no propiamente coincidente de "Calibán" con "Contra la leyenda negra" (6).

[51] En "Adiós a Calibán" Retamar se aparta de este monolingüismo: "los países iberoamericanos, incluso aquellos donde los 'civilizadores' no llegaron al exterminio de los indios, tienen como únicas lenguas oficiales al español o al portugués: los cuales, notoriamente, no son las lenguas de millones de 'iberoamericanos' que ni saben qué significa esa palabra (tampoco 'latinoamericanos'), y a quienes se les pretende imponer a sangre y fuego otra civilización (¿la nuestra?: en todo caso no será la mía), que es lo mismo que intentaron los conquistadores" (82).

antiguos amos[52]; Dessalines sostuvo la infraestructura de producción de las plantaciones mediante la conscripción legal de los antiguos esclavos ahora "trabajadores asalariados"; Christophe redujo a la servidumbre a los antiguos esclavos, dispuso matrimonios en masa para evitar la inmoralidad de las uniones libres, e impuso un Estado sobre el espacio "salvaje", asumiendo la misión civilizadora de Próspero, a quien por otro lado combatía (como en la tragedia de Césaire). La idea de progreso-desarrollo –que recorre la Ilustración, el pensamiento liberal y el marxismo, y perdura aún en medio de los desencantos de la posmodernidad– es el *a priori* que define de manera predominante la imaginación política de la Revolución y del discurso calibánico de Retamar. Hay que reconocerle a Roberto González Echevarría el haber llamado la atención sobre éste que él llama el *blind spot* de los ensayos de Retamar:

> Navegando con la teoría marxista, él llega al punto de reconocer la necesidad dialéctica de la emergencia de la burguesía latinoamericana en el siglo XIX, puesto que es solamente a través de las políticas desarrollistas de esta clase que se alcanza la independencia y se abre el "camino del socialismo". Pero no puede aceptar la conclusión ineludible de que con tal marco conceptual la colonización de América tiene que ser vista como un evento histórico positivo que sacó a la población del Nuevo Mundo de la prehistoria y colocó a aquellos que sobrevivieron (supuestamente) en el camino del socialismo ("Roberto Fernandez Retamar: an Introduction". 74).

El evolucionismo y desarrollismo marxista de Retamar, visible en ensayos como "Algunos usos de civilización y barbarie" (1977), es "incompatible con una posición anticolonial radical" (Chanady 245). La subversión y valoración inversa del "orden de las cosas" de *The Tempest* a menudo acarrea consigo el orden invertido y deja en pie aspectos estructurales del colonialismo, de su violencia epistémica, sus exclusiones y asimetrías. Mientras a nivel semántico se invierte, revaloriza, renombra o se deslegitima el orden colonial, frecuentemente las categorías semio-lingüísticas de los discursos imperiales quedan más o menos intactas (Henry Paget y Paul Buhle 114). Ésa es la tragedia de Calibán: maldecir en la lengua de Próspero, apoderarse de sus libros y al final colocarse en su lugar, relevándolo en su "misión". ¿No es acaso también Próspero el Estado nacional? Y si Calibán, como Christophe o como el régimen revolucionario cubano, llega al poder y asume el proyecto de la Modernidad occidentalista... ¿no se revela como un converso y un cómplice involuntario del principio trágico de los proyectos

---

[52] C.L.R. James señalaba que el "fracaso de Toussaint fue el fracaso de la ilustración no de la oscuridad" (288). La crítica de George Lamming a L'Ouverture se basa en la de James: L'Ouverture al final, le da la espalda al proletariado aliándose con la burguesía culta.

históricos de Próspero: cristianización, civilización, modernización, desarrollismo, transnacionalización, globalización? Calibán en el Estado trágicamente habla la lengua de Próspero en la medida que no abandona el proyecto ilustrado ni el horizonte del desarrollo. Este es el problema y la tragedia íntima de la inversión semántica de "Calibán" y del proyecto político revolucionario cubano que decide industrializar la economía, desarrollarla para liberarla de la dependencia, producir diez millones de toneladas de azúcar en una zafra, etc.

Lamming advertía que el legado de Próspero, que es la lengua, es también la prisión de Calibán (109, 110). La solución que "Calibán" ofrece inicialmente a este dilema es una especie de localismo universalista fundado en el marxismo heterodoxo de Mariátegui: "no queremos ciertamente, que el socialismo sea en América *calco y copia*. Debe ser *creación heroica*. Tenemos que dar vida, con nuestra propia realidad, en nuestro propio lenguaje al *socialismo indo-americano*" (Mariátegui citado por Retamar en "Calibán" 149). Pero el tránsito de la mímica a la incorporación antropofágica, es decir, del "no somos copia" a la reelaboración creativa o "creación heroica", no resuelve el dilema de las continuidades de las prácticas, estructuras y lógicas coloniales. Ello requiere una ruptura arqueológica con el *origen del origen*; una ruptura con la colonialidad, que "Calibán" intenta pero no alcanza. Veamos algunos otros ejemplos de esas *aporías trágicas* de la inversión semántica de *The Tempest*.

Pese a que "Calibán" revierte el reparto conceptual de *Ariel*, hasta cierto punto renueva la concepción arielista de la representación política, manifiesta en su problemática visión de la cultura como espacio en el que los actores de las luchas sociales parecen no poderse representar a sí mismos. Calibán los representa y es su portavoz, en la tradición martiana del intelectual o líder político que habla por, o "hace causa común" con, el *Otro*. La lista variopinta de Calibanes que Retamar hace es elocuente:

> De Túpac Amarú, *Tiradentes*, Toussaint Louverture, Simón Bolívar, el cura Hidalgo, José Artigas, Bernardo O'Higgins, Benito Juárez, Antonio Maceo y José Martí, a Emiliano Zapata, Augusto Cesar Sandino, Julio Antonio Mella, Pedro Albizu Campos, Lázaro Cárdenas, Fidel Castro y Ernesto Che Guevara; del Inca Garcilaso de la Vega, el *Alejaidinho*, la música popular antillana, José Hernández, Eugenio María de Hostos, Manuel González Prada, Rubén Darío (sí; a pesar de todo), Baldomero Lillo y Horacio Quiroga, al muralismo mexicano, Héctor Villalobos, Cesar Vallejo, José Carlos Mariátegui, Ezequiel Martines Estrada, Carlos Gardel, Pablo Neruda, Alejo Carpentier, Nicolás Guillén, Aimé Césaire, José María Arguedas, Violeta Parra y Frantz Fanon (131, 132)[53].

---

[53] Nótese que lo mismo había hecho Luis Alberto Sánchez en su *Balance y liquidación del novecientos*.

El acto de representación calibánico es *estético* (*Vertretung*), en la medida que este personaje conceptual es una imagen y un constructo que "repite" mediante la evocación del signo la presencia de un sujeto, y *político* (*Darstellung*), pues Calibán –llámeselo Las Casas, Martí, el Che, el propio Retamar, o la Revolución– *no es*, sino que *habla por* los sujetos oprimidos; es su *lengua*. ¿En dónde quedan los propios oprimidos si no es fuera del reparto simbólico de la identidad, como aspecto accesorio o adjetivo del sujeto que habla? Además, esta operación ¿no legitima un lugar orgánico del intelectual tradicional en su condición de lengua, de *cuerpo protésico* de la alteridad?

En la edición de 1995 Retamar añade a la lista de Calibanes varios nombres, especialmente de mujeres: Juana de Azurduy, Haydée Santamaría, Rigoberta Menchú, Sor Juana Inés de la Cruz, Gabriela Mistral, Tarsila do Amaral, Frida Kahlo, Rosario Castellanos; adiciones que reforman la lista haciéndola "políticamente correcta" y que responden en gran medida a las críticas sobre el machismo de la definición calibánica de la identidad. Sobre este aspecto volveremos más adelante. Baste señalar por ahora, que la lista original sólo incluye a una mujer y que, salvo por Violeta Parra, Carlos Gardel y la música antillana, los Calibanes son en su mayoría grandes hombres de las letras, la política y las bellas artes. Los Calibanes de Retamar parecen provenir de la tradición heroica arielista: individuos iluminados y visionarios llamados a conducir la sociedad. Aún en casos como Túpac Amarú, Louverture y Sandino, Calibán es el líder de la insurrección y no las masas insurgentes.

C.L.R. James –cuya historia de la Revolución haitiana sentó las bases del *calibanismo* de Lamming y que no aparece en la lista del "Calibán" de 1971– propuso, durante el *Congreso Cultural de La Habana* de 1968, el fin de la institución burguesa del intelectual. Santiago Colás recuenta esta anécdota extraordinaria: James manifestó en aquel momento su irritación por los lujos y consideraciones para con los delegados al Congreso y la naturaleza exclusivista del evento y propuso que "the function of the Congress is that intellectuals should prepare the way for the abolition of the intellectuals as an embodiment of culture". La respuesta de Retamar entonces fue, según Colás, una evasiva burocrática: que la comisión preparatoria del congreso no podía "reformar la situación" (136). La *situación* era –como he venido sosteniendo– el *arielismo*. James pensaba el problema desde otro lugar. No así Retamar, con todo y que declara: "Asumir nuestra condición de Calibán implica repensar nuestra historia desde el otro lado, desde el otro protagonista" ("Calibán" 133). Marta Sánchez, comentarista temprana del texto, sobreestima esta inversión de roles simbólicos de "Calibán" suponiendo una reformulación de la historia desde el "otro lado" (55), cuando "Calibán" es más bien una *re-enunciación de la historia desde otro lugar pero en el mismo lado*: el *arielismo* de la Revolución que exasperaba a C.L.R James.

La predominancia de hombres escritores y artistas en la lista (añadida luego con más novelistas, arquitectos, pintores, etc.), así como la idea de una identidad latinoamericana organizada alrededor de ciertos textos fundacionales de la cultura letrada son circunstancias que instalan problemáticamente el *calibanismo* en el *arielismo* que supuestamente rebatiría. Lo que parece semánticamente un discurso divergente del *Ariel* de Rodó, en realidad usa formas similares de violencia simbólica y exclusión: la falta de mujeres en la lista no es un olvido casual sino resultado de la comunidad discursiva profunda entre el *arielismo* y el *calibanismo*. Ello, sumado a las coordenadas ideológicas del mestizaje y el hispanismo (§4), hacen que a medida que avanza el ensayo, el Calibán de Retamar parezca menos indio y negro, menos mambí, proletario o campesino, que parte de una tradición antiimperialista masculina, gloriosa y letrada que comenzaría con Las Casas (127), tendría sus máximos exponentes en José Martí (134) y el Che y su epítome en Fidel Castro. Así las cosas, en la escena conceptual de la identidad, Martí, Castro o el Che, y no los "pobres de la tierra", serían las figuras calibánicas por excelencia: líderes políticos y hombres de letras que "baja[n] al pueblo" (151). Este *descenso al pueblo* no corresponde ciertamente al vuelo desdeñoso de los cóndores arielistas e imperiales de Vargas Vila, pero aún supone un modelo vertical y una mirada política desde las alturas; en el mejor de los casos, una versión paternalista del *arielismo* desarrollada en los sectores ilustrados de clase media del Estado socialista cubano. El *arielismo* es, de hecho, el común denominador de múltiples políticas revolucionarias: desde el exitoso proyecto pedagógico nacional de alfabetización, hasta el infausto "foquismo" que se fundaba en la idea jerárquica y paternalista de una vanguardia o foco revolucionario que iniciaría y guiaría a los campesinos latinoamericanos en una revolución.

Arielista también es la redefinición calibánica de la misión intelectual: "pelear *al frente* de una vasta familia de doscientos millones de hermanos" ("Calibán" 149). El problema es que los calibanes, conductores y letrados, educadores de la multitud y parte de una "vanguardia planetaria" (149) corresponden al paradigma arielista. Al final del ensayo se vislumbra, precisamente, la *fallida ruptura arqueológica* con el *arielismo* en un momento de no coincidencia entre un *"nosotros"* y un *"ellos"*:

> *Nosotros* podemos y debemos contribuir a colocar en su verdadero sitio la historia del opresor y la del oprimido. Pero, por supuesto, el triunfo de esta última [la historia del oprimido] será sobre todo obra de aquellos para quienes la historia, antes que obra de letras, es obra de hechos. *Ellos* lograran el triunfo definitivo de la América verdadera (147).

Retamar redefine una vez más el lugar orgánico del escritor: contribuir a poner en orden la historia de la pugna dialéctica entre el amo y el esclavo, entre opresores y oprimidos. El "ellos" del final del ensayo es vago y en todo caso no-coincidente con el "nosotros": los Calibanes de la insurgencia campesina y los proletarios latinoamericanos no son los mismos Calibanes que los conducen y que escribirán la *historia de los oprimidos*. De hecho, debe decirse de nuevo lo obvio: que "Calibán" es una requisitoria a los intelectuales, un llamado a su cali-banización, a identificarse con los "pobres de la tierra" de los que hablaba Martí y sumarse a las filas de la Revolución que los representa[54]. Al final del ensayo, Retamar concluye: "el Che [...] le propuso a Ariel, con su propio *ejemplo lumino-so y aéreo* si los ha habido, que pidiera a Calibán el privilegio de un puesto en sus filas revueltas y gloriosas" (151). Nótese que: 1) el propio Che con su "ejemplo luminoso y aéreo" resulta siendo mas arielista que Ariel; y 2) que el Che le pro-pone a Ariel que se inscriba en las filas calibánicas. ¿Qué "puesto" es éste que Ariel debe pedirle a Calibán? Parece ser el de la *conducción* e *ilustración* de las "filas revueltas y gloriosas". Aquí no es simplemente la Revolución cubana, sino el propio marxismo el que revela una estructura burguesa. Marx, en un pasaje del *Manifiesto del partido comunista* (que cita Retamar 148), explicaba:

> en los períodos en que la lucha de clases se acerca a su desenlace, el proceso de desin-tegración de la clase dominante, de toda la vieja sociedad, adquiere un carácter tan violento y tan patente que *una pequeña fracción de esa clase reniega de ella y se adhiere a la clase revolucionaria, a la clase en cuyas manos está el porvenir*. Y así como antes una parte de la nobleza se pasó a la burguesía, en nuestros días un sector de la burguesía se pasa al proletariado, particularmente ese sector de ideólogos burgueses que se han *elevado teóricamente* hasta la comprensión del conjunto del movimiento histórico (Marx, *Manifiesto* 35).

El texto de Retamar produce esos dos movimientos: el de *adhesión* por medio del cual se desciende al pueblo y el de *elevación teórica* por el que produce una "comprensión del conjunto". En ambas operaciones perdura una jerarquía arie-lista, si bien reciclada dentro de las categorías del marxismo latinoamericanista cubano.

Relacionada con esta episteme de poder/saber de la Ilustración está la que tal vez sea una de las más problemáticas de las continuidades del *arielismo* en el *calibanismo* cubano: se trata de la inconsecuencia entre las políticas culturales del régimen y el problemático concepto de "autenticidad" al que el ensayo apela y que deriva del latinoamericanismo de Martí. Aún si se pone de lado la discu-sión sobre la fragilidad misma del concepto de *autenticidad*, encontramos que el

---

[54] Santiago Colás señala en su ensayo sobre "Calibán" que al proponer la identificación del intelectual con las masas populares el *calibanismo* revela su no coincidencia con las mismas (137).

calibanismo no fue consecuente con su propia prédica: las políticas de promoción de libros, películas y cultura oficial soviética en Cuba –impulsadas en los años 70– resultan indefendibles en los propios términos del discurso calibánico; se ubicarían, más bien, en la tradición occidentalista de Sarmiento que el *calibanismo* supuestamente aborrece.

Otra de las críticas frecuentes del ensayo remite al hecho de que éste plantea una alternativa perentoria del tipo "conmigo o contra mí", clausurando la política cultural de supuesta tolerancia a la crítica interna delineada en "Palabras a los intelectuales" de Castro (1961). Incluso se ha insinuado que "Calibán" causó una división estalinista de la arena intelectual (Rodríguez-Monegal, "The Metamorphoses of Caliban" 78-80). Ciertamente, "Calibán" fue, pero sólo en parte, una "odisea del rencor", para usar la expresión de E. M. Ciorán. Bajo el subtítulo "Del mundo libre", "Calibán" hace la conocida crítica a Jorge Luis Borges, matizada luego en "Calibán revisitado" (1986)[55], y a Carlos Fuentes, "miembro –dice– de la mafia mexicana". De la obra del "escritor colonial" Borges, señala Retamar que antes que dicotómica es "el testamento atormentado de una clase sin salida" (141, 142). En esa misma clase sitúa a Fuentes y ridiculiza su libro *La nueva novela latinoamericana* (1962) por su posición de derecha, por su tono enajenante y por traer en forma exhibicionista banalidades de moda "que cualquier buen manualito de lingüística hubiera podido aliviar". Pero el motivo de la diatriba es la posición crítica de Fuentes frente a la Revolución cubana: lo acusa de "proponer las tareas de la derecha con el lenguaje de la izquierda" y condena su participación en la revista *Mundo nuevo* (financiada por la CIA) (141-145). Por último, ajusta cuentas con Rodríguez-Monegal –director de *Mundo nuevo* (1966-1968)– de quien destaca su "pesantez académica". Esta diatriba contra la *ciudad letrada* arielista incluye un comentario que algunos consideran homofóbico sobre el "mariposeo neobarthesiano de Severo Sarduy" (146)[56].

[55] Retamar reconoce: "[L]e asiste la razón al crítico mexicano Jorge Alberto Manrique cuando, al escribir una de las primeras notas sobre Caliban, señaló: 'Cabría recordar, según el mismo Borges lo ha dicho, que él asume, frente a [...] [la] lectura de Europa una actitud socarrona de francotirador, *desde fuera*: de eso está hecho lo mejor de su obra: y en eso podría reconocerse una actitud de Calibán. Que cada quien tiene sus respuestas, y vale la pena tratar de entenderlas'" ("Calibán revisitado" 254). En otras palabras, Borges deja de ser un Ariel (aliado a Próspero) y –como dice en 1993– se muestra en "su original condición calibanesca" ("Adiós a Calibán" 89).

[56] González Echevarría opina que Retamar se burla gratuitamente del "mariposeo neobathesiano de Sarduy, dándole un matiz *homofóbico* al ataque por las sugerencias groseras que sus palabras tienen para cualquier cubano" ("Severo Sarduy 1937-1993" 757). Retamar respondió alegando la amplia gama semántica del verbo *mariposear* que tanto en el español peninsular como en el cubano apunta a "'Ser inconstante en los gustos o aficiones' [...y] 'Galantear, enamorar, a las mujeres por mero pasatiempo y distracción'" ("Una aclaración" 1179). El "mariposeo neobarthe-

Aunque la mayoría de la crítica hace a "Calibán" contemporáneo de los debates del presente, sin salvedades en relación con su teleología discursiva y densidad histórica, "Calibán" respondió a una situación política muy específica de la Revolución cubana en las arenas internacional e interna. Es un texto de su tiempo, cuyo valor no puede –sin una historización de su génesis– juzgarse por la vehemencia y furor de su retórica ni por sus faltas de rigor académico. "Calibán" no redefinió simbólicamente *The Tempest* con un ánimo filológico, ni para proponer una teoría poscolonial como se desprendería de la comparación odiosa que Jameson hace entre Retamar y Said[57], ni para inaugurar la "escuela de Calibán" y la corriente de análisis *chicano-subalternista* de José Saldívar, sino en función de los problemas de la hora de la Revolución cubana. "Calibán" tampoco es, y nunca pretendió ser, una contribución al campo de los estudios literarios o culturales. Es un ensayo político o un *panfleto cultural*[58] abiertamente comprometido, y escrito en medio de una amarga controversia sobre la disidencia política en la Cuba revolucionaria. Es un ensayo que responde en primera instancia a las fisuras en la *intelligentsia* latinoamericana de izquierda, cuyo apoyo a la Revolución flaqueaba a fines de los años 60. En "Calibán revisitado" (1986) Retamar precisamente recuerda "sin excusas" que "Calibán" fue escrito con pasión y al calor de una polémica[59]; y explica su malquerencia de entonces con Fuentes y los especiales eventos del contexto histórico del ensayo, entre los cuales están la guerra fría y su versión académica: el debate a raíz de las revelaciones del *New York Times* en 1966, según las cuales la revista *Mundo nuevo* –en la cual participaba Carlos Fuentes (al parecer de buena fe), así como otros reconocidos escritores latinoamericanos– era financiada por la CIA[60]. Éstas que García Márquez

siano" de Sarduy, dice, no era una referencia a la sexualidad de Sarduy sino a sus divertimentos lingüísticos. Ricardo Ortiz retoma el notable análisis de Brad Epps sobre Reinaldo Arenas en una juiciosa revisión de la política sexual de "Calibán" –salvo por su uso de una cuestionable traducción al inglés del ensayo– y relaciona el comentario sobre Sarduy y otros fragmentos del texto con la retórica y política homofóbica de los primeros años de la Revolución (corregida en las tres últimas décadas).

[57] Jameson asigna al "Calibán" de Retamar un lugar problemático entre el ensayo académico y el manifiesto cultural y político y piensa que es "el equivalente latinoamericano de *Orientalism* de Edward Said" ("Prefacio" 4).

[58] Así lo llama el propio Retamar en una entrevista con González Echevarría (22).

[59] Retamar ha defendido su "Calibán" centrándose en el contexto histórico del ensayo ("Calibán revisitado" 1986): "[A]rrancado de su contexto, con buena intención en unos casos, con mala en otros, ha habido ocasiones en las que se ha convertido en un material irreconocible para mí mismo. De no ser restituido a la coyuntura en la cual se escribió, corre el riesgo de convertirse en una algarabía" (246).

[60] Sobre este escándalo y sus repercusiones en la *intelligentsia* cubana y latinoamericana, puede consultarse el estudio de María Eugenia Mudrovcic.

llamó "relaciones extraconyugales" con la inteligencia norteamericana y la polémica que generó empañaron con una nube de recelo y desconfianza mutua las relaciones entre los simpatizantes de la Revolución cubana. El contexto inmediato de "Calibán" incluía además –si bien no de manera explícita– el *caso Heberto Padilla*, "la chispa que encendió la redacción de 'Calibán'" como reconoce Retamar en "Calibán revisitado" (252).

"Calibán" es un texto de un periodo conocido como el "quinquenio gris" de la Revolución (1970-1975), caracterizado por el fortalecimiento de un Estado disciplinario y por el dogmatismo político, consecuencia de los descalabros de la planeación, de la constante amenaza norteamericana y del aislamiento internacional cubano. El peligro de otra invasión como la de Bahía de Cochinos no había desaparecido. Los EE.UU. trataban el área como espacio (neo)colonial e intervenían discrecionalmente para evitar el activo liderazgo continental cubano y el llamado "efecto dominó" en el "Tercer Mundo" (ej.: intervención militar en la República Dominicana 1965). Adicionalmente, entre 1965 y 1970 la Revolución entra en una fase radical no exenta de problemas económicos y de tensiones internas y externas. La autonomía frente a la URSS –objetivo que el gobierno cubano se había propuesto después de su exclusión de la negociación de la crisis de los misiles en 1962– hacía agua en 1967: la URSS reaccionó al liderazgo cubano en Latinoamérica y a la, para los soviéticos, incómoda promoción cubana de guerrillas, con un recorte en el suministro de petróleo que provocó el racionamiento de gasolina. A esta crisis se sumó la provocada por la planeación económica estatal. En 1968 el gobierno lanza una "ofensiva revolucionaria" radicalizando la socialización de la economía y estableciendo metas económicas nacionales como la de la "zafra de los diez millones" de toneladas de azúcar que se iban a producir en 1970 y que resultaron ser ocho millones y medio. La dedicación de todos los recursos a dicho proyecto, así como la gerencia errática de las empresas estatales, la falta de personal técnico capacitado y el embargo económico norteamericano, generaron una grave crisis económica, escasez de alimentos y dificultades en el transporte, además de una creciente desmoralización. Las consecuencias de este estado de emergencia fueron variadas, desde la mayor dependencia económica cubana de la URSS[61] al endurecimiento de la disciplina ideológica interna.

Este panorama distancia a varios simpatizantes latinoamericanos, lo que se evidencia durante el *affaire Padilla*. El poeta Heberto Padilla (1932-2000) fue encarcelado del 20 de marzo al 26 de abril de 1971 por supuestas actividades contrarrevolucionarias; se produjeron –entre otras– dos cartas públicas de apoyo al

---

[61] Después de varios años en que la política internacional cubana se había mostrado crítica e independiente de la esfera de la URSS, en 1968 Cuba apoyó diplomáticamente a los soviéticos en la invasión de la antigua Checoslovaquia.

mentado poeta firmadas por distinguidos intelectuales latinoamericanos y europeos. La segunda de éstas acusaba al gobierno cubano de represión estalinista y le explicaba en un tono paternalista como debía ser la Revolución[62]. Las "actividades contrarrevolucionarias" de Padilla consistían básicamente en la crítica de una novela olvidable de Lisandro Otero, un elogio de *Tres Tristes Tigres* de Guillermo Cabrera Infante, un poemario de tonos "derrotistas" (*Fuera del juego*) y algunas críticas más o menos abiertas a la Revolución que fueron vistas como disidencia política[63]; "injurias y difamaciones" las llamó el mismo Padilla en un acto público de "contrición" (abril 27 de 1971) en el que se desdecía de manera más o menos incoherente: "Yo he tenido –decía Padilla– muchos días para reflexionar, en Seguridad del Estado" ("Intervención" 191). Padilla se declaraba "sumamente avergonzado" de su vanidad y petulancia (193), criticaba el tono contrarrevolucionario de sus poemas en los que "inauguré –decía– el resentimiento, la amargura, el pesimismo, elementos todos que no son más que sinónimos de contrarrevolución en literatura" (194) y lamentaba sus entrevistas con periodistas extranjeros enemigos de la Revolución (196, 197). Padilla juraba que sus palabras obedecían a una "autocrítica hondamente sentida" (197), lanzaba al agua a algunos compañeros poetas y escritores como él, descarriados en las heterodoxias (200, 201) y agradecía a los "compañeros esforzadísimos" de Seguridad del Estado, que le habían convencido de sus yerros y permitido rectificar su vida (202). Terminaba su autocrítica con un "¡Patria o muerte! ¡Venceremos!" (203).

---

[62] La primera carta (*Le Monde* abril 9, 1971) manifestaba "inquietud" por el encarcelamiento y estaba firmada entre otros por Simone de Beauvoir, Italo Calvino, Julio Cortázar, Marguerite Duras, Carlos Fuentes, Gabriel García Márquez, Juan Goytisolo, Octavio Paz y Mario Vargas Llosa (Doc. 12, en Casal 74, 75). Después de la "autocrítica" de Padilla (abril 27, 1971), se produce una segunda carta (de mayo 21 de 1971) en la que no están las firmas de García Márquez ni de Cortázar, pero a la que se suman Pier Paolo Pasolini, Juan Rulfo y otros antiguos simpatizantes de la Revolución. La segunda carta manifiesta "vergüenza y [...] cólera" y llama a la "autocrítica" una "mascarada [...que] recuerda los momentos más sórdidos de la época stalinista" (Doc. 17, en Casal 123, 124). Entre las dos cartas Castro dirige un discurso a los intelectuales en el *Congreso nacional de educación y cultura* (abril 30, 1971) en el cual minimiza la importancia de las "dos o tres ovejas descarriadas que puedan tener algún problema con la Revolución porque 'no les dan el derecho' a seguir sembrando el veneno, la insidia y la intriga en la Revolución" mientras los verdaderos problemas del subdesarrollo aguardan solución; asimismo, ataca a los "pseudoizquierdistas descarados" y "ratas intelectuales" (aludiendo a los firmantes de la primera carta) (Doc. 16, en Casal 115-122).

[63] La UNEAC en su declaración contra el premio de poesía otorgado a Padilla en 1968 (tres años antes del encarcelamiento) señalaba como crítica fundamental la "ambigüedad" de la poesía de Padilla, así como sus actitud "criticista" (sic) y "antihistórica" (en Casal 58, 59); este evento es conocido como el primer *affaire*. Nadia Lie examina cómo entre 1968 y 1971, obedeciendo a la crisis, discursos anteriores tolerados o aceptados, así como a la crítica interna, se convierten en discursos "contrarrevolucionarios" ("Las malas memorias de Heberto Padilla" 204, 205).

Es posible: 1) que Padilla caricaturizara su propia "contrición" para minarla en un acto contumaz de disidencia como piensa Juan Goytisolo (*En los reinos de taifa*); 2) que ésta haya sido una "caricatura maliciosa" del propio Padilla para aludir los juicios estalinistas como alega Retamar ("Calibán revisitado" 250); o 3) que fuera una farsa y gran parte de la confesión hubiera sido escrita por Seguridad, tesis del propio Padilla (*La mala memoria* 194, 195; "Conversación..." 78) (v. Nadia Lie). De cualquier manera, ese fue el eslabón por el cual se rompió el apoyo de la *intelligentsia* de izquierda latinoamericana a Cuba. Intelectuales como Mario Vargas Llosa y Carlos Fuentes interpretaron –acaso justificadamente– el acto público de "contrición" de Padilla como forzado. El evento fue, sin embargo, puesto desproporcionadamente en paralelo con las purgas y procesos del estalinismo; según Mario Vargas Llosa, el "acto" de Padilla habría sido "prefabricado como los juicios estalinistas de los años treinta" ("Carta" 140). La reacción de Castro y de *Casa de las Américas* fue enérgica. "Calibán" fue uno –el más famoso pero no el más vehemente– de los textos contra los críticos de la Revolución que se produjeron en esos días. Julio Cortázar, como muchos otros, tuvo que decidirse y tomar posiciones en el dilema del tipo *conmigo o contra mí* que se planteaba. Cortázar escribió varias cartas y un poema con el sugestivo título "Policrítica en la hora de los chacales" (157-161) en el cual básicamente renunciaba a la crítica:

[...] ¿Quién soy yo
frente a los pueblos que luchan por la sal y la vida,
con qué derecho ha de llenar más páginas con negaciones y opiniones personales?
. . . .
Tienes razón Fidel: sólo en la brega hay derecho al descontento
. . . .
siempre hay alguna hiena maquillada de juez, poeta o crítico
. . . .
acepto
la crítica de veras, la que viene de aquel que aguanta el timón.
de aquellos que pelean por una causa justa, allá o aquí, en lo alto en lo bajo
y reconozco la torpeza de pretender saberlo todo desde un mero escritorio
y busco humildemente la verdad en los hechos de ayer y de mañana
. . . .
volveremos a vernos, a estar juntos, carajo,
contra hienas y cerdos y chacales de cualquier meridiano,
contra tibios y flojos y escribas y lacayos
. . . .
todos juntos iremos a la *zafra futura*,
al azúcar de un tiempo sin imperios ni esclavos (159-161).

El descalabro de la zafra *de los diez millones* tenía su equivalente en la crisis de la *ciudad letrada* de izquierda. Cortázar se desdice de la crítica del presente (en crisis) y "resuelve" el cisma letrado del momento mediante la promesa de un esquivo "todos juntos" en una *zafra futura*. Resulta un poco desproporcionado, desde la lectura de hoy, todo este *affaire* por actividades que correspondían al fuero de la libertad personal y de expresión de un escritor al que, por cierto, se recuerda hoy básica –y acaso injustamente– a causa de ese lío[64]. Sea menester reiterar lo obvio: la detención de Padilla fue un síntoma trágico de rigidez disciplinaria, hipersensibilidad o intolerancia político-literaria en medio de una difícil crisis histórica, política y económica. Los problemas de la Revolución no eran propiamente letrados, si bien los discursos del día producían un efecto propiamente arielista de encumbramiento de la trascendencia y heroicidad de las letras.

Cuando se lee el texto de la "contrición" de Padilla, conjuntamente con las protestas y apoyos, poemas y proclamas, manifestaciones y declaraciones, las cartas cruzadas entre escritores, las retractaciones, respuestas[65] y el propio ensayo "Calibán" –que apenas alude y no nombra a Padilla, pero que lo tiene siempre entre líneas (y entre cejas)– no puede uno sino preguntarse por la candidez de todos los actores de este *affaire*. El primero, por supuesto, el régimen cubano, al pensar que los poemas de Padilla o las entrevistas y comentarios del vate podían tener algo que ver con la "seguridad del Estado". Uno está tentado a concluir que la disputa suponía la hipóstasis de un tipo de *arielismo*; tan acalorado debate tenía su razón de ser en la búsqueda de los circuitos de apoyo entre escritores latinoamericanos. Retamar y Haydée Santamaría, Padilla mismo y los "compañeros de seguridad del Estado", Julio Cortázar, Carlos Fuentes, Vargas Llosa y los otros escritores, cineastas y poetas, que en caravana, en uno u otro sentido, se manifestaron sobre el *affaire*, individualmente o en grupos nacionales (con textos que tenían títulos como "Declaración del comité de escritores Bartolomé Hidalgo"), tenían todos, un altísimo concepto y una fe pasmosa en las consecuencias prácticas de la literatura; veían en el *espacio literario* la arena de una lucha definitoria de la Revolución y se sentían, ellos mismos, protagonistas de una –para usar la expresión de Martí– lucha heroica de "cometas en el cielo"; evidentemente, una lucha en la *constelación Ariel*[66].

---

[64] Hay que reconocer no sólo el trabajo poético de Padilla, sino el que no permitiera la afiliación de su disidencia con la ultraderecha. Padilla, quien salió de Cuba en 1980, mantuvo una cordial pero creciente distancia con los sectores más reaccionarios del exilio de Miami. Al morir, en 2000, era profesor en la Auburn University.

[65] Pueden consultarse los números 65, 66, 67, y 68 de la *Revista Casa de las Américas*, así como la colección de documentos del caso que publicó Lourdes Casal.

[66] Incluso George Lamming, cuando pensaba en los cuatro momentos cruciales de la historia del Caribe inglés, señalaba el Descubrimiento, la abolición, la inmigración de otros grupos huma-

Hechas estas precisiones sobre la inversión semántica y continuidad estructural del *arielismo* en el "Calibán" de Retamar, así como sobre su contexto histórico, valga la oportunidad para reflexionar sobre dos críticas que se le han hecho frecuentemente a este ensayo y al *calibanismo* en general: 1) la virtual disolución de las identidades étnicas y en particular del negro en la homogeneizadora categoría del mestizaje, y 2) la escogencia de un símbolo que, como Calibán, celebra un paradigma masculino y deja a Miranda y a Sycorax –"personajes femeninos" del drama– en una posición subordinada o marginal.

4. TRANSCULTURACIÓN, MESTIZAJE Y FIGURACIONES AFRO-CALIBÁNICAS DE LA REVOLUCIÓN

> ahora han encontrado que nuestra carne es más sabrosa que la de ellos y quieren devorarnos (El conde de Casa Bayona en *La última cena*).

> voy a hablarles de un filme que no he filmado: una versión latinoamericana de *La tempestad* de Shakespeare [...]. En nuestra versión cuando el intelectual cobra conciencia del lugar que ocupa y del sentido en que avanza la historia, tiene la posibilidad de elegir entre seguir sirviendo al amo o *unirse a Calibán* en la rebelión que éste inexorablemente ha de desatar (Tomás Gutiérrez Alea "El verdadero rostro de Calibán" 13, 16).

Retamar identifica a Latinoamérica con *Calibán / caribe / caníbal*, apoyándose, como se dijo, en el precedente martiano de identificación con lo indígena. Tanto Martí como Retamar declaran a los caribes sus "antecesores naturales" (135) y disuelven en dicho tropo –vaciado por varios siglos de historia colonial– el concepto de raza; el primero, a favor del nacionalismo independentista, el segundo, a favor de la categoría de *clase* y de la unidad geopolítica, semántica y cultural de Latinoamérica. Martí escoge ser "caribe" en una suerte de afiliación política con la otredad histórica *ausente*. Retamar se da cuenta de que estos indios enarbolados por el nacionalismo cubano no existen y que fueron reemplazados por los esclavos. Después del exterminio de los indios, denunciado por Las Casas, Calibán fue el esclavo negro: "Es característico que el término caníbal lo hayamos aplicado, por antonomasia, no al extinguido aborigen de nuestras islas, sino al

nos, y terminaba con el surgimiento de la novela y conciencia cultural y literaria de los "West Indian writers" (*The Pleasures of Exile* 37-39).

negro de África" (127)[67]. Según Retamar, la "identificación de Martí con nuestra cultura aborigen" lo llevó a sostener "los criterios más radicales y modernos de su tiempo" en relación con el racismo (136). Las menciones y citas de Martí sobre la *cuestión racial* son numerosas: que Martí concibió "Nuestra América" "más allá de razas, de lenguas, de circunstancias accesorias" (136), que declaró la inexistencia de las razas (138, 139) y que fue un pensador "radicalmente antirracista" a diferencia de Sarmiento y de muchos de sus contemporáneos (141). "Calibán" retoma el mito martiano de la democracia racial y –como "Nuestra América"– supedita lo étnico a lo nacional: "hombre más que blanco, más que mulato, más que negro. Cubano, más que blanco, más que mulato, más que negro" (Martí citado por Retamar 136).

Como se ha señalado a menudo, el ensayo de Retamar parte del *mestizaje* como dispositivo sincrético[68]. Con apoyo en citas de Bolívar y Vasconcelos señala al sujeto cultural latinoamericano y cubano como un "nosotros" mestizo. Pese a las aclaraciones, precisiones y notas posteriores del propio autor, ese es el argumento original:

> Pero existe en el mundo colonial, en el planeta, un caso especial: una vasta zona para la cual el *mestizaje no es el accidente sino la esencia, la línea central*: nosotros, "nuestra América mestiza". Martí, que tan admirablemente conocía el idioma, empleó este adjetivo preciso como la seña distintiva de nuestra cultura, una cultura de descendientes de aborígenes, de africanos, de europeos –étnica y culturalmente hablando ("Calibán" 125).

Este mesticismo se encuentra ya en "Cuba hasta Fidel" (1969):

> Desde el primer momento se inició la mezcla de razas, lo que patentiza no sólo los visibles rasgos somáticos, sino sobre todo el peculiar sincretismo de un país mestizo [...]. La guerra de 1868 iniciará una verdadera fusión y por ello un verdadero espíritu nacional. Como escribió Martí, "en la guerra, ante la muerte, descalzos todos y desnudos todos, se igualaron los negros y los blancos; se abrazaron y no se han vuelto a separar". Pero sólo con la actual revolución llegará a sentirse como un principio fundamental de la nación el apotegma del propio Martí: "cubano es mas que blanco, más que negro" (85, 86).

---

[67] El artículo de Ricardo Castells es tendencioso al afirmar que la cultura afrocubana no aparece en el ensayo (174).

[68] Varios críticos han hecho hincapié en la actitud evasiva del *calibanismo*, y en general de los discursos de identidad cultural en el Caribe, respecto a los asuntos raciales y de género. Por ejemplo Marta E. Sánchez (59, 60), Vera Kutzinski (286, 287), Chanady ("El discurso" 237, 247-251) y Spitta ("Desdoblamientos calibanescos" 288, 291).

La manera calibánica de concebir las diferencias y heterogeneidades es la disolución mestiza:

> Esos indios y esos negros se habían venido mezclando entre sí y con algunos blancos dando lugar al *mestizaje que está en la raíz de nuestra América*, donde –también según Martí– "el mestizo autóctono ha vencido al criollo exótico". Sarmiento es un feroz racista porque es un ideólogo de las clases explotadoras donde campea el "criollo exótico"; Martí es radicalmente antirracista porque es portavoz de las clases explotadas, donde se están fundiendo las tres razas ("Calibán" 141).

En "Calibán quinientos años después" (1992) Retamar discute el concepto "zoológico" de raza como instrumental en el saqueo de 1492 (70), y en la nota "Adiós a Calibán" (1993) explica la problemática noción de mestizaje usada en "Calibán" que, según él, aludía a procesos de hibridación cultural y *transculturación*, es decir, a *un mestizaje no-étnico*[69] que se diferenciaría del "mestizaje abstracto [...] del arsenal ideológico de algunas oligarquías de nuestra América". Retamar señala que el "mestizaje es en Martí popular, auténtico y antirracista" (82). Este "antirracismo martiano", sin embargo, no anticipa una crítica de las identidades esencialistas, como supone Retamar; la negación política de la raza de Martí corresponde al mítico abrazo fraterno y cooptación de las alteridades étnicas de nacionalismo finisecular e independentista cubano[70]. El ensayo de Retamar, digámoslo claramente, rearticula la ideología del mestizaje. Pero *la definición mestiza del sujeto nacional no es una característica del nacionalismo cubano de la Revolución, sino del nacionalismo latinoamericano en general*; lo cual es visible incluso en el Negrismo. En la "Balada de los dos abuelos" de *West Indies, Ltd.* (1934) de Nicolás Guillén (1902-1989), la voz poética reivindica una herencia doble:

> Lanza con punta de hueso,
> tambor de cuero y madera:
> mi abuelo negro.
> Gorguera en el cuello ancho,
> gris armadura guerrera:
> mi abuelo blanco.
> Pie desnudo, torso pétreo

[69] La nota 2 del ensayo de 1971 explicaba: "Por supuesto, lo que me interesa en estas notas no es el irrelevante hecho biológico de las 'razas', sino el hecho histórico de las 'culturas'" (125).

[70] Retamar no cita la frase inicial de Martí: "*En Cuba no hay temor alguno a la guerra de razas. Hombre es más que blanco, más que mulato, más que negro. Cubano es más que blanco, más que mulato, más que negro. En los campos de batalla, muriendo por Cuba, han subido juntas por los aires las almas de los blancos y de los negros*" (2: 299).

los de mi negro;
pupilas de vidrio antártico,
las de mi blanco (137).

Esta sinfonía de abuelos guerreros termina con un abrazo, más o menos equivalente a la fórmula sincrética del mestizaje:

Yo los junto.
—¡Federico!
¡Facundo! Los dos se abrazan.
Los dos suspiran. Los dos
las fuertes cabezas alzan;
los dos del mismo tamaño
bajo las estrellas altas:
los dos del mismo tamaño,
ansia negra y ansia blanca,
los dos del mismo tamaño,
gritan, sueñan, lloran, cantan,
cantan... cantan... cantan.... (138)

Como en Guillén y antes en Martí, en el "Calibán" de Retamar ocurre un desvanecimiento de las identidades étnicas, y en particular del negro, gracias a la acción homogeneizadora de un abrazo que trasciende la heterogeneidad. En "Calibán" la Revolución no tiene raza; no porque se defina proletaria (aunque lo haga), sino porque el socialismo revolucionario cubano cruza a través de las diferencias como lo nacional en el discurso martiano. La raza en "Calibán" parece ser –de nuevo– un asunto de la guardarropía de la nación. Retamar cita además de los pasajes en que Martí dice sentir en sus venas la sangre de los indios caracas ("Calibán" 135), un discurso del Che dado en la Universidad de las Villas el 28 de diciembre de 1959, en el que invita a los universitarios a adherirse a la causa revolucionaria mediante un procedimiento que no difiere sustancialmente del fetichismo indianista decimonónico o del indigenismo: *"hay que pintarse de negro, de mulato, de obrero y de campesino; hay que bajar al pueblo"* (151). El maquillaje de Calibán marca el punto de no-coincidencia del tropo con la representación política que invoca. Esta infortunada intervención del Che le permite a Rodríguez Monegal insinuar la enormidad de que estamos frente a "la peor clase de racismo y aristocratismo" cuando leemos a Retamar citando a Guevara ("The Metamorphoses" 82). El paternalismo (con)descendiente (bajar al pueblo) y el ponerse la careta de la alteridad interna (pintarse de negro o indio) han sido recurridas prácticas de cooptación nacionalista en América Latina y el Caribe desde la Independencia. Ángel Rama, hablando del indigenismo –una de las múltiples instancias de este fenómeno– indicaba que éste se ponía la máscara de las mayorías "silenciosas" ("El área cultural andina" 150, 151). Prácticas discursivas de este tipo afectan incluso al subalternismo de nuestros días. La archiconocida cita del Che –motivo y lugar común de escándalo infinito de algunos críticos del "Calibán"– apenas prueba el *arielismo* mesticista del Che en 1959 y del ensayo de 1971. Pero una cosa es la continuidad de algunos ideologemas del mestizaje en el portavoz cultural cubano y otra, los efectos de la Revolución en lo que toca a la apertura de espacios de representación, a la participación y al mejoramiento de los niveles de vida de la población pobre "de color" de la isla. Asimismo, calificar la Revolución de racista, como hace Carlos Moore (1988), adolece de simpleza y falta de rigor académico[71]. En primer lugar, el racismo como ideología en una sociedad, no es lo mismo que el racismo como política estatal. El racismo en la cultura, esto es, *ideológico* –en el sentido que Louis Althusser define la ideología– está muy a menudo más allá de las decisiones conscientes y es parte estructural y sobredeterminada de las relaciones sociales. La Revolución –cierto– no erradicó el racismo, pero tampoco lo inauguró; el racismo es un vestigio de siglos de historia y explotación. Por el contrario, desde 1959 las políticas de Cuba en torno a la raza intentaron romper con las desigualdades raciales y la discriminación[72], entre otras razones porque representaban un antagonismo fuera de la categoría de *clase social*. A mediados de los años 60, los reparos a las afirmaciones étnicas empezaron a ceder y los cubanos comenzaron a redefinirse como "afro-latinoamericanos". Un elemento significativo en esta transformación fue el acercamiento y ayuda cubana a varias naciones africanas durante los años 70 y especialmente, en 1975, la "Operación Carlota", como se llamó la intervención militar directa de Cuba en la guerra que Angola peleaba contra la invasión de Sudáfrica[73]. Ello no quiere decir que Cuba sea el "último palenque", ni que no haya racismo en la sociedad cubana, ni que las políticas del gobierno no hayan tratado de disminuir el tono político de las diferencias étnicas a favor de una homogenización identitaria que Marianne Masferrer y Carmelo Mesa-Lago han llamado con justeza "integración"[74] y que como política estatal es ciertamente cuestionable pero no rara o exclusiva del nacionalismo cubano.

[71] Para una discusión del texto de Moore, véase "Race and the Cuban Revolution: A Critique of Carlos Moore's *Castro, the Blacks, and Africa*" de Lisa Brock y Otis Cunningham.

[72] Puede consultarse a René Depestre, Johnetta Cole, Lisa Brock y Digna Castañeda Fuertes entre muchos otros.

[73] El nombre de la operación provino del nombre de una esclava que en 1843 condujo una sublevación de esclavos en el ingenio "Triunvirato", en Matanzas y que fue muerta en la rebelión.

[74] "The Gradual Integration of the Black in Cuba: Under the Colony, the Republic and the Revolution".

Cuando Retamar aclara en "Adiós a Calibán" (1993) que al hablar de mestizaje en 1971 se refería a procesos de *transculturación*, adscribe el sincretismo nacionalista de la Revolución a las teorías desarrolladas por Fernando Ortiz[75] en su *Contrapunteo cubano del tabaco y el azúcar* (1940) sobre la economía colonial y heterogeneidad racial en la cultura nacional. Como ha señalado Fernando Coronil, el trabajo de Ortiz, influido por el de Spengler, "revalorizaba" las culturas popular y regional mediante una interpretación alegórica de la historia cubana (xviii-xx). Ortiz propuso el término *transculturación* para "sustituir al menos en parte el vocablo *aculturación* [...con el que indicaba] el proceso de tránsito de una cultura a otra y sus repercusiones sociales de todo género" (93). *Transculturación*, en cambio, expresaría:

> los variadísimos fenómenos que se originan en Cuba por las complejísimas transmutaciones de culturas que aquí se verifican [...] así en lo institucional, jurídico, ético, religioso, artístico, lingüístico, psicológico, sexual y los demás aspectos de la vida (93) [...] Entendemos que el vocablo transculturación expresa mejor las diferentes fases del proceso transitivo de una cultura a otra, porque éste *no consiste solamente en adquirir una distinta cultura*, que es lo que en rigor indica la voz anglo-americana *aculturation*, sino que el proceso implica también necesariamente la pérdida o desarraigo de una cultura precedente, lo que pudiera decirse una parcial *desculturación*, y, además, significa la consiguiente creación de nuevos fenómenos culturales que pudieran denominarse de *neoculturación* (96).

Fernando Coronil, haciendo una de las más agudas lecturas del ensayo de Ortiz, resalta que en éste se trata el problema neocolonial cubano y que el tabaco y el azúcar (mercancías) son presentados como personajes cuya identidad es

---

[75] Retamar reitera: "En 1891, en su programático 'Nuestra América' escribió [Martí]: 'No hay odio de razas, porque no hay razas'" ("Adiós a Calibán" 81). Sin embargo, su cita de Martí no por ser la misma de "Calibán" es coincidente. En "Adiós a Calibán" más que una aclaración hay un cambio de paradigma que han estudiado Chanady ("El discurso") y Silvia Spitta ("Desdoblamientos" 288). Retamar mueve a Calibán –vía el concepto de *transculturación* de Ortiz– de la ideología del mestizaje al modelo de hibridez de Néstor García Canclini (en el cual, por cierto, so pretexto de hablar de temporalidades se recicla el mestizaje en la posmodernidad). De cualquier manera, Retamar explícitamente rechaza el *"deus ex machina* de un mestizaje milagroso [...] que, al margen de etnias, culturas, clases, engendraría una criatura nacida de una mezcla armoniosa en donde se habrían fundido además el patrón y el obrero, el gamonal y el pongo, y a la cual sólo le faltaría, para reunir lo diverso, ser a la vez hombre y mujer. [..H]ay –continúa Retamar– que reconocer, proclamar y defender el derecho a la diferencia tanto étnica como sexual: es absurdo que al indio o al negro se le proponga (que incluso se le pretenda imponer) pasar sin más a ser mestizo, y a la mujer ¿hombre o andrógino? No, no es así como se salvaguarda el carácter múltiple y complejo de nuestros países, tan artificiales a menudo, tan pensados desde fuera y explotados desde todas partes" ("Adiós a Calibán" 83).

moldeada en última instancia por las relaciones de producción (xxviii-xxx). Su hipótesis es que (acaso bajo la influencia del horizonte marxista de análisis del capitalismo) para Ortiz, dos productos mercantiles claves de la economía cubana, el tabaco y el azúcar, *definían la identidad nacional y a la vez eran definidos por las relaciones de producción a que se encontraban sujetos* (xxiii). En esta nueva lectura, la *transculturación* de Ortiz es una categoría crítica –una suerte de tropología materialista– que reorienta la teoría cultural y antropológica. Pero la interpretación de Coronil, que serviría al argumento de Retamar, en verdad parece una reapropiación contemporánea y, por cierto, válida de Ortiz. Una lectura acotada de la noción de *transculturación* apunta a un proceso de síntesis de elementos diversos para la producción de neoculturaciones, tal como lo señala Antonio Cornejo Polar ("Mestizaje, transculturación y heterogeneidad" 368-71), y aunque pareciera alejarse de la ideología del mestizaje, la categoría de *transculturación* está inserta en ella: "en sus versiones de Ortiz y Rama –o en otras– es el dispositivo teórico que ofrece una base epistemológica razonable al concepto (que considero intuitivo) de mestizaje" (Cornejo Polar 369).

Como antes, al hablar del ajiaco para referirse la continua cocción de lo diverso en la cultura cubana, Ortiz se refiere a oleadas étnicas que producen un "inmenso *amestizamiento* de razas" (93); la *transculturación* conserva la idea de la mezcla y el símil biológico: "en todo abrazo de culturas sucede lo que en la *cópula genética* de los individuos: la criatura tiene algo de ambos progenitores pero también siempre es distinta de cada uno de los dos" (*Contrapunteo* 96, 97). Ortiz respondía con la categoría de *transculturación* a la *cuestión racial* y su problemática relación con el proceso tardío de formación de la nación cubana; *transculturación* ofrecía una fórmula aglutinante, fundacional y armónica, y una herramienta teórico-discursiva para disolver uno de los mayores conflictos de la sociedad cubana: la heterogeneidad racial. Dice Ortiz en "Ni racismos ni xenofobias" (1929): "El racismo divide y es disociador, no sólo desde un punto de vista universal [...] sino también desde una mira estrictamente nacional, allá donde como en nuestras repúblicas, la nacionalidad necesita robustecerse por la creciente *integración patriótica* de todos sus complejísimos factores raciales" (13, 14). En el libro *El engaño de las razas* (1945) insiste en esta tesis de "integración patriótica" que, por un lado, es heredera del nacionalismo finisecular de Martí y, por otro, fragua la ideología del mestizaje que se cuela en el ensayo de Retamar. Un ensayo como "Calibán" indica, en esa misma tradición sincretista, la aspiración manifiesta de trascender lo heterogéneo en búsqueda de una definición no sólo de lo cubano (integrado), sino –en un escenario continental– de lo latinoamericano más o menos homogéneo y enfrentado a los Estados Unidos. En ese intento aparecen la noción del mestizaje y la guardarropía étnica del nacionalismo revolucionario cubano. Por otra parte, la *matriz calibánica* de representación cultural no se reduce a la ideología del mestizaje, ni sólo al ensayo de Retamar. Varios otros textos y discursos culturales proponen versiones "afro-cubanas" del drama de Calibán[76], explícitas y tácitas, previas y posteriores al ensayo de Retamar, como *Biografía de un cimarrón* (1966) de Esteban Montejo y Miguel Barnet, la película *La última cena* (1976) de Tomás Gutiérrez Alea o, más adelante, el poema "Amo a mi amo" (1982) de Nancy Morejón. Una línea de representación afro-cubana de la Revolución hace suyas las historias y luchas de los cubanos del color desde la esclavitud, pasando por las insurrecciones de esclavos, los cimarrones, la guerra de independencia y la guerra de guerrillas contra Fulgencio Batista.

Uno de los cometidos de la Revolución cubana fue la revisión historiográfica y favorecimiento de versiones *otras* de la historia nacional y del Caribe. Como vimos, C.R.L James había hecho de la Revolución de Haití un punto de partida para la escritura de la historia en la *tradición de los oprimidos*. En los primeros años de la década de 1960, las historias de estos actores empiezan a cobrar una importancia simbólica y política significativa en la escena cultural cubana. No es casual que en 1966 nos encontremos con la novela-testimonio *Biografía de un cimarrón* de Esteban Montejo (1866-1973) y Miguel Barnet (1940-). Montejo, nacido esclavo, cuenta su historia de rebeldía: cómo se convirtió en un cimarrón, vivió como cortador de caña y luchó contra los españoles en la guerra de independencia. Como Calibán, fue esclavo y se rebeló contra su amo; tiene la marca monstruosa de la raza y del "balbuceo" del habla popular y no sabe escribir (no posee los libros de Próspero). El personaje (auto)biográfico, se alía con Barnet, un poeta etnógrafo y un *Ariel solidario*, para construir un texto biográfico que hace audible en el presente la memoria fracturada por el olvido, la injusticia y el racismo; ese *presente* no es otro que el de la Revolución. Barnet convierte el "balbuceo" calibánico y las quejas de Montejo en una narración literario-biográfica coincidente políticamente con el calibanismo (aunque paradójicamente Montejo no figure en la lista de Calibanes de Retamar). Montejo es la metonimia monumentalizada de lo silenciado por la historia y re-modulado por la Revolución. Miguel Barnet –y a través de él, la *ciudad letrada* de izquierda– acepta la invitación del Che a pintarse de negro. El propio Barnet confesaba cándidamente en 1981 a Emilio Bejel en una entrevista: "Políticamente, yo soy un negro también" (51).

Otro documento en clave afro-calibánica es la muy conocida película *La última cena* (1976) de Tomás Gutiérrez Alea, cuya historia está basada en los acontecimientos de una rebelión de finales del siglo XVIII:

---

[76] "Calibán", según Jameson, "afirma reconocidamente su identificación con la voz del esclavo en una declaración contemporánea con otras expresiones culturales cubanas como el testimonio de Estaban Montejo por Miguel Barnet, en la literatura; o *El otro Francisco* de Sergio Giral y *La última cena* de Gutiérrez Alea, en el cine" ("Prefacio" 6).

El excelentísimo señor conde de Casa Bayona, en un acto de profundísimo fervor cristiano, decidió humillarse ante los esclavos. Y remedando a Cristo, un Jueves santo lavó los pies a doce negros, los sentó en su mesa y les sirvió sus platos. Pero aquí que estos esclavos, cuyos conocimientos teológicos no eran muy profundos, en vez de comportarse como los apóstoles, lo que hicieron después fue sublevarse valiéndose del prestigio que adquirieron frente a los demás miembros de la dotación, y terminaron quemando el ingenio. El cristianísimo acto lo finalizaron los *rancheadores* cazando a los negros cimarrones y clavando en doce lanzas las cabezas de los esclavos ante los cuales se humillara el excelentísimo señor conde (Manuel Moreno Fraginals en Fornet 146).

En la película, Sebastián, un esclavo fugitivo y cimarrón, se alza junto con otros esclavos contra su amo después de la histórica cena a causa de que el mayoral, Don Manuel, quiere hacerlos trabajar en Viernes santo (incumpliendo la promesa de asueto del conde). Los rebeldes matan al mayoral e incendian el ingenio por lo que son, como en el evento histórico, cazados y ejecutados. Un análisis detenido de la película no es posible aquí; baste con indicar que *La última cena* desarrolla tres hilos narrativos-ideológicos: el inevitable fracaso de la misión civilizadora/evangélica del amo (el conde y el cura), la significación político-económica del significante étnico *negro* y la prefiguración de la insurgencia revolucionaria en las rebeliones de esclavos y la cimarronía.

a) *El fracaso de Próspero*. El conde, impulsado por la recriminación de un sacerdote "lascasiano" sobre el paganismo y descuido espiritual de los esclavos de la plantación, decide él mismo colaborar en su conversión, para lo que pide doce esclavos, y entre ellos a Sebastián –que ha sido recientemente castigado con la mutilación de una oreja por haber huido– y los hace participar en la ceremonia católica del lavatorio de pies. El conde se "humilla" lavando y besando los pies a los esclavos que no entienden qué pasa y a quienes la ceremonia causa hilaridad. Luego viene la cena propiamente dicha en la que el conde, sentado entre los esclavos como entre "sus discípulos" que llama "esclavos de Jesús", trata de hacerles entender algunos principios de la religión católica y, entre ellos, el misterio de la eucaristía. La labor evangelizadora genera una serie de malentendidos: Antonio (esclavo doméstico que ha sido enviado por el capataz a trabajar en el campo) malinterpreta la catequesis y cree que el conde va a morir después de la comida, y algunos esclavos entienden las explicaciones del conde sobre el sacrificio de Jesús y la comunión, en el sentido de que los discípulos se comieron a Cristo "como hacen los carabalí con sus enemigos".

Sebastián, malherido por la mutilación, es sentado al lado del conde que hace un discurso sobre obediencia y en una de las más sugestivas escenas de la película le pregunta a Sebastián: "¿Quién soy Sebastián? ¡Reconóceme! Te lo pido en nombre de Cristo" (0:34:06). El esclavo responde escupiéndole a la cara y el conde lo llama "Judas" e ingrato; pero le ofrece su "perdón". El conde, como el Próspero de Césaire, es un humanista ilustrado al que le preocupa lograr una conciliación formal.

Los esclavos beben y comen, cantan y cuentan sus historias; el conde, una historia de San Francisco de Asís con la que pretende ilustrar a los comensales sobre la felicidad en el sufrimiento. La "parábola" causa risas y reparos. La "lección" teológica de obediencia, humildad y autosacrificio termina en una borrachera. Mientras el conde se duerme, Sebastián (Judas) cuenta la historia de cómo la mentira decapitó a la verdad y ésta, a su vez, le arrancó la cabeza a la mentira y se la puso; de manera que desde entonces el cuerpo de la verdad camina por el mundo con la cabeza de la mentira. La contranarrativa de los esclavos desafía la parábola del conde. La esclavitud (cuerpo de la verdad) está disfrazada de catequesis y civilización (cabeza de la mentira). La misión civilizadora/evangélica entra en *contradicción* con la explotación económica del trabajo esclavo. Cuando el sacerdote le pide al conde, poco antes de la sublevación, que no permita que el mayoral haga trabajar a los esclavos en Viernes Santo, éste responde que una cosa son los deberes espirituales que él cumplió de sobra con la cena y su humillación pía ante los esclavos y otra, los asuntos del mayoral, sus "pecados necesarios" y sus obligaciones como administrador del ingenio. "No debemos meternos en los asuntos del mayoral" (1:19:5). El lugar en el mundo para Calibán, como para los esclavos, es el trabajo y no la mesa del señor.

La enseñanza religiosa fracasa; en lugar de ser la lección de humildad que pretendía ser, la religión se convierte en el motivo expreso (y detonante) de una insurrección relacionada con la jornada de trabajo. La adopción subalternizada y subvertida (vale decir, calibánica) del evangelio civilizador de Próspero inicia la revolución.

b) *Diferenciación clasista de lo étnico*. El significante racial tiene sentido en relación con la economía política de la esclavitud: no todos los negros son iguales. *La última cena* distingue conforme sea la posición (arielista o calibánica) de los negros en relación con las relaciones de producción del ingenio que, a su vez, determinan el mayor o menor antagonismo frente al amo. Los ayudantes negros del mayoral le dan latigazos a los esclavos y los criados de la casa, cercanos al conde, le son hasta cierto punto leales; ese es el caso de Ambrosio, el esclavo de librea y casaca de terciopelo azul; e incluso el de Antonio, que aunque trabaja cortando caña, es un "esclavo doméstico" que sabe hablar y usar los cubiertos y que, por un acto arbitrario del mayoral, se encuentra trabajando con el resto de los esclavos en el campo. La promesa que el conde le hace a Antonio de retornarlo al servicio doméstico incide en la distancia que el esclavo toma de la insurrección y su deseo arielista de resolver el conflicto por medio del diálogo.

Por el contrario, Sebastián, el esclavo cortador de caña al que le fue cortada la oreja por tratar de evadirse, sólo quiere destruir al amo y el trapiche y volver a escapar. La representación de esta gradación del sistema de lealtades de los oprimidos tiene que ver con la conciencia que producen las contradicciones y la lucha de clases.

Permítaseme hacer un pequeño paréntesis para discutir brevemente un texto que poca o ninguna atención ha recibido, aunque es crucial para señalar las conexiones entre *La última cena* y el ensayo de Retamar. Me refiero al guión cinematográfico *Calibán**, concebido en 1982 y escrito en 1984 por el mismo Tomás Gutiérrez Alea en compañía de Michael Chanan y Eugenio Hernández y que, además, contó con la asesoría y la revisión de George Lamming. En una típica inversión (pos)colonial de términos, Próspero es el monstruo: "The key, as Titón [Gutiérrez Alea] put it, was that our Caliban was not a monster, but a human being, which meant that the true monster was Prospero, who enslaved him" (Chanan, "Remembering Titón"). El guión, aunque inspirado en el texto de Retamar –como el propio Gutiérrez Alea explicó ("El verdadero rostro de Calibán" 1989)– acude a otros textos y contextos más decididamente afro-caribeños como *Une tempête* (1968, 1969) de Césaire y *The Pleasures of Exile* de Lamming[77]; el orden sobrenatural de la isla lo ocupan la santería y los dioses de la tradición yoruba.

Ariel es negro como Calibán (y no mulato como en Césaire). Esta variación paradójicamente reinstala el concepto de clase social. Eliminada la diferencia étnica entre Ariel y Calibán, queda –prominentemente– el asunto de la división social del trabajo y la clase social: "mientras que Calibán tiene que realizar los trabajos duros, Ariel se ocupa de las cosas del espíritu" (16). *Calibán** (el guión) sortea con un registro afro-cubano la racionalidad sincrética y la ideología del mestizaje del "Calibán" de Retamar, y de la *Biografía* de Montejo y Barnet. No ocurre lo mismo con la concepción vertical del *descenso al pueblo*, que seguirá definiendo el afro-*calibanismo* cubano.

Ariel y Calibán están de acuerdo en la necesidad de deshacerse del tirano Próspero, pero –como en Césaire– no se ponen de acuerdo sobre los métodos. Ariel sostiene que la violencia es inútil y que deben aprender las artes, ciencia y magia del maestro; mientras que Calibán aboga por la rebelión y, como Fanon, justifica el efecto descolonizador de la violencia:

---

[77] Cuando Próspero acusa a Calibán de haber intentado violar a Miranda hay un intercambio de miradas entre el acusado y su supuesta víctima que deja en claro que no se trató de una violación, pues Miranda encuentra a Calibán fuerte y atractivo. Coincide el guión con la hipótesis de Lamming sobre la fantasía erótica de Miranda. Agradezco a Michael Chanan el haberme facilitado la sinopsis de esta escena.

¿Entonces qué Ariel? Oye bien: la violencia no es algo en lo que tú puedes creer o dejar de creer. La violencia es el fuego que te quema dentro, la rabia que el tirano enciende en nuestra sangre con sus amenazas, sus insultos y su opresión. ¿No la sientes ardiendo dentro de ti? Próspero siempre te está prometiendo la libertad, pero siempre es mañana (16).

La alianza entre Ariel y Calibán que el guión propone se basa en la construcción de un programa político que salva la distancia entre el intelectual tradicional y el "pueblo" mediante la comunidad en la opresión, la toma de conciencia política del primero y, de nuevo, un descenso arielista a la causa calibánica. En una de las últimas escenas, Ariel, "con su música seductora, ha conducido a Trínculo y a Esteban hasta un pantano donde quedan atrapados. Calibán trata de sacarlos, pero él también queda atrapado en el lodo" (Gutiérrez Alea "El verdadero" 16). Ariel intenta una reconciliación con Calibán: alega que Próspero va a perdonar al monstruo y que entre todos se puede hacer la nación. Calibán entonces invoca el espacio común de la opresión y le recuerda a Ariel que ambos están subyugados por el tirano. Antes que la identidad étnica, arguye su comunidad de intereses e identidad cultural. Ariel sirve a Próspero, pero culturalmente está más próximo a Calibán; por ejemplo, Ariel fastidia a su amo cuando llama a "Shangó y a Ogún y Eshú y a otros orishas; [p]ara enseñarle a Próspero que aquí tenemos nuestras cosas y que él tiene que respetarlas" ("El verdadero" 18). El "espíritu alado, angelical, bienintencionado no sabe que esa afirmación de la propia identidad [...] no suele ser bien vista por el opresor" (19). Ariel entiende finalmente que los perros vienen por ambos, sube a un árbol y desde allí trata de ayudar a Calibán; pero la rama en la que está se quiebra y Ariel termina en el mismo pantano con Calibán y los otros conspiradores, en donde aguardan a que se resuelva la Historia.

Ariel [...] una vez que ha sentido la injusticia en sí mismo y en los otros explotados, tratará de encontrar soluciones idealistas, pacíficas, reformistas, impracticables que poco a poco lo irán acercando a la realidad más cruda. En estas circunstancias, tratando de tenderle una mano a los que están en el pantano, es previsible que al final se vea atrapado en una situación que lo obliga a unirse a Calibán (19).

c) *Revolución y cimarronía*. Otro de los hilos narrativos de *La última cena* es el de reflexión historiográfica y prefiguración de la insurgencia revolucionaria cubana en las rebeliones de esclavos. La insurrección del ingenio evoca la Revolución haitiana como una amenaza espectral: Don Gaspar, el maestro refinador de azúcar exiliado de Saint Domingue recuerda varias veces que el progreso técnico del trapiche horizontal, que el conde está negociando con unos ingleses, demandará el aumento de mano de obra, lo que aumentará el número de esclavos y tarde o temprano conducirá a la repetición de Haití. Poco después de la insurrección, aún atónito por la destrucción del ingenio, el conde encuentra el cuerpo del esclavo Antonio (el aspirante a sirviente doméstico) junto con los cadáveres del mayoral y su mujer en la iglesia; furioso, ordena sacarlo. Ante la protesta del sacerdote que trata de decir que en la muerte todos somos iguales, el conde replica alegando el canibalismo africano y la Revolución haitiana: "¡Iguales! *Han pasado toda su vida devorándose los unos a los otros. Y ahora han encontrado que nuestra carne es más sabrosa que la de ellos y quieren devorarnos.* Pero aquí no sucederá lo mismo que en Santo Domingo. *¡Esto no es Santo Domingo!"* (1:34:20). El relato calibánico de la Revolución sostendrá que sí; que Cuba realiza, en 1959, las promesas de la Revolución de Saint Domingue.

Atinadamente, Michael Chanan ha dicho de las películas de Gutiérrez Alea que "son como los escritos de un historiador contemporáneo que no sabe el resultado de la historia que escribe, pero que sondea el pasado para intentar entender su naturaleza; y entonces advierte, en su visión del pasado, una alegoría de aquello que las cosas han venido a ser" ("Remembering Titón"). A diferencia de lo que sucede en la historia sobre la cual Gutiérrez Alea basó *La última cena*, en la película uno de los "discípulos" esclavos del conde logra escapar. Después de la insurrección y la quema del ingenio, uno por uno todos los rebeldes son cazados y sus cabezas empaladas; la cámara enfoca una de las picas, vacía: falta la cabeza de Sebastián. La victoria del amo no es completa; se mantiene la promesa de una futura liberación; en alguna parte, la verdad con su cabeza anda por el mundo. La mirada cinematográfica al pasado está llena de las alegorías de "aquello que las cosas han venido a ser". El motivo religioso de la insurrección (los esclavos no quieren trabajar en Viernes Santo) tiene su correspondencia secular en el marxismo y la conciencia política revolucionaria; Sebastián alegoriza la invencible voluntad de libertad que el pasado le presta al presente. Cuba revolucionaria se prefigura a sí misma en la "visión del pasado", en la destrucción del ingenio, en la dialéctica prematura del amo y del esclavo y en el saber/poder mágico que tiene Sebastián para liberarse, transformarse en árbol, pez o piedra, según les cuenta a sus compañeros durante el sueño etílico del conde. En la última escena, vemos la carrera de Sebastián huyendo y fundido sucesivamente en el vuelo de un pájaro, en el correr del agua de un río y en unas rocas. Sebastián es la continuidad de la rebeldía indómita y de la promesa de libertad que Gutiérrez Alea sondea en el pasado. Adelante del personaje está el palenque, la organización política de los esclavos rebeldes liberados de su yugo y, alegóricamente, en algún lugar del futuro, la Revolución que –reinventada como "palenque"– lo espera. De Haití a Cuba, del *principio africano* al marxismo, el caníbal irrumpe en las pesadillas de la aristocracia sacarosa de finales del siglo XVIII, en las de Roosevelt en 1906 y en las de las agroindustrias multinacionales y el neocolonialismo de mediados del siglo xx. El nacionalismo socialista cubano ve a la Revolución cumpliéndole al pasado promesas y amenazando como un caníbal, al colonizador, al dueño, al capitalista, al Imperio norteamericano. Cuando en 1963 C.L.R. James, publica de nuevo *The Black Jacobins* (1938), le añade un apéndice titulado "De Toussaint Louverture a Fidel Castro" (391-418) y establece más que una correspondencia una cita entre dos insurrecciones caribeñas contra el capital y el imperialismo.

Ahora bien; en la representación calibánica, la alteridad está subordinada al discurso que la hace su objeto. Al final, la paradoja política es que el *otro* (o un constructo del *Otro* por el que se habla) termina hablando por quien lo representa: el "subalterno" por el subalternista, el "negro" por el negrista, el "indio" por el indianista, el "testimoniante" por el letrado que recoge el testimonio, y los cimarrones o el Calibán de Gutiérrez Alea por la Revolución.

La pregunta crucial será siempre, no la del derecho de rebelión de Calibán (de los oprimidos y los *condenados de la tierra*), sino la de si Calibán en el poder (o el poder que se nombra *Calibán*), L'Ouverture o Castro –al hablar el mismo lenguaje de la modernidad colonial– no acarrean después de todo la tragedia de ser prisioneros involuntarios del legado de Próspero, de la colonización y del capitalismo; y si, pese a ese sino trágico, Calibán –el Otro, el caníbal – no continúa también, en todo caso, la promesa redentora del *ñam ñam* que tanto teme el capital.

5. LAS HIJAS DE SYCORAX

En *The Tempest* Calibán afirma su rebeldía con un intento de violación de Miranda[78]; ésta se convierte en una especie de botín del conflicto colonial y es una prenda de la estrategia política de Próspero para recuperar su ducado. Miranda es caracterizada como un personaje lloroso que se conmueve por el hundimiento del barco de los traidores e intercede por Ferdinand, de quien se enamora perdidamente y a quien se somete: "seré vuestra esclava" (161). La obra recaba sobre el *valor* político y moral de su virginidad: "¡Oh si sois virgen y vuestro amor no tiene dueño, os haré reina de Nápoles!" le dice Ferdinand, al tiempo que ella declara su pureza (125).

---

[78] Próspero increpa al "monstruo": ¡Oh esclavo impostor, a quien pueden conmover los latigazos no la bondad! Te he tratado a pesar de que eres estiércol, con humana solicitud. Te he guarecido en mi propia gruta, hasta que intentaste violar el honor de mi hija". Calibán le responde desafiante: "¡Oh, jo! "¡Oh, jo! ...¡Lástima no haberlo hecho! Tú me lo impediste; de lo contrario, hubiera poblado la isla de Calibanes" (Shakespeare 118, 119).

La bruja madre de Calibán, Sycorax –que es el otro personaje femenino– no tiene ninguna actuación y es asociada al principio de la feminidad siniestra y el mal. El mundo de *The Tempest* es un mundo patriarcal en el que las mujeres figuran como ausencias, según ha señalado Vera Kutzinski (288). Las apropiaciones latinoamericanas de *The Tempest* han mantenido esta concepción *androcéntrica*[79] (Nixon 577; Jyotsna Singh 194). Para Rubén Darío, Miranda representa la Cultura con mayúsculas, una prenda del hombre de letras. El *arielismo* de Vargas Vila distribuye "lo femenino" entre la doncella desgarrada por el león imperialista o la feminidad bestial de la muchedumbre, "monstruo, poliforme y rumoroso" entregado a la mediocridad. Para Lamming, Miranda tiene la fantasía / sueño de su violación por Calibán, quien no quiere simplemente "the mere experiment of mounting a piece of white pussy" sino poblar la isla de Calibanes (102, 111). La violencia sexual y la violación –recordémoslo– tienen en Lamming una problemática dimensión política asociada a la revancha y la nivelación contra al colonizador (i.e: *Water with Berries* 1971) (ver Nair, *Caliban's Curse*). La versión contracolonial de Césaire, así como el *calibanismo revolucionario* de Retamar, realizan una serie de inversiones e impugnaciones del discurso (colonial, imperialista, occidentalista), pero mantienen la estructura excluyente y androcéntrica que subordina el drama de la Historia a la representación identitaria de los personajes masculinos. En *Biografía de un cimarrón* de Esteban Montejo y Miguel Barnet, el diálogo para la recuperación de la historia es, de nuevo, masculino; en *La última cena* de Gutiérrez Alea, las mujeres ocupan un borroso lugar en el trasfondo; se desplazan silenciosas por los corredores como sirvientas, ríen torsidesnudas a la orilla de un río, corren en medio de la quema del ingenio; ni uno sólo de los cimarrones es mujer. En "Adiós a Calibán" (1993) Retamar mismo reconoce el machismo de su "Calibán" de 1971, el cual "corrige" con la inclusión de más mujeres en su lista de Calibanes: "ante la excesiva ausencia allí de mujeres, que reveló mi triste arrancada machista, incluí ahora los nombres de varias de ellas al hablar de la historia, de la cultura de Calibán" (79).

Probablemente sea Jyotsna Singh quien hace la crítica más metódica de las reapropiaciones poscoloniales de *The Tempest*, dentro de las que incluye marginalmente el ensayo de Retamar. Dichas reapropiaciones "no examinan adecuadamente las interacciones entre raza, sexualidad y lucha política" y en su afirmación de sujetos heroicos (el revolucionario) "borran la subjetividad femenina" (Singh 194, 195). Los movimientos de resistencia son también "comunidades imaginadas", las cuales están frecuentemente fundadas, cuando no en construcciones misóginas, en violentas exclusiones o subordinaciones de lo "femenino". El pro-

---

[79] Uso la expresión "cultura androcéntrica" acuñada por Charlotte Perkins Gilman (1860-1935) en su clásico *The Man-made World; or, Our Androcentric Culture* (1911).

blema no es simplemente que el Calibán de esas apropiaciones sea el prototipo del macho peludo revolucionario, sino que el mínimo protagonismo de lo femenino es sintomático de la continuidad de una *razón colonial*. El papel de Miranda en las versiones de Lamming y Césaire es del de simple *objeto del deseo*, y prenda de la rivalidad entre los sujetos coloniales. Este papel no desmantela sino refuerza las operaciones de significación que hacen del género un elemento crucial en la organización de las relaciones de poder en Occidente, "especialmente en relación con sus Otros nativos" (Singh 195). Aunque válidas en general, las observaciones de Singh no lo son completamente respecto a Lamming, quien pese a su misoginia, de hecho, considera la posición subordinada de Miranda y la tiranía absoluta que sobre ella ejerce Próspero, rector y organizador de su educación, amor y futuro (*The Pleasures of Exile* 102-107). También habla de una "afinidad" entre ella y Calibán, que Próspero frustra (111, 112). Lamming no va más allá, es cierto; y, además, centra su biografía intelectual en un sujeto masculino (Calibán). Lo mismo sucede con Césaire y Retamar; el martiniqueño pone en escena a un hombre caribeño negro, en proceso de ser mediante la resistencia al relato de la civilización de Próspero; el cubano, por su parte, prescribe un sujeto masculino que reclama su monstruosidad latinoamericana y marxista contra el imperialismo norteamericano. Esa producción de sujetos se hace a costa del "borramiento de la subjetividad femenina" (Singh 195), y de su representación como objeto y/o mercancía de las relaciones de poder colonial. Gayatri Spivak –si bien no entendió el planteamiento general de "Calibán" de Retamar[80]– atina al observar que: "reclamar ser Calibán legitima el mismo individualismo que debemos persistentemente tratar de desestabilizar desde adentro" ("Three Women's" 245).

Frente a este panorama, las lecturas feministas de *The Tempest* han optado por diversas estrategias, tales como la feminización de Calibán –cuya monstruosidad y limitación represiva del habla figuraría la determinación patriarcal de lo femenino– la afirmación de otros personajes conceptuales de identidad como la Malinche o Sycorax, y la proposición de una afinidad política entre Calibán y Miranda, o de un sujeto calibánico solidario colectivo y femenino. Se propone que Calibán también tiene rostro de mujer[81]. Sara Castro-Klarén resalta cómo el universo patriarcal hace de las mujeres Calibanes:

> Si como Gilbert y Gubar constatan, la misoginia patrista hace de "*las mujeres monstruos sin habla*, rellenos de un conocimiento indigesto", ¿no es ésta la misma

---

[80] Dice Spivak: "in 1971 Retamar, denying the possibility of an identifiable 'Latin American culture' […]" ("Three Women's…" 145), lo que equivale a proponer que Retamar dice lo contrario de lo que específicamente afirma.

[81] Por ejemplo, Beatriz González Stephan ("Para comerte mejor" 214).

imagen que Fernández-Retamar reclama para América Latina en su rebelde *Calibán*? *Calibán el bruto balbuciente que trabaja para Próspero, el padre civilizador, viene a ser la figura de las mujeres bestializadas* que espantan a los lectores de Milton y Swift. Ambas bestias de producción y re-producción roban, no el fuego, sino la palabra. Trasgresión de la ley del padre que les obliga a hacer uso rudimentario, ilegítimo y subversivo de la palabra ("La crítica literaria feminista" 41, 42).

Laura Donalson en *Decolonizing Feminisms* (1992) habla de un "complejo de Miranda", personaje que –pese a que comparte con Calibán su posición subalterna en relación con Próspero– es objeto de un intento de violación por parte de aquél. La cubano-americana Coco Fusco recupera la voz de Miranda (con quien se identifica) mediante su diario: "El Diario de Miranda / Miranda's Diary" (1992). Este diario es un texto que indaga en clave subjetiva asuntos de género, de política cultural y de la guerra fría cubano-americana (Miami-La Habana). Como el ensayo de Retamar, el de Fusco es un manifiesto cultural; sólo que su gran apuesta es la emancipación respecto de "las ficciones de identidad de nuestros padres simbólicos" en Cuba y en el exilio (5-7).

Silvia Spitta prefiere repensar el escenario simbólico de *The Tempest* a partir no de las "identidades duras" (como Retamar) sino de las identidades diaspóricas que Sycorax y Calibán anticipan, la bruja como exiliada de Argelia y el monstruo como huérfano caribeño ("Desdoblamientos calibanescos" 288). Otras críticas han encontrado un símbolo femenino en Sycorax. La escritora y crítica jamaiquina Michelle Cliff, en una lectura de su propia obra y de la de otros autores (Iris Zavala, Fernández-Retamar, Jean Rhys y Aimé Césaire) se pregunta por los silencios que produce el colonialismo, por la búsqueda de la palabra y la recuperación del habla y se identifica con la bruja madre de Calibán: "Yo soy y he sido, algunas veces civilizada y otras reclamada por lo salvaje; *soy y he sido Calibán y Ariel; y en el fondo, la nieta de Sycorax*" (40). Cliff se declara entre Calibán y Ariel –como antes Lamming– pero opta por la identificación con Sycorax: "precolonial female, landscape, I(s)land: I land [...] savage, witch –wildwoman" (40, 41). Cliff afirma que ella y otras escritoras como la cubana Ana Mendieta, entienden "los paisajes de nuestras islas como cuerpos de mujer" (46). La apelación a este valor simbólico de Sycorax como *geografía de identidad* –"I(s)land: I land" –no es, empero, diferente al principio geográfico de la feminidad presente en Aimé Césaire, a quien Michelle Cliff cita sin reservas. En efecto, en *Une tempête* Calibán –en defensa de su madre[82]– la declaraba principio telúrico:

---

[82] Refiriéndose a Sycorax, Próspero le increpa a Calibán: "De ciertas genealogías más vale no vanagloriarse. ¡Un vampiro! ¡Una bruja de la cual, a Dios gracias, la muerte nos ha liberado!" (*Une tempête* 132).

¡Muerta o viva es mi madre y no pienso negarla! Además, crees que está muerta, porque crees que la tierra es una cosa muerta... ¡Es mucho más cómodo! Muerta, se la pisa, se la ensucia, se la rechaza con un puntapié, conquistador. Yo respeto la tierra porque sé que vive, y sé que Sycorax vive

¡Sycorax. Madre mía!.

¡Serpiente, lluvia, relámpago! (132).

Para Cliff, Sycorax es una inflexión femenina del *calibanismo*; es la "monstruosidad" (homo)sexual (48), la bruja que guarda el saber/poder contracolonial: "Es con la magia de esta mujer precolonial que Calibán enfrenta los hechizos del colonizador" (46). En una aproximación metafórica similar se ha hablado de las mujeres del Caribe como *hijas de Calibán*[83] (*Daughters of Caliban*) (Consuelo López-Springfield xi), tropo que se usa sin mayores explicaciones ni desarrollos como sinónimo de "una cultura regional de resistencia" que retoma la referencia de Calibán como significante cultural contracolonial y caribeño. La noción de las hijas de Calibán supuestamente allanaría las limitaciones que implican el que éste sea un "constructo masculino" (xii). López habla de un feminismo del Caribe, que tomando en consideración aspectos de la opresión social, como el estatus socioeconómico, reconoce en ciertas mujeres al mismo Próspero (xiii).

Entre las escritoras y críticas chicanas se erige a la Malinche como personaje conceptual alternativo de identidad. Cherríe Moraga, hija de madre chicana y padre californiano de ascendencia irlandesa, en su autobiográfico *Loving in the War Years: lo que nunca pasó por sus labios* (1983), se identifica con las múltiples traiciones de este personaje:

Malinche sold out her indio people by acting as a courtesan and translator for Cortés, whose offspring symbolically represented the birth of the bastardized mestizo / Mexicano people. My mother then is the modern day Chicana, Malinche marrying a white man, my father, to produce the bastards my sister, my brother and I are. Finally, I –a half-breed Chicana– further betray my race by *choosing* my sexuality which excludes all men, and therefore most dangerously, Chicano men. *I come from a long line of Vendidas* (117).

La Malinche es tradicionalmente vista como una colaboradora, en muchos sentidos más afín a Ariel que a Calibán; pero desde otro ángulo este personaje

---

[83] Este tropo es equivalente al de Cliff, como sugiere el título del ensayo ("Caliban's Daughter"). La nieta de Sycorax es hija de Calibán. Este relato deja, sin embargo, sin resolver la cuestión de la identidad de la madre de este sujeto femenino. Miranda parece improbable y no se menciona a otra "salvaje" compañera de Calibán.

puede revelar no sólo su agencia transculturadora, sino resistencias al "orden patriarcal azteca", que es el origen mítico del nacionalismo mexicano y de ciertos discursos de identidad chicana. Hay que abonarle al "feminismo chicano" no el cambio del personaje conceptual de Calibán por la Malinche, sino que éste tropo sea usado de manera efectiva para problematizar y escindir los discursos de identidad chicana con la coordenada del género y los del feminismo, con la coordenada de clase social. Esto último implica un regreso –en algunas de estas escritoras más que en otras– del factor de la opresión económica. El libro *This Bridge Called my Back: Writings by Radical Women of Color* (1981), editado por Cherríe Moraga y Gloria Anzaldúa, por ejemplo, intenta promover un discurso feminista al margen del feminismo metropolitano blanco y definir una identidad, más que por sus afiliaciones, por sus traiciones o rupturas con relatos maestros (culturales, de raza y de género). Moraga se aparta del feminismo radical al cual critica su desentendimiento respecto de asuntos como raza y clase social; aquí encontramos un distanciamiento respecto del feminismo practicado por ciertas mujeres blancas de clase media que Moraga llama "lesbianas del cuello para arriba" porque que han convertido el lesbianismo en un culto[84]. Moraga propone un feminismo con perspectiva del "Tercer Mundo" que tome en consideración la *"simultaneidad de la opresión"*, en sus diferentes registros (clasista, racista, machista); un feminismo, capaz de solidaridad y alianzas allende nociones esencialistas. Quien toma la palabra no es Calibán, sino un monstruo que cruza varias veces la frontera cultural, nacional, latinoamericana, sexual, y que se define con una serie de *traiciones* continuas entre las que se cuentan la traición a la identidad étnica, a la lengua, a la familia heterosexual católica, al machismo chicano y, también, al feminismo primermundista y al feminismo radical. El sujeto chicano, femenino y homosexual, vuelve a ser invocado mediante el tropo de *the new mestiza* en *Borderlands / La frontera* (1987) de Gloria Anzaldúa. Como Calibán, *the new mestiza* busca la "superación de la tradición de silencio" y la *toma de la palabra* en su dimensión deforme o monstruosa, sólo que en este caso la monstruosidad cruza además de lo lingüístico y étnico, lo sexual (54-59). Monstruosidad y mestizaje son análogos: "We are your linguistic nightmare, your linguistic aberration, your linguistic *mestizaje*" (58).

Conceptos metáfora como el de la *Malinche* o *the new mestiza*, o *mitologemas* como el del matriarcado de Aztlan, o la filiación a Coatlicue, dramatizan simbólicamente las tensiones entre raza, lengua y género, en la formulación de una identidad homosexual femenina y chicana. La lesbiana es la amenaza constante

---

[84] Moraga no está de acuerdo con la estrategia feminista radical de considerar el lesbianismo una "idea" y convertirlo en una "respuesta política a la agresión sexual masculina, en lugar de en una respuesta sexual al deseo de una mujer por otra" (*Loving in the War Years* 128, 129).

de un eventual retorno del/al salvajismo. Lo que Cliff ha llamado la "monstruo-sidad sexual" (48) es, en el caso de Anzaldúa, una *feminidad caníbal*; un monstruo para quien la identidad sexual prima sobre los relatos identitarios chicanos. La "mestiza" de *Borderlands / La frontera* no es simplemente un sujeto que toma la palabra (en inglés y en español) y la deforma como Calibán, sino una traidora como la Malinche de Moraga; y si por una parte es un cuerpo devorado por Coatlicue[85], por otra es ella misma un cuerpo deseante y caníbal.

> It is our custom
> to consume
> the person we love.
> Taboo flesh: swollen
> genitalia   nipples
> the scrotum   the vulva
> the soles of the feet
> the palms of the hand
> Heart and liver taste best.
> *Cannibalism is blessed* (Anzaldúa, *Borderlands / La frontera* 143)[86].

El canibalismo en "The Cannibal's *Canción*" de Anzaldúa parecería ser un asunto más erótico que poscolonial. Sin embargo, no es así. El canibalismo eró-tico-lingüístico-cultural de *the new mestiza* funciona como tropo constitutivo de un sujeto desafiante de la opresión tanto en los espacios culturales intra-coloniales (EE.UU.), como en los de la mismidad chicana. Es un discurso que quiebra la unidad de su propio *lugar de enunciación*. *The new mestiza* desestabiliza la hege-monía lingüística y cultural anglosajona, pero –a diferencia de Retamar o de Césaire– se dirige también contra las segmentariedades de su propia identidad y confronta la violencia fundacional en los discursos chicanos: su machismo, defi-nición androcéntrica, autoritarismo lingüístico y tiranía cultural. El canibalismo de *the new mestiza* no invierte simplemente los términos (como el *calibanismo*) sino que desestabiliza la gramática colonial. Su monstruosidad sería más radical y propiamente caníbal, si no fuera por la debilidad que en su ensayo tiene la categoría de *clase social* que está supeditada a la política de género. En *Border-lands / La frontera* el "self-accomplishment" sexual es el equivalente al relato del

---

[85] "I was two or three years old the first time *Coatlicue* visited my psyche, the first time she 'devoured' me" (42).

[86] "Es nuestra costumbre / consumir a la persona que amamos. / Carne de tabú: inflamados / órganos genitales, los pezones / el escroto, la vulva, / las plantas de los pies, / las palmas de la mano. / El corazón y el hígado son lo más sabroso. El canibalismo es bendito". Véase similar uso del tropo caníbal en "Poets have strange eating habits" (140, 141).

ascenso social burgués que encontramos en *Hunger of Memory: the Education of Richard Rodriguez: an Autobiography* (1983). Es un poco paradójico que sea un neoconservador como Richard Rodriguez (sin tilde)[87], que se proclama seguidor del consejo de Calibán[88], quien recuerde que hay negros más negros que otros y chicanos de chicanos y que la micropolítica racial o de género en ocasiones desconoce el más importante elemento de diferenciación e injusticia que es la clase social (143-172). Aunque se discrepe con Rodriguez respecto a la centralidad y predominancia del relato del *ascenso social* que rige su autobiografía intelectual, es preciso reconocer que su crítica a la política de minorías lleva agua al molino de un análisis de identidades que tiene en cuenta la economía política de la diferencia. Apoderarse de los libros de Próspero, dejar de balbucir y tomar la palabra, significa para Rodriguez, en gran medida, dejar de ser Calibán; según Rodriguez la ilusión de que la sociedad y sus contradicciones pasan por la universidad no es sino una generalización egótica de la academia norteamericana que, atrincherada en elucubraciones teóricas, clama para sí la subalternidad de su objeto-sujeto de estudio[89]. Aunque Rodriguez no lo exprese claramente, su argumento implica el presupuesto marxista de que la clase social es un factor determinante de la experiencia de la opresión; no es lo mismo, ni comparten los mismos intereses políticos el bracero chicano y el profesor de *Chicano Studies*, ni es lo mismo el feminismo en Yale que el que se enfrenta por partida doble a la opresión de género y a la pobreza. Las generalizaciones que pasan por encima de la categoría de clase, desmaterializan la política de las metáforas de la identidad-alteridad.

La *matriz calibánica* está presente también en la literatura, especialmente en la poesía escrita por mujeres en el Caribe, que explora las intersecciones entre el colonialismo y las relaciones de poder patriarcal y cómo ambos discursos han sido desafiados por la voz poética de sujetos doblemente colonizados. Como el título de este apartado indica, las hemos llamado las hijas de Sycorax (la bruja madre de Calibán), aludiendo no sólo al calibanismo en una inflexión feminista, sino a las zonas de silencio y opresión de *The Tempest* y de sus reescrituras. Las hijas de Sycorax serían las aborígenes monstruosas silenciadas hasta el límite de su desaparición del drama identitario y que toman la palabra para enfrentar a un

---

[87] Su apellido pierde la tilde en el proceso de asimilación-educación por medio del cual deja de ser un "disadvantaged child" chicano.

[88] "I have taken Caliban's advice. I have stolen their books. I will have some run of this isle. Once upon a time, I was a 'socially disadvantaged' child. An enchanted happy child. Mine was a childhood of intense family closeness and extreme public alienation" (Richard Rodriguez 3).

[89] Así, por ejemplo, los estudios de "cultura chicana" se llaman, ellos mismos, *chicanos* o los estudios sobre subalternidad se presentan como *estudios subalternos*, etc., sin considerar las distancias económicas, políticas y sociales que hay entre la academia y los sujetos históricos que "reivindica" y en los cuales en últimas se autoriza.

mismo tiempo el (neo)colonialismo norteamericano y las tiranías culturales androcéntricas. A diferencia de Calibán, sus hermanas del Caribe –*Sisters of Calibán* las llama Fenwick[90]– encarnarían una alternativa de identidad colectiva (sin el *telos* heroico masculino de Calibán).

Las *hijas de Sycorax* examinan el archivo histórico del Descubrimiento y la Conquista, de la esclavitud en las economías azucareras caribeñas, la rebeldía y la cimarronía, la participación de hombres y mujeres negras en la insurgencias contracoloniales, y su combate contra el imperialismo. Quisiera, entonces, usar ese tropo de las *hijas de Sycorax* que considero el más apropiado para dialogar con las apropiaciones androcéntricas de *The Tempest* y explorar sucintamente el drama de este sujeto calibánico femenino en distintas coyunturas histórico-políticas, como la Revolución cubana, el dominio (neo)colonial de Puerto Rico o la invasión norteamericana a Granada.

Olga Nolla, en su poemario *El ojo de la tormenta* (1975), acude a imágenes calibanescas con una inflexión feminista para hablar del "protectorado" norteamericano de Puerto Rico. En "Datos atmosféricos" dice: "En Puerto Rico las mujeres viven / una doble opresión: / la del imperio / y la del macho" (Fenwick 250). Y hablando de las alegadas ventajas de la "feliz" dependencia de su patria a los Estados Unidos se pregunta por la servidumbre de Calibán (siempre cargándole la leña a Próspero):

> ¡Nos hemos ganado la lotería universal!
> Díganme entonces, podrían explicar,
> ¿Por qué nos duelen las espaldas,
> arrastramos los pies,
> y el mal humor nos retuerce la lengua? (252).

Repara, igualmente, en las estrategias "tercermundistas" de resistencia (como la pereza) y condena la colaboración "arielista" de los puertorriqueños con el Imperio:

> ¿Por qué consideramos
> en el fondo
> que aquellos que se esfuerzan en hacer bien su trabajo
> son unos pendejos?

---

[90] La propuesta de M.J. Fenwick no es teórica sino literaria –una útil antología poética (1996)– lo que no excusa que no se refiera su "Introduction" a las apropiaciones poscoloniales de *The Tempest* de Lamming, Césaire, Brathwaite o Retamar, ni a la crítica feminista de las mismas, sin las cuales muchos de sus textos, y hasta su propia metáfora pierde una referencialidad concreta en la historia cultural del Caribe en el siglo XX.

¿que lo ideal es vivir del Welfare?
. . . .
En Washington sospechan
que tal vez sea mejor
reemplazar a estos funcionarios nativos
con un equipo un poco, aunque sea una fracción,
más eficiente.
A los actuales funcionarios puertorriqueños
Esa idea no les cabe en la cabeza.
Confían en el agradecimiento
De aquellos a quienes sirven (252).

Consuelo Lee Tapia de Corretjer (1904-1989), poeta, maestra de música y fotógrafa marxista puertorriqueña –arrestada en 1969 y encarcelada en 1971 por conspiración contra el gobierno de los Estados Unidos en Puerto Rico– denuncia la alianza entre el capitalismo y el (neo)colonialismo. "Libre empresa", poema de *Con un hombro menos* (1977), se ubica en tres tradiciones metafóricas: la de la tiranía caníbal del colonialismo de "Banquete de tiranos" de José Martí, la metáfora marxista del vampirismo del capital y las fantasías del *gótico poscolonial* en el que las máquinas animadas devoran al trabajador:

La explotación se ha supermecanizado.
Mordisco a mordisco tritura la patria.
La deforma
la veja
mutila su belleza
para que todo vestigio de riqueza
pase por sus mecánicas entrañas
al tonel de sangre humana
que extrae gota a gota
a niños, mujeres y hombres (20).

La *matriz calibánica* en ocasiones se feminiza. "Amo a mi amo" de *Octubre imprescindible* (1982) de la cubana Nancy Morejón (1944-) reflexiona retrospectivamente desde la Revolución cubana sobre la historia colonial y la esclavitud y acude a la imagen calibanesca del tiranicidio:

Amo a mi amo,
recojo leña para encender su fuego cotidiano.
. . . .
Amo su boca roja, fina,
desde donde van saliendo palabras

que no alcanzo a descifrar
todavía. Mi lengua para él ya no es la suya
. . . .
[...] supe
que mi amor
da latigazos en las calderas del ingenio,
como si fueran un infierno
. . . .
Maldigo

. . . .
esta lengua abigarradamente hostil que no mastico;
. . . .
este maldito corazón.
Amo a mi amo, pero todas las noches,
cuando atravieso la vereda florida hacia el cañaveral
donde a hurtadillas hemos hecho el amor,
me veo cuchillo en mano, desollándolo como a una res,
sin culpa (45-47).

Morejón corrige el androcentrismo del calibanismo mediante una reescritura poética de *Biografía de un cimarrón*, del ensayo "Calibán" y de *La última cena*. El factor de *género* introduce una notable complejización simbólica del *ethos* heroico-masculino de Calibán. El drama identitario de la esclava de "Amo a mi amo" es similar al de la Malinche, pero a diferencia de Anzaldúa, la *solidaridad* étnica y de clase (una alianza entre raza y revolución) prima sobre la *erótica* que es en donde la "traición" ocurre. Podría alegarse que –a diferencia de Anzaldúa– Morejón construye la voz de un sujeto histórico-otro en lugar de la de un yo autobiográfico. El asunto de la voz del monólogo poético de Morejón es, empero, más complicado. "Amo a mi amo" es una indagación de la conciencia escindida tanto de la esclava concubina, como de la intelectual revolucionaria y, en este sentido, la retrospección histórica y la introspección poética coinciden. El amor (arielista-malinchista) de la esclava da paso a la solidaridad (calibánica) *proto-revolucionaria* para con los esclavos que reciben látigo en el ingenio; el personaje poético pasa entonces del "amo a mi amo" a la fantasía de su sacrificio. Paralelamente, Morejón se hace médium poética de los oprimidos en la tradición del compromiso calibanesco-martiano con "los pobres de la tierra". Morejón-Ariel-Malinche se hace Morejón-Calibán. Esta solidaridad letrada es análoga a la solidaridad de la esclava privilegiada del poema. En "Amo a mi amo", como en *La última cena*, la rebeldía es revisitada y re-significada retrospectivamente: las rebeliones del pasado aparecen como antecedentes de la Revolución. Cosa similar ocurre en "Mujer negra", otro poema de Morejón:

Todavía huelo la espuma del mar que me hicieron
atravesar
. . . .
Me dejaron aquí y aquí he vivido.
Y porque trabajé como una bestia,
aquí volví a nacer.
. . . .
Me rebelé
Su Merced me compró en una plaza.
Bordé la casaca de Su Merced y un hijo macho le parí.
Mi hijo no tuvo nombre.
. . . .
Me fui al monte.
Mi real independencia fue el palenque
y cabalgué entre las tropas de Maceo.
Solo un siglo más tarde,
junto a mis descendientes,
desde el azul de la montaña
bajé de la Sierra
para acabar con capitales y usureros
con generales y burgueses (52-54).

La mujer negra cruza el mar como esclava, es explotada en el ingenio, en la casa y en la cama del amo, se hace cimarrona, soldada de la independencia y finalmente guerrillera de la Revolución cubana. Ella rompe el silencio andro-colonial y se constituye en el hilo de continuidad histórica de la insurgencia, al final de la cual está –no sobra repetirlo– la Revolución. Ella es el sujeto en quien el pasado es redimido por el presente, y la testigo del *ajuste de cuentas* que la Revolución declara hacerle a la injusticia de siglos.

En otras ocasiones *The Tempest* articula la revisión de los relatos históricos del colonialismo. Marion Bethel (1953-) de Bahamas, en una referencia directa al estigma caníbal-Calibán y a la *creación negativa* de la barbarie ajena, revisita en *Guanahaní, mi amor: y otros poemas* ("Premio Casa de las Américas" 1994), la invención europea de los salvajes: "No tienen hierro / [...] / No tienen religión / [...] / No tienen vestidos / [...] / No son negros" (38, 39); Bethel termina su poema "Sons of Adam" recordando que los europeos crearon luego otros salvajes como "Calibán" y los "esclavos caníbales":

They are not black; you pealed bells throughout Spain
but in sleight of hand you created man-eating slaves
and Caliban, 'a thing of darkness', for the sugar cane
mirrored a lost vision of sacred rites in your caves (39).

La invención del salvaje no es cosa del pasado sino del presente. Cyrene Tomlinson de Jamaica observa como el fracaso de la misión civilizadora y la educación marca la reaparición de la monstruosidad:

> Yes I go to school
> An I pass the sociaty test dem
> An I get a job inna de sociaty institution
> But, wah, I still live inna de ghetto
> . . . .
> Dem see I as Savage. Animal. Rapist. Thief. Murderer
> Lazy ("Message from the Grave" en Fenwick xxviii)[91].

Merle Collins de Aruba, pero identificada con Granada, habla como hija de Sycorax después de los eventos trágicos de la invasión de 1983 y reivindica el *habla* como dispositivo contracolonial en "Because the Dawn Breaks":

> We speak
> because
> your plan is not necessarily our plan
> . . . .
> We speak
> not to agitate you
> but in spite of your agitation
> We speak, really
> because we know
> we were not born to be your vassals (Fenwick, 81, 82)[92].

Haciendo alusión, como Nancy Morejón en su *Cuaderno de Granada* (1984), a quienes dieron la bienvenida a la invasión norteamericana –Collins condena a sus compatriotas-Calibanes, que se alían a otros invasores (Trínculo y Esteban) contra Próspero ("The Essence" en Fenwick xxvi).

En resumen, diversos textos feministas teóricos y literarios latinoamericanos y del Caribe han articulado *The Tempest* a los problemas de género proponiendo un sujeto doblemente colonizado y enfrentado a dos imperios: el patriarcal y el (neo)colonial.

---

[91] "Sí. Voy a la escuela / y entonces paso el test social / y consigo un trabajo en una institución de la sociedad / Pero, ¡que va!, todavía vivo en el gueto / [...] / Ellos me ven como un salvaje. Animal. Violador. Ladrón. Asesino. / Perezoso".

[92] "Hablamos porque vuestro plan no es necesariamente el nuestro / [...] / Hablamos / no para agitaros / sino a pesar de vuestra agitación / Hablamos, francamente / porque sabemos / que no nacimos para ser vuestros vasallos".

Ahora bien; si el ensayo de Fernández-Retamar diluye la cuestión de género (como ciertamente ocurre con la raza en la ideología del mestizaje), en muchas de las críticas feministas al *calibanismo* puede notarse un proceso inverso en el cual la categoría de clase social es relegada a un segundo o tercer plano cuando no desvanecida en un análisis que –como los del *arielismo* modernista– parecen buscar identidades en esencias y evitar a toda costa el planteamiento de los conflictos en términos de desigualdades económicas, explotación y lucha de clases. En otros casos como el de Nancy Morejón, la coordenada de género se integra al *calibanismo* revolucionario o a los discursos contracoloniales.

Aludamos brevemente, por último, *Otra tempestad* (1997, pub. 2000) de las cubanas Raquel Carrió y Flora Lauten. Esta radical reescritura de *The Tempest* se compone de quince cuadros-diálogos entre los personajes de varias obras de Shakespeare (Hamlet, Shylock, Otelo, Macbeth, Miranda, Próspero, Ariel, las máscaras de Romeo y Julieta, etc.) y "figuras de la mitología africana en el Caribe" (17). Calibán, quien en esta obra es hijo de Changó y Sycorax, apenas si habla un par palabras (38), mientras que Sycorax y sus hijas Oyá y Oshún y su hijo Eleggúa (del panteón yoruba) toman la palabra. La obra desafía la narrativa teleológica, univocidad e inteligibilidad del *calibanismo* masculino mediante "un extraño ritual carnavalesco y autofágico" (Carrió 18). Según Carrió, en *Otra tempestad* "no hay 'vencedores' ni 'vencidos' sino el intercambio de ritos y acciones que caracterizan el sincretismo cultural propio de América Latina y el Caribe" (18). Su estética potencia lo híbrido y la lógica diaspórica y carnavalesca de la cultura (en el sentido bajtiniano). La "acción de representar" es en *Otra tempestad* "juego-cita, parodia, risa, ironía, júbilo de los referentes que en la integración olvidan, borran las huellas de una causalidad (relato lineal o cronológico) y crean la ambivalencia analógica [...] de los signos iniciales" (Carrió 61). Miranda, por ejemplo, ya no es la dócil mercancía política de Próspero; Calibán y Miranda "se huelen [y] se tocan" (34); es ella la que desea al monstruo y dice: "Quiero poblar esta isla de Calibanes" (41). Estos aspectos carnavalescos permiten aludir de manera irónica al *calibanismo* revolucionario cubano: Calibán se asusta con su propia imagen en un espejo (27); Ariel habla del mar "que divide a los hermanos, a los amigos y a los amantes" (32); las visiones utópicas de Próspero son sometidas al choteo: "¿Me creían un viejo loco incapaz de gobernar...? [...] he encontrado en esta Isla el sitio ideal para mis experimentos" dice un Próspero barbudo (38); Ariel anuncia "La República" en la que "nuestros hijos [...] no abandonarán el país porque vivirán conformes" (39). Lo mismo ocurre con las transposiciones dialógicas; por ejemplo, la frase "Esta isla es mía" (de Calibán en *The Tempest* 118) es dicha aquí por Próspero (46), recalcando justamente la trágica confusión entre el discurso calibánico y el colonial.

* * *

Como se dijo, en Latinoamérica el *arielismo* marcó desde fines del siglo XIX una cartografía simbólica para pensar Latinoamérica frente a dos Calibanes: el imperialismo y las masas (Cap. IV). La identificación con el monstruo o *calibanismo* ocurre precisamente como una reconfiguración de la cartografía arielista en el contexto del drama (neo)colonial del Caribe. Entonces, Calibán vuelve con la terquedad del trauma a instalarse como símbolo de una identidad caribeña y latinoamericana. Por supuesto, las reapropiaciones simbólicas de *The Tempest* en el horizonte de la modernidad han probado sus alcances y limitaciones, la más palmaria de las cuales es que el *arielismo* continúa y se proyecta en el *calibanismo*: en su frágil binarismo colonizador-colonizado, en su visión romántica[93] y reductora de los oprimidos, en su enajenación letrada de las masas, y en la continuidad de estructuras de dominación como el paternalismo, la homogenización nacionalista y la concepción androcéntrica de la cultura.

¿Es posible leer "Calibán" sin creer ni descreer y sin olvidar sus contextos históricos? ¿Sin suscribir su credo ni subir al carro de la victoria falsamente unánime del capitalismo global? El alejamiento de tantos frente a la Revolución cubana, el abandono posmoderno de los proyectos de emancipación y el distanciamiento crítico respecto del *calibanismo* son aspectos de un mismo fenómeno: la desilusión. Ahora bien; esta desilusión puede verse como resultado de la derrota o como síntoma de la vigencia de la ilusión que la Revolución –y de manera más general el marxismo– representó en el imaginario latinoamericano. Si "Calibán" sigue vigente es entre otras razones por la incomodidad de quienes han renunciado y continúan renunciando a su credo. "Calibán", necesario es advertirlo, es un texto referido a conflictos de la Modernidad latinoamericana que nos envuelven aún, tales como: el imperialismo norteamericano y el neocolonialismo; la definición autoritaria de identidades nacionales frente a las heterogeneidades culturales, raciales y de genero; el esencialismo problemático de nuevos actores sociales; el fracaso de los proyectos de modernización capitalista y de la democracia liberal en la mayoría de los países latinoamericanos; la miseria, la exclusión y la violación continental y generalizada de los derechos humanos; y el equívoco lugar de la crítica en relación con el Estado, con la cultura popular y con proyectos alternativos de modernidad.

Retamar decía en una entrevista que el hombre que dice "'buenos días' cuando es de noche, puede parecer un loco, pero también puede recordarnos que

---

[93] En una de las críticas al "Calibán" de Retamar desde la derecha se ha dicho que a partir del *buen salvaje* se propone el *buen revolucionario* bajo la promesa o el modelo mítico de una *Edad de oro* perdida en el pasado y modelo de la promesa socialista (Carlos Rangel 30). Rangel compara perversamente la teoría de la historia marxista en lo referente al comunismo primitivo con la imaginación de un mundo sin propiedad privada del pensamiento utópico del siglo XVI.

viene del día" (González Echevarría, "Entrevista" 22); el discurso alucinado subraya no sólo los peligros, sino la necesidad de la utopía (Cap. VII §1 y §5). Calibán viene del día. Es el signo del caníbal reescrito; el cuerpo emblemático de la barbarie, silenciado, temido, disciplinado por el Imperio, por el Estado-nación y por la letra y, luego, disputado, reivindicado y vuelto a escribir; un significante vaciado y vacío y, sin embargo, lleno por los rastros de la historia. No se trata de un simple tropo sino de una *metáfora palimpsesto* de la que es necesario compilar un inventario para desentrañar las múltiples escrituras de la esperanza. Allí se asoman el cuerpo heterotrópico de Calibán y, también, las resistencias que ese cuerpo alegoriza. El *calibanismo* ha sido –incluso en sus fracasos– un asedio pertinaz y, si se quiere, neurótico de la esperanza; así lo prueban las re-escrituras y re-apropiaciones de *The Tempest* y la insistencia en volver una y otra vez a ese escenario conceptual –sucedáneo simbólico del inaugural, colonial, violento e inalcanzable lugar del trauma– como si allí, recóndito, estuviera el secreto y la cifra de ese palimpsesto que es la identidad latinoamericana.

CAPÍTULO FINAL

Del canibalismo, el calibanismo y la antropofagia, al consumo

O que interessa ao homem não é a produção e sim o consumo.

Oswald de Andrade "A psicologia antropofágica" 1929,
Os dentes do dragão 52

El *canibalismo*, el *calibanismo* y la *antropofagia cultural* son tropos que no sólo están en el mismo campo semántico, sino que se relacionan y articulan entre sí y replantean una y otra vez, en diversos momentos histórico-culturales, el lugar anómalo de América Latina en Occidente. Las relaciones entre estos tropos es, como hemos visto, fluida: el caníbal se convierte en el Calibán de Shakespeare y en los caníbales-artefacto de la melancolía moderna de Montaigne. El "ingrato, malhablado y monstruoso" esclavo negro importado de África al sistema de plantaciones del Caribe, es Calibán y también caníbal-negro –con machete en mano– en la Revolución haitiana y en el indianismo romántico brasileño que viste de indios caníbales a los esclavos cuya insurrección teme. Las masas menesterosas de las revoluciones y el creciente proletariado del capitalismo industrial son otrificados hasta convertirse en monstruos voraces. Calibán es para Renan, el *personaje conceptual* de la plebe de la Comuna y, luego, de la *Tercera República*. De igual forma, para Darío y Rodó, Calibán es el nombre de las muchedumbres voraces de las ciudades latinoamericanas en proceso de modernización. El Calibán del Modernismo hispanoamericano es también el imperialismo insaciable de los EE.UU. que empieza a imponer su hegemonía mundial en el escenario del Caribe, es decir, de la tierra de caníbales. Los discursos (neo)coloniales del nuevo Imperio norteamericano, en pleno siglo XX, vuelven y representan a los "nativos de color" del Caribe como bárbaros, infantiles y dispuestos –como decía Roosevelt– a volver al canibalismo en cualquier momento.

El tejido de la *Canibalia* americana es intrincado. El tupí aliado de los colonizadores franceses –el caníbal *mon ami* que casi se come a Staden y que luego es idealizado en la formulación romántica brasileña– se convierte a principios del siglo XX, con *Antropofagia*, en un dispositivo tropológico de participación en la Modernidad y en una respuesta a la "condición defectuosa" que el *Occidentalismo* le asignaba a la cultura latinoamericana. Los movimientos de descolonización cultural y política del Caribe enfrentan el estigma histórico del canibalismo desde un ángulo contracolonial y hacen de Calibán un personaje conceptual afirmativo de la barbarie "imitativa" y de la rebeldía del colonizado; la Revolución cubana, por su parte, esgrime el *calibanismo* contra el imperialismo norteamericano, el europeísmo cultural y las complicidades arielistas de la *intelligentsia* latinoamericana, no sin antes re-visitar al caníbal de la escena inaugural del drama de la identidad del Nuevo Mundo. Del *caníbal* a *Calibán* pasando por el *antropófago* brasileño, los tropos se encuentran y desencuentran en una tupida trama. No hay entre ellos un relevo propiamente dicho sino una superposición palimpséstica; tampoco hay divisiones tajantes entre un significante y otro, sino que aparecen como segmentos entretejidos por la historia. En la era del caníbal surge Calibán, y en la de Calibán re-emerge el caníbal. El salvaje romántico es asediado por el caníbal colonial; el vanguardista revisita a ambos.

Estos tropos guardan una infinidad de rastros y ofrecen múltiples entradas para el análisis de la historia cultural latinoamericana: del Descubrimiento, la conquista y la colonización a la emergencia de identidades criollas; de la emancipación política a los conflictos étnicos y la formación de Estados nacionales; del neocolonialismo y los procesos descolonización político-cultural a las insurgencias campesinas y obreras; y de la formación de identidades en la era global a las renovadas formas contemporáneas del colonialismo.

Quisiera, plantear una hipótesis final que, en lugar de tratar de cerrar este trabajo, lo abra hacia nuevas indagaciones. Me refiero al *tropo del consumo*[1], que ha venido apareciendo desde el primer capítulo. Como en el caso del *canibalismo* o el *calibanismo*, el *consumo* es un significante histórica y culturalmente sobredeterminado. Hemos tratado el consumo en la amplia gama semántica del apetito comercial y cultural y la voracidad colonial por el trabajo: el *ego conquiro* es, en el consumo de los *Otros*, un yo caníbal, como lo descubrieron Las Casas y Montaigne. Igualmente tratamos el consumo en el sentido simbólico de la incorporación colonial y (neo)colonial de alteridades (Cap. I, II) y, luego, en las traducciones nacionalistas de la diferencia (III). También hablamos de un consumo de bienes simbólicos por el que la vanguardia se autoriza entre las tradiciones vernáculas y los impulsos modernizadores y cosmopolitas, devorando ambas cosas (Cap. V); y de un consumo contracolonial, mímico, transformador y calibánico de los libros de Próspero para repensar la historia y resistir la cosificación colonial (Cap. VI). En estos y otros sentidos, el consumo aparece como otro tropo de las transacciones digestivas, la transformación y la pugna de identidades en

---

[1] Que trate al consumo como tropo, no quiere en ningún momento desdibujar la materialidad del consumo como práctica, sino señalar una gama semántica amplia que incluye varios aspectos culturales y simbólicos.

los violentos vaivenes de la historia cultural latinoamericana; no en vano el consumo, como los otros tropos, se sirve de las connotaciones simbólicas, agresivas y sexuales de comer(se) al *Otro* o ser devorado por éste.

Dado que el *consumo*, como se explicará adelante, se erige en el tropo eje de los discursos culturales contemporáneos, vale la pena explorar en él las continuidades y discontinuidades del *canibalismo, el calibanismo,* y la *antropofagia cultural.* Esas superposiciones e interferencias evidencian, por ejemplo, la presencia de narrativas identitarias que superan la esfera pública burguesa de la alta cultura y de la cultura letrada y nos sitúan en un complejo universo de identidades y representaciones que algunos piensan corresponde a un sentido más democrático de la arena cultural. El consumo pareciera ampliar la noción y el espacio social de la elitista *"deglutição"* de *Antropofagia.*

Desde un ángulo menos optimista, las relaciones entre esos tropos y el consumo señalan cómo en éste pueden persistir asimetrías y estructuras coloniales y de apropiación de la diferencia, y cómo la cultura de la globalización puede ser una "cultura caníbal", para usar la expresión de Deborah Root. El tropo caníbal además, permite pensar que, en términos culturales, el consumismo –esa práctica social en la que el consumo se imagina sin límites en el mercado capitalista– se convierte en "la lógica del canibalismo tardío" como indica Crystal Bartolovich (jugando con la celebre expresión con la que Jameson caracterizara la lógica cultural del capitalismo en la era pos-industrial).

En la literatura y las artes plásticas, pero también en la más amplia esfera de la cultura cotidiana, el canibalismo llena de significado el tropo del consumo; en otras palabras, el consumo como tropo cultural opera en una amplia red de significantes entre los cuales está, en primer lugar, el canibalismo con sus diferentes cargas semánticas.

Este Capítulo final privilegia ciertas intersecciones entre *canibalismo, Antropofagia, calibanismo,* y *consumo* que de una manera u otra hacen inventario incompleto pero representativo de la colonialidad de la historia cultural latinoamericana. Lo he dividido en cinco secciones en las que se examinan: 1) Una rearticulación *antropofágica* de *Calibán* en el Brasil y la reinstalación conceptual de las categorías de trabajo y clase social en el drama de la alteridad y la monstruosidad latinoamericana. 2) El contraste entre la concepción gótica del consumo del trabajo en Marx y otras definiciones del *consumo* como un tipo de práctica comunicativa y creativa relacionada con las matrices del *calibanismo* y la *antropofagia* cultural. 3) La propuesta de la formación de identidades híbridas y ciudadanía por medio del consumo y la definición de éste como desarrollo posmoderno de la metáfora modélica de *Antropofagia.* 4) La complacencia de algunos sectores de la crítica cultural con el consumo y la erotización fetichista de las mercancías. 5) El surgimiento de contranarrativas sociales sobre la devoración y desposesión del cuerpo que rearticulan los miedos a ser comido con los que se inaugura la modernidad latinoamericana.

1. *BRASIL 1998*. ANTROPOFAGIA CONMEMORADA Y CALIBÁN REVISITADO

> Vamos comer Caetano
> Vamos devorá-lo
> Degluti-lo, mastigá-lo
> Vamos lamber a língua (Adriana Calcanhoto, "Vamos comer Caetano").

> Caliban abre o tórax de Próspero, come suas vísceras e engole seu coração (Marcos Azevedo, *Caliban*, 11).

Después de los años 50 la metáfora de *Antropofagia* y los relatos coloniales de los etnógrafos sobre los caníbales brasileños han tenido un sinnúmero de actualizaciones que van de *Tropicália* y el *Cinema Novo* en los años 60 y 70, a la música popular y cantantes como Roberto Carlos, Caetano Veloso y Adriana Calcanhoto. El canibalismo es retomado también por novelas como *Viva o povo brasileiro* (1984) de João Ubaldo Ribeiro, *Meu querido canibal* (2000) de Antônio Torres o *Domingos Vera Cruz: memórias de um antropófago lisboense no Brasil* (2000) de Glauco Ortolano, y por eventos culturales como la *XXIV Bienal de São Paulo* en diciembre de 1998.

Asimismo, como señala Bobby Chamberlain, el "paradigma antropofágico"[2] ha sido una recurrente preocupación de varios críticos literarios y culturales brasileños que han tratado de relacionar los conceptos de Oswald de Andrade con teorías como la *carnavalización* y el *dialogismo* (Bajtin), con la *deconstrucción* (Derrida) y con la mímica *poscolonial* (Bhabha).

Andrade había muerto hacía 13 años, cuando el *Grupo de teatro Oficina*, dirigido por José Celso Martinez Corrêa, presentó en 1967 en São Paulo la obra de teatro *O rei da vela* (1937) que aunque publicada treinta años antes, jamás había sido representada. *O rei da vela* ocasionó un súbito entusiasmo por Andrade, la relectura crítica de parte de su obra, la reedición de sus manifiestos y poemas y la republicación de la *Revista de Antropofagia* (en edición facsimilar 1975). Como se expuso, *O rei da vela* era parte de la retractación antropofágica de Oswaldo de Andrade en la época de su militancia en el Partido comunista brasileño (Cap. V

---

[2] Dice Chamberlain: "grande número das teorias contemporâneas da literatura e da cultura brasileiras estão simplesmente empenhadas no trabalho de elaborar os detalhes do que poderíamos denominar, de maneira kuhniana, o paradigma crítico antropofágico" (133).

§5). Resulta entonces, no menos que paradójico que hubiera sido ésta la obra que conectó el Modernismo literario brasileño, con la generación de *Tropicália*, un movimiento artístico musical de los años 60 y 70 que agrupó varios impulsos renovadores en la plástica (Hélio Oiticica, Rubens Gerchman, Ligia Clark), el cine (Glauber Rocha, Nelson Pereira dos Santos, Joaquim P. Andrade, Walter Lima Jr.) y el teatro (José Celso Martinez Corrêa)[3]. Durante 1967 y 1968 *Tropicália* reunió a compositores, cantores y poetas como Caetano Veloso, Gal Costa, Gilberto Gil, Tom Zé, José Carlos Capinam y Torquato Neto, y grupos musicales como *Os Mutantes*, *The Beat Boys*, *Os gaúchos Liverpool*, *Os Baobás*, *O Bando* y *Os Brazões*[4]. *Tropicália* reconvierte a Pau-Brasil y a *Antropofagia*. Augusto de Campos señalaba tempranamente esta conexión entre la vanguardia modernista oswaldiana y la psicodélica tropicalista:

> Por isso seus discos [de *Tropicália*] são uma antiantologia de imprevistos, em que tudo pode acontecer e o ouvinte vai, de choque em choque, redescobrindo tudo e reaprendendo a "ouvir com ouvidos livres" tal como Oswald de Andrade proclamava em seus manifestos: "Ver com olhos livres". Eles deglutem, antropofagicamente, a informação do mais radical inovador da BN. [...D]isse Caetano Veloso que considerava o Tropicalismo um neo-antropofagismo (aludindo ao movimento da antropofagia de Oswald de Andrade). Assim também me parece. Se quiserem buscar uma explicação "filosófica" da Tropicália, vão a Oswald, o antropófago indigesto, não engolido pelos nossos literatocratas (*Balanço da bossa e outras bossas* 59-65).

Tropicália es una *vanguardia* que se declara *kitsch*[5] y que –allende el círculo cultural restringido que A. de Campos llama "nossos literatocratas"– se vuelca a la industria cultural y el consumo. Esta relación con la industria cultural de masas la coloca eventualmente en una esfera diferente a la de la *Poesía concreta*, movimiento estético experimentalista contemporáneo iniciado por los hermanos Haroldo y Augusto de Campos y Décio Pignatari. Aunque el *concretismo* proponía un arte de consumo público y citaba los medios masivos y la cultura popular, continuaba una estética literaria cultivada y para iniciados. La conexión letrada de *Tropicália* no es tanto con el *concretismo* sino con el *Modernismo*, si bien a partir de la positiva acogida crítica a la música de Caetano por Augusto de

---

[3] Puede consultarse la lista de las obras de *Tropicália* de Marcos Napolitano y los trabajos de Charles A. Perrone.

[4] Entre la amplia bibliografía sobre este movimiento puede consultarse *Antropofagia e tropicalismo* de Jerônimo Teixeira, Bina Maltz y Sérgio Ferreira, *Letras e letras da música popular brasileira* de Charles A Perrone y *Verdade tropical*, biografía intelectual de Caetano Veloso.

[5] Jerônimo Teixeira señala que *Tropicália* al reconocerse *kitsch* no podría serlo, y que se ubicaba en el "pantanoso terreno de las mediaciones" y del vanguardismo cultural (46-48).

Campos, *Tropicália* mantiene con la *poesia concreta* una relación de influencia mutua (Texeira 53-55; Perrone, "Poesia concreta" 55-64).

Caetano Veloso llamaba a *Antropofagia* esa "visão grande [que] é a herança deixada pelo modernista Oswaldo de Andrade" y recordaba cómo fue su "encuentro" con ese autor poco después de haber sacado junto con Gilberto Gil el álbum musical *Tropicália ou Panis et Circensis*: "se deu através da montagem de uma peça sua, inédita desde os anos 30, pelo grupo de teatro Oficina [...]. Fui ver *O rei da vela* –a peça de Oswald de Andrade que o Oficina tirava de um ostracismo de trinta anos– cheio de grande expectativa" (241, 242). Caetano Veloso recuerda el tono dionisiaco de la representación, su brutal erotización de la política y su increíble actualidad; tenía la sensación de que la obra había estado "à espera da nossa geração" (245). Una singular circunstancia hacía del concepto de *antropofagia cultural* la –para usar el título de la autobiografía intelectual de Caetano– *verdade tropical* del movimiento:

> Andrade, sendo um grande escritor construtivista, foi também um profeta da nova esquerda e da arte pop: ele não poderia deixar de interessar aos criadores que eram jovens nos anos 60. Esse "antropófago indigesto", que a cultura brasileira rejeitou por décadas [...] tornou-se para nós o grande pai (*Verdade tropical* 257).

El momento de la exhumación de la obra de Andrade por el grupo de Martinez Corrêa ocurre en una coyuntura política y cultural que debe recordarse. Con la caída de la democracia en 1964 se inicia en Brasil un periodo de dictaduras militares que se extiende hasta 1985, cuando bajo el gobierno de Sarney se inicia la transición democrática. *Tropicália* coincide con el comienzo de la dictadura de Costa e Silva (1967-1969), con las huelgas obreras y manifestaciones estudiantiles de 1968 y con el comienzo de la represión militar[6]. Paradójicamente los primeros años de esa dictadura y hasta 1968 pueden ser caracterizados como de una rica e intensa producción cultural. En su ensayo "Cultura e Política 1967-1969" Roberto Schwarz llamó a estos años –y a propósito de esa paradoja– un período "extrañamente inteligente" (*O pai de família e outros estudos* 69). A partir de 1968, y con el *Ato Institucional número 5* (AI5), la situación de represión y silenciamiento de la oposición, de organizaciones sindicales y de intelectuales de izquierda se intensificó. Pero en esos cuatro años iniciales, antes del *AI5*, el ambiente intelectual fue fecundo y crítico. Al mismo tiempo, hay un fuerte nacionalismo que comparten tanto la derecha como la izquierda. La derecha, desde los primeros años del populismo de Getúlio Vargas, había impulsado una

---

[6] Las dictaduras militares llevarán adelante la modernización del país a unos costos sociales que sólo la represión y el disciplinamiento dictatorial militar pueden "manejar".

1. Caníbales con cabeza de perro (1527) en *Uslegung der Mercarthen oder Cartha Marina* Strasburg (1527) de Lorenz Fries (Lestringant 18 y Philip Boucher 19).

2. "Amerikaner" de Johan Froschauer; en la edición en alemán del "Mundus novus" (Ausburgh, 1505).

3. Ilustración del relato de Hans Staden por De Bry (1593) (144).

4. Ilustración del relato de Jean de Léry por De Bry (146).

AMERICA.

5. "América" de Philippe Galle en *Prosopographia* (1581-1600) (Honour 87).

AMERICA.

6. "América" en *Iconologia* de Cesare Ripa (1611).

7. *América* (1600) en *Nova reperta* (1) de Jan van der Straet.

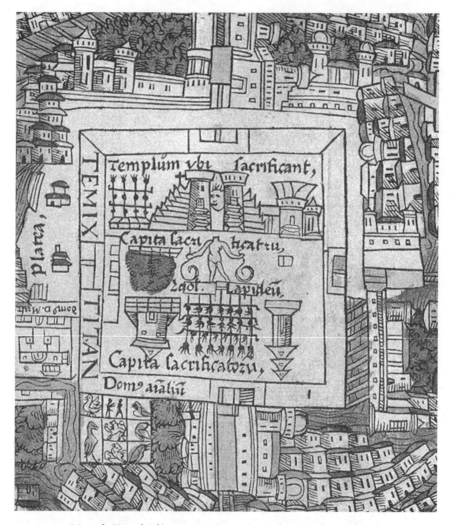

8. Mapa de Tenochtitlán que Cortés envió a Carlos V (Nebenzahl 74, 75).

10. "Universalior cogniti orbis tabula" (Roma, 1508) de John Ruysch (Nebenzahl 50, 51).

9. Ilustración de la Carta de Vespucio a Solderini (Strasburg, 1509) (Honour 10)

11. Atlas de Johannes Schöner (1520) (Emerson 32).

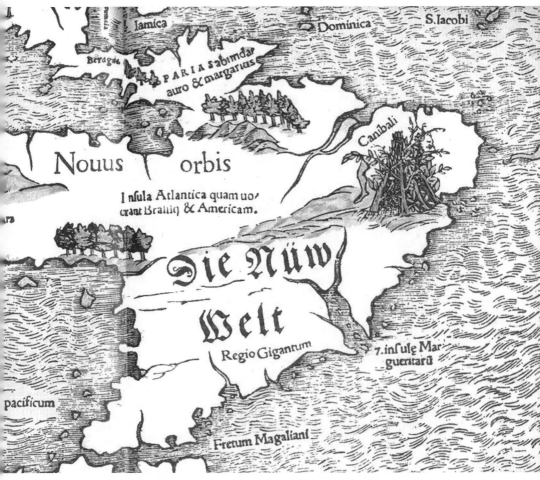

12. Detalle del mapa "Novus Orbis" (Basilea, 1540), en *Geographia universalis, vetus et nova* de Claudio Tolomeo, edición de Sebastian Münster (1545).

13. Portada del atlas *Theatrum Orbis Terrarum* (1570) de Abraham Ortelius.

14. Grabado de la edición de *Warhaftige Historia* (1557) de Hans Staden (219).

15. Grabado del relato de Hans Staden en la edición de De Bry (1593).

AMERICAE TERTIA PARS
Memorabilē provinciæ Brasiliæ Historiam
continēs, germanico primum sermone scriptam a
Ioāne Stadio Homburgensi Hesso, nunc autem
latinitate donatam à Teucrio Annæo Priuatocol
chanthe Po: & Med: Addita est Narratio profectionis
Ioannis Lerij in eamdem Prouinciam, quā ille initio
gallicè conscripsit, postea verò Latinam fecit. His ac
cessit Descriptio Morum & Ferocitatis incolarum
illius Regionis, atque Colloquium ipsorum idio
mate conscriptum.

Omnia recens evulgata, & eiconibus in æs incisis
ac ad viuum expressis illustrata, ad normam exem
plaris prædictorum Autorum: studio & diligentia
Theodori de Bry Leodiensis, atque civis
Francofurtensis anno M D XCII.

Vénales reperiūtur in officina
Theodori de Bry.

16. Ilustración alegórica de América en Hans Staden (edición de Teodoro De Bry, 1593).

17. Pinturas de Albert Eckhout: dos mujeres: una tupí y otra tapuya (c.1641) y dos
hombres, uno tupí y otro tapuya (c.1643) (Nationalmuseet, Copenhague).

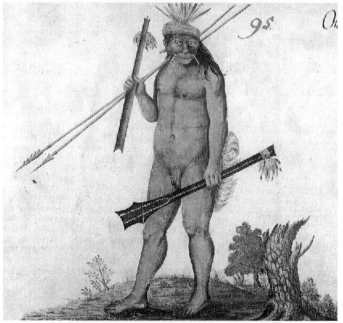

18. "Omen brasiliano" y "Omen tapuya" (c. 1634-1641) de Zacharias Wagener en "Thier Buch".

19. Ilustración del relato de Ulrico Schmidel por De Bry (1597).

20. Sacrificio de la Hostia en la sinagoga y castigo de los culpables
(grabados de 1477).

21. Fragmento de una luneta de Paolo Farinati (1595) en *Villa della Torre*,
Mezzane di Sotto (Verona).

22. Ilustración de *La Historia del Mondo Nuovo* (1565) de Jerónimo Benzonni
en la edición de Teodoro De Bry (1594).

23. Ilustración que sigue a la portada de *Fama, y obras póstumas del fénix de México* (1700).

24. *Caníbales contemplando restos humanos* de Francisco José de Goya, detalle
(Musée des Beaux-Arts, Besançon).

25 *Saturno devorando a un hijo* (Museo del Prado, Madrid).

26. Óleo cuzqueño anónimo (1770-1775?). Inscripción: "Donde se ha visto en el mundo
lo que aquí estamos mirando... / Los propios hijos gimiendo y los Extraños mamando".

27. *Savage Africa The Queen of Cannibals* (1863) de W. Winwood Reade.

28. "Une petit souper à la parisienne" (la masa caníbal durante la Revolución francesa).

29. *Abaporu* (1928) de Tarsila de Amaral.

30. Mapa invertido (1936) de Joaquín Torres-García. *Círculo y cuadrado*, mayo 1 de 1936.

31. *Índio roendo um osso* de Candido Portinari (1941).

32. Afiche publicitario de la obra de teatro *Caliban* (1998) de Marcos Azevedo.

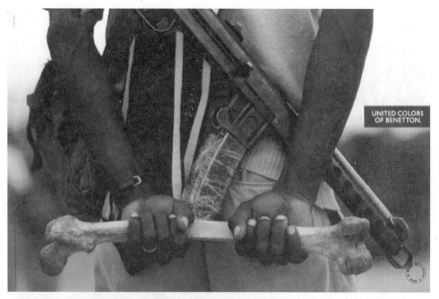

33. "Soldier" en *The Reality of Race* y *The Shock of Reality* (1992) de Benetton.

34. Montaje fotográfico de niño de São Paulo compuesto con basura de Vik Muniz (1998).

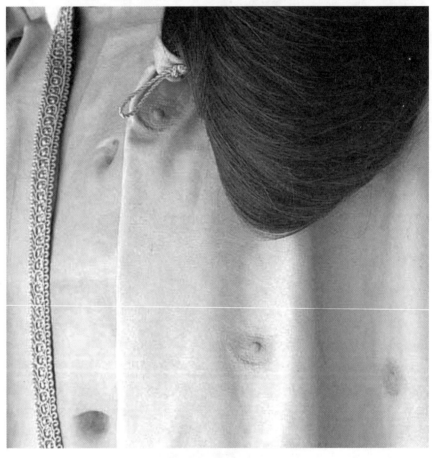

35. Ropa hecha con cabello humano y con "piel humana" (silicona) de Nicola Constantino.

política nacionalista; y la izquierda –especialmente a partir de 1959, con la Revolución cubana– había definido una agenda antiimperialista[7]. Al mismo tiempo, se concibe una teoría general económica y cultural contra el imperialismo, conocida como la *Teoría de la dependencia* de la cual son exponentes importantes André Gunter Frank, el luego presidente del Brasil Fernando Henrique Cardoso (antes de su conversión neoliberal) y economistas como Raúl Prebisch, para quienes la dependencia "centro-periférica" de los países del "Tercer mundo" estaba conectada con la expansión colonial y del capitalismo industrial; el subdesarrollo era la otra cara del desarrollo del capitalismo del primer mundo. En este contexto, *O rei da vela* es una obra *a la medida*, puesto que expresa una confesión paródica de las clases dominantes del capitalismo brasileño, al tiempo que define su dependencia del capitalismo metropolitano y hace una parodia del *desarrollo del subdesarrollo*. Sin embargo, recordémoslo, se trata de una obra de 1933, una obra de entreguerras y posterior a la crisis de 1929, una obra de la dictadura de Getúlio, concebida en medio de otro nacionalismo. Como vimos, el Andrade que "recupera" *Tropicália* era menos el antropófago de 1928 que el marxista silvestre e indisciplinado de la *depresión* de los años 30 (Cap. V §5 y §6). De cualquier manera, más allá de las especificidades históricas que diferencian la factura de *O rei da vela* en 1937 de su representación en 1967, se dio una verdadera cita entre generaciones separadas por casi medio siglo, el Estado Novo de Getúlio Vargas, la ola de los sesenta y las dictaduras militares. Martinez Corrêa llega a decir, que en el interregno estaba el "cuerpo gangrenado" de la no historia del Brasil en los últimos años (63). Volvamos entonces a la coincidencia que permite la cita de *Antropofagia* por *Tropicália* en 1967: *Tropicália* surge en el centro de un problema que parece un *eco* de la cuestión palpitante de la vanguardia: el nacionalismo enfrentado al consumo de artefactos culturales provenientes de la industria cultural norteamericana a través del cine, los programas de televisión, la música, la moda y otros bienes simbólicos.

Desde mediados de siglo la Bossa Nova (Tom Jobim, João Gilberto, Vinícius de Moraes) fue atacada por la crítica nacionalista que veía en ella la jazzificación de la samba. "Oswald –recalcaba A. de Campos– tinha os mesmos inimigos que os baianos de hoje: os conservadores, os stalinistas e os nacionalóides, que, no

---

[7] Recordemos que las expropiaciones del régimen cubano son de 1960, que en 1961 Fidel Castro define la Revolución como "antiimperialista y socialista" ("De Martí a Marx" 260) y que entre 1960 y 1968 surgen guerrillas en toda Latinoamérica que definen su agenda en esa misma línea. Incluso antes, desde los ensayos tempranos de Mariátegui, se establece la agenda antiimperialista del marxismo latinoamericano. Luego, durante el primer periodo de la guerra fría (1949-1953), los partidos comunistas viran su política de la colaboración democrática en contra del fascismo a la oposición al imperialismo norteamericano (véase *El marxismo en América Latina* de Michael Löwy).

caso da música, costumo designar por duas siglas expressivas: T.F.M. e C.C.C. (Tradicional Família Musical e Comando Caça Caetano)". En una entrevista para la *Folha de São Paulo* en 1967 Gilberto Gil declaraba:

> A demarcação dos interesses de uma nacionalidade está muito difusa. [...] Em nome do nacionalismo adota-se uma posição ufanista bem próxima à mentalidade nazista que deveria obrigar as pessoas de determinada nação a simplesmente ignorar qualquer tipo de influência que a cultura e os costumes de outros povos pudessem exercer sobre ela (5).

Los temas básicos de la revisión cultural que proponía *Tropicália* eran, como ha señalado puntualmente Celso Fernando Favaretto, el redescubrimiento no xenófobo de la nacionalidad en medio de las fuerzas de internacionalización de la cultura, la dependencia económica y el consumo cultural. En medio de este "dilema" y bajo la ola de los 60, se entiende por qué *Tropicália*, ante el escándalo de los nacionalistas, retoma la idea de los manifiestos de Andrade. A. de Campos explica esta "influencia" de *Antropofagia* bajo el horizonte de la *teoría de la dependencia*:

> A expansão dos movimentos internacionais se processa usualmente dos países menos desenvolvidos, o que significa que estes, o mais das vezes, são receptores de uma cultura de importação. Mas o processo pode ser revertido, na medida mesma em que os países menos desenvolvidos consigam, antropofagicamente –como diria Oswald de Andrade– deglutir a superior tecnologia dos supradesenvolvidos e devolver-lhes novos produtos acabados, condimentados por sua própria e diferente cultura (A. de Campos, *Balanço da bossa...* 60).

Así, el canibalismo cultural le sirve a Caetano como estrategia "subdesenvolvida" para proponer una música brasileña universal que se apropia, por ejemplo, del rock.

> A idéia do canibalismo cultural servia-nos, aos tropicalistas como uma luva. *Estávamos "comendo" os Beatles, e Jimi Hendrix*. Nossas argumentações contra a atitude defensiva dos nacionalistas encontravam aqui uma formulação sucinta e exaustiva (Caetano Veloso, *Verdade tropical* 247).

Tropicália escoge –interpretando a Andrade– la *deglutição* de la cultura de masas, del cine norteamericano y la música rock, como los modernistas habían hecho con los movimientos de las vanguardias estéticas europeas en los años 20. Políticamente, se trataba de una disidencia no sólo frente a las tendencias nacionalistas "verdes" sino frente a la dictadura militar.

Al igual que la vanguardia de los 20, *Tropicália* juega con las *multitemporalidades* de la cultura brasileña: trópico e industrialización, lo premoderno y lo moderno, lo rural y lo urbano. *Tropicália* resaltaba mediante la representación "grotesca" de anacronías culturales la convivencia de diversos tiempos en el Brasil. Esas anacronías, como indica Roberto Schwarz, producían una alegoría del Brasil ("Cultura e Política 1967-1969" 74). *Tropicália* también, como Andrade, parodiaba con lo "tropical" el ufanismo al que se oponía. Unos versos de Tom Zé –precedidos de los primeros compases del Himno nacional brasileño– resumen ese momento y la solución antropofágica de *Tropicália* a ese nacionalismo cultural provinciano que Andrade había llamado "Macumba para turistas": "e made, made, made / Made in Brazil" (Tom Zé, "Parque industrial" 1968).

Aunque influenciado por el neo-realismo italiano, el movimiento *Cinema Novo*[8] de finales de los años 60 y comienzos de los 70 puede ser considerado como la *Tropicália* del cine brasileño; ciertamente usa similares estrategias. *Cinema Novo* "regresa" al Modernismo durante los años de endurecimiento de la dictadura. Produce, por ejemplo, *Macunaíma* (1969) de Joaquim P. Andrade, una versión fílmica canibalizada de la novela de Mário de Andrade, en donde los mitos nacionales de identidad (una obsesión retórica del gobierno militar) son satirizados, y el progreso (el dogma político del régimen) se convierte en una ilusión[9]. El mismo año de la publicación del *Calibán* de Roberto Fernández-Retamar y en el momento de mayor represión política en el Brasil, Nelson Pereira dos Santos produce *Como era gostoso meu francês* (1971). Basada en el relato de Hans Staden[10] (Cap. I §5), *Como era gostoso* hace una relectura y subversión del archivo histórico y produce una suerte de extrañamiento de la "historia nacional" mediante una película cuyos diálogos, en su mayoría, son en lengua tupí. La película es una reflexión sobre la colonización y hasta cierto punto, la devoración erotizada de la mirada etnográfica. Staden, el etnógrafo del canibalismo tupí, se convierte en víctima ritual en el filme; no puede narrar al otro e inaugurar su mirada epistemológicamente privilegiada, no porque el *Otro* se lo coma invirtiendo la historia de vencedores y vencidos, sino porque antes, ya se ha entregado felizmente. El canibalismo no es sino la dramatización ritual de lo que ya ha ocurrido en la cultura. La imagen de Staden con los brazos cruzados de las ilustraciones de las ediciones del siglo XVI, contrasta con una de las últimas escenas de la película en la que el protagonista abre sus brazos mientras amenaza a sus captores conforme las reglas rituales del sacrificio. El cautivo del

---

[8] Véase *Revolução do cinema novo* (1981) de Gláuber Rocha.

[9] Luís Madureira ha hecho un buen estudio sobre la materia.

[10] Con dos cambios importantes: en la película el cautivo es un francés y a diferencia de Staden no se salva sino que es comido por la tribu, entre quienes está su amante indígena.

filme, convertido al salvajismo, nunca regresa para escribir su etnografía; ese *ego sólido* de la modernidad colonial que es el etnógrafo se revela inestable y su subjetividad deviene difusa, como en los conversos que imaginó Borges en "Historia del guerrero y la cautiva". Por eso el cautivo del filme abre los brazos: para entregarse, para abrazar la muerte, que ya no es *Otra*, como no es otra la alteridad. En este sentido puede decirse que *Como era gostoso* imagina una alternativa a los relatos triunfantes del ego moderno, una de cuyas manifestaciones es el nacionalismo. En el ambiente conmemorativo y desafortunadamente nacionalista del 5° centenario, el cineasta paulista Luiz Alberto Pereira produjo la desafortunada película *Hans Staden* (1999); en ella, Staden es alemán, etnógrafo y regresa del cautiverio a escribir (como en el texto histórico). La película, en su fastidiosa pretensión hiper-realista, propone la representación "fiel" de la historia de Staden y de los indios, como estos debieron haber sido según los varios antropólogos y lingüistas consultados por el director. Para ello, el actor brasileño que hace de Staden "habla tupí con acento alemán" y se acude a las xilografías de Staden y de Léry –entre otras fuentes– para recrear una aldea tupí "auténtica". Hay una voluntad testaruda de ser fiel al texto: la película narra la unidad y coherencia del sujeto que viaja, del sujeto que regresa, del sujeto que narra; coherente con la celebración nacionalista, *Hans Staden* traiciona la perfidia de *Como era gostoso*. El problema es que precisamente esa perfidia es lo que hace que la película de Pereira dos Santos sea una imaginación alternativa de la historia colonial. La película *Hans Staden* regresa al cause del occidentalismo y el nacionalismo mediante el expediente hiperrealista[11]. La apropiación de *Antropofagia* por parte de *Tropicália* y el *Cinema novo*, en el políticamente cargado ambiente de los setentas, contrasta con la levedad de la cita que hace Luiz Alberto Pereira.

La mayoría de las reencarnaciones de *Antropofagia* a finales del siglo XX –si bien, no todas– han vaciado políticamente la metáfora. Consideremos por un momento la *XXIV Bienal de São Paulo de 1998*, que bajo la dirección del curador Paulo Herkenhoff conmemoró también a *Antropofagia* y los setenta años del *Manifesto antropófago*, mediante una enorme exposición que escogió como su núcleo histórico el canibalismo y como su eje conceptual, la propuesta modernista de Andrade. Los discursos de y sobre la Bienal por parte de los organizadores así como de la prensa y la crítica son disímiles y contradictorios; gran parte de ellos tiene que ver con el proyecto empresarial que entrañó, otros con sus vicisitudes y tropiezos, y la gran mayoría, con cierta ininteligibilidad de su pro-

---

[11] Por ello cuando el filme se permite "licencias" regresa lo reprimido: nunca es más evidente la nostalgia de lo occidental que en un ensueño de Staden, quien ve a una rubia nadando entre aguas luminosas.

puesta, tanto para el público como para varios críticos. Si leemos al millonario e industrial Júlio Landmann, presidente de la Bienal, ésta parece un pool de inversión y cuotas de publicidad y patrocinio, que se promociona anunciándose como repetición del éxito comercial de la XXIII Bienal (*OESP* abr.6 y 10 1998; *Revista Marketing Cultural* 16 oct. 1998). Efectivamente la Bienal vendió publicidad. *Federal Card da Caixa*, una tarjeta de crédito, se anunciaba durante los días de la exposición usando la imagen de *Abaporu* de Tarsila do Amaral [il. 29], sin percatarse de la ironía no sólo histórica sino semiótica de usar el tropo caníbal para promover servicios bancarios ("abaporu" quiere decir comedor de hombres) (Cap. V §2). El curador Paulo Herkenhoff le da un tono cosmopolita a la exposición (a tono con la idea del Brasil de la globalización), pero acude en varias entrevistas a estereotipos de *"macumba para turistas"* (como decía Andrade) tales como señalar la centralidad del cuerpo en la cultura brasileña donde "pensar es también vivir en la experiencia del cuerpo" (*Flash Art* 202: 75, 76, oct-98). Haroldo de Campos habla de *Antropofagia* como un "filosofema básico" y una forma bruta de deconstrucción *avant la lettre* ("Lá vem, nossa comida pulando" 98), y Herkenhoff justifica teóricamente el "ensamblaje" de la exposición mediante citas de Lacan, Fedida, Deleuze y Lyotard; pero al mismo tiempo, lanza una campaña popular de camisetas "para los amigos de la Bienal" y calcomanías para los carros con el lema "Só *Antropofagia* nos une" (*O Estado de São Paulo*[12] sep. 19, 1998). La curaduría habla de la disolución posmoderna de las fronteras mientras que los bancos y compañías de seguros que patrocinan el evento hacen sus campañas publicitarias refiriéndose al apoyo al arte nacional y a la cultura del Brasil (*Gazeta mercantil* 10-02-98); y María Hirszman en una curiosa contradicción nacionalista piensa que los cuadros del holandés Albert Eckhout –de la corte de Nassau– sobre los caníbales tapuia (Cap. I §6; il. 17) representan "tipos brasileros" y hacen parte de la "formação do povo brasileiro" (*OESP* sep. 19, 1998).

Aparte del ámbito empresarial, la Bienal funciona en otros dos espacios: uno para el *consumo popular* y el público al que se educa –sobre, por ejemplo, qué quiere decir *Dadá* y *surrealismo*– mediante una campaña pedagógica nacional ("Núcleo educação")[13]; y otro, reservado para el *banquete elitista* de un público que ya tiene ese capital cultural. Algunos artistas protestan. El irlandés Brian Maguire abandona el hotel y se va a vivir a una favela en Vila Prudente ante la sorpresa de los organizadores, la prensa y los habitantes de la misma favela (*Jornal da Tarde SP*, sep. 23, 1998). Surgen exposiciones paralelas y con discursos paralelos (*Gazeta mercantil* sep. 25, 1998; *OESP* oct. 2, 1998), una de ellas, *City*

---

[12] De ahora en adelante se cita como *OESP*.

[13] El llamado *Núcleo educação* incluía material para profesores de colegios "Materiais de apoio educativo para o trabalho do professor com arte" en un diseño vertical arielista.

canibal en la *Cidade universitária*, aborda la experiencia cotidiana de una ciudad como São Paulo (*Gazeta mercantil* 09-03-98).

En medio de controversias, problemas y cuestionamientos económicos[14], el evento recibió críticas en todos los sentidos, desde poner en peligro las obras expuestas[15], o el escándalo por unas fotografías que representaban actos sexuales zoofílicos (*Zero Hora* Porto Alegre, nov. 30 1998), hasta cuestionamientos sobre el europeismo de la Bienal que miraba hacia Europa a despecho de la realidad tangible y relevante del *Mercosur* (*A Tarde*, Salvador nov. 25 1998). Hubo asimismo, disgusto por su "gigantismo" millonario (*Inter-Nationes* 79, 1999: 48) y su exhibicionismo corporativo[16].

El reclamo más repetido fue por la "fúria teórica dos curadores" –como la llamó Antônio Gonçalves Filho– que, según los críticos, "impuso" la *Antropofagia* como una obscura línea de lectura de obras de Aleijadinho, Giacometti y Van Gogh, lo mismo que de Hélio Oititica y Reverón, junto con los trabajos de una serie de artistas contemporáneos, todos antropófagos gracias a la narrativa oficial de la Bienal (*OESP* dic. 11 1998). Herkenhoff afirmó en varias entrevistas y en su presentación del proyecto que el concepto operacional de *densidad* de Jean François Lyotard le permitía la articulación de las obras en la "espessura do olhar" (*Diário do Grande ABC* ago. 27, 1998; *Folha de S. Paulo* oct. 9, 1998; Herkenhoff "Introdução geral" 22). El primer artículo del catálogo de la Bienal "Evitando museocanibalismo" de Donald Preziosi tomado de su libro *The Art of History* (1998) trata de anticipar las críticas de voracidad teórica y de imposición de sentido sobre la heterogeneidad de la exposición (50-56). El argumento de la *densidad* no convenció y se habló de la "Banal Bienal" (*Veja* SP dic. 2, 1998). Daniel

---

[14] Se estima que la Bienal costó quince millones de reales de 1998 (en casi paridad con el dólar). Al final, la Bienal resultó más costosa de lo que se pensó; algunas empresas fallaron con el apoyo prometido y se produjo un alto déficit (*O Globo* RJ nov. 12, 1998). La Bienal esperaba entre 450 y 500 mil visitantes y sólo tuvo entre 200 y 300 mil que incluían el "público cautivo" de los niños y jóvenes de los colegios y escuelas de São Paulo (cerca de 100 mil). El *Ministério da cultura* terminó pagando un millón de reales de la deuda de la Bienal (*Folha de S. Paulo* oct. 28, 1998). *La Folha de São Paulo* denunció que la organización escondía los números y no divulgaba la afluencia a la exposición para ocultar el fracaso económico de la misma (nov. 21 1998). Paulo Herkenhoff lo reconocía implícitamente al afirmar que "no importan las entradas sino el éxito del proyecto educacional" (*OESP* dic. 19, 1998).

[15] Fuertes lluvias pusieron en peligro algunas obras de la exposición causando el cierre temporal de la misma, varios comunicados de la curaduría y pánico entre las aseguradoras (*Folha de S. Paulo* y *Revista ISTOÉ*, oct. 6 1998).

[16] José Nêumanne al mismo tiempo que no entiende las instalaciones *ready-made*, ni la presentación de videos al lado de un Van Gogh, critica la presentación de intereses privados como si fueran públicos y el "corporativismo" de la Bienal, así como la "ditadura do gosto" ejercida por su presidente y curador (*OESP* nov. 11, 1998).

Piza opinaba que en lugar de la *Antropofagia*, el núcleo de la Bienal –diseñada como "Playcenter"– debía haber sido la "Teoria do Caos". (*Gazeta Mercantil* SP nov. 13, 1998). El crítico José Roberto Teixeira Leite llamaba a esta "articulación" (mediante el concepto de *densidad*) "acrobacias mentais para enquadrar artistas e respectivas obras na camisa-de-força de conceitos prefixados, correndo o risco de morrer sufocada no mar de palavras" (3). José Teixeira Coelho Netto, director del *Museu de Arte Contemporânea*, cuestionó la pertinencia de darle a una exposición un sentido teleológico mediante una "máquina conceitual", así como la representatividad de *Antropofagia* frente a otras manifestaciones, movimientos y propuestas culturales; Coelho Netto expresa un cansancio sentido en varios críticos culturales con la que él denomina la "monomanía" de la *Antropofagia* como "mito fundador da cultura brasileira contemporânea" (*Guerras culturais: arte e política no novecentos tardio* 219-223).

La Bienal conmemoró de forma ostentosa el Modernismo brasileño y *Antropofagia* funcionó, ciertamente, como un *mito fundador de la cultura nacional*, pese a las declaraciones que los organizadores hicieron sobre la dimensión global del evento. La *Antropofagia* "densa" de la Bienal no se decidió entre las obras y artistas "clásicos" (como Goya y Van Gogh), la exaltación neo-nacionalista del arte modernista brasileño, la presentación de artistas nuevos, un discurso teórico un poco oscuro sobre la *Antropofagia* y gestos neopopulistas como el proyecto educativo popular para preparar a la gente en el "difícil asunto" de la apreciación del arte. Podemos señalar que, desde el punto de vista de su discurso "oficial" (no de los trabajos individuales presentados en ella), la Bienal fue organizada como un pastiche posmoderno[17] de la *Antropofagia* modernista, canibalizada por el *establishment* y las grandes empresas del sector financiero.

Paralelamente a la Bienal, la metáfora del canibalismo y el modelo de *antropofagia cultural* funciona en otros espacios. Por ejemplo, Adriana Calcanhoto, una de las cantantes brasileñas más populares, propone en su disco *Público* (2000) devorar *Antropofagia* y a *Tropicália*, en un parricidio y fiesta caníbal en la que las figuras centrales son mujeres, bacantes lúbricas que se lamen los dedos, como en las ilustraciones que Teodoro de Bry hizo a fines del siglo XVI, de los caníbales tupí:

> Vamos comer Caetano
> Vamos desfrutá-lo
> Vamos comer Caetano
> Vamos começá-lo

---

[17] Definido por Jameson como imitación neutra de una mueca sin impulso satírico (*El posmodernismo* 43).

Vamos comer Caetano
Vamos devorá-lo
Degluti-lo, mastigá-lo
Vamos lamber a língua
. . . .
O homem do pau-brasil
O homem da Paulinha
Pelado por bacantes
Num espetáculo
Banquete-ê-mo-nos
Ordem e orgia
Na super bacanal
Carne e carnaval
Pelo óbvio
Pelo incesto
Vamos comer Caetano
Pela frente
Pelo verso
Vamos comê-lo cru ("Vamos comer Caetano").

Calcanhoto propone al mismo tiempo el parricidio generacional, el incesto y una especie de canibalismo amoroso; un festín cultural. Contrasta de manera radical la inteligibilidad del festín cultural de Calcanhoto que transita por la literatura, la canción popular sentimental de Roberto Carlos, *Tropicália* y Caetano, así como por representaciones de género, con la ininteligibilidad indigesta de la Bienal.

Marcos Azevedo (uno de los más interesantes actores y escritores de teatro contemporáneo en el Brasil) produce en su monólogo teatral *Caliban* (1997)[18] la primera intersección política entre el calibanismo y la *Antropofagia*. También él devora a Caetano y a Andrade, engulle el archivo colonial sobre el canibalismo (Staden, Léry), y mastica a Montaigne y a Césaire. Re-narrar *The Tempest* de Shakespeare es un ejercicio antropofágico. Pero su gesto, a diferencia del de la Bienal, está cargado políticamente y su mueca es desafiante [il. 32]; reflexiona sobre la colonización del Brasil sin hacer una apología del salvaje, pero más importante aún, sostiene la vigencia de un proyecto liberador frente a la continuidad del colonialismo, el neocolonialismo y la explotación humana en el Brasil. La suya

---

[18] *Caliban* fue estrenado en la 50ª edición del *Festival de teatro de Edimburgo*, Escocia (agosto, 1997), bajo la dirección de Eduardo Bonito. La obra recibió críticas elogiosas en *The Times, The Stage, Theatre Record, Globo, ISTOÉ, Cenário*, y la crítica cultural radial de la *BBC*. Cito el texto que me facilitó el autor y la versión brasileña de la representación (video).

es una *antropofagia* que "revela o Brasil dos excluídos" (Azevedo, "Caliban Project"). Caliban es "o primeiro sem terra da dramaturgia" (Azevedo en Apoenan Rodrigues); "temos em Caliban o germe da revolução" (Azevedo "O tema").

La rearticulación conjunta del *calibanismo* y la *Antropofagia* en la obra de Azevedo no deja de ser sorpresiva, especialmente ante el relativo consenso sobre la pérdida de vigencia de Calibán como símbolo de identidad; el "sujeto deseante" lacaniano de hoy no sería Calibán, ni un antropófago, sino un consumidor. Hasta hace poco, como se recordará, vivíamos en la "era de Calibán" en la que el *calibanismo* tuvo una amplia repercusión y rearticulaciones en el Caribe y en la crítica cultural latinoamericana; el "Calibán" de Retamar fue objeto de comparaciones con *Orientalism* de Said (Jameson); y se habló de una razón poscolonial latinoamericana y hasta de una "escuela de Calibán" (Saldívar). Fue luego que empezaron las distancias. Hoy es un lugar común (y monótono) de la crítica hablar de la obsolescencia de Calibán[19] –a causa del quiebre de Latinoamérica como espacio discursivo y de lo nacional como instancia de política cultural– o anotar su irrelevancia en medio de la crisis de las identidades modernas y de los metarrelatos[20]. Hasta el propio Retamar en "Adiós a Calibán" (1993) dejaba ver algo de cansancio con este *personaje conceptual*[21].

Cuando el "deseo intelectual" de Latinoamérica es cruzado por una nueva era de globalización y el marxismo como se práctica en muchas universidades

---

[19] Jorge Ruffinelli opina: "[Calibán] Ya no puede corresponder a ese sujeto que hoy pertenece a la cultura posmoderna, la cultura de la fragmentación, la democracia, la heterogeneidad, los márgenes, la impureza, el rechazo al autoritarismo" (301). Beverley propone que el sujeto es interpelado culturalmente no por la literatura, sino por los *mass-media* y las prácticas "verdaderamente" populares. Para él la secuencia de sujetos históricos Caníbal/Calibán/By Lacan es la secuencia colonización/descolonización/poscolonialismo. Ello implicaría la situación *demodé* de Calibán como significante cultural (*Against Literature* 4, 5; "By Lacan" 263). Dicha obsolescencia es también el consenso de la mayoría de los artículos del volumen *Roberto Fernández Retamar y los estudios latinoamericanos*, editado por Elzbieta Slkodowska y Ben Heller, en donde es notable por una parte, la omnipresencia del "Calibán" y por otra, la distancia que, salvo alguna excepción, cada crítico marca respecto de ese ensayo.

[20] Puede alegarse que para la fecha de la publicación de "Calibán" (1971) éste desgaste ya empezaba a ser visible. El discurso calibánico parece reinventar la identidad latinoamericana en medio de la que se conoce como la *crisis de los metarrelatos* que define el postmodernismo, según la clásica explicación que Jean François Lyotard hiciera en *La condition postmoderne: rapport sur le savoir* (1979). Por metarrelatos (*grand récit*) Lyotard se refiere a las narrativas o categorías trascendentes que la modernidad inventó en el proceso de normalizar la realidad, tales como la emancipación del hombre, el poder comprehensivo de la razón y el progreso continuo; categorías que habrían perdido su capacidad explicativa y su autoridad o legitimación. Cito la edición de 1984.

[21] Recientemente sin embargo ha hablado nuevamente de su vigencia, a raíz de la comparación del "Caliban" (ahora sin tilde) con el movimiento *Antropofagia* del Brasil (*Concierto para la mano izquierda* 139-148).

está envuelto en el rococó del *desencanto posmoderno*, la vehemencia y combatividad del "Calibán" sonroja a sus otrora admiradores. Calibán vehemente y panfletario, Calibán revolucionario *démodé*, Calibán perdido entre las desilusiones de la posmodernidad, Calibán políticamente incorrecto, Calibán mestizo y machista, no son ciertamente caracterizaciones injustificadas del personaje conceptual del ensayo de Retamar (e incluso de las versiones de Césaire y de Lamming). El propio Retamar ha revisitado la política del ensayo de 1971 y, hasta cierto punto, reconocido sus limitaciones, pero protesta con razón por el hecho de que mientras el marxismo y el imperialismo se vuelven palabras *démodé*, el universalismo capitalista se mantiene, con la "pretensión de decapitar la historia" ("Calibán en esta hora de nuestra América" [1991], 114). Asimismo, señala que el *imperialismo* –categoría anulada gracias a la "alegremente proclamada" muerte de los grandes relatos– se llama ahora "globalización, neoliberalismo, mercado salvaje, [...] transnacionalización, privatización, nuevo orden mundial". Sin embargo, los "pueblos agredidos –anota el cubano– por supuesto, ni se han enterado de que el imperialismo murió en el papel" ("Calibán quinientos años después" [1992], 73).

Marcos Azevedo reconoce la relativa obsolescencia de Calibán en el discurso político cultural: "*Caliban sabe o que significa tornar-se um ser obsoleto*, uma *ruína arqueológica*, destinado a se envergonhar de si mesmo antes de ser declarado definitivamente extinto" (Marcos Azevedo, *Caliban* 17). Su obra convierte esa obsolescencia en una condición para repensar las continuidades en las que persiste –transformada mas no extinta– la colonialidad: la explotación vampírica del trabajo por el capital, el racismo, las asimetrías del poder, las desigualdades socioeconómicas, la exclusión, la represión política, etc.[22] La premisa antropofágica re-potencia a Caliban, quien "incorpora" una vasta serie de textos, tales

---

[22] Como ha señalado Hopenhayn, el discurso posmoderno ha sido capitalizado (canibalizado) por el neoliberalismo que ha encontrado en la exaltación de la diferencia, la celebración (e intensificación) del mercado y en la crisis de las metanarrativas, la razón para descartar con autoridad académica los discursos de resistencia al capitalismo, en especial el marxismo (93-100). En efecto, la "feliz noticia" del "fin de la historia" significa que la historia en la que el marxismo jugaba algún papel ha terminado; es decir que ha alcanzado su fin que es la democracia liberal en un mercado libre, el paraíso capitalista en el que los individuos pueden alcanzar sus sueños y realizar sus aspiraciones (Fukuyama 1992). Sin embargo, ni todo el mundo quiere, ni puede, ni tiene que alcanzar ese paraíso, ni los que declaran haberlo alcanzado dejan de reconocer que es una realidad extremadamente defectuosa. El capitalismo, pese a estar en crisis en Latinoamérica y pese al fracaso de sus promesas se multiplica y reproduce en la globalización en formas recicladas de explotación. De todos los metarrelatos parece que ése –excusado su fracaso– se queda con nosotros. Derrida en *Specters of Marx* (1994) ha señalando que el ostentoso triunfalismo que originó el colapso del comunismo es un discurso dogmático incapaz de ver el terrible horizonte del capitalismo: violencia, desigualdad, exclusión, hambre, y opresión económica.

como relatos coloniales, la Constitución de 1988, ensayos de escritores como Antônio Callado, reportes de masacres de *American Watch*, noticias sobre escuadrones de la muerte, declaraciones de comunidades indígenas, una antología poética de países africanos de habla portuguesa, crítica literaria sobre Shakespeare, canciones populares y, por supuesto, la obra de Oswald de Andrade, que *Caliban* "também engole", como dice Azevedo[23]. En esta nueva resignificación de Calibán y *Antropofagia* hay una curiosa ironía: Retamar, como se sabe, no tenía noticia de Oswald de Andrade cuando escribió su "Calibán" en 1971; Azevedo, a su vez, sólo conocía el ensayo de Retamar por referencia de segunda mano cuando escribió su obra[24]. Su punto de partida fue una lectura simultánea del "Manifesto antropófago" de Andrade y de *The Tempest*. Sin embargo, aún sin proponérselo, el Caliban de Azevedo responde tanto a su tradición previa latinoamericana como a la declaración posmoderna de su obsolescencia.

Este Caliban no aspira a la representación nacional ni latinoamericana; es un personaje escindido que reniega de los mitos modernos de identidad nacional como el mestizaje y la democracia racial. Las definiciones del carácter nacional, de la *brasilidade*, la mejicanidad, la argentinidad, así como el latinoamericanismo arielista, se fundaron en la concepción de identidades fijas y más o menos homogéneas gracias a ideologías sincretistas como el mestizaje que posibilitaban la integración –así fuera discursiva– de las heterogeneidades centrífugas que disgregaban la nación. El *Caliban* de Azevedo parecería responder a la crítica que Silvia Spitta le hiciera al ensayo de Retamar. Según Spitta, el personaje Calibán de Shakespeare es caracterizado por su excentricidad diaspórica: su madre es de Argelia; él es del Caribe; habla una lengua "ajena" que apropia, etc. Habría, según señala, un desfase entre "la cultura entendida calibanescamente como excéntrica [y] diaspórica, y la cultura entendida orgánicamente [por Retamar] como conexión con, arraigo en y cultivo de la tierra". Calibán habría dejado de "tener valor explicativo para Retamar [justamente] porque éste [...] no asumió la diasporidad del personaje [...]. Más bien trató de 'anclar' la cultura de nuestra América (el 'tronco' martiano) arielísticamente en un mestizaje", que luego redefine como transculturación (288, 291). El *Caliban* de Azevedo objeta ese "tronco" mesticista; una *voz en off* –citando a Contardo Calligaris– señala que "A

[23] En entrevista con el autor en julio de 2000, en São Paulo.

[24] "Reconstruí Shakespeare me autorizando da premissa de Oswald de Andrade da antropofagia cultural" (en "Caníbal de idéias" *ISTOÉ*, 27 de maio de 1998). Esta relativa independencia del *Caliban* de Azevedo de la tradición del Caribe me lo confirmó el propio autor en una entrevista personal. Sin embargo, leyó la antología *No reino de Caliban: antologia panorâmica da poesia africana de expressão portuguesa* de Manuel Ferreira, que alude y se inspira en el calibanismo del Caribe y expresamente cita a Retamar.

teoria segundo a qual o Brasil resulta de uma verdadeira miscigenação é quase uma grande piada [...que] no Brasil cheira mais à uma política de extermínio racial" (8). Del mismo modo, la obra asume el *deslizamiento* en lugar de la *filiación*. *Caliban* es estrenada en Inglaterra en un inglés abrasileñado, y luego es traducida al portugués, con numerosos juegos lingüísticos en inglés. Ya desde el comienzo de la obra –cuando Caliban aprende a hablar y sufre un proceso de aprendizaje-reconocimiento hacia la conciencia política– es claro que estamos frente a una nueva clase de *personaje conceptual* atravesado por los flujos globales y cuyo discurso es en sí una gestualidad diaspórica:

> A...Aló...ali... a lin... a língua... lin-gu-a, linguagem, linhagem, linhagem, gem, gem, gente, gentes, entes, ex, ex-gente, es... és... vós... voz... esta voz, escavo, escravo! Cravo, avo, avô, vô, vôo, vou, ou...u..outro... u ou word... world... world wide web? Ué? Epa...pala, palabro, labra, labor, libro, lavra, palavra... palavras cruzadas! [...] Eu... meu nome..., Não pense, trabalhe, animal! Mas perdoa, nome meu é... Cale a boca, Canibal! B...bo...boca, bo-ca, ca...cal...calib..., caliboca...calibão, Caliban! [...] Mas todo o dia cortar lenha, barbear mestre, acender fogo, limpar livros, esfregar chão, carregar água, [...] punição, castigo [...] Oh, dor! (3).

Sin embargo, para Azevedo, entre todas las condiciones que definían a Calibán, en este laberinto fluido de signos posmodernos subsisten –no la nación, ni la raza o el mestizaje– sino el trabajo y el dolor, categorías de su *condición colonial* supérstite. Caliban imagina su prole abundante con Miss Miranda (la posibilidad mestiza), pero es él quien queda embarazado y después de ser torturado no pare un hijo sino que "vomita" en un balde la máscara de su propia monstruosidad. Sus primeras palabras como monstruo son una queja contra Próspero y la declaración dolorida de su hambre: "Ah! Louco! Jantar! Louco é de fome" (9). Razón tiene Retamar al insistir en que no hay pos-historia para aquellos que la sufren.

En *Caliban* de Azevedo, Ariel, el intelectual, es una "Mosca vermelha de merda!" (4) que está a punto de ser aplastada por Caliban con un periódico y que no tiene parlamento (no habla). Ariel, la mosca roja, sin embargo sigue colaborando con Próspero, que encarna varios tipos de dominación política y económica desde la conquista y la colonización y el sistema esclavista, hasta la explotación asalariada y la marginación y opresión económica y política en el Brasil contemporáneo.

En la escena "A Colônia" el Actor (personaje) parafrasea a Oswald de Andrade rescribiendo trozos de su "Manifesto antropófago" en clave calibánica (y añadiendo a Próspero):

> Tupi or not tupi, That's the question! [...] Como o modernista Oswald de Andrade já disse em seu Manifesto Antropófago: "Nós já tínhamos a língua surrealista. O

Dadá. A idade de Ouro. *Fomos vistos, não nos fizemos visíveis. Não nos pensamos, mas fomos pensados* [...] Nunca fomos catequizados. Fizemos foi o carnaval. O mundo não datado, não rubricado. Sem Napoleão, sem César, *sem Próspero* (*Caliban* 4, 5).

Como Andrade (en "Pau Brasil") y como *Tropicália*, Azevedo repara en las múltiples temporalidades de Latinoamérica pero sin celebrar el subdesarrollo (la queja de Roberto Schwarz frente al Modernismo): "hoje esse pedaço de terra abriga de tudo: da nação mais poderosa do mundo à algumas das mais pobres, do *computador de última geração ao super miserável homem-gabiru*" (*Caliban* 5). El *Verfremdung* u *ostranenie*[25] surrealista de *Pau Brasil* al poner juntas temporalidades diversas[26] (o el extrañamiento producido por las anacronías alegóricas de *Tropicália*) en el *Caliban* de Azevedo es *Entfremdung* o alienación, como la describiera Marx en sus textos tempranos. Los dos términos de la desfamiliarización –el computador y el campesino desnutrido del Nordeste– producen no una alegoría tropical de la modernidad periférica o la nacionalidad, sino de la alienación y la explotación. A Caliban, como decíamos, lo definen el *trabajo* (título de la escena 4ª), el *dolor*, y su *rebeldía* a la opresión. En la era global de la transnacionalización, muchas cosas han cambiado para Caliban, salvo la subordinación de su trabajo al capital y la colonialidad que sigue definiendo lo nacional y lo global. Las observaciones de Gerald Martin acerca de la regla universal de la lógica del capitalismo tardío son en extremo pertinentes:

> Si miramos el *mundo entero*, y no apenas a 'Europa', podemos entender que *el mundo no es aún de ninguna manera pos-industrial; ni pos-socialista,* simplemente pos-estalinista. Creo que tampoco es todavía posmoderno, y que lo que nosotros llamamos posmodernidad es un mero reflejo en un espejo opaco y distorsionado, del propio ojo de la tormenta de una modernidad económica tan terrible –por lo invencible– que no nos atrevemos a mirarla directamente, ni a llamarla por su propio nombre. El nombre es todavía capitalismo. Cuando el capitalismo / el imperialismo era amenazado por el comunismo, teníamos modernismo. Ahora que el capitalismo se erige solo, nos encontramos en el postmodernismo, un extenso e indefinido *decorado conceptual* (155).

Que los relatos de liberación y las herramientas teóricas estén en la crisis del "decorado conceptual", no significa mucho para Caliban. Acaso debe hacer traducción simultánea de sus consignas en la era global, pero aún manifiesta la extrañeza que le produce la alienación del trabajo y se rebela contra el mismo:

---

[25] *Extrañamiento* teorizado por los formalistas rusos –especialmente Viktor Shklovsky– durante los años 20.

[26] La *"base dupla e presente"* de la selva y la escuela, los rascacielos y la sabia pereza solar, el carnaval y la aviación militar (Oswaldo de Andrade, PPB 9) (ver Cap. V §1).

Mas o que está havendo..., *trabalho estranho*..., que sabe, vá pá porra! Cansei, I am tired, no more! Never more, Caliban do not work, no more! (*simula legendas simultâneas*). Nunca mais. Caliban não trabalha mais! *Never mais*, Caliban não trabalha mais! (6).

La globalización redefine los espacios culturales pero no cambia sustancialmente la "extrañeza" de Caliban frente a su propio trabajo. El trabajo supeditado al capital implica para el trabajador esa "pérdida de la realidad" de la que hablaba Marx[27]. El capitalismo define al hombre mediante la misma estrategia con la que el colonialismo construye al colonizado: reduciéndolo a objeto mediante la mirada privilegiada ("Fomos vistos") y la explotación ("Trabalhe, animal!").

La internacionalización del capital significa un colonialismo que no está limitado a las fronteras nacionales o que puede ejercerse internamente en la dominación de unos grupos sociales sobre otros (étnias, clases, etc.). Caliban ahora, se subleva con su "never mais" entre el espacio discursivo quebrado del nacionalismo y la aldea global[28]. Pero ese posicionamiento no cambia la circunstancia de que el capital sigue siendo trabajo humano acumulado y deshumanizado –más extraño y siniestro en los acelerados flujos globales– que regresa por más trabajo como un vampiro: la muerte que regresa por la vida. Próspero, hace evidente esta subordinación a la muerte, anunciando que el resultado del trabajo de Caliban es su propia tumba, que es de hecho la obra en la que trabaja éste: "Nunca se viu um monumento tão exuberante para uma criatura tão monstruosa! Minha generosidade chega a ser excêntrica! Dou-te a chance de ergueres teu próprio mausoléu porque *ainda algo em mim insiste em manter-te vivo*" (2). Ese *algo* que insiste en mantener vivo a Caliban es el impulso vampírico de Próspero, que requiere de la fuerza de trabajo y que, por ello, en lugar de consumirla de manera caníbal, lo hace a la manera de un vampiro, subordinando la voluntad de Caliban[29] y consumiendo su trabajo, pero asegurándose su reproducción.

---

[27] Esta instrumentalización del trabajo en función del capital "extraña la naturaleza del hombre y extraña al ser humano de sí mismo, de su función activa, de su actividad vital" (Marx, *Early Writings* 328).

[28] Como afirma Heinz Dieterich "en la nueva religión del mercado y del consumismo, el Estado ya sólo tiene razón de ser como empresa de servicios para el gran capital" (8). Lo que se ve como fractura no es sino sólo un debilitamiento de la soberanía jurídica del Estado frente a los flujos de capital en medio de la globalización. Gage Averill se distancia del tipo de crítica profética que anuncia prematuramente la muerte del Estado nacional ignorando que la mayoría de las políticas de identidad todavía cargan consigo marcas profundas de al menos alguna clase de nacionalismo y que sin un reemplazo de la nación a la vista, todo parece indicar la continuidad de los Estados nacionales (*Making and Selling Culture*, 208, 209). Spivak igualmente relativiza el llamado "estatus postnacional del capitalismo global" (*Outside in the Teaching Machine* 81).

[29] Próspero domina a Caliban mediante una especie de dominio telepático-mágico (*Caliban* 13).

Cuando Caliban reorganiza las metáforas hacia el final de la obra llamará a su amo correctamente "viejo vampiro!" (16).

Por lo pronto, Caliban vuelve al trabajo y la labor "começa a deformar seu corpo" (7). Decíamos antes que para C.L.R James el drama de Calibán no reside en su "raza monstruosa" como un hecho objetivo independiente o siquiera antecedente de su condición servil (Cap. VI §2). La secuencia de la transformación del personaje de Azevedo es esa: Caliban no trabaja porque sea monstruo, sino que el trabajo bajo Próspero lo "monstrifica" y deshumaniza. Azevedo recoge las condiciones trans-históricas de esa monstruosidad de la colonia a la posmodernidad. Una *voz en off* que cierra la escena y que cita antropofágicamente a Antônio Callado dice: "O Brasil foi, e de certa forma *ainda é*, um *país de escravos*. O maior país de escravos dos tempos modernos... *As senzalas que outrora cercavam a casa grande, hoje são as favelas das cidades* ou viraram cubículos, pequeninos quartos de empregadas domésticas (7).

Al final de la obra, Caliban se transforma en otro personaje, un actor, y dirige un monólogo al público señalando: "É claro, *todos nós já vimos esse filme antes*. [...] A noção de *não-lugar* é importante porque *não se colonizam mais nações inteiras, colonizam-se pessoas*, e esse tipo de colonização não tem mais pátria" (17). Los cambios en las dimensiones y formas culturales de la explotación, su descentramiento respecto al Estado nacional, no cambian el hecho fundamental de la continuidad de la misma en la discontinuidad de sus formas. El capital, como el colonialismo, no por ser *otro*, ha dejado de ser.

Próspero representa la continuidad de la explotación del trabajo en el capitalismo global. La revolución de Caliban es, entonces, contra esta forma de explotación del trabajo, oponiéndose al "negócio" que es la "negação do ócio", según dijera Oswald de Andrade en los años 50. Pero el intertexto que usa Azevedo proviene de Mário de Andrade. Caliban como Macunaíma exclama: "Ai, que preguiça!!" (7)[30].

La "tragedia" de Caliban es la pobreza; Azevedo materializa la *economía simbólica* del drama en una *economía política*: Caliban no habla simplemente desde su perspectiva de invadido, sino de oprimido económico; una opresión que a diferencia de los grandes relatos, no ha sido fracturada. Caliban es hijo del hambre contemporánea; "filho da fome" (1), "Louco de fome" (9); es el obrero y la

---

[30] Caliban sueña con otro tipo de trabajo que inicialmente asocia a una fantasía sexual con Miranda: imagina/recuerda que ella lo invita a dejarlo todo, especialmente la lógica del negocio: "Deixe isso, não trabalhe tanto, eu gostaria que um raio incendiasse essa lenha que você se encarrega de carregar. Sente-se e descanse" (8). Caliban exclama a esta Miranda imaginaria: "deixa levar você onde caranguejos crescem, e com minhas garras longas desenterrar posso muitas trufas, te mostrar ninhos de aves e de vez em quando caçar gaivotas nos rochedos" (*Caliban* 8).

empleada doméstica, y también los campesinos "sem terra" y los trabajadores rurales del Nordeste, cuya *dieta de nada* no resisten ni los ratones de laboratorio:

> A experiência foi feita e até os coitados dos ratos de laboratório definham com a dieta do homem gabiru, uma sub-espécie humana de *trabalhadores no Nordeste Brasileiro*. Enquanto isso o Brasil joga fora em torno de 5,4 bilhões de dólares em comida por ano. *Certas coisas são realmente difíceis de engolir...* (voz *en off*, citando una noticia de prensa, 9).

Caliban cava en la tierra buscando lombrices; encuentra dos; se come una y cuelga otra de un anzuelo imaginario que lanza dentro de un balde con la esperanza de pescar algo. El asunto del habla, tan crucial en las versiones de Caliban desde Lamming hasta la "escuela de Calibán" de Saldívar, es radicalmente replanteado: Mientras Caliban "louco de fome" espera que la lombriz que no se comió le sirva de carnada, es su estómago "quien" habla: "*Seu estômago reclama. Ele pede silêncio*" (9). El problema de la propiedad de la isla no responde a la definición nacional, ni a una identidad cultural abstracta, sino al más prosaico y material "Eu preciso jantar" con que Caliban le recrimina a Próspero su dominio injusto (10).

La posibilidad de imaginar un afuera a la pesadilla del régimen del capital es necesaria como *discurso anticipatorio*. En *The Political Unconscious* Frederic Jameson resalta las maneras en que las teorías, ideologías y prácticas intelectuales contienen una dimensión utópica que anticipa la lógica de una sociedad y un tiempo por venir (286). Como decía Oswald de Andrade, pensando en la sociedad del ocio, la felicidad solar y la sensualidad, "A utopia é sempre um sinal de inconformação e um prenuncio de revolta" ("A marcha das utopias" 209). Las fantasías festivas y homicidas y alucinaciones del Caliban de Azevedo hablan de la posibilidad utópica de una redención: cuando Caliban encuentra en la bebida consuelo, borracho canta una samba y ve –al final de esa enajenación etílica– la libertad y la prosperidad: "Ban, ban, ban, Caliban tem agora outro patrão! Liberdade, liberdade! Prosperidade, prosperidade! Viva a liberdade!" (10). La escena titulada "O banquete" corresponde a la resaca de la borrachera de la noche anterior ("A bebedeira") y, al mismo tiempo, a la fantasía de la destrucción de Próspero; el tropo mediante el cual dicha revolución ocurriría es el canibalismo: Caliban está afeitando a su amo y lo corta sin querer, prueba su sangre; Próspero se duerme y Caliban lo mata. Empieza el banquete:

> (*Caliban degola a Próspero*)
> [...] Hum, que orelha deliciosa! (*Ele mastiga a orelha e cospe-a*) [...] (*Caliban chuta a cabeça para a platéia*) GOOOL!

Agora esse braço (*tira uma espada da cintura e corta-o*) ... o outro braço (*simula um pesado machado*) ... uma perna (*corta-a com um serrote*). Deixe lamber seus pés! A outra perna (*corta com uma serra elétrica*) ... e o estômago, é claro, com meus dentes!!! Meat, carne, carne! (*Caliban abre o tórax de Próspero, come suas vísceras e engole seu coração*).
Agora tudo isso numa panela! E a cabeça, onde está a cabeça? [...] Agora Ladies and Gentlemen (*como um cozinheiro*) algumas batatas, alguns tomates, uma cenoura, um punhado de louro, sal e eu já ia esquecendo... onion rings! Desculpem, eu cortei as cebolas antes, porque não queria chorar aqui na frente de vocês! E mix, mix, mix, hum... delicious (Azevedo, *Caliban* 11).

Caliban sirve trozos de Próspero a los espectadores: "Pra você, pra você, você, você... e o resto pra mim! Vamos comer!", y luego, recita la canción del caníbal "citada" por Montaigne: "Essa carne, esses músculos, e essas veias, são seus, pobres tolos! [...] Saboreiem cuidadosamente, e vocês sentirão o sabor da sua própria carne" (12). Es la oración especular de la mismidad (Cap. II). En la carne de Próspero podemos reconocernos todos; la simpatía con Calibán (esa manía poscolonial que irrita tanto a Harold Bloom) no debe aliviar la conciencia de nadie.

El "banquete" resulta ser una fantasía; Caliban despierta de su ensueño con el grito del amo: "CALIBAN!!!!" (12); pero ésta es una fantasía anticipatoria en la que el público participa de la imaginación caníbal de un mundo sin Próspero. La relación entre la explotación del trabajo, la monstruosidad imputada a Caliban, el hambre y la utopía redentora caníbal es directa: "E eu não sou um macaco! Mas devia pular no seu pescoço e chupar todo seu sangue como você fez comigo, *seu vampiro velho!*" (16).

2. Del cuerpo consumido al consumidor: el "consumo habla" como Calibán y come como antropófago

> En la producción el sujeto se objetiva; en el consumo
> *el objeto se subjetiva* (Marx, *Contribución a la crítica de la
> economía política*, 244).

El *consumo* hace parte del mismo campo semántico que la deglución, la devoración y el canibalismo. El verbo consumir, según Joan Corominas, proviene del latín *sumere*, "'tomar' que a veces se aplicaba a los alimentos, y [que] de ahí pudo pasar al sentido de 'tragar' [...] o quizá de su derivado ABSUMERE, que ya significaba propiamente 'tragar', 'devorar' y 'aniquilar'" (4: 304, 305).

Como en el caso del canibalismo, la definición de *consumo* parece patrimonio del sentido común –concibiéndose de manera general como el uso de bienes y servicios– hasta que se examina el asunto con detenimiento. Entonces, encontramos que el consumo comparte con el canibalismo además del campo semántico (ingestión, incorporación) infinidad de problemas a la hora de proponer una definición. En economía política y en mercadeo el término se ha consolidado como una variable del proceso económico, aceptándose que el consumo es central a cualquier sistema económico y cultural, que es anterior al capitalismo y que se encuentra en cada caso determinado por el sistema económico y cultural que le sirve de marco (si ocurre en el mercado o fuera de él, si en el contexto del capitalismo, capitalismo tardío, etc.). Las distinciones y dificultades conceptuales continúan en las ciencias económicas, en donde el término expresa específicamente consumo "final" para distinguirlo del consumo productivo; sin embargo, es precisamente la determinación de *en qué consiste ese "uso"* y *cuáles son sus consecuencias económicas y culturales* lo que hace complicado el plantear una definición que no sea tautológica. Estas dificultades se traducen en una taxonomía clasificatoria del consumo[31] que excluye del concepto, en primer lugar, la inversión de capital y el consumo de la fuerza laboral.

En *Contribución a la crítica de la economía política* (1859) Marx se detiene en su análisis de la producción para referirse al consumo. Su primera aproximación dista de las visiones negativas posteriores: "en el consumo –dice– los productos se convierten en objeto de disfrute, de apropiación individual. La producción facilita los objetos que responden a las necesidades; la distribución los reparte según las leyes sociales" (244). Entre la producción y el consumo –entre el "punto inicial" y el "punto final"– está la distribución y el cambio: el mercado. *Consumo propio* es, para Marx, la substracción de un producto del mercado: el "producto desaparece del movimiento social, se convierte directamente en objeto y servidor de la necesidad individual y la satisface con el disfrute" (*Contribución* 244). En eso consiste la *subjetivación del objeto*: su substracción del mercado e incorporación en la esfera individual. Si en la "producción el sujeto se objetiva; en el consumo *el objeto se subjetiva*" (244). En este sentido, el consumo final, dice, "se encuentra propiamente fuera de la economía[32], salvo cuando reacciona sobre el punto inicial y hace que vuelva a comenzar todo el proceso" (245).

Marx se refiere también a otro tipo de consumo en el que los productos y las materias no se sustraen al "movimiento social":

---

[31] El *consumo* ha sido definido de acuerdo a la "vida" del objeto consumido (según sea éste perecedero o no), a la utilidad del objeto (necesario, útil y suntuario), a su función económica (sólo se considera consumo el uso que no comporta ninguna producción, en contraste con el uso de los bienes de capital) y a su materialidad (si se trata de bienes materiales, simbólicos o de servicios).

[32] Marx añadirá conforme a este aserto que "no hay nada más ordinario que el reproche hecho a los economistas de que consideran la producción demasiado exclusivamente como un fin en sí misma" (*Contribución* 245).

producir es consumir los medios de producción [...] parte de los cuales (en la calefacción por ejemplo) se disuelven de nuevo en los elementos del universo. [...] También se consume la materia prima, la cual no queda con su forma y constitución naturales, sino que más bien queda consumida. El acto mismo de producción es, pues, en todos sus momentos un acto de consumo (*Contribución* 246).

Esta equivalencia entre producción y consumo hace que Marx distinga entre *consumo productivo* de los medios de producción y el *consumo propio*, imaginado por muchos como "antítesis destructora" de la producción. Para Marx la cuestión es más compleja: "El consumo [propio] es también inmediatamente producción" (246); el ejemplo por excelencia es el acto de comer, en el cual el hombre produce su propio cuerpo. Pero además, el consumo estimula la producción "en cuanto que crea la necesidad de una nueva producción" (247), y "crea [...] consumidores" (*Contribución* 248, 249).

En el *Capital* (1867) Marx distinguió igualmente entre el *consumo productivo* que el trabajador hace de los medios de producción, logrando un producto con mayor valor que los medios consumidos, y el *consumo individual* que es el que el trabajador realiza con su salario para proveerse de los medios de su subsistencia y de su familia. Ambos consumos mantienen el sistema productivo funcionando (717). Hasta aquí, sigue los planteamientos de la *Contribución*. Pero Marx se aparta de su idea de excluir el consumo del análisis de la economía política y afirma que el consumo individual está subsumido dentro del productivo: al atender su subsistencia, el trabajador se mantiene en condiciones de seguir trabajando, de manera que su consumo individual simplemente hace parte del consumo productivo de los medios de producción. El consumo individual reproduce la fuerza de trabajo: "los músculos, nervios, huesos y cerebros de los trabajadores", la carne humana que es consumida por el capital en la explotación del trabajo (717). Esta finalidad hace que el consumo individual del trabajador sea por lo general improductivo para sí mismo. El sistema funciona como las cadenas invisibles de la esclavitud; "la apariencia de independencia se mantiene por los cambios en la persona individual del patrono y por la ficción legal de un contrato" (719).

Respecto al placer y el disfrute –del que había hablado en *Contribución*– Marx se rectifica. El placer que pueda el trabajador encontrar en el consumo no cambia el hecho fundamental de la subsunción del consumo individual por el productivo:

> El consumo de comida por una bestia de carga no se convierte en un aspecto de ninguna manera menor del proceso de producción porque la bestia disfrute lo que se come. El mantenimiento y reproducción de la clase trabajadora continúa siendo una condición necesaria de la reproducción del capital (*Capital* 1: 718).

Si el capital, mediante el proceso productivo, consume el cuerpo del trabajador que éste ha producido con su consumo, al final no queda sino el consumo productivo de los cuerpos humanos; es decir, el *canibalismo económico*. Esta aproximación de Marx al tema recoge al menos dos campos metafóricos previos: a) una tradición humanista cristiana de crítica a la explotación colonial del trabajo que viene desde el siglo XVI; y b) la carga negativa semántica del consumo relacionada con su inclusión en los discursos ilustrados de salubridad y moral.

Son conocidas las imágenes góticas del capitalismo que acuñara Marx, entre las que se cuentan la idea del capitalismo caníbal, consumidor de los cuerpos en la producción, la figura vampírica del capital y las mercancías empapadas en sangre (*Capital* 1: 342, 353, 367, 925, 926). La metáfora a la que llega Marx en su análisis de la cadena del consumo que va del individuo a la producción –haciendo del capital el último eslabón de la devoración– invertía la fantasía paranoica burguesa del canibalismo de los esclavos y de las clases proletarias, así como la concepción de las masas como un monstruo voraz y su identificación con Calibán (Cap. V). La idea del capitalismo caníbal –consumidor de los cuerpos en la producción– viene de una larga tradición de tropos humanistas similares en las críticas a la conquista de América, el pensamiento utópico de un sector de la Ilustración, el discurso de la emancipación de la Revolución haitiana y el abolicionismo inglés, por mencionar sólo algunas de estas instancias. Recuérdese que la carta de denuncia de los dominicos a Carlos V (1519) identificaba las mercancías obtenidas por la explotación del trabajo indígena con sus cuerpos y que, en una ecuación metonímica similar, Las Casas veía en las riquezas y mercancías obtenidas de América, las vidas humanas gastadas en su producción (Cap. II §3); Jean Jacques Rousseau lamentaba cómo el consumo de unos pocos significaba el hambre y la miseria de tantos y condenaba a aquellos que se alimentaban "con el sudor, la sangre y el trabajo de un millón de infelices" ("Réplica a M. Bordes" 72) (Cap. III §1). Samuel Taylor Coleridge en su "Lecture on the Slave Trade" (1795) también identificó las mercancías coloniales y producto del trabajo esclavo con la sangre y los cuerpos que las producían; llamaba a esos productos "la comida de los caníbales" (247, 248) (Cap. III §5). Marx usa una metáfora similar pero con respecto al capital: si el dinero está manchado de sangre, el capital aparece "chorreando sangre y lodo, por todos los poros, desde la cabeza hasta los pies" (*Capital* 1: 925, 926).

Otra de las cargas semánticas negativas del consumo ha sido su "inicial" acepción, relativa a destruir, desperdiciar, hacer un gasto improductivo y generar una pérdida. El consumo se ha identificado con la enajenación, la enfermedad y la muerte[33]. La palabra está asociada primero a la tuberculo-

---

[33] En el siglo XVIII, en español, se distinguía *consumo* –referido a la eucaristía, a experiencias místicas y a gasto de cosas comestibles y vendibles– de *consumpción* o *consunción* "debilitamiento,

sis[34] que al sentido contemporáneo que se le da en las ciencias económicas. Aún se usa en ese sentido cuando se dice que una enfermedad *consumió a alguien*, o se habla de ser "consumido por el deseo" o por la pasión, el amor, el odio, los celos, etc. El consumo evoca hundirse y sumergirse (*sumere*), perecer, dejar de ser. La idea de que lo que se consume se aniquila trae consigo la idea de consumo como gasto improductivo e injustificado.

Según Raymond Williams es sólo hasta mediados del siglo XVIII que el consumo entró en las descripciones burguesas de la economía como actividad *complementaria* de la producción. Pero sus connotaciones negativas, asociadas a la enfermedad y a los actos de destruir, devorar y desperdiciar, persistieron hasta fines del siglo XIX, y apenas a mediados del XX la palabra pasó del vocabulario técnico de la economía política al uso popular; con el desarrollo de amplios mercados a mediados del siglo XX aparecerá también la categoría abstracta de *consumidor* en reemplazo de la de *cliente* (relación personal) (78-79). Pero aún en este campo de significación, el consumo –especialmente el llamado suntuario– se asoció con la gula, con el exceso de los apetitos y con cierta irracionalidad económica incompatible con los principios ilustrados de la modernidad. Desde finales del siglo XVIII, la sociedad burguesa mantuvo una extraña ambivalencia respecto al consumo: propiciándolo y restringiéndolo. El consumo fue no sólo objeto de reflexión en las ciencias sociales, sino de prácticas comerciales de incitación del deseo (como la publicidad) y de discursos disciplinarios. El consumo pasó al dominio de la moral; se lo asoció con la sexualidad y su regulación social hizo parte de la *dieta de los placeres* y del *gasto* de sustancias vitales al que se refiere Michel Foucault (*Historia de la sexualidad* 2: 92-131).

Pero, ¿qué tiene que ver el consumo de cosas con el gasto de los cuerpos? Sabemos que con la Revolución industrial, si no antes, el capitalismo produce una confusión entre *cuerpo y mercancía*, y que –conforme a Marx– en el consumo de éstas se devoran los cuerpos: el trabajo es sangre y vida "gastada" en el proceso productivo. Con todo, la relación entre cuerpo, mercancías y consumo no radica solamente en la subsunción del *consumo individual* en el *consumo productivo*, ni es consecuencia exclusiva de los fenómenos de la *cosificación* del trabajador y la *fetichización* de las mercancías. Aquí, nos referimos más bien a que

---

enflaquecimiento" (*RAE Autoridades* 1729, 542, 543), "enfermedad que consiste en disminuirse las carnes y parte adiposa del cuerpo humano, quedándole sólo al enfermo los huesos cuando se acerca su muerte" (*RAE* 1780, 265).

[34] El término es usado frecuentemente en la literatura médica decimonónica; repárese, por ejemplo, en títulos como *Observations on Asthma, Consumption, and Other Disorders of the Lungs* (1830) de A. Rennie, *Diseases of the Chest; a Treatise on the Uses of The Lungs and on the Causes and Cure of Pulmonary Consumption* (1841), de Samuel Sheldon Fitch, etc.

el consumo se administra moralmente mediante una *dietética* moral del gasto. Se habla de gasto (re)productivo y de gasto inútil, siendo éste último consumo, gasto de la vida. La heroína de *La Dame aux camélias* (1848) de Alejandro Dumas hijo y de *La traviata* (1853) de Giuseppe Verdi, consume objetos suntuarios y es consumida por la pasión y la tuberculosis; ambas obras relacionan el abandono en los placeres eróticos y el consumo de los objetos, con la muerte. Los discursos burgueses sobre el consumo son ambivalentes y a menudo contradictorios; se quiere consumir sin ser consumido; graduar y someter el consumo a ritmos y lógicas racionales; evitar el exceso en el gasto y maximizar la posesión de las mercancías; someter el consumo a un régimen procreativo, etc. Hay una economía moral del consumo. La continencia sexual representa una suerte de ahorro sexual y del cuerpo, al tiempo que el consumo aparece como una forma de desenfreno, glotonería o concupiscencia económica. No es casual la obsesión burguesa decimonónica por la prostituta (alegoría de la mercancía como anotó Walter Benjamín)[35] ni el trágico *consumo* final de ésta por enfermedades de diverso tipo como en *Nana* (1880) de Émile Zola o en *Santa* (1903) de Federico Gamboa.

De cualquier manera, la moral del consumo implica la existencia de aspectos simbólicos que –como en el acto de comer o en la sexualidad– van más allá de la utilidad inmediata. La alimentación –que era para Marx el ejemplo por excelencia de *consumo propio*– es un aspecto complejo de la vida humana: comer nunca es *sólo* comer. Por el contrario, como estableció Claude Lévi-Strauss, existe una dimensión política y simbólica que trasciende la simple actividad material (*Le cru et le cuit* 1964). En el consumo, como en los actos alimenticios, hay una multiplicidad de significados sociales en juego: ciertamente el placer es una de estas implicaciones como reconocía la burguesía industrial al incluirlo en la dietética de los placeres. Aunque la utilidad vital del consumo para la reproducción de la vida biológica es innegable, éste trasciende dicha condición y se proyecta en la formación, reproducción y transformación no sólo de los cuerpos, sino de la cultura y de las identidades.

Es preciso, entonces, aclarar que interesa a los objetivos de este trabajo el consumo como metáfora de prácticas sociales identitarias –el *consumo cultural*– y no en el sentido estricto de la economía política[36]. Por lo tanto a los efectos de esta discusión más que el consumo interesan los diferentes discursos que pres-

---

[35] Benjamin notó que la prostituta reunía la condición de ser sujeto y objeto-mercancía: "El amor por la prostituta es la apoteosis de la empatía por la mercancía" (*Reflections* 157).

[36] Se acoge la definición de *consumo cultural* propuesta por Néstor García-Canclini; es decir, como conjunto de procesos de apropiación y uso de bienes en los que prima el valor simbólico sobre el de uso o cambio (*Consumidores* 34).

criben, consideran y estudian la *función social* del *consumo cultural* dentro de la lógica del capitalismo y respecto a la formación de identidades y alteridades.

Varios trabajos estudian la función social del consumo concibiéndolo de diversas maneras: como instrumento de control social y reproducción de ideología, como mecanismo de distinción social, como dispositivo lúdico y como práctica comunicativa formadora de identidades y hasta de ciudadanía política.

A mediados de los años 40 la llamada "crítica de la cultura de masas" de la escuela o tradición de Frankfurt planteada por críticos como Theodor Adorno y Max Horkheimer, desarrolló una perspectiva conocida como la de la "producción del consumo" sobre la base de la teoría de la alienación de Marx. Se pensó en el consumo como una actividad pasiva de sujetos básicamente dominados por la industria cultural y la publicidad (diseminadores de ideología). A la *objetivación del trabajo* correspondía la *objetivación del consumo*, que producía "una falsa identidad", atontamiento y la homogenización y abaratamiento de la existencia bajo el poder absoluto del capitalismo. Veían, en la multiplicidad de lugares del consumo –frente a los pocos lugares de la producción– y en el modelo jerárquico (corporativo) de la producción de cultura "ready-made-chiché", disimetrías que conducían al "control de la conciencia individual" y a la cosificación del consumidor, convertido en parte de estadísticas de mercadeo y víctima de la propaganda.

La producción de la industria cultural consumida masivamente es considerada además de una especie de barbarización de la cultura (la "barbarie estética"), un sistema de control basado en la ilusoria atención del deseo, siempre insatisfecho. La industria cultural produce entonces, según Adorno y Horkheimer, al *"consumidor eterno"*: un consumidor consumido por el deseo y por el capitalismo, controlado por la ideología que vacía su vida y que gasta sus capacidades intelectivas en simulacros de cultura que en realidad son apenas entretenimientos ("The Culture Industry: Enlightenment as Mass Deception" 4-19). La idea de la dominación ideológica tuvo diversos desarrollos: para Richard Hoggart, por ejemplo, lo que estaba en peligro con la manipulación masiva (*mass manipulation*) de los años 50 en Inglaterra no era la alta cultura elitista, sino la rica cultura proletaria de la década de los 30 (*The Uses of Literacy* 1958); Vance Oakley Packard, por su parte, sostenía la tesis sobre el control subliminal desplegado por la publicidad para moldear los pensamientos, temores y sueños de los consumidores e incitar su subconsciente (*The Hidden Persuaders* 1957). Este tipo de concepción tuvo amplísima recepción en Latinoamérica y conjuntamente con los postulados de la *teoría de la dependencia* dio lugar a trabajos como *Para leer al Pato Donald* (1971) de Ariel Dorfman y Armand Mattelart que según indica Ignacio López-Calvo fue "la colección de ensayos de mayor venta en Iberoamérica en los años 70". *Para leer al Pato Donald* desarrollaba una crítica del consumo cultural de la industria de dibujos animados de Walt Disney y buscaba desenmascarar el mensaje propagandístico del imperialismo y la ideología colonialista y la promoción de la *American Way of Life* que subyacía en esas aparentemente triviales tiras cómicas.

Entre las críticas al consumo en la sociedad capitalista es particularmente importante la de Thorstein Veblen (1857-1929), quien entendió el consumo como una manera de comunicación y diferenciación social y describió la manera como el despliegue del ocio y el consumo de objetos suntuarios (comida, drogas, ropa etc.) entre las clases nuevas-ricas del capitalismo norteamericano servía como marca de estatus social (*"invidious distinction"*) y forma de participación en una comunidad que podía reconocer en ese consumo el gusto y la riqueza (*The Theory of the Leisure Class* 1899). Veblen llama a esta cultura del exhibicionismo *"predatory culture"* (68, 69) y analiza las distinciones que el consumo establece no sólo en términos de clase social, sino también de género. De manera sorprendente para la época, comenta cómo los lujos y joyas de las mujeres ricas funcionan como signo del estatus de sus maridos o amantes; ellas en sí, tienen restringido el consumo individual a lo "necesario". Esa *dietética* afectaba de manera más intensa a la clase proletaria: los excesos aceptados en las clases ociosas (cierto tipos de estupefacientes o el ocio, por ejemplo) son transgresiones morales o degeneración en el caso del trabajador (alcoholismo, derroche, vagancia, etc.). De ciertos sujetos se espera que consuman conforme a una racionalidad que reproduce el sistema de distinción y desigualdad social. Veblen analiza también la formación del gusto y la etiqueta como saberes aplicados al consumo y lenguajes de *autorización del gasto* y *pertenencia a una clase*. Gusto y consumo administran el ascenso social (68-101).

Pierre Bourdieu desarrolla la idea de una equivalencia entre la producción de bienes y la producción de gustos y saberes que, acumulados, corresponden a un *capital cultural* por el que opera la *distinción social*. El concepto de *capital cultural* hace referencia a calificaciones y conocimientos por los cuales los individuos pueden reconocer objetos culturales y ser reconocidos socialmente distinguiéndose como pertenecientes a una cierta clase social (*asignación de* estatus)[37]. Bourdieu hace un estudio de campo con similares categorías que Veblen (quien no es citado) y llega a conclusiones similares, aunque no sólo respecto a la semiótica del consumo sino también de la estética, la disposición del cuerpo frente a los otros (poses, modas), las afectaciones lingüísticas y otros usos socioculturales que forman un universo de signos o marcas (*distinctif*) para la producción de la diferencia (*distinction*). El consumo le ofrece al consumidor –con la

---

[37] El concepto de *capital cultural* es expuesto por Bourdieu y Jean-Claude Passeron en *Reproduction in education, society and culture* (73-6; 164-7) y, luego, por Bourdieu en *La distinción*.

mediación del gusto– símbolos para distinguirse de los demás y del "mal gusto" de los *Otros*. El consumo produce diferencia; es un mecanismo de *distinción social* (*La distinction: critique sociale du jugement* 1979).

La concepción del consumo como productor de significados sociales es llevada a su extremo por Jean Baudrillard, quien representa una crítica del concepto marxista del *valor de uso* y la antítesis de la "hipótesis manipuladora" o de "producción del consumo" de la escuela de Frankfurt. Si Bourdieu subordina el consumo a una posición de clase –a una identidad que es hasta cierto punto previa al consumo– Baudrillard sostiene que nos convertimos, que somos, lo que consumimos: signos-mercancía. Para Baudrillard los productos y bienes no son objeto del consumo, ni son producidos para atender o responder a necesidades y gustos individuales. Los deseos son expresiones veladas de las diferencias sociales en un sistema de significación mediado por las mercancías. La diferencia (y por lo tanto la identidad) se produce mediante el consumo, pero no de objetos (que son una contingencia) sino de signos, signos-mercancía. Este signo –objeto del consumo– "asume su significado en su relación diferencial con otros signos" ("The Ideological Genesis of Needs" 59); es decir, que no tiene otro referente que la cadena de signos de las mercancías. El valor de lo consumido siempre es –como sucede con los signos– un valor de cambio (77). Esta pérdida posmoderna de materialidad funciona mejor en la teoría que en la práctica; en otras palabras, hace del problema del consumo un asunto exclusivamente lingüístico, desconociendo la dimensión –llamémosla– *material* del consumo. Hasta cierto punto, todo bien –sin importar su materialidad– es simbólico; pero no es solamente simbólico, ni apenas un signo. Su razón no es exclusivamente comunicativa, ni su fin, simplemente producir sentido, sino muy a menudo la reproducción del cuerpo y de la vida y la causación de placer[38].

En una visión del consumo como práctica de la vida cotidiana, Michel de Certeau en *The Practice of Everyday Life* (1984) se pregunta cómo una sociedad entera puede "manipular los mecanismos de la disciplina y acomodarse a ellos sólo para evadirlos" (xiv). De Certeau está interesado en qué acciones, dispositivos y tácticas son usados en la vida cotidiana para sobreponerse, así sea momentáneamente, al intenso disciplinamiento. Sugiere que en la vida cotidiana se realizan pequeños pero constantes actos contra la disciplina y el control, como el uso del tiempo laboral del trabajador para cosas personales o no dirigidas al lucro (25). Asimismo, el consumo –una de estas prácticas cotidianas– es produc-

---

[38] Piénsese que cuando se consume comida, medicinas o ropa, además de estar incorporando signos en nuestro universo de significación, nos estamos alimentando, curando o vistiendo, o estamos produciendo(nos) placer, como plantean Jesús Martín Barbero (*De los medios a las mediaciones: comunicación, cultura y hegemonía* 1987) y John Fiske (*Understanding Popular Culture* 1989).

tivo y, como la lectura, no es ni puede ser una imposición de sentido. El consumidor común usa "tácticas" culturales que subvierten el sistema dominante y crean nuevos espacios y significados; son una especie de "tretas del débil" que le permiten a los oprimidos mantener comunidades y alcanzar diferentes clases de poder práctico, así como apropiarse u ocupar momentáneamente espacios hegemónicos produciendo sentidos sociales, culturales y políticos (xix).

Las connotaciones negativas del consumo son contrarrestadas por un amplio desarrollo crítico sobre sus funciones sociales. En *De los medios a las mediaciones: comunicación, cultura y hegemonía* (1987) Jesús Martín Barbero recoge la tradición crítica sobre el consumo que lo precede para afirmar la creatividad *del* y *en el* consumo popular, relativizar la concepción frankfurtiana de la manipulación ideológica, la formación de falsa conciencia por medio de la industria cultural de masas y el consumo de bienes simbólicos, y refutar la concepción del consumo como simple marcador arribista de distinción. Lo masivo para Martín Barbero no es necesariamente un lugar de alienación y dominación sino de reivindicación de derechos, de participación y de lucha; implica "una nueva forma de sociabilidad" (319). Martín Barbero usa la metáfora digestiva para referirse al *monstruo manipulador* imaginado por las teorías de la *producción del consumo*:

> Seguir pensando lo masivo como algo puramente exterior –que lo único que hace es *parasitar, fagocitar, vampirizar*– lo popular, sólo puede hacerse hoy desde una de dos posiciones. O desde la de los folcloristas, cuya misión es la de preservar lo auténtico [...]. O desde una *concepción de la dominación social que no puede pensar lo que producen las clases populares más que en términos de reacción a lo que induce la clase dominante*. Pero lo que se "ahorran" estas dos posiciones es la historia: su opacidad, su ambigüedad y la lucha por la construcción de un sentido que esa ambigüedad cubre y alimenta (317, 318).

El consumo no es siempre (aunque puede ser) una forma de dominación por medio de la cual el capital devora al consumidor, ni tiene como único sentido la reproducción de las fuerzas de trabajo. En él, como práctica, ocurren procesos de comunicación y lucha social:

> En la percepción popular el espacio doméstico no se agota en las tareas de la reproducción de las fuerzas de trabajo [...]. Del mismo modo, no toda forma de consumo es interiorización de los valores de las otras clases. *El consumo puede hablar y habla en los sectores populares de sus justas aspiraciones a una vida más digna.* No toda búsqueda de ascenso social es arribismo, puede ser forma de protesta y expresión de algunos derechos elementales. De allí la necesidad grande de una concepción no reproductivista ni culturalista del consumo, capaz de ofrecer un marco a la investigación de la comunicación/cultura desde lo popular [...] que nos permita una comprensión de los diferentes modos de *apropiación cultural* (294).

Para Martín Barbero el consumo es una *práctica integrativa* y comunicativa que debe definirse no sólo como reproducción de fuerzas (que lo es), sino como mecanismo productor de significados en la vida cotidiana y la arena de la política:

> El consumo *no es sólo* reproducción de fuerzas, sino también producción de senti-
> dos; *lugar de una lucha* que no se agota en la posesión de los objetos, pues pasa aún más
> decisivamente por los usos que les dan forma social y en los que se inscriben *demandas*
> *y dispositivos de acción* que provienen de diferentes competencias culturales (295).

El objeto del consumo, además de un objeto, *también* es un signo[39] organizado, re-significado, apropiado de manera creativa y lúdica[40]. Retomando ensayos
suyos anteriores como "Complicidad y resistencia del receptor o la dominación
desde lo popular" (1978), elabora una noción amplia de *lectura* que rebate las
visiones frankfurtianas del consumo como dominación (hegemónica) y complicidad (popular). Martín Barbero indica que en el consumo hay "resistencia y
réplica" (3). En coincidencia con la propuesta de de Certeau, Martín Barbero
concluirá en *De los medios* que "en la lectura –como en el consumo– hay no sólo
reproducción, sino producción también, una producción que cuestiona la centralidad atribuida al texto-rey y al mensaje entendido como un lugar de verdad
que circularía en la comunicación" (296). El consumo-lectura escapa a la voluntad de sentido impresa en la producción; en él "hablan tanto el goce como la
resistencia"; comporta producción y es creación de sentido. De ese proceso creativo (en la lectura como en el consumo) se obtiene el placer; un placer que
Martín Barbero califica de legítimo (296).

Para Martín Barbero el consumo de artefactos culturales es una especie de
ritual incorporativo que genera sociabilidad, una comunión en la que se transforman las sustancias, se producen vínculos societales y se libran "guerras culturales"[41]. En sus implicaciones productivas, transformadoras y lúdicas, esta idea del
consumo implica de alguna manera la idea de la *"deglutição"* de *Antropofagia*,
pero llevada al amplio espacio de las mediaciones, de la(s) cultura(s) popular(es)
y de masas. Asimismo, en la idea de resistencia y lucha contra la imposición de
significados vemos una matriz calibánica; el *consumo* como Calibán "habla" contra las injusticias sociales y la exclusión: el "consumo puede hablar y habla en los
sectores populares de sus justas aspiraciones a una vida más digna" (Martín Barbero 294).

---

[39] No solamente un signo como en Jean Baudrillard.

[40] Sobre este punto véase también *Understanding Popular Culture* de Fiske, donde propone, dentro de las funciones sociales del consumo, que éste es un dispositivo lúdico. Los "placeres del consumo" provienen del carácter afirmativo de la experiencia de la creación de significado.

[41] Uso aquí de manera laxa la expresión de José Texeira Coelho.

En materia de la definición de consumo de bienes simbólicos Martín Barbero reemplaza el *canibalismo económico* de la aproximación marxista, el *vampirismo de los gigantes de la industria cultural de masas* de Frankfurt y el *canibalismo del signo-mercancía* de Baudrillard, por la concepción del *consumo antropofágico y calibánico*: una práctica de *comunión solidaria*[42].

De manera similar, John Fiske examina cómo grupos oprimidos viven y sortean la opresión apropiando y resignificando los artefactos culturales que consumen. Sostiene que el proceso de significación de los artefactos culturales que se da en el consumo no puede controlarse. Recuerda como a Erasmo le preocupaba que la gente inculta no entendiera los desnudos y representaciones de las pinturas renacentistas sobre eventos bíblicos y los observara de manera irreflexiva. La preocupación de Erasmo reconocía explícitamente que el sentido impreso en un artefacto cultural en el momento de su producción se disemina y "corrompe" en el momento en que circula y es "leído". Para Fiske la re-significación de los artefactos culturales se produce no como corrupción sino como una apropiación o lectura que rehace creativamente en la cotidianidad el significado del objeto del consumo (*Understanding popular culture* 1989).

Las formas de *antropofagia* y *calibanismo* que encontramos no sólo en la percepción del consumo de Martín Barbero, sino de de Certeau y Fiske y, más tarde, en Néstor García Canclini, están por supuesto trasladadas a una noción de cultura de masas que excede ampliamente los anillos de la *ciudad letrada* y *la esfera pública burguesa*, y en la que el concepto de lo nacional aparece disminuido a favor de otras adscripciones identitarias. Según estas teorías, el consumo de códigos, bienes e imágenes de la industria cultural no resulta en una dominación mecánica; muchas veces los consumidores-lectores de artefactos culturales proceden con lo que Sarat Maharaj ha llamado la *lealtad pérfida del traductor*[43] y, en otras, en franca insubordinación y resistencia de la imposición de sentido y del disciplinamiento de la vida cotidiana. La rebeldía de este consumidor es descrita por estos críticos como una matriz de *resistencia por apropiación* que corresponde –guardadas las proporciones históricas y con las aclaraciones ya hechas– a la apropiación del habla y de los libros de Próspero o a la *deglutição* antropofá-

---

[42] Kilgour diferencia canibalismo de comunión, siendo ésta última un intercambio libre y necesario, mientras que el primero se propone en términos de dominación e impulso totalizador: comer o ser comido (*From Comunión* 17).

[43] "El traductor está obligado a construir el sentido [...]. Las lealtades del traductor están entonces divididas y contrapuestas. Él o ella tiene que ser fiel a la sintaxis, sentimiento y estructura del lenguaje de origen, y fiel a las del lenguaje de la traducción... Nos enfrentamos a una escritura doble, lo que puede ser descrito como una 'lealtad pérfida' [...] en el efecto Babel de Derrida" ("Perfidious Fidelity" 31). Debo esta referencia a Stuart Hall.

gica. Este *consumo "que habla", que resiste y que digiere* hace que la producción de bienes y mensajes desde la industria cultural –aún bajo la lógica cultural del capitalismo– no sea la "la única línea inteligible" de la "larga partitura" que es la cultura, para usar las palabras con las que Próspero define su lugar en *Une tempê-te* de Aimé Césaire: "Soy –dice Próspero– el director de orquesta de una larga partitura: / esta isla, / suscitando las voces, yo solo / y a voluntad, encadenán-dolas, / organizando fuera de la confusión / la única línea inteligible. [...] Sin mí –se pregunta– ¿Quién podría sacar música / de todo esto? (179). La tesis de Martín Barbero es que, de "todo esto" la gente saca música y a menudo diso-nancias, en el ejercicio cotidiano de su vida y relaciones sociales, y por cierto, en el consumo "pérfido" y creativo –"antropofágico" y "calibánico"– de bienes, mensajes culturales y hasta de mercancías.

3. DE LA *ANTROPOFAGIA* A LA *HIBRIDEZ*: LA CIUDADANÍA POR EL CONSUMO

El término *apropiación* –como aparece en los discursos de *Antropofagia* (comer, deglutir, digerir), del *calibanismo* (tomar los libros, hablar la lengua de Próspero, resistir) y de *transculturación* (combinar, recuperar, integrar)– aparece también en los discursos sobre el *consumo*. En estas cuatro instancias, *apropiación* describe el proceso mismo de *formación de la cultura* para: 1) conjurar la *ansiedad periférica* de la Cultura nacional (*Antropofagia*); 2) emancipar culturalmente áreas afecta-das por el (neo)colonialismo (Retamar); 3) responder mediante una especie de dialogismo letrado a la dependencia en el plano internacional y a la heteroge-neidad vernácula del espacio nacional (Ángel Rama); o 4) señalar los heterogé-neos procesos de circulación y reconversión de la cultura en la *posmodernidad*.

La diferencia fundamental en el uso de la noción posmoderna de *apropiación* es que sale del universo letrado y elitista hacia nociones más amplias y participa-tivas de cultura y *esfera pública*. En otras palabras, abandona las definiciones ver-ticales de la cultura y las identidades propuestas por los nacionalismos latinoa-mericanos, insuficientes frente a: la crisis de los macrorrelatos de la Modernidad, el desvanecimiento de las prácticas políticas de la *esfera pública burguesa*, las prác-ticas de comunicación y consumo masivo de bienes simbólicos, el fenómeno cultural y económico de la globalización, y el paso conceptual a las identidades no fijas e históricamente formadas e imaginadas[44]. La incapacidad de las metá-

---

[44] Las identidades como nos recuerda Stuart Hall en "Cultural Identity and Diaspora" son pro-ducto de innumerables adscripciones y suturas; la identidad cultural no es una realidad trascenden-te y ahistórica, sino resultado (cambiante) de un continuo proceso de producción y transformación de significados fundados en la representación del sujeto en la cultura: "Identidades son los nom-

foras nacionalistas y latinoamericanistas de concebir las identidades heterogéneas ya se ve en la vuelta apocalíptica del discurso arielista y la ideología del mestizaje, en las retractaciones del modernismo brasileño, o en la incomodidad conceptual del modelo letrado integrativo y modernizador de la *transculturación
narrativa*.

Lo que tienen en común las metáforas modernas de *apropiación cultural* y el
uso posmoderno de esta noción en los discursos sobre el *consumo* es su formulación de la heterogeneidad latinoamericana en términos cronológicos. Todos
estos discursos notan que los procesos de modernización en Latinoamérica son
desiguales y asimétricos, incluso al interior del espacio nacional en donde se
sedimentan y superponen varios tiempos culturales. Como vimos, la vanguardia brasileña reconoce la existencia de multitemporalidades en la modernidad
nacional, el *calibanismo* trabaja sobre el presupuesto *dependentista* del "desarrollo
del subdesarrollo" por efecto del colonialismo y la *transculturación* entretiene la
idea de la modernización literaria de tradiciones y culturas ágrafas. Se trata, en
cada caso, de variaciones de un viejo tema: la preocupación por la presencia
simultánea y sobre-impuesta de la "civilización" (en su forma moderna) y la
"barbarie" (arcaica) que había inquietado a varias generaciones de intelectuales
latinoamericanos desde Bolívar o Sarmiento hasta Mariátegui, y que es motivo
de reflexión de la crítica cultural contemporánea.

Siguiendo a Jesús Martín Barbero (si bien no siempre explícitamente), Néstor García-Canclini observa también la asincronía o multitemporalidad de la
modernidad latinoamericana y el quiebre conceptual de las narrativas y metáforas modernas de identidad en la era global y la coyuntura posmoderna[45]. En
Culturas híbridas: estrategias para entrar y salir de la modernidad (1989) y *Consumidores y ciudadanos* (1995) García-Canclini intenta, además, describir modelos o
estrategias para pensar los conflictos culturales y ofrecer una respuesta a la pregunta recurrente de dónde residen hoy las identidades y con qué medios se las
produce y renueva.

Culturas híbridas propone una metodología de estudios culturales latinoamericanos, un tropo de identidad no "esencialista" y una política cultural[46]. Desde

bres que les damos a las maneras como somos posicionados por o nos posicionamos en las narrativas [...] Las identidades culturales son los puntos inestables de identificación o de sutura, hechos
dentro de los discursos de la historia y la cultura" ("Cultural Identity and Diaspora" 222-232).

[45] García-Canclini aclara que entiende la posmodernidad "no como una etapa o tendencia que
remplazaría el mundo moderno, sino como una manera de problematizar los vínculos equívocos
que éste armó con las tradiciones que quiso excluir o superar para constituirse" (*Culturas híbridas* 23).

[46] "Tenemos, entonces, tres cuestiones en debate. Cómo estudiar las culturas híbridas que
constituyen la modernidad y le dan su perfil específico en América Latina. Luego, reunir los saberes parciales de las disciplinas que se ocupan de la cultura para ver si es posible elaborar una inter-

el punto de vista metodológico, García-Canclini señala cómo diversas disciplinas han dado cuenta de la formación de la identidad cultural: por ejemplo, la historia del arte y los estudios literarios han trabajado con el universo letrado y de la alta cultura, el folklore y la antropología con el estudio de lo popular y lo "pre-moderno", y las ciencias de la comunicación con el campo de la cultura de masas. La metodología alternativa de estudios culturales propuesta está basada en un "nomadismo" o "ciencia social nómada" que facilitaría ir de la antropología, a la sociología o a la semiótica bajo la orientación de las ciencias de la comunicación, y circular entre lo culto, lo popular y lo masivo cruzando las divisiones que tradicionalmente dividen esos campos. Este "cóctel interdisciplinario" permitiría la aproximación a un *objeto cultural impuro, no esencial*.

Este objeto cultural es descrito con un tropo que García Canclini denomina *hibridez*, una metáfora botánica con una notable acogida en la crítica cultural y poscolonial contemporánea[47]. García-Canclini la usa para describir la experiencia contradictoria y desigual de la modernidad que poseen las sociedades latinoamericanas así como la continua recomposición de sus identidades.

Una de las cuestiones centrales en el estudio de García-Canclini es la irregularidad de la modernización latinoamericana. Siguiendo a Roberto Schwarz (y a través de él conectando implícitamente su reflexión con la "cuestión palpitante" de *Antropofagia*), alega que los países latinoamericanos son el resultado de la "sedimentación, yuxtaposición y entrecruzamiento de tradiciones indígenas, del hispanismo colonial católico y de las acciones políticas, educativas y comunicacionales modernas", en una especie de "mestizaje interclasista" que ha generado "formaciones híbridas en todos los estratos sociales" (71). Esas *formaciones híbridas* se harían cargo de la "heterogeneidad multitemporal" en medio de la *incertidumbre* y desborde de las fronteras e identidades nacionales, étnicas y de clases (72).

---

pretación más plausible de las contradicciones y los fracasos de nuestra modernización. En tercer lugar, qué hacer –cuando la modernidad se ha vuelto un proyecto polémico o desconfiable– con esta mezcla de memoria heterogénea e innovaciones truncas" (*Culturas híbridas* 15).

[47] Se trata de una metáfora de la botánica y las teorías raciales decimonónicas que, en las primeras décadas del siglo XX, pasa a la crítica literaria y cultural gracias a su uso por M. Bajtin en sus trabajos sobre la imaginación dialógica para referirse a la mezcla de diversos registros lingüísticos "en el seno de un solo acto de enunciación" (*Dialogic Imagination* 429). Más tarde el concepto es retomado por la crítica poscolonial para la cual la "hibridez" se convierte en una herramienta conceptual para hablar de la cultura colonial. Homi Bhabha se refiere a las "hibridizaciones culturales" como formas de extrañamiento y re-acentuación cultural en condiciones coloniales (*The Location*). Para una exposición de las "teorías de hibridez" en América Latina pueden consultarse *Theories and Narratives of Hybridity in Latin American Writing* de Joshua Lund, e "Incursiones en torno a hibridación: una propuesta para discusión. De la mediación lingüística de Bajtin a la mediación simbólica de Canclini" de Rita de Grandis.

Finalmente, propone una política cultural para el encuentro de las culturas híbridas con la globalización. Aquí las palabras claves son "importar, traducir [y] construir lo propio" (73-80). Esta traducción opera entre lo "popular" y lo "culto", lo "tradicional" y lo "moderno", lo local y global, en forma de *reconversiones múltiples de los artefactos culturales*, que desestabilizan la "solidez" de esas categorías y opuestos binarios. En lugar de la *deglutição* de Andrade o del *ars combinatorio* de Rama, el mecanismo por medio del cual esta apropiación e hibridación ocurriría sería el *consumo*, entendido como la reconversión del capital simbólico; podría decirse que se trata de una reconversión digestiva en el sentido antropofágico. Las diversas maneras de consumir en la sociedad habrían, además, alterado las formas en que se vive la experiencia de la modernidad y las maneras como se es ciudadano.

Es precisamente de ese último asunto que trata *Consumidores y ciudadanos* (1995), libro en el que García-Canclini le da forma a la propuesta de un modelo de encuentros culturales y de formación de identidades en América Latina. Allí sostiene que es mediante el *consumo* –definido como "conjunto de procesos socioculturales en que se realizan la apropiación y los usos de los productos" (42, 43)[48]– que se accede a la ciudadanía y que las culturas híbridas se producen y renuevan. El consumo sería la "razón comunicativa" de la nueva esfera pública. García-Canclini comienza su argumento anotando que aunque "siempre el ejercicio de la ciudadanía estuvo asociado a la capacidad de apropiarse de los bienes y a los modos de usarlos", existía el consenso de que la ciudadanía estaba en derechos abstractos como el voto, o sentirse representado por un partido o un sindicato (13). Esta forma jurídica y abstracta de ciudadanía correspondió a la política que inaugura el liberalismo europeo en el siglo XVIII y supuso siempre un espacio político restringido –la "esfera pública burguesa"[49]– y un tipo de ciu-

---

[48] En su ensayo "El consumo cultural y su estudio en México: una propuesta teórica" (1993) –retomando muchos de los planteamientos de Martín Barbero a quien apenas menciona– García-Canclini presenta sistemática y sucintamente diversos modelos de concepción del consumo como *lugar, sistema y proceso*; a saber: 1) "el consumo es el lugar de reproducción de la fuerza del trabajo y la expansión del capital"; 2) "el lugar donde las clases y los grupos compiten por la apropiación del producto social"; 3) "lugar de diferenciación social y distinción simbólica"; 4) "sistema de integración y comunicación"; 5) "escenario de objetivación de los deseos"; y 6) "proceso ritual". En el mismo ensayo el crítico propone una definición de "consumo cultural" como "el conjunto de procesos de apropiación y uso de productos en los que el valor simbólico prevalece sobre los valores de uso y cambio, o donde al menos estos últimos se configuran subordinados a la dimensión simbólica" (15-42).

[49] La *esfera pública* que se forma en el siglo XVIII –comunidad de comerciantes, escritores, educadores científicos, políticos, pastores, unida por los ideales de la Ilustración y por prácticas letradas– es muy pronto desafiada por otras formas de sociabilidad y representación (Jürguen Habermas, *The Structural Transformation of the Public Sphere* 1962).

dadanía cuya forma de participación estaba fundada en la crítica racional y la participación limitada. La llave de entrada a dicha comunidad (esfera pública) fue rodeada de condiciones como la propiedad o la competencia para moverse en el circuito privilegiado de la lecto-escritura: "Hasta mediados del siglo XX, los vastos sectores excluidos [...] –mujeres, obreros, campesinos– eran pensados en el mejor de los casos como virtuales ciudadanos que podían irse incorporando a las deliberaciones sobre interés común *en la medida en que se educaran en la cultura letrada*" (*Consumidores* 22). En esa *esfera pública burguesa* se definieron las identidades nacionales y de Latinoamérica en los siglos XIX y XX y las formas de participación en, y acceso a, la política hegemónica.

En el elitismo espiritual y la vocación pedagógica del arielismo en sus versiones elitistas, liberales y populistas (Cap. IV), en la idea de formación de una cultura nacional por apropiación de bienes simbólicos de la alta cultura y de la cultura popular (desde la literatura o las bellas artes) en la vanguardia brasileña (Cap. V), así como en los discursos calibánicos contracoloniales y de la Revolución cubana (Cap. VI), vimos cómo se privilegió, de una manera u otra, una forma de producción cultural letrada; lo que García-Canclini llama sin exagerar una "política cultural gutemberguiana: libros, revistas, panfletos" (*Consumidores* 22). Esa política cultural funcionó verticalmente desde lo que Ángel Rama llamó la *ciudad letrada* al tiempo que la *ciudad real*, problemática y anárquica, encontraba sus propios ritos y formas de participación en la modernidad, permeando a veces los anillos de la *ciudad letrada*[50].

La ampliación de la base letrada, la llegada de los medios masivos como la radio y el cine y, luego, la televisión, abren nuevos espacios de participación ciudadana y de experiencia de la modernidad. En esa amplia esfera se refundan y también se quiebran los nacionalismos. Con la irrupción de los medios masivos, la "esfera pública plebeya"[51] reclama centralidad, disputándosela a la esfera pública de la democracia liberal burguesa (*Consumidores* 22). A este cambio sustancial del espacio "legítimo" de la cultura y de la representación de identidades corresponden las teorías culturales sobre el consumo ya vistas. Canclini se apoya en los estudios pioneros sobre comunicación y medios masivos de Jesús Martín

---

[50] Como, por ejemplo, en el caso del teatro o la novela "popular". Desde finales del siglo XIX y durante principios del siglo XX, se empieza a formar un público consumidor de cultura –con minúsculas– que incluye el teatro y la música popular (tango, guaracha, cumbia, habanera, bolero), abriendo un "apetitoso" mercado y un público consumidor.

[51] "Unos pocos intelectuales y políticos (por ejemplo, Mijaíl Bajtin, Antonio Gramsci, Raymond Williams y Richard Hoggat) fueron admitiendo la existencia paralela de culturas populares que constituían 'una esfera pública plebeya', informal, organizada por medio de comunicaciones orales y visuales más que escritas" (*Consumidores* 22).

Barbero, que reparan en la capacidad creativa del consumo y la importancia de los *mass-media* como espacio para las mediaciones sociales.

Uno de los presupuestos del modelo teórico de identidad que Canclini propone es la disolución de la construcción moderna esencialista de lo nacional y latinoamericano. Las definiciones (arielistas) del carácter nacional ofrecían un parámetro para lo propio y lo ajeno que deja de ser posible en virtud del quiebre de las identidades fijas y de la indeterminación de las fronteras nacionales por la globalización. Ante la presencia creciente de un nuevo espacio público, García-Canclini sugiere que la desestabilización identitaria de la vida posmoderna tendría que ver con la pérdida de la relación de fidelidad de los objetos y bienes simbólicos con determinados territorios o con la noción de lo nacional. ¿Qué relación tienen los objetos y su indeterminación de origen con la desestabilización de las identidades de las personas? La respuesta de García-Canclini es que los objetos nos servirían para llenar de significados la vida social: al consumir nos identificamos de una manera u otra con el objeto consumido y, si bien lo reconvertimos de diversas maneras como signo dentro de nuestro universo cultural, ese objeto entra a ser un significante en la semiótica del ser. Es decir que, como en una especie de canibalismo ritual, incorporamos no solamente los objetos que consumimos sino su "espíritu", el cual, en la globalización es inestable y fraccionado. Canclini lo pone en otros términos; pareciera que en su discurso operara una transposición tropológica de los procesos transnacionales de ensamblaje de mercancías y bienes como automóviles. En efecto, García-Canclini habla de un proceso de *"ensamblaje" de la identidad*: "Los objetos pierden la relación de fidelidad con los territorios originarios. La *cultura es un proceso de ensamblado multinacional*, una articulación flexible de rasgos que cualquier ciudadano de cualquier país, religión o ideología puede leer y usar" (16).

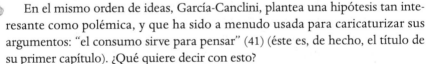 En el mismo orden de ideas, García-Canclini, plantea una hipótesis tan interesante como polémica, y que ha sido a menudo usada para caricaturizar sus argumentos: "el consumo sirve para pensar" (41) (éste es, de hecho, el título de su primer capítulo). ¿Qué quiere decir con esto?

> *Consumir es hacer más inteligible un mundo* donde lo sólido se evapora. Por eso además de ser útiles para expandir el mercado y reproducir la fuerza de trabajo, para distinguirnos de los demás y comunicarnos con ellos, como afirman Douglas e Isherwood, *"las mercancías sirven para pensar"* (*Consumidores* 48).

Esta explicación –si se la mira en detalle– contradice la propuesta del título: ¿Es el *consumo* o son las *mercancías* lo que "sirve para pensar" y comunicarnos? La teoría sociocultural del consumo como vimos, señalaba que era el consumo, en tanto proceso creativo de formación de sentido y productor de identidades y mensajes, el que daba lugar a una razón comunicativa. Pero si son las mercancías, entonces hemos agregado leña al fuego del fetichismo que las anima.

Esa confusión es, en mi opinión, el mayor problema conceptual de la proposición de García-Canclini: la confusión frecuente entre los objetos (signos-mercancía) y el consumo. No son los objetos los que en su "virtuosismo semiótico" nos "permiten encontrarnos con las personas" (54), son las personas en sus prácticas cotidianas (que incluyen el consumo) las que se encuentran entre sí y crean relaciones, vínculos, afectos, identidades y conflictos. Consumir puede ser una variación de la definición hegeliana del pensar como proceso de incorporación:

> *Pensar es comer. Incorporar y digerir.* En la *Enzyklopädie* de Hegel, encontramos una serie de notas sobre el "sistema oral" y la doble función de la boca. El asunto es el paso del interior para el exterior y del exterior para el interior, la incorporación de la sustancia exterior y la expresión de la sustancia interior (Daniel Birnbaum "Metabolism, Geography: Twenty-six Notes on Digestion and World History" 68).

Cuando se dice que el consumo sirve para pensar, se asume que el pensar ocurre en un "sistema oral" hegeliano redefinido: el consumo reemplaza la razón ilustrada por una racionalidad simbólica[52]. Pero si las mercancías sirven para pensar, entonces, nada se opone a que en verdad ellas nos piensen, como se temía la escuela de Frankfurt. La razón comunicativa de las relaciones sociales, como insiste Martín Barbero, no es ni debe ser equivalente a la razón comercial del circuito de la mercancía.

Este *lapsus* o parapraxia (mercancía en lugar de consumo) puede verse como *acto fallido* del discurso que expresa deseos reprimidos relacionados con el nefasto consumismo, el fetichismo de las mercancías y la mercantilización de la vida. Pero interpretemos la confusión con beneficio de inventario, para señalar que García Canclini se refiere al consumo en sus dimensiones económicas y simbólicas (y no a los objetos-mercancía) como la práctica social por excelencia en la que se disputan conflictos y se produce la diferencia y la distinción social (*Consumidores* 44, 45). El consumo no sólo divide, sino que como indicaba Martín Barbero produce vínculos; aglutina, reconfigura sociabilidades: "el consumo se construye en parte de la racionalidad integrativa y comunicativa de una sociedad" (*Consumidores* 45). De la antropología, García-Canclini toma·la idea de rito

---

[52] García-Canclini arguye que aunque se tiende a imaginar el consumo como "lugar de lo suntuario y superfluo" y hasta de lo irracional, el consumo es un acto por el cual "definimos lo que consideramos políticamente valioso, las maneras en que nos integramos y nos distinguimos en la sociedad, en que combinamos lo pragmático con lo disfrutable" (*Consumidores* 19).

para describir esta "comunión" en el consumo con la que se significa el cuerpo individual y el cuerpo social (47).

> el consumo es visto no como la mera posesión individual de objetos aislados sino como la *apropiación colectiva*, en *relaciones de solidaridad* y distinción con otros, de bienes que dan satisfacciones biológicas y simbólicas, que *sirven para enviar y recibir mensajes (Consumidores... 53)*

Obviemos la renovación de la confusión, pues como ya dijimos la comunicación la establece el *consumo* y no las *mercancías*; concentrémonos en la definición del consumo como *rito* vinculante[53]. En esta idea del rito resuenan semánticamente –en una singular ironía– las metáforas del rito caníbal de la etnografía en el que se forma el ser social, la metáfora cristiana de la identidad de la Iglesia por la comunión (antropo-teofagia) y la vanguardista de la formación festiva y antropofágica de la cultura nacional. Estamos, o seguimos, en el terreno de los tropos de identidad modelados analógicamente sobre las transacciones digestivas: cuando consumimos e incorporamos en nuestra vida mercancías, imágenes y mensajes, como cuando comemos, definimos quienes somos. No son –discúlpeseme la insistencia– los alimentos, ni las mercancías en sí, sino el comer o el consumir, lo que sirve para pensar(nos).

El *consumo* define la formación identitaria como antes lo hiciera en el discurso cultural latinoamericano el *mestizaje* de Vasconcelos, la *deglutição* de Andrade, el *proceso transculturador* de Ortiz o el *ars combinatorio* de Rama[54]. La metáfora de la incorporación o reconversión de bienes simbólicos (consumo) es una visita posmoderna a las metáforas modernas de la *transculturación* de Rama y a la *antropofagia cultural* brasileña, con la diferencia que en la hibridez hay un notable *desvanecimiento de lo nacional* y se insiste en la capacidad que tiene la llamada "cultura popular"[55] (no sólo la alta cultura) de apropiar antropofágicamente el capital cultural. El consumo –por supuesto– es una práctica que excede de la *ciudad letrada* y funciona en un espacio cultural más amplio, que no tiene

---

[53] Otro desarrollo de la idea del consumo como rito puede encontrarse en el excelente análisis de Eric Schmidt, *Consumer Rites: the Buying and Selling of American Holidays*. Schmidt explora las interrelaciones entre el comercio, el cristianismo y el consumo, y el proceso histórico que hizo de la piedad religiosa otro tropo del mercado.

[54] La metáfora de la *hibridez* es de alguna manera una visita posmoderna a la *transculturación* de Rama, que como lo señaló Cornejo-Polar puede ser a su vez una "cobertura más sofisticada de la categoría de mestizaje" (1997: 341).

[55] La exposición de García-Canclini tiende a un adelgazamiento del concepto de *lo popular*, en cuanto ello ha sido definido históricamente por el folclor, las industrias culturales y el populismo político.

un compromiso simbólico o *lealtad a prueba* con la adscripción nacional o latino-americana y que reemplaza las formas liberales clásicas de la política y las maneras de ejercicio de la ciudadanía.

Maggie Kilgour decía que canibalismo es una antimetáfora, el agotamiento de la palabra por el mordisco, la disolución de las metáforas de identidad (*From Communion* 18). En la "posmodernidad" y en el nuevo espacio público del mercado, es el *consumo* la antimetáfora que devora las metáforas políticas modernas:

> El mercado desacreditó esta actividad [la política tradicional] de una manera curiosa: no sólo luchando contra ella, exhibiéndose más eficaz para organizar las sociedades, sino también *devorándola*, sometiendo la política a las reglas del comercio y la publicidad, del espectáculo y la corrupción (*Consumidores* 18).

El sentido jurídico-político de la ciudadanía estaba encuadrado por el Estado y una definición más o menos esencial sobre la cultura nacional. Hoy, "el mercado establece un régimen convergente para esas formas de participación a través del orden del consumo" (21). En resumen, el nuevo espacio de lo público implica una nueva ciudadanía, la cual está definida por el consumo; un consumo que en lugar de homogeneizar las diferencias (como pretendían los discursos sincretistas nacionales) las atiende con objetos y bienes simbólicos. A diferencia del espacio público de la política tradicional, el mercado se relacionaría bien con la(s) diferencia(s).

Para García-Canclini es posible encontrar los fundamentos de una identidad (pos)nacional en la hibridez o permeabilización producida por la adquisición descentrada de capital cultural y de "ciertos saberes e imágenes internacionales" (*Culturas híbridas* 289). Esta visión del consumo, a diferencia de las de Certeau, Martín Barbero y Fiske, no releva como central la posibilidad de resistencia respecto al disciplinamiento del capital en las tácticas creativas; se trata más bien, de la idea de que el mercado bajo la lógica del capital es un espacio en el que se construyen identidades mediante el consumo de mercancías. En García Canclini el consumo es más *Antropofagia* que *apropiación calibanesca*.

Frente a este modelo surgen muchas preguntas y objeciones; la primera tiene que ver con el acceso a los bienes simbólicos en un espacio que, como el mercado, tiene una lógica guiada por la maximización de la utilidad y no por "relaciones de solidaridad". Martín-Barbero, señala en el "Prefacio" de la nueva edición de *De los medios a las mediaciones* (1998):

> La *comunicación y la cultura* constituyen hoy un campo primordial de batalla política: el estratégico escenario que le exige a la política recuperar su dimensión simbólica –su capacidad de representar el vínculo entre los ciudadanos, el sentimiento de pertenencia a una comunidad– para enfrentar la erosión del orden colectivo. Que es

lo que no puede hacer el mercado por más eficaz que sea su simulacro. *El mercado no puede sedimentar tradiciones ya que todo lo que produce "se evapora en el aire" dada su tendencia estructural a una obsolescencia acelerada y generalizada* [...] *El mercado no puede crear vínculos societales, esto es, entre sujetos, pues estos se constituyen en procesos de comunicación de sentido y el mercado opera anónimamente mediante lógicas de valor que implican intercambios puramente formales, asociaciones y promesas evanescentes* [...] *El mercado no puede engendrar innovación social pues ésta supone diferencias y solidaridades no funcionales, resistencias y disidencias, mientras el mercado trabaja únicamente con rentabilidades* (xv-xvi).

El modelo de ciudadanía por el consumo de García Canclini implica la articulación, y no la resistencia, a la lógica del mercado capitalista; funciona con la idea de Baudrillard de identidades-mercancía, "evanescentes", sin referentes materiales. La distancia entre comer (y no comer), consumir y leer signos es política y muy real en Latinoamérica. Gerald Martin criticaba *Culturas híbridas* precisamente por su residencia en el universo de signos-mercancía con los que se habla de la formación de identidades como si se tratara de transacciones comerciales: "It almost seems that for him [García-Canclini], pragmatically, words are just a form of currency to be traded in the cultural market: if you can produce and sell your elected identity and others buy it, then it is real" (154).

En América Latina una importante tradición intelectual que a veces se identifica con los lineamientos de la escuela de Frankfurt hace una crítica de la mercantilización de la cultura, el abaratamiento de la experiencia humana y el control y dominación ideológico que la expansión de la producción masiva y el consumismo causarían. Dentro de esta tradición se ha descrito al sistema neoliberal como "asimétrico y empobrecido" fundado no en el consumo sino en el consumismo, y conducente al "descalabro cultural". En *Escenas de la vida posmoderna* (1994) Beatriz Sarlo se muestra pesimista frente a una identidad que se representa en la secuencia de actos de consumo. El hambre de consumir no puede ser satisfecha: los "objetos se nos escapan: a veces porque no podemos conseguirlos, otras veces porque ya los hemos conseguido, pero se nos escapan siempre [...] Los objetos nos significan" (29).

El neoliberalismo ha capitalizado la crisis de los meta-relatos de forma tal que él mismo ha sobrevivido a esa crisis, instalándose en el lugar de las utopías. De allí que Haroldo de Campos se pregunte si "más que hablarse de 'posmoderno' no debería hablarse de 'post-utópico'" (Ainsa 35). Puede aventurarse la hipótesis de que si esa cancelación ocurre (o parece ocurrir) es porque el capitalismo se ha producido ideológicamente como macrorelato en el que se instalan identidades, diferencias y contradicciones gracias a esta metáfora que algunos discursos teóricos convirtieron en el "abretesésamo" de las identidades posmodernas:

el consumo. El pesimismo en medio del capitalismo triunfante mueve la imaginación (de nuevo) hacia utopías como la de la escritura, refugio en medio del consumismo caníbal:

> La escritura como cerco, soledad y margen, como ajenidad en medio de *sociedades que construyen su orden a través del consumismo*, generando un asimétrico y empobrecido sistema de satisfacción instantánea [...] pienso que la *manía inculcada de consumir, consumir, consumir,* es una forma de *avidez que conduce a un injusto y programático descalabro cultural y ético* portando la *destrucción de los objetos e incluso de los cuerpos* (Diamela Eltit, "Quisiera" 207).

Si el *consumo* es la llave maestra de la integración social y formación de nuevas formas de participación ciudadana[56], tenemos que reconocer que, bajo la lógica del capital, ésta es una llave que no está, ni funciona, en todas las manos y que la categoría de clase, abandonada por algunos críticos posmodernos, opera distribuyendo el acceso a esta nueva ciudadanía. En otras palabras, la metáfora de identidad por el consumo implica que la identidad cultural depende en última instancia de la posibilidad de adquirir o apropiarse de capital simbólico para producir un constructo relacional, la marca simbólica del yo y de los otros. Mientras las "ciencias sociales descubren que la ciudadanía también se ejerce en el mercado" se hace evidente que "quien no puede realizar allí sus transacciones queda, por así decirlo, fuera del mundo" (Sarlo, *Escenas* 27). En las condiciones de infra-consumo de las grandes mayorías pobres de Latinoamérica y en un mercado regido por la lógica económica neoliberal, el modelo de la ciudadanía por el consumo renueva e intensifica las exclusiones sociales. Ello no se le escapa a García-Canclini: "el modo en que el mercado organiza la producción y el consumo para obtener mayores ganancias y concentrarlas convierte esas diferencias en desigualdades" (*Consumidores* 18). De allí, su pregunta de si "el estilo neoliberal de globalizarnos es el único, o el más satisfactorio, para efectuar la reestructuración transnacional de las sociedades" (18). Ésta –por supuesto– es una pregunta tautológica y retórica: supone un dilema sobre el que implícitamente se ha aceptado que no hay opción: "la reestructuración transnacional de las sociedades"; dicha *reestructuración transnacional,* hace parte de las consecuencias de la globalización; la cual, no es ajena a las diversas formas de expansión e intensificación del capitalismo desde el siglo XVI hasta el presente.

---

[56] "[U]na ciudadanía cultural, y también una ciudadanía racial, otra de género, otra ecológica, y [...] la ciudadanía en una multiplicidad infinita de reivindicaciones" (García Canclini, *Consumidores* 21).

4. *El consumo me consume* o la (diet)ética del consumo

El consumismo anuncia para muchos un desastre ecológico ante el desperdicio de recursos y energía y la producción de desechos y basura[57]. Para otros, la basura preocupante que produce el consumismo es cultural. No han sido extrañas las propuestas de "racionalizar" el consumo para evitar el consumismo, que –repitamos– es la forma en que aquél se imagina sin límites económicos, éticos, ecológicos o políticos. Son relativamente comunes los programas oficiales y de iniciativa privada para educar a los consumidores / ciudadanos para que pongan límites al consumo y al endeudamiento que a menudo lo acompaña. La idea es "aprender a consumir" para "no enfermar de consumismo, o curarse rápidamente" como rezan los títulos de algunos de estos manuales[58].

El chileno Tomás Moulián elabora una crítica sobre el consumo que oscila entre el "cúrese Ud". de los manuales y la especulación teórica del "consumo sirve para pensar" de García-Canclini. En él, el consumo vuelve a rondar su campo semántico del canibalismo y la tuberculosis, y a encontrarse con la *dietética de los placeres*. En *El consumo me consume* (1998), definido por el autor como el *"autorretrato de un consumidor obsesivo"* (11,12), Moulián busca un punto intermedio entre el goce erótico de esa consumición y la disciplina racionalizadora del gasto. El objetivo expreso del texto es encontrar una visión que evite la condena ascética o puritana así como la celebración hedonista o neoliberal. Para ello, aventura una tercera opción que es el consumo controlado por el individuo, que así racionalizaría el deseo. Propone la posibilidad de una ética-dietética del consumo que ofrezca placer sin abaratar la existencia y sin convertirse en consumismo. Moulián intenta apartarse de la "visión que estigmatiza y critica sin piedad la relación entre consumo y placer o deseo" y que se basa en una condena del consumo cuando quiera que no está justificado por la necesidad (14).

Su premisa inicial es que en "las sociedades modernas podemos encontrar *tres figuras estético-culturales arquetípicas*: la del asceta, la del hedonista y la del estoico" (16). El *asceta* se niega a sí mismo en la búsqueda de la realización de

[57] Betsy Taylor y David Tilford han convincentemente recogido las preocupaciones de muchos sectores con las implicaciones ecológicas del consumo de energía, recursos y productos, así como de la contaminación y otras consecuencias en la vida humana. Sostienen que con el aumento sostenido de la población y del consumo la sociedad está tomando préstamos que ya están empezando a ser pagados y que otros en el futuro tendrán que pagar a un alto precio ("Why Consumption Matters"). Véase también "Ecology and New Work: Excess Consumption and the Job System" de Frithjof Bergmann.

[58] Me refiero a textos como *Didáctica del consumo: aprender a consumir* (1995), coordinado por María Francisca Calleja González y *ABC del consumidor: casi todo lo que hay que saber para no enfermar de consumismo, o curarse rápidamente y hacer que su dinero le rinda más* (1980) de Luis Lorenzano.

objetivos trascendentales no necesariamente religiosos. Tiene un talante heroico, como el personaje de *La peste* de Camus o el Che Guevara. Los ascetas exigen "la máxima coherencia entre el discurso y la acción para sí y para los otros" y están "entregados en cuerpo y alma a una causa devoradora" (17). En la matriz ascética cabrían –según Moulián– las ideologías católico progresistas, nacional populista, socialista-marxista y del humanismo laico.

El *hedonista* por su parte, corre a satisfacer inmediatamente el deseo "sólo responde al llamado de los placeres. [...] se tranquiliza [...] en la voracidad" (17); "abomina del deseo (sic), puesto que está totalmente volcado al goce [...y] a la saciedad. Es [...] totalmente poseído de los objetos (bienes o personas) en quienes encuentra satisfacción" (18). La matriz hedonista se funda en el despilfarro[59] y en ella se instalarían la ideología neoliberal con todas sus variantes (25).

Por último, la figura del *estoico* permite ver el consumo no como "el eje o el motivo central de un proyecto existencial", sino como medio del deseo (18). Moulián reivindica al estoico como figura intermedia para quien "el deseo está en el centro del existir. El arte de vivir consiste en la economía y administración de ese deseo en función de la realización del yo a través del vínculo social" (18).

En su ensayo, Moulián eclécticamente sostendrá que el consumo genera vínculos sociales, pero no ciudadanía plena, sin decidirse entre la posición frankfurtiana del consumo de Adorno y Horkheimer, y las teorías antropofágicas y/o calibánicas del consumo de De Certeau, Martín Barbero, Fiske y García-Canclini. Por ejemplo, entiende la propaganda como imaginación de un mundo de compradores felices y apuestos que incitan el deseo de los consumidores, como en la tesis de los mensajes subliminales de Vance Oakley Packard. Asimismo, dice que las telenovelas "vehiculan" presentaciones de un mundo cuyos conflictos son de amor y no de lucha de clases y que los "televidentes exorcizan la dureza de sus labores y el agobio [...] a través de la identificación con los héroes" (24). Lo que ha descrito como manipulación, escapismo y falsa conciencia es calificado empero, como conectividad social. El consumidor realiza una "actividad que, aun siendo pasiva, es conectiva" (24).

Moulián se refiere a tres tipos de relación con los objetos a) "la relación *instrumental* que es la de utilidad y uso" (19), que se ve afectada por condiciones extrínsecas al objeto cuando ocurre la pérdida relativa del valor de uso por la moda y el avance técnico[60]; b) "la relación *simbólica*", en la cual los objetos sir-

---

[59] Despilfarro que puede darse a su vez por: 1. sobre oferta, 2. sobre-consumo (que produce desigualdades e imposibilidad de consumo de otros y perpetúa las condiciones de división del trabajo) (27-28).

[60] El diseño y la tecnología actúan según Moulián de manera inversamente proporcional a la vida de los objetos, produciendo una "necesidad" bulímica de renovación (30, 31).

ven como marca de estatus y prestigio en los tipos del exhibicionista de alto consumo y del arribista que copia el alto consumo (una forma plebeya del exhibicionismo) (19); y c) una tercera relación con los objetos es la relación *estética* "en la cual los objetos son amados por su belleza" (20).

La realización de estas relaciones ocurre mediante el expediente de la *adquisición*. El objeto y, con mayor razón, los servicios, según el autor, no pueden ser poseídos porque la "posesión tiene que ver con el control del alma, del interior [...]. El deseo que motiva el consumo es otro: se trata de adquisición" (19). Moulián está optando por una definición sexual de posesión –coherente por otra parte con su dietética del consumo– que desconoce que el primer modo de adquisición, el modo precapitalista por excelencia, es la posesión de los objetos (en el caso de los no consumibles, como un caballo o un pedazo de tierra) o el uso (en el caso de los consumibles como la comida), y que el concepto de adquisición, más que con el consumo, tiene que ver con la ritualidad, con el título que justifica la posesión exclusiva y obliga a los otros a *no perturbar* la posesión "legítima".

El autor presenta la cultura del consumismo bajo dos caracteres básicos: la velocidad del sistema y la promoción del goce instantáneo, facilitados por el *mall* (centro comercial), las grandes tiendas y el sistema de crédito. Por ejemplo ve en el *mall* un espacio de simulacros[61], en el dinero la constitución de un fetiche[62] y en el crédito una serie de prácticas estimuladoras del consumo y de vigilancia y disciplina para los consumidores[63]. Pero en estas críticas nuevamente entran a funcionar los "arquetipos": el hedonismo (que promueve el gasto), el ascetismo (que promueve el ahorro) (32) y su tercera opción que es la del "estoicismo" o administración (contención) voluntaria del deseo, que lo prolonga. En lo tocante al crédito afirma que es una práctica imperfecta de participación: "el acceso al consumo puede ser vivenciado como participación", pero no es una forma de

---

[61] El *mall* es, según el autor, la catedral del consumo, espacio privado con aspecto de espacio público, incitador del deseo bajo la apariencia de la variedad (y la práctica de la repetición); el *mall* pertenece al orden de los simulacros, escenifica obscenamente una abundancia mentirosa ignorando la miseria de millones; es un lugar de olvido (55-59).

[62] El dinero como medio de adquisición (medio de realización del poder, de la identidad, de la felicidad) se vuelve objeto del deseo, se fetichiza y exhibe sexualmente. La fetichización empobrece la experiencia (Moulián).

[63] Moulián señala los mecanismos de vigilancia y castigo que se hacen efectivos mediante el sistema de crédito: una vigilancia superespecializada que no sólo garantiza los intereses del prestamista sino que clasifica los individuos en el mercado por riesgos y hace sus apuestas excluyendo a los pobres. El sistema masivo de crédito transformó el préstamo de un acto personal de confianza en un cálculo impersonal. El crédito no se relaciona con la credibilidad sino con el ingreso. El sistema además, usa y abusa de su capacidad de castigo (empresas de cobranza, listas negras que niegan el acceso al mercado, etc.).

"ciudadanía" (37). El crédito sería la respuesta al hecho de que el dinero es la llave de entrada al mercado y que grandes sectores no disponen de suficiente circulante como la velocidad del mercado requiere. Moulián acepta la premisa según la cual las oportunidades crediticias propician una democratización por el consumo que, aunque no es real, facilita la integración social y "aminora la rigidez de la distribución del ingreso" (37). Ahora bien; esta hipótesis sobre el crédito entregando la llave del consumo no convence ni al propio Moulián, quien inmediatamente después de describir estas condiciones ideales mira a Chile y no ve al trabajador posindustrial sino la desvalorización del trabajo y la limitación del crédito[64]. La libre circulación de la mercancía-trabajo produce una libertad formal y un sometimiento real. En estas condiciones –dice el autor– no hay movimientos de resistencia, sino que la frustración se canaliza en "la construcción hedonista del mundo" (54).

La presentación del consumo hedonista como alienante que hace Moulián, no es una condena de las relaciones de los modos de producción bajo el neoliberalismo, ni de la lógica del capitalismo, ni de la colonialidad que devora al trabajador –como en el *Caliban* de Marcos Azevedo– , sino una ética dietética del consumo racional: "Lo que debe criticarse es el consumo hedonista, el que se conecta con el síndrome del individualismo" (64). La propuesta del ensayo es al final de cuentas, una forma de *consumo estoico* que supuestamente no produciría la esclavitud del consumidor, ni su despolitización. "Esa modalidad de consumir implica deseo y búsqueda del placer pero con autocontrol, sin perderse" (65), "el autocontrol, no sería más que un *cálculo maximizador del placer*" (72); en otras palabras, una especie de contención del orgasmo para disfrutar del *entretanto* del deseo.

Sabemos que el mismo sistema capitalista frecuentemente promueve el consumo racional mediante la educación y el disciplinamiento del consumidor, y que el desorden hedonista puede ser mucho más radical que el discurso de Moulián, porque señala el punto frágil del sistema. El hedonismo y el consumo desbocado fundado en el crédito son los lugares en los que se anuncia la crisis del sistema de acceso al mercado. Moulián aboga por el equilibrio y la reforma del

---

[64] La participación en el consumo como consecuencia de una política de crédito reproduce las limitaciones socioeconómicas del mercado y está relacionada con "La desvalorización del trabajo", pero ya no a causa de los sistemas industriales de cadena o fordistas (Moulián 38-50). Mientras en muchas partes del mundo el "trabajador industrial es cada vez menos un agente mecánico […] el trabajo recupera una cierta valorización como tipo de acción humana" (51), en Chile el proceso ha sido contrario: el de la desvalorización mediante la inestabilidad laboral o flexibilización del mercado de las fuerzas de trabajo (trabajos temporales, disminución de la protección legal, restricciones a la libertad sindical, y disminución de la organización obrera) (52).

sistema. Una de las frases más elocuentes del libro es aquella que afirma que "es bueno que la cadena crediticia facilite las posibilidades de acceso [...] Si ello produce integración, *lima las contradicciones* del sistema" (67-8).

El consumidor ideal de Moulián es un esclavo de un tipo muy diferente a Calibán: "Confieso ser un consumidor obsesivo y vicioso" no de ropa ni automóviles: "me obsesionan –dice– los libros, la gastronomía y los viajes [...y] comer platos sofisticados y beber esos vinos que no se encuentran en los supermercados [...]. Hablo de una esclavitud que conozco" (11). Mientras el *Caliban* de Azevedo busca un espacio de identificación solidaria con el dolor del trabajador nordestino que come basura o con el oscuro excluido que mora en las favelas, y recupera el trabajo como categoría política, Moulián, como muchos otros intelectuales dedicados a la política cultural en Latinoamérica, proyecta el deseo consumista para formular que es devorado por un caníbal que se llama *consumo*. Mientras Azevedo proyecta el tropo caníbal como fantasía anticipatoria del fin de la colonialidad, Moulián dice que el consumo lo consume y que ¡él es un esclavo!... Un esclavo que no quiere liberarse sino disfrutar y prolongar la agonía del deseo en la fantasía masoquista de la fetichización de la mercancía.

5. Fantasías góticas del consumo y la desposesión del cuerpo en América Latina

La teoría cultural nos dice que el consumo de bienes materiales y simbólicos organiza signos de pertenencia e inscripción social del individuo y opera en el orden de la traducción *fágica* de artefactos culturales; el consumo implicaría actos de lealtad pérfida –de re-acentuación de lo consumido– y, a veces, tácticas de resistencia de la vida cotidiana. No se puede olvidar, sin embargo, que la lógica del consumo de nuestro tiempo es la del mercado capitalista y que éste –como señala Martín Barbero– no puede crear vínculos comunitarios solidarios entre sujetos, pues, el mercado "opera anónimamente mediante lógicas de valor que implican intercambios puramente formales, asociaciones y promesas evanescentes" (*De los medios* xvi). Merced a estas *lógicas de valor*, el consumo es frecuentemente menos inscripción social que distinción clasista y exclusión; menos resistencia creativa que compulsión consumista; antes que crear vínculos con el Otro, convierte al Otro en mercancía; y en lugar de servir para pensar(se) constituye un dispositivo de imaginación de la infinitud y eterna renovación vampírica del capital. Los valores del mercado desvirtúan, en fin, la comunión social del consumo. Frente a las teorías de la ciudadanía y la identidad en el mercado y por el consumo, debemos entonces, sin demonizar lo que es básicamente una práctica económica y comunicacional de la vida cotidiana, cuestionar su lógica presente (su cosificación del mundo y fetichismo) y preguntarnos como los teólogos de la Contrarreforma sobre el sentido figurado o literal de esa comunión, y sobre si al unirnos así en realidad nos unimos y a qué nos unimos, si a una comunidad solidaria o al neoliberalismo.

El consumidor consumido de Moulián resuelve su "esclavitud" mediante una contención racional maximizadora del placer. Su compatriota Pedro Lemebel expresa el desgarramiento por el hambre consumista que devora los cuerpos (*La esquina es mi corazón* 60). A otros, el consumo los consume de una manera que no puede resolver la (diet)ética de Moulián. Un soldado o guerrillero negro con un fusil cruzado a sus espaldas sostiene un fémur humano en sus manos[65] [il. 33]; puede ser africano o de cualquiera de esas "repúblicas de negros" como Haití, que Theodore Roosevelt" temía que "regresaran" después de los "esfuerzos" coloniales, a la barbarie y el canibalismo del *principio africano* (Cap. VI §1). Un niño colombiano de ocho años con un rostro más allá de la tristeza trabaja en una fábrica de ladrillos entre el humo de los hornos y el polvo de los bloques[66]. Su imagen es una metonimia trágica de millones de niños explotados y hambrientos en Latinoamérica. Estas imágenes hacen parte de una campaña publicitaria de *Benetton*, una conocida marca de ropa que el soldado o el niño jamás vestirán. Ellos no sufren la misma esclavitud de la que habla Moulián; son *consumidos por el consumo* literal y simbólicamente. Son imágenes como las de los caníbales de los grabados de la conquista: sin contexto ni historia, sin voz..., imágenes de la barbarie lejana, históricamente extrañada y naturalizada como mercancía para el consumo en un discurso publicitario (neo)colonial; ellos son imágenes consumidas en tiendas, observadas en museos[67]; son los signos de la cartografía de la alteridad del capitalismo tardío. ¿Quién consume a quién? ¿Qué queda en lugar de la realidad? ¿Es la representación del horror un simulacro en el sentido en el que lo señala Baudrillard (*Simulacra and Simulation* 1994), es decir, que no comporta realidad alguna, y que se vacía completamente de cualquier posibilidad de significado? El mapa del consumo responde; ha consumido la carne de ese niño en la explotación de su trabajo y luego ha hecho de él una mercancía. Deborah Root ha llamado la atención sobre "la lujosa ambivalencia del exotismo" y la continuidad de la estructura (y el deseo) colonial mediante la promesa del placer de la diferencia, su reducción a imágenes y consumo fragmentario (*Cannibal Culture* 43-46). El *Otro* simultánea y contradictoriamente se vuelve el lugar del deseo (el paraíso tropical, los cuerpos del turismo sexual, fru-

---

[65] "Soldier" en "The Reality of Race" y The Shock of Reality (1992).

[66] Fotografía de niños trabajando en las ladrilleras de Bogotá de Jean-Pierre Laffont.

[67] Ver comunicados de prensa de Benetton; por ejemplo "10 Years of Images for United Colors of Benetton in an Exhibition at the Bienal de São Paulo".

tas extrañas, sociedades supuestamente perdidas en el tiempo, lugares inconta-
minados, imágenes de la alteridad para el disfrute de la imaginación), y lugar de
la pesadilla (enfermedades contagiosas, trabajo infantil, guerras tribales, ham-
brunas que conducen al canibalismo, dolor, suciedad, sangre). El marketing que
ha caracterizado las campañas de Benetton, aunque parece original en su invitación al consumo, en verdad reedita y extrema el habitual uso colonial de imágenes de la diferencia.

El debate sobre la identidad por el consumo olvida a menudo no sólo los cuerpos que mediante la explotación del trabajo el capital consume, sino también la
mercantilización y consumo de la diferencia y de la otredad; así lo dramatizaba
Guillermo Gómez Peña[68] en una *performance* (noviembre, 1994) en el *Dufferin
Mall* de Toronto: disfrazado de "azteca", se encierra en una jaula de bambú y
simula devorar un corazón humano (hecho de caucho)[69]. Un artista que se ve a sí
mismo como signo fronterizo y de la hibridez se hace simulacro de la otredad histórica americana, mediante la *performance* del salvaje caníbal. Pero esta *performance* ocurre en un enorme centro comercial; el caníbal –o su simulacro– está enjau-
lado, atrapado, incorporado, en el templo de la fetichización de la mercancía y el
consumo: el *mall*. Gómez Peña dramatiza la mercantilización de la diferencia y
expresa la continuidad –en el mercado capitalista– de las metáforas coloniales.
Canibalismo y consumo convergen en una *resonancia alegórica* (pos)colonial[70]. La
performance pone en evidencia la reconfiguración de la mirada colonial de los consumidores en el panóptico del mundo que es el *mall*, el no lugar desde donde el
consumidor es el *turista ávido* de lo *exótico*, en un mundo cultural que paradójicamente afirma la inclusividad de todo y la inexistencia de afueras.

La relación entre la representación del consumo y el horror es frecuente en
la historia cultural en América Latina. Diversos ejemplos de la producción cul-

---

[68] Desde su arribo a los Estados Unidos en 1978, Gómez Peña ha estado explorando las relaciones Norte / Sur y el lugar de la identidad hispano-latinoamericana en el contexto cultural del
Norte.

[69] Ver descripción de la *performance* en Root (viii).

[70] Jameson supone en la *posmodernidad* un área llamada operativamente "tercer mundo", her-
manada por su situación pos-colonial y a la que aún se le sobrepone la modernización y el modo de
producción capitalista. La producción cultural del "tercer mundo" debe ser leída como "alegoría
nacional" dentro e incluso fuera de la máquina de representación occidental que es la novela (68,
69). Jameson usa dos ejemplos: *Diary of a Madman* (1918) de Lu Xun sobre una experiencia de aislamiento en un mundo hostil que se percibe como poblado por caníbales y el cuento "Medicine" en
el que un niño agonizante requiere una medicina que al final resulta siendo un "Chinese steamed
roll" empapado en sangre de un criminal recién ejecutado (un militante político), pese a la cual, de
cualquier manera, el niño muere. Jameson llama a estos efectos *resonancias alegóricas*: de la pesadilla darwiniana en el primer caso o del costo de sangre de la medicina del futuro agónico en el
segundo.

tural latinoamericana (incluyendo el cine, las leyendas urbanas y la literatura) han definido el mercado como un espacio en el que rige la *ley del pez grande y el chico* acudiendo a los tropos del canibalismo, la devoración corporal y el consumo del cuerpo. *La vorágine* (1924) de José E. Rivera (1888-1928) puede ser leída como la historia de la entrada de Adán y Eva al siniestro Edén del capitalismo (neo)colonial; la pareja protagonista se hunde en una geografía antropofágica o selva vorágine en la que impera esa ley brutal que se come a los protagonistas. Miguel Ángel Asturias (1899-1974) en *Hombres de maíz* (1949) propone una poderosa parábola contra el ensueño del enriquecimiento y la lógica de la ganancia que mueve al capitalismo. En un memorable diálogo entre Nicho Aquino y Nana Moncha, en el que se mezclan referencias al cultivo comercial del maíz y a *Quetzalcóatl*, Nicho identifica el maíz con el trabajo y los cuerpos que los humanos ponen en la tierra para producirlo y distingue entre el sacrificio comunitario de la producción del sustento y el negocio: "los que se han entregado a sembrar méiz para hacer negocio, dejan la tierra vacía de huesos, por que son los huesos de los antepasados los que dan el alimento al méiz" (*Hombres de maíz* 179); esta distinción sustenta el símil que Nicho hace entre la producción comercial del maíz y vender a los hijos como carne humana:

> a quién se le iba a ocurrir tener hijos para vender la carne, para expender la carne de los hijos, en su carnicería. [...] En apariencia difiere pero en lo que es, es igual: nosotros somos hechos de méiz, y si de lo que estamos hechos, de lo que es nuestra carne hacemos negocio; es lo aparente lo que cambia, pero si hablamos de la substancia, tan carne es un hijo como una milpa. La ley de antes autorizaba al padre a comerse al hijo, en caso de estar sitiados, pero nunca llegó a autorizarlo a matarlo para vender su carne [...] todo acabará pobre y quemado por el sol (180).

Dice Gerald Martin sobre el consumo humano capitalista –la ley del mercado– en comparación con el sacrificio antropofágico comunitario de la "ley de antes":

> El sacrificio al igual que el ciclo del maíz y el nahualismo es el tema central de la novela. [...] Parece que el sentido implícito [...] es que el sacrificio antes formaba una parte integral y reconocida de la vida comunitaria; hoy en día la sociedad moderna sigue necesitando sus "sacrificios" (efectuados a través de la explotación capitalista centrada en el anónimo mercado), pero se imponen en forma indirecta y enajenante, y todos terminan aislados y sumidos en la soledad (nota 94 en Asturias 377).

La semántica del consumo abarca también, metáforas antiimperialistas. Eduardo Galeano –en ese manifiesto historiográfico militante de la *teoría de la dependencia* que es *Las venas abiertas de América Latina* (1970)– sostiene que hay una continuidad histórica entre los "europeos del Renacimiento [que] le hundieron los dientes en la garganta" a América (19) y las subsecuentes olas de explotación como la esclavitud, el desangre producido por el imperialismo y el consumo de materias primas y de trabajo por parte del capital internacional:

> Es América Latina, la región de las venas abiertas. Desde el descubrimiento hasta nuestros días, todo se ha trasmutado siempre en capital europeo o, más tarde, norteamericano, y como tal se ha acumulado y se acumula en los lejanos centros de poder. Todo: la tierra, sus frutos y sus profundidades ricas en minerales, los hombres y su capacidad de trabajo y de consumo, los recursos naturales y los recursos humanos. El modo de producción y la estructura de clases de cada lugar han sido sucesivamente determinados, desde fuera, por su incorporación al engranaje universal del capitalismo (20)

Galeano –si bien desde el mismo problemático "nosotros" del "Calibán" (1971) de Retamar– denuncia el consumo (neo)colonial mediante los tropos humanistas y marxistas del vampirismo y el canibalismo[71]. Frantz Fanon había usado un tropo similar en *Les damnés de la terre* cuando se refirió a los potentados (enriquecidos con el trabajo y la riqueza colonial) como los "buitres y chacales comedores de carne humana" que se "revuelcan en la sangre de la gente" (191). Estas son variaciones del tropo gótico marxista para el capital:

> el capital tiene un solo impulso vital, el impulso de valorizarse, de crear plusvalor, de absorber, con su parte constante, los medios de producción, la mayor masa posible de plustrabajo. El capital es trabajo muerto que sólo se reanima, a la manera de un vampiro, al chupar trabajo vivo, y que vive tanto más cuanto más trabajo vivo chupa. El tiempo durante el cual trabaja el obrero es el tiempo durante el cual el capitalista consume la fuerza de trabajo que ha de adquirir (*Capital* I: 342).

Según Marx el "vampiro no se desprenderá 'mientras quede por explotar un músculo, un tendón, una gota de sangre' " (416). Los cuerpos consumidos dan vida a la muerte (capital) cuya eternidad depende de ellos (Moretti 1982). La película *Cronos* (1992) del director mexicano Guillermo del Toro presenta a un capitalista de la era pos-industrial que, agonizante (como su industria), busca obsesivamente un artefacto mágico "Cronos": una máquina de oro (construida durante el periodo colonial) en la que mora un insecto sediento de sangre. Este artefacto tiene la facultad de producir inmortalidad, si bien convierte a quien lo usa en un vampiro. Por accidente el objeto cae en manos de Jesús, un bondado-

---

[71] Galeano –defendiendo la posición de Cuba– decía que el bloqueo multiplica "el canibalismo de un mercado internacional que paga nada y cobra todo" ("A pesar de los pesares" 90).

so anticuario, quien accidentalmente usa el "Cronos" y entra en el círculo vicioso de la juventud y la sed de sangre. Sin embargo, Jesús se sacrifica para vencer al vampiro y salvar a su nieta: destruye el artefacto-monstruo que da origen a la enfermedad de la eternidad y al ansia de sangre y vence al vampiro capitalista. John Kraniauskas, quien ha estudiado la película de del Toro, señala con razón que se trata de "una fantasía sobre el cuerpo contemporáneo, la tecnología y el tiempo en la era acelerada del capitalismo–transnacional–tardío" en la que el concepto de consumo opera en el sentido marxista de la desposesión del cuerpo por el capital, el cual, como un vampiro, busca la inmortalidad (142-157).

El consumo burgués ocupa también el espacio del horror antes asignado al canibalismo en una serie diversa de autores como Julio Cortázar (1914-1984) –que se burla de los apetitos caníbales del consumismo cultural burgués ("Las Ménades" 1956) y que convierte a un público rutinario de un concierto en una horda de caníbales que se comen a los músicos de la orquesta. Crystal Bartolovich llama al consumismo "la lógica del canibalismo tardío", comparando dos usos contemporáneos del tropo caníbal: en la película de Peter Greenaway, *The Cook, the Thief, his Wife and her Lover* (1989), el signo del caníbal se refiere a una condena moral del consumo excesivo y acaso a un lamento elitista (del tipo escuela de Frankfurt) frente al consumo masivo. Por otro lado, en el lenguaje técnico y periodístico de los negocios, el canibalismo ha venido a expresar una serie de prácticas empresariales que responden a la crisis o disminución del consumo en un determinado mercado. Según Bartolovich, la acumulación y el consumo ilimitados son dos principios imaginarios consubstanciales que están en el origen del colonialismo así como en la lógica contemporánea del capitalismo (204-237).

La idea de que en el consumo nos consumimos de una manera menos metafórica de lo que podría pensarse ha hecho decir a Carlos Rincón que "la civilización actual es el canibalismo, autodestrucción en progreso que no se detiene" (224). En la *XXIV Bienal de São Paulo de 1998* Vik Muniz, de Brasil, presentó varios montajes fotográficos de niños de São Paulo compuestos con basura, proponiendo un contraste entre el canibalismo social del consumo– una reformulación de la metáfora gótica marxista sobre la avidez del capital –y los desperdicios humanos que este consumo produce cuando se imagina sin límites. El consumismo anuncia para Muniz una catástrofe en las renovadas periferias del sistema global: la catástrofe de la humanidad "desechable", residuo del mercado bajo la intensa lógica y la violencia del capital. Hoy, el capitalismo en su era global se re-encuentra con millones de excluidos que si bien posibilitan la sobreoferta de trabajo que hace de éste una mercancía barata y abundante, por otro lado son percibidos como un exceso o resto suplementario problemático [il. 34]. Como vimos, para la *ciudad letrada* de las últimas décadas del siglo XIX el malestar por la ciudad fue frecuentemente un malestar de lo nacional frente a las muchedumbres democráticas, la plebe, los inmigrantes y la abigarrada heterogeneidad lingüística, étnica y política de la multitud calibánica (Cap. IV). En las últimas décadas del siglo xx, ese imaginario se renueva con las constantes referencias a una ciudad *sucia de humanidad*, asediada e infestada de "elementos indeseables". Las metáforas deshumanizadoras se multiplican como en el pasado: "ratas", "peste", "escoria", "basura", "infección". Finalmente, la lógica cultural del capitalismo tardío y de la sociedad de consumo ha dado con un tropo rotundo: "*desechables*". La ciudadanía es una condición política definida por sustracción, por la marca, separación y disposición de la marginalidad social como desecho humano. Propiamente hablando, el "desechable" es el opuesto constitutivo del ciudadano consumidor de García-Canclini. Los "desechables" son identificados con los residuos y, consecuentemente, ubicados más allá de la mirada, en los confines o "tugurios" de la representación y el reconocimiento social. Ese desaparecimiento no solamente ocurre en el imaginario. Los comerciantes sienten esa "polución" en sus niveles de ventas, los políticos prometen "reubicaciones" y pasan buldózers sobre las casas de cartón borrando, limpiando, aquí y allá. No siempre esa profilaxis es oficial o urbanística, como indican los homicidios de *gamines* (o niños de las calles) y jóvenes desempleados e indigentes balaceados mientras duermen debajo de un puente; de las prostitutas y muchachos que venden su cuerpo; de los drogadictos concentrados en una botella de pegamento; de los dementes sucios y semidesnudos que recorren la ciudad con sus miradas que la ciudad teme. Frecuentes noticias de operaciones de "limpieza social" –un eufemismo para el asesinato de niños de la calle o delincuentes juveniles de las *favelas*, las comunas, los barrios marginales etc.– acompañaron desde mediados de los años 80 la intensificación global del capitalismo en América Latina.

Mientras que los "desechables" no consumen y quedan excluidos de la nueva ciudadanía, la llave de entrada de la misma –como vimos– pareciera residir en la mercancía, fetiche de la política posmoderna que desvanece el horror –de la cosificación, explotación y consumo de cuerpos humanos– en una erótica fetichista (a lo Moulián). *Peletería con piel humana* (1998) de la artista argentina Nicola Constantino utiliza calibánicamente la mercancía para hablar de los estragos socio-económicos del desarrollo capitalista argentino. En la *XXIV Bienal de São Paulo* Constantino exhibió ante los estupefactos visitantes de la exposición, piezas de ropa hecha con cabello y piel humana (hecha con silicona) [il. 35]. La ropa de Constantino dramatiza de una manera brutal la vida humana que contienen las mercancías, y el consumo de los cuerpos y de las vidas en la sociedad de consumo. El cuerpo abstracto (separado de su humanidad, pensado como cosa intercambiable) es normalmente el cuerpo de los otros; el cuerpo mercancía que ha sido sometido, en su cosificación, a una muerte prematura o a una experiencia anticipada de la muerte, que es el verdadero dominio del cuerpo abstracto.

Fuera de la literatura, el discurso crítico cultural o el museo, otras narrativas sobre el consumo del cuerpo, recorren la vida social. En una escena memorable de la película *Central do Brasil* (1998) de Walter Salles, Dora –la profesora retirada y escribiente de cartas para analfabetos– le muestra a Irene, su amiga y vecina, una televisión recién comprada. Irene pregunta por el origen del dinero con que la compró y por Josué, el huérfano que Dora recogió en la estación. Dora compró el televisor con el dinero que le pagaron por Josué a quien, finalmente confiesa, entregó para ser adoptado en el extranjero. Irene escandalizada le dice: "Não acredito que você fez isso. [...] Você não lê o jornal criatura?; Não há adoção nem cosa nenhuma. Eles matam as crianças para vender os órgãos". La ex-profesora, atormentada por la culpa rescata a Josué de los "mercaderes de órganos" e inicia con el niño un viaje arquetípico en búsqueda del padre de éste. Sin embargo, pese a que en *Central do Brasil* el horror del comercio de órganos humanos desencadena la *peripeteia* de los personajes, esta narrativa opera de manera más o menos implícita; ningún personaje –salvo por la mención de Irene– se refiere al robo de niños o a los traficantes de órganos. El filme no precisa ser explícito, pues apela a un terror que ya está en el texto social de la cultura en la forma de diversos relatos sobre la fragmentación y desposesión del cuerpo. En las décadas de los 80 y 90 circularon innumerables noticias de prensa, reportes, denuncias y rumores, sobre robo y tráfico de órganos humanos[72]. Estas historias presentan variaciones notables como, por ejemplo, las narrativas campesinas de raíces indígenas de los *kharisiri* o *pishtacos*[73] del mundo andino que duermen a sus víctimas y les extraen su grasa o sangre para (las explicaciones varían de la época colonial a la globalización) "hacer remedios o campanas, para lubricar máquinas sofisticadas o, últimamente, para pagar la deuda exter-

---

[72] Mencionemos, siguiendo el estudio de Campion-Vincent, algunas de las numerosas variaciones modernas y urbanas de este relato en los últimos 20 años: 1) adopciones legales e ilegales (y en ocasiones secuestro) de bebés o niños que son asesinados para la obtención de órganos para transplantes y para proveer a compañías extranjeras de sustancias necesarias en la fabricación de ciertos productos de alta tecnología; 2) los casos de niños cegados a causa de la extracción de sus corneas; 3) el homicidio de enfermos mentales, indigentes y prostitutas y posterior saqueo de partes de sus cuerpos; 4) casos de médicos que se aprovechaban de los pacientes internos en hospitales para extraer sus órganos, o que dejan morir a pacientes en beneficio de alguien muy adinerado que precisa de un transplante; 5) saqueo de cadáveres sin el consentimiento de los familiares para proveer el mercado de órganos.

[73] Véase *Gods and Vampires: Return to Chipaya* de Nathan Wachtel y los artículos recogidos en *Pishtacos: de verdugos a sacaojos* editado por Juan Ansión, así como el excelente análisis de la *economía política* de estas "fantasías" hecho por John Kraniauskas en *"Cronos* and the Political Economy" (150-152).

na" (Juan Ansión 9). Estos relatos expresan, según Ansión, la "desconfianza radical' de grupos sociales colonizados y oprimidos frente al mundo exterior, los extranjeros, el Estado criollo, etc. (9).

Conforme a numerosos rumores, en ciudades como Caracas, Bogotá, México y Lima, y en diversos lugares en Argentina, Guatemala y Brasil, bandas de comerciantes transnacionales –con la complicidad de médicos y autoridades locales– obtenían órganos y diversos tejidos para abastecer el mercado internacional de los transplantes, mediante el secuestro y el asesinato de personas desvalidas. En Perú, por ejemplo, reaparecieron los *pishtacos* el 30 de noviembre de 1988 en Villa El Salvador: "Se decía que unos gringos habían entrado a un colegio, armados con metralletas, raptando a unos niños para sacarles los ojos y venderlos en el extranjero. [...] A las diez de la mañana cientos de miles de madres de familia sacaban con desesperación a sus hijos de los colegios" (Gastón Antonio Zapata en Ansión 137). Diversos testimonios hablan de la confabulación de personal de los servicios de salud, de los vehículos Mercedes Benz utilizados por la banda de traficantes, del uso de la grasa humana en la fabricación de partes de computadoras, etc. Una de las narrativas más dramáticas y comunes es –como en *Central do Brasil*– la de las supuestas adopciones y secuestros de niños en Latinoamérica para usar sus órganos. En Guatemala hubo varios ataques a extranjeros causados por rumores en este sentido[74]. En México, estas historias tienen el estatuto de verdad entre grandes sectores de la población; la diputada Hadamira Gastélum, representante del Congreso de Sinaloa en México, denunciaba recientemente:

> Se presume que los menores traficados pueden estar siendo utilizados para diversos fines, entre los que se pueden contar la 'adopción', la explotación laboral, la siembra o trafico de enervantes [estupefacientes], la prostitución o el tráfico de órganos [...], la utilización del cuerpo de la víctima como reservorio de órganos sanos para su venta sobre pedido de urgencia o para experimentar en vivo todo género de invenciones, descubrimientos y de procedimientos (73, 75).

En este texto, que propone medidas legislativas contra los traficantes de niños, resuenan los rumores de robo de órganos y una serie de imágenes góticas referidas tanto a la explotación del trabajo (infantil) como a los experimentos

---

[74] June Weinstock, una turista norteamericana y ecologista de 51 años fue casi linchada por una turba enfurecida de vecinos en San Cristóbal Verapaz, Guatemala, cuando corrió el rumor de que venía a robar niños con ese propósito, y otra norteamericana que había adoptado un niño guatemalteco fue atacada en un bus por un grupo de personas que pensó que lo había robado (William Booth C1).

científicos en humanos[75] y la fragmentación del cuerpo (72-75). Pesadillas similares son comunes en Tijuana y Ciudad Juárez y, en general, en las zonas de frontera con los EE.UU. que, además de ser las áreas de las felices hibridaciones de García-Canclini, son frecuentemente espacios de horror.

Estas historias tuvieron amplia repercusión internacional. El 25 de febrero de 1993, el *Comité sobre asuntos del ambiente, salud pública y protección al consumidor* del *Parlamento europeo* produjo un reporte prohibiendo el comercio de órganos para transplantes en el que se mencionaban pruebas de la ocurrencia de este tipo de crímenes[76]. Las historias de robos de niños para obtención de órganos han tenido una suerte pendular, de la credulidad inicial y protesta de organismos internacionales de derechos humanos, a su catalogación como leyendas; producto de "histerias" colectivas.

Es preciso señalar que algunas de estas historias han sido al parecer fabricadas por la prensa, como sucedió con el documental *Voleurs D'organes* (1993) ("Ladrones de órganos") de Marie Monique Robin y Jihan El Tahri[77]. *Voleurs*

---

[75] Imágenes similares han surgido en diferentes lugares y períodos históricos contra las prácticas médicas expresando por ejemplo, indignación frente a las autopsias, rechazo de vacunas o transfusiones de sangre, desconfianza frente a la farmacéutica moderna, percepciones negativas de los médicos, rechazo a leyes de presunción del consenso para transplantes etc. Las prácticas de saber-poder medico son fácilmente asociadas al mal.

[76] "On February 25, 1993, the European Parliament's Committee on the Environment, Public Health, and Consumer Protection issued a report on prohibiting trade in transplant organs. The report made many valuable suggestions but also included the unsubstantiated claim that 'there is evidence that fetuses, children, and adults in some developing countries have been mutilated and others murdered with the aim of obtaining transplant organs for export to rich countries'" (Leventhal "The 'Baby Parts' Myth").

[77] En 1993 apareció en noticias locales y comunicados de prensa internacionales un caso paradigmático de las historias de robos de corneas: debajo de la foto de un niño ciego tocando una flauta llamado Weinis Jeison Cruz Vargas, los medios contaban una historia horrible: la madre de Jeison lo haría llevado a un hospital para que fuese tratado por diarrea y vómito, y allí le habrían quitado las corneas unos supuestos mercaderes de ojos con la complicidad del establecimiento médico. Otra versión indicaba que el niño había entrado al hospital a causa de una pequeña infección en los ojos. La historia tuvo resonancia internacional en 1993 gracias al documental *Voleurs D'organes* ("Ladrones de órganos") de Marie Monique Robin y Jihan El Tahri. El documental obtuvo varios premios y reconocimiento internacional y una foto del niño colombiano tocando una flauta apareció en *Life Magazine* en octubre de 1993. A la postre, resultó un caso de fabricación de la noticia por parte de Robin, quien pagó a la madre aproximadamente sesenta dólares para que ésta contara esa historia. De acuerdo con la historia clínica del niño, las investigaciones del gobierno colombiano, de la Defensoría de derechos humanos colombiana, del departamento de oftalmología del hospital Lorencita Villegas de Santos y de varias organizaciones de derechos humanos, Jeison había perdido la visión a causa de varias infecciones y ulceraciones oculares cuando tenía cuatro meses en 1983. *Voleurs D'organes* presentaba también el caso de un niño argentino con

D'organes es, sin embargo, un caso revelador de ciertas condiciones de credibilidad de los relatos góticos de desposesión del cuerpo en América Latina durante los años 90. Las historias de un niño flautista colombiano y otro argentino con problemas mentales, a quienes supuestamente les habían robado las corneas resultaron falsas, pero fueron vendidas bien. Algunos casos tienen mayor credibilidad. Hay, por ejemplo, reportes verosímiles de "saqueo de cadáveres" de los cuales han sido removidos órganos para transplantes sin permiso expreso de la familia del difunto[78]. Un caso que no ha sido resuelto satisfactoriamente es el del hospital mental Montes de Oca en Argentina, donde entre 1976 y 1991 murieron 1321 pacientes en circunstancias poco claras y 1400 desaparecieron o –de acuerdo con la explicación del hospital– escaparon. Entre algunos cuerpos recuperados y exhumados se notó que habían sido removidos algunos órganos, especialmente corneas (Veronique Campion-Vincent 1-37). Existe la sospecha de que en Montes de Oca se asesinaba a los pacientes para extraer sus órganos o que de cualquier manera se disponía de partes de los cadáveres sin autorización de los parientes. La acusación y los indicios de tráfico de órganos en Montes de Oca fueron tan sólidos como para ser reportados por el *British Medical Journal* en 1992 (Chaudhary 1073-1074). Muchos de estos homicidios o desaparecimientos pueden tener otros motivos: por ejemplo, la eliminación de oponentes políticos declarados dementes en la dictadura o simplemente políticas no oficiales de eugenesia y "limpieza social". Lo que plantea en sí una paradoja: el cuerpo desechable no es desechado. En *Central do Brasil* vemos precisamente uno de estos homicidios:

problemas mentales Pedro Reggi, a quien según el documental de Robin también le habían quitado la cornea y dejado ciego en el hospital Montes de Oca. Investigaciones posteriores demostraron que como en el caso de Jeison, el niño estaba ciego desde 1980 (Fabio Delgado Sánchez; Leventhal "Medical Organ Theft"; Campion-Vincent 1997).

[78] Por ejemplo, en una carta del 10 de febrero de 1999 dirigida por Sidney Wolfe a Jane Henney Commissioner de la *U.S. Food and Drug Administration* (FDA) se denunciaba que Abbokinase –una droga producida por Laboratorios Abbott y usada para disolver coágulos de sangre en los pulmones y en las arterias– usaba material proveniente de riñones de bebés recién nacidos y fetos abortados en el *Hospital del Valle* en Cali, Colombia, aparentemente sin el consentimiento de los padres y violando leyes norteamericanas de sanidad y aduana. La FDA corroboró poco después dicha acusación en lo que toca a las normas de sanidad (ver comunicado de prensa de la FDA, julio 6, 1999). Como reportó el *Chicago Tribune*, cada día la unidad infantil del Hospital de la Universidad del Valle recibía una llamada de teléfono de la oficina del profesor y médico retirado Álvaro Dueñas para averiguar si algún bebé había muerto. El hospital le entregaba los riñones pensando que los estaba usando en investigaciones médicas. Dueñas procesaba y congelaba los tejidos y los enviaba a los Estados Unidos para la fabricación de Abbokinase, droga con ventas de más de 277 millones de dólares al año (Stephen Hedges "Tissue Imports").

o fuzilamento do menino ladrão lembra o que acontece regularmente no Rio de Janeiro, onde comerciantes mantêm seus esquadrões encarregados de eliminar as crianças abandonadas, é possível que *Central do Brasil* esteja também sugerindo que estes mesmos esquadrões estão por traz das negociações supostamente feitas com mercadores de órgãos das crianças abandonadas. A lei na estação Central do Brasil é a lei do cão (Eva Paulino Bueno 5).

Esta asociación tácita de *Central do Brasil* entre las operaciones de "limpieza social" y el "robo de órganos" no es gratuita. Como dijimos al hablar de los cuadros de Vik Muniz, en la lógica cultural neoliberal el cuerpo de los "desechables" es identificado con la basura y es objeto de prácticas "profilácticas"[79]. Sin embargo, sus cuerpos son una suerte de *res nullius*, objeto de apropiación. En marzo de 1992 fueron encontrados en el interior del anfiteatro de la Universidad Libre de Barranquilla, Colombia, los cuerpos de "once personas muertas a garrotazos y con un tiro de gracia en la cabeza, además de varios baldes con sangre y órganos humanos". Las autoridades descubrieron esta escena gracias a la denuncia de Oscar Hernández, un reciclador de basura, que el 29 de febrero de 1992 había sobrevivido a una paliza y que escapó de las instalaciones de la universidad, donde lo habían dejado por muerto. Los cadáveres encontrados eran de indigentes, recicladores de basura y prostitutas que habían desaparecido y, de acuerdo con el informe policial y la investigación de la *Comisión interamericana de derechos humanos*, "estaban destinados a las prácticas de los estudiantes de medicina y al tráfico de órganos humanos" (Organización de Estados Americanos, OEA. "Casos de genocidio por 'limpieza social'" 1993)[80]. Las "histerias" colectivas no ocurren en el vacío.

Es necesario además considerar que la propia institución médica tiene parte de culpa en el acogimiento popular de los rumores. El transplante de órganos y tejidos humanos ha sido fuente de incesantes ansiedades culturales provenientes en primer lugar del hecho de que el cuerpo es además de un sistema biológico, un "depósito de generación de significados sociales" (Taussig *Gigante* 114). Los límites inestables del cuerpo con el mundo, su fragilidad y ruina, proveen el lenguaje para hablar del horror social. Por otra parte, las prácticas mismas de de la medicina de transplantes pese a su retórica de altruismo no están situadas en un lugar fuera del mercado capitalista y, más a menudo de lo que se piensa, repro-

---

[79] En América Latina el lenguaje de la medicina ha sido apropiado a menudo en la política y ha sido común el uso de metáforas médicas como la limpieza, la extirpación, el saneamiento, la eliminación de elementos contaminantes, el contagio ideológico, la depuración, los cánceres (ideológico, social), etc.

[80] Ver también el informe de la *Comisión Andina de Juristas de* 1992 (?)

ducen muchas de las desigualdades sociales. El área más problemática de este asunto ha sido la fragmentación/mercantilización del cuerpo; si bien gran parte de los discursos de las instituciones que promueven la donación de órganos están centrados en la noción de desinterés, los transplantes mismos producen utilidades para intermediarios, médicos, funcionarios, compañías farmacéuticas y de transporte, etc. Adicionalmente, la intensa regulación de este mercado (listas de prioridades, prohibiciones, etc.), las dificultades médicas en el uso de cadáveres (en comparación con donantes vivos) y las promesas técnicas de la medicina moderna han creado en países desarrollados una alta demanda de órganos y un constante déficit en la oferta de los mismos. En 1991 la *Organización mundial de la salud* adoptó el principio de que "el cuerpo humano no puede, ni debe ser objeto de ninguna transacción comercial" (Principio rector No. 55, 44ª Asamblea de la OMS, 1991). Normas similares hacen parte de las legislaciones nacionales de muchos países. Sin embargo un nuevo movimiento contractualista insiste en la necesidad de permitir la remuneración económica a los donantes a efecto de suplir la demanda de órganos. Nancy Scheper-Hughes ha mostrado de manera convincente cómo los órganos y tejidos humanos no son simplemente objetos de prácticas médicas sino de prácticas comerciales y cómo ese tráfico se ha intensificado y trans-nacionalizado desde los años 80 en países pobres ("The Global Traffic in Human Organs"). Existe una disimetría colonial y clasista de la medicina de transplantes que da lugar a una división bastante clásica entre sectores sociales y países proveedores y clases sociales y países receptores de órganos. Por ejemplo, la gran mayoría de los receptores de transplantes de riñón en el mundo se concentran en los países del llamado *Primer mundo* o entre las elites de los países del tercero. Las prácticas que conforman este tráfico –tanto el legal y disimulado como el ilegal y realizado mediante turismo medico (neo)colonial– se rigen por la lógica del mercado capitalista. *Organ Watch* ha hecho un inventario de la compraventa de órganos en las periferias: en China, en la India, en Brasil, en Las Filipinas, México y Turquía, entre gente necesitada y pobre, cuya libertad contractual (aun aceptando que no hubiera ilicitud jurídica de causa y objeto) estaría viciada por la pobreza, la desinformación y la extrema necesidad. Brasil y la India ocupan un lugar privilegiado en estos bazares gótico-posmodernos de órganos humanos. Es necesario aceptar al menos como probable que los rumores de robo de órganos están si no causados al menos fomentados por estas prácticas médicas de cosificación colonial del cuerpo.

Ahora bien; todos estos casos en su gravedad (del uso ilegal de cadáveres o el homicidio de indigentes para obtención de "cuerpos de práctica" a las operaciones de compraventa "voluntaria" cuasi-legal de órganos en el "Tercer Mundo") no explican *per se*, ni corresponden a, las mismas historias de robos de órganos supuestamente perpetradas por bandas de comerciantes transnacionales mediante secuestros, homicidios y falsas adopciones de niños; historias que han sido consistentemente catalogadas como rumores infundados. La ONG *United Network for Organ Sharing* (UNOS) –administradora del *National Organ Procurement and Transplantation Network*– y la *United States Information Agency* (USIA), así como varios académicos, han investigado las acusaciones de robo de órganos develándolas como "leyendas urbanas"[81]. Se ha alegado que los transplantes de órganos tanto en su extracción como su injerto requieren tecnologías y operaciones que no pueden mantenerse en secreto[82]. Si bien estas instituciones no dejan de representar los intereses de los recipientes de órganos y su mayor preocupación es el perjuicio que causan las leyendas a las campañas de donación, sus investigaciones han sido en general aceptadas por los organismos internacionales de derechos humanos. Desde 1995, por ejemplo, la *Comisión de derechos humanos* de la ONU se ha referido a estos reportes como "alegatos" antes que como hechos o violaciones de derechos humanos (Campion-Vincent).

Las "histerias" culturales de la fragmentación y desposesión del cuerpo tienen dimensiones identitarias y políticas. Debemos suspender por un momento la pregunta positivista de la realidad o verdad de las acusaciones y preguntarnos por el valor simbólico social de estas narrativas; por las funciones que cumplen en el tejido cultural. Detrás del rumor a menudo existen –además de la estructuración (neo)colonial y clasista del mercado de órganos– circunstancias de crisis, tensiones políticas y económicas y periodos de inusitada violencia estatal y para-estatal, operaciones de "limpieza social", homicidios en serie, adopciones ilegales, desapariciones de oponentes políticos, efectivo robo de niños (como en las dictaduras del Cono Sur), empobrecimiento acelerado, explotación extrema y deshumanización en la frontera, etc. Campion-Vincent ha hecho una productiva distinción entre la verdad como alusión a lo fáctico y la verdad simbólica del "pensamiento emblemático" que mediante estos relatos articula protestas contra las elites y las autoridades médicas, ansiedades frente a la modernización, resistencias a la sobrecodificación estatal de los cuerpos mediante leyes de con-

---

[81] La USIA se pronunció contra lo que llamó el "mito de las partes de bebés" ("The 'Baby Parts' Myth: the Anatomy of a Rumor") y la UNOS, indicó que estos rumores hacían parte de una campaña de desinformación contra los Estados Unidos y que un "mercado negro de órganos" era imposible en ese país ("Organ Trafficking Perspective from UNOS" abril, 1994). Otro comunicado de prensa de UNOS (feb. 6 de 2002) rechazó específicamente los insistentes rumores de robo y secuestro de niños en México y Centroamérica para transplantes.

[82] "The organ procurement and transplantation process is a highly complex medical procedure that involves many highly trained medical professionals. It is far too technical to take place in a makeshift facility hidden from public inspection. And it would be impossible to hide if it took place in a hospital" ("U.S. Organ Transplant System Statement on the Truth about Organ Trafficking Rumors").

senso tácito para transplantes; o lo que es lo mismo, este "pensamiento emblemático" puede estar expresando formas de reacción popular frente a la división
entre cuerpos relevantes y cuerpos relevados de humanidad. En última instancia, se trata de resistencias no sistémicas a las prácticas deshumanizadoras del
capitalismo en su era global. Estas ansiedades ven en el desarrollo de la ciencia
médica y su manipulación y poder sobre los cuerpos, una soberanía siniestra,
que guarda similitudes con las reacciones mágicas a la soberanía igualmente
siniestra del capital. El cuerpo humano ha sido simbólica y materialmente fragmentado en mercancías: riñones, sangre, tejido óseo, córneas, hormonas, corazones, placentas, etc., para el consumo de las industrias farmacéuticas y de los
transplantes de órganos y tejidos. La promesa médica de la salud y la vida
requiere como en las historias de vampiros y de monstruos góticos de la sangre
y la carne de los otros. De manera similar a como el capital se imagina eterno
mediante el consumo del trabajo, la medicina promete salud mediante el consumo de los cuerpos de los Otros. El trabajador y el proveedor (o donante) son
cosificados y reducidos a pedazos, incluso en su denominación[83]. Los transplantes –como la explotación laboral– funcionan también en una economía política
y lingüística que reduce ciertos cuerpos a objetos de consumo, mercancías,
cosas sin historia, sin derechos y sin humanidad; cosas colonizadas. El colonialismo –claro– no es cosa del pasado sino del presente en sus formas renovadas de
racismo, marginación económica y explotación laboral, sexual y biomédica.
Cualquier indagación del imaginario actuante en estas "histerias" tiene que preguntarse por sus dimensiones políticas y éticas:

> En el imaginario interrogamos a las varias formas del poder institucional e indi-
> vidual: la devoción del inquisidor, el refinamiento cruel, la malicia; la violencia de la
> exterminación, el cuerpo de aquellos condenados a la esclavitud, y aquellos conde-
> nados al silencio [...] indagar esos extremos en los motivos de la mente, capturar el
> deseo por la base recíproca de la verdad y la emancipación y posibilidad de la libertad
> (Iris Zavala en Michelle Cliff 68).

Los rumores sobre fragmentación y consumo del cuerpo están además asociados a los procesos de derogación de la legislación laboral de protección del
trabajador, el desmonte del Estado social heredado del populismo y la lógica
implacable y deshumanizadora del mercado. El trabajo des-regulado y desprote-
gido convierte el cuerpo del trabajador en mercancía barata objeto del consumo productivo y a merced del capital. El cuerpo propio queda bajo la amenaza

---

[83] Los esclavos y luego los trabajadores han sido llamados históricamente "cabezas", "piezas",
"mano de obra", "brazos", "braceros" "músculos", etc.

de la devoración de fuerzas incomprensibles localizadas en el espacio del mal[84]. Muchas de estas historias funcionan como tropos culturales de la depredación y sirven para dramatizar desde el rumor y el melodrama, la voracidad del "nuevo orden", el canibalismo siniestro que nos consume, la "baixa antropofagia" que mencionaba Oswaldo de Andrade en su "Manifesto antropófago" (RA I, 1: 3, 7). Es notable justamente la coincidencia entre las imágenes góticas que expresan las prácticas de dominio y desposesión de los cuerpos para transplantes de órganos y aquellas con las que se expresa la deshumanización de las prácticas de explotación del capitalismo que acumula trabajo ajeno. Recordemos que en los relatos de robos de órganos son precisamente las élites nacionales, las compañías internacionales, militares y los médicos, los depredadores del cuerpo de los pobres, los sin hogar, los indefensos, los niños y los enfermos, los obreros, etc. Estas (contra)narrativas expresan ansiedades culturales y horror frente a la atrocidad de la desposesión y el consumo capitalista del cuerpo, la mercantilización de la vida y la permeación de las identidades en la globalización, así como frente a la desprotección legal del trabajo y el disciplinamiento estatal de los movimientos sociales contrarios a las medidas neoliberales. Estas pesadillas góticas constituyen "fantasías" contracoloniales sobre las experiencias tangibles de la colonialidad; historias que reactivan los tropos con los que Bartolomé de las Casas condenó el consumo colonial del cuerpo colonizado (Cap. II §3); son, en fin, contra-narrativas por las que el tropo caníbal "regresa" en la posmodernidad a reclamar benjaminianamente la justicia en el presente.

6. ÑAM ÑAM

Empezábamos este trabajo, hablando de aquel "Calibán" que Antonio de Guevara inventó en su Relox de príncipes (1528, 1529) y que va a Roma a quejarse del maltrato, el robo y la deshumanización del colonialismo imperial romano; este capítulo final también trajo a Calibán; un Calibán que reinstala la categoría del trabajo y discute la colonialidad que persiste en la "colonización de la persona", la explotación y la miseria: lo que Marx concibió como el canibalismo económico por parte del capital.

---

[84] "[L]os procesos de despojo continúan –visibles, por ejemplo, en el conocido fenómeno de la migración masiva– 'liberando' trabajo para el capital, des-diferenciándolo a través de la abstracción real, y que se experimentan hoy como *modernización, movilidad social* o *integración nacional*. En Latinoamérica estos procesos han generado una serie de fantasías (basadas en la realidad) sobre el cuerpo violentado, el vampirismo, el canibalismo y la colección y trafico de órganos y fluidos humanos" (Kraniauskas 150).

De esa visión gótica del consumo, pasamos al consumo creativo o *consumo-lectura* que ha sido (re)definido en las matrices del *calibanismo* y de la *antropofagia cultural* en tanto actos de resignificación y resistencia al disciplinamiento y la imposición de sentidos de la sociedad capitalista; hablamos de un consumo que en su funcionalidad ritual y comunicativa ha sido comparado a un tipo de canibalismo noble: la comunión.

Finalmente, el consumo nos trajo de nuevo al cuerpo, a la erótica fetichista del consumismo y al canibalismo de los cuerpos y de la diferencia. En el lamento en tono menor de la "esclavitud consumista" y en la propuesta de una 'racionalización" erótica del consumo, vimos la complacencia del consumidor con los flujos simbólicos y económicos del capitalismo; y en las metáforas de esos mismos flujos, nos (re)encontramos con los relatos del la mercantilización y el consumo del cuerpo.

Hablemos ahora nuevamente de Calibán/caníbal, para poner unos puntos suspensivos "finales" a esta ya larga travesía por las diferentes *Canibalias* de la historia cultural latinoamericana. Sé que en tiempos de los medios de comunicación, del pos-esencialismo posmoderno y de la identidad y la ciudadanía por el consumo, parecería que no hay mucho espacio cultural para un *pos-Calibán*. Quisiera, sin embargo, insistir no en la salud de una metáfora, sino en la utilidad del Calibán-caníbal como dispositivo anticipatorio de la imaginación política, como una forma de imaginar las otredades indecibles que esperan su hora desde algún lugar oscurecido para el tipo de análisis que hacemos y de la institucionalidad de nuestro trabajo. El Calibán-caníbal, en tanto *Otro* –con toda su carga de peligro– no está en la universidad; es exterior al Estado y a las instituciones del saber. Por eso, después de fatigar las cartografías de la *Canibalia*, fatalmente se nos escapa. Lo imagino como un amenazador *ñam ñam* en la exterioridad que la posmodernidad niega, en las resistencias no sistémicas al capitalismo, en las formas de alteridad inasible de las cuales nuestros *personajes conceptuales* son –como los "indios" de sor Juana– pálidos reflejos e ideas vestidas de "metafóricos colores". El caníbal/Calibán que imaginamos es apenas una manera en que nosotros, moscas-Arieles en medio del desencanto, cortejamos el esquivo lugar de la utopía.

BIBLIOGRAFÍA

ACEVEDO, EDUARDO. *Atlas de mapas antiguos de Colombia: siglos XVI a XIX*. Bogotá: Litografía Arco, 1986.

ACOSTA, JOSÉ DE. *Historia natural y moral de las Indias*. Madrid: Historia 16, 1987.

ADES, DAWN. «The Anthropophagic Dimensions of Dada and Surrealism», en *Bienal de São Paulo: núcleo histórico e historias de canibalismos*. São Paulo: Fundação Bienal de São Paulo: 1998, 241-245.

ADORNO, ROLENA. «La ciudad letrada y los discursos coloniales», en *Hispamérica: revista de literatura*, 16 (48): 3-24, [College Park, MD] 1987.

— «The Discursive Encounter of Spain and America: The Authority of Eyewitness Testimony in the Writing of History», en *The William and Mary Quarterly: A Magazine of Early American History and Culture*, 49 (2): 210-228, [Williamsburg, VA] 1992.

ADORNO, THEODOR y MAX HORKHEIMER. «The Culture Industry: Enlightenment as Mass Deception», en Juliet Schor y Douglas B. Holt (eds.): *The Consumer Society Reader*. New York: New Press, 2000, 4-19.

AESCHYLUS. «The Suppliants», en *Prometheus and Other Plays*. Baltimore: Penguin, 1966, 54-86.

AGUILAR, LUIS. «Cuba, 1860-1940», en Leslie Bethell (ed.): *The Cambridge History of Latin America*, vol. 5. Cambridge, England-New York: Cambridge UP, 1985, 229-264.

AGUSTÍN, SAN. *Sermons*. Brooklyn, NY.: New City Press, 1990.

— *The City of God*. Cambridge, New York: Cambridge UP, 1998.

AILLY, PIERRE D'. *Imago mundi del Cardenal Pedro d'Ailly y Juan Gerson*. Madrid: Testimonio Compañía Editorial, 1990.

AÍNSA, FERNANDO. «Argiropolis, raíces históricas de una utopía», en *Cuadernos Americanos*, 3 (13): 119-134, [México, D. F.] 1989.

— «La marcha sin fin de las utopías en America Latina: Modernidad y vanguardia en *La marcha de las utopías* de Oswald de Andrade», en *Cuadernos Hispanoamericanos: Revista Mensual de Cultura Hispánica*, (538): 35-44, [Madrid, España] 1995.

ALAZRAKI, JAIME. «Facundo, de Sarmiento, y la novela hispanoamericana del dictador», en *Casa de las Américas*, 30 (180): 14-28, [La Habana, Cuba] 1990.

ALENCAR, JOSÉ DE. *O guarani; Iracema; Ubirajara*. Rio de Janeiro: J. Olympio; Brasília: Instituto Nacional do Livro, Ministerio da Educação e Cultura, 1977.

ALEXANDER, ROBERT JACKSON. *The Bolivian National Revolution*. New Brunswick, N.J., Rudgers UP, 1958.

ALLEN, ANN TAYLOR. «Feminism, Social Science, and the Meanings of Modernity: The Debate on the Origin of the Family in Europe and the United States, 1860-1914», en *The American Historical Review*, (104: 4): 1085-1113, [Washington, D.C.] 1999.

ALLEN, DAVID. «Rubén Darío frente a la creciente influencia de los Estados Unidos», en *Revista Iberoamericana*, (64): 387-393, [Pittsburgh, PA] 1967.

ALMEIDA, GUILHERME DE. «Brasilianidad», en Aracy Amaral (ed.): *Arte y arquitectura del Modernismo brasileño (1917-1930)*. Caracas: Biblioteca Ayacucho, 1978, 151-153.

ALMINO, JOÃO. «Antropofagia ontem e hoje», en *Obras Incompletas de Oswald de Andrade*. Nanterre, France: Colección Archivos ALLCA XX. (En imprenta).

ALTHUSSER, LOUIS. «Contradiction and Overdetermination», en Althusser: *For Marx*. London: NLB, 1977, 87-128.

AMARAL, ARACY (ED.). *Arte y arquitectura del Modernismo brasileño (1917-1930)*. Caracas: Biblioteca Ayacucho, 1978.

AMARAL, TARSILA. «Pintura Pau-Brasil y Antropofagia», en Aracy Amaral (ed.): *Arte y, arquitectura del Modernismo brasileño (1917-1930)*. Caracas: Biblioteca Ayacucho, 1978, 37-41.

ANCONA, ELIGIO. «Los mártires de Anáhuac», en *La novela del México colonial*. Antonio Castro Leal (estudio, selección y notas). Vol. 1. México, D. F.: Aguilar, 1964. 402-616.

ANDERMANN, JENS. «Antropofagia: Testimonios y silencios», en *Revista Iberoamericana*, 68 (198): 79-89, [Pittsburgh, PA] 2002.

ANDERSON, BENEDICT. «El efecto tranquilizador del fratricidio», en Cecilia Noriega Elío (ed.): *El nacionalismo en México. Coloquio de Antropología e Historia Regionales 1986*. Zamora, Michoacán de Ocampo, México, D. F.: El Colegio de Michoacán, 1992, 83-103.

— *Imagined Communities. Reflections on the Origin and Spread of Nationalism*. New York: Verso, 1991.

ANDRADE, MÁRIO DE. «El movimiento modernista», en Aracy Amaral (ed.): *Arte y arquitectura del Modernismo brasileño (1917-1930)*. Caracas: Biblioteca Ayacucho, 1978, 181-202.

ANDRADE, OSWALD DE. «Manifesto antropófago» [MA] en *Revista de Antropofagia*, primeira dentição (1): 3 y 7, São Paulo: 1928. (facsímile). São Paulo: abril, 1975.

— *O rei da vela*. São Paulo: Globo, 1990.

— *Serafim Ponte Grande*. São Paulo: Ediçao do autor, 1933.

— «Objeto e fim da presente obra» (Prefacio a *Serafim Ponte Grande*), en *Serafim Ponte Grande*. São Paulo: Globo, 1990, 33, 34.

— *Os dentes do dragão* (entrevistas). São Paulo: Globo, 1990.

— «A Arcádia e a inconfidência» (1945), en *A utopia antropofágica*. São Paulo: Globo, 1990, 61-99.

— «Um aspecto antropofágico da cultura brasileira: o homem cordial» (1950), en *A utopia antropofágica*. São Paulo: Globo, 1990, 157-159.

— «A crise da filosofia messiânica» (1950), en *A utopia antropofágica*. São Paulo: Globo, 1990, 101-155.

— «A marcha das utopias» [1953], en *A utopia antropofágica*, São Paulo: Globo, 1990, 161-209.

— «A crise da filosofia messiânica», en *A utopia antropofágica*. São Paulo: Globo, 1990, 101-155.

— «A Psicologia antropofágica», en *Os dentes do dragão* (entrevistas). São Paulo: Globo, 1990, 50-51.

— «Meu poeta futurista», en *Estética e política*. 1990, 22-25.

— «O antropófago», en *Estética e política*. São Paulo: Globo, 1990, 233-284.

— «Manifesto da Poesía Pau Brasil» [PPB]. *A utopia antropofágica*. São Paulo: Globo, 1990, 41-45.

— *Pau Brasil* en Andrade: *Poesias reunidas*, Obras completas vol. 7. Rio de Janeiro: Civilização brasileira, 1978, 65-151.

— *Poesias reunidas*. Rio de Janeiro: Civilização brasileira, 1978.

— *Escritos antropófagos*. Alejandra Laera y Gonzalo Moisés Aguilar (Edición y «Prefacio»). Buenos Aires: Cielo por asalto, 1993.

— *Obra escogida*. Selección y prólogo de Haroldo de Campos. Caracas: Biblioteca Ayacucho, 1981.

— y PATRÍCIA GALVÃO (Pagú): *O Homem do Povo* (março e abril, 1931) (facsímile). São Paulo: Imprenta oficial do Estado de São Paulo: 1984.

ANDREWS, KENNETH R.. *Trade, Plunder, and Settlement: Maritime Enterprise and the Genesis of the British Empire, 1480-1630*. Cambridge, New York: Cambridge UP, 1984.

ANGLERÍA, PEDRO MÁRTIR DE. *Décadas del Nuevo Mundo*. México, D. F.: J. Porrúa, 1964-1965.

ANTELO, RAUL. «Hybridization or Pluralism? The Latin-American Tradition», en Jan Baetens, Jose Lambert y Rita Ghesquiere (eds.): *The Future of Cultural Studies: Essays in Honour of Joris Vlasselaers*. Louvain, Belgium, Leuven UP, 2000, 73-83.

— «Canibalismo e diferença», en *Nuevo texto crítico*, (23-24): 129-140, [Stanford, CA] 2000.

ANSIÓN, JUAN (ED.). *Pishtacos: de verdugos a sacaojos*. Lima: Tarea, 1989.

ANTUNES, BENEDITO. «Serafim Antropófago», en *Revista de letras*, (30): 15-24, São Paulo: 1990.

ANZALDÚA, GLORIA. *Borderlands/La frontera. The New Mestiza*. San Francisco: Spinsters/Aunt Lute, 1987.

AQUINO, TOMÁS. *Summa Theologica*. Hypertext versión. Kevin Knight y Richard Cheung (ed.). Denver, New Advent, 1995: <www.newadvent.org/summa>.

ARCINIEGAS, GERMÁN. «Darío o la doble perspectiva en el destino de América», en *La torre*, (55 -56): 311-321, [San Juan, PR] 1967.

ARDAO, ARTURO. *América Latina y la latinidad*. México, D. F.: Universidad Nacional Autónoma de México, Coordinación de Humanidades, Centro Coordinador y Difusor de Estudios Latinoamericanos, 1993.

— *Genesis de la idea y el nombre de América Latina*. Caracas: Ávila Arte, 1980.

AREA, LELIA. «El *Facundo* de Sarmiento o las políticas del paisaje», en *Estudios. Revista de investigaciones literarias y culturales*, (5): 47-67, [Caracas, Ve.] 1995.

ARELLANO, IGNACIO (ED.). *Las Indias (América) en la literatura del Siglo de Oro: homenaje a Jesús Cañedo*. Kassel, Edition Reichenberger; Gobierno de Navarra, Departamento de Educación y Cultura, 1992.

ARELLANO, JORGE EDUARDO. *Los raros: una lectura integral*. Managua: Instituto nicaragüense de Cultura, 1996.

— «Rubén Darío antiimperialista», en *Casa de las Américas* (133): 104-108, La Habana, 1982.

ARENS, WILLIAM. *The Man-eating Myth: Anthropology and Antropophagy*. New York: Oxford UP, 1979.

— «Rethinking Antropophagy», en Francis Barker, Peter Hulme and Margaret Iversen (eds.): *Cannibalism and the Colonial World*. Cambridge: Cambridge UP, 1998, 39-62.

ARGENSOLA, LEONARDO, y LUPERCIO ARGENSOLA. *Rimas de Lupercio y Bartolomé L. de Argensola*. José Manuel Blecua (ed. prólogo y notas). 2 Vols. Zaragoza: Institución Fernando el Católico (CSIC) de la Excma. Diputación Provincial de Zaragoza, 1950-1951.

ARGUEDAS, ALCIDES. *Pueblo enfermo: contribución a la psicología de los pueblos hispano-americanos*. Barcelona: Vda. de Louis Tasso, 1909.

— *Raza de bronce; Wuata Wuara*. Nanterre, France: Colección Archivos, 1988.

ARMAS WILSON, DIANA DE. «'A imitación de las amazonas': Mujeres aguerridas en *La Araucana*», en Mabel Moraña (ed.): *Mujer y cultura en la colonia hispanoamericana*. Pittsburgh: IILI, 1996, 23-34.

AROCENA, EDUARDO DE LEÓN. *El Complejo de Próspero: Ensayos sobre cultura, modernidad y modernización en América Latina*. Montevideo: Vintén Editor, 1993.

AROSEMENA JUSTO. *Proyecto de tratado para fundar una liga suramericana*. México, D. F.: UNAM, 1979.

ASSAD, TALAD. «The Concept of Cultural Translation in British Social Antropology», en James Clifford and George E. Marcus (eds.): *Writing Culture. The Poetics and Politics of Ethnography*. Berkeley, Los Angeles: University of California Press, 1986, 141-164.

ASTURIAS, MIGUEL ÁNGEL. *Hombres de maíz*. Gerald Martin (coord., ed., prólogo y notas). Nanterre, France: Colección Archivos, 1996.

ATHAYDE, TRISTÃO DE. «Neo-indigenismo» ["Neo-indianismo"], en Aracy Amaral (ed.): *Arte y arquitectura del Modernismo brasileño (1917-1930)*. Caracas: Biblioteca Ayacucho, 1978, 43-49.

ATTWATER, DONALD (ED.). A Catholic Dictionary (The Catholic Encyclopædic Dictionary). New York: Macmillan, 1958.

AVELAR, IDELBER. «Toward a Genealogy of Latin Americanism» (Conferencia) *ABRALIC 2000*. Salvador, Bahía, junio, 2000.

AVERILL, GAGE. «Global Imaginings», Ohmann, Richard (ed.): *Making and Selling Culture*. Hanover and London: Wesleyan UP, 1996, 208-209.

AZEVEDO, MARCOS. «Caliban Project» y «O tema» (documentos provistos por el autor), 2000.

— Entrevista con Carlos Jáuregui. Junio de 2000, São Paulo.

— *Caliban* (Monólogo). Presentado en *Riverside*, 18-28 sept.), *Theatre Record* 17 (19): 1180, [1997]. England, Ian Herbert, 1997. (Manuscrito provisto por Marcos Azevedo.)

BACHOFEN, JOHANN JAKOB. *Myth, Religion, and Mother Right; Selected Writings*. Princeton, New Jersey: Princeton UP, 1967.

BAJTIN, MIJAIL. *Rabelais and his World*. Cambridge, Mass.: MIT Press, 1968.

— *La cultura popular en la Edad Media y en el Renacimiento. El contexto de François Rabelais*. Madrid: Alianza, 1999.

— *The Dialogic Imagination: Four Essays*. Austin: University of Texas Press, 1981.

BALSEIRO, JOSÉ AGUSTÍN. *Seis estudios sobre Rubén Darío*. Madrid: Gredos, 1967.

BAPTISTA GUMUCIO, MARIANO. *Historia contemporánea de Bolivia*. México, D. F.: Fondo de Cultura Económica, 1996.

BARKER, FRANCIS Y PETER HULME. «"Nymphs and Reapers Heavily Vanish": The Discursive Con-texts of *The Tempest*», en John Drakakis, (ed.): *Alternative Shakespeares*, London: Methuen, 1985, 191-205.

BARKER, FRANCIS, PETER HULME y MARGARET IVERSEN (EDS.). *Cannibalism and the Colonial World*. Cambridge: Cambridge UP, 1998.

BARNET, MIGUEL, Y ESTEBAN MONTEJO. *Biografía de un cimarrón*. Buenos Aires: Galerna, 1968.

BARTHES, ROLAND. *Mitologías*. México, D. F.: Siglo XXI, 1991.

BARTRA, ROGER. *El salvaje en el espejo*. México, D. F.: Coordinación de Difusión Cultural, Universidad Nacional Autónoma de México, 1992.

— *El salvaje artificial*. México, D. F.: Era, 1997.

BARTOLOVICH, CRYSTAL. «The Cultural Logic of Late Cannibalism», en Francis Barker, Peter Hulme and Margaret Iversen (eds.): *Cannibalism and the Colonial World*. Cambridge: Cambridge UP, 1998, 204-237.

BARY, LESLIE. «Civilization, Barbarism, "Cannibalism": The Question of National Culture in Oswald de Andrade», *Toward Socio-Criticism: Selected Proceedings of the Conference «Luso-Brazilian Literatures, a Socio-critical Approach»*, Roberto Reis (ed.). Arizona, Arizona State University UP, 1991.

BATAILLE, GEORGES. *El erotismo*. Barcelona: Tusquets, 1997.

— *Œuvres completes*, t. I. Paris: Gallimard, 1970.

BAUDET, ERNEST HENRI PHILIPPE. *Paradise on Earth; Some Thoughts on European Images of Non European Man*. New Haven, Yale UP, 1965.

BAUDRILLARD, JEAN. «The Ideological Genesis of Needs», *The Consumer Society Reader*. Juliet Schor y Douglas B. Holt (eds.). New York, NY: New Press, 2000, 57-80.

— *Simulacra and Simulation*. Ann Arbor: University of Michigan UP, 1994.

BECHIS, MARTHA. «Fuerzas indígenas en la política criolla del siglo XIX», en Noemí Goldman y Ricardo Salvatore (comp.): *Caudillismos rioplatenses: nuevas miradas a un viejo problema*. Buenos Aires: Eudeba, 1998, 293-317.

BECKJORD, SARAH. «'Con sal y ají y tomates:' las redes textuales de Bernal Díaz en el caso de Cholula», en *Revista Iberoamericana*, (170-171): 147-160, [Pittsburgh, PA] 1995.

BEJEL, EMILIO. «Políticamente, yo soy un negro también» (Entrevista a Miguel Barnet), en *Hispamérica: Revista de literatura*, 10 (29): 41-52, [College Park, MD] 1981.

BELLO, ANDRÉS. *Poesías de Andrés Bello, precedidas de un estudio biográfico y crítico escrito por Miguel Antonio Caro*. Madrid: A. P. Dubrull, 1882.

BÉNASSY-BERLING, MARIE CÉCILE. «Sor Juana y los indios», en Bénassy-Berling: *Humanismo y religión en Sor Juana Inés de la Cruz*. México, D. F.: UNAM, 1983, 307-324.

BENJAMIN, WALTER. *Illuminations*. New York: Schocken Books, 1988.

— *Reflections: Essays, Aphorisms, Autobiographical Writings*. New York: Harcourt Brace Jovanovich, 1978.

BENJAMIN, WALTER y THEODOR ADORNO. *Aesthetics and Politics*. London: NLB, 1977.

BENNETT, LOUISE. *Selected Poems*. Kingston: Sangster's Book Stores, 1983.

BENZONI, JERÓNIMO. *La Historia del Mondo Nuovo* (fragmentos e ilustraciones), *América de Bry*. Madrid: Siruela, 1992, 150-246.

BÉRENGER, HENRY. *L'aristocratie intellectuelle*. Paris: A. Colin, 1895.

BERGMANN, FRITHJOF. «Ecology and New Work: Excess Consumption and the Job System», en Juliet Schor y Douglas B. Holt (eds.): *The Consumer Society Reader*. New York, NY: New Press, 2000, 488-502.

BETHEL, MARION. *Guanahaní, mi amor y otros poemas*. La Habana: Casa de las Américas, 1994.

BETHELL, LESLIE (ED.). *Historia de América Latina*, vols. 1 y 2. Barcelona: Ed. Crítica, 1990.

— *Brazil: Empire and Republic, 1822-1930*. Cambridge, New York: Cambridge UP, 1989.

BEVERLEY, JOHN. *Against Literature*. Minneapolis: University of Minnesota Press, 1993.

— *Una modernidad obsoleta: estudios sobre el barroco*. Los Teques, Estado Miranda: Fondo Editorial ALEM, 1997.

— «"By Lacan": Crisis del marxismo y política cultural en las Américas», en *Nuevo Texto Crítico*, 5 (9/10): 263-302, [Stanford, CA] 1992.

— «Introducción», en *Soledades* de Luis de Góngora y Argote. Madrid: Cátedra, 1979, 9-68.

BHABHA, HOMI. *Nation and Narration*. London-New York: Routledge, 1990.

— *The Location of Culture*. London-New York: Routledge, 1994.

BIENAL INTERNACIONAL DE SÃO PAULO. *XXIV Bienal de São Paulo: Núcleo histórico e historias de canibalismos*. São Paulo: Fundação Bienal de São Paulo: 1998.

BIRNBAUM, DANIEL. «Metabolism, Geography: Twenty-six Notes on Digestion and World History», en *XXIV Bienal de São Paulo: «Roteiros, roteiros, roteiros, roteiros»*, São Paulo: Fundação Bienal de São Paulo: 1998, 72-75.

BLOOM, HAROLD (ED.). *Caliban*. New York: Chelsea House Publishers, 1992.

BOAVENTURA, MARIA EUGENIA. *A vanguarda antropofágica*. São Paulo: Atica, 1985.

— «O Lado Anarquista da Vanguarda», en *Minas Gerais, Suplemento Literario* (MGSL). Minas Gerais XVIII: 872, 18 de junio de 1983, 4, 5.

— «Os dentes do dragão Oswald» (Introdução), en *Oswald de Andrade: Os dentes do dragão* (entrevistas). São Paulo: Globo, 1990, 7-14.

— *22 por 22. A Semana de Arte Moderna vista cor sus contemporâneos*. São Paulo: EdUSP, 2000.

BOLAÑOS, ÁLVARO FÉLIX. *Barbarie y canibalismo en la retórica colonial: Los indios pijaos de fray Pedro Simón*. Bogotá: CEREC, 1994.

— «Antropofagia y diferencia cultural: Construcción retórica del caníbal en el Nuevo Reino de Granada», en *Revista Iberoamericana* (170-171): 81-93, [Pittsburgh, PA] 1995.

BOLÍVAR, SIMÓN. *Escritos políticos*. Bogotá: Ancora, 1983.

— *Itinerario documental de Simón Bolívar; escritos selectos*. Caracas: Ediciones de la Presidencia, 1970.

BOPP, RAUL. «Vida y muerte de Antropofagia», en *Revista de Cultura Brasileña*, (36): 20-40, [Madrid, España] 1973.

BORGES, JORGE LUIS. *Cuaderno San Martín*. Buenos Aires: Ed. Proa, 1929.

— *Obra poética 1923-1977*. Buenos Aires: Emecé, 1977.

— *Ficciones; El aleph; El informe de Brodie*. Caracas: Biblioteca Ayacucho, 1986.

— *Obras completas Jorge Luis Borges 1974-1985*. Buenos Aires: Emecé, 1989.

BOOTH, DAVID. «Cuba, Color and the Revolution», en *Science and Society* (40): 129-172, [New York, N.Y.] 1976.

BOOTH, WILLIAM. «Witch Hunt», en *The Washington Post*, May 17, 1994, pC.1, col. 1.

BOTELHO GOSÁLVEZ, RAÚL. *Reflexiones sobre el cincuentenario del «Ariel» de José Enrique Rodó.* La Paz, Bolivia: Centenario, 1950.

BOUCHER, PHILIP. *Cannibal Encounters: Europeans and Island Caribs, 1492-1763.* Baltimore: John Hopkins UP, 1992.

BOURDIEU, PIERRE y JEAN-CLAUDE PASSERON. *Reproduction in Education, Society and Culture.* London: Beverly Hills, Sage Publications, 1977.

BOURDIEU, PIERRE. *La distinción.* Madrid: Taurus, 1998.

BOXER, CHARLES. *The Dutch in Brazil, 1624-1654.* Oxford: Oxford UP, 1957.

BRATHWAITE, EDWARD. «Calibán», en *Islands.* London-NewYork: Oxford UP, 1969, 34-38.

BRITO, MARIO DA SILVA. «Marinetti en São Paulo», en Aracy Amaral (ed.): *Arte y arquitectura del Modernismo brasileño (1917-1930).* Caracas: Biblioteca Ayacucho, 1978, 157-162.

— *As Metamorfoses de Oswald de Andrade.* São Paulo: Conselho Estadual de Cultura, Comissão de Literatura, 1972.

BROCK, LISA y DIGNA CASTAÑEDA FUERTES. *Between Race and Empire: African-Americans and Cubans Before the Cuban Revolution.* Philadelphia: Temple UP, 1998.

BROCK, LISA Y OTIS CUNNINGHAM. «Race and the Cuban Revolution: A Critique of Carlos Moore's *Castro, the Blacks, and Africa*», en *Cuban Studies,* (21): 171-185, [Pittsburgh, PA] 1991.

BROTHERSTON, GORDON. «Introduction», en Rodó, José Enrique: *Ariel.* Cambridge: Cambridge UP, 1967, 1-21.

BRY, TEODORO DE. *América de Bry.* Madrid: Siruela, 1992.

BUENO, EDUARDO. *A viagem do descobrimento: A verdadeira história da expedição de Cabral,* vol. 1. Rio de Janeiro: Objetiva, 1998a.

— *Náufragos, traficantes e degredados: As primeiras expedições ao Brasil, 1500-1531,* vol. 2. Rio de Janeiro: Objetiva, 1998b.

BUFFON, GEORGES LOUIS LECLERC, COMTE DE. *Histoire naturelle, générale et particulière avec la description du Cabinet du roi.* Paris: De l'Imprimerie royale, 1749-1804.

BUNGE, CARLOS OCTAVIO. «Psicología del mulato y del mestizo indio», en *Nuestra América,* <www.argiropolis.com.ar/ameghino/obras/buncar/ind-amer.html>.

BURKE, EDMUND. *The Works of the Right Honourable Edmund Burke.* London: G. Bell, 1883, 1884.

BURGKMAIR, HANS ET AL. *The Triumph of Maximilian I.* Woodcuts by Hans Burgkmair and others. Stanley Appelbaum (Trad., introd. y notas). New York: Dover Publications, 1964.

BURGOS, ELIZABETH. «Palabra extraviada y extraviante: Diamela Eltit», en *Quimera: Revista-de-Literatura,* (123): 20-21, [Barcelona, España] 1994.

BURNHAM, JAMES. *The Managerial Revolution; What is Happening in the World,* New York: The John Day Company, 1941.

BURNS, E. BRADFORD. *A History of Brazil,* New York: Columbia UP, 1993.

CAJÍAS DE LA VEGA, MAGDALENA y LUPE CAJÍAS (COORDS.). *Así fue la Revolución: Cincuentenario de la Revolución del 9 de abril de 1952.* La Paz: Fundación Cultural Huáscar Cajías K., 2002.

CALCANHOTO, ADRIANA. *Público* (CD), 2000.

CALDERÓN DE LA BARCA, PEDRO. *Obras completas*, t. 3. Madrid: Aguilar, 1960.

CALLEJA GONZÁLEZ, MA. FRANCISCA (COORD.). *Didáctica del consumo: aprender a consumir.* Valladolid: Instituto de Ciencias de la Educación Univ. de Valladolid; Junta de Castilla y León, Consejería de Fomento, 1995.

CALVACANTI, EMILIANO DI. «Sobre la Semana de Arte Mderno», en Aracy Amaral (ed.): *Arte y arquitectura del Modernismo brasileño (1917-1930)*. Caracas: Biblioteca Ayacucho, 1978, 17-24.

CALVIN, JOHN. *Institutes of the Christian Religion*. Henry Beveridge (trans.). <www.reformed. org/books/institutes/index.html>.

COMISIÓN ANDINA DE JURISTAS. *Informativo Andino* 65, Lima, abril de 1992.

CAMPBELL, LEON. «Ideology and Factionalism During the Great Rebellion, 1780-1782», en Steve J. Stern (ed.): *Resistance, Rebellion, and Consciousness in the Andean Peasant World, 18th to 20th Centuries*. Madison, Wis.: University of Wisconsin, 1987, 110-139.

CAMPION-VINCENT, VERONIQUE. «Organ Theft Narratives», en *Western Folklore* 56 (1): 1-37, [Logan, UT] 1997.

CAMPOS, AUGUSTO DE. «Notícia impopular de *O Homem do Povo*» (introd.), en *O Homem do Povo* (facsímile). São Paulo: Imprenta oficial do Estado de São Paulo, 1984.

— *Balanço da bossa e outras bossas*. São Paulo: Perspectiva, 1968.

— «Revistas-Re-vistas: Os antropófagos» (introd.). en *Revista de Antropofagia* (facsímile), 1-13, São Paulo: abril, 1975.

— *Poesia, antipoesia, antropofagia*. São Paulo: Cortez & Morales, 1978.

CAMPOS, HAROLDO DE. «Da razão antropofágica: A Europa sob o signo de devoração», en *Colóquio / Letras*, (62): 10-25, [Lisboa, Portugal] 1981.

— «Prólogo», Oswald de Andrade: *Obra escogida*. Caracas: Biblioteca Ayacucho, 1981: IX-XLI.

— «*Serafim*: Um grande não-livro» (introdução), en Oswald de Andrade: *Serafim Ponte Grande* São Paulo: Globo, 1990, 5-31.

— «Lá vem, nossa comida pulando», en *Bienal de São Paulo: Um e/entre Outro/s*. São Paulo: Fundação Bienal de São Paulo: 1998, 98.

Cancionero antequerano (recogido en los años de 1627 y 1628 por Ignacio de Toledo y Godoy). Dámaso Alonso y Rafael Ferreres (eds). Madrid: 1950.

CANO, MELCHOR. «Dominio sobre los indios», en Luciano Pereña (introd. y comp.): *Misión de España en América, 1540- 1560*. Madrid: Consejo Superior de Investigaciones Científicas, Instituto Francisco de Vitoria, 1956, 90-147.

CANDIDO, ANTÔNIO. *Varios escritos*. São Paulo: Duas Cidades, 1970.

— *Formação da literatura brasileira; (momentos decisivos)*. São Paulo: Martins, 1964.

CANTER, JUAN. *Contribución a la bibliografía de Paul Groussac*. Buenos Aires: El ateneo, 1930.

CARDÍN, ALBERTO. *Dialéctica y canibalismo*. Barcelona: Anagrama, 1994.

CARILLA, EMILIO. «Historias de palabras: Caníbal, canibalismo», en *Boletín de la Academia Argentina de Letras*, Argentina (BAAL), 59 (233, 234): 255-269, Buenos Aires, 1994.

CARNEIRO DA CUNHA, MANUELA. «Imagens de índios do Brasil: O século XVI», en Ana Pizarro (ed.): *América Latina: Palavra, literatura e cultura*. São Paulo: Memorial-Campinas: Editora da UNICAMP, 1993-1995, 151-172.

CARPENTIER, ALEJO. *El arpa y la sombra*. México, D. F.: Siglo XXI, 1979.

— *El reino de este mundo*. Río Piedras, PR: Universidad de Puerto Rico, 1994.

CARRIÓ, RAQUEL, y FLORA LAUTEN. *Otra tempestad*. La Habana: Alarcos, 2000.

CARVAJAL, MICHAEL DE. *Cortes de la muerte a las cuales vienen todos los estados: y por vía de representación dan aviso a los vivientes y doctrina a los oyentes*. Luis Hurtado de Toledo (edición y adiciones). Toledo: Juan Ferrer, 1557.

— «Escena XIX», en Carlos Jáuregui (estudio, ed. y notas): *Querella de los indios en las Cortes de la Muerte (1557) de Michael de Carvajal*. México, D. F.: Universidad Nacional Autónoma de México, 2002, 99-131.

CARRANZA, BARTOLOMÉ DE. «¿Por razón de fe puede el Cesar hacer la guerra y retener a los indios del Nuevo Orbe?», en Luciano Pereña (introd. y comp.): *Misión de España en América, 1540-1560*. Madrid: Consejo Superior de Investigaciones Científicas, Instituto Francisco de Vitoria, 1956, 38-57.

CARRASCO, PABLO. «La antropofagia oswaldiana como solución americana», en *Atenea*, (472): 77-87, [Concepción, Chile] 1995.

CASAL, JULIÁN DEL. *Obra poética*. La Habana: Letras Cubanas, 1982.

CASAL, LOURDES (COMP.). *El caso Padilla; literatura y revolución en Cuba; documentos*. Miami: Universal, 1971.

CASAS, BARTOLOMÉ DE LAS. «Octavo remedio», en *Tratados de fray Bartolomé de las Casas*, vol. 2. México, D. F.: Fondo de Cultura Económica, 1965, 642-849.

— «Tratado comprobatorio del poder soberano», en *Tratados de fray Bartolomé de las Casas*, vol. 2. México, D. F.: Fondo de Cultura Económica, 1965, 915-1223.

— *Apologética historia sumaria*. México, D. F.: UNAM, 1967.

— *Del único modo de atraer a todos los pueblos a la verdadera religión*. México, D. F.: Fondo de Cultura Económica, 1975.

— *Obra indigenista*. Madrid: Alianza, 1985.

— *Historia de las Indias*. Caracas: Biblioteca Ayacucho, 1986.

— *Apología. Obras completas 9*. Ángel Losada Ed. Madrid: Alianza editorial, 1988.

— «Memorial de remedios para las Indias», en Victor N. Baptiste (ed.): *Bartolomé de las Casas and Thomas More's Utopia: Connections and Smilarities: a Traslation and Study*. Culver City, California: Labyrinthos, 1990.

— *Brevísima relación de la destruición de las Indias*. Madrid: Tecnos, 1992.

CASTAÑEDA, PAULINO. «Política española con los caribes durante el siglo XVI», en *Homenaje a D. Ciriaco Pérez Bustamante*, vol. II. Madrid: Instituto Gonzalo Fernández de Oviedo, Consejo Superior de Investigaciones Científiças, 1969, 73-130.

CASTELLANOS, JUAN DE. *Elegías de varones ilustres de Indias*. Madrid: Biblioteca de Autores Españoles, 1914.

CASTELLS, RICARDO. «Fernández Retamar's *The Tempest* in a Cafetera: From Ariel to Mariel», en *Cuban Studies*, (25): 165-182, [Pittsburgh, PA] 1995.

CASTRO RUZ, FIDEL. «De Martí a Marx», en Michael Löwy (comp.): *El marxismo en América Latina*. Iztapalapa, México, D. F.: Era, 1982, 251-261.

CASTRO-KLARÉN, SARA. «El 'Manifesto antropófago' o la contienda Sócrates-caraïbe», en Carlos Jáuregui y Juan Pablo Dabove (introd. y eds.): *Heterotropías: Narrativas de identidad y alteridad latinoamericana*. Pittsburgh: IILI, 2002, 237-261.

— «La crítica literaria feminista y la escritora en América Latina», en Patricia Elena González y Eliana Ortega (eds.): *La sartén por el mango: Encuentro de escritoras latinoamericanas*. Río Piedras, PR: Huracán, 1984, 27-46.

— «What Does Cannibalism Speak?», en Pamela Bacarisse (ed.): *Carnal Knowledge: Essays on The Flesh, Sex and Sexuality in Hispanic Letters and Film*. Pittsburgh: Tres Ríos, 1991, 23-41.

— «Corporización tupí: Léry y el *Manifiesto Antropófago*», en *Revista de Crítica Literaria Latinoamericana* (45): 193-210, [Hanover, NH; Lima] 1997.

CASTRO ROCHA, JOÃO CEZAR DE. «Let Us Devour Oswald de Andrade", en *Nuevo Texto Crítico*, (23, 24): 5-19, [Stanford, CA] 2000.

CELESTIN, ROGER. «Montaigne and the Cannibals: Toward a Redefinition of Exoticism», en *Cultural Anthropology* 5: 3 1990, 292-313.

CENTENERA, MARTÍN DEL BARCO. *La Argentina, o la conquista del Río de la Plata*. Buenos Aires: Secretaría de cultura de la nación, 1994.

CERTEAU, MICHEL DE. *Heterologies: Discourse on the Other*. Minneapolis: University of Minnesota UP, 1986.

— *La escritura de la historia*. Álvaro Obrégon, D.F.: México, D. F.: Universidad iberoamericana, 1993.

— *The Practice of Everyday Life*. Berkeley: University of California UP, 1984.

CERVANTES, FERNANDO. *The Idea of the Devil and the Problem of the Indian: The Case of Mexico in the Sixteenth Century*. London: Institute of Latin American Studies, 1991.

CÉSAIRE, AIMÉ. *Discurso sobre el colonialismo*. México, D. F.: UNAM, 1979.

— *La tragedia del Rey Christophe y Una tempestad*. Barcelona: Barral, 1971.

— *Las armas milagrosas (Les armes miraculeuses), Y los perros callaban (Et le chiens se taisaient), y Cuaderno de un retorno al país natal (Cahier d'un retour au pays natal)*. Buenos Aires: Librerías Fausto, 1974.

— *Letter to Maurice Thorez*. Paris: Présence africaine, 1957.

— *Poesías*. La Habana: Casa de las Américas, 1969.

CÉSAIRE, AIMÉ. *Aimé Césaire: A Voice for History* (I), *The Vigilant Island; Aimé Césaire: A Voice for History* (II), *Where the Edges of Conquest Meet; Aimé Césaire: A Voice for History* (III), *The Strength to Face Tomorrow* (video-documental y entrevistas). Co-produced by Saligna and So On, France 3, L'Institut National de l'Audiovisuel, Radio France Outremer and Radio-Television Senegalaise. San Francisco, CA, California Newsreel, 1994.

CÉSAIRE, SUZANNE. «Misère d'une poésie: John-Antoine Nau", en *Tropiques*, (4): 48-50, [Martinica] 1941.

CESAREO, MARIO. *Cruzados, mártires y beatos: Emplazamientos del cuerpo colonial*. Indiana: Purdue UP, 1995.

CÉSPEDES, GUILLERMO. *América hispánica (1492-1898)*. Barcelona: Labor, 1983.

CHAMBERLAIN, BOBBY. «Para além do canibalismo: Teorias contemporâneas da literatura e da cultura brasileiras", en *Vertentes* (13): 128-138, [São João del Rei, BH, Brasil] 1999.

CHANADY, AMARYLL. «El discurso calibanesco y la conceptualización de la diferencia», en Elzbieta Sklodowska y Ben A. Héller (eds.): *Roberto Fernández Retamar y los estudios latinoamericanos*. Pittsburgh: Instituto Internacional de Literatura Iberoamericana, 2000, 237-255.

CHANAN, MICHAEL. «Remembering Titón», en <www.mchanan.dial.pipex.com/personal%20site.html#essays>. Julio 1 de 2001.

CHAUDHARY, VIVEK. «Argentina uncovers patients killed for organs», en *British Medical Journal*, 34 (25): 1073-1074, [London] April, 1992.

CHEVALIER, MICHEL. «Sobre el progreso y porvenir de la civilización», en Arturo Ardao (comp.): *América Latina y la latinidad*. México, D. F.: Universidad Nacional Autónoma de México: Coordinación de Humanidades, Centro Coordinador y Difusor de Estudios Latinoamericanos, 1993, 111-119.

CIEZA DE LEÓN, PEDRO. *La crónica del Perú*. Madrid: Historia 16, 1984.

CIRLOT, JUAN EDUARDO. *Diccionario de símbolos*. Madrid: Siruela, 1997.

CLARK, STEVE. «Introduction», en Steve Clark (ed.): *Travel Writing and Empire: Postcolonial Theory in Transit*. London-NewYork, 1999, 1-28.

CLAVIJERO, FRANCISCO JAVIER. *Historia antigua de México*. 4 Vols. México, D. F.: Porrúa, 1959.

CLIFF, MICHELLE. «Caliban's Daughter: *The tempest* and the Teapot», en *Frontiers: a Journal of Women Studies* 12 (2): 36-51, [Pullman, WA] 1991.

CLIFFORD, JAMES. «On Ethnographic Allegory»,», en James Clifford and George E. Marcus (eds.): *Writing Culture. The Poetics and Politcs of Ethnography*. Berkeley-Los Angeles: University of California Press, 1986, 98-121.

CLIFFORD, JAMES, y GEORGE MARCUS (EDS.). *Writing Culture. The Poetics and Politics of Ethnography*. Berkeley-Los Angeles: University of California Press, 1986.

COBOS, MERCEDES. *Las Indias Occidentales en la poesía sevillana del Siglo de Oro*. Sevilla: Universidad de Sevilla, 1997.

COELHO NETTO, JOSE TEIXEIRA. *Guerras culturais: Arte e política no novecentos tardio*. São Paulo: Iluminuras, 2000.

COGGIOLA, OSVALDO. «"Globalización" y Socialismo», en *EDM* 15, diciembre, 1996, <www.po.org.ar/edm/>.

COLÁS, SANTIAGO. «From Caliban to Cronus: A Critique of Cannibalism as Metaphor for Cuban Revolutionary Culture», en Kristen Guest (ed.): *Eating their Words: Cannibalism and the Boundaries of Cultural Identity*. Albany: SUNY UP, 2001, 129-147.

COLE, JOHNETTA. «Race Towards Equality: The impact of the Cuban Revolution on Racism", en *Black Scholar*, (11) 2-24: November-December 1980.

Colección de documentos inéditos relativos al descubrimiento, conquista y organización de las antiguas posesiones españolas de ultramar, 2ª serie. 25 T. Real academia de la historia de España. Madrid: Sucesores de Rivadeneyra, 1885-1932.

Colección de documentos inéditos, relativos al descubrimiento, conquista y organización de las antiguas posesiones españolas de América y Oceanía. 42 T. Joaquín Francisco Pacheco y otros (eds.). Madrid: Ministerio de ultramar, 1864-1874.

Colección documental del descubrimiento, (1470-1506). Juan Pérez de Tudela y otros (edición e «Introducción»). Madrid: Real academia de la historia-Consejo Superior de Investigaciones Científicas-Fundación MAPFRE América, c.1994.

COLERIDGE, SAMUEL TAYLOR. «Lecture on the Slave Trade», en Coleridge: *Lectures 1795: On Politics and Religion*. Princeton: Routledge and Princeton UP, 1971, 235-251.

COLL, PEDRO EMILIO. *El castillo de Elsinor*. Caracas: Tip. Herrera Irigoyen y cia., 1901.

COLLINGE, WILLIAM J. *Historical Dictionary of Catholicism*. Lanham, Md.: Scarecrow Press, 1997.

COLÓN, CRISTÓBAL. *Textos y documentos completos: Relaciones de viajes, cartas y memoriales*. Consuelo Varela (ed.). Madrid: Alianza, 1984.

COLÓN, HERNANDO. *Historia del almirante*. Madrid: Historia 16, 1984.

COMETTA-MANZONI, AÍDA. *El indio en la poesía de América española*. Buenos Aires: J. Torres, 1939.

COMISIÓN ANDINA DE JURISTAS. *Informativo Andino*, 65 (2), Lima, abril, 1992.

CONCHA, JAIME. «El *Ariel* de Rodó, o juventud, "humano tesoro"», en *Nuevo Texto Crítico*, 5 (9/10): 121-124, [Stanford, CA] 1992.

— «Observaciones acerca de *La Araucana*», en *Estudios filológicos* (1): 63-79, [Valdivia, Chile] 1964.

CONDORCET (MARQUÉS DE), MARIE JEAN ANTOINE NICOLAS DE CARITAT. *Esquisse d'un tableau historique des progrès de l'esprit humain*. Paris: chez Vrin, 1970.

CONLEY, TOM. «Thevet Revisits Guanabara», en *The Hispanic American Historical Review*, 80 (4): 753-781, [Durham, NC] 2000.

CONTRERAS, MANUEL E.. «Reformas y desafíos de la educación», en Fernando Campero (coord.): *Bolivia en el siglo xx. La formación de la Bolivia contemporánea*. La Paz: Harvard Club, 1999, 483-506.

CORNEJO POLAR, ANTONIO. «Para una interpretación de la novela indigenista», en *Casa de las Américas*, (100): 40-48, La Habana, 1977.

— *La novela indigenista*. Lima: Lasontay, 1980a.

— «La novela indigenista: Una desgarrada conciencia de la historia», en *Lexis: Revista de Lingüística y Literatura*, 4 (1): 77-89, [Lima, Perú] 1980b.

— *El pensamiento indigenista*. San Isidro, Perú: Campodónico, 1981.

— «Inmediatez y perennidad: La doble audiencia de la literatura de la fundación de la República», en *Revista de Crítica Literaria Latinoamericana*, 10 (20): 45-54, [Hanover, NH; Lima] 1984.

— «Literatura peruana y tradición indígena», en *Literaturas andinas*, (I): 7-16, [Jauja, Perú] 1988.

—.«Mestizaje, transculturación y heterogeneidad», en *Revista de Crítica Literaria Latinoamericana*, (40): 368-371, [Hanover, NH; Lima] 1994.

— «Una heterogeneidad no dialectica: Sujeto y discurso migrantes en el Perú moderno», en *Revista Iberoamericana*, 62 (176-177): 837-844, [Pittsburgh, PA] 1996.

— «Mestizaje e hibridez: Los riesgos de las metáforas: Apuntes», en *Revista Iberoamericana*, 63 (180): 341-44, [Pittsburgh, PA] 1997.

COROMINAS, JOAN. *Diccionario crítico etimológico de la lengua castellana*. Berna, Ed. Francke, 1954.

CORONIL, FERNANDO. «Introduction», en Fernando Ortiz: *Cuban Counterpoint, Tobacco and Sugar* Durham, Duke UP, 1995, ix-lvi.

CORRÊA, JOSÉ CELSO MARTINEZ (Grupo Oficina). «O Rei da Vela. Manifesto», en *Arte em Revista*, (1): 62, 63, [São Paulo: Br.] sept. 4, 1967.

CORTÁZAR, JULIO. «Policrítica en la hora de los chacales», en *Casa de las Américas* (67): 157-161, La Habana, 1971.

— *Final del juego*. México, D. F.: Los Presentes, 1956.

CORTÉS, HERNÁN. *Cartas de relación*. México, D. F.: Porrúa, 1993.

COSTA LIMA, LUIZ. «A vanguarda antropófaga», en *Nuevo texto crítico*, (23, 24): 211-220, [Stanford, CA] 2000.

COTTOM, DANIEL. *Cannibals and Philosophers: Bodies of Enlightenment*. Baltimore: Johns Hopkins UP, 2001.

COUTINHO, AFRÂNIO. «Jose de Alencar na literatura brasileira», en *Minas Gerais, Suplemento Literario*. Belo Horizonte, Br., 1977, 10 dec., 3.

— *A polêmica Alencar-Nabuco*. Organização e introdução de Afrânio Coutinho. Rio de Janeiro: Tempo Brasileiro, 1965.

COVARRUBIAS, DIEGO DE. «Justicia de la guerra contra los indios», en Luciano Pereña (introd. y comp.): *Misión de España en América, 1540-1560*. Madrid: Consejo Superior de Investigaciones Científicas-Instituto Francisco de Vitoria, 1956, 184-231.

COVARRUBIAS, SEBASTIÁN DE. *Tesoro de la lengua castellana o española*. Barcelona: S.A. Horta, I. E., [1611] 1943.

CRAPANZANO, VINCENT. «"Hermes" Dilemma: The Masking of Subversión in Ethnographic Description», en James Clifford and George E. Marcus (eds.): *Writing Culture. The Poetics and Politics of Ethnography*. Berkeley-Los Angeles: University of California Press, 1986, 51-76.

CRESPO, CONCHA VENTURA. «La conquista de México a través de fuentes documentales de la literatura dramática (siglos XVI-XVII)», en *Memoria del Coloquio Internacional Sor Juana Inés de la Cruz y el Pensamiento Novohispano* (1995). Toluca, México, D. F.: Instituto Mexiquense de Cultura, 1995, 495-523.

CRO, STELIO. *Realidad y utopía en el descubrimiento y conquista de la América Hispana, 1492-1682*. Troy, Michigan: International Book Publishers-Madrid: Fundación Universitaria Española, 1983.

— *The Noble Savage: Allegory of Freedom*. Waterloo, Ont., Canada: Wilfrid Laurier UP, 1990.

CRUZ, SOR JUANA INÉS DE LA. *Fama y obras póstumas del fénix de México, décima musa, poetisa americana Sor Juana Inés de la Cruz*. Madrid: Ruiz de Murga, 1700.

— *Obras completas*. 4 Vols. Alfonso Méndez Plancarte (edición, prólogo y notas). México, D. F.: Fondo de Cultura Económica, [1951-1957].

CUÉ-CÁNOVAS, AGUSTÍN. «Juana de Asbaje y su tiempo», en *El Nacional* (29 de noviembre de 1951): 3, 6.

CVITANOVIC, DINKO. «Una formulación alegórica en el barroco hispanoamericano», en Victor García, Jean Canavaggio, Theo Berchem, Maria Luisa Lobato (eds.): *Teatro del Siglo de Oro: Homenaje a Alberto Navarro*. Kassel: Reichenberger, 1990, 95-108.

CYWINER, MARIA E. S. DE. «La "civilización" como utopía en la mira sarmienta», en *Río de la Plata: Culturas* (8): 87-98, [Paris] 1989.

D'ABBEVILLE, CLAUDE. *História da missão dos padres capuchinos na ilha do maranhão e terras circunvizinhas*. Sérgio Milliet (trad.), Rodolfo García (introd. e notas). Belo Horizonte, Livraria Itatiaia Editra, São Paulo: Universidade de São Paulo, 1975.

DARÍO, RUBÉN. *Los raros*. Barcelona y Buenos Aires: Maucci, 1905.

— *Poesías completas*, Madrid: Aguilar, 1967.

— *Escritos dispersos de Rubén Darío*. La Plata, Universidad Nacional de La Plata, 1968.

— «El triunfo de Calibán», Carlos Jáuregui (edición y notas), en *Revista Iberoamericana*: *1898-1998 Balance de un siglo* (184-185): 451-455, [Pittsburgh, PA] 1998.

DAVIES, R. TREVOR. *La decadencia española, 1621-1700*. Barcelona: Ed. Labor, 1969.

DAYAN, JOAN. «Playing Caliban: Césaire's Tempest», en Sarah Lawall (ed.): *Reading World Literature: Theory, History, Practice*. Austin: University of Texas UP, 1994, 136-159.

Decreto-ley de la reforma educacional. [Código de la educación boliviana, expedido por el Ministerio de Educación de Bolivia.], La Paz: Subsecretaría de Prensa, Informaciones y Cultura, 1955.

DEAS, WARREN. «Economy», en Leslie Bethell (ed.): *Brazil: Empire and Republic, 1822-1930*. Cambridge, UK; New York: Cambridge UP, 1989, 217-256.

DEBROISE, OLIVIER. *El corazón sangrante = The Bleeding Heart*. Washington: University of Washington UP, 1991.

DELEUZE, GILLES y FÉLIX GUATTARI. *Mil mesetas. Capitalismo y esquizofrenia*. Barcelona: Pre Textos, 1988.

— *Qu'est-ce que la philosophie?* Paris: Les Editions de Minuit, 1991.

— *El anti-Edipo. Capitalismo y esquizofrenia*. Barcelona: Paidos, 1998.

DELGADO, JAIME. «El Guatimozin de Gertrudis Gómez de Avellaneda», en *XVII Congreso del Instituto Internacional de Literatura Iberoamericana: El barroco en América; Literatura hispanoamericana; Crítica historico literaria hispanoamericana*. Volumen II, Cultura Hispánica del Centro Iberoamericano de Cooperación, Centro Iberoamericano de Cooperación, Universidad Complutense de Madrid, Madrid, 1978, 959-970.

DELGADO, LUIS HUMBERTO. *El suplicio de Ariel*. Lima: American Express, 1935.

DELGADO SÁNCHEZ, FABIO. «Informe. Defensoría del Pueblo», Colombia, 27 diciembre de 1993.

DELLEPIANE, ÁNGELA B.: *Presencia de América en la obra de Tirso de Molina*. Madrid: Revista Estudios, 1968.

DENIS, FERDINAND SAINT, ET AL.. *Univers Brésil*. Paris: Didot frères, 1839.

DEPESTRE, RENÉ. «Letter From Cuba», *Présence Africaine*. 1965, 123-56. Y en: Andrew Salkey: *Havana Journal*. Middlesex: Penguin, 1971.

DESSALINES, JEAN JACQUES. «Acta de independencia de Haití y proclama», en José Luis y Luis Alberto Romero (selección y notas): *Pensamiento político de la emancipación*. 2 Vols. Caracas: Biblioteca Ayacucho, 1977, 84-87.

DERRIDA, JACQUES. *Of Grammatology*. Baltimore: Johns Hopkins UP, 1976.

—*Dissemination*. Chicago: Chicago UP, 1981.

— «La retirada de la metáfora», en *La desconstrucción en las fronteras de la filosofía*. Barcelona: Paidós, 1987, 35-75.

— *Specters of Marx: The State of the Debt, the Work of Mourning, and the New International*. New York: Routledge, 1994. También *Espectros de Marx. El estado de la deuda, el trabajo del duelo y la nueva internacional*. Madrid: Trotta, 1995.

— *Writing and Difference*. Chicago: University of Chicago UP, 1978.

— «La mitología blanca», en *Márgenes de la filosofía*. Cátedra, Madrid: 1989, 249-310.

DIAS, ANTÔNIO GONÇALVES. *Poesia e prosa completas*. Rio de Janeiro: Nova Aguilar, 1998.

DÍAZ DEL CASTILLO, BERNAL. *Historia verdadera de la conquista de la Nueva España*. México, D. F.: Porrúa, 1995.

Diccionario de Mitos y Leyendas. Equipo NayA, <www.cuco.com.ar>.

DICKASON, OLIVE PATRICIA. *The Myth of the Savage and the Beginnings of French Colonialism in the Americas*. Edmonton: University of Alberta UP, 1984.

DIDEROT, DENIS y JEAN LE ROND D'ALEMBERT (DIRECTORES). *Encyclopédie ou Dictionnaire raisonné des sciences, des arts et des métiers, par une Société de Gens de lettres*. Primera edición. Versión electrónica, <www.lib.uchicago.edu/efts/ARTFL/projects/encyc>.

DIETERICH, HEINZ. «Introducción», *Globalización, exclusión y democracia en América Latina*. México, D. F.: Mortiz, 1997.

DIEZ DE MEDINA, FERNANDO. *El general del pueblo: René Barrientos Ortuño, caudillo mayor de la revolución boliviana*. La Paz: Los Amigos del Libro, 1972.

— *Imantata, lo escondido: Para una teoría de Bolivia*. La Paz: Talleres Escuela de Artes Gráficas de Editorial Don Bosco, 1975.

— *La teogonía andina. Pacha, Wirakocha, Thunupa, Nayjama*. La Paz: Municipalidad de La Paz, 1973.

— *Tiwanaku, capital del misterio: Cinco meditaciones y dos relatos legendarios*. La Paz: Librería y Editorial «Juventud», 1986.

— *Sariri; una réplica al «Ariel» de Rodó*. La Paz: A. Tejerina, 1954.

— *Thunupa. Ensayos*. La Paz: Gisbert, 1956.

— *Una khantuta encarnada entre las nieves*. La Paz: Ministerio de Prensa Propaganda e Informaciones, 1952.

DONALSON, LAURA. *Decolonizing Feminisms*. London: Routledge, 1992.

DORFMAN, ARIEL Y ARMAND MATTELART. *Para leer al Pato Donald*. La Habana: Ciencias Sociales, 1974.

DUCHET, MICHÈLE. *Antropología e historia en el siglo de las luces: Buffon, Voltaire, Rousseau, Helvecio, Diderot*. México: Siglo XXI, 1984.

DURÁN, DIEGO. *Ritos y fiestas de los antiguos mexicanos*. México, D. F.: Ed. Cosmos, 1980.

DURING, SIMON. «Rousseau's Patrimony: Primitivism, Romance and Becoming Other», en Francis Barrer, Peter Hulme and Margaret Iversen (eds.): *Colonial Discourse/Postcolonial Theory*. Manchester, Manchester UP, 1994, 47-71.

DUSSEL, ENRIQUE. *1492: El encubrimiento del otro: Hacia el origen del «mito de la modernidad»*. La Paz: Plural Editores, 1994.

— *Posmodernidad y transmodernidad. Diálogos con la filosofía de Gianni Vattimo*. Puebla-México, D. F.: Universidad Iberoamericana, Plantel Golfo Centro: Instituto Tecnoloâgico y de Estudios Superiores de Occidente: Universidad Iberoamericana Plantel Laguna, 1999.

DUVERGER, CHRISTIAN. *La flor letal: Economía del sacrificio azteca*. México, D. F.: Fondo de Cultura Económica, 1983.

ECHEVARRÍA, NICOLÁS (DIR). *Cabeza de Vaca*. México, D. F.: Producciones Iguana, 1991.

ECHEVERRÍA, ESTEBAN. *El matadero; La cautiva*. Madrid: Cátedra, 1986.

ELLIOTT, JOHN H.. «Colonial Identity in the Atlantic World» (Introduction), en Anthony Pagden y Nicholas Canny (eds.): *Colonial Identity in the Atlantic World, 1500-1800*. Princeton, N.J.: Princeton University UP, 1987, 3-13.

— «La conquista española y las colonias de América», en Leslie Bethell (ed.): *Historia de América Latina*. Vol. 1. Barcelona: Crítica, 1990a, 123-169.

— «España y América en los siglos XVI y XVII», en Leslie Bethell (ed.): *Historia de América Latina*. Vol. 2, Barcelona: Ed. Crítica, 1990b, 3-44.

— «Renaissance, Europe and America: A Blunted Impact?», en Fredi Chiappelli (ed.): *First images of America: the impact of the New World on the Old*. Berkeley: University of California UP, 1976, 11-23.

— *El Viejo Mundo y el Nuevo (1492-1650)*. Madrid: Alianza, 1972.

ELTIT, DIAMELA. *Los vigilantes*. Santiago de Chile: Sudamericana, 1994.

— «Quisiera», en *Taller-de-Letras* 24. Santiago de Chile, 1996, 205-208.

EMERSON D. FITE, ARCHIBALD FREEMAN. *A Book of Old Maps: Delineating American History from the Earliest Days Down to the Close of the Revolutionary War*. Cambridge: Harvard UP, 1926.

ENCISO, MARTÍN FERNÁNDEZ DE. *Summa de geografía*. Bogotá: Banco Popular, 1974.

Encyclopædia Britannica Online. «cannibalism», <www.eb.com:180/bol/topic?eu=20307 &sctn=1>, Octubre 2, 2000.

EPPS, BRAD. «Proper Conduct: Reinaldo Arenas, Fidel Castro and the Politics of Homosexuality», en *Journal of the History of Sexuality* 6: 231-283, [Austin, TX] 1995.

ERCILLA Y ZÚÑIGA, ALONSO DE. *La Araucana*, 2 Vols. Madrid: Ed. Castalia, 1979.

EURIPIDES. *The Bacchae*. Newburyport, MA.: Focus Pub./R Pullins Co., 1998.

FABIAN, JOHANNES. *Time and the Other: How Anthropology Makes its Object*. New York: Columbia UP, 1983.

FANON, FRANTZ. *The Wretched of the Earth [Les damnés de la terre]*. New York: Grove Press, 1963.

— *Black Skins, White Masks*. New York: Grove Press, 1967.

FAORO, RAYMUNDO. *Os donos do poder: Formação do patronato político brasileiro*. Vol 2. Porto Alegre: Globo, 1979.

FAUSTO, BORIS. *História do Brasil*. São Paulo: EDUSP, Fundação para o Desenvolvimento da Educação, 1994.

FAVARETTO, CELSO FERNANDO. *Tropicália: Alegoria, Alegria*. São Paulo: Ateliê, 1996.

FEIJOO, BENITO JERÓNIMO. *Teatro crítico universal* (1730), t.4. Madrid: D. Blar Morán, Real Compañía de Impresores y Libreros, 1775.

FENWICK, M. J.. *Sisters of Caliban: Contemporary Women Poets from the Caribbean*. Falls Church, Virginia: Azul, 1996.

FERNÁNDEZ HERRERO, BEATRIZ. *La utopía de América: Teoría, leyes, experimentos*. Barcelona: Anthropos-Madrid: Centro de Estudios Constitucionales, 1992.

FERNÁNDEZ MADRID, JOSÉ. *Atala; Guatimoc*. Bogotá: Arango, 1988.

FERNÁNDEZ RETAMAR, ROBERTO. «Cuba hasta Fidel», *Bohemia* (19 de septiembre de 1969), 84-97.

— «Calibán», en *Casa de las Américas* 68: 124-151, La Habana, 1971. (También en *Para un perfil definitivo del hombre*. La Habana: Letras Cubanas, 1981; *Calibán-Contra la leyenda negra*. Lleida, Universitat de Lleida, 1995.)

— *Caliban cannibale*. Paris, F: Maspero, 1973.

— «Calibán revisitado", en *Revista de Crítica Literaria Latinoamericana*, 11 (24): 245-255, [Hanover, NH; Lima] 1986.

— «Calibán en esta hora de nuestra América», en *Casa de las Américas*, 32 (185): 103-117, La Habana, 1991.

— «Calibán veinte años después», en *Nuevo texto crítico*, 5 (9/10): 9-19, [Stanford, CA] 1992.

— «Una aclaración necesaria a propósito de unas palabras de Roberto González Echevarría", en *Revista Iberoamericana* (168-169): 1179-1182, [Pittsburgh, PA] 1994.

— «Adiós a Calibán», en *Milenio* (3): 79-84, Buenos Aires, 1995a.

— «Calibán quinientos años después», en *Milenio* (3): 67-78, Buenos Aires, 1995b.

— *Concierto para la mano izquierda*. La Habana: Casa de las Américas, 2000.

— «Martí en su (tercer) mundo», en *Órbita de Roberto Fernández Retamar*. La Habana: Unión, 2001, 256-330.

FERREIRA, MANUEL. *No reino de Caliban I: Antologia panorâmica da poesia africana de expressão portuguesa*. Lisboa, Plátano Editora-Brooklyn, NY: Luso-Brazilian Books, 1997.

FISKE, JOHN. *Understanding Popular Culture*. Boston: Unwin Hyman, 1989.

FITCH, SAMUEL SHELDON. *Diseases of the Chest; A Treatise on the Uses of The Lungs and on the Causes and Cure of Pulmonary Consumption...* Philadelphia: Hooker and Agnew, 1841.

FLEMING, LEONOR. «Introducción», en *El matadero/La cautiva*. Madrid: Cátedra, 1986. 11-88.

FONSECA, MARIA AUGUSTA. *Oswald de Andrade, 1890-1954: Biografia*. São Paulo: Secretaria de Estado da Cultura, Art, 1990.

FONSECA, PEDRO. «Primeiros encontros com a antropofagia amerindia: de Colombo a Pigafetta", en *Revista Iberoamericana*, (170-171): 57-79, [Pittsburgh, PA] 1995.

FORNET, AMBROSIO (COMP., PROL., Y NOTAS). *Alea: Una retrospectiva crítica*. La Habana: Letras Cubanas, 1998.

FOUCAULT, MICHEL. *Historia de la sexualidad*. México, D. F.: Siglo XXI, 1991.

— *La arqueología del saber*. México, D. F.: Siglo XXI, 2001.

— *The Order of Things: An Archaeology of the Human Sciences*. London: Tavistock Publications, 1970.

FOOD AND DRUG ADMINISTRATION (FDA), AND U.S. DEPARTMENT OF HEALTH AND HUMAN SERVICES: «Serious Manufacturing Deficiencies with Abbokinase Prompt FDA Letter to Abbott Labs». July 16, 1999.

FRANCO-PICHARDO, FRANKLIN. *Sobre racismo y antihaitianismo (y otros ensayos)*. Santo Domingo: Impresora Vidal, 1997.

FRAZER, JAMES GEORGE. *The Golden Bough*. New York: Touchstone, 1996.

FREEMAN, ROBERT. «Latin America, the United States, and the European Powers 1830-1930», en Leslie Bethell (ed.): *The Cambridge History of Latin America*. Vol. 3. Cambridge, England-New York: Cambridge UP, 1985, 83-119.

FREUD, SIGMUND. *Obras completas*. 3 Vols. Madrid: Biblioteca Nueva, 1981.

FRIEDE, JUAN. *Documentos inéditos para la historia de Colombia*. 10 Vols. Bogotá: Academia de Historia, 1955, 1, 3 y 7.

FUENTE, ALEJANDRO DE LA. «Myths of Racial Democracy: Cuba 1900-1912», en *Latin American Research Review*, 34 (3): 39-73, [Pittsburgh, PA] 1999.

FUENTE, ARIEL DE LA. «"Gauchos"', "montoneros" y "montoneras"», en Noemí Goldman y Ricardo Salvatore (comp.): *Caudillismos rioplatenses: Nuevas miradas a un viejo problema*. Buenos Aires: Eudeba, 1998, 267-291.

FUKUYAMA, FRANCIS. *The End of History and the Last Man*. New York: Free Press-Toronto: Maxwell Macmillan, 1992.

FUSCO, COCO. «El diario de Miranda/Miranda's Diary», en Fusco: *Eglish is Broken Here: Notes on Cultural Fusion in the Americas*. New York City: The New Press, 1995, 3-20.

GAGLIARDI, JOSÉ MAURO. *O indígena e a República*. São Paulo: Hucitec-Universidade de São Paulo-Secretaria de Estado da Cultura de São Paulo: 1989.

GALEANO EDUARDO. *Las venas abiertas de América Latina*. La Habana: Casa de las Américas, 1970.

— «A pesar de los pesares», en Galeano: *Ser como ellos y otros artículos*. México, D. F.: Siglo XXI, 1992, 87-93.

GALVÃO, PATRÍCIA. *Parque industrial*. Porto Alegre, RS: Mercado Aberto; São Carlos, SP: Universidade Federal de São Carlos, 1994.

GÁLVEZ, MANUEL. *Calibán: Tragicomedia de la vida política*. Buenos Aires: Edición del autor, 1943.

GÂNDAVO, PERO DE MAGALHÃES. *Tratado da província do Brasil*. Emmanuel Pereira Filho (ed.). Rio de Janeiro: Instituto Nacional do Livro, Ministério da Educacão e Cultura, 1965.

— *História da Província de Santa Cruz* e *Tratado da terra do Brasil*. São Paulo: Obelisco, 1964.

GARCÍA CALDERÓN, FRANCISCO. *Las democracias latinas de América* [Démocraties latines de l'Amérique], Caracas: Biblioteca Ayacucho, 1979.

GARCÍA CANCLINI, NÉSTOR. *Culturas híbridas: Estrategias para entrar y salir de la modernidad*. México, D. F.: Grijalbo, 1990.

— «El consumo cultural y su estudio en México: Una propuesta teórica», en García Canclini (coord.): *El Consumo cultural en México*. México, D. F.: Consejo Nacional para la Cultura y las Artes, 1993, 15-42.

— *Consumidores y ciudadanos: Conflictos multiculturales de la globalización*. México, D. F.: Grijalbo, 1995.

GARCÍA QUINTANA, JOSEFINA. *Cuauhtémoc en el siglo XIX*. México, D. F.: UNAM, 1977.

GARCÍA MÁRQUEZ, GABRIEL. *El otoño del patriarca*. Buenos Aires: Sudamericana, 1975.

GARDNER, DON. «Anthropophagy, Myth and the Subtle Ways of Ethnocentrism», en Laurence Goldman (ed.): *The Anthropology of Cannibalism*. Westport, Conn., Bergin & Garvey, 1999, 27-49.

GATES, HENRY LUIS, JR.. «Writing "Race" and the Difference It Makes» (Introd.), en Gates (ed.): *«Race», Writing and Difference*. Chicago: University of Chicago UP, 1986, 1-20.

GASTÉLUM BAJO, HADAMIRA. «El tráfico de niños y niñas», en *Nuestro congreso*. (10): 72-75, Sinaloa, 2000.

GAVIDIA, GERTRUDIS. «Aimé Césaire», en *Diccionario enciclopédico de las letras de América Latina* (DELAL). Vol I. Caracas: Monte Ávila, 1995, 1044-1051.

GEERTZ, CLIFFORD. *The Interpretation of Cultures; Selected Essays*. New York: Basic Books, 1973.

— *Works and Lives: The Anthropologist as an Author.* Stanford: Stanford UP, 1988.

GELDOF, KOENRAAD. «Look Who's Talking. Caliban in Shakespeare, Renan and Guéhenno», en Nadia Lie, Theo D'Haen (eds.): *Constellation Caliban. Configurations of a Character.* Amsterdam- Atlanta, GA , Rodopi, 1997, 81-112.

GELLNER, ERNEST. «Scale and Nation» (1973), en John Hutchinson y Anthony Smith (eds.): *Nationalism: Critical Concepts in Political Science.* Vol 1. London-New York: Routledge, 2000, 271-287.

—.*Thought and Change.* Chicago: University of Chicago Press, 1965.

GERBI, ANTONELLO. *La disputa del Nuevo Mundo: Historia de una polémica, 1750-1900.* México, D. F.: Fondo de Cultura Económica, 1982.

— *La naturaleza de las Indias nuevas: De Cristóbal Colón a Gonzalo Fernández de Oviedo.* México, D. F.: Fondo de Cultura Económica, 1978.

GEORGE, DAVID. «The Reinterpretation of a Brazilian Play: O Rei da Vela», en *Ideologies and Literature,* 2: 8 (1978), 55-64.

GIDDENS, ANTHONY. *The Consequences of Modernity.* Stanford: Stanford UP, 1990.

GIL, GILBERTO. «Amor e ódio na música de Gilberto Gil», en *Folha de São Paulo,* São Paulo: p. 5, outubro 6, 1967.

GILMAN, CHARLOTTE PERKINS. *The Man-made World; or, Our Androcentric Culture.* New York: Charlton Co., 1911.

GITLITZ. DAVID. «Carvajal's Cortes de la Muerte: The Political Implications of a Sixteenth-Century Spanish Morality Play», en Donald Gilman (ed.): *Everyman and Company: Essays on the Theme and Structure of the European Moral Play.* New York: AMS, 1989, 111-128.

GLANTZ, MARGO. *Borrones y borradores: Reflexiones sobre el ejercicio de la escritura (ensayos de literatura colonial, de Bernal Díaz del Castillo a Sor Juana).* México, D. F.: Coordinación de Difusión Cultural, Dirección de Literatura / UNAM, Ediciones del Equilibrista, 1992.

GOLDMAN, LAURENCE (ED.). *The Anthropology of Cannibalism.* Westport, Conn.: Bergin & Garvey, 1999.

GOMES, MIGUEL. «Oswaldo de Andrade y el Modernismo», en *Oswald de Andrade: Antología poética.* Miguel Gomes (ed.). Caracas: Fundarte, 1988, 7-14.

GÓMEZ DE AVELLANEDA y ARTEAGA, GERTRUDIS. *Guatimozín.* La Habana: Letras Cubanas, 1979.

— *Obras literarias.* Madrid: Imprenta y Estereotipia de M. Rivadeneyra, 1869-1871.

GÓMEZ MOYA, MANUEL UBALDO. *Resumen de la historia de Santo Domingo.* Santo Domingo: Editora de Santo Domingo, 1983.

GÓNGORA Y ARGOTE, LUIS DE. *Obras poéticas de Luis de Góngora,* t. 1 y 2. New York: The Hispanic Society of America, 1921.

— *Soledades.* John Beverley (ed.). Madrid: Cátedra, 1979.

GONZÁLEZ ACOSTA, ALEJANDRO. *El enigma de Jicoténcal.* México: UNAM, Seminario de Cultura Novohispana, 1997.

GONZÁLEZ ECHEVARRÍA, ROBERTO. «A Lost World Rediscovered», en Tulio Halperín Donghi, Iván Jaksic, Gwen Kirpatrick y Francine Masiello (eds.): *Sarmiento: Author of a Nation.* Berkeley: University of California UP, 1994, 220-256.

— «Roberto Fernandez Retamar: An Introduction», en *Diacritics*, December: 70-75, [Baltimore, Md.] 1978.

— «Entrevista con Roberto Fernández Retamar», en *Sin nombre*, 10 (2): 14-28, [San Juan, PR] 1979.

— «The case of the Speaking Statue. *Ariel* and the Magisterial Rhetoric of the Latin American Essay», en González Echevarría: *The Voice of the Masters. Writing and Authority in Modern Latin American Literature*. Austin: University of Texas UP, 1985, 8-32.

— «Severo Sarduy (1937-1993)» (obituario), en *Revista Iberoamericana*, (164-165: 755-760, [Pittsburgh, PA] 1993.

GONZÁLEZ, NANCIE L.. «From Cannibals to Mercenaries: Carib Militarism, 1600-1840», en *Journal of Anthropological Research*, (46): 25-39, [Albuquerque, New Mexico] 1990.

— *Próspero, Calibán and Black Sambo: Colonial Views of the Other in the Caribbean*. College Park, MD: Dept. of Spanish and Portugese, University of Maryland at College Park, c1991.

GONZÁLEZ PRADA, MANUEL. «Nuestros indios», en Susana Rotker (ed.): *Ensayistas de nuestra América*. Buenos Aires: Losada, 1994, 267-286.

GONZÁLEZ STEPHAN, BEATRIZ. «Para comerte mejor: Cultura Calibanesca y formas literarias alternativas», en *Nuevo Texto Crítico*, 9 (10): 201-215, [Stanford, CA] 1993.

GONZÁLEZ TORRES, YOLOTL. *El sacrificio humano entre los mexicas*. México, D. F.: Fondo de Cultura Económica, 1985.

GOLDBERG, JONATHAN. *The Generation of Caliban*. Vancouver: Rosdale, 2002.

GOYA Y LUCIENTES, FRANCISCO JOSÉ DE. *Caníbales preparando a sus víctimas* y *Caníbales contemplando restos humanos* (*Musée des Beaux Arts*, Besançon), *Salvajes degollando a una mujer* (Colección *Villagonzalo*, Madrid) y *Salvajes junto a un fuego* o *La Hoguera* (Colección *Marqueses de Valdeolmos e hijos*, Madrid), 1808 y 1814; *Saturno devorando a un hijo* (*Museo del Prado*, Madrid) (1820 1821).

GRAMSCI, ANTONIO. *Prison Notebooks*. New York: Columbia UP, 1992.

GRANDIS, RITA DE. «Incursiones en torno a hibridación: Una propuesta para discusión. De la mediación lingüística de Bajtin a la mediación simbólica de Canclini», en *Memorias de JALLA Tucumán* I. Tucumán. Argentina: Proyecto «Tucumán en los Andes», 1997, 292-294.

GREENAWAY, PETER. *Prospero's Books*: A Film of Shakespeare's *The Tempest*. New York: Four Walls Eight Windows, 1991.

GREENBLATT, STEPHEN. «Learning to Curse: Aspects of Linguistic Colonialism in the Sixteenth Century», en Fredi Chiappelli (ed.): *First Images of America: The Impact of the New World on the Old*. Berkeley: University of California UP, 1976, 561-580.

— *Marvelous Possessions: The Wonder of the New World*. Chicago: University of Chicago Press, 1991.

GRINDLE, MERILEE y PILAR DOMINGO (EDS.). *Proclaiming Revolution: Bolivia in Comparative Perspective*. London: Institute of Latin American Studies- Cambridge, Mass.: David Rockefeller Center for Latin American Studies- Harvard University, 2003.

GROUSSAC, PAUL. *El viaje intelectual: Impresiones de la naturaleza y el arte*. Primera serie. Madrid: Victoriano Suárez, 1904.

— *De la Plata al Niágara*. Buenos Aires: Jesús Menéndez, 1925.

GUEVARA, ANTONIO DE. *Relox de príncipes*. Madrid: ABL, 1994.

GUEST, KRISTEN (ED.). *Eating their Words: Cannibalism and the Boundaries of Cultural Identity*. Albany: SUNY UP, 2001.

GUICHARNAUD TOLLIS, MICHELE. «Notas sobre el tiempo histórico en la ficción: La conquista de México en *Guatimozin*, de Gertrudis Gómez de Avellaneda», en *Cuadernos Americanos* (45): 88-102, [México, D.F.] 1994.

GUILLÉN, NICOLÁS. *Obra poética, 1920-1972*. La Habana: Arte y Literatura, 1974.

GULLÓN RICARDO. «Espiritismo y modernismo», en Ivan Schulman (ed.): *Nuevos asedios al Modernismo*. Madrid: Taurus, 1987, 86-122.

GUMBRECHT, HANS ULRICH. «Biting You Softly: A Commentary on Oswald de Andrade's Manifesto antropófago», en *Nuevo texto crítico*, (23, 24): 191-198, [Stanford, CA] 2000.

GUNDER FRANK, ANDRE. «The Development of Underdevelopment», en *Monthly Review*, (9): 17-30, [New York, NY] 1966.

GUTIÉRREZ, JUAN MARÍA. *Poesías*. Estudio preliminar y notas de Rafael Arrieta. Buenos Aires: Estrada, 1945.

GUTIÉRREZ ALEA, TOMÁS (DIR.). *La última cena*. Instituto Cubano del Arte e Industria Cinematográficos, 1976.

— «El verdadero rostro de Calibán», en *Cine Cubano* (126): 12-22, La Habana, 1989.

HABERMAS, JÜRGUEN. *The Structural Transformation of the Public Sphere*. Cambridge, MA, MIT UP, 1989.

HAKLUYT, RICHARD. *Voyages and Discoveries: The Principal Navigations, Voyages, Traffiques and Discoveries of the English Nation*. Harmondsworth, Middlesex, England: Penguin Books-New York, NY: USA, Viking Penguin, 1985.

HALL, STUART. «Cultural Identity and Diaspora», en Rutherford, J. (ed.): *Identity: Community, Culture, Difference*. London: Lawrence and Wishart, 1990, 222-237.

— «Cultural Studies and its Theoretical Legacies», en Lawrence Grossberg, Gary Nelson, y Paula Treichler (eds.): *Cultural Studies*. New York: Routledge, 1992, 277-294.

— «The West and The Rest: Discourse and Power», en Stuart Hall y Bram Gieben (eds.): *Formations of Modernity*. Cambridge: Polity Press and the Open University, 1992.

— *Race: The Floating Signifier*. Dir. Sut Jhally, The Media Education Foundation, 1997.

— «Pensando en la diáspora: En casa, desde el extranjero», en Carlos Jaúregui (ed. y trad.) Juan Pablo Dabove (ed.): *Heterotropías: Narrativas de identidad y alteridad latinoamericana*. Pittsburgh: IILI, 2003, 477-500.

HANKE, LEWIS. «La actualidad de Bartolomé de las Casas» (Prólogo), en Bartolomé de las Casas: *Tratados de fray Bartolomé de las Casas*. Vol. 1. México, D. F.: Fondo de Cultura Económica, 1965, xi-xix.

— «El manuscrito y su autor» (Introducción), en fray Bartolomé de las Casas: *Del único modo de atraer a todos los pueblos a la verdadera religión*. México, D. F.: Fondo de Cultura Económica, 1975, 19-60.

— *La lucha por la justicia en la conquista de América*. Madrid: Istmo, 1988.

HARDT MICHAEL y ANTONIO NEGRI. *Empire*. Cambridge, Mass.: Harvard UP, 2000.

HARNER, MICHAEL. «The Enigma of Aztec Sacrifice», en *Natural History* 86 (4): 47-51, [New York] 1977.

HARRIS, MARVIN. *Cannibals and Kings: The Origins of Cultures*. New York: Random House, 1977.

HARTOG, FRANÇOIS. *The Mirror of Herodotus: The Representation of the Other in the Writing of History*. Berkeley: University of California Press, 1988.

HAZLITT, WILLIAM. *Characters of Shakespear's Plays*. London: C. H. Reynell, 1817.

— «Mr. Coleridge's Lectures», en *The Complete Works of William Hazlitt*, t. 3. London and Toronto, Dent and Sons, 1930-1934, 206-210.

HEDGES, STEPHEN. «Tissue Imports Pose Hazards: Deadly Contamination Found in Shipments from Abroad», en *Chicago Tribune*, May 22, 2000.

HEGEL, GEORGE WILHELM FRIEDRICH. *Lecciones sobre la filosofía de la historia*. Madrid: Revista de Occidente, 1974.

— «Geographical Basis of World History», en Emmanuel Chukwudi Eze (ed.): *Race and the Enlightenment: A Reader*. Oxford: Blackwell, 1997, 109-153.

HEIDEGGER, MARTIN. *Being and Time*. New York: State University of New York UP, 1966.

HELENA, LÚCIA. *Uma literatura antropofágica*. Fortaleza (Brasil), Universidade Federal do Ceará, 1983.

HELMINEN, JUHA PECA. «¿Eran caníbales los caribes? Fray Bartolomé de las Casas y el canibalismo», en *Revista de Historia de América*. IPGH, (105): 147-158, [México, D. F.] 1988.

HEMMING, JOHN. «Los indios del Brasil en 1500», en Leslie Bethell (ed.): *Historia de América Latina*. Vol. 1. Barcelona: Crítica, 1990, 99-119.

HEREDIA, JOSÉ MARÍA. *Poesías*. La Habana: Letras Cubanas, 1980.

— (atribuida a): «Jicotencatl», *La novela del México colonial*. Antonio Castro Leal (estudio preliminar, selección y notas), t. 1. México, D. F.: Aguilar, 1964, 79-177.

HERKENHOFF, PAULO. «A cor no modernismo brasileiro - a navegação com muitas bússolas», en *XXIV Bienal de São Paulo: Núcleo histórico e historias de canibalismos*. São Paulo: Fundação Bienal de São Paulo: 1998a, 336-345.

— «Introdução geral» a la Bienal Internacional de São Paulo 24ª, 1998, en *XXIV Bienal de São Paulo: Núcleo histórico e historias de canibalismos*. São Paulo: Fundação Bienal de São Paulo: 1998b, 22-34.

— «Ir e Vir», en *XXIV Bienal de São Paulo: «Roteiros, roteiros, roteiros, roteiros»*. São Paulo: Fundação Bienal de São Paulo: 1998c, 22-25.

HERNÁNDEZ ARAICO, SUSANA. «El código festivo renacentista barroco y las loas sacramentales de Sor Juana: Des/re/construcción del mundo europeo», en Ysla Campbell (ed.): *El escritor y la escena II: Actas del II Cong. de la Asociación Internacional de Teatro Español y Novohispano de los Siglos de Oro*. Ciudad Juárez, Universidad Autónoma de Ciudad Juárez, 1994, 75-93.

— «La alegorización de América en Calderón y Sor Juana: Plus Ultra», en *Revista de Filología Hispánica* (RILCE), 12 (2): 281-300, [Pamplona. España] 1996.

— «La poesía de Sor Juana y la teatralidad indígena musical: De conquista y catequesis a coreografía callejera y cortesana», en *Caliope: Journal of the Society for Renaissance and Baroque Hispanic Poetry* 4: (1-2): 324-336, [Houston, TX] 1998.

HERNÁNDEZ-MIYARES, JULIO E.. «Variaciones en un tema indianista de la Avellaneda: El epílogo de *Guatimozín* y *Una anécdota de la vida de Cortés*», en Rosa M. Cabrera y

Gladys B. Zaldívar (eds.): *Homenaje a Gertrudis Gómez de Avellaneda: Memorias del simposio en el centenario de su muerte*. Miami: Universal, 1981, 318-328.

HERODOTUS. *The Histories*. London-New York: Penguin Books, 1996.

HESIOD. *Works and Days*. Cambridge, MA., Harvard UP-London: William Heinemann Ltd., 1914.

HOBSBAWM, ERIC. «Inventing Traditions» (Introducción, 1983), en Hutchinson, John y Anthony D. Smith (eds.): *Nationalism: Critical Concepts in Political Science*. Vol 1. London-New York: Routledge, 2000, 375-387.

— *Nations and nationalism since 1780*. Cambridge England; New York: Cambridge UP, 1990.

— *The Age of Empire, 1875 1914*. London: Widenfeld & Nicholson, 1987.

HOGGART, RICHARD. *The Uses of Literacy*. New Brunswick, NJ, USA: Transaction Publishers, 1992.

HOMER. *The Odyssey*. London-New York: Penguin Books, 1991.

HONOUR, HUGH. *The New Golden Land: European Images of America*. New York: Pantheon Books, 1976.

HOPENHAYN, MARTIN. «Postmodernism and Neoliberalism in Latin America», en John Beverley and José Oviedo (eds.): *The Postmodernism Debate in Latin America*. Durham, NC: Duke UP, 1995, 93-100.

HUIDOBRO, VICENTE. *Obra selecta*. Caracas: Biblioteca Ayacucho, 1989.

HULME, PETER. «The Cannibal Scene» (Introd.), en Francis Barker *et al* (ed.): *Cannibalism and the Colonial World*. Cambridge: Cambridge UP, 1998, 1-38.

— *Colonial Encounters: Europe and the Native Caribbean, 1492-1797*. London: Methuen, 1986.

— «Reading from Elsewhere: George Lamming and the Paradox of Exile», en Peter Hulme and William H. Sherman (eds.): *'The Tempest' and Its Travels*. London: Reaktion Books, 2000, 220-235.

— «The Profit of Language: George Lamming's *Water with Berries*», en Jonathan White (ed.): *Recasting the World: Literature after Colonialism*, Baltimore and London: Johns Hopkins UP, 1993a, 38-52.

— «Rewriting the Caribbean Past», en Joan H. Pittock and Andrew Wear (eds.): *Interpretation and Culture*, London: Macmillan, 1991, 175-97.

— «Stormy Weather: Misreading the Postcolonial Tempest», en *Early Modern Culture 3* (2003): <.history-journals.de/articles/hjg-eartic-j00107.html>.

— «Making No Bones: A Response to Myra Jehlen», en *Critical Inquiry* (20): 179-186, [Chicago, IL] 1993b.

HULME, PETER y NEIL L. WHITEHEAD (EDS.). *Wild Majesty: Encounters with Caribs from Columbus to the Present Day*. Oxford: Claredon Press, 1992.

HULME, PETER y WILLIAM H. SHERMAN (EDS.). *'The Tempest' and Its Travels*. London: Reaktion Books, 2000.

HUMBOLDT, ALEXANDER VON. *Viaje a las regiones equinocciales del Nuevo Continente hecho en 1799, 1800, 1801, 1802, 1803, y 1804 por A. de Humboldt y A. Bonpland*, t. 5. Caracas: Ministerio de Educación, Dirección de Cultura y Bellas Artes, 1956.

HUTCHINSON, JOHN y ANTHONY D. SMITH. *Nationalism*. Oxford; New York: Oxford UP, 1994.

— (EDS.). *Nationalism: Critical Concepts in Political Science*. London; New York: Routledge, 2000. «General Introduction» Hutchinson, John y Anthony D. Smith, vol 1, xxv-xlii.

INCHÁUSTEGUI, MARIÑO. *Documentos para estudio. Marco de la época y problemas del Tratado de Basilea de 1795, la parte española de Santo Domingo*. Buenos Aires: Academia dominicana de historia, 1957.

JACKSON, KENNETH DAVID. «A View on Brazilian Literature: Eating the Revista de Antropofagia», en *Latin American Literary Review*, (13): 1-9, [Pittsburgh, PA] 1978.

— «Novas receitas da cozinha canibal», en *Nuevo texto crítico*, (23, 24): 273-280, [Stanford, CA] 2000.

JAMES, CYRIL LIONEL ROBERT. *The Black Jacobins; Toussaint Louverture and the San Domingo Revolution*. New York: Vintage Books, 1989.

JAMESON, FREDRIC. *El posmodernismo o la lógica cultural del capitalismo avanzado*. Barcelona: Paidós, 1995.

— «Third World Literature in the Era of Multinational Capitalism», en *Pretexts: Studies in Writing and Culture* 3 (1991) 1, 2, 82-104.

— «Prefacio a Calibán», en *Nuevo texto crítico*, 3 (5): 3-8, [Stanford, CA] 1990.

— *The Political Unconscious / Narrative as a Socially Symbolic Act*. London: Verso, 1983.

JÁUREGUI, CARLOS. «Calibán: ícono del 98. A propósito de un artículo de Rubén Darío», en *Revista Iberoamericana*, (184-185): 1898-1998, Balance de un siglo: 441-449, [Pittsburgh, PA] 1998.

— «Saturno caníbal: Fronteras, reflejos y paradojas en la narrativa sobre el antropófago», en *Revista de Crítica Literaria y Cultural*, (51): 9-39, [Hanover, NH; Lima] 2000.

— *Querella de los indios en las Cortes de la Muerte (1557) de Michael de Carvajal*. México, D. F.: Universidad Nacional Autónoma de México, [2002] 2003.

— «*Brasil especular*: Alianzas estratégicas y viajes estacionarios por el tiempo salvaje de la Canibalia», en Jáuregui y Dabove (eds.): *Heterotropías: Narrativas de identidad y alteridad latinoamericana*. IILI, 2003. 77-114. También en *Enunciación* (7): 12-27, [Pittsburgh, PA] 2002.

— «"El plato más sabroso": Eucaristía, plagio diabólico, y la traducción criolla del caníbal», en *Colonial Latin American Review* 12 (2): 199-231, [Abingdon, Oxfordshire, UK] 2003a.

— «Arielismo e imaginario indigenista en la Revolución boliviana. *Sariri: Una replica a Rodó* (1954)», en *Revista de crítica literaria latinoamericana* (59, 6): 155-182, [Hanover, NH; Lima] 2004.

— «Apetitos coloniales, *salvajes críticos* y razón de imperio en las *Cortes de la Muerte* (1557)» *Bulletin of the Comediantes* 58.1: 103-140, 2006.

— "Cannibalism, the Eucharist, and Criollo Subjects." en *Creole Subjects in the Colonial Americas: Empires, Texts, Identities*. Ralph Bauer y Jose Antonio Mazzotti (eds.), (en prensa, Omohundro Institute of Early American History and Culture at the College of William and Mary in Colonial Williamsburg, University of North Carolina Press, 2007).

JÁUREGUI, CARLOS y JUAN P. DAVOBE (EDS. E INTRO.). «Mapas heterotrópicos de América Latina», en Jáuregui y Dabove (eds.): *Heterotropías: Narrativas de identidad y alteridad latinoamericana*. IILI, 2003, 7-36.

JITRIK, NOÉ. *El fuego de la especie; Ensayos sobre seis escritores argentinos*. Buenos Aires: Siglo XXI Argentina, 1971.

— *Esteban Echeverría*. Buenos Aires: Centro Editor de América Latina, 1967.

JOHNSON, NORRIS B. «Cannibals and Culture: The Anthropology of Michel de Montaigne», en *Dialectical Anthropology*, 18 (2): 153-176, [New York] 1993.

— «Michel de Montaigne's "Of cannibals" as Cultural Relativism, Critique and Counterproposal: An Issue in the History of Anthropology», en *Kroeber Anthropological Society Papers*, 61 (2): 20-40, [Berkeley, CA.] 1982.

JONSON, H. B. «La colonización portuguesa del Brasil 1500-1580», Leslie Bethell (ed.): *Historia de América Latina*. Vol. 1, Barcelona: Crítica, 1990, 203-233.

JOVELLANOS, GASPAR MELCHOR DE. *Poesía, teatro, prosa*. Madrid: Taurus, 1979.

JRADE, CATHY L. *Modernismo Modernity and the Development of Spanish American Literature*. Austin: University of Texas Press, 1991.

— *Rubén Darío y la búsqueda romántica de la unidad: El recurso modernista a la tradición esotérica*. México, D. F.: Fondo de Cultura Económica, 1986.

JULIEN, NADIA. *The Mammoth Dictionary of Symbols*. New York: Carrol and Graf, 1996.

JUNGMANN, JOSEF A. (JOSEF ANDREAS). *The Mass Of The Roman Rite: Its Origins And Development (Missarum Sollemnia)*, 2 vols. Westminster, Md., Christian Classics, 1986.

KANNEH, KADIATU. «Feminism and the Colonial Body», en Bill Ashcroft *et al* (eds.): *The Post Colonial Studies Reader*. London: Routledge, 1995, 346-348.

KANT, IMMANUEL. «On the Diferent Races of Man», «On National Characteristics», «Physical Geography», «Immanuel Kant Review of Herder's *Ideas on the Philosophy of the History of Mankind*», en Emmanuel Chukwudi Eze (ed.): *Race and the Enlightenment: A Reader*. Oxford: Blackwell, 1997, 38-70.

KAPLAN, MARINA. «El romance latinoamericano: El género del *Facundo* y algunas de sus proyecciones recientes», en *Dispositio*, 15 (39): 67-84, [Ann Arbor, MI, USA] 1990.

KELLEY, JONATHAN y KLEIN HERBERT S.. *Revolution and the Rebirth of Inequality: A Theory Applied to the National Revolution in Bolivia*. Berkeley: University of California Press, c.1981.

KILGOUR, MAGGIE. «The Function of Cannibalism at the Present Time», en Francis Barker *et al* (ed.): *Cannibalism and the Colonial World*. Cambridge: Cambridge UP, 1998, 238-259.

— *From Communion to Cannibalism: An Anatomy of Metaphors of Incorporation*. Princeton: Princeton UP, 1990.

KING, ANTHONY D. (ED.). *Culture, Globalization and the World-System: Contemporary Conditions for the Representation of Identity*. Minneapolis, Minnesota: University of Minnesota UP, 1997.

KITSON, PETER J. «'The Eucharist of Hell'; or, Eating People is Right: Romantic Representations of Cannibalism», en *Romanticism* on the Net 17 (February 2000) <http://users.ox.ac.uk/~scat0385/17cannibalism.html>.

KLEIN, HERBERT S.. *Orígenes de la revolución nacional boliviana: La crisis de la generación del Chaco*. México, D. F.: Consejo Nacional para la Cultura y las Artes, Grijalbo, 1993.

KLEIN, MELANIE. *Contributions to Psycho Analysis, 1921-1945*. New York: McGraw Hill, 1964.

KONETZKE, RICHARD (ED.). *Colección de documentos para la historia de la formación social de Hispanoamérica, 1493-1810*. 3 vol., Madrid: Consejo Superior de Investigaciones Científicas, 1953.

KRANIAUSKAS, JOHN. «*Cronos* and the Political Economy of Vampirism: Notes on a Historical Constellation», en Francis Barker *et al* (ed.): *Cannibalism and the Colonial World*. Cambridge: Cambridge UP, 1998, 142-157.

KRISTAL, EFRAÍN. *The Andes Viewed from the City: Literary and Political Discourse on the Indian in Peru, 1848-1930*. New York: P. Lang, 1987.

KRISTEVA, JULIA. *Powers of Horror: An Essay on Abjection*. New York: Columbia UP, 1982.

KUBLER, GEORGE y MARTIN SORIA. *Art and Architecture in Spain and Portugal and their American Dominions, 1500 to 1800*. Harmondsworth, Middlesex: Penguin Books, 1959.

KUTZINSKI, VERA. «The Cult of Calibán», en James Arnold (ed.): *A History of Literature in the Caribbean 3*. Amsterdam-Philadelphia: J. Benjamins, 1997, 285-302.

LACAN, JACQUES. *Écrits: A Selection*. London: Tavistock Publications, 1977a.

— *The Four Fundamental Concepts of Psycho Analysis*. London: Hogarth Press, 1977b.

LACLAU, ERNESTO. *Politics and Ideology in Marxist Theory: Capitalism, Fascism, Populism*. London: NLB, 1977.

— *Emancipation(s)*. New York: Verso, 1996.

LAFARGUE, PAUL. *The Right To Be Lazy*. Translated by Charles Kerr Charles Kerr and Co., Co-operative, 1883. Online Version: Lafargue Internet Archive (marxists.org), 2000.

LAMMING, GEORGE. *The Pleasures of Exile*. Ann Arbor: University of Michigan UP, 1999.

LANGER, ERICK D.. «Native Cultural Retention and the Struggle for Land in Early Twentieth-Century Bolivia», en John E. Kicza (ed.): *The Indian in Latin American History: Resistance, Resilience, and Acculturation*. Wilmington, Del.: SR Books, 2000, 243-268.

LAO MONTES, AGUSTÍN. «The 1898 Spanish Cuban American Filipino War: Contending Occidentalisms and Clashing Hegemonic Projects» (Texto inédito, 2000).

LASTARRIA, JOSÉ VICTORINO. «La América», en Susana Rotker (ed.): *Ensayistas de nuestra América*. Buenos Aires: Losada, 1994, 243-279.

LASTRA, PEDRO. «Las contradicciones de Alcides Arguedas», en Lastra: *Relecturas hispanoamericanas*. Santiago: Universitaria, 1986, 51-68.

LAUER, MIRKO. *Andes imaginarios: Discursos del indigenismo 2*. Cusco, Lima: Sur Casa de Estudios del Socialismo, 1997.

LEE TAPIA, CONSUELO. *Con un hombro menos*. San Juan: Instituto de Cultura Puertorriqueña, 1977.

LEHMAN, KENNETH DUANE. *U.S. Foreign aid and Revolutionary Nationalism in Bolivia, 1952-1964: the Pragmatics of a Patron-client Relationship*. Dissertation, University of Texas at Austin, 1992.

LEITE, SERAFIM (ED.). *Cartas dos primeiros jesuítas do Brasil*. 3 T. São Paulo: Comissão do IV centenário da cidade de São Paulo: 1954.

LEMEBEL, PEDRO. *La esquina es mi corazón*. Providencia, Chile: Cuarto Propio, 1995.

LENIN, VLADIMIR ILICH. *El imperialismo, fase superior del capitalismo*. Pekín: Ediciones en lenguas extranjeras, 1975.

— *The Agrarian Programme of Social Democracy in The First Russian Revolutlon*, 1905-1907 [PART I], <www.cruzio.com/~marx2mao/Lenin/APFR07i.html> (Abril 24, 2000).

LEÓN PORTILLA, MIGUEL. *Cantos y crónicas del México antiguo*. Madrid: Historia 16, 1986.

— *Visión de los Vencidos*. Madrid: Historia 16, 1985.

LEONARD, IRVING ALBERT. *Books of the Brave*. New York: Gordian Press, 1964.

— *Don Carlos de Sigüenza y Góngora: Un sabio mexicano del siglo XVII*. México, D. F.: Fondo de Cultura Económica, 1984.

LÉRY, JEAN DE. *History of a Voyage to the Land of Brazil, Otherwise Called America*. Janet Whatley (Trad. e introd.) Berkeley: University of California Press, 1992.

LESTRINGANT, FRANK. *Cannibals: The Discovery and Representation of the Cannibal from Columbus to Jules Verne*. Berkeley: University of California UP, 1997.

LEVENTHAL, TODD. «The Child Organ Trafficking Rumor: A Modern 'Urban Legend'», en *U.S. Information Agency Report to the United Nations Special Rapporteur*. Washington D. C., U. S. Information Agency, 1994a.

— *United States Information Agency* «The 'Baby Parts' Myth: The Anatomy of a Rumor», en *The AFU and Urban Legend Archive*. 1994b. <http://usinfo.state.gov/media/Archive_Index/The_Baby_Parts_Myth.html>.

— «Medical Organ Theft: Body Snatchers Film Debunking», en *The AFU and Urban Legend Archive*, 1994c. <www.urbanlegends.com/medical/organ.theft/body_snatchers_film_debunking.html>.

LÉVI-STRAUSS, CLAUDE. *Le cru et le cuit*. Paris: Plon, 1964.

— *Tristes tropiques*. John y Doreen Weightman (trad.). New York: Atheneum, 1974.

Libro Victrola de la ópera. Camden N. J.: RCA Victor Co., 1930.

LIE, NADIA. «Calibán en contrapunto. Reflexiones sobre un ensayo de Roberto Fernández Retamar», en *Estudios. Revista de investigaciones literarias y culturales* (8): 45-58, [Caracas] 1996.

— «Countering Caliban. Fernández Retamar and the Postcolonial Debate», en Nadia Lie & Theo d' Haen (eds.): *Constellation Caliban: Figurations of a Character*. Amsterdam-Atlanta, GA: Rodopi, 1997a, 245-270.

— «Las malas memorias de Heberto Padilla», en *La memoria histórica en las letras hispánicas contemporáneas*. Patrick Collard (ed.). Génova: Librarie Doroz, 1997b, 191-209.

LIE, NADIA y THEO D' HAEN (EDS.). *Constellation Caliban: Figurations of a Character*. Ámsterdam-Atlanta, GA: Rodopi, 1997c.

LIVINGSTON, ROBERT. «Decolonizing the Theatre. Cesaire, Serreau and the Drama of Negritude», en J. Ellen Gainor (ed.): *Imperialism and Theatre. Essays on World Theatre, Drama, and Performance*. London and New York: Routledge, 1995.

LOBATO, JOSÉ BENTO MONTEIRO. «A propósito de la exposición de Anita Malfatti. Paranoia y mistificación», en Aracy Amaral (ed.): *Arte y arquitectura del Modernismo brasileño (1917-1930)*. Caracas: Biblioteca Ayacucho, 1978, 177-180.

— *Aventuras de Hans Staden, o homen que naufragou nas costas do Brasil em 1549 e esteve oito mezes prisioneiro dos indios tupinambás; narradas por dona Benta aos seus netos Narizinho e Pedrinho e redigidas*. São Paulo: Companhia Editora Nacional, 1927.

632 | Carlos A. Jáuregui

LOJO, MARÍA ROSA. «La seduccion estética de la barbarie en el *Facundo*», en *Estudios Filológicos*, (27): 141-148, [Valdivia, Chile] 1992.

LONG, EDWARD. *The History of Jamaica or General Survey of the Ancient and Modern State of the Island with Reflections on its Situation, Settlements, Inhabitants, Climate, Products, Commerce, Laws, and Government*. London: T. Lowndes, 1774.

LÓPEZ-CÁMARA, FRANCISCO. «La conciencia criolla en Sor Juana y Sigüenza», en *Historia mexicana*, (23): 350-373 [México, D. F.:] 1957.

LÓPEZ DE GÓMARA, FRANCISCO. *Historia de la conquista de México*. México, D. F.: Porrúa, 1997.

— *Historia general de las Indias*. 2 Vols. Caracas: Biblioteca Ayacucho, 1979.

LÓPEZ-CALVO, IGNACIO. «Ariel Dorfman, El hombre y su obra», en *Ensayo hispánico*. <http://ensayo.rom.uga.edu/filosofos/chile/dorfman/introd.htm>. Julio de 2001.

LÓPEZ SPRINGFIELD, CONSUELO. «Revisiting Caliban: Implications for Caribbean Feminisms», en López Springfield (ed.): *Daughters of Caliban*. Bloomington: Indiana UP, 1997, xi-xxi.

LORENZANO, LUIS. *ABC del consumidor: Casi todo lo que hay que saber para no enfermar de consumismo, o curarse rápidamente y hacer que su dinero le rinda más*. México, D. F.: Instituto Nacional del Consumidor, Subdirección de Orientación y Difusión, 1980.

LOSADA, ÁNGEL. «Introducción», en Juán Ginés de Sepúlveda: *Demócrates Segundo o de las justas guerras contra los indios*. Madrid: Instituto Francisco Vitoria, 1984, i-xlvii.

LÖWY, MICHAEL (COMP. E INTROD.). *El marxismo en América Latina (de 1909 a nuestros días): Antología*. México, D. F.: Era, 1982.

LUGONES, LEOPOLDO. *Obras poéticas completas*. Madrid: Aguilar, 1959.

LUDMER, JOSEFINA. «Tretas del débil», en Patricia Elena González (ed. e introd.), Eliana Ortega (ed.): *La sartén por el mango: Encuentro de escritoras latinoamericanas*. Río Piedras, PR: Huracán, 1984, 47-54.

LUIS, WILLIAM. «Race, Poetry, and Revolution in the Works of Nancy Morejón», *Hispanic Journal*, 14 (2):83-103 [Indiana, PA] 1993.

LUND, JOSHUA. *Theories and Narratives of Hybridity in Latin American Writing (Mexico, Brazil)*. PhD. Diss. University of Minnesota, 2002.

LYNCH, JOHN. *Caudillos en Hispanoamérica, 1800-1850*. Madrid: Mapfre, 1993.

— *The Hispanic World in Crisis and Change, 1598 1700*. Oxford-Cambridge: Blackwell, 1992.

LYOTARD, JEAN FRANÇOIS. *The Postmodern Condition: A Report on Knowledge*. Minneapolis: University of Minnesota UP, 1984.

MACHÍN, HORACIO. «Roberto Fernández-Retamar, profesional de la utopía». En Sklodowska, Elzbieta y Ben A. Héller (eds.): *Roberto Fernández Retamar y los estudios latinoamericanos*. Pittsburgh: IILI, 2000, 155-179.

MACY, GARY. *The Theologies of the Eucharist in the Early Scholastic Period: A Study of The Salvific Function of the Sacrament According to the Theologians, c.1080- c.1220*. Oxford [Oxfordshire]-New York: Clarendon Press, 1984.

MADRIGAL, LUIS ÍÑIGO (ED.). *Historia de la literatura hispanoamericana*. Vol. 1: Época colonial. Madrid: Cátedra, 1992.

MADUREIRA, LUÍS. «Lapses in Taste: 'Cannibal-Tropicalist Cinema and the Brazilian Aesthetic of Underdevelopment», en Francis Barker *et al* (ed.): *Cannibalism and the Colonial World*. Cambridge: Cambridge UP, 1998, 110-125.

MAGALHÃES, GONÇALVES DE. *A Confederação dos Tamoios*. Rio de Janeiro: B. S. Garnier, 1864.

MAGNAGHI, ALBERTO. *Amerigo Vespucci: Studio critico, con speciale riguardo ad una nuova valutazione delle fonti e con documenti inediti tratti dal Codice Vaglienti (Riccardiano 1910)*. Roma: AGAR-Libreria Fratelli Treves, 1924.

MAHARAJ, SARAT. «'Perfidious Fidelity': The Untranslatability of The Other», en Jean Fisher (ed.): *Global Visions: Towards a New Internationalism in the Visual Arts*. London: Kala Press in association with the Institute of International Visual Arts, 1994, 28-35.

MALCHOW, HOWARD L.. *Gothic Images of Race in Nineteenth Century Britain*. Stanford: Stanford UP, 1996.

MALLOY, JAMES M. *El MNR Boliviano: Estudio de un movimiento popular nacionalista en América Latina*. Pittsburgh: Center for Latin American Studies, 1970.

— *Bolivia, the Sad and Corrupt End of the Revolution*. Hanover, NH: Universities Field Staff International, 1982.

— *Bolivia, la revolución inconclusa*. La Paz, Bolivia: CERES, 1989.

MALLOY, JAMES M. y EDUARDO GAMARRA. *Revolution and Reaction: Bolivia, 1964-1985*. New Brunswick, USA: Transaction Books, 1988.

MALLOY, JAMES M. y RICHARD S. THORN (EDS.). *Beyond the Revolution: Bolivia since 1952*. Pittsburgh: University of Pittsburgh UP, 1971.

MAN, PAUL DE. «The Epistemology of Metaphor», *Critical Inquiry*, (5): 15-30, [Chicago, IL] 1978.

MANDEVILLE, JOHN. *The Travels of Sir John Mandeville*. New York: Dover, 1964.

MANNONI, OCTAVE. *Prospero and Caliban; the Psychology of Colonization*. New York: Praege, 1993.

MARAVALL, JOSÉ ANTONIO. *La cultura del Barroco*. Barcelona: Ariel, 1983.

— *Los factores de la idea de progreso en el Renacimiento español*. Madrid: Real Academia de Historia, 1963.

— «Reformismo social-agrario en la crisis del siglo XVII: tierra, trabajo y salario según Pedro de Valencia», en *Bulletin Hispanique*, LXXII (1-2): 5-55, [Bordeaux] 1970.

MARIACA, GUILLERMO. *La palabra autoritaria: El discurso literario del populismo*. La Paz: Tiahuanakos Art, 1990.

MARIÁTEGUI, JOSÉ CARLOS. *Siete ensayos de interpretación de la realidad peruana*. Lima: Amauta, 1967.

— *Peruanicemos al Perú*. Lima: Empresa Editora Amauta, 1970.

— «La revolución socialista latinoamericana», en Michael Löwy (comp.): *El marxismo en América Latina*. Iztapalapa, México, D. F.: Era, 1982, 106-107.

MÁRMOL, JOSÉ. *Obras poéticas y dramáticas de José Mármol*. Paris: Vda. de Ch. Bouret, 1905.

MARMON SILKO, LESLIE. *Almanac of the Dead*. New York: Penguin, 1991.

MARTÍ, JOSÉ. *Obras completas*. La Habana: Editorial Nacional de Cuba, 1963-1965.

MARTÍ, OSCAR R.. «Sarmiento y el positivismo», en *Cuadernos Americanos*, 3 (13): 142-154, [México, D. F.] 1989.

Martín Barbero, Jesús. *De los medios a las mediaciones: Comunicación, cultura y hegemonía.* Bogotá: Gustavo Gili, [1987] 1998.

— «Complicidad y resistencia del receptor o la dominación desde lo popular» [1978], en Guillermo Sunkel (coord.): *El consumo cultural en América Latina*, Bogota, Convenio Andrés Bello, 1999, 2-4.

— *Comunicación masiva: Discurso y poder.* Quito: Ciespal, 1978.

— *Al sur de la modernidad.* Pittsburgh: IILI, 2001.

Martin, Gerald. «Debate», en *Travesía* 1(2): 152-155, 1992.

— «Prólogo», «Notas» y «Génesis y trayectoria del texto», en Asturias, Miguel Ángel: *Hombres de maíz.* Gerald Martin (notas, coordinación y edición). Nanterre, France: ALLCA XX, Université Paris X, 1996, XXI-XXVIII, 282-402 y 471-538,

Martínez-San Miguel, Yolanda. «Articulando las múltiples subalternidades en *El Divino Narciso*», en *Colonial Latin American Review*, 4 (1): 85-104, [Abingdon, Oxfordshire, UK] 1995.

Marx, Karl. *El capital*, t. I. New York: Vintage, 1976.

— *Contribución a la crítica de la economía política.* México, D. F.: Quinto Sol, 1996.

— *Early Writings.* London: Watts, 1963.

Marx, Karl y Friedrick Engels. *Manifiesto del partido comunista y otros escritos políticos.* México, D. F.: Grijalbo, 1989.

— *Ideología alemana.* México, D. F.: Cultura Popular, 1976.

Masferrer, Marianne y Carmelo Mesa-Lago. «The Gradual Integration of the Black in Cuba: Under the Colony, the Republic and the Revolution», en Robert B. Toplin (ed.): *Slavery and Race in Latin America.* Westport, Conn.: Greenwood, 1974, 348-384.

Masiello, Francine. «Tráfico de identitades: Mujeres, cultura y política de representación en la era neoliberal», en *Revista Iberoamericana*, 62 (176-177): 745-766, [Pittsburgh, PA] 1996.

Mason Peter. *Deconstructing America: Representations of the Other.* London: Routledge, 1990.

Matibag, Eugenio. «Self Consuming Fictions:The Dialectics of Cannibalism in Modern Caribbean Narratives», en *Post Modern Culture* 1: 3 (1991): <http://muse.jhu.edu/journals/pmc/v001/1.3matibag.html>.

Mattos, Ilmar Rohloff de. *O tempo saquarema.* São Paulo: Hucitec-Instituto Nacional do Livro, 1987.

Mazzotti, José Antonio (Introd. y Ed.). *Agencias criollas: La ambigüedad «colonial» en las letras hispanoamericanas.* Pittsburg: IILI, 2000.

— «Indigenismos de ayer: Prototipos perdurables del discurso criollo», en Mabel Moraña (edición e introd.): *Indigenismo hacia el fin del milenio: Homenaje a Antonio Cornejo Polar.* Pittsburgh: IILI, 1998, 77-101.

McDonnell, Kilian. *John Calvin, the Church, and the Eucharist.* Princeton, N.J.: Princeton UP, 1967.

Meek, Ronald L.. *Social Science and the Ignoble Savage.* Cambridge: Cambridge UP, 1976.

Mendes, Murilo. «Tres poetas brasileños: Mario de Andrade, Oswald de Andrade y Raul Bopp», en *Revista de cultura brasileña*, (36): 5-19, [Madrid:] 1973.

Méndez Plancarte, Alfonso. «Estúdio liminar» y «Notas», en Sor Juana Inés de la Cruz: *Obras completas* vol 3. Alfonso Méndez Plancarte (introd., ed. y notas). México, D. F.: Fondo de Cultura Económica, [1951-1957], vii-xcviii, 503-730.

Mendieta, Gerónimo de. *Historia eclesiástica indiana*. Madrid: Atlas, 1973.

Mignolo, Walter D.. *Local Histories / Global Designs: Coloniality, Subaltern Knowledges, and Border Thinking*. Princeton: Princeton UP, 2000.

— «Cartas, crónicas y relaciones del descubrimiento y la conquista», en Luis Íñigo Madrigal (ed.): *Historia de la literatura hispanoamericana*. Vol. I: Época colonial. Madrid: Cátedra, 1992, 57-116.

— «Posoccidentalismo: Las epistemologías fronterizas y el dilema de los estudios (latinoamericanos) de áreas», en *Revista Iberoamericana*, 62 (176- 177): 679-696, [Pittsburgh, PA] 1996.

— *The Darker Side of the Renaissance: Literacy, Territoriality, and Colonization*. Ann Arbor: University of Michigan UP, 1995.

Miller, Paul B. «Enlightened Hesitations: Black Masses and Tragic Heroes in C. L. R. James's The Black Jacobins», en *MLN* 116 (5): 1069-1090, [Baltimore, MD] 2001.

Milton, John. *El paraíso perdido*. Bogotá: Ediciones Nacionales, 1990.

Minois, George. *Historia de los infiernos*. Barcelona: Paidós, 1994.

Mitchell, Christopher. *The Legacy of Populism in Bolivia: From the MNR to Military Rule*. New York: Praeger, 1977.

Mitre, Antonio. «La parábola del espejo: Identidad y modernidad en el *Facundo* de Domingo F. Sarmiento», en *Revista de Crítica Literaria Latinoamericana*, 20 (39): 17-40, [Hanover, NH; Lima] 1994.

Montaigne, Michel Eyquem de. *Ensayos*, Vols. 1 y 2. Constantino Román y Salamero (trad.). Buenos Aires: El ateneo, 1948.

Montalvo, Juan. «Ojeada sobre América», en Carlos Ripoll (comp.): *Conciencia intelectual de América*. New York: Las Américas, 1966, 107-118.

— *El antropófago: Las atrocidades de un monstruo*. Bogotá: Tip. Nicolás Pontón y Cía., 1872.

— *El Padre Lachaise; El antropófago* (t. 1). Ambato, Ecuador: Pío XII: Casa de Montalvo, 1997.

Monteiro Lobato, José Bento. «Paranoia ou Mistificação», en Aracy Amaral (ed.): *Arte y arquitectura del Modernismo brasileño (1917-1930)*. Caracas: Biblioteca Ayacucho, 1978.

Monteiro, John M. «The Heathen Castes of Sixteenth-Century Portuguese America: Unity, Diversity, and the Invention of the Brazilian Indians», en *Hispanic American Historical Review*, 80 (4): 697-719, [Durham, NC] 2000.

Moore, Carlos. *Castro, the Blacks, and Africa*. Los Angeles: Center for Afro-American Studies, University of California, 1988.

Mora Serrano, Manuel. «Indias, Vien-vienes y Ciguapas: Noticias sobre tres tradiciones dominicanas», en *Eme y Eme, Estudios Dominicanos*, IV (19): 29-69, [Santo Domingo, República Dominicana] 1975.

Moraga, Cherríe. *Loving in the War Years: Lo que nunca pasó por sus labios*. Boston: South End Press, 1983.

MORAGA, CHERRÍE y GLORIA ANZALDÚA (EDS.). *This Bridge Called my Back: Writings by Radical Women of Color.* Watertown, Mass.: Persephone Press, 1981.

MORAÑA, MABEL. *Literatura y cultura nacional en Hispanoamérica: 1910-1940.* Minneapolis: Institute for the Study of the Ideologies and Literatures, 1984.

— «Jose Enrique Rodó», en Luis Iñigo Madrigal (ed.): *Historia de la literatura hispanoamericana II, del neoclasicismo al modernismo.* Madrid: Cátedra, 1993.

— *Relecturas del Barroco de Indias.* Hanover, NH.: Ediciones del Norte, 1994.

— «Ideología de la transculturación», en Moraña (ed.): *Rama y los estudios latinoamericanos.* Pittsburg: IILI, 1997, 137-146.

— *Viaje al silencio: Exploraciones del discurso barroco.* México, D. F.: UNAM UP, 1998.

— «Modernidad arielista, posmodernidad calibanesca», en Ottmar Ette, *et al.* (eds.): *José Enrique Rodó y su tiempo. Cien años de* Ariel. Frankfurt-Madrid: Vervuert-Iberoamericana, 2000, 105-117.

MOREJÓN, NANCY. *Octubre imprescindible.* La Habana: Unión, 1982.

— *Cuaderno de Granada.* New York: Círculo de Cultura Cubana, 1984.

MORENO FRAGINALS, MANUEL. *The Sugarmill: The Socioeconomic Complex of Sugar in Cuba, 1760-1860.* New York: Monthly Review, 1976.

MORETTI, FRANCO. «The Dialectic of Fear», en *New Left Review,* (136): 67-85, [London] 1982.

MORIN, EDGAR. *El método: El conocimiento del conocimiento.* Vol. III: *Antropología del conocimiento.* Madrid: Cátedra, 1994.

MOTA, FRANCISCO DE (TRANSCRIPCIÓN). «El Negro Incógnito o el Comegente», en Emilio Rodríguez Demorizi (comp): *Tradiciones y cuentos dominicanos.* Santo Domingo: J. D. Postigo e Hijos, 1969, 269-275.

MOTOLINÍA, FRAY TORIBIO DE BENAVENTE. *Historia de los indios de la Nueva España.* Madrid: Alianza, 1988.

MOULIÁN, TOMÁS. *El consumo me consume.* Santiago de Chile: LOM, 1998.

MOYA, CASIMIRO NEMESIO DE. *Episodios nacionales: Novela histórica y de costumbres nacionales.* Santo Domingo: Sociedad Dominicana de Bibliófilos, 1985. (También «Historia del Comegente» y «El testamento del Comegente», en *Tradiciones y cuentos dominicanos.* Emilio Rodríguez Demorizi [comp.]. Santo Domingo: J. D. Postigo e Hijos, 1969, 175-195).

MOYA PONS, FRANK. «Haití and Santo Domingo: 1790- c.1870», en Leslie Bethell (ed.): *The Cambridge History of Latin America.* Vol. 3. Cambridge-New York: Cambridge UP, 1985, 237-275.

MUDROVCIC, MARÍA EUGENIA. *«Mundo Nuevo»: Cultura y Guerra Fría en la década del 60.* Rosario: Viterbo, 1997.

MYERS, KATHLEEN A.. «Imitación, revisión y amazonas en la *Historia general y natural de Fernández de Oviedo*», en *Revista Iberoamericana,* 61 (170, 171): 161-173, [Pittsburgh, PA] 1995.

NAIR, SPRIYA. *Caliban's Curse. George Lamming and the Revisioning of History.* Ann Arbor: University of Michigan UP, 1996.

NAIRN, TOM. *The Break-up of Britain: Crisis and Neo-Nationalism*. London: New Left Books, 1977.

NAPOLITANO, MARCOS. «O tropicalismo no contexto dos festivais» y «Tropicalismo: Guia geral de obras», en *Alta fidelidade. Dossiê Especial 1: Tropicalismo*. <www.geocities.com/altafidelidade/tropicalismo.html>.

NAVARRETE, MARTÍN FERNÁNDEZ DE. *Colección de los viages y descubrimientos que hicieron por mar los españoles desde fines del siglo XV: con varios documentos inéditos concernientes á la historia de la marina castellana y de los establecimientos españoles en Indias*. Madrid: Imprenta real, 1825-1837.

NEBENZAHL, KENNETH. *Maps from the Age of Discovery: Columbus to Mercator*. London: Times Books, 1990.

NEGRI, ANTONIO. *El poder constituyente: Ensayo sobre las alternativas de la modernidad*. Clara de Marco (trad.). Madrid: Libertarias-Prodhufi, 1994.

NEGRI, ANTONIO y MICHAEL HARDT. *Empire*. Cambridge, Mass.: Harvard UP, 2000.

NIETZSCHE, FRIEDRICH. *The Birth of Tragedy and the Genealogy of Morals*. Garden City, N.Y.: Doubleday, 1956.

— *Así hablaba Zaratustra*. México, D. F.: Porrúa, 2001.

NIXON, ROB. «Caribbean and African Appropriations of *The Tempest*», en *Critical Enquiry* 13 (1987): 555-578.

NÓBREGA, MANOEL DA. «Carta a Luís Gonçalves da Câmara», en LEITE, SERAFIM (ed.): *Cartas dos primeiros jusuítas* I. *Cartas dos primeiros jesuítas do Brasil*. 3 T. São Paulo: Comissão do IV centenário da cidade de São Paulo: 1954, 504-506.

NOCENTELLI-TRUETT, CARMEN. «Consuming Cannibals: Léry, Montaigne, and Comunal Identities in Sixteenth-Century France», en *Nuevo texto crítico*, (23, 24): 93-114, [Stanford, CA] 2000.

NUNES, BENEDITO. «Antropofagismo e Surrealismo», en *Remate de males*, (6): 15-25, [Campinas, SP, Brasil] 1986.

— «Antropofagia ao alcance de todos», en *A utopía antropofágica*. São Paulo: Globo, 1990, 5-39.

NUNES, MARIA LUÍSA. «Becoming Whole: Literary Strategies of Decolonization in the Works of Jean Rhys, Frank Fanon and Oswald de Andrade», en Anna Balakian (ed.): *Proceedings of the Xth Congress of the International Comparative Literature Association*. New York: Garland, 1985.

NÚÑEZ CABEZA DE VACA, ÁLVAR. *Naufragios y Comentarios*. Madrid: Historia 16, 1984.

OBEYESEKERE, GRANNATH. «Cannibal Feasts in Nineteenth-Century Fiji: Seamen's Yarns and the Ethnographic Imagination», en Francis Barker *et al* (ed.): *Cannibalism and the Colonial World*. Cambridge: Cambridge UP, 1998, 63-86.

O'COLLINS, GERALD y EDWARD G. FARRUGIA. *A Concise Dictionary of Theology*. New York:: Paulist Press, 1991.

O'GORMAN, EDMUNDO. *Cuatro historiadores de Indias, siglo XVI: Pedro Mártir de Anglería, Gonzalo Fernández de Oviedo y Valdés, fray Bartolomé de las Casas, Joseph de Acosta*. México, D. F.: Alianza Editorial Mexicana, Consejo Nacional para la Cultura y las Artes, 1989.

— «Estudio», en fray Bartolomé de las Casas: *Apologética historia sumaria*. México, D. F.: UNAM, 1967, XXI-XXXVI.

— *La invención de América; el universalismo de la cultura de Occidente*. México, D. F.: Fondo de Cultura Económica, 1958.

O'HIGGINS, BERNARDO DE. «Proclama a los araucanos», en José Luis y Luis Alberto Romero (selección y notas): *Pensamiento político de la Emancipación*. 2 Vols. Caracas: Biblioteca Ayacucho, 1977, 200-202.

OÑA, PEDRO DE. *Arauco domado*. Santiago de Chile: Imprenta Universitaria, 1917.

O Homem do Povo. (facsímile). Augusto de Campos (introd.). São Paulo: Imprenta oficial do Estado de São Paulo: 1984.

ORJUELA, HÉCTOR. *Imagen de los Estados Unidos en la poesía de Hispanoamérica*. México, D. F.: Universidad Nacional Autónoma de México-Instituto de Investigaciones Filológicas, 1980.

ORGANIZACIÓN DE ESTADOS AMERICANOS (OEA). «Casos de genocidio por «limpieza social», en *Segundo informe sobre la situación de los derechos humanos en Colombia* (Capítulo VII: Derecho a la vida). OEA/Ser.L/V/II.84. Doc. 39 rev. 14 octubre 1993.

ORTEGA Y GASSET, JOSÉ. *La rebelión de las masas*. Madrid: Revista de Occidente, 1970.

ORTEGA Y MEDINA, JUAN. «El indio absuelto y las Indias condenadas en las *Cortes de la muerte*», en *Historia Mexicana* 4 (2): 477-505, [México, D. F.:] 1954, 1955.

ORTIZ, FERNANDO. «Ni racismos ni xenofobias», en *Revista Bimestre Cubana*, 24 (1): 13-14, [La Habana, Cuba] 1929.

— *Contrapunteo cubano del tabaco y el azúcar*. Caracas: Biblioteca Ayacucho, 1978.

— *El engaño de las razas*. La Habana: Ciencias Sociales, 1975.

ORTIZ, RENATO. «O Guarani: um mito de fundação da brasilidade», en *Ciencia e Cultura* 40 (3): 261-269. São Paulo: 1988. (También en *Românticos e folcloristas*. São Paulo: Olho d'Água, 1992).

ORTIZ, RICARDO L. «Revolution's Other Histories: The Sexual, Cultural, and Critical Legacies of Roberto Fernandez Retamar's "Caliban"», en *Social Text* (58): 33-58, [New Brunswick, NJ] 1999.

ORTOLANO, GLAUCO. *Domingos Vera Cruz: Memórias de un antropófago lisboense no Brasil*. São Paulo: Altana, 2000.

OSBORNE, HAROLD. *South American Mythology*. Feltham, Middlesex: Hamlyn, 1968.

OSBORNE, LAWRENCE. «Does Man Eat Man: Inside the Great Cannibalism Controversy», en *Lingua Franca*. April-May 1997, 28-38.

OSORIO T., NELSON. «Doña Bárbara y el fantasma de Sarmiento», en *Escritura: Revista de Teoría y Crítica Literarias*, 8 (15): 19-35, [Caracas, Venezuela] 1983.

— «Prólogo», en Nelson Osorio (comp. ed.): *Manifiestos, proclamas y polémicas de la vanguardia literaria hispanoamericana*. Caracas: Biblioteca Ayacucho, 1988, ix-xxxviii.

OVID. *Metamorphoses*. London: Penguin, 1955.

OVIEDO Y VALDÉS, GONZALO FERNÁNDEZ DE. *Historia general y natural de las Indias*. 5 Vols. Madrid: Atlas, 1959.

OXFORD ENGLISH DICTIONARY. Second Edition. John Simpson, Edmund Weiner (Ed.), Oxford : Clarendon Press; Oxford : New York : Oxford University Press, 1989.

PACKARD, VANCE OAKLEY. *The Hidden Persuaders*. New York: Pocket Books, 1981.

PADILLA, HEBERTO. «Intervención en la Unión de escritores y artistas de Cuba», en *Casa de las Américas* (65, 66): 191-203, La Habana 1971.

— *La mala memoria*. Barcelona: Plaza & Janés, 1989.

— *La mala memoria: conversación con Heberto Padilla*. (Entrevista con Carlos Verdecia). Argentina: Kosmos, 1992.

PAGDEN, ANTHONY. «Identity Formation in Spanish America», en Anthony Pagden y Nicholas Canny (eds.): *Colonial Identity in the Atlantic World, 1500-1800*. Princeton, N.J.: Princeton UP, 1987, 51-93.

— «The Savage Critic: Some European Images of the Primitive», en *The Yearbook of English Studies: «Colonial and Imperial Themes»*. Número especial, Modern Humanities Research Association, King's College, Londres, 1983, 32-45.

PAGET, HENRY y PAUL BUHLE. «Caliban as a Deconstructionist: C. L. R. James Post-Colonial Discourse», en Henry Paget & Paul Buhle (eds.): *C. L. R. James's Caribbean*. North Carolina: Duke UP, 1992, 111-142.

PALACIO, PABLO. *Obras completas*. María del Carmen Fernández (introd. y ed.). Quito: Libresa, 1997.

PALENCIA-ROTH, MICHAEL. «Cannibalism and the New Man of Latin America in the 15th and 16th Century European Imagination», en *Comparative Civilizations Review*, (12): 1-27, [Rolla, MO, USA] 1985.

— «Maping the Caribbean: Cartography and the Cannibalization of Culture», en James Arnold (ed.): *A History of Literature in the Caribbean 3*. Amsterdam-Philadelphia: J. Benjamins,1997, 3-27.

— «Enemies of God: Monsters and the Theology of Conquest», en James Arnold (ed.): *Monsters, Tricksters and Sacred Cows: Animal Tales and American Identities*. Charlottesville, The University of Virginia UP, 1996: 23-50. Publicado en español en *Heterotropías: narrativas de identidad y alteridad latinoamericana* de Carlos Jáuregui y Juan Pablo Davobe (eds), [Pittsburgh, PA] 2003.

PALÉS MATOS, LUIS. *Poesía, 1915-1956*. San Juan, PR.: Universidad de Puerto Rico, 1974.

PANÉ, RAMÓN (FRAY). *Relación acerca de las antigüedades de los indios*. México, D. F.: Siglo XXI, 1991.

PARKER, A. A.. «The Calderonian Sources of *El divino narciso* by Sor Juana Ines de la Cruz.», en *Romanistisches*, (19): 257-274, [Hamburg, Germany] 1968.

PASTOR, BEATRIZ. *Discursos narrativos de la conquista: Mitificación y emergencia*. Hanover, Ediciones del Norte, 1983.

PAULINO BUENO, EVA. «Ficções de paternidade em dois filmes de fim de século; The Truman Show e Central do Brasil», en *Corner* 4 (Fall 2000): <www.cornermag.org/corner04/page_05.html>.

PAULO III. «Sublimis deus», en Joseph Metzler (ed.): *America Pontificia primi saeculi evangelizationis, 1493-1592*. Vaticano, 1991, 364-366.

PAUW, CORNELIUS DE. *Recherches philosophiques sur les Américains, ou Mémoires intéressants pour servir à l'histoire de l'espece humaine*. À Cleve: Chez J. G. Baerstecher libraire, 1772.

PAZ, OCTAVIO. «Homenaje a Sor Juana Inés de la Cruz en su Tercer Centenario» (1651-1695)», en *Sur,* (206): 29-40, [México, D. F.] diciembre de 1951.

— *Sor Juana Inés de la Cruz o Las trampas de la fe.* México, D. F.: Fondo de Cultura Económica, 1983.

PAZ SOLDÁN, EDMUNDO. «Nación enferma y narración: El discurso de la degeneración en *Pueblo enfermo* de Alcides Arguedas», en *Revista Hispánica Moderna,* 52 (1): 60-76, [New York, NY] 1999.

— «The Indigenist Writer as a (Mis)Translator of Cultures: The Case of Alcides Arguedas», en Daniel Balderston (ed., introd.); Marcy Schwartz (ed., introd.). *Voice-Overs: Translation and Latin American Literature* Albany, NY: State University of New York P, 2002, 170-181.

PEDRO, VALENTÍN DE. *América en las letras españolas del Siglo de Oro.* Buenos Aires: Sudamericana, 1954.

PEÑA, JUAN DE LA. «¿Es justa la guerra contra los indios?», en Luciano Pereña (introd. y comp.): *Misión de España en América, 1540-1560.* Madrid: Consejo Superior de Investigaciones Científicas, Instituto Francisco de Vitoria, 1956, 268-305.

PEREIRA DOS SANTOS, NELSON (DIR.). *Como era gostoso o meu francês.* Brasil, 1971.

PEREIRA, LUIZ ALBERTO (DIR.). *Hans Staden.* Brasil, 1999.

PEREÑA, LUCIANO. *Misión de España en América, 1540-1560.* Madrid: Consejo Superior de Investigaciones Científicas, Instituto Francisco de Vitoria, 1956.

— *La idea de justicia en la conquista de América.* Madrid: MAPFRE, 1992.

PÉREZ, LOUIS A.. *Cuba: Between Reform and Revolution.* New York-Oxford UP, Year, 1988.

PERRONE, CHARLES A. *Letras e letras da música popular brasileira.* Rio de Janeiro: Elo, 1988.

— «Poesia concreta e tropicalismo», en *Revista USP* 4 (1990): 55-64.

PERUS, FRANÇOISE. *Literatura y sociedad en América Latina: El modernismo.* La Habana: Casa de las Américas, 1976.

PHELAN, JOHN L.. *El origen de la idea de América.* México, D. F.: UNAM UP, 1979.

PÍ Y MARGALL, FRANCISCO, 1824-1901. *Guatimozín y Hernán Cortés: diálogo.* Madrid: Hijos de J.A. García, 1899.

PICCHIA, MENOTTI DEL. *A «Semana» revolucionária.* Campinas: Pontes, 1992.

PICÓN GARFIELD, EVELYN. «Desplazamientos históricos: *Guatimozín, último emperador de Méjico* de Gertrudis Gómez de Avellaneda», en Raquel Chang Rodríguez y Gabriella de Beer (eds.): *La historia en la literatura iberoamericana: Textos del XXVI Congreso del Instituto Internacional de Literatura Iberoamericana.* New York: Ed. del Norte / City Univ. of New York, 1989, 97-107.

— «Conciencia nacional ante la historia: Guatimozin, último emperador de Méjico de Gertrudis Gómez de Avellaneda», en Picón Garfield Evelyn, Iván A. Schulman (eds.): *Contextos: Literatura y sociedad latinoamericanas del siglo XIX.* Urbana: University of Illinois UP, 1991, 39-65.

PICÓN SALAS, MARIANO. *De la conquista a la independencia; tres siglos de historia cultural hispanoamericana.* México, D. F.: Fondo de Cultura Económica, 1944.

PIGLIA, RICARDO. «Sarmiento the Writer», *Sarmiento: Author of a Nation.* Tulio Halperín Donghi, Iván Jaksic, Gwen Kirpatrick, y Francine Masiello (eds.). Berkeley: University of California UP, 1994, 12-144.

PINCUS WITTEN, ROBERT. *Occult Symbolism in France: Joséphin Peladan and the Salons de la Rose Croix.* New York: Garland, 1976.

PIÑERO, PEDRO. «La épica hispanoamericana colonial», en Luis Íñigo Madrigal (ed.): *Historia de la literatura hispanoamericana.* Vol. 1: Época colonial. Madrid: Cátedra, 1992, 161-188.

PIOSSEK PREBISCH, LUCIA. «La "filosofía de la historia" en el *Facundo*», en *Río de la Plata: Culturas,* (8): 29-43, [Paris, FR] 1989.

PIRES-VIEIRA, ELSE-RIBEIRO. «Liberating Calibans: Readings of Antropofagia and Haroldo de Campos' Poetics of Transcreation», en Susan Bassnett y Harish Trivedi (ed. and introd.): *Post-Colonial Translation: Theory and Practice.* London: Routledge, 1999, 95-113.

PIZARRO, ANA (ED). *América Latina: Palavra, literatura e cultura.* São Paulo: Memorial; Campinas: UNICAMP, 1993-1995.

PLINY, THE ELDER. *Natural history.* New York: Ungar, 1957.

POHLE, J. «The Real Presence of Christ in the Eucharist» en *The Catholic Encyclopedia,* Volume V.

POLO, MARCO. *El libro de Marco Polo anotado por Cristóbal Colón.* Madrid: Alianza, 1987.

PONCE, ANÍBAL. *Obras.* Compilación y prólogo de Juan Marinello. La Habana: Casa de las Américas, 1975.

PORTER, LAURENCE. «Aimé Césaire's Reworking of Shakespeare: Anticolonialist Discourse in *Une tempête*», en *Comparative Literature Studies,* 32 (3): 360-381, [University Park, PA] 1995.

PRADO-BELLEI. «Brazilian Antropophagy Revisited», en Francis Barker *et al* (ed.): *Cannibalism and the Colonial World.* Cambridge: Cambridge UP, 1998, 87-109.

PRADO, PAULO. «Brecheret», en Aracy Amaral (ed.): *Arte y arquitectura del Modernismo brasileño (1917-1930).* Caracas: Biblioteca Ayacucho, 1978, 27-31.

PRATT, MARY-LOUISE. *Imperial Eyes: Travel Writing and Transculturation.* London-New York: Routledge, 1992.

PRATT, MARY-LOUISE Y CRISTINA MENEGHETTI. «Humboldt y la reinvención de América», *Nuevo Texto Crítico,* 1 (1): 35-53, [Stanford, CA] 1988.

PREZIOSI, DONALD. «Evitando museocanibalismo», *Bienal de São Paulo: Núcleo histórico e historias de canibalismos.* São Paulo: Fundação Bienal de São Paulo, 1998, 50-56.

PRIETO, RENÉ. «The Literature of Indigenismo», en Roberto González Echevarría (ed. & introd.) y Enrique Pupo-Walker (ed.): *The Cambridge History of Latin American Literature, II. The Twentieth Century.* Cambridge: Cambridge UP, 1996, 138-163.

PRUDENCIO, ROBERTO. «Sentido y Protección del Kollasuyo», en *Kollasuyo,* (12): 3-11, [La Paz, Bolivia] 1939.

PUPO WALKER, ENRIQUE. «Notas para la caracterización de un texto seminal: Los Naufragios de Álvar Núñez Cabeza de Vaca», en *Nueva revista de filología hispánica,* 38 (1): 163-196, [México, D. F.] 1990.

QUEVEDO, FRANCISCO DE. *Obras completas.* Madrid: Aguilar, 1991-1992.

QUIJANO, ANÍBAL. «Colonialidad del poder, cultura y conocimiento en América Latina», en *Anuario Mariateguiano,* IX (9): 113-121, [Lima, Perú] 1997.

— «Colonialidad y Modernidad/Racionalidad», en *Perú indígena* 13 (29): 11-29, [Lima, Perú] 1991.

— «Colonialidad del Poder y Clasificacion Social», en *Journal of world-systems research*, 6 (2): 342-386, [Riverside, CA] 2000a.

— «Coloniality of Power and Eurocentrism in Latin America», en *International Sociology*, 15 (2): 215-232, [Cardiff, UK] 2000b.

QUINTERO, JUAN CARLOS. *Fulguración del espacio. Letras e imaginario institucional de la Revolución Cubana* (1970-1971). Rosario: Beatriz Viterbo, 2002.

RABASA, JOSÉ. *Inventing America.* Oklahoma, Oklahoma UP, 1993, 3-49.

RALEIGH, WALTER. «The Discovery of the Large, Rich, and Beautiful Empire of Guiana with a Relation of the Great and Golden City of Manoa (which the Spaniards call El Dorado) Performed in the Year 1595 by Sir Walter Raleigh», Richard Hakluyt: *Voyages And Discoveries: The Principal Navigations, Voyages, Traffiques and Discoveries of the English Nation.* Harmondsworth, Middlesex, England: Penguin Books-New York: Viking Penguin, 1985, 386-410.

RAMA, ÁNGEL. «El área cultural andina: Hispanismo, mesticismo, indigenismo», en *Cuadernos Americanos*, 197 (6): 136-173, [México, D. F.] 1974.

— *Transculturación narrativa en América Latina.* México, D. F.: Siglo XXI, 1982.

— *La ciudad letrada.* Hanover, N.H., Ediciones del Norte, 1984.

— *Las máscaras democráticas del modernismo.* Montevideo: Fundación Ángel Rama, 1985.

RAMÍREZ, SERGIO. «Rubén Darío: En el rincón de un quicio oscuro», en *Nexos* 1998, <www.nexos.com.mx/nexos/nov251/temcen/tc.1.html>.

— «Carlos Rincón», *Exzentrische Räume: Festschrift für Carlos Rincón.* Nana Badenberg, Florian Nelle and Ellen Spielmann (eds.). Stuttgart, Hans-Dieter Heinz, 2000, 17-20.

RAMOS, JOSÉ ANTONIO. *Teatro.* Nueva York: Senda nueva, 1983.

RAMOS, JULIO. «Saber del otro: Escritura y oralidad en el *Facundo* de D. F. Sarmiento», en *Revista Iberoamericana*, 54 (143): 551-569, [Pittsburgh, PA] 1988.

— *Desencuentros de la modernidad en América Latina: Literatura y política en el siglo XIX.* México, D. F.: Fondo de Cultura Económica, 1989.

RANGEL, CARLOS. *Del buen salvaje al buen revolucionario: Mitos y realidades de América Latina.* Caracas: Monte Ávila, 1976.

RATTO, SILVIA. «¿Finanzas públicas o negocios privados? El sistema de racionamiento del Negocio pacífico de indios en la época de Rosas», en Noemí Goldman y Ricardo Salvatore (comp.): *Caudillismos rioplatenses: Nuevas miradas a un viejo problema.* Buenos Aires: Eudeba, 1998, 241-264.

RASPERGER, CHRISTOPH. *Ducentae paucorum istorum et quidem clarissimorum Christi verborum: «Hoc est Corpus deum» interpretationes quibus continentur vocum novitates, deprevationes, errores, haereses, contra dictiones ... theologorum ... Ex propriis ... scriptis fideliter collectae.* Ingolstadii: Excudebat A. Weissenhorn cum cohaeredibus suis, 1577.

READ, KAY ALMERE. *Time and Sacrifice in the Aztec Cosmos.* Bloomington: Indiana UP, 1998.

READ, PIERS PAUL. *Alive: The Story of the Andes Survivors.* London: Mandarin, 1993-1974.

REAL ACADEMIA ESPAÑOLA. *RAE Autoridades. Diccionario de la Lengua Castellana*, t. 2. Madrid: Imprenta de Francisco del Hierro, 1729.

— *RAE. Diccionario de la Lengua Castellana*. Madrid: Joachin Ibarra, 1780.

REAL DE AZÚA, CARLOS. «Prólogo» a *Ariel*. Caracas: Biblioteca Ayacucho, 1976.

Recopilación de las Indias. Por Antonio de León Pinelo. México, D. F.: Porrúa, 1992.

REID, JOHN. *Spanish American Images of the United States 1790-1960*. Gainesville: University of Florida UP, 1977.

RENAN, ERNEST. «What is a Nation?», en Homi Bhabha (ed.): *Nation and Narration*. London; New York: Routledge, 1990, 8-22.

— «The Essence of Life; a Sequel to *Caliban*» [*L'eau de jouvence; suite de Caliban*] en *A Translation of Four Plays by Ernest Renan*. Thesis (M.A.) of Estelle Griner Du Bose (trad.). Western State College of Colorado, 1970 (inédito).

— *Caliban: A Philosophical Drama Continuing «The Tempest» of William Shakespeare.* [*Caliban; suite de la Tempête. Drame philosophique*] New York: AMS Press, 1971.

RENNIE, A. *Observations on Asthma, Consumption, and Other Disorders of the Lungs*. London: Burgess and Hill, 1830.

RESTREPO TIRADO, ERNESTO. «Antropófagos españoles», en *Revista Moderna*, 2 (10): 262-271, [Bogotá: Colombia] 1915.

RESTREPO, LUIS FERNANDO. «Somatografía épica colonial: Las *Elegías De Varones Ilustres de Indias* de Juan de Castellanos», en *MLN*, 115 (2): 248-267, [Baltimore, MD] 2000.

REVISTA DE ANTROPOFAGIA [RA] (facsímile). Augusto de Campos (introd.). São Paulo: abril, 1975.

REY, FERMÍN DEL. *Hernán Cortés en Cholula: Comedia heroica inédita de Fermín del Rey* (1782). Alejandro González Acosta (ed.). México, D. F.: Universidad Nacional Autónoma de México-Instituto de Investigaciones Bibliográficas-Seminario de Cultura Literaria Novohispana-Consejo Nacional de Ciencia y Tecnología, 2000.

REYES, ALFONSO. *Visión de Anáhuac*. San José: Alsina, 1917.

RIBEIRO, JOÃO UBALDO. *Viva o povo brasileiro: Romance*. Rio de Janeiro: Nova Fronteira, 1984.

RINCÓN, CARLOS. *Mapas y pliegues: Ensayos de cartografía cultural y de lectura de neobarroco*. Bogotá: Colcultura, 1996.

RIPA, CESARE. *Iconologia* (Reimpresión de la edición de Padua, 1611). New York: Garland Pub., 1976.

RIVERA, CLAUDIO. «Providencialismo en el *Facundo* de Sarmiento.» *Revista de Estudios Hispánicos* (21): 135-148, [Río Piedras, PR] 1994.

RIVERA, JOSÉ EUSTASIO. *La vorágine*. Caracas: Biblioteca Ayacucho, 1976.

RIVERA INDARTE, JOSÉ. *Rozas y sus opositores, Tablas de Sangre, Es acción santa matar a Rozas*, 2º ed. Buenos Aires: Librería del Volcán, 1884.

RIX, LUCY. «Maintaining the State of Emergence/y: Aimé Césaire *Une tempête*», en Peter Hulme and William H. Sherman (eds.): *The Tempest» and Its Travels*. London: Reaktion Books, 2000, 236-249.

ROBERTSON, WILLIAM. *The History of America*. London: W. Strahan, 1777.

ROBIN, MARIE-MONIQUE (DIR.) y JIHAN EL TAHRI. *Voleurs D'organes* (Ladrones de órganos), CAPA, 1993.

ROCHA, GLAUBER. *Revolução do cinema novo*. Rio de Janeiro: Alhambra- Embrafilme, 1981.

RODÓ, JOSÉ ENRIQUE. *Ariel*. Gordon Brotherston (ed. e introd.). Cambridge: Cambridge UP, 1967.

RODRIGUES, APOENAN. «Canibal de ideáis», en *ISTOÉ*, 27 de maio de 1998.

RODRÍGUEZ, DANIEL. *Los intelectuales del imperialismo norteamericano de la década de 1890.* México, D. F.: UNAM UP, 1979.

RODRÍGUEZ DEMORIZI, EMILIO (COMP.). *Tradiciones y cuentos dominicanos.* Santo Domingo: J. D. Postigo e Hijos, 1969.

RODRÍGUEZ GALVÁN, IGNACIO. *Obras.* Edición facsimilar. México, D. F.: Universidad Nacional Autónoma de México, 1994.

RODRÍGUEZ MONEGAL, EMIR. «The Metamorphoses of Caliban», en *Diacritics: A Review of Contemporary Criticism*, 7 (3): 78-83, [Baltimore, Maryland] 1977.

— «Carnaval / Antropofagia / Parodia», en *Revista Iberoamericana*, 45 (08 / 109): 401-412, [Pittsburgh, PA] 1979.

— «Ariel versus Caliban: Latinismo versus sajonismo», en *Revista de la Universidad de México*, 40 (40): 43-48, [México, D. F.] 1984.

RODRÍGUEZ NÚÑEZ, VÍCTOR. «Calibán, ¿antropófago? La identidad cultural latinoamericana de Oswald de Andrade a Roberto Fernández Retamar», en *Obras Incompletas de Oswald de Andrade* Nanterre, France: Colección Archivos ALLCA XX, 2000.

RODRÍGUEZ PÉRSICO, ADRIANA. «Transgresión y castigo en la biografía de la barbarie», en *Río de la Plata: Culturas* (9). 9-17, [Paris] 1989.

RODRÍGUEZ PUERTOLAS, JULIO. «Las cortes de la Muerte, obra erasmista», en David Kossoff y Jose Amor y Vasquez (eds): *Homenaje a William L. Fichter: Estudios sobre el teatro antiguo hispánico y otros ensayos.* Madrid: Castalia, 1971, 647-658.

RODRIGUEZ, RICHARD. *Hunger of Memory: The Education of Richard Rodriguez: an Autobiography.* Toronto-New York: Bantam Books, 1983.

ROIG, ADRIEN. *Blaise Cendrars, o Aleijadinho e o Modernismo brasileiro.* Rio de Janeiro: Tempo Brasileiro, 1984.

ROIG, ARTURO ANDRÉS. «Calibán y el 98», en *Latin American Literary Review*, (50): 133-137, [Pittsburgh, PA] 1997.

— *Teoría y crítica del pensamiento latinoamericano.* México, D. F.: Fondo de Cultura Económica, 1981.

ROJAS MIX, MIGUEL. «Los monstruos: ¿Mitos de legitimación de la conquista?», en Ana Pizarro (ed.): *América Latina: Palavra, literatura e cultura.* São Paulo: Memorial-Campinas: UNICAMP, 1993-1995, 123-149.

ROLNIK, SUELY. «Cartografia sentimental», en *XXIV Bienal de São Paulo: «Roteiros, roteiros, roteiros, roteiros»*, São Paulo: Fundação Bienal de São Paulo: 1998, 30-33.

Romancero general o Colección de romances castellanos anteriores al siglo XVIII. Agustín Durán (comp.). Madrid: Librería de los Sucesores de Hernando, 1924-1926.

ROMERO, JOSÉ LUIS y LUIS ALBERTO ROMERO (SELECCIÓN Y NOTAS): *Pensamiento político de la Emancipación.* 2 Vols. Caracas: Biblioteca Ayacucho, 1977.

ROMERO, ROLANDO. «Materialismo, feminismo y posestructuralismo en la teoría crítica chicana: Calibán, la Malinche y Cabeza de Vaca», en *Actas Irvine* 1 (1994): 214-222.

ROOSEVELT, THEODORE. «Events Since Colombus's Discovery», *Theodore Roosevelt's Letters to His Children*, Joseph Bucklin Bishop (ed.). New York: Charles Scribner's Sons, 1919.

ROOT, DEBORAH. *Cannibal Culture: Art, Appropriation, and the Commodification of Difference.* Boulder: Westview Press, 1998.

ROSSETTI, MARTA BATISTA, TELÊ PORTO ANCONA LOPEZ e YONE SOARES DE LIMA (COMP.): *Brasil: 1o tempo modernista–1917/29 documentação*. São Paulo: Instituto de Estudos Brasileiros, 1972.

ROTKER, SUSANA. *Cautivas: Olvidos y memoria en la Argentina*. Buenos Aires: Ariel, 1999.

ROUANET, SERGIO PAULO. «Manifesto antropófago II. Oswald de Andrade», en *Nuevo texto crítico*, (23, 24): 35-39, [Stanford, CA] 2000.

ROUSSEAU, JEAN-JACQUES. *The Discourses and Other Political Writings*. Cambridge-New York: Cambridge UP, 1997.

ROUTLEY, RICHARD. «In Defence of Cannibalism.» Dept. of Philosophy. *Electronic Publications*, The University of Queensland, <www.uq.edu.au/philosophy/can/cannibalism. html>.

RUBIN, MIRI. *Corpus Christi: The Eucharist In Late Medieval Culture*. Cambridge [England]-New York: Cambridge UP, 1992.

RUFFINELLI, JORGE. «*Calibán y la posmodernidad latinoamericana*», *Nuevo Texto Crítico*, 5: (9/10): 297-302, [Stanford, CA] 1992.

RUIZ-RAMÓN, FRANCISCO. *América en el teatro clásico español: Estudio y textos*. Pamplona: Universidad de Navarra, 1993.

SABAT DE RIVERS, GEORGINA. *Estudios de literatura hispanoamericana. Sor Juana Inés de la Cruz y otros poetas barrocos de la Colonia*. LHU, no. 6. Barcelona: PPU, 1992a.

— «Apología de América y del mundo azteca en tres loas de Sor Juana,», en *Revista de Estudios Hispánicos*, Universidad de Puerto Rico, (9): 267-291, 1992b.

— *En busca de Sor Juana*. México, D. F.: Facultad de Filosofía y Letras, UNAM, 1998.

SAGAN, ELI. *Human Aggression: Cannibalism and Cultural Form*. New York: Harper and Row, 1974.

SAHAGÚN, BERNARDINO DE (FRAY). *Historia general de las cosas de la Nueva España*. Madrid: Alianza, 1988.

SAHLINS, MARSHALL. «Culture as Protein and Profit», en *New York Review of Books* 25 (18): 45-53, [New York: NY] 1978.

— «Cannibalism: An Exchange», en *New York Review of Books*, 26 (4): 46, 47, [New York, NY] 1979.

SAID, EDWARD W. *Orientalism*. New York: Pantheon Books, 1978.

— *Culture and Imperialism*. London: Chatto and Windus, 1993.

SAINT JOHN, SPENSER BUCKINGHAM. *Hayti or The Black Republic*. London: Smith, Elder, 1884.

SALAS, JULIO. *Los indios caribes: Estudio sobre el origen del mito de la antropofagia*. Madrid: América, 1920.

SALDÍVAR, JOSÉ DAVID. *The Dialectics of our America: Genealogy, Cultural Critique, and Literary History*. Dirham, Duke UP, 1991.

SALLES, WALTER. *Central do Brasil*. Brasil, Arthur Cohn Prod., 1998.

SANABRIA G., FLOREN. *La revolución del 9 de abril*. La Paz: Proinsa, 1990.

SANBORN, GEOFFREY. *The Sign of the Cannibal: Melville and the Making of a Postcolonial Reader*. Durham, N.C., Duke UP, 1998.

— «Thinking Beyond Proyection: Toward a New Model of the Encounter with Cannibals» *Oral Fixations: Cannibalizing Theories, Consuming Cultures* (Conference) George Washington University, abril 2 y 3 de 1999.

Sánchez, Luis Alberto. *Balance y liquidación del novecientos: ¿Tuvimos maestros en nuestra América?* Lima: Universidad Nacional Mayor de San Marcos, 1968.

Sánchez, Marta E. «Calibán: The New Latin-American Protagonist of *The Tempest*», en *Diacritics: A Review of Contemporary Criticism* 6 (1): 54-61, [Baltimore, Maryland], 1976.

Sanday, Peggy Reeves. *Divine Hunger: Cannibalism as a Cultural System.* Cambridge: Cambridge UP, 1986.

Sanjinés, Javier. «Fernando Diez de Medina», en *Diccionario enciclopédico de las letras de América Latina, DELAL,* vol I., Caracas: Monte Ávila, 1995, 1513-1514.

Sant'Anna, Alffonso Romano de. *O Canibalismo amoroso.* Rio de Janeiro: Rocco, 1993.

Santa Rosa, Henrique A. *Historia do rio Amazonas: 11.a these da 2.a sub-secção do Congreso internacional de historia da America.* Pará, Brasil: Officinas Graphicas do Instituto Lauro Sodré, 1926.

Santamaría, Haydée. «Respuesta a Mario Vargas Llosa», en *Revista Casa de las Américas* (67): 140-142, La Habana, 1971.

Santiago, Silviano. «Roteiro para uma lectura intertextual de *Ubirajara*», *Ubirajara.* São Paulo: Ática, 1984, 5-9.

Sarlo, Beatriz. *Una modernidad periférica: Buenos Aires, 1920 y 1930.* Buenos Aires: Nueva Visión, 1988.

— *Escenas de la vida posmoderna.* Buenos Aires: Espasa Calpe, 1994.

Sarmiento, Domingo Faustino. *Facundo: Civilización y barbarie.* Madrid: Cátedra, 1993.

— *Obras de D. F. Sarmiento.* Paris, Berlin, 1895-1909.

Scalabrini Ortiz, Raúl. *El hombre que está solo y espera.* Buenos Aires: Gleizer, 1931.

Scheper-Hughes, Nancy. «Theft of Life: The Globalization of Organ Stealing Rumors», en *Anthropology Today,* 12 (3): 3-11, [London] 1996.

— «Organ Trade: The New Cannibalism», en *The New Internationalist,* (300): 14-17, [Los Angeles, CA] 1998.

— «The Global Traffic in Human Organs», en *Current Anthropology* 41 (2): 191-224, [Chicago, IL] 2000.

— «The Ends of the Body: Commodity Fetishism and the Global Traffic in Organs», en *SAIS Review,* 22 (1): 61-80, [Washington, D.C.] 2002.

Schlesinger, Philip. «On National Identity» (1987), en John Hutchinson y Anthony D. Smith (eds.): *Nationalism: Critical Concepts in Political Science.* Vol 1. London; New York: Routledge, 2000, 69-111.

Schmidel, Ulrico. *Viaje al Río de la Plata.* Buenos Aires: Emecé, 1997.

Schmidt, Leigh Eric. *Consumer Rites: The Buying and Selling of American Holidays.* Princeton, N.J.: Princeton UP, 1995.

Schmölz-Häberlein, Michaela y Mark Häberlein. «Hans Staden, Neil L. Whitehead, and the Cultural Politics of Scholarly Publishing», en *Hispanic American Historical Review,* 81 (3-4): 745-751, [Durham, NC] 2001.

Schulman, Iván (ed.). *Nuevos asedios al Modernismo.* Madrid: Taurus, 1987.

Schwartz, Jerome. «Reflections on Montaigne's Ethical Thinking», en *Philosophy and Literature,* 24 (1): 154-164, [Baltimore, MD] 2000.

Schwartz, Jorge. *Vanguardia y cosmopolitismo en la década del veinte: Oliverio Girondo y Oswald de Andrade*. Rosario: Viterbo, 1993.

Schwartz, Stuart B.. «Brazil: Ironies of the Colonial Past», en *Hispanic American Historical Review*, 80 (4): 681-694, [Durham, NC] 2000.

Schwarz, Roberto. «Nacional por substracción», en *Escritura: Revista de Teoría y Crítica Literarias* 14 (28): 273-288, [Caracas, Ven.] 1989.

— «Cultura e Política 1967-1969», *O pai de família e outros estudos*. Rio de Janeiro: Paz e Terra, 1978, 61-92.

Sepúlveda, Juan Ginés de. *Demócrates Segundo o de las justas causas de la guerra contra los indios*. Ángel Losada (introd., trad. y notas). Madrid: Instituto Francisco Vitoria, 1984.

Sevilla, Isidoro de. *Etimologías* II (libros XI XX). Madrid: Biblioteca de Autores Cristianos, 1994.

Shakespeare, William. *The Tempest*. David Lindley (ed.). Cambridge, UK-New York: Cambridge UP, 2002.

Sheridan, Guillermo. *Cabeza de Vaca* (guión). México, D. F.: El Milagro, 1994.

Shøllhammer, Karl Erik. «A imagen canibalizada: A Antropofagia na pintura de Tarsila do Amaral», en *Nuevo texto crítico*, (23, 24): 179-190, [Stanford, CA] 2000.

Shumway, Nicolas. «La nación hispanoamericana como proyecto racional y nostalgia mitológica: Algunos ejemplos de la poesía», en *Revista Iberoamericana*, 63 (178-179): 61-70, [Pittsburgh, PA] 1997.

Sigüenza y Góngora, Carlos de. *Infortunios de Alonso Ramírez*. Madrid: Historia 16, 1988.

— *Teatro de virtudes políticas, que constituyen a un príncipe advertidas en los monarcas antiguos del Mexicano imperio; y Alboroto y motín de los indios de México*. México, D. F.: UNAM, Coordinación de Humanidades: Miguel Ángel Porrúa, 1986.

Simpson, A. W. Brian. *Cannibalism and the Common Law*, Chicago: University of Chicago Press, 1984.

Singh, Jyotsna. «Calibán versus Miranda: Race and Gender Conflicts in Postcolonial Rewritings of *The Tempest*», en Dympna Callaghan *et al*. (eds.): *Feminist Readings of Early Modern*. Cambridge-New York: Cambridge University UP, 1996, 191-209.

Sklodowska, Elzbieta y Ben A. Héller (eds.). *Roberto Fernández Retamar y los estudios latinoamericanos*. Pittsburgh: IILI , 2000.

Skura, Meredith Anne. «Discourse and the Individual: The Case of Colonialism in "The Tempest"», en *Shakespeare Quarterly*, 40 (1): 42-69, [Washington, D.C.] 1989.

Smith, Anthony D. «National Identity and Myths of Ethnic Descent», John Hutchinson y Anthony D. Smith (eds.): *Nationalism: Critical Concepts in Political Science*. Vol. IV. London-New York: Routledge, 2000, 1394-1429.

— «The Origins of Nations», en *Ethnic and Racial Studies*, 12 (3): 340-367, [London-New-York] 1989.

Smith, Preserved. *Short History of Christian Theophagy*. Chicago-London: The Open Court Publishing Co., 1922.

Smith, Robert y Robert Hudson. «Evoking Caliban: Césaire Response to Shakespeare», en *CLA Journal*, 25 (4): 387-399, [Baltimore, MD] 1992.

SMITH, ADAM. *An Inquiry into the Nature and Causes of the Wealth of Nations.* Savage, Md.: Rowman & Littlefield, 1993.

SOEHLKE-HEER, METER. *El Nuevo Mundo en la visión de Montaigne o los albores del anticolonialismo.* Caracas: Universidad Simón Bolívar, 1993.

SOARES DE SOUSA, GABRIEL. *Tratado descriptivo do Brasil em 1587.* Francisco Adolfo de Varnhagen (ed.). São Paulo: Companhia editora nacional, 1971.

SODRÉ, NELSON WERNECK. *História da literatura brasileira.* São Paulo: Disfel, 1982.

SOMMER, DORIS. *Foundational Fictions: The National Romances of Latin America.* Berkeley: University of California Press, 1991.

SONTAG, SUSAN. *Against Interpretation, and Other Essays.* New York: Dell, 1966.

SOTO, DOMINGO DE. *De la justicia y del derecho.* Madrid: Instituto de Estudios Políticos, 1967, 1968.

SOUTHEY, ROBERT. *Madoc.* London: Longman, Hurst, Rees, and Orme, and A. Constable & Co. Edinburgh, J. Ballantyne, 1805.

SOUZA LIMA, FLÁVIA. «Vamos comer Adriana.» *Ziriguidum:* revista de música brasileira. Mayo 2000, <www.uol.com.br/ziriguidum/002/indice.htm>.

SPITTA, SILVIA. «Desdoblamientos calibanescos: Hacia lo complejo», Elzbieta Sklodowska y Ben A. Héller (eds.): *Roberto Fernández Retamar y los estudios latinoamericanos.* Pittsburgh: IILI, 2000, 275-297.

— «Traicion y transculturacion: Los desgarramientos del pensamiento latinoamericano», en Mabel Moraña (ed.): *Angel Rama y los estudios latinoamericanos.* Pittsburgh: IILI, 1997, 173-191.

SPIVAK, GAYATRI CHAKRAVORTY. *In Other Worlds: Essays in Cultural Politics.* New York: Methuen, 1987.

— «In a Word: Interview» by Helen Rooney, en *Outside in the Teaching Machine.* New York: Routledge, 1993a, 1-23.

— *Outside in the Teaching Machine.* London: Routledge, 1993b.

— *The Post-Colonial Critic: Interviews, Strategies, Dialogues.* Sarah Harasym (ed.). London: Routledge, 1990.

— «Three Women's Texts and a Critique of Imperialism», en *Critical Inquiry,* 12 (1): 243-261, [Chicago, IL] 1985.

SORENSEN, DIANA. *Facundo and the Construction of Argentine Culture.* Austin: University of Texas UP, 1996.

STADEN, HANS. *Verdadera historia y descripción de un país de salvajes desnudos y feroces caníbales, situado en el Nuevo Mundo América.* [Warhaftige Historia und Beschreibung eyner Landtschafft der wilden, nacketen, grimmigen Menschfresser Leuthen in der Newenwelt America gelegen]. Barcelona: Argos Vergara, 1983.

STADEN, HANS et al.. *Portinari devora Hans Staden.* [História verídica e descrição de uma terra de selvagens../Hans Staden – O «Brasil» de Hans Staden/Fernando A. Novais – Hans Staden de Portinari/ desenhos de Candido Portinari – Pequeno ensaio pró-Portinari/Olívio Tavares de Araújo]. São Paulo: Terceiro Nome, 1998.

STEARNS, RAYMOND PHINEAS (ED.). *Pageant of Europe: Sources and Selections from the Renaissance to the Present Day.* New York: Harcourt, Brace, 1947.

STRAET, JAN VAN DER. *Nova reperta*. Tours: O. Bienvault, 1977.

STRAUSS, WALTER L. (ED.). *The Book of Hours of the Emperor Maximilian the First. Decorated by Albrecht Dürer... and Other Artists [and] Printed in 1513 by Johannes Schoensperger at Augsburg*. New York: Abaris Books, 1974.

STURTEVANT, WILLIAM. «First Visual Images of Native America», en Fredi Chiappelli (ed.): *First Images of America: The Impact of the New World on the Old*. Berkeley: University of California UP, 1976, 417-454.

SUÁREZ, FRANCISCO. *Obras de Francisco Suárez*. Madrid: Editorial Católica, 1948.

SUED BADILLO, JALIL. *Los Caribes, realidad o fábula: Ensayo de rectificación histórica*. Río Piedras, PR: Editorial Antillana, 1978.

SYMCOX, GEOFFREY. «The Battle of the Atlantic, 1500-1700», en Fredi Chiappelli (ed.): *First images of America: The impact of the New World on the Old*. Berkeley: University of California UP, 1976, 265-277.

TAMAYO, FRANZ. *La creación de la pedagogía nacional*. Caracas: Biblioteca Ayacucho, 1979.

TANNAHILL, REAY. *Flesh and Blood: A History of the Cannibal Complex*. Boston: Little, Brown & Co., 1996.

TAUSSIG, MICHAEL. *The Devil and Commodity Fetishism in South America*. Chapel Hill, North Carolina: University UP, 1980.

— *Shamanism, Colonialism, and the Wild Man: A Study of Terror and Healing*. Chicago and London: The University of Chicago UP, 1987.

— *Un gigante en convulsiones: El mundo humano como sistema nervioso en emergencia permanente*. Barcelona: Gedisa, 1995.

TAYLOR, BETSY y DAVE TILFORD. «Why Consumption Matters», en Juliet Schor y Douglas B. Holt (eds.): *The Consumer Society Reader*. New York: NY, New Press, 2000, 463-487.

TEIXEIRA, JERÔNIMO; BINA MALTZ y SÉRGIO FERREIRA: *Antropofagia e tropicalismo*. Porto Alegre, RS: Editora da Universidade, Universidade Federal do Rio Grande do Sul, 1993.

TEIXEIRA LEITE, JOSÉ ROBERTO. «Considerações gerais sobre a XXIV Bienal», en *Jornal da crítica*, (5): 3, 4, [São Paulo: Brasil] 1998.

The Catholic Encyclopedia: An International Work of Reference on the Constitution, Doctrine, Discipline, and History of the Catholic Church. New York: Robert Appleton Co., Vatican Ed., 1907-1912.

THEVET, ANDRÉ. *Singularidades da França Antarctica: A que outros chamam de America*. São Paulo: Companhia Editora Nacional, 1944. / *Les singularités de la France antarctique autrement nommée Amérique et de plusieurs terres et îles découvertes de notre temps*. Paris: Le Temps, 1982.

— *La cosmographie universelle d'Andre Thevet cosmographe du roy: Illustree de diverses figures des choses plus remarquables veues par l'auteur, & incogneues de noz anciens & modernes*, vol. II. Paris: P. L'Huilier, 1575.

TOCQUEVILLE, ALEXIS DE. *Democracy in America*. New York: A. Knopf, 1994.

TODOROV, TZVETAN. *On Human Diversity: Nationalism, Racism, and Exoticism in French Thought*. Cambridge, Mass.: Harvard UP, 1993.

— *The Conquest of America: The Question of the Other*. New York: Harper and Row, 1984.

TOLLER GOMES, HELOISA. «A questão racial na gestação da Antropofagia oswaldiana», en *Nuevo texto crítico*, (23, 24). 249-259, [Stanford, CA] 2000.

TORO, GUILLERMO DEL (DIR.). *Cronos*. México, D. F.: Instituto Mexicano de Cinematográfia (IMCINE), Iguana Producciones, *et.al.*, 1992.

TORO, MARÍA ISABEL. «Lecturas del Almirante Colón: Libros de viajes medievales y cosmógrafos humanistas», en Andrew M. Beresford (ed.): *«Quien hubiese tal ventura»: medieval hispanic studies in honour of Alan Deyermond*. London: Dept. of Hispanic Studies, Queen Mary & Westfield College, 1997, 169-178.

TORQUEMADA, JUAN DE. *Monarquía indiana: De los veinte y un libros rituales y monarquía indiana, con el origen y guerras de la Indias Occidentales, de sus poblazones, descubrimiento, conquista, conversión y otras cosas maravillosas de la mesma terra*. México, D. F.: Universidad Nacional Autonóma de México-Instituto de Investigaciones Históricas, 1975.

TORRES CAICEDO, JOSÉ MARÍA. «Textos unionistas (1850-1886)», «Confedèración de las naciones de la América española (1856)» y «La literatura de la América Latina (1879)», en *América Latina y la latinidad*. Arturo Ardao (comp.). México, D. F.: Universidad Nacional Autónoma de México, Coordinación de Humanidades, Centro Coordinador y Difusor de Estudios Latinoamericanos, 1993, 121-173.

TORRES, ANTÔNIO. *Meu querido canibal*. Rio de Janeiro: Record, 2000.

TORRES GARCÍA, JOAQUÍN. «La escuela del sur», en *Univesalismo constructivo*. Madrid: Alianza, 1984, 193-198.

TORRES-SAILLANT, SILVIO. «La traición de Calibán: Hacia una nueva indagación de la cultura caribeña», en Sklodowska Elzbieta y Ben A. Héller (eds.): *Roberto Fernández Retamar y los estudios latinoamericanos*. Pittsburgh: IILI, 2000, 21-54.

— *Introduction to Dominican Blackness*. New York: CUNY Dominican Studies Institutes-City College of New York-City University of New York-Dominican Studies Institute, 1999.

TREECE, DAVID. *Exiles, Allies, Rebels: Brazil's Indianist Movement, Indigenist Politics, and the Imperial Nation-State*. Westport, Conn., Greenwood Press, 2000.

TRIANA Y ANTORVEZA, HUMBERTO. *Léxico documentado para la historia del negro en América (siglos XV-XIX)*. Bogotá: Instituto Caro y Cuervo, 1997.

UMPIERRE, LUZ MARÍA y AÍDA BEAUPIED. «Lenguaje y antropofagia en Memorias sentimentais de *João Miramar de Oswald de Andrade*», en *Foro Literario*, (15-16): 44-49, [Montevideo, Urug.] 1986.

UNITED NETWORK FOR ORGAN SHARING, UNOS. «U.S. Organ Transplant System Statement on the Truth about Organ Trafficking Rumors.» UNOS Statement. (Febrero 6 de 2002), <www.unos.org>.

— «Organ Trafficking Perspective from UNOS», UNOS Statement. *The AFU and Urban Legend Archive*, <www.urbanlegends.com/medical/organ.theft/organ_theft_unos. html>.

USLAR PIETRI, ARTURO. *Las lanzas coloradas*. Navarra, Salvat, 1970.

VALDÉS, GABRIEL DE LA CONCEPCIÓN «PLÁCIDO». *Poesías (1838-1843)*. Habana: Arte y literatura, 1977.

VALLENILLA, LAUREANO. *Cesarismo democrático y otros textos*. Caracas: Biblioteca Ayacucho, 1991.

VANDEN BERGHE, KRISTINE. «The Forgotten Caliban of Aníbal Ponce,» en Nadia Lie, Theo D'Haen (eds.): *Constellation Caliban. Configurations of a Character.* Amsterdam; Atlanta, GA : Rodopi, 1997, 183-197.

VAN DELDEN, MAARTEN. «The Survival of the Prettiest: Transmutations of Darwin in Jose Enrique Rodo's *Ariel*» en Nadia Lie, Theo D'Haen (eds.): *Constellation Caliban. Configurations of a Character.* Amsterdam; Atlanta, GA : Rodopi, 1997, 145-161.

VARGAS LLOSA, MARIO. «Carta a Haydée Santamaría», en *Casa de las Américas*, (67): 140, La Habana, 1971.

— *La utopía arcaica: José María Arguedas y las ficciones del indigenismo.* México, D. F.: Fondo de Cultura Económica, 1996.

VARGAS VILA, JOSÉ MARÍA. *Ante los bárbaros: Los Estados Unidos y la guerra: el Yanqui: He ahí el enemigo.* Bogotá: La Oveja Negra, 1983.

VARNHAGEN, FRANCISCO ADOLFO DE. *História geral do Brasil.* São Paulo: Melhoramientos, 1975.

VARONA, ENRIQUE JOSÉ. *Cuba contra España.* México, D. F.: UNAM, 1979.

VASCONCELOS, JOSÉ. *La raza cósmica: Misión de la raza Iberoamericana* México, D. F.: Espasa-Calpe, 1966.

VASCONCELOS, SIMÃO DE. *Crônica da Companhia de Jesus.* Petrópolis, Vozes, 1977.

VAUGHAN, ALDEN T. Y VIRGINIA MASON. *Shakespeare's Caliban. A Cultural History.* Cambridge: Cambridge UP, 1996.

VAZ DE CAMINHA, PERO. *Carta de Pero Vaz de Caminha / Letter from Pero Vaz de Caminha.* São Paulo: Fundação Bienal de São Paulo-Associação Brasil 500 Anos Artes Visuais, 2000.

VEBLEN, THORSTEIN. *The Theory of the Leisure Class.* New York: New American Library, 1953.

VEGA, INCA GARCILASO DE LA. *Comentarios reales.* México, D. F.: Porrúa, 1990.

VEGA, LOPE DE. *El arte nuevo de hacer comedias en este tiempo.* Madrid: Consejo Superior de Investigaciones Científicas, 1971.

— «Arauco domado», en Francisco Ruiz Ramón (ed.): *América en el teatro clásico español: Estudio y textos.* Pamplona: Universidad de Navarra, 1993a, 75-140.

— «El Nuevo Mundo descubierto por Cristóbal Colón», en Francisco Ruiz Ramón (ed.): *América en el teatro clásico español: Estudio y textos.* Pamplona: Universidad de Navarra, 1993b, 269-330.

VELA, EUSEBIO. *Tres Comedias de Eusebio Vela.* México, D. F.: Impr. Universitaria, 1948.

VELOSO, CAETANO: *Verdade tropical.* São Paulo: Companhia das Letras, 1997.

VERDUGO, IBER H.. «La cronica de Gaspar de Carvajal.» *Mundi: Filosofia Crítica Literatura,* 2 (4): 73-89, [Argentina], 1988.

VESPUCIO, AMÉRICO. *Cartas.* Madrid: Anjana, 1983.

VICO, GIAMBATTISTA.*The New Science of Giambattista Vico.* Ithaca: Cornell UP, 1984.

VIDELA DE RIVERO, GLORIA. *Direcciones del vanguardismo hispanoamericano: Estudios sobre poesía de vanguardia en la década del veinte (Documentos).* Pittsburgh: IILI, 1994.

VILLORO, LUIS. *Los grandes momentos del indigenismo en México.* México, D. F.: El Colegio de México, El Colegio Nacional, Fondo de Cultura Económica, 1996.

VINKLER, BETH JOAN. «The Anthropophagic Mother/Other: Appropriated Identities in Oswald de Andrade's "Manifesto Antropófago"», en *Luso-Brazilian Review*, 34 (1): 105-110, [Madison, Wisconsin] 1997.

VIRNO, PAOLO. «Virtuosity and Revolution: The Political Theory of Exodus», *Radical Thought in Italy: a Potential Politics*. Paolo Virno y Michael Hardt (eds.). Minneapolis: University of Minnesota UP, 1996.

VITORIA, FRANCISCO DE. «De Indis», *Doctrina sobre los indios*. Ramón Hernández Martín (ed. y trad.). Salamanca, Ed. San Esteban, 1992, 103-132.

— «De Temperantia», en *Escritos políticos* de Francisco Vitoria. Luciano Pereña (Selección). Buenos Aires: Depalma, 1967.

WACHTEL, NATHAN. *Gods and Vampires: Return to Chipaya.* Chicago: University of Chicago Press, 1994.

WAGENER, ZACHARIAS. *Brasil Holandês: Thierbuch e a Autobiografia de Zacharias Wagener*, vol. 2. Cristina Ferrão, Soares y José Paulo Monteiro (comps.). Rio de Janeiro: Index, 1997.

WALKER BYNUM, CAROLINE. *Holly Feast and Holly Fast: The Religious Significance of Food to Medieval Women.* Berkeley: University of California UP, 1987.

WALLERSTEIN, IMMANUEL. "The National and the Universal: Can There Be Such a Thing as World Culture?" *Geopolitics and Geoculture de Immanuel Wallerstein.* Cambridge: Cambridge University Press, 184-199.

— *The Modern World-System.* 3 vols. San Diego: Academic Press.

WASSERMAN, RENATA R. MAUTNER. «Re Inventing the New World: Cooper and Alencar», en *Comparative Literature*, 36 (2): 130-145, [Eugene, OR] 1984.

— «The Red and the White: The 'Indian' Novels of Jose de Alencar» en *PMLA: Publications of the Modern Language Association of America* 98:5 (1983): 815-827.

WASWO, RICHARD. «Formation of Natural Law to Justify Colonialism, 1539–1689», en *New Literary History* 27(4): 743-759, [Charlottesville, VA] 1996.

WEBER, MAX. «The Nation» (1948), en John Hutchinson y Anthony D. Smith (eds.): *Nationalism: Critical Concepts in Political Science.* Vol 1. London-New York: Routledge, 2000, 5-12.

WEINBERG, FÉLIX. «La antítesis sarmientina: 'Civilizacion y barbarie' y su percepción coetánea en el Río de la Plata», en *Cuadernos Americanos* 3 (13): 97-118, [México, D. F.] 1989.

— «La dicotomía civilización-barbarie en nuestros primeros románticos», en *Río de la Plata: Culturas*, (8): 5-18, [Paris] 1989.

WHATLEY, JANET. «Introduction», en *History of a Voyage to the Land of Brazil, Otherwise Called America* de Jean de Léry. Berkeley: University of California Press, 1992, xv-xxxviii.

WHITE, DAVID GORDON. *Myths of the Dog Man.* Chicago: University of Chicago Press, 1991.

WHITE, HAYDEN. «The Noble Savage Theme as a Fetish», en Fredi Chiappelli (ed.): *First images of America: The impact of the New World on the Old.* Berkeley: University of California UP, 1976, 121-135.

— *Metahistory: The Historical Imagination in Nineteenth-Century Europe.* Baltimore: Johns Hopkins University Press, 1973.

WHITEHEAD, NEIL L. «Hans Staden and the Cultural Politics of Cannibalism», en *Hispanic American Historical Review* 80: 4 (2000), 721-751.

— «The Häberleins and the Political Culture of Scholarship», en *Hispanic American Historical Review*, 81 (3-4): 753-756, [Durham, NC] 2001.

WHITNEY, CHARLES. «The Naming of America as the Meaning of America: Vespucci, Publicity, Festivity, Modernity», en *CLIO*, 22 (3): 195-219, [Fort Wayne, IN] 1993.

WILLIAMS, RAYMOND. *Keywords: A Vocabulary of Culture and Society*. New York: Oxford UP, 1983.

— *Culture and Society: Coleridge to Orwell*. London: Hogart Press, 1990.

WILSON, DANIEL. *Caliban: The Missing Link*. London: Macmillan and Co., 1873.

WOLFE, SIDNEY. «Immediate Recall of Abokinase» (Letter to Jane Henney, Commissioner, Food and Drug Administration), en *Public Citizen* HRG Publication #1473, February 10, 1999.

WORLD MEDICAL ASSOCIATION WMA. «Statement on Live Organ Trade», Bruselas, Bélgica, Octubre de 1985.

YANHI, ROBERTO. «Introducción», en Domingo Faustino Sarmiento: *Facundo: Civilización y barbarie*. Madrid: Cátedra, 1993, 11-32.

ZANELLI, CARMELA. «La loa de *El divino Narciso* de Sor Juana Inés de la Cruz y la doble recuperación de la cultura indígena mexicana», en José Pascual Buxó y Arnulfo Herrera (eds.): *La literatura novohispana: Revisión crítica y propuestas metodológicas*. México, D. F.: Universidad Nacional Autónoma de México UP, 1994, 183-200.

ZÁRATE, FERNANDO DE. «La conquista de México» (1671) en Francisco Ruiz-Ramón (ed.): *América en el teatro clásico español: Estudio y textos*. Pamplona: Universidad de Navarra, 1993, 207-258.

— *Comedias nuevas escogidas de los mejores ingenios de España, parte treinta*. Madrid: Domingo García Morras, 1668, 228-259.

ZAVALA, IRIS. «De 'inversiones': Palabras liminares» (introd.), en Iris Zavala (ed. e introd.): *Discursos sobre la «invención» de América*. Ámsterdam, Atlanta: Rodopi, 1992a, 1-5.

— «The Dialogical Cultural Signs», en Zavala: *Colonialism and Culture: Hispanic Modernisms and the Social Imaginary*. Bloomington: Indiana UP, 1992b, 92-107.

— «El nominalismo imperial y sus monstruos en el Nuevo Mundo», en Iris Zavala (ed., intro.): *Discursos sobre la 'invención' de América*. Amsterdam, Atlanta: Rodopi, 1992c, 221-233.

— «The Retroaction of the Postcolonial. The Answer of the Real and the Caribbean as Thing: An Essay on Critical Fiction», en *Interventions*, 2 (3): 364-378, [London; New York, NY] 2000.

ZAVALA, SILVIO ARTURO. *América en el espíritu francés del siglo XVIII*. México, D. F.: El Colegio Nacional, 1983.

ZAVALETA MERCADO, RENÉ. *La caída del M.N.R. y la conjuración de noviembre: Historia del golpe militar del 4 de noviembre de 1964 en Bolivia*. Cochabamba, Bolivia: Los Amigos del Libro, 1995.

ZÉ, TOM. *Com a música «São São Paulo»* Ganhadora do IV Festival Record de MPB de 1968. (Sony), 1968.

ZEA, LEOPOLDO. «Mariátegui y el hombre llamado indígena», en *Cuadernos Americanos*, (48): 15-31, [México, D. F.] 1994.

— «El proyecto de Sarmiento y su vigencia», en *Río de la Plata: Culturas* (8): 85-96, [Paris] 1989.

ZIEBELL, ZINKA. *Terra de canibais*. Porto Alegre: Universidade Federal do Rio Grande do Sul, 2002.

ZORRILLA DE SAN MARTÍN, JUAN. «Ariel y Calibán americanos», en Zorrilla: *Detalles de historia*. Montevideo: Imprenta nacional colorada, 1930, 195-224.

— *Tabaré*. México, D. F.: Porrúa, 1981.

ÍNDICE ONOMÁSTICO

H

ÍNDICE ANALÍTICO*

* Incluye lugares, grupos humanos y otros términos no incluidos en el Índice onomástico (de autores y obras)

H